Handbuch zum deutschen und europäischen Kartellrecht

Herausgegeben von

Prof. Dr. Knut Werner Lange, Universität Witten/Herdecke

Bearbeitet von

Prof. Dr. Knut Werner Lange, Dr. Wolfgang Hübschle,
Dr. Carsten Gromotke LL.M., Prof. Dr. Frank Immenga LL.M.,
Dr. Henning Schröer, Dr. Stephan Simon LL.M.,
Dr. Markus Wirtz LL.M.

2., vollständig überarbeitete Auflage 2006

Verlag Recht und Wirtschaft GmbH
Frankfurt am Main

Bibliografische Information Der Deutschen Bibliothek

Die Deutsche Bibliothek verzeichnet diese Publikation in der Deutschen Nationalbibliografie; detaillierte bibliografische Daten sind im Internet über http://dnb.ddb.de abrufbar.

ISBN-10: 3-8005-1332-3
ISBN-13: 978-3-8005-1332-1

© 2006 Verlag Recht und Wirtschaft GmbH, Frankfurt am Main

Das Werk einschließlich aller seiner Teile ist urheberrechtlich geschützt. Jede Verwertung außerhalb der engen Grenzen des Urheberrechtsgesetzes ist ohne Zustimmung des Verlages unzulässig und strafbar. Das gilt insbesondere für Vervielfältigungen, Bearbeitungen, Übersetzungen, Mikroverfilmungen und die Einspeicherung und Verarbeitung in elektronischen Systemen.

Satzkonvertierung: ProSatz Unger, 69469 Weinheim

Druck und Verarbeitung: Druckerei Lokay e. K., 64354 Reinheim

♾ Gedruckt auf säurefreiem, alterungsbeständigem Papier, hergestellt aus chlorfrei gebleichtem Zellstoff (TcF)

Printed in Germany

Vorwort

Seit dem Erscheinen der ersten Auflage des Kartellrechtshandbuches im Jahr 2001 haben zahlreiche Änderungen das Kartellrecht in weiten Teilen umgestaltet. Die von der Kommission angestoßene umfassende Reform des europäischen Kartellrechts hat neben geänderten Gruppenfreistellungsverordnungen vor allem eine Neugestaltung des Verfahrensrechts in Form der VO 1/2003 gebracht. Der deutsche Gesetzgeber hat darauf mit der 7. Novelle des GWB reagiert, die zahlreiche, zum Teil weit reichende Neuerungen sowohl des materiellen als auch des Kartellverfahrensrechts enthält. Die zweite Auflage konnte sich daher nicht mit einer bloßen Aktualisierung der Rechtsmaterie begnügen; sie musste konzeptionell den elementaren Veränderungen Rechnung tragen.

Seiner gesteigerten Bedeutung entsprechend ist das europäische Kartellrecht nunmehr in allen Teilen dem nationalen vorangestellt und in der Betrachtung ausgeweitet worden. Übersichten und Schaubilder sollen die Ausführungen veranschaulichen. Das Autorenteam wurde trotz des Ausscheidens von Herr Patrick Rösler vergrößert. Verlag und Herausgeber freuen sich, mit den Herren Dr. Carsten Gromotke LL.M., Prof. Dr. Frank Immenga LL.M., Dr. Stephan Simon LL.M. und Dr. Markus Wirtz LL.M. erfahrene Praktiker gewonnen zu haben, die zudem als wissenschaftliche Autoren ausgewiesen sind.

Autoren und Herausgeber danken Herrn Ass. iur. Mariusz Pyschny und Frau stud. iur. Heike Montag für ihre gewissenhafte Mithilfe bei der redaktionellen Bearbeitung der Manuskripte. Herr Dr. Wirtz ist Frau Ass. iur. Silke Möller LL.M. zu Dank verpflichtet.

Witten, den 20. 11. 2005   *Knut Werner Lange*

V

Inhaltsverzeichnis

Kapitel 4: Besonderheiten bei vertikalen Vereinbarungen

XIII

Kapitel 5: Besonderheiten bei Vereinbarungen über Technologietransfer

Kapitel 6: Das Kartellverbot im deutschen Recht

Kapitel 7: Verhaltenskontrolle bei marktbeherrschenden und marktstarken Unternehmen (Missbrauchskontrolle; Diskriminierungsverbot)

Kapitel 8: Zusammenschlusskontrolle

Kapitel 9: Kartellverfahren

Abkürzungsverzeichnis

a. A.	anderer Ansicht
a. a. O.	am angegebenen Ort
Abk.	Abkommen
abl.	ablehnend
Abl.	Amtsblatt der Europäischen Union
Abs.	Absatz
Abschn.	Abschnitt
abw.	abweichend
AcP	Archiv für die civilistische Praxis
a. E.	am Ende
a. F.	alte Fassung
AfP	Archiv für Presserecht
AG	Amtsgericht/Aktiengesellschaft/Die Aktiengesellschaft, Zeitschrift für das gesamte Aktienwesen
AGB	Allgemeine Geschäftsbedingungen
AktG	Aktiengesetz
allg.	allgemein
Alt.	Alternative
Anh.	Anhang
Anl.	Anlage
Anm.	Anmerkung
AöR	Archiv des öffentlichen Rechts
Art.	Artikel
Aufl.	Auflage
AWD	Außenwirtschaftsdienst des Betriebs-Beraters
Az.	Aktenzeichen
van Bael/Bellis	Van Bael, Ivan/Bellis, Jean Francois, Competition Law of the European Community, 4. Aufl. 2005 (zit.: van Bael/Bellis, Competition Law)
BAnz	Bundesanzeiger
Baumbach/Hefermehl	Wettbewerbsrecht. Gesetz gegen den unlauteren Wettbewerb, Zugabeverordnung, Rabattgesetz und Nebengesetze, 23. Aufl. 2004 (zit.: Baumbach-*Bearbeiter*)
BayObLG	Bayerisches Oberstes Landesgericht
BB	Betriebs-Berater
Bd.	Band
BDI	Bundesverband der Deutschen Industrie
BDSG	Bundesdatenschutzgesetz
Bearb.	Bearbeiter

Bechtold	Bechtold, Rainer, GWB, Kommentar zum Kartellgesetz, 3. Aufl. 2002 (zit.: *Bechtold*)
Begr.	Begründung
Beil.	Beilage
Bek.	Bekanntmachung
bes.	besonders
Beschl.	Beschluss
betr.	betreffend
BetrVG	Betriebsverfassungsgesetz
BGB	Bürgerliches Gesetzbuch
BGBl.	Bundesgesetzblatt
BGH	Bundesgerichtshof
BGHZ	Amtliche Sammlung der Entscheidungen des BGH in Zivilsachen
BGW	Bundesverband der deutschen Gas- und Wasserwirtschaft
BKartA	Bundeskartellamt
Bl.	Blatt
BMJ	Bundesministerium der Justiz
BMW	Bundesministerium für Wirtschaft und Technologie
BR	Bundesrat
BR-Drucks.	Bundesratsdrucksache
BReg.	Bundesregierung
de Bronett	Kommentar zum europäischen Kartellverfahrensrecht, 2005
BT	Bundestag
BT-Drucks.	Bundestagsdrucksache
BTOElt	Bundestarifordnung Elektrizität
Bull.	Bulletin der Europäischen Gemeinschaften
BVerfG	Bundesverfassungsgericht
BVerfGE	Amtliche Sammlung der Entscheidungen des BVerfG
bzgl.	bezüglich
bzw.	beziehungsweise
Cass.	Cour de Cassation, Paris
CC	Code Civil (französisch)
CCH	Commerce Clearing House
CISG	United Nations Convention on Contracts for the International Sale of Goods
CMLR	Common Market Law Reports
CML Rev.	Common Market Law Review
CR	Computer und Recht
CTLR	Computer and Telecommunications Law Review
DB	Der Betrieb
DBW	Die Betriebswirtschaft

ders.	derselbe
d. h.	das heißt
dies.	dieselbe(n)
DNotZ	Deutsche Notar-Zeitschrift
DOK	Dokument
DR	Deutsches Recht
DRiZ	Deutsche Richterzeitung
Drucks.	Drucksache
DStR	Deutsches Steuerrecht
DurchfVO	Verordnung über die Durchführung von Verfahren auf der Grundlage der Art. 81 und 82 EG durch die Kommission
DVGRUR	Deutsche Vereinigung für Gewerblichen Rechtsschutz und Urheberrecht
DZWiR	Deutsche Zeitschrift für Wirtschaftsrecht
EAG	Europäische Atomgemeinschaft
EAGV	Vertrag zur Gründung der Europäischen Atomgemeinschaft
EC	European Community
ECLR	European Competition Law Review
EEA	Einheitliche Europäische Akte
EEC	European Economic Community
EIPR	European Intellectual Property Review
EFTA	European Free Trade Association
EG	Europäische Gemeinschaft/Vertrag zur Gründung der Europäischen Gemeinschaft vom 25. 3. 1957
EGBGB	Einführungsgesetz zum BGB vom 18. 8. 1896 (RGBl. 604)
EGKS	Europäische Gemeinschaft für Kohle und Stahl (Montanunion)
EGKSV	Vertrag über die Gründung der Europäischen Gemeinschaft für Kohle und Stahl
EGMR	Europäischer Gerichtshof für Menschenrechte
EGV	Vertrag zur Gründung der Europäischen Gemeinschaft
Einf.	Einführung
Einl.	Einleitung
Ekey u. a.	Heidelberger Kommentar zum Wettbewerbsrecht, 2. Aufl. 2004 (zit.: Ekey-*Bearbeiter*)
EKG	Einheitliches Gesetz über den internationalen Kauf beweglicher Sachen
EKMR	Europäische Kommission für Menschenrechte
E. L. Rev.	European Law Review
Emmerich	Kartellrecht, 9. Aufl. 2001 (zit.: *Emmerich*, KartR)
EMRK	Europäische Konvention für Menschenrechte

endg.	endgültig
Entsch.	Entscheidung
entspr.	entsprechend
EnWG	Energiewirtschaftsgesetz
EPA	Europäisches Patentamt
Erl.	Erläuterung
ErstrG	Gesetz über die Erstreckung von gewerblichen Schutzrechten
et	Zeitschrift Energiewirtschaftliche Tagesfragen
EU	Europäische Union
EuGI	Gericht erster Instanz des EuGH
EuGH	Gerichtshof der Europäischen Gemeinschaften
EuR	Europarecht
EUV	Vertrag über die europäische Union
EuZW	Europäische Zeitschrift für Wirtschaftsrecht
EVU	Energieversorgungsunternehmen
EWG	Europäische Wirtschaftsgemeinschaft
EWGV	Vertrag zur Gründung der europäischen Wirtschaftsgemeinschaft
EWiR	Entscheidungen zum Wirtschaftsrecht
EWR	Europäischer Wirtschaftsraum
EWRA	Abkommen über den Europäischen Wirtschaftsraum
EWS	Europäisches Wirtschafts- und Steuerrecht
FIW	Forschungsinstitut für Wirtschaftsverfassung und Wettbewerb e.V., Köln
FK	Frankfurter Kommentar zum Kartellrecht, Loseblatt Stand 2004, (zit.: FK-*Bearbeiter*)
FKVO	EG-Fusionskontrollverordnung
Fn.	Fußnote
FS	Festschrift
FTC	Amtliche Entscheidungssammlung der Federal Trade Commission (USA)
FuE	Forschung und Entwicklung
GA	Generalanwalt
GbR	Gesellschaft bürgerlichen Rechts
GebrMG	Gebrauchsmustergesetz
geänd.	geändert
gem.	gemäß
GemO NRW	Gemeindeordnung des Landes Nordrhein-Westfalen
GenG	Gesetz betreffend die Erwerbs- und Wirtschaftsgenossenschaften
GeschmMG	Gesetz betreffend das Urheberrecht an Mustern und Modellen
GewArch	Gewerbearchiv

GG	Grundgesetz für die Bundesrepublik Deutschland
ggf.	gegebenenfalls
GK	Gesetz gegen Wettbewerbsbeschränkungen und Europäisches Kartellrecht, Gemeinschaftskommentar, 5. Aufl. seit 1999 (zit.: GK-*Bearbeiter*)
Gloy	Handbuch des Wettbewerbsrechts, 3. Aufl. 2004 (zit.: Gloy-*Bearbeiter*)
Gleiss/Hirsch	Kommentar zum EG-Kartellrecht, 4. Aufl. 1993
GmbH	Gesellschaft mit beschränkter Haftung
GmbHG	Gesetz betreffend die Gesellschaften mit beschränkter Haftung
GmbHR	GmbH-Rundschau
GmS-OGB	Gemeinsamer Senat der obersten Gerichtshöfe des Bundes
Göhler	Gesetz über Ordnungswidrigkeiten, 17. Aufl. 2003 (zit.: *Göhler*, OWiG)
Grabitz/Hilf	Das Recht der Europäischen Union, Loseblatt Stand 2005 (zit.: Grabitz/Hilf-*Bearbeiter*)
Groeben/Schwarze	Kommentar zum EU-/EG-Vertrag, 6. Aufl. 2003 (zit.: Groeben/Schwarze-*Bearbeiter*)
GRUR	Gewerblicher Rechtsschutz und Urheberrecht, nationaler Teil
GRUR Int.	Gewerblicher Rechtsschutz und Urheberrecht, Auslands- und internationaler Teil
GS	Großer Senat
GVBl.	Gesetz- und Verordnungsblatt
GVG	Gerichtsverfassungsgesetz
GVO	Gruppenfreistellungsverordnung
GWB	Gesetz gegen Wettbewerbsbeschränkungen
Halbb.	Halbband
Halbs.	Halbsatz
Handkom. EUV/EGV	Handkommentar zum Vertrag über die Europäische Union (EUV/EGV) – Herausgegeben von Kay Hailbronner, Eckart Klein, Siegfried Magiera, Peter-Christian Müller-Graff, Loseblatt Stand 1998 (zit.: Handkom. EUV/EGV-*Bearbeiter*)
HauptGA	Hauptgutachten der Monopolkommission
HB	Hohe Behörde
HGB	Handelsgesetzbuch
h. M.	herrschende Meinung
ICC	International Chambre of Commerce
IIC	International Review of Intellectual Property and Competition Law

Immenga/Mestmäcker EG-WbR	Immenga, Ulrich/Mestmäcker, Ernst-Joachim (Hrsg.), Kommentar zum EG-Wettbewerbsrecht, Band I, 1997 und Band II, 1998 (zit.: Immenga/Mestmäcker EG-WbR-*Bearbeiter*)
Immenga/Mestmäcker	Immenga, Ulrich/Mestmäcker, Ernst-Joachim (Hrsg.), Kommentar zum GWB, 3. Aufl. 2001 (zit.: Immenga/Mestmäcker-*Bearbeiter*)
IP	Information a la presse (Pressemitteilungen der Kommission)
IPR	Internationales Privatrecht
IPRax	Praxis des Internationalen Privat- und Verfahrensrechts
i.R.d.	im Rahmen der/des
i. S. d.	im Sinne der/des
i. S. v.	im Sinne von
i.Ü.	im Übrigen
i.V.m.	in Verbindung mit
J. Int'l. Arb.	Journal of International Arbitration
JO	Journal Officiel
JR	Juristische Rundschau
JuS	Juristische Schulung
JW	Juristische Wochenschrift
JZ	Juristen-Zeitung
KAGG	Kapitalanlagegesellschaftsgesetz
Kap.	Kapitel
KartB	Kartellbehörde
KartGer	Kartellgericht
KartR	Kartellrecht
KAV	Konzessionsabgabenverordnung
KG	Kammergericht/Kommanditgesellschaft
KGaA	Kommanditgesellschaft auf Aktien
Kl.	Kläger(in)
Köhler/Piper	Köhler, Helmut/Piper, Henning, Gesetz gegen den unlauteren Wettbewerb, 3. Aufl. 2002 (zit. Köhler/Piper-*Bearbeiter*)
KOG	österr. Kartellobergericht
KOM	Dokumente der Kommission der Europäischen Gemeinschaften
Komm.	Kommission der Europäischen Gemeinschaften
KRT	Tagung der Kartellreferenten des Bundes und der Länder
K&R	Kommunikation und Recht
KWG	Gesetz über das Kreditwesen

Lampert/Niejahr/ Kübler/Weidenbach	Lampert, Thomas/Niejahr, Nina/Kübler, Johanna/Weidenbach Georg, EG-KartellVO, Praxiskommentar zur Verordnung (EG) Nr. 1/2003, 2004 (zit. *Lampert/Niejahr/Kübler/Weidenbach*, EG-KartellVO)
Langen/Bunte	Langen, Eugen/Bunte, Hermann-Josef, Kommentar zum deutschen und europäischen Kartellrecht, 9. Aufl. 2001 (zit.: Langen-*Bearbeiter*)
Larenz/Wolf	Larenz, Karl/Wolf, Manfred, Allgemeiner Teil des Bürgerlichen Rechts, 9. Aufl. 2004 (zit.: *Larenz/Wolf*)
Lenz/Borchardt	Lenz, Carl Otto/Borchardt, Klaus-Dieter, EU- und EG-Vertrag, 3. Aufl. 2003 (zit. Lenz/Borchardt-*Bearbeiter*)
Liebscher/Flohr/ Petsche	Liebscher, Christoph/Flohr, Eckhard/Petsche, Alexander, Handbuch der EU-Gruppenfreistellungsverordnungen, 2003 (zit.: Liebscher/Flohr/Petsche-*Bearbeiter*)
lit.	litera, Buchstabe
lt.	laut
Loewenheim/ Meessen/ Riesenkampff	Loewenheim, Ulrich/Meessen, Karl/Riesenkampff, Alexander, Kartellrecht, Bd. 1: Europäisches Recht, 2005 (zit. *Bearbeiter* in Loewenheim/Meessen/Riesenkampff)
LuftVG	Luftverkehrsgesetz
MA	Der Markenartikel
MarkenG	Gesetz über den Schutz von Marken und sonstigen Kennzeichen (Markengesetz)
MarkenV	Verordnung zur Ausführung des Markengesetzes (Markenverordnung)
Martinek/Semler/ Habermeier	Martinek, Michael/Semler, Franz-Jörg/Habermeier, Stefan, Handbuch des Vertriebsrechts, 2. Aufl. 2003 (zit. Martinek/Semler/Habermeier-*Bearbeiter*)
MBl.	Ministerialblatt
MCR	EEC Merger Control Reporter
MDR	Monatsschrift für Deutsches Recht
Medicus	Allgemeiner Teil des BGB, 8. Aufl. 2002 (zit.: *Medicus*, BGB-AT)
Mestmäcker/ Schweitzer	Mestmäcker, Ernst-Joachim/Schweitzer, Heike, Europäisches Wettbewerbsrecht, 2. Aufl. 2004
MHA	Madrider Herkunftsabkommen
Mitt.	Mitteilungen des Verbandes deutscher Patentanwälte
MittBl. (MBl)	Mitteilungsblatt der Dt. Vereinigung für gewerblichen Rechtsschutz und Urheberrecht
MK	Monopolkommission

MMA	Madrider Markenabkommen vom 14.4.1891 betr. internationale Registrierung von Fabrik- und Handelsmarken
MMR	Multi Media & Recht
MuW	Markenschutz und Wettbewerb
MünchKommBGB	Münchener Kommentar zum Bürgerlichen Gesetzbuch, 4. Aufl. ab 2001 (zit.: MünchKommBGB-*Bearbeiter*)
MünchKommHGB	Münchener Kommentar zum Handelsgesetzbuch (zit.: MünchKommHGB-*Bearbeiter*)
MuR	Medien und Recht
MuW	Markenschutz und Wettbewerb
m.w.N.	mit weiteren Nachweisen
NA	Normenausschuss
n.F.	neue Fassung
NJW	Neue Juristische Wochenschrift
NJW-RR	NJW-Rechtsprechungsreport
NJWE-WettbR	NJW-Entscheidungsdienst Wettbewerbsrecht
Nw. J. Int'l L. & Bus.	Northwestern Journal of International Law & Business
NZG	Neue Zeitschrift für Gesellschaftsrecht
OECD	Organisation for Economic Cooperation and Development
OHG	offene Handelsgesellschaft
OLG	Oberlandesgericht
OVG	Oberverwaltungsgericht
OWiG	Gesetz über Ordnungswidrigkeiten
PatG	Patentgesetz
Prop Ind	La Proprieté Industrielle, Zeitschrift des Internationalen Büros zum Schutz des gewerblichen Eigentums
PVÜ	Pariser Verbandsübereinkommen vom 20.3.1883 zum Schutze des gewerblichen Eigentums
RabelsZ	Rabels Zeitschrift für ausländisches und internationales Privatrecht
RdE	Recht der Elektrizitätswirtschaft
RDV	Recht der Datenverarbeitung
RechKredV	Verordnung über die Rechnungslegung der Kreditinstitute
RegBegr.	Regierungsbegründung
RegE	Regierungsentwurf
Rev.	Revue
RevMC	Revue du Marché Commun
Rev. trim. dr. eur.	Revue trimestrielle de droit européen
RG	Reichsgericht
RGBl.	Reichsgesetzblatt

XXXVI

RGZ	Amtliche Sammlung der Entscheidungen des RG in Zivilsachen
Riv Dir Ind	Rivista di diritto industriale (Italien)
RIW	Recht der Internationalen Wirtschaft
RIW/AWD	Recht der Internationalen Wirtschaft/Außenwirtschaftsdienst
Rn.	Randnummer
Rs.	Rechtssache
Rspr.	Rechtsprechung
RWS	Kommunikationsforum Recht-Wirtschaft-Steuern
Schmidt, K.	Kartellverfahrensrecht – Kartellverwaltungsrecht – Bürgerliches Recht, 1977 (zit.: *Schmidt, K.*, Kart VerfR)
Schröter/Jakob/ Mederer	Schröter, Helmuth/Jakob, Thinam/Mederer, Wolfgang, Kommentar zum Europäischen Wettbewerbsrecht, 2003 (zit. Schröter/Jakob/Mederer-*Bearbeiter*)
Schultze/Pautke/ Wagener	Schultze, Jörg-Martin/Pautke, Stephanie/Wagener, Dominique, Die Gruppenfreistellungsverordnung für vertikale Vereinbarungen, 2001 (zit.: Schultze/Pautke/Wagener, Vertikal-GVO)
S. Cal. L. Rev.	Southern Californian Law Review
Schwarze	Schwarze, Jürgen, EU-Kommentar, 2000 (zit. Schwarze/*Bearbeiter*).
Schwarze/Weitbrecht	Schwarze, Jürgen/Weitbrecht, Andreas, Grundzüge des europäischen Kartellverfahrensrechts, 2004
sec.	section
Slg.	Sammlung
SonderGA	Sondergutachten der Monopolkommission
SortG	Sortenschutzgesetz
Sp.	Spalte
Sp.Str.	Spiegelstrich
StabG	Gesetz zur Förderung der Stabilität und des Wachstums der Wirtschaft
Staudinger	v. Staudinger's Kommentar zum Bürgerlichen Gesetzbuch mit Einführungsgesetz und Nebengesetzen, 13. Aufl. seit 1994 (zit.: Staudinger-*Bearbeiter*)
StGB	Strafgesetzbuch
str.	streitig
Streinz	Streinz (Hrsg.), Kommentar zu EUV und EGV, 2003 (zit. Streinz-*Bearbeiter*)
St. Rspr.	ständige Rechtsprechung
TB	Tätigkeitsbericht des Bundeskartellamtes
TKG	Telekommunikationsgesetz
Trademark Rep.	The Trademark Reporter

Transpatent	Auslandsdienst für Patent-, Muster-, Warenzeichen-, Wettbewerbsrecht und Wirtschaft
Tröndle/Fischer	Strafgesetzbuch und Nebengesetze, 52. Aufl. 2004 (zit.: *Tröndle/Fischer*, StGB)
TVG	Tarifvertragsgesetz
Tz.	Teilzahl/Textziffer
UN	United Nations
Unterabs.	Unterabsatz
UrhG	Gesetz über Urheberschutz und verwandte Schutzrechte
Urt.	Urteil
UWG	Gesetz gegen den unlauteren Wettbewerb
v.	vom
VAG	Versicherungsaufsichtsgesetz
Var.	Variante
VEnergR	Veröffentlichungen des Instituts für Energierecht an der Universität zu Köln
verb.	verbundene
VerfVO	Verfahrensverordnung
VersR	Versicherungsrecht
VG	Verwaltungsgericht
VGH	Verwaltungsgerichtshof
vgl.	vergleiche
VIK	Verband der Industriellen Energie- und Kraftwirtschaft
VO	Verordnung
VOB	Verdingungsordnung für Bauleistungen
VOF	Verdingungsordnung für freiberufliche Leistungen
VOL	Verdingungsordnung für Leistungen
Vol.	Volume
Vor./Vorbem.	Vorbemerkung
VVaG	Versicherungsverein auf Gegenseitigkeit
VVG	Gesetz über den Versicherungsvertrag
VW	Versicherungswirtschaft
VwGO	Verwaltungsgerichtsordnung
VwVfG	Verwaltungsverfahrensgesetz
VwVG	Verwaltungsvollstreckungsgesetz
WB	Wettbewerbsbericht der EG-Kommission
Wbl	Wirtschaftsrechtliche Blätter
WbZentrale	Wettbewerbszentrale zur Bekämpfung unlauteren Wettbwerbs
WbR	Wettbewerbsrecht
WiB	Wirtschaftsrechtliche Beratung
W. Comp.	World Competition

XXXVIII

Wiedemann KartR	Handbuch des Kartellrechts, 1999 (zit.: Wiedemann KartR-*Bearbeiter*)
WIPO	World Intellectual Property Organization
wistra	Zeitschrift für Wirtschaft – Steuer – Strafrecht
WiVerw	Wirtschaft und Verwaltung-Vierteljahresbeilage zum Gewerbearchiv
WM	Zeitschrift für Wirtschafts- und Bankrecht, Wertpapiermitteilungen
WRP	Wettbewerb in Recht und Praxis
WSI	Wirtschafts- und Sozialwissenschaftliches Institut
WTO	World Trade Organization
WuW	Wirtschaft und Wettbewerb
WuW/E	Wirtschaft und Wettbewerb, Entscheidungssammlung
	– des BGH: WuW/E BGH (bis 1997)
	– des BKartA: WuW/E BKartA (bis 1997)
	– der EG-Kommission: WuW/E EV (bis 1997)
	– des Europäischen Gerichtshofes: WuW/E EWG/ MUV (bis 1997)
	– der OLG (einschl. des KG): WuW/E OLG (bis 1997)
	– der Verwaltungsgerichte: WuW/E VG (bis 1997)
	– VergAB: Vergabeüberwachungsausschuss des Bundes (bis 1997)
	– VergAL: Vergabeausschüsse der Länder (bis 1997)
	– DE-R: deutsche Rechtsprechung (ab 1998)
	– DE-V: deutsche Verwaltungspraxis (ab 1998)
	– EU-R: Rechtsprechung der Europäischen Gerichte (ab 1998)
	– EU-V: Verwaltungspraxis der EG-Kommission (ab 1998)
	– Verg: Vergaberecht (ab 1998)
WZG	Warenzeichengesetz
z. B.	zum Beispiel
Zentrale	Wettbewerbszentrale zur Bekämpfung unlauteren Wettbewerbs
ZEuP	Zeitschrift für Europäisches Privatrecht
ZfB	Zeitschrift für Betriebswirtschaft
zfbf	Schmalenbachs Zeitschrift für betriebswirtschaftliche Forschung
ZfE	Zeitschrift für Energiewirtschaft
ZGR	Zeitschrift für Unternehmens- und Gesellschaftsrecht
ZHR	Zeitschrift für das gesamte Handels- und Wirtschaftsrecht
Ziff.	Ziffer(n)

ZIP	Zeitschrift für Wirtschaftsrecht und Insolvenzpraxis
ZPO	Zivilprozessordnung
ZRP	Zeitschrift für Rechtspolitik
z.T.	zum Teil
zutr.	zutreffend
ZVglRWiss	Zeitschrift für vergleichende Rechtswissenschaft
ZWeR	Zeitschrift für Wettbewerbsrecht

Kapitel 1:

Einführung

§ 1 Regelungszweck des Kartellrechts

Schrifttum: *Bartling*, Leitbilder der Wettbewerbspolitik, 1980; *Bester*, Theorie der Industrieökonomik, 2. Aufl. 2003; *Borchert/Großekettler*, Preis- und Wettbewerbstheorie, 1985; *von Hayek*, Die Verfassung der Freiheit, 1971; *Hoppmann*, Das Konzept der optimalen Wettbewerbsintensität, Jahrbücher für Nationalökonomie und Statistik, Bd. 179, 1966, S. 286; *Illing*, Industrieökonomie: Nur eine Spielwiese für Spieltheoretiker? in: Holler (Hrsg.), Ein halbes Jahrhundert Spieltheorie, 1995; *Kantzenbach*, Das Konzept der optimalen Wettbewerbsintensität, Jahrbücher für Nationalökonomie und Statistik, Bd. 181, 1967/68, S. 193; *ders.*, Die Funktionsfähigkeit des Wettbewerbs, 2. durchgesehene Aufl. 1967; *Kerber*, Wettbewerbspolitik, in: Bender et al. (Hrsg.), Vahlens Kompendium der Wirtschaftstheorie und Wirtschaftspolitik, Bd. 2, 8. Aufl. 2003, S. 298; *Knight*, Risk, Uncertainty and Profit, 1921; *Krüger*, Kollektive Marktbeherrschung und Neue Industrieökonomik, in: Kruse/Mayer (Hrsg.), Aktuelle Probleme der Wettbewerbs- und Wirtschaftspolitik – Festschrift für Erhard *Kantzenbach* zum 65. Geburtstag, 1996; *Mantzavinos*, Wettbewerbstheorie, 1994, zgl. Diss. Universität Tübingen 1992; *Rees*, Tacit Collusion, Oxford Review of Economic Policy, Bd. 9, Ausgabe 2, Sommer 1993, S. 27; *Schmidt*, Wettbewerbspolitik und Kartellrecht, 7. Aufl. 2001; *Schumpeter*, Kapitalismus, Sozialismus und Demokratie, 7. Aufl. 1993; *Smith*, Theorie der ethischen Gefühle, 3. Nachdruck, 1994; *Weimann*, Wirtschaftspolitik: Allokation und kollektive Entscheidung, 3. Aufl. 2004.

I. Bedeutung des Wettbewerbs

Das europäische und das deutsche Kartellrecht sollen den Wettbewerb **1** schützen. Schützenswert ist der Wettbewerb, weil er zahlreiche wichtige Funktionen für Wirtschaft, Gesellschaft und Staat erfüllt. Zu den **wirtschaftspolitischen Aufgaben** zählen etwa:[1]

• die Steuerungsfunktion. Der Wettbewerb steuert den Wirtschaftsablauf. Er entscheidet über die Zusammensetzung des Güter- und

---

[1] *Bechtold*, Einf. Rn. 45–53; Langen-*Bunte*, Einf. z. GWB Rn. 66–68; Wiedemann KartR-*Wiedemann*, § 1 Rn. 1–2.

Dienstleistungsangebots entsprechend dem freien Spiel von Angebot und Nachfrage;

- die Ordnungsfunktion. Der Wettbewerb lenkt die Produktionsfaktoren in die jeweils effizienteste Verwendungsart;
- die Antriebs- oder Leistungsfunktion. Der Wettbewerb zwingt die Unternehmen, möglichst preiswerte und dennoch hochwertige Produkte anzubieten. Effizientere Produktionsmethoden und Vertriebskanäle werden so eingeführt;
- die Schutzfunktion. Der Wettbewerb schützt vor einseitigen Maßnahmen der Marktgegenseite, da er jedem Anbieter bzw. Nachfrager die Möglichkeit gibt, aus unterschiedlichen Angeboten bzw. zwischen verschiedenen Nachfragern auszuwählen.

2 Zugleich erfüllt der Wettbewerb **gesellschaftspolitische Funktionen**, wie etwa die Herstellung einer gleichmäßigen Machtverteilung. Wettbewerb verhindert den Aufbau von sich verfestigenden Machtpositionen, die in der Lage wären, die Freiheit der anderen Marktteilnehmer nachhaltig einzuschränken. Der funktionierende Wettbewerb hat daher für jede freiheitliche Gesellschafts- und Privatrechtsordnung fundamentale Bedeutung. Zunehmend kommt dem Kartellrecht in den letzten Jahren eine verbraucherschützende Aufgabe zu, deren Umfang aber noch nicht abschließend geklärt ist.

3 Neben dem Wettbewerb als Institution wird auch die **individuelle Wettbewerbsfreiheit** durch das Kartellrecht geschützt. Diese Freiheit des Einzelnen, am Wettbewerb teilzunehmen, ist Kernbestandteil des Kartellrechts.[2] Zwischen wirksamem Wettbewerb, dem Grundsatz der Privatautonomie und dem Privateigentum bestehen zahlreiche Wechselwirkungen. So ermöglicht erst das privatautonome Handeln der Akteure den Wettbewerb. Umgekehrt ist es die Aufgabe des Kartellrechts, die Privatautonomie zu begrenzen, damit sie sich nicht selbst aufhebt. Denn die Wettbewerber könnten untereinander vereinbaren, ihre Freiheit im Wettbewerb zu begrenzen oder sogar auszuschließen.

4 Das Kartellrecht richtet sich nicht nur gegen Beschränkungen, die von der Privatautonomie ausgehen, sondern geht gegen **alle Formen der Wettbewerbsbeschränkung** vor. Dazu zählen u. a. der Aspekt der Unternehmensstrukturkontrolle, die Kontrolle übermäßiger Marktkonzentrationen oder das Überwachen von Unternehmen in marktbeherrschender Stellung.

---

2 Langen-*Bunte*, Einf. z. GWB Rn. 48; GK-*Hootz*, § 1 Rn. 14.

II. Das wettbewerbstheoretische Grundverständnis

Das europäische und das deutsche Kartellrecht definieren den **Begriff** 5
des Wettbewerbs nicht. Eine solche Definition ist auch nicht möglich, da sie nicht sämtliche Bedingungen, Wirkungsweisen und Folgen
des Wettbewerbs erfassen kann.[3] Zudem liegt weder dem europäischen noch dem deutschen Kartellrecht ein einziges wettbewerbstheo-
retisches Grundverständnis zugrunde. In den gesetzlichen Regelungen
findet sich vielmehr eine Mischung verschiedener wettbewerbspolitischer Leitbilder und Ansätze, die im Laufe der letzten 200 Jahre aus
den einzelnen Wettbewerbstheorien heraus entwickelt worden sind.

Zu Zeiten des **klassischen Liberalismus**, also noch vor dem Beginn 6
der eigentlichen Wettbewerbstheorie als Forschungsrichtung, wurde
Wettbewerb als ein Prozess begriffen, der – angetrieben durch das
egoistische Streben jedes Einzelnen nach seinem eigenen Vorteil – zu
einer optimalen Verbraucherversorgung führt und durch die unsicht-
bare Kraft der Märkte ausreichend gesteuert sein sollte.[4] Prominen-
tester Vertreter dieser Forschungsrichtung war *Adam Smith*. Im Anschluss an den klassischen Liberalismus wurde bis in die 20er Jahre
des letzten Jahrhunderts hauptsächlich an **statischen Modellen** gear-
beitet, anhand derer Wettbewerb mathematisch erklärt werden sollte.
Dementsprechend wurde in der Forschung hauptsächlich nach Bedingungen gesucht, unter denen ein optimaler Gleichgewichts- und damit
Wettbewerbszustand vorliegt. Wichtigstes Modell war das der Vollständigen Konkurrenz, das den Zustand abbildete, in dem ein optimales
Wettbewerbsgleichgewicht erreicht sein sollte. Die diesem Modell zugrunde liegenden Annahmen[5] waren jedoch zu statisch und deckten
sich nicht mit den Voraussetzungen auf real existierenden Märkten.

Daher rückten das Konzept des **funktionsfähigen Wettbewerbs** und 7
die **industrieökonomische Forschung** in den 20er und 30er Jahren
des letzten Jahrhunderts vom Modell der Vollständigen Konkurrenz
ab.[6] Beide Ansätze suchten nach Kriterien für einen funktionsfähigen
Wettbewerb und stellten das Marktstruktur-Marktverhalten-Marktergebnis-Paradigma in den Mittelpunkt, dessen Elemente sich z. B. in

---

3 Statt aller *Mestmäcker/Schweitzer*, § 2 Rn. 75 f.
4 Zusammenfassend *Bartling*, Leitbilder, S. 9; *Smith*, Theorie der ethischen Gefühle,
   S. 1 ff.
5 Vgl. dazu *Knight*, Risk, Uncertainty and Profit, S. 76–79.
6 Vgl. dazu die Darstellungen bei *Mantzavinos*, Wettbewerbstheorie, S. 21 f. und
   Schmidt, Wettbewerbspolitik und Kartellrecht, S. 7–11, jeweils m. w. N.

der europäischen Fusionskontrolle wiederfinden lassen. Es wurde eine Kausalitätskette zwischen Marktstruktur, Marktverhalten und Marktergebnis gesehen. Man glaubte also, dass eine bestimmte Marktstruktur zu einem gewissen Verhalten führt, das wiederum ein bestimmtes Ergebnis nach sich zieht. Es wurde der Versuch unternommen, einen einheitlichen normativen Katalog für funktionsfähigen Wettbewerb zu finden, was den Vertretern dieser Forschungsrichtungen jedoch nicht gelang.[7] Die Theorien vermochten nicht zu erklären, warum die von ihnen aufgezeigte Kausalität auch in entgegengesetzter Richtung funktionieren kann, und es wurde verkannt, dass neben marktstrukturellen Gesichtspunkten auch und gerade die besonderen Stärken und Schwächen der handelnden Individuen für das Verhalten der Marktteilnehmer entscheidend sind.[8]

8   Direkt gegen die industrieökonomische Forschung in ihrer Ausprägung durch die sog. Harvard School stellte sich Ende der 70er Jahre des 20. Jahrhunderts die sog. **Chicago School**, die das Marktstruktur-Marktverhalten-Marktergebnis-Paradigma für verfehlt hielt. Stattdessen wird von ihren Anhängern eine Art Sozialdarwinismus vertreten, wonach nur die stärksten und besten Unternehmen „überleben" und sich durchsetzen. Ein großes und starkes Unternehmen wurde folglich als effizient eingeordnet, ohne dass wettbewerbswidriges Verhalten eines Unternehmens zur Machterlangung oder zum Machterhalt als Gefahr gewertet wurde. Ebenso wenig wie das Machtstreben erkannte die Chicago School die Problematik von Marktzutrittsschranken etwa durch die auf dem Markt herrschende Kostenstruktur o.Ä. an. Damit definierte sie gleichsam das Problem zu großer Marktkonzentration weg. Es wurde im extrem großen Maße auf die Selbstheilungskräfte der Märkte vertraut, so dass wettbewerbspolitisches Einschreiten folglich bis auf wenige Einzelfälle für unnötig gehalten wurde.[9]

9   Die Wettbewerbstheorie der **Contestable Markets** sah in dem Fehlen von Marktzutritts- und -austrittsbarrieren hingegen das einzige bedeutsame Kriterium für einen funktionierenden Wettbewerb. Auch diese Theorie hat Eingang in das Kartellrecht gefunden, wo der potenzielle Wettbewerb und das Fehlen von Marktzutrittsschranken wichtige Kri-

---

7 *Mantzavinos*, Wettbewerbstheorie, S. 32 ff.
8 Vgl. *Bartling*, Leitbilder, S. 25; *Bester*, Theorie der Industrieökonomik, S. 5.
9 *Kerber*, in: Bender (Hrsg.), Wirtschaftstheorie und Wirtschaftspolitik, Bd. 2, S. 298, 311; *Mantzavinos*, Wettbewerbstheorie, S. 47 m. w. N.

terien für die Erlaubnis eines Unternehmenszusammenschlusses oder das Vorliegen einer marktbeherrschenden Stellung sind.[10]

Andere Forscher arbeiteten stärker die Bedeutung des Unternehmers **10** und damit letztlich des Wissenselements für den Wettbewerb heraus. *Schumpeter* etwa sah den Wettbewerb als einen Prozess, bei dem Pionierunternehmen, verfolgt von ihren Konkurrenten, ständig vorwärts streben, wodurch kontinuierlich althergebrachte Erkenntnisse, Verfahren und Produkte durch neue ersetzt werden. Deshalb bezeichnete *Schumpeter* Wettbewerb auch als einen „**Prozess der schöpferischen Zerstörung**".[11] Während damit *Schumpeter* erstmals die Rolle des Unternehmers betonte, war für *v. Hayek* das Streben nach Wissen noch bedeutsamer. Er nannte Wettbewerb ein „**Such- und Entdeckungsverfahren**", das für ihn schon deshalb ergebnisoffen war, weil ja beständig in unbekannte Wissenssphären vorgedrungen wird. Deshalb sah er es als Aufgabe der Wettbewerbspolitik an, die notwendigen Rahmenbedingungen für funktionierenden Wettbewerb zu schaffen, hielt es jedoch für falsch, feste Ziele wie etwa größtmögliche Effizienz oder die Gesamtwohlfahrt zu verfolgen.[12] *Schumpeter* und *v. Hayeks* Rolle für das Kartellrecht ist schon deshalb bedeutsam, weil sie die Grundlage für das immer dynamischer werdende heutige Wettbewerbsverständnis legten.

In Deutschland sind vor allem zwei Entwicklungen für das wettbe- **11** werbstheoretische Leitbild des GWB maßgeblich gewesen. Zum einen strebte der von der Freiburger Schule, in der sich vor allem *v. Eucken* hervortat, begründete **Ordoliberalismus** durch die Herstellung eines funktionsfähigen Preissystems und vollständiger Konkurrenz einen bestmöglichen Ausgleich zwischen gesellschaftlichen Gesamtinteressen und Individualinteressen an. Das ordoliberale Leitbild war wichtige Grundlage für das GWB, das am 1.1.1958 in Kraft trat.[13] Zum anderen spielte die sog. *Hoppmann-Kantzenbach*-Kontroverse für das deutsche, aber auch für das europäische Wettbewerbsverständnis eine erhebliche Rolle. *Kantzenbach* suchte nach einem handhabbaren wettbewerbspolitischen Konzept. Er war der Ansicht, dass durch einen Eingriff in die Marktstruktur eine optimale Marktkonzentration erreicht werden könnte, in der Wettbewerb am effektivsten ist. Messen

---

10 Vgl. dazu Rn. 1175 f., 1193 u. 1203.
11 *Schumpeter*, Kapitalismus, Sozialismus und Demokratie, S. 134, 138.
12 *v. Hayek*, Die Verfassung der Freiheit, S. 287.
13 Zur Entstehungsgeschichte vgl. *Bechtold*, Einf. Rn. 1–39; Langen-*Bunte*, Einf. z. GWB Rn. 7–10.

lässt sich die Wettbewerbsintensität nach *Kantzenbach* an der Geschwindigkeit, in der Vorsprungsgewinne von der Konkurrenz wieder weggefressen werden.[14] Er glaubte, im weiten Oligopol mit mäßiger Produktdifferenzierung die ideale Marktstruktur gefunden zu haben, um funktionierenden Wettbewerb zu gewährleisten.[15] Dagegen vertrat *Hoppmann* die Ansicht, dass die Freiheit des Wettbewerbs oberstes Ziel der Wettbewerbspolitik sein müsse, so dass es lediglich rechtlicher Rahmenvorschriften bedürfte.[16] Den Ansatz *Kantzenbachs*, von der Marktstruktur aus in den Wettbewerb einzugreifen, lehnte er ab, da er die Anzahl der Marktteilnehmer und Marktvollkommenheitskriterien wie Markttransparenz etc. als endogene Kriterien einordnete, die also Ergebnisse und nicht Voraussetzungen des dynamischen Wettbewerbsprozesses darstellten.[17]

12 Auch wenn *Kantzenbachs* Thesen vielfach kritisiert wurden, sind sie doch insoweit Grundlage der deutschen und europäischen Kartellrechtsgesetzgebung geworden, als dort Wettbewerb nicht als Selbstzweck gesehen wird, sondern als **Mittel zum Erreichen eines höheren Zwecks**, wie vor allem der europäischen Integration, verstanden wird.[18] An einem ausdrücklichen Bekenntnis des deutschen oder des Gemeinschaftsgesetzgebers zu einer bestimmten wettbewerbstheoretischen Konzeption fehlt es jedoch bisher.

13 Nicht zur eigentlichen Wettbewerbstheorie gehörend, für das Verständnis des Agierens der Marktteilnehmer aber sehr bedeutsam, ist die **spieltheoretische Forschung**. Sie beschäftigt sich mit dem Verhalten der Unternehmer und versucht, dieses vorauszusagen.[19] Gerade in stark konzentrierten Märkten kann davon ausgegangen werden, dass die einzelnen Marktteilnehmer mögliche Reaktionen der anderen in ihr unternehmerisches Kalkül mit einbeziehen. Grundmodell der

---

14 *Kantzenbach*, Funktionsfähigkeit des Wettbewerbs, S. 38 m. w. N.

15 *Kantzenbach*, Jahrbücher für Nationalökonomie und Statistik, Bd. 181, 1967/68, S. 193, 235; *ders.*, Funktionsfähigkeit des Wettbewerbs, S. 49, 91 ff.; vgl. auch die Darstellungen bei *Bartling*, Leitbilder der Wettbewerbspolitik, S. 34; *Borchert/Großekettler*, Preis- und Wettbewerbstheorie, S. 143; *Mantzavinos*, Wettbewerbstheorie, S. 98; *Schmidt*, Wettbewerbspolitik und Kartellrecht, S. 12.

16 *Hoppmann*, Jahrbücher für Nationalökonomie und Statistik, Bd. 179, 1966, S. 286, 304.

17 *Hoppmann*, Jahrbücher für Nationalökonomie und Statistik, Bd. 179, 1966, S. 286, 308.

18 Vgl. dazu Rn. 17 f. und Rn. 21.

19 *Bester*, Theorie der Industrieökonomik S. 4, 5; *Illing*, in: Holler (Hrsg.), Ein halbes Jahrhundert Spieltheorie, S. 61 ff., 67.

Spieltheorie ist das sog. Gefangenendilemma, durch das veranschaulicht werden kann, dass Spieler, also z. B. Marktteilnehmer, durch den Versuch, das Verhalten ihres Gegenspieler möglichst genau einzuschätzen und darauf entsprechend zu reagieren, häufig nicht das für sie günstigste Spiel- bzw. Marktergebnis erzielen.[20] Aus der Erkenntnis dieser Zusammenhänge wird für die Oligopolproblematik gefolgert, dass eine hohe Marktkonzentration dann unschädlich für den Wettbewerb ist, wenn die Marktteilnehmer ständig befürchten müssen, für ihr Verhalten von den anderen sanktioniert zu werden. So bedeutsam die Spieltheorie für die Analyse strategischen Verhaltens ist, so wenig brauchbar ist sie gleichzeitig als alleinige Grundlage zur Beurteilung von Zusammenschlüssen o. ä. Denn sie ermöglicht lediglich eine Ex-post-Beurteilung von Marktsituationen und zeigt wahrscheinliche Verhaltensmuster auf, gibt jedoch keine eindeutige Antwort, wann mit wettbewerbswidrigem Verhalten zu rechnen ist.[21]

§ 2 Ziele und Mittel des Kartellrechts

Schrifttum: *Birk*, Das Prinzip des unverfälschten Wettbewerbs und seine Bedeutung im europäischen Gemeinschaftsrecht, 2000; *Hübschle*, Die kartellrechtliche Missbrauchsaufsicht über Strompreisdifferenzierungen nach der Energiewirtschaftsrechtnovelle, WuW 1998, 146; *Kahlenberg/Haellmigk*, Neues Deutsches Kartellgesetz, BB 2005, 1509; *Karl/Reichelt*, Die Änderungen des Gesetzes gegen Wettbewerbsbeschränkungen durch die 7. GWB-Novelle, DB 2005, 1436; *Köhler*, Das neue UWG, NJW 2004, 2121; *Kühne/Scholtka*, Das neue Energiewirtschaftsrecht, NJW 1998, 1902; *Lange*, Räumliche Marktabgrenzung in der europäischen Fusionskontrolle, 1994.

I. Europäisches Kartellrecht

Die Wettbewerbspolitik der Gemeinschaft ist im Katalog des Art. 3 **14** EG unter lit. g erwähnt und im Einzelnen in Art. 81 bis 89 EG geregelt. Art. 4 Abs. 1 EG verpflichtet die Mitgliedstaaten und die Gemeinschaft zur Einführung einer **Wirtschaftspolitik**, die auf einer

---

20 So etwa *Weimann*, Wirtschaftspolitik, S. 115 ff.
21 Vgl. etwa *Krüger*, in: Kruse/Mayer (Hrsg.), Festschrift für Kantzenbach, S. 135, 143 m. w. N.; *Rees*, Oxford Review of Economic Policy, Bd. 9, Ausgabe 2, Sommer 1993, S. 27 ff. (39).

engen Koordinierung der Wirtschaftspolitik der Mitgliedstaaten, dem Binnenmarkt und der Festlegung gemeinsamer Ziele beruht und dem Grundsatz einer offenen Marktwirtschaft mit freiem Wettbewerb verpflichtet ist. Die europäische **Wirtschaftsverfassung** ist zwar nicht ausdrücklich im Vertrag festgeschrieben und damit grundsätzlich offen, beruht aber auf marktwirtschaftlichen Grundlagen mit wettbewerblicher Prägung. Das Ziel der Wettbewerbsregeln ist die Errichtung und Vertiefung eines einheitlichen Binnenmarktes, der durch einen freien Waren-, Personen-, Dienstleistungs- und Kapitalverkehr gekennzeichnet ist, Art. 14 Abs. 2 EG.[22] Der EG-Vertrag garantiert den Wettbewerb nicht zuletzt als Institution, durch die sich die allgemeinen Vertragsziele am besten erreichen lassen.

15 Die Grundentscheidung zu Gunsten eines **marktwirtschaftlichen Systems** steht unter der Prämisse, dass dieses dem einzelnen Marktbürger nicht nur den größtmöglichen Freiheitsraum für eigenverantwortliche, selbstständige Tätigkeiten sichert. Es ist auch am ehesten geeignet, deren wirtschaftliche Aktivität zu stimulieren. Zudem gewährleisten die Wettbewerbsregeln die Gleichbehandlung der Marktbürger. Als Teil des unmittelbar geltenden Gemeinschaftsrechts sind sie in der ganzen Gemeinschaft nach einheitlichen Maßstäben anzuwenden. Die Gleichheit der Spielregeln für alle am Wettbewerb beteiligten Personen und Unternehmen bildet eine zwingende Voraussetzung für die Öffnung der nationalen Märkte, die andernfalls für die Mitgliedstaaten weder wirtschaftlich noch politisch zumutbar gewesen wäre.

16 Die Wettbewerbsregeln des Titels VI, Kapitel 1 des EG-Vertrags sollen den **Wettbewerb innerhalb des Binnenmarktes** vor Verfälschungen schützen, wie es in Art. 3 lit. g EG gefordert wird. Dabei handelt es sich um ein grundlegendes Ziel der Gemeinschaft, dem zwingende Geltung zukommt.[23] Art. 4 Abs. 1 und Art. 98 EG verpflichten die Mitgliedstaaten zudem zur Verwirklichung einer offenen Marktwirtschaft mit freiem Wettbewerb. Der durch freien Wettbewerb entstehende Markt ist damit das eigentliche Instrument, mit dem Wirtschaftsabläufe in der Gemeinschaft „gesteuert" werden. Die Wettbewerbsregeln sollen auf dem Gemeinsamen Markt einen freien, redlichen, unverfälschten und zugleich wirksamen Wettbewerb gewährleis-

---

22 *Mestmäcker/Schweitzer*, § 2 Rn. 8.
23 EuGH, Urt. v. 21.2.1973 – Rs. 6/72, „Continental Can", Slg. 1973, 215, 244 Rn. 25; *Birk*, Unverfälschter Wettbewerb, S. 149 ff.; Streinz/*Eilmannsberger*, vor Art. 81 Rn. 1; Immenga/Mestmäcker EG-WbR-*Mestmäcker*, Einl. Rn. 1 ff.

ten.[24] Markt und Wettbewerb sind die wesentlichen Bestandteile der Wirtschaftsverfassung der Gemeinschaft.

Für den in Art. 3 Abs. 1 lit. g EG geforderten **unverfälschten Wettbe-** **17** **werb** muss in jedem Fall „soviel Wettbewerb vorhanden sein, dass die grundlegenden Forderungen des Vertrages erfüllt und seine Ziele, insbesondere die Bildung eines einzigen Marktes mit binnenmarktähnlichen Verhältnissen, erreicht werden".[25] Diese Formulierung des EuGH macht deutlich, dass neben dem Schutz des Wettbewerbs die sog. Marktintegrationsfunktion, also die Durchsetzung bzw. die Vertiefung des Binnenmarktes, eine weitere zentrale Aufgabe des europäischen Kartellrechts darstellt. Beide Zwecke – Wettbewerb zur Erreichung einer optimalen Ressourcenverteilung und Marktintegration – sind bei der Auslegung und Anwendung der kartellrechtlichen Normen stets gleichermaßen zu beachten. Die Wettbewerbsregeln sollen verhindern, dass die durch die Grundfreiheiten des EG-Vertrags abgebauten staatlichen Handelsschranken zwischen den Mitgliedstaaten von Seiten der Unternehmen durch marktabschottende Maßnahmen wieder errichtet werden.[26]

Das europäische Kartellrecht enthält u. a. folgende Wettbewerbsregeln **18** für Unternehmen:

- das allgemeine Kartellverbot des Art. 81 EG;
- das Verbot des missbräuchlichen Ausnutzens einer marktbeherrschenden Stellung (Art. 82 EG);
- das Recht der Kontrolle von Unternehmenszusammenschlüssen (FKVO).

Daneben gehört zu diesem Bereich die Aufsicht über staatliche Len- **19** kungsmechanismen, wie öffentliche Unternehmen, staatliche Beihilfen oder Monopole.

Die **Kommission** ist im Rahmen ihrer Aufgaben nach Art. 211 EG zu- **20** ständig für die Anwendung der Wettbewerbsregeln. Diese Zuständigkeit wird durch Einzelentscheidungen ausgeübt. Daneben veröffentlicht sie Bekanntmachungen, Leitlinien und Stellungnahmen, mit de-

---

24 Schröter/Jakob/Mederer-*Schröter*, Vorbem. zu Art. 81–89 Rn. 8.
25 EuGH, Urt. v. 25.10.1977 – Rs. 26/76, „Metro/Saba I", Slg. 1977, 1875, 1905 Rn. 20; Handkom. EUV/EGV-*Müller-Graff*, Art. 85 Rn. 1–2.
26 EuGH, Urt. v. 13.7.1966 – Rs. 32/65, „Italien/Kommission", Slg. 1966, 457, 486; Lenz/Borchardt-*Grill*, Vorbem. Art. 81–86 Rn. 5; Grabitz/Hilf-*Aicher/Schumacher*, Art. 81 Rn. 10; *Lange*, Räumliche Marktabgrenzung, S. 35 ff.

nen sie ihre eigene Verwaltungspraxis festlegt. Alle Kompetenzen, die der Vertrag und die VO 1/2003 auf die Kommission übertragen haben, stehen ihr als einem Kollegialorgan zu. Ihre Unabhängigkeit von den Mitgliedstaaten ist durch die VO 1/2003 gesichert.

II. Deutsches Kartellrecht

21 Das deutsche Kartellrecht ist größtenteils im Gesetz gegen Wettbewerbsbeschränkungen (**GWB**) niedergelegt. Das Gesetz ist am 1.1.1958 in Kraft getreten und liegt seit dem 1.7.2005 in Form der 7. Novelle vor.[27] Da das GWB zwischen öffentlichem und privatem Recht steht, wird es vielfach als Wirtschaftsverwaltungsrecht bezeichnet. Dem deutschen Recht liegt – wie dem europäischen Kartellrecht – ein Drei-Säulen-Konzept zugrunde. Diese Säulen sind:

- das Recht der Unterbindung von Wettbewerbsbeschränkungen;
- eine Verhaltenskontrolle gegenüber marktbeherrschenden und marktmächtigen Unternehmen sowie gegenüber Abwehrpraktiken von Unternehmen und Unternehmensvereinigungen;
- das Recht der Kontrolle von Unternehmenszusammenschlüssen.

22 Durch die **7. GWB-Novelle** wurde das deutsche Kartellrecht inhaltlich weitgehend dem europäischen Recht angepasst. Die bislang bestehende grundsätzliche Anmelde- und Genehmigungspflicht für wettbewerbsbeschränkende Vereinbarungen wurde in ein System der Legalausnahme überführt. Gleichzeitig wurde der Vorrang des europäischen Kartellrechts hinsichtlich der Zulässigkeit wettbewerbsbeschränkender Vereinbarungen erheblich erweitert. Angesichts des erweiterten Vorrangs des europäischen Kartellrechts wurden zudem die Sondervorschriften für sog. Inhaltsbindungen für Preise und Konditionen gestrichen. Um die Einheit des Wettbewerbsrechts zu sichern, wurde das europäische Modell für vertikale Wettbewerbsbeschränkungen übernommen. Der unbedingte Vorrang des europäischen Kartellrechts gilt nicht für die Missbrauchsaufsicht bei einseitigem wettbewerbsbeschränkendem Verhalten. Da die strengeren deutschen Vorschriften zur Missbrauchsaufsicht über marktbeherrschende und marktstarke Unternehmen (§§ 19, 20 u. 21 GWB) beibehalten wurden, werden

---

27 Siebtes Gesetz zur Änderung des Gesetzes gegen Wettbewerbsbeschränkungen, BGBl. 2005 I S. 1954. Siehe dazu *Kahlenberg/Haellmigk*, BB 2005, 1509 ff.; *Karl/Reichelt*, DB 2005, 1436 ff.

diese Fälle nach wie vor im deutschen teilweise anders geregelt als im europäischen Recht.

Das **UWG** regelt das Verhalten von Unternehmen im Wettbewerb. Es **23** enthält den Kern des allgemeinen Verhaltensrechts für Unternehmen. Ein Gesetz, das wie das UWG das Verhalten von Unternehmen im Wettbewerb regelt, setzt den Bestand einer Wirtschaftsordnung voraus, in der es überhaupt Wettbewerb gibt. Innerhalb einer solchen durch das GWB geschützten Wirtschaftsordnung stellt das UWG die Funktionsfähigkeit der Wettbewerbsordnung sicher. Nur wenn überhaupt Wettbewerb auf einem bestimmten Markt besteht, stellt sich die Frage, ob eine Wettbewerbshandlung als lauter oder als unlauter anzusehen ist. Das GWB schützt die Freiheit des Wettbewerbs gegen Beschränkungen, das UWG die Lauterkeit des Wettbewerbs vor unlauteren Wettbewerbsmethoden, vgl. § 3 UWG. Es wird daher auch Lauterkeitsrecht genannt.[28]

Neben das GWB sind in den letzten Jahren einige **Sondergesetze** für **24** bestimmte Branchen und Sektoren getreten, mit denen die allgemeinen wettbewerbsrechtlichen Vorschriften teilweise abgewandelt und ergänzt werden. Diese Entwicklung wird auch als Sektoralisierung des Wettbewerbsrechts bezeichnet.[29] Die Sondergesetze dienen überwiegend dazu, den Wettbewerb auf Märkten zu sichern, die durch die Monopolstellung öffentlicher Unternehmen geprägt waren. Eigenständige Regulierungsbehörden wurden geschaffen, um die Aktivitäten der ehemaligen Monopolunternehmer zu überwachen, neuen Wettbewerbern den Marktzutritt zu erleichtern und so zu einem chancengleichen Wettbewerb beizutragen.

Das **Allgemeine Eisenbahngesetz** (AEG) geht von einem Monopol **25** hinsichtlich der Eisenbahninfrastruktur aus und gewährt den Anbietern von Beförderungsleistungen ein Recht auf diskrimierungsfreie Benutzung der Schienenwege, § 14 AEG. Diese Vorschrift geht § 19 Abs. 4 Nr. 4 GWB als lex specialis vor. Darüber hinaus bleibt die Zuständigkeit des BKartA unberührt, § 14 b Abs. 2 Satz 1 AEG.

Auch nach der Liberalisierung der **Post- und Telekommunikations-** **26** **märkte** werden die ehemaligen Monopolunternehmen, die Deutsche Post AG und die Deutsche Telekom AG, noch lange Zeit ihre dominierenden Marktstellungen halten können. Es bedarf daher besonderer ge-

---

28 Vgl. Baumbach-*Köhler*, § 3 UWG Rn. 6 ff.; *Köhler*, NJW 2004, 2121, 2122; Köhler/Piper-*Piper*, Einf. Rn. 46.
29 Langen-*Bunte*, Einf. z. GWB Rn. 27–29.

setzlicher Regelungen, die mittels staatlicher Regulierung der ehemaligen Monopolmärkte das Entstehen von Wettbewerb sicherstellen. Für die jeweiligen Tätigkeitsbereiche sind deshalb Spezialgesetze geschaffen worden: Das Telekommunikationsgesetz (TKG) bildet den rechtlichen Rahmen für den geöffneten Markt für Fernmelde- oder Telekommunikationsleistungen. Das Postgesetz (PostG) regelt den Bereich der Postdienste. Die Energiemärkte sind durch das **Energiewirtschaftsgesetz** (EnWG) liberalisiert worden. Damit unterfallen die Energieversorgungsunternehmen voll dem Anwendungsbereich des GWB, insbesondere dessen Missbrauchskontrolle. Die auf Demarkationsabsprachen und Konzessionsverträgen beruhenden Gebietsmonopole sind abgeschafft.[30] Hinsichtlich des Zugangs zum Elektrizitätsversorgungsnetz enthalten die §§ 17 ff. EnWG Sondervorschriften, die sich inhaltlich mit § 19 Abs. 4 Nr. 4 GWB überschneiden. Die Vorschriften des EnWG stehen dabei der Anwendung der §§ 19 und 20 GWB nicht entgegen, soweit nicht in § 111 EnWG eine andere Regelung getroffen ist, § 130 Abs. 3 GWB.

27 Die Strom- und Gasnetzbetreiber unterliegen nach der Reform des EnWG einer staatlichen Aufsicht. Eine Regulierungsbehörde hat diese Aufgaben unter der neuen Bezeichnung „**Bundesnetzagentur für Elektrizität, Gas, Telekommunikation, Post und Eisenbahn**" übernommen. Wie das BKartA ist die Bundesnetzagentur dem Geschäftsbereich des Bundeswirtschaftsministeriums zugeordnet.

---

30 Weiterführend *Hübschle*, WuW 1998, 146; *Kühne/Scholtka*, NJW 1998, 1902.

Kapitel 2:

Das Kartellverbot im europäischen Recht

§ 1 Grundlagen des Kartellverbots nach Art. 81 Abs. 1 EG

Schrifttum: *Ahlborn/Seeliger*, Business to Business Exchanges: EG-kartell-rechtliche Probleme bei Unternehmenskooperationen im Internet, EuZW 2001, 552; *Bahr*, Das Erfordernis freien Zugangs zu B2B-Marktplätzen nach EG-Kartellrecht, WuW 2002, 230; *Baker/Wu*, Applying the Market Definition Guidelines of the European Commission, ECLR 1998, 273; *Basedow/ Jung*, Strategische Allianzen. Die Vernetzung der Weltwirtschaft durch projektbezogene Kooperation im deutschen und europäischen Wettbewerbsrecht, 1993; Bayerisches Staatsministerium für Wirtschaft, Verkehr und Technologie, Kooperation und Wettbewerb, 5. Aufl. 2001; *Beeser*, Strategische Allianzen im EU-Wettbewerbsrecht, 1996; *Berg*, Neue Entscheidungen des EuGH zur Anwendung des EG-Kartellrechts im Bereich der sozialen Sicherheit, EuZW 2000, 170; *Buntscheck*, Gleichordnungskonzern – ein illegales Kartell?, WuW 2004, 374; *Caspar*, Wettbewerbliche Gesamtwürdigung von Vereinbarungen im Rahmen von Art. 81 Abs. 1 EGV, 2001; *Ebenroth/Durach*, Vertriebswegegestaltung und Beendigung von Absatzmittlungsverhältnissen aus britischer Sicht, RIW 1993, Beil. 4; *Ebenroth/Schick*, Vertikale strategische Allianzen und Allianznetzwerke im Europäischen Recht, EWS 1994, 216; *Eilmannsberger*, Die Adalat-Entscheidung des EuGH, ZWeR 2004, 285; *Einsele*, Auswirkungen der europäischen Fusions-kontrollverordnung auf Gemeinschaftsunternehmen, RIW 1992, Beil. 2; *Everling*, Zum Vorrang des EG-Rechts vor nationalem Recht, DVBl. 1985, 1201; *Fiebig*, International Law Limits on the Extraterritorial Application of the European Merger Control Regulation and Suggestions for Reform, ECLR 1998, 323; *Fleischer*, Tarifverträge und Europäisches Wettbewerbsrecht, DB 2000, 821; *ders.*, Absprachen im Profisport und Art. 85 EGV, WuW 1996, 473; *Förster*, Mittelstandsförderung auf Europäisch – Neue Definition der kleinen und mittleren Unternehmen (KMU) zum 1.1.2005, EWS 2005, 4; *Fritzsche*, „Notwendige" Wettbewerbsbeschränkungen im Spannungsfeld von Verbot und Freistellung nach Art. 85 EGV, ZHR 160 (1996), 31; *Geck*, Strategische Allianzen und ihre Rechtsformen, DB 1991, 1337; *Gerwing*, Kooperative Gemeinschaftsunternehmen im EWG-Kartellrecht unter besonderer Berücksichtigung der Abgrenzungsfrage. Eine Analyse der Praxis der EG-Kommission, FIW-Schriftenreihe Heft 157, 1994; *Gounal-akis/Lochen*, Elektronische Marktplätze und Kartellrecht, ZHR 167 (2003), 632; *Hirsbrunner*, Neue Entwicklungen der Europäischen Fusionskontrolle in den Jahren 1999 und 2000, EuZW 2001, 197; *Hirsch*, Anwendung der Kartellverfahrensordnung (EG) Nr. 1/2003 durch nationale Gerichte, ZWeR 2003, 233; *Hoffmann*, Paralleleinfuhren im Europäischen Wettbewerbsrecht nach der „Bayer"-Entscheidung des EuGH, WRP 2004, 994; *Hollmann*, Strategische Allianzen. Unternehmens- und wettbewerbspolitische Aspekte, WuW 1992, 293; *Horn*, Internationale Unternehmenszusammenschlüsse, ZIP 2000, 473; *Hossenfelder/Lutz*, Die neue Durchführungsverordnung zu den Artikeln 81 und 82 EG-Vertrag, WuW 2003, 118; *Hossenfelder/Müller/ Parlasca*, Das Kartellverbot und seine Ausnahmen, ZHR 160 (1996), 1; *Immenga, F./Lange*, Elektronische Marktplätze: Wettbewerbsbeschränkende Verhaltensweisen im Internet?, RIW 2000, 733; *Jestaedt/Bergau*, Die neue Bagatellbekanntmachung der Kommission, WuW 1998, 119; *Kamann/Bergmann*, Einseitige Vertriebsbeschränkungen und Art. 81 EG-Vertrag – Folgerungen aus dem Bayer-Adalat-Urteil des EuGH und dem Volkswagen-Urteil des EuG, EWS 2004, 151; *Kirchhoff*, Die Beurteilung von Bezugsverträgen nach europäischem Kartellrecht, WuW 1995, 361; *Kirchner*, Internetmarktplätze, Markttransparenz und Marktinformationssysteme, WuW 2001, 1030; *Klaue*, Strategische Allianzen zwischen Wettbewerbern, BB 1991, 1573; *Kleinmann*, Die Anwendbarkeit der Fusionskontrollverordnung auf Gemeinschaftsunternehmen, RIW 1990, 605; *Koch/Eichele*, Auswirkungen des kartellrechtlichen CIF-Urteils des EuGH auf die Anwaltschaft, NJW 2004, 334; *Köhler*, Gründung und Nutzung von Internet Marketplaces – die Rahmenbedingungen des europäischen und deutschen K&R 2000, 569; *Koenigs*, Die VO Nr. 1/2003: Wende im EG-Kartellrecht, DB 2003, 755; Kommission, XXI. Bericht über die Wettbewerbspolitik, 1991; *Lange*, Kartellrechtlicher Unternehmensbegriff und staatliches Wirtschaftshandeln in Europa, WuW 2002, 953; *ders.*, Virtuelle Unternehmen, 2001; *ders.*, Unternehmenskooperationen im Internet und EG-Kartellrecht, EWS 2000, 291; *ders.*, EC Merger Control and Third-Country Concentrations, Vosgerau (editor), Institutional Arrangements for Global Economic Integration, 2000, S. 11; *ders.*, Das Recht der Netzwerke. Moderne Formen der Zusammenarbeit in Produktion und Vertrieb, 1998; *ders.*, Handelsvertretervertrieb und EG-Kartellrecht, EWS 1997, 325; *ders.*, Räumliche Marktabgrenzung in der europäischen Fusionskontrolle, 1994; *Lettl*, Der Schadensersatzanspruch gemäß § 823 Abs. 2 BGB i.V. mit Art. 81 Abs. 2 EG, ZHR 167 (2003), 473; *Lohse*, Gemeinschaftsunternehmen nach Inkrafttreten der Fusionskontrollverordnung, ZHR 159 (1995), 164; *Mestmäcker*, Gegenseitigkeitsverträge von Verwertungsgesellschaften im Binnenmarkt, WuW 2004, 754; *Meyer*, Forschungs- und Entwicklungskooperationen. Zur Entscheidungspraxis nationaler und europäischer Kartellbehörden, WuW 1993, 193; *Montag/Rosenfeld*, A Solution to the Problem? Regulation 1/2003 and the modernization of competition procedure, ZWeR 2003, 107; *Müller*, Neue Leitlinien zur Anwendung des Art. 81 III EG im Legalausnahmesystem der Kartellverordnung 1/2003, WRP 2004, 1472; *Pohlmann*, Doppelkontrolle von Gemeinschaftsunternehmen im europäischen Kartellrecht, WuW 2003, 473; *Renner*, Wettbewerbsbeschränkungen in Unternehmenskaufverträgen, DB 2002, 1143; *Säcker*, Abschied vom Bedarfsmarktkonzept, ZWeR 2004, 1; *Scherf*, Konzentrative und kooperative Gemeinschaftsunternehmen im europäischen Kartellrecht, AG 1992, 245; *Schwarze*, Die extraterritoriale Anwendbarkeit des EG-Wettbewerbsrechts – Vom Durchführungsprinzip zum Prinzip der qualifizierten Auswirkung, WuW 2001, 1190; *ders.*, Der Staat als Adressat des europäischen Wettbewerbsrechts, EuZW 2000, 613; *Skaupy*, Die neue EG-Gruppen-Freistellungsverordnung für Franchisevereinbarungen, DB 1989, 765; *Strittmatter*, Marktzutrittsschranken durch schlanke Zulieferstrukturen und Art. 85 EGV unter Berücksichtigung der deutschen und französischen Folgeregelungen der Nichtigkeit nach Art. 85 Abs. 2 EGV sowie der ordnungspolitischen Konzeption in Deutschland und Frankreich in der Auslegung von Art. 85 Abs. 3 EGV, 1996; *Terhechte*, Die Revision der Bagatellbekanntmachung der Europäischen Kommission, EWS, 2002, 66; *Thomas*, Konzernprivileg und Gemeinschaftsunternehmen – Die kartellrechtliche Beurteilung konzerninterner Wettbewerbsbeschränkungen mit Gemeinschaftsunternehmen, ZWeR 2005, 236; *Vajda/Gahnström*, E.C. Competition Law and the Internet, ECLR 2000, 94; *Voigt*, Strategische Allianzen, modisches Schlagwort oder Antwort auf globale Herausforderungen?, WiSt 1993, 246; *Wagner-von Papp*, Wie „identifizierend" dürfen Marktinformationsverfahren sein?, WuW 2005, 732; *Walz*, Der Vorrang des europäischen vor dem nationalen Kartellrecht, 1994; *Wegner*, EuG setzt Geldbuße im Verfahren Volkswagen AG/Kommission herab. Wie ist die Entscheidung systematisch einzuordnen?, EWS 2001, 65; *Weitbrecht*, Das neue EG-Kartellverfahrensrecht, EuZW 2003, 69; *Wertenbruch*, Einseitige Maßnahmen des Herstellers in Vertriebsnetzen als Kartellvereinbarung im Sinne des Art. 81 EG, EWS 2004, 145; *Zentes/Swoboda*, Motive und Erfolgsgrößen internationaler Kooperationen mittelständischer Unternehmen, DWB 1999, 1; *Zimmer/Rudo*, Anforderungen an die Inlandsauswirkung bei Anwendung des Art. 85 EGV durch nationale Wettbewerbsbehörden, IPRax 1999, 89; *Zuleeg*, Das Verhältnis des Gemeinschaftsrechts zum nationalen Recht, JR 1973, 441.

I. Die Bedeutung und der Anwendungsbereich

1. Bedeutung und Zweck

Art. 81 EG normiert das Kartellverbot auf europäischer Ebene. Es ist **28** den Unternehmen untersagt, durch Absprachen den Wettbewerb zu beschränken. Damit schützt Art. 81 EG den Wettbewerb i.S. der **wirtschaftlichen Betätigungsfreiheit** der Akteure. Der Schutz des Wettbewerbs in Art. 81 EG ist kein Selbstzweck. Schon Art. 81 Abs. 3 EG macht deutlich, dass eine Freistellung wettbewerbsbeschränkender

Maßnahmen vom Kartellverbot grundsätzlich möglich ist, wenn sich die dort genannten Ziele ausnahmsweise besser durch die konkrete Wettbewerbsbeschränkung erreichen lassen.[1] Inwieweit daneben bei der Anwendung von Art. 81 EG auch andere Vertragsziele zu beachten sind, ist nicht vollständig geklärt.[2] Bislang hat der EuGH nur den Gesichtspunkt der Arbeitsplatzsicherung in Einzelfällen berücksichtigt.[3] Die Möglichkeit zur Abstimmung zwischen den verschiedenen Wettbewerbszielen sollte auf den Anwendungsbereich des Abs. 3 beschränkt bleiben, um Wettbewerbsverzerrungen zu vermeiden.

29 Nachdem es über vierzig Jahre lang weitgehend unverändert geblieben war, leitete die Kommission Ende der 1990er Jahre eine **umfassende Reform** des europäischen Kartellrechts ein. Im Sinne einer veränderten Wettbewerbspolitik wurden die Regeln für horizontale[4] und für vertikale[5] Wettbewerbsbeschränkungen umfassend überarbeitet. Der Reformprozess ist durch die Modernisierung des Verfahrensrechts in Form der VO 1/2003[6] und der neuen GVO für den Technologietransfer[7] abgeschlossen worden. Bei ihren Änderungsprojekten hatte sich die Kommission von dem Wunsch leiten lassen, die Effizienz der Wettbewerbskontrolle zu erhöhen und zugleich die damit verbundene bürokratische Belastung der Unternehmen zu verringern. Sichtbarstes Zeichen dieser Veränderungen ist die Einführung des Systems der Legalausnahme durch die VO 1/2003. Für die Zulässigkeit wettbewerbsbeschränkender Vereinbarungen ist es nunmehr nur noch erforderlich, dass die Voraussetzungen des Art. 81 Abs. 3 EG im Einzelfall erfüllt sind.[8] Durch den Verzicht auf das bisherige Freistellungsmonopol der Kommission wird die Wettbewerbskontrolle stärker auf die nationalen Kartellbehörden und Gerichte verlagert.

---

1 Siehe dazu unten Rn. 108.
2 Siehe dazu Schröter/Jakob/Mederer-*Schröter*, Art. 81 Rn. 340.
3 EuGH, Urt. v. 11.7.1985 – Rs. 42/84, „Remia u.a./Kommission", Slg. 1985, 2545 Rn. 42 = EWiR Art. 85 EWGV 1/86, 157 mit Anm. *Seifert*; Urt. v. 22.10.1986 – Rs. 75/84, „Metro/Saba II", Slg. 1986, 3021 Rn. 65 = EWiR Art. 85 EWGV 7/86, 1201 mit Anm. *Schroeder.*
4 Siehe zu den Besonderheiten Rn. 248 ff.
5 Siehe zu den Besonderheiten Rn. 363 ff.
6 Rat, VO (EG) Nr. 1/2003 zur Durchführung der in den Art. 81 und 82 EG-Vertrag niedergelegten Wettbewerbsregeln, Abl. 2003, Nr. L 1, 1.
7 Komm., VO (EG) Nr. 772/2004 über die Anwendung von Art. 81 Abs. 3 EG-Vertrag auf Gruppen von Technologietransfer-Vereinbarungen, Abl. 2004, Nr. L 123, 11. Siehe zu den Besonderheiten Rn. 474 ff.
8 Vgl. dazu unten Rn. 210.

Besondere Bedeutung für die Anwendung des Kartellverbotes haben **30** die **GVOen** erfahren.[9] Zusammen mit den jeweiligen Leitlinien der Kommission prägen sie Branchen (Automobil oder Versicherung) bzw. weite Bereiche der Unternehmenskooperationen. Die in ihnen enthaltenen Freistellungen wirken automatisch bei Vorliegen der jeweiligen Tatbestandsvoraussetzungen.

2. Anwendungsbereich

a) Sachlicher Anwendungsbereich

Art. 81 EG gilt für **alle Wirtschaftsbereiche**, die der EG-Vertrag nicht **31** ausdrücklich von der Anwendung ausnimmt.[10] Wie Art. 86 EG verdeutlicht, gilt das Kartellverbot auch im öffentlichen Bereich. Die Norm ist daher insbesondere auch auf Banken[11] und Versicherungen[12] vollständig anwendbar. Gewisse Sonderregeln gelten nach wie vor für die Postdienste.[13] Die Wettbewerbsvorschriften für Unternehmen des EGKS-Bereichs waren früher in den Art. 65 u. 66 EGKS-Vertrag geregelt. Mit dem Auslaufen des EGKS-Vertrags unterliegt auch der Montanbereich dem Art. 81 EG.[14]

Eine bedeutsame Ausnahme von der Anwendung des Kartellverbots **32** besteht im Bereich der **Landwirtschaft**. Auf die Produktion landwirtschaftlicher Erzeugnisse und deren Handel sind die Wettbewerbsvorschriften nämlich nur insoweit anwendbar, als dies der Rat bestimmt, Art. 36 Abs. 1 EG. Art. 1 VO 26/62[15] erklärt die Wettbewerbsregeln im Landwirtschaftsbereich für anwendbar, soweit die VO selbst nichts

---

9 Vgl. dazu unten Rn. 236.
10 EuGH, Urt. v. 30.4.1986 – verb. Rs. 209 – 213/84, „Asjes", Slg. 1986, 1425, 1465 Rn. 40 = EWiR Art. 85 EWGV 4/86, 795 mit Anm. *Schroeder.*
11 EuGH, Urt. v. 14.7.1981 – Rs. 172/80, „Züchner/Bayerische Vereinsbank", Slg. 1981, 2021, 2029 f. Rn. 6–9 = WuW/E EWG MUV 515. Dies gilt auch für Sparkassen.
12 EuGH, Urt. v. 27.1.1987 – Rs. 45/85, „Verband der Sachversicherer", Slg. 1987, 405, 451 Rn. 12 = EWiR Art. 85 EWGV 2/87, 247 mit Anm. *Röhling.*
13 Vgl. Richtlinie 97/67/EG des Europäischen Parlaments und des Rates über gemeinsame Vorschriften für die Entwicklung des Binnenmarktes der Postdienste, Abl. 1998, Nr. L 15, 14; Komm., Bek. über die Anwendung der Wettbewerbsregeln auf den Postsektor und über die Beurteilung bestimmter staatlicher Maßnahmen betreffend Postdienste, Abl. 1998, Nr. C 39, 2.
14 Vgl. dazu Mitteilung der Komm. über bestimmte Aspekte der Behandlung von Wettbewerbsfällen nach Auslaufen des EGKS-Vertrags, Abl. 2002, Nr. C 152, 2.
15 Rat, VO (EWG) Nr. 26/1962 zur Anwendung bestimmter Wettbewerbsregeln auf die Produktion landwirtschaftlicher Erzeugnisse und den Handel mit diesen Erzeugnissen, Abl. 1962, Nr. 30, 993.

Gegenteiliges vorsieht. Die eigentliche Ausnahmeregelung enthält Art. 2 VO 26/62, nach der das Kartellverbot nicht für Vereinbarungen gilt, die wesentlicher Bestandteil einer einzelstaatlichen Marktordnung oder zur Verwirklichung der Ziele des Art. 33 EG notwendig sind.[16]

33 Der **Verkehrssektor** kennt eine Art. 36 Abs. 1 EG vergleichbare Vorschrift nicht, weshalb dort grundsätzlich die Wettbewerbsregeln Anwendung finden.[17] Allerdings müssen bei ihrer Anwendung auf den Eisenbahn-, den Straßen- und den Binnenschiffsverkehr, den Seeverkehr und den Luftverkehr Sonderbestimmungen beachtet werden, die in zahlreichen Verordnungen niedergelegt sind. Diese Verordnungen enthalten insbesondere Legalausnahmen vom Verbot des Art. 81 EG bzw. eine Gruppenfreistellung für bestimmte Vereinbarungen und Verfahrensvorschriften.[18] Im Energiesektor ist eine langfristige, schrittweise Liberalisierung und Öffnung der Märkte vorgesehen.[19]

34 Nach wie vor nicht vollständig geklärt ist die Frage, ob und in welchem Umfang das Kartellverbot auf den Bereich der **sozialen Sicherheit** anzuwenden ist. So vertritt der EuGH die Auffassung, dass die im Rahmen von Tarifverhandlungen zwischen den Sozialpartnern im Hinblick auf diese Ziele geschlossenen Verträge aufgrund ihrer Art und ihres Gegenstandes nicht unter Art. 81 Abs. 1 EG fallen.[20] Dabei stellt er drei Voraussetzungen auf, damit Verträge der Parteien dem Anwendungsbereich des Art. 81 Abs. 1 EG entzogen sind:

- Erstens muss die Vereinbarung „im Rahmen von Tarifverhandlungen" getroffen worden sein.

- Zweitens muss der Vertrag „im Hinblick auf diese Ziele geschlossen sein". Dazu zählen insbesondere die Verbesserung der Beschäf-

---

16 Ausführlich: Lenz/Borchardt-*Grill*, Vorbem. Art. 81–86 Rn. 29; Wiedemann KartR-*de Bronett*, § 32 Rn. 1–36; *Mestmäcker/Schweitzer*, § 1 Rn. 43–46; Schröter/Jakob/Mederer-*Schröter*, Vorbem. zu Art. 81–89 Rn. 45; Grabitz/Hilf-*Wiedner*, nach Art. 81 Rn. 1 ff.

17 EuGH, Urt. v. 30. 4. 1986 – verb. Rs. 209–213/84, „Asjes", Slg. 1986, 1425, 1463 ff. = EWiR Art. 85 EWGV 4/86, 795 mit Anm. *Schroeder.*

18 Übersicht bei Streinz/*Eilmannsberger*, vor Art. 81 Rn. 11; Lenz/Borchardt-*Grill*, Vorbem. Art. 81–86 Rn. 30–33; Groeben/Schwarze-*Schröter*, nach Art. 87 – Verkehrssektor Rn. 1 ff.

19 Richtlinie 96/92/EG des Europäischen Parlaments und des Rates betr. gemeinsame Regeln für den Elektrizitätsbinnenmarkt, Abl. 1997, Nr. L 27, 20; Richtlinie 98/30/EG Europäischen Parlaments und des Rates betr. gemeinsame Regeln für den Erdgasbinnenmarkt, Abl. 1998, Nr. L 204, 1.

20 EuGH, Urt. v. 21. 9. 1999 – verb. Rs. C-115–117/97, „Brentjens' Handelssonderneming", Slg. 1999 I-6025 Rn. 57 = EuZW 2000, 174, 177.

tigungs- und Arbeitsbedingungen der Arbeitnehmer und der Dialog zwischen den Sozialpartnern.[21]

● Drittens dürfen diese Verträge „aufgrund ihrer Art und ihres Gegenstandes" nicht unter das Kartellverbot fallen. Darunter fallen nur die Kernbereiche von Tarifverträgen, wie etwa Löhne und Arbeitsbedingungen.[22]

Nach wie vor offen ist jedoch, welche Wettbewerbsbeschränkungen   **35** „zwangsläufig" mit **Tarifverträgen** verbunden sind.[23] Eng mit dieser Problemstellung verbunden ist die Frage nach einer beschränkten Bereichsausnahme für Tarifverträge. Der EuGH hat bislang eine nähere Festlegung vermieden und sich auf die Feststellung der wettbewerbsrechtlichen Statthaftigkeit tarifvertraglicher Absprachen beschränkt.[24] Zu einem Pensionsfonds für Fachärzte wurde entschieden, dass eine Vereinbarung nicht von Art. 81 Abs. 1 EG ausgeschlossen ist, die zwar allen Angehörigen eines Berufes ein bestimmtes Rentenniveau garantieren und daher eine ihrer Arbeitsbedingungen verbessern soll, aber nicht im Rahmen von Tarifverhandlungen zwischen Sozialpartnern geschlossen wurde.[25]

b) Verhältnis von Art. 81 und 82 EG

Wie aus dem Wortlaut von Art. 81 Abs. 1 lit. a, b, d und e EG sowie   **36** von Art. 82 lit. a–d EG hervorgeht, kann dieselbe Praxis zu einer Zuwiderhandlung gegen beide Bestimmungen führen. Die gleichzeitige Anwendung der Art. 81 und 82 EG kann daher **nicht von vornherein ausgeschlossen** werden. So kann beispielsweise die Anwendung von Art. 81 Abs. 3 EG diejenige des Art. 82 EG nicht verhindern.[26] Die

---

21 *Berg*, EuZW 2000, 170.
22 *Berg*, EuZW 2000, 170 f.
23 EuGH, Urt. v. 21.9.1999 – verb. Rs. C-115–117/97, „Brentjens' Handelsonderneming", Slg. 1999 I-6025 Rn. 56 = EuZW 2000, 174, 176; bestätigt in Urt. v. 21.9.2000 – Rs. C-222/98, „Hendrik van der Woude/Stichting Beatrixoord", Slg. 2000, I-7111 Rn. 21 = WuW/E EU-R 364.
24 Vgl. EuGH, Urt. v. 21.9.1999 – Rs. C-67/96, „Albany International BV/Stichting Bedrijfspensioenfonds Textielindustrie", Slg. 1999, I-5751 = ZIP 2000, 34 mit Anm. *Büdenbender*. Ausführlich hierzu *Fleischer*, DB 2000, 821 ff.
25 EuGH, Urt. v. 12.9.2000 – verb. Rs. C-180-C-184/98, „Pavel Pavlow", Slg. 2000, I-6451 Rn. 67–70 = WuW/E EU-R 357.
26 EuGH, Urt. v. 16.3.2000 – verb. Rs. C-395/96 P u. C-396/96 P, „CMB/Kommission", Slg. 2000, I-1365 Rn. 130 = WuW/E EU-R 309, 310; Urt. v. 11.4.1989 – Rs. 66/86, „Ahmed Saeed Flugreisen u. Silver Line Reisebüro", Slg. 1989, I-803, 848 Rn. 32 = NJW 1989, 2192; EuGI, Urt. v. 10.7.1990 – Rs. T-51/89, „Tetra Pak/Kommission", Slg. 1990, II-309, 353 Rn. 11 ff.

von den beiden Bestimmungen verfolgten Ziele sind jedoch voneinander zu unterscheiden.[27]

c) Räumlicher Anwendungsbereich

37 In Art. 299 EG ist der räumliche Geltungsbereich des europäischen Kartellverbots geregelt. Damit ist dasjenige Territorium gemeint, in dem die Kartellvorschriften **hoheitlich durchgesetzt** werden können. Die damit einhergehende Beschränkung des Geltungsbereichs bedeutet nicht, dass das Kartellverbot nicht auch auf Unternehmen mit Sitz in einem Drittland oder auf Handlungen angewandt werden kann, die außerhalb der Gemeinschaft vorgenommen werden. Dies ergibt sich schon aus dem Wortlaut des Art. 81 EG, der keine Beschränkung des Anwendbarkeitsbereichs auf solche Unternehmen enthält, die in der Gemeinschaft beheimatet sind.[28] Die im Grundsatz unumstrittene **extraterritoriale Anwendung** des EG-Kartellrechts muss jedoch mit den allgemeinen Regeln des Völkerrechts im Einklang stehen.[29] Das Bestreben nach einer möglichst weiten Anwendung der Vorschriften wird deshalb durch diejenigen Grundsätze eingeschränkt, mit denen die Hoheitsgewalt der Völkerrechtssubjekte bestimmt werden: Nach dem Territorialitätsprinzip findet das EG-Kartellrecht nur dann Anwendung, wenn die tatbestandsmäßige Handlung innerhalb der EG vorgenommen wird. Nach dem Auswirkungsprinzip hingegen soll das EG-Kartellrecht auch anwendbar sein, wenn die Handlung sich innerhalb der Gemeinschaft auswirkt, unabhängig davon, wo die wettbewerbsbeschränkende Vereinbarung beschlossen wurde.

38 Für Art. 81 Abs. 1 EG wird z.T. aus dem Wortlaut der Vorschrift, bei der auf eine Verfälschung des Wettbewerbs „innerhalb des gemeinsamen Marktes" abgestellt wird, geschlossen, dass das EG-Kartellrecht auf dem **Auswirkungsprinzip** aufbaut. Dafür spricht zunächst, dass die Art. 81 und 82 EG ohne Auswirkungen einer Wettbewerbsbeschränkung auf die Gemeinschaft keine Anwendung finden. Die Kommission vertritt in ständiger Praxis das Auswirkungsprinzip; allerdings wendet sie es gelegentlich mit einer gewissen Zurückhal-

---

27 EuGH, Urt. v. 16.3.2000 – verb. Rs. C-395/96 P u. C-396/96 P, „CMB/Kommission", Slg. 2000, I-1365 Rn. 33 = WuW/E EU-R 309, 310.

28 *Gleiss/Hirsch*, Einl. B Rn. 27; Streinz/*Eilmannsberger*, vor Art. 81 Rn. 15; *Lange*, in: Vosgerau, Institutional Arrangements, S. 11, 17–19.

29 EuGH, Urt. v. 12.12.1972 – Rs. 21–24/72, „International Fruit Company", Slg. 1972, 1219, 1227 Rn. 5 ff. Vgl. ferner *Horn*, ZIP 2000, 473, 479 f.; Langen-*Bunte*, Einf. z. EG-KartR Rn. 60–62.

tung an.[30] Derzeit noch nicht geklärt ist daher, ob das Auswirkungsprinzip als alleiniges Kriterium für die Begründung von Kompetenzen der Kommission genügen soll oder nicht. Es ist offen, ob nicht in bestimmten Fällen doch Einschränkungen des Auswirkungsprinzips nach anderen Prinzipien des Völkerrechts vorzunehmen sind.

Der EuGH hat es bislang vermieden, die Anwendbarkeit des EG-Kartellrechts ausschließlich mit dem Auswirkungsprinzip zu begründen.[31] Seine Rechtsprechung basiert auf einer weiten Anwendung des **Territorialitätsprinzips**.[32] So wurde entschieden, dass Wettbewerbsbeschränkungen, die sich auf Exporte in Länder außerhalb der Gemeinschaft beziehen, als solche nicht geeignet sind, den Wettbewerb im Gemeinsamen Markt zu beschränken. Derartige Wettbewerbsbeschränkungen unterfallen den Wettbewerbsregeln der Gemeinschaft nur dann, wenn sie spürbare Auswirkungen in der Gemeinschaft haben. Das EuGI hat sich diesem Ansatz angeschlossen. So wurde ein Bezugspunkt zur Gemeinschaft i. S. d. Territorialitätsprinzips etwa in der Teilnahme an einem außerhalb der Gemeinschaft ansässigen Kartells gesehen, das in der Gemeinschaft tätig war.[33] **39**

3. Verhältnis zum nationalen Kartellrecht

Die Anwendung des europäischen Kartellverbots setzt voraus, dass die wettbewerbsbeschränkende Vereinbarung, der Beschluss oder die abgestimmte Verhaltensweise geeignet ist, den Handel zwischen den Mitgliedstaaten zu beeinträchtigen. Der Anwendungsbereich des gemeinschaftlichen Wettbewerbsrechts wird durch das Merkmal der **Beeinträchtigung des Handels zwischen den Mitgliedstaaten** bestimmt und gegenüber demjenigen der nationalen Kartellrechte der Mitglied- **40**

---

30 Komm., Entsch. v. 7.6.2000 – COMP/36.545/F3, „Aminosäuren", Abl. 2001, Nr. L 152, 24 Rn. 182, 234 = WuW/E EU-V 684; Entsch. v. 21.12.1988 – Az. IV/31.865, „PVC", Abl. 1989, Nr. L 74, 1, 14; Entsch. v. 19.12.1984 – Az. IV/26.870, „Aluminiumeinfuhren aus Osteuropa", Abl. EG 1985, Nr. L 92, 1, 48; Entsch. v. 19.12. 1972 – Az. IV.560, „Duro-Dyne/Europair", Abl. 1975, Nr. L 29, 11, 12; *Fiebig*, ECLR 1998, 323, 324.

31 EuGH, Urt. v. 27.9.1988 – Rs. 89, 104, 114, 116, 117 u. 125–129/85, „Zellstoffhersteller", Slg. 1988, 5193, 5243 Rn. 15 ff.; Urt. v. 14.2.1978 – Rs. 27/76, „United Brands", Slg. 1978, 207, 278 ff.; Urt. v. 22.1.1974 – Rs. 6 u. 7/73, „Commercial Solvents", Slg. 1974, 223, 253 ff. Rn. 30 ff.

32 Nachweise bei *Zimmer/Rudo*, IPRax 1999, 89, 90 f.; vgl. ferner *Schwarze*, WuW 2001, 1190, 1193–1196.

33 EuGI, Urt. v. 15.3.2000 – Rs. T-25/95, „Cimenteries CBR SA", Slg. 2000, II-491 Rn. 4240 f. = WuW/E EU-R 293.

staaten abgegrenzt.[34] Das europäische Recht genießt in seinem Anwendungsbereich grundsätzlich gegenüber dem nationalen Recht Vorrang.[35] Mit der ständigen Rechtsprechung des EuGH ist davon auszugehen, dass der EG-Vertrag eine eigenständige Rechtsordnung darstellt, die in die Rechtsordnungen der Mitgliedstaaten aufgenommen wurde und die von ihren Gerichten und Behörden anzuwenden ist.[36] Mit der Gründung der Gemeinschaft haben die Mitgliedstaaten ihre nationalen Hoheitsrechte beschränkt. Diese Sichtweise der eigenständigen Rechtsordnung mit autonomer Gemeinschaftsgewalt hat sich inzwischen weitgehend durchgesetzt. Durch den Vorrang des Gemeinschaftsrechts wird eine einheitliche Auslegung der gemeinschaftlichen Rechtsordnung sichergestellt und zugleich ihrer praktischen Funktionsfähigkeit zugeführt. Ein Gebrauch des nationalen Wettbewerbsrechts ist nur statthaft, soweit er die einheitliche Anwendung des Gemeinschaftskartellrechts und die volle Wirksamkeit der zu seinem Vollzug ergangenen Maßnahmen auf dem Gemeinsamen Markt nicht beeinträchtigt.[37]

41 Diese sog. **Vorrangtheorie** galt vor In-Kraft-Treten der VO 1/2003 nur in denjenigen Fällen, in denen ein Konflikt zwischen europäischer und nationaler Rechtsordnung auftrat, also insbesondere dann, wenn das Kartellrecht eines Mitgliedstaates ein nach dem Gemeinschaftsrecht erlaubtes Verhalten verbot. Der Vorrang des Gemeinschaftsrechts war nach herrschender Ansicht nicht als allgemeiner Geltungs-, sondern nur als Anwendungsvorrang der Vorschriften des europäischen Kartellrechts ausgestaltet.[38] Das EG-Kartellrecht verdrängte das nationale Kartellrecht auf normativer Ebene nicht, sondern beanspruchte im Konfliktfall nur den Vorrang der Anwendung. Auf diese Weise wurde die Vorrangproblematik auf den jeweiligen Einzelfall reduziert. Es wurde zumeist eine verfahrensmäßige Abgrenzung angestrebt, wobei –

---

34 Ausführlich dazu unten Rn. 126.
35 EuGH, Urt. v. 13.2.1969 – Rs. 14/68, „Walt Wilhelm", Slg. 1969, 1, 13 Rn. 3–4; vgl. auch Urt. v. 10.7.1980 – verb. Rs. 253/78 u. 1–3/79, „Giry u. Guerlain", Slg. 1980, 2327, 2374f. Rn. 16= WuW/E EWG MUV 490ff.; *Everling,* DVBl. 1985, 1201ff.
36 EuGH, Urt. v. 28.2.1991 – Rs. C-234/89, „Delimitis/Henninger Bräu", Slg. 1991, I-935, 992 Rn. 45ff. = EuZW 1991, 376; Urt. v. 9.3.1978 – Rs. 106/77, „Staatliche Finanzverwaltung/Simmenthal", Slg. 1978, 629, 643ff. Rn. 13ff. = NJW 1978, 1741; Urt. v. 15.7.1964 – Rs. 6/64, „Costa/ENEL", Slg. 1964, 1251, 1269ff.
37 EuGH, Urt. v. 10.7.1980 – verb. Rs. 253/78 u. 1–3/79, „Giry u. Guerlain", Slg. 1980, 2327, 2375 Rn. 16 = WuW/E EWG MUV 490ff.
38 EuGH, Urt. v. 9.3.1978 – Rs. 106/77, „Staatliche Finanzverwaltung/Simmenthal", Slg. 1978, 629, 657 = NJW 1978, 1741; Urt. v. 13.7.1972 – Rs. 48/71, „Kommission/Italien", Slg. 1972, 529, 534f. Rn. 5ff.

ausgehend von einer etwas unklaren Formulierung des EuGH[39] – gefragt wurde, ob ein „**positiver Eingriff**", also eine Entscheidung der Kommission vorlag.[40] Es ging um die konkrete Anwendung nationalen Rechts in Form einer Verwaltungsentscheidung.[41] Dieser Anwendungsvorrang war dadurch gekennzeichnet, dass auf die nationale Norm selbst der Vorrang des europäischen Rechts nicht angewendet wurde. Er erschöpfte sich vielmehr in einem Befehl an nationale Behörden, nationales Recht insoweit nicht anzuwenden, als dadurch ein Widerspruch zu einer Verwaltungsentscheidung der Kommission entstehen konnte.[42] Später wurden als positive Eingriffe sämtliche Freistellungen – Einzel- oder Gruppenfreistellungen – nach Art. 81 Abs. 3 EG angesehen. Ein Negativattest der Kommission dagegen hinderte die Mitgliedstaaten nicht daran, auf den Sachverhalt ihr eigenes Kartellrecht anzuwenden. Dies galt auch für die Fälle, in denen die Kommission das Verfahren durch sog. „comfort letters" abgeschlossen hatte.[43]

Schon vor In-Kraft-Treten der VO 1/2003 hatte der EuGH den mitglied-   **42**
staatlichen Gerichten untersagt, auf Art. 81 und 82 EG basierende kartellrechtliche Urteile zu fällen, die im Widerspruch zu einer auch nur denkbaren kartellrechtlichen Entscheidung der Kommission stehen könnten. Damit hatte er Kommissionsentscheidungen auf die gleiche Stufe gestellt wie seine eigenen Urteile. Zugleich hatte er deutlich gemacht, dass die Kommission bei der Erfüllung der ihr durch den EG-Vertrag zugewiesenen Aufgaben nicht an Urteile gebunden war, die ein mitgliedstaatliches Gericht in Anwendung der Art. 81 u. 82 EG erlassen hatte. Die Kommission war somit schon vor In-Kraft-Treten der VO 1/2003 befugt, jederzeit Einzelentscheidungen zur Anwendung dieser Vorschriften zu treffen, auch wenn der in Rede stehende Sachverhalt bereits Gegenstand eines Urteils eines mitgliedstaatlichen Gerichts war. Dies galt selbst dann, wenn die von der Kommission beabsichtigte Entscheidung im Widerspruch zu dem Urteil stand.[44]

---

39 EuGH, Urt. v. 13.2.1969 – Rs. 14/68, „Walt Wilhelm", Slg. 1969, 1, 14 Rn. 5, wonach der Vertrag auch „gewisse positive, obgleich mittelbare Eingriffe zur Förderung einer harmonischen Entwicklung der Gemeinschaft" gestatte.
40 *Ebenroth/Durach,* RIW 1993, Beil. 4, 13; *Gleiss/Hirsch,* Einl. C Rn. 64; Immenga/Mestmäcker EG-WbR-*Mestmäcker,* Einl. Rn. 47 ff.
41 *Hossenfelder/Müller/Parlasca,* ZHR 160 (1996), 1, 12; *Zuleeg,* JR 1973, 441, 444 ff.
42 Vgl dazu: *Skaupy,* DB 1989, 765, 769 f.; *Walz,* Vorrang des europäischen vor dem nationalen Kartellrecht, S. 39–43 jeweils m. w. N.
43 Überblick bei Streinz/*Eilmannsberger,* vor Art. 81 Rn. 6.
44 EuGH, Urt. v. 14.12.2000 – Rs. C-344/98, „Masterfood", Slg. 2000, I-11369 = EuZW 2001, 113 mit Anm. *Geiger.*

43 Die **VO 1/2003** hat in diesem Punkt eine erhebliche Veränderung gebracht. Nach Art. 3 VO 1/2003 gilt nunmehr ein erweiterter Vorrang des Gemeinschaftsrechts gegenüber den nationalen Kartellrechten. Soweit nämlich eine Vereinbarung bzw. ein Beschluss geeignet ist, den Handel zwischen den Mitgliedstaaten zu beeinträchtigen, sind die nationalen Kartellbehörden und Gerichte verpflichtet, auch Art. 81 EG anzuwenden.[45] Art. 3 Abs. 1 EG normiert nunmehr die parallele Anwendung von europäischem und nationalem Recht. Einzelstaatliches Wettbewerbsrecht kann nur noch gemeinsam mit europäischem Wettbewerbsrecht angewandt werden, wenn der zwischenstaatliche Handel beeinträchtigt ist.[46] Die Anwendung des nationalen Rechts darf dabei nicht zu einem Verbot von Vereinbarungen zwischen Unternehmen führen, die das Zwischenstaatlichkeitskriterium erfüllen, aber den Wettbewerb i. S. v. Art. 81 Abs. 1 EG nicht spürbar einschränken, die Bedingungen des Abs. 3 erfüllen oder durch eine GVO freigestellt sind, Art. 3 Abs. 2 Satz 1 VO 1/2003. Damit setzt sich das europäische immer gegenüber dem nationalen Kartellrecht durch.[47] Lediglich in den Fällen, in denen die Anwendungsschwelle des europäischen Kartellrechts nicht übersprungen wird, wie etwa bei Vereinbarungen mit nur lokaler oder regionaler Bedeutung bzw. in den Fällen, in denen keine Koordinierung des Wettbewerbsverhaltens vorliegt,[48] bleibt noch Raum für die Anwendung des nationalen Kartellrechts.

44 Die VO 1/2003 verlangt von Unternehmen bei Abschluss entsprechender Kooperationsvereinbarungen eine **Selbsteinschätzung**, ob sie die Voraussetzungen des Art. 81 Abs. 3 EG erfüllen. An die Stelle der früher üblichen Ex-ante-Kontrolle tritt nunmehr eine Ex-post-Kontrolle dieser Selbsteinschätzung durch die nationalen Wettbewerbsbehörden und Gerichte. Allerdings ist die Entscheidung der Kommission über das Vorliegen der Tatbestandsvoraussetzungen des Art. 81 Abs. 3 EG „als komplexe Bewertung wirtschaftlicher Art" einer gerichtlichen Überprüfung weitgehend entzogen.[49] Nunmehr müssen aber die nationalen Gerichte selbst diese Tatbestandsmerkmale beurteilen, was nicht

---

45 Vgl. dazu GK-*Schütz*, Art. 3 VO 1/2003 Rn. 4–6; *Hirsch*, ZWeR 2003, 233, 235 ff.; *Mestmäcker/Schweitzer*, § 5 Rn. 26.

46 *Hossenfelder/Lutz*, WuW 2003, 118, 120.

47 *Koenigs*, DB 2003, 755; *Montag/Rosenfeld*, ZWeR 2003, 107, 123 ff.; *Weitbrecht*, EuZW 2003, 69, 71; zu den Folgen für das nationale Kartellrecht siehe GK-*Schütz*, Art. 3 VO 1/2003 Rn. 16–19.

48 Erwägungsgrund Nr. 8 Satz 4 VO 1/2003.

49 EuGH, Urt. 15. 7. 1994 – Rs. T-17/93, „Matra-Hachette", Slg. 1994, II-595 Rn. 104.

zuletzt die Anforderungen an die Beurteilung wirtschaftlicher Sachverhalte erhöht.[50] Um die Zusammenarbeit zwischen der Kommission und den nationalen Gerichten zu erleichtern und zu regeln, hat die Kommission entsprechende Grundsätze formuliert.[51]

II. Die Normadressaten des Kartellverbots

1. Unternehmen

a) Der funktionale Unternehmensbegriff

Der **Unternehmensbegriff** im EG-Kartellrecht umfasst „jede eine   **45** wirtschaftliche Tätigkeit ausübende Einheit, unabhängig von ihrer Rechtsform und der Art ihrer Finanzierung".[52] Dabei muss es sich um eine einheitliche, einem selbstständigen Rechtssubjekt zugeordnete Organisation personeller, materieller und immaterieller Faktoren handeln („Einheit"), mit der auf Dauer ein bestimmter wirtschaftlicher Zweck angestrebt wird.[53]

Das Merkmal der **wirtschaftlichen Tätigkeit** umfasst jedes auf Ange   **46** bot oder Nachfrage von Waren oder Dienstleistungen bezogene Verhalten.[54] Anhand dieses Kriteriums werden der private Endverbrauch,

---

50 Vgl. dazu *Hirsch*, ZWeR 2003, 233, 237 ff.
51 Komm., Bek. über die Zusammenarbeit zwischen der Kommission und den Gerichten der EU-Mitgliedstaaten bei der Anwendung der Art. 81 und 82 des Vertrages, Abl. 2004, Nr. C 101, 54.
52 EuGH, Urt. v. 16.11.1995 – Rs. C-244/94, „Fédération française des sociétés d'assurance", Slg. 1995, I-4013, 4028 Rn. 14 = EuZW 1996, 277; Urt. v. 23.4.1991 – Rs. C-41/90, „Höfner u. Elser", Slg. 1991, I-1979, 2016 Rn. 21 = EuZW 1991, 349. Siehe auch: Urt. v. 18.6.1998 – Rs. C-35/96, „Kommission/Italien", Slg. 1998, I-3851, 3895 Rn. 36 = EuZW 1999, 93; Urt. v. 11.12.1997 – Rs. C-55/96, „Job Centre", Slg. 1997, I-7119, 7147 Rn. 21 = EWS 1998, 454; EuGI, Urt. v. 4.3.2003 – Rs. T-319/99, „FENIN", Slg. 2003, II-357 Rn. 35 = WuW/E EU-R 688 (zu Art. 82 EG). Zur Kartellrechtsausübung auf die private Schiedsgerichtsbarkeit siehe EuGH, Urt. v. 1.6.1999 – Rs. C-126/97, „Eco Swiss China Time ltd./Benetton International NV", Slg. 1999, I-3055 = EuZW 2000, 565 mit Anm. *Spiegel*.
53 EuGI, Urt. v. 10.3.1992 – Rs. T-11/89, „Shell", Slg. 1992, II-757, 884 Rn. 311; Langen-*Bunte*, Art. 81 Rn. 5; Immenga/Mestmäcker EG-WbR-*Emmerich*, Art. 85 Abs. 1 A Rn. 14 ff.; Handkom. EUV/EGV-*Müller-Graff*, Art. 85 Rn. 30; FK-*Roth/Ackermann*, Art. 81 EG-Vertrag Grundfragen Rn. 14; Grabitz/Hilf-*Stockenhuber*, Art. 81 Rn. 51.
54 EuGH, Urt. v. 18.6.1998 – Rs. C-35/96, „Kommission/Italien", Slg. 1998, I-3851, 3895 Rn. 36 = EuZW 1999, 93; EuGI, Urt. v. 4.3.2003 – Rs. T-319/99, „FENIN", Slg. 2003, II-357 Rn. 36 = WuW/E EU-R 688 (zu Art. 82 EG); Immenga/Mestmäcker EG-WbR-*Emmerich*, Art. 85 Abs. 1 A Rn. 21.

der Arbeitsmarkt, nichtwirtschaftliche und hoheitliche Tätigkeiten aus dem Anwendungsbereich der Norm herausgenommen. Die Tätigkeit eines Arbeitnehmers begründet nur dann eine Unternehmenseigenschaft, wenn dieser neben dem Arbeitsverhältnis noch eine selbstständige wirtschaftliche Tätigkeit betreibt. Dann liegt für diese Tätigkeit eine Unternehmenseigenschaft vor.[55]

47 Dieser sog. **funktionale Unternehmensbegriff** stellt nicht darauf ab, ob das Unternehmen über eine eigene Rechtspersönlichkeit im steuer- oder gesellschaftsrechtlichen Sinne verfügt, auch die rechtliche Selbstständigkeit wird nicht verlangt.[56] Es ist vielmehr auf die Zurechnung des unternehmerischen Handelns abzustellen. Unselbstständige Betriebsteile sind daher keine Unternehmen. Auf die Rechtsform des Unternehmens kommt es nicht an. Erfasst werden neben den Gesellschaften, Genossenschaften, Wirtschaftsvereinen und dem VVaG[57] auch Einzelkaufleute, Handelsvertreter in der Form der Eigenhändler[58] und Einzelpersonen, wie etwa Rechts- oder Patentanwälte bzw. Ärzte.[59] Wenn sie wirtschaftlich tätig sind, werden auch Unternehmensvereinigungen und Verbände als Unternehmen angesehen.[60] Ansonsten fallen Verbände nicht unter den Unternehmensbegriff, da sie nicht auf die Erzeugung bzw. den Austausch von Waren oder Dienstleistungen gerichtet sind, sondern die Interessen ihrer Mitglieder vertreten.

48 Auf die **Größe des Betriebs** kommt es ebenso wenig an wie auf die betriebliche Infrastruktur; auch der Ein-Mann-Betrieb kann daher ein

---

55 EuGH, Urt. v. 11.10.1983 – Rs. 210/81, „Demo-Studio Schmidt/Kommission", Slg. 1983, 3045, 3061 Rn. 3 = WuW/E EWG MUV 597.

56 Str., vgl. EuGI, Urt. v. 10.3.1992 – Rs. T-11/89, „Shell", Slg. 1992, II-757, 884 Rn. 311; Komm., Entsch. v. 21.12.1988 – Az. IV/31.865, „PVC", Abl. 1989, Nr. L 74, 1, 14 Rn. 42; offen gelassen von Wiedemann KartR-*Stockmann*, § 7 Rn. 1.

57 EuGH, Urt. v. 2.3.1983 – Rs. 7/82, „GVL", Slg. 1983, 483 = WuW/E EWG MUV 593.

58 Der EuGH verneint die Unternehmenseigenschaft von Handelsvertretern, Kommissionsagenten und anderen Absatzmittlern, wenn diese so stark in das Unternehmen des Herstellers eingegliedert sind, dass sie einem Hilfsorgan entsprechen, Urt. v. 16.12.1975 – verb. Rs. 40–48, 50, 54–56, 111, 113 u. 114/73, „Suiker Unie/Kommission", Slg. 1975, 1663, 2016 Rn. 478 ff.; Urt. v. 13.7.1966 – Rs. 32/65, „Italien/Kommission", Slg. 1966, 457, 485 f.; *Lange*, EWS 1997, 325, 329.

59 Vgl. etwa EuGH, Urt. v. 19.2.2002 – Rs. C-309/99, „Wouters", Slg. 2002, I-1577 Rn. 48 = EWS 2002, 124 mit Anm. *Hartung*; Urt. v. 12.9.2000 – verb. Rs. C-180 – C-184/98, „Pavel Pavlow", Slg. 2000 I-6451 Rn. 77 = WuW/E EU-R 357.

60 Komm., Entsch. v. 27.10.1992 – Az. IV/33.384 u. 33.378, „Fußballweltmeisterschaft 1990", Abl. 1992, Nr. L 326, 31, 35 Rn. 43 ff.; Entsch. v. 14.12.1989 – Az. IV/32.202, „A.P.B.", Abl. 1990, Nr. L 18, 35, 38 Rn. 33.

Unternehmen sein. Bei Gesellschaftern oder Aktionären reicht deren Beteiligung allein regelmäßig nicht aus, um eine Unternehmenseigenschaft zu begründen. Eine Absicht zur Gewinnerzielung wird nicht verlangt. Die Tätigkeit muss allerdings entgeltlich sein; die kostenlose Abgabe von Waren oder Dienstleistungen begründet die Unternehmenseigenschaft grundsätzlich nicht. Im Falle wirtschaftlicher Zweckverfolgung können daher auch gemeinnützige Organisationen Adressaten des Kartellverbots sein.[61] Sportler, Künstler, Erfinder oder andere Angehörige freier Berufe sind Unternehmen, wenn sie ihre Leistungen gewerblich verwerten, da als wirtschaftliche Tätigkeit auch eine geistige Tätigkeit anzusehen ist, selbst wenn sie ohne Zusammenfassung personeller, materieller und immaterieller Elemente ausgeübt wird.[62] Fernsehanstalten sind ebenfalls Unternehmen.[63]

Das Erfordernis der **auf Dauer** angelegten wirtschaftlichen Zweckverfolgung schließt die nur vorübergehende oder gelegentliche Teilnahme am Wirtschaftsverkehr aus.[64] Das potenzielle Unternehmen hingegen ist Unternehmen i. S. v. Art. 81 EG, wenn es mit hinreichender Wahrscheinlichkeit künftig eine wirtschaftliche Tätigkeit entfalten wird.[65] **49**

Der **Sitz** des Unternehmens spielt für die Anwendung des Kartellverbots keine Rolle; Art. 81 EG ist auch auf Unternehmen anzuwenden, die ihren Sitz außerhalb der Gemeinschaft haben.[66] **50**

Auch ein **Betriebsrentenfonds** kann als Unternehmen angesehen werden. Die Rechtsprechung zu diesem Punkt ist jedoch wenig ergiebig. **51**

---

61 EuGH, Urt. v. 17.6.1997 – Rs. C-70/95, „Sodemare/Regione Lombardi", Slg. 1997, I-3395, 3438 Rn. 47 ff. = EuZW 1998, 124; Groeben/Schwarze-*Schröter*, Vorbem. zu Art. 81–85 Rn. 23.
62 EuGH, Urt. v. 18.6.1998 – Rs. C-35/96, „Kommission/Italien", Slg. 1998, I-3851 Rn. 38 = EuZW 1999, 93; Komm., Entsch. v. 2.12.1975 – Az. IV/26.949, „AOIP/Beyrard", Abl. 1976, Nr. L 6, 8, 12; Entsch. v. 26.5.1978 – Az. IV/29.559, „RAI/UNITEL", Abl. 1978, Nr. L 157, 39, 40; Groeben/Schwarze-*Schröter*, Vorbem. zu Art. 81–85 Rn. 23. Zu den freien Berufen ausführlich FK-*Roth/Ackermann*, Art. 81 Abs. 1 Grundfragen Rn. 30.
63 EuGH, Urt. v. 30.4.1974 – Rs. 155/73, „Sacchi", Slg. 1974, 409, 430 Rn. 14.
64 EuGI, Urt. v. 12.1.1995 – Rs. T-102/92, „Viho Europe/Kommission", Slg. 1995, II-17, 39 Rn. 50 = EuZW 1995, 583. Allerdings sind nach Sinn und Zweck des Kartellverbots auch kurzzeitige Marktaktivitäten zu erfassen, vgl. FK-*Roth/Ackermann*, Art. 81 EG-Vertrag Grundfragen Rn. 18.
65 FK-*Roth/Ackermann*, Grundfragen Art. 81 EG-Vertrag Rn. 16; Handkom. EUV/EGV-*Müller-Graff*, Art. 85 Rn. 34.
66 EuGH, Urt. v. 27.9.1988 – Rs. 89/85, „A. Ahlström Osakeyhtioe", Slg. 1993, I-1307, u.a., NJW 1988, 3086; Komm., Entsch. v. 19.12.1984 – Az. IV/29.725, „Zellstoff", Abl. 1985, Nr. L 85, 1, 14 Rn. 79 = WuW/E EV 1088.

So wurde judiziert, dass eine Einrichtung, die ein obligatorisches, auf dem Grundsatz der Solidarität beruhendes System der sozialen Sicherheit verwalte, unter bestimmten Umständen kein Unternehmen sei.[67] Auf der anderen Seite hatte der EuGH entschieden, dass eine Einrichtung ohne Gewinnerzielungsabsicht, die ein auf Freiwilligkeit beruhendes und nach dem Kapitalisierungsprinzip arbeitendes System verwalte, als Unternehmen gelte.[68] Nach einer jüngeren Entscheidung soll es darauf ankommen, dass der Betriebsrentenfonds nach dem Kapitalisierungsprinzip arbeite und die Höhe der Beiträge und Leistungen selbst bestimme. Diese Aspekte dokumentieren nach Ansicht des EuGH die wirtschaftliche Tätigkeit des Betriebsrentenfonds, die in einem Wettbewerb zu den Versicherungsgesellschaften erbracht werde.[69]

b) Unternehmensbegriff und wirtschaftliches Handeln des Staates

52 Mitgliedstaaten und Drittstaaten können als Unternehmen angesehen werden, wenn sie sich als Anbieter oder Nachfrager am Wirtschaftsleben beteiligen.[70] Da der Unternehmensbegriff an keine bestimmte Rechtsform gebunden ist, können auch öffentlich-rechtliche Körperschaften, Stiftungen, Anstalten,[71] aber auch Beliehene[72] oder Regiebetriebe[73] die Unternehmenseigenschaft i. S. v. Art. 81 EG erfüllen. Wird etwa die einer **Kommune** oder einem Land zurechenbare Einheit als Anbieter oder Nachfrager am Markt tätig, liegt ein Unternehmen

---

67 EuGH, Urt. v. 17.2.1993 – verb. Rs. C-159/91 u. C-160/91, „Poucet u. Pistre", Slg. 1993, I-637, 669 f. Rn. 20 = NJW 1993, 2597 mit Anm. *Eichenhofer.*

68 EuGH, Urt. v. 16.11.1995 – Rs. C-244/94, „Fédération française des sociétés d'assurance", Slg. 1995, I-4013, 4028 ff. Rn. 22 = EuZW 1996, 277.

69 EuGH, Urt. v. 21.9.1999 – verb. Rs. C-115–117/97, „Brentjens' Handelsonderneming", Slg. 1999 I-6025 Rn. 77–80 = EuZW 2000, 174, 177.

70 EuGH, Urt. v. 24.10.2002 – Rs. C-82/01, „Aéroports de Paris", Slg. 2002, I-9297 Rn. 74–82; Urt. v. 27.10.1993 – Rs. C-69/91, „Decoster", Slg. 1993, I-5335, 5379 Rn. 15; Komm., Entsch. v. 17.6.1998 – Az. IV/36.010 – F3, „Amministrazione Autonoma di Monopoli di Stato", Abl. 1998, Nr. L 252, 47, 53 Rn. 21–22. Ausführlich hierzu *Schwarze*, EuZW 2000, 613 ff.

71 EuGH, Urt. v. 11.12.1997 – Rs. C-55/96, „Job Centre", Slg. 1997, I-7119, 7147 Rn. 22 = EWS 1998, 454.

72 EuGH, Urt. v. 13.11.1975 – Rs. 26/75, „General Motors", Slg. 1975, 1367 Rn. 7/9, zur Übertragung der technischen Übereinstimmungsprüfung von Kfz durch ein beliehenes Unternehmen.

73 Vgl. etwa EuGH, Urt. v. 27.10.1993 – Rs. C-92/91, „Taillandier", Slg. 1993, I-5383 Rn. 14, zum Betrieb eines öffentlichen Telekommunikationsnetzes und zum Vertrieb von Endgeräten durch einen Regiebetrieb.

vor.[74] **Internationale Organisationen** sind nur Unternehmen, wenn sie wirtschaftlich tätig sind.[75] Auch der Staat kann somit Adressat des Art. 81 EG sein, wenn und soweit er am allgemeinen Wirtschaftsverkehr teilnimmt.[76]

Von der wirtschaftlichen Betätigung der öffentlichen Hand sind jedoch **53** diejenigen Fälle zu unterscheiden, in denen der Staat **hoheitlich tätig** wird, da hoheitliches Verhalten nicht in den Anwendungsbereich des Art. 81 EG fällt.[77] Es ist darauf abzustellen, ob die Tätigkeit der öffentlichen Hand zumindest auch Interessen der Allgemeinheit wahrnimmt und diese Tätigkeit nach Art, Gegenstand und den für sie geltenden Regeln mit der Ausübung von Vorrechten verknüpft ist, die typischerweise hoheitlicher Natur sind.[78] Betraut beispielsweise eine Gemeinde in ihrer Eigenschaft als Trägerin öffentlicher Gewalt ein Unternehmen mit der Wahrnehmung einer öffentlichen Aufgabe, handelt sie nicht als Unternehmen.

Zur Beantwortung der Frage, ob die Wettbewerbsregeln des Art. 81 **54** EG auf einzelne Tätigkeiten des Staates anzuwenden sind, ist somit auf die Art der Betätigung – wirtschaftlich oder hoheitlich – abzustellen. Diese Differenzierung gestaltet sich jedoch nicht immer einfach, was darauf zurückzuführen ist, dass sich die notwendigen Kriterien anhand von Entscheidungen zu Einzelfällen entwickelt haben.[79] Sie sind darüber hinaus z.T. durch nationalstaatliche Besonderheiten und Eigenarten geprägt, die eine Vergleichbarkeit der Aussagen nachhaltig

---

74 EuGH, Urt. v. 27.10.1993 – Rs. C-69/91, „Decoster", Slg. 1993, I-5335 Rn. 15; Urt. v. 16.6.1987 – Rs. 118/85, „Kommission/Italien", Slg. 1987, 2599, 2623 Rn. 13; FK-*Roth/Ackermann*, Art. 81 EG-Vertrag Grundfragen Rn. 41.
75 EuGH, Urt. v. 19.1.1994 – Rs. C-364/92, „SAT/Eurocontrol", Slg. 1994, I-43, 63 f. Rn. 30 = EuZW 1994, 248, zur Europäischen Organisation für Flugsicherung; FK-*Roth/Ackermann*, Art. 81 Abs. 1 EG-Vertrag Grundfragen Rn. 42.
76 EuGH, Urt. v. 23.4.1991 – Rs. C-41/90, „Höfner und Elser/Macrotron", Slg. 1991, I-1979 Rn. 21 = EuZW 1991, 349, betr. die Bundesanstalt für Arbeit; Urt. v. 291.1985 – Rs. 231/83, „Cullet/Leclerc", Slg. 1985, 305 = WuW/E EWG MUV 680; Handkom. EUV/EGV-*Müller-Graff*, Art. 85 Rn. 35; Langen/*Bunte*, Art. 81 Rn. 8; Grabitz/Hilf-*Stockenhuber*, Art. 81 Rn. 67 ff.
77 EuGH, Urt. v. 18.3.1997 – Rs. C-343/95, „Diego Calì", Slg. 1997, I-1547, 1587 Rn. 16 = EWS 1997, 173; Urt. v. 17.11.1993 – Rs. C-185/91, „Reiff", Slg. 1993, I-5801, 5847 Rn. 16 = EWS 1994, 53.
78 EuGH, Urt. v. 24.10.2002 – Rs. C-82/01, „Aéroports de Paris", Slg. 2002, I-9297 Rn. 74–82; Urt. v. 18.3.1997 – Rs. C-343/95, „Diego Calì", Slg. 1997, I-1547, 1588 Rn. 23 = EWS 1997, 173; Urt. v. 4.5.1988 – Rs. 30/87, „Bodson/Pompes funèbres", Slg. 1988, 2479, 2512 Rn. 18.
79 *Lange*, WuW 2002, 953, 956 ff.; *Schwarze*, EuZW 2000, 613, 614.

erschweren. Aus den Entscheidungen des EuGH kann jedoch zumindest gefolgert werden, dass die Differenzierung zwischen wirtschaftlichem und hoheitlichem Handeln nach **materiellen Kriterien** zu erfolgen hat.[80] Eine hoheitliche Tätigkeit liegt demnach insbesondere dann vor, wenn hoheitliche Gewalt oder staatliche Vorrechte ausgeübt werden oder zumindest ein enger Bezug zwischen der Tätigkeit und der hoheitlichen Gewalt besteht.[81] Als Indiz dafür kann gefragt werden, ob die in Rede stehende Tätigkeit traditioneller Weise dem Staat zugeordnet ist,[82] wobei die Indizwirkung auch widerlegt werden kann.[83] Umgekehrt kann regelmäßig von einem wirtschaftlichen Handeln ausgegangen werden, wenn die Tätigkeit auf den Austausch von Waren oder Dienstleistungen auf einem Markt gerichtet ist.[84] Dafür lassen sich wiederum Indizien benennen. So kann etwa gefragt werden, ob die betroffene Tätigkeit ohne wesentliche Änderung ihrer Rahmenbedingungen privatisierungsfähig wäre.[85] Eine positive Antwort deutet auf ein wirtschaftliches Handeln hin. Von einem Wettbewerbsverhältnis zwischen dem Staat und privaten Unternehmen geht schließlich ebenfalls eine Indizwirkung für eine wirtschaftliche Tätigkeit aus.[86]

55   Bei der Anwendung dieser Grundsätze auf **soziale Sicherungssysteme** beginnt sich zunehmend eine eigenständige Prüfungssystematik herauszubilden.[87] Zwar könnte man beispielsweise die Auffassung vertreten, eine gesetzliche Krankenversicherung übe eine wirtschaftliche Tätigkeit schon wegen ihres von einer Beitragszahlung abhängigen An-

---

80 Vgl. etwa EuGH, Urt. v. 25.10.2001 – Rs. C-475/99, „Ambulanz Glöckner", Slg. 2001, I-8089 Rn. 19; EuGH, Urt. v. 18.3.1997 – Rs. C-343/95, „Diego Calì", Slg. 1997, I-1547, 1588 f. Rn. 22 f. = EWS 1997, 173; EuGH, Urt. v. 19.1.1994 – Rs. C-364/92, „SAT/Eurocontrol", Slg. 1994, I-43, 63 f. Rn. 30 = EuZW 1994, 248.

81 FK-*Roth/Ackermann*, Art. 81 Abs. 1 EG-Vertrag Grundfragen Rn. 44.

82 EuGH, Urt. v. 25.10.2001 – Rs. C-475/99, „Ambulanz Glöckner", Slg. 2001, I-8089 Rn. 20; Urt. v. 19.1.1994 – Rs. C-364/92, „SAT/Eurocontrol", Slg. 1994, I-43, 63 f. Rn. 31 = EuZW 1994, 248; Urt. v. 23.4.1991 – Rs. C-41/90, „Höfner und Elser/Macrotron", Slg. 1991, I-1979, 2016 Rn. 21–23; Urt. v. 4.5.1988 – Rs. 30/87, „Bodson/Pompes funèbres", Slg. 1988, 2479, 2512 Rn. 18; Urt. v. 8.6.1982 – Rs. 258/78, „Nungesser u. Eisele/Kommission", Slg. 1982, 2015, 2056 f. Rn. 8 f. = WuW/E EWG MUV 551.

83 EuGH, Urt. v. 23.4.1991 – Rs. C-41/90, „Höfner und Elser/Macrotron", Slg. 1991, I-1979, 2016 Rn. 22.

84 FK-*Roth/Ackermann*, Art. 81 Abs. 1 EG-Vertrag Grundfragen Rn. 41; Streinz/*Eilmannsberger*, vor Art. 81 Rn. 26.

85 Ebenso *Lübbig*, EuZW 2002, 149.

86 So auch *Schwarze*, EuZW 2000, 613, 615.

87 *Lange*, WuW 2002, 953, 959 ff.; *Schwarze*, EuZW 2000, 613, 614; Callies/Ruffert-*Weiss*, Art. 81 Rn. 36.

gebots von Versicherungsleistungen für den Krankheitsfall aus. Auch wird man einräumen müssen, dass gesetzliche Krankenkassen und Ersatzkassen untereinander und in gewissem Umfang auch gegenüber der privaten Versicherungswirtschaft in einem Wettbewerbsverhältnis stehen.[88] Bedenken begegnet eine solche rechtliche Einordnung aber vor allem deshalb, da viele dieser Unternehmen in ein System der sozialen Sicherheit eingebunden sind, dessen Regeln auf dem Prinzip der allgemeinen Solidarität beruhen. In diesem Zusammenhang hat der EuGH aber entschieden, dass allein eine solche Zuordnung einer nationalen gesetzlichen Vorschrift nichts Abschließendes darüber besagt, ob und in welchem Umfang Unternehmen den Regeln des Gemeinschaftsrechts unterliegen.[89]

Offensichtlich wendet der EuGH bei der Frage, ob sozialen Sicherungssystemen die Unternehmenseigenschaft i. S. v. Art. 81 EG zuzusprechen ist, etwas andere Maßstäbe an als bei den übrigen Formen hoheitlichen Handelns.[90] So prüft er zunächst regelmäßig, ob die Einrichtung einen sozialen Zweck verfolgt, obwohl das Vorliegen eines solchen Zwecks allein die Unternehmenseigenschaft nicht entfallen lässt. Dem zweiten Prüfkriterium des EuGH, die den sozialen Sicherungssystemen fehlende Gewinnerzielungsabsicht, kommt ebenfalls nur eine Indizwirkung zu. Zunehmend an Bedeutung gewinnt hingegen der Gedanke der Solidarität,[91] wobei allerdings die Anforderungen an diesen Prüfungspunkt in den Entscheidungen unterschiedlich ausfallen. Wichtige Indizien sind in diesem Zusammenhang, ob die Höhe der Leistungen und Beiträge staatlicher Kontrolle unterliegt oder ob das Sicherungssystem nach dem Kapitalisierungsprinzip arbeitet. Hinsichtlich des dabei bestehenden Spielraums hat

56

---

88 Vgl. dazu BGH, Beschl. v. 3.7.2001 – KZR 31/99, „Festbeträge", WuW/E DE-R 747.
89 EuGH, Urt. v. 12.7.2001 – Rs. C-157/99, „Smits u. Peerbooms", Slg. 2001, I-5473 Rn. 44; Urt. v. 28.4.1998 – Rs. C-158/96, „Kohll", Slg. 1998, I-1931 Rn. 21; Urt. v. 28.4.1998 – Rs. C-120/95, „Nicolas Decker", Slg. 1998, I-1831 Rn. 25.
90 Vgl. dazu EuGH, Urt. v. 17.2.1993 – verb. Rs. C-159/91 u. C-160/91, „Poucet u. Pistre", Slg. 1993, I-637, 669 f. Rn. 18–20 = NJW 1993, 2597 mit Anm. *Eichenhofer*; Urt. v. 21.9.1999 – Rs. C-67/96, „Albany", Slg. 1999 I-5751 Rn. 71–87 = ZIP 2000, 34 mit Anm. *Büdenbender*; Urt. v. 21.9.1999 – verb. Rs. C-115– 117/97, „Brentjens' Handelsonderneming", Slg. 1999 I-6025 Rn. 71–87 = EuZW 2000, 174; Urt. v. 21.9.1999 – Rs. C-219/97, „Drijvende Bokken", Slg. 1999, I-6121 Rn. 61– 77; Urt. v. 12.9.2000 – verb. Rs. C-180–C-184/98, „Pavel Pavlow", Slg. 2000 I-6451 Rn. 67–70 = WuW/E EU-R 357; EuGI, Urt. v. 4.3.2003 – Rs. T-319/99, „FENIN", Slg. 2003, II-357 Rn. 38 = WuW/E EU-R 688 (zu Art. 82 EG).
91 So auch *Schwarze*, EuZW 2000, 613, 616.

der EuGH im Fall INAIL[92] eine gewisse Großzügigkeit an den Tag gelegt, ohne deutlich zu machen, wo die Grenzen zwischen Kapitalisierungsprinzip und Solidarprinzip vor allem bei gemischten Modellen zu ziehen ist.[93]

57 Die **Spitzenverbände der Krankenkassen** legen in Deutschland Festbeträge fest, bis zu deren Erreichen die Krankenkassen die Kosten von Arzneimitteln übernehmen. Der EuGH geht davon aus, dass sie dabei nicht als Unternehmen oder Unternehmensvereinigungen anzusehen sind. Es handelt sich nicht um eine wirtschaftliche Tätigkeit außerhalb der Kernaufgaben der Krankenkassen. Die Festbetragsregelung ist vielmehr vom sozialen Zweck der Krankenkassen nicht zu trennen. Der Spielraum, über den die Krankenkassen verfügen, um ihre Beitragssätze festzulegen und einander einen gewissen Wettbewerb um Mitglieder zu liefern, zwingt nicht zu einer anderen Betrachtung.[94] Mit seiner Betonung der Grundsätze der Solidarität und der fehlenden Gewinnerzielungsabsicht bewegt sich der EuGH auf der bekannten Argumentationslinie.

c) Unternehmerisches Handeln und staatliche Vorgaben

58 Da Normadressaten des Kartellverbots nur Unternehmen sind, werden der Staat und andere Hoheitsträger grundsätzlich vom Kartellverbot nicht erfasst. Allerdings sind die Mitgliedstaaten nach Art. 3 Abs. 1 lit. g EG zum Schutze des Wettbewerbs verpflichtet. Zudem haben sie nach Art. 10 Abs. 2 EG alle Maßnahmen zu unterlassen, die sich gegen die Ziele des Vertrages richten. Aus diesen beiden Vorschriften und den Art. 81, 82 EG folgert der EuGH, dass die Mitgliedstaaten keine Maßnahmen ergreifen oder beibehalten dürfen, die die „**praktische Wirksamkeit**" der für die Unternehmen geltenden Wettbewerbsvorschriften ausschalten könnten, sog. „„effet utile"-Rechtsprechung.[95] Ein Mitgliedstaat verstößt gegen diese Verpflichtung, wenn er Kartellabsprachen, die von Art. 81 Abs. 1 EG verboten sind, „vorschreibt, er-

---

92 EuGH, Urt. v. 22.1.2002 – Rs. C-218/00, „INAIL", Slg. 2002, I-691 Rn. 38–44 = WuW/E EU-R 551 = EuZW 2002, 146 mit Anm. *Lübbig.*

93 *Berg,* EuZW 2000, 170, 173; *Lange,* WuW 2002, 953, 959 ff.

94 EuGH, Urt. v. 16.3.2004 – verb. Rs. C-264/01, C-306/01, C-354/01 u. C-355/01, „AOK Bundesverband u.a./Ichthyol-Gesellschaft", Slg. 2004, 1 = WuW EU-R 801 = EuZW 2004, 241 mit Anm. *Riedel.*

95 EuGH, Urt. v. 17.6.1997 – Rs. C-70/95, „Sodemare/Regione Lombardi", Slg. 1997, I-3422, 3436 f. Rn. 41 ff. = EuZW 1998, 124; Urt. v. 16.11.1977 – Rs. 13/77, „INNO/ATAB", Slg. 1977, 2115, 2145 Rn. 30, 35.

leichtert oder deren Auswirkungen verstärkt oder wenn er der eigenen Regelung dadurch ihren staatlichen Charakter nimmt, dass er die Verantwortung für in die Wirtschaft eingreifende Entscheidungen privaten Wirtschaftsteilnehmern überträgt".[96]

Art. 81 EG richtet sich zwar nur an Unternehmen und nicht gegen **59** durch Gesetz oder Verordnung getroffene Maßnahmen der Mitgliedstaaten. Letztere unterliegen aber der in Art. 10 EG niedergelegten Pflicht zur Zusammenarbeit, aus der geschlossen wird, dass es ihnen untersagt ist, Maßnahmen zu treffen, die die praktische Wirksamkeit der Wettbewerbsregeln aufheben könnten.[97] Art. 10 Abs. 2 i.V.m. Art. 3 Abs. 1 lit. g und Art. 81, 82 EG sind hingegen nicht anwendbar, wenn **„jeder Zusammenhang"** zwischen der staatlichen Maßnahme und einem verbotenen Verhalten von Unternehmen fehlt.

Das Gleiche gilt für Fälle, in denen der Staat einer eigenen Regelung **60** dadurch ihren staatlichen Charakter nimmt, dass er die Verantwortung für in der Wirtschaft eingreifende Entscheidungen privaten Wirtschaftsteilnehmern überträgt.[98] **Umgehungen** der in Art. 81, 82 EG genannten Verbote sollen so verhindert werden. Ein Verstoß gegen die Pflichten der Mitgliedstaaten aus Art. 10 Abs. 2 und 81 EG besteht etwa darin, dass sie ein aus Wirtschaftsteilnehmern gebildetes Gremium verpflichten, als Unternehmensvereinigung einen gegen Art. 81 EG verstoßenden Beschluss zu fassen.[99] Eine verbotene

---

96 EuGH, Urt. v. 21.9.1988 – Rs. 267/86, „van Eycke/ASPA", Slg. 1988, 4769, 4791 Rn. 16 = EuZW 1990, 67; siehe ferner Urt. v. 18.6.1998 – Rs. C-35/96, „Kommission/Italien", Slg. 1998, I-3851, 3899 Rn. 53 ff. = EuZW 1999, 93, 96; Urt. v. 9.6.1994 – Rs. C-153/93, „Delta Schifffahrts- u. Speditionsgesellschaft", Slg. 1994, I-2517 Rn. 14; Urt. v. 17.11.1993 – Rs. C-245/91, „Ohra", Slg. 1993, I-5851, 5878 Rn. 10; Urt. v. 17.11.1993 – Rs. C-2/91, „Meng", Slg. 1993, I-5751, 5797 Rn. 14 = EWS 1994, 29; Urt. v. 11.4.1989 – Rs. 66/86, „Ahmed Saeed Flugreisen u. Silver Line Reisebüro", Slg. 1989, I-803, 848 Rn. 48 = NJW 1989, 2192.
97 EuGH, Urt. v. 21.9.1999 – Rs. C-219/97, „Drijvende Bokken", Slg. 1999, I-6121 Rn. 55; Urt. v. 21.9.1999 – Rs. C-67/96, „Albany International BV/Stichting Bedrijfspensioenfonds Textielindustrie", Slg. 1999, I-5751 Rn. 65 = ZIP 2000, 34 mit Anm. *Büdenbender*; Urt. v. 21.9.1988 – Rs. 267/86, „van Eycke/ASPA", Slg. 1988, 4769, 4791 Rn. 16 = EuZW 1990, 67; Urt. v. 18.6.1998 – Rs. C-35/96, „Kommission/Italien", Slg. 1998, I-03851 Rn. 53 ff. = EuZW 1999, 93; Callies/Ruffert-*Kahl*, Art. 10 Rn. 49.
98 EuGH, Urt. v. 21.9.1988 – Rs. 267/86, „van Eycke/ASPA", Slg. 1988, 4769, 4791 Rn. 16 = EuZW 1990, 67; Urt. v. 18.6.1998 – Rs. C-35/96, „Kommission/Italien", Slg. 1998, I-03851 Rn. 56 ff. = EuZW 1999, 93; *Schwarze*, EuZW 2000, 613, 620.
99 EuGH, Urt. v. 18.6.1998 – Rs. C-35/96, „Kommission/Italien", Slg. 1998, I-3851 = EuZW 1999, 93.

Übertragung von Kompetenzen auf Private liegt hingegen regelmäßig nicht vor, wenn den staatlichen Stellen die letzte Entscheidungsbefugnis bleibt und die Privaten aufgrund des Allgemeinwohls entscheiden.[100]

61 Art. 81 EG ist nicht anwendbar, wenn das wettbewerbswidrige Verhalten der Unternehmen nicht auf eine eigene Initiative zurückgeht, sondern durch **nationale Rechtsvorschriften** vorgeschrieben wird. Das Gleiche gilt, wenn diese Rechtsvorschriften den rechtlichen Rahmen bilden, der jede Möglichkeit für ein wettbewerbskonformes Verhalten ausschließt. Dazu zählt auch das Vorliegen übermächtigen Drucks von staatlicher Seite.[101] Art. 81 Abs. 1 EG bleibt hingegen anwendbar, wenn die staatliche Maßnahme die wettbewerblichen Handlungsspielräume der Unternehmen nicht vollständig beseitigt. Dem Schutz des Restwettbewerbs kommt dann gesteigerte Bedeutung zu.[102]

62 Verstößt ein Mitgliedstaat gegen die sich aus Art. 10 Abs. 2 i.V.m. Art. 3 Abs. 1 lit. g und den Art. 81, 82 EG ergebenden Pflichten, bleibt das Kartellrecht auf das Verhalten der Unternehmen zwar anwendbar. Hat ein Mitgliedstaat jedoch den Unternehmen jede Möglichkeit genommen, einander Wettbewerb zu liefern, kann die Wettbewerbsbeschränkung den Unternehmen nicht mehr zugerechnet werden.[103] Die Pflicht, eine dem Gemeinschaftsrecht entgegenstehende nationale Rechtsvorschrift nicht anzuwenden, obliegt allen staatlichen Organen, einschließlich der nationalen Gerichte.[104]

---

100 Vgl. EuGH, Urt. v. 19.2.2002 – Rs. C-309/99, „Wouters", Slg. 2002, I-1577 Rn. 64 ff. = EWS 2002, 124 mit Anm. *Hartung*; Urt. v. 192.2002 – Rs. C-35/99, „Arduino", Slg. 2002, I-1529 Rn. 34 ff. = EWS 2002, 133.

101 EuGH, Urt. v. 7.5.1998 – Rs. C-401/96, „Somaco/Kommission", Slg. 1998, I-2587 Rn. 57.

102 EuGI, Urt. v. 30.3.2000 – Rs. T-513/93, „CNSD/Kommission", Slg. 2000, II-1807 Rn. 59 ff.; Urt. v. 12.6.2001 – verb. Rs. T-202/98, 204/98 u. 207/98, „Tate & Lyle/Kommission", Slg. 2001, II-2035 Rn. 44.

103 EuGH, Urt. v. 11.11.1997 – verb. Rs. C-359/95 P u. C-379/95 P, „Kommission/Ladbroke Racing", Slg. 1997, I-6265, 6312 Rn. 33 = EWS 1998, 22; Wiedemann KartR-*Stockmann*, § 7 Rn. 3.

104 EuGH, Urt. v. 9.9.2003 – Rs. C-198/01, „CIF", EWS 2003, 465 Rn. 45 ff.; dazu *Koch/Eichele*, NJW 2004, 334.

2. Verbundene Unternehmen

a) Unterordnungskonzern

Da die wirtschaftliche Selbstständigkeit eines Unternehmens nicht zu   **63**
den Kriterien des Unternehmensbegriffs gehört,[105] können die zu ein
und demselben **Konzern** gehörenden Gesellschaften verschiedene Unternehmen i. S. v. Art. 81 EG sein. Im Einzelfall kann der gesamte Konzern, ein Teilkonzern oder eine Tochtergesellschaft als Unternehmen
eingestuft werden. Zwar liegt keine Vereinbarung vor, wenn die Muttergesellschaft einer oder mehreren Tochtergesellschaften Weisungen erteilt. Wird diese jedoch befolgt, kann eine abgestimmte Verhaltensweise
gegeben sein. Dies gilt vor allem dann, wenn die Entscheidungen der
geschäftsführenden Organe der Muttergesellschaft die Tochtergesellschaften zu einem wettbewerblich relevanten Verhalten verpflichten.[106]

Allerdings liegt bei konzerninternen Absprachen eine **Wettbewerbsbe-**   **64**
schränkung tatbestandsmäßig erst dann vor, wenn zumindest ein Konzernunternehmen in seiner Wettbewerbsfreiheit beschränkt ist. Kommission und Rechtsprechung gehen davon aus, dass konzerninterne
Vereinbarungen und aufeinander abgestimmte Verhaltensweisen nicht
vom Kartellverbot erfasst werden, wenn

● beide Unternehmen erstens eine wirtschaftliche Einheit bilden und
● die Tochtergesellschaft zweitens ihr Marktverhalten nicht wirksam
  selbst und autonom bestimmen kann.[107]

Beide Voraussetzungen müssen **kumulativ** vorliegen. Während früher   **65**
zudem verlangt wurde, dass diese Vereinbarung der internen Aufgabenverteilung zwischen den Konzernunternehmen zu dienen

---

105 EuGH, Urt. v. 25. 10. 1983 – Rs. 107/82, „AEG", Slg. 1983, 3151, 3199 Rn. 49 ff.
= WuW/E EWG MUV 600; Immenga/Mestmäcker EG-WbR-*Emmerich*, Art. 85
Abs. 1 A Rn. 50; Wiedemann KartR-*Stockmann*, § 7 Rn. 2.
106 EuGH, Urt. v. 12. 7. 1984 – Rs. 170/83, „Leichtmetallheizkörper", Slg. 1984, 2999,
3016 Rn. 10 ff.; EuGI, Urt. v 17. 12. 1991 – Rs. T-6/89, „Enichem Anic", Slg.
1991, II-1623, 1695 Rn. 235–236; EuGI, Urt. v. 20. 3. 2002 – Rs. T-9/99, „Fernwärmerohre", Slg. 2002, II-1487 Rn. 54–67; Komm., Entsch. v. 22. 12. 1987 – Az. IV/
30.787 u. 31.488, „Eurofix-Bauco/Hilti", Abl. 1988, Nr. L 65, 19, 30 Rn. 54;
Schröter/Jakob/Mederer-*Schröter*, Art. 81 Abs. 1 Rn. 123.
107 EuGH, Urt. v. 24. 10. 1996 – Rs. C-73/95 P, „Viho Europe BV/Kommission", Slg.
1996, I-5457 Rn. 16; Urt. v. 11. 4. 1989 – Rs. 66/86, „Ahmed Saeed Flugreisen u.
Silver Line Reisebüro", Slg. 1989, I-803, 848 Rn. 35 = NJW 1989, 2192; Urt. v.
31. 10. 1974 – Rs. 15/74, „Centrafarm/Sterling Drug", Slg. 1974, 1147, 1168
Rn. 41 = NJW 1975, 516; Langen-*Bunte*, Art. 81 Rn. 10 f. Teilweise weitergehend
aber *Thomas*, ZWeR 2005, 236 ff.

habe,[108] ist eine wie auch immer geartete interne Aufgabenverteilung heute nicht mehr Voraussetzung für das Konzernprivileg.[109] In derartigen Fällen fehlt es an der Eignung zur Beschränkung des Wettbewerbs. Das unrechtmäßige Verhalten einer Tochter wird hingegen der Muttergesellschaft zugerechnet.[110] Wird die wirtschaftliche Einheit zwischen Mutter- und Tochterunternehmen aufgelöst, wird auf die bislang konzerninterne Absprache Art. 81 EG anwendbar.[111]

66 Wann von einem **Fehlen der Entscheidungsautonomie** auszugehen ist, lässt sich nicht pauschal bestimmen. Autonomes Marktverhalten ist aber vielfach abzulehnen, wenn das Tochterunternehmen mit der Muttergesellschaft dergestalt verbunden ist, dass die Muttergesellschaft eine Mehrheitsbeteiligung an der Tochtergesellschaft hält bzw. die Stimmrechtsmehrheit ausüben kann. Dies gilt jedoch nicht, wenn die hundertprozentige Tochtergesellschaft aus eigenem Antrieb handelt oder als getrennte Einheit operiert.[112] Wirtschaftliche Einheit ist ebenfalls zu verneinen, wenn lediglich eine Beteiligung von 25,001 % besteht.[113] Setzen sich die leitenden Organe zweier Unternehmen aus denselben Personen zusammen, kann jedoch wiederum eine wirtschaftliche Einheit vorliegen.[114]

67 Es kommt nicht auf den **Markteinfluss** der zwischen Mutter- und Tochterunternehmen getroffenen Absprache, sondern auf die Tatsache an, dass es zwischen ihnen keinen beschränkbaren Wettbewerb gibt.[115] Handlungen, die geeignet sind, die Wettbewerbsposition Dritter zu beeinträchtigen, sind an Art. 82 EG zu messen.

---

108 Vgl. etwa EuGH, Urt. v. 14.7.1972 – Rs. 48/69, „ICI/Kommission", Slg. 1972, 619, 658.

109 EuGH, Urt. v. 24.10.1996 – Rs. C-73/95 P, „Viho Europe BV/Kommission", Slg. 1996, I-5457 Rn. 16; *Buntscheck*, WuW 2004, 374, 379; Schwarze-*Brinker*, Art. 81 Rn. 46.

110 EuGH, Urt. v. 16.11.2000 – Rs. C-286/90 P, „Stora Kopparsbergs Bergslags", Slg. 2000, I-9925 Rn. 29; Komm., Entsch. v. 2.7.2002 – Az. C.37.519, „Methionin-Kartell", Abl. 2003, Nr. L 255, 1 ff. = WuW/E EU-V 901 Rn. 230.

111 Komm., Entsch. v. 22.12.1987 – Az. IV/31.914, „ARG/Unipart", Abl. 1988, Nr. L 45, 34 Rn. 25; Grabitz/Hilf-*Schroeder*, Art. 81 Rn. 417.

112 Komm., Entsch. v. 23.4.1986 – Az. IV/31.149, „Polypropylen", Abl. 1986, Nr. L 230, 1, 32 Rn. 99; Entsch. v. 23.12.1977 – Az. IV/29.146, „BMW Belgium", Abl. 1978, Nr. L 46, 33.

113 EuGI, Urt. v. 6.4.1995 – Rs. T-141/89, „Tréfileurope", Slg. 1995, II-791, 841 Rn. 129.

114 Komm., Entsch. v. 21.12.1993 – Az. IV/34.689, „Sea Containers/Sena Sealink", Abl. 1994, Nr. L 15, 8 Rn. 7.

115 Lenz/Borchardt-*Grill*, Vorbem. Art. 81–86 Rn. 38; Groeben/Schwarze-*Schröter*, Art. 81 Abs. 1 Rn. 107 ff. Nunmehr auch EuGH, Urt. v. 24.10.1996 – Rs. C-73/95 P, „Viho Europe BV/Kommission", Slg. 1996, I-5457 Rn. 16.

b) Gleichordnungskonzern

Ob dieses Konzernprivileg auch für den **Gleichordnungskonzern** gilt, 68
ist nicht abschließend geklärt. Unter einem Gleichordnungskonzern
versteht das deutsche Konzernrecht die Zusammenfassung rechtlich
selbstständiger Gesellschaften unter einheitlicher Leitung, ohne dass
die einzelnen Konzerngesellschaften in einem Abhängigkeitsverhältnis
zueinander stehen, § 18 Abs. 2 AktG. Der Gleichordnungskonzern ist
somit durch das Fehlen von Abhängigkeit zwischen den Konzerngesellschaften bei gleichzeitiger einheitlicher Leitung gekennzeichnet. In
der Literatur wird zumeist dafür plädiert, den Gleichordnungskonzern
vom Kartellverbot auszunehmen, wenn die wettbewerbsrelevanten Bereiche der beteiligten Unternehmen dauerhaft unter einer einheitlichen
Leitung zusammengefasst werden. In einer solchen Konstellation fehle
es an einer Abstimmung unabhängiger Entscheidungsträger, die kartellrechtlich zu schützen sei.[116]

3. Unternehmensvereinigungen

Dem Kartellverbot sind sowohl Unternehmen als auch **Unterneh-** 69
mensvereinigungen unterworfen; auf die genaue Unterscheidung zwischen beiden Adressatenkreisen kommt es daher nicht an. Eine Unternehmensvereinigung besteht aus Unternehmen, ohne selbst sämtliche
Voraussetzungen des Unternehmensbegriffs erfüllen zu müssen. Auf
die Rechtsform der Unternehmensvereinigung kommt es wie beim
Unternehmen nicht an.[117] Die Aufnahme der Unternehmensvereinigung in den Kreis der Normadressaten dient dazu, Wettbewerbsver-
stöße zu erfassen, die nicht unmittelbar zwischen den Unternehmen,
sondern über eine Einrichtung vereinbart werden. Art. 81 EG ist auch
auf Unternehmensvereinigungen anwendbar, deren eigene wirtschaftliche Tätigkeit oder die Tätigkeit der in ihnen verbundenen Unternehmen auf Wettbewerbsbeschränkungen gerichtet ist.[118] Eine Gewinn-

---

116 *Buntscheck*, WuW 2004, 374, 381 ff.; Grabitz/Hilf-*Schroeder*, Art. 81 Rn. 415.
117 EuGH, Urt. v. 30.1.1985 – Rs. 123/83, „BNIC/Clair", Slg. 1985, 391, 423 Rn. 17
   = WuW/E EWG MUV 681; Komm., Entsch. v. 24.2.1993 – Az. IV/34.494, „Tarif-
   strukturen im kombinierten Güterverkehr", Abl. 1993, Nr. L 73, 38, 40 Rn. 21–22;
   Grabitz/Hilf-*Stockenhuber*, Art. 81 Rn. 83; Wiedemann KartR-*Stockmann*, § 7
   Rn. 6.
118 EuGH, Urt. v. 8.11.1983 – verb. Rs. 96–102, 104, 105, 108 u. 110/82, „IAZ", Slg.
   1983, 3369, 3410 Rn. 20 = WuW/E EWG MUV 639; Urt. v. 29.10.1980 – verb.
   Rs. 209–215 u. 218/78, „van Landewyck Sàrl/Kommission", Slg. 1980, 3125, 3250
   Rn. 88.

erzielungsabsicht ist nicht erforderlich.[119] Handelt es sich um eine nicht rechtsfähige Unternehmensvereinigung, sind Adressaten der Entscheidung die einzelnen Mitglieder. Eine Vereinigung von Unternehmensvereinigungen ist ihrerseits eine Unternehmensvereinigung i. S. v. Art. 81 Abs. 1 EG.[120] Berufsständige Organisationen sind unabhängig von ihrer öffentlich- oder privatrechtlichen Ausgestaltung bei der Setzung berufsrechtlicher Normen als Unternehmensvereinigungen anzusehen.[121]

70 Beschlüsse von Unternehmensvereinigungen sind dadurch gekennzeichnet, dass sie auf der Grundlage eines schon vorhandenen Gesamtrechtsaktes, wie etwa Vereinssatzung, Gesellschaftsvertrag oder -statut, getroffen werden. Auf dieser Grundlage haben sich die beteiligten Unternehmen zu einer organisatorischen Einheit verbunden. Die Vereinigung beruht zumeist auf Vereinbarungen[122] und kann mit einer eigenen Rechtspersönlichkeit ausgestattet sein. Beschlüsse kommen durch gleichgerichtete Willenserklärungen der Mitglieder, der geschäftsführenden Organe oder der Mitglieder selbst zu Stande. Faktische Handlungen der Organe, der Organmitglieder oder sonstiger Vertreter muss sich die Unternehmensvereinigung ebenso zurechnen lassen wie förmliche Beschlüsse. Wegen dieser Gleichstellung von rechtsgeschäftlichem und tatsächlichem Handeln kommt es nicht darauf an, ob die Organe ihre Befugnisse überschritten oder beachtet haben.[123]

---

119 EuGI, Urt. v. 26.1.2005 – Rs. T-193/02, „Piau/Kommission", Slg. 2005, 1 = WuW/E EU-R 881 Rn. 69.

120 Komm., Entsch. v. 30.11.1994 – Az. IV/33.126 u. 33.322, „Zement", Abl. 1994, Nr. L 343, 1, 97; Immenga/Mestmäcker EG-WbR-*Emmerich*, Art. 85 Abs. 1 A Rn. 39.

121 EuGH, Urt. v. 19.2.2002 – Rs. C-309/99, „Wouters", Slg. 2002, I-1577 Rn. 64 ff. = EWS 2002, 124 mit Anm. *Hartung*; Urt. v. 19.2.2002 – Rs. C-35/99, „Arduino", Slg. 2002, I-1529 Rn. 34 ff. = EWS 2002, 133.

122 Eine gesetzliche Grundlage ist eher die Ausnahme, vgl. Komm., Entsch. v. 7.4.1999 – Az. IV/36.147, „EPI", Abl. 1999, Nr. L 106, 14. 21 f. Rn. 14.; Entsch. v. 30.1.1995 – Az. IV/33.686, „COPAI", Abl. 1995, Nr. L 122, 37 ff. Rn. 4, 33; Entsch. v. 30.6.1993 – Az. IV/33.407, „CNSD", Abl. 1993, Nr. L 203, 27 Rn. 42 ff.

123 Komm., Entsch. v. 30.11.1994 – Az. IV/33.126 u. 33.322, „Zement", Abl. 1994, Nr. L 343, 1, 97 ff. Rn. 44; Schröter/Jakob/Mederer-*Schröter*, Art. 81 Abs. 1 Rn. 81.

III. Die Mittel der Wettbewerbsbeschränkung

1. Vereinbarung

a) Grundsätze

Art. 81 Abs. 1 EG nennt als Mittel der Wettbewerbsbeschränkung drei   71
Koordinierungstatbestände, nämlich die Vereinbarung, den Beschluss
und die aufeinander abgestimmte Verhaltensweise. Für die Auslegung
der Begriffe „Vereinigung" und „abgestimmte Verhaltensweise" ist das
Gemeinschaftsrecht maßgebend, Erwägungsgrund Nr. 8 Satz 4 VO 1/
2003. Der Begriff der **Vereinbarung** ist weit auszulegen, um das Kartellverbot auf möglichst viele Formen der Wettbewerbsbeschränkung
anwenden zu können. Er umfasst jede förmliche oder formlose, ausdrückliche oder stillschweigende Willenseinigung zwischen zwei oder
mehreren natürlichen oder juristischen Personen, durch die das Marktverhalten wenigstens eines Partners geregelt wird.[124] Die Vereinbarung kann somit schriftlich, mündlich oder auch konkludent geschlossen werden.[125] Es ist bereits dann von einer Vereinbarung auszugehen,
wenn die Parteien lediglich einen allgemeinen Konsens hinsichtlich
der betreffenden Aktionen erzielt haben, wenn die beteiligten Unternehmen ihren gemeinsamen Willen bekunden, sich am Markt in einer
bestimmten Weise zu verhalten.[126]

Aufgrund der Nichtigkeitsfolge des Abs. 2 kann nicht auf die rechtli-   72
che Bindung abgestellt werden. Es ist vielmehr zu prüfen, ob die Vereinbarung eine **faktische Bindungswirkung** wirtschaftlicher und/oder
moralischer Art zum Inhalt hat. An diese Wirkung werden keine hohen Anforderungen gestellt. So lässt die Rechtsprechung es genügen,
„wenn die betreffenden Unternehmen ihren gemeinsamen Willen zum

---

124 EuGH, Urt. v. 15.7.1970 – Rs. 41/69, „ACF Chemiefarma/Kommission", Slg.
  1970, 661, 696 Rn. 110 ff.; EuGI, Urt. v. 14.10.2004 – Rs. T-44/02, „Bankgebühren", WuW/E EU-R 857 Rn. 65; Urt. v. 26.10.2000 – Rs. T- 41/96, „Adalat", Slg.
  2000, II-3383, 3408 Rn. 66 ff. = EWS 2001, 121, 123 mit Anm. *Hirsbrunner* =
  WuW/E EU-R 367; Urt. v. 14.5.1998 – Rs. T-347/94, „Mayr-Melnhof Kartonge-
  sellschaft/Kommission", Slg. 1998, II-1751, 1777 Rn. 65; Komm., Entsch. v.
  11.12.2001 – Az. COMP/E-1/37.919, „Bankgebühren", Abl. 2003, Nr. L 15, 1 ff.
  = WuW/E EU-V 807 Rn. 99.
125 EuGH, Urt. v. 25.10.1983 – Rs. 107/82, „AEG", Slg. 1983, 3151, 3195 Rn. 38 =
  WuW/E EWG MUV 600; Langen-*Bunte*, Art. 81 Rn. 19; *Gleiss/Hirsch*, Art. 85
  (1) Rn. 81.
126 Komm., Entsch. v. 11.6.2002 – Az. COMP/36.571/D-1, „Lombard Club", Abl.
  2004, Nr. L 56, 1 ff. = WuW/E EU-V 949 Rn. 412.

Ausdruck gebracht haben, sich auf dem Markt in einer bestimmten Weise zu verhalten".[127] Mit einer solchen Bekundung wird zugleich deutlich gemacht, dass man sich an die Absprache selbst dann gebunden fühlt, wenn diese wegen eines Verstoßes gegen das Kartellverbot zivilrechtlich nichtig sein sollte. Eine Vereinbarung liegt etwa vor, wenn die Parteien für den Fall des Verstoßes gegen die Vereinbarung wirtschaftliche oder moralische Sanktionen vereinbart haben.[128] Auch die Absicherung der Erfüllung mittels Schiedsspruch reicht aus. Die Kommission hat ausdrücklich abgelehnt, für die Erfüllung des Tatbestandes der Vereinbarung eine rechtliche[129] oder faktische, durch Sanktionen abgesicherte Bindung der beteiligten Unternehmen zu verlangen.[130] Diese Betrachtungsweise hat zur Folge, dass lediglich die Willensübereinstimmung nachzuweisen ist. Es ist dagegen unerheblich, ob die Parteien sich für rechtlich, tatsächlich oder moralisch verpflichtet halten, sich absprachegemäß zu verhalten.

73 Bei der Frage, ob eine Vereinbarung vorliegt, „kommt es auf die wirtschaftlichen Ergebnisse von Vereinbarungen oder ähnlichen Formen der Abstimmung an, nicht aber auf ihre Rechtsform".[131] Sog. **gentlemen's agreements** sind daher ebenfalls als Vereinbarungen i. S. v. Art. 81 Abs. 1 EG anzusehen.[132] Auch Prozessvergleiche können eine

---

127 EuGH, Urt. v. 15.7.1970 – Rs. 41/69, „ACF Chemiefarma/Kommission", Slg. 1970, 661, 696 Rn. 112 ff.; EuGI, Urt. v. 14.5.1998 – Rs. T-347/94, „Mayr-Melnhof Kartongesellschaft/Kommission", Slg. 1998, II-1751, 1777 Rn. 65; Schröter/Jakob/Mederer-*Schröter*, Art. 81 Abs. 1 Rn. 71. Teilweise anders FK-*Roth/Ackermann*, Art. 81 Abs. 1 Grundfragen Rn. 84, wonach nicht auf die Bindung, sondern auf die mit der Vereinbarung angestrebte Koordinierung des Auftretens am Markt abzustellen sei.

128 Komm., Entsch. v. 21.12.1988 – Az. IV/31.865, „PVC", Abl. 1989, Nr. L 74, 1, 11 Rn. 29 ff.; Entsch. v. 21.12.1988 – Az. IV/31.866, „LDPE", Abl. 1989, Nr. L 74, 21, 32 Rn. 36 ff.

129 Vgl. Komm., Entsch. v. 16.2.1994 – Az. 94/215/EWG, „Betonstahlträger", Abl. 1994, Nr. L 116, 1, 37 Rn. 217; Entsch. v. 2.8.1989 – Az. IV/31.553, „Betonstahlmatten", Abl. 1989, Nr. L 260, 1, 35 Rn. 165 (zu Art. 65 EGKS).

130 Komm., Entsch. v. 11.6.2002 – Az. COMP/36.571/D-1, „Lombard Club", Abl. 2004, Nr. L 56, 1 ff. = WuW/E EU-V 949 Rn. 412.

131 EuGH, Urt. v. 3.7.1985 – Rs. 243/83, „Binon/AMP", Slg. 1985, 2015, 2040 Rn. 17 = WuW/E EWG MUV 687.

132 EuGI, Urt. v. 20.3.2002 – Rs. T-9/99, „Fernwärmerohre", Slg. 2002, II-1487 Rn. 199–201; Immenga/Mestmäcker EG-WbR-*Emmerich*, Art. 85 Abs. 1 A Rn. 69 f.; FK-*Roth/Ackermann*, Art. 81 Abs. 1 Grundfragen Rn. 79 u. 90; Wiedemann KartR-*Stockmann*, § 7 Rn. 7; Callies/Ruffert-*Weiss*, Art. 81 Rn. 52. Teilweise anders Lenz/Borchardt-*Grill*, Art. 81 Rn. 1, der die Abgrenzung zur abgestimmten Verhaltensweise ausdrücklich offen lässt.

Vereinbarung darstellen.[133] Vereinbarungen zwischen Unternehmensvereinigungen werden ebenso erfasst.

Für das Vorliegen einer Vereinbarung stellt die Praxis nicht auf die **74**
Art und Weise des Zustandekommens der Willensübereinstimmung
der Parteien ab.[134] Es spielt daher keine Rolle, ob die Zustimmung
durch die Ausübung von Zwang bzw. durch Androhung von Sanktionen erreicht wurde.[135] Die Teilnahme an einem Kartell aufgrund der
Ausübung von Druck durch andere Unternehmen stellt zudem grundsätzlich keinen Entschuldigungsgrund dar.[136]

Die Anforderungen an ein Kartell unter **Anwesenden** sind recht ge- **75**
ring. Nimmt etwa ein Unternehmen an einem Treffen von Unternehmen mit wettbewerbswidrigem Zweck teil, ohne sich daran aktiv zu
beteiligen und ohne sich offen vom Inhalt des Treffen zu distanzieren,
kann das den anderen Teilnehmern Anlass zu der Annahme geben,
dass es dem Ergebnis des Treffen zustimmt und sich daran halten
wird. In einem solchen Fall sieht es das EuGI als erwiesen an, dass
sich das betroffene Unternehmen an den Absprachen beteiligt hat. Es
obliegt dann dem Unternehmen, den Gegenbeweis zu führen, dass es
an dem Treffen teilgenommen hat, ohne wettbewerbswidrige Absichten zu verfolgen und seine Wettbewerber auf diese andere Motivation
hingewiesen zu haben.[137]

b) Abgrenzung zu einseitigen Maßnahmen

Hinter der Frage, ob auch einseitige Maßnahmen unter gewissen Um- **76**
ständen unter den Begriff der Vereinbarung zu subsumieren sind, ver-
birgt sich die wichtige **Abgrenzung** zwischen Art. 81 Abs. 1 EG auf der
einen und Art. 82 EG auf der anderen Seite. Weil sich die Missbrauchs-

---

133 EuGH, Urt. v. 27.9.1988 – Rs. 65/86, „Bayer Farbenfabriken/Süllhöfer", Slg.
1988, 5249, 5286 Rn. 15 = NJW 1988, 3082; Urt. v. 8.6.1982 – Rs. 258/78, „Nungesser u. Eisele/Kommission", Slg. 1982, 2015, 2075 Rn. 87 f. = WuW/E EWG
MUV 551.
134 Streinz/*Eilmannsberger*, Art. 81 Rn. 3; Immenga/Mestmäcker EG-WbR-*Emmerich*,
Art. 85 Abs. 1 A Rn. 76.
135 Komm., Entsch. v. 28.1.1998 – Az. IV/98.273, „VW", Abl. 1998, Nr. 124, 60
Rn. 112 ff.; Entsch. v. 20.9.2000 – Az. COMP/36.653, „Opel", Abl. 2001, Nr. L 59, 1
Rn. 110.
136 EuGI, Urt. v. 20.3.2002 – Rs. T-23/99, „LR AF 1998/Kommission", Slg. 2002, II-
1705 Rn. 142.
137 EuGI, Urt. v. 20.3.2002 – Rs. T-9/99, „Fernwärmerohre", Slg. 2002, II-1487
Rn. 137 u. 223 m.w.N.; Urt. v. 11.12.2003 – Rs. T-61/99, „Adriatica di Naviga-
zione", Slg. 2003, 1 Rn. 91.

kontrolle lediglich gegen marktbeherrschende Unternehmen richtet, kann unterhalb der Schwelle der Markbeherrschung nur dann gegen einseitiges wettbewerbsbeschränkendes Verhalten vorgegangen werden, wenn dies auf der Grundlage des Kartellverbots erfolgt. Dabei ist grundsätzlich geklärt, dass die einseitige Maßnahme oder die Entscheidung eines einzelnen Unternehmens keine Vereinbarung i. S. v. Art. 81 Abs. 1 EG darstellt. Das Vorliegen einer Vereinbarung kann zwar u. a. aus dem Verhalten der beteiligten Unternehmen abgeleitet werden. Es reicht dabei aber nicht aus, wenn das Verhalten, aus dem auf die Vereinbarung geschlossen werden soll, nur Ausdruck einer einseitigen Politik eines Unternehmens ist. Es ist vielmehr stets erforderlich, dass die betreffenden Unternehmen einen gemeinsamen Willen zur Wettbewerbsbeschränkung haben und dieser Wille zum Ausdruck gebracht wird.

77 Schwierigkeiten bereitet in der Praxis das Feststellen einseitiger **Maßnahmen innerhalb bereits bestehender Geschäftsverbindungen.** Für die Fälle der scheinbaren Einseitigkeit ist im Grundsatz anerkannt, dass auch Maßnahmen, die ein Hersteller dem Anschein nach einseitig im Rahmen ständiger Beziehungen zu seinen Absatzmittlern trifft oder durchsetzt, unter Umständen als Vereinbarung angesehen werden. Allerdings muss dazu die Kartellbehörde die ausdrückliche oder stillschweigende Zustimmung der Partner zum Verhalten des Herstellers nachweisen.[138] Dies gilt auch für Lieferbeschränkungen, mit denen sichergestellt werden soll, dass ein Händler nur die zur Befriedigung der Nachfrage in seinem Vertriebsgebiet erforderlichen Mengen bezieht.[139]

78 Das EuGI musste einen Fall entscheiden, in dem ein Automobil-Hersteller an seine Händler **Rundbriefe** versandte, in denen diese aufgefordert wurden, keine oder nur geringe Preisnachlässe beim Verkauf eines bestimmten PKW-Typs zu gewähren. Die Kommission konnte nicht beweisen, dass die Händler diese Aufforderung umgesetzt hatten, was für den Nachweis einer stillschweigenden Zustimmung ausgereicht hätte. Die Händlerverträge waren zudem wettbewerbskonform

---

138 EuGH, Urt. v. 24.10.1995 – Rs. C-70/93, „Bayerische Motorenwerke", Slg. 1995, I-3439 Rn. 16f.; EuGI, Urt. v. 26.10.2000 – Rs. T-41/96, „Bayer/Kommission", Slg. 2000, II-3383 Rn. 66ff. = EWS 2001, 121 mit kritischer Anm. *Hirsbrunner*; Urt. v. 26.10.2000 – Rs. T- 41/96, „Adalat", Slg. 2000, II-3383, 3408ff. Rn. 70 = EWS 2001, 121, 123 mit Anm. *Hirsbrunner* =´WuW/E EU-R 367; Urt. v. 6.7.2000 – Rs. T-62/98, „VW", Slg. 1992, II-2707 Rn. 236 = WuW/E EU-R 330; dazu *Wegner*, EWS 2001, 65f.

139 EuGH, Urt. v. 6.1.2004 – verb. Rs. C-2/01 P u. C-3/01 P, „Adalat", Slg. 2004, 1 = EWS 2004, 166 = BB 2004, 286 mit Anm. *Klees*.

ausgestaltet. Die Kommission ging davon aus, dass die Händler bereits mit Abschluss des Vertriebsvertrags ihre Zustimmung auch zu der in Rede stehenden Aufforderung gegeben hätten. Dem ist das EuGI zu Recht entgegengetreten.[140] Die Auffassung der Kommission verwischt die Unterscheidung zwischen einer Vereinbarung und einer einseitigen Handlung. Es muss vielmehr nachgewiesen werden, dass die Händler der Aufforderung in irgendeiner Form zugestimmt haben, mithin eine Willensübereinstimmung vorliegt. Allein die Fortsetzung der Geschäftsbeziehung nach einer einseitigen Maßnahme des Herstellers reicht also nicht aus, um eine Vereinbarung anzunehmen.[141]

Damit bietet sich eine **zweistufige Prüfung** an:　　　　　　　　　79

- Damit von einer Vereinbarung und nicht (nur) von einer einseitigen Maßnahme gesprochen werden kann, muss erstens die Willensbekundung einer Vertragspartei mit der ggf. auch konkludenten Aufforderung an die andere Seite verbunden sein, das erklärte Ziel gemeinsam zu verwirklichen. In diesem Zusammenhang kann das Vorhandensein eines Systems nachträglicher Kontrollen und Sanktionen allenfalls ein Indiz für das Vorliegen einer Vereinbarung sein.

- Zweitens muss das Verhalten des anderen Unternehmens den Schluss zulassen, dass es diese Willensbekundung teilt.[142] Dazu zählt zunächst die ausdrückliche Zustimmung, die auch dann eine Vereinbarung begründet, wenn das andere Unternehmen sich tatsächlich nicht daran hält. Fehlt es an einer ausdrücklichen Zustimmung, kommt es darauf an, ob sich der Adressat an die Aufforderung hält. Damit trägt der Adressat ein nicht unerhebliches Risiko. Handelt es sich um einen Absatzmittler, der ein Schreiben seines Herstellers zurückweist, riskiert er u. U. seinen Händlervertrag, sollte sich herausstellen, dass das Ansinnen kartellrechtlich unbedenklich ist. Beugt er sich dem Wunsch, wird er zu einer Partei einer wettbewerbswidrigen Vereinbarung.[143]

140　EuGI, Urt. v. 3.12.2003 – Rs. T-208/01, „VW/Kommission", Slg. 2003, 1 Rn. 18 ff. = EWS 2004, 174 = WuW/E EU-R 761.

141　Ebenso *Hoffmann*, WRP 2004, 994, 998; *Wertenbruch*, EWS 2004, 145, 151.

142　EuGH, Urt. v. 6.1.2004 – verb. Rs. C-2/01 P u. C-3/01 P, „Adalat", Slg. 2004, 1 = EWS 2004, 166 = BB 2004, 286 mit Anm. *Klees*; EuGI, Urt. v. 26.10.2000 – Rs. T-41/96, „Bayer/Kommission", Slg. 1996, II-3383 Rn. 72 = EWS 2001, 121 mit kritischer Anm. *Hirsbrunner*.

143　*Eilmannsberger*, ZWeR 2004, 285, 289f.; *Kamann/Bergmann*, EWS 2004, 151, 155. Teilweise anders aber *Hoffmann*, WRP 2004, 994, 999, der meint, dass eine wirtschaftlich gebotene Verhaltensanpassung keine wettbewerbswidrige Vereinbarung begründen könne.

2. Beschluss

80 Unter einem Beschluss einer Unternehmensvereinigung versteht man eine Regelung über das Verhalten von Unternehmen. Es handelt sich um **Willensäußerungen der zuständigen Organe** auf der Grundlage der jeweils maßgeblichen Gesellschaftsverträge, Geschäftsordnungen oder Satzungen.[144] Vom Begriff werden nur verbindliche Beschlüsse erfasst; unverbindliche Akte, wie etwa Anregungen, fallen unter das Abstimmen des Verhaltens. Allerdings reicht eine faktische Verbindlichkeit aus.[145] Ob darüber hinaus auch bloße Empfehlungen als Beschlüsse einer Unternehmensvereinigung angesehen werden können, ist nicht abschließend geklärt.[146]

81 Ein Beschluss liegt auch dann vor, wenn die Mitglieder einer Unternehmensvereinigung in einer Mitgliederversammlung **abstimmen** oder wenn ein anderes Organ als die Geschäftsführung aufgrund des Gesellschaftsvertrags Entscheidungen trifft, mit denen das Verhalten der Mitglieder im Wettbewerb koordiniert werden soll.

3. Aufeinander abgestimmte Verhaltensweise

a) Bedeutung

82 Mit dem Begriff der aufeinander abgestimmten Verhaltensweise ist ein **Auffangtatbestand** geschaffen worden.[147] Auf diese Weise soll „eine Form der Koordinierung zwischen Unternehmen erfasst werden, die zwar noch nicht bis zum Abschluss eines Vertrages im eigentlichen Sinne gediehen ist, jedoch bewusst eine praktische Zusammenarbeit an die Stelle des mit Risiken verbundenen Wettbewerbs treten lässt".[148]

---

144 Komm., Entsch. v. 26.10.1999 – Az. IV/33.884, „FEG und TU", Abl. 2000, Nr. L 39, 1 Rn. 94–102; Entsch. v. 25.6.1969 – Az. IV/597, „VVVF", Abl. 1969, Nr. L 168, 22, 23.

145 EuGH, Urt. v. 29.10.1980 – verb. Rs. 209–215 u. 218/78, „van Landewyck Sàrl/ Kommission", Slg. 1980, 3125, 3250 Rn. 88f.; Langen-*Bunte*, Art. 81 Rn. 27. Weitergehend FK-*Roth/Ackermann*, Art. 81 Abs. 1 Grundfragen Rn. 108, die auch nichtbindende Abstimmungsmodi als ausreichend ansehen. Vgl. auch Grabitz/Hilf-*Stockenhuber*, Art. 81 Rn. 104.

146 Vgl. FK-*Roth/Ackermann*, Art. 81 Abs. 1 Grundfragen Rn. 108, die auch nichtbindende Abstimmungsmodi als ausreichend ansehen. Vgl. ferner Grabitz/Hilf-*Stockenhuber*, Art. 81 Rn. 104.

147 Streinz/*Eilmannsberger*, Art. 81 Rn. 16.

148 EuGH, Urt. v. 31.3.1993 – verb. Rs. C-89/85, C-104/85, C-114/85, C-116/85, C-117/85, C-125/85, C-129/85, „Ahlström Osakeyhtiö u.a./Kommission", Slg. 1993, I-1307, 1599 Rn. 63 = EuZW 1993, 377, 380f.; Urt. v. 16.12.1975 – verb. Rs. 40–

Die aufeinander abgestimmten Verhaltensweisen erfüllen daher schon ihrem Wesen nach nicht alle Tatbestandsmerkmale einer Vereinbarung, sondern können sich insbesondere auch aus einer im Verhalten der Beteiligten zu Tage tretenden Koordinierung ergeben. Allerdings ist es bei sehr komplexen Zuwiderhandlungen denkbar, dass ein Kartell gleichzeitig sowohl eine Vereinbarung als auch eine abgestimmte Verhaltensweise darstellen kann.[149]

Nach dem Wortlaut sind für eine aufeinander abgestimmte Verhaltensweise **zwei Merkmale** konstitutiv: die Abstimmung und das daraus resultierende Verhalten der Unternehmen. Zwischen beiden muss ein Kausalzusammenhang bestehen.[150] Der EuGH betont für das Vorliegen abgestimmten Verhaltens die Verpflichtung der Unternehmen, ihr Verhalten am Markt selbstständig zu bestimmen. Dieses sog. Selbstständigkeitspostulat[151] dient zur Abgrenzung zwischen autonomem und abgestimmtem Verhalten. Es verbietet jeden unmittelbaren oder mittelbaren Kontakt zwischen Unternehmen, der darauf abzielt, das Marktverhalten der Mitbewerber zu beeinflussen oder diese über das eigene künftige Marktverhalten ins Bild zu setzen.[152] **83**

Mit dieser Formulierung ist deutlich gemacht worden, dass bei einem **bloßen Parallelverhalten** im Sinne einer Anpassung an das Wettbewerbsverhalten anderer Unternehmen nicht von einer Abstimmung gesprochen werden kann. Gleiches gilt für ein auf der Reaktionsverbun- **84**

48, 50, 54–56, 111, 113 u. 114/73, „Suiker Unie/Kommission", Slg. 1975, 1663, 1942 Rn. 26; Urt. v. 14.7.1972 – Rs. 48/69, „ICI/Kommission", Slg. 1972, 619, 658 Rn. 64.

149 Komm., Entsch. v. 24.7.2002 – Az. COMP/E-3/36.700, „Industriegase", Abl. 2003, Nr. L 84, 1 ff. = WuW/E EU-V 819 Rn. 318–322; Komm., Entsch. v. 5.12.2001 – Az. COMP/E-1/36.604, „Zitronensäure", Abl. 2002, Nr. L 239, 18 ff. = WuW/E EU-V 769 Rn. 143.

150 Schröter/Jakob/Mederer-*Schröter*, Art. 81 Abs. 1 Rn. 86; Callies/Ruffert-*Weiss*, Art. 81 Rn. 69.

151 Vgl. etwa EuGH, Urt. v. 31.3.1993 – verb. Rs. C-89/85, C-104/85, C-114/85, C-116/85, C-117/85, C-125/85, C-129/85, „Ahlström Osakeyhtiö u.a./Kommission", Slg. 1993, I-1307, 1598 ff. Rn. 59 ff. = EuZW 1993, 377, 380 ff.; Urt. v. 13.7.1989 – Rs. 395/87, „Ministère public/Jean-Louis Tournier", Slg. 1989, 2521, 2573 f. Rn. 20 ff. = EWS 1990, 133; Urt. v. 13.7.1989 – verb. Rs. 110/88, 241/88, 242/88, „François Lucazeau u.a./SACEM", Slg. 1989, 2811, 2829 f. Rn. 15 ff. = EuZW 1990, 415; Komm., Entsch. v. 5.12.2001 – Az. COMP/E-1/36.604, „Zitronensäure", Abl. 2002, Nr. L 239, 18 ff. = WuW/E EU-V 769 Rn. 141 f.

152 EuGI, Urt. v. 12.7.2001 – verb. Rs. T-202/98, T-204/98 u. T-207/98, „Tate & Lyle", Slg. 2001, II-2035 = WuW/E EU-R 497 Rn. 55 ff.

denheit in einem Oligopol beruhendes Parallelverhalten.[153] Wird jedoch diese Reaktionsverbundenheit durch das Verhalten des Unternehmens künstlich verstärkt und so die Anpassung an das Verhalten der Wettbewerber erleichtert, liegt ein abgestimmtes Verhalten vor.

b) Begriff der Abstimmung

85 Der Begriff der Abstimmung umfasst alle **Formen des Austauschs wettbewerbsrelevanter Informationen zwischen Konkurrenten.** Auf diese Weise können die Unternehmen die Ungewissheit über ihr künftiges Wettbewerbsverhalten verringern oder beseitigen. Das Selbstständigkeitspostulat verbietet jede Abstimmung zwischen Unternehmen, die bezweckt oder bewirkt, dass Wettbewerbsbedingungen entstehen, die im Hinblick auf die Art der Waren oder erbrachten Dienstleistungen, die Bedeutung und Anzahl der beteiligten Unternehmen sowie den Umfang des in Betracht kommenden Marktes nicht den normalen Bedingungen dieses Marktes entsprechen. Ein Verhalten kann schon dann als Abstimmung angesehen werden, wenn die Parteien zwar nicht vereinbart haben, wie sich jede Seite am Markt verhalten soll, sich aber bewusst an eine gemeinsame, die Koordinierung ihres Geschäftsverhaltens fördernde oder erleichternde Strategie halten oder anpassen. Es reicht aus, dass der Wettbwerber durch seine Absichtserklärung die Ungewissheit über das von ihm zu erwartende Marktverhalten zumindest erheblich verringert.[154]

86 Schwierigkeiten bereitet in diesem Zusammenhang regelmäßig die kartellrechtliche Beurteilung von **Informationsaustauschsystemen.** Besonders bedenklich ist der Informationsaustausch über Preise.[155] Eine Koordinierung kann jedoch auch über den Austausch anderer Informationen wie etwa Umsätze oder Liefermengen erfolgen. Je genauer und aktueller die ausgetauschten Angaben sind, desto größer sind die davon ausgehenden wettbewerbsbeschränkenden Wirkungen.[156] Letzt-

---

153 EuGH, Urt. v. 31.3.1993 – verb. Rs. C-89/85, C-104/85, C-114/85, C-116/85, C-117/85, C-125/85, C-129/85, „Ahlström Osakeyhtiö u.a./Kommission", Slg. 1993, I-1307 Rn. 126 = EuZW 1993, 377.
154 Komm., Entsch. v. 11.6.2002 – Az. COMP/36.571/D-1, „Lombard Club", Abl. 2004, Nr. L 56, 1 ff. = WuW/E EU-V 949 Rn. 415; ähnlich Entsch. v. 20.10.2004 – Az. COMP/C.38.238/B.2, „Rohtabak Spanien", WuW/E EU-V 1045 Rn. 267 ff.
155 EuGI, Urt. v. 17.12.1991 – Rs. T-4/89, „BASF/Kommission", Slg. 1991, II-1523 Rn. 241 f.
156 EuGI, Urt. v. 5.4.2001 – Rs. T-16/98, „Wirtschaftsvereinigung Stahl/Kommission", Slg. 2001, II-1217 Rn. 29; Streinz/*Eilmannsberger*, Art. 81 Rn. 19.

lich wird man aber um die Berücksichtigung aller Umstände des Einzelfalles nicht umhin kommen, zu denen insbesondere die Marktstruktur, die Art und die Regelmäßigkeit des Austausches und die beteiligten Unternehmen zu zählen sind.[157] Dient der Informationsaustausch etwa der Einhaltung einer Kartellabsprache, ist er als besonders problematisch einzustufen.[158] Handelt es sich hingegen um den Austausch statistischer Daten, die keinen Rückschluss auf das vergangene Verhalten der einzelnen Teilnehmer zulassen, da sie nicht individualisierbar sind, gehen von dem System regelmäßig keine wettbewerbsbeschränkenden Wirkungen aus.[159]

Die Abstimmung setzt stets einen **gegenseitigen Kontakt** voraus.[160] **87** Zumeist stimmen die beteiligten Unternehmen ihr Verhalten untereinander ab. Da Art. 81 Abs. 1 EG aber von „aufeinander" und nicht von „gegenseitig" abgestimmten Verhaltensweisen spricht, kann das Verhalten auch von dritter Seite koordiniert werden. So kann eine entsprechende Abstimmung etwa durch eine Unternehmensvereinigung vorgenommen werden, der die beteiligten Unternehmen angehören.[161] Es ist ferner denkbar, die Abstimmung durch einen Treuhänder herbeizuführen, der von den Unternehmen mit dem Austausch von Unternehmensdaten betraut worden ist.[162]

c) Begriff des abstimmungsgemäßen Verhaltens

Die Abstimmung muss sich in einem **konkreten koordinierten Ver-** **88** **halten** niederschlagen. Die Frage, welche Anforderungen an dieses Verhalten gestellt werden, insbesondere ob es sich um ein konkret marktrelevantes Verhalten handeln muss, wird nach wie vor kontrovers

---

157 EuGI, Urt. v. 27. 10. 1994 – Rs. T-35/92, „John Deere/Kommission", Slg. 1994, II-957 Rn. 92.
158 Komm., Entsch. v. 30. 4. 1999 – 1999/485/EG, „Europe Asia Trades Agreement", Abl. 1999, Nr. L 193, 23 Rn. 155; Entsch. v. 7. 6. 2000 – COMP/36.545/F3, „Aminosäuren", Abl. 2001, Nr. L 152, 24 Rn. 229 = WuW/E EU-V 684.
159 EuGI, Urt. v. 14. 5. 1998 – Rs. T-338/94, „Finnboard/Kommission", Slg. 1998, II-1617 Rn. 256.
160 EuGI, Urt. v. 15. 3. 2000 – Rs. T-25/95, „Cimenteries CBR SA", Slg. 2000, II-491 Rn. 1849 = WuW/E EU-R 293.
161 EuGH, Urt. v. 11. 7. 1989 – Rs. 246/86, „Belasco", Slg. 1989, 2117 Rn. 10 ff.; Komm., Entsch. v. 26. 11. 1997 – Az. IV/36.069, „Wirtschaftsvereinigung Stahl", Abl. 1998, Nr. L 1, 10; Schröter/Jakob/Mederer-*Schröter*, Art. 81 Abs. 1 Rn. 88.
162 Entsch. v. 16. 2. 1994 – Az. 94/215/EWG, „Betonstahlträger", Abl. 1994, Nr. L 116, 1; Komm., Entsch. v. 26. 11. 1997 – Az. IV/36.069, „Wirtschaftsvereinigung Stahl", Abl. 1998, Nr. L 1, 10 Rn. 39–54.

diskutiert.[163] Dies ist insbesondere darauf zurückzuführen, dass in den Entscheidungen des EuGH nicht immer hinreichend klar gemacht wird, ob bereits die Abstimmung und nicht erst das abgestimmte Verhalten untersagt ist. Die Diskussion ist vor allem für Fälle von Bedeutung, in denen es bereits zu einer Kontaktaufnahme zwischen Unternehmen gekommen war, diese aber noch nicht erfolgreich gewesen ist. Zwar hat der EuGH immer wieder deutlich gemacht, dass über die Abstimmung hinaus ein entsprechendes Marktverhalten und ein ursächlicher Zusammenhang zwischen beiden zu verlangen sind.[164] Allerdings wird nicht immer hinreichend deutlich, ob nicht die Koordinierung genügt und das Verhalten lediglich als deren Nachweis gilt. So kann nach Auffassung des EuGH vermutet werden, dass die an der Abstimmung beteiligten Unternehmen die dabei erlangten Informationen bei der Bestimmung ihres Marktverhaltens berücksichtigen. Die Umsetzung der Verhaltensabstimmung muss dann von der Kartellbehörde nicht nachgewiesen werden. Den Unternehmen steht die Möglichkeit des Gegenbeweises offen.[165]

d) Nachweisproblematik

89 Der Nachweis für das Vorliegen einer abgestimmten Verhaltensweise obliegt der Kartellbehörde. Lässt sich ein abgestimmtes Verhalten nicht direkt nachweisen, etwa durch Sitzungsprotokolle oder Zeugenaussagen, muss im Einzelfall auf **Indizien** zurückgegriffen werden. Dabei ist zu beachten, dass eine gleichartige Reaktion von Wettbewerbern auch durch eine gleichförmige Veränderung der Wettbewerbsbedingungen hervorgerufen sein kann und nicht zwangsläufig auf eine Wettbewerbsbeschränkung zielen muss. Das bewusste oder unbewusste Nachahmen und das gleichförmige Verhalten, wie sie insbesondere für eine oligopolistische Marktstruktur typisch sind, fallen nicht unter den Begriff der abgestimmten Verhaltensweise. Die Marktteilnehmer sind sich ihrer wechselseitigen Abhängigkeit bewusst und ver-

163 Zum Streitstand Lenz/Borchardt-*Grill*, Art. 81 Rn. 7 f.; FK-*Roth/Ackermann*, Art. 81 Abs. 1 Grundfragen Rn. 121–124; Callies/Ruffert-*Weiss*, Art. 81 Rn. 66–71.
164 EuGH, Urt. v. 8.7.1999 – Rs. C-199/92 P, „Hüls/Kommission", Slg. 1999, I-4287, 4386 Rn. 161; Urt. v. 8.7.1999 – Rs. C-49/92 P, „Kommission/Anic Partecipazioni SpA", Slg. 1999, I-4125, 4203 Rn. 118; zurückhaltend wiederum in Urt. v. 8.7.1999 – Rs. C-235/92 P, „Montecatini SpA/Kommission", Slg. 1999, I-4539, 4616 Rn. 125; EuGI, Urt. v. 20.3.2002 – Rs. T-9/99, „HFB Holding/Kommission", Slg. 2002, II-1487 Rn. 212.
165 EuGH, Urt. v. 8.7.1999 – Rs. C-49/92 P, „Kommission/Anic Partecipazioni SpA", Slg. 1999, I-4125, 4203 Rn. 121; kritisch Streinz/*Eilmannsberger*, Art. 81 Rn. 22 f.

halten sich daher gleichförmig (bewusstes Parallelverhalten). Ein Parallelverhalten kann jedoch dann als Indiz für das Vorliegen einer abgestimmten Verhaltensweise angesehen werden, wenn es sich allein durch die Abstimmung plausibel erklären lässt.[166]

Aus der Sicht des EuGI wäre es gekünstelt, ein durch ein einziges Ziel gekennzeichnetes, kontinuierliches Verhalten zu zerlegen und darin mehrere selbstständige Zuwiderhandlungen sehen zu müssen. Daher kann eine **einheitliche Zuwiderhandlung** gegen Art. 81 Abs. 1 EG als „Vereinbarung und abgestimmte Verhaltensweise" oder als Vereinbarung „und/oder" abgestimmte Verhaltensweise qualifiziert werden, wenn diese Zuwiderhandlung sowohl Einzelakte aufweist, die als Vereinbarung anzusehen sind, als auch Einzelakte, die als abgestimmte Verhaltensweise einzustufen sind. Ein solcher Fall der doppelten Qualifizierung bezieht sich somit auf einen Komplex von Einzelakten, von denen einige als Vereinbarung und andere als abgestimmte Verhaltensweise anzusehen sind. Dieser muss aber Ausdruck einer komplexen einheitlichen Zuwiderhandlung sein.[167] Beteiligt sich ein Unternehmen an einer solchen komplexen einheitlichen Zuwiderhandlung, kann es für die gesamte Zeit seiner Beteiligung an der gesamten Zuwiderhandlung auch für das Verhalten verantwortlich sein, das andere Unternehmen im Rahmen dieser Zuwiderhandlung an den Tag legen. Das betroffene Unternehmen muss nur Kenntnis von dem rechtswidrigen Verhalten der anderen Beteiligten haben oder es vernünftigerweise vorhersehen. Es muss zudem bereit sein, die daraus resultierende Gefahr auf sich zu nehmen.[168] **90**

Die **Kommission** vertritt die Auffassung, dass zwar ein Marktverhalten vorausgesetzt wird, verlangt aber nicht, dass sich dieses Verhalten konkret in Form einer Wettbewerbsbeschränkung auswirkt. Sie geht von der **Vermutung** aus, dass die an der Abstimmung beteiligten Unternehmen die gewonnenen Erkenntnisse bei ihrem Marktverhalten berücksichtigen.[169] **91**

---

166 EuGH, Urt. v. 28.3.1984 – Rs. 29 u. 30/83, „CRAM u. Rheinzink", Slg. 1984, 1679, 1702 Rn. 16–20 = WuW/E EWG MUV 624; Wiedemann KartR-*Stockmann*, § 7 Rn. 10f. Ausführlich zur Frage der Indizwirkung: Immenga/Mestmäcker EG-WbR-*Emmerich*, Art. 85 Abs. 1 A Rn. 124–133; FK-*Roth/Ackermann*, Art. 81 Abs. 1 Grundfragen Rn. 136ff.

167 EuGI, Urt. v. 20.3.2002 – Rs. T-9/99, „Fernwärmerohre", Slg. 2002, II-1487 Rn. 186–191.

168 EuGI, Urt. v. 20.3.2002 – Rs. T-9/99, „Fernwärmerohre", Slg. 2002, II-1487 Rn. 231.

169 Komm., Entsch. v. 11.6.2002 – Az. COMP/36.571/D-1, „Lombard Club", Abl. 2004, Nr. L 56, 1ff. = WuW/E EU-V 949 Rn. 416.

4. Hoheitliche Maßnahmen als Mittel der Wettbewerbsbeschränkung

92 Ist die Wettbewerbsbeschränkung allein auf eine hoheitliche Maßnahme zurückzuführen, kann Art. 81 Abs. 1 EG nicht angewandt werden. Die freie Willensentscheidung eines Unternehmens ist vielmehr ausgeschlossen, wenn ihm ein bestimmtes Marktverhalten hoheitlich auferlegt wird.[170] In einer solchen Situation kann nicht von einem Beschluss, einer Vereinbarung bzw. einem aufeinander abgestimmten Verhalten gesprochen werden. Entsprechendes gilt, wenn mehrere Unternehmen durch staatliche Weisung zu einem Kartell zusammengefasst werden. Die Anwendung des Kartellverbots hängt in solchen Konstellationen jedoch stets davon ab, ob das wettbewerbsbeschränkende Verhalten den Unternehmen oder dem Staat **zugerechnet** werden muss. Da es sich hierbei regelmäßig um eine Ausnahmesituation handelt, ist bei der Prüfung, ob die Wettbewerbsbeschränkung auf eine hoheitliche Maßnahme oder auf eine private Vereinbarung zurückzuführen ist, ein strenger Maßstab anzulegen.[171] So reicht ein Zusammenwirken privater mit staatlicher Marktintervention nicht aus, um die Anwendung des Art. 81 Abs. 1 EG auszuschließen.[172]

93 Schwierigkeiten kann die Anwendung dieser Grundsätze auf das Setzen **berufsrechtlicher Regelungen** bereiten. In solchen Konstellationen soll die Abgrenzung staatlicher von nichtstaatlicher Rechtssetzung nach den Vorstellungen des EuGH anhand folgender Überlegung erfolgen: Gibt ein Mitgliedstaat bei der Übertragung von Rechtssetzungsbefugnissen an einen Berufsverband Kriterien des Allgemeininteresses vor und legt er zugleich wesentliche Grundsätze fest, die bei der Satzungsgebung zu beachten sind, behält er sich die Letztentscheidungsbefugnis vor. Die vom Berufsverband aufgestellten Regeln bleiben dann staatliche Regeln und stellen keine von Unternehmen vorge-

---

170 Siehe dazu Rn. 58.
171 Vgl. EuGH, Urt. v. 30.1.1985 – Rs. 123/83, „BNIC/Clair", Slg. 1985, 391, 423 f. Rn. 23 = WuW/E EWG MUV 681; EuGI, Urt. v. 26.10.2000 – Rs. T-154/98, „Asia Motor France IV", Slg. 2000, II-3453 Rn. 78 ff. = WuW/E EU-R 386; Komm., Entsch. v. 2.4.2003 – Az. COMP/C.38.279/F3, „Französischer Rindfleischmarkt", Abl. 2003, Nr. L 209, 12 ff. = WuW/E EU-V 877 Rn. 150 ff.; Entsch. v. 10.7.1986 – Az. IV/31.371, „Dach- und Dichtungsbahnen", Abl. 1986, Nr. L 232, 15, 24; Entsch. v. 29.11.1974 – Az. IV/27.095, „Kugellager", Abl. 1974, Nr. L 343, 19, 23 f.
172 EuGH, Urt. v. 30.1.1985 – Rs. 123/83, „BNIC/Clair", Slg. 1985, 391 Rn. 17, 20 = WuW/E EWG MUV 681; Urt. v. 17.1.1984 – Rs. 63/82, „VBVB und VBBB", Slg. 1984, 19 Rn. 38 ff.

nommene Wettbewerbsbeschränkung dar. Fehlt es an einer der genannten Bedingungen, ist die vom Berufsverband erlassene Regelung diesem allein zuzurechnen.[173]

5. Zurechnung

Von der Frage, wer Normadressat des Art. 81 EG ist,[174] muss die **94** Frage unterschieden werden, welchem **Rechtsträger** im Einzelnen der Vorstoß gegen das Kartellverbot zuzurechnen ist. Damit die Wettbewerbsbeschränkung einem Unternehmen zugerechnet werden kann, muss ein Mitarbeiter mit der entsprechenden Befugnis gehandelt haben. Der EuGH stellt dabei jedoch nicht auf die rechtliche Verpflichtungsmöglichkeit, sondern auf die betriebliche Aufgabenzuweisung ab.[175] Dies mag für die abgestimmte Verhaltensweise ausreichend sein. Fordert man jedoch für den Beschluss eine tatsächliche Verbindlichkeit,[176] muss man auf einer rechtsgeschäftlich begründeten Vertretungsmacht bestehen.

Eng mit dieser Fragestellung ist in **verbundenen Unternehmen** die **95** Problematik der Normdurchsetzung verbunden. Mit der Figur der wirtschaftlichen Einheit wird gelegentlich versucht, wettbewerbswidriges Verhalten eines Tochterunternehmens dem in einem Drittland ansässigen Mutterunternehmen zuzurechnen und zugleich das Tochterunternehmen als Zustellungsadressaten einzusetzen.[177] Nach Auffassung der Kommission ist das Marktverhalten einer Tochtergesellschaft ihrer Muttergesellschaft zuzurechnen, wenn Erstere gegenüber Letzterer keine wirkliche Eigenständigkeit bei der Festlegung ihres eigenen Vorgehens hat.[178]

---

173 EuGH, Urt. v. 19.2.2002 – Rs. C-309/99, „Wouters", Slg. 2002, I-1577 Rn. 44ff. = EWS 2002, 124 mit Anm. *Hartung*; Urt. v. 19.2.2002 – Rs. C-35/99, „Arduino", Slg. 2002, I-1529 Rn. 35ff. = EWS 2002, 133.
174 Siehe dazu Rn. 45.
175 EuGH, Urt. v. 7.7.1983 – verb. Rs. 100–103/80, „Musique Diffusion Française", Slg. 1983, 1825 Rn. 72ff.
176 Vgl. dazu Rn. 80.
177 Ausführlich hierzu Langen-*Bunte*, Art. 81 Rn. 12; Immenga/Mestmäcker EG-WbR-*Emmerich*, Art. 85 Abs. 1 A Rn. 59–60; FK-*Roth/Ackermann*, Art. 81 Abs. 1 Grundfragen Rn. 53–57.
178 Komm., Entsch. v. 11.12.2001 – Az. COMP/E-1/37.919, „Bankgebühren", Abl. 2003, Nr. L 15, 1ff. = WuW/E EU-V 807 Rn. 171.

IV. Die Wettbewerbsbeschränkung

1. Wettbewerbsbegriff

96 Die Wettbewerbsbeschränkung stellt das zentrale Tatbestandsmerkmal des Kartellverbotes dar. Dennoch ist der Wettbewerbsbegriff i. S. v. Art. 81 Abs. 1 EG nicht näher definiert. Auch die Gemeinschaftsorgane haben es bislang vermieden, sich ausdrücklich zu einer bestimmten Wettbewerbstheorie zu bekennen.[179] Die Verwirklichung der Ziele der Gemeinschaft hängt davon ab, dass der grenzüberschreitende Wirtschaftsverkehr vor Behinderungen geschützt wird. Die Wirtschafts- und Währungspolitik der Gemeinschaft ist nach Art. 4 Abs. 1 u. 2, Art. 98, 105 EG dem Grundsatz einer offenen Marktwirtschaft mit freiem Wettbewerb verpflichtet. Der damit verbundene Ausgangspunkt lässt sich als **freier, redlicher, unverfälschter und wirksamer Wettbewerb** bezeichnen, also um den Wettstreit verschiedener Marktteilnehmer um Geschäftsabschlüsse mit Dritten auf der Grundlage eines möglichst attraktiven Angebots. Der Wettbewerb außerhalb des Gemeinsamen Marktes wird nicht von Art. 81 Abs. 1 EG geschützt.

97 Dieser Wettbewerbsbegriff ist durch Kommission und Gerichte konkretisiert worden. Im Zentrum steht dabei der Gesichtspunkt der **wirtschaftlichen Entscheidungs- und Handlungsfreiheit** der Unternehmen. Der EuGH hat sich zudem dem Gesichtspunkt des Marktzutritts ausführlich gewidmet und festgestellt, dass jedwede Erscheinungsform des Wettbewerbs auf allen Wirtschaftsstufen denselben Schutz vor Beschränkungen genießt. Art. 81 Abs. 1 EG unterscheidet nicht zwischen horizontalen und vertikalen Vereinbarungen.[180] Während bei horizontalen Wettbewerbsbeschränkungen die Behinderung des Wettbewerbs zwischen den betroffenen Unternehmen im Vordergrund steht, geht es bei vertikalen Wettbewerbsbeschränkungen um Unternehmen verschiedener Wirtschaftsstufen, die nicht miteinander im Wettbewerb stehen. Sie können aber die Absatz- und Versorgungsmöglichkeiten dritter Unternehmen und die Wahlfreiheit der Verbraucher beeinträchtigen. Zum geschützten Wettbewerb zählt neben dem Interbrand-Wettbewerb

---

179 *Gleiss/Hirsch*, Art. 85 (1) Rn. 112; *Hossenfelder/Müller/Parlasca*, ZHR 160 (1996), 1, 4; *Lange*, Recht der Netzwerke, Rn. 1066; Wiedemann KartR-*Stockmann*, § 7 Rn. 12; Callies/Ruffert-*Weiss,* Art. 81 Rn. 82.
180 Vgl. nur EuGH, Urt. v. 13. 7. 1966 – verb. Rs. 56 u. 58/64, „Grundig-Consten", Slg. 1966, 321, 387, 391 = WuW/E EWG MUV 125.

zwischen den Herstellern auch der Intrabrand-Wettbewerb bei Absatz von Erzeugnissen ein und desselben Herstellers.[181]

Der EuGH hat ferner deutlich gemacht, dass der Preiswettbewerb **98** nicht die einzige Form schützenswerten Wettbewerbs ist und auch keinen grundsätzlichen Vorrang vor anderen Formen des Wettbewerbs genießt.[182] Der Grundsatz der Wettbewerbsfreiheit gilt vielmehr für **alle Wirtschaftsstufen und Erscheinungsformen des Wettbewerbs** gleichermaßen. Daher ist neben dem Wettbewerb zwischen den Parteien einer Absprache auch deren Wettbewerbsbeziehung zu Dritten betroffen.[183]

Aus der Rechtsprechung lassen sich drei wichtige Grundsätze zum **99** Wettbewerbsbegriff ableiten: Neben dem **Integrationsgedanken** und der **Erhöhung des Lebensstandards** im Binnenmarkt kommt dem **Selbstständigkeitspostulat** oder Autonomiegedanken grundlegende Bedeutung zu.[184] Selbstständigkeitspostulat bedeutet, dass es jedem Marktteilnehmer selbst überlassen bleiben soll, welche Geschäftspolitik er auf dem Gemeinsamen Markt betreiben möchte.[185]

Neben dem aktuellen Wettbewerb wird auch der **potenzielle Wettbe- 100 werb** geschützt.[186] Von potenziellem Wettbewerb wird gesprochen, wenn der Marktzutritt neuer Wettbewerber hinreichend wahrscheinlich ist. Zunächst kann dies durch die Möglichkeit der Kapazitätserhöhung seitens der etablierten Wettbewerber der Fall sein; ferner kann potenzieller Wettbewerb durch Importe aus einem anderen räumlich relevanten Markt entstehen. Die Produktionsumstellung auf einem be-

---

181 FK-*Roth/Ackermann*, Art. 81 Abs. 1 Grundfragen Rn. 166.
182 EuGH, Urt. v. 22.10.1986 – Rs. 75/84, „Metro/Saba II", Slg. 1986, 3021, 3086 Rn. 45 = EWiR Art. 85 EWGV 7/86, 1201 mit Anm. *Schroeder*.
183 EuGH, Urt. v. 13.7.1966 – Rs. 32/65, „Italien/Kommission", Slg. 1966, 458, 472; Immenga/Mestmäcker EG-WbR-*Emmerich*, Art. 85 Abs. 1 A Rn. 140; *Gleiss/ Hirsch*, Art. 85 (1) Rn. 132–136.
184 EuGH, Urt. v. 8.7.1999 – Rs. C-199/92 P, „Hüls/Kommission", Slg. 1999, I-4287, 4385 f. Rn. 159; *Gleiss/Hirsch*, Art. 85 (1) Rn. 115 f.; Handkom. EUV/EGV/*Müller-Graff*, Art. 85 Rn. 64 ff.; *Strittmatter*, Marktzutrittsschranken durch schlanke Zulieferstrukturen, 98–106.
185 EuGH, Urt. v. 14.7.1981 – Rs. 172/80, „Züchner/Bayerische Vereinsbank", Slg. 1981, 2021, 2031 f. Rn. 13 = WuW/E EWG MUV 515; Urt. v. 16.12.1975 – verb. Rs. 40–48, u.a./73, „Suiker Unie/Kommission", Slg. 1975, 1663, 1965 Rn. 173 f.; Langen-*Bunte*, Art. 81 Rn. 39.
186 EuGH, Urt. v. 21.2.1973 – Rs. 6/72, „Continental Can", Slg. 1973, 215, 244 Rn. 25; Komm., Entsch. v. 18.10.1991 – Az. IV/32.737, „Eirpage", Abl. 1991, Nr. L 306, 22 Rn. 1; *Fritzsche*, ZHR 160 (1996), 31, 34–36; Handkom. EUV/EGV-*Müller-Graff*, Art. 85 Rn. 68; Wiedemann KartR-*Stockmann*, § 7 Rn. 13.

nachbarten Produktmarkt, der Marktzutritt völlig neuer Wettbewerber und potenzieller Wettbewerb von einem nachgelagerten Markt in den Fällen, in denen der Kostenanteil des Vorproduktes am Endprodukt erheblich ist, sind weitere Formen potenziellen Wettbewerbs. Bei Rohmaterialien kann potenzieller Wettbewerb in einem gewissen Rahmen auch von Halbfertig- oder Fertigprodukten ausgehen. [187]

101 Für Art. 81 Abs. 1 EG reicht es aus, dass bestimmte Verhaltensweisen den Wettbewerb auf **vor- oder nachgelagerten Wirtschaftsstufen** verfälschen. [188] Von Art. 81 Abs. 1 EG ist zudem der sog. Restwettbewerb geschützt. Hierunter versteht man den noch verbleibenden Wettbewerb auf staatlich regulierten oder auf strukturell erstarrten Märkten. [189]

102 Die Beschränkung des Wettbewerbs setzt voraus, dass die Beteiligten über eine entsprechende **Handlungsfreiheit** verfügen, die eingeschränkt werden kann und die sich auf das Marktverhalten bezieht. Nicht geschützt ist dabei der verbotene oder der unlautere Wettbewerb. [190] Was als unlauterer Wettbewerb einzustufen ist, ergibt sich aus dem nationalen bzw. europäischen Recht. [191] Der Wettbewerb ist nicht schon allein deshalb unlauter, weil eine Maßnahme die Existenz eines Konkurrenten gefährdet. Wirksamer Wettbewerb ist nämlich für leistungsschwache Unternehmen regelmäßig gefährlich und „potenziell ruinös". [192] Werden von Unternehmen sog. Verhaltenskodizes vereinbart, die das Ziel haben, die Parteien an die Grundsätze lauteren und rechtmäßigen Handelns zu binden, liegt kein Verstoß gegen Art. 81 Abs. 1 EG vor. Dabei kommt es jedoch entscheidend darauf an, dass tatsächlich nur Verstöße gegen den unlauteren Wettbewerb geregelt sind. Keinesfalls ist es zulässig, Wettbewerbspraktiken als unlauter zu bezeichnen, die tatsächlich nur unerwünscht sind. Insoweit ist eine objektive Betrachtung anzustellen.

---

187 Komm., XXI. WB, Anhang III. A. 7., S. 411.
188 *Lange*, Recht der Netzwerke, Rn. 1071.
189 EuGH, Urt. v. 10.12.1985 – verb. Rs. 240–242, 261, 262, 268 u. 269/82, „SSI", Slg. 1985, 3831, 3866 ff. Rn. 18 ff. = WuW/E EWG MUV 699; Komm., Entsch. v. 16.12.1982 – Az. IV/C-30.128, „Toltecs/Dorcet", Abl. 1982, Nr. L 379, 19, 26 = WuW/E EV 965.
190 Komm., Entsch. v. 13.12.1989 – Az. IV/32.026, „Bayo-n-ox", Abl. 1990, Nr. L 21, 71, 76 Rn. 40 = WuW/E EV 1484.
191 Langen-*Bunte*, Art. 81 Rn. 43 ff.; Schröter/Jakob/Mederer-*Schröter*, Art. 81 Abs. 1 Rn. 116.
192 EuGI, Urt. v. 21.2.1995 – Rs. T-29/92, „SPO/Kommission", Slg. 1995, II-289, 384 Rn. 294.

Bei **Austauschverträgen** taucht gelegentlich die Frage auf, ob es für   **103**
einen Verstoß ausreicht, wenn nur die Wettbewerbsfreiheit Dritter eingeschränkt wird. Dies ist abzulehnen. Ansonsten käme es zu einer
kaum mehr überschaubaren Ausdehnung des Tatbestands. Auch dogmatisch ist eine solche Erweiterung nicht haltbar, da allein auf die
Auswirkungen auf dem Markt abgestellt wird, ohne eine spürbare
Wettbewerbsbeschränkung zwischen den Beteiligten festzustellen.[193]

2. Wettbewerbsbeschränkung

a) Beschränkungstatbestand

Das Kartellverbot des Art. 81 EG greift ein, wenn durch Vereinbarun-   **104**
gen, Beschlüsse oder abgestimmte Verhaltensweisen **eine Verhinderung, Einschränkung oder Verfälschung des Wettbewerbs innerhalb des Gemeinsamen Markts bezweckt oder bewirkt und dadurch der mitgliedstaatliche Handel spürbar beeinträchtigt wird.**
Eine Grenzziehung zwischen den drei Arten der Wettbewerbsbeschränkung ist im Einzelfall schwierig und ohne praktische Bedeutung.[194] Art und Intensität der Wettbewerbsbeschränkung hängen von
der jeweiligen Branche und Marktstruktur ab und können daher in
ihrer Beurteilung unterschiedlich ausfallen.[195] Eine Beschränkung des
Wettbewerbs kann sich nicht nur aus einer isolierten Handlung, sondern auch aus einer Reihe von Handlungen oder aus einem fortlaufenden Verhalten ergeben.[196]

b) Reine Wettbewerbsbeschränkung

Reine Wettbewerbsbeschränkungen (**Kernbeschränkungen**) sind da-   **105**
durch gekennzeichnet, dass die beteiligten Unternehmen den Wettbewerb beschränken wollen, um so den auf ihnen lastenden Wettbewerbsdruck zu reduzieren. Zu ihnen zählen Preis- und Produktionsabsprachen, Absatzbeschränkungen oder Absprachen über die Marktauf-

---

193 Ablehnend auch *Gleiss/Hirsch*, Art. 85 (1) Rn. 136; Lenz/Borchardt-*Grill*, Art. 81
Rn. 11. Vgl. ferner Groeben/Schwarze-*Schröter*, Art. 81 Abs. 1 Rn. 94.
194 Lenz/Borchardt-*Grill*, Art. 81 Rn. 15; FK-*Roth/Ackermann*, Art. 81 Abs. 1 Grundfragen Rn. 149.
195 EuGH, Urt. v. 25.10.1977 – Rs. 26/76, „Metro/Saba I", Slg. 1977, 1875, 1877,
1905 Rn. 20; EuGI, Urt. v. 8.10.2002 – verb. Rs. T-185/00, T-216/99, T-299/00 u.
T-300/00, „Eurovision", Slg. 2002, II-3805 = WuW/E EU-R 579.
196 Komm., Entsch. v. 24.7.2002 – Az. COMP/E-3/36.700, „Industriegase", Abl.
2003, Nr. L 84, 1 ff. = WuW/E EU-V 819 Rn. 327.

teilung. Sie stellen regelmäßig eine verbotene Wettbewerbsbeschränkung dar,[197] da bei ihnen die Beschränkung des Wettbewerbs klar im Vordergrund steht.

c) Sonstige Wettbewerbsbeschränkungen

106 Von den Kernbeschränkungen sind solche Absprachen zu unterscheiden, bei denen es zwar auch zu einer Beschränkung des Wettbewerbs kommt, daneben aber ein leistungssteigerndes Ergebnis verfolgt und erreicht werden soll. Wegen der extremen Weite des Anwendungsbereichs von Art. 81 Abs. 1 EG können auch solche Absprachen erfasst werden, die zwar in einer Gesamtbilanz **wettbewerbsfördernd** sind, aber gleichwohl einzelne wettbewerbsbehindernde Elemente enthalten. Anders als bei reinen Wettbewerbsbeschränkungen ist daher bei den Beschränkungen mit leistungssteigerndem Hintergrund eine umfangreichere, differenziertere Untersuchung erforderlich. Als Beschränkungstatbestand kommt nicht jede auch noch so geringe Beschränkung des Wettbewerbs in Betracht, da ansonsten Art. 81 Abs. 1 EG vollkommen konturlos würde und schon auf einfache Austauschverträge anwendbar sein könnte.

107 Der EuGH betont in diesem Zusammenhang die **Handlungsfreiheit der Unternehmen**. Danach muss eine wettbewerbserhebliche Einschränkung der wirtschaftlich relevanten Betätigungsfreiheit vorliegen. Eine solche resultiert regelmäßig aus der Abstimmung zwischen Wettbewerbern über ihr Wettbewerbsverhalten. Die Tatbestandsmäßigkeit einer Wettbewerbsbeschränkung ist nicht allein anhand einer einzelnen Vertragsklausel, sondern stets unter Berücksichtigung der begleitenden Vereinbarungen und der von den Parteien verfolgten Ziele zu beurteilen.[198] Das **Selbstständigkeitspostulat** stützt sich auf die Tatsache, dass Wettbewerb nur stattfinden kann, wenn die Marktteilnehmer in der Lage sind, autonom am Markt zu agieren und ihre individuelle Handlungsfreiheit wahrzunehmen. Das Kriterium wird in der Praxis flexibel gehandhabt. So kann es ausreichen, wenn die Wettbewerbsparameter der Unternehmen nicht auf rechtlich verbindliche Weise eingeengt werden, aber eine Interessenlage geschaffen wird, in der die

---

197 Vgl. nur EuGI, Urt. v. 6.4.1995 – Rs. T-148/89, „Trefilunion/Kommission", Slg. 1995, II-1063 Rn. 109.
198 EuGH, Urt. v. 22.6.1994 – Rs. C-9/93, „IHT/Ideal Standard", Slg. 1994, I-2789, 2855 Rn. 59 für Warenzeichen; EuGI, Urt. v. 28.3.2001 – Rs. T-144/99, „EPI", Slg. 2001, II-1087 Rn. 65; Streinz/*Eilmannsberger*, Art. 81 Rn. 44.

Durchführung bestimmter wettbewerblicher Handlungen als unwahrscheinlich anzusehen ist.[199]

Der EuGH versucht, in unterschiedlichen Zusammenhängen den Anwendungsbereich des Art. 81 Abs. 1 EG durch eine wertende Betrachtung einzuschränken. Eine dogmatische Verdichtung der Einzelentscheidungen steht derzeit noch aus. Kommission, EuGI und EuGH haben sich wiederholt für eine flexible Auslegung des Kartellverbots ausgesprochen.[200] Daraus kann allerdings nicht geschlossen werden, dass die aus dem US-amerikanischen Recht stammende „**rule of reason**" im EG-Kartellrecht anzuwenden wäre.[201] Art. 81 Abs. 3 EG sieht ausdrücklich vor, dass wettbewerbsbeschränkende Vereinbarungen freigestellt werden können, wenn sie bestimmte Voraussetzungen erfüllen. Nur in diesem Rahmen kann eine Abwägung zwischen wettbewerbsfördernden und wettbewerbsbeschränkenden Gesichtspunkten einer Beschränkung stattfinden. Art. 81 Abs. 3 EG würde seine praktische Wirksamkeit verlieren, wenn eine derartige Prüfung bereits im Rahmen von Abs. 1 vorgenommen werden könnte.[202] Der Erstellung einer Wettbewerbsbilanz im Rahmen von Art. 81 Abs. 1 EG ist daher eine Absage zu erteilen. Der EuGH hat deutlich gemacht, dass die Frage, ob die Bildung eines Kartells zur Abwendung einer Krise auf dem Markt erforderlich ist, für sich genommen den wettbewerbswidrigen Charakter eines Kartells nicht ausschließen kann und lediglich im Rahmen der Prüfung des Abs. 3 herangezogen werden darf.[203]

108

---

199 Komm., Entsch. v. 9.8.2001 – 2001/782/EG, „Vista International", Abl. 2001, Nr. L 293, 24 Rn. 54; Entsch. v. 23.12.1971 – 72/41/EWG, „Henkel/Colgate", Abl. 1972, Nr. L 14, 15 f.

200 Vgl. etwa EuGH, Urt. v. 28.1.1986 – Rs. 161/84, „Pronuptia", Slg. 1986, 353 Rn. 24 = ZIP 1986, 329 = EWiR Art. 85 EWGV 2/86, 269 mit Anm. *Bunte*; EuGI, Urt. v. 18.9.2001 – Rs. T-112/99, „Métropole télévision/Kommission", Slg. 2001, II-2459 Rn. 72; Urt. v. 15.9.1998 – verb. Rs. T-374/94, T-375/94, T-383/94 u. T-388/94, „European Night Services", Slg. 1998, II-3141 Rn. 136 = WuW/E EU-R 237; Urt. v. 15.7.1994 – Rs. T-17/93, „Matra-Hachette", Slg. 1994, II-595 Rn. 48.

201 Ebenso Lenz/Borchardt-*Grill*, Art. 81 Rn. 23; ausführlich *Fritzsche*, ZHR 160 (1996), 31, 47–50. A.A. Streinz/*Eilmannsberger*, Art. 81 Rn. 62–67. Für eine wettbewerbliche Gesamtwürdigung innerhalb von Art. 81 Abs. 1 EG: *Caspar*, Wettbewerbliche Gesamtwürdigung, S. 231 ff.

202 EuGI, Urt. v. 18.9.2001 – Rs. T-112/99, „TPS", Slg. 2001, II-2459 Rn. 74 = WuW/E EU-R 469.

203 EuGH, Urt. v. 15.10.2002 – verb. Rs. C-238/99 P, C-244/99 P, C-245/99 P, C-247/99 P, C-250/99 P bis C-252/99 P u. C-254/99 P, „PVC", Slg. 2002, I-8375 Rn. 485–488.

d) Notwendige Wettbewerbsbeschränkung (ancillary restraints)

109 Von der Frage nach einer rule of reason zu trennen ist das Phänomen der sog. notwendigen Wettbewerbsbeschränkungen. Bei ihnen handelt es sich um Vertragsklauseln, die die Partner zwar in ihrer wettbewerblichen Handlungsfreiheit einschränken, für das zugrunde liegende Vorhaben aber unerlässlich oder funktionsnotwendig sind. Eine mit einer Koordinierung verbundene Wettbewerbsbeeinträchtigung wird von Art. 81 Abs. 1 EG tatbestandlich nicht erfasst, wenn es sich um eine Beeinträchtigung in einer Nebenabrede handelt, die zur Verwirklichung eines an sich erlaubten Vertragszwecks unerlässlich ist und mit ihr einhergeht.[204] Diese notwendigen Beschränkungen werden auch „**ancillary restraints**" genannt.[205] Solche Nebenabreden sind beispielsweise in Unternehmensveräußerungsverträgen zu finden. Sofern eine Hauptabrede nicht unter Art. 81 Abs. 1 EG fällt, ist die akzessorische Nebenabrede nicht der Auslöser für ein Verbot der gesamten Vereinbarung.

110 Kommissionspraxis und Rechtsprechung haben **Kriterien** entwickelt, um die Zulässigkeit der Wettbewerbsbeschränkungen genauer prüfen zu können. Danach kommt es darauf an, dass sich die Wettbewerbsbeschränkungen in räumlicher, sachlicher und zeitlicher Hinsicht auf das für die Erfüllung der grundsätzlich erwünschten wirtschaftlichen Operation Notwendige beschränken. Handelt es sich bei der Nebenabrede beispielsweise um ein Wettbewerbsverbot, geht die Kommission regelmäßig davon aus, dass ein Wettbewerbsverbot nicht länger als fünf Jahre gelten darf.[206] In der Vergangenheit wurden als notwendige Wettbewerbsbeschränkungen etwa folgende Klauseln anerkannt:

- Klauseln zum Schutz von Know-how und der Sicherstellung eines einheitlichen Erscheinungsbildes bei Franchiseverträgen;[207]
- Wettbewerbsverbote beim Unternehmensübergang, soweit sie erforderlich sind;[208]

---

204 EuGH, Urt. v. 11.7.1985 – Rs. 42/84, „Remia u. a./Kommission", Slg. 1985, 2545, 2571 Rn. 18 ff. = EWiR Art. 85 EWGV 1/86, 157 mit Anm. *Seifert*; *Fleischer*, WuW 1996, 473, 479.
205 Schwarze-*Brinker*, Art. 81 Rn. 49; *Lange*, Recht der Netzwerke, Rn. 1070; Grabitz/Hilf-*Stockenhuber*, Art. 81 Rn. 150.
206 Komm., Entsch. v. 12.12.1983 – 83/670/EWG, „Nutricia", Abl. 1983, Nr. L 376, 22, 27.
207 EuGH, Urt. v. 28.1.1986 – Rs. 161/84, „Pronuptia", Slg. 1986, 353 Rn. 15 = ZIP 1986, 329 = EWiR Art. 85 EWGV 2/86, 269 mit Anm. *Bunte*.
208 EuGH, Urt. v. 11.7.1985 – Rs. 42/84, „Remia u. a./Kommission", Slg. 1985, 2545, 2571 Rn. 19 = EWiR Art. 85 EWGV 1/86, 157 mit Anm. *Seifert*; vgl. ferner

- Bezugsverpflichtungen und Verbote von Doppelmitgliedschaften in Genossenschaftsverträgen.[209]

3. Der relevante Markt

a) Grundsätze

Im Rahmen von Art. 81 EG kommt dem Gesichtspunkt der Markt-   **111** macht nicht die gleiche herausgehobene Bedeutung zu wie bei der Missbrauchskontrolle nach Art. 82 EG,[210] da sie **keine Tatbestandsvoraussetzung** für das Kartellverbot ist. Bei der Anwendung des Tatbestandsmerkmals der Wettbewerbsbeschränkung, aber auch bei der Prüfung der Zwischenstaatlichkeitsklausel, wird in der Praxis der Kommission zunehmend auf die wirtschaftlichen Rahmenbedingungen der jeweiligen Kartellabsprache Bezug genommen. Diese Rahmenbedingungen werden in erheblichem Umfang durch die Stellung der betroffenen Unternehmen auf dem relevanten Markt geprägt. Darüber hinaus spielt der Umstand, dass Unternehmen keinem oder nur einem schwachen Wettbewerb ausgesetzt sind, bei der Anwendung von Abs. 3 eine gewichtige Rolle. Die Ermittlung des relevanten Marktes ist daher in vielen Fällen notwendig, auch wenn bei bestimmten Kernbeschränkungen deren wettbewerbsbeschränkender Charakter so offensichtlich und deren Eignung zur Beeinträchtigung des zwischenstaatlichen Handels so offenkundig ist, dass auf die Bestimmung des relevanten Marktes im Einzelfall verzichtet werden kann.[211]

Die Ermittlung des relevanten Marktes wird traditionell **in sachlicher,**   **112** **räumlicher und ggf. auch in zeitlicher Hinsicht** vorgenommen. Aufgabe jeder Marktermittlung ist es, diejenigen Unternehmen zu identifizieren, die dem Marktverhalten der beteiligten Unternehmen Grenzen setzen können. Die wirksamste disziplinierende Kraft geht dabei von der Möglichkeit aus, die Produkte der Unternehmen durch solche der Wettbewerber zu substituieren. Die Marktgegenseite verfügt also über einen gewissen Wettbewerbsdruck. Die Durchführung der entsprechenden Prüfung ist aufwändig und schwierig; das Ergebnis nicht

---

Komm., Bek. über Einschränkungen des Wettbewerbs, die mit der Durchführung von Unternehmenszusammenschlüssen unmittelbar verbunden und für diese notwendig sind, Abl. 2001, Nr. C 188, 5; dazu *Renner*, DB 2002, 1143.

209 EuGH, Urt. v. 12.12.1995 – Rs. C-399/93, „Oude Luttikhuis", Slg. 1995, I-4515 Rn. 12.

210 Vgl. dazu unten Rn. 837.

211 EuGI, Urt. v. 6.7.2000 – Rs. T-62/98, „VW", Slg. 1992, II-2707 Rn. 230 ff. = WuW/E EU-R 330.

selten spekulativ.[212] Die damit zwangsläufig einhergehende Unsicherheit wird durch die dezentrale Anwendung des Kartellverbots gem. der VO 1/2003 noch zunehmen.

b) Sachlich relevanter Markt

113 Der sachlich relevante Markt wird anhand des sog. **Bedarfsmarktkonzepts** ermittelt.[213] Der sachlich relevante Markt erfasst demnach sämtliche Erzeugnisse bzw. Dienstleistungen, die von der Marktgegenseite (dies sind nicht zwingend nur die Verbraucher) hinsichtlich ihrer Eigenschaften, ihres Verwendungszwecks und des Preises als austauschbar angesehen werden können. Allerdings kann mit Hilfe des Bedarfsmarktkonzepts nicht immer eindeutig ermittelt werden, welche Produkte aus der Sicht der Marktgegenseite noch austauschbar sind und damit zum relevanten Markt gehören.

114 Ständige Praxis nach dem Bedarfsmarktkonzept ist es, aus der **Sicht der Marktgegenseite** zu fragen, welche Produkte bzw. Dienstleistungen funktionell austauschbar sind. Dabei sind „austauschbare Güter" und „Substitutionsprodukte" keine identischen Begriffe. Substitutionsprodukte sind Güter, die mit den Waren oder Dienstleistungen des relevanten Marktes nicht in dem Maße austauschbar sind, wie es die Definition des relevanten Marktes erfordert. Von ihnen gehen jedoch aufgrund der Produktverwandtschaft Rückwirkungen auf das Marktverhalten auf dem benachbarten Markt aus. Bei der Ermittlung des sachlich relevanten Marktes kann es daher mitunter schwierig sein, nur diejenigen Waren einzubeziehen, die aus Sicht der verständigen Marktgegenseite nach Eigenschaft, Verwendungszweck und Preislage zur Deckung eines bestimmten Bedarfs geeignet und untereinander austauschbar sind.[214]

115 Nur bei einer derart umschriebenen, **hinreichenden Austauschbarkeit** bestehen Wettbewerbsbeziehungen zwischen den Produkten, die die Verhaltensspielräume des Normadressaten begrenzen können. Da es auf die funktionale Austauschbarkeit ankommt, spielt die physikalisch-technische Beschaffenheit der Produkte keine Rolle. Es ist auch unerheblich, ob die Verkehrsauffassung von den Eigenschaften oder der Qualität eines Produktes zutreffend ist. Vor allem Preisunterschiede

---

212 Kritisch zum Bedarfsmarktkonzept *Säcker*, ZWeR 2004, 1 ff.

213 Vgl. dazu Komm., Bek. über die Definition des relevanten Marktes i. S. d. Wettbewerbsrechts der Gemeinschaft, Abl. 1997, Nr. C 372, 5 ff.

214 Vgl. Streinz/*Eilmannsberger*, vor Art. 81 Rn. 40.

können die Austauschbarkeit ausschließen, selbst wenn Waren für denselben Verwendungszweck eingesetzt werden können. Einen gewissen Anhaltspunkt bietet die sog. (Kreuz-)Preiselastizität: Wechseln die Verbraucherpräferenzen bei geringen Preisbewegungen bei einem Produkt, spricht dies für die Zugehörigkeit zum selben Markt. Umgekehrt sprechen erhebliche Preisunterschiede auch bei identischen Verwendungszwecken für getrennte Märkte. In der Praxis wird dies mit Hilfe des sog. SSNIP-Tests ermittelt.[215]

c) Räumlich relevanter Markt

Der räumlich relevante Markt bezeichnet das **Gebiet**, in dem die ob- **116** jektiven **Wettbewerbsbedingungen** für das betreffende Erzeugnis bzw. die in Rede stehende Dienstleistung für alle Unternehmen **hinreichend homogen** sind.[216] Dieses Territorium kann der Weltmarkt oder der Gemeinsame Markt sein, es ist aber auch denkbar, dass er sich nur auf das Gebiet eines Mitgliedstaats oder gar auf einen lokalen Bereich erstreckt. Bei Letzterem ist jedoch stets zu prüfen, ob es sich noch um einen „wesentlichen Teil" des Gemeinsamen Marktes handelt. Häufig ist allerdings an den Rändern eine trennscharfe Abgrenzung des relevanten Marktes nicht immer möglich. So gehen gelegentlich lokale oder regionale Teilmärkte ineinander über.

Bei der räumlichen Marktabgrenzung tritt also an die Stelle der Frage **117** nach den sachlichen diejenige nach den **regionalen Ausweichmöglichkeiten** der Marktgegenseite. In diesem Zusammenhang hat sich die Formel eingeprägt, dass der räumlich relevante Markt ein Raum ist, in dem das marktbeherrschende Unternehmen Produkte und Dienstleistungen zu objektiv gleichen Bedingungen ohne wirtschaftliche Schranken anbieten kann.[217] Diese Schranken oder auch Marktabgrenzungskriterien ermöglichen es, den räumlichen Markt zu ermitteln. So verhindern vor allem hohe Transportkosten und eine leichte Verderblichkeit der Ware eine großräumige Distribution. Bestehende Sprachbarrieren oder kulturelle Unterschiede können ebenfalls zu der Ausprägung kleinerer räumlicher Märkte führen (z. B. bei regionalen Tageszeitungen). Aber auch Zölle oder andere Handelsbarrieren, un-

---

215 Small but significant nontransistory increase in price. Dazu Komm., Bek. über die Definition des relevanten Marktes i. S. d. Wettbewerbsrechts der Gemeinschaft, Abl. 1997, Nr. C 372, 5 Rn. 16; kritisch *Baker/Wu*, ECLR 1998, 273, 276 f.
216 EuGI, Urt. v. 22.11.2001 – Rs. T-139/98, „AAMS", Slg. 2001, II-3413 Rn. 39; *Lange*, Räumliche Marktabgrenzung, S. 59 f.
217 EuGH, Urt. v. 14.2.1978 – Rs. 27/76, „United Brands", Slg. 1978, 207 Rn. 45–56.

terschiedliche Normen oder technische Spezifizierungen können dem Entstehen größerer räumlich relevanter Märkte im Wege stehen.[218]

4. Bezwecken oder Bewirken

118 Die Koordinierungstatbestände und die Wettbewerbsbeeinträchtigung stehen nicht beziehungslos nebeneinander; vielmehr verlangt Art. 81 EG als weitere Voraussetzung eine Verknüpfung zwischen beiden Tatbestandsmerkmalen. Dazu muss der jeweilige Koordinierungstatbestand die Wettbewerbsbeeinträchtigung entweder **bezwecken oder bewirken**. Die Unterscheidung zwischen Zweck und Wirkung ist nur insofern von Bedeutung, als nach ständiger Rechtsprechung die tatsächlichen Auswirkungen einer Absprache nicht geprüft werden müssen, wenn diese eine Beschränkung des Wettbewerbs bezweckt; es reicht aus, dass eine Eignung zur Wettbewerbsstörung vorliegt.[219] Im Übrigen wird in der Praxis nicht strikt zwischen Zweck und Wirkung unterschieden.

a) Bezwecken

119 Der Begriff des „Bezweckens" hat in diesem Kontext eine überwiegend **objektive Bedeutung**, da es auf die subjektiven Beweggründe der Parteien im Sinne eines Vorsatzes nicht ankommt; verboten ist nicht allein die „böse Absicht".[220] Es ist daher auch nicht darauf abzustellen, ob die beteiligten Parteien sich an der wettbewerbsbeschränkenden Abrede nur aufgrund des von einem anderen Unternehmen ausgeübten Drucks beteiligt haben.[221] Ob durch die Koordinierung eine Wettbewerbsbeeinträchtigung bezweckt wird, ist ebenso wenig

---

218 Weiterführend zu den relevanten Kriterien *Lange*, Räumliche Marktabgrenzung, S. 141 ff.

219 EuGH, Urt. v. 27.1.1987 – Rs. 45/85, „Verband der Sachversicherer", Slg. 1987, 405, 457 Rn. 39 = EWiR Art. 85 EWGV 2/87, 247 mit Anm. *Röhling*; EuGI, Urt. v. 6.7.2000 – Rs. T-62/98, „VW", Slg. 1992, II-2707 Rn. 178 = WuW/E EU-R 330; Urt. v. 23.2.1994 – verb. Rs. T-39/92 u. T-40/92, „Groupement des cartes bancaires CB und Europay International", Slg. 1994, II-49, 84 Rn. 87; Komm., Entsch. v. 2.4.2003 – Az. COMP/C.38.279/F3, „Französischer Rindfleischmarkt", Abl. 2003, Nr. 209, 12 ff. = WuW/E EU-V 877 Rn. 127.

220 EuGH, Urt. v. 28.2.1991 – Rs. C-234/89, „Delimitis/Henninger Bräu", Slg. 1991, I-935, 983 ff. Rn. 10 ff. = EuZW 1991, 376; Komm., Entsch. v. 13.12.1989 – Az. IV/32.026, „Bayo-n-ox", Abl. 1990, Nr. L 21, 71, 76 Rn. 45; Grabitz/Hilf-*Stockenhuber*, Art. 81 Rn. 141; Wiedemann KartR-*Stockmann*, § 7 Rn. 22.

221 Komm., Entsch. v. 28.1.1998 – Az. IV/35.733, „VW", Abl. 1998, Nr. L 124, 60, 80 Rn. 129.

von Bedeutung wie die Frage, ob ein entsprechender Erfolg eingetreten ist.[222] Ferner kommt es nicht auf die tatsächliche Durchführung durch die Beteiligten an.[223]

Die Absprache muss unmittelbar oder mittelbar **das Ziel verfolgen,**   120 den Wettbewerb zu beschränken; es spielt keine Rolle, ob die Beteiligten daneben noch andere Ziele angestrebt haben. Eine bezweckte Wettbewerbsbeschränkung liegt demnach auch dann vor, wenn eine Klausel so allgemein gehalten ist, dass sie neben einem zulässigen Kern auch eine verbotene Wettbewerbsbeschränkung enthält.[224] Die Praxis geht bei bestimmten Inhalten, wie etwa der Vereinbarung von Mindestpreisen, ohne weiteres von einem wettbewerbsbeschränkenden Zweck aus.[225] Liegt ein wettbewerbsbeschränkender Zweck vor, ist es unerheblich, ob die Beteiligten zugleich andere Zwecke verfolgt oder erreicht haben; dies gilt selbst dann, wenn dieser Zweck zu Vorteilen führen würde, wie etwa zur Rationalisierung oder zu Kosteneinsparungen.[226]

In der jüngeren Rechtsprechung wird gewissen Absprachen unter Hin-   121 weis auf ihren spezifischen Charakter die Eignung zur Wettbewerbsbeschränkung **grundsätzlich aberkannt.** Ausschließliche Bezugspflichten in Bierlieferungsverträgen etwa bezwecken wegen ihrer günstigen wirtschaftlichen Auswirkungen für Lieferanten, Händler und Verbraucher eine Wettbewerbsbeschränkung nicht.[227] Ähnliches soll für Wett-

---

222 EuGH, Urt. v. 30.1.1985 – Rs. 123/83, „BNIC/Clair", Slg. 1985, 391, 423 f. Rn. 22 = WuW/E EWG MUV 681; Urt. v. 30.6.1966 – Rs. 56/65, „LTM/Maschinenbau Ulm", Slg. 1966, 281, 303 f.;; EuGI, Urt. v. 20.3.2002 – Rs. T-9/99, „Fernwärmerohre", Slg. 2002, II-1487 Rn. 167.

223 Komm., Entsch. v. 21.12.1988 – Az. IV/31.865, „PVC", Abl. 1989, Nr. L 74, 1, 12 Rn. 35 ff.; Entsch. v. 23.12.1977 – Az. IV/29.146, „BMW Belgium", Abl. 1978, Nr. L 46, 33, 41.

224 EuGH, Urt. v. 28.3.1984 – verb. Rs. 29 u. 30/83, „CRAM u. Rheinzink", Slg. 1984, 1679, 1706 Rn. 35 = WuW/E EWG MUV 624.

225 EuGH, Urt. v. 11.1.1990 – Rs. C-277/87, „Sandoz/Kommission", Slg. 1990, I-45, 46 = EWiR Art. 85 EWGV 4/90, 259 mit Anm. *Schroeder*; Urt. v. 30.1.1985 – Rs. 123/83, „BNIC/Clair", Slg. 1985, 391, 423 f. Rn. 22 ff. = WuW/E EWG MUV 681; Komm., Entsch. v. 23.4.1986 – Az. IV/31.149, „Polypropylen", Abl. 1986, Nr. L 230, 1, 29 Rn. 90.

226 EuGH, Urt. v. 30.1.1985 – Rs. 123/83, „BNIC/Clair", Slg. 1985, 391, 423 Rn. 22 = WuW/E EWG MUV 681; *Gleiss/Hirsch*, Art. 85 (1) Rn. 149.

227 EuGH, Urt. v. 28.2.1991 – Rs. C-234/89, „Delimitis/Henninger Bräu", Slg. 1991, I-935, 983 = EuZW 1991, 376. Kritisch gegen diese Rechtsprechung Schröter/Jakob/Mederer-*Schröter*, Art. 81 Abs. 1 Rn. 141–143.

bewerbsverbote von Mitgliedern einer Bezugsgenossenschaft[228] und für Ausfuhrverbote in Vertriebsvereinbarungen gelten.[229]

b) Bewirken

122 Eine Koordinierung wird ferner dann von Art. 81 EG erfasst, wenn sie tatsächlich eine Wettbewerbsbeschränkung **bewirkt**, ohne dass sie von den Parteien bezweckt ist. Kann ein wettbewerbsbeschränkender Zweck nicht festgestellt werden, müssen die Wirkungen der Vereinbarung etc. ermittelt werden. Dazu ist zunächst der relevante Markt abzugrenzen.[230] Die Wettbewerbsbeschränkung muss die natürliche und wahrscheinliche **Folge** der Koordinierung sein.[231] Sie kann sich allein aus der Koordinierung, aber auch aus dem Zusammenwirken mit anderen tatsächlichen Rahmenumständen ergeben. Ob dies der Fall ist, wird von der Kommission wertend festgestellt. Zu diesem Zweck wird die tatsächliche Situation mit derjenigen verglichen, die ohne die verbotene Absprache bestehen würde.[232] Die Wirkung muss nicht schon eingetreten sein; es reicht vielmehr aus, dass sie sich mit hinreichender Wahrscheinlichkeit ergeben wird. Der Begriff der wettbewerbsbeschränkenden Wirkung wird von Kommission und Rechtsprechung weit interpretiert und umfasst neben den wahrscheinlichen Folgen für die Beteiligten auch die aktuellen und potenziellen Auswirkungen auf Dritte.[233] Damit besteht die Gefahr einer uferlosen Ausdehnung dieses Tatbestandsmerkmals.

123 Die nachteiligen **Wirkungen** eines Verstoßes gegen Art. 81 Abs. 1 EG müssen von der Kommission **nicht nachgewiesen** werden. Es reicht aus, wenn sie das Vorliegen einer Vereinbarung oder einer abgestimmten Verhaltensweise bewiesen hat, die eine Wettbewerbsbeschränkung bezweckte.[234]

---

228 EuGH, Urt. v. 15.12.1994 – Rs. C-250/92, „DLG", Slg. 1994, I-5641, 5686 f.
229 EuGH, Urt. v. 28.4.1998 – Rs. C-306/96, „Javico", Slg. 1998, I-1983, 2004 ff. Rn. 18 ff.
230 Vgl. dazu Rn. 111.
231 Komm., Entsch. v. 15.7.1975 – Az. IV/27.000, „IFTRA", Abl. 1975, Nr. L 228, 3, 8; Groeben/Schwarze-*Schröter*, Art. 81 Abs. 1 Rn. 128. Sehr weitgehend jedoch: EuGH, Urt. v. 1.2.1978 – Rs. 19/77, „Miller", Slg. 1978, 131, 150 Rn. 15.
232 EuGH, Urt. v. 10.7.1980 – Rs. 99/79, „Lancôme/ETOS", Slg. 1980, 2511, 2535 ff. Rn. 24 = WuW/E EWG MUV 485.
233 EuGH, Urt. v. 8.6.1982 – Rs. 258/78, „Nungesser u. Eisele/Kommission", Slg. 1982, 2015, 2071 Rn. 65 = WuW/E EWG MUV 551.
234 EuGI, Urt. v. 8.7.2004 – verb. Rs. T-67/00, T-68/00, T-71/00 u. T-78/00, „Nahtlose Stahlrohre", Slg. 2004, 1 = WuW/E EU-R 819.

Der EuGH hat deutlich gemacht, dass bei der Beurteilung der Wirkun-   **124**
gen auch der **wirtschaftliche Gesamtzusammenhang** in die kartellrechtliche Würdigung einbezogen werden muss. Sind die Vereinbarungen Teil eines Bündels gleichartiger Verträge, muss sowohl bei der
Spürbarkeit als auch bei der Frage nach der Qualifizierung als Wettbewerbsbeschränkung auf das Bestehen paralleler Verträge anderer Hersteller geachtet werden.[235] Nach der Bündeltheorie des EuGH kann für
die Beurteilung einer Verhaltensweise als Wettbewerbsbeschränkung
auch auf das Bestehen gleichartiger Verträge im Markt abgestellt werden. Dazu muss sich aufgrund der Marktstruktur ergeben, dass durch
das Zusammenwirken eines Bündels gleichartiger Verträge eine spürbare Wettbewerbsbeschränkung eintritt. Die Wettbewerbsbeschränkung
muss ferner dem betroffenen Vertrag zugerechnet werden, weil gerade
dieser als Teil des Bündels zur Blockade des Marktes beigetragen hat.
Die Bedeutung des jeweiligen Vertrags hängt nicht zuletzt auch von der
Stellung der Vertragspartner auf dem Markt und der Vertragsdauer
ab.[236] Die Theorie ist bisher auf Alleinbezugsbindungen,[237] den selektiven Vertrieb[238] und den Sortenschutz[239] angewandt worden.

Angesichts der außerordentlich weiten Interpretation des Tatbestands-   **125**
merkmals stellt sich die Frage nach den **Grenzen der Zurechenbarkeit**. Grundsätzlich fehlt es an der Zurechenbarkeit bei ungewöhnli-
chen, nicht zu erwartenden und außerhalb der Lebenserfahrung liegen-

---

235 Siehe dazu EuGH, Urt. v. 28. 2. 1991 – Rs. C-234/89, „Delimitis/Henninger Bräu",
     Slg. 1991, I-935, 985 Rn. 19 ff. = EuZW 1991, 376; Urt. v. 22. 10. 1986 – Rs. 75/
     84, „Metro/Saba II", Slg. 1986, 3021, 3084 ff. Rn. 37 ff. = EWiR Art. 85 EWGV 7/
     86, 1201 mit Anm. *Schroeder*; *Kirchhoff*, WuW 1995, 361, 362 f.; *Lange*, EWS
     1997, 325, 327 f.
236 EuGH, Urt. v. 1. 10. 1998 – Rs. C-279/95 P, „Langnese-Iglo", Slg. 1998, I-5609,
     5640 Rn. 32 ff. = EWS 1998, 449; Urt. v. 28. 2. 1991 – Rs. C-234/89, „Delimitis/
     Henninger Bräu", Slg. 1991, I-935, 987 Rn. 25 f. = EuZW 1991, 376; Urt. v.
     11. 12. 1980 – Rs. 31/80, „L'Oréal/PVBA", Slg. 1980, 3775, 3790 ff. Rn. 19 =
     GRUR Int. 1981, 315 ff.; Urt. v. 12. 12. 1967 – Rs. 23/67, „Brasserie de Haecht I",
     Slg. 1967, 543, 556 = WuW/E EWG MUV 187 ff.; Urt. v. 30. 6. 1966 – Rs. 56/65,
     „LTM/Maschinenbau Ulm", Slg. 1966, 281, 303 f.; EuGI, Urt. v. 8. 6. 1995 – Rs. T-
     7/93, „Langnese-Iglo", Slg. 1995, II-1593 = EuZW 1996, 49, 56 Rn. 101.
237 EuGH, Urt. v. 28. 2. 1991 – Rs. C-234/89, „Delimitis/Henninger Bräu", Slg. 1991,
     I-935, 983 ff. Rn. 10 ff. = EuZW 1991, 376; Komm., Entsch. v. 29. 6. 2000 – Az.
     IV/36.456/F3, „Inntrepreneur" u. Az. IV/36.492/F3, „Spring-Spring", WuW/E EU-
     V 514 Rn. 63.
238 EuGH, Urt. v. 22. 10. 1986 – Rs. 75/84, „Metro/Saba II", Slg. 1986, 3021, 3083 ff.
     Rn. 35 ff.
239 EuGH, Urt. v. 19. 4. 1988 – Rs. 27/87, „Erauw-Jacquery/Laq Hesbignonne", Slg.
     1988, 1919, 1936 ff. Rn. 1 ff.

den Wirkungen.[240] Ist eine Wettbewerbsbeschränkung auf eine hoheitliche oder administrative Maßnahme zurückzuführen, entfällt die Zurechenbarkeit ebenfalls. Dabei wird jedoch ein strenger Maßstab angelegt.[241] Auch in zeitlicher Hinsicht wird die Zurechenbarkeit weit ausgelegt. Sie entfällt erst, wenn die Wirkungen nicht mehr festgestellt werden können.

V. Die Beeinträchtigung des zwischenstaatlichen Handels

1. Bedeutung

126 Das Kartellverbot des Art. 81 Abs. 1 EG verlangt, dass die wettbewerbsbeschränkende Vereinbarung, der Beschluss oder die abgestimmte Verhaltensweise geeignet ist, den Handel zwischen den Mitgliedstaaten zu beeinträchtigen. Der **Anwendungsbereich des gemeinschaftlichen Wettbewerbsrechts** wird durch das Merkmal der Beeinträchtigung des Handels zwischen den Mitgliedstaaten bestimmt und gegenüber demjenigen der nationalen Kartellrechte abgegrenzt.[242] Fehlt es an einer Beeinträchtigung des zwischenstaatlichen Handels, ist die Anwendung des nationalen Kartellrechts zu prüfen. Die Zwischenstaatlichkeitsklausel ist sowohl Kollisionsnorm als auch materielles Tatbestandsmerkmal.

127 Dem Zweck des europäischen Kartellrechts entsprechend legt der EuGH das Kriterium der Beeinträchtigung des zwischenstaatlichen Handels weit aus. Er vertritt die Auffassung, dass in den Geltungsbereich des Gemeinschaftsrechts alle Kartelle fallen, die geeignet sind, die Freiheit des Handels zwischen den Mitgliedstaaten in einer Weise zu **gefährden**, die der Verwirklichung der Ziele eines einheitlichen Marktes nachteilig sein kann, indem insbesondere die nationalen Märkte abgeschottet werden oder die Wettbewerbsstruktur im Gemeinsamen Markt verändert wird.[243] Dies ist dann der Fall, wenn sich anhand einer Gesamtheit objektiver, rechtlicher oder tatsächlicher Um-

---

240 Vgl. Komm., Entsch. v. 26.7.1976 – Az. IV/28.980, „BNIA", Abl. 1976, Nr. L 231, 24, 27.
241 Siehe dazu Rn. 92.
242 EuGH, Urt. v. 31.5.1979 – Rs. 22/78, „Hugin/Kommission", Slg. 1979, 1869, 1899 Rn. 17; Urt. v. 13.7.1966 – verb. Rs. 56 u. 58/64, „Grundig-Consten", Slg. 1966, 321, 391 = WuW/E EWG MUV 125; Langen-*Bunte*, Art. 81 Rn. 117.
243 EuGH, Urt. v. 31.5.1979 – Rs. 22/78, „Hugin/Kommission", Slg. 1979, 1869, 1899 Rn. 17; Komm., Entsch. v. 13.7.1994 – Az. IV/C/33.833, „Karton", Abl. 1994, Nr. L 243, 1, 44 Rn. 138.

stände mit hinreichender Wahrscheinlichkeit voraussehen lässt, dass die Vereinbarung den Warenverkehr zwischen den Mitgliedstaaten unmittelbar oder mittelbar, tatsächlich oder potenziell in einem der Erreichung der Ziele eines einheitlichen zwischenstaatlichen Marktes nachteiligen Sinne beeinflussen kann. [244]

Der **Begriff des Handels** erfasst neben dem gesamten Waren- auch **128** den Personen-, den Dienstleistungs- und den Kapitalverkehr zwischen den Mitgliedstaaten. [245] Zwei Entscheidungen aus dem Jahr 1999 haben den Eindruck entstehen lassen, dass EuGH und Kommission das Tatbestandsmerkmal der Eignung zur Beeinträchtigung des zwischenstaatlichen Handels nicht uferlos ausdehnen. [246] Dennoch soll nach Ansicht des EuGI die Anwendung des Kartellverbots durch die Kommission keine vorherige Definition des räumlichen Marktes erfordern, wenn auch ohne eine solche Abgrenzung bestimmt werden kann, ob die Wettbewerbsbeeinträchtigung den Handel zwischen den Mitgliedstaaten zu beeinträchtigen geeignet ist. [247]

Mit der **Beeinträchtigung ist eine Beeinflussung** gemeint. Eine Han- **129** delsbeeinträchtigung im Sinne dieser Zwischenstaatlichkeitsklausel ist gegeben, wenn sich anhand einer Gesamtheit objektiver, rechtlicher oder tatsächlicher Umstände mit hinreichender Wahrscheinlichkeit voraussehen lässt, dass eine Maßnahme unmittelbar oder mittelbar, tatsächlich oder der Möglichkeit nach den Handel zwischen den Mitgliedstaaten in einer Weise beeinflussen kann, die für die Verwirklichung der Ziele eines einheitlichen zwischenstaatlichen Marktes nachteilig sein kann. [248] Da die **Eignung** zur Beeinträchtigung ausreicht,

---

244 EuGH, Urt. v. 29.4.2004 – Rs. C-359/01, „British Sugar/Kommission", Slg. 2004, 1 Rn. 27 = WUW/E EU-R 809; Urt. v. 11.7.1985 – Rs. 42/84, „Remia u.a./Kommission", Slg. 1985, 2545 Rn. 22 = EWiR Art. 85 EWGV 1/86, 157 mit Anm. *Seifert*.

245 EuGH, Urt. v. 4.5.1988 – Rs. 30/87, „Bodson/Pompes funèbres", Slg. 1988, 2479, 2514 Rn. 24; Urt. v. 14.7.1981 – Rs. 172/80, „Züchner/Bayerische Vereinsbank", Slg. 1981, 2021, 2032 Rn. 18 = WuW/E EWG MUV 515; Komm., Entsch. v. 20.12.1989 – Az. IV/32.265, „Concordato Incendio", Abl. 1990, Nr. L 15, 25, 28 Rn. 21; *Mestmäcker/Schweitzer*, § 4 Rn. 12; Groeben/Schwarze-*Schröter*, Art. 81 Abs. 1 Rn. 178.

246 EuGH, Urt. v. 21.1.1999 – verb. Rs. C-215/96 u. C-216/96, „Carlo Bagnasco", Slg. 1999, I-135 Rn. 23 ff. u. 38 ff. = EuZW 1999, 212; Komm., Entsch. v. 8.9.1999 – Az. K(1999) 2056, „Niederländische Bankenvereinigung", Abl. 1999, Nr. L 271, 28, 36 Rn. 57–61.

247 EuGI, Urt. v. 6.7.2000 – Rs. T-62/98, „VW", Slg. 1992, II-2707 Rn. 230 = WuW/E EU-R 330, 337.

248 EuGH, Urt. v. 21.1.1999 – verb. Rs. C-215/96 u. C-216/96, „Carlo Bagnasco", Slg. 1999, I-135 = EuZW 1999, 212; Urt. v. 11.12.1980 – Rs. 31/80, „L'Oréal/PVBA",

sind tatsächliche Wirkungen auf den zwischenstaatlichen Handel nicht nötig und brauchen nicht nachgewiesen zu werden.[249] Angesichts dieser weiten Auslegung hat die Klausel materiell-rechtlich kaum noch Bedeutung. Der Umstand, dass der innergemeinschaftliche Handel mit dem betroffenen Produkt gering ist, steht der Annahme einer Beeinträchtigung des Handels zwischen Mitgliedstaaten nicht entgegen.[250] Zu beachten ist, dass eine Beeinträchtigung des zwischenstaatlichen Handels nicht lediglich dann vorliegt, wenn die Maßnahme den zwischenstaatlichen Warenaustausch einschränkt oder gar Märkte gegeneinander abschottet, sondern auch dann gegeben sein kann, wenn die Vereinbarung zu einer Ausweitung des Handelsvolumens zwischen Mitgliedstaaten führt.[251] Auch der Umstand, dass eine Absprache nur die Vermarktung von Produkten in einem einzigen Mitgliedstaat bezweckt, reicht nicht aus, um die Möglichkeit einer Beeinträchtigung des Handels zwischen den Mitgliedstaaten auszuschließen.[252]

130 Die Kommission braucht eine tatsächliche Beeinträchtigung des zwischenstaatlichen Handels nicht **nachzuweisen,** wenn sie eine nicht nur geringfügige potenzielle Beeinträchtigung festgestellt und bewiesen hat.[253]

2. Leitlinien der Kommission

a) Bedeutung

131 Die Verwirklichung des Binnenmarktes und die schrittweise Integration der nationalen Volkswirtschaften haben zwangsläufig zu einer Zunahme derjenigen Fälle geführt, die dem Gemeinschaftsrecht unter-

---

Slg. 1980, 3775, 3791 Rn. 18 = GRUR Int. 1981, 315 ff.; Urt. v. 9.7.1969 – Rs. 5/69, „Völk/Vervaecke", Slg. 1969, 295, 302 Rn. 5; Urt. v. 13.7.1966 – verb. Rs. 56 u. 58/64, „Grundig-Consten", Slg. 1966, 321, 389 = WuW/E EWG MUV 125; Urt. v. 30.6.1966 – Rs. 56/65, „LTM/Maschinenbau Ulm", Slg. 1966, 281, 303.

249 Liebscher/Flohr/Petsche-*Petsche/Rinne*, § 5 Rn. 11.

250 Komm., Entsch. v. 22.12.1992 – Az. IV/33.151, „Jahrhundertvertrag" (IV/33.997 – VIK – GVST), Abl. 1993, Nr. L 50, 14, 21 Rn. 25.

251 EuGH, Urt. v. 13.7.1966 – verb. Rs. 56 u. 58/64, „Grundig-Consten", Slg. 1966, 321, 389 f. = WuW/E EWG MUV 125; EuGI, Urt. v. 6.7.2000 – Rs. T-62/98, „VW", Slg. 1992, II-2707 Rn. 179 = WuW/E EU-R 330; Komm., Entsch. v. 29.6.2001 – Az. COMP/F-2/36.693, „Volkswagen", Abl. 2001, Nr. L 262, 14 ff. = WuW/E EU-V 654 Rn. 82.

252 EuGH, Urt. v. 29.4.2004 – Rs. C-359/01, „British Sugar/Kommission", Slg. 2004, 1 Rn. 28= WuW/E EU-R 809.

253 EuGI, Urt. v. 8.7.2994 – verb. Rs. T-67/00, T-68/00, T-71/00 u. T-78/00, „Nahtlose Stahlrohre", Slg. 2004, 1 Rn. 393 = WuW/E EU-R 819; Urt. v. 28.2.2002 – Rs. T-395/94, „Atlantic Container Line/Kommission", Slg. 2002, II-875 Rn. 90.

liegen. In einem integrierten Markt können sogar Vereinbarungen zwischen Unternehmen in ein und demselben Mitgliedstaat den innergemeinschaftlichen Handel beeinflussen und daher in den Anwendungsbereich des Gemeinschaftsrechts fallen.[254] Da die nationalen Wettbewerbsbehörden und Gerichte das europäische Kartellrecht auf alle Vereinbarungen anwenden müssen, die den zwischenstaatlichen Handel beeinträchtigen können, hat die Kommission Leitlinien erlassen, in denen die **wesentlichen Grundsätze** zu dem Kriterium der Beeinträchtigung des zwischenstaatlichen Handels niedergelegt sind. Sie enthalten auch eine Regel, die angibt, wann Vereinbarungen normalerweise nicht geeignet sind, den Handel zwischen den Mitgliedstaaten spürbar zu beeinträchtigen.[255] Die Leitlinien erheben keinen Anspruch auf Vollständigkeit. Ihr Ziel ist es, die Methodik zur Anwendung des Begriffes darzustellen und eine Anleitung für seine Anwendung in den wichtigsten Fällen zu bieten. Die Leitlinien sind für die nationalen Kartellbehörden und Gerichte nicht bindend.[256]

b) Der Begriff „Handel zwischen den Mitgliedstaaten"

Der Begriff „Handel zwischen den Mitgliedstaaten" beschränkt sich nach Auffassung der Kommission nicht auf den traditionellen grenzüberschreitenden Austausch von Waren und Dienstleistungen, sondern erfasst beispielsweise auch Niederlassungen im Ausland. Die Voraussetzungen des Begriffs „**Handel**" sind auch dann erfüllt, wenn die Wettbewerbsstruktur des Marktes beeinträchtigt wird. Damit von Handel „zwischen" den Mitgliedstaaten gesprochen werden kann, reicht es aus, wenn eine wirtschaftliche Tätigkeit in mindestens zwei Mitgliedstaaten vorliegt. **132**

c) Die Formulierung „zu beeinträchtigen geeignet"

Mit der Formulierung „zu beeinträchtigen geeignet" soll die Art und Weise der erforderlichen Beeinträchtigung beschrieben werden. Die Prüfungsreihenfolge hat dabei regelmäßig in **drei Schritten** zu erfolgen:[257] **133**

---

254 EuGI, Urt. v. 9.7.1992 – Rs. T-66/89, „Publisher's Association/Kommission", Slg. 1992, II-1995, 1998 ff. Rn. 57 = EuZW 1993, 254; Wiedemann KartR-*Stockmann* § 7 Rn. 27.

255 Komm., Leitlinien über den Begriff der Beeinträchtigung des zwischenstaatlichen Handels in den Art. 81 und 82 des Vertrags, Abl. 2004, Nr. C 101, 81.

256 Komm., Leitlinien über den Begriff der Beeinträchtigung des zwischenstaatlichen Handels, Abl. 2004, Nr. C 101, 81 Rn. 3.

257 Komm., Leitlinien über den Begriff der Beeinträchtigung des zwischenstaatlichen Handels, Abl. 2004, Nr. C 101, 81 Rn. 18 ff.

- Die Beeinträchtigung des Handels ist zunächst anhand objektiver Umstände zu ermitteln. Aufgrund objektiver, rechtlicher oder tatsächlicher Umstände muss es dabei zu einer hinreichenden Wahrscheinlichkeit der Beeinträchtigung kommen.
- Die Vereinbarung muss den Warenverkehr zwischen den Mitgliedstaaten betreffen. Da der Begriff des Warenverkehrs neutral ist, kommt es nicht darauf an, dass der Handel tatsächlich beschränkt oder das Handelsvolumen verringert wird.
- Die Vereinbarungen oder Verhaltensweisen können den Warenverkehr unmittelbar oder mittelbar, tatsächlich oder potenziell beeinflussen. Eine unmittelbare Beeinflussung ist in der Regel bei den Waren des von der Absprache betroffenen Produktmarktes anzunehmen. Mittelbare Auswirkungen entstehen zumeist in Bezug auf Waren, die mit der von der Absprache erfassten Ware verwandt sind. Tatsächliche Auswirkungen auf den Handel sind gegeben, wenn sie bei der Durchführung der Vereinbarung entstehen. Von potenzieller Auswirkung spricht man, wenn sie mit hinreichender Wahrscheinlichkeit in der Zukunft entstehen werden. Bei der Ermittlung der potenziellen Auswirkungen sind die vorhersehbaren Marktentwicklungen angemessen zu berücksichtigen.

d) Der Begriff „Spürbarkeit"

134 Mit dem Begriff der „Spürbarkeit" wird ein **quantitatives Element** in die Prüfung eingeführt, um so diejenigen Beeinträchtigungen ausschließen zu können, von denen nur eine sehr geringe Auswirkung auf den zwischenstaatlichen Handel ausgeht.[258] Die Leitlinien der Kommission behandeln ausdrücklich nicht die Frage, was eine spürbare Beschränkung des Wettbewerbs ist. Dieser Gesichtspunkt wird vielmehr von der sog. De-minimis-Bekanntmachung erfasst.[259] Die Spürbarkeit im Sinne der Zwischenstaatlichkeitsprüfung soll die Anwendbarkeit des Gemeinschaftsrechts auf Vereinbarungen beschränken, die tatsächlich geeignet sind, den zwischenstaatlichen Handel zu beeinträchtigen.[260] Auch wenn es dabei auf den Einzelfall ankommt, so kann die Spürbarkeit doch sowohl anhand von Umsatzzahlen als auch

---

258 Komm., Leitlinien über den Begriff der Beeinträchtigung des zwischenstaatlichen Handels, Abl. 2004, Nr. C 101, 81 Rn. 44 ff.

259 Komm., Bek. über Vereinbarungen von geringer Bedeutung, die den Wettbewerb gem. Art. 81 Abs. 1 EG nicht spürbar beschränken (de minimis), Abl. 2001, Nr. C 368, 13; siehe dazu gleich unter Rn. 141.

260 *Mestmäcker/Schweitzer*, § 4 Rn. 33–36.

in relativen Größen gemessen werden. Der Marktanteil allein kann jedoch nicht ausschlaggebend sein. Die Kommission verweist zum einen auf die Zahlen, die der de-minimis-Bekanntmachung zugrunde liegen. Zum anderen hat sie zur Konkretisierung des Merkmals der Spürbarkeit eine sog. **NAAT-Regel**[261] aufgestellt. Dabei handelt es sich um eine Negativvermutung, bei deren Vorliegen die Kommission weder auf Antrag noch von Amts wegen ein Verfahren einleitet. Gehen die Unternehmen im guten Glauben davon aus, dass ihre Vereinbarung unter diese Negativvermutung fällt, wird die Kommission keine Geldbuße festsetzen.[262] Für die NAAT-Regel müssen folgen **Voraussetzungen** kumulativ vorliegen:

- Der gemeinsame Marktanteil der Parteien überschreitet auf keinem von der Vereinbarung betroffenen relevanten Markt innerhalb der Gemeinschaft 5 %.
- Im Falle horizontaler Vereinbarungen überschreitet der gesamte Jahresumsatz der beteiligten Unternehmen innerhalb der Gemeinschaft mit den von der Vereinbarung erfassten Waren nicht den Betrag von 40 Mio. Euro. Im Falle von Vereinbarungen betreffend den gemeinsamen Erwerb von Waren ergibt sich der relevante Umsatz aus den von der Vereinbarung erfassten gemeinsamen Käufen der Parteien dieser Waren. Im Falle vertikaler Vereinbarungen überschreitet der Jahresumsatz des Lieferanten mit den von der Vereinbarung erfassten Waren in der Gemeinschaft nicht den Betrag von 40 Mio. Euro.

Die Kommission wird diese Vermutungsregel auch dann anwenden, **135** wenn während **zwei** aufeinander folgender **Kalenderjahre** der genannte Schwellenwert für den Jahresumsatz um höchstens 10 % und der Schwellenwert für den Marktanteil um 2 %-Punkte überschritten werden. Sie hat zudem entschieden, dass ein Kartell, das sich auf das gesamte Hoheitsgebiet eines Mitgliedstaates auswirkt, schon seinem Wesen nach geeignet ist, den zwischenstaatlichen Handel spürbar zu beeinträchtigen.[263]

Wenn eine Vereinbarung ihrem Wesen nach geeignet ist, den Handel **136** zwischen den Mitgliedstaaten zu beeinträchtigen, da sie beispielsweise

---

261 „No appreciable affection of trade". Vgl. dazu *Müller*, WRP 2004, 1472, 1473 f.
262 Komm., Leitlinien über den Begriff der Beeinträchtigung des zwischenstaatlichen Handels, Abl. 2004, Nr. C 101, 81 Rn. 50.
263 Komm., Entsch. v. 11.6.2002 – Az. COMP/36.571/D-1, „Lombard Club", Abl. 2004, Nr. L 56, 1 ff. = WuW/E EU-V 949 Rn. 441.

Einfuhren und Ausfuhren betrifft oder sich auf mehrere Mitgliedstaaten erstreckt, wird die Kommission davon ausgehen, dass eine **widerlegliche positive Vermutung** vorliegt, dass diese Beeinträchtigung des Handels spürbar ist, sofern der Umsatz der Unternehmen mit den von der Vereinbarung erfassten Waren 40 Mio. Euro überschreitet. Im Falle von Vereinbarungen, die ihrem Wesen nach geeignet sind, den Handel zwischen den Mitgliedstaaten zu beeinträchtigen, kann ferner davon ausgegangen werden, dass die Auswirkungen spürbar sind, wenn der Marktanteil der Parteien den gerade erwähnten Schwellenwert von 5% übertrifft.

137 Aus Sicht der Gerichte ist die Kommission lediglich verpflichtet nachzuweisen, dass die Absprache **geeignet** ist, den Handel zwischen den Mitgliedstaaten zu beeinträchtigen. Sie ist nicht verpflichtet darzutun, dass sich eine Vereinbarung tatsächlich spürbar auf diesen Handel ausgewirkt hat.[264] Damit erfährt das Tatbestandsmerkmal der Spürbarkeit eine nicht unerhebliche praktische Einschränkung.

e) Anwendung auf Vereinbarungen, die mehrere Mitgliedstaaten betreffen

138 Vereinbarungen, die **mehrere Mitgliedstaaten** betreffen oder in mehreren Mitgliedstaaten durchgeführt werden, sind in der Regel geeignet, den Handel zwischen Mitgliedstaaten zu beeinträchtigen. Ist zudem das Spürbarkeitskriterium erfüllt, ist das Tatbestandsmerkmal in den meisten Fällen unproblematisch gegeben.[265] Dazu zählen Vereinbarungen über Ein- und Ausfuhren, Kartelle, die sich auf mehrere Mitgliedstaaten erstrecken, Vereinbarungen über horizontale Zusammenarbeit, die sich auf mehrere Mitgliedstaaten erstrecken, oder vertikale Vereinbarungen, die in mehreren Mitgliedstaaten durchgeführt werden.

f) Anwendung auf Vereinbarungen, die auf einen einzigen Mitgliedstaat begrenzt sind

139 Erfasst die Vereinbarung das **Gebiet nur eines einzigen Mitgliedstaates** (innerstaatliche Kartelle), ist zumeist eine genauere Untersuchung erforderlich, um feststellen zu können, ob der Handel zwischen

---

264 EuGH, Urt. v. 29.4.2004 – Rs. C-359/01, „British Sugar/Kommission", Slg. 2004, 1 Rn. 31 = WuW/E EU-R 809; EuGI, Urt. v. 12.6.2001 – verb. Rs. T-202/98, 204/98 u. 207/98, „Tate & Lyle/Kommission", Slg. 2001, II-2035 Rn. 78 u. 84.

265 Komm., Leitlinien über den Begriff der Beeinträchtigung des zwischenstaatlichen Handels, Abl. 2004, Nr. C 101, 81 Rn. 61.

den Mitgliedstaaten beeinträchtigt sein kann. Unproblematisch sind zumeist innerstaatliche Kartelle, die sich auf Im- oder Exporte beziehen. Bei ihnen wird man den Zwischenstaatlichkeitsbezug regelmäßig bejahen können.[266] Horizontale Kartelle, die sich auf das gesamte Gebiet eines Mitgliedstaates erstrecken, sind ebenfalls in der Regel geeignet, den Handel zwischen den Mitgliedstaaten zu beeinträchtigen, da sie die Aufteilung der Märkte entlang nationaler Grenzen verfestigen.[267] Entsprechendes gilt für Vereinbarungen über horizontale Zusammenarbeit, wenn sie eine Marktabschottung bewirken oder durch sie Unternehmen aus anderen Mitgliedstaaten von einem wichtigen Vertriebsweg oder Nachfragemarkt abgeschnitten werden. Vertikale Vereinbarungen, die das gesamte Gebiet eines Mitgliedstaates erfassen, sind insbesondere dann geeignet, den Warenverkehr zwischen den Mitgliedstaaten zu beeinträchtigen, wenn sie zu einer Marktabschottung beitragen. Dazu kann es kommen, wenn es Unternehmen aus anderen Mitgliedstaaten erschwert wird, entweder durch Ausfuhren oder durch die Errichtung von Niederlassungen Zutritt zu diesem nationalen Markt zu erlangen.[268] Von einem Abschottungseffekt kann ferner ausgegangen werden, wenn Lieferanten von Abnehmern eine Alleinbezugverpflichtung auferlegt wird.[269] In diesem Zusammenhang muss stets berücksichtigt werden, ob die Vereinbarung Bestandteil eines Netzes entsprechender Vereinbarungen ist und ob andere, parallele Netze von Vereinbarungen bestehen, die ähnliche Wirkungen haben.[270]

Erfasst die Vereinbarung nur einen **Teil eines einzigen Mitgliedstaates**, muss insbesondere die Spürbarkeit der Handelsbeeinträchtigung sehr genau untersucht werden. So kann es von Bedeutung sein, welcher Anteil des Hoheitsgebietes des betroffenen Mitgliedstaates dem Handel noch offen steht. Zudem muss der betroffene Umsatz einen erheblichen Anteil am Gesamtumsatz der fraglichen Ware innerhalb des Mitgliedstaates ausmachen. Kommt der Vereinbarung lediglich lokale Bedeutung zu, ist der Handel zwischen den Mitgliedstaaten selbst **140**

---

266 Streinz/*Eilmannsberger*, Art. 81 Rn. 33.
267 Komm., Leitlinien über den Begriff der Beeinträchtigung des zwischenstaatlichen Handels, Abl. 2004, Nr. C 101, 81 Rn. 78.
268 Vgl. etwa EuGI, Urt. v. 23.10.2003 – Rs. T-65/98, „Van den Bergh Foods", Slg. 2003, 1.
269 Vgl. EuGH, Urt. v. 7.12.2000 – Rs. C-214/99, „Neste", Slg. 2000, I-11121.
270 EuGH, Urt. v. 28.2.1991 – Rs. C-234/89, „Delimitis/Henninger Bräu", Slg. 1991, I-935, 992 Rn. 46 = EuZW 1991, 376; EuGI, Urt. v. 8.6.1995 – Rs. T-7/93, „Langnese-Iglo", Slg. 1995, II-1593 = EuZW 1996, 49.

dann nicht spürbar beeinträchtigt, wenn der örtliche Markt in einer Grenzregion liegt.[271]

VI. Die Spürbarkeit der Wettbewerbsbeeinträchtigung

141 Die Anwendbarkeit des Art. 81 Abs. 1 EG erfordert als ungeschriebenes Tatbestandsmerkmal, dass die bezweckte oder bewirkte Wettbewerbsbeeinträchtigung spürbar ist (sog. **De-minimis-Regel**).[272] Art. 81 Abs. 1 EG greift daher nicht ein, wenn keine spürbare Wettbewerbsbeschränkung vorliegt. Zum einen sollen durch das Kriterium der Spürbarkeit diejenigen Sachverhalte ausgeklammert werden, die quantitativ unbedeutend sind. Zum anderen orientiert sich die Spürbarkeitsschwelle an der Marktstellung der beteiligten Unternehmen auf dem relevanten Markt. Zu berücksichtigen sind in diesem Zusammenhang das Vorhandensein gleichartiger Vereinbarungen und die damit einhergehenden kumulativen Wirkungen.[273] Bewirkt ein Bündel von Ausschließlichkeitsbindungen eines Lieferanten eine spürbare Wettbewerbsbeschränkung, verstoßen sämtliche Abreden gegen das Kartellverbot.[274]

142 Der Begriff der Spürbarkeit ist von der Verwaltung mittels **quantitativer Kriterien** präzisiert worden. In ihrer sog. Bagatellbekanntmachung[275] quantifiziert die Kommission anhand von Marktanteilsschwellen, wann eine spürbare Wettbewerbsverfälschung vorliegt. Sie ist der Auffassung, dass es bei einer Vereinbarung unter Wettbewerbern an einer spürbaren Wettbewerbsverfälschung fehlt, wenn der von

---

271 Komm., Leitlinien über den Begriff der Beeinträchtigung des zwischenstaatlichen Handels, Abl. 2004, Nr. C 101, 81 Rn. 91; Entsch. v. 20.10.2004 – Az. COMP/ C.38.238/B.2, „Rohtabak Spanien", WuW/E EU-V 1045 Rn. 315–317. Anders aber wohl EuGI, Urt. v. 22.10.1997 – verb. Rs. T-213/95 u. T-18/96, „SCK u. FNK/ Kommission", Slg. 1997, II-1739 Rn. 177.

272 EuGH, Urt. v. 9.11.1983 – Rs. 322/81, „Michelin", Slg. 1983, 3461, 3501 ff. Rn. 104 = WuW/E EWG MUV 642 ff.; Urt. v. 6.5.1971 – Rs. 1/71, „Cadillon/ Höss", Slg. 1971, 351, 356 Rn. 7 ff.; Urt. v. 9.7.1969 – Rs. 5/69, „Völk/Vervaecke", Slg. 1969, 295, 302 Rn. 7; Immenga/Mestmäcker EG-WbR-*Emmerich*, Art. 85 Abs. 1 A Rn. 199–215; *Fritzsche*, ZHR 160 (1996), 31, 36 f.; FK-*Roth/Ackermann*, Grundfragen Art. 81 EG-Vertrag Rn. 325–341.

273 Vgl. Rn. 124.

274 EuGI, Urt. v. 14.5.1997 – Rs. T-77/94, „VGB", Slg. 1997, II-759, 806 Rn. 140; Komm., Entsch. v. 11.3.1998 – Az. IV/34.073, IV/34.395 u. 35/436, „Van den Bergh Foods Ldt.", Abl. 1998, Nr. L 246, 1, 36 Rn. 206.

275 Komm., Bek. über Vereinbarungen von geringer Bedeutung, Abl. 2001, Nr. C 368, 13.

den beteiligten Unternehmen insgesamt gehaltene Marktanteil auf keinem der betroffenen Märkte 10% überschreitet. Bei einer Vereinbarung zwischen Unternehmen, die keine tatsächlichen oder potenziellen Wettbewerber sind, soll bei einem Marktanteil von unter 15% regelmäßig keine Spürbarkeit gegeben sein. Treten Schwierigkeiten bei der Einstufung der Vereinbarung als Vereinbarung zwischen Wettbewerbern oder als Vereinbarung zwischen Nichtwettbewerbern auf, gilt die niedrigere Schwelle von 10%. Ist von einem kumulativen Marktabschottungseffekt durch nebeneinander bestehende Netze von Vereinbarungen auszugehen, die ähnliche Wirkungen auf den Markt haben, wird die Marktanteilsschwelle auf 5% herabgesetzt. Es ist jedoch unwahrscheinlich, dass ein solcher Effekt auftritt, wenn weniger als 30% des relevanten Marktes von entsprechenden Netzen abgedeckt werden.

Sämtliche Schwellenwerte gelten allerdings nicht, wenn die in Rede **143** stehenden Vereinbarungen sog. **Kernbeschränkungen** enthalten, von denen – wie dies etwa bei der Festsetzung der Preise der Fall ist – besonders schwerwiegende Wettbewerbsbeschränkungen ausgehen.[276] Durch diese Einschränkung soll die Homogenität des Kartellrechts gesichert werden, da vertikale Vereinbarungen, die nicht nach der VO 2790/1999 freistellungsfähig sind, nicht über das Spürbarkeitskriterium dem Anwendungsbereich des Kartellverbots entzogen werden können.[277] Die Bagatellbekanntmachung begünstigt schließlich kleine und mittlere Unternehmen.[278] Die Kommission sieht Vereinbarungen zwischen kleinen und mittleren Unternehmen nur selten als geeignet an, den Handel zwischen den Mitgliedstaaten und den Wettbewerb innerhalb des Gemeinsamen Marktes spürbar zu beeinträchtigen.

Die Bekanntmachung enthält weder Rechtsnormen noch normative **144** Regelungen. Durch sie tritt zwar eine **begrenzte Selbstbindung** der Kommission, nicht jedoch eine Bindung der Gerichte oder der nationalen Kartellbehörden ein.[279] Für die Kommission bedeutet die Be-

---

276 Unzutreffend daher OLG Düsseldorf, Urt. v. 23.6.2004 – VI-U (Kart) 29/04, „Tschechisches Bier", WuW/E DE-R 1410, 1412.

277 Vgl. dazu *Terhechte*, EWS 2002, 66, 68; Streinz/*Eilmannsberger*, Art. 81 Rn. 80.

278 Zum Begriff siehe: Komm., Empfehlung v. 6.5.2003 betreffend die Definition der kleinen und mittleren Unternehmen, Abl. 2003, Nr. L 124, 36; siehe dazu *Förster*, EWS 2005, 4ff.

279 EuGI, Urt. v. 8.6.1995 – Rs. T-7/93, „Langnese-Iglo", Slg. 1995, II-1593 Rn. 98 = EuZW 1996, 49; OLG München, Urt. v. 1.8.2002 – U (K) 5658/01, „Tankstelle Germering", WuW/E DE-R 991, 992f.; Langen-*Bunte*, Art. 81 Rn. 124; Immenga/ Mestmäcker EG-WbR-*Emmerich*, Art. 85 Abs. 1 A Rn. 213; *Jestaedt/Bergau*,

kanntmachung, dass sie in Fällen, in denen die Bagatellkriterien erfüllt sind, nur bei außergewöhnlichen Umständen tätig wird. Umgekehrt kann es im Einzelfall auch bei höheren Marktanteilen an einer Spürbarkeit fehlen. Aus dem Überschreiten der angegebenen Marktanteile kann somit nicht zwingend auf eine spürbare Wettbewerbsbeschränkung geschlossen werden. Vereinbarungen können im Einzelfall vielmehr trotz Überschreitens der in der Bekanntmachung festgelegten Schwellen nur geringe Auswirkungen auf den Wettbewerb haben und daher nicht dem Kartellverbot unterliegen.[280] Daneben ist zudem eine an den wettbewerblichen Auswirkungen der Kooperation orientierte Betrachtung im Einzelfall möglich.[281]

145 Die **Rechtsprechung** hat bislang keine eigenen quantitativen Kriterien aufgestellt. Sie hat die Bekanntmachung weder ausdrücklich bestätigt noch ihr widersprochen. Die Feststellung, ob eine Wettbewerbsbeschränkung das Erfordernis der Spürbarkeit erfüllt, ist damit nicht einfacher geworden. Hinsichtlich der qualitativen Spürbarkeit stellt der EuGH auf die Bedeutung der betroffenen Wettbewerbsparameter und auf das rechtliche und wirtschaftliche Umfeld der Absprache ab.[282]

VII. Der Katalog der Regelbeispiele

1. Bedeutung

146 Art. 81 Abs. 1 EG enthält in lit. a bis e einen nicht abschließenden („insbesondere") Katalog von Beispielen typischer Wettbewerbsbeschränkungen, mit denen der Inhalt der Generalklausel bezüglich des Tatbestandsmerkmals „Verhinderung, Einschränkung oder Verfälschung des Wettbewerbs" konkretisiert werden soll. Erfüllt eine Absprache einen der dort genannten Beispielstatbestände, liegt in der Regel ein Verstoß gegen das Kartellverbot vor. Zwar enthält der Katalog keine

---

WuW 1998, 119 ff.; Groeben/Schwarze-*Schröter*, Art. 81 Abs. 1 Rn. 214 f.; Wiedemann KartR-*Stockmann*, § 7 Rn. 28.
280 EuGH, Urt. v. 21.1.1999 – verb. Rs. C-215 u. C-216/96, „Bagnasco/Banco Populare", Slg. 1999, I-135 Rn. 34 f.
281 Vgl. etwa Komm., Entsch. v. 19.4.2001 – Az. 37.576, „UEFA-Übertragungsregelung", Abl. 2001, Nr. L 171, 12 ff. = WuW/E EU-V 723.
282 Vgl. etwa EuGH, Urt. v. 16.12.1975 – verb. Rs. 40–48, 50, 54–56, 111, 113 u. 114/73, „Suiker Unie/Kommission", Slg. 1975, 1663 Rn. 71; Urt. v. 21.1.1999 – verb. Rs. C-215 u. C-216/96, „Carlo Bagnasco", Slg. 1999, I-135 Rn. 35 = EuZW 1999, 212.

Per-se-Verbote,[283] er enthält aber eine **gesetzliche Vermutung** einer Wettbewerbsbeschränkung. Hinzu kommen muss jedoch stets, dass die übrigen Voraussetzungen des Art. 81 Abs. 1 EG vollständig erfüllt sind.[284] Ob ein Verhalten als Verstoß gegen die Generalklausel oder gegen eines der genannten Beispiele einzustufen ist, spielt in der Praxis lediglich bei der Höhe der Geldbuße eine Rolle, da Preis- und Marktaufteilungsabsprachen (lit. a bzw. c) nach Auffassung der Kommission „schwere Wettbewerbsbeschränkungen" darstellen.[285] Da es sich um einen nicht abschließenden Beispielskatalog handelt, können auch Vereinbarungen unter das Kartellverbot fallen, die keinen der im Katalog genannten Tatbestände erfüllen.

2. Festsetzung von Preisen und Geschäftsbedingungen

Horizontale Preisabsprachen stellen eine **klassische Form der Wett-** 147
bewerbsbeschränkung dar, die nur in engen Ausnahmefällen unter die Legalausnahme des Abs. 3 fallen. Bei vertikalen Preisbindungen ist hingegen zu prüfen, ob sie den Wettbewerb mit anderen Mitteln fördern und so den Interbrand-Wettbewerb stimulieren.[286] Das Verbot der Festsetzung von Preisen ist umfassend zu verstehen und betrifft sowohl Regeln über Festpreise,[287] Mindest- oder Höchstpreise,[288] Richtpreise[289] als auch über Zielpreise.[290] Ferner werden die Einrich-

---

283 EuGH, Urt. v. 3.7.1985 – Rs. 243/83, „Binon/AMP", Slg. 1985, 2015, 2046 Rn. 44 = WuW/E EWG MUV 687; EuGI, Urt. 15.7.1994 – Rs. T-17/93, „Matra-Hachette", Slg. 1994, II-595, 625 Rn. 85.

284 Callies/Ruffert-*Weiss*, Art. 81 Rn. 133; Lenz/Borchardt-*Grill*, Art. 81 Rn. 27; FK-*Roth/Ackermann*, Grundfragen Art. 81 EG-Vertrag Rn. 294.

285 Komm., Entsch. v. 23.4.1986 – Az. IV/31.149, „Polypropylen", Abl. 1986, Nr. L 230, 1, 35 Rn. 108; *Gleiss/Hirsch*, Art. 85 (1) Rn. 279; Wiedemann KartR-*Stockmann*, § 7 Rn. 19.

286 EuGH, Urt. v. 25.10.1977 – Rs. 26/76, „Metro/Saba I", Slg. 1977, 1875, 1906 Rn. 22. Weitergehend jedoch Immenga/Mestmäcker EG-WbR-*Emmerich*, Art. 85 Abs. 1 B Rn. 19.

287 EuGH, Urt. v. 3.7.1985 – Rs. 243/83, „Binon/AMP", Slg. 1985, 2015, 2046 Rn. 44 = WuW/E EWG MUV 687; Komm., Entsch. v. 5.2.1992 – Az. IV/31.572 u. 32.571, „Niederländische Bauwirtschaft", Abl. 1992, Nr. L 92, 1, 16 u. 18 Rn. 78 u. 88.

288 EuGH, Urt. v. 30.1.1985 – Rs. 123/83, „BNIC/Clair", Slg. 1985, 391, 423 Rn. 22 = WuW/E EWG MUV 681; Komm., Entsch. v. 30.7.1992 – Az. IV/33.494, „Scottish Salmon Board", Abl. 1992, Nr. L 246, 37, 43 Rn. 20.

289 EuGH, Urt. v. 17.10.1972 – Rs. 8/72, „Cementhandelaren/Kommission", Slg. 1972, 977, 990 Rn. 15 ff.; Langen-*Bunte*, Art. 81 Rn. 79.

290 EuGI, Urt. v. 24.10.1991 – Rs. T-1/89, „Rhône-Poulenc", Slg. 1991, II-867, 1073 Rn. 120 ff.; Komm., Entsch. v. 23.4.1986 – Az. IV/31.149, „Polypropylen" Abl.

tung von Preismeldestellen,[291] die Absprache von Preisrahmen oder -grenzen[292] und die Vereinbarung gemeinsamer Kalkulationsschemata erfasst. Von lit. a werden daneben Absprachen über Preisbestandteile verboten, wie etwa Rabatte und Provisionen.[293] Unter das Regelbeispiel fallen auch mittelbare Preisfestsetzungsabsprachen. Besonders wettbewerbsgefährdend sind kollektive Preisbindungssysteme, durch die Hersteller verbindliche Wiederverkaufspreise festlegen.[294] Die Verpflichtung, Höchstwiederverkaufspreise einzuhalten, ist nicht per se wettbewerbsbeschränkend. Ein Verstoß gegen lit. a liegt jedoch vor, wenn der vorgeschriebene Höchstpreis als Obergrenze dient, um eine Bandbreite für den Wiederverkaufspreis festzulegen, deren Untergrenze das Verbot von Werberabatten darstellt.[295]

148 Die ebenfalls in lit. a genannten Absprachen zur Festlegung von Geschäftsbedingungen können sowohl einzelne Klauseln als auch die Allgemeinen Geschäftsbedingungen insgesamt betreffen. In der Praxis sind zumeist **Konditionen** im Zusammenhang mit Beschränkungen des Preiswettbewerbs zu beanstanden. So stellt etwa die kollektive Vereinbarung von Preisen und Verkaufsbedingungen eine Beschränkung des Wettbewerbs dar.[296] Hierzu zählen ferner beispielsweise Abschluss-, Lieferungs-, Haftungs- und Zahlungsbedingungen.[297]

149 Wie bei Preisen und Rabatten kann auch die gegenseitige **Information** über Geschäftsbedingungen wettbewerbsbeschränkend sein.[298] Auch

---

1986, Nr. L 230, 1, 26 u. 28 Rn. 80 u. 89; Wiedemann KartR-*Stockmann*, § 7 Rn. 19.

291 EuGI, Urt. v. 27.10.1994 – Rs. T-34/92, „Fiatagri und New Holland Ford/Kommission", Slg. 1994, II-905, 944 ff. Rn. 91; Urt. v. 27.10.1994 – Rs. T-35/92, „John Deere/Kommission", Slg. 1994, II-957, 982 ff. Rn. 51.

292 Ausführlich *Gleiss/Hirsch*, Art. 85 (1) Rn. 286–290.

293 Komm., Entsch. v. 21.1.1998 – Az. IV/35.814, „Legierungszuschlag", Abl. 1998, Nr. L 100, 55, 62 Rn. 47.

294 EuGH, Urt. v. 17.1.1984 – Rs. 63/82, „VBVB und VBBB", Slg. 1984, 19, 66 Rn. 45.

295 Komm., Entsch. v. 5.7.2000 – Az. COMP.F.1.36.516, „Nathan-Bricolux", Abl. 2001, Nr. L 54, 1 ff. = WuW/E EU-V 577 Rn. 87 f.

296 Komm., Entsch. v. 22.12.1972 – Az. IV/89–26349, „GISA", Abl. 1972, Nr. L 303, 45, 48.

297 Vgl. etwa EuGH, Urt. v. 29.10.1980 – verb. Rs. 209–215 u. 218/78, „van Landewyck Sàrl/Kommission", Slg. 1980, 3125, 3270 Rn. 154; Komm., Entsch. v. 30.9.1986 – Az. IV/31.362, „Irische Banken", Abl. 1986, Nr. L 295, 28, 30 Rn. 16.

298 Komm., Entsch. v. 15.5.1974 – Az. IV/400, „IFTRA-Verpackungsglas", Abl. 1974, Nr. L 160, 1, 13 Rn. 43.

Lange

die Verpflichtung, die aktuellen Geschäftsbedingungen offenzulegen, stellt regelmäßig einen Verstoß gegen das Kartellverbot dar.

3. Einschränkung oder Kontrolle der Erzeugung, des Absatzes, der technischen Entwicklung oder der Investitionen

Der Anwendungsbereich des in lit. b erwähnten Regelbeispiels ist **150** weit, da jede Einschränkung oder Kontrolle genügt. Die Einschränkung der Erzeugung oder des Absatzes lässt sich durch **Absprachen über Produktions- und Lieferquoten** recht gut erreichen, weshalb die Kommission in der Vereinbarung von Produktions- und Lieferquoten regelmäßig eine Wettbewerbsbeschränkung sieht. Die entsprechenden Kartelle sehen zudem häufig Kontrollmechanismen vor, die das Einhalten der Quoten sicherstellen sollen.[299] Das Regelbeispiel ist weit auszulegen. Die Quotenabsprache muss insbesondere nicht auf Dauer angelegt sein und kann sich auf die Aufteilung eines einzelnen Geschäfts beschränken.

Spezialierungsvereinbarungen können ebenfalls eine Einschränkung **151** von Produktion und Vertrieb darstellen. So beschränkt die Vereinbarung bestimmter Standards beispielsweise die Erzeugung, wenn die Beteiligten zugleich übereinkommen, keine Produkte mehr herzustellen, die dem Standard nicht entsprechen. Hier ist jedoch stets die Möglichkeit zu prüfen, ob die Vereinbarungen unter die Legalausnahme des Abs. 3 fallen.

In einer Vereinbarung zwischen Konkurrenten über den **gemeinsamen** **152** **Verkauf** ist regelmäßig eine Einschränkung des Absatzes zu sehen. Eine Wettbewerbsbeschränkung liegt zudem in einer Bindung der Partner hinsichtlich der Verwendung oder des Weiterverkaufs der Waren.[300] Eine andere Erscheinungsform der Einschränkung des Absatzes stellen die Fälle vertikal organisierter, geschlossener **Absatzsysteme** dar. Der Absatz wird zudem eingeschränkt, wenn Wettbewerber dazu übergehen, ihre Kunden zu kategorisieren und sie je nach Kategorie unterschiedlich zu behandeln. Ebenso ist es Wettbewerbern untersagt, den Grundsatz zu vereinbaren, dass jeder bei seiner Kundschaft bleiben müsse (Kristallisierung der Kundschaft).[301]

---

299 Vgl. Komm., Entsch. v. 2.8.1989 – Az. IV/31.553, „Betonstahlmatten", Abl. 1989, Nr. L 260, 1, 15 Rn. 61.
300 EuGH, Urt. v. 14.12.1983 – Rs. 319/82, „Société de vente des ciments et bétons/ Kerpen & Kerpen", Slg. 1983, 4173, 4182 Rn. 6.
301 Komm., Entsch. v. 10.7.1986 – Az. IV/31.371, „Dach- und Dichtungsbahnen", Abl. 1986, Nr. L 232, 15, 21 u. 24 Rn. 51 f. u. 74.

153 Auch **Verkaufsverbote** – wie Exportverbote, Quer- oder Rücklieferungsverbote – stellen regelmäßig eine unzulässige Beschränkung des Absatzes dar.

154 Handelt es sich um ein **Strukturkrisenkartell**, mit dem eine Krise in einem bestimmten Wirtschaftszweig überwunden werden soll, und beschränkt es sich darauf, den erforderlichen Abbau von Kapazitäten zu koordinieren, wird es nur in Ausnahmefällen unter die Legalausnahme des Abs. 3 fallen. Die Kommission geht grundsätzlich davon aus, dass solche Krisen ohne Wettbewerbsbeschränkungen zu lösen sind.[302] Besonders kritisch werden von der Kommission Quotenregelungen angesehen, da sie die Krise nicht beheben, sondern die Verluste, die durch mangelnde Kapazitätsauslastung entstehen, auf Kosten der Verbraucher ausgleichen.[303]

155 Unter **Investitionen** i. S. v. lit. b versteht man die Schaffung, Erhaltung, Erweiterung oder Verbesserung von Erzeugungskapazitäten. Untersagt sind etwa Investitionsverbote, Absprachen über einen Kapazitätsabbau oder die Einrichtung einer Investitionsmeldestelle.[304]

4. Aufteilung der Märkte oder Versorgungsquellen

156 Nach lit. c ist vor allem die Aufteilung eines Marktes **nach Gebieten** untersagt.[305] Wie die Partner der Absprache dieses Ziel erreichen, spielt für die Anwendung der Norm keine Rolle. Daher werden insbesondere Exportverbote[306] oder die Verpflichtung zur Zahlung von Ausgleichsbeträgen[307] erfasst. Auch die Überwachung der Händler durch eine Kontrolle der Auftragseingänge und Verkäufe kann den Tat-

---

302 Komm., Entsch. v. 29.4.1994 – Az. IV/34.456, „Stichting Baksteen", Abl. 1994, Nr. L 131, 15, 19 Rn. 18 ff.; Wiedemann KartR-*Stockmann*, § 7 Rn. 20. Vgl. zum deutschen Recht Rn. 781 f.

303 Vgl. Komm., Entsch. v. 2.8.1989 – Az. IV/31.553, „Betonstahlmatten", Abl. 1989, Nr. L 260, 1, 10 Rn. 34.

304 Callies/Ruffert-*Weiss,* Art. 81 Rn. 139; Handkom. EUV/EGV-*Müller-Graff,* Art. 85 Rn. 98.

305 Komm., Entsch. v. 18.7.2001 – Az. COMP.D.2 37.444 u. COMP.D.2 37.386, „SAS/ Maersk Air", Abl. 2001, Nr. 265, 15 ff. = WuW/E EU-V 661 Rn. 67; Entsch. v. 21.12.1994 – Az. IV/32.948 u. IV/34.590, „Tretorn", Abl. 1994, Nr. L 378, 45, 49 Rn. 51; Entsch. v. 19.12.1990 – Az. IV/33.133-A, „Soda-Solvay, ICI", Abl. 1991, Nr. L 152, 16, 18 Rn. 10 ff.

306 Komm., Entsch. v. 10.1.1996 – Az. IV/34.279/F3, „Adalat", Abl. 1996, Nr. L 201, 1; Langen-*Bunte,* Art. 81 Rn. 86.

307 Komm., Entsch. v. 17.10.1983 – Az. IV/30.064, „Gusseisenwalzen", Abl. 1983, Nr. L 317, 1, 11 Rn. 48 = WuW/E EV 1006.

bestand der Aufteilung der Märkte erfüllen.[308] Wird eine Aufteilung anhand der Grenzen der Mitgliedstaaten vorgenommen, wird das Funktionieren des Binnenmarktes behindert. Eine solche unzulässige Marktaufteilung durch Gebietszuordnung liegt schon dann vor, wenn die Möglichkeiten der Produktion und Belieferung eingeschränkt werden, etwa durch die Festlegung von Höchstmengen oder durch die Aufteilung in bestimmte Kundengruppen.[309] Auch die Vereinbarung, für bestimmte Regionen nur Angebote zu überhöhten Preisen abzugeben, stellt eine verbotene Form der Marktaufteilung dar. Sog. Mengenaustauschverträge sind selbst dann untersagt, wenn die beteiligten Unternehmen diese Form gegenseitiger Hilfe aus logistischen Gründen vereinbaren und sie in ihrer Preisgestaltung frei bleiben.[310]

Neben der horizontalen Marktaufteilung wird auch diejenige zwischen **157** **Hersteller und Händler** von Art. 81 Abs. 1 lit. c EG erfasst. Im Bereich der Absatzmittlung werden Gebietsbindungen häufig mit einem Alleinvertriebsrecht gekoppelt. Mit Ausschließlichkeitsbindungen verpflichtet sich der Geschäftsherr, in einem bestimmten Vertragsgebiet ausschließlich den Absatzmittler zu beliefern. Auf diese Weise erhält der Händler einen absoluten Gebietsschutz. Aus der Sicht des EG-KartellR ist die Aufteilung des Vertriebsgebiets in einzelne Vermittlungsbezirke besonders problematisch, soweit sich die Aufteilung an nationalen Grenzen orientiert. Hierunter fallen Absprachen, die geeignet sind, den zwischenstaatlichen Handel zu beschränken oder nationale (Teil-)Märkte abzuschotten.[311] Als Mittel kommen eine Beschränkung des Vermittlungsauftrags auf das Gebiet einzelner Mitgliedstaaten oder bestimmte nationale Kundenkreise in Betracht.[312] Eine solche Marktaufteilung widerspricht dem integrationspolitischen Ziel des EG-KartellR und verstößt daher gegen Art. 81 Abs. 1 EG. Die Anwendung der Legalausnahme des Abs. 3 ist nur dann möglich, wenn die Marktaufteilung ausnahmsweise notwendig ist.[313]

---

308 Komm., Entsch. v. 28.1.1998 – Az. IV/35.733, „VW", Abl. 1998, Nr. L 124, 60, 76 Rn. 114.
309 EuGH, Urt. v. 15.5.1975 – Rs. 71/74, „Frubo/Kommission", Slg. 1975, 563, 584, 593 ff. Rn. 37 f.; Handkom. EUV/EGV-*Müller-Graff*, Art. 85 Rn. 102.
310 Callies/Ruffert-*Weiss*, Art. 81 Rn. 41; *Gleiss/Hirsch*, Art. 85 (1) Rn. 353.
311 Groeben/Schwarze-*Schröter*, Art. 81 Abs. 1 Rn. 170.
312 Vgl. Komm., Entsch. v. 2.1.1973 – Az. IV/26.918, „Europäische Zuckerindustrie", Abl. 1973, Nr. L 140, 17, 40 f. = WuW/E EV 441 ff.; Schröter/Jakob/Mederer-*Schröter*, Art. 81 Abs. 1 Rn. 186.
313 EuGH, Urt. v. 28.1.1986 – Rs. 161/84, „Pronuptia", Slg. 1986, 353, 383 f. Rn. 26 = ZIP 1986, 329 = EWiR Art. 85 EWGV 2/86, 269 mit Anm. *Bunte*.

158 Ein Markt kann nicht nur geographisch, sondern auch mittels Differenzierung nach Produkten aufgeteilt werden. Sog. **Spezialisierungsabsprachen** zwischen Herstellern führen zumeist dazu, dass die Märkte nach Erzeugnissen aufgeteilt werden. Ob diese Spezialisierung auf eine vertragliche Verpflichtung oder auf die faktischen Gegebenheiten zurückzuführen ist, ist unerheblich.[314] Weitere Formen der Marktaufteilung stellt die Aufteilung nach Kunden, nach Branchen oder nach Abnahmemengen dar.

5. Anwendung unterschiedlicher Bedingungen gegenüber Handelspartnern

159 Der EG-Vertrag kennt kein allgemeines Diskriminierungsverbot. In Art. 81 Abs. 1 lit. d EG ist lediglich eine **bestimmte Form** der Diskriminierung untersagt, die zudem vom Tatbestand des Art. 82 EG abzugrenzen ist. Nach Art. 82 EG ist die Diskriminierung einem Unternehmen dann untersagt, wenn es über eine marktbeherrschende Stellung verfügt.[315] Liegt keine solche Position vor, sind den Unternehmen diskriminierende Praktiken nur verboten, wenn sie sich aus einer Vereinbarung, einem Beschluss oder einer abgestimmten Verhaltensweise ergeben. Dies gilt sowohl für Absprachen zwischen Wettbewerbern als auch für solche zwischen Anbietern und Abnehmern. Eine autonome Diskriminierung ist nach lit. d nicht untersagt.

160 Der Tatbestand der Diskriminierung in Art. 81 EG setzt voraus, dass die unterschiedliche Behandlung gleichwertiger Leistungen nicht aus **sachlichen Gründen** gerechtfertigt ist. Hierzu ist zunächst die Gleichwertigkeit festzustellen. Die Diskriminierten müssen sich in einer vergleichbaren Lage befinden.[316] Steht fest, dass gleichwertige Leistungen erbracht werden, ist zu prüfen, ob ein Fall der Diskriminierung gegeben ist. Dies ist der Fall, wenn ein gleichartiger Sachverhalt nach unterschiedlichen Maßstäben beurteilt worden ist. Die unterschiedliche Behandlung muss zudem einiges Gewicht haben und darf sachlich nicht gerechtfertigt sein.

---

314 Komm., Entsch. v. 12.1.1990 – Az. IV/32.006, „ALCATEL/ESPACE/ANT", Abl. 1990, Nr. L 32, 19, 23 Rn. 14.
315 Siehe dazu Rn. 831.
316 Vgl. Komm., Entsch. v. 19.7.1989 – Az. IV/31.499, „Niederländische Banken", Abl. 1989, Nr. L 253, 1, 5 Rn. 22 f.; Groeben/Schwarze-*Schröter*, Art. 85 Abs. 1 Rn. 174.

Das in lit. d. erwähnte Regelbeispiel hat nur geringe praktische Bedeu- **161**
tung erlangt, da die meisten diskriminierenden Absprachen schon aus
anderen Gründen gegen das Kartellverbot verstoßen.

6. Kopplungsgeschäfte

In lit. e schließlich werden sog. Kopplungsgeschäfte verboten. Von **162**
einer **Kopplungsvereinbarung** spricht man, wenn das bindende Unternehmen verlangt, dass das gebundene Unternehmen nicht nur die
Hauptware von ihm bezieht, sondern auch noch weitere Waren oder
Dienstleistungen, die nicht zur Hauptware zugehörig sind.[317] Eine solche Vereinbarung schließt die Konkurrenz vom Markt für das gekoppelte Gut aus. Der gebundene Vertragsteil wird in seiner wirtschaftlichen Betätigungsfreiheit eingeschränkt. Für ein Kopplungsgeschäft
müssen also mindestens zwei Güter ausgetauscht werden. Von dem
Begriff des Gutes werden handelbare Wirtschaftsgüter wie Waren,
Dienstleistungen oder gewerbliche Schutzrechte erfasst. Ob ein oder
zwei Güter angeboten werden, richtet sich nicht nach der Betrachtung
des Anbieters; vielmehr ist allein auf die Marktgegenseite abzustellen.[318] So stellen Komponenten eines angeblich einheitlichen Gutes
unterschiedliche Güter dar, wenn sie separat gehandelt werden. Stets
ist anhand einer objektiven Betrachtung die sachliche Zugehörigkeit
zu ermitteln.

Die vom Verbot des lit. e erfassten Kopplungsgeschäfte lassen sich in **163**
Gruppen einteilen: In der **ersten Gruppe** geht es darum, dass der Anbieter die Abgabe eines Gutes von der Annahme eines weiteren Gutes
abhängig macht. In der **zweiten Gruppe** setzt der Anbieter lediglich
die Ursache dafür, dass der Abnehmer beide Güter abnimmt, in dem
er etwa einen billigeren Kombinationspreis einräumt oder einen kombinierten Rabatt gewährt. Ein unzulässiges Kopplungsgeschäft liegt
schließlich auch dann vor, wenn das gekoppelte Gut nicht vom Anbieter selbst, sondern von einem Dritten bezogen werden muss, den der
Anbieter benennt.[319] Kopplungsgeschäfte marktbeherrschender Unternehmen sind nach Art. 82 lit. d EG untersagt.[320]

---

317 Langen-*Bunte*, Art. 81 Rn. 96.
318 Immenga/Mestmäcker EG-WbR-*Emmerich*, Art. 85 Abs. 1 B Rn. 139; *Gleiss/
    Hirsch*, Art. 85 (1) Rn. 394.
319 Komm., Entsch. v. 12.7.1985 – Az. IV/4.204, „Velcro/Aplix", Abl. 1985, Nr. L
    233, 22, 28 f. = WuW/E EV 1131.
320 Vgl. dazu Rn. 1000 f.

VIII. Ausgewählte Fallgruppen

1. Kartellfreie Kooperationen

164 Nicht jede Form zwischenbetrieblicher Zusammenarbeit führt zu einer Einschränkung oder Verfälschung des Wettbewerbs. So ist eine Kooperation zwischen Unternehmen regelmäßig nicht geeignet, den Wettbewerb zu beeinträchtigen, zwischen denen weder ein aktives noch ein potenzielles Wettbewerbsverhältnis besteht. Die Zusammenarbeit von Unternehmen stellt daneben vielfach Grundlage einer **effizienten, arbeitsteiligen Produktion** dar. Nicht selten ist eine solche Kooperation unerlässlich, um im Wettbewerb bestehen zu können. So können insbesondere Vereinbarungen über gemeinsame FuE oder über Normungen, aber auch Kooperationen im Einkauf oder der Produktion zu Effizienzgewinnen führen. Zu den Aufgaben des Kartellrechts gehört es in diesem Zusammenhang, das richtige Verhältnis von Wettbewerb und Kooperation sicherzustellen. So sind etwa Vereinbarungen grundsätzlich unbedenklich, die sich auf den Austausch von Meinungen und Erfahrungen zwischen den Unternehmen selbst oder über eine dritte Stelle beschränken. Dies gilt aber nur, solange der Informationsaustausch wettbewerbsneutral ist, die Unternehmen also ihr künftiges Verhalten auf dem Markt selbstständig und unabhängig voneinander bestimmen. Nicht mehr unbedenklich ist der Informationsaustausch daher, wenn die Handlungsfreiheit zumindest eines Teils der beteiligten Unternehmen eingeschränkt wird. Der organisierte Austausch individueller Daten einzelner Unternehmen ist grundsätzlich nach Art. 81 Abs. 1 EG verboten. Die Aufgliederung der Daten ist jedoch wiederum nicht wettbewerbsbeschränkend, wenn die beteiligten Unternehmen auf diese Weise nicht in die Lage versetzt werden, das Wettbewerbsverhalten des Partners zu erkennen.

165 Regelmäßig stellt die gemeinsame **Marktforschung** keine Wettbewerbsbeschränkung dar.[321] Allerdings dürfen keine bestimmten Kalkulationssätze vereinbart werden, da diese wie Preisempfehlungen wirken. Kritisch hat sich der EuGH mit sog. Marktinformationssystemen auseinander gesetzt. Nach seiner Auffassung verstößt ein solches System gegen das Kartellverbot, wenn es Aufschluss über die Umsätze der einzelnen Händlergebiete dergestalt ermöglicht, dass die beteiligten Unternehmen die Umsätze ihrer Händler und diejenigen ihrer

---

321 Bayerisches Staatsministerium für Wirtschaft, Verkehr und Technologie, Kooperation und Wettbewerb, S. 76 f.

Wettbewerber ermitteln können. Insbesondere auf einem hochkonzentrierten oligopolistischen Markt gibt dies den Unternehmen Aufschluss über die Marktposition und die Strategie der Wettbewerber.[322]

Gehen mit der Kooperationsvereinbarung keinerlei Effizienzgewinne **166** für Kunden, Verbraucher und die Volkswirtschaft einher, da eine sog. **Kernbeschränkung** vorliegt, ist die Anwendung des Art. 81 Abs. 1 EG nicht ausgeschlossen.[323]

2. Gemeinschaftsunternehmen

a) Kartellrechtliche Bedeutung

Gemeinschaftsunternehmen (**joint ventures**) erfreuen sich bei Unter- **167** nehmen als Mittel zur Kooperation großer Beliebtheit, weil sie hinsichtlich der Organisation von Interessen relativ flexibel sind. Aus dem Erwägungsgrund Nr. 23 FKVO[324] und den Definitionen des Zusammenschlussbegriffes im europäischen und im deutschen Kartellrecht lassen sich jedoch die maßgeblichen Gesichtspunkte zusammenstellen. Danach sind zwei Kriterien für das Vorliegen eines Gemeinschaftsunternehmens aus der Sicht der Zusammenschlusskontrolle unverzichtbar: zum einen eine organisatorische Zusammenfassung von personellen und sachlichen Mitteln und zum anderen die gemeinsame Kontrolle durch andere Unternehmen.[325] Die Kontrolle eines Unternehmens ist gleichbedeutend mit der Möglichkeit, einen bestimmenden Einfluss auf dessen geschäftliche Tätigkeit auszuüben.[326] Allerdings existieren auch Gemeinschaftsunternehmen, bei denen es am ersten Kriterium fehlt. Eine allgemeinere Definition versteht deshalb unter einem Gemeinschaftsunternehmen ein Unternehmen, an dem

---

322 EuGH, Urt. v. 28.5.1998 – Rs. C-7795 P, „John Deere", Slg. 1998, I-3111, 3165 Rn. 93 ff.; Urt. v. 28.5.1998 – Rs. C-8/95 O, „New Holland Ford", Slg. 1998, I-3175, 3226 Rn. 108 ff.; weiterführend *Wagner-von Papp*, WuW 2005, 732 ff.
323 Schröter/Jakob/Mederer-*Winterstein*, Art. 81 – Fallgruppen, Marktabsprachen Rn. 6 f.
324 Rat, VO (EWG) Nr. 4064/1989 vom 21.12.1989, Abl. 1989, Nr. L 395, 1 mit Berichtigung in Abl. 1990, Nr. L 73, 34 u. VO (EG) Nr. 1310/1997 vom 30.6.1997, Abl. 1997, Nr. L 180, 1 mit Berichtigung in Abl. 1998, Nr. L 3, 16 und Abl. 1998, Nr. L 40, 17.
325 *Einsele*, RIW 1992, Beil. 2, 1, 3; *Scherf*, AG 1992, 245; Groeben/Schwarze-*Rating*, nach Art. 81 – Fallgruppen, Änderung der Unternehmensstruktur Rn. 38–44.
326 Vgl. Komm., Entsch. v. 17.7.1996 – Az. IV/35.617, „Phoenix/Globalone", Abl. 1996, Nr. L 239, 57 Rn. 51; Entsch. v. 27.7.1994 – Az. IV/34.857, „BT-MCI", Abl. 1994, Nr. L, 223, 36.

sich mehrere andere Unternehmen gleichzeitig oder nacheinander durch Anteilserwerb beteiligt haben.

168 Gemeinschaftsunternehmen sind **zwischen Markt und Hierarchie** angesiedelt.[327] Damit ist gemeint, dass sie sich – anders als Austauschverträge – nicht in einem ein- oder mehrmaligen Austausch erschöpfen. Vielmehr verpflichten sich die beteiligten Unternehmen zur Erreichung eines gemeinsamen Ziels. Strukturell weist das Gemeinschaftsunternehmen die Besonderheit auf, dass es vertikal hierarchisch gegliedert ist, an der Spitze jedoch ein Zwang zur Einigung unter Gleichen besteht. Rechtstechnisch gesprochen liegt bei einem Gemeinschaftsunternehmen eine Gesellschaft vor, deren Anteile von mindestens zwei Unternehmen gehalten werden, die diese Gesellschaft gemeinsam kontrollieren und leiten.[328]

169 Die Zusammenarbeit in einem Gemeinschaftsunternehmen ist kartellrechtlich nicht unproblematisch, da sie Auswirkungen auf den Wettbewerb zwischen den Mutterunternehmen auf dem Markt des Gemeinschaftsunternehmens und auf dritten Märkten hat. Dieser sog. **Gruppeneffekt** beruht darauf, dass die Mütter in ihrem Marktverhalten auf die Zusammenarbeit im Gemeinschaftsunternehmen Rücksicht nehmen und daher ihr Wettbewerb erlahmt.[329] Schließlich ist der sog. **Netzeffekt** zu beachten, der dadurch entstehen kann, dass wenige Mutterunternehmen an einer großen Zahl von Gemeinschaftsunternehmen beteiligt sind und so den Markt mit einem Netz von Beteiligungen überziehen.

170 Von den Beschränkungen, die sich aus der Gründung und der Tätigkeit des Gemeinschaftsunternehmens ergeben, sind diejenigen zu unterscheiden, die in „**Nebenabreden**" festgelegt werden. Nebenabreden i. S. v. Art. 6 Abs. 1 lit. b Satz 2, Art. 8 Abs. 2 Unterabs. 2 Satz 2 FKVO sind von einer Fusionskontrollentscheidung unmittelbar erfasst. Soweit sie für das Funktionieren des Gemeinschaftsunternehmens objektiv notwendig sind, nur die Gründer oder Gemeinschaftsunternehmen selbst betreffen und daher akzessorisch sind, teilen sie das Schicksal des Gemeinschaftsunternehmens. Einer selbstständigen kartellrechtlichen Würdigung hingegen unterliegen alle, anlässlich der

---

327 *Meessen*, WuW 1993, 901, 902; Groeben/Schwarze-*Rating*, nach Art. 81 – Fallgruppen, Änderung der Unternehmensstruktur Rn. 45–51.

328 Vgl. zum Merkmal der gemeinsamen Herrschaft Schröter/Jakob/Mederer-*Rating*, Art. 81 – Fallgruppen, Änderung der Unternehmensstruktur Rn. 41–44.

329 Immenga/Mestmäcker EG-WbR-*Emmerich*, Art. 85 Abs. 1 B Rn. 272; Lenz/Borchardt-*Grill*, Art. 81 Rn. 72.

Gründung eines Gemeinschaftsunternehmens vereinbarten, aber von dieser abtrennbaren Einschränkungen oder Verfälschungen des Wettbewerbs.[330]

b) Das anwendbare Recht

Die Bewertung von Gemeinschaftsunternehmen wird dadurch verkom-   **171** pliziert, dass Gemeinschaftsunternehmen zwischen Kartell und Unternehmenszusammenschluss anzusiedeln sind. Je nach Vereinbarung überwiegen nämlich Kartell- oder Fusionsaspekte. Art. 3 FKVO enthält eine ausdrückliche Regelung zu Gemeinschaftsunternehmen.[331] Kartellrechtlich wird traditionell zwischen **kooperativen und konzentrativen Gemeinschaftsunternehmen** unterschieden. Diese Differenzierung ist in der Vergangenheit von entscheidender Bedeutung für die Frage gewesen, ob es sich um einen Zusammenschlusstatbestand handelte oder der Fall anhand des Kartellverbots zu überprüfen war.[332] Seit dem 1. 3. 1998 werden aufgrund der Änderung der FKVO nunmehr auch bestimmte kooperative Gemeinschaftsunternehmen der Zusammenschlusskontrolle unterworfen. Es kann für sie zu einer Doppelkontrolle sowohl am Maßstab des Art. 2 Abs. 2 u. 3 FKVO als auch nach Art. 81 EG kommen.[333] Die Differenzierung spielt aber nach wie vor für die Frage eine Rolle, ob in der materiellen Prüfung Art. 81 EG zur Anwendung kommt, da nur kooperative Gemeinschaftsunternehmen vom Kartellverbot erfasst werden. Daneben ist sie wichtig für diejenigen Gemeinschaftsunternehmen, die keine gemeinschaftsweite Bedeutung i. S. v. Art. 1 Abs. 2 oder 3 FKVO haben. Für diese Gemeinschaftsunternehmen findet gem. Art. 22 Abs. 1 FKVO die FKVO keine Anwendung, sondern die VO 1/2003 gilt weiter. Dabei kann sowohl eine horizontale als auch eine vertikale Koordination den Tatbestand des Art. 2 Abs. 4 FKVO bzw. des Art. 81 Abs. 1 EG erfüllen.

Gemeinschaftsunternehmen unterliegen demnach im EG-KartellR   **172** einer **differenzierten Beurteilung**. Konzentrative (Vollfunktions-)Gemeinschaftsunternehmen mit gemeinschaftsweiter Bedeutung und ko-

---

330 Komm., Bek. über Einschränkungen des Wettbewerbs, die mit der Durchführung von Unternehmenszusammenschlüssen unmittelbar verbunden und für diese notwendig sind, Abl. 2001, Nr. C 155, 5.
331 Ausführlich dazu Rn. 1132 ff.
332 *Gleiss/Hirsch*, Art. 85 (1) Rn. 553 ff.; Lenz/Borchardt-*Grill*, Art. 81 Rn. 73 f.; *Kleinmann*, RIW 1990, 605 f.; *Lohse*, ZHR 159 (1995), 164, 165 f.
333 *Hirsbrunner*, EuZW 2001, 197 ff.; *Pohlmann*, WuW 2003, 473 ff.

operative (Vollfunktions-)Gemeinschaftsunternehmen mit gemeinschaftsweiter Bedeutung werden nach der FKVO geprüft; Letztere jedoch zugleich anhand der Kriterien des Art. 81 EG, Art. 2 Abs. 4 FKVO.[334] Kooperative (Vollfunktions-)Gemeinschaftsunternehmen ohne gemeinschaftsweite Bedeutung werden von den Zusammenschlusskontrollvorschriften der Mitgliedstaaten erfasst, Art. 21 Abs. 2 FKVO. Kooperative Teilfunktionsgemeinschaftsunternehmen mit gemeinschaftsweiter Bedeutung sind am Kartellverbot des Art. 81 EG i.V.m. VO 1/2003 zu messen.[335]

c) Vollfunktionsgemeinschaftsunternehmen/Teilfunktionsgemeinschafts-
*   unternehmen bzw. konzentrative und kooperative Gemeinschafts-*
*   unternehmen*

173 Mit dem Begriff des **kooperativen Gemeinschaftsunternehmens** ist ein Gemeinschaftsunternehmen gekennzeichnet, das nicht konzentrativ ist. **Konzentrativ** ist es, wenn zwei Voraussetzungen erfüllt sind: Zum einen muss es auf Dauer alle Funktionen einer selbstständigen wirtschaftlichen Einheit erfüllen (sog. Vollfunktionsgemeinschaftsunternehmen); ist dies der Fall, liegt ein Zusammenschluss vor, Art. 3 Abs. 2 FKVO. Zum anderen darf die Gründung des Gemeinschaftsunternehmens keine Koordinierung des Wettbewerbsverhaltens der Gründerunternehmen im Verhältnis zueinander bewirken. Ist dies gegeben, wird das Vorhaben ausschließlich auf seine Vereinbarkeit mit dem Gemeinsamen Markt nach Art. 2 Abs. 1 FKVO geprüft.[336] Das kooperative Gemeinschaftsunternehmen wird also negativ dadurch definiert, dass entweder nur ein Teilfunktionsgemeinschaftsunternehmen vorliegt oder seine Gründung zu einer Koordinierung des Wettbewerbsverhaltens der Gründer führt.

174 Voraussetzung für die Anwendung der FKVO ist das Vorliegen eines **Vollfunktionsgemeinschaftsunternehmens**. Nach der Mitteilung der Kommission über den Begriff des Vollfunktionsgemeinschaftsunternehmens[337] setzt dies voraus, dass das Gemeinschaftsunternehmen

---

334 Zur Kommissionspraxis gegenüber kooperativen Vollfunktionsgemeinschaftsunternehmen *Pohlmann*, WuW 2003, 473, 477 ff.
335 Wiedemann KartR-*Schroeder*, § 8 Rn. 19–20; vgl. ferner Komm., Mitteilung vom 2.3.1998 über die Beurteilung von Vollfunktionsgemeinschaftsunternehmen nach der Verordnung Nr. 4064/1989 des Rates über die Kontrolle von Unternehmenszusammenschlüssen, Abl. 1998, Nr. C 66, 1.
336 *Pohlmann*, WuW 2003, 473, 474.
337 Abl. 1998, Nr. C 66, 1.

auf einem Markt alle Funktionen ausübt, die auch von anderen Unternehmen auf diesem Markt wahrgenommen werden.[338] Dazu muss das Gemeinschaftsunternehmen „über ein sich dem Tagesgeschäft widmendes Management und ausreichende Ressourcen wie finanzielle Mittel, Personal, materielle und immaterielle Vermögenswerte" verfügen, um langfristig seine Tätigkeit ausüben zu können.[339] Liegt ein Vollfunktionsgemeinschaftsunternehmen vor, unterliegen auch diejenigen Nebenabreden, die mit seiner Durchführung unmittelbar verbunden sind, den Vorschriften der FKVO.[340]

Bezweckt oder bewirkt ein Vollfunktionsgemeinschaftsunternehmen **175** die **Koordinierung des Wettbewerbsverhaltens** unabhängig bleibender Unternehmen, ist zudem Art. 2 Abs. 4 FKVO anwendbar. Danach beurteilt sich diese Koordinierung nach den Kriterien von Art. 81 Abs. 1 u. 3 EG. Auf diese Weise wird festgestellt, ob das Vorhaben mit dem Gemeinsamen Markt vereinbar ist. Damit wird für Gemeinschaftsunternehmen ein eigener, von anderen Zusammenschlüssen abweichender Beurteilungsmaßstab eingeführt. Neben dem Marktbeherrschungstest sind zusätzlich die Kriterien des Art. 81 Abs. 1 EG anzuwenden.

Art. 81 EG und die VO 1/2003 sind auf die sog. **Teilfunktionsgemein-** **176** **schaftsunternehmen** anwendbar, also solche, die nicht alle Funktionen eines gewöhnlichen Unternehmens auf dem Markt ausüben. Teilfunktionsgemeinschaftsunternehmen dienen als Hilfsmittel für die wirtschaftliche Tätigkeit der sich kontrollierenden Unternehmen. Ihr Wesensmerkmal besteht darin, dass sie keine eigenen, von denen der Gründer unterscheidbaren Interessen verfolgen. Obwohl mittlerweile in einigen Punkten durch die Neufassung der FKVO überholt und von der Mitteilung der Kommission über den Begriff des Vollfunktionsgemeinschaftsunternehmens aufgehoben,[341] verweist die Kommission interessierte Parteien nach wie vor auf die Rn. 17 bis 20 der Bekanntmachung über die Beurteilung kooperativer Gemeinschaftsunternehmen,[342] in denen wichtige Anhaltspunkte über die Beurteilung koope-

---

338 Abl. 1998, Nr. C 66, 1 Rn. 12. Zur Kommissionspraxis vgl. *Gerwing*, Kooperative Gemeinschaftsunternehmen, 18 ff.
339 Zu den Einzelheiten siehe Rn. 1133.
340 Komm., Bek. über Einschränkungen des Wettbewerbs, die mit der Durchführung von Unternehmenszusammenschlüssen unmittelbar verbunden und für diese notwendig sind, Abl. 2001, Nr. C 155, 5.
341 Abl. 1998, Nr. C 66, 1 Rn. 2.
342 Abl. 1993, Nr. C 43, 2.

rativer Gemeinschaftsunternehmen niedergelegt sind. Danach wendet die Kommission das Kartellverbot auf bestimmte Arten von Teilfunktionsgemeinschaftsunternehmen nicht an. Es handelt sich dabei um Gemeinschaftsunternehmen, deren Gründer ein und demselben Konzern angehören und die ihr Wettbewerbsverhalten nicht frei bestimmen können. Denn die Anwendbarkeit des Art. 81 Abs. 1 EG hängt bei Teilfunktionsgemeinschaftsunternehmen nicht nur von der Marktnähe, sondern auch davon ab, ob zwischen den Gründern ein Wettbewerbsverhältnis bestand. Die Grundsätze der Leitlinien über horizontale Zusammenarbeit gelten auch für Teilfunktionsgemeinschaftsunternehmen.[343] Schließlich werden Gemeinschaftsunternehmen privilegiert, die unter die Bagatellbekanntmachung fallen.[344]

177 Aus der bloßen Existenz kooperativer Gemeinschaftsunternehmen kann zusammenfassend nicht automatisch auf das Vorliegen eines Verstoßes gegen das Kartellverbot geschlossen werden. Vielmehr sind sämtliche Tatbestandsvoraussetzungen sorgfältig zu prüfen.[345] Bei der wettbewerbsbeschränkenden Wirkung, die von solchen Gemeinschaftsunternehmen ausgeht, ist vor allem auf die Erschwerung des Marktzutritts (sog. **Foreclosure-Effekt**) abzustellen. Stets ist zudem das Bestehen von Netzen aus Gemeinschaftsunternehmen zu berücksichtigen, da sich hieraus zusätzlich wettbewerbsbeschränkende Effekte ergeben können, die über die eines einzelnen Gemeinschaftsunternehmens hinausgehen.[346]

3. Strategische Allianzen

178 Eine strategische Allianz[347] soll eine (grenzüberschreitende) Kooperationsform sui generis sein, die den kartellrechtlichen Mantel eines Hybrids, zwischen Verhaltenskoordinierung einerseits und Strukturveränderung andererseits, trägt. Sie soll durch ihre **Projektbezogenheit** gekennzeichnet sein, bei der die rechtliche Selbstständigkeit und wirt-

---

343 Zu den Leitlinien siehe unten Rn. 265 ff.

344 Vgl. oben Rn. 142.

345 Immenga/Mestmäcker EG-WbR-*Emmerich*, Art. 85 Abs. 1 B Rn. 312; *Lohse*, ZHR 159 (1995), 164, 205.

346 Komm., Entsch. v. 14.9.1999 – Az. IV/36.213/F2, „Triebwerksallianz", Abl. 2000, Nr. L 58, 16 ff. = WuW/E EU-V527 Rn. 70 ff.; Entsch. v. 27.7.1994 – Az. IV/34.518, „ACI", Abl. 1994, Nr. L 224, 28, 31 Rn. 37 ff.; Entsch. v. 14.7.1986 – Az. IV/30.320, „Lichtwellenleiter", Abl. 1986, Nr. L 236, 30, 36 Rn. 45 ff.

347 Die Begriffe strategische Allianz, strategische Partnerschaft, strategische Koalition oder strategisches Bündnis werden häufig synonym verwandt, so dass auf eine Differenzierung verzichtet wird.

schaftliche Unabhängigkeit der Partner im Wesentlichen erhalten bleibt.[348] Das BKartA setzt in einer Arbeitsunterlage vom Herbst 1991 den Begriff mit demjenigen der Unternehmenskooperationen nahezu gleich.[349] Andere betonen, dass der Begriff „Allianz" französischen Ursprungs sei und dort „vertraglicher Zusammenschluss mit einem wechselseitigen Engagement" bedeute. Strategische Allianzen meinen daher „auf Zeit geschlossene Verträge, in denen die Partner je nach Zweck sehr weitgehende Verpflichtungen eingehen, ohne dass diese als Kauf- oder Fusionsverpflichtung bezeichnet werden können".[350]

Mit dem Begriff der strategischen Allianz ist kein feststehender Ausdruck verbunden. Zugleich ist klar geworden, dass nach den meisten Auffassungen eine strategische Allianz durch folgende **Faktoren** gekennzeichnet ist:[351]   **179**

- Es muss eine vertragliche Bindung autonomer Partner vorliegen.
- Es besteht eine feste Zielorientierung bezüglich der Zusammenarbeit (Projektbezogenheit der Zusammenarbeit).
- In Teilbereichen wird (mehr oder weniger) Autonomie aufgegeben.
- Strategische Allianzen sind sehr häufig auf zukünftige Märkte ausgerichtet.
- Die Kooperation hat meist eine internationale Ausrichtung.
- Die Kooperation muss zudem „lohnend" sein, d.h. sie dient dazu, die individuellen Stärken auf bestimmten Gebieten zu vereinen.[352]

In kartellrechtlicher Hinsicht ist zu beachten, dass sich strategische Allianzen vor allem auf den **potenziellen Wettbewerb** auswirken können. Sie dienen zudem häufig dazu, neue Angebote zu entwickeln oder neue Erzeugnisse rascher zu verteilen. Die Kommission prüft daher neben den einzelnen Vertragsbestandteilen auch die kombinierte Wirkung auf den Wettbewerb.[353] Diese Betrachtungsweise hat zur   **180**

---

348 *Ebenroth/Schick*, EWS 1994, 216; *Hollmann*, WuW 1992, 293, 298; *Klaue*, BB 1991, 1573, 1577.

349 BKartA, Arbeitsunterlage für die Sitzung des Arbeitskreises Kartellrecht am 7. u. 8. Okt. 1991. So auch *Klaue*, BB 1991, 1573; *Voigt*, WiSt 1993, 246. Im Gegensatz dazu *Zentes/Swoboda*, DWB 1999, 1, 2, für die eine strategische Allianz die intensivste Form zwischenbetrieblicher Zusammenarbeit darstellt.

350 *Geck*, DB 1991, 1337. Ähnlich *Hollmann*, WuW 1992, 293, der allerdings auf die Abgrenzung zu Kauf- bzw. Fusionsverträgen verzichtet.

351 Vgl. *Basedow/Jung*, Strategische Allianzen, S. 26–27. Weitergehend *Beeser*, Strategische Allianzen, S. 29–30.

352 Vgl. *Meyer*, WuW 1993, 193.

353 Vgl. etwa Komm., Entsch. v. 29.10.1997 – Az.IV/35.830, „Unisource", Abl. 1997, Nr. L 318, 1 Rn. 79 ff.

Folge, dass sämtliche mit einer strategischen Allianz typischerweise einhergehenden Vereinbarungen, wie etwa Alleinbezugs- oder Alleinvertriebsvereinbarungen oder die Gewährung von Exklusivlizenzen, in den Anwendungsbereich des Art. 81 Abs. 1 EG fallen. Dient eine strategische Allianz dem Austausch von Informationen, sind die allgemeinen Grundsätze zu beachten. So darf die Vereinbarung identifizierender Informationsverfahren nicht zu einer Beeinträchtigung des Preis- und Produktwettbewerbs führen.[354]

4. Unternehmenskooperationen via Internet

181 Das Internet wird nicht nur für Kommunikation, sondern auch als **Transaktionsmedium** zwischen Unternehmen und Kunden, aber auch für den Austausch von Waren- und Dienstleistungen auf Unternehmensebene genutzt. Das Anwendungsspektrum reicht von spontanen und flüchtigen Kooperationen zur Realisierung einzelner Projekte bis hin zum Gemeinschaftsunternehmen, das einen Marktplatz für den Handel im Internet betreibt.[355] Dabei ist zu beachten, dass das Handeln im Internet gegen kartellrechtliche Vorgaben verstoßen und mit hohen Bußgeldern belegt werden kann.[356] Dem Kartellrecht kommt in diesem Zusammenhang vor allem die Aufgabe der Sicherung eines möglichst offenen Zugangs zu den notwendigen Netzinfrastrukturen und dem Verhindern der Entstehung marktbeherrschender Positionen zu. Art. 81 EG spielt zudem bei der Organisation des Internets und für die Internet-Anwendungen eine gewisse Rolle.

182 Die Zusammenarbeit zwischen selbstständigen Unternehmen im Internet kann nahezu alle Unternehmensbereiche erfassen und kennt zahllose Erscheinungsformen. Auch Kooperationen im Internet können dabei im Einzelfall den Tatbestand des Kartellverbots erfüllen. Entscheidend ist nicht die Virtualität der Zusammenarbeit, sondern deren **konkrete Ausgestaltung** und die damit einhergehenden wettbewerblichen Folgen. Dabei muss sehr genau geprüft werden, ob die Unternehmen miteinander im Wettbewerb stehen und ob ihre Kooperation den Wett-

---

354 *Ebenroth/Schick*, EWS 1994, 216, 222; Schröter/Jakob/Mederer-*Rating*, Art. 81 – Fallgruppen, Änderung der Unternehmensstruktur Rn. 108.

355 Zum Anwendungsspektrum vgl. ferner *Lange*, Virtuelle Unternehmen, S. 43–66. Zum Vertikalvertrieb im Internet siehe zudem Rn. 470 ff.

356 Vgl. etwa BKartA, Beschl. v. 26.3.2001 – B5 – 14/01, „DaimlerChrysler/T-Online", WuW/E DE-V 449; Beschl. v. 23.10.2000 – B3 – 76/00, „SAP-GU", WuW/E DE-V 355, 360; Beschl. v. 25.9.2000 – B5 – 34100 U 40/00, „Covisint", BB 2000, 2431 = WuW/E DE-V 321 (jeweils zum deutschen Recht).

bewerb beschränkt. So kann eine Einkaufskooperation nicht allein deshalb kartellrechtlich großzügiger beurteilt werden, weil die Koordinierung der Beschaffung via Internet erfolgt. Zudem ist zu beachten, dass das Internet ein erhebliches Potenzial für Wettbewerbsbeschränkungen enthält.[357]

Ferner muss festgestellt werden, welche **konkreten Aufgaben** inner-   **183** halb der Kooperation bewältigt werden sollen und wie die Zusammenarbeit ausgestaltet ist. Schwierigkeiten können bei der Ermittlung der Spürbarkeit und der Feststellung der konkreten Wettbewerbsbeschränkung auftreten.[358] Hinsichtlich der Ermittlung des sachlich relevanten Marktes wird vielfach zwischen dem Markt für Dienstleistungen der Internetnutzung und desjenigen der betroffenen Waren und Dienstleistungen zu unterscheiden sein.[359]

Im Rahmen der Feststellung **des räumlich relevanten Marktes** darf   **184** das World Wide Web kartellrechtlich nicht automatisch mit dem Weltmarkt gleichgesetzt werden. Bei Unternehmenskooperationen via Internet muss vielmehr genau untersucht werden, welches Produkt bzw. welche Dienstleistung angeboten werden soll. Es ist aus der Sicht der Marktgegenseite zu prüfen, auf welchem Gebiet die betroffenen Unternehmen als Anbieter oder Nachfrager dieser Waren oder Dienstleistungen auftreten. Ändert sich an der Leistung, also etwa der Bestellung und dem Versand, nichts, kommt mit dem Internet zu den herkömmlichen Vertriebskanälen lediglich ein weiterer hinzu. Trotz weltweiter Verfügbarkeit des Internets kann dieser geographische Raum relativ klein sein. Ein „elektronischer Marktplatz" beispielsweise vergrößert zwar den Kreis der Kunden und denjenigen der Konkurrenten, ist aber nicht per se ein weltweiter Marktplatz.[360]

Geht es um den Betrieb eines **Internetmarktplatzes**, ist zumeist der   **185** Informationsaustausch zwischen den beteiligten Unternehmen kartellrechtlich genau zu überprüfen. Die durch das Internet gesteigerte Transparenz kann etwa dazu führen, dass die gewonnenen Informationen missbräuchlich verwendet werden. Auch der Austausch geheimer Unternehmensdaten kann kartellrechtlich bedenklich sein, insbesondere wenn dabei der Geheimwettbewerb zwischen den Beteiligten be-

---

357 FK-*Kulka*, Art. 81 Abs. 1, 3 EG-Vertrag, Fallgruppen II.1 Rn. 19.
358 *F. Immenga/Lange*, RIW 2000, 733, 735; *Lange*, EWS 2000, 291, 294 f.
359 Weiterführend *Ahlborn/Seeliger*, EuZW 2001, 552, 554; *Bahr*, WuW 2002, 230, 231 ff. (zu Art. 82 EG); *Gounalakis/Lochen*, ZHR 167 (2003), 632, 638–642.
360 *Gounalakis/Lochen*, ZHR 167 (2003), 632, 642–644; *Lange*, EWS 2000, 291, 293 f.; *Vajda/Gahnström*, ECLR 2000, 94, 97–98.

einträchtigt wird.[361] Zudem besitzen Internetmarktplätze das Potenzial, die Einkaufs- und Verkaufsmacht der beteiligten Unternehmen zu bündeln, indem sie helfen, logistische Grenzen zu überwinden und räumlich verstreute Akteure zusammenzubringen.[362]

§ 2 Die Rechtsfolgen

Schrifttum: *Baur*, Schadenersatz- und Unterlassungsansprüche bei Verstößen gegen die Kartellrechtsvorschriften des EWG-Vertrags, EuR 1988, 257; *Bechtold*, Modernisierung des EG-Wettbewerbsrechts: Der Verordnungsentwurf der Kommission zur Umsetzung des Weissbuchs, BB 2000, 2425; *Birk*, Belieferungsansprüche bei Verstoß gegen Art. 81 EG? Zugleich eine Besprechung des BGH-Urteils vom 12.5.1998 – KZR 23/96, BB 1998, 2332, EWS 2000, 485; *Bourgeois/Humpe*, The Commission's Draft „New Regulation 17", ECLR 2002, 43; *Ebenroth/Birk*, Die Rechtsfolgen des Art. 85 Abs. 2 EG-Vertrag und ihre Anwendung durch die nationalen Gerichte, EWS 1996, Beil. 2; *Emmerich*, Anmerkungen zu der „neuen" Wettbewerbspolitik der Europäischen Kommission, WRP 2000, 858; *Hossenfelder/Lutz*, Die neue Durchführungsverordnung zu den Artikeln 81 und 82 EG-Vertrag, WuW 2003, 118; *Kamann/Horstkotte*, Kommission versus nationale Gerichte – Kooperation oder Konfrontation im Kartellverfahren, WuW 2001, 458; *Montag/Rosenfeld*, A Solution to the Problem? Regulation 1/2003 and the modernization of competition procedure, ZWeR 2003, 107; *Riley*, EC Antitrust Modernization: The Commission does very nichely – Thank you!, ECLR 2003, 604; *Roth*, Europäisches Kartellrecht – terra incognita?, NJW 2000, 1313; *Schaub/Dohms*, Das Weißbuch der Europäischen Kommission über die Modernisierung der Vorschriften zur Anwendung der Artikel 81 und 82 EG-Vertrag, WuW 1999, 1055; *Schmidt, K.*, Umdenken im Kartellverfahrensrecht! Gedanken zur europäischen VO Nr. 1/2003, BB 2003, 1237; *Steindorff*, Aufgaben und Zuständigkeiten im europäischen Kartellverfahren. Zugleich zum Anspruch auf Beteiligung am Vertrieb und zum Verbraucherschutz, ZHR 162 (1998), 290; *Weitbrecht*, Das neue EG-Kartellverfahrensrecht, EuZW 2003, 69; *Zinsmeister/Lienemeyer*, Die verfahrensrechtlichen Probleme bei der dezentralen Anwendung des europäischen Kartellrechts, WuW 2002, 331.

---

361 *Kirchner*, WuW 2001, 1030, 1033 f.; *Köhler*, K&R 2000, 569, 576 f.
362 BKartA, Beschl. v. 26.1.2001 – B 3 – 110/00, „DaimlerChrysler/T-Online", WuW/ E DE-V 449; *Gounalakis/Lochen*, ZHR 167 (2003), 632, 653.

I. Unmittelbare Wirkung

Dem Kartellverbot des Art. 81 Abs. 1 EG kommt **unmittelbare Wir-** 186
kung für und gegen jedes Unternehmen zu. Art. 1 Abs. 1 VO 1/2003
besagt, dass Vereinbarungen, Beschlüsse und aufeinander abgestimmte
Verhaltensweisen i. S. v. Art. 81 Abs. 1 EG, die nicht die Voraussetzungen des Abs. 3 erfüllen, verboten sind. Einer vorherigen Entscheidung
bedarf es nicht. Die daraus resultierenden begründeten Rechte und
Pflichten sind von jedem Gericht der Mitgliedstaaten zu wahren.[363]
Gleiches gilt für das auf der Grundlage von Art. 81, 83 ff. EG erlassene **Sekundärrecht** (Verordnungen und Entscheidungen), Art. 249
Abs. 2 u. 4 EG. Auch förmliche Entscheidungen der Kommission
über die Vereinbarkeit von Kartellabsprachen mit Art. 81 Abs. 3 EG
sind unmittelbar wirksam. Dies gilt sowohl für GVOen[364] als auch für
Entscheidungen über die Nichtanwendbarkeit.[365] Im Anwendungsbereich einer GVO haben die nationalen Richter in eigener Verantwortung zu prüfen, ob eine Freistellung vorliegt.[366] Die GVOen sind nach
den für Gesetze anerkannten Methoden auszulegen.[367]

Art. 81 Abs. 2 EG erklärt die „nach diesem Artikel" verbotenen Ver- 187
einbarungen, Beschlüsse und aufeinander abgestimmten Verhaltensweisen für nichtig. Die Tatbestandsmerkmale des Art. 81 Abs. 1 EG
stehen in einem **untrennbaren Zusammenhang** mit den in Abs. 3
vorgesehenen Ausnahmeregelungen und müssen daher als eine Art
Einheit gesehen werden.[368] Dies hat zur Folge, dass das Fehlen einer
Freistellung nach Abs. 3 negatives Tatbestandsmerkmal des Art. 81

---

363 EuGH, Urt. v. 30.1.1974 – Rs. 127/73, „BRT/SABAM", Slg. 1974, 51, 62 Rn. 15,
   17; EuGI, Urt. v. 22.10.1997 – verb. Rs. T-213/95 u. 18/96, „SCK u. FNK/Kom-
   mission", Slg. 1997, II-1739, 1776 Rn. 96; FK-*Baur/Weyer*, Art. 81 EG-Vertrag Zivilrechtsfolgen Rn. 5; Wiedemann KartR-*Dieckmann*, § 40 Rn. 9 f.; Handkom.
   EUV/EGV-*Müller-Graff*, Art. 85 Rn. 120.
364 EuGH, Urt. v. 28.2.1991 – Rs. C-234/89, „Delimitis/Henninger Bräu", Slg. 1991,
   I-935, 992 Rn. 46 = EuZW 1991, 376; EuGI, Urt. v. 18.9.1992 – Rs. T-24/90,
   „Automec/Kommission", Slg. 1992, II-2223, 2279 Rn. 92.
365 EuGH, Urt. v. 11.12.1980 – Rs. 31/80, „L'Oréal/PVBA", Slg. 1980, 3775, 3788
   Rn. 8 = GRUR Int. 1981, 315 ff.; FK-*Baur/Weyer*, Art. 81 EG-Vertrag Zivilrechtsfolgen Rn. 8 (auf der Grundlage der alten VO 17/1962).
366 EuGH, Urt. v. 3.2.1976 – Rs. 63/75, „Founderies Roubaix/Roux", Slg. 1976, 111,
   118 Rn. 10 ff.
367 *Ebenroth/Birk*, EWS 1996, Beil. 2, 5; *Gleiss/Hirsch*, Art. 85 (2) Rn. 1794.
368 EuGH, Urt. v. 6.4.1962 – Rs. 13/61, „Bosch", Slg. 1962, 97, 113; FK-*Roth/Acker-
   mann*, Grundfragen Art. 81 EG-Vertrag Rn. 3; Wiedemann KartR-*Stockmann*, § 7
   Rn. 30.

Abs. 1 EG ist. So besagt Art. 1 Abs. 2 VO 1/2003, dass Vereinbarungen, Beschlüsse und aufeinander abgestimmte Verhaltensweisen i. S. v. Art. 81 Abs. 1 EG, die die Voraussetzungen des Abs. 3 erfüllen, nicht verboten sind. Eine vorherige Entscheidung hierüber ist nicht erforderlich. Damit ist ein System der Legalausnahme eingeführt worden.[369] Eine Vereinbarung, die die vier Voraussetzungen des Art. 81 Abs. 3 EG erfüllt, unterliegt daher nicht den Rechtsfolgen des Abs. 1 (Verbot) und des Abs. 2 (zivilrechtliche Nichtigkeit). Ein besonderes Entscheidungsverfahren für die Voraussetzungen des Abs. 3 ist nicht länger vorgesehen. Die Kommission hat sich von der Änderung vor allem eine Arbeitsentlastung versprochen.[370]

188 Im Zusammenhang mit der Einführung des Systems der Legalausnahme ist zugleich die **dezentrale Anwendung** des europäischen Kartellrechts verstärkt worden. Nationale Kartellbehörden und Gerichte sind nach Art. 5 u. 6 VO 1/2003 für die Anwendung der Art. 81 u. 82 EG zuständig, einschließlich des Art. 81 Abs. 3 EG.[371] Das von der Kommission eingeführte neue System bringt zunächst erhebliche Unsicherheiten mit sich. Die „dezentrale Anwendung" des Ausnahmetatbestandes vom Kartellverbot (Abs. 3) beendet die bislang durchaus erfolgreich praktizierte einheitliche Anwendung und Auslegung des Art. 81 EG durch die Kommission. An ihre Stelle treten die nationalen Kartellbehörden und die nationalen Gerichte, die im Einzelfall entscheiden. Um ein Auseinanderdriften der Kartellaufsicht in der Gemeinschaft und damit mögliche Anreize für das gefürchtete „forum shopping" zu verhindern, hat die Kommission ein besonderes Augenmerk auf die Zusammenarbeit der nationalen Kartellbehörden und Gerichte gelegt. So enthalten insbesondere die Art. 11–14, 16 Abs. 2, 22, 35 VO 1/2003 umfangreiche Regeln zur Zusammenarbeit. Die in dem Netzwerk der Kartellbehörden zusammenarbeitenden nationalen Behörden müssen gemeinsam mit der Kommission sicherstellen, dass sie von den wettbewerbsbeschränkenden Absprachen rechtzeitig Kenntnis erlangen.[372] Zur Konkretisie-

---

369 *Hossenfelder/Lutz*, WuW 2003, 118; *Montag/Rosenfeld*, ZWeR 2003, 107, 113; *K. Schmidt*, BB 2003, 1237, 1238; vgl. ferner *Bourgeois/Humpe*, ECLR 2002, 43 ff. (zum Entwurf).

370 Kritisch dagegen auf der Grundlage des Entwurfs: *Bechtold*, BB 2000, 2425; *Emmerich*, WRP 2000, 858; Wissenschaftlicher Beirat beim BMWi, WuW 2000, 1096. Für die Änderungen hingegen *Schaub/Dohms*, WuW 1999, 1055.

371 Zu den damit verbundenen verfahrensrechtlichen Fragen siehe *K. Schmidt*, BB 2003, 1237, 1239 ff.; *Zinsmeister/Lienemeyer*, WuW 2002, 331 ff.

372 Vgl. dazu *Hossenfelder/Lutz*, WuW 2003, 118, 123 ff.

rung dieser Zusammenarbeit hat die Kommission eine Bekanntmachung erlassen.[373]

II. Nichtigkeitsfolge

1. Funktion und Inhalt

Die unmittelbare Wirkung des Art. 81 Abs. 1 EG i.V.m. Art. 1 Abs. 1 **189**
VO 1/2003 führt dazu, dass die entsprechenden Kartelle von Anfang
an ex lege nichtig sind, wenn für sie keine Freistellung in Betracht
kommt. **Nichtigkeit** bedeutet, dass die Vereinbarung bzw. der Beschluss in den Rechtsbeziehungen zwischen den Vertragspartnern
keine Wirkungen erzeugt und Dritten nicht entgegengehalten werden
kann.[374] Eine kartellrechtswidrige Absprache kann nicht gerichtlich
durchgesetzt werden. Die Nichtigkeit tritt kraft Gesetzes automatisch
ein und bedarf keiner Entscheidung der Kommission oder nationaler
Kartellbehörden. Sie umfasst die getroffenen Vereinbarungen oder Beschlüsse in allen ihren vergangenen oder zukünftigen Wirkungen.[375]
Nichtig sind zudem alle Kartelle, deren Freistellungen abgelehnt, abgelaufen oder widerrufen wurden, und Kartelle, die nicht die Voraussetzungen einer GVO erfüllen. An Feststellungen tatsächlicher Art sind
die nationalen Gerichte und Behörden nicht gebunden.[376] Eine Bindung tritt jedoch hinsichtlich der aus den tatsächlichen Feststellungen
gezogenen rechtlichen Schlussfolgerungen ein. Dies gilt insbesondere
auch für die Feststellung der Tatbestandsmäßigkeit einer Vereinbarung.
Eine entsprechende rechtskräftige Entscheidung ist für die Adressaten
verbindlich und von den nationalen Gerichten zu beachten.[377] Umge-

373 Komm., Bek. über die Zusammenarbeit innerhalb des Netzes der Wettbewerbsbe-
    hörden, Abl. 2004, Nr. C 101, 43.
374 EuGH, Urt. v. 20.9.2001 – Rs. C-453/99, „Courage u. Crehan", Slg. 2001, I-6297
    Rn. 22 = WRP 2001, 1280 = EuZW 2001, 715 mit Anm. *Nowak*; Urt. v.
    25.11.1971 – Rs. 22/71, „Béguelin", Slg. 1971, 949, 962 Rn. 29; Wiedemann
    KartR-*Dieckmann*, § 40 Rn. 3; Immenga/Mestmäcker EG-WbR-*K. Schmidt*,
    Art. 85 Abs. 2 B Rn. 22.
375 EuGH, Urt. v. 20.9.2001 – Rs. C-453/99, „Courage u. Crehan", Slg. 2001, I-6297
    Rn. 22 = WRP 2001, 1280 = EuZW 2001, 715 mit Anm. *Nowak*; Urt. v. 6.2.1973
    – Rs. 48/72, „Brasserie de Haecht II", Slg. 1973, 77 Rn. 26 = NJW 1973, 963.
376 Vgl. EuGI, Urt. v. 22.3.2000 – verb. Rs. T-125 u. T-127/97, „Coca Cola/Kommis-
    sion", Slg. 2000, II-1733 Rn. 84.
377 EuGH, Urt. v. 14.12.2000 – Rs. C-344/98 „Masterfood", Slg. 2000, I-11369
    Rn. 52 = EuZW 2001, 113 mit Anm. *Geiger*; *Kamann/Horstkotte*, WuW 2001,
    458, 460.

kehrt ist die Kommission an Entscheidungen nationaler Gerichte nicht gebunden.[378]

190 Der Begriff der Nichtigkeit ist als Institut des Gemeinschaftsrechts vom EuGH hinsichtlich Inhalt und Tragweite verbindlich festgelegt worden. Danach handelt es sich um eine absolute Nichtigkeit. Eine in diesem Sinne nichtige Vereinbarung erzeugt in den Rechtsbeziehungen zwischen den Vertragsparteien keine Wirkungen und kann Dritten nicht entgegen gehalten werden.[379] Diese Wirkung tritt **ex tunc** ein.

191 Die **Kommission** hat zudem das Recht, im Einzelfall die Rechtsvorteile einer GVO zu entziehen, wenn sie in einem bestimmten Fall feststellt, dass eine Vereinbarung, für die diese GVO gilt, Wirkungen hat, die mit Art. 81 Abs. 3 EG nicht vereinbar sind, Art. 29 Abs. 1 VO 1/2003. Umgekehrt ist daraus zu folgern, dass ein Verstoß gegen Art. 81 Abs. 1 EG nicht geltend gemacht werden kann, wenn die Vereinbarung in den Anwendungsbereich einer GVO fällt und den betroffenen Unternehmen der Rechtsvorteil der GVO nicht entzogen worden ist.

192 In Art. 2 VO 1/2003 ist die **Beweislast** in einzelstaatlichen und gemeinschaftlichen Verfahren geregelt worden. Nach Art. 2 Satz 1 VO 1/2003 muss diejenige Partei oder Kartellbehörde die Voraussetzungen des Art. 81 Abs. 1 EG beweisen, die einen Vorstoß gegen das Kartellverbot behauptet. Diese Regel gilt in allen gemeinschaftlichen und nationalen Verfahren. Das Unternehmen hingegen trägt nach Art. 2 Satz 2 VO 1/2003 die Beweislast für das Vorliegen der Voraussetzungen des Art. 81 Abs. 3 EG, wenn es sich auf diese Vorschrift beruft; dies gilt auch gegenüber der Behörde.[380] Problematisch ist dabei, dass nach Auffassung der Kommission diese Beweislastregel auch in einzelstaatlichen Straf- und Bußgeldverfahren gelten soll. Art. 2 Satz 2 VO 1/2003 stünde damit im Widerspruch zur Unschuldsvermutung. Die Bundesregierung geht davon aus, dass Art. 83 EG keine ausreichende Rechtsgrundlage für derartige Eingriffe darstellt und dass das BKartA in Zweifelsfällen keine Bußgelder verhängen wird.[381]

---

378 EuGH, Urt. v. 14.12.2000 – Rs. C-344/98 „Masterfood", Slg. 2000, I-11369 Rn. 48 = EuZW 2001, 113 mit Anm. *Geiger*; Streinz/*Eilmannsberger*, Art. 81 Rn. 85.
379 EuGH, Urt. v. 25.11.1971 – Rs. 22/71, „Béguelin", Slg. 1971, 949, 962 Rn. 29.
380 *Hossenfelder/Lutz*, WuW 2003, 118, 119f.; *Montag/Rosenfeld*, ZWeR 2003, 107, 117ff.; *Weitbrecht*, EuZW 2003, 69, 72.
381 *Montag/Rosenfeld*, ZWeR 2003, 107, 119f.

2. Zivilrechtliche Folgen

a) Teilnichtigkeit

Die Anwendung des Art. 81 Abs. 2 EG führt regelmäßig nicht zur **193** vollständigen Nichtigkeit der Abrede, sondern lediglich zu einer **Teilnichtigkeit**. Erfasst werden nur diejenigen Bestimmungen einer Vereinbarung oder eines Beschlusses, die entweder gegen Art. 81 Abs. 1 EG verstoßen oder die sich von dem von Art. 81 Abs. 1 EG erfassten Teil nicht sinnvoll abtrennen lassen.[382] Die Trennbarkeit ist eine Tatfrage, die anhand objektiver Gesichtspunkte geprüft wird. Dabei kommt es nicht auf die Intentionen der Parteien, sondern auf die Wiederherstellung der wettbewerblichen Handlungsspielräume an.[383] Im Anwendungsbereich von GVOen ist die Beurteilung der Trennbarkeit gesondert zu beurteilen, da vielfach eine sog. „Alles-oder-nichts"-Regelung besteht, die dazu führt, dass der abtrennbare Vertragsrest nicht mehr selbstständig bestandsfähig ist.

Ist ein Vertragsteil vom Kartellverbot abtrennbar und selbstständig **194** bestandsfähig, bestimmt sich dessen zivilrechtliches Schicksal nicht nach dem Gemeinschaftsrecht. Da sich die Nichtigkeitsfolgen vielmehr nach dem jeweiligen **nationalen Recht** bestimmen,[384] ist das Schicksal des Vertragsrests in Deutschland nach § 139 bzw. nach § 306 BGB zu beurteilen. Danach ist nur dann von einer Gesamtnichtigkeit auszugehen, wenn die gegen Art. 81 Abs. 1 EG verstoßenden Teile nicht von den übrigen getrennt werden können. Die verbleibenden Vertragsbestandteile müssen ohne die wettbewerbswidrigen Elemente wirtschaftlich eigenständig sein. Um hieraus entstehende Ungewissheiten zu vermeiden, können sog. salvatorische Klauseln in das Vertragswerk aufgenommen werden.[385]

---

382 EuGH, Urt. v. 14.12.1983 – Rs. 319/82, „Société de vente de ciments et bétons/ Kerpen & Kerpen", Slg. 1983, 4173, 4183 Rn. 11; Urt. v. 30.6.1966 – Rs. 56/65, „LTM/Maschinenbau Ulm", Slg. 1966, 281, 304.

383 Streinz/*Eilmannsberger*, Art. 81 Rn. 90; Schröter/Jakob/Mederer-*Schröter*, Art. 81 Rn. 239.

384 EuGH, Urt. v. 18.12.1986 – Rs. 10/86, „VAG France/Magne", Slg. 1986, 4071 Rn. 15; Urt. v. 30.6.1966 – Rs. 56/65, „LTM/Maschinenbau Ulm", Slg. 1966, 281, 304.

385 BGH, Urt. v. 27.5.1986 – KZR 8/83, „Pronuptia", WuW/E BGH 2288, 2289; OLG Düsseldorf, Urt. v. 20.12.2000 – U (Kart) 23/00, „Tennishallenpacht", WuW/E DE-R 661, 663; *Ebenroth/Birk*, EWS 1996, Beil. 2, 17; Wiedemann KartR-*Dieckmann*, § 40 Rn. 8; Immenga/Mestmäcker EG-WbR-*K. Schmidt*, Art. 85 Abs. 2 B Rn. 53.

195 Ein Berufen auf die Nichtigkeit verstößt grundsätzlich nicht gegen **Treu und Glauben**, § 242 BGB, da die Durchsetzung des Kartellverbots im öffentlichen Interesse liegt.[386] Diese Nichtigkeit kann von jedermann geltend gemacht werden. Das Kartellverbot ist Teil des ordre public im Recht der Schiedsgerichtsbarkeit, § 1059 ZPO. Der EuGH hat zudem entschieden, dass Art. 81 Abs. 1 EG in den Beziehungen zwischen Einzelnen unmittelbare Wirkungen erzeugt und unmittelbar in der Person Rechte entstehen lässt, die die Gerichte der Mitgliedstaaten zu beachten und zu wahren haben.[387] So kann sich die Partei eines Vertrags, der gegen Art. 81 Abs. 1 EG verstößt, auf einen Verstoß gegen das Kartellverbot berufen, um Rechtsschutz gegenüber der anderen Vertragspartei zu erlangen.

196 Ist es auf der Grundlage des nichtigen Vertrages zu einem **Leistungsaustausch** gekommen, richtet sich die Frage nach der bereicherungsrechtlichen Rückabwicklung nach nationalem Recht.[388] Die jeweilige Leistung erfolgte ohne Rechtsgrund, weshalb grundsätzlich wechselseitige Ansprüche der Unternehmen aus § 812 BGB bestehen. Allerdings steht einer Rückabwicklung regelmäßig § 817 Satz 2 BGB entgegen, da das die Rückabwicklung begehrende Unternehmen zumeist ebenfalls gegen Art. 81 EG und damit gegen ein gesetzliches Verbot verstoßen haben wird.[389]

197 Die **Folgeverträge** mit Dritten, die lediglich das Ergebnis und nicht auch das Mittel der verbotenen Wettbewerbsbeschränkung sind, werden nicht von der Nichtigkeitsfolge des Gemeinschaftsrechts erfasst.[390] Über ihr Schicksal entscheidet das jeweilige nationale Recht. Zum Schutze der bzw. des Dritten ist davon auszugehen, dass die Fol-

---

386 BGH, Urt. v. 21.2.1989 – KZR 18/84, „Schaumstoffplatten", WuW/E BGH 2565, 2567 =NJW-RR 1989, 998; FK-*Baur/Weyers*, Art. 81 EG-Vertrag – Zivilrechtsfolgen Rn. 130; Streinz/*Eilmannsberger*, Art. 81 Rn. 83.

387 EuGH, Urt. v. 20.9.2001 – Rs. C-453/99, „Courage u. Crehan", Slg. 2001, I-6297 Rn. 22 = WRP 2001, 1280 = EuZW 2001, 715 mit Anm. *Nowak*; Urt. v. 18.3.1997 – Rs. C-282/95, „Guérin automobiles", Slg. 1997, I-1503 Rn. 39 = EuZW 1997, 762; Urt. v. 30.1.1974 – Rs. 127/72, „BRT/SABAM", Slg. 1974, 51, 62 Rn. 16.

388 EuGH, Urt. v. 14.12.1983 – Rs. 319/82, „Société de vente de ciments et bétons/ Kerpen & Kerpen", Slg. 1983, 4173, 4184 Rn. 12; FK-*Baur/Weyers*, Art. 81 EG-Vertrag – Zivilrechtsfolgen Rn. 141; Immenga/Mestmäcker EG-WbR-*K. Schmidt*, Art. 85 Abs. 2 B Rn. 74.

389 Ebenso Langen-*Bunte*, Art. 81 Rn. 225; teilweise anders aber FK-*Baur/Weyers*, Art. 81 EG-Vertrag – Zivilrechtsfolgen Rn. 141.

390 EuGH, Urt. v. 14.12.1983 – Rs. 319/82, „Société de vente de ciments et bétons/ Kerpen & Kerpen", Slg. 1983, 4173, 4184 Rn. 12.

geverträge grundsätzlich wirksam sind, es sei denn, der Verstoß gegen Art. 81 Abs. 1 EG zwingt zu einer Anpassung.[391] Etwas anderes gilt jedoch für die **Ausführungsverträge**, also diejenigen Verträge, die zwischen den Mitgliedern des Kartells untereinander und gelegentlich auch zwischen einem Mitglied und Dritten zur Absicherung, Durchführung oder Vertiefung der verbotenen wettbewerbsbeschränkenden Vereinbarung geschlossen wurden. Für sie gelten die allgemeinen Grundsätze der Nichtigkeit.

b) Schadenersatzanspruch

Nach ständiger Rechtsprechung des EuGH schützt Art. 81 EG auch **198** die Interessen Einzelner, also auch einzelner Marktteilnehmer.[392] Die nationalen Gerichte, die im Rahmen ihrer Zuständigkeit das Gemeinschaftsrecht anzuwenden haben, müssen die volle Wirkung der europarechtlichen Bestimmungen gewährleisten und die Rechte schützen, die das Gemeinschaftsrecht dem Einzelnen verleiht.[393] Diese volle Wirksamkeit des Art. 81 EG – und insbesondere die praktische Wirksamkeit des darin ausgesprochenen Verbots – wären beeinträchtigt, wenn nicht jedermann Ersatz des Schadens verlangen könnte, der ihm durch einen Vertrag, der den Wettbewerb beschränken oder verfälschen kann, oder durch ein entsprechendes Verhalten entstanden ist.[394] Ein solcher **Schadenersatzanspruch** erhöht nach Auffassung des EuGH zudem die Durchsetzungskraft der gemeinschaftlichen Wettbewerbsregeln. Mangels einschlägiger Regelung im Gemeinschaftsrecht ist es Sache des innerstaatlichen Rechts der Mitgliedstaaten, den Schutz der dem Bürger aus der unmittelbaren Wirkung des Gemeinschaftsrechts erwachsenen Rechte zu gewährleisten. Die Mitgliedstaaten sind daher nicht nur berechtigt, sondern sogar verpflichtet, die innerstaatliche Durchsetzbarkeit dieses gemeinschaftsrechtlich begründeten Schadenersatzanspruchs für Private zu gewährleisten. Diese gemeinschaftsrechtlich begründete Forderung nach Schadener-

---

391 Komm., Entsch. v. 23.12.1993 – Az. IV/32.745, „Astra", Abl. 1993, Nr. L 20, 23, 38 Rn. 33.

392 EuGH, Urt. v. 30.1.1974 – Rs. 127/72, „BRT/SABAM", Slg. 1974, 51, 62 Rn. 15 u. 17; EuGI, Urt. v. 10.7.1990 – Rs. T-51/89, „Tetra Pak/Kommission", Slg. 1990, II-347, 364 Rn. 42.

393 EuGH, Urt. v. 19.6.1990 – Rs. C-213/89, „Factortame", Slg. 1990, I-2433 Rn. 19 = NJW 1991, 2271; Urt. v. 9.3.1978 – Rs. 106/77, „Staatliche Finanzverwaltung/Simmenthal", Slg. 1978, 629 Rn. 16 = NJW 1978, 1741.

394 EuGH, Urt. v. 20.9.2001 – Rs. C-453/99, „Courage u. Crehan", Slg. 2001, I-6297 Rn. 26 = WRP 2001, 1280 = EuZW 2001, 715 mit Anm. *Nowak*..

satzansprüchen muss somit inhaltlich und verfahrensrechtlich durch die nationalen Rechtsordnungen konkretisiert werden.

199 Der EuGH hat zugleich entschieden, dass **auch die Partei** eines gegen Art. 81 Abs. 1 EG verstoßenden Vertrags sich vor den mitgliedstaatlichen Gerichten auf einen Verstoß gegen das gemeinschaftsrechtliche Kartellverbot berufen kann, um sekundären Rechtsschutz – etwa in Form einer Schadenersatzklage – gegenüber der anderen Vertragspartei zu erlangen. Allerdings darf die klagende Partei keine erhebliche Verantwortung für die jeweilige Wettbewerbsverzerrung tragen.[395]

200 Der EuGH hat betont, dass vom Kartellverbot nicht nur die Institution des Wettbewerbs, sondern auch die wirtschaftlichen Betätigungsmöglichkeiten Einzelner sowie die Interessen der Verbraucher geschützt sind. Zumindest im Grundsatz ist daher die Frage zu bejahen, ob Art. 81 EG ein **Schutzgesetz** i.S.v. § 823 Abs. 2 BGB darstellt.[396] Allerdings muss in jedem Einzelfall genau geprüft werden, welcher Schadenstyp vorliegt. In der Vergangenheit verlangten die deutschen Gerichte eine genaue Prüfung, welche Marktteilnehmer im Einzelnen in den Schutzbereich der Norm fallen, damit ein Verstoß gegen das Kartellverbot einen Schadenersatzanspruch auslösen konnte.[397] Schutzsubjekte waren dabei neben den Konkurrenten in erster Linie die Angehörigen der Marktgegenseite.[398] Dabei kam es nicht auf eine Beeinträchtigung der Wettbewerbsfreiheit des Betroffenen an, sondern auf dessen Auswahlfreiheit.[399] Nach der Entscheidung *Courage und Crehan* wird man allerdings bei der Ermittlung der ersatzfähigen Schäden und der ersatzberechtigten Personen einen großzügigeren Maßstab anlegen müssen. Dies gilt nicht zuletzt vor dem Hintergrund, dass der EuGH dem Schadenersatzanspruch eine Abschreckungswir-

---

395 EuGH, Urt. v. 20.9.2001 – Rs. C-453/99, „Courage u. Crehan", Slg. 2001, I-6297 Rn. 25 ff. = WRP 2001, 1280 = EuZW 2001, 715 mit Anm. *Nowak*..

396 So auch BGH, Urt. v. 12.5.1998 – KZR 23/96, „Depotkosmetik", WRP 1999, 101, 103 = BB 1998, 2332 = WuW/E DE-R 206; OLG Düsseldorf, Urt. v. 16.6.1998 – U (Kart) 15/97, „Global One", WuW/E DE-R 143, 146; vgl. auch BGH, Urt. v. 30.3.2004 – KZR 24/02, „Wegfall der Freistellung", WuW/E DE-R 1263; Wiedemann KartR-*Dieckmann*, § 40 Rn. 22; Handkom. EUV/EGV-*Müller-Graff*, Art. 85 Rn. 142; Groeben/Schwarze-*Schröter*, Art. 85 Abs. 2 Rn. 236.

397 Vgl. nur BGH, Urt. v. 12.5.1998 – KZR 23/96, „Depotkosmetik", WRP 1999, 101, 103 = BB 1998, 2332; Urt. v. 10.11.1987 – KZR 15/86, „Cartier-Uhren", WuW/E BGH 2451, 2457; OLG Düsseldorf, Urt. v. 16.6.1998 – U (Kart) 15/97, „Global One", WuW/E DE-R 143, 146.

398 Immenga/Mestmäcker EG-WbR-K. *Schmidt*, Art. 85 Abs. 2 B Rn. 79.

399 So zu Recht *Roth*, NJW 2000, 1313, 1314. Verfehlt insoweit BGH, Urt. v. 21.4.1999 – IV ZR 192/98, NJW 1999, 2741.

kung zugesprochen hat.[400] Mit dieser Rechtsprechung ist kein gemeinschaftsrechtlicher Schadenersatzanspruch geschaffen worden, sondern die Aufforderung an die Mitgliedstaaten verbunden, einen Schadenersatzanspruch vorzunehmen.[401] Dieser Aufforderung hat der deutsche Gesetzgeber mit § 33 GWB entsprochen, allerding mit der Einschränkung, dass nur der „Betroffene" anspruchsberechtigt ist.

Auch die Frage, ob und ggf. welche **haftungsbegrenzenden Elemente**   **201** bei der Bemessung des Schadenersatzes zu berücksichtigen sind, ist noch nicht abschließend beantwortet. Der EuGH hat jedoch ausgeführt, dass der gemeinschaftsrechtlich gewährte Anspruch nicht zu einer Bereicherung des Anspruchsberechtigten führen darf.[402] Auch die Pflicht zur Schadensminderung ist europarechtlich im Grundsatz anerkannt.[403] Schließlich wird man auch eine Schadensminderung auf der Grundlage des Mitverschuldens grundsätzlich zulassen können.[404]

c) Unterlassungsanspruch

Auf der Grundlage von § 33 Abs. 1 GWB i.V.m. Art. 81 Abs. 1 EG   **202** kann ein Anspruch auf **Unterlassen** geltend gemacht werden.[405] Auch der vorbeugende Unterlassungsanspruch ist danach möglich, wenn ein zu befürchtender Verstoß gegen Art. 81 Abs. 1 EG Schäden zu verursachen droht.

d) Belieferungsanspruch

Ob bei einem Verstoß eines **selektiven Vertriebssystems** gegen Art. 81   **203** EG für vom System ausgeschlossene Händler ein Belieferungsanspruch

---

400 EuGH, Urt. v. 20.9.2001 – Rs. C-453/99, „Courage u. Crehan", Slg. 2001, I-6297 Rn. 27 = WRP 2001, 1280 = EuZW 2001, 715 mit Anm. *Nowak*; ebenso Streinz/ *Eilmannsberger*, Art. 81 Rn. 108–110.
401 *Lettl*, ZHR 167 (2003), 473, 476.
402 EuGH, Urt. v. 20.9.2001 – Rs. C-453/99, „Courage u. Crehan", Slg. 2001, I-6297 Rn. 30 = WRP 2001, 1280 = EuZW 2001, 715 mit Anm. *Nowak*..
403 EuGH, Urt. v. 20.9.2001 – Rs. C-453/99, „Courage u. Crehan", Slg. 2001, I-6297 Rn. 33 = WRP 2001, 1280 = EuZW 2001, 715 mit Anm. *Nowak*..
404 EuGH, Urt. v. 20.9.2001 – Rs. C-453/99, „Courage u. Crehan", Slg. 2001, I-6297 Rn. 31 = WRP 2001, 1280 = EuZW 2001, 715 mit Anm. *Nowak*..
405 BGH, Urt. v. 10.11.1987 – KZR 15/86, „Cartier-Uhren", WuW/E BGH 2451, 2455 ff.; OLG Düsseldorf, Urt. v. 20.12.1988 – U (Kart.) 6/88, „Metro-Cartier", WuW/E OLG 4407; *Baur*, EuR 1988, 257; Lenz/Borchardt-*Grill*, Art. 81 Rn. 40. Ob dies auch bei einem Verstoß gegen § 1 UWG anzunehmen ist, wird kontrovers diskutiert, vgl. Immenga/Mestmäcker EG-WbR-*K. Schmidt*, Art. 85 Abs. 2 B Rn. 87.

bestehen kann, ist umstritten. Das EuGI erachtet einen solchen Anspruch aus nationalem Recht grundsätzlich für möglich.[406] Der BGH hat einen Belieferungsanspruch jedoch abgelehnt.[407] Dabei ist zu beachten, dass die künftige Belieferung ihrer Rechtsnatur nach nicht den Ersatz eines Schadens i. S. einer Wiederherstellung des vorherigen Zustandes darstellt, sondern die Herstellung eines neuen Zustandes.[408]

3. Entscheidungs- und Sanktionsmöglichkeiten der Kommission

a) Feststellung und Abstellung der Zuwiderhandlung

204 Die Kommission muss eine Zuwiderhandlung gegen Art. 81 Abs. 1 EG feststellen und die beteiligten Unternehmen verpflichten, diese Zuwiderhandlung abzustellen, Art. 7 Abs. 1 VO 1/2003. Diese sog. **Abstellungsentscheidung** muss einen nachvollziehbaren Inhalt haben.[409] Ist die Zuwiderhandlung bereits beendet, kann die Kommission eine Feststellungsentscheidung treffen, wenn ein berechtigtes Interesse, insbesondere aufgrund drohender Wiederholungsgefahr, an einer solchen Entscheidung besteht, Art. 7 Abs. 1 Satz 4 VO 1/2003.[410] Der Kommission ist zudem das Recht eingeräumt worden, im Falle eines Verstoßes gegen das Kartellverbot den Unternehmen Maßnahmen struktureller Art, wie etwa die Veräußerung bestimmter Gegenstände des Betriebsvermögens, aufzuerlegen, Art. 7 Abs. 1 Satz 2 VO 1/2003. Strukturelle Maßnahmen sind aber grundsätzlich gegenüber Verhaltensmaßnahmen subsidiär, Art. 7 Abs. 1 Satz 3 VO 1/2003.[411]

b) Einstweilige Maßnahmen

205 Nach Art. 8 VO 1/2003 kann die Kommission einstweilige Maßnahmen erlassen, wenn prima facie ein Wettbewerbsverstoß festzustellen

---

406 EuGI, Urt. 18.9.1992 – Rs. T-24/90. „Automec II", Slg. 1992, II-2223 Rn. 50.
407 BGH, Urt. v. 12.5.1998 – KZR 23/96, „Depotkosmetik", WRP 1999, 101, 106. = BB 1998, 2332; FK-*Baur/Weyers*, Art. 81 EG-Vertrag – Zivilrechtsfolgen Rn. 149 a. Ablehnend *Birk*, EWS 2000, 485 ff.; Immenga/Mestmäcker EG-WbR *K. Schmidt*, Art. 85 Abs. 2 Rn. 86.
408 Zu einem möglichen Kontrahierungszwang: *Steindorff*, ZHR 162 (1998), 290, 305 ff.
409 EuGH, Urt. v. 17.9.1985 – Rs. 25–26/84, „Ford", Slg. 1985, 2725, 2748 Rn. 42 auf Grundlage der Vorgänger-VO 17/1962; GK-*Schütz*, Art. 7 VO 1/2003 Rn. 12.
410 EuGH, Urt. v. 2.3.1983 – Rs. 7/82, „GVL", Slg. 1983, 483, 503 Rn. 27–28; Komm., Entsch. v. 30.7.1992 – Az. IV/33.494, „Scottish Salmon Board", Abl. 1992, Nr. L 246, 37, 44 Rn. 24 (zum alten Recht).
411 Vgl. Erwägungsgrund Nr. 12 Satz 3 VO 1/2003.

ist und die Gefahr eines ernsten, nicht wieder gutzumachenden Schadens für den Wettbewerb besteht.

c) Verpflichtungszusagen

Art. 9 VO 1/2003 enthält mit der **Verpflichtungszusage** ein neues **206** Instrument.[412] Unternehmen können im Rahmen eines Untersagungsverfahrens Verpflichtungszusagen machen, die geeignet sind, die wettbewerbsrechtlichen Bedenken der Kommission zu zerstreuen. Diese Zusagen werden durch Entscheidung für bindend erklärt. Werden die Zusagen nicht eingehalten, kann dies mit Buß- oder Zwangsgeld geahndet werden, Art. 23 Abs. 2 lit. c, Art. 24, Abs. 1 lit. c VO 1/2003. Zugleich entfällt der mit dem Nichteinschreiten verbundene Rechtsvorteil, wenn die Verpflichtung nicht eingehalten wird, Art. 9 Abs. 2 lit. b VO 1/2003. Die Entscheidung nach Art. 9 VO 1/2003 schließt mit der Feststellung, dass die Kommission keinen Anlass für ein Tätigwerden sieht. Nationale Behörden und Gerichte sind durch die Entscheidung nicht gebunden, da es sich nicht um eine Entscheidung i. S. v. Art. 16 VO 1/2003 handelt.[413]

d) Feststellung der Nichtanwendbarkeit

Trotz des Systems der Legalausnahmen hat die Kommission das **207** Recht, aus Gründen des öffentlichen Interesses sog. **Positiventscheidungen** zu treffen. In ihnen wird festgestellt, dass eine bestimmte Vereinbarung mit Art. 81 EG vereinbar ist, weil entweder die Voraussetzungen des Abs. 1 nicht vorliegen oder weil die Freistellungsvoraussetzungen des Abs. 3 gegeben sind. Bei der Feststellung nach Art. 10 VO 1/2003 soll es sich um einen Ausnahmefall handeln.[414] Eine solche Feststellung hat Entscheidungscharakter i. S. v. Art. 16 VO 1/2003. Sie ist daher von den nationalen Kartellbehörden und Gerichten zu beachten[415] und gilt auch für Art. 82 EG.

---

412 *Riley,* ECLR 2003, 604, 607.
413 Vgl. Erwägungsgrund Nr. 13 Satz 3 u. 22 Satz 3 VO 1/2003; *Hossenfelder/Lutz,* WuW 2003, 118, 122; *K. Schmidt,* BB 2003, 1237, 1242.
414 Vgl. Erwägungsgrund Nr. 13 VO 1/2003; GK-*Schütz,* Art. 10 VO 1/2003 Rn. 6–10.
415 *Hossenfelder/Lutz,* WuW 2003, 118, 123. A.A. *K. Schmidt,* BB 2003, 1237, 1242: allenfalls faktische Bindung.

e) Buß- und Zwangsgelder

208 Als mögliche Sanktionen kennt die VO 1/2003 **Geldbußen und Zwangsgelder.**[416] Die Kommission kann im Falle eines vorsätzlichen oder fahrlässigen Verstoßes gegen die in Art. 23 Abs. 1 u. 2 VO 1/2003 genannten Tatbestände eine Geldbuße festsetzen. Für die Bemessung der Geldbuße ist vor allem auf die Schwere des Verstoßes und seine Dauer abzustellen, Art. 23 Abs. 3 VO 1/2003. Die Kommission darf zudem das Ziel der Abschreckung verfolgen.[417] Die Kommission hat zur Festsetzung ihrer Geldbußen in Mitteilungen und Leitlinien Stellung genommen.[418] Nach Art. 24 VO 1/2003 kann die Kommission unter den dort genannten Voraussetzungen Zwangsgelder verhängen, um ein bestimmtes Handeln, ein Dulden oder ein Unterlassen zu erzwingen. Das Zwangsgeld hat Beuge- und teilweise auch Zwangsvollstreckungscharakter.[419] Die Höhe des Zwangsgelds kann bis zu 5% des im vorangegangenen Geschäftsjahre erzielten durchschnittlichen Tagesumsatzes für jeden Tag betragen, an dem das Unternehmen mit der Handlung etc. in Verzug ist.

209 Durch die Neufassung des § 81 Abs. 1 GWB sind nunmehr auch Verstöße gegen Art. 81 EG nach **deutschem Recht** unmittelbar bußgeldbewehrt.

§ 3 Die Verbotsausnahmen, Art. 81 Abs. 3 EG

Schrifttum: *Bechtold,* Modernisierung des EG-Wettbewerbsrechts: Der Verordnungsentwurf der Kommission zur Umsetzung des Weißbuchs, BB 2000, 2425; *Bien,* Systemwechsel im Europäischen Kartellrecht, DB 2000, 2309; *Bornkamm/Becker,* Die privatrechtliche Durchsetzung des Kartellverbots nach der Modernisierung des EG-Kartellrechts, ZWeR 2005, 213; *Deringer,* Reform der Durchführungsverordnung zu den Art. 81 und 82 des EG-Vertrages, EuR 2001, 306; *ders.,* Stellungnahme

---

416 Siehe dazu Rn. 1486 ff.
417 EuGH, Urt. v. 7.6.1983 – verb. Rs. 100–103/80, „Musique Diffusion Française", Slg. 1983, 1825, 1905 f. Rn. 105–109; EuGI, Urt. v. 14.5.1998 – Rs. T-347/94, „Mayr-Melnhof Kartongesellschaft/Kommission", Slg. 1998, II-1751, 1832 Rn. 259 (zum alten Recht).
418 Komm., Mitteilung über ihre Politik im Bereich der Geldbußen, Abl. 1995, Nr. C 341, 13; Mitteilung über die Nichtfestsetzung oder niedrigere Festsetzung von Geldbußen, Abl. 1996, Nr. C 207, 4; Leitlinien für das Verfahren zur Festsetzung von Geldbußen, Abl. 1998, Nr. C 9, 3.
419 GK-*Schütz,* Art. 24 VO 1/2003 Rn. 1.

zum Weißbuch der Europäischen Kommission über die Modernisierung der Vorschriften zur Anwendung der Art. 85 und 86 EG-Vertrag, EuZW 2000, 5; *Fuchs*, Die Gruppenfreistellungsverordnung als Instrument der europäischen Wettbewerbspolitik im System der Legalausnahme, ZWeR 2005, 1; *Gröning*, Die dezentrale Anwendung des EG-Kartellrechts gemäß dem Vorschlag der Kommission zur Ersetzung der VO 17/62, WRP 2001, 83; *Kirchhoff*, Sachverhaltsaufklärung und Beweislage bei der Anwendung des Art. 82 EG-Vertrag, WuW 2004, 745; *Martinek/Habermeier*, Das Chaos der EU-Gruppenfreistellungsverordnungen, ZHR 158 (1994), 107; *Möschel*, Systemwechsel im Europäischen Wettbewerbsrecht?, JZ 2000, 61; *Müller*, Neue Leitlinien zur Anwendung des Art. 81 III EG im Legalausnahmesystem der Kartellverordnung 1/2003, WRP 2004, 1472; *Müller-Graff*, Die Freistellung vom Kartellverbot, EuR 1992, 1; *Paulweber/Kögel*, Das europäische Wettbewerbsrecht am Scheideweg, AG 1999, 500; *Schmidt*, Umdenken im Kartellverfahrensrecht! Gedanken zur europäischen VO Nr. 1/2003, BB 2003, 1237; *Wagner*, Der Systemwechsel im EG-Kartellrecht – Gruppenfreistellungen und Übergangsproblematik, WRP 2003, 1368.

I. Bedeutung

Die Tatbestandsmerkmale des Art. 81 Abs. 1 EG stehen in einem un- **210** trennbaren Zusammenhang mit den in Abs. 3 vorgesehenen Ausnahmeregelungen und müssen daher als eine Art **Einheit** gesehen werden.[420] Es handelt sich bei Abs. 3 um eine Legalausnahme vom Kartellverbot des Abs. 1,[421] zu dessen Anwendung die Kommission Leitlinien verabschiedet hat.[422] Eine Freistellung ist daher bei Vorliegen der entsprechenden Voraussetzungen ohne eine Entscheidung der Kommission möglich. Darüber hinaus verstoßen Vereinbarungen nicht gegen Art. 81 Abs. 1 EG, die von der GVO freigestellt sind. Die wettbewerbliche Beurteilung einer Vereinbarung erfolgt daher in zwei **Schritten**:

- Im ersten Schritt ist zu prüfen, ob eine Vereinbarung zwischen Unternehmen vorliegt, die den Handel zwischen den Mitgliedstaaten beeinträchtigen kann. Sie muss einen wettbewerbswidrigen Zweck

---

420 EuGH, Urt. v. 6.4.1962 – Rs. 13/61, „Bosch", Slg. 1962, 97, 113; Grabitz/Hilf-*Aicher/Schumacher*, Art. 81 Rn. 3; FK-*Roth/Ackermann*, Grundfragen Art. 81 EG-Vertrag Rn. 3.
421 Siehe dazu Rn. 29.
422 Komm., Leitlinien zur Anwendung von Art. 81 Abs. 3 EG-Vertrag, Abl. 2004, Nr. C 101, 97.

verfolgen. Zudem müssen von ihr zumindest potenziell wettbewerbswidrige Auswirkungen ausgehen.

• In einem zweiten Schritt werden die sich aus dieser Vereinbarung
ergebenden wettbewerbsfördernden Wirkungen ermittelt. Es wird
geprüft, ob diese ggf. die wettbewerbsbeschränkenden Auswirkungen aufwiegen. Zu ihnen zählen etwa Effizienzgewinne, die Senkung von Produktionskosten oder die Entwicklung neuer Produkte.[423]

211 An die Stelle der konstitutiven Einzelfreistellung ist mit In-Kraft-Treten der VO 1/2003 die Entscheidung getreten, dass kein Anlass zum
Tätigwerden besteht (Art. 9 Abs. 1 Satz 2 bzw. Art. 5 Satz 3 für die
nationale Kartellbehörde). Dieser Entscheidung kommt **keine bindende Freistellungswirkung** zu. Sie ist von den nationalen Gerichten
nicht zu beachten, da es sich nicht um eine bindende Sachentscheidung i. S. v. Art. 16 VO 1/2003 handelt.[424]

212 Dem Gemeinschaftsrichter steht hinsichtlich der komplexen wirtschaftlichen Bewertungen, die die Kommission bei der Ausübung ihres Ermessens nach Art. 81 Abs. 3 EG im Hinblick auf dessen vier
Voraussetzungen vornimmt, nur **eingeschränktes Prüfungsrecht** zu.
Er darf lediglich kontrollieren, ob die Verfahrens- und Begründungsre-
geln beachtet wurden, ob der Tatbestand richtig festgestellt wurde, ob
kein offenkundiger Beurteilungsfehler und kein Ermessensmissbrauch
vorliegen.[425]

II. Voraussetzungen der Legalausnahme des Abs. 3

1. Überblick

213 Das Kartellverbot des Art. 81 Abs. 1 EG ist nach Abs. 3 i.V.m. Art. 1
Abs. 2 VO 1/2003 nicht verboten, wenn zwei positive und zwei negative **Voraussetzungen** kumulativ erfüllt sind:[426]

---

423 Komm., Leitlinien, zur Anwendung von Art. 81 Abs. 3 EG-Vertrag, Abl. 2004,
Nr. C 101, 97 Rn. 33.
424 Siehe dazu Rn. 1449.
425 EuGI, Urt. v. 21.3.2002 – Rs. T-131/99, „Shaw und Falla/Kommission", Slg. 2002,
II-2023 Rn. 38; Urt. v. 21.3.2002 – Rs. T-231/99, „Joynson/Kommission", Slg.
2002, II-2085 Rn. 36.
426 EuGH, Urt. v. 17.1.1984 – Rs. 63/82, „VBVB und VBBB", Slg. 1984, 19
Rn. 38 ff.; EuGI, Urt. v. 23.2.1994 – verb. Rs. T-39 u. T-40/92, „CB und Europay",
Slg. 1994, II-49, 90 Rn. 110; Komm., Leitlinien zur Anwendung von Art. 81

- Die Vereinbarung, der Beschluss oder die aufeinander abgestimmte Verhaltensweise muss erstens zur Verbesserung der Warenerzeugung oder Warenverteilung oder zur Förderung des technischen oder wirtschaftlichen Fortschritts beitragen;
- die Verbraucher müssen zweitens an dem entstandenen Gewinn angemessen beteiligt sein;
- den beteiligten Unternehmen dürfen drittens keine Beschränkungen auferlegt werden, die für die Verwirklichung dieser Ziele unerlässlich sind;
- es dürfen viertens keine Möglichkeiten eröffnet werden, für einen wesentlichen Teil der betroffenen Waren oder Dienstleistungen den Wettbewerb auszuschalten.[427]

Die genannten Voraussetzungen sind **abschließend**. Die übrigen Ziele, **214** die mit dem EG-Vertrag verfolgt werden, können nur dann berücksichtigt werden, wenn sie den vier Voraussetzungen zugeordnet werden können. Sind die vier Voraussetzungen erfüllt, stärkt eine Vereinbarung regelmäßig den Wettbewerb auf dem relevanten Markt, weil sie die beteiligten Unternehmen veranlasst, den Verbrauchern billigere und bessere Produkte bzw. Dienstleistungen anzubieten und damit geeignet ist, zu Gunsten des Verbrauchers die nachteiligen Auswirkungen der Wettbewerbsbeschränkung auszugleichen. Wenn eine der Voraussetzungen nicht erfüllt ist, ist die Vereinbarung nach Abs. 2 nichtig.

Nach Art. 2 VO 1/2003 liegt die **Beweislast** für eine Zuwiderhandlung **215** gegen Art. 81 Abs. 1 EG bei der Partei oder der Behörde, die diesen Vorwurf erhebt. Die Beweislast für das Vorliegen der Voraussetzungen des Abs. 3 liegt bei dem Unternehmen, das den Rechtsvorteil beansprucht. Für die Kommission gilt dabei der Untersuchungsgrundsatz.[428] Bei den meisten Merkmalen des Abs. 3 handelt es sich um unbestimmte Rechtsbegriffe, was deren Handhabung und Anwendung durch nationale Gerichte nicht gerade erleichtert. Vor allem private Parteien dürften Schwierigkeiten haben, die Freistellungsvoraussetzungen in einem Zivilprozess ausreichend darzulegen.[429] Deren Auslegung hat stets mit Blick auf wettbewerblichen Grundlagen zu erfolgen. Keinesfalls dürfen im Rahmen der Anwendung der Merkmale des

---

Abs. 3 EG-Vertrag, Abl. 2004, Nr. C 101, 97 Rn. 43; Schwarze-*Brinker*, Art. 81 Rn. 70; *Müller*, WRP 2004, 1172, 1174 f.
427 *Müller-Graff*, EuR 1992, 1 ff.; Wiedemann KartR-*Stockmann*, § 7 Rn. 36.
428 *Kirchhoff*, WuW 2004, 745 f.
429 Darauf weist auch *Kirchhoff*, WuW 2004, 745, 748 f., hin.

Abs. 3 alle positiven und negativen Wirkungen einer Koordinierung des Verhaltens „saldiert" werden.

2. Verbesserung der Warenerzeugung etc.

216 Eine Einzelfreistellung kommt nur in Betracht, wenn die Vereinbarungen, Beschlüsse oder aufeinander abgestimmten Verhaltensweisen zur Verbesserung der Warenerzeugung oder Warenverteilung oder zur Förderung des technischen oder wirtschaftlichen Fortschritts beitragen. Auch wenn Abs. 3 nur von Waren spricht, ist die Vorschrift auf Dienstleistungen analog anzuwenden.[430] Mit der ersten Voraussetzung soll auf diejenigen Fälle reagiert werden, in denen (ausnahmsweise) infolge einer Wettbewerbsbeschränkung mit hoher Wahrscheinlichkeit **bessere Ergebnisse** erreichbar sind. Zweck dieser Freistellungsvoraussetzung ist daher, diejenigen Absprachen freizustellen, die einen anerkannten gesamtwirtschaftlichen Nutzen erbringen, der sich ohne die damit verbundene Wettbewerbsbeschränkung nicht einstellen würde. Die auf diese Weise identifizierten Effizienzgewinne werden anschließend anhand der zweiten und dritten Voraussetzung untersucht.

217 Von einer Verbesserung kann nur gesprochen werden, wenn die erreichbaren Vorteile die mit der Wettbewerbsbeschränkung einhergehenden Nachteile **überwiegen**.[431] Dazu dürfen die Effizienzgewinne nicht vom subjektiven Standpunkt der Parteien aus beurteilt werden. Vielmehr ist erforderlich, dass bei objektiver Betrachtung eine Verbesserung mit hoher Wahrscheinlichkeit zu erwarten ist.[432] Eine Freistellung ist daher nicht möglich, wenn die Vorteile mit objektiv untauglichen Mitteln erreicht werden sollen. Zudem muss es sich um eine spürbare Verbesserung handeln,[433] die zu einem ins Gewicht fallenden Gewinn führt. Die anzustellende Prognose berücksichtigt alle maßgeblichen wirtschaftli-

---

430 Komm., Leitlinien zur Anwendung von Art. 81 Abs. 3 EG-Vertrag, Abl. 2004, Nr. C 101, 97 Rn. 48; vgl. auch Entsch. v. 16.7.2003 – Az. COMP/38.369, „T-Mobile", Abl. 2004, Nr. L 75, 32 ff. = WuW/E EU-V 975 Rn. 122 ff.

431 EuGH, Urt. v. 13.7.1966 – verb. Rs. 56 u. 58/64, „Grundig-Consten", Slg. 1966, 321, 387, 397 = WuW/E EWG MUV 125; Komm., Entsch. v. 14.9.1999 – Az. IV/ 36.213/F2, „Triebwerksallianz", Abl. 2000, Nr. L 58, 16 ff. = WuW/E EU-V 527 Rn. 79 ff.; Entsch. v. 10.12.1984 – Az. IV/30.299, „Grohe-Vertriebssystem", Abl. 1985, Nr. L 19, 17, 22 Rn. 20.

432 *Gleiss/Hirsch*, Art. 85 (3) Rn. 1858; Handkom. EUV/EGV-*Müller-Graff*, Art. 85 Rn. 151; Immenga/Mestmäcker EG-WbR-*Sauter*, Art. 85 Abs. 3 C Rn. 5.

433 Komm., Entsch. v. 19.12.1989 – Az. IV/32.414, „Zuckerrüben", Abl. 1990, Nr. L 31, 32, 44 Rn. 101; Immenga/Mestmäcker EG-WbR-*Sauter*, Art. 85 Abs. 3 C Rn. 30.

chen und technischen Folgen der Absprache, einschließlich des Verhaltens der Beteiligten; abzustellen ist auf den Zeitpunkt der Entscheidung. Die Kommission erkennt kurzfristige Vorteile nicht an, wenn zu erwarten ist, dass ohne die Absprache die gleichen Vorteile mittel- oder langfristig zu erwarten wären.[434] Kostenersparnisse, die aufgrund der Ausübung von Marktmacht entstehen, werden nicht berücksichtigt, da von ihnen keine wettbewerbsfördernden Wirkungen ausgehen.

Mit dem Hinweis auf die Förderung des technischen oder wirtschaftlichen Fortschritts soll der Tatsache Rechnung getragen werden, dass Wettbewerbsbeschränkungen im Einzelfall auch einen nicht unerheblichen **Rationalisierungsgewinn** auslösen können. In Art. 81 Abs. 3 EG wird nicht gesagt, welcher Art die Vorteile sein müssen, die durch die wettbewerbsbeschränkende Absprache herbeigeführt werden. Grundsätzlich genügt daher jedweder nennenswerte Beitrag zur Förderung des Wirtschaftsablaufs, sofern er nach der Saldierung mit den Nachteilen noch wirksam ist. Dazu zählen die Verbreiterung des Angebots, Kosteneinsparungen oder Verbesserungen bei der Markterschließung, aber auch Qualitätsverbesserungen, der Schutz der Umwelt oder eine erhöhte Markttransparenz können positiv ins Gewicht fallen. In ihren Leitlinien trifft die Kommission eine Unterscheidung zwischen Kosteneinsparungen und qualitativen Effizienzgewinnen, die einen Mehrwert in Form neuer oder verbesserter Produkte bzw. einer größeren Produktvielfalt erbringen.[435] Als zu beachtende Nachteile können auftreten: eine Abschottung insbesondere nationaler Märkte, ein Ausschluss von Wettbewerbern oder Preisabsprachen.[436] Regelmäßig werden von der Kommission Absprachen über Preise, Erzeugungs- oder Lieferquoten, eine räumliche Marktaufteilung und identifizierende Marktinformationssysteme als nicht freistellungsfähig angesehen. Spezialisierungsvereinbarungen, Vereinbarungen über eine technische Zusammenarbeit oder über eine gemeinsame Forschung und Entwicklung hingegen werden zumeist positiv beurteilt. **218**

Damit Unternehmen die Effizienzgewinne substantiiert vortragen können, schlägt die Kommission folgendes **Prüfschema** vor:[437] **219**

---

434 Komm., Entsch. v. 19.2.1991 – Az. IV/32.524, „Screensport/EBU-Mitglieder", Abl. 1991, Nr. L 63, 32, 43 Rn. 72 f.
435 Komm., Leitlinien zur Anwendung von Art. 81 Abs. 3 EG-Vertrag, Abl. 2004, Nr. C 101, 97 Rn. 59.
436 Vgl. dazu Schröter/Jakob/Mederer-*Schröter*, Art. 81 Abs. 3 Rn. 346 ff.
437 Komm., Leitlinien zur Anwendung von Art. 81 Abs. 3 EG-Vertrag, Abl. 2004, Nr. C 101, 97 Rn. 51; *Schwintowski/Klaue*, WuW 2005, 370, 374.

- Objektive Darlegung der geltend gemachten Effizienzgewinne;
- Darlegung eines hinreichenden Kausalzusammenhangs zwischen der wettbewerbsbeschränkenden Vereinbarung und den Effizienzgewinnen;[438]
- Angabe der Wahrscheinlichkeit und des Ausmaßes der geltend gemachten Effizienzgewinne;
- Darstellung, wie und wann der geltend gemachte Effizienzgewinn erreicht werden soll.

3. Angemessene Verbraucherbeteiligung

220 Nach der zweiten Voraussetzung müssen die Verbraucher am entstandenen Gewinn angemessen beteiligt werden. Der **Verbraucherbegriff** ist weit zu verstehen und erfasst über den Wortsinn hinaus alle Nutzer der Produkte bzw. Dienstleistungen, auf die sich die Vereinbarung bezieht, auch die unmittelbaren Geschäftspartner der Beteiligten und die Abnehmer möglicher Zwischenerzeugnisse.[439] So können etwa auch Großhändler und Endkunden als Verbraucher eingestuft werden.[440] Dabei ist auf die Käufer der Produkte in dem relevanten Markt und nicht auf die Auswirkungen auf Einzelpersonen innerhalb der Verbrauchergruppe abzustellen.[441]

221 Unter dem Begriff „**Gewinn**" versteht man einen wirtschaftlichen Vorteil, der den Verbrauchern aufgrund der Absprache zufließt.[442] Auch bei der zweiten Voraussetzung müssen grundsätzlich die Vor- und Nachteile der Absprachen gegeneinander abgewogen werden.[443]

---

438 Vgl. dazu Langen-*Bunte*, Art. 81 Rn. 152; vgl. auch Komm., Entsch. v. 8.10.2002 – Az. COMP/C2/38.014, „IFPI Simulcasting", Abl. 2003, Nr. L 107, 58 ff. = WuW/E EU-V 831 Rn. 84 ff. mit Anm. *Mestmäcker*, WuW 2004, 754; Entsch. v. 5.7.2002 – Az. COMP/37.730, „AuA/LH", Abl. 2002, Nr. L 242, 25 ff. = WuW/E EU-V 745 Rn. 84 ff.
439 Komm., Entsch. v. 9.6.1989 – Az. IV/27.958, „National Sulphuric Acid Association", Abl. 1989, Nr. L 190, 22, 24 Rn. 8; Entsch. v. 22.12.1987 – Az. IV/31.914, „ARG/Unipart", Abl. 1988, Nr. L 45, 34, 40 Rn. 41; Lenz/Borchardt-*Grill*, Art. 81 Rn. 47.
440 Komm., Leitlinien zur Anwendung von Art. 81 Abs. 3 EG-Vertrag, Abl. 2004, Nr. C 101, 97 Rn. 84.
441 EuGI, Urt. v. 21.3.2002 – Rs. T-131/99, „Shaw und Falla/Kommission", Slg. 2002, II-2023 Rn. 56.
442 Komm., Entsch. v. 7.4.2004 – Az. COMP/38.284/D2, „Air France/Alitalia", WuW/ E EU-V 1077 Rn. 133–137; Langen-*Bunte*, Art. 81 Rn. 157; Schröter/Jakob/Mederer-*Schröter*, Art. 81 Abs. 3 Rn. 353.
443 EuGI, Urt. v. 26.1.2005 – Rs. T-193/02, „Piau/Kommission", Slg. 2005, 1 = WuW/E EU-R 881 Rn. 100–106.

Allerdings ist nicht erforderlich, dass die Verbraucher an jedem einzelnen, auf Grundlage der ersten Voraussetzung ermittelten Effizienzgewinn beteiligt werden. Es reicht vielmehr aus, dass Vorteile so in ausreichendem Umfang weitergegeben werden, dass die negativen Auswirkungen der beschränkenden Vereinbarung ausgeglichen werden.

„Angemessene Beteiligung" meint, dass die Weitergabe der Vorteile **222** die tatsächlichen oder voraussichtlichen negativen Auswirkungen mindestens ausgleicht, die den Verbrauchern durch die Wettbewerbsbeschränkung entstehen. Wenn die Verbraucher schlechter gestellt sind, ist die zweite Voraussetzung nicht erfüllt. Die positiven Auswirkungen der Vereinbarung müssen also erstens die negativen Folgen aufwiegen. Zweitens müssen die positiven Wirkungen den Verbrauchern innerhalb des jeweils relevanten Marktes zugute kommen. Mit dem Hinweis auf eine angemessene Beteiligung wird deutlich gemacht, dass die erzielten Vorteile nicht vollständig an die Verbraucher weitergegeben werden müssen. Der sich dadurch ergebende Beurteilungsspielraum wird von der Kommission zunehmend großzügig interpretiert.[444] So prüft sie die Angemessenheit nur noch recht pauschal. Es reicht aus, dass der Wettbewerbsdruck für eine „teilweise" Weitergabe der Vorteile sorgen wird.[445] Es ist zudem unschädlich, dass die Weitergabe von Vorteilen an den Verbraucher mit einer gewissen zeitlichen Verzögerung erfolgt.[446]

Die **Weitergabe von Effizienzvorteilen** an Verbraucher kann in unter- **223** schiedlicher Form geschehen. So kann von einem Gewinn für die Verbraucher beispielsweise gesprochen werden, wenn es zu Preissenkungen kommt oder die Verbraucherpreise trotz gestiegener Kosten unverändert bleiben.[447] Eine andere Form von Gewinn für die Verbraucher kann die Steigerung der Produktivität darstellen. Vergleichbares gilt für technische Verbesserungen oder die Einführung eines neuen Erzeugnisses. Auch die verstärkte Anpassung der Produkte an die Verbraucherpräferenzen, verbesserte Kundendienste, ein dichteres Ver-

---

444 Lenz/Borchardt-*Grill*, Art. 81 Rn. 47; Wiedemann KartR-*Stockmann*, § 7 Rn. 114.
445 Komm., Entsch. v. 22.12.1987 – Az. IV/27.958, „ARG/Unipart", Abl. 1988, Nr. L 212, 62, 68 Rn. 41; Entsch. v. 29.10.1982 – Az. IV/30.517, „Amersham Buchler", Abl. 1982, Nr. L 314, 34, 36 Rn. 12.
446 Komm., Leitlinien zur Anwendung von Art. 81 Abs. 3 EG-Vertrag, Abl. 2004, Nr. C 101, 97 Rn. 87.
447 Komm., Entsch. v. 28.5.1971 – Az. IV/26.624, „FN-CF", Abl. 1971, Nr. L 134, 6, 11; Immenga/Mestmäcker EG-WbR-*Sauter*, Art. 85 Abs. 3 C Rn. 19.

triebsnetz oder ein vollständigeres Sortiment können als Gewinn angesehen werden.[448]

224 Hinsichtlich der **Beteiligung der Verbraucher** lässt die Kommission eine hinreichend hohe Wahrscheinlichkeit ausreichen. Sie prüft, ob der Wettbewerb die beteiligten Unternehmen zu einer angemessenen Beteiligung zwingen wird. Dazu ist der Wettbewerbsdruck auf die beteiligten Unternehmen zu ermitteln.[449] In diesem Zusammenhang kann es darauf ankommen, dass Wettbewerb nicht nur auf der Stufe der Hersteller, sondern auch auf derjenigen der Händler besteht. Auch die Nachfragemacht spielt eine Rolle, da das wirtschaftliche Gewicht der Abnehmer eine hinreichende Gewähr dafür bieten kann, dass sie an den Vorteilen angemessen beteiligt werden. Fehlt es hingegen an einem ausreichenden Wettbewerbsdruck, fällt die Prognose negativ aus; eine Freistellung kann nicht erteilt werden. Dies gilt insbesondere dann, wenn die beteiligten Unternehmen sich darüber verständigen, durch besondere Maßnahmen die Weitergabe von Vorteilen an die Verbraucher zu verhindern.

225 Es ist naturgemäß schwierig, den Anteil der Weitergabe von Vorteilen an die Verbraucher genau zu bestimmen. Die Unternehmen müssen aber ihre Behauptungen substantiieren, indem sie verfügbare Angaben und Schätzungen vorlegen, die den Gegebenheiten ihres Falles Rechnung tragen. Bei der Beurteilung des Ausmaßes, in dem die Kosteneinsparungen voraussichtlich weitergegeben werden, sind vor allem folgende **Faktoren** zu berücksichtigen:[450]

- Merkmale und Struktur des Marktes,
- Art und Ausmaß der Effizienzgewinne,
- Elastizität der Nachfrage und
- Ausmaß der Wettbewerbsbeschränkung.

226 Je größer der verbleibende Wettbewerb ist, desto größer ist die Wahrscheinlichkeit, dass die an der Wettbewerbsbeschränkung beteiligten Unternehmen ihre Kosteneinsparungen weitergeben werden. Dies gilt

---

448 Übersicht bei *Gleiss/Hirsch*, Art. 85 (3) Rn. 1912–1914. Zum Umweltnutzen als Verbrauchergewinn siehe Komm., Entsch. v. 24.1.1999 – Az. IV/F.1/36.718, „CECED", Abl. 2000, Nr. L 187, 47 ff. = WuW/E EU-V 505.
449 Komm., Entsch. v. 14.11.1988 – Az. IV/32.358, „ServiceMaster", Abl. 1988, Nr. L 332, 38, 41 Rn. 22 ff.; Immenga/Mestmäcker EG-WbR-*Sauter*, Art. 85 Abs. 3 C Rn. 21.
450 Komm., Leitlinien zur Anwendung von Art. 81 Abs. 3 EG-Vertrag, Abl. 2004, Nr. C 101, 97 Rn. 96.

vor allem auf Märkten, in denen die Unternehmen vor allem über den Preis konkurrieren.

4. Unerlässlichkeit der Wettbewerbsbeschränkung

Auch wenn die ersten beiden Voraussetzungen erfüllt sind, kommt eine **227** Freistellung nur in Betracht, wenn die Wettbewerbsbeschränkung für das Erreichen der angestrebten Ziele unerlässlich ist. Es ist daher anhand einer **Prognose** zu ermitteln, ob die angestrebten Ziele im Zeitpunkt der Entscheidung über die Freistellung nicht auf eine weniger einschränkende Weise erreicht werden können.[451] Es gilt der Grundsatz, dass nur das am wenigsten wettbewerbsbeschränkende Mittel freistellungsfähig ist. Erneut kommt es bei der Beurteilung, ob die Wettbewerbsbeschränkung unerlässlich ist, nur auf die objektiven Umstände und nicht auf die subjektiven Vorstellungen der Parteien an.[452] Nicht erforderlich ist allerdings, dass es objektiv überhaupt keine andere Möglichkeit als die vereinbarte Wettbewerbsbeschränkung gibt, um die positiven Voraussetzungen des Art. 81 Abs. 3 EG zu erfüllen. Gefordert wird jedoch, dass sich die Effizienzgewinne nur durch die Vereinbarung erzielen lassen, weil es keine andere wirtschaftlich machbare und weniger wettbewerbsbeschränkende Möglichkeit gibt, diese Gewinne zu erzielen. Die Parteien müssen erläutern und belegen, weshalb realistisch erscheinende und weniger wettbewerbsbeschränkende Alternativen erheblich weniger effizient wären.[453]

Eine Unerlässlichkeit wird vor allem dann zu verneinen sein, wenn die **228** **Wettbewerbsbeschränkung besonders schwerwiegend** ist oder die beteiligten Unternehmen als sehr marktstark einzustufen sind. An ihr fehlt es auch, wenn die erreichbaren Vorteile einerseits und das Gewicht der Beschränkungen andererseits in einem Missverhältnis zueinander stehen. Umgekehrt liegt eine Unerlässlichkeit vor, wenn die vereinbarten Wettbewerbsbeschränkungen nicht wesentlich über das hinausgehen, was notwendig ist, um die Ziele der Absprache zu erreichen.[454] Sind bestimmte Wettbewerbsbeschränkungen normalerweise geeignet,

---

451 EuGH, Urt. v. 25.3.1981 – Rs. 61/80, „Coöperatieve Stremsel- en Kleurselfabriek/ Kommission", Slg. 1981, 851, 863 ff. Rn. 1 ff.; Komm., Entsch. v. 19.12.1990 – Az. IV/33.016, „ANSAC", Abl. 1991, Nr. L 152, 54, 59 Rn. 25 u. 28.

452 Komm., Entsch. v. 25.7.1977 – Az. IV/27.093, „Laval-Stork", Abl. 1977, Nr. L 215, 11, 18; Immenga/Mestmäcker EG-WbR-*Sauter*, Art. 85 Abs. 3 C Rn. 24.

453 Komm., Leitlinien zur Anwendung von Art. 81 Abs. 3 EG-Vertrag, Abl. 2004, Nr. C 101, 97 Rn. 75.

454 Komm., Entsch. v. 17.7.1975 – Az. IV/28.775, „UNIDI", Abl. 1975, Nr. L 228, 17, 21.

besondere Vorteile hervorzubringen, spricht dies grundsätzlich für die Unerlässlichkeit der Beschränkung.[455]

229 Die **Prüfung** des Unerlässlichkeitskriteriums verlangt eine zweistufige Vorgehensweise:

- Die Vereinbarung muss erstens vernünftigerweise notwendig sein, um die zuvor ermittelten Effizienzgewinne zu erzielen.
- Zweitens müssen auch die einzelnen, sich aus der Vereinbarung ergebenden Wettbewerbsbeschränkungen hierfür vernünftigerweise notwendig sein.[456]

230 In Fällen, in denen die Effizienzvorteile durch Kostensenkungen infolge von **Skalenvorteilen** (economies of scale) oder durch **Verbundvorteile** (economies of scope) erfolgen sollen, müssen die Unternehmen erklären, warum diese Gewinne nicht ebenso gut durch intensives Wachstum und Preiswettbewerb verwirklicht werden können.

231 Eine Wettbewerbsbeschränkung ist **unerlässlich**, wenn ohne sie die sich aus der Vereinbarung ergebenden Effizienzgewinne beseitigt oder erheblich geschmälert würden oder die Wahrscheinlichkeit zurückgehen würde, dass sich diese Effizienzgewinne realisieren. Je ausgeprägter dabei die Wettbewerbsbeschränkung ist, desto strenger fällt die Prüfung des Kriteriums der Unerlässlichkeit aus. Die Freistellung nach Abs. 3 ist auf die sog. Anlaufperiode zu beschränken, wenn die Unerlässlichkeit nach einer bestimmten Zeit entfällt, etwa weil die beteiligten Unternehmen nicht mehr auf eine Zusammenarbeit angewiesen sind, um die angestrebten Ergebnisse zu erreichen. Es kommt bei dieser Voraussetzung also entscheidend darauf an, ob die Vereinbarung es ermöglicht, die Tätigkeiten effizienter durchzuführen, als dies ansonsten wahrscheinlich der Fall wäre.

5. Kein Ausschluss eines wesentlichen Teils des Wettbewerbs

232 Mit der Wettbewerbsbeschränkung darf nicht die Möglichkeit eröffnet werden, für einen wesentlichen Teil der betreffenden Waren oder Dienstleistungen den Wettbewerb auszuschalten. Mit der vierten Voraussetzung ist klargestellt worden, dass dem Schutz des Wettbewerbs **Vorrang** vor potenziell wettbewerbsfördernden Effizienzgewinnen eingeräumt wird. So kann beispielsweise die Anwendung von Art. 81 Abs. 3 EG diejenige

---

455 Nachweise bei *Gleiss/Hirsch*, Art. 85 (3) Rn. 1940.
456 Komm., Leitlinien zur Anwendung von Art. 81 Abs. 3 EG-Vertrag, Abl. 2004, Nr. C 101, 97 Rn. 73; *Schwintowski/Klaue*, WuW 2005, 370, 374. Kritisch *Müller*, WRP 2004, 1472, 1475.

des Art. 82 EG nicht verhindern.[457] Über Abs. 3 können daher Vereinbarungen nicht vom Kartellverbot ausgenommen werden, die den Missbrauch einer marktbeherrschenden Stellung darstellen.

Die Anwendung der vierten Voraussetzung verlangt zunächst, dass der **233** Wettbewerb vor Abschluss der Vereinbarung ermittelt wird. Ferner ist wiederum eine **Prognose** zu erstellen, die alle wichtigen Kriterien wie Marktanteile, Marktstruktur, Ausweichmöglichkeiten etc. berücksichtigt, wobei ein ausreichender Grad an Wahrscheinlichkeit genügt.[458] Es müssen also die verschiedenen Wettbewerbsquellen auf dem Markt und das Ausmaß des Wettbewerbsdrucks ermittelt werden. Entscheidend ist, ob die Absprache für die beteiligten Unternehmen die Möglichkeit schafft, sich wirksamem Wettbewerb zu entziehen. Die Kommission berücksichtigt einerseits den Innenwettbewerb, indem geprüft wird, inwieweit die beteiligten Unternehmen nach der Koordinierung ihres Verhaltens untereinander noch im Wettbewerb stehen. Andererseits wird geprüft, welche Stellung die Unternehmen auf dem relevanten Markt einnehmen werden und bis zu welchem Grad die Absprache die Marktverhältnisse verändern wird (Außenwettbewerb).[459]

Naturgemäß spielen **Marktanteile** in diesem Zusammenhang eine er- **234** hebliche Rolle, auch wenn das Ausmaß der verbleibenden Wettbewerbsquellen nicht allein anhand von Marktanteilen beurteilt wird und daher nicht auf umfangreichere qualitative und quantitative Untersuchungen verzichtet werden kann. In der Praxis ist davon auszugehen, dass bei geringen Marktanteilen vom Fortbestehen hinreichenden Wettbewerbs auszugehen ist.[460] Bei Marktanteilen von über 50 % wird umgekehrt angenommen, dass kein wesentlicher Wettbewerb mehr vorhanden ist.[461] Auch wenn der Marktanteil in einem nationalen Markt rela-

457 EuGH, Urt. v. 16.3.2000 – verb. Rs. C-395 u. C-396/96 P, „CMB/Kommission", Slg. 2000, I-1365 Rn. 130 = WuW/E EU-R 309, 310; Urt. v. 11.4.1989 – Rs. 66/86, „Ahmed Saeed Flugreisen u. Silver Line Reisebüro", Slg. 1989, I-803, 848 Rn. 32 = NJW 1989, 2192; EuGI, Urt. v. 10.7.1990 – Rs. T-51/89, „Tetra Pak/Kommission", Slg. 1990, II-309, 353 Rn. 11ff.
458 Komm., Entsch. v. 20.12.1974 – Az. IV/26.603, „Rank/SOPELEM", Abl. 1975, Nr. L 29, 20, 24; Leitlinien zur Anwendung von Art. 81 Abs. 3 EG-Vertrag, Abl. 2004, Nr. C 101, 97 Rn. 108; Schwarze-*Brinker*, Art. 81 Rn. 74.
459 Immenga/Mestmäcker EG-WbR-*Sauter*, Art. 85 Abs. 3 C Rn. 28; *Schwintowski/Klaue*, WuW 2005, 370, 375.
460 Komm., Entsch. v. 12.7.1984 – Az. IV/30.129, „Carlsberg", Abl. 1984, Nr. L 207, 26, 35 Rn. 11ff.; Streinz/*Eilmannsberger*, Art. 81 Rn. 142.
461 EuGH, Urt. v. 29.10.1980 – Rs. 209–215 u. 218/78, „van Landewyck Sàrl/Kommission", Slg. 1980, 3125, 3250 Rn. 89; Komm., Entsch. v. 28.9.1981 – Az. IV/

tiv hoch ist, kann das Merkmal dennoch nicht erfüllt sein, wenn der Marktanteil in der Gemeinschaft zwischen 12 und 21% anzusiedeln ist.[462] Neben den Marktanteilen kommt es entscheidend auf die konkreten Marktverhältnisse an. Dazu zählen die Zahl und Bedeutung der Konkurrenten, die Existenz gleichgerichteter Wettbewerbsbeschränkungen Dritter oder die Verteilung der übrigen Marktanteile. Darüber hinaus ist zu prüfen, ob die beteiligten Unternehmen durch die Absprache den Wettbewerb untereinander insgesamt regeln, oder ob sich die Vereinbarung nur auf einzelne Wettbewerbsmittel beschränkt.

235 Schließlich spielt die Frage nach dem **potenziellen Wettbewerb** eine erhebliche Rolle, dessen Beurteilung maßgeblich von dem Vorliegen von Marktzutrittsschranken abhängt. Dazu sind u. a. folgende Faktoren heranzuziehen:[463]

- Der Rechtsrahmen und seine Auswirkungen auf den Eintritt eines neuen Wettbewerbers.
- Die Marktzutrittskosten einschließlich nicht rückholbarer Kosten (sunk costs).
- Die effiziente Mindestgröße eines Unternehmens der betroffenen Branche.
- Die Wettbewerbsstärke der potenziellen Neuzugänger.
- Die Stellung der Käufer und ihre Fähigkeit, neuen Wettbewerbsquellen im Markt Raum zu verschaffen.
- Die wahrscheinliche Reaktion der auf dem Markt bereits etablierten Unternehmen.
- Die wirtschaftlichen Aussichten der Branche.
- Die Zahl der erfolgreichen Markteintritte in der Vergangenheit.

III. GVOen

1. Allgemeines

236 Gem. Art. 81 Abs. 3 EG ist eine Freistellung nicht nur im Einzelfall möglich, sondern auch für **Gruppen von Absprachen** vorgesehen. Darunter fallen solche Absprachen, denen gemeinsame oder gleich-

---

29.988, „Flachglas in Italien", Abl. 1981, Nr. L 326, 32, 40; Entsch. v. 22.12.1976 – Az. IV/24.510, „Gerofabriek", Abl. 1977, Nr. L 16, 8, 12.

462 Komm., Entsch. v. 4.12.1986 – Az. IV/31.055, „ENI/Montedison", Abl. 1987, Nr. L 5, 13, 16 Rn. 17 u. 20 Rn. 41.

463 Komm., Leitlinien zur Anwendung von Art. 81 Abs. 3 EG-Vertrag, Abl. 2004, Nr. C 101, 97 Rn. 115.

förmige Tatbestände zugrunde liegen, die angesichts der weit gehenden Gleichförmigkeit der Interessen der Beteiligten selbst, ihrer Handelspartner, ihrer Wettbewerber sowie der Verbraucher einer typisierenden Beurteilung zugänglich sind. Bei einer Gruppenfreistellung handelt es sich im Gegensatz zur Einzelfreistellung nicht um eine Entscheidung i. S. v. Art. 249 Abs. 4 EG, sondern um eine VO i. S. v. Art. 249 Abs. 2 EG.[464] Die Kommission ist zum Erlass von GVOen selbst nicht befugt, kann aber vom Rat, dessen diesbezügliche Zuständigkeit in Art. 83 EG begründet liegt, dazu ermächtigt werden. Der EuGH hat ein solches zweistufiges Rechtssystem als zulässig angesehen.[465]

Auf dieser Grundlage hat die Kommission u. a. folgende **Gruppen-** **237** **freistellungen** erlassen:

- VO (EG) Nr. 2790/1999 vom 22. 12. 1999 über die Anwendung von Art. 81 Abs. 3 des Vertrags auf Gruppen von vertikalen Vereinbarungen und aufeinander abgestimmten Verhaltensweisen;[466]
- VO (EG) Nr. 2658/2000 vom 29. 11. 2000 über die Anwendung von Art. 81 Abs. 3 des Vertrags auf Gruppen von Spezialisierungsvereinbarungen;[467]
- VO (EG) Nr. 2659/2000 vom 29. 11. 2000 über die Anwendung von Art. 81 Abs. 3 des Vertrags auf Gruppen von Vereinbarungen über Forschung und Entwicklung;[468]
- VO (EG) Nr. 1400/2002 vom 31. 7. 2002 über die Anwendung von Art. 81 Abs. 3 des Vertrags auf Gruppen von vertikalen Vereinbarungen und aufeinander abgestimmten Verhaltensweisen im Kraftfahrzeugsektor;[469]
- VO (EG) Nr. 358/2003 vom 27. 2. 2003 über die Anwendung von Art. 81 Abs. 3 des Vertrags auf Gruppen von Vereinbarungen, Beschlüssen und aufeinander abgestimmte Verhaltensweisen im Versicherungssektor;[470]

---

464 Statt aller Liebscher/Flohr/Petsche-*Saria*, § 1 Rn. 82.
465 EuGH, Urt. v. 13. 7. 1966 – Rs. 32/65, „Italien/Kommission", Slg. 1966, 457, 481; Langen-*Bunte*, Art. 81 Rn. 195; Liebscher/Flohr/Petsche-*Flohr/Hero*, § 2 Rn. 7–10; Immenga/Mestmäcker EG-WbR-*Sauter*, Art. 85 Abs. 3 B Rn. 11.
466 Abl. 1999, Nr. L 336, 21.
467 Abl. 2000, Nr. L 304, 3.
468 Abl. 2000, Nr. L 304, 7.
469 Abl. 2002, Nr. L 203, 30.
470 Abl. 2003, Nr. L 53, 8.

● VO (EG) Nr. 772/2004 vom 27.4.2004 über die Anwendung von Art. 81 Abs. 3 EG-Vertrag auf Gruppen von Technologietransfer-Vereinbarungen.[471]

238 Die genannten GVOen weisen einen mehr oder weniger vergleichbaren **Aufbau** und eine zumeist einheitliche **Regelungstechnik** auf. Einleitend werden die tragenden Motive erläutert, die zu ihrem Erlass geführt haben. Der Regelungsteil beginnt mit den materiellen Tatbeständen, wobei zunächst der Anwendungsbereich der jeweiligen GVO definiert wird. Im sog. Freistellungstatbestand werden die freizustellenden Vereinbarungen niedergelegt und häufig in Form sog. weißer Klauseln konkretisiert.[472] Ein Katalog sog. schwarzer Klauseln verdeutlicht, in welchen Fällen eine Freistellung ausgeschlossen ist. Entsprechende Klauseln dürfen daher in der Vereinbarung nicht enthalten sein. Ggf. enthält die GVO noch sog. graue Klauseln, also Tatbestände, die erst nach einer Anmeldung und dem Ablauf einer Widerspruchsfrist in den Genuss der Freistellung kommen können.

2. Bedeutung und Wirkung

239 Der **Zweck** von GVOen besteht hauptsächlich darin, die Anzahl der Einzelfreistellungsanträge zu verringern und so zum einen der Kommission ihre Arbeit zu erleichtern. Zum anderen sollen sich die beteiligten Unternehmen die Mühe eines Antrags auf Einzelfreistellung ersparen können und auf der Grundlage der jeweiligen GVO planen können. Die Gruppenfreistellung gilt auch dann, wenn im Einzelfall die Voraussetzungen für eine Einzelfreistellung nach Abs. 3 nicht erfüllt sind.[473] Allerdings kann die Kommission – nicht jedoch die nationalen Gerichte – dann nach Art. 29 Abs. 1 VO 1/2003 die Freistellung entziehen.

240 GVOen **gelten** gem. Art. 249 Abs. 2 EG überall in der Gemeinschaft **unmittelbar.** Sie sind von den Gerichten der Gemeinschaft anzuwenden.[474] Die begünstigten Unternehmen können sich auf die Rechtmä-

---

471 Abl. 2004, Nr. L 123, 11.

472 Mit dem Begriff „weiße Klauseln" sind Tatbestände gemeint, die eine Freistellung nach der jeweiligen GVO grundsätzlich nicht beeinflussen, weil sie unschädlich sind.

473 EuGI, Urt. v. 9.7.1992 – Rs. T-66/89, „Publisher's Association/Kommission", Slg. 1992, II-1995, 1998, 2011 Rn. 42 = EuZW 1993, 254; Immenga/Mestmäcker EG-WbR-*Veelken*, GFVO A Rn. 11.

474 EuGH, Urt. v. 28.2.1991 – Rs. C-234/89, „Delimitis/Henninger Bräu", Slg. 1991, I-935, 992 Rn. 45f. = EuZW 1991, 376; Immenga/Mestmäcker EG-WbR-*Sauter*, Art. 85 Abs. 3 B Rn. 30.

ßigkeit und zivilrechtliche Gültigkeit der unter die VO fallenden Vereinbarungen und Beschlüsse gegenüber jedermann berufen. Die gruppenweise freigestellten Vereinbarungen, Beschlüsse und aufeinander abgestimmten Verhaltensweisen unterliegen der Kartellaufsicht. Die Kommission kann den Unternehmen den Rechtsvorteil der Befreiung vom Verbot des Art. 81 Abs. 1 EG entziehen, wenn ihre Absprachen im Einzelfall Wirkungen zeigen, die mit Art. 81 Abs. 3 EG unvereinbar sind, Art. 29 Abs. 1 VO 1/2003. Die erfassten Absprachen bedürfen keiner Anmeldung und sind nicht bußgeldbewehrt.

Art. 81 Abs. 3 EG enthält keine näheren Anforderungen an das Merk-   **241** mal der „**Gruppe**", vor allem wird die Weite des Gruppenmerkmals nicht definiert. Die Gruppe darf jedoch nicht so umfassend definiert sein, dass die Anwendung der einzelnen Freistellungskriterien nicht mehr hinreichend genau nachvollziehbar ist.[475] Eine Gruppe von Maßnahmen ist dadurch gekennzeichnet, dass sie vergleichbare oder gemeinsame Tatbestände umfasst. Aufgrund ihrer weitgehenden Gleichförmigkeit ist sie einer typisierenden Betrachtung und Bewertung zugänglich. Die wettbewerbsrechtliche Beurteilung solcher Gruppen macht das Festschreiben inhaltlicher Kriterien ebenso erforderlich wie eine typisierende Interessenabwägung.[476] Beides dient der schon erwähnten Vereinfachung ebenso wie der Verbesserung der Rechtssicherheit für die Unternehmen, verstanden als das Schaffen von Klarheit und Vorhersehbarkeit hinsichtlich der Beurteilung typischer Sachverhalte durch die Kartellbehörden.

Daneben ist der wichtige **Rationalisierungseffekt** von GVOen hervor-   **242** zuheben. Im Anwendungsbereich einer GVO entfällt die Notwendigkeit einer Einzelfreistellung, da die Wettbewerbsbeschränkung „automatisch" vom Verbot des Art. 81 Abs. 1 EG freigestellt und die Vereinbarung zivilrechtlich wirksam ist. Zugleich dienen GVOen zunehmend als Auslegungs- und Orientierungsmaßstab sowohl für das europäische als auch für das jeweilige nationale Kartellrecht.

GVOen sind wie ein Gesetzestext anhand der für das Gemeinschafts-   **243** recht allgemein entwickelten Grundsätze **auszulegen**.[477] Da sie für die nationalen Gerichte unmittelbar geltendes Recht sind, obliegt die Auslegung nicht nur dem EuGH, sondern auch den nationalen Gerich-

---

475 *Paulweber/Kögel*, AG 1999, 500, 509; Immenga/Mestmäcker EG-WbR-*Veelken*, GFVO Rn. 18.
476 Langen-*Bunte*, Art. 81 Rn. 234; Liebscher/Flohr/Petsche-*Saria*, § 1 Rn. 84.
477 Ausführlich dazu Liebscher/Flohr/Petsche-*Saria*, § 1 Rn. 93–104.

ten.[478] Erfüllt eine Vereinbarung die in einer GVO gestellten Bedingungen nicht, verstößt sie nicht automatisch gegen Art. 81 Abs. 1 EG. Vielmehr sind auch hier die einzelnen Tatbestandsmerkmale sorgfältig zu prüfen.[479] Allerdings ist zu beachten, dass Art. 81 Abs. 3 EG nach der VO 1/2003 unmittelbar geltendes Recht und „self executing" ist. Dies hat die Frage aufgeworfen, ob GVOen nur noch Gestaltungen erfassen können, die ohnehin nach Art. 81 Abs. 3 EG freigestellt sind und damit lediglich Feststellungscharakter besitzen.[480] Wenn diese Interpretation des Verhältnisses zwischen GVOen und Art. 81 Abs. 3 EG zutreffen sollte, stellt sich die weitere Frage, welches Recht gilt, wenn Primär- und Sekundärrecht auseinander fallen.[481] Da GVOen nach dieser Rechtsauffassung nichts mehr gestalten dürfen, ist zudem vorgeschlagen worden, sie als Gruppennegativattests anzusehen.[482] Es handelt sich bei der GVO jedoch um eine VO und nicht nur um eine Entscheidung wie bei dem Negativattest i. S. v. Art. 2 VO 17/1962 bzw. nach Art. 10 VO 1/2003.[483] Zudem besagt die Nichtanwendbarkeitsentscheidung lediglich, dass im Entscheidungszeitpunkt keine Anhaltspunkte dafür bestehen, Art. 81 EG auf einen Tatbestand anzuwenden. Der Schutzwert einer GVO ist demgegenüber erheblich höher. Zu Recht wird daher der GVO auch im System der Legalausnahmen eine konstitutive Wirkung zugesprochen.[484] GVOen stellen Rechtsnormen des sekundären Gemeinschaftsrechts dar. Deren Bestimmungen konkretisieren rechtsverbindlich die Tatbestandsvoraussetzungen des Art. 81 Abs. 3 EG.[485] Käme einer GVO lediglich deklaratorische Bedeutung zu, wäre Art. 3 Abs. 2 Satz 1 VO 1/2003 nicht erforderlich gewesen.

244 Einer **analogen Anwendung** sind GVOen regelmäßig nicht zugänglich. Dies ergibt sich schon aus ihrem Charakter als Ausnahmeregelung zum

478 EuGH, Urt. v. 28.2.1991 – Rs. C-234/89, „Delimitis/Henninger Bräu", Slg. 1991, I-935, 992 Rn. 45 f. = EuZW 1991, 376; *Fuchs*, ZWeR 2005, 1, 14 f.

479 EuGH, Urt. v. 18.12.1986 – Rs. 10/86, „VAG France/Magne", Slg. 1986, 4071, 4088 Rn. 12.

480 So etwa GK-*Schütz*, Art. 29 VO 1/2003 Rn. 9. Ähnlich *Bechtold*, BB 2000, 2425, 2426 f.; *ders.*, EWS 2001, 49, 54.

481 Dazu *Bechtold*, BB 2000, 2425, 2426 f.; *ders.*, EWS 2001, 49, 54; GK-*Schütz*, Einf. GVO 1400/2002 Rn. 53–56.

482 Vgl. dazu *Bien*, DB 2000, 2309 f.; *Deringer*, EuZW 2000, 5, 7; *ders.*, EuR 2001, 61, 65, *Möschel*, JZ 2000, 61, 65. Differenzierend jedoch *K. Schmidt*, BB 2003, 1237, 1241.

483 Vgl. *Gröning*, WRP 2001, 83, 86.

484 *Bornkamm/Becker*, ZWeR 2005, 213, 223 f.

485 *Fuchs*, ZWeR 2005, 1, 11; *Wagner*, WRP 2003, 1368, 1374 f.

generellen Kartellverbot und der damit einhergehenden Vermutung, dass es sich jeweils um abschließende Regelungen handelt.[486]

3. Das Verhältnis der GVOen zueinander

Mit dem Begriff der Gruppe ist eine Typenbildung und eine gewisse **245** Standardisierung verbunden. Angesichts der Vielfältigkeit und Dynamik des Wirtschaftshandelns ist es unvermeidlich, dass einzelne Vereinbarungen anzutreffen sind, die von den niedergelegten Typen abweichen und die in den Anwendungsbereich **mehrerer GVOen** fallen. Dies ist trotz der sich teilweise ausschließenden Definitionen der Anwendungsbereiche der relevanten GVOen denkbar. Handelt es sich hingegen um mehrere von den gleichen Parteien unabhängig voneinander abgeschlossene und selbstständige Vereinbarungen, ist auf jede von ihnen die jeweils einschlägige GVO anwendbar.[487] Sind aber in einer Vereinbarung Wettbewerbsbeschränkungen enthalten, die in den Anwendungsbereich mehrerer GVOen fallen, stellt sich die Frage, in welchem Verhältnis die GVOen zueinander stehen. Z.T. ist das Verhältnis der VO untereinander in den jeweiligen GVOen selbst geregelt.

Nach wohl h.M. wird das Verhältnis der GVOen untereinander durch **246** **drei Grundsätze** geprägt, die ihrerseits auf das Gebot der Rechtssicherheit und den Grundsatz der Wahrung der Rechtssetzungskompetenz der Kommission zurückzuführen sind. Danach gilt:[488]

- Auf ein wettbewerblich relevantes Verhalten sind grundsätzlich alle in Frage kommenden GVOen anzuwenden, es sei denn, die jeweiligen GVOen enthalten eine spezifische Vorrangregel.[489]
- Für die Freistellung einer Vereinbarung reicht die Freistellung nach einer einzigen einschlägigen GVO aus, unabhängig davon, ob auch nach einer anderen einschlägigen GVO die Freistellung möglich wäre.
- Ist die Freistellung nicht auf der Grundlage einer einschlägigen GVO möglich, kann sie auch nicht aus einer Kombination von Freistellungsvoraussetzungen mehrerer GVOen, sondern nur in Form einer Einzelfreistellung erfolgen.[490]

---

486 Liebscher/Flohr/Petsche-*Saria*, § 1 Rn. 102. Vgl. ferner Langen-*Bunte*, Art. 81 Rn. 196.
487 *Müller-Graff*, EuR 1992, 1, 36.
488 Liebscher/Flohr/Petsche-*Saria*, § 3 Rn. 2; Immenga/Mestmäcker EG-WbR-*Veelken*, GFVO A Rn. 66–69.
489 Vgl. auch *Martinek/Habermeier*, ZHR 158 (1994), 107, 142 ff.
490 *Müller-Graff*, EuR 1992, 1, 36; Immenga/Mestmäcker EG-WbR-*Veelken*, GFVO A Rn. 69.

4. Das Verhältnis der GVOen zur Missbrauchskontrolle

247 Von ihrer grundsätzlichen Konzeption her erfassen Art. 81 und Art. 82 EG unterschiedliche Arten von Wettbewerbsbeschränkungen. Liegen die Voraussetzungen beider Vorschriften im Einzelfall vor, können sie aber **nebeneinander angewandt** werden, da sie das gleiche Ziel der Aufrechterhaltung wirksamen Wettbewerbs verfolgen.[491] Einigkeit besteht darin, dass auch marktbeherrschende Unternehmen i. S. v. Art. 82 EG in den Genuss einer GVO gelangen können. Keine GVO setzt voraus, dass sich an einer Vereinbarung marktbeherrschende Unternehmen nicht beteiligen dürfen. Allenfalls finden sich in ihnen Regelungen über Marktanteilsgrenzen. Im seltenen Einzelfall kann der Abschluss einer die Freistellungsvoraussetzungen einer GVO erfüllenden Vereinbarung oder eine Maßnahme im Rahmen der Durchführung einer solchen Vereinbarung den Missbrauch einer marktbeherrschenden Stellung darstellen.[492] Eine Freistellung von den Anforderungen des Art. 82 EG ist jedenfalls nicht möglich.[493]

---

491 EuGH, Urt. v. 11.4.1989 – Rs. 66/86, „Ahmed Saeed Flugreisen u. Silver Line Reisebüro", Slg. 1989, I-803, 849 Rn. 38 = NJW 1989, 2192.

492 Vgl. dazu EuGI, Urt. v. 10.7.1990 – Rs. T-51/89, „Tetra Pak/Kommission", Slg. 1990, II-309, 357 f. Rn. 23, 24. Immenga/Mestmäcker EG-WbR-*Veelken*, GFVO A Rn. 91.

493 EuGH, Urt. v. 16.3.2000 – verb. Rs. C-395 u. C-396/96 P, „CMB/Kommission", Slg. 2000, I-1365 Rn. 135 = WuW/E EU-R 309, 310; Urt. v. 11.4.1989 – Rs. 66/ 86, „Ahmed Saeed Flugreisen u. Silver Line Reisebüro", Slg. 1989, I-803, 848 Rn. 32 = NJW 1989, 2192; EuGI, Urt. v. 10.7.1990 – Rs. T-51/89, „Tetra Pak/ Kommission", Slg. 1990, II-309, 353 Rn. 25.

Kapitel 3:

Besonderheiten
bei horizontalen Vereinbarungen

§ 1 Grundlagen

Schrifttum: *Geiger*, Die neuen Leitlinien der EG-Kommission zur Anwendbarkeit von Art. 81 EG auf Vereinbarungen über horizontale Zusammenarbeit, EuZW 2000, 325; *Immenga/Stopper*, Die europäischen und US-amerikanischen Leitlinien zur horizontalen Kooperation, RIW 2001, 241; *Polley/Seeliger*, Das neue EG-Kartellrecht für Vereinbarungen über horizontale Zusammenarbeit, WRP 2001, 494; *Stopper*, Leitlinien für Horizontalvereinbarungen: Ende des Regel-Ausnahme-Prinzips von Art. 81 EG?, EuZW 2001, 426.

I. Überblick

Wegen der unterschiedlichen Gefährdungen des Wettbewerbs unterscheiden die sekundärrechtlichen Bestimmungen zu Art. 81 EG und die Verwaltungspraxis der Kommission zwischen **horizontalen und vertikalen Vereinbarungen**. Eine getrennte Betrachtung von horizontalen und vertikalen Vereinbarungen ist daher auch im Rahmen dieser Bearbeitung sinnvoll.[1]   **248**

Horizontale Vereinbarungen sind Vereinbarungen zwischen Parteien, die sich als Wettbewerber oder jedenfalls potenzielle Wettbewerber gegenüberstehen. Vertikale Vereinbarungen sind solche, bei denen die Parteien auf unterschiedlichen Ebenen der Produktions- oder Vertriebskette tätig und damit keine Wettbewerber oder potenzielle Wettbewerber sind.[2]   **249**

Nicht alle Vereinbarungen zwischen Wettbewerbern verstoßen gegen das Kartellverbot des Art. 81 Abs. 1 EG und bedürfen zu ihrer Wirk-   **250**

---

1 Im Folgenden umfasst der Begriff der Vereinbarung auch abgestimmte Verhaltensweisen. Beschlüsse von Unternehmensvereinigungen sind in diesem Zusammenhang – der horizontalen Zusammenarbeit von Unternehmen – nicht relevant.
2 Vgl. Komm., Leitlinien für horizontale Zusammenarbeit, Abl. 2001, Nr. C 3, 2 Rn. 11. Im Einzelnen zur Abgrenzung siehe Rn. 251 ff.

samkeit einer Freistellung nach Art. 81 Abs. 3 EG. Es gibt vielmehr eine ganze Reihe horizontaler Vereinbarungen, die nicht die Voraussetzungen des Art. 81 Abs. 1 EG erfüllen. Grundsätzlich lassen sich daher horizontale Vereinbarungen in Bezug auf Art. 81 EG in **drei Kategorien** einteilen: Solche, die normalerweise nicht von Art. 81 EG erfasst werden, solche, die erfasst werden und grundsätzlich nicht freistellbar sind, und solche, die zwar von Art. 81 EG erfasst werden, aber freistellungsfähig sind.[3] Für horizontale Vereinbarungen, die von Art. 81 Abs. 1 EG erfasst werden, hat die Kommission zwei GVOen erlassen: die VO (EG) Nr. 2658/2000 vom 29.11.2000 über die Anwendung von Art. 81 Abs. 3 EG auf Gruppen von Spezialisierungsvereinbarungen („SpezialisierungsGVO")[4] und die VO (EG) Nr. 2659/2000 vom 29.11.2000 über die Anwendung von Art. 81 Abs. 3 EG auf Gruppen von Vereinbarungen über Forschung und Entwicklung („FuE GVO").[5] Die Ermächtigung der Kommission, die genannten VOen zu erlassen, folgt aus Art. 83 EG i.V.m. der Ermächtigungsverordnung des Rates Nr. 2821/1971.[6] Neben den GVOen hat die Kommission Leitlinien zur Anwendbarkeit von Art. 81 EG auf Vereinbarungen über horizontale Zusammenarbeit[7] veröffentlicht. Diese Leitlinien erläutern die Voraussetzungen der Freistellung für sechs verschiedene Formen horizontaler Vereinbarungen: FuE, Spezialisierung, Einkauf, Vermarktung, Normen und Umweltschutz. Horizontale Vereinbarungen, die nicht von den GVOen oder den Leitlinien erfasst werden, sind unmittelbar anhand der Kriterien des Art. 81 Abs. 3 GVO und den dazugehörigen Leitlinien[8] zu beurteilen.

---

3 Vgl. Komm., Leitlinien für horizontale Zusammenarbeit, Abl. 2001, Nr. C 3, 2 Rn. 24–26.

4 Abl. 2000, Nr. L 304, 3.

5 Abl. 2000, Nr. L 304, 7.

6 VO (EWG) Nr. 2821/1971, Abl. 1971, Nr. L 285, 46. Art. 1 Abs. 1 lit. b VO 2821/71 sieht vor, dass die Komm. ermächtigt ist, bestimmte unter Art. 81 Abs. 1 EG fallende Gruppen von Vereinbarungen, Beschlüssen und aufeinander abgestimmte Verhaltensweisen, welche die FuE von Erzeugnissen oder Verfahren bis zur Produktionsreife sowie die Verwertung der Ergebnisse einschließlich der Bestimmungen über die gewerblichen Schutzrechte und geheimes technisches Wissen zum Gegenstand haben, gruppenweise freizustellen. Lit. c schließlich ermächtigt die Komm., Vereinbarungen, die die Spezialisierung einschließlich der zu ihrer Durchführung erforderlichen Abreden betreffen, gruppenweise freizustellen.

7 Abl. 2001, Nr. C 3, 2.

8 Komm., Leitlinien zur Anwendung von Art. 81 Abs. 3 EG, Abl. 2004, Nr. C 101, 97.

II. Abgrenzung zwischen horizontalen und vertikalen Vereinbarungen

Art. 81 EG erfasst alle durch Vereinbarungen zwischen Unternehmen, **251** Beschlüsse von Unternehmensvereinigungen und aufeinander abgestimmte Verhaltensweisen hervorgerufenen Wettbewerbsbeschränkungen schlechthin und unterscheidet nicht zwischen „horizontalen" und „vertikalen" Tatbeständen. Während beispielsweise das deutsche Kartellrecht bis zum In-Kraft-Treten der 7. GWB-Novelle prinzipiell nur Vereinbarungen zwischen konkurrierenden Unternehmen, die den Wettbewerb beschränken, verbot,[9] werden nach Art. 81 EG sowohl wettbewerbsbeschränkende horizontale als auch vertikale Vereinbarungen verboten.[10]

Diese **Gleichbehandlung von vertikalen und horizontalen Vereinba- 252 rungen** hat zu erheblichen praktischen Schwierigkeiten geführt, da von horizontalen Vereinbarungen in der Regel andere wettbewerbliche Wirkungen als von vertikalen ausgehen.[11] Um diese Probleme zu entschärfen, hat die Kommission die Unterscheidung in ihrer Praxis und in ihrem Sekundärrecht aufgegriffen und kontinuierlich ausgeformt. Es ist daher bei der kartellrechtlichen Beurteilung einer Vereinbarung in der Regel erforderlich zu bestimmen, ob es sich um eine horizontale oder um eine vertikale Vereinbarung handelt.

Für die Frage, ob eine Vereinbarung als horizontal oder als vertikal **253** einzustufen ist, kommt es darauf an, ob die Unternehmen auf derselben oder auf unterschiedlichen **Marktstufen** tätig sind. Bei horizontalen Vereinbarungen betätigen sich die Unternehmen auf derselben Marktstufe, bei vertikalen Vereinbarungen handelt es sich um unterschiedliche Marktstufen.[12] Bei Tätigkeiten auf derselben Marktstufe stehen sich die Parteien der Vereinbarung als Wettbewerber oder je-

---

9 Mit der 7. GWB-Novelle, die 2005 in Kraft trat, wurde das deutsche Kartellrecht hinsichtlich der wettbewerbsbeschränkenden Vereinbarungen vollständig an das europäische Kartellrecht angepasst.

10 Die Einbeziehung vertikaler Vereinbarungen ergibt sich nicht zwingend aus dem Wortlaut des Art. 81 EG. Der EuGH hat jedoch bereits in der Entscheidung *Consten und Grundig/Komm.*, verb. Rs. 56/64 und 58/64, Slg. 1966, 321, aus dem Jahre 1966 hervorgehoben, dass nach Sinn und Zweck der Vorschrift auch vertikale Vereinbarungen erfasst sein müssen, um Marktaufteilungen beim Vertrieb von Waren oder Dienstleistungen innerhalb der Gemeinschaft zu verhindern.

11 FK-*Roth/Ackermann*, Art. 81 EG-Vertrag Grundfragen Rn. 240 ff.

12 Komm., Leitlinien für horizontale Zusammenarbeit, Abl. 2001, Nr. C 3, 2 Rn. 1; vgl. auch z.B. FK-*Kulka*, Art. 81 Abs. 1, 3 EG-Vertrag Fallgruppen I. Rn. 22.

---

denfalls potenzielle Wettbewerber gegenüber. Bei unterschiedlichen Marktstufen sind die Parteien der betreffenden Vereinbarung keine Wettbewerber, sondern beispielsweise Zulieferer oder Weiterverkäufer.

254 Die Bestimmung des **relevanten Marktes** ist eine Vorfrage für die Untersuchung, ob sich Unternehmen auf derselben Marktstufe betätigen. Unternehmen mit verschiedenen Produkten können sich in manchen Bereichen als Wettbewerber gegenüberstehen, in anderen Bereichen auf unterschiedlichen Marktstufen tätig sein. Bei der Beurteilung einer Vereinbarung kommt es für die Bestimmung der Marktstufe auf die konkret von der Vereinbarung betroffenen Produkte oder Dienstleistungen (bzw. solche, die mit diesen austauschbar sind) an.[13]

255 Bei Vereinbarungen, die **sowohl horizontale als auch vertikale Elemente** enthalten, kann die Abgrenzung schwierig sein. So werden etwa Wettbewerbsverbote in Austauschverträgen von der Vertikal-GVO[14] erfasst, auch wenn sie eher horizontalen Charakter haben, vgl. Art. 1 lit. b GVO 2790/1999. Diese Einstufung ist darauf zurückzuführen, dass die Kommission unter dem Begriff „Vereinbarung" i. S. d. GVOen das Vertragswerk als Gesamtheit aller sich aus der Vereinbarung ergebenden Handlungen und Unterlassungen insgesamt versteht.[15] Auch die in Art. 2 GVO 2790/1999 erfassten vertikalen Vereinbarungen einer Unternehmensvereinigung liegen im Grenzbereich zwischen horizontalen und vertikalen Vereinbarungen. Es wird ausdrücklich klargestellt, dass die Freistellung die Anwendbarkeit von Art. 81 EG auf horizontale Vereinbarungen zwischen den Mitgliedern der Vereinigung sowie auf Beschlüsse der Vereinigung unberührt lässt. Bei solchen gemischten Vereinbarungen empfiehlt es sich, die jeweilige Vereinbarung sowohl in horizontaler als auch in vertikaler Hinsicht zu überprüfen. Häufig besteht dabei allerdings ein Vorrang der horizontalen Betrachtungsweise.[16]

---

13 So auch ausdrücklich Art. 2 Nr. 13 FuE GVO und Art. 2 Nr. 6 Spezialisierungs-GVO.
14 Komm., VO (EG) Nr. 2790/1999 v. 22.12.1999 über die Anwendung von Art. 81 Abs. 3 des Vertrages auf Gruppen von vertikalen Vereinbarungen und aufeinander abgestimmte Verhaltensweisen, Abl. 1999, Nr. L 336, 21.
15 So auch FK-*Kulka*, Art. 81 Abs. 1, 3 EG-Vertrag Fallgruppen I. Rn. 36 f.
16 Vgl. etwa Art. 2 Abs. 2 Halbs. 2, Abs. 4 Halbs. 1 GVO 2790/1999; Komm., Leitlinien für vertikale Beschränkungen, Abl. 2000, Nr. C 291, 1 Rn. 26 ff.; Leitlinien für horizontale Zusammenarbeit, Abl. 2001, Nr. C 3, 2 Rn. 11.

Prüfungsfolge hinsichtlich der Zulässigkeit wettbewerbsbeschränkender Vereinbarungen i.S.v. Art. 81 Abs. 1 EG

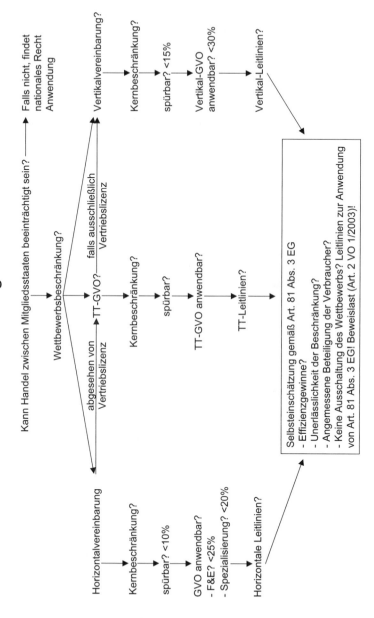

III. GVOen: Spezialisierung und FuE

256 Die Kommission hat **schon sehr früh** Vereinbarungen über die Spezialisierung bei der Produktion en bloc freigestellt. Bereits 1972 wurde eine entsprechende GVO erlassen, nach der derartige Vereinbarungen grundsätzlich freigestellt waren, wenn der gemeinsame Marktanteil der beteiligten Unternehmen 10% und ihr gemeinsamer Umsatz 150 Mio. Euro nicht überschritt.[17] Die Marktanteilsgrenze wurde 1977 auf 15%, der Gesamtumsatz auf 300 Mio. Euro angehoben.[18] Die 1982 erlassene neue SpezialisierungsGVO blieb nur zwei Jahre in Kraft,[19] bevor 1985 eine neue SpezialisierungsGVO zusammen mit der allerersten GVO für FuE-Vereinbarungen verabschiedet wurde. Seitdem wurden die beiden GVOen immer im Gleichschritt überarbeitet.

257 In der 1985 in Kraft getretenen SpezialisierungsGVO wurden die Marktanteils- und Umsatzgrenzen noch einmal auf 20% bzw. 500 Mio. Euro angehoben.[20] Die erste GVO für FuE-Vereinbarungen begann mit 20% als Marktanteilsschwelle.[21] Durch eine Änderungsverordnung[22] wurde 1993 in der SpezialisierungsGVO die Umsatzschwelle auf eine Milliarde Euro angehoben und in beiden GVOen eine neue Schwelle für den gemeinsamen Vertrieb von 10% eingeführt. Diese beiden VO 417/1985 und VO 418/1985 wurden mit Wir-

---

17 Komm., VO (EWG) Nr. 2779/1972 v. 21.12.1972 über die Anwendung von Art. 85 Abs. 3 des Vertrages auf Gruppen von Spezialisierungsvereinbarungen, Abl. 1972, Nr. L 292, 23, Art. 3.

18 Komm., VO (EWG) Nr. 2903/1977 v. 23.12.1977 zur Verlängerung und Änderung der VO (EWG) Nr. 2779/1972 über die Anwendung von Art. 85 Abs. 3 des Vertrages auf Gruppen von Spezialisierungsvereinbarungen, Abl. 1977, Nr. L 338, 14, durch die die VO Nr. 2779/1972 geändert und ihre Gültigkeit um fünf Jahre verlängert wurde.

19 Komm., VO (EWG) Nr. 3604/1982 v. 23.12.1982 über die Anwendung von Art. 85 Abs. 3 des Vertrages auf Gruppen von Spezialisierungsvereinbarungen, Abl. 1982, Nr. L 376, 33.

20 Komm., VO (EWG) Nr. 417/1985 v. 19.12.1984 über die Anwendung von Art. 85 Abs. 3 des Vertrages auf Gruppen von Spezialisierungsvereinbarungen, Abl. 1985, Nr. L 53, 1, Art. 3.

21 Komm., VO (EWG) Nr. 418/1985 v. 19.12.1984 über die Anwendung von Art. 85 Abs. 3 des Vertrages auf Gruppen von Spezialisierungsvereinbarungen, Abl. 1985, Nr. L 53, 5, Art. 3.

22 Komm., VO (EWG) Nr. 151/1993 v. 23.12.1992 über die Anwendung von Art. 85 Abs. 3 des Vertrages auf Gruppen von Spezialisierungsvereinbarungen, von Vereinbarungen über Forschung und Entwicklung, von Patentlizenzvereinbarungen und von Know-how-Vereinbarungen, Abl. 1993, Nr. L 21, 8.

kung vom 1.1.2001 durch die VO (EG) Nr. 2658/2000 vom 29.11. 2000 über die Anwendung von Art. 81 Abs. 3 EG auf Gruppen von Spezialisierungsvereinbarungen („**SpezialisierungsGVO**")[23] und die VO (EG) Nr. 2659/2000 vom 29.11.2000 über die Anwendung von Art. 81 Abs. 3 EG auf Gruppen von Vereinbarungen über Forschung und Entwicklung („**FuE GVO**")[24] ersetzt. In den nun gültigen beiden GVOen ist die Umsatzgrenze entfallen und die Marktanteilsschwelle für den sich anschließenden Vertrieb dieselbe wie für die spezialisierte Produktion oder die FuE, wobei letztere auf 25% angehoben wurde.

Mit den beiden neuen GVOen ist auch eine grundlegende Änderung **258** der **Politik der Kommission** gegenüber horizontalen Vereinbarungen verbunden. Zwar hat sich die Kommission – anders als bei vertikalen Vereinbarungen – bei horizontalen Vereinbarungen auch bei dieser letzten Reform nicht zu einer einheitlichen GVO entschließen können. Sie setzt vielmehr den sich an dem Vertragstyp orientierenden Ansatz fort und differenziert zwischen Spezialisierungsvereinbarungen und solchen für FuE. Die Kommission stellt aber nunmehr entscheidend auf die Marktwirkungen der horizontalen Zusammenarbeit ab. Die rechtliche Form der Zusammenarbeit ist nicht mehr maßgeblich.

Dementsprechend enthalten die FuE GVO und die Spezialisierungs- **259** GVO **keine sog. weißen Listen** mehr, die zulässige Formen der Kooperation auflisten. Die freistellungsfähigen Verhaltensweisen werden stattdessen in abstrakter Form beschrieben. Daneben bleibt es jedoch beim System der „schwarzen Liste" mit besonders schwerwiegenden Wettbewerbsverstößen.[25] Die schwarzen Listen sind aus der Vertikal-GVO 2790/1999 in die beiden Horizontal-GVOen übernommen worden.[26]

Mit ihrer Neuregelung der horizontalen Wettbewerbsbeschränkungen **260** will sich die Kommission stärker an **ökonomischen Kriterien** orientieren. Dabei spielt vor allem die Stärke der Beteiligten auf dem jeweiligen Markt eine erhebliche Rolle.[27] Zu diesem Zweck sind Marktanteilsschwellen eingeführt worden, unterhalb derer typisierend angenommen wird, dass die Freistellungsvoraussetzungen des Art. 81 Abs. 3 EG erfüllt sind.[28]

---

23 Abl. 2000, Nr. L 304, 3.
24 Abl. 2000, Nr. L 304, 7.
25 Jeweils Art. 5 in beiden GVOen.
26 *Geiger*, EuZW 2000, 325 ff.
27 Komm., Leitlinien für horizontale Zusammenarbeit, Abl. 2001, Nr. C 3, 2 Rn. 61.
28 *Polley/Seeliger*, WRP 2001, 494, 495.

261 Die Kommission greift auch in den Leitlinien auf die Kriterien der **Marktmacht** und der **Marktstruktur** zurück, um eine Beurteilung der Freistellungsfähigkeit nach den GVOen vorzunehmen. Vor allem kleine und mittlere Unternehmen sollen die Vorteile einer wettbewerblich unschädlichen Kooperation durch Spezialisierung bzw. FuE besser nutzen können.[29] Bei ihnen fehlt es nicht selten an Know-how, ausreichenden Kapazitäten oder finanziellen Mitteln, um für sich alleine erfolgversprechend arbeiten zu können. Bei einer solchen Kooperation handelt es sich daher zumeist um Fälle, bei denen der Wettbewerb eher intensiviert als reduziert wird. Zugleich will sich die Kommission der effektiveren Kontrolle von Kartellen zuwenden, die für den Wettbewerb besonders schädlich sind (sog. **Hardcore-Kartelle**).

262 Sowohl die FuE GVO 2659/2000 als auch die SpezialisierungsGVO 2658/2000 kennen **Marktanteilsschwellen**, bei deren Überschreiten die jeweilige GVO nicht anwendbar ist. Beide GVOen stellen jedoch klar, dass die jeweilige GVO trotz eines geringfügigen Überschreitens der Schwelle für einen gewissen Zeitraum anwendbar bleibt (jeweils Art. 6 Abs. 2 u. 3).

263 Beide GVOen enthalten ferner jeweils in Art. 5 eine Liste sog. **schwarzer Klauseln**, die besonders schwere Wettbewerbsbeschränkungen aufzählen und zu einer Unanwendbarkeit der jeweiligen GVO führen. Zu diesen „hardcore"-Beschränkungen zählen etwa Preisabsprachen, Begrenzungen der Produktion oder des Absatzes, Marktaufteilungen und ein absoluter Gebietsschutz. Alle anderen Wettbewerbsbeschränkungen sind bis zu einer Marktanteilsschwelle von 20% bei Spezialisierungen (Art. 4 GVO 2658/2000) bzw. 25% bei FuE (Art. 4 GVO 2659/2000) freigestellt.

264 Schließlich sind sowohl **Nebenabreden** zu Spezialisierung als auch solche zu FuE-Vereinbarungen mit freigestellt (jeweils Art. 1 Abs. 2). Unter Nebenabreden werden dabei Klauseln verstanden, die nicht Hauptgegenstand der Vereinbarung sind, aber mit deren Durchführung unmittelbar verbunden und für diese notwendig sind.

---

29 Vgl. etwa Komm., Leitlinien für horizontale Zusammenarbeit, Abl. 2001, Nr. C 3, 2 Rn. 41, 116, 164.

IV. Leitlinien der Kommission für Vereinbarungen über horizontale Zusammenarbeit

Die Leitlinien der Kommission über horizontale Zusammenarbeit stel- **265** len im Gegensatz zu den GVOen kein bindendes sekundäres Gemeinschaftsrecht dar.[30] Sie verkörpern **veröffentlichte Verwaltungsgrundsätze** und geben nur die generelle Rechtsauffassung der Kommission wieder. Sie binden weder den EuGH noch das EuGI bei der Auslegung und Anwendung von Art. 81 EG. Letztlich ist daher für die Vereinbarkeit horizontaler Vereinbarungen mit dem EG-Kartellrecht allein die Rechtsprechung der europäischen Gerichte maßgebend. Den Leitlinien kommt jedoch eine wichtige Orientierungsfunktion zu.[31] Die Kommission wird nur in begründeten Fällen von der in den Leitlinien dargelegten Praxis abweichen. Darüber hinaus erzeugen die Leitlinien einen Vertrauensschutz, da die Verhängung von Geldbußen durch die Kommission für Vereinbarungen, die von den Leitlinien für unbedenklich erklärt werden, ausgeschlossen ist. Sind auf einen Sachverhalt branchenspezifische Regelungen anwendbar, gelten die Leitlinien (ebenso wie die GVOen) nicht.[32] Solche Regelungen existieren für die Bereiche Landwirtschaft, Verkehr und Versicherungen.

Die Leitlinien stellen einen **analytischen Rahmen** für alle horizonta- **266** len Vereinbarungen dar. Grundsätzlich gilt für alle Arten von horizontalen Kooperationen der ökonomische Ansatz der Kommission. Demnach kommt es für die kartellrechtliche Beurteilung der horizontalen Zusammenarbeit nicht auf den Gegenstand oder die rechtliche Form der Vereinbarung, sondern in erster Linie auf die Auswirkungen auf den Markt an. Dazu werden wirtschaftliche Kriterien wie die Marktmacht der beteiligten Unternehmen und andere Merkmale der Marktstruktur herangezogen.[33]

Die Leitlinien behandeln nur solche Vereinbarungen, die zu **Effizienz-** **267** **gewinnen** führen können. Dies wird bei den folgenden sechs Arten von horizontalen Vereinbarungen grundsätzlich vermutet: FuE, Pro-

---

30 Kritisch zu den Leitlinien *Stopper*, EuZW 2001, 426 ff., der in ihnen einen Systembruch sieht; kritisch ferner *Immenga/Stopper*, RIW 2001, 241, 249.
31 Obwohl sie sich nicht an diese richten, geht von den Leitlinien der Kommission zudem eine faktische Bindung der nationalen Kartellbehörden bei der Anwendung des Art. 81 EG aus, *Geiger*, EuZW 2000, 325; FK-*Kulka*, Art. 81 Abs. 1, 3 EG-Vertrag Fallgruppen II.1 Rn. 22; *Stopper*, EuZW 2001, 426, 428.
32 Komm., Leitlinien für horizontale Zusammenarbeit, Abl. 2001, Nr. C 3, 2 Rn. 13.
33 Komm., Leitlinien für horizontale Zusammenarbeit, Abl. 2001, Nr. C 3, 2 Rn. 7.

duktion, Einkauf, Vermarktung, Normung und Umweltschutz. Andere Arten wie Informationsaustausch oder strukturelle Verbindungen unterhalb der (Mit-)Kontrolle durch beispielsweise Minderheitsbeteiligungen werden hingegen in den Leitlinien nicht erörtert, da hier Effizienzsteigerungen prima facie nicht vermutet werden. Für alle anderen Arten müssen daher die allgemeinen Leitlinien zu Art. 81 Abs. 3 EG herangezogen werden.[34]

268 Horizontale Vereinbarungen können durchaus **mehrere der sechs Typen** von Vereinbarungen, die von den Leitlinien behandelt werden, enthalten. Unternehmen, die eine gemeinsame Produktion vereinbaren, werden in manchen Fällen sozusagen als Nebenprodukt auch eine gemeinsame Forschung vereinbaren oder sich über die Normierung von Schnittstellen verständigen. In der Praxis dürfte es daher öfter vorkommen, dass eine Vereinbarung gleich mehrere der sechs Grundtypen abdeckt. Die Kommission hat für diese Fälle eine Schwerpunkttheorie aufgestellt.[35] Gemäß dieser Theorie wird der Schwerpunkt anhand von zwei Faktoren ermittelt: erstens dem Ausgangspunkt der Vereinbarung und zweitens dem Grad der Integration von verschiedenen miteinander kombinierten Funktionen.

§ 2 Formen horizontaler Zusammenarbeit, die nicht von Art. 81 Abs. 1 EG erfasst werden

269 Es gibt eine Reihe von Formen horizontaler Zusammenarbeit, die keiner Freistellung nach Art. 81 Abs. 3 EG bedürfen, da sie erst gar nicht von Art. 81 Abs. 1 EG erfasst werden. Z.T. erfüllen diese zugleich die Freistellungsvoraussetzungen der GVOen. Es mag daher überflüssig erscheinen, eine gesonderte Betrachtung anzustellen, ob die Voraussetzungen des Art. 81 Abs. 1 EG erfüllt sind, da eine derartige Vereinbarung jedenfalls aufgrund der GVO zulässig ist. **Eine gesonderte Prüfung**, ob eine Vereinbarung gegen Art. 81 Abs. 1 EG verstößt, bleibt aber dennoch sinnvoll, denn die GVO kann beispielsweise wegen zu hoher Marktanteile der Beteiligten keine Anwendung finden, oder bestimmte Klauseln können auf Grundlage der GVO nur für zeitlich begrenzte Zeiträume wirksam sein. Es lohnt sich daher in jedem Fall festzustellen, ob die Voraussetzungen des Art. 81 Abs. 1 EG erfüllt sind.

---

34 Komm., Leitlinien zur Anwendung von Art. 81 Abs. 3 EG, Abl. 2004, Nr. C 101, 97.
35 Komm., Leitlinien für horizontale Zusammenarbeit, Abl. 2001, Nr. C 3, 2 Rn. 7.

Bei der Prüfung der Voraussetzungen kann an dieser Stelle im Wesent- **270** lichen auf die allgemeinen Ausführungen zu Art. 81 Abs. 1 EG verwiesen werden. Insbesondere ist dabei auf die sog. **De-minimis-Bekanntmachung** der Kommission hinzuweisen.[36] Viele horizontale Vereinbarungen kleiner und mittlerer Unternehmen mit Marktanteilen unter 10% bedürfen keiner Freistellung vom Kartellverbot, da schon die Voraussetzungen der De-minimis-Bekanntmachung vorliegen und Art. 81 Abs. 1 EG deshalb nicht erfüllt ist. Ebenso sei auf die Bekanntmachung über den Begriff der Beeinträchtigung des zwischenstaatlichen Handels verwiesen.[37] Horizontale Vereinbarungen, bei denen der gemeinsame Marktanteil der Parteien 5% und der gesamte Jahresumsatz der beteiligten Unternehmen innerhalb der Gemeinschaft 40 Mio. Euro nicht überschreiten, beinträchtigen den Handel nicht spürbar und werden daher nicht von Art. 81 Abs. 1 EG erfasst.

Daneben soll auf die sog. **Zulieferbekanntmachung**[38] und auch die **271** Bekanntmachung der Kommission über Vereinbarungen, Beschlüsse und aufeinander abgestimmte Verhaltensweisen, die eine zwischenbetriebliche Zusammenarbeit betreffen (sog. Kooperationsbekanntmachung)[39], hingewiesen sein. Diese Bekanntmachungen aus den Jahren 1968 und 1979 sind – in begrenztem Umfang – auch nach Erlass der neuen GVOen von Bedeutung. Die Bekanntmachungen geben Einschätzungen der Kommission in Bezug auf die Anwendbarkeit des Art. 81 Abs. 1 EG wieder. Diese Einschätzungen sind grundsätzlich nur dann nicht mehr relevant, wenn deutlich geworden ist, dass die damalige Beurteilung der kartellrechtlichen Bedeutung fehlerhaft war bzw. sich die wirtschaftlichen Verhältnisse inzwischen geändert haben. Dies gilt uneingeschränkt für die Zulieferbekanntmachung, auf die im Rahmen der Leitlinien weiterhin hingewiesen wird.[40] In Bezug auf die **Kooperationsbekanntmachung** hat die Kommission in Rn. 5 der Leitlinien zur horizontalen Zusammenarbeit erklärt, dass diese nicht mehr anwendbar sind. Als Anhaltspunkt für wettbewerblich unbedenk-

---

36 Komm., Bek. über Vereinbarungen von geringer Bedeutung, die den Wettbewerb gem. Art. 81 Abs. 1 des EG-Vertrages nicht spürbar beschränken. Abl. 2001, Nr. C 368, 13.

37 Komm., Bek. über den Begriff der Beeinträchtigung des zwischenstaatlichen Handels in den Art. 81 und 82 des Vertrages. Abl 2004, Nr. C 101, 7.

38 Komm., Bek. über die Beurteilung von Zulieferverträgen nach Art. 85 Abs. 1 des Vertrages zur Gründung der Europäischen Wirtschaftsgemeinschaft, Abl. 1979, Nr. C 1, 2.

39 Abl. 1968, Nr. C 75, 3, berichtigt im Abl. 1968, Nr. C 93, 3.

40 Komm., Leitlinien für horizontale Zusammenarbeit, Abl. 2001, Nr. C 3, 2 Rn. 81.

liches Verhalten mag die Kooperationsbekanntmachung aber dennoch dienen können. Aufgrund der ausdrücklichen Erwähnung in Rn. 5 der horizontalen Leitlinien entfällt allerdings jeglicher Vertrauensschutz, falls ein in der Bekanntmachung beschriebenes Verhalten dennoch gegen das Kartellverbot verstoßen sollte.[41]

272 Speziell in Bezug auf horizontale Vereinbarungen ist auf die folgenden Formen von Zusammenarbeit hinzuweisen, die unter Umständen nicht vom Kartellverbot des Art. 81 Abs. 1 EG erfasst werden. Die Leitlinien über horizontale Zusammenarbeit benennen in Rn. 24 die **Zusammenarbeit zwischen Nichtwettbewerbern** (dann handelt es sich nicht um eine „horizontale" Zusammenarbeit), die Zusammenarbeit zwischen Wettbewerbern, wenn sie die betreffende Tätigkeit nicht eigenständig durchführen können und die Zusammenarbeit bei einer Tätigkeit, welche die relevanten Wettbewerbsparameter nicht beeinflusst, wobei Letzteres allerdings nicht näher spezifiziert wird. Bei den verschiedenen Formen horizontaler Zusammenarbeit (Spezialisierung, FuE etc.) werden diese Konstellationen in den Leitlinien im Detail noch einmal erläutert.

§ 3 Freistellung horizontaler Zusammenarbeit

Schrifttum: *Bahr/Loest*, Die Beurteilung von Vereinbarungen über Forschung und Entwicklung nach europäischem Kartellrecht, EWS 2002, 263; *Fritzsche*, „Notwendige" Wettbewerbsbeschränkungen im Spannungsfeld von Verbot und Freistellung nach Art. 85 EGV, ZHR 160 (1996), 31; *Kessler*, Einkaufskooperationen im Licht des Deutschen und Europäischen Kartellrechts, WuW 2002, 1162; *Kirchhoff*, Die Beurteilung von Bezugsverträgen nach europäischem Kartellrecht, WuW 1995, 361; *Lange*, Das Recht der Netzwerke, 1998; *Wagner-von Papp*, Wie „identifizierend" dürfen Marktinformationsverfahren sein?, WuW 2005, 732; *Winzer*, Die Freistellungsverordnung der Kommission über Forschungs- und Entwicklungsvereinbarungen vom 1. Januar 2001, GRUR-Int 2001, 413.

273 Sofern eine Form der horizontalen Zusammenarbeit gegen das Kartellverbot des Art. 81 Abs. 1 EG verstößt, ist eine **Freistellung nach Art. 81 Abs. 3 EG erforderlich**. Die GVOen zu Spezialisierungs- und FuE-Vereinbarungen typisieren diejenigen Vereinbarungen, bei denen die Kommission davon ausgeht, dass keine Gefährdung des Wett-

---

41 So auch Schröter/Jakob/Mederer-*Haag*, Art. 81 – Fallgruppen, Kooperationsabsprachen Rn. 4.

bewerbs gegeben ist. Weitere vier Typen horizontaler Zusammenarbeit werden in den Leitlinien behandelt. Die folgende Darstellung folgt der Katalogisierung der Leitlinien, ergänzt um Vereinbarungen über den Informationsaustausch insbesondere durch Verbände und Minderheitsbeteiligungen. Die Einführung des Systems der Legalausnahme durch die VO 1/2003 berührt nicht die GVOen oder Einzelfreistellungen, d. h. alle von GVOen oder ggf. Einzelentscheidungen erfassten Vereinbarungen sind wirksam. Auch können von GVOen oder Einzelfreistellungen erfasste Vereinbarungen nicht von nationalen Gerichten für nichtig erklärt werden.[42]

I. Forschungs- und Entwicklungsvereinbarungen

1. Bedeutung

Der **FuE** ist ein eigenes Kapitel im EG-Vertrag gewidmet. Es ist Ziel   **274** der Gemeinschaft, die wissenschaftlichen und technologischen Grundlagen der Industrie der Gemeinschaft zu stärken. Die Gemeinschaft unterstützt daher Unternehmen bei ihren Bemühungen auf dem Gebiet der Forschung und technologischen Entwicklung von hoher Qualität und fördert ihre Kooperationsbestrebungen (Art. 163 Abs. 2 EG).

Die Kommission stuft Vereinbarungen über Kooperationen bei FuE   **275** einschließlich einer eventuell sich daran anschließenden Verwertung **grundsätzlich positiv** ein. Die Kommission ist der Auffassung, dass derartige Kooperationen in der Regel den technischen und wirtschaftlichen Fortschritt fördern, indem sie die Verbreitung von Know-how unter den Vertragsparteien verbessern, unproduktive Parallelentwicklungen vermeiden helfen, durch den Austausch von Know-how Anstoß zu weiteren Fortschritten geben sowie die Verwertung der FuE-Ergebnisse rationalisieren.[43]

2. Vom Kartellverbot nicht erfasste Vereinbarungen

Ob eine FuE-Vereinbarung vom Kartellverbot des Art. 81 Abs. 1 EG   **276** erfasst wird oder nicht, hängt von ihrer **Marktwirkung** ab. Je marktferner eine derartige Vereinbarung ist, desto wahrscheinlicher ist es, dass sie erst gar nicht von Art. 81 EG erfasst wird. Das gilt z. B. für

---

42 Vgl. Komm., Leitlinien zur Anwendung von Art. 81 Abs. 3 EG-Vertrag, Abl. 2004, Nr. C 101, 97 Rn. 2.
43 Erwägungsgrund Nr. 10 FuE GVO.

reine FuE-Vereinbarungen ohne anschließende gemeinsame Verwertung, d. h. Vereinbarungen über die gemeinsame Durchführung von Forschungsarbeiten oder die gemeinsame Entwicklung der Forschungsergebnisse bis zur Produktionsreife ohne gemeinsame Nutzung der Ergebnisse durch die Erteilung von Lizenzen, die Produktion und/oder den Absatz. Derartige Vereinbarungen fallen normalerweise nicht unter das Kartellverbot, es sei denn, die Parteien verpflichten sich dazu, keine weitere eigene FuE in demselben Bereich zu betreiben.[44]

277 Ebenfalls sehr marktfern sind Vereinbarungen über eine FuE-Zusammenarbeit in einem noch **theoretischen Stadium**, weit entfernt von der Verwertung möglicher Ergebnisse, bei denen regelmäßig kein Verstoß gegen das Kartellverbot des Art. 81 Abs. 1 EG vorliegt.[45] Das Gleiche gilt für Vereinbarungen, durch die Unternehmen FuE-Arbeiten an darauf spezialisierte Unternehmen oder (akademische) Forschungseinrichtungen vergeben werden, die mit der gewerblichen Nutzung der Ergebnisse nicht befasst sind.[46] Auch die FuE-Zusammenarbeit von Unternehmen, die nicht in der Lage sind, die notwendigen FuE-Arbeiten eigenständig durchzuführen, wird normalerweise nicht von Art. 81 Abs. 1 EG erfasst.

278 Grundsätzlich nicht von Art. 81 Abs. 1 EG erfasst sind FuE-Kooperationen zwischen **Nichtwettbewerbern**, da hier kein Wettbewerb besteht, der eingeschränkt werden könnte.[47] Allerdings kann ein Verstoß gegen Art. 81 Abs. 1 EG vorliegen, wenn die Vereinbarung eine Abschottungswirkung durch ausschließliche Nutzung der FuE-Ergebnisse durch die Parteien der Vereinbarung entfaltet.

3. Die GVO 2659/2000

279 Vor dem Hintergrund einer grundsätzlich positiven Einschätzung von FuE-Kooperationen geht die Kommission davon aus, dass bestimmte FuE-Vereinbarungen von einer Gruppenfreistellung profitieren können.

---

44 Erwägungsgrund Nr. 3 FuE GVO sowie Komm., Leitlinien für horizontale Zusammenarbeit, Abl. 2001, Nr. C 3, 2 Rn. 58. Art. 4 Abs. 2 Nr. 3 lit. b VO 17/1962 sah vor, dass reine FuE-Vereinbarungen nicht angemeldet werden mussten. Zur Abgrenzung der reinen FuE siehe Komm., Entsch. v. 18.12.1985 – Az. IV/30.739, „Siemens/Fanuc", Abl. 1985, Nr. L 376, 29 Rn. 30 und Entsch. v. 17.1.1979 – Az. IV/28.796, „Beecham/Parke Davies", Abl. 1979, Nr. L 70, 11 Rn. 33.
45 Komm., Leitlinien für horizontale Zusammenarbeit, Abl. 2001, Nr. C 3, 2 Rn. 55.
46 Komm., Leitlinien für horizontale Zusammenarbeit, Abl. 2001, Nr. C 3, 2 Rn. 57.
47 Komm., Leitlinien für horizontale Zusammenarbeit, Abl. 2001, Nr. C 3, 2 Rn. 24 und 56.

a) Anwendungsbereich

Nach Art. 1 GVO 2659/2000 sind **drei Formen der Kooperation** auf **280** dem Gebiet von FuE freistellungsfähig. Es handelt sich dabei um:

• gemeinsame Forschungs- und Entwicklungsarbeit mit anschließender gemeinsamer Verwertung der erzielten Ergebnisse,
• gemeinsame Verwertung der Ergebnisse, die bei früheren gemeinsamen Forschungs- und Entwicklungstätigkeiten gewonnen wurden,
• sog. reine FuE, also gemeinsame Forschungs- und Entwicklungsarbeiten ohne gemeinsame Verwertung der Ergebnisse.

Die FuE GVO **definiert in Art. 2** insbesondere, was unter „For- **281** schungs- und Entwicklungsarbeiten" sowie der „Verwertung" zu verstehen ist. Danach liegen Forschungs- und Entwicklungsarbeiten vor, wenn es in Bezug auf Produkte oder Verfahren um den Erwerb von Know-how und die Durchführung theoretischer Analysen, systematischer Studien oder Versuche, einschließlich der versuchsweisen Herstellung und der technischen Prüfung von Produkten oder Verfahren geht. Zudem werden die Errichtung der dazu erforderlichen Anlagen und die Erlangung von Rechten an geistigem Eigentum an den Ergebnissen erfasst. Unter „Verwertung der Ergebnisse" ist die Herstellung oder der Vertrieb der Vertragsprodukte, die Anwendung der Vertragsverfahren, die Abtretung von Rechten an geistigem Eigentum, die Vergabe diesbezüglicher Lizenzen oder die Weitergabe von Know-how, das für die Herstellung oder Anwendung erforderlich ist, zu verstehen.

Von einer **gemeinsamen** Forschungs- und Entwicklungsarbeit bzw. **282** Verwertung ist auszugehen, wenn die Arbeiten durch eine gemeinsame Arbeitsgruppe bzw. sonstige Organisationsform, durch einen gemeinsam bestimmten Dritten oder durch die Vertragsparteien selbst vorgenommen werden.

Für Vereinbarungen über FuE, die in den Anwendungsbereich von **283** Art. 81 Abs. 1 EG fallen, **enthalten die Leitlinien wichtige Kriterien** hinsichtlich der Beurteilung von Marktmacht und Marktstruktur.[48] Die Leitlinien erfassen die Auslagerung bestimmter Forschungs- und Entwicklungstätigkeiten, die gemeinsame Verbesserung bestehender Technologien ebenso wie die Zusammenarbeit bei der Forschung, der Entwicklung oder der Vermarktung neuer Erzeugnisse. Solange der Schwerpunkt der Zusammenarbeit im Bereich FuE liegt, sind die Leitlinien anwendbar, selbst wenn die Vereinbarungen auch die Produk-

---

48 Komm., Leitlinien für horizontale Zusammenarbeit, Abl. 2001, Nr. C 3, 2 Rn. 61 ff.

tion und den Vertrieb von Forschungs- und Entwicklungserzeugnissen enthalten.[49]

b) Freistellungsvoraussetzungen

284 Nach Art. 3 GVO 2659/2000 gibt es **vier positive Voraussetzungen** für eine Freistellung auf Grundlage der GVO:

- **Zugang zu den Ergebnissen.** Zunächst muss gem. Abs. 2 allen Vertragsparteien der Zugang zu den Forschungs- und Entwicklungsergebnissen für weitere Arbeiten und Verwertungen ermöglicht werden. Auf diese Weise werden sämtliche Vertragspartner – auch kleine und mittlere Unternehmen – gleichbehandelt. Eine Ausnahme gibt es nur für Forschungsinstitute, Hochschulen und Unternehmen, die sich auf die reine FuE spezialisiert haben, da sie üblicherweise nicht als Verwerter von Ergebnissen auftreten.[50]

- **Getrennte Verwertung bei reinen FuE-Kooperationen.** Wird die Vereinbarung nur für die reine FuE abgeschlossen, ohne dass sich eine gemeinsame Verwertung anschließt, muss jede Partei ausdrücklich frei sein, die erzielten Ergebnisse und das für die Verwertung notwendige Know-how selbstständig zu verwerten, Art. 3 Abs. 3 GVO 2659/2000. Sind die Vertragsparteien keine Wettbewerber, dürfen sie das Verwertungsrecht auf einzelne Anwendungsbereiche beschränken.

- **Gemeinsame Verwertung.** Eine *gemeinsame* Verwertung ist nur zulässig, wenn die Ergebnisse der Forschungs- und Entwicklungstätigkeit durch Immaterialgüterrechte geschützt sind oder Know-how darstellen, das wesentlich zum technischen und wirtschaftlichen Fortschritt beiträgt, Art. 3 Abs. 4 GVO 2659/2000. Diese Ergebnisse müssen zusätzlich für die Herstellung der Vertragsprodukte oder für die Anwendung der Vertragsverfahren von entscheidender Bedeutung sein.

- **Erfüllung von Lieferaufträgen.** Sieht die Kooperation nicht auch den gemeinsamen Vertrieb vor, müssen Lieferaufträge über das gemeinsam entwickelte Produkt von allen Unternehmen erfüllt werden können, Art. 3 Abs. 5 GVO 2659/2000.

---

49 Komm., Leitlinien für horizontale Zusammenarbeit, Abl. 2001, Nr. C 3, 2 Rn. 39.
50 Komm., Leitlinien für horizontale Zusammenarbeit, Abl. 2001, Nr. C 3, 2 Rn. 57.

c) Negative Freistellungsvoraussetzungen – Schwarze Liste

Die FuE GVO enthält neben den vier positiven Voraussetzungen in **285** Art. 5 auch eine Liste mit **zehn negativen Voraussetzungen**, die als derart starke Wettbewerbsbeschränkungen angesehen werden, dass eine Freistellung nach der FuE GVO ausgeschlossen ist. Enthält eine FuE-Vereinbarung auch nur eine dieser sog. schwarzen Klauseln, entfällt der Vorteil der GVO. In einem solchen Fall kommen auch die anderen Bestimmungen der Vereinbarung, die nicht auf der schwarzen Liste stehen, nicht in den Genuss der Freistellung.[51] Eine schwarze Klausel wird auch die Einzelfreistellung einer Vereinbarung in aller Regel unmöglich machen, da sie grundsätzlich als nicht unerlässlich für die FuE-Kooperation anzusehen ist.[52]

Im Einzelnen entfällt gem. Art. 5 die Freistellung durch die GVO, **286** wenn die Vereinbarung unmittelbar oder mittelbar, für sich allein oder in Verbindung mit anderen Umständen, die die Vertragsparteien zu verantworten haben, eine der folgenden Klauseln enthält:

- **FuE mit Dritten in anderen Bereichen.** Die beteiligten Unternehmen dürfen sich nicht in der Freiheit beschränken, eigenständig oder in der Zusammenarbeit mit Dritten FuE in anderen Bereichen zu betreiben, Art. 5 Abs. 1 lit. a GVO 2659/2000. Nach Abschluss der Arbeiten muss auch der Bereich, der von der Vereinbarung erfasst wurde oder mit diesem zusammenhängt, wieder für alle Beteiligten unbeschränkt sein. Für Unternehmen, die nicht als Wettbewerber anzusehen sind, enthält Art. 3 Abs. 3 GVO 2659/2000 eine Sonderregelung.

- **Nichtangriffsklausel.** Die beteiligten Unternehmen dürfen sich in zwei Fällen nicht in ihrer Freiheit beschränken, die Gültigkeit ihrer geistigen Eigentumsrechte, über die sie im gemeinsamen Markt verfügen, anzufechten. Zum einen dürfen sie keine Vereinbarung treffen, nach Abschluss der FuE die Gültigkeit ihrer geistigen Eigentumsrechte nicht anzufechten, die für ebendiese Arbeiten von Bedeutung sind. Zum anderen dürfen sie auch keine Vereinbarung treffen, nach Beendigung der gesamten FuE-Vereinbarung die Gültigkeit ihrer geistigen Eigentumsrechte, die die Ergebnisse der Arbeit schützen, nicht anzufechten, Art. 5 Abs. 1 lit. b GVO 2659/ 2000 (sog. Nichtangriffsklauseln). Nichtangriffsklauseln hat die

---

51 Komm., Leitlinien für horizontale Zusammenarbeit, Abl. 2001, Nr. C 3, 2 Rn. 37.
52 Komm., Leitlinien für horizontale Zusammenarbeit, Abl. 2001, Nr. C 3, 2 Rn. 70.

Kommission bereits 1975 als Kernbeschränkung qualifiziert. In der Sache *Bayer/Gist-Brocades* hatte die Kommission argumentiert, dass eine Nichtangriffsklausel dazu führen könnte, dass Verfahren, die an sich nicht patentschutzwürdig sind, von Dritten nicht frei zum Vorteil der Verbraucher verwendet werden könnten.[53] Im Umkehrschluss folgt, dass die Vertragsparteien für die Dauer der gemeinsamen FuE eine Nichtangriffsklausel gültig vereinbaren können. Darüber hinaus ist es den Vertragsparteien unbenommen zu vereinbaren, im Falle einer Anfechtungsklage die FuE-Kooperation sofort zu beenden.

- **Produktions- und Absatzbeschränkungen, Preisbindung**: Eine Beschränkung der Produktion oder des Absatzes und die Festsetzung der Preise gegenüber Dritten sind untersagt, Art. 5 Abs. 1 lit. c und d GVO 2659/2000. Bei diesen Klauseln handelt es sich um klassische Kernbeschränkungen, von denen keine Effizienzgewinne zu erwarten sind. Gestattet ist jedoch die Aufstellung von Produktionszielen, wenn die Verwertung die gemeinsame Herstellung der Vertragsprodukte umfasst. Ist auch der gemeinsame Vertrieb vorgesehen, dürfen sogar Verkaufsziele und Preise gegenüber Direktabnehmern festgesetzt werden, Art. 5 Abs. 2 GVO 2659/2000.

- **Lieferbeschränkungen.** Die beteiligten Unternehmen dürfen nach Ablauf von sieben Jahren, gerechnet vom Tag des ersten Inverkehrbringens der Vertragsprodukte im gemeinsamen Markt, nicht ihre Freiheit bei der Auswahl der zu beliefernden Kunden beschränken, Art. 5 Abs. 1 lit. e GVO 2659/2000. Entsprechende Klauseln in Verträgen sollten daher ausdrücklich befristet sein.

- **Beschränkungen des aktiven und passiven Verkaufs**. Verbote und Beschränkungen des aktiven Verkaufs in Gebieten, die anderen Vertragsparteien vorbehalten sind, dürfen die Parteien nur innerhalb der Frist von sieben Jahren, gerechnet vom Tag des ersten Inverkehrbringens der Vertragsprodukte, vereinbaren, Art. 5 Abs. 1 lit. g GVO 2659/2000. Auch hier sollte in entsprechenden Verträgen eine ausdrückliche Befristung der Beschränkung vorgesehen sein. Es darf zudem nicht untersagt werden, Bestellungen von Kunden außerhalb des zugewiesenen Vertragsgebiets zu erfüllen (kein Verbot des passiven Verkaufs), Art. 5 Abs. 1 lit. f GVO 2659/2000.

---

53 Abl. 1976, Nr. L 30, 13, III. 3. c.

- **Lizenzerteilung an Dritte.** Den beteiligten Unternehmen ist es untersagt, Dritten eine Lizenz zu verweigern, wenn die Verwertung durch mindestens eine Vertragspartei selbst nicht vorgesehen ist oder nicht erfolgt, Art. 5 Abs. 1 lit. h GVO 2659/2000. Im Umkehrschluss ist somit eine Beschränkung von Drittlizenzen nur zulässig, wenn die Verwertung durch mindestens eine Vertragspartei erfolgt.[54]

- **Verhinderung von Parallelimporten.** Schließlich sind Beschränkungen von Parallelimporten untersagt, solange sie sich nicht objektiv rechtfertigen lassen, Art. 5 Abs. 1 lit. i und j GVO 2659/ 2000. Es dürfen daher keine Verpflichtungen aufgenommen werden, nach denen Bestellungen von Parallelimporteuren verweigert werden können oder der Bezug der Vertragsprodukte durch Parallelimporteure in sonstiger Weise erschwert wird.

d) Marktanteilsschwellen und Dauer der Freistellung

Die GVO unterteilt den **freistellungsfähigen Zeitraum** in die Zeit der **287** eigentlichen FuE und einer sich daran anschließenden Periode von sieben Jahren für die eventuelle gemeinsame Verwertung, die mit dem Tag des ersten Inverkehrbringens der Vertragsprodukte im gemeinsamen Markt beginnt.[55] Der Zeitraum von sieben Jahren nach der Erstvermarktung lässt sich nach Auffassung der Kommission dadurch rechtfertigen, dass Unternehmen, die zuerst ein neues Produkt auf den Markt bringen, anfangs häufig einen hohen Marktanteil haben, der aber nicht als Ursache für die Ausschaltung des Wettbewerbs angesehen werden kann. Daher ist es auch nicht ausgeschlossen, dass ein Zeitraum von über sieben Jahren freigestellt werden kann, wenn der Nachweis erbracht wird, dass noch kein angemessener Ertrag aus dem eingesetzten Kapital erwirtschaftet werden konnte.[56]

Ob der gesamte Zeitraum freigestellt werden kann, richtet sich da- **288** nach, ob es sich bei den Parteien der Vereinbarung um **Wettbewerber** oder um **Nichtwettbewerber** handelt, und, im Falle von Wettbewerbern, nach dem Marktanteil.

Gegenüber **Nichtwettbewerbern** gilt: Sog. reine FuE-Vereinbarungen **289** (d. h. die keine gemeinsame Verwertung vorsehen) zwischen Nichtwettbewerbern unterliegen keinerlei Marktanteilsschwelle und gelten für die gesamte Dauer der Durchführung der FuE-Arbeiten. Allerdings

---

54 *Winzer*, GRUR-Int 2001, 413, 418.
55 Art. 4 Abs. 1 GVO 2659/2000.
56 Komm., Leitlinien für horizontale Zusammenarbeit, Abl. 2001, Nr. C 3, 2 Rn. 73.

verstoßen solche Vereinbarungen in der Regel schon nicht gegen Art. 81 Abs. 1 EG.[57] Ist auch eine gemeinsame Verwertung der Ergebnisse vorgesehen, gilt die Freistellung für den weiteren Zeitraum von sieben Jahren, beginnend mit dem ersten Inverkehrbringen der Vertragsprodukte.

290 Bei **Vereinbarungen zwischen Wettbewerbern** gilt: Handelt es sich bei den Parteien der Vereinbarung um Wettbewerber, gilt die Freistellung für einen Zeitraum von sieben Jahren nur dann, wenn der Marktanteil der Parteien bei Abschluss der FuE-Arbeiten 25% nicht überschreitet. Dabei wird z.T. die Ansicht vertreten, die 25%-Schwelle gelte nicht für reine FuE-Vereinbarungen.[58] In der Tat verletzen reine FuE-Vereinbarungen oftmals nicht Art. 81 Abs. 1 EG und bedürfen daher auch keiner Freistellung. Wenn sich die Parteien, die Wettbewerber sind, jedoch verpflichten, keine weitere FuE in demselben Bereich zu betreiben, kann ein Verstoß gegen Art. 81 Abs. 1 EG vorliegen.[59] Übersteigt dann der Marktanteil der Parteien bei Abschluss der FuE-Vereinbarung 25%, ist keine Freistellung aufgrund der GVO 2659/2000 gegeben.[60]

291 Schließlich ist die sog. **Toleranzklausel** zu beachten: Nach Ablauf der Frist von sieben Jahren ab der ersten Vermarktung kann die Freistellung weitergelten, wenn der gemeinsame Marktanteil der Parteien 25% nicht überschreitet. Kurzfristige Überschreitungen des Marktanteils bis zu einer Grenze von höchstens 30% sind nach Art. 6 Abs. 2 FuE GVO möglich, ohne die Freistellung (sofort) zu verlieren. Die Freistellung gilt dann noch für weitere zwei Jahre. Steigt der Marktanteil auf über 30%, so gilt die Freistellung nach Art. 6 Abs. 3 FuE GVO noch für ein weiteres Jahr. Die Gesamtdauer der Verlängerungen darf nicht in der Weise kumuliert werden, dass ein Zeitraum von zwei Jahren überschritten wird, Art. 6 Abs. 4 FuE GVO.

e) Bestimmung der Marktanteile

292 Für die **Bestimmung der Marktanteile** enthalten Art. 6 Abs. 1 FuE GVO sowie die Leitlinien über die horizontale Zusammenarbeit in Rn. 43 ff. die maßgeblichen Kriterien.

---

57 Vgl. Komm., Leitlinien für horizontale Zusammenarbeit, Abl. 2001, Nr. C 3, 2 Rn. 24, 56 u. 58.
58 *Bahr/Loest*, EWS 2002, 263, 265; *Polley/Seeliger*, WRP 2001, 494, 500.
59 Erwägungsgrund Nr. 3 FuE GVO.
60 Vgl. Erwägungsgrund Nr. 15 FuE GVO.

Zunächst ist darauf hinzuweisen, dass der **relevante Markt** nach 293
Art. 2 Nr. 13 FuE GVO der sachliche und räumliche Markt der Vertragsprodukte ist. Ausgehend von den Vertragsprodukten ist daher zu
ermitteln, welche Produkte, Techniken und FuE-Arbeiten mit den Vertragsprodukten im Wettbewerb stehen. Prinzipiell folgt die Marktbe-
stimmung dabei allgemeinen Grundsätzen. Allerdings besteht bei FuE
die Besonderheit, dass der Markt des FuE-Produkts möglicherweise
noch gar nicht existiert. Die Leitlinien für horizontale Zusammenarbeit differenzieren daher für die Bestimmung des relevanten Marktes
in den Rn. 43 ff. zwischen vorhandenen Märkten und Innovationswettbewerb. Darüber hinaus spielt es bei der Errechnung von Marktanteilen eine Rolle, ob der jeweilige Markt bereits existiert oder ob es sich
um Innovationen handelt.

Nach Art. 6 Abs. 1 FuE GVO werden die Marktanteile grundsätzlich 294
anhand des **Absatzwertes** errechnet. Nur sofern keine Angaben über
den Absatzwert vorliegen, können andere Kriterien (z.B. Stückzahlen)
herangezogen werden. Die Ermittlung erfolgt für das vorhergehende
Kalenderjahr. Sollten insofern noch keine Angaben verfügbar sein,
wird man in der Regel auch auf das Jahr davor zurückgreifen können.

f) Nebenabreden

Art. 1 Abs. 2 FuE GVO bezieht auch **Nebenabreden** in die Freistel- 295
lung mit ein. Nebenabreden sind Bestimmungen, die nicht den eigentlichen Gegenstand der FuE-Vereinbarung bilden, aber mit deren
Durchführung unmittelbar verbunden und für diese notwendig sind.
Die GVO nennt als Beispiel die Verpflichtung, keine weitere FuE im
relevanten Bereich zu betreiben.

g) Entzug der Freistellung

Die Kommission hat gem. Art. 7 GVO 2659/2000 das Recht, **im Ein-** 296
zelfall die Vorteile der FuE GVO zu entziehen, wenn eine nach der
GVO freigestellte FuE-Vereinbarung Wirkungen hat, die mit den Voraussetzungen des Art. 81 Abs. 3 EG unvereinbar sind. Sie kann das
von sich aus oder auf Antrag eines Mitgliedstaates bzw. einer natürlichen oder juristischen Person tun, die ein berechtigtes Interesse geltend machen kann. Auf Grund von Art. 29 VO 1/2003 kann nun aber
auch die nationale Wettbewerbsbehörde des Mitgliedsstaates, in dem
derartige Wirkungen eintreten, die Freistellung im Einzelfall entziehen.

297 Ein Entzug kommt insbesondere dann in Frage, wenn die FuE-Möglichkeiten für Dritte zu stark beschränkt sind, FuE-Arbeiten in dem relevanten Bereich durchzuführen, wenn der **Zugang Dritter** zum relevanten Markt der Vertragsprodukte zu stark beschränkt ist, wenn die Parteien die FuE-Ergebnisse ohne sachlichen Grund nicht verwerten, kein wirksamer Wettbewerb im relevanten Markt der Vertragsprodukte besteht oder der Wettbewerb bei FuE ausgeschaltet wird. Bislang ist es noch nicht zu einem Entzug einer Freistellung nach Art. 7 FuE GVO gekommen.

II. Spezialisierungsvereinbarungen

298 **Spezialisierungsvereinbarungen i. S. d. GVO 2658/2000** sind Vereinbarungen zwischen tatsächlichen oder potenziellen Wettbewerbern, bei denen sich jede Vertragspartei auf die Produktion bestimmter Produkte konzentriert und andere einstellt, um sie den anderen Parteien zu überlassen, oder sie mit diesen in einem Gemeinschaftsunternehmen produziert. Jede Partei verpflichtet sich, das Produkt, das sie nicht mehr herstellt, von den anderen zu beziehen und umgekehrt ihre Produkte an die anderen Vertragsparteien zu liefern.[61] Der Begriff „Produkt" i. S. d. GVO 2658/2000 schließt Waren und Dienstleistungen ein, sofern es sich nicht um Vertriebsleistungen handelt.[62]

299 Vereinbarungen über die Spezialisierung in der Produktion tragen vielfach zur **Verbesserung der Warenerzeugung oder Warenverteilung** bei, weil die beteiligten Unternehmen durch Konzentration auf die Herstellung bestimmter Erzeugnisse wirtschaftlicher arbeiten und diese Produkte anschließend preisgünstiger anbieten können.[63] Die GVO 2658/2000 greift daher gem. Art. 1 Abs. 1 Satz 2 nur ein, wenn die entsprechende Vereinbarung einen Verstoß gegen Art. 81 Abs. 1 EG darstellt. Wie zuvor bereits erläutert, ist daher umfassend zu untersuchen, ob die in Frage stehende Vereinbarung überhaupt gegen das Verbot des Art. 81 Abs. 1 EG verstößt.

---

61 Komm., Leitlinien für horizontale Zusammenarbeit, Abl. 2001, Nr. C 3, 2 Rn. 79.
62 Art. 2 Nr. 4 SpezialisierungsGVO.
63 Erwägungsgründe Nr. 8 u. 9 GVO 2658/2000; *Lange*, Recht der Netzwerke, Rn. 116–127, 1075 ff.

1. Vom Kartellverbot nicht erfasste Vereinbarungen

Im Hinblick auf Spezialisierungsvereinbarungen weisen die **Leitlinien**   **300**
über horizontale Zusammenarbeit[64] auf Vereinbarungen zwischen
Nichtwettbewerbern hin, die nicht gegen Art. 81 Abs. 1 EG verstoßen,
wenn keine Abschottungsprobleme entstehen. Des Weiteren verweisen
die Leitlinien auf Vereinbarungen zwischen Wettbewerbern, wenn dies
die einzige (wirtschaftliche) Möglichkeit ist, in einen neuen Markt
einzutreten oder ein bestimmtes Projekt durchzuführen, sowie auf Vereinbarungen zwischen Wettbewerbern, wenn nur ein kleiner Teil der
Gesamtkosten gemeinsame Kosten sind, weil dann eine Einwirkung
auf das Wettbewerbsverhalten der Beteiligten in der Regel nicht zu erwarten ist. Schließlich werden im Zusammenhang mit Spezialisierung
auch Zuliefervereinbarungen zwischen Wettbewerbern im Einzelhandel erwähnt, die in der Regel nicht gegen Art. 81 Abs. 1 EG verstoßen, wenn sie auf Einzelkäufe oder -verkäufe beschränkt sind.

2. Mögliche Wettbewerbsbeschränkungen

Wettbewerbsprobleme durch Spezialisierungsvereinbarungen können   **301**
entstehen, wenn es zu einer Koordinierung des Wettbewerbsverhaltens
der Partner auf den betroffenen Märkten kommt, vor allem, wenn es
sich bei ihnen um tatsächliche oder potenzielle Wettbewerber handelt.[65] Die Koordination wird durch die Angleichung der Produktionskosten und der Produkteigenschaften erleichtert. Die beteiligten Unternehmen können sich nur noch über die unterschiedlichen Handelsmar-
gen konkurrieren. Diese wesentliche Einschränkung des Wettbewerbs
wird auch nicht dadurch behoben, dass die betreffenden Produkte unter verschiedenen Marken vertrieben werden.[66]

Neben der Gefahr der Koordinierung ist auf Möglichkeiten der   **302**
Marktabschottung hinzuweisen, die von der Kommission ebenfalls
als problematisch angesehen wird. Vereinbarungen über die Festsetzung der Preise für Lieferungen der Partner, über die Beschränkung
der Produktion und über die Aufteilung von Märkten oder Kundengruppen bezwecken eine Beschränkung des Wettbewerbs und fallen
daher fast immer unter Art. 81 Abs. 1 EG.[67]

---

64 Komm., Leitlinien für horizontale Zusammenarbeit, Abl. 2001, Nr. C 3, 2 Rn. 86–89.
65 Komm., Leitlinien für horizontale Zusammenarbeit, Abl. 2001, Nr. C 3, 2 Rn. 83.
66 Komm., Entsch. v. 12.12.1990 – Az. IV/32.363, „KSB/Goulds/Lowara", Abl. 1991,
    Nr. L 19, 25 Rn. 17.
67 Komm., Leitlinien für horizontale Zusammenarbeit, Abl. 2001, Nr. C 3, 2 Rn. 90.

3. Die GVO 2658/2000

a) Anwendungsbereich

303 Die GVO 2658/2000 stellt Vereinbarungen vom Kartellverbot frei, die Unternehmen über die Bedingungen schließen, unter denen sie sich auf die Produktion von Waren und/oder Dienstleistungen spezialisieren. Bei diesen sog. Spezialisierungsvereinbarungen werden **drei verschiedene Fallgruppen** vom Kartellverbot freigestellt:

- Vereinbarungen über eine *einseitige* Spezialisierung, in denen sich ein Partner dazu verpflichtet, die Herstellung bestimmter Produkte einzustellen oder von ihrer Herstellung abzusehen und diese vom anderen Vertragspartner zu beziehen, Art. 1 Abs. 1 lit. a GVO 2658/2000,
- Vereinbarungen über die *gegenseitige* Spezialisierung, in denen sich die Vertragspartner verpflichten, die Produktion bestimmter, aber unterschiedlicher Produkte einzustellen und die betreffenden Produkte von den übrigen Vertragspartnern zu beziehen, Art. 1 Abs. 1 lit. b GVO 2658/2000,
- Vereinbarungen über die *gemeinsame Produktion*, bei denen die Vertragspartner bestimmte Erzeugnisse gemeinsam herstellen, Art. 1 Abs. 1 lit. c GVO 2658/2000. Diese Freistellung gilt auch, wenn die Vertragsparteien die Produkte nicht jeder für sich, sondern gemeinsam über einen gemeinsamen Händler vertreiben, soweit dieser kein Wettbewerber ist, Art. 3 lit. b GVO 2658/2000.

304 Diese Grundtypen der Spezialisierung können mit zusätzlichen Vereinbarungen **kombiniert** werden. Aus Rn. 12 SpezialisierungsGVO ergibt sich, dass Liefer- und Bezugpflichten in der Vereinbarung über einseitige oder gegenseitige Spezialisierung enthalten sein müssen, um unter die Gruppenfreistellung zu fallen. Ist keine Liefer- oder Bezugspflicht vorgesehen, würde das dazu führen, dass sich ein Beteiligter aus dem der Produktion nachgelagerten Markt zurückzieht, was nicht im Sinne eines effektiven Wettbewerbs ist.

305 Handelt es sich um nicht ausschließliche Liefer- und Bezugspflichten, liegt bezüglich dieser Klauseln kein Verstoß gegen Art. 81 Abs. 1 EG vor. Bei **exklusiven Liefer- und/oder Bezugspflichten** stellt Art. 3 Abs. 1 lit. a GVO 2658/2000 die Vereinbarung vom Kartellverbot frei. Eine Alleinbelieferungsverpflichtung ist die Verpflichtung, die Vertragsprodukte nicht an andere konkurrierende Unternehmen zu liefern, es sei denn, sie sind Vertragsparteien.[68] Eine Alleinbezugsverpflich-

---

68 Art. 2 Nr. 8 SpezialisierungsGVO.

tung liegt vor, wenn das Produkt, das Gegenstand der Spezialisierungsvereinbarung ist, nur von der Vertragspartei bezogen werden darf, die sich zu seiner Lieferung bereit erklärt hat.

Ist eine **gemeinsame Produktion** eines bestimmten Produktes verein- **306** bart, dürfen die Vertragsparteien gem. Art. 3 Abs. 1 lit. b GVO 2658/ 2000 auch einen gemeinsamen Vertrieb vorsehen. Dieser Vertrieb kann von einem Dritten übernommen werden, sofern dieser Händler kein Wettbewerber der Vertragsparteien ist. Bei einer Alleinbezugsverpflichtung darf das Produkt, das Gegenstand der Vereinbarung ist, nur von der Vertragspartei bezogen werden, die sich zu dieser Lieferung bereit erklärt hat. [69]

b) Von der GVO 2658/2000 nicht erfasste Vereinbarungen

Zu beachten ist, dass die GVO 2658/2000 auf einige Arten von Spe- **307** zialisierungsvereinbarungen **nicht anwendbar** ist. Zunächst werden nur solche Vereinbarungen über *einseitige* Spezialisierung erfasst, die zwischen aktuellen und potenziellen Wettbewerbern geschlossen werden. Die *einseitige* Spezialisierung zwischen Nichtwettbewerbern, etwa in Form von Outsourcing oder Zuliefervereinbarungen, ist normalerweise weniger wettbewerbsschädlich als eine solche Vereinbarung zwischen Wettbewerbern. Sofern eine solche Spezialisierungsvereinbarung aber Wettbewerbsbeschränkungen enthält, kann sie nur nach der Vertikal-GVO 2790/1999 [70] oder, so sie auch noch die Überlassung von Technologie an den Zulieferer vorsieht, nach der Technologietransfer-GVO freigestellt werden. [71]

Spezialisierungsvereinbarungen, die nur ein **Nebenaspekt** in einer **308** weit reichenden Vereinbarung sind, werden ebenfalls nicht von der Freistellung erfasst. Gemeinschaftsunternehmen zur Herstellung bestimmter Produkte sind dann nicht von der GVO 2658/2000 erfasst, wenn sie über eine Kooperation hinausgehen und alle Merkmale eines selbstständigen Unternehmens aufweisen. In solchen Fällen unterfällt das Gemeinschaftsunternehmen je nach Umsätzen der beteiligten Unternehmen der Fusionskontrolle der EU oder der betreffenden Mitgliedstaaten.

---

69 Art. 2 Nr. 9 SpezialisierungsGVO.
70 Erwägungsgrund Nr. 10 GVO 2658/00; Komm., Leitlinien für horizontale Zusammenarbeit, Abl. 2001, Nr. C 3, 2 Rn. 80.
71 Vgl. Rn. 44 der Leitlinien zur TT-GVO, Abl. 2004, Nr. C 101, 2 sowie die Kommentierung der TT-GVO unter Rn. 474 ff.

c) Negative Freistellungsvoraussetzungen – Schwarze Liste

309 Um von der Freistellung durch die GVO 2658/2000 zu profitieren, dürfen die Spezialisierungsvereinbarungen keine sog. **schwarze Klausel** enthalten. Nach Art. 5 GVO 2658/2000 gilt eine Freistellung nur, wenn die Parteien keine der dort enumerativ aufgelisteten Kernbeschränkungen vereinbart haben. Bei Vorliegen einer der schwarz gelisteten Wettbewerbsbeschränkungen entfällt der Vorteil der GVO 2658/2000 vollständig. Art. 5 Abs. 1 GVO 2658/2000 listet die folgenden drei Bestimmungen auf:

- Die **Festsetzung von Preisen** für den Verkauf der Produkte durch die Vertragsparteien an dritte Abnehmer. Nicht untersagt ist es, die Preise festzulegen, die ein gemeinsames Produktionsunternehmen, das die hergestellten Produkte vertreibt, seinen unmittelbaren Abnehmern in Rechnung stellt, Art. 5 Abs. 2 lit. b GVO 2658/2000.

- Die **Beschränkung der Produktion** oder des Absatzes. Dies gilt jedoch nicht für die Produktionsmengen, die im Rahmen von einseitigen oder gegenseitigen Spezialisierungsvereinbarungen vereinbart werden. Zulässig ist auch die Vereinbarung von Produktmengen und Kapazitäten bei einem gemeinsamen Produktionsunternehmen, Art. 5 Abs. 2 lit. a GVO 2658/2000. Letzteres könnten die Vertragsparteien aber ohnehin, da sie Kontrollrechte über das gemeinsame Produktionsunternehmen haben. Gedacht ist an den Fall, bei dem die Vertragsparteien außerhalb der gemeinsamen Produktion auch weiterhin selbst das betreffende Produkt herstellen.

- Die **Aufteilung von Märkten** oder Abnehmerkreisen. Die Vertragsparteien dürfen keinerlei Beschränkungen unterworfen sein, ihre spezialisierten Produkte zu verkaufen.

d) Marktanteilsschwelle

310 Die Freistellung nach Art. 1 GVO 2658/2000 gilt gem. Art. 4 GVO 2658/2000 nur unter der Voraussetzung, dass die **Summe der Marktanteile** der beteiligten Unternehmen im relevanten Markt 20 % nicht überschreitet.

311 Art. 6 der GVO 2658/2000 enthält Bestimmungen für den Fall, dass der gemeinsame Marktanteil später 20 % übersteigt. Sollte der Marktanteil später 20 % überschreiten, jedoch noch unter 25 % liegen, bleibt die Freistellung gem. Art. 6 Abs. 2 dieser GVO noch zwei weitere Jahre erhalten. Liegt der gemeinsame Marktanteil über 25 %, läuft die Freistellung gem. Art. 6 Abs. 3 GVO 2658/2000 bereits ein Jahr nach dem erstmaligen Überschreiten aus. Insgesamt darf ein Übergangszeitraum von höchstens zwei Jahren nicht überschritten werden.

e) Bestimmung der Marktanteile

Für die **Berechung der Marktanteile** ist es zunächst erforderlich, den 312
relevanten Markt zu bestimmen. Nach Art. 2 Nr. 6 SpezialisierungsGVO kommt es für die Bestimmung des relevanten Marktes auf die Produkte an, die Gegenstand der Spezialisierungsvereinbarung sind. Hinsichtlich dieser Produkte ist nach allgemeinen Grundsätzen zu ermitteln, welche anderen Produkte mit diesen austauschbar sind.[72] Der Marktanteil wird dann gem. Art. 6 SpezialisierungsGVO anhand des Umsatzes, den die Vertragsparteien im letzten Kalenderjahr erzielt haben, berechnet und ins Verhältnis zum Gesamtumsatz im relevanten Markt gesetzt.

f) Nebenabreden

Nach Art. 1 Abs. 2 SpezialisierungsGVO sind auch Nebenabreden von 313
der Freistellung erfasst. **Nebenabreden** sind solche, die nicht den eigentlichen Gegenstand der Vereinbarung bilden, aber mit der Durchführung unmittelbar verbunden und für diese notwendig sind. Dies ist beispielsweise bei Regelungen zu Nutzungsrechten an geistigem Eigentum der Fall, wenn sie zur Durchführung einer solchen Vereinbarung unerlässlich sind.

g) Entzug der Freistellung

Die Kommission hat gem. Art. 7 GVO 2658/2000 das Recht, **im Ein-** 314
zelfall die Vorteile der GVO 2659/2000 zu entziehen. Sie kann dies von sich aus oder auf Antrag eines Mitgliedstaates oder einer natürlichen oder juristischen Person, die ein berechtigtes Interesse geltend machen kann, tun. Aufgrund von Art. 29 VO 1/2003 kann nun aber auch die nationale Wettbewerbsbehörde des Mitgliedstaates, in dem derartige Wirkungen eintreten, die Freistellung im Einzelfall entziehen. Die Freistellung kann insbesondere dann entzogen werden, wenn sie keine spürbaren Vorteile für den Verbraucher mit sich bringt oder wirksamen Wettbewerb verhindert. Die Kommission hat bisher in keinem Fall von der Ermächtigung des Art. 7 GVO 2658/2000 Gebrauch gemacht, die Freistellung zu entziehen.

---

72 Hinweise zur Ermittlung des relevanten Produktmarktes und des relevanten geographischen Marktes finden sich in Komm., Bek. über die Definition des relevanten Marktes, Abl. 1997, Nr. C 372, 5.

III. Einkaufsvereinbarungen

315 Der **gemeinsame Einkauf** selbstständiger Unternehmen wird von keiner GVO erfasst. Allerdings enthalten die Leitlinien über horizontale Zusammenarbeit ausführliche Anhaltspunkte für die wettbewerbliche Beurteilung dieser Kooperationsform aus der Sicht der Kommission. Schwerpunkt des Kapitels über Einkaufsvereinbarungen sind naturgemäß Verträge über den gemeinsamen Einkauf von Erzeugnissen, wobei der Einkauf über eine gemeinsam kontrollierte Gesellschaft oder ein Unternehmen erfolgen kann, an dem mehrere Unternehmen einen kleinen, keine Kontrollrechte einräumenden Anteil halten. Aber auch eine vertragliche Regelung oder eine noch lockerere Form der Zusammenarbeit ist denkbar.[73]

316 Einkaufsvereinbarungen können zu einer Verbesserung der Warenerzeugung und Warenverteilung durch Kosteneinsparungen beitragen, an denen die Verbraucher durch niedrigere Preise teilhaben. Aus Sicht der Kommission sind Einkaufsvereinbarungen besonders dann **wettbewerbsfördernd**, wenn sich kleine und mittlere Unternehmen zusammenschließen, um durch Bündelung zu größeren Mengen zu gelangen, und so ähnliche Rabatte und Einkaufsbedingungen wie die größeren Wettbewerber erreichen.[74] Der gemeinsame Einkauf kann sowohl horizontale als auch vertikale Wirkungen entfalten, wobei für Letztere die Vertikal-GVO 2790/1999 heranzuziehen ist.[75]

317 Für die Beurteilung von Einkaufsvereinbarungen kommt es wie für alle anderen horizontalen Vereinbarungen auch auf die Analyse der **Markstruktur** und die **Auswirkungen auf den relevanten Markt** an. Im Falle von Einkaufsvereinbarungen ist der relevante Markt zunächst der Einkaufs- oder Beschaffungsmarkt. In manchen Fällen ist es jedoch nötig, auch den Absatzmarkt in die Betrachtung miteinzubeziehen. Die Leitlinien erwähnen als Beispiel Unternehmen, die auf dem Absatzmarkt Wettbewerber sind und gemeinsam eine bedeutende Menge dessen einkaufen, was sie verkaufen.[76]

318 Nicht alle Einkaufsvereinbarungen werden vom Kartellverbot erfasst. Gem. Leitlinien werden solche Einkaufsvereinbarungen regelmäßig

---

73 Komm., Leitlinien für horizontale Zusammenarbeit, Abl. 2001, Nr. C 3, 2 Rn. 115.
74 Komm., Leitlinien für horizontale Zusammenarbeit, Abl. 2001, Nr. C 3, 2 Rn. 116.
  Kritisch *Kessler*, WuW 2002, 1162, 1164.
75 Komm., Leitlinien für horizontale Zusammenarbeit, Abl. 2001, Nr. C 3, 2 Rn. 117f.
76 Komm., Leitlinien für horizontale Zusammenarbeit, Abl. 2001, Nr. C 3, 2 Rn. 122.

nicht von Art. 81 Abs. 1 EG erfasst, die zwischen Einkäufern geschlossen werden, die nicht auf demselben relevanten nachgeordneten Markt tätig sind. Handelt es sich also um eine typische Kooperation im Einzelhandel, bei der sich die Partner aufgrund unterschiedlicher räumlicher Einzugsbereiche nicht als Wettbewerber gegenüberstehen, ist Art. 81 Abs. 1 EG regelmäßig nicht anwendbar. Dies gilt jedoch nicht, wenn die gemeinsamen Einkäufer über eine sehr starke Stellung auf dem Einkaufsmarkt verfügen.[77]

Damit eine Einkaufsvereinbarung vom Kartellverbot erfasst wird, reicht es daher aus, wenn sie ihr Beschaffungsverhalten in tatsächlicher Hinsicht koordinieren und hierdurch die Auswahlalternativen auf der Marktgegenseite **spürbar** einschränken.[78] Die Wettbewerbsbeschränkung muss nicht Gegenstand der Vereinbarung sein, solange nur faktisch das Marktverhalten der Beteiligten koordiniert wird.[79] Anders formuliert, wird eine Kooperationsvereinbarung beim Einkauf dann von Art. 81 Abs. 1 EG erfasst, wenn die beteiligten Unternehmen über eine gewisse Nachfragemacht verfügen. Üben die Einkäufer zusammen Macht auf dem Absatzmarkt aus, ist es nämlich unwahrscheinlich, dass sie Kosteneinsparungen aus dem gemeinsamen Einkauf an die Kunden weitergeben werden.[80] Das Bestehen von Nachfragemacht wird nach den Leitlinien der Kommission dann verneint, wenn die beteiligten Unternehmen sowohl auf dem Einkaufs- als auch auf dem Absatzmarkt einen gemeinsamen Marktanteil von unter 15 % haben.[81] **319**

Haben die beteiligten Unternehmen einen höheren Marktanteil auf einem oder beiden Märkten, sind die allgemeinen Kriterien des Art. 81 Abs. 3 EG heranzuziehen. Die Leitlinien erwähnen als Prüfungskriterium die **Marktkonzentration** und eine eventuell sich daraus ergebende Gegenmacht der Lieferantenseite.[82] Ist der Marktanteil jedoch so hoch, dass die beteiligten Unternehmen auf dem Einkaufs- oder Absatzmarkt marktbeherrschend würden, ist eine Freistellung in der Regel ausgeschlossen.[83] **320**

---

77 Komm., Leitlinien für horizontale Zusammenarbeit, Abl. 2001, Nr. C 3, 2 Rn. 123.
78 *Fritzsche*, ZHR 160 (1996), 31 ff.; *Kirchhoff*, WuW 1995, 361 ff.
79 EuGH, Urt. v. 7.12.2000 – Rs. C-214/99, „Neste Markkinointi OY/Yötuuli Ky", WuW/E EU-R 381 Rn. 25 ff. = EuZW 2001, 631 (zur Alleinbezugsverpflichtung in Tankstellenverträgen).
80 Komm., Leitlinien für horizontale Zusammenarbeit, Abl. 2001, Nr. C 3, 2 Rn. 128.
81 Komm., Leitlinien für horizontale Zusammenarbeit, Abl. 2001, Nr. C 3, 2 Rn. 130.
82 Komm., Leitlinien für horizontale Zusammenarbeit, Abl. 2001, Nr. C 3, 2 Rn. 131.
83 Komm., Leitlinien für horizontale Zusammenarbeit, Abl. 2001, Nr. C 3, 2 Rn. 134.

321 Grundsätzlich **nicht freistellungsfähig** sind Einkaufsvereinbarungen, die Beschränkungen enthalten, die für die Verwirklichung der Ziele des gemeinsamen Einkaufs nicht unerlässlich sind. Dazu gehören beispielsweise die Vereinbarung von Verbrauchs- und Weiterverkaufsbeschränkungen[84] sowie Beschränkungen der Unternehmen in ihrer individuellen Preis- und Absatzpolitik.[85] Eine Verpflichtung zum ausschließlichen Bezug der Produkte über die gemeinsame Einkaufsorganisation kann unter Umständen unerlässlich sein, um die erforderlichen Größenvorteile zu erzielen.[86] Nach der Rechtsprechung des EuGH ist es ferner erlaubt, im Rahmen einer Einkaufsvereinbarung die beteiligten Unternehmen zu verpflichten, sich an keiner unmittelbar konkurrierenden Einkaufskooperation zu beteiligen. Eine solche Klausel fällt erst gar nicht unter das Kartellverbot, wenn sie auf das beschränkt ist, was notwendig ist, um die Funktionsfähigkeit der Zusammenarbeit sicherzustellen.[87]

IV. Vermarktungsvereinbarungen

1. Vermarktungsvereinbarungen und das Kartellverbot

322 Unter **Vermarktungsvereinbarungen** verstehen die Leitlinien Vereinbarungen, die die Zusammenarbeit beim Verkauf, beim Vertrieb oder der Produktförderung zwischen Wettbewerbern betreffen. Das Spektrum reicht von begrenzten Vereinbarungen, die nur eine bestimmte Absatzfunktion wie etwa Werbung oder Vertrieb erfassen, bis zum gemeinsamen Verkauf, der zur Festlegung sämtlicher mit dem Verkauf eines Produkts verbundenen Aspekte führt. Vertriebsvereinbarungen fallen grundsätzlich unter die Vertikal-GVO 2790/1999. Die Leitlinien über horizontale Vereinbarungen betreffen nur solche Kooperationen,

---

84 Komm., Leitlinien für horizontale Zusammenarbeit, Abl. 2001, Nr. C 3, 2 Rn. 133; Entsch. v. 9.7.1980 – Az. IV/27.958, „National Sulphuric Acid Association I", Abl. 1980, Nr. L 260, 24; Entsch. v. 9.6.1989 – Az. IV/27.958, „National Sulphuric Acid Association II", Abl. 1989, Nr. L 190, 22; Entsch. v. 11.6.1993 – Az. IV/32.150, „EBU/Eurovisions-System", Abl. 1993, Nr. L 179, 24; Entsch. v. 10.5.2000 – Az. IV/32.150, „Eurovision", Abl. 2000, Nr. L 151, 18.

85 Komm., Entsch. v. 14.7.1975 – Az. IV/28.838, „Intergroup", Abl. 1975, Nr. L 212, 23.

86 Komm., Leitlinien für horizontale Zusammenarbeit, Abl. 2001, Nr. C 3, 2 Rn. 133; Entsch. v. 9.7.1980 – Az. IV/27.958, „National Sulphuric Acid Association I", Abl. 1980, Nr. L 260, 24.

87 EuGH, Urt. v. 15.12.1994 – Rs. C-250/92, „Gøttrup-Klim/Dansk Landburgs", Slg. 1994, I-5641 Rn. 32–45.

bei denen die beteiligten Unternehmen gegenseitig ihre Produkte vertreiben. Bezieht sich der gemeinsame Verkauf auf FuE oder Spezialisierung, kann er von den entsprechenden GVOen und den dazugehörenden Kapiteln der Leitlinien erfasst werden.[88]

Eine Vermarktungsvereinbarung verstößt **nicht gegen Art. 81 Abs. 1 EG**, solange die beteiligten Unternehmen hinsichtlich der zu erbringenden Leistungen nicht miteinander im Wettbewerb stehen oder für sich alleine nicht in der Lage sind, den Auftrag entsprechend durchzuführen. Entsprechendes gilt für den Fall, dass die Zusammenarbeit zum Markteintritt notwendig ist. Ein Wettbewerbsverhältnis zwischen den beteiligten Unternehmen ist zu verneinen, soweit sie verschiedenen Wirtschaftsstufen oder Branchen angehörten. Bei solchen Vereinbarungen fehlt es regelmäßig an einer Wettbewerbsbeschränkung oder Marktbeeinflussung. **323**

Von einem (ggf. potenziellen) Wettbewerbsverhältnis ist hingegen auszugehen, wenn die Partner in derselben Branche tätig sind. An einer Wettbewerbsbeschränkung i. S. v. Art. 81 Abs. 1 EG fehlt es in einem solchen Fall nur, wenn die Unternehmen aus finanziellen, technologischen oder ökonomischen Gründen alleine nicht in der Lage sind, ein **konkretes Angebot** abzugeben bzw. FuE-Arbeiten durchzuführen. Dies ist insbesondere anzunehmen bei fehlendem Know-how, unzureichenden Kapazitäten oder zu geringen finanziellen Mitteln, um für sich alleine erfolgversprechend arbeiten zu können. Bei einer solchen Kooperation handelt es sich zumeist um einen Fall, bei dem der Wettbewerb eher intensiviert als reduziert wird.[89] **324**

Kooperationen beim Verkauf führen häufig dazu, dass sich die Preise und Konditionen angleichen, ohne dass dies zunächst beabsichtigt ist. Ist daher eine **Festsetzung der Preise** durch den gemeinsamen Verkauf wahrscheinlich oder gar beabsichtigt, durch die der Preiswettbewerb der beteiligten Unternehmen beseitigt wird, ist Art. 81 Abs. 1 EG unabhängig von den Marktanteilen der Beteiligten einschlägig.[90] Eine Freistellung ist nur dann möglich, wenn diese Festsetzung unerlässlich ist und erhebliche Effizienzgewinne erwarten lässt.[91] Die Kommission gibt in den Leitlinien ein Beispiel, unter welchen Umständen solche Vereinbarungen freigestellt werden können. Das erste **325**

---

88 Komm., Leitlinien für horizontale Zusammenarbeit, Abl. 2001, Nr. C 3, 2 Rn. 141.
89 Komm., Leitlinien für horizontale Zusammenarbeit, Abl. 2001, Nr. C 3, 2 Rn. 143.
90 Komm., Leitlinien für horizontale Zusammenarbeit, Abl. 2001, Nr. C 3, 2 Rn. 144 f.
91 Komm., Leitlinien für horizontale Zusammenarbeit, Abl. 2001, Nr. C 3, 2 Rn. 151.

ist eine Vereinbarung von fünf kleineren Nahrungsmittelherstellern mit insgesamt 10% Marktanteil, die ihren Vertrieb zusammenlegen und ihre Erzeugnisse unter gemeinsamen Markennamen und einheitlichem Preis verkaufen wollen. Da der Markt von drei Großkonzernen beherrscht wird, die Kunden die großen Einzelhandelsketten sind, einheitliche Preise erforderlich sind, um unter gemeinsamer Marke auftreten zu können, und erhebliche Effizienzgewinne zu erwarten sind, kann die Vereinbarung freigestellt werden.

326 Stellen Vermarktungsvereinbarungen die Grundlage für den **Austausch vertraulicher Informationen** insbesondere über die Marktstrategie dar oder können sie einen wesentlichen Teil der Endkosten der beteiligten Unternehmen beeinflussen, liegt zumeist ebenfalls ein Verstoß gegen Art. 81 Abs. 1 EG nahe. Vermarktungsvereinbarungen, die keine Preisfestsetzung herbeiführen, fallen dann nicht unter Art. 81 Abs. 1 EG, wenn der Marktanteil der Akteure 15% nicht überschreitet.[92]

327 Die **Kommission** hat in einigen Entscheidungen individuelle Freistellungen erteilt. In *Cekanan*[93] kam die Kommission zu dem Ergebnis, dass der gemeinsame Vertrieb einer neuartigen Verpackung für sauerstoffempfindliche Trockenlebensmittel gem. Art. 81 Abs. 3 EG freigestellt werden konnte. Eine Freistellung kommt auch dann in Betracht, wenn maßgebliche Rationalisierungsvorteile zu erwarten und gleichzeitig die Beschränkungen des Wettbewerbs minimal sind, da die Erzeugnisse weiterhin miteinander im Wettbewerb stehen, Preise und Konditionen von den Beteiligten frei bestimmt werden können und keine Gewinnaufteilung nach Quoten vorgenommen wird, wie die Kommission im Fall des Gemeinschaftsunternehmens *UIP* für den Filmverleih der Studios Paramount, Universal und MGM entschieden hat.[94]

328 Besonderer Aufmerksamkeit erfreut sich auch der gemeinsame Verkauf der Rechte an Sportereignissen, insbesondere im Fußball. So bekam die UEFA 2003 eine Einzelfreistellung für den exklusiven Verkauf der Fernsehrechte an der Champions League erteilt, nachdem sie den ursprünglich geplanten Verkauf der Rechte in einem einzigen Paket an jeweils einen einzigen Sender in jedem Land für einen Zeit-

---

92 Komm., Leitlinien für horizontale Zusammenarbeit, Abl. 2001, Nr. C 3, 2 Rn. 149.
93 Komm., Entsch. v. 15.10.1990 – Az. IV/32.681, „Cekanan", Abl. 1990, Nr. L 299, 64.
94 Komm., Entsch. v. 12.7.1989 – Az. IV/30.566, „UIP", Abl. 1989, Nr. L 226, 25, erneuert 1999 durch Verwaltungsschreiben, Abl. 1999, Nr. C 205, 6.

raum von sieben Jahren aufgegeben hatte.[95] Auch der deutsche Ligaverband bekam zwei Jahre später nur gegen Zusagen eine solche Freistellung für den Verkauf der medialen Verwertungsrechte an der ersten und zweiten deutschen Fußballbundesliga.[96]

2. Konsortien und Arbeitsgemeinschaften

Arbeitsgemeinschaften und Konsortien sind **spezielle Formen einer** **Vermarktungsvereinbarung**. Sie sind in der Regel Kooperationen auf Zeit, um ein bestimmtes Projekt durchführen zu können. Gemäß Leitlinien werden Kooperationen zwischen Nichtwettbewerbern nicht von Art. 81 Abs. 1 EG erfasst. Sie können daher durch die Bildung einer Arbeitsgemeinschaft oder eines Konsortiums den Wettbewerb untereinander auch nicht ausschalten. Das gilt insbesondere für Unternehmen aus unterschiedlichen Branchen, aber auch für Unternehmen aus derselben Branche, soweit sie sich nur mit solchen Leistungen am Konsortium beteiligen, die von den anderen nicht erbracht werden können.[97] 329

Sind die an einer Arbeitsgemeinschaft beteiligten Unternehmen an und für sich Wettbewerber, kann die Kooperation dann den **Wettbewerb nicht beschränken** und wird nicht von Art. 81 Abs. 1 EG erfasst, wenn die beteiligten Unternehmen für sich allein sich nicht um einen bestimmten Auftrag bewerben könnten.[98] Das ist insbesondere der Fall, wenn die beteiligten Unternehmen mangels ausreichender Erfahrung, Spezialkenntnis, Kapazität oder Finanzkraft nicht dazu in der Lage sind, den Auftrag allein durchzuführen.[99] Bekannte Beispiele aus der Kommissionspraxis sind die Konsortien zum Bau des Eurotunnels[100] und der Entwicklung und Herstellung des ersten GSM-Net- 330

---

95 Komm., Entsch. v. 23.7.2003 – Az. COMP/C.2–37.398, „UEFA Champions League", Abl. 2003, Nr. L 291, 25.

96 Komm., Entsch. v. 19.1.2005 – Az. COMP/C.2–37.214, „Deutsche Bundesliga", Abl. 2005, Nr. L 134, S. 46.

97 Komm., Bek. über Vereinbarungen, Beschlüsse und aufeinander abgestimmte Verhaltensweisen, die eine zwischenbetriebliche Zusammenarbeit betreffen, Abl. 1968, Nr. C 75, 3, berichtigt im Abl. 1968, Nr. C 93, 3, Kapitel II/5; Entsch. v. 13.7.1990 – Az. IV/32.009, „Elopak/Metal Box–Odin", Abl. 1990, Nr. L 209, 15.

98 Komm., Leitlinien für horizontale Zusammenarbeit, Abl. 2001, Nr. C 3, 2 Rn. 141.

99 Komm., Bek. über Vereinbarungen, Beschlüsse und aufeinander abgestimmte Verhaltensweisen, die eine zwischenbetriebliche Zusammenarbeit betreffen, Abl. 1968, Nr. C 75, 3, berichtigt im Abl. 1968, Nr. C 93, 3, Kapitel II/5.

100 Komm., Entsch. v. 24.10.1988 – Az. IV/32.437/8, „Eurotunnel", Abl. 1988, Nr. L 311, 36.

zes.[101] In beiden Fällen verneinte die Kommission das Vorliegen einer Wettbewerbsbeschränkung, da keines der beteiligten Unternehmen für sich allein die Aufgabe hätte bewältigen können. Vom Kartellverbot erfasst sind hingegen solche Kooperationen, bei denen die Bildung einer Arbeitsgemeinschaft lediglich wirtschaftlich effizienter wäre, jedes der beteiligten Unternehmen jedoch auch alleine in der Lage wäre, den Auftrag durchzuführen.[102]

V. Vereinbarungen über Normen

331 Die Kommission ist gem. Art. 1 Abs. 1 VO 2821/1971 ermächtigt, eine Gruppenfreistellung für **Normen- und Typenkartelle** zu erlassen. Von dieser Ermächtigung hat sie aber bis heute keinen Gebrauch gemacht. Stattdessen gibt es Hinweise in den Leitlinien für eine individuelle Beurteilung von Vereinbarungen über Normen gem. Art. 81 EG.

332 Im Wesentlichen **bezwecken** Vereinbarungen über Normen die Festlegung technischer oder qualitätsmäßiger Anforderungen an bestehende oder zukünftige Erzeugnisse, Herstellungsverfahren oder -methoden. Sie können die Normierung unterschiedlicher Ausführungen oder Größen eines Erzeugnisses festlegen oder technische Spezifikationen in Märkten vorschreiben, in denen die Kompatibilität und Interoperabilität mit anderen Produkten oder Systemen unerlässlich ist. Ebenfalls als Norm i. S. d. Leitlinien gelten Gütezeichen oder Genehmigungen durch Regulierungsbehörden.

333 Normen haben nicht nur Vorteile für die Hersteller, da sie die Produktion rationalisieren, sondern auch für die **Verbraucher**, da sie die Kompatibilität mit Produkten anderer Hersteller gewährleisten und Wartung bzw. Reparatur einfacher machen. Andererseits können Normen aber auch den Wettbewerb beschränken, da sie den Zugang von Wettbewerbern zu einem Markt einschränken oder die Einführung neuer Technologien verhindern können: Wer die Norm setzt, hat den Markt.

334 Vereinbarungen über die Festlegung von Normen, die für alle zugänglich und transparent sind und nicht die Verpflichtung zur Einhaltung einer Norm enthalten oder die Bestandteil einer umfassenderen Vereinbarung zur Gewährleistung der Kompatibilität von Erzeugnissen

---

101 Komm., Entsch. v. 27.7.1990 – Az. IV/32.688, „ECR 900", Abl. 1990, Nr. L 228, 31.

102 Komm., Entsch. v. 14.9.1999 – Az. IV/36.213/F2, „GEAE/P&W", Abl. 2000, Nr. L 58, 16 Rn. 75.

sind, beschränken den Wettbewerb nicht und fallen daher nicht unter Art. 81 Abs. 1 EG.[103] Dies gilt in der Regel für Normen, die von anerkannten Organisationen erlassen werden und die auf **nichtdiskriminierenden**, offenen und transparenten Verfahren beruhen.[104] Ein Beispiel für derartige Normen sind die DIN-Normen des deutschen Instituts für Normung e.v. DIN-Normen wie auch die europäischen CEN-Normen sind ausdrücklich in einer Richtlinie der EG als wettbewerbsneutral anerkannt.[105]

Auch **private Vereinbarungen** zwischen Herstellern können von Art. 81 EG ausgenommen sein, wenn eine so beschlossene Norm die Möglichkeiten von Wettbewerbern nicht einschränkt, in den Markt einzutreten. So hat die Kommission entschieden, dass die von der Genossenschaft Deutscher Brunnen (GDB) genormte Sprudelflasche (die sog. Perlenflasche) zwar für Abfüller ausländischen Mineralwassers nicht zugänglich ist, diese aber dennoch erfolgreich ihre Wässer im deutschen Markt anbieten konnten.[106]

335

Dagegen werden Vereinbarungen, die eine Normierung als **Mittel unter anderen Bestandteilen einer umfassenderen, beschränkenden Vereinbarung** benutzen, mit der bestehende oder potenzielle Wettbewerber ausgeschlossen werden sollen, fast immer von Art. 81 Abs. 1 EG erfasst.[107] Vereinbarungen über Normen, die dazu führen, dass der Wettbewerb zwischen den beteiligten Unternehmen eingeschränkt wird, können unter Art. 81 EG fallen. Die Leitlinien führen als Beispiele Vereinbarungen auf, durch die die beteiligten Wettbewerber in ihrer Fähigkeit beschränkt sind, bei Produktmerkmalen zu konkurrieren oder sie daran hindern, alternative Normen zu entwickeln oder Produkte auf den Markt zu bringen, die mit der Norm nicht übereinstimmen.[108] Auch die Einrichtung einer Institution, die das ausschließliche Recht hat, die Übereinstimmung von Produkten mit der Norm zu prüfen und etwa mittels eines Zertifikats festzustellen, kann unter das Kartellverbot fallen.

336

---

103 Komm., XXVIII. WB, S. 169.
104 Komm., Leitlinien für horizontale Zusammenarbeit, Abl. 2001, Nr. C 3, 2 Rn. 163.
105 Richtlinie 98/34/EG des Europäischen Parlaments und des Rates vom 22.6.1998 über ein Informationsverfahren auf dem Gebiet der Normen und technischen Vorschriften, Abl. 1998, Nr. L 204, 37.
106 Komm., XVII. WB, S. 72 Rn. 75.
107 Komm., Leitlinien für horizontale Zusammenarbeit, Abl. 2001, Nr. C 3, 2 Rn. 165.
108 Komm., Leitlinien für horizontale Zusammenarbeit, Abl. 2001, Nr. C 3, 2 Rn. 166 u. 167.

337 In der **Praxis hat die Kommission** derartige Vereinbarungen dann freigestellt, wenn sie allen Wettbewerbern zugänglich waren und die Innovation nicht einschränkten. Allen Wettbewerbern zugänglich bedeutet, dass jeder Produzent die Normen nutzen kann und auch von der Mitwirkung an deren Festsetzung grundsätzlich nicht ausgeschlossen werden darf.[109] Nicht durch Art. 81 Abs. 3 EG freigestellt sind Vereinbarungen, die die Innovation einschränken, indem sie den beteiligten Parteien untersagen, Produkte nach einem anderen Standard herzustellen.[110]

338 In ihrer wettbewerblichen Beurteilung den Normen gleichgestellt sind gem. den Leitlinien **gemeinsame Gütezeichen**.[111] Ein Gütezeichen soll den Käufern eines Produkts garantieren, dass es bestimmte Eigenschaften oder Qualitätsmerkmale besitzt. Vereinbarungen über ein Gütezeichen fallen dann nicht unter Art. 81 EG, wenn es allen Wettbewerben freisteht, dieses Zeichen zu gleichen Bedingungen zu nutzen, sofern ihr Produkt objektiv alle geforderten Qualitätsmerkmale erfüllt.[112] Ferner darf die Vereinbarung über ein Gütezeichen nicht dazu genutzt werden, den Wettbewerb der teilnehmen Unternehmen untereinander einzuschränken, etwa hinsichtlich der Produktion, der Preise oder des Vertriebs.[113]

339 Im Gegensatz dazu werden Vereinbarungen regelmäßig vom Kartellverbot erfasst, wenn die Zusammenarbeit eigentlich nicht der Festlegung eines Qualitätsstandards, sondern als Mittel zur Verschleierung eines Kartells dient.[114]

VI. Vereinbarungen mit umweltschützendem Inhalt

340 Gem. Art. 2 EG ist ein hohes Maß an **Umweltschutz** Aufgabe der Gemeinschaft. Der Umwelt ist im EG-Vertrag ein eigenes Kapitel gewidmet.[115] Vereinbarungen zwischen Unternehmen zum Schutz der Um-

---

109 Komm., Entsch. v. 15.12.1986 – Az. IV/31.458, „X/Open Group", Abl. 1987, Nr. L 35, 36; XXVIII. WB, S. 175.
110 Komm., Entsch. v. 20.12.1977 – Az. IV/29.151, „Videokassettenrekorder", Abl. 1978, Nr. L 47, 42.
111 Komm., Leitlinien für horizontale Zusammenarbeit, Abl. 2001, Nr. C 3, 2 Rn. 159.
112 Vgl. Komm., Kooperationsbek. II.8, Abl. 1968, Nr. C 75, 3; Entsch. v. 24.1.1999 – Az. IV.F.1/36.718, „CECED", Abl. 2000, Nr. L 187, 44.
113 Komm., Entsch. v. 24.1.1999 – Az. IV.F.1/36.718, „CECED", Abl. 2000, Nr. L 187, 47; Entsch. v. 14.12.1989 – Az. IV/32.202, „APB", Abl. 1990, Nr. L 18, 35.
114 Komm., Entsch. v. 16.12.2003 – Az. C.38.240, „Industrierohre", Abl. 2004, Nr. L 125, 50 Rn. 82.
115 Titel XIX, insbesondere Art. 174 Abs. 1 1 Sp.Str.

welt i. S. d. Artikel werden daher grundsätzlich positiv eingeschätzt. Derartige Vereinbarungen können jedoch Beschränkungen des Wettbewerbs enthalten, die bei der Prüfung ihrer Vereinbarkeit mit Art. 81 EG gegen deren Umweltziele abzuwägen sind.[116]

Die Leitlinien definieren **Umweltschutzvereinbarungen** als Vereinbarungen, in deren Rahmen sich die beteiligten Unternehmen verpflichten, die Verunreinigung der Umwelt zu verringern. Das Ziel oder die Maßnahme muss unmittelbar an den Abbau eines Schadstoffes oder einer Abfallart geknüpft sein.[117] Zur Erreichung dieses Ziels können Umweltschutzvereinbarungen Normen für die Umweltergebnisse von Produkten oder Herstellungsverfahren enthalten, die nach den für Kooperationen bei Normen geltenden Leitlinien zu beurteilen sind. Normen als Bestandteil von Umweltschutzvereinbarungen betreffen z. B. den Stromverbrauch von Waschmaschinen, Fernsehgeräten oder Videorekordern.[118]   **341**

Einige Umweltschutzvereinbarungen werden **nicht vom Kartellverbot** des Art. 81 Abs. 1 EG erfasst. Dies gilt insbesondere für den Fall, dass den Partnern keine bestimmte Verpflichtung auferlegt wird oder dass sie sich allgemein verpflichten, zur Erfüllung eines Umweltschutzzieles eines Wirtschaftszweiges beizutragen, ihnen aber einen weiten Spielraum bei der wirtschaftlichen und technischen Erfüllung dieser Verpflichtung einräumen. So hat die Kommission festgestellt, dass die von Automobilherstellern eingegangene Selbstverpflichtung zur Begrenzung des CO_2-Ausstoßes von Neufahrzeugen nicht unter Art. 81 Abs. 1 EG fällt.[119] Werden die Umweltergebnisse von Produkten oder Verfahren festgesetzt, die die Vielfalt von Erzeugnissen oder Produktionen in dem relevanten Markt nicht spürbar beeinflussen oder deren Bedeutung für die Beeinflussung von Kaufentscheidungen unerheblich ist, wird ebenfalls kein Verstoß gegen Art. 81 Abs. 1 EG anzunehmen sein.[120] Das Gleiche gilt für Produkte mit geringem Marktanteil, die aufgrund einer Umweltschutzvereinbarung vom Markt genommen werden. Schließlich fallen auch solche Vereinbarungen nicht unter das Kartellverbot, die zur Entstehung neuer Märkte führen, wie Verwertungsvereinbarungen, sofern die Beteiligten nicht in der Lage   **342**

116 Komm., XXV. WB, Rn. 83–85; XXVIII. WB, Rn. 129–134.
117 Komm., Leitlinien für horizontale Zusammenarbeit, Abl. 2001, Nr. C 3, 2 Rn. 179.
118 Komm., Entsch. v. 24.1.1999 – Az. IV.F.1/36.718, „CECED", Abl. 2000, Nr. L 187, 47; XXVIII. WB, S. 167.
119 Vgl. Komm., XXVIII. WB, S. 166; XXIX. WB, S. 180.
120 Komm., Leitlinien für horizontale Zusammenarbeit, Abl. 2001, Nr. C 3, 2 Rn. 186.

sind, die entsprechenden Tätigkeiten selbst durchzuführen und Alternativen und/oder Wettbewerber nicht vorhanden sind.[121]

343 Im Gegensatz dazu werden Umweltschutzvereinbarungen **regelmäßig vom Kartellverbot erfasst**, wenn die Zusammenarbeit eigentlich nicht Umweltschutzzielen, sondern als Mittel zu Verschleierung eines Kartells dient. Gleiches gilt, wenn die Zusammenarbeit Bestandteil einer umfassenderen wettbewerbsbeschränkenden Vereinbarung ist, die auf den Ausschluss tatsächlicher oder potenzieller Wettbewerber abzielt.[122]

344 Eine Umweltschutzvereinbarung kann unter das Kartellverbot fallen, wenn sie die Fähigkeit der Beteiligten spürbar einschränkt, die Merkmale ihrer Produkte oder ihrer Herstellungsverfahren festzulegen, sofern auf die Beteiligten ein hoher Marktanteil entfällt.[123] Beispielsweise fiele eine Vereinbarung, nach der sich die Beteiligten verpflichteten, einen bestimmten Grenzwert für einen Schadstoff erst ab einem bestimmten Jahr einzuführen und es den Beteiligten verboten ist, den Grenzwert auch schon früher einzuhalten, unter das Kartellverbot und wäre auch kaum freistellbar. Von Art. 81 Abs. 1 EG können gleichfalls Vereinbarungen erfasst werden, durch die die beteiligten Firmen, auf die ein **hoher Marktanteil** entfällt, ein Unternehmen als ausschließlichen Erbringer von Entsorgungs- und/oder Verwertungsdienstleistungen für ihre Produkte benennen, sofern andere tatsächliche oder konkrete potenzielle Erbringer vorhanden sind.[124] Eine solche Vereinbarung ist das Duale System Deutschland (DSD). Die Kommission stellte DSD frei, nachdem DSD zugesichert hatte, dass auch Wettbewerber freien und ungehinderten Zugang zur Entsorgungsinfrastruktur haben.[125]

345 Für die **Bewertung** einer Umweltschutzvereinbarung nach Art. 81 Abs. 3 EG ist der wirtschaftliche Nutzen für den Verbraucher nachzuweisen, der den möglichen Schaden für den Wettbewerb überwiegen muss. Dieser Nutzen kann gem. den Leitlinien in einem zweistufigen Test ermittelt werden: In einer ersten Stufe wird ermittelt, ob dem Verbraucher aufgrund der Vereinbarung ein direkter Reingewinn entsteht. Ist dies nicht der Fall, ist eine Kosten-Nutzen-Analyse erforder-

---

121 Komm., Leitlinien für horizontale Zusammenarbeit, Abl. 2001, Nr. C 3, 2 Rn. 187.
122 Komm., Leitlinien für horizontale Zusammenarbeit, Abl. 2001, Nr. C 3, 2 Rn. 188.
123 Komm., Leitlinien für horizontale Zusammenarbeit, Abl. 2001, Nr. C 3, 2 Rn. 190.
124 Komm., Leitlinien für horizontale Zusammenarbeit, Abl. 2001, Nr. C 3, 2 Rn. 191.
125 Komm., Entsch. v. 17.9.2001 – K(2001)2672, „DSD II", Abl. 2001, Nr. L 319, 1; Entsch. v. 15.6.2001 – COMP/34.950, „Eco-Emballage", Abl. 2001, Nr. L 233, 37.

lich, um festzustellen, ob ein Nettovorteil für die Verbraucher entsteht. [126] In der Sache *CECED* stellte die Kommission beispielsweise fest, dass der höhere Preis für energieeffizientere Waschmaschinen durch die Ersparnis beim Stromverbrauch mehr als ausgeglichen würde. [127] Aufgrund dieses direkten Vorteils für jeden Verbraucher wurde die Vereinbarung freigestellt.

VII. Informationsaustausch

Der direkte Austausch von Daten zwischen Wettbewerbern, die normalerweise ein **Geschäftsgeheimnis** darstellen, ist in aller Regel nicht mit Art. 81 EG in Einklang zu bringen. [128] Auch der Austausch von öffentlich zugänglichen Informationen kann ein Verstoß gegen Art. 81 EG sein, allerdings nicht als eigenständiger Verstoß, sondern nur, sofern er zur Unterstützung eines anderen wettbewerbswidrigen Mechanismus dient. [129]   **346**

In vielen Branchen gibt es aber einen Verband, Wirtschaftsprüfer, Treuhänder oder dergleichen, der Informationen über die Struktur und Entwicklung der Industrie sammelt und seinen Mitgliedern in mehr oder weniger aggregierter und dadurch anonymisierter Form zur Verfügung stellt. Solche Informationen betreffen z. B. die Umsätze oder Anzahl verkaufter Produkte, die Auftragslage, die Kapazitätsauslastung, die Entwicklung der Preise und Prognosen für diese Werte. Derartige Vereinbarungen können sowohl positive Wirkungen durch z. B. effizienteren Mitteleinsatz entfalten, als auch Wettbewerb durch wettbewerbsmindernde Kooperation oder gar Kollusion ersetzen. Das EuGI hat mehrfach festgestellt, dass der Austausch von Informationen zwischen Wettbewerbern **nicht** *per se* den Wettbewerb einschränkt. [130] Die Praxis zeigt aber, dass durch regelmäßige Treffen und Diskussionen über   **347**

---

126 Komm., Leitlinien für horizontale Zusammenarbeit, Abl. 2001, Nr. C 3, 2 Rn. 193–194.

127 Komm., Entsch. v. 24.1.1999 – Az. IV.F.1/36.718, „CECED", Abl. 2000, Nr. L 187, 47.

128 Komm., Entsch. v. 2.12.1986 – Az. IV/31.128, „Fettsäuren", Abl. 1987, Nr. L 3, 17.

129 EuGH, Urt. v. 7.1.2004 – verb. Rs. C-204, 205, 211, 213, 217 und C-219/00 P, „Aalborg Portland A/S u.a.", Slg 2004, I-123 Rn. 281.

130 EuGI, Urt. v. 11.3.1999 – Rs. T-134/94, „Eurofer", Slg. 1999, II-263 Rn. 167–174; Urt. v. 5.4.2001 – Rs. T-16/98, „Wirtschaftsvereinigung Stahl", Slg. 2001, II-1217 Rn. 44.

das Datenmaterial z. B. im Rahmen von Verbandssitzungen eine Basis für ein Kartell entstehen kann.[131]

348 Eine einfache Regel, nach der solche Vereinbarungen auf ihre Vereinbarkeit mit Art. 81 EG zu prüfen wären, gibt es nicht. Auch die Art der ausgetauschten Informationen lässt nicht per se auf ihre Vereinbarkeit mit Art. 81 EG schließen. So hat die **Kommission** in ihrer bisherigen Entscheidungspraxis den Austausch von Informationen bezüglich Produktion und Absatzmengen, Kapazitätserweiterungen, Investitionen, Einzelhandelsumsätze, Entwicklung der Nachfrage, Auftragseingänge, Lagerbestände und Exportlieferungen beanstandet.[132]

349 Grundsätzlich ist eine Vereinbarung über den Austausch von Informationen umso problematischer, je detaillierter die Informationen und je weniger Unternehmen in einer Branche tätig sind. Im Fall *UK Agricultural Tractor Registration Exchange* hatten sich die führenden Hersteller von Traktoren und deren Importeure zusammengeschlossen, um nach Postleitzahlen sortiert ihre Verkäufe von Traktoren in Großbritannien auszutauschen. Die Verbotsentscheidung der Kommission wurde durch das europäische Gericht bestätigt. Das **EuGI** führte dazu aus:[133]

350 *„Werden dagegen auf einem Markt, der wie der relevante Markt ein hochgradig konzentrierter oligopolistischer Markt ist, und auf dem infolgedessen der Wettbewerb bereits stark eingeschränkt und der Austausch von Informationen erleichtert ist, unter den wichtigsten Anbietern und – entgegen der Darlegung der Klägerin – ausschließlich zu deren Nutzen und folglich unter Ausschluss der übrigen Anbieter und der Verbraucher allgemein in kurzen zeitlichen Abständen genaue Informationen ausgetauscht, die die Ermittlung der zugelassenen Fahrzeuge und den Ort ihrer Zulassung betreffen, so ist dies nach Auffassung des Gerichts, wie die Kommission dargelegt hat, geeignet, den noch bestehenden Wettbewerb unter den Wirtschaftsteilnehmern spürbar zu beeinträchtigen. Bei einer solchen Fallgestaltung werden nämlich durch die regelmäßige und häufige Zusammenfassung der Informationen über das Marktgeschehen allen Wettbewerbern in festen*

---

131 EuGH, Urt. v. 2. 10. 2003 – Rs. C-194/99 P, „Thyssen Stahl AG", Slg. 2003, I-10821 Rn. 402–410.

132 Komm., Entsch. v. 8. 9. 1977 – Az. IV/312–366, „COBELPA/VNP", Abl. 1977, Nr. L 242, 10; Entsch. v. 23. 12. 1977 – Az. IV/29.176, „Pergamentpapier", Abl. 1978, Nr. L 70, 54; Entsch. v. 17. 2. 1992 – Az. IV/31.370, „GB Traktoren", Abl. 1992, Nr. L 68, 19; Entsch. v. 13. 7. 1994 – Az. COMP/33.833, „Karton", Abl. 1994, Nr. L 243, 1.

133 EuGI, Urt. v. 27. 10. 1994 – Rs. T-35/92, „John Deere", Slg. 1994, II-957 Rn. 52.

Zeitabständen die Marktpositionen und die Strategien der einzelnen Wettbewerber offengelegt. Damit wird der Grad der Ungewissheit über das Marktgeschehen, wie sie ohne einen solchen Informationsaustausch bestanden hätte, verringert oder ganz beseitigt."

Der Markt für Traktoren war durch ein Oligopol von acht Herstellern **351** gekennzeichnet. In der Entscheidung *Stahlträger Thyssen Stahl* hat der EuGH jedoch entschieden, dass nicht nur in solch oligopolistischen Märkten wie dem britischen Traktormarkt der Austausch von Informationen über einen Verband einen Verstoß gegen die Wettbewerbsregeln des Art. 81 EG darstellen kann.[134]

Ob ein System des Informationsaustausches in einer Branche aus **352** Wettbewerbssicht unbedenklich ist oder ein Kartell zumindest begünstigt, hängt im Wesentlichen von **vier Kriterien** ab:

- der Art der Informationen,
- der Häufigkeit, mit der die Informationen verteilt werden,
- der Struktur der jeweiligen Branche und
- dem Adressaten der Informationen.

In einem Gutachten für die Kommission wird denn auch empfohlen, **353** den Austausch von aggregierten Daten über **unabhängige Organisationen** wie Verbände grundsätzlich zuzulassen.[135] Die Daten der einzelnen teilnehmenden Unternehmen sollten so weit aggregiert sein, dass es unmöglich ist, auf die Daten einzelner Unternehmen zu schließen. Um das zu verhindern, sollte auch kein Geschäftsführer der beteiligten Unternehmen in der Leitung des Verbands tätig sein.[136] In diesem Zusammenhang spielt die Struktur der Branche eine Rolle. Rückschlüsse auf Daten einzelner Unternehmen sind umso einfacher, je weniger Unternehmen in ihr tätig sind. Statistiken über vergangene Zeiträume sind grundsätzlich weniger wettbewerbsschädlich als solche über geplante Preise und Mengen.[137] Wird solches Zahlenmaterial auch noch in kurzen Zeitabständen, z.B. monatlich, an die angeschlossenen Unternehmen weitergegeben, besteht eine größere Gefahr für den Wettbewerb, da es dadurch leichter wird, die Strategien der Wettbewerber auszurechnen.

---

134 EuGH, Urt. v. 2.10.2003 – Rs. C-194/99 P, „Thyssen Stahl AG", Slg. 2003, I-10821 Rn. 86.
135 Komm., XXIV. WB, Anhang IV, S. 642; vgl. *Wagner-von Papp*, WuW 2005, 732.
136 Komm., XXIV. WB, Anhang IV, S. 642.
137 EuGH, Urt. v. 2.10.2003 – Rs. C-194/99 P, „Thyssen Stahl AG", Slg. 2003, I-10821 Rn. 130.

VIII. Minderheitsbeteiligungen

1. Wettbewerbliche Beurteilung

354 Minderheitsbeteiligungen sind Beteiligungen an einem Unternehmen, die **keine (Mit-)Kontrolle** ermöglichen. Aus der prozentualen Höhe der Beteiligung lässt sich jedoch nicht unbedingt die Möglichkeit der Kontrolle ableiten. So hat die Kommission in Fusionsentscheidungen bei einem Anteil von deutlich unter 30% das Vorhandensein von alleiniger Kontrolle angenommen. Darüber hinaus kann mit einer kleinen Beteiligung Mitkontrolle verbunden sein.[138]

355 Minderheitsbeteiligungen an Unternehmen, die **keine Wettbewerber** sind, dürften regelmäßig keine Wettbewerbsbeschränkungen darstellen. Minderheitsbeteiligungen an einem Wettbewerber können aber von Art. 81 Abs. 1 EG erfasst werden, wenn sie als Instrument dienen können, das Marktverhalten der betreffenden Unternehmen so zu beeinflussen, dass der Wettbewerb beschränkt oder verzerrt wird.[139]

356 Minderheitsbeteiligungen können das **Wettbewerbsverhalten** der involvierten Unternehmen grundsätzlich auf zwei Arten **beeinflussen**: Zum einen können dem Minderheitsgesellschafter z. B. aufgrund einer Aktionärsvereinbarung wichtige Informations- und Konsultationsrechte eingeräumt werden, die über die üblichen Rechte von Minderheitseigentümern hinausgehen und Zugang zu wettbewerbsrelevanten Informationen verschaffen. Zum anderen führt Beteiligung zu einer Internalisierung von Wettbewerb, da die Partizipation an den Gewinnen eines Wettbewerbers die Anreize mindert, gegenüber diesem Wettbewerber in Preiswettbewerb zu treten.

357 Minderheitsaktionäre haben oft das Recht, einen oder mehrere Vertreter in den **Aufsichtsrat** zu entsenden, womit bereits recht umfangreiche Informationsrechte verbunden sind. In vielen Unternehmen mit mehreren Großaktionären besteht neben dem gesetzlich geregelten Aufsichtsrat auch ein Aktionärsausschuss mit weiterreichenden Befugnissen, z. B. dem Recht, monatliche Controlling-Berichte, Quartalsbilanzen und Gewinn-/Verlust-Rechnungen, zu erhalten und die Jahres- und Mehrjahresplanung einschließlich der strategischen Planung, Kooperationsvereinbarungen mit Dritten sowie die Aufnahme neuer und die Aufgabe bestehender wesentlicher Produktbereiche zu erörtern.

---

138 Zu Gemeinschaftsunternehmen siehe Rn. 1208 ff.
139 EuGH, Urt. v. 17.11.1987 – verb. Rs. C-142 und C-156/84, „Philip Morris", Slg. 1987, 4487 Rn. 37.

Neben Beteiligungs- und Informationsrechten können auch **Zustim-** **358**
mungserfordernisse zu Gunsten des Minderheitsgesellschafters den
Wettbewerb beschränken. So könnte etwa der Minderheitsgesellschafter durch Verweigerung seiner Zustimmung verhindern oder verzögern, dass das Unternehmen einen neuen Tätigkeitsbereich aufbaut,
soweit dieser eine Investition in bestimmter Höhe erfordert. Ebenso
könnte der Minderheitsgesellschafter verhindern oder verzögern, dass
das Unternehmen einen besonders verlustträchtigen Geschäftsbereich
abstößt, und es so als Wettbewerber finanziell schwächen.

In einer Reihe von **Fusionsfällen** hat die Kommission dem Umstand, **359**
dass ein Minderheitsaktionär einer deutschen AG über einen Sitz im
Aufsichtsrat Einblickmöglichkeiten in und Einflussmöglichkeiten auf
die Geschäftspolitik hat, maßgebliche wettbewerbsrechtliche Bedeutung beigemessen.[140] Für Mitglieder eines Aktionärsausschusses, die
Einsicht in strategische Daten und Entscheidungen eines Wettbewerbers erhalten und die nicht wie Aufsichtsräte in einer besonderen
Treuebeziehung zur Gesellschaft stehen, gilt dasselbe analog.

In ihren Freistellungsentscheidungen hat die **Kommission** bis jetzt **360**
eine Minderheitsbeteiligung bis zu 20 % und auch Posten im Auf-
sichts- oder Verwaltungsrat genehmigt. In *BT-MCI* erwarb BT einen
20 %-Anteil an MCI, verbunden mit dem Recht, Mitglieder in den Verwaltungsrat zu entsenden.[141] Die Kommission stellte diese Minderheitsbeteiligung frei, da sich BT verpflichtete, die Geschäftsstrategie
von MCI nicht zu beeinflussen und für die Dauer von 10 Jahren den
Anteil nicht zu erhöhen. In *Olivetti/Digital* genehmigte die Kommission den Erwerb von 8 % der Anteile von Olivetti durch Digital samt
der damit verbundenen Einsitznahme im Verwaltungsrat von Olivetti.
Begründet wurde dies damit, dass zum einen Digital nicht mehr als
10 % an Olivetti erwerben durfte und Digital auch keinerlei Zugang zu
wettbewerbsrelevanten Informationen bekam, da der Verwaltungsrat

---

140 In Komm., Entsch. v. 2.6.1998 – Az. IV/M.1080, „Thyssen/Krupp", Abl. 1998,
Nr. C 252, 7 Rn. 33, knüpften die fusionskontrollrechtlichen Bedenken der Kommission daran an, dass „Thyssen nach dem Zusammenschluss mit Krupp über dessen Vertreter im Verwaltungsrat von Kone Zugang zu wettbewerblich relevanten Informationen über die zukünftige Geschäftspolitik dieses Unternehmens erhält, insbesondere über Geschäftsstrategien, Produktentwicklungen und das operative Geschäft, die einem reinen Minderheitsgesellschafter normalerweise nicht zugänglich
sind". Siehe auch Komm., Entsch. v. 18.7.2005 – Az. COMP/M.3653, „Siemens/
VA Tech", IP/05/919.
141 Komm., Entsch. v. 27.7.1994 – Az. IV/34.857, „BT/MCI", Abl. 1994, Nr. L 223,
36 Rn. 30.

von Olivetti alle operative Macht an den Vorsitzenden des Verwaltungsrates delegiert hatte.[142]

2. Internalisierung von Wettbewerb

361 Minderheitsbeteiligungen sind neben der Einsichtsmöglichkeit in wettbewerbsrelevante Informationen zudem unter dem Gesichtspunkt einer **Internalisierung von Wettbewerb** für die kartellrechtliche Beurteilung von erheblicher Bedeutung, da eine Minderheitsbeteiligung von A an B den Anreiz von A mindert, bei solchen Ausschreibungen preisaggressiv zu bieten, in denen B eine realistische Aussicht auf Erhalt des Zuschlags hat.

362 Die Auswirkung eines Auftragsverlusts an B wird nämlich durch die Tatsache abgemildert, dass A sich einen Anteil der Gewinne in der Höhe der Minderheitsbeteiligung sichern würde, die B aus dem Auftrag entstehen. A würde also, um seine Gewinne zu maximieren, ein höheres Risiko in Kauf nehmen können, bei einer Ausschreibung nicht den Zuschlag zu erhalten.

---

142 Komm., Entsch. v. 11.11.1994 – Az. IV/34.410, „Olivetti/MCI", Abl. 1994, Nr. L 309, 24 Rn. 26–27.

Kapitel 4:

Besonderheiten bei vertikalen Vereinbarungen

§ 1 Grundlagen

Schrifttum: *Bauer/de Bronett*, Die EU-Gruppenfreistellungsverordnung für vertikale Wettbewerbsbeschränkungen, 2001; *Ebenroth*, Absatzmittlungsverträge im Spannungsverhältnis von Kartell- und Zivilrecht, 1980; *Ebenroth/Durach*, Vertriebsgestaltung und Beendigung von Absatzmittlungsverhältnissen aus britischer Sicht, RIW 1993, Beil. 4; *Fezer*, Vertriebsbindungssysteme als Unternehmensleistung, GRUR 1990, 551; *Geiger*, Die neuen Leitlinien der EG-Kommission zur Anwendbarkeit von Art. 81 EG auf Vereinbarungen über horizontale Zusammenarbeit, EuZW 2000, 325; *Hildebrandt*, Economic Analyses of Vertical Agreements, 2005; *Lange*, Handelsvertretervertrieb nach den neuen Leitlinien der Kommission, EWS 2001, 18; *Pawlikowski*, Selektive Vertriebssysteme, 1983; *Pukall*, Neue EU-Gruppenfreistellungsverordnung für Vertriebsbindungen, NJW 2000, 1375; *Rittner*, Die Handelsvertreterpraxis nach dem neuen EG-Kartellrecht für Vertikalvereinbarungen, DB 2000, 1211; *Scheufele*, Vertikale Wettbewerbsbeschränkungen, BB 1976, 1633.

I. Überblick

Wirtschaftlicher Erfolg hängt nicht zuletzt von einem geeigneten Vertriebssystem ab. Grundsätzlich lassen sich nach dem **Grad der Integration** vier Vertriebswege unterscheiden, die kartellrechtlich relevant sind: **363**

- Zunächst kann ein Hersteller seine Waren selbst, z. B. über eigene Vertriebsgesellschaften, verkaufen oder Handelsvertreter und Kommissionäre einsetzen.
- Nicht ganz so eng an den Hersteller gebunden sind Franchisenehmer, denen der Hersteller bzw. Franchiseggeber zwar viele Dinge hinsichtlich der Geschäftsführung vorschreiben kann, die aber selbstständige Unternehmer sind.
- Der dritte Vertriebsweg: Vertragshändler, die auf eigenen Namen, eigene Rechnung und damit eigenes Risiko tätig sind, jedoch vertraglich bestimmten Beschränkungen ihres Vertriebs unterliegen.
- Die letzte Gruppe sind Groß- und Einzelhändler ohne besondere Vertragsbeziehungen zum Hersteller.

364 Grundsätzlich ist jeder Hersteller frei, seine Absatzwege und Absatzmittler nach seinen eigenen Vorstellungen auszuwählen (**Grundsatz
der Vertragsfreiheit**). Die Verbindung zwischen Produktion und Vertrieb kann aber nicht ohne Folgen für den Wettbewerb bleiben.[1] Werden Vertriebsstellen beispielsweise ausschließlich an einen einzigen
Hersteller gebunden, können konkurrierende Produzenten auf die Absatzmittler nicht mehr zurückgreifen, wodurch sie in ihren eigenen
Absatzmöglichkeiten eingeschränkt werden. Für die Konkurrenten
steigen die Absatznetzkosten, da sie gezwungen sind, nicht nur in die
Produktion, sondern auch in erheblichem Maße in den Vertrieb zu investieren. Die vertikale Integration erschwert also den Marktzutritt
und hat regelmäßig eine vertikale Wettbewerbsbeschränkung zur
Folge.[2] Je stärker die vertikale Integration voranschreitet, desto geringer werden die vom Handel ausgehenden, eigenständigen Wettbe-
werbsimpulse auf die Herstellerstufe. Aus den ursprünglich wirtschaftlich unabhängigen Händlern werden mit fortschreitender Eingliederung nur noch formal selbstständige Unternehmer mit mehr oder weniger geringem Eigeninteresse am Erfolg. Langfristig wird die Wettbewerbsintensität geringer; eine Selektion führt daher regelmäßig zu
einer Wettbewerbsbeschränkung im markeninternen Wettbewerb (Intrabrand-Wettbewerb).[3]

365 Vertikale Beschränkungen können aber auch **positive Wirkungen** entfalten, sofern keine Marktmacht besteht.[4] Eine vertikale Beschränkung kann sinnvoll sein, um neue Märkte zu erschließen. Durch eine
Alleinvertriebsvereinbarung für ein bestimmtes Gebiet wird dem betreffenden Händler ein entscheidender Anreiz gegeben, die nötigen
Anlaufkosten zu tragen und in die Vermarktung des Produktes zu investieren. Dadurch kann auch das Trittbrettfahrerproblem vermieden
werden, wonach andere, später in den Markt einsteigende Händler von
den Investitionen des ersten Händlers profitieren. Eine vertikale Beschränkung in Form eines selektiven Vertriebs kann sicherstellen, dass
ein bestimmter Qualitätsstandard der Waren oder Dienstleistungen eingehalten wird. Schließlich kann eine Beschränkung erforderlich sein,

---

1 Ausführlich *Fezer*, GRUR 1990, 551, 552 ff.; *Pawlikowski,* Selektive Vertriebssysteme, S. 43 ff.
2 *Ebenroth*, Absatzmittlungsverträge, S. 16; *Scheufele,* BB 1976, 1633, 1642.
3 EuGH, Urt. v. 13. 7. 1966 – verb. Rs. 56 u. 58/64, „Grundig-Consten", Slg. 1966,
322, 387 f. u. 392 ff.; *Ebenroth/Durach*, RIW 1993, Beil. 4, 8 f.
4 Komm., Leitlinien für vertikale Beschränkungen, Abl. 2000, Nr. C 291, 1 Rn. 115–
116; *Hildebrandt*, Economic Analyses, S. 16–18.

um einem Lieferanten oder Käufer zu ermöglichen, kundenspezifische Investitionen wie beispielsweise Spezialmaschinen, die sonst verloren wären, zu amortisieren (sog. Hold-up-Problem).

Seit der Entscheidung *Grundig und Consten*[5] ist grundsätzlich geklärt, **366** dass **Art. 81 EG** nicht nur auf horizontale Absprachen, die den Wettbewerb zwischen Unternehmen derselben Wirtschaftsstufe beschränken, sondern auch auf **vertikale Absprachen zwischen Unternehmen Anwendung findet**, die auf verschiedenen Wirtschaftsstufen tätig sind. „Der Grundsatz der Wettbewerbsfreiheit gilt für alle Wirtschaftsstufen und für alle Erscheinungsformen des Wettbewerbs. Der Wettbewerb zwischen Herstellern mag zwar im Allgemeinen augenfälliger in Erscheinung treten als der zwischen den Verteilern von Erzeugnissen ein und derselben Marke. Dies bedeutet aber nicht, dass eine Vereinbarung, die den Wettbewerb zwischen solchen Verteilern beschränkt, schon deswegen nicht unter das Verbot des Art. 81 Abs. 1 EG fiele, weil sie den Wettbewerb unter den Herstellern möglicherweise verstärkt".[6]

Vertriebsverträge enthalten häufig eine Vielzahl unterschiedlicher **367** **wettbewerbsbeschränkender Vereinbarungen**, wie etwa Ausschließlichkeits-,[7] Absatz-, Bezugs-, Vertriebs-, Inhaltsbindungen, Verwendungsbeschränkungen oder Kopplungsbindungen. Vertikale Absprachen können die Absatz- und Versorgungsmöglichkeiten kleiner und mittlerer Unternehmen beeinträchtigen und die Wahlmöglichkeiten der Verbraucher einschränken. Zielt eine Vereinbarung zwischen einem Hersteller und seinen Händlern darauf ab, die nationalen Schranken im Handel zwischen den Mitgliedstaaten wieder zu errichten, kann hierin ein Verstoß gegen die grundlegenden Ziele der Gemeinschaft liegen,[8] denn es wird die Vollendung bzw. Vertiefung des Binnenmarkts erschwert. Fallen marktzugangserschwerende, staatliche Handelsschranken weg, dürfen an ihrer Stelle keine privaten errichtet werden.

---

5 EuGH, Urt. v. 13.7.1966 – verb. Rs. 56 u. 58/64, „Grundig-Consten", Slg. 1966, 322, 387 u. 392.
6 EuGH, Urt. v. 13.7.1966 – verb. Rs. 56 u. 58/64, „Grundig-Consten", Slg. 1966, 322, 390.
7 Zu Ausschließlichkeitsbindungen für Eiscreme aus Kühltruhen EuGH, Urt. v. 1.10.1998 – Rs. C-279/95 P, „Langnese-Iglo", Slg. 1998, I-5609, 5640 Rn. 32 ff. = EWS 1998, 449.
8 EuGH, Urt. v. 13.7.1966 – Rs. 32/65, „Italien/Kommission", Slg. 1966, 458, 484 ff.; Urt. v. 13.7.1966 – verb. Rs. 56 u. 58/64, „Grundig-Consten", Slg. 1966, 322, 390.

Kap. 4: Besonderheiten bei vertikalen Vereinbarungen

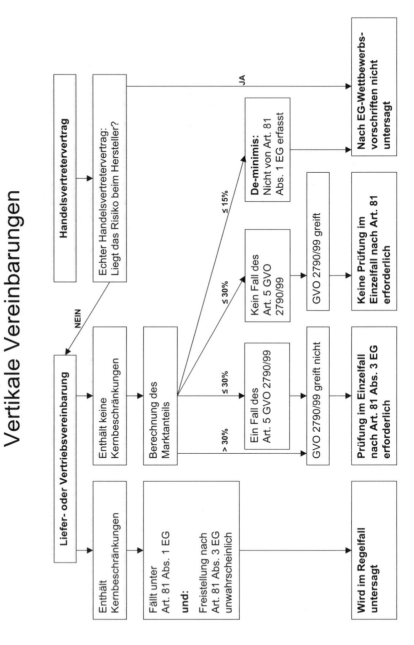

II. Abgrenzung zwischen vertikalen und horizontalen Vereinbarungen

Vertikale Beschränkungen schaden dem Wettbewerb grundsätzlich we- **368** niger als horizontale und werden **nachsichtiger behandelt.**[9] Es ist daher bei der kartellrechtlichen Beurteilung einer Vereinbarung in der Regel erforderlich zu bestimmen, ob es sich um eine horizontale oder um eine vertikale Vereinbarung handelt.

Ob eine Vereinbarung als horizontal oder als vertikal einzustufen ist, **369** richtet sich danach, ob die Unternehmen auf **derselben oder auf unterschiedlichen Marktstufen** tätig sind. Bei horizontalen Vereinbarungen betätigen sich die Unternehmen auf derselben Marktstufe, bei vertikalen Vereinbarungen handelt es sich um unterschiedliche Marktstufen.[10] Bei Tätigkeiten auf derselben Marktstufe stehen sich die Parteien der Vereinbarung als Wettbewerber oder jedenfalls potenzielle Wettbewerber gegenüber. Bei unterschiedlichen Marktstufen sind die Parteien der betreffenden Vereinbarung keine Wettbewerber, sondern beispielsweise Zulieferer oder Weiterverkäufer.

Unternehmen mit verschiedenen Produkten können sich in manchen **370** Bereichen als Wettbewerber gegenüberstehen, in anderen Bereichen auf unterschiedlichen Marktstufen tätig sein. Bei der Beurteilung einer Vereinbarung kommt es für die Bestimmung der Marktstufe auf die **konkret von der Vereinbarung betroffenen** Produkte oder Dienstleistungen (bzw. solche, die mit diesen austauschbar sind) an.[11]

Die GVO 2790/1999 gilt gem. Art. 2 Abs. 4 **nicht für vertikale Ver-** **371** **einbarungen zwischen Wettbewerbern.** Davon ausgenommen sind lediglich nichtwechselseitige Vereinbarungen, sofern drei Bedingungen erfüllt sind: Der Käufer ist ein relativ kleines Unternehmen mit weniger als 100 Mio. Euro Jahresumsatz (lit. a), oder der Lieferant und der Händler sind keine konkurrierenden Hersteller von Waren (lit. b) bzw. Dienstleistungen (lit. c). Mit dieser Vorschrift soll verhindert werden, dass Wettbewerber die Märkte untereinander aufteilen.[12]

---

9 Komm., Leitlinien für vertikale Beschränkungen, Abl. 2000, Nr. C 291, 1.
10 Komm., Leitlinien über horizontale Zusammenarbeit, Abl. 2001, Nr. C 3, 2 Rn. 1; vgl. auch z.B. FK-*Kulka*, Art. 81 Abs. 1, 3 EG-Vertrag Fallgruppen I. Rn. 22.
11 So auch ausdrücklich Art. 2 Nr. 13 FuE GVO und Art. 2 Nr. 6 Spezialisierungs-GVO.
12 Komm., Leitlinien über horizontale Zusammenarbeit, Abl. 2001, Nr. C 3, 2 Rn. 147; Entsch. v. 18.12.1985 – Az. IV/30.739, „Siemens/Fanuc", Abl. 1985, Nr. L 376, 29.

372 Bei Vereinbarungen, die sowohl horizontale als auch vertikale Elemente enthalten, besteht ein **Vorrang der horizontalen Betrachtungsweise**, da die horizontalen Auswirkungen einer Vereinbarung als wettbewerbschädlicher eingestuft werden.[13] Beispielsweise können die in Art. 2 GVO 2790/1999 erfassten vertikalen Vereinbarungen einer Unternehmensvereinigung von Wareneinzelhändlern letztlich nur dann freigestellt werden, wenn die vorausgegangene Bildung der Unternehmensvereinigung als horizontale Kooperation freigestellt ist. Bei solchen gemischten Vereinbarungen empfiehlt es sich daher, die jeweilige Vereinbarung sowohl in horizontaler als auch in vertikaler Hinsicht zu überprüfen.

III. Die GVO 2790/1999

373 Vertikale Absprachen können auch bei überwiegend positiven Folgen wettbewerbsbeschränkend sein und damit unter das Kartellverbot des Art. 81 Abs. 1 EG fallen. Vor diesem Hintergrund kommt der Frage nach der **Freistellung vom Kartellverbot** besondere Bedeutung zu. Um nicht von vornherein alle wettbewerbsbeschränkenden Vereinbarungen zu unterbinden, besteht gem. Art. 81 Abs. 3 EG die Möglichkeit der Freistellung einzelner Verträge oder Gruppen von Verträgen durch sog. GVOen.[14] In der Vergangenheit hatte die Kommission für den Bereich der vertikalen Absprachen (ohne Kfz-Sektor) vier GVOen erlassen,[15] die durch eine sehr detaillierte Auflistung derjenigen Bedingungen gekennzeichnet waren, die erfüllt sein mussten, damit eine vertikale Wettbewerbsbeschränkung in den Genuss der Freistellung kam. Dennoch war eine Vielzahl von Vertikalbeschränkungen und Vertragsgestaltungen nicht freigestellt worden. Dies galt vor allem für Verträge über Dienstleistungen.

---

13 Vgl. etwa Art. 2 Abs. 2 Halbs. 2, Abs. 4 Halbs. 1 GVO 2790/1999; Komm., Leitlinien für vertikale Beschränkungen, Abl. 2000, Nr. C 291, 1 Rn. 26 ff.; Leitlinien über horizontale Zusammenarbeit, Abl. 2001, Nr. C 3, 2 Rn. 11.

14 Vgl. Rn. 236 ff.

15 Komm., VO (EWG) Nr. 67/1967 v. 22. 3. 1967 über die Anwendung von Art. 85 Abs. 3 des Vertrages auf Gruppen von Alleinvertriebsvereinbarungen, Abl. 1967, 849; VO (EWG) Nr. 1983/1983 vom 22. 6. 1983 über die Anwendung von Art. 85 Abs. 3 des Vertrages auf Gruppen von Alleinvertriebsvereinbarungen, Abl. 1983, Nr. L 173, 1; VO (EWG) Nr. 1984/1983 v. 22. 6. 1983 über die Anwendung von Art. 85 Abs. 3 des Vertrages auf Gruppen von Alleinbezugsvereinbarungen, Abl. 1983, Nr. L 173, 5; VO (EWG) Nr. 4087/1988 v. 30. 11. 1988 über die Anwendung von Art. 85 Abs. 3 des Vertrags auf Gruppen von Franchisevereinbarungen, Abl. 1988, Nr. L 359, 46.

Aufgrund der damit einhergehenden Rechtsunsicherheiten und vor **374**
dem Hintergrund des mittlerweile weitgehend realisierten Binnenmarkts verfolgt die Kommission nun eine neue Politik gegenüber vertikalen Absprachen, die in einer neuen GVO[16] und den dazugehörenden Leitlinien[17] gipfelt. Die neue **GVO 2790/1999** ersetzte die bis dahin im Bereich vertikaler Wettbewerbsbeschränkungen gültigen drei
GVOen für Alleinvertriebs-,[18] Alleinbezugs-[19] und Franchise-Vereinbarungen.[20] Sie umfasst grundsätzlich alle Wirtschaftsbereiche bzw.
-stufen und gilt sowohl für Waren als auch für Dienstleistungen. Lediglich für den Kfz-Vertrieb (GVO 1400/2002)[21] und für den Technologietransfer (GVO 772/2004)[22] bestehen weiterhin eigenständige
GVOen. In ihrer **Konzeption** ist die Kommission von ihrer bis dato
üblichen Praxis insoweit abgewichen, als sie für den Kauf, den Verkauf und den Weiterverkauf nicht mehr verschiedene GVOen erlassen
hat. Dies hat zur Folge, dass eine von einzelnen Fallgestaltungen losgelöste Regelung formuliert wurde.[23] Die GVO 2790/1999 dokumen-
tiert die Erkenntnis der Kommission, dass die Freiheit der Gestaltung
des Vertriebssystems ein wichtiger Wettbewerbsparameter ist. Die in
diesem Zusammenhang getroffenen Vereinbarungen haben zumeist
wettbewerbsfördernden Charakter, solange das bindende Unternehmen
nicht über erhebliche Marktmacht verfügt.

Die GVO 2790/1999 erklärt vertikale Vereinbarungen und abge- **375**
stimmte Verhaltensweisen über den Verkauf von Waren und Dienstleistungen zwischen Unternehmen für rechtmäßig, wenn bestimmte

---

16 Komm., VO (EG) Nr. 2790/1999 v. 22.12.1999 über die Anwendung von Art. 81
   Abs. 3 des Vertrages auf Gruppen von vertikalen Vereinbarungen und aufeinander
   abgestimmte Verhaltensweisen, Abl. 1999, Nr. L 336, 21.
17 Komm., Leitlinien für vertikale Beschränkungen, Abl. 2000, Nr. C 291, 1.
18 Komm., GVO (EWG) Nr. 1983/1983 für Alleinvertriebsvereinbarungen, Abl. 1983,
   Nr. L 173, 1.
19 Komm., GVO (EWG) Nr. 1984/1983 für Alleinbezugsvereinbarungen, Abl. 1983,
   Nr. L 173, 5.
20 Komm., GVO (EWG) Nr. 4087/1988 für Franchise-Vereinbarungen, Abl. 1988,
   Nr. L 369, 46.
21 Komm., VO (EG) Nr. 1400/2002 v. 31.7.2002 über die Anwendung von Art. 81
   Abs. 3 des Vertrags auf Gruppen von vertikalen Vereinbarungen und aufeinander abgestimmte Verhaltensweisen im Kraftfahrzeugsektor, Abl. 2002, Nr. L 203, 30.
22 Komm., VO (EG) Nr. 772/2004 v. 27.4.2004 zur Anwendung von Art. 81 Abs. 3 auf
   Gruppen von Technologietransfer-Vereinbarungen, Abl. 2004, Nr. L 123, 11.
23 *Bauer/de Bronett*, Gruppenfreistellungsverordnung, Rn. 2; *Pukall*, NJW 2000,
   1375 f.; *Schultze/Pautke/Wagener*, Vertikal-GVO, Rn. 13 ff.; Immenga/Mestmäcker-
   Veelken, GVO Rn. 9.

Marktanteilsschwellen nicht überschritten werden, Art. 3 GVO 2790/1999. Vereinbarungen, die keine „**Kernbeschränkungen**" bzw. verbotene sog. „schwarze" Klauseln i. S. v. Art. 4 GVO 2790/1999 enthalten, sind freigestellt. Unter schwarzen Klauseln versteht man Vertragsbestandteile, die von der Kommission als Verstoß gegen das Kartellverbot eingestuft werden, da durch ihre Vereinbarung die Parteien den Wettbewerb negativ beeinflussen. Die Verabredung nur einer einzelnen schwarzen Klausel lässt die Freistellung entfallen (keine Abtrennbarkeit).[24] Dies gilt jedoch nicht für die in Art. 5 GVO 2790/1999 genannten Vertragsklauseln. Enthält die Vereinbarung eine der dort genannten Klauseln, geht der Vorteil der GVO nur in Bezug auf den Teil der vertikalen Vereinbarung verloren, der nicht mit den in Art. 5 GVO 2790/1999 genannten Voraussetzungen übereinstimmt.[25]

IV. Die Leitlinien

376 Die Kommission hat umfangreiche **Leitlinien** zur Erläuterung der GVO 2790/1999 aufgestellt.[26] Diese Leitlinien stellen kein sekundäres Gemeinschaftsrecht dar, da sie nicht auf eine ausdrückliche Ermächtigungsgrundlage gestützt werden können. Sie verkörpern **veröffentlichte Verwaltungsgrundsätze** und geben nur die generelle Rechtsauffassung der Kommission wieder.[27] Eine im Einzelfall berechtigte andere Wertung bleibt ihr stets vorbehalten; allerdings soll dies bei der Verhängung von Geldbußen angemessen berücksichtigt werden.[28] Den Leitlinien kommt zudem eine wichtige Orientierungsfunktion zu. Letztlich ist für die Vereinbarkeit vertikaler Vereinbarungen mit dem EG-KartellR allein die Rechtsprechung des EuGH und des EuGI maßgebend. Obwohl sich die Leitlinien nicht an die nationalen Kartellbehörden richten, geht von ihnen eine faktische Bindung aus, da sie auch von den nationalen Kartellbehörden als Orientierungshilfe herangezogen werden.

377 Während die GVO 2790/1999 selbst von einzelnen Vertragstypen losgelöste generelle Regelungen enthält, nehmen die Leitlinien zu **be-**

---

24 Komm., Leitlinien für vertikale Beschränkungen, Abl. 2000, Nr. C 291, 1 Rn. 66; *Bauer/de Bronett*, Gruppenfreistellungsverordnung, Rn. 3, 90.

25 *Bauer/de Bronett*, Gruppenfreistellungsverordnung, Rn. 3, 139.

26 Komm., Leitlinien für vertikale Beschränkungen, Abl. 2000, Nr. C 291, 1.

27 *Lange*, EWS 2001, 18, 19; *Pukall*, NJW 2000, 1375, 1377; *Rittner*, DB 2000, 1211.

28 EuGH, Urt. v. 16.12.1975 – verb. Rs. 40–48, 50, 54–56, 111, 113 u. 114/73, „Suiker Unie/Kommission", Slg. 1975, 1663, 2026 Rn. 555 ff.; *Geiger*, EuZW 2000, 325.

stimmten Vertragstypen wie z. B. Alleinvertriebs- oder Franchise-Verträgen Stellung und führen dabei teilweise auch die abgelösten GVOen weiter.

§ 2 Formen vertikaler Vereinbarungen, die nicht von Art. 81 Abs. 1 EG erfasst werden

Schrifttum: *Bauer/de Bronett*, Die EU-Gruppenfreistellungsverordnung für vertikale Wettbewerbsbeschränkungen, 2001; *Ebenroth*, Absatzmittlungsverträge im Spannungsverhältnis von Kartell- und Zivilrecht, 1980; *Ebenroth/Rapp*, Alleinbezugsverträge und EG-Kartellrecht, JZ 1991, 962; *Ebenroth/Strittmatter*, Fremdbestimmte Investitionen in der Umstrukturierung von Absatzmittlungsverhältnissen im Automobilsektor, BB 1993, 1521; *Freund*, Handelsvertreterverträge und EG-Kartellrecht, EuZW 1992, 408; *Kirchhoff*, Die Beurteilung von Bezugsverträgen nach europäischem Kartellrecht, WuW 1995, 361; *ders.*, Die kartellrechtliche Beurteilung vertikaler Vertriebsverträge, 1990; *Lange*, Handelsvertretervertrieb nach den neuen Leitlinien der Kommission, EWS 2001, 18; *ders.*, Handelsvertretervertrieb und EG-Kartellrecht, EWS 1997, 325; *Polley/Seeliger*, Die neue Gruppenfreistellungsverordnung für Vertikalverträge Nr. 2790/1999, WRP 2000, 1203; *Pukall*, Neue EU-Gruppenfreistellungsverordnung für Vertriebsbindungen, NJW 2000, 1375; *Rittner*, Die EG-Kommission und das Handelsvertreterrecht – Zum geplanten EG-Recht über Vertikalverträge, DB 1999, 2097; *ders.*, Die Handelsvertreterpraxis nach dem neuen EG-Kartellrecht für Vertikalvereinbarungen, DB 2000, 1211; *Roniger*, Das neue Vertriebskartellrecht, 2000; *Veelken*, Vertriebssysteme unter besonderer Berücksichtigung des deutschen und europäischen Wettbewerbsrechts, ZVglRWiss 89 (1990), 358;

I. Mangelnde Spürbarkeit

Von Art. 81 Abs. 1 EG nicht erfasst werden vertikale Vereinbarungen, **378** die **keine spürbaren Auswirkungen auf den Handel** zwischen Mitgliedstaaten oder den Wettbewerb haben (De-minimis- oder Bagatellregel). In ihren Leitlinien zum Begriff der Beeinträchtigung des zwischenstaatlichen Handels nimmt die Kommission an, dass Vereinbarungen, bei denen der gemeinsame Marktanteil 5 % und der Jahresumsatz des Lieferanten 40 Mio. Euro nicht überschreiten, nicht vom Kartellverbot erfasst werden.[29] An der Spürbarkeit der Wettbewerbs-

---

29 Komm., Leitlinien über den Begriff der Beeinträchtigung des zwischenstaatlichen Handels in den Art. 81 und 82 des Vertrages, Abl. 2004, Nr. C 101, 7 Rn. 52.

beschränkung fehlt es gem. der De-minimis-Bekanntmachung der Kommission dann, wenn der von den an der Vereinbarung beteiligten Unternehmen gehaltene Marktanteil 15% nicht übersteigt.[30]

379 Eine Besonderheit stellt die **Bündelung gleichartiger selektiver Vertriebssysteme**[31] dar. Mag auch der einzelne Vertrag weder den Handel zwischen den Mitgliedstaaten noch den Wettbewerb spürbar beeinträchtigen, kann es jedoch ein Bündel solcher Verträge tun (Bündeltheorie). Gerade in der Automobilindustrie ist das Überziehen des Gemeinsamen Marktes mit einem Bündel von Vereinbarungen mit sich ähnelnden Wettbewerbsbeschränkungen üblich; so entstehen netzwerkartige Strukturen. Dadurch wird nicht nur der Handel in einem einzigen Mitgliedstaat, sondern auch der Handel zwischen einzelnen Staaten beeinträchtigt (Zwischenstaatlichkeitsklausel). Der EuGH beurteilt in diesen Fällen nicht etwa nur den einzelnen zwischen dem Hersteller und dem Händler geschlossenen Vertrag, sondern seit der Entscheidung *Brasserie de Haecht*[32] das gesamte Vertriebssystem, in das der einzelne Vertrag eingebettet ist.[33] Ist das Bündel der Verträge in seiner Gesamtheit geeignet, die Freiheit des Handels einzuschränken, kann das zusätzlich für den einzelnen Vertrag gelten. Aus diesen Gründen hat die Bagatellbekanntzmachung der Kommission erstmals eine Marktanteilsschwelle für Parallelvereinbarungen mit kumulativen Auswirkungen auf den Wettbewerb festgelegt, die bei 5% liegt.[34]

380 Sind die Vereinbarungen Teil eines Bündels gleichartiger Verträge, muss sowohl bei der Spürbarkeit als auch bei der Frage nach der Qualifizierung als Wettbewerbsbeschränkung auf das **Bestehen paralleler Verträge** anderer Hersteller geachtet werden.[35] Nach der Bündeltheo-

---

30 Komm., Bek. über Vereinbarungen von geringer Bedeutung, die den Wettbewerb gem. Art. 81 Abs. 1 des EG-Vertrages nicht spürbar beschränken, Abl. 2001, Nr. C 368, 13 Rn. 7.

31 *Ebenroth/Strittmatter,* BB 1993, 1521; zur Bündeltheorie siehe auch *Freund,* EuZW 1992, 408, 411 f.

32 EuGH, Urt. v. 12.12.1967 – Rs. 23/67, „Brasserie de Haecht I", Slg. 1967, 544, 555 ff. = WuW/E EWG MUV 187 ff.

33 EuGI, Urt. v. 5.7.2001 – Rs. T-25/99, „Roberts/Greene King", Slg. 2001, II-1881 = WuW/E EU-R 453 Rn. 55 ff., 86 ff.; *Ebenroth/Rapp,* JZ 1991, 962, 963; *Kirchhoff,* Kartellrechtliche Beurteilung vertikaler Vertriebsverträge, S. 236.

34 Komm., Bek. über Vereinbarungen von geringer Bedeutung, die den Wettbewerb gem. Art. 81 Abs. 1 des EG-Vertrages nicht spürbar beschränken, Abl. 2001, Nr. C 368, 13 Rn. 8.

35 Siehe dazu EuGH, Urt. v. 28.2.1991 – Rs. C-234/89, „Delimitis/Henninger Bräu", Slg. 1991, I-935, 985 Rn. 19 ff. = EuZW 1991, 376; Urt. v. 22.10.1986 – Rs. 75/

rie des EuGH kann für die Beurteilung einer Verhaltensweise als Wettbewerbsbeschränkung auch auf das Bestehen gleichartiger Verträge im Markt abgestellt werden. Dazu muss sich aufgrund der Marktstruktur ergeben, dass durch das Zusammenwirken eines Bündels gleichartiger Verträge eine spürbare Wettbewerbsbeschränkung eintritt. Die Wettbewerbsbeschränkung muss ferner dem betroffenen Vertrag zugerechnet werden. Die Bedeutung des jeweiligen Vertrags hängt nicht zuletzt auch von der Stellung der Vertragspartner auf dem Markt und der Vertragsdauer ab.[36]

II. Fehlen eines zweiten Unternehmens – der echte Handelsvertreter

Vom Kartellverbot des Art. 81 Abs. 1 EG werden nur Vereinbarungen **381** erfasst, die durch das Vorliegen einer **Willensübereinstimmung zwischen mindestens zwei Parteien** gekennzeichnet sind. Fehlt es jedoch am eigenen Willen einer Partei, weil sie nicht autonom entscheiden kann, sondern nur auf Weisung der anderen handelt, ist ein Vertrag zwischen diesen Parteien nicht vom Anwendungsbereich des Art. 81 Abs. 1 EG erfasst. Zu den Verträgen, die normalerweise nicht vom Kartellverbot erfasst werden, gehört der Handelsvertretervertrag.

1. Begriff des Handelsvertretervertriebs

Handelsvertreter ist nach Art. 1 Abs. 1 der Handelsvertreter-Richtlinie **382** derjenige, der als selbstständiger Gewerbetreibender ständig damit betraut ist, für eine andere Person den Verkauf oder den Ankauf von Waren zu vermitteln oder diese Geschäfte im Namen und für Rechnung

---

84, „Metro/Saba II", Slg. 1986, 3021, 3085 ff. Rn. 40 ff. = EWiR Art. 85 EWGV 7/
86, 1201; EuGI, Urt. v. 5.7.2001 – Rs. T-25/99, „Roberts/Greene King", Slg.
2001, II-1881 = WuW/E EU-R 453 Rn. 55 ff., 86 ff.; Martinek/Semler-*Habermeier*,
§ 29 Rn. 28; *Kirchhoff*, WuW 1995, 361, 362 f.; Schröter/Jakob/Mederer-*Klotz*,
Art. 81 – Fallgruppen, Liefer- und Bezugsabsprachen Rn. 7; *Lange*, EWS 1997,
325, 327 f.

36 EuGH, Urt. v. 1.10.1998 – Rs. C-279/95 P, „Langnese-Iglo", Slg. 1998, I-5609,
5640 Rn. 32 ff. = EWS 1998, 449; Urt. v. 28.2.1991 – Rs. C-234/89, „Delimitis/
Henninger Bräu", Slg. 1991, I-935, 987 Rn. 25 f. = EuZW 1991, 376; Urt. v.
11.12.1980 – Rs. 31/80, „L'Oréal/PVBA", Slg. 1980, 3775, 3792 ff. Rn. 19 =
GRUR Int. 1981, 315 ff.; Urt. v. 12.12.1967 – Rs. 23/67, „Brasserie de Haecht I",
Slg. 1967, 544, 556 = WuW/E EWG MUV 187 ff.; Urt. v. 30.6.1966 – Rs. 56/65,
„LTM/Maschinenbau Ulm", Slg. 1966, 282, 303 f.; EuGI, Urt. v. 8.6.1995 – Rs. T-
7/93, „Langnese-Iglo", Slg. 1995, II-1533 = EuZW 1996, 49, 56.

des Unternehmers abzuschließen.[37] Der Handelsvertreter wird in fremdem Namen und für fremde Rechnung tätig und ist so vom **unternehmerischen Absatzrisiko** entbunden.[38] Der Handelsvertretervertrieb fällt unter bestimmten Voraussetzungen nicht in den Anwendungsbereich des Kartellverbots gem. Art. 81 Abs. 1 EG. Der EuGH hat in mehreren Urteilen zwei Kriterien entwickelt, nach denen sich beurteilen lässt, ob ein Vertrag ein Handelsvertretervertrag ist und damit nicht vom Kartellverbot erfasst wird.

383 Zunächst ist zu untersuchen, ob der Geschäftsherr und sein Handelsvertreter eine **wirtschaftliche Einheit** bilden. Eine wirtschaftliche Einheit liegt dann vor, wenn der Handelsvertreter sein Geschäftsgebaren nicht autonom bestimmt, sondern die Weisungen seines Geschäftsherrn durchführt und damit als ein in das Unternehmen seines Geschäftsherrn eingegliedertes Hilfsorgan angesehen werden kann.[39] Trägt der Handelsvertreter jedoch finanzielle Risiken des Absatzes oder der Abwicklung der mit Dritten geschlossenen Verträge, ist er kein eingegliedertes Hilfsorgan mehr, sondern ähnelt einem Eigenhändler.[40] Voraussetzung dafür, dass ein Handelsvertretervertrag nicht unter das Kartellverbot fällt, ist also, dass der Handelsvertreter keines der Risiken aus den für den Geschäftsherrn vermittelten Geschäften trägt und als Hilfsorgan in das Unternehmen des Geschäftsherrn eingegliedert ist.[41]

2. Abgrenzung zwischen echtem und unechtem Handelsvertretervertrieb

384 Die Kommission versucht in ihren Leitlinien, den **Unfang des Risikos zu bestimmen**, den ein Handelsvertreter gerade noch eingehen darf, damit der Handelsvertretervertrag nicht von Art. 81 Abs. 1 EG erfasst wird. Zunächst versteht die Kommission nach der in Rn. 12 der Leitlinien genannten Definition unter Handelsvertretervereinbarungen standardmäßig einen Sachverhalt, wonach eine juristische oder natürliche

---

37 Rat. Richtlinie 86/653/EWG v. 18.12.1986 zur Koordinierung der Rechtsvorschriften der Mitgliedstaaten betreffend den selbstständigen Handelsvertreter, Abl. 1986, Nr. L 382, 17.
38 *Ebenroth*, Absatzmittlungsverträge, S. 28; *Veelken*, ZVglRWiss 89 (1990), 358, 361.
39 EuGH, Urt. v. 16.12.1975 – verb. Rs. 40–48, 50, 54–56, 111, 113 u. 114/73, „Suiker Unie/Kommission", Slg. 1975, 1663 Rn. 480.
40 EuGH, Urt. v. 16.12.1975 – verb. Rs. 40–48, 50, 54–56, 111, 113 u. 114/73, „Suiker Unie/Kommission", Slg. 1975, 1663 Rn. 541.
41 EuGH, Urt. v. 24.10.1995 – Rs. C-266/93, „VAG Leasing/Kommission", Slg. 1995, I-3477 Rn. 19.

Person befugt ist, Vereinbarungen im Namen und/oder im Auftrag einer anderen Person über den Kauf oder Verkauf von Waren oder die Verwendung oder die Erbringung von Dienstleistungen auszuhandeln bzw. auszuhandeln und zu schließen.

Die Kommission differenziert dann jedoch weiter zwischen dem „ech- **385** ten" und dem „unechten" Handelsvertretervertrieb. Gem. Rn. 13 der Leitlinien stellt der echte Handelsvertretervertrieb keinen Verstoß gegen das Kartellverbot dar, so dass sämtliche Verpflichtungen, die dem echten Handelsvertreter auferlegt werden, nicht vom Kartellverbot des Art. 81 Abs. 1 EG erfasst werden. Der Vertrieb mittels eines sog. „unechten" Handelsvertreters kann jedoch sehr wohl unter das Kartellverbot des Art. 81 Abs. 1 EG fallen, womit die Anwendung der GVO 2790/1999 in Betracht kommt.[42]

Mit diesem Begriffspaar des echten und des unechten Handelsvertre- **386** tervertriebs hat die Kommission eine neue, bislang unbekannte Differenzierung des Handelsvertretervertriebs geschaffen.[43] Entscheidend ist daher die Frage, nach welchen **Kriterien** zwischen echtem und unechtem Handelsvertretervertrieb unterschieden wird. Dazu prüft die Kommission, wer das finanzielle und das wirtschaftliche Risiko trägt. Das für die Bewertung der Vereinbarung maßgebliche Risiko ist zum einen das mit den vom Vermittler für seinen Geschäftsherrn geschlossenen Verträgen direkt verbundene spezifische Risiko. Zum anderen bestehen Risiken, die auf marktspezifische Investitionen zurückzuführen sind.[44] Hierunter sind solche Investitionen zu verstehen, die durch die Art der Tätigkeit hervorgerufen werden, die der Handelsvertreter für den Geschäftsherrn erbringt. Diese Investitionen sind regelmäßig verloren („sunk"), wenn der Handelsvertreter das Tätigkeitsfeld verlässt oder die Investitionen nicht für weitere Aktivitäten nutzbar machen kann.

Vereinbarungen, in denen der Handelsvertreter keines der beiden Risi- **387** ken übernimmt bzw. das übernommene Risiko nur untergeordnete Bedeutung besitzt, sind **echte Handelsvertretervereinbarungen**; sie werden nicht vom Kartellverbot erfasst.[45] Trägt der Handelsvertreter hingegen ein nicht unerhebliches Risiko, liegt ein **unechter Handelsvertretervertrieb** vor. Der Handelsvertreter ist als selbstständiger Ab-

---

42 Komm., Leitlinien für vertikale Beschränkungen, Abl. 2000, Nr. C 291, 1.
43 *Lange*, EWS 2001, 18, 19; *Rittner*, DB 2000, 1211, 1213.
44 Komm., Leitlinien für vertikale Beschränkungen, Abl. 2000, Nr. C 291, 1 Rn. 14.
45 Komm., Leitlinien für vertikale Beschränkungen, Abl. 2000, Nr. C 291, 1 Rn. 15.

satzmittler einzustufen, dem das Recht verbleiben muss, seine eigene Marktstrategie zu verfolgen. Risiken, die der Erbringung von Vermittlerdiensten grundsätzlich anhaften, sind für die Bewertung des Risikos ohne Bedeutung.[46]

388 Die Frage nach dem Risiko muss – nach Auffassung der Kommission – im Einzelfall beantwortet werden, wobei die wirtschaftlichen Gegebenheiten der jeweiligen Sachlage zu würdigen sind.[47] Sie geht davon aus, dass Art. 81 Abs. 1 EG auf Vermittlervereinbarungen über den Kauf oder den Verkauf für den Prinzipal nicht anwendbar ist, wenn der Handelsvertreter nicht Eigentümer der gekauften oder verkauften Waren ist oder der Vermittler die Dienste nicht selbst erbringt. Darüber hinaus darf der Handelsvertreter **folgende Vertragspflichten nicht eingehen**, um nicht dem Kartellverbot zu unterfallen:[48]

- Beteiligung an den Kosten, die mit der Lieferung (Erbringung) bzw. dem Erwerb von Waren oder Dienstleistungen verbunden sind. Hierzu zählen auch Transportkosten. Allerdings ist es unschädlich, wenn der Handelsvertreter den Transportservice übernimmt, solange der Geschäftsherr die anfallenden Kosten trägt;
- direkte oder indirekte Investitionen in die Verkaufsförderung wie z. B. Beiträge zu den Werbeaufwendungen;
- Lagerung der vertraglich erfassten Waren auf eigenes Risiko, beispielsweise Rückgabe der unverkauften Waren an den Geschäftsherrn nur bei Entrichtung eines Entgelts. Hierzu zählen auch die Finanzierungskosten und diejenigen Kosten, die durch den Verlust gelagerter Waren entstehen, es sei denn, der Handelsvertreter hat den Verlust zu vertreten;[49]
- Aufbau und Betrieb eines Kunden- und Wartungsdienstes, solange die Kosten nicht vollständig vom Geschäftsherrn erstattet werden;
- Aufbau eines eigenen Verteilungsnetzes mit marktspezifischen Investitionen in Ausrüstungen, Gebäude oder Personal. Beispielhaft

---

46 Unter diese Risikogruppe wird u.a. das Risiko zu subsumieren sein, dass der Handelsvertreter seine Provision aus den vermittelten Geschäften auch tatsächlich erhält.

47 Komm., Entsch. v. 10.10.2001 – Az. COMP/36.264, „Mercedes-Benz", Abl. 2002, Nr. L 257, 32 Rn. 153 ff.

48 Komm., Leitlinien für vertikale Beschränkungen, Abl. 2000, Nr. C 291, 1 Rn. 16; *Bauer/de Bronett*, Gruppenfreistellungsverordnung, Rn. 49; *Lange*, EWS 2001, 18, 20.

49 Die alte Streitfrage, ob die Kommission in der Vergangenheit auf die Unterhaltung eines Lagers und damit auf die Handelsfunktion abstellte oder aber das Lagerrisiko meinte, ist damit geklärt.

werden die Schulung von Personal, der Erwerb einer bestimmten Software zum Verkauf von Versicherungspolicen oder die Errichtung eines Öltanks für den Absatz von Mineralölprodukten genannt;

- Haftung gegenüber Dritten bei Schäden, die mit der verkauften Ware entstanden sind (Produkthaftung). Eine Ausnahme wird nur für den Fall zugelassen, dass der Handelsvertreter für den Schaden verantwortlich ist;
- Haftung bei Nichterfüllung, ausgenommen der Verlust seiner Vergütung.[50]

Trägt der Handelsvertreter eines oder mehrere der genannten Risiken **389** oder einen Teil der genannten Kosten, ist Art. 81 Abs. 1 EG möglicherweise anwendbar. In der Sache *DaimlerChrysler* hat das EuGI jedoch klargestellt, dass der Begriff des **finanziellen Risikos weit auszulegen** ist. So ist es beispielsweise nach Auffassung des Gerichts für die Einstufung als echter Handelsvertreter unschädlich, dass der Handelsvertreter einen Teil seiner Provision für Preiszugeständnisse an den Endkunden verwendet.[51] Ebenso sei es keine Beteiligung am Preisrisiko, wenn der Handelsvertreter Vorführwagen erwerben müsse, da er diese in aller Regel mit Gewinn weiterverkaufen könne.[52]

3. Umfang der Nichtanwendung des Kartellverbots

Kann anhand des gerade geschilderten Kriterienkatalogs festgestellt **390** werden, dass es sich um einen echten Handelsvertretervertrieb handelt, ist nach der von der Kommission in ihren Leitlinien vertretenen Auffassung der **Anwendungsbereich des Kartellverbots nicht eröffnet**. Daher werden grundsätzlich auch diejenigen Verpflichtungen, die dem Handelsvertreter mit den ausgehandelten Verträgen auferlegt werden, nicht von Art. 81 Abs. 1 EG erfasst.[53] Gewisse Verpflichtungen, die dem Handelsvertreter von seinem Geschäftsherrn auferlegt werden, betrachtet die Kommission deshalb als unverzichtbaren Bestandteil einer Vermittlungsvereinbarung (sog. „weiße Klauseln"). Sie be-

---

50 Eine weitere Ausnahme wird zugelassen, wenn der Handelsvertreter für die Nichtzahlung verantwortlich ist, etwa weil er diebstahlverhindernde Maßnahmen unterlassen hat.

51 EuGI, Urt. v. 15.9.2005 – Rs. T-325/01, „DaimlerChrysler/Kommission", WuW/E EU-R 933 Rn. 98.

52 EuGI, Urt. v. 15.9.2005 – Rs. T-325/01, „DaimlerChrysler/Kommission", WuW/E EU-R 933 Rn. 108.

53 Komm., Leitlinien für vertikale Beschränkungen, Abl. 2000, Nr. C 291, 1 Rn. 18.

ziehen sich auf die Fähigkeit des Geschäftsherrn, den Tätigkeitsbereich seines Vermittlers festzusetzen. **Sie sind unerlässlich**, wenn der Geschäftsherr sämtliche Risiken übernehmen und zugleich in der Lage sein soll, die Geschäftsstrategie festzulegen. Dazu zählen:[54]

- Beschränkungen bei dem Gebiet, in dem der Vermittler tätig werden kann;
- Beschränkungen bei den Kunden, an die der Vermittler verkaufen darf und
- Vorgaben bezüglich der Preise und der Bedingungen, zu denen der Vermittler Waren bzw. Dienstleistungen beziehen oder verkaufen darf.

391 Neben den Bedingungen des Kaufs oder Verkaufs von Waren bzw. Dienstleistungen durch den Handelsvertreter können Vermittlervereinbarungen auch **Bestimmungen über das Verhältnis zwischen dem Vermittler und dem Geschäftsherrn** enthalten. Hierzu zählen vor allem Alleinvermittlerbestimmungen, also Vertragsbedingungen, die den Geschäftsherrn daran hindern, andere Vermittler für eine bestimmte Art von Geschäft, Kunden oder Gebiet zu benennen. Besondere Bedeutung kommt ferner den sog. Wettbewerbsverbotsklauseln zu, nach denen der Handelsvertreter daran gehindert wird, als Absatzmittler für andere Unternehmen tätig zu werden, die zum Geschäftsherrn in Wettbewerb stehen.

a) Alleinvermittlerbestimmungen

392 Nach den in den Leitlinien geäußerten Vorstellungen betreffen Alleinvermittlerbestimmungen nur den markeninternen Wettbewerb, also den Wettbewerb von Waren oder Dienstleistungen des gleichen Unternehmens, die auf den Märkten zu unterschiedlichen Preisen oder Bedingungen angeboten werden, und führen grundsätzlich nicht zu wettbewerbsbeschränkenden Effekten.[55] Räumt der Unternehmer einem Handelsvertreter ein **Alleinvertretungsrecht** ein, verpflichtet er sich, in diesem Gebiet weder selbst noch durch andere Absatzmittler tätig zu werden. Hierdurch tritt zwar eine Verkürzung auf dem Nachfragemarkt ein. Die Kommission sah jedoch schon früher in dieser Beschränkung eine Folge der besonderen Pflicht zur gegenseitigen Interessenwahrung zwischen Handelsvertreter und Unternehmer. Die Ver-

---

54 *Lange*, EWS 2001, 18, 21.
55 Komm., Leitlinien für vertikale Beschränkungen, Abl. 2000, Nr. C 291, 1 Rn. 19; *Lange*, EWS 2001, 18, 21 f.

bote für den Auftraggeber, im Gebiet des Handelsvertreters selbst tätig zu werden oder andere Vertreter zu bestellen, sind regelmäßig ebenfalls nicht als wettbewerbsbeschränkend anzusehen.

b) Wettbewerbsverbotsklauseln

Wettbewerbsverbotsklauseln für den Handelsvertreter hingegen tangieren nach Auffassung der Kommission den Interbrand-Wettbewerb, also den Wettbewerb zwischen verschiedenen Unternehmen, und können gegen Art. 81 Abs. 1 EG verstoßen, wenn sie zu einer Abschottung des relevanten Marktes führen.[56] Entsprechendes gilt auch für ein nachvertragliches Wettbewerbsverbot. Wettbewerbsverbotsklauseln sind jedoch – entgegen der Auffassung der Kommission – üblich und gehören zum Bestandteil der Vertragsfreiheit der Parteien.[57] Im deutschen Recht wird für den Handelsvertreter ein gesetzliches Wettbewerbsverbot aus der Pflicht zur Interessenwahrung abgeleitet; er muss es auch ohne vertragliche Wettbewerbsklausel unterlassen, seinem Unternehmer durch die Vermittlertätigkeit für einen Wettbewerber Nachteile zuzufügen.[58] Nach Beendigung des Absatzmittlungsverhältnisses ist der Handelsvertreter grundsätzlich frei, in Wettbewerb zu seinem ehemaligen Unternehmer zu treten.[59] **393**

Allerdings können die Parteien vereinbaren, dass der Handelsvertreter für die Zeit **nach Vertragsbeendigung** in seiner gewerblichen Tätigkeit beschränkt ist. Wettbewerbsrechtlich ist dabei zu beachten, dass die Kenntnisse über den Kundenstamm, die der Handelsvertreter am Ende der Vertragslaufzeit besitzt, zumeist auf seine eigenen Bemühungen und weniger auf die Leistungen des Unternehmers zurückzuführen sind. Eine kartellrechtliche Privilegierung eines nachvertraglichen Wettbewerbsverbots kommt daher insoweit in Betracht, als die Weitergabe und Ausnutzung von Know-how oder Kundeninformationen verhindert werden soll, die der Handelsvertreter vom Unternehmer erhalten hat. Eine weitergehende kartellrechtliche Privilegierung von Beschränkungen auf dem Markt für Handelsvertreterdienstleistungen ist **394**

---

56 Komm., Leitlinien für vertikale Beschränkungen, Abl. 2000, Nr. C 291, 1 Rn. 19.
57 *Lange*, EWS 1997, 325, 333; *Rittner*, DB 1999, 2097, 2100.
58 BGH, Urt. v. 17. 10. 1991 – I ZR 248/89, NJW-RR 1992, 481, 482; Urt. v. 9. 6. 1969 – VII ZR 49/67, „Tankstellen-Stationär-Vertrag", BGHZ 52, 171, 177 = NJW 1969, 1662 ff.; Urt. v. 18. 6. 1964 – VII ZR 254/62, BGHZ 42, 59, 61 = NJW 1964, 1621 f.; Martinek/Semler-*Flohr*, § 8 Rn. 64.
59 BGH, Urt. v. 28. 1. 1993 – I ZR 294/90, NJW 1993, 1786 f.; Urt. v. 5. 10. 1979 – I ZR 43/78, „Verschaffen eines Kundenstammes", BB 1980, 12, 13.

nicht gerechtfertigt. Bezüglich nachvertraglicher Wettbewerbsverbote ist der Kommission daher grundsätzlich zuzustimmen.[60]

4. Anwendung der GVO 2790/1999

395 Fällt eine Vereinbarung über den Handelsvertretervertrieb unter das Kartellverbot, ist zu prüfen, ob sie in den Anwendungsbereich der GVO 2790/1999 fällt und auf diese Weise vom Kartellverbot freigestellt wird. In dieser GVO hat sich die Kommission nicht ausdrücklich mit Handelsvertreterverhältnissen beschäftigt. Der in Art. 1 lit. g GVO 2790/1999 definierte **Anwendungsbereich** erfasst die Vermittlung von Geschäften mit Dritten für den Geschäftsherrn nicht eindeutig. Aus der Definition des Käuferbegriffs in Art. 1 lit. g GVO 2790/1999 wird jedoch geschlossen, dass für eine Handelsvertretervereinbarung die GVO in Anspruch genommen werden könne.[61] Dieser Interpretation wird entgegengehalten, dass der Handelsvertreter – anders als der Eigenhändler – Geschäfte lediglich vermittelt oder im Namen des Geschäftsherrn abschließt, Art. 1 Abs. 2 Handelsvertreter-Richtlinie.[62]

396 Gemeint sind mit der Definition des Art. 1 lit. g GVO 2790/1999 die sog. „unechten Handelsvertreter", also Handelsvertreter, die vertraglich festgelegte Risiken und Kosten übernehmen, die ihnen normalerweise nicht obliegen. Diese **unechten Handelsvertreter** werden kartellrechtlich ähnlich wie ein Vertragshändler behandelt und können daher vom Anwendungsbereich der GVO 2790/1999 erfasst werden.[63] Das Handelsvertreterverhältnis wird dann im Falle der Anwendung der GVO 2790/1999 durch ein Verkäufer-Käufer-Verhältnis ersetzt. Eine analoge Anwendung derjenigen Vorschriften, die auf Vertragshändler und das Franchise-System zugeschnitten sind, kann den Besonderheiten des Handelsvertretervertriebs nicht gerecht werden und wird in der Literatur teilweise sehr kritisch gesehen.[64] Das größte Problem

---

60 Vgl. zum alten Recht: Komm., Entsch. v. 18.10.1991 – Az. IV/32.737, „Eirpage", Abl. 1991, Nr. L 306, 22, 31; Martinek/Semler-*Federlin*, § 32 Rn. 75.

61 *Bechtold/Bosch/Brinker/Hirsbrunner*, EU-Kartellrecht, VO 2790/1999, Art. 1 Rn. 23; *Pukall*, NJW 2000, 1375, 1377; *Roniger*, Vertriebskartellrecht, Art. 1 Rn. 22.

62 Zweifelnd daher *Lange*, EWS 2001, 18, 22 f.; *Rittner*, DB 2000, 1211, 1212 u. DB 1999, 2097 f.; dagegen wiederum *Bauer/de Bronett*, Gruppenfreistellungsverordnung, Rn. 49.

63 Komm., Leitlinien für vertikale Beschränkungen, Abl. 2000, Nr. C 291, 1 Rn. 13; dem wohl zustimmend *Polley/Seeliger*, WRP 2000, 1203, 1208.

64 *Schultze/Pautke/Wagener*, Vertikal-GVO, Rn. 145; *Rittner* spricht davon, dass der Handelsvertretervertrieb in ein „Prokrustesbett" gepresst würde, DB 1999, 2097, 2098.

dürfte darin liegen, dass Handelsvertreterverträge in aller Regel Kernbeschränkungen hinsichtlich des Verkaufsgebietes und der Preise enthalten. Sollte daher ein Handelsvertretervertrag als unechter Handelsvertretervertrag unter das Kartellverbot des Art. 81 Abs. 1 EG fallen, ist eine Freistellung durch die GVO 2790/1999 fast ausgeschlossen.[65]

§ 3 Die GVO 2790/1999

Schrifttum: *Bechtold/Bosch/Brinker/Hirsbrunner*, EG-Kartellrecht, 2005; *Ensthaler/Funk*, Zukunft des selektiven Kfz-Vertriebs – Vertikal-GVO und Leitlinien der Kommission, BB 2000, 1685; *Haager*, Die neue Gruppenfreistellungsverordnung, DStR 2000, 387; *Kurth*, Meistbegünstigungsklauseln im Licht der Vertikal-GVO, WuW 2003, 28; *Liebscher/Petsche*, Franchising nach der neuen Gruppenfreistellungsverordnung (EG) Nr. 2790/99 für Vertikalvereinbarungen, EuZW 2000, 400; *Metzlaff*, Franchisesysteme und EG-Kartellrecht – neueste Entwicklungen, BB 2000, 1201; *Polley/Seeliger*, Die neue Gruppenfreistellungsverordnung für Vertikalverträge Nr. 2790/1999, WRP 2000, 1203; *Roniger*, Das neue Vertriebskartellrecht, 2000; *Schulte/Geiger*, Das Schicksal der Verbundgruppen unter der neuen Gruppenfreistellungsverordnung (EG) Nr. 2790/99 für Vertikalvereinbarungen, EuZW 2000, 396; *Semler/Bauer*, Die neue Gruppenfreistellungsverordnung für vertikale Wettbewerbsbeschränkungen – Folgen für die Rechtspraxis, DB 2000, 193.

I. Anwendungsbereich der GVO 2790/1999

1. Vertikale Vereinbarungen und aufeinander abgestimmte Verhaltensweisen

Die GVO 2790/1999 findet gem. Art. 2 Abs. 1 Anwendung auf vertikale Vereinbarungen und aufeinander abgestimmte Verhaltensweisen. Damit sind Vereinbarungen oder aufeinander abgestimmte Verhaltensweisen zwischen zwei oder mehreren Unternehmen gemeint, von denen jedes zwecks Durchführung der Vereinbarung auf einer **unterschiedlichen Produktions- oder Vertriebsstufe** tätig ist. Sie betreffen Bedingungen, zu denen die Parteien bestimmte Waren oder Dienstleistungen beziehen, verkaufen oder weiterverkaufen können. Eine vertikale Vereinbarung liegt selbst dann vor, wenn eines der beteiligten Unternehmen auf mehreren Stufen tätig ist, solange nur die Zusammenar-

397

---

65 *Schultze/Pautke/Wagener*, Vertikal-GVO, Rn. 200.

beit von Unternehmen verschiedener Wirtschaftsstufen betroffen ist.[66] An der Vereinbarung können auch mehr als zwei Unternehmen beteiligt sein. Normadressaten der GVO 2790/1999 sind Unternehmen, da Vereinbarungen mit Endverbrauchern regelmäßig nicht unter das Kartellverbot fallen.

398 Vertikale Vereinbarungen i. S. d. GVO 2790/1999 regeln die **Bedingungen, zu denen die daran beteiligten Unternehmen kaufen, verkaufen oder wiederverkaufen können.** Mit dieser umfassenden Definition werden alle vertikalen Vereinbarungen erfasst, die sich auf Waren und Dienstleistungen der End- und der Zwischenstufe beziehen. Dazu zählen etwa Alleinbezugsverträge,[67] Alleinbelieferungsvereinbarungen,[68] Vereinbarungen über selektive Vertriebssysteme[69] und Franchiseverträge.[70] Für die Anwendung der GVO 2790/1999 ist es unerheblich, ob die vom Lieferanten bereitgestellten Waren oder Dienstleistungen vom Käufer weiterverkauft oder weiterverarbeitet werden. Die GVO 2790/1999 gilt auch für Betriebsmittel und für Waren, die für die Vermietung an Dritte gekauft oder verkauft werden.[71] Durch den weiten Anwendungsbereich der GVO 2790/1999 will die Kommission einem praktischen Bedürfnis der Unternehmen Rechnung tragen.

2. Unternehmensvereinigung

399 **Beschlüsse von Unternehmensvereinigungen** sind grundsätzlich nur eingeschränkt freigestellt.[72] Vereinbarungen zwischen einer Unternehmensvereinigung und ihren Mitgliedern bzw. zwischen einer solchen Vereinigung und ihren Lieferanten werden von der GVO 2790/1999

---

66 Komm., Leitlinien für vertikale Beschränkungen, Abl. 2000, Nr. C 291, 1 Rn. 24; Schröter/Jakob/Mederer-*Klotz*, Art. 81 – Fallgruppen, Liefer- und Bezugsabsprachen Rn. 34 ff.; *Polley/Seeliger,* WRP 2000, 1203, 1204 f.; *Schultze/Pautke/Wagener*, Vertikal-GVO, Rn. 221–227.

67 Zur Alleinbezugsverpflichtung in Tankstellenverträgen siehe EuGH, Urt. v. 7. 12. 2000 – Rs. C-214/99, „Neste Markkinointi OY/Yötuuli Ky", Slg. 2000, I-11121 = WuW/E EU-R 381 = EuZW 2001, 631.

68 Vgl. Art. 1 lit. c GVO 2790/1999; *Schultze/Pautke/Wagener*, Vertikal-GVO, Rn. 79–88.

69 Vgl. Art. 1 lit. d GVO 2790/1999.

70 Zur Wirkung der GVO 2790/1999 auf Franchisesysteme siehe Schröter/Jakob/Mederer-*Klotz*, Art. 81 – Fallgruppen, Liefer- und Bezugsabsprachen Rn. 148–171; *Liebscher/Petsche*, EuZW 2000, 400; *Metzlaff*, BB 2000, 1201.

71 Komm., Leitlinien für vertikale Beschränkungen, Abl. 2000, Nr. C 291, 1 Rn. 24.

72 *Ensthaler/Funk*, BB 2000, 1685, 1686; *Haager*, DStR 2000, 387; *Roniger*, Vertriebskartellrecht, Erl. vor Art. 1 Rn. 1.

nur dann erfasst, wenn sämtliche Mitglieder der Vereinigung Waren-
einzelhändler sind und keines ihrer Mitglieder zusammen mit seinen
verbundenen Unternehmen einen jährlichen Gesamtumsatz von mehr
als 50 Mio. Euro erzielt, Art. 2 Abs. 2 GVO 2790/1999. Mit dieser
Beschränkung soll die Anwendung der Verordnung auf große Einzel-
handelsunternehmen verhindert werden.[73]

3. Geistige Eigentumsrechte

Art. 2 Abs. 3 GVO 2790/1999 enthält eine Regelung für Bestimmun- **400**
gen über geistige Eigentumsrechte, wie etwa gewerbliche Schutzrechte
oder Urheberrechte. Danach sind Bestimmungen in Vereinbarungen,
mit denen die Übertragung geistiger Eigentumsrechte auf den Käufer
oder deren Nutzung durch den Käufer geregelt werden, vom Kartellverbot freigestellt. Voraussetzung hierfür ist, dass eine solche Bestimmung **nicht Hauptgegenstand der Vereinbarung ist** und sie sich unmittelbar auf die Nutzung, den Verkauf oder den Weiterverkauf von
Waren oder Dienstleistungen durch den Käufer oder seine Kunden bezieht. Da gem. Art. 2 Abs. 5 GVO 2790/1999 die GVO nicht für vertikale Vereinbarungen gilt, deren Gegenstand in den Geltungsbereich
einer anderen GVO fällt, werden Vereinbarungen, die in den Anwendungsbereich der GVO 772/2004 (Technologietransfer) fallen, nicht erfasst.[74]

4. Vereinbarungen unter Wettbewerbern

Gem. Art. 2 Abs. 4 GVO 2790/1999 sind Vereinbarungen zwischen **401**
Wettbewerbern nur **unter engen Voraussetzungen** freigestellt. Unter
Wettbewerbern sind gem. Art. 1 lit. a GVO 2790/1999 „tatsächliche
oder potenzielle Anbieter im selben Produktmarkt" zu verstehen. Eine
Freistellung ist nur für sog. nicht wechselseitige Vereinbarungen vorgesehen. Folglich ist eine Vereinbarung, mit der sich die Wettbewerber
gegenseitig zum Vertrieb ihrer Produkte verpflichten, nicht freigestellt.[75] Der erste der in Art. 2 Abs. 4 GVO 2790/1999 genannten Ausnahmetatbestände ist quantitativer Natur. Er ist einschlägig, wenn der
jährliche Umsatz des Käufers 100 Mio. Euro nicht überschreitet, lit. a.
Freigestellt sind zweitens Vereinbarungen über die Lieferung von Wa-

---

73 *Haager*, DStR 2000, 387, 388. Zur Anwendbarkeit der GVO 2790/1999 auf sog.
   Verbundgruppen siehe *Schulte/Geiger*, EuZW 2000, 396.
74 Zur Abgrenzung siehe Rn. 404.
75 *Roniger*, Vertriebskartellrecht, Art. 2 Rn. 12.

ren, solange der Lieferant zugleich Hersteller und Händler von Waren und der Käufer nur Händler ist, lit. b. Eine entsprechende Freistellung für den Dienstleistungsbereich hält lit. c bereit. Danach muss zum einen der Lieferant ein auf mehreren Wirtschaftsstufen tätiger Dienstleistungserbringer sein. Der Käufer darf zum anderen auf der Wirtschaftsstufe, auf der er die Dienstleistung bezieht, selbst keine mit dieser im Wettbewerb stehende Dienstleistung erbringen.

5. Verhältnis zu anderen Verordnungen

402 Art. 2 Abs. 5 GVO 2790/1999 stellt das Verhältnis zu anderen GVOen klar und erklärt die GVO 2790/1999 grundsätzlich für subsidiär. Danach entfällt die Freistellungsmöglichkeit nach der GVO 2790/1999, wenn eine Vereinbarung in den **Geltungsbereich einer anderen GVO** fällt. Diese Subsidiarität gilt gegenüber der GVO Nr. 1400/2002 über vertikale Vereinbarungen im Kraftfahrzeugsektor. Im Geltungsbereich dieser GVO ist daher die GVO 2790/1999 nicht anzuwenden. Die GVO 2790/1999 ist jedoch anwendbar, wenn es um Zuliefervereinbarungen geht, da von der GVO 1400/2002 nur Absatzvereinbarungen erfasst sind.[76]

403 Die Abgrenzung zu den **beiden horizontalen GVOen** FuE (2659/2000) bzw. Spezialisierung (2658/2000) erfolgt ebenfalls anhand materieller Kriterien. Ausgangspunkt sind die Regelungen in Art. 2 Abs. 1 u. 4 GVO 2790/1999. Der Anwendungsbereich der GVO 2790/1999 wird danach im Hinblick auf Vereinbarungen zwischen Wettbewerbern nur für nichtwechselseitige vertikale Vereinbarungen eröffnet, die entweder mit einem relativ kleinen Käufer geschlossen werden oder bei denen sich die Parteien der Vereinbarung nicht als Konkurrenten gegenüberstehen. Fällt eine Vereinbarung danach aufgrund ihres horizontalen Charakters nicht in den Anwendungsbereich der GVO 2790/1999, ist sie entweder auf der Grundlage der GVO 2659/2000 oder der GVO 2658/2000 freistellungsfähig. Enthält umgekehrt eine horizontale Vereinbarung auch vertikale Regelungen, sind diese Vereinbarungen zunächst anhand der jeweils einschlägigen horizontalen GVO zu beurteilen.

404 Abgrenzungsprobleme können gegenüber der **GVO für Technologietransfer** (772/2004) entstehen. Zunächst ist wiederum die Subsidiaritätsklausel des Art. 2 Abs. 5 GVO 2790/1999 zu beachten. Demnach

---

76 GK-*Schütz*, Art. 2 GVO 1400/2002 Rn. 12; Immenga/Mestmäcker-*Veelken*, GVO Rn. 35.

sind Patentlizenz-, Softwarelizenz- und Know-how-Vereinbarungen nach der GVO 772/2004 zu beurteilen. Enthält eine vertikale Vereinbarung über den Bezug oder den Vertrieb von Waren oder Dienstleistungen die Übertragung von geistigem Eigentumsrechten, fällt diese dann in den Anwendungsbereich der GVO 2790/1999, wenn sie nicht Hauptgegenstand der Vereinbarung ist, Art. 2 Abs. 3 GVO 2790/1999.

II. Marktabgrenzung und Ermittlung der Marktanteile

Die Anwendbarkeit der GVO 2790/1999 hängt entscheidend von der **405** **Marktstärke** der beteiligten Unternehmen ab. Art. 3 GVO 2790/1999 macht deutlich, dass die Freistellung nach Art. 2 nur gilt, wenn die Vertragsparteien bestimmte Marktanteile nicht überschreiten. Um diese Marktanteile ermitteln zu können, ist zunächst der relevante Markt zu bestimmen. Einzelne Vorgaben für die Ermittlung dieses Marktes in sachlicher und räumlicher Hinsicht enthält Art. 9 GVO 2790/1999. Nach wie vor gelten daneben die Grundsätze, wie sie die Kommission in ihrer Bekanntmachung über die Definition des relevanten Marktes niedergelegt hat.[77] Nach Art. 9 Abs. 1 GVO 2790/ 1999 ist für die Bestimmung des Marktanteils auf den Absatzwert abzustellen. Dies ist der Preis, zu dem der Lieferant die betreffende Ware oder Dienstleistung an den Käufer verkauft.

Nach Art. 3 Abs. 1 GVO 2790/1999 ist bei der Anwendung der **406** **Schwellenwerte** der Anteil des Lieferanten an dem relevanten Markt heranzuziehen, auf dem er die Vertragswaren oder -dienstleistungen verkauft. Wird eine Vereinbarung zwischen mehreren Parteien abgeschlossen, die auf unterschiedlichen Handelsstufen stehen, muss der Marktanteil auf allen betroffenen Stufen unterhalb der Schwelle von 30% liegen.[78] Nur bei Alleinbelieferungsverpflichtungen i. S. v. Art. 1 lit. c GVO 2790/1999 ist gem. Art. 3 Abs. 2 GVO 2790/1999 auf den Anteil des Käufers am relevanten Markt abzustellen. Sie sind nur freigestellt, wenn der Anteil des Käufers am relevanten Markt 30% nicht überschreitet.[79] Gem. Art. 11 Abs. 2 GVO 2790/1999 sind bei der Marktanteilsberechnung sämtliche Unternehmen mitzurechnen, die mit dem Lieferunternehmen verbunden sind. Zur Ermittlung des

---

77 Komm., Bek. über die Definition des relevanten Marktes i. S. d. Wettbewerbsrechts der Gemeinschaft, Abl. 1997, Nr. C 372, 5..

78 Vgl. Komm., Leitlinien für vertikale Beschränkungen, Abl. 2000, Nr. C 291, 1 Rn. 93; *Haager*, DStR 2000, 387, 388 f.; *Polley/Seeliger*, WRP 2000, 1203, 1209 f.

79 *Schultze/Pautke/Wagener*, Vertikal-GVO, Rn. 385.

Marktanteils ist auf den im vorhergehenden Kalenderjahr erreichten Marktanteil abzustellen, Art. 9 Abs. 2 lit. a GVO 2790/1999.

III. Sog. „schwarze Klauseln"

407 In Art. 4 GVO 2790/1999 werden die sog. **„schwarzen Klauseln"** oder „Kernbeschränkungen" aufgelistet. Die GVO 2790/1999 ist nicht anwendbar, wenn die vertikale Vereinbarung auch nur eine der dort genannten Klauseln enthält. Eine Abtrennbarkeit ist nicht möglich.[80] In diesem Fall bleibt nur die Möglichkeit, eine Einzelfreistellung zu beantragen. Allerdings ist eine Einzelfreistellung bei Vorliegen einer Kernbeschränkung nach Auffassung der Kommission unwahrscheinlich.[81] Die GVO 2790/1999 kennt keine Liste sog. „weißer Klauseln" mehr, die freigestellt sind. Da nunmehr sämtliche Wettbewerbsbeschränkungen, die nicht auf der schwarzen Liste stehen, freigestellt sind, entfällt der häufig kritisierte „Zwangsjackeneffekt".[82]

1. Preisbindungen

408 Gem. Art. 4 lit. a GVO 2790/1999 sind sämtliche direkten oder indirekten Beschränkungen des Käufers hinsichtlich der Festsetzung seines Verkaufspreises verboten. Eine solche – auch „Preisbindung der zweiten Hand" genannte – Klausel führt zum Wegfall der Freistellung durch die GVO 2790/1999. Der Begriff der Preisbindung ist **weit auszulegen** und erfasst nicht nur die direkte Festsetzung des Wiederverkaufspreises, sondern auch Formen der indirekten Preisbindung, wie etwa Vereinbarungen über Rabattgrenzen oder die Bindung der Rabattgewährung an die Einhaltung bestimmter Preishöhen. Unzulässig sind ferner Einschüchterungen, Drohungen, Strafen, Verzögerungen oder Aussetzungen von Lieferungen oder andere Formen der Disziplinierung der Vertragspartner, mit denen die Durchsetzung von Preisen erreicht werden soll.[83]

409 Art. 4 lit. a GVO 2790/1999 stuft nur Preisbindungsvereinbarungen **zu Lasten des Käufers** als schwarze Klauseln ein. Preisbindungen zu

---

80 Komm., Leitlinien für vertikale Beschränkungen, Abl. 2000, Nr. C 291, 1 Rn. 66; *Ensthaler/Funk*, BB 2000, 1685, 1686; Immenga/Mestmäcker-*Veelken*, GVO Rn. 157.

81 Komm., Leitlinien für vertikale Beschränkungen, Abl. 2000, Nr. C 291, 1 Rn. 46.

82 *Polley/Seeliger*, WRP 2000, 1203, 1211.

83 Komm., Leitlinien für vertikale Beschränkungen, Abl. 2000, Nr. C 291, 1 Rn. 47.

Lasten des Verkäufers hingegen werden nicht als schwarze Klausel aufgeführt und unterliegen daher der Freistellung nach Art. 2 Abs. 1 GVO 2790/1999. Sowohl echte als auch unechte **Meistbegünstigungsklauseln** zu Gunsten des Käufers stellen weder eine Kernbeschränkung noch eine Verpflichtung nach Art. 5 lit. 1 GVO 2790/1999 dar und sind somit zulässig.[84] Das mag verwunderlich erscheinen, ist doch von Art. 81 Abs. 1 lit. a EG ausdrücklich die Festsetzung der An- und Verkaufspreise erfasst und werden auch von der GVO 772/2004 Preisbindungen in beide Richtungen als schwarze Klausel gelistet.[85] Andererseits ist der mögliche Schaden für den Wettbewerb eher gering. Eine Meistbegünstigungsklausel, durch die sich der Lieferant verpflichtet, allen Käufern denselben Preis zu berechnen, könnte allenfalls in konzentrierten Käufermärkten ein abgestimmtes Verhalten erleichtern. Der Vergleich zur GVO 772/2004 hinkt insoweit, als auch dort eine Meistbegünstigungsklausel für die Kosten der Lizenz zulässig ist. Verboten ist lediglich die Festsetzung der Preise für die Produkte, die mittels einer Lizenz hergestellt werden.

Vom Verbot der Preisbindung sind gem. Art. 4 lit. a GVO 2790/1999 **410** die **Festsetzung von Höchstverkaufspreisen und Preisempfehlungen** ausgenommen worden. Höchstpreise dürfen unter-, aber nicht überschritten werden. Preisempfehlungen sind ein Vorschlag für einen bestimmten Wiederverkaufspreis, den der Lieferant dem Käufer macht. Der Käufer muss aber von dieser Preisempfehlung sowohl nach unten als auch nach oben abweichen dürfen. Sowohl Höchstpreise als auch Preisempfehlungen sind nur dann vom Kartellverbot freigestellt, wenn sie sich nicht infolge der Ausübung von Druck oder der Gewährung von Anreizen durch eine der Vertragsparteien tatsächlich wie Fest oder Mindestverkaufspreise auswirken, also in eine Preisbindung umfunktioniert werden.

Das Verbot der Preisbindung gem. lit. a hat auch noch Auswirkungen **411** auf die Preisgestaltungsmöglichkeiten des **Handelsvertreters**. Handelsvertreter, die für Rechnung eines anderen Unternehmens Waren oder Dienstleistungen verkaufen, fallen für gewöhnlich nicht unter Art. 81 Abs. 1 EG. Die Kommission hat aber die Figur des unechten Handelsvertreters entwickelt.[86] Fällt ein Handelsvertretervertrag unter

---

84 *Kurth*, WuW 2003, 28, 33 ff.; *Schultze/Pautke/Wagener*, Vertikal-GVO, Rn. 437; *Semler/Bauer*, DB 2000, 193, 197.
85 Art. 4 Abs. 2 lit. a TT-GVO 772/2004; siehe *Bechtold/Bosch/Brinker/Hirsbrunner*, EU-Kartellrecht, VO 2790/1999, Art. 4, Rn. 9.
86 Siehe Rn. 385.

das Kartellverbot des Art. 81 Abs. 1 EG, greift die Vertikal-GVO nur, wenn es dem Handelsvertreter gestattet ist, seine Provision an den Kunden weiterzureichen und so den Kaufpreis zu senken.[87]

2. Beschränkungen des Gebiets- und Kundenkreises

a) Grundregel

412 Gem. Art. 4 lit. b GVO 2790/1999 wird jede direkte oder indirekte Beschränkung des Käufers hinsichtlich des Verkaufs der Vertragswaren oder -dienstleistungen in bestimmte Gebiete bzw. an bestimmte Kunden als **schwarze Klausel** angesehen, soweit nicht einer der nachfolgend beschriebenen Ausnahmetatbestände eingreift. Es ist in diesem Zusammenhang zu beachten, dass der Tatbestand einer schwarzen Klausel nicht nur unmittelbar durch die ausdrückliche Vereinbarung, nicht an bestimmte Kunden zu verkaufen, nicht an Kunden außerhalb des Vertragsgebietes zu liefern oder die Bestellungen aus solchen Gebieten an andere Vertriebshändler weiterzuleiten, sondern auch durch „indirekte Maßnahmen" verwirklicht werden kann. Zu den indirekten Maßnahmen zählen vor allem die Senkung von Prämien oder Rabatten, eine Verringerung oder gar Verweigerung von Liefermengen oder das Fehlen einer gemeinschaftsweiten Garantieleistung.[88] Allerdings müssen derartige Maßnahmen auf einer Vereinbarung oder einem abgestimmten Verhalten beruhen, um gegen das Kartellverbot zu verstoßen.[89]

b) Ausnahmen

413 Von diesem Verbot werden **vier Ausnahmen** zugelassen. Nach Art. 4 lit. b 1. Sp.Str. GVO 2790/1999 ist die Beschränkung des aktiven Verkaufs in Gebiete oder an Gruppen von Kunden zulässig, die der Lieferant sich selbst vorbehalten oder ausschließlich einem anderen Käufer zugewiesen hat, sofern dadurch Verkäufe seitens der Kunden des Käufers nicht begrenzt werden. Die Beschränkung darf sich allerdings nur auf den aktiven Verkauf beziehen; passive Verkäufe müssen immer möglich bleiben.[90] Von einem aktiven Verkauf spricht man, wenn der Wiederverkäufer sich selbst durch gezielte Werbemaßnahmen um den Kunden bemüht hat. Von Interesse sind in diesem Zusammenhang ins-

---

87 Komm., Leitlinien für vertikale Beschränkungen, Abl. 2000, Nr. C 291, 1 Rn. 48.
88 Komm., Leitlinien für vertikale Beschränkungen, Abl. 2000, Nr. C 291, 1 Rn. 49.
89 EuGH, Urt. v. 6.1.2004 – verb. Rs C-2 u. C-3/01P, „Bayer/Kommission", Slg. 2004, I-23.
90 Komm., Leitlinien für vertikale Beschränkungen, Abl. 2000, Nr. C 291, 1 Rn. 50.

besondere verkaufsfördernde Maßnahmen, die sich speziell an Kunden außerhalb des Vertragsgebiets richten, wie beispielsweise die Errichtung von Niederlassungen oder Auslieferungslagern. Beim passiven Verkauf hingegen tritt der Kunde mit einer Bestellung an den Wiederverkäufer heran. Der Wiederverkäufer muss also die Freiheit haben, an Kunden, die aus eigener Initiative zu ihm kommen, verkaufen zu können. Zum passiven Verkauf zählt auch der Verkauf über das Internet. Das Aufsuchen der Webseite eines Vertriebshändlers und die Kontaktaufnahme mit diesem durch einen Kunden, der zu einem Verkauf führt, kann also nicht untersagt werden.[91] Verboten werden können hingegen zielgerichtete Werbe-E-Mails.

Die Ausnahmeregelung des Verbots des aktiven Verkaufs bezieht sich **414** auf **Alleinvertriebssysteme**, die dadurch gekennzeichnet sind, dass Gebiete oder Kundenkreise zugeteilt werden.[92] Diese Beschränkung gilt gem. GVO 2790/1999 allerdings nur, wenn den Kunden des Wiederverkäufers keine Verkaufsbeschränkungen auferlegt werden. Der Lieferant muss also akzeptieren, dass seine Käufer an Kunden liefern, die ihrerseits die Waren an Endkunden verkaufen, und kann nicht wie in einem selektiven Vertriebssystem sicherstellen, dass der Endkunde nur durch von ihm autorisierte Händler beliefert wird.

Nach Art. 4 lit. b 2. Sp.Str. GVO 2790/1999 sind Beschränkungen des **415** Verkaufs an Endbenutzer durch Käufer, die auf der **Großhandelsstufe** tätig sind, zulässig. Lieferanten können daher Großhändler daran hindern, an Endverbraucher zu liefern, und ihnen damit den Zugang zu einer wichtigen Kundengruppe verwehren. Dieses Verbot der sog. Sprunglieferungen, die es dem Großhändler nur erlauben, an Wiederverkäufer zu verkaufen, wurde vom EuGH als nicht gegen Art. 81 Abs. 1 EG verstoßend eingestuft.[93] Daher können Lieferanten ihren Großhändlern oder Importeuren vorschreiben, nicht in Konkurrenz zu den von ihnen belieferten Einzelhändlern zu treten. Diese Ausnahme gilt für alle vertikalen Vereinbarungen.

Der dritte Sp.Str. des Art. 4 lit. b GVO 2790/1999 erlaubt Lieferanten **416** im Rahmen selektiver Vertriebssysteme die Beschränkung des Verkaufs **an nicht zugelassene Händler**. Selektive Vertriebssysteme sind gem. Art. 1 lit. d GVO 2790/1999 Vertriebssysteme, in denen sich die ausgewählten Händler verpflichten, die Vertragswaren nicht an Händ-

---

91 Komm., Leitlinien für vertikale Beschränkungen, Abl. 2000, Nr. C 291, 1 Rn. 51.
92 *Bechtold/Bosch/Brinker/Hirsbrunner*, EU-Kartellrecht, VO 2790/1999, Art. 4 Rn. 13.
93 EuGH, Urt. v. 25.10.1977 – Rs. 26/76, „Metro/Saba", Slg. 1977, 1875, 1909.

ler zu verkaufen, die nicht zum Vertrieb zugelassen sind. Der Ausschluss einer Kundengruppe, der nicht zugelassenen Händler, gehört somit zum Wesensgehalt eines selektiven Vertriebssystems und ist daher freigestellt.

417 Die Regelung des Art. 4 lit. b 4. Sp.Str. GVO 2790/1999 schließlich bezieht sich auf Beschränkungen des **Wiederverkaufs von Bestandteilen**. Gemeint sind in erster Linie Bauteile und ganze Komponenten, die ein mehrstufig tätiger Lieferant auch an Dritte verkauft. Es handelt sich folglich um Zulieferverträge. Um zu verhindern, dass diese Bauteile und Komponenten in Endprodukten auftauchen, die in direkter Konkurrenz zum Lieferanten stehen, darf der Lieferant seinen Käufern untersagen, sie an Konkurrenten weiterzuverkaufen.

3. Verkaufsbeschränkungen beim selektiven Vertrieb

418 Art. 4 lit. c GVO 2790/1999 **untersagt jegliche Beschränkungen** des aktiven und passiven Verkaufs der Einzelhändler in einem selektiven Vertriebssystem. Dies bedeutet, dass Vertragshändler frei sind, an jeden Endkunden zu verkaufen. Damit soll ein Mindestmaß an markeninternem Wettbewerb sichergestellt werden. Die einzige Beschränkung, die lit. c zulässt, ist das Verbot, Niederlassungen zu eröffnen. Damit hat der Lieferant die Kontrolle über den Standort des Vertragshändlers, was einer Beschränkung der Möglichkeiten des aktiven Verkaufs gleichkommt.

4. Querlieferungen beim selektiven Vertrieb

419 Gem. Art. 4 lit. d GVO 2790/1999 sind **Beschränkungen von Querlieferungen** innerhalb eines selektiven Vertriebssystems nicht vom Kartellverbot freigestellt. Querlieferungen zwischen zugelassenen Händlern müssen vielmehr immer möglich sein, auch, um Parallelimporte zu ermöglichen. Querlieferungen zwischen zugelassenen Händlern auf unterschiedlichen Handelsstufen, beispielsweise zwischen Importeur und Einzelhändler, dürfen ebenfalls nicht beschränkt werden. Zugelassen sind Beschränkungen des Verkaufs an nicht zugelassene Händler, Art. 4 lit. b 3. Sp.Str. GVO 2790/1999.

5. Vertrieb von Ersatzteilen

420 Nach Art. 4 lit. e GVO 2790/1999 sind Beschränkungen verboten, die den Lieferanten von Komponenten daran hindern, **Ersatzteile an Endverbraucher, an Reparaturwerkstätten oder an andere Dienst-**

leistungserbringer zu verkaufen. Dies gilt jedoch nur, wenn der Abnehmer die an ihn gelieferten Komponenten selbst weiterverarbeitet, also kein Händler ist. Ein typisches Beispiel sind Zulieferer im Automobilbereich. Die Hersteller von Erstausrüstungen haben ein großes Interesse daran, baugleiche Teile auch als Ersatzteile an unabhängige Reparaturwerkstätten zu verkaufen. Der Hersteller des Kraftfahrzeugs darf gem. dieser Bestimmung den Zulieferer nicht daran hindern, baugleiche Ersatzteile, sog. Identteile, an nicht autorisierte Reparaturwerkstätten zu verkaufen.

IV. Sog. „unwirksame Klauseln"

In Art. 5 GVO 2790/1999 ist eine Liste derjenigen Klauseln aufgenommen worden, die von der GVO 2790/1999 nicht freigestellt werden, deren Vereinbarung aber, anders als bei den in Art. 4 GVO 2790/1999 genannten schwarzen Klauseln, **nicht den Entzug der Freistellung** für den gesamten Vertrag zur Folge hat. Dies ergibt sich aus dem Wortlaut des ersten Satzes von Art. 5 GVO 2790/1999: „Die Freistellung [...] gilt nicht für die folgenden [...] Verpflichtungen."[94] Vielmehr sind die in Art. 5 GVO 2790/1999 genannten Klauseln vom Vertrag grundsätzlich abtrennbar und werden im Hinblick auf Art. 81 EG gesondert beurteilt.[95] In Art. 5 GVO 2790/1999 sind Wettbewerbsverbote i. S. v. Art. 1 lit. b GVO 2790/1999 geregelt. **421**

1. Wettbewerbsverbote während der Vertragsdauer

Art. 5 lit. a GVO 2790/1999 erfasst Wettbewerbsverbote zu Lasten des Käufers, die für **unbestimmte Zeit oder eine Dauer von mehr als fünf Jahren** vereinbart werden. Dazu gehört gem. Art. 1 lit. b GVO 2790/1999 in erster Linie das Verbot, Konkurrenzprodukte anzubieten. Dem Verbot, Konkurrenzprodukte zu führen, ist eine Vereinbarung gleichgestellt, nach der der Käufer mehr als 80 % seines Bedarfs auf dem für die Vertragswaren relevanten Markt beim Lieferanten der Vertragswaren decken muss. Eine solche Klausel bedeutete, dass der Käufer nur sehr begrenzte Möglichkeiten hätte, Waren oder Dienstleistungen von Wettbewerbern zu beziehen. Im Umkehrschluss kann jedoch **422**

---

94 Siehe auch Komm., Leitlinien für vertikale Beschränkungen, Abl. 2000, Nr. C 291, 1 Rn. 57.
95 *Haager*, DStR 2000, 387, 398; *Ensthaler/Funk*, BB 2000, 1685, 1687, nennen Art. 5 die „rote Liste".

eine Bezugsverpflichtung von bis zu 80% der Vertragswaren zeitlich unbefristet vereinbart werden.

423 Ein Wettbewerbsverbot von mehr als fünf Jahren kann auch in Fällen vereinbart werden, in denen der Käufer die Vertragswaren in Räumlichkeiten und auf Grundstücken verkauft, die er vom Lieferanten **gemietet oder gepachtet** hat. Ein solches Wettbewerbsverbot gilt allerdings nur für den Zeitraum, für den der Käufer Mieter oder Pächter des Lieferanten ist. Der Grund für diese Freistellung eines länger laufenden Wettbewerbsverbotes liegt darin, dass es dem Lieferanten als Eigentümer der Liegenschaft nicht zugemutet werden kann, den Verkauf von Konkurrenzprodukten ohne seine Erlaubnis zuzulassen.[96] Klassische Fälle von Verträgen mit solchen erlaubten langfristigen Wettbewerbsverboten sind Bierlieferungsverträge mit Gaststätten oder Tankstellenverträge.

2. Nachvertragliche Wettbewerbsverbote

424 **Nachvertragliche Wettbewerbsverbote** haben in Art. 5 lit. b GVO 2790/1999 eine Regelung erfahren. Danach sind sie von der GVO 2790/1999 grundsätzlich nicht freigestellt. Eine enge Ausnahme ist jedoch zugelassen, um das vom Lieferanten überlassene Know-how zu schützen.[97] Für höchstens ein Jahr nach Beendigung des Vertragsverhältnisses darf der Lieferant dem Käufer untersagen, das vom Lieferanten übertragene Know-how zu nutzen, wenn dieses Verbot auf den Verkauf konkurrierender Waren in den Räumlichkeiten, in denen der Käufer die Vertragswaren verkauft hat, beschränkt ist. Handelt es sich jedoch um nicht allgemein bekannt gewordenes Know-how, kann das Wettbewerbsverbot auch unbefristet vereinbart werden.

3. Wettbewerbsverbote in selektiven Vertriebssystemen

425 Im Rahmen eines selektiven Vertriebssystems sind schließlich Klauseln nicht freigestellt, die es zugelassenen Händlern verbieten, Marken *bestimmter* konkurrierender Lieferanten nicht zu verkaufen, Art. 5 lit. c GVO 2790/1999. Wohl darf ein Lieferant in seinem **selektiven Vertriebssystem** ein generelles Wettbewerbsverbot vereinbaren, der gezielte Ausschluss von konkurrierenden Lieferanten hingegen ist nicht freistellungsfähig. Die Leitlinien sprechen in diesem Zusammenhang von einem Marktausschluss eines Konkurrenten durch gezielten Boykott.

---

96 Komm., Leitlinien für vertikale Beschränkungen, Abl. 2000, Nr. C 291, 1 Rn. 59.
97 Komm., Leitlinien für vertikale Beschränkungen, Abl. 2000, Nr. C 291, 1 Rn. 60.

V. Entzug der Freistellung

Die Freistellung durch die GVO 2790/1999 kann sowohl durch die **426** Kommission als auch durch nationale Behörden entzogen werden. Seit In-Kraft-Treten der VO 1/2003 gilt dies für alle GVOen. Durch den Art. 29 VO 1/2003 sind Art. 6 und Art. 7 der GVO 2790/1999 **prinzipiell obsolet** geworden. Gem. Art. 6 GVO 2790/1999 kann die Kommission im Einzelfall die Freistellung durch die GVO 2790/1999 entziehen, wenn eine vertikale Vereinbarung, obwohl sie in den Anwendungsbereich der GVO 2790/1999 fällt, Wirkungen entfaltet, die mit den Voraussetzungen des Art. 81 Abs. 3 EG unvereinbar sind. Dies ist insbesondere der Fall, wenn der Zugang zu dem betroffenen Markt oder der Wettbewerb auf diesem Markt durch die kumulativen Wirkungen nebeneinander bestehender Netze gleichartiger vertikaler Beschränkungen, die von miteinander im Wettbewerb stehenden Lieferanten oder Käufer angewandt werden, in erheblichem Maße beschränkt wird.[98]

Nationale Behörden können dann die Freistellung durch die GVO **427** 2790/1999 entziehen, wenn die vertikale Vereinbarung sich entweder auf deren Mitgliedstaat oder auf ein Gebiet innerhalb desselben auswirkt, das alle Merkmale eines gesonderten räumlichen Marktes aufweist. In diesem Fall haben die nationale Behörde und die Kommission konkurrierende Zuständigkeit.[99] Die kartellrechtliche Bewertung muss anhand des europäischen Rechts zu Art. 81 EG erfolgen. Für das Entzugsverfahren gilt nationales Recht, in Deutschland also die Vorschriften des GWB.

§ 4 Freistellbarkeit bestimmter Arten vertikaler Vereinbarungen

Schrifttum: *Ahlert*, Die Bedeutung des vertraglichen Selektivvertriebes für den freien Wettbewerb und die Funktionsfähigkeit von Märkten, WRP 1987, 215; *Bauer*, Kartellrechtliche Zulässigkeit von Beschränkungen des Internetvertriebs in selektiven Vertriebssystemen, WRP 2003, 243; *Bauer/de Bronett*, Die EU-Gruppenfreistellungsverordnung für vertikale Wettbe-

---

98 *Schultze/Pautke/Wagener*, Vertikal-GVO, Rn. 705–712.
99 Komm., Leitlinien für vertikale Beschränkungen, Abl. 2000, Nr. C 291, 1 Rn. 77; allerdings deuten die Leitlinien an, dass in einem solchem Fall eher die nationale Kartellbehörde tätig werden solle.

werbsbeschränkungen, 2001; *Bechtold*, Ende des Erfordernisses der Lückenlosigkeit?, NJW 1994, 3211; *Bechtold/Bosch/Brinker/Hirsbrunner*, EG-Kartellrecht, 2005; *Harte-Bavendamm/Kreutzmann*, Neue Entwicklungen in der Beurteilung selektiver Vertriebssysteme, WRP 2003, 682; *Joerges*, Selektiver Vertrieb und Wettbewerbspolitik – Eine konzeptionelle Analyse der Entscheidungspraxis von Kommission und Gerichtshof zu Art. 85 EG-Vertrag, GRUR Int. 1984, 222; *Kirchhoff*, Die kartellrechtliche Beurteilung vertikaler Vertriebsverträge, 1990; *Klinkert*, Selektiver Vertrieb, WRP 1986, 249; *Lange*, Das Recht der Netzwerke, 1998; *Mathé*, Der selektive Vertrieb nach europäischem Wettbewerbsrecht am Beispiel der Automobilbranche, RabelsZ 48 (1984), 721; *Pautke/Schultze*, Internet und Vertriebskartellrecht – Hausaufgaben für die Europäische Kommission, BB 2001, 317; *Pawlikowski*, Selektive Vertriebssysteme, 1983; *Reich*, Garantien unter Gemeinschaftsrecht, EuZW 1995, 71; *Schwarze*, Die Auswirkungen des Vorrangs des Gemeinschaftsrechts auf das deutsche Kartell- und Wettbewerbsrecht, JZ 1996, 57; *Semler/Bauer*, Die neue Gruppenfreistellungsverordnung für vertikale Wettbewerbsbeschränkungen – Folgen für die Rechtspraxis, DB 2000, 193; *Smid*, Zur Lückenlosigkeit als kartellrechtliche Wirksamkeitsvoraussetzung selektiver Vertriebsbindungssysteme, RIW 1995, 191.

428 Die GVO 2790/1999 enthält über ihre einzelnen Paragraphen verteilt Definitionen und Bestimmungen zu einigen Typen vertikaler Verträge wie Alleinbelieferung oder selektiver Vertrieb, jedoch keine zusammenhängenden Vorschriften über das, was in diesen Vertragstypen enthalten sein darf, um entweder erst gar nicht unter das Kartellverbot des Art. 81 Abs. 1 EG zu fallen oder von der GVO 2790/1999 freigestellt zu werden. Dies ist so gewollt, um eine einheitliche, kurze GVO erlassen zu können. Die entsprechenden Erläuterungen finden sich in den zur GVO 2790/ 1999 gehörenden Leitlinien. Im Folgenden werden einige der **wichtigsten Vertragstypen** auf ihre Freistellbarkeit hin untersucht.

I. Exklusivbindungen

1. Alleinbezug und Markenzwang

429 **Alleinbezugsverpflichtungen** verpflichten den Käufer, den gesamten Bedarf an einem bestimmten Produkt bei einem einzigen Lieferanten zu decken. Der Käufer darf keine konkurrierenden Produkte anderer Lieferanten kaufen, weiterverkaufen oder in eigene Produkte einbauen.[100] Alleinbezugsverpflichtungen erlauben dem Käufer, nur eine

---

100 Komm., Leitlinien für vertikale Beschränkungen, Abl. 2000, Nr. C 291, 1 Rn. 138.

einzige Marke zu führen. In den Leitlinien wird daher auch von „Markenzwang" (engl. „single branding") gesprochen. Ein solcher Händler fällt als Absatzmittler für andere Marken aus, was zu einer Abschottung des Marktes führt. Daher wird durch derartige Verpflichtungen der Markenwettbewerb eingeschränkt.

Alleinbezugsverpflichtungen stellen ein **klassisches Wettbewerbsver-** **430** **bot** dar und sind, sofern der Marktanteil des Lieferanten 30% nicht übersteigt, gem. Art. 5 Abs. 1 GVO 2790/1999 für höchstens 5 Jahre freigestellt. Eine Freistellung über den Zeitraum von 5 Jahren hinaus lässt sich erreichen, wenn der Lieferant den Markenzwang lockert und dem Käufer gestattet, bis zu 20% seiner Lieferungen von Waren des relevanten Marktes von Wettbewerbern zu beziehen. In diesem Fall wird die Alleinbezugsverpflichtung über 80% des Bedarfs nicht mehr als Wettbewerbsverbot i. S. d. Art. 1 lit. b GVO 2790/1999 angesehen.

In den **Leitlinien** wird der Begriff des Alleinbezugs noch in einem an- **431** deren Sinn verwendet. Demnach ist Alleinbezug die Verpflichtung des Käufers, die Vertragswaren nur entweder vom Lieferanten selbst oder von einem vom Lieferanten benannten Dritten zu beziehen.[101] Bei einer solchen Verpflichtung handelt es sich jedoch streng genommen um eine Verpflichtung zum Direktbezug, durch die der Käufer daran gehindert werden soll, von anderen Händlern oder sonstigen nicht autorisierten Quellen zu beziehen. Eine derartige Form der Verpflichtung zum Alleinbezug bewirkt eine Beschränkung des markeninternen Wettbewerbs und ist damit weitaus weniger wettbewerbsschädlich als eine echte Alleinbezugsverpflichtung. Direktbezugsverpflichtungen stellen kein Wettbewerbsverbot i. S. d. GVO 2790/1999, sofern sie nicht mit einer Mindestabnahmeverpflichtung gekoppelt werden, die 80% des Bedarfs übersteigt. Sie sind bei einem Markanteil des Lieferanten von unter 30% unbegrenzt freigestellt.

Typische Alleinbezugsvereinbarungen mit Markenzwang sind Bier- **432** lieferungs- und Tankstellenverträge, die zumeist deshalb nicht unter die Begrenzung der Freistellung auf 5 Jahre fallen, weil der Gaststätten- oder Tankstellenbetreiber nur Mieter oder Pächter des Lieferanten ist.

---

101 Vgl. etwa Komm., Leitlinien für vertikale Beschränkungen, Abl. 2000, Nr. C 291, 1 Rn. 172.

2. Alleinbelieferung

433 **Alleinbelieferungsverpflichtungen** verpflichten den Lieferanten, nur einen einzigen Käufer mit den Vertragsprodukten zu beliefern. Kauft der Käufer das Produkt zum Zwecke einer spezifischen Verwendung, z. B. als Vorprodukt für dessen eigenes Endprodukt, spricht man von Alleinbelieferung im engeren Sinne oder „industrial supply". Erwirbt der Käufer das Produkt hingegen zum Weiterverkauf, handelt es sich um Alleinvertrieb. In einem bestimmten Gebiet gibt es dann nur einen Verkäufer.

434 Art. 1 lit. c GVO 2790/1999 definiert nur solche Verpflichtungen als Alleinbelieferungsverpflichtungen, bei denen es **einen einzigen Käufer** innerhalb der Gemeinschaft gibt. Belieferte der Lieferant beispielsweise in jedem Mitgliedstaat einen Händler exklusiv, wäre dies keine Form der Alleinbelieferung i. S. d. GVO 2790/1999. Weil die Zahl der Käufer in der EU auf einen beschränkt ist, bezeichnen die Leitlinien diese Form der Alleinbelieferung als die extremste Form der Vertriebsbeschränkung.[102]

435 Eine Alleinbelieferungsverpflichtung ist **freistellungsfähig.** Anders als beim Alleinbezug kommt es bei der Alleinbelieferungsverpflichtung aber auf die Marktstellung des Käufers auf dem Beschaffungsmarkt an. Liegt dieser Marktanteil bei höchstens 30 %, ist die Alleinbelieferungsverpflichtung gem. Art. 3 Abs. 2 GVO 2790/1999 freigestellt.

3. Alleinvertrieb

436 Durch eine **Alleinvertriebsvereinbarung** verpflichtet sich der Lieferant, seine Produkte in einem bestimmten Gebiet nur an einen einzigen Händler zu verkaufen. Der betreffende Händler wird so in seinem Gebiet vor Konkurrenz aus demselben Hause geschützt. Als Folge wird der markeninterne Wettbewerb eingeschränkt und der Markt aufgeteilt, was die Preisdiskriminierung begünstigt.

437 Andererseits können Alleinvertriebsvereinbarungen **wettbewerbsfördernd** wirken, wenn sie dazu beitragen, neue Märkte, insbesondere in anderen Mitgliedstaaten, zu erschließen. Um in neue Märkte vorzudringen, müssen in aller Regel erhebliche Investitionen erbracht werden, die ein Vertragshändler oft nur zu erbringen bereit ist, wenn ihm Exklusivität zugesichert wird. Der EuGH hat daher in etlichen Fällen

---

102 Komm., Leitlinien für vertikale Beschränkungen, Abl. 2000, Nr. C 291, 1 Rn. 202.

entschieden, dass Alleinvertriebsvereinbarungen nicht dem Kartellverbot des Art. 81 Abs. 1 EG unterfallen, wenn sie für den Lieferanten notwendig waren, um in einen neuen Markt einzudringen und dort für mehr Wettbewerb zu sorgen.[103]

Für alle Alleinvertriebsvereinbarungen, die unter das Kartellverbot fallen, sieht die GVO 2790/1999 eine **Freistellung** vor, wenn der Marktanteil des Lieferanten in seinem Markt 30% nicht übersteigt und keine Kernbeschränkung vorliegt. Die 30%-Grenze gilt auch dann, wenn die Alleinvertriebsvereinbarung mit einem auf 5 Jahre befristeten Wettbewerbsverbot, Mengenvorgaben oder Alleinbezugsverpflichtungen kombiniert wird.[104] **438**

Unter den **Kernbeschränkungen** befindet sich eine spezielle Vorschrift für Alleinvertriebsvereinbarungen. Gem. Art. 4 lit. b 1. Sp.Str. GVO 2790/1999 darf der Lieferant den aktiven Verkauf seiner Händler beschränken. Dies gilt aber nur, wenn die Kunden des Händlers keinerlei Verkaufsbeschränkung unterliegen. Der Lieferant muss also in Kauf nehmen, dass seine Produkte an außenstehende Wiederverkäufer gelangen und unter Umständen das System des Alleinvertriebs unterlaufen.[105] **439**

II. Selektiver Vertrieb

1. Begriff und Bedeutung

Eine Definition des Begriffs „selektives Vertriebssystem" enthält das primäre Gemeinschaftsrecht nicht. In der Literatur versteht man unter selektivem Vertrieb eine Distributionspolitik der **systematischen zahlenmäßigen Beschränkung** der Absatzmittler.[106] Die Beschränkung auf ausgewählte Händler kann jedoch nur dann funktionieren, wenn **440**

---

103 EuGH, Urt. v. 30.6.1966 – Rs. 56/65, „LTM/Maschinenbau Ulm", Slg. 1966, 282, 284; Urt. v. 9.7.1969 – Rs. 5/69, „Völk/Vorwacke", Slg. 1969, 295; Urt. v. 6.10.1982 – Rs. 262/81, „Coditel II", Slg. 1982, 3381; Urt. v. 8.6.1982 – Rs. 258/78, „Nungesser", Slg. 1982, 2015; Urt. v. 19.4.1988 – Rs. 27/87, „La Hesbignonne", Slg. 1988, 1919.
104 Komm., Leitlinien für vertikale Beschränkungen, Abl. 2000, Nr. C 291, 1 Rn. 162.
105 *Bechtold/Bosch/Brinker/Hirsbrunner*, EU-Kartellrecht, VO 2790/1999, Art. 4 Rn. 14.
106 Lenz-*Grill*, Art. 81 Rn. 89; *Harte-Bavendamm/Kreutzmann*, WRP 2003, 682; *Kirchhoff*, Kartellrechtliche Beurteilung vertikaler Vertriebsverträge, S. 15 f.; *Pawlikowski*, Selektive Vertriebssysteme, S. 29 ff.; Langen-*von Stoephasius*, Art. 81 Fallgruppen Rn. 402 f.

diese Händler wiederum verpflichtet werden, nur an zugelassene Händler oder an Endverbraucher zu verkaufen. Diese Verpflichtung stellt die Einhaltung des selektiven Vertriebs bis zum Endverbraucher sicher und ist das Kernelement des selektiven Vertriebs.[107]

441 Die GVO 2790/1999 hat in Art. 1 lit. d erstmals eine **Definition** aus der Sicht der Kommission gebracht. Danach sind selektive Vertriebssysteme dadurch gekennzeichnet, dass sich der Lieferant verpflichtet, die Vertragswaren oder -dienstleistungen unmittelbar oder mittelbar nur an Händler zu verkaufen, die aufgrund festgelegter Merkmale ausgewählt werden, und in denen sich diese Händler verpflichten, die betreffenden Waren oder Dienstleistungen nicht an Händler zu verkaufen, die nicht zum Vertrieb zugelassen sind.

442 Vertragliche Vertriebssysteme begründen eine planmäßige und auf Dauer angelegte Vereinbarung zwischen dem grundsätzlich selbstständig bleibenden Hersteller- und dem Handelsunternehmen.[108] Selektive Vertriebssysteme zielen darauf ab, die Vertragswaren auf den einzelnen Handelsstufen nur über ausgewählte – selektierte – Verkäufer abzusetzen, um eine gewisse Marktkontrolle und einen einheitlichen Leistungsstandard im gesamten Netz sicherzustellen.[109] Die **Sicherung eines bestimmten Leistungsstandards** und damit der Qualität wird unter anderem dadurch erreicht, dass der zugelassene Händler eine qualifizierte Beratung und einen Kundendienst anbieten kann. Die Vertriebsbindung stellt sicher, dass andere Händler, die diese Zusatzleistungen nicht erbringen und die damit verbundenen Kosten nicht mittragen, nicht als Trittbrettfahrer profitieren.

443 **Praktische Bedeutung** haben selektive Vertriebssysteme vor allem beim Vertrieb von Kraftfahrzeugen und Markenartikeln über den Fachhandel. Der Vertrieb von Kraftfahrzeugen ist in einer eigenen GVO[110] geregelt, die in vielen Punkten restriktiver als die GVO 2790/1999 ist.

444 Beim Vertrieb über den gebundenen Fachhandel wird zwischen **einfacher und qualifizierter Fachhandelsbindung** unterschieden. Verpflichten sich die belieferten Händler in einem selektiven Vertriebsvertrag, die Vertragswaren außer an Endverbraucher nur an solche Händler weiterzuverkaufen, die bestimmte qualitative Kriterien erfüllen

---

107 Liebscher/Flohr/Petsche-*Schuhmacher*, Selektiver Vertrieb, Rn. 2.
108 *Ahlert*, WRP 1987, 215, 216; *Klinkert*, WRP 1986, 249 f.
109 *Lange*, Recht der Netzwerke, Rn. 592–596; *Mathé*, RabelsZ 48 (1984), 721.
110 Komm., GVO 1400/2002 v. 31.7.2002 für vertikale Vereinbarungen im Kraftfahrzeugsektor, Abl 2002, Nr. L 203, 30.

(Vertriebsbindung), spricht man von einfacher Fachhandelsbindung.[111]
Von qualifizierter Fachhandelsbindung spricht man, wenn mit dem
Händler über die einfache Vertriebsbindung hinaus weitergehende,
sonstige Wettbewerbsbeschränkungen vereinbart werden, wie insbesondere Mindestabnahme- oder Mindestumsatzverpflichtungen oder
das Vorhalten eines bestimmten Sortiments.[112]

2. Beurteilung nach Art. 81 Abs. 1 EG

Grundsätzlich lassen sich selektive Vertriebssysteme nach **Art der Se-**   **445**
lektionskriterien unterscheiden und damit auch prüfen, ob sie unter
das Kartellverbot gem. Art. 81 Abs. 1 EG fallen und gegebenenfalls
freigestellt werden können. Die Selektionskriterien können qualitativer, quantitativer und sonstiger Natur sein.[113] Kommt es dem Hersteller hauptsächlich darauf an, den Absatz nur über solche Händler abzu-
wickeln, die seinen Anforderungen an das Leistungsprofil entsprechen, wählt er nach qualitativen Kriterien aus, die die Zahl der Händler nur mittelbar begrenzt. Bei einer quantitativen Selektion hingegen
wird die Zahl der belieferten Händler unmittelbar begrenzt. Sonstige
Selektionskriterien sind weder qualitative noch quantitativ wirkende
Kriterien, wie beispielsweise die Verpflichtung, sich am weiteren Aufbau des Vertriebssystems zu beteiligen.

a) Qualitative Selektion

Ist eine **objektive, qualitative Selektion**[114] wegen der Besonderheiten   **446**
des Produkts erforderlich und werden die anzuwendenden Kriterien
einheitlich festgelegt sowie diskriminierungsfrei gehandhabt, so fällt

---

111 Wiedemann KartR-*Kirchhoff*, § 10 Rn. 40; Langen-*von Stoephasius*, Art. 81 Fallgruppen Rn. 412 ff.
112 *Gleiss/Hirsch*, Art. 85 (1) Rn. 1693; Wiedemann KartR-*Kirchhoff*, § 10 Rn. 40
u. 54; Langen-*von Stoephasius*, Art. 81 Fallgruppen Rn. 433.
113 Vgl. nur Langen-*von Stoephasius*, Art. 81 Fallgruppen Rn. 412 ff.; kritisch zu dieser Differenzierung: *Reich*, EuZW 1995, 71, 72 f., der meint, dass in der Praxis die
Unterscheidung zwischen qualitativen und quantitativen Kriterien kaum aufrecht
zu erhalten sei.
114 Vgl. EuGH, Urt. v. 25.10.1983 – Rs. 107/82, „AEG", Slg. 1983, 3151, 3194
Rn. 35; Urt. v. 16.6.1981 – Rs. 126/80, „Salonia/Poidomani u. Giglio", Slg. 1981,
1563, 1580 Rn. 24; Komm., Entsch. v. 21.12.1976 – Az. IV/5715, „Junghans",
Abl. 1977, Nr. L 30, 10, 13 ff.; Entsch. v. 28.10.1970 – Az. IV/10.498, 11.546,
12.992, 17.394, 17.395, 17.971, 18.772, 18.888 u. ex 3.213, „Omega", Abl. 1970,
Nr. L 242, 22, 25 ff.; Entsch. v. 30.6.1970 – Az. IV/24.055, „Kodak", Abl. 1970,
Nr. L 147, 24, 25 f.

diese Form der Beschränkung seit der Entscheidung *Metro/Saba I* im Grundsatz nicht unter das Kartellverbot des Art. 81 Abs. 1 EG.[115]

447 **Einfache Fachhandelsbindungen** sind mit Art. 81 Abs. 1 EG vereinbar, wenn vier Voraussetzungen kumulativ erfüllt sind:[116]

- Die Eigenschaften eines Produkts machen einen selektiven Vertrieb erforderlich, um die Qualität und/oder den richtigen Gebrauch des Produkts sicherzustellen;
- die Wiederverkäufer werden aufgrund objektiver Gesichtspunkte ausgewählt, die diskriminierungsfrei angewendet werden;
- das Vertriebssystem muss der Verbesserung des Wettbewerbs dienen, indem es die dieser Vertriebsart innewohnende Beschränkung des Preiswettbewerbs aufwiegt;
- die festgelegten Kriterien für die Auswahl der Händler dürfen nicht über das notwendige Maß hinausgehen.

448 Ob eine **Fachhandelsbindung erforderlich** ist, hängt von den Produkteigenschaften ab. Dazu zählen in erster Linie technisch anspruchsvolle Produkte wie Geräte der Unterhaltungselektronik,[117] Computer[118] und technisch hochwertige Uhren.[119] Als gerechtfertigt anerkannt wurden aber auch Luxusgüter, insbesondere Parfümartikel,[120] bei denen die Erhaltung eines bestimmten Images im Vordergrund steht.

449 In unmittelbarem Zusammenhang mit der Erforderlichkeit des selektiven Vertriebs aufgrund der Produkteigenschaften stehen die **Kriterien**

---

115 EuGH, Urt. v. 25.10.1977 – Rs. 26/76, „Metro/Saba I", Slg. 1977, 1875, 1905 f. Rn. 20 ff.; bestätigt in Urt. v. 11.12.1980 – Rs. 31/80, „L'Oréal/PVBA", Slg. 1980, 3775, 3790 Rn. 15; Urt. v. 10.7.1980 – Rs. 99/79, „Lancôme/ETOS", Slg. 1980, 2511, 2536 Rn. 20.

116 EuGI, Urt. v. 12.12.1996 – Rs. T-19/92, „Leclerc/Kommission", Slg. 1996, II-1851, 1897 Rn. 112.

117 EuGH, Urt. v. 11.10.1983 – Rs. 210/81, „Demo-Studio Schmidt (Revox)", Slg. 1983, 3045; Komm., Entsch. v. 21.12.1983 – Az. IV/29.598, „Saba II", Abl. 1983, Nr. L 376, 41; Entsch. v. 10.7.1985 – Az. IV/29.420, „Grundig EG-Vertriebsbindung", Abl. 1985, Nr. L 233, 1.

118 Komm., Entsch. v. 18.4.1984 – Az. IV/30.849, „IBM", Abl.1984, Nr. L 118, 24.

119 Komm., Entsch. v. 28.10.1970 – Az. IV/10.498, 11.546, 12.992, 17.394, 17.395, 17.971, 18.772, 18.888 u. ex 3.213, „Omega", Abl. 1970, Nr. L 242, 22; Entsch. v. 21.12.1976 – Az. IV/5715, „Junghans", Abl. 1977, Nr. L 30, 10; abgelehnt EuGH, Urt. v. 10.12.1985 – Rs. 31/85, „ETA/DK Investment (Swatch)", Slg. 1985, 3933.

120 EuGI, Urt. v. 12.12.1996 – Rs. T-19/92, „Leclerc/Kommission (Yves Saint Laurent)", Slg. 1996, II-1851; Urt. v. 12.12.1996 – Rs. T-88/92, „Leclerc/Kommission (Givenchy)", Slg. 1996, II-1961.

der **Auswahl der Händler.** Diese qualitativen Kriterien müssen sich auf die fachliche Eignung des Wiederverkäufers, seines Personals und seiner sachlichen Ausstattung, insbesondere der Geschäfträume, beziehen. Sie müssen zudem einheitlich für alle in Betracht kommenden Wiederverkäufer, deren Personal und die sachliche Ausstattung gelten.[121]

Die **Lückenlosigkeit** eines selektiven Vertriebssystems ist nach der **450** *Metro/Cartier*-Entscheidung des EuGH keine Voraussetzung für die Rechtswirksamkeit nach Art. 81 Abs. 1 EG.[122] Der EuGH hat diese Aussage später präzisiert. Er vertritt die Auffassung, dass eine nationale Rechtsprechung auf dem Gebiet des unlauteren Wettbewerbs, nach der ein Vertriebssystem, das nicht lückenlos ist, Außenseitern nicht entgegengehalten werden kann, mit Art. 81 Abs. 1 EG vereinbar sein kann.[123]

Liegen diese vier Voraussetzungen vor, wird die mit der Selektion einhergehende Verringerung des Wettbewerbs regelmäßig durch die Qualität der den Kunden erbrachten Leistungen und die **Verstärkung des Interbrand-Wettbewerbs** aufgewogen. Ein derartiges qualitativ-selektives Vertriebssystem verstößt nicht gegen das Kartellverbot des Art. 81 Abs. 1 EG. Allerdings nimmt der EuGH trotz Vorliegens aller vier Voraussetzungen im Einzelfall einen Verstoß gegen das Kartellverbot an, wenn die Zahl der selektiven Vertriebssysteme keinen Raum mehr für andere Vertriebsformen lässt. Gleiches gilt, wenn die Vertriebssysteme zu einer Erstarrung der Preisstruktur führen, die nicht durch sonstigen markeninternen Wettbewerb oder das Bestehen eines wirksamen Wettbewerbs zwischen verschiedenen Marken aufgewogen wird.[124] Es ist dann ebenso wie in Fällen, bei denen eine der vier Voraussetzungen nicht erfüllt ist, zu prüfen, ob eine Freistellung durch die GVO 2790/1999 in Frage kommt.

---

121 EuGH, Urt. v. 25.10.1977 – Rs. 26/76, „Metro/Saba I", Slg. 1977, 1875, 1905 Rn. 20.

122 EuGH, Urt. v. 13.1.1994 – Rs. C-376/92, „Metro/Cartier", Slg. 1994, I-15, 38 Rn. 28; siehe dazu *Bechtold,* NJW 1994, 3211, 3213; *Harte-Bavendann/Kreutzmann,* WRP 2003, 682 ff.; *Schwarze,* JZ 1996, 57, 63 f.; *Smid,* RIW 1995, 191, 193 f.

123 EuGH, Urt. v. 5.6.1997 – Rs. C-41/96, „V.A.G. Händlerbeirat/SYD-Consult", Slg. 1997, I-3123 = EWS 1997, 243 f.

124 EuGH, Urt. v. 22.10.1986 – Rs. 75/84, „Metro/Saba II", Slg. 1986, 3021, 3085 Rn. 40; Urt. v. 25.10.1977 – Rs. 26/76, „Metro/Saba I", Slg. 1977, 1875, 1905 Rn. 20.

b) Quantitative Selektion

452 In einem **quantitativ-selektiven Vertriebssystem** kann der Lieferant die absolute Höchstzahl der Vertragshändler festlegen. Quantitative Selektionskriterien begrenzen die Zahl der an sich geeigneten Händler. Sie führen dazu, dass nur eine bestimmte Anzahl der qualitativ an sich geeigneten Händler zum Vertrieb zugelassen wird. Dies kann unmittelbar durch die Festlegung einer absoluten Höchstzahl oder mittelbar, etwa durch Mindestumsätze oder durch Begrenzung der Liefermenge, erreicht werden. Solche Selektionskriterien werden grundsätzlich vom Kartellverbot erfasst.[125] Mindestabnahmemengen oder Mindestumsatzklauseln hindern vor allem kleinere Händler am Bezug und am Absatz von Konkurrenzwaren. Umgekehrt sind sie ein wichtiges Instrument zur Rationalisierung des Absatzes. Sie gewährleisten zudem eine kontinuierliche Versorgung der Händler und der Verbraucher. Die Kommission hat entsprechende Bindungen daher grundsätzlich als freistellungsfähig anerkannt.[126]

453 **Wettbewerbsrechtlich problematisch** sind dagegen diejenigen quantitativen Selektionskriterien, die aus rein absatzpolitischen Gründen eine zahlenmäßige Begrenzung einführen und dadurch auch solche Absatzmittler vom Marktzugang ausschließen, die sämtliche qualitativen Kriterien erfüllen.[127] Auf diese Weise wird der Wettbewerb auf der Handelsstufe (Intrabrand-Wettbewerb) beschränkt. Die besonderen Eigenschaften eines Produkts oder die Anforderungen der Branche können jedoch auch quantitative Selektionskriterien erforderlich machen. Dies wird kartellrechtlich akzeptiert.[128]

---

125 EuGH, Urt. v. 11.12.1980 – Rs. 31/80, „L'Oréal/PVBA", Slg. 1980, 3775, 3791 Rn. 17 = GRUR Int. 1981, 315 ff.; Urt. v. 25.10.1977 – Rs. 26/76, „Metro/Saba I", Slg. 1977, 1875, 1913 f. Rn. 37.

126 Komm., Entsch. v. 24.7.1992 – Az. IV/33.542, „Givenchy", Abl. 1992, Nr. L 236, 11, 19; Entsch. v. 16.12.1991 – Az. IV/33.242, „Yves Saint Laurent", Abl. 1992, Nr. L 12, 24, 32.

127 EuGH, Urt. v. 10.7.1980 – Rs. 99/79, „Lancôme/ETOS", Slg. 1980, 2511, 2536 Rn. 21; zur Entwicklung der diesbezüglichen Rechtsprechung des EuGH siehe *Joerges*, GRUR Int. 1984, 222 ff.

128 EuGH, Urt. v. 22.10.1986 – Rs. 75/84, „Metro/Saba II", Slg. 1986, 3021, 3086 Rn. 45; Urt. v. 16.6.1981 – Rs. 126/80, „Salonia/Poidomani u. Giglio", Slg. 1981, 1563, 1580 f. Rn. 24; Urt. v. 11.12.1980 – Rs. 31/80, „L'Oréal/PVBA", Slg. 1980, 3775, 3790 ff. Rn. 15; vgl. auch *Kirchhoff*, Kartellrechtliche Beurteilung vertikaler Vertriebsverträge, S. 243 ff.

c) Sonstige Selektion

Sonstige Selektionskriterien gehen über die Notwendigkeiten eines auf **454** Qualitätsanforderungen basierenden selektiven Vertriebssystems hinaus, ohne den quantitativen Selektionskriterien zugeordnet werden zu können. Sie werden regelmäßig vom **Kartellverbot des Art. 81 Abs. 1 EG erfasst.**

3. Freistellung nach der GVO 2790/1999

Nach der Definition des selektiven Vertriebs in Art. 1 lit. d GVO **455** 2790/1999 werden Händler vom Lieferanten aufgrund „**festgelegter Merkmale**" ausgewählt. Eine Unterscheidung in qualitative, quantitative oder sonstige Merkmale wird nicht getroffen. Daher können bei Vorliegen der übrigen Voraussetzungen der GVO 2790/1999 selektive Vertriebssysteme unabhängig von der Art der Merkmale freigestellt werden. Die Notwendigkeit einer Freistellung auch eines qualitativen Selektivvertriebs kann sich insbesondere dann ergeben, wenn ein selektiver Vertrieb für die betreffenden Produkte nicht erforderlich ist oder die qualitativen Kriterien nicht diskriminierungsfrei gehandhabt werden.

Zu den übrigen Voraussetzungen für selektive Vertriebssysteme gehört **456** insbesondere eine spezielle **Kernbeschränkung.** Art. 4 lit. c GVO 2790/1999 verbietet jegliche Beschränkung des Händlers bezüglich seines aktiven und passiven Verkaufs an Endkunden. Der selektive Vertrieb darf nicht mit Vertragsbestimmungen verbunden werden, die den Händler in seiner Vertriebstätigkeit einschränken, so dass eine Verbindung aus Alleinvertrieb und selektivem Vertrieb nicht möglich ist.[129] Weder Einzelhändler noch Endverbraucher können in der Wahl ihrer Vertragspartner eingeschränkt werden. Allerdings sind Beschränkungen hinsichtlich des Standorts des Händlers zulässig. Im Falle einer Kombination selektiven Vertriebs mit anderen vertikalen Beschränkungen, wie etwa Alleinbezug, Alleinvertrieb oder Wettbewerbsverbot, muss im Hinblick auf die konkrete Ausgestaltung im Einzelfall entschieden werden, ob diese Verknüpfung eine Kernbeschränkung darstellt oder nicht.

---

129 Komm., Leitlinien für vertikale Beschränkungen, Abl. 2000, Nr. C 291, 1 Rn. 61; *Semler/Bauer*, DB 2000, 193, 198; zur Rechtslage vor In-Kraft-Treten der GVO 2790/1999 siehe EuGI, Urt. v. 19.5.1999 – Rs. T-176/95, „Accinauto SA/Kommission", EWS 2000, 70.

III. Franchising

457 Franchising ist ein System, bei dem eine Geschäftsidee für den Vertrieb von Waren oder Dienstleistungen durch das Übertragen des entsprechenden Know-hows gegen Entgelt multipliziert wird. **Franchise** ist eine Gesamtheit von Rechten an gewerblichem und geistigem Eigentum wie Warenzeichen, Handelsnamen, Ladenschilder, Gebrauchsmuster, Urheberrechte, Know-how oder Patente, die zum Zwecke des Weiterverkaufs von Waren oder der Erbringung von Dienstleistungen an Endverbraucher genutzt wird.[130] Franchisingsysteme sind daher durch den Transfer von Know-how und einheitlichem Auftritt gekennzeichnet.

458 Grundsätzlich lassen sich **drei Typen** von Franchising unterscheiden:

- Beim Dienstleistungsfranchising bietet der Franchisenehmer Dienstleistungen nach den Vorgaben des Franchisegebers an, z.B. die Reparatur von Schuhen oder Hoteldienstleistungen.
- Beim Produktionsfranchising werden Waren nach den Vorgaben des Franchisegebers gefertigt und verkauft.
- Beim reinen Vertriebsfranchising verkauft der Franchisenehmer die Waren, die vom Franchisegeber geliefert werden.

459 Anstatt selbst Verkaufsstellen zu eröffnen oder den Vertrieb über unabhängige Händler zu organisieren, kann der Franchisegeber ohne großen Kapitaleinsatz eine Multiplikation seines Geschäftskonzepts erreichen und schneller in neue Märkte expandieren. Durch die **einheitliche Nutzung** von Geschäftsbezeichnungen und der Geschäftsmethoden wird ein einheitliches Erscheinungsbild sichergestellt. Dies führt aber auch zu einer gewissen Kontrolle durch den Franchisegeber und einer Einschränkung der wirtschaftlichen Freiheit des Franchisenehmers, die kartellrechtlich relevant sein können.

460 Die möglichen **kartellrechtlichen Auswirkungen** eines Franchisevertrages wurden erstmalig in der Sache *Pronuptia* vom EuGH beurteilt. Eine Franchisenehmerin von Pronuptia, einer Marke für Brautkleider aus Paris, wollte wegen ausstehender Lizenzgebühren den Franchisevertrag auf seine Übereinstimmung mit dem europäischen Kartellrecht überprüfen lassen. Der EuGH stellte in seiner Entscheidung fest, dass einige Bestimmungen des Vertrages gar nicht unter Art. 81 Abs. 1 EG fallen. Dazu gehören alle Bestimmungen, die unerlässlich sind, damit

---

130 Art. 1 Abs. 3 lit. a GVO 4087/1988, Abl. 1988, Nr. L 359, 46.

Simon

das übertragene Know-how nicht der Konkurrenz zugute kommt, insbesondere Wettbewerbsverbote, sowie Bestimmungen, die dafür sorgen, dass das einheitliche Auftreten im Markt gewahrt bleibt.[131]

Andere Bestimmungen wiederum wurden vom EuGH als **potenziell** **461** **wettbewerbsbeschränkend** eingestuft und damit als von Art. 81 Abs. 1 EG erfasst. Dazu gehörten Bestimmungen, die den Preiswettbewerb einschränken oder Gebietsexklusivität garantierten. Derartige Bestimmungen mussten einer Prüfung gem. Art. 81 Abs. 3 EG unterzogen werden.

Die Kommission reagierte umgehend auf das Pronuptia-Urteil und erließ eine GVO für Franchisevereinbarungen.[132] Diese wurde 1999 **462** durch die allgemeine GVO 2790/1999 ersetzt. Diese GVO erwähnt Franchising nicht mehr als eigenständiges Thema, wohl aber die **Leitlinien**. Die Leitlinien lassen erkennen, dass die durch die Pronuptia-Rechtsprechung entwickelten und in der Franchise-GVO fortgeführten Grundsätze auch weiterhin gelten.

1. Von Art. 81 Abs. 1 EG nicht erfasste Bestimmungen

Der EuGH hatte in seinem Urteil *Pronuptia* festgestellt, dass alle Be- **463** stimmungen in einem Franchisevertrag, die das übertragene Knowhow und die gewährte kommerzielle und technische Unterstützung vor dem **Zugriff der Konkurrenz** schützen sollen, nicht von Art. 81 Abs. 1 EG erfasst sind. Dazu gehören die folgenden Verpflichtungen des Franchisenehmers:[133]

- Verbot, während der Vertragsdauer oder während eines angemessenen Zeitraums nach Vertragsbeendigung ein Geschäft mit gleichem oder ähnlichem Zweck in einem Gebiet zu eröffnen, in dem er zu einem der Mitglieder in der Vertriebsorganisation in Wettbewerb treten könnte;
- Verpflichtung, sein Geschäft nicht ohne vorherige Zustimmung des Franchisegebers auf einen Dritten zu übertragen.

Ebenso sind alle Maßnahmen des Franchisegebers zum **Schutz der** **464** **Identität** und des Ansehens der durch die Geschäftsbeziehung symbo-

---

131 EuGH, Urt. v. 28.1.1986 – Rs. 161/84, „Pronuptia", Slg. 1986, 353 Rn. 27.
132 Komm., VO (EWG) Nr. 4087/1988 v. 30.11.1988 über die Anwendung von Art. 85 Abs. 3 des Vertrags auf Gruppen von Franchisevereinbarungen, Abl. 1988, Nr. L 359, 49.
133 EuGH, Urt. v. 28.1.1986 – Rs. 161/84, „Pronuptia", Slg. 1986, 353 Rn. 16.

lisierten Vertriebsorganisation nicht vom Kartellverbot erfasst. Dazu zählen die folgenden Verpflichtungen des Franchisenehmers:[134]

- Verpflichtung, die vom Franchisegeber entwickelten Geschäftsmethoden anzuwenden und das von diesem übermittelte Know-how einzusetzen;
- Verpflichtung, die Vertragswaren nur in dem nach Anweisungen des Franchisegebers eingerichteten und ausgestatteten Ladengeschäft zu verkaufen;
- Verpflichtung, sein Geschäft nicht ohne Zustimmung des Franchisegebers an einen anderen Ort zu verlegen;
- Verpflichtung, nur Waren des Franchisegebers oder von diesem ausgewählter Lieferanten zu verkaufen. Diese Verpflichtung darf jedoch nicht dazu führen, dass der Franchisenehmer daran gehindert wird, sich diese Waren bei anderen Franchisenehmern (quer) zu beschaffen;
- Verpflichtung, sich jede Werbung vom Franchisegeber genehmigen zu lassen.

465 Zusammengefasst fallen folglich alle Bestimmungen in Franchiseverträgen, die zum Schutz des Know-hows oder zur Wahrung der Einheitlichkeit und des Ansehens des Franchisesystems **notwendig** sind, nicht unter das Kartellverbot und daher auch nicht in den Anwendungsbereich der GVO 2790/1999.

2. Von Art. 81 Abs. 1 EG erfasste Bestimmungen

466 Beschränkungen in Franchisevereinbarungen, die zum Schutz des Know-hows und zur Wahrung der Identität der Vertriebsorganisation **nicht notwendig** sind, fallen unter das Kartellverbot. Der EuGH hat in Pronuptia zwei solche Beschränkungen aufgeführt. Die erste betrifft die Aufteilung der Märkte durch einen Gebietsschutz für den Franchisenehmer. Diese Klauseln vermindern den markeninternen Wettbewerb, können aber eventuell durch Art. 81 Abs. 3 EG freigestellt werden, wenn sie unerlässlich sind, um Franchisenehmer zu finden.[135]

467 Zweitens werden Bestimmungen, die die Möglichkeiten des Franchisenehmers beeinträchtigen, die Preise frei zu gestalten, von Art. 81 Abs. 1 EG erfasst. Dies gilt jedoch nicht, wenn der Franchisegeber le-

---

134 EuGH, Urt. v. 28.1.1986 – Rs. 161/84, „Pronuptia", Slg. 1986, 353 Rn. 18–22.
135 EuGH, Urt. v. 28.1.1986 – Rs. 161/84, „Pronuptia", Slg. 1986, 353 Rn. 24.

diglich Richtpreise angibt, vorausgesetzt, dass es keine aufeinander abgestimmte Verhaltensweise innerhalb der Vertriebsorganisation hinsichtlich der tatsächlichen Anwendung dieser Preise gibt.[136]

3. Freistellung nach der GVO 2790/1999

Die GVO 2790/1999 erwähnt Franchisevereinbarungen nicht aus- **468** drücklich. Ein Anknüpfungspunkt ergibt sich aber aus der **Begriffsbestimmung des Know-how** in Art. 1 lit. f GVO 2790/1999 sowie dem nachvertraglichen Wettbewerbsverbot zum Schutze von Know-how in Art. 5 lit. b GVO 2790/1999 und den dazugehörigen Erläuterungen in den Leitlinien. Bestimmungen, die das übertragene Know-how und die gewährte kommerzielle und technische Unterstützung vor dem Zugriff der Konkurrenz schützen sollen, fallen jedoch nicht unter das Kartellverbot und somit auch nicht in den Anwendungsbereich der Vertikal-GVO. Dazu gehört insbesondere ein Wettbewerbsverbot für die Dauer des Vertrages und eines angemessenen Zeitraumes nach Beendigung des Vertrages, das es dem Franchisenehmer nicht gestattet, ein Geschäft mit ähnlichem Zweck in Konkurrenz zum Franchisenetz zu betreiben. Die Ausführungen in den Leitlinien zur Übertragung von Know-how haben daher lediglich klarstellenden Charakter.[137]

Ebenfalls erst gar nicht vom Kartellverbot erfasst sind alle Bestim- **469** mungen, die der **Wahrung der Einheitlichkeit und des Rufes** des Franchisesystems dienen. Zu dieser zweiten Gruppe von Beschränkungen gibt es keine Bestimmungen in der GVO 2790/1999, wohl aber Ausführungen in den Leitlinien in Form eines Beispiels.[138] Dieses Beispiel greift jedoch lediglich die Pronuptia-Rechtsprechung auf. Zur Frage des Gebietsschutzes als einer Bestimmung, die in den Anwendungsbereich des Art. 81 Abs. 1 EG fallen kann, wird in den Leitlinien nur das ebenfalls bereits im Pronuptia-Urteil aufgeführte Argument vorgebracht, dass ein solcher Gebietsschutz notwendig sein kann, um überhaupt Franchisenehmer zu finden, die in das Franchisekonzept investieren. Daraus kann geschlossen werden, dass Gebietsschutzvereinbarungen von Franchisegebern mit einem Marktanteil von höchstens 30% durch die GVO 2790/1999 freigestellt sind.

---

136 EuGH, Urt. v. 28. 1. 1986 – Rs. 161/84, „Pronuptia", Slg. 1986, 353 Rn. 25.
137 *Schultze/Pautke/Wagener*, Vertikal-GVO, Rn. 500.
138 Komm., Leitlinien für vertikale Beschränkungen, Abl. 2000, Nr. C 291, 1 Rn. 199–201.

IV. Rechtsfragen beim Internetvertrieb

470 In der GVO 2790/1999 finden sich keine Vorschriften, die sich mit den Besonderheiten des Internetvertriebs beschäftigen. Dies hat zur Folge, dass Beschränkungen, die in Vertikalvereinbarungen hinsichtlich des Vertriebs via Internet aufgenommen werden, an den allgemeinen Bestimmungen zu messen sind. Lediglich in einigen Randnummern der Leitlinien findet sich eine Aussage der Kommission zum Internethandel.[139] Die dort niedergelegten Grundsätze scheinen zudem **politisch motiviert** zu sein, da die Kommission das Internet so weit wie möglich von Vertriebsbeschränkungen freihalten wollte.[140] Derzeit ist vor allem umstritten, ob und unter welchen Voraussetzungen der Handel über das Internet vom Lieferanten eingeschränkt werden kann. Die Kommission scheint die Auffassung zu vertreten, dass Internetvertrieb und Versandhandel zwei getrennt zu betrachtende Vertriebsformen darstellen. So muss man zumindest ihre Ausführungen in den Entscheidungen *Yves Saint Laurent* und *B&W-Lautsprecher* verstehen, in denen die Kommission die generelle Untersagung des Internetvertriebs als unzulässige Wettbewerbsbeschränkung eingestuft hat.[141] Diese Rechtsauffassung liegt auch den Aussagen der Kommission in ihren Leitlinien zu Grunde.[142] Dies hat zur Folge, dass die Entscheidungspraxis zum Versandhandel nicht einfach auf den Handel via Internet übertragen werden kann.

471 Nach Auffassung der Kommission soll der **generelle Ausschluss** des Internetvertriebs eine sog. schwarze Klausel i. S. v. Art. 4 lit. c GVO 2790/1999 darstellen. Diese Rechtsauffassung zwingt Hersteller, die über selektive Vertriebssysteme vertreiben, ihren Händlern grundsätzlich den Vertrieb über das Internet zu ermöglichen. Allerdings ist die Kommission bis heute jede sachliche Begründung schuldig geblieben, weshalb Internetvertrieb und Versandhandel getrennte Vertriebsbereiche darstellen sollen. Ihre Rechtsauffassung ist zudem nicht unumstritten. In Art. 4 lit. c GVO 2790/1999 werden nämlich nur „Beschränkungen des aktiven oder passiven Verkaufs an Endverbraucher" als

---

139 Komm., Leitlinien für vertikale Beschränkungen, Abl. 2000, Nr. C 291, 1 Rn. 50 ff.; Immenga/Mestmäcker-*Veelken*, GVO Rn. 197.
140 *Bauer/de Bronett*, Gruppenfreistellungsverordnung, Rn. 250; *Bauer*, WRP 2003, 243, 247.
141 Komm., IP/01/713 u. IP/00/1418.
142 Komm., Leitlinien für vertikale Beschränkungen, Abl. 2000, Nr. C 291, 1 Rn. 51, 53.

Simon

schwarze Klausel definiert. Die für das Internet weitreichendere Aussage findet sich in den Leitlinien, die rechtlich nicht verbindlich sind, weil sie nicht auf eine ausdrückliche Ermächtigungsgrundlage gestützt sind. Es darf daher bezweifelt werden, ob die in Art. 4 lit. c GVO 2790/1999 verwandte Formulierung auch reine „Vertriebsbereiche" erfasst.[143]

Folgt man aber der Kommission und sieht in Art. 4 lit. c GVO 2790/ 1999 eine Verpflichtung, den zugelassenen Händlern eines Selektivvertriebssystems den Vertrieb über das Internet zu ermöglichen, stellt sich die Folgefrage nach der **Nichtbelieferung reiner Internethändler**. Zurzeit tendiert die Kommission dazu, dass die Belieferung reiner Internethändler unterbleiben kann. Dies wird – zumindest inoffiziell – mit der Regelung des Art. 4 lit. c Halbs. 2 GVO 2790/1999 gerechtfertigt, wonach es keine schwarze Klausel darstellt, wenn den Mitgliedern eines selektiven Vertriebssystems verboten wird, die Geschäfte von nicht zugelassenen Niederlassungen aus zu betreiben. Diese Bestimmung wird als Ausdruck dessen verstanden, dass es dem Hersteller eines Produkts im Rahmen selektiver Vertriebssysteme möglich sein muss, die Belieferung reiner Internethändler auszuschließen.[144]

472

Eine solche Interpretation des Art. 4 lit. c Halbs. 2 GVO 2790/1999 entspricht auch dem **Sinn selektiver Vertriebssysteme**, bei denen Vertragsware nur an solche Abnehmer zu liefern ist, die aufgrund vorher festgelegter Kriterien ausgewählt wurden. So ist es stets zulässig gewesen, an die Händler bestimmte Mindestanforderungen zu stellen, wie etwa die exklusive Geschäftsausstattung. Diese Selektionskriterien muss dann auch der Internethändler erfüllen. Angesichts der wenigen Aussagen zum Internetvertrieb in den Leitlinien sind jedoch derzeit noch viele Fragen offen,[145] weshalb endgültige Aussagen nicht getroffen werden können.

473

---

143 *Bauer/de Bronett*, Gruppenfreistellungsverordnung, Rn. 251; krit. auch *Pautke/ Schultze*, BB 2001, 317, 321 f.
144 *Bauer*, WRP 2003, 243, 247 f.
145 *Pautke/Schultze*, BB 2001, 317, 323.

Kapitel 5:

Besonderheiten bei Vereinbarungen über Technologietransfer

§ 1 Überblick TT-GVO

Schrifttum: *Batchelor,* Application of the Technology Transfer Block Exemption to Software Licensing, CTLR 2004, 166; *Berger,* Zur Anwendbarkeit der neuen Technologietransfer-Gruppenfreistellungsverordnung auf Softwareverträge, K&R 2005, 15; *Brinker,* Erste Erfahrungen mit der neuen Gruppenfreistellungsverordnung für Technologietransfer-Vereinbarungen, WiB 1996, 1088; *Dolmans/Piilola,* The Proposed New Technology Transfer Block Exemption, W. Comp. 2003, 541; *Drexl,* Die neue Gruppenfreistellungsverordnung über Technologietransfer-Vereinbarungen im Spannungsfeld von Ökonomisierung und Rechtssicherheit, GRUR Int. 2004, 716; *Feltkamp,* Die Gruppenfreistellungsverordnung Technologietransfer, Mitt. 1998, 462; *Fine,* The EU'S New Antitrust Rules for Technology Licensing: A Turbulent Harbour for Licensors, E. L. Rev. 2004, 766; *Fritzemeyer,* Auswirkungen der EU-Gruppenfreistellungsverordnung auf die Gestaltung von Franchiseverträgen, BB 2002, 1658; *Hoeren,* Nutzungsbeschränkungen in Softwareverträgen – eine Rechtsprechungsübersicht, RDV 2005, 11; *Hufnagel,* Die neue Gruppenfreistellungsverordnung Technologietransfer – Kein Lizenzvertrag ohne Kartellrecht?, Mitt. 2004, 297; *Kleinmann,* Die neue EG-Gruppenfreistellungsverordnung für Technologietransfer-Vereinbarungen, EWS 1996, 149; *Korah,* Block Exemption for Technology Transfer (Draft), ECLR 2004, 247; *Lejeune,* Die neue europäische Gruppenfreistellungsverordnung für Technologietransfer-Vereinbarungen, CR 2004, 467; *Lübbig,* „...et dona ferentes": Anmerkungen zur neuen EG-Gruppenfreistellungsverordnung im Bereich des Technologietransfers, GRUR 2004, 483; *Meyer,* Die EG-Gruppenfreistellungsverordnung zum Technologietransfer, GRUR Int. 1997, 498; *Niebel,* Das Kartellrecht der Markenlizenz unter besonderer Berücksichtigung des Europäischen Gemeinschaftsrechts, WRP 2003, 482; *Peeperkorn,* IP Licences and Competition Rules: Striking the Right Balance, W. Comp. 2003, 527; *Polley,* Softwareverträge und ihre kartellrechtliche Wirksamkeit – Zur Anwendbarkeit von Gruppenfreistellungsverordnungen der Europäischen Kommission auf Softwareverträge unter besonderer Berücksichtigung der neuen Technologietransfer-GVO, CR 2004, 641; *Ritter/Braun,* European Competition Law, 3. Aufl. 2004; *Sack,* Zur Vereinbarkeit wettbewerbsbeschränkender Abreden in Lizenz- und Know-how-Verträgen mit europäischem und deutschem

Kartellrecht, WRP 1999, 592; *Scholz/Wagener*, Kartellrechtliche Bewertung hardwarebezogener Verwendungsbeschränkungen in Software-Überlassungsverträgen, CR 2003, 880; *Schultze/Pautke/Wagener,* Die Gruppenfreistellungsverordnung für Technologietransfer-Vereinbarungen, 1. Aufl. 2005; *dies.*, Die letzte ihrer Art: Die Gruppenfreistellungsverordnung für Technologietransfer-Vereinbarungen – Reformentwürfe der Kommission, WRP 2004, 175; *Wissel/Eickhoff,* Die neue EG-Gruppenfreistellungsverordnung für Technologietransfer-Vereinbarungen – Neue Freistellungsvoraussetzungen für Lizenzvereinbarungen, WuW 2004, 1244; *Zöttl,* Das neue EG-Kartellrecht für Technologietransferverträge – Erste Erfahrungen aus der Anwendungspraxis, WRP 2005, 33.

I. Zeitlicher Geltungsbereich und Übergangsregelungen für Altverträge

474 Mit Wirkung zum 1.5.2004 ist die neue GVO Nr. 772/2004 für den Technologietransfer in Kraft getreten (TT-GVO),[1] die erstmals von Leitlinien[2] zur Anwendung von Art. 81 EG auf Technologietransfer-Vereinbarungen begleitet wird. Die TT-GVO findet auf alle **nach dem 1.5.2004 geschlossenen Technologietransfer-Vereinbarungen** Anwendung und soll gem. Art. 11 TT-GVO bis zum 30.4.2014 gelten. Die neue TT-GVO hat die zuvor geltende GVO Nr. 240/1996 (VO 240/1996)[3] abgelöst. Art. 10 TT-GVO bestimmt jedoch, dass Vereinbarungen, die am 30.4.2004 bereits in Kraft waren und die Freistellungsvoraussetzungen der VO 240/1996 erfüllten, noch bis zum 31.3.2006 freigestellt bleiben. Es ist aber in jedem Fall ratsam, solche Altverträge während der **Übergangsfrist** zu überprüfen und gegebenenfalls an die Regelungen der neuen TT-GVO anzupassen. Enthalten Altverträge Klauseln, die nach der VO 240/1996 freigestellt waren, jedoch nach der TT-GVO Kernbeschränkungen darstellen, droht das Risiko der vollständigen Unwirksamkeit der Technologietransfer-Vereinbarung.

---

1 Komm., VO (EG) Nr. 772/2004 v. 27.4.2004 über die Anwendung von Art. 81 Abs. 3 EG-Vertrag auf Gruppen von Technologietransfer-Vereinbarungen, Abl. 2004, Nr. L 123, 11.

2 Komm., Leitlinien zur Anwendung von Art. 81 EG-Vertrag auf Technologietransfer-Vereinbarungen, Abl. 2004, Nr. C 101, 2.

3 Komm., VO (EG) Nr. 240/1996 v. 31.1.1996 zur Anwendung von Art. 85 Abs. 3 des Vertrages auf Gruppen von Technologietransfer-Vereinbarungen, Abl. 1996, Nr. L 31, 2.

II. Räumlicher Geltungsbereich

Der räumliche Geltungsbereich der TT-GVO deckt sich mit demjeni- **475**
gen von Art. 81 EG,[4] so dass auf die diesbezüglichen Ausführungen
in Kapitel 2 verwiesen werden kann.[5]

III. Sachlicher Geltungsbereich

Nach Art. 2 TT-GVO erstreckt sich die Freistellung nur auf Technolo- **476**
gietransfer-Vereinbarungen zwischen zwei Unternehmen, die die Produktion von Vertragsprodukten ermöglichen.

1. Beschränkung auf bilaterale Vereinbarungen zwischen Unternehmen

Die Tatsache, dass nur Technologietransfer-Vereinbarungen zwischen **477**
zwei Unternehmen von der Freistellung erfasst werden, schließt die
direkte Anwendbarkeit auf Mehrparteienlizenzen[6] aus.[7] Dennoch ist
die TT-GVO auch für **multilaterale Vereinbarungen**[8] von Relevanz,
da die Kommission erklärt hat, auf Mehrparteienlizenzen, die materiell einer der von der TT-GVO geregelten Konstellation entsprechen,
die Vorschriften der TT-GVO analog anzuwenden.[9] Der Begriff des
Unternehmens i. S. v. Art. 2 TT-GVO schließt gem. Art. 1 Abs. 2 TT-
GVO auch alle verbundenen Unternehmen ein.[10]

---

4 Liebscher/Flohr/Petsche-*Saria*, Handbuch der EU-Gruppenfreistellungsverordnungen, § 1 Rn. 46 ff.; Immenga/Mestmäcker EG-WbR-*Veelken*, GFVO A Rn. 8.
5 Siehe dazu Rn. 37 ff.
6 Vergleiche zur Thematik der Mehrparteienlizenzen auch die ausführliche Darstellung in dem „Report on Multiparty Licensing" v. 22. 4. 2003, der von Charles River
  Associates Ltd. erstellt wurde und unter http://europa.eu.int/comm/competition/anti-
  trust/legislation/multiparty_licensing.pdf (15. 11. 2005) abrufbar ist.
7 Zu den möglichen Gründen der Komm. für die Nichteinbeziehung von Mehrparteienlizenzen siehe *Dolmans/Piilola*, W. Comp. 2003, 541, 561.
8 Zu den Besonderheiten im Zusammenhang mit Technologiepools vgl. Rn. 617 ff. sowie Komm., Leitlinien zu Technologietransfer-Vereinbarungen, Abl. 2004, Nr. C
  101, 2 Rn. 210–234.
9 Komm., Leitlinien zu Technologietransfer-Vereinbarungen, Abl. 2004, Nr. C 101, 2
  Rn. 40.
10 So bereits EuGH, Urt. v. 12. 7. 1984 – Rs. 170/83, „Hydrotherm/Compact", Slg.
  1984, 2999, 3016 Rn. 10–12 zur Alleinvertriebs-VO 67/1967; zur Bedeutung des
  Begriffs des verbundenen Unternehmens in Art. 1 Abs. 2 TT-GVO vgl. die ausführliche Darstellung bei *Schultze/Pautke/Wagener*, TT-GVO Rn. 244 ff.

2. Begriff der Technologietransfer-Vereinbarung

478 Wie bereits die VO 240/1996 findet die TT-GVO zunächst auf **Lizenzvereinbarungen über Patente und Know-how** Anwendung. Über die bereits nach der VO 240/1996 Patenten gleichgestellten Patentanmeldungen, Gebrauchsmuster, Gebrauchsmusteranmeldungen, Topographien von Halbleitererzeugnissen, ergänzenden Schutzzertifikate für Arzneimittel oder andere Produkte, für die solche Zertifikate verlangt werden können, sowie Sortenschutzrechte hinaus sind nun nach Art. 1 Abs. 1 lit. h TT-GVO auch **Geschmacksmuster** gruppenfreistellungsfähig. Nicht wieder aufgenommen wurden hingegen die früher erfassten *certificats d'utilité* und *certificats d'addition* nach französischem Recht.

479 Die **Definition** für **Know-how** ist im Wesentlichen gleich geblieben und beschreibt nach Art. 1 Abs. 1 lit. i TT-GVO eine Gesamtheit nicht patentierter praktischer[11] (früher technischer) Kenntnisse, die geheim, wesentlich und identifiziert sind. Das Know-how ist geheim, wenn es nicht allgemein bekannt oder leicht zugänglich ist.[12] Das Know-how ist wesentlich, wenn es für die Produktion der Vertragsprodukte nützlich und von Bedeutung ist.[13] Bezieht sich das Know-how auf ein Produkt, ist dies der Fall, wenn das Produkt nicht mit einer frei erhältlichen Technologie hergestellt werden kann, bezieht es sich hingegen auf ein Verfahren, muss dieses zum Zeitpunkt des Vertragsschlusses zu einer wesentlichen Verbesserung der Wettbewerbsposition des Lizenznehmers geeignet sein. Identifiziert ist das Know-how, wenn überprüft werden kann, ob das Know-how geheim und wesentlich ist. Dies ist zumindest dann der Fall, wenn das Know-how in schriftlicher Form festgehalten ist. Besteht das Know-how in Kenntnissen bestimmter

---

11 So auch Komm., VO (EG) Nr. 2790/99 v. 22.12.1999 zur Anwendung von Art. 81 Abs. 3 des Vertrages auf Gruppen von vertikalen Vereinbarungen und aufeinander abgestimmten Verhaltensweisen, Abl. 1999, Nr. L 336, 21, Art. 1 lit. f (Vertikal-GVO).

12 Komm., Leitlinien zu Technologietransfer-Vereinbarungen, Abl. 2004, Nr. C 101, 2 Rn. 47.

13 In der Entwurffassung war noch vorgesehen, dass das Know-how notwendig sein müsse. Die nun gewählte Version des „von Bedeutung und nützlich" unterscheidet sich nicht maßgeblich von der Definition in Art. 10 Nr. 3 VO 240/1996, die vorsah, dass das Know-how nützlich sein müsse, d.h. „es kann von ihm zum Zeitpunkt des Vertragschlusses erwartet werden, dass es die Wettbewerbsstellung des Lizenznehmers verbessert". Die Leitlinien zu Technologietransfer-Vereinbarungen, Abl. 2004, Nr. C 101, 2 Rn. 47, formulieren in der deutschen Fassung, dass das Know-how für die Herstellung der Vertragsprodukte „notwendig" sein müsse. Dies beruht wohl auf einem Übersetzungsfehler. Die maßgebliche englische Originalversion spricht in Rn. 47 lediglich von „useful".

Mitarbeiter, kann es auch ausreichend sein, wenn das Know-how in allgemeiner Form beschrieben und auf die entsprechenden Mitarbeiter verwiesen wird.[14]

Neu aufgenommen wurden in die TT-GVO neben den bereits erwähn- **480** ten Geschmacksmuster-Vereinbarungen insbesondere auch **Softwareli-zenz-Vereinbarungen,**[15] sofern die Software urheberrechtlich geschützt ist.[16] Andere allgemeine Urheberrechtslizenzen oder Markenlizenzen sind nach wie vor vom direkten Anwendungsbereich ausgenommen.[17] Die Kommission erwägt jedoch in Fällen von Lizenzen, die sich auf die Vervielfältigung und Verbreitung anderer urheberrechtlich geschützter Werke als Software beziehen, eine analoge Anwendung der in der TT-GVO verankerten Grundsätze.[18] Eine analoge Anwendung auf die Lizenzierung von Wiedergaberechten lehnt die Kommission jedoch explizit ab.[19]

Vom Anwendungsbereich erfasst sind schließlich alle **Mischformen** **481** der zuvor aufgeführten Technologietransfer-Vereinbarungen.

3. Produktion von Vertragsprodukten

a) Allgemeines

Aus Art. 2 TT-GVO ergibt sich, dass eine Gruppenfreistellung nur in **482** Betracht kommt, wenn Ziel der Technologietransfer-Vereinbarung die Produktion von Vertragsprodukten ist. Dies setzt eine direkte **Verbin-**

---

14 Komm., Leitlinien zu Technologietransfer-Vereinbarungen, Abl. 2004, Nr. C 101, 2 Rn. 47.
15 Zur Anwendbarkeit der TT-GVO auf Software-Lizenzverträge vgl. unten Rn. 483 ff. sowie die detaillierten Darstellungen von *Batchelor,* CTLR 2004, 166 ff.; *Berger,* K&R 2005, 15 ff.; *Polley,* CR 2004, 641 und *Schultze/Pautke/Wagener,* TT-GVO Rn. 384 ff.; vgl. ferner *Lejeune,* CR 2004, 467, 471 f.; *Hoeren,* RDV 2005, 11 f. und *Schultze/Pautke/Wagener,* WRP 2004, 175, 180; vgl. zur Behandlung von Computerprogrammen auch Rat, Richtlinie 91/250/EWG v. 14.5.1991 über den Rechtsschutz von Computerprogrammen, Abl. 1991, Nr. L 122, 42 ff.
16 Dies ergibt sich aus der englischen Version der TT-GVO, die in Art. 1 Abs. 1 lit. b TT-GVO explizit von „software copyright licensing agreement" spricht; vgl. auch *Schultze/Pautke/Wagener,* TT-GVO Rn. 127 f.
17 Kritisch hierzu *Korah,* ECLR 2004, 247, 252; vgl. zur kartellrechtlichen Behandlung von Markenlizenzen die ausführliche Darstellung von *Niebel,* WRP 2003, 482 ff.
18 Komm., Leitlinien zu Technologietransfer-Vereinbarungen, Abl. 2004, Nr. C 101, 2 Rn. 51.
19 Komm., Leitlinien zu Technologietransfer-Vereinbarungen, Abl. 2004, Nr. C 101, 2 Rn. 52.

dung zwischen der entsprechenden **Technologie** und den **Vertrags-produkten** voraus. Umfasst sind daher alle Produkte (Waren oder Dienstleistungen), welche die entsprechende Technologie enthalten oder mit Hilfe dieser Technologie hergestellt werden.[20] Nicht umfasst sind hingegen Vereinbarungen, deren primäres Ziel im Kauf oder Verkauf von Produkten, in der Ermöglichung von FuE oder der Erteilung von Unterlizenzen (Masterlizenz-Vereinbarung) liegt. Dies schließt jedoch solche Vereinbarungen nicht von der Freistellung aus, die dem Lizenznehmer die Möglichkeit zur Unterlizenzierung einräumen, solange hier nicht der Hauptzweck liegt.[21] Weiter ist die TT-GVO auch dann anwendbar, wenn der Lizenznehmer für die Produktion noch weitere FuE durchführen muss, sofern bereits bei Abschluss der Vereinbarung ein konkret definiertes Vertragsprodukt bestimmt wird.[22]

b) Sonderbereich Softwarelizenzen

483 Die **Abgrenzung**, wann im Bereich der Softwarelizenzen von einer Produktion von Vertragsprodukten ausgegangen werden kann und wann nicht, ist mangels entsprechender Erläuterungen in den Leitlinien nicht in jedem Fall eindeutig.

484 Unproblematisch erfasst dürften wohl **Softwareentwicklungsverträge** sein, die es dem Lizenznehmer gestatten, die lizenzierte Software für eigene Einsatzbereiche fortzuentwickeln oder in eigene Soft- oder Hardware zu integrieren, da durch die Weiterentwicklung oder die Integration der Software ein neues Produkt entsteht.[23] Fraglich ist, ob die Anwendbarkeit der TT-GVO voraussetzt, dass eine Verbesserung an der Software eintritt oder ob es schon ausreicht, wenn der Lizenzgeber dem Lizenznehmer eine **Masterlizenz** erteilt, auf deren Grundlage der Lizenznehmer auf Datenträgern Kopien erstellt und diese dann an seine Kunden weiterverkauft (Masterlizenz oder „*Golden Disc*"). Für die Anwendbarkeit sprechen die Ausführungen der Kommission in Rn. 51 der Leitlinien, die sich zwar nicht unmittelbar auf Softwarelizenzen beziehen, aber aufgrund der Vergleichbarkeit auf

---

20 Komm., Leitlinien zu Technologietransfer-Vereinbarungen, Abl. 2004, Nr. C 101, 2 Rn. 41.

21 Komm., Leitlinien zu Technologietransfer-Vereinbarungen, Abl. 2004, Nr. C 101, 2 Rn. 42.

22 Erwägungsgrund Nr. 7 TT-GVO; Komm., Leitlinien zu Technologietransfer-Vereinbarungen, Abl. 2004, Nr. C 101, 2 Rn. 45.

23 *Scholz/Wagener*, CR 2003, 880, 885; *Schultze/Pautke/Wagener*, WRP 2004, 175, 180; *Wissel/Eickhoff*, WuW 2004, 1244, 1246.

diese übertragbar sind, und die Erstellung von Kopien zum Weiterverkauf als Produktionsvorgang ausreichen lassen.[24]

Problematisch kann die unmittelbare Anwendbarkeit der TT-GVO **485** sein, wenn nicht nur eine Masterlizenz zur Herstellung von Kopien erteilt wird, sondern dem Lizenznehmer zudem das **Recht zur Unterlizenzierung** eingeräumt wird. Liegt der Schwerpunkt nicht auf der Produktion von Vertragsprodukten, d. h. der Erstellung der Kopien, sondern auf der Unterlizenzierung, scheidet nach Auffassung der Kommission eine direkte Anwendung der TT-GVO aus; die TT-GVO soll jedoch entsprechende Anwendung finden.[25]

Es wird vertreten, dass die TT-GVO auch auf solche Fälle Anwendung **486** finden soll, in denen die Kopien nicht auf einem Datenträger erstellt werden, sondern der Lizenznehmer die lizenzierte Technologie online zum **Download** bereitstellt. Dies wird damit begründet, dass die Software Eingang in einen Dienstleistungsvorgang, die Bereitstellung des Onlineservices, finde und damit der Produktion von Vertragsprodukten diene, bei denen es sich gem. Art. 1 Abs. 1 lit. e TT-GVO auch um eine Dienstleistung handeln kann.[26] Da jedoch Schwerpunkt der Vereinbarung letztlich die Unterlizenzierung an die Kunden des Lizenznehmers ist, kommt wohl nur eine entsprechende Anwendung der TT-GVO in Betracht.[27] Denkbar ist jedoch auch, dass die Kommission hierin eine reine Vertriebslizenz sieht und die Vertikal-GVO anwendet.[28] Da noch keine Kommissionspraxis zu dieser Frage besteht und sich auch sonst keine Anhaltspunkte in den entsprechenden Leitlinien finden, sollten derartige Softwarelizenzvereinbarungen so gestaltet werden, dass sie auch den strengeren Anforderungen der Vertikal-GVO genügen.[29]

Auf Softwarelizenzvereinbarungen zwischen einem Lizenzgeber und **487** einem **Endnutzer**, die Letzterem das Recht zur eigenen Nutzung ein-

---

24 Die Anwendbarkeit bejahend *Batchelor*, CTLR, 2004, 166, 167; *Berger*, K&R 2005, 15, 17; *Polley*, CR 2004, 641, 645 f.; wohl befürwortend *Lejeune*, CR 2004, 467, 471 f.

25 Komm., Leitlinien zu Technologietransfer-Vereinbarungen, Abl. 2004, Nr. C 101, 2 Rn. 42.

26 *Batchelor*, CTLR, 2004, 166, 167; *Schultze/Pautke/Wagener*, TT-GVO Rn. 422; ähnlich *Polley*, CR 2004, 641, 646.

27 *Berger*, K&R 2005, 15, 18, *Schultze/Pautke/Wagener*, TT-GVO Rn. 421, 422; vgl. auch Komm., Leitlinien zu Technologietransfer-Vereinbarungen, Abl. 2004, Nr. C 101, 2 Rn. 42. Zur möglichen Anwendbarkeit der Vertikal-GVO vgl. Rn. 519.

28 Vgl. hierzu *Schultze/Pautke/Wagener*, TT-GVO Rn. 424.

29 Zur Abgrenzung zwischen TT-GVO und Vertikal-GVO vgl. i. Ü. Rn. 518.

räumen, findet die TT-GVO grundsätzlich keine Anwendung. Denkbar ist die Anwendbarkeit der TT-GVO jedoch auf Lizenzverträge mit unternehmerisch tätigen Endnutzern, welche die lizenzierte Technologie zur Herstellung eines Produktes oder zur Erbringung einer Dienstleistung verwenden, sofern das Produkt schon im Zeitpunkt der Lizenzierung hinreichend konkretisiert ist.[30]

4. Marktabgrenzung

488 Im Bereich von Technologietransfer-Vereinbarungen finden die allgemeinen Grundsätze zur Marktabgrenzung[31] in sachlicher und räumlicher Hinsicht sowie die entsprechende Bek. der Kommission[32] Anwendung. Eine Besonderheit der TT-GVO ist jedoch die **Differenzierung zwischen Technologie- und Produktmärkten**, die unter anderem relevant wird, wenn es um die Frage der Marktanteilsschwellen und die Beurteilung des Vorliegens eines Wettbewerbsverhältnisses zwischen den Vertragsparteien geht. Ein Technologiemarkt erstreckt sich in sachlicher Hinsicht auf die lizenzierte Technologie selbst und alle Substitute, d. h. alle Technologien, die im Hinblick auf ihre Eigenschaften, den Preis bzw. die Höhe der Lizenzgebühren sowie die Verwendungsmöglichkeiten vergleichbar sind.[33] Im Hinblick auf die **geographische Marktabgrenzung** für den Technologiemarkt fällt auf, dass in den Verordnungstext, anders als für die Abgrenzung des relevanten Produktmarktes, kein räumliches Element aufgenommen wurde.[34] Hieraus ergibt sich, dass Wettbewerber in dem entsprechenden Technologiemarkt auch solche Unternehmen sind, die mit substituierbaren Technologien in einem anderen räumlichen Gebiet tätig sind.[35]

---

30 *Berger*, K&R 2005, 15, 18; *Polley*, CR 2004, 641, 646 f.; *Schultze/Pautke/Wagener*, TT-GVO Rn. 429 ff.; a. A. *Scholz/Wagener*, CR 2003, 880, 885 f.

31 Vgl. hierzu Rn. 111 ff.

32 Komm., Bek. über die Definition des relevanten Marktes i. S. d. Wettbewerbsrechts der Gemeinschaft, Abl. 1997, Nr. C 372, 5.

33 Komm., Leitlinien zu Technologietransfer-Vereinbarungen, Abl. 2004, Nr. C 101, 2 Rn. 22; vgl. auch Leitlinien über horizontale Zusammenarbeit, Abl. 2001, Nr. C 3, 2 Rn. 47 ff.; vgl. zur Entwicklung des Technologiemarktprinzips *Lübbig*, GRUR 2004, 483, 487 f.

34 Art. 1 Abs. 1 lit. j ii TT-GVO, der sich mit konkurrierenden Unternehmen auf den Produktmärkten befasst, spricht von den „sachlichen und räumlich relevanten Märkten", während Art. 1 Abs. 1 lit. i TT-GVO als Wettbewerber solche Unternehmen beschreibt, die „Lizenzen für konkurrierende Unternehmen vergeben".

35 So auch *Fine*, E. L. Rev. 2004, 766, 776; *Ritter/Braun*, European Competition Law, 807 und *Schultze/Pautke/Wagener*, TT-GVO Rn. 179.

Nicht in der TT-GVO selbst, jedoch in den Leitlinien, findet sich neben **489** dem Begriff des Technologie- und des Produktmarktes auch derjenige des **Innovationsmarktes**.[36] In Fällen, in denen die Gruppenfreistellung nach der TT-GVO nicht eingreift und die daher einer Prüfung im Einzelfall gem. Art. 81 Abs. 1 und Abs. 3 EG unterzogen werden, definiert die Kommission Innovationsmärkte, wenn die Technologietransfer-Vereinbarung Auswirkungen auf den wirksamen Innovationswettbewerb haben kann. Die Kommission untersucht dann im Hinblick auf diese Innovationsmärkte, ob nach Abschluss der entsprechenden Vereinbarung noch eine ausreichende Anzahl[37] an FuE-Polen verbleibt.[38]

5. Marktanteilsschwellen

Anders als nach der VO 240/1996[39] richtet sich die Möglichkeit einer **490** Freistellung gem. Art. 3 TT-GVO danach, ob bestimmte Marktanteilsschwellen überschritten sind oder nicht. So dürfen bei **Wettbewerbern** die **addierten Marktanteile** des Lizenzgebers und des Lizenznehmers auf dem jeweiligen Technologie- und Produktmarkt **20 %** bzw. bei **Nichtwettbewerbern** der jeweilige **individuelle Marktanteil 30 %** nicht überschreiten. Die Bestimmung der Marktanteile kann sich aufgrund der spezifischen Besonderheiten von Technologiemärkten schwieriger als sonst gestalten, so dass die Kommission zwei unterschiedliche Berechnungsmethoden erwägt.

Nach einer in den Leitlinien diskutierten Methode bestimmt sich der **491** Marktanteil danach, welcher Prozentsatz der in dem entsprechenden Technologiemarkt anfallenden Gesamtlizenzgebühren auf die lizenzierte Technologie entfällt. Diese Berechnungsmethode hält die Kommission für praktisch undurchführbar. Sie wurde daher nicht in die TT-GVO aufgenommen.

Die maßgebliche **Berechnungsmethode** ergibt sich aus Art. 3 Abs. 3 **492** TT-GVO. Nach dieser Regelung bestimmt sich der Marktanteil des Lizenzgebers auf dem Technologiemarkt nach den addierten Marktantei-

---

36 Komm., Leitlinien zu Technologietransfer-Vereinbarungen, Abl. 2004, Nr. C 101, 2 Rn. 25.
37 In dem Fallbeispiel zu Innovationsmärkten in den Leitlinien über horizontale Zusammenarbeit, Abl. 2001, Nr. C 3, 2 Rn. 76, lässt die Kommission zwei weitere Forschungspole genügen.
38 Vgl. auch Komm., Leitlinien über horizontale Zusammenarbeit, Abl. 2001, Nr. C 3, 2 Rn. 50 ff.
39 Vgl. zur Systematik der VO 240/1996 Rn. 504, 626 und die Literaturhinweise in Fn. 59.

len des Lizenzgebers und aller Lizenznehmer, die diese mit den Vertragsprodukten, welche die lizenzierte Technologie enthalten, auf dem jeweiligen Produktmarkt erzielen.[40] Entscheidend für die Berechnung des aufgrund dieser Verweisung maßgeblichen Marktanteils auf dem Produktmarkt ist der Absatzwert, den das jeweilige Unternehmen im vergangenen Kalenderjahr mit den Vertrags- und etwaigen Konkurrenzprodukten im Verhältnis zum Gesamtmarktvolumen erzielt hat, Art. 8 Abs. 1 TT-GVO. Ist der Absatzwert nicht bekannt, kann der Marktanteil auch unter Heranziehung verlässlicher Marktdaten[41] ermittelt werden, wobei insbesondere die Absatzmenge Berücksichtigung findet. Für den Fall, dass die lizenzierte Technologie in mehreren Produkten zum Einsatz kommt, die verschiedenen Produktmärkten angehören, ist jeder Produktmarkt gesondert zu betrachten.[42] Hierbei sind auch die für die interne Nutzung bestimmten Vertragsprodukte zu berücksichtigen (*captive use*).[43]

6. Unterscheidung zwischen Wettbewerbern und Nichtwettbewerbern

493 Eine entscheidende Rolle kommt im Kontext der TT-GVO der Differenzierung zwischen Wettbewerbern und Nichtwettbewerbern zu, die nicht nur für die Bestimmung der anwendbaren Marktanteilsschwellen, Art. 3 Abs. 1 und 2 TT-GVO, sondern auch für die materielle Beurteilung der entsprechenden Technologietransfer-Vereinbarung, Art. 4 und 5 Abs. 2 TT-GVO, von Relevanz ist.

494 Wettbewerber i. S. d. TT-GVO sind im Hinblick auf den relevanten Technologiemarkt nur aktuelle Wettbewerber, während auf dem entsprechenden Produktmarkt neben aktuellen auch potenzielle Wettbewerber umfasst sind.

---

40 Komm., Leitlinien zu Technologietransfer-Vereinbarungen, Abl. 2004, Nr. C 101, 2 Rn. 23, 71.

41 Nach Komm., Bek. über die Definition des relevanten Marktes, Abl. 1997, Nr. C 372, 5 Rn. 53, kommen als verlässliche Marktdaten insbesondere Studien von Wirtschaftsberatern oder Wirtschaftsverbänden sowie die Schätzung seitens der Marktteilnehmer in Betracht.

42 Komm., Leitlinien zu Technologietransfer-Vereinbarungen, Abl. 2004, Nr. C 101, 2 Rn. 70; die Kritik von *Lübbig*, GRUR 2004, 483, 487, der einen Hinweis für die Vorgehensweise in Konstellationen vermisst, in denen die lizenzierte Technologie zur Herstellung von Produkten geeignet ist, die auf verschiedenen Märkten angeboten werden, ist insofern unberechtigt.

43 Komm., Leitlinien zu Technologietransfer-Vereinbarungen, Abl. 2004, Nr. C 101, 2 Rn. 23.

Ein **aktueller Wettbewerber** auf dem Technologiemarkt ist jedes Un-   **495**
ternehmen, das, ohne hierdurch die Rechte des anderen Unternehmens
zu verletzen, Lizenzen für konkurrierende Technologien vergibt, Art. 1
lit. j i TT-GVO. Entsprechend sind aktuelle Wettbewerber auf dem
Produktmarkt solche Unternehmen, die auf diesem ihre Produkte anbieten, ohne hierdurch Rechte des anderen Unternehmens an geistigem Eigentum zu verletzen, Art. 1 lit. j ii TT-GVO.

Potenzielle Wettbewerber auf dem Produktmarkt sind solche, die in   **496**
absehbarer Zeit ohne die Verletzung von Rechten an geistigem Eigentum in den entsprechenden Produktmarkt eintreten könnten, Art. 1
lit. j ii TT-GVO. Von einem solchen absehbaren Zeitraum ist außer in
Sonderfällen auszugehen, wenn ein Markteintritt innerhalb eines Jahres bis hin zu 2 Jahren möglich erscheint.[44] Ein potenzielles Wettbewerbsverhältnis auf dem Technologiemarkt, d.h. die Möglichkeit eines
Unternehmens, in absehbarer Zeit ein Substitut der lizenzierten Technologie auf den Markt bringen zu können, genügt dagegen nicht, um
die Unternehmen für die Anwendung der TT-GVO als „Wettbewerber"
zu behandeln.

Das Wettbewerbsverhältnis auf dem Produktmarkt muss gem. Art. 1 lit. j   **497**
ii TT-GVO bereits „ohne die Technologietransfer-Vereinbarung" gegeben
sein. Hieraus ergibt sich, dass es nicht ausreichend ist, wenn das Wettbewerbsverhältnis erst durch die Lizenzvereinbarung selbst entsteht.[45]

Ist im Hinblick auf eine Technologie eine einseitige oder zweiseitige   **498**
Sperrposition gegeben, d.h. kann eines der beiden Unternehmen oder
können beide Unternehmen eine Technologie nicht nutzen, ohne die
Rechte des anderen Unternehmens oder des jeweils anderen Unternehmens zu verletzen, werden die Parteien als Nichtwettbewerber angesehen. An den Nachweis einer solchen Sperrposition werden jedoch
hohe Anforderungen gestellt. Es kommt nicht auf die subjektiven Vorstellungen der Parteien an, sondern es sind objektive Beweise wie

---

44 Komm., Leitlinien zu Technologietransfer-Vereinbarungen, Abl. 2004, Nr. C 101, 2
    Rn. 29.
45 So auch *Batchelor*, CTLR 2004, 166, 168; *Drexl*, GRUR Int. 2004, 716, 722; *Pee-
    perkorn*, W. Comp. 2003, 527, 537; *Schultze/Pautke/Wagener*, TT-GVO Rn. 186 ff.,
    die zu Recht darauf hinweisen, dass sich die Formulierung in Art. 1 Abs. 1 lit. j ii
    TT-GVO nur auf den Produktmarkt, nicht jedoch auf den Technologiemarkt bezieht,
    so dass die Ausführungen der Kommission in Rn. 27 der Leitlinien zu Technologie-
    transfer-Vereinbarungen, Abl. 2004, Nr. C 101, 2, die von einer Anwendbarkeit die-
    ses Grundsatzes auch im Bereich des Technologiemarktes ausgehen, irreführend
    sind.

z. B. Sachverständigengutachten oder Gerichtsurteile zum Nachweis erforderlich.[46]

499 Einen Sonderfall stellt die Situation dar, in der die Parteien zwar im Zeitpunkt der Vereinbarung keine Wettbewerber auf dem relevanten Technologie- oder Produktmarkt waren, jedoch **später in Wettbewerb zueinander treten.** Dies ist z. B. in Fällen denkbar, in denen der Lizenzgeber zunächst nicht auf dem entsprechenden Produktmarkt aktiv war, sich dann jedoch mit einem Produkt, das die von ihm bislang nur in Lizenz vergebene oder eine neue Technologie enthält, zum Markteintritt entschließt. Eine weitere Konstellation, in der frühere Nichtwettbewerber zu Wettbewerbern werden, ist gegeben, wenn der Lizenznehmer eine konkurrierende Technologie entwickelt oder für eine zuvor nur selbst genutzte Technologie Lizenzen erteilt. In allen diesen Fällen bleibt gem. Art. 4 Abs. 3 TT-GVO während der Laufzeit der Vereinbarung die für die Parteien günstigere Liste mit den Kernbeschränkungen für Nichtwettbewerber, Art. 4 Abs. 2 TT-GVO, anwendbar, sofern die Vereinbarung nicht nachträglich in wesentlichen Punkten verändert wird.[47] Die Kommission erläutert den Begriff der Wesentlichkeit in den Leitlinien nicht weiter. Eine wesentliche Veränderung dürfte jedoch zumindest dann vorliegen, wenn die Parteien nachträglich eine Klausel in die Vereinbarung aufnehmen, die für den Fall, dass die Parteien schon bei Abschluss der Vereinbarung Wettbewerber gewesen wären, eine Kernbeschränkung gem. Art. 4 Abs. 1 TT-GVO dargestellt und zur Unwirksamkeit der Vereinbarung geführt hätte.

500 Eine Ausnahmeregelung greift weiter in solchen Fällen, in denen die Technologie des Lizenznehmers im Vergleich zu der lizenzierten Technologie **veraltet oder nicht mehr wettbewerbsfähig ist.** In einem solchen Fall gehören die lizenzierte Technologie und die alte Technologie des Lizenzgebers keinem gemeinsamen Markt an. Ist bereits bei Abschluss der Vereinbarung absehbar, dass die alte Technologie nicht mehr wettbewerbsfähig sein wird, sind Lizenznehmer und Lizenzgeber bereits im Moment des Vertragsschlusses keine Wettbewerber; überholt die lizenzierte Lizenz die alte Technologie später, fällt in diesem Zeitpunkt die Wettbewerbereigenschaft weg.[48] Angesichts der Tatsa-

---

46 Komm., Leitlinien zu Technologietransfer-Vereinbarungen, Abl. 2004, Nr. C 101, 2 Rn. 32.
47 Komm., Leitlinien zu Technologietransfer-Vereinbarungen, Abl. 2004, Nr. C 101, 2 Rn. 31.
48 Komm., Leitlinien zu Technologietransfer-Vereinbarungen, Abl. 2004, Nr. C 101, 2 Rn. 33; siehe dazu auch *Dolmans/Piilola*, W. Comp. 2003, 541, 555.

che, dass die Kommission auf diesen Sonderfall eines Wechsels vom Wettbewerber zum Nichtwettbewerber explizit in den Leitlinien eingeht, ist eine darüber hinausreichende reziproke Anwendung des Art. 4 Abs. 3 TT-GVO fraglich.[49]

Art. 4 Abs. 3 TT-GVO hat nur zur **Folge**, dass die günstigere Kernbe- **501** schränkungsliste für Nichtwettbewerber, Art. 4 Abs. 2 TT-GVO, einschlägig ist, nicht jedoch, dass auch die Marktanteilsschwelle für Nichtwettbewerber von 30% anwendbar bleibt.[50] Dies führt beim Überschreiten der Marktanteilsgrenze für Wettbewerber von 20% dazu, dass die Gruppenfreistellung noch in den 2 Jahren, die dem Jahr folgen, in dem die Marktanteilsschwelle von 20% erstmalig überschritten wurde, greift und diese anschließend entfällt, Art. 8 Abs. 2 TT-GVO.[51]

7. Unterscheidung zwischen wechselseitigen und nicht wechselseitigen Vereinbarungen

Für die materielle Bewertung einer Technologietransfer-Vereinbarung **502** ist auch die Unterscheidung zwischen wechselseitigen und nicht wechselseitigen Vereinbarungen relevant, Art. 4 Abs. 1 TT-GVO. Aus Art. 1 Abs. 1 lit. c und d TT-GVO ergibt sich, dass eine wechselseitige Lizenz dann gegeben ist, wenn die gegenseitig erteilten Lizenzen **konkurrierende Technologien** oder Produkte betreffen, während die Vereinbarung nicht wechselseitig ist, wenn keine konkurrierenden Technologien betroffen sind und mit der lizenzierten Technologie auch keine vergleichbaren Produkte hergestellt werden können. Rücklizenzverpflichtungen oder die Verpflichtung des Lizenznehmers zur Lizenzerteilung für von ihm entwickelte Verbesserungen begründen keine Wechselseitigkeit.[52] Die **Wechselseitigkeit** kann auch erst **nachträglich** entstehen, z.B. wenn die Parteien nach Erteilung der ersten Lizenz in enger zeitlicher Abfolge noch eine weitere Lizenzvereinba-

---

49 *Fine*, E. L. Rev. 2004, 766, 779 befürwortet eine reziproke Anwendung, wobei er in Fn. 45 den Parteien rät, sich bei dem Abschluss von Technologietransfer-Vereinbarungen ohne entsprechende Absicherung durch die Kommission nicht auf die reziproke Anwendung von Art. 4 Abs. 3 TT-GVO zu verlassen. Von der reziproken Anwendbarkeit gehen *Schultze/Pautke/Wagener*, TT-GVO Rn. 819 f. ganz selbstverständlich aus.
50 *Batchelor*, CTLR 2004, 166, 168; *Schultze/Pautke/Wagener*, TT-GVO Rn. 815 ff.
51 Vgl. Rn. 507.
52 Komm., Leitlinien zu Technologietransfer-Vereinbarungen, Abl. 2004, Nr. C 101, 2 Rn. 78.

rung treffen.[53] Es kann hierdurch für Vereinbarungen zwischen Wettbewerbern[54] ein **Anpassungsbedarf** entstehen, da Art. 4 Abs. 1 TT-GVO für wechselseitige Vereinbarungen strengere Regelungen als für nicht wechselseitige Vereinbarungen vorsieht.

8. Begriff der Kernbeschränkung

503 Kernbeschränkungen sind solche Beschränkungen, die sich in der Vergangenheit fast immer als wettbewerbswidrig erwiesen haben. *Hufnagel* bezeichnet sie treffend als *„kartellrechtlichen Giftschrank".*[55] Wenn eine Technologietransfer-Vereinbarung bestimmte Kernbeschränkungen enthält, die in Art. 4 Abs. 1 TT-GVO für Wettbewerber und in Art. 4 Abs. 2 TT-GVO für Nichtwettbewerber aufgeführt sind, scheidet auch bei Unterschreiten der Marktanteilsschwellen von 20% für Wettbewerber bzw. 30% für Nichtwettbewerber eine Freistellung nach der TT-GVO aus. Zwar sieht Art. 4 Abs. 1 TT-GVO vor, dass die entsprechenden Kernbeschränkungen bezweckt werden müssen; hierbei ist nach den Leitlinien jedoch **kein subjektives Element** erforderlich, sondern es ist für ein Bezwecken in diesem Sinne bereits ausreichend, wenn eine Vereinbarung eine der genannten Kernbeschränkungen objektiv beinhaltet.[56] Nach der Auslegung in den Leitlinien wäre jedoch das subjektive Element, das den Begriff des Bezweckens impliziert, vollständig sinnentleert, so dass eine Auslegung vorzuziehen ist, bei der das objektive Vorliegen von Klauseln, die eine Kernbeschränkung darstellen, nur eine widerlegbare Vermutung dafür begründet, dass die fragliche Kernbeschränkung auch bezweckt war. Enthält ein Vertrag Kernbeschränkungen, ist nicht nur die entsprechende Klausel, sondern die gesamte Vereinbarung nicht freigestellt.[57] Die Kommission hebt in den Leitlinien hervor, dass es unwahrscheinlich ist, dass Technologietransfer-Vereinbarungen, die Kernbeschränkungen enthalten, die Freistellungsvoraussetzungen des Art. 81 Abs. 3 EG erfüllen.[58]

---

53 Komm., Leitlinien zu Technologietransfer-Vereinbarungen, Abl. 2004, Nr. C 101, 2 Rn. 78.
54 Für Vereinbarungen zwischen Nichtwettbewerbern ist die Wechselseitigkeit nicht von Relevanz, Art. 4 Abs. 2 TT-GVO.
55 *Hufnagel*, Mitt. 2004, 297, 300.
56 Komm., Leitlinien zu Technologietransfer-Vereinbarungen, Abl. 2004, Nr. C 101, 2 Rn. 14.
57 Erwägungsgrund Nr. 13 TT-GVO; Komm., Leitlinien zu Technologietransfer-Vereinbarungen, Abl. 2004, Nr. C 101, 2 Rn. 75.
58 Komm., Leitlinien zu Technologietransfer-Vereinbarungen, Abl. 2004, Nr. C 101, 2 Rn. 18, 130.

Mit dem Konzept der Kernbeschränkung knüpft die Kommission an **504** die Liste mit „**schwarzen Klauseln**" an, die in Art. 3 VO 240/1996 enthalten war und ebenfalls solche Klauseln aufführte, die einer Freistellung nach der GVO nicht zugänglich waren.[59]

9. Nicht freigestellte Beschränkungen

In Art. 5 TT-GVO sind einzelne Beschränkungen aufgeführt, die zwar **505** selbst einer Gruppenfreistellung nicht zugänglich sind, deren Aufnahme in eine Technologietransfer-Vereinbarung aber, anders als bei Kernbeschränkungen[60], eine Freistellung der Vereinbarung i. Ü. unberührt lässt. Es handelt sich hierbei um Klauseln, deren wettbewerbsfördernde und wettbewerbsbeschränkende **Wirkungen nicht von vornherein offensichtlich** sind, so dass diese auch unterhalb der Marktanteilsschwellen einer individuellen Prüfung nach Art. 81 Abs. 1 und Abs. 3 EG unterzogen werden müssen.[61] Stellt sich heraus, dass eine nicht freigestellte Beschränkung die Voraussetzungen von Art. 81 Abs. 3 EG nicht erfüllt und daher nichtig ist, richtet sich die zivilrechtliche Wirksamkeit des Lizenzvertrages nach § 139 BGB.[62] Es kommt also darauf an, ob die Parteien die Vereinbarung auch ohne die nichtige Klausel geschlossen hätten.

IV. Dauer der Freistellung

Hinsichtlich der Dauer der Freistellung ist nach Art. 2 TT-GVO zwi- **506** schen der Lizenzierung von **Schutzrechten** und der Lizenzierung von **Know-how** zu unterscheiden. In ersterem Fall greift die Freistellung nach der TT-GVO, solange das lizenzierte Schutzrecht nicht abgelaufen,[63] erloschen oder für ungültig erklärt worden ist, in letzterem Fall, solange das lizenzierte Know-how geheim bleibt. Sollte das Know-how durch eine Handlung des Lizenznehmers an die Öffentlichkeit ge-

---

59 Siehe zu dem Regelungssystem der VO 240/1996 insbesondere *Brinker*, WiB 1996, 1088, 1089 f.; *Feltkamp*, Mitt. 1998, 462; *Kleinmann*, EWS 1996, 149, 151 ff.; *Meyer*, GRUR Int. 1997, 498, 500 ff.; *Sack*, WRP 1999, 592, 597 f.; vgl. zu den früheren „weißen Klauseln" Rn. 626.
60 Vgl. zum Konzept der Kernbeschränkung Rn. 503 f.
61 Komm., Leitlinien zu Technologietransfer-Vereinbarungen, Abl. 2004, Nr. C 101, 2 Rn. 107.
62 *Zöttl*, WRP 2005, 33, 39.
63 In Deutschland beträgt die Laufzeit für Geschmacksmuster 25 Jahre (§ 27 Abs. 2 GeschmMG), für Patente 20 Jahre (§ 16 Abs. 1 Satz 1 PatG) und für Gebrauchsmuster 10 Jahre (§ 23 Abs. 1 GebrMG).

langen, greift die Freistellung dennoch für die Laufzeit der Vereinbarung.[64]

507 Einen **Sonderfall** regelt Art. 8 Abs. 2 TT-GVO, der sich mit der Fortdauer der Freistellung in den Fällen beschäftigt, in denen die Marktanteilsschwellen des Art. 3 TT-GVO erst nach Abschluss der Technologietransfer-Vereinbarung überschritten werden. Die Freistellung greift dann noch für das Jahr, in dem die einschlägige Marktanteilsschwelle erstmalig überschritten wurde, sowie für die beiden darauf folgenden Jahre.

V. Entzug der Freistellung

508 In Art. 6 sieht die TT-GVO vor, dass die Kommission gem. Art. 29 Abs. 1 VO 1/2003[65] den durch die TT-GVO gewährten **Rechtsvorteil im Einzelfall entziehen** kann. Voraussetzung hierfür ist, dass die Vereinbarung, obwohl sie formal gesehen unter die Freistellungsvoraussetzungen des Art. 2 TT-GVO fällt, tatsächlich wettbewerbswidrige Wirkungen entfaltet und dementsprechend die Voraussetzungen einer Einzelfreistellung nach Art. 81 Abs. 3 EG nicht erfüllt wären. Mangelt es nur an einem der vier Freistellungskriterien aus Art. 81 Abs. 3 EG,[66] ist ein solcher Entzug der Freistellung möglich.

509 Nach Art. 6 Abs. 1 lit. a und b TT-GVO kommt ein Entzug der Freistellung zunächst dann in Betracht, wenn durch **kumulative Wirkungen paralleler Netze** beschränkender Vereinbarungen der Zugang von neuen Technologien oder potenziellen Lizenznehmern zu dem entsprechenden Markt beschränkt wird, indem den Lizenznehmern die Verwendung fremder Technologien und/oder die Unterlizenzierung untersagt wird.

510 Ein weiterer möglicher Grund für einen Entzug der Freistellung ist gem. Art. 6 Abs. 1 lit. c TT-GVO die **sachlich nicht gerechtfertigte Nichtverwertung** der lizenzierten Technologie.

511 Der Entzug von Rechtsvorteilen der TT-GVO kann nach den Leitlinien[67] eine Entscheidung gem. Art. 7 oder 9 VO 1/2003 zur **Folge**

---

64 Komm., Leitlinien zu Technologietransfer-Vereinbarungen, Abl. 2004, Nr. C 101, 2 Rn. 54.
65 Rat, VO (EG) Nr. 1/2003 v. 16.12.2002 zur Durchführung der in Art. 81 und 82 des Vertrags niedergelegten Wettbewerbsregeln, Abl. 2003, Nr. L 1, 1.
66 Siehe hierzu Rn. 213.
67 Komm., Leitlinien zu Technologietransfer-Vereinbarungen, Abl. 2004, Nr. C 101, 2 Rn. 119.

haben, d. h. entweder die Feststellung einer Zuwiderhandlung, verbunden mit der Aufforderung zur Abstellung derselben, oder das Absehen von einer Entscheidung nach Art. 7 VO 1/2003 gegen Abgabe einer Verpflichtungszusage.

Gem. Art. 29 Abs. 1 VO 1/2003 i.V.m. Art. 6 Abs. 2 TT-GVO sind **512** auch **die nationalen Kartellbehörden** zur Entziehung des Rechtsvorteils aus der Verordnung befugt, sofern sich die wettbewerbsbeschränkenden Wirkungen geographisch nur auf den entsprechenden Mitgliedstaat beschränken.

Anders als nach Art. 2 VO 1/2003, der die **Beweislast** für eine Zuwi- **513** derhandlung gegen Art. 81 Abs. 1 EG der Behörde und den Nachweis des Vorliegens der Freistellungsvoraussetzungen des Art. 81 Abs. 3 EG dem betroffenen Unternehmen auferlegt, obliegt im Rahmen eines Entzuges der Freistellung nach Art. 6 TT-GVO die Beweislast sowohl dafür, dass eine Vereinbarung unter Art. 81 Abs. 1 EG fällt, als auch dafür, dass die Freistellungsvoraussetzungen aus Art. 81 Abs. 3 EG nicht erfüllt sind, der jeweiligen Behörde.[68]

VI. Nichtanwendungs-VO

Erfasst ein Netz paralleler beschränkender Vereinbarungen 50% oder **514** mehr eines Marktes, obliegt es der Kommission gem. Art. 7 Abs. 1 TT-GVO, **im Wege einer Verordnung die TT-GVO für nicht anwendbar zu erklären.** Die Kommission ist auch bei Überschreiten der 50%-Grenze nicht zum Erlass einer solchen Verordnung verpflichtet, wenn keine spürbare Beeinträchtigung des Wettbewerbs auf dem entsprechenden Markt gegeben ist. Hiervon ist nach den Leitlinien in Anlehnung an die *De-minimis*-Bek.[69] auszugehen, wenn nicht mehr als 5% der relevanten Vertragsprodukte die fragliche Technologie enthalten. Eine solche von der Kommission erlassene Verordnung entfaltet gem. Art. 7 Abs. 2 TT-GVO frühestens mit Ablauf von sechs Monaten Wirkung.

Der Erlass einer derartigen VO führt dazu, dass Art. 81 Abs. 1 und 3 **515** EG wieder vollumfänglich anwendbar sind. Dementsprechend ergeht

---

68 Komm., Leitlinien zu Technologietransfer-Vereinbarungen, Abl. 2004, Nr. C 101, 2 Rn. 119.
69 Komm., Bek. über Vereinbarungen von geringer Bedeutung, die den Wettbewerb gem. Art. 81 Abs. 1 des Vertrages zur Gründung der Europäischen Gemeinschaft nicht spürbar beschränken (*de minimis*), Abl. 2001, Nr. C 368, 13 Rn. 8.

keine Freistellungsentscheidung der Kommission, sondern die Parteien müssen selbst darüber befinden, inwieweit ihre Vereinbarung in Einklang mit den genannten Vorschriften steht.[70]

VII. Abgrenzung zu GVOen und zur Zulieferbekanntmachung

516 Die TT-GVO ist zunächst von der Verordnung für Spezialisierungsvereinbarungen (**Spezialisierungs-GVO**)[71] abzugrenzen, deren Anwendungsgebiet im Bereich von einseitigen oder zweiseitigen Spezialisierungsvereinbarungen sowie Vereinbarungen über die Produktion von Erzeugnissen durch ein gemeinschaftliches Produktionsunternehmen liegt. Von der Freistellung sind gem. Art. 1 Abs. 2 Spezialisierungs-GVO auch Bestimmungen zur Abtretung und Nutzung von Rechten an geistigem Eigentum erfasst, sofern diese unmittelbar mit der Spezialisierungs- oder Produktionsvereinbarung verbunden sind. Dies ist insbesondere der Fall, wenn die Parteien dem gemeinsamen Produktionsunternehmen Lizenzen zur Produktion der von der Vereinbarung umfassten Produkte erteilen. Eine Lizenzerteilung seitens des gemeinschaftlichen Produktionsunternehmens an außenstehende Dritte ist hingegen für eine Spezialisierungs- und Produktionsvereinbarung nicht notwendig und daher nicht von Art. 1 Abs. 2 Spezialisierungs-GVO erfasst.[72] Eine solche Vereinbarung stellt nach den Leitlinien einen **Technologiepool** dar.[73] Dies wird jedoch nur für die von den Parteien dem Produktionsunternehmen lizenzierten Schutzrechte gelten können.

517 Eine Abgrenzung ist weiter im Hinblick auf die Vereinbarung für FuE (**FuE-GVO**)[74] erforderlich, die zwei oder mehr Unternehmen die gemeinsame FuE sowie die gemeinsame Verwertung der Forschungser-

---

70 Siehe zum Prinzip der Legalausnahme und der praktischen Anwendung des Art. 81 Abs. 1 und 3 EG Rn. 210 ff.

71 Komm., VO (EG) Nr. 2658/2000 v. 29. 11. 2000 über die Anwendung von Art. 81 Abs. 3 des Vertrages auf Gruppen von Spezialisierungsvereinbarungen, Abl. 2000, Nr. L 304, 3.

72 Komm., Leitlinien zu Technologietransfer-Vereinbarungen, Abl. 2004, Nr. C 101, 2 Rn. 57 f.

73 Komm., Leitlinien zu Technologietransfer-Vereinbarungen, Abl. 2004, Nr. C 101, 2 Rn. 58. Siehe zur Behandlung von Technologiepools Rn. 617 ff.

74 Komm., VO (EG) Nr. 2659/2000 v. 29. 11. 2000 über die Anwendung von Art. 81 Abs. 3 des Vertrages auf Gruppen von Vereinbarungen über Forschung und Entwicklung, Abl. 2000, Nr. L 304, 7.

gebnisse ermöglicht.[75] Ebenso wie im Rahmen der Spezialisierungs-GVO sind nur solche Vereinbarungen von der Freistellung nach Art. 1 FuE-GVO erfasst, welche die Erteilung einer Lizenz an die jeweiligen Parteien der Vereinbarung oder an eine von den Parteien gegründete Gemeinschaftsorganisation oder ein Gemeinschaftsunternehmen betreffen.[76] Die TT-GVO findet hingegen Anwendung, wenn der Lizenznehmer im Hinblick auf die lizenzierte Technologie noch Forschung oder Entwicklung betreiben muss, sofern dies vor dem Hintergrund der Produktion eines bereits konkretisierten Vertragsproduktes geschieht.[77]

Klärungsbedürftig ist weiter das Verhältnis zur **Vertikal-GVO**.[78] Vertikale Vereinbarungen zeichnen sich gem. Art. 2 Abs. 1 Vertikal-GVO dadurch aus, dass sie zwischen Unternehmen auf verschiedenen Produktions- oder Vertriebsstufen getroffen werden und die Verkaufs- und Vertriebsmodalitäten betreffen. Eine Überschneidung zwischen dem Anwendungsbereich beider GVOen kann sich insbesondere daraus ergeben, dass der Lizenznehmer im Rahmen einer Technologietransfer-Vereinbarung häufig zugleich Lieferant im Kontext der Vertikalvereinbarung ist. Die TT-GVO sieht in Erwägungsgrund Nr. 19 vor, dass Vereinbarungen zwischen Lizenzgeber und Lizenznehmer, welche dem Lizenznehmer Verpflichtungen zur Ausgestaltung der Verträge mit seinen jeweiligen Kunden auferlegen, unter die TT-GVO, solche, die der Lizenznehmer selbst mit seinen Kunden vereinbart, jedoch unter die Vertikal-GVO fallen. Auch wenn Vereinbarungen zwischen dem Lizenzgeber und dem Lizenznehmer, welche die nächste Handelsstufe betreffen, der TT-GVO unterliegen, müssen die Verpflichtungen ihrerseits mit den Bestimmungen der Vertikal-GVO in Einklang stehen, was durch die Regelungen in Art. 4 Abs. 2 TT-GVO erreicht werden soll.[79]   **518**

Nicht anwendbar ist die TT-GVO auf Lizenzvereinbarungen, in deren Rahmen zwar geistige Eigentumsrechte übertragen oder zur Verfügung gestellt werden, deren Schwerpunkt jedoch auf den Bestimmungen   **519**

---

75 Diese Voraussetzung ist nicht erfüllt, wenn es sich um eine Lizenzvergabe eines der Beteiligten an den anderen zur Durchführung von Auftragsforschung handelt.
76 Komm., Leitlinien zu Technologietransfer-Vereinbarungen, Abl. 2004, Nr. C 101, 2 Rn. 59 f.
77 Komm., Leitlinien zu Technologietransfer-Vereinbarungen, Abl. 2004, Nr. C 101, 2 Rn. 45.
78 Komm., VO (EG) Nr. 2790/1999 v. 22.12.1999 über die Anwendung von Art. 81 Abs. 3 des Vertrages auf Gruppen von vertikalen Vereinbarungen und aufeinander abgestimmten Verhaltensweisen, Abl. 1999, Nr. L 336, 21.
79 Komm., Leitlinien zu Technologietransfer-Vereinbarungen, Abl. 2004, Nr. C 101, 2 Rn. 63.

zum **Verkauf und Vertrieb von Waren und Dienstleistungen** liegt und die deshalb der Vertikal-GVO unterfallen.[80] Der Schwerpunkt liegt nicht auf dem Erwerb und Verkauf von Produkten (z. B. Maschinen, Prozess-Inputs), und die TT-GVO findet somit Anwendung, wenn diese lediglich veräußert werden, um die übertragene Technologie effizienter nutzen zu können.[81]

520 Entsprechendes gilt bei der Übertragung von geistigen Eigentumsrechten im Rahmen von **Franchiseverträgen.** Handelt es sich hierbei um Know-how zur Herstellung von Erzeugnissen, findet die TT-GVO, bei der Weitergabe von Know-how im Hinblick auf den Vertrieb und die Vermarktung von Produkten die Vertikal-GVO, Anwendung.[82]

521 Besondere Abgrenzungsprobleme ergeben sich im Hinblick auf **Softwarelizenzen.** Eine Vereinbarung unterfällt nicht der TT-GVO, wenn nicht die Herstellung, sondern der Vertrieb den Schwerpunkt bildet. Dies ist zunächst der Fall, wenn die Software Bestandteil einer Hardwarekomponente ist und zusammen mit dieser verkauft wird. Weiter ist diese Konstellation nach Auffassung der Kommission gegeben, wenn der Lizenznehmer die Software lediglich auf Datenträgern an seine Kunden weiterverkauft, ohne an dieser ein eigenes Recht zu erwerben („**Shrink-Wrap**"-Lizenz oder Schutzhüllenvertrag).[83] Im Gegensatz dazu findet die Vertikal-GVO keine Anwendung, wenn der Weiterverkäufer nicht nur die Datenträger erhält und diese an seine Kunden weitergibt, sondern ihm auch das Recht zur Unterlizenzierung eingeräumt wird.[84] Diese Konstellation ist auch nicht von der TT-GVO erfasst, da die reine Unterlizenzierung keine Herstellung eines Vertragsproduktes darstellt.[85] In derartigen Fällen ist daher eine Beurteilung gem. Art. 81 Abs. 1 und 3 EG im Einzelfall erforderlich.

---

80 Art. 2 Abs. 3 Vertikal-GVO; vgl. zu der Abgrenzung zwischen den Anwendungsbereichen der TT-GVO und der Vertikal-GVO auch die ausführliche Darstellung bei *Schultze/Pautke/Wagener*, Vertikal-GVO, Art. 2 Abs. 5 Rn. 349 ff.; vgl. ferner *Liebscher/Flohr/Petsche-Petsche*, § 7 Rn. 77 ff.

81 Komm., Leitlinien zu Technologietransfer-Vereinbarungen, Abl. 2004, Nr. C 101, 2 Rn. 49.

82 Vgl. hierzu *Fritzemeyer*, BB 2002, 1658, 1661; *Schultze/Pautke/Wagener*, Vertikal-GVO, Art. 2 Abs. 5 Rn. 358.

83 Komm., Leitlinien für vertikale Beschränkungen, Abl. 2000, Nr. C 291, 1 Rn. 40; kritisch zu der unterschiedlichen Behandlung von Masterlizenzvereinbarungen und Schutzhüllenverträgen, die sie für funktional gleichwertig halten, *Schultze/Pautke/Wagener*, TT-GVO Rn. 409.

84 Komm., Leitlinien für vertikale Beschränkungen, Abl. 2000, Nr. C 291, 1 Rn. 40.

85 *Berger*, K&R 2005, 15, 17; *Schultze/Pautke/Wagener*, TT-GVO Rn. 412; a. A. *Polley*, CR 2004, 641, 646, die in der Unterlizenzierung selbst einen Produktionsvorgang

Nicht selten werden im Rahmen eines **Zulieferverhältnisses**, in dem   522
der Auftraggeber den Zulieferer beauftragt, bestimmte Produkte für
ihn herzustellen und an ihn zu liefern, auch Rechte an geistigem
Eigentum übertragen. Bestimmte Klauseln sind nach der Zulieferbekanntmachung,[86] die entgegen den ursprünglichen Planungen der
Kommission[87] weiter Geltung hat,[88] schon nicht wettbewerbsbeschränkend i. S. v. Art. 81 Abs. 1 EG.[89] I.Ü. richtet sich die Wirksamkeit der Übertragung solcher geistiger Eigentumsrechte nach der TT-
GVO.[90]

VIII. Beurteilungskriterien für eine Freistellung nach Art. 81 Abs. 3 EG bei Überschreiten der Marktanteilsschwellen; sog. Schirm-Freistellung (safe harbour)

Eine Freistellung von Technologietransfer-Vereinbarungen ist gem.   523
Art. 3 TT-GVO nur im Rahmen der vorgesehenen Marktanteilsschwellen möglich.[91] Werden die entsprechenden **Marktanteilsschwellen**
überschritten, ist eine **Prüfung im Einzelfall** erforderlich, für welche

---

sieht. Diese Auffassung ist jedoch abzulehnen, da hierdurch das Erfordernis der Produktion eines Vertragsproduktes vollkommen leer laufen würde.

86 Komm., Bek. über die Beurteilung von Zulieferverträgen nach Art. 85 Abs. 1 des
   Vertrages zur Gründung der Europäischen Wirtschaftsgemeinschaft, Abl. 1979,
   Nr. C 1, 2.

87 Kritisch zur ursprünglich geplanten Abschaffung der Zulieferbekanntmachung bereits *Korah*, ECLR 2004, 247, 252.

88 Komm., Leitlinien zu Technologietransfer-Vereinbarungen, Abl. 2004, Nr. C 101, 2
   Rn. 44.

89 Dies trifft z. B. auf Vertragsklauseln zu, die vorsehen, dass der Zulieferer die ihm
   vom Auftraggeber zur Verfügung gestellten Patente, Gebrauchsmuster, Geschmacksmuster oder technische Kenntnisse nicht an Dritte weitergeben darf oder die mit
   Hilfe dieser geistigen Rechte hergestellten Produkte nur für den Auftraggeber bestimmt sind.

90 Der von *Wissel/Eickhoff,* WuW 2004, 1244, 1247 angeführte Einwand, die Bestimmung in Rn. 44 der Leitlinien greife ins Leere, da nach der Zulieferbekanntmachung
   die Übertragung von geistigen Eigentumsrechten im Rahmen einer Zulieferverein-
   barung schon keine Wettbewerbsbeschränkung i. S. v. Art. 81 Abs. 1 EG darstelle, ist
   nicht stichhaltig, da die Zulieferbekanntmachung die Übertragung von Rechten an
   geistigem Eigentum nicht abschließend regelt und auf die nicht erfassten Konstellationen die TT-GVO Anwendung findet; zum Verhältnis der Zulieferbekanntmachung
   zur Vertikal-GVO einerseits und zur TT-GVO andererseits vgl. auch *Zöttl,* WRP
   2005, 33, 36 f.

91 Siehe dazu Rn. 490 ff.

die Leitlinien ein Prüfungsschema zur Verfügung stellen.[92] Dabei ist zunächst hervorzuheben, dass das Überschreiten der Marktanteilsschwellen aus Art. 3 TT-GVO an sich noch keine Vermutung dafür begründet, dass die entsprechende Technologietransfer-Vereinbarung wettbewerbsbeschränkend ist und Art. 81 Abs. 1 EG unterfällt, vorausgesetzt, dass diese keine Kernbeschränkungen gem. Art. 4 TT-GVO enthält.[93]

524 Es besteht nach Rn. 131 der Leitlinien eine Vermutung dafür, dass eine Technologietransfer-Vereinbarung, die keine Kernbeschränkungen enthält, nicht gegen Art. 81 Abs. 1 EG verstößt, wenn auf dem Markt mindestens **vier weitere substituierbare Technologien** verfügbar sind. Von der Substituierbarkeit ist nur dann auszugehen, wenn diese von einem wirtschaftlichen Standpunkt für die Abnehmer eine wirkliche Alternative darstellen, da sonst kein ausreichender Wettbewerbsdruck dieser Technologien auf die lizenzierte Technologie ausgeübt wird. Sind weniger als vier alternative Technologien verfügbar, begründet dies jedoch keine Vermutung dafür, dass die entsprechende Technologietransfer-Vereinbarung gegen Art. 81 Abs. 1 EG verstößt oder die Voraussetzungen für eine Freistellung nach Art. 81 Abs. 3 EG nicht erfüllt.[94]

525 Außerhalb des Bereichs der Kernbeschränkungen, deren Vorliegen eine Freistellung nach Art. 81 Abs. 3 EG unwahrscheinlich machen, sind bei der **Beurteilung der Freistellungsfähigkeit** einer Technologietransfer-Vereinbarung alle wettbewerbsfördernden und -beschränkenden Elemente gegeneinander abzuwägen, wobei insbesondere die Art der Vereinbarung, die Marktstellung der Parteien, Wettbewerber und Abnehmer, die Marktzutrittsschranken und der Reifegrad des Marktes berücksichtigt werden.[95]

---

92 Komm., Leitlinien zu Technologietransfer-Vereinbarungen, Abl. 2004, Nr. C 101, 2 Rn. 130 ff.; kritisch hierzu *Lübbig*, GRUR 2004, 483, 484, der das Entstehen einer inkonsistenten Kommissionspraxis und eine starke Rechtsunsicherheit für die betroffenen Unternehmen befürchtet.

93 Komm., Leitlinien zu Technologietransfer-Vereinbarungen, Abl. 2004, Nr. C 101, 2 Rn. 130.

94 Komm., Leitlinien zu Technologietransfer-Vereinbarungen, Abl. 2004, Nr. C 101, 2 Rn. 130; vgl. für horizontale Vereinbarungen auch Leitlinien für horizontale Zusammenarbeit, Abl. 2001, Nr. C 3, 2 Rn. 63, 93.

95 Komm., Leitlinien zu Technologietransfer-Vereinbarungen, Abl. 2004, Nr. C 101, 2 Rn. 132 ff.; kritisch zur Praktikabilität dieses Tests *Fine*, E. L. Rev. 2004, 766, 771 f.

Wann ist die sog. Schirm-Freistellung (safe harbour) gegeben?

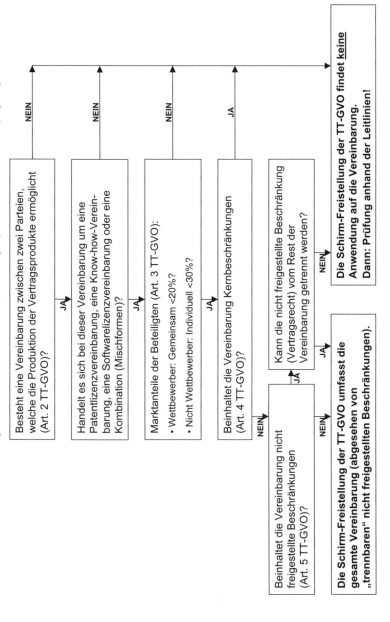

§ 2 Typologie von Vereinbarungen über Technologietransfer

Schrifttum: *Carlin/Pautke*, The Last of its Kind: The Review of the Technology Transfer Block Exemption Regulation, Nw. J. Int'l L. & B. 2004, 601; *Dolmans/Piilola*, The Proposed New Technology Transfer Block Exemption, W. Comp. 2003, 541; *Feil*, The New Block Exemption Regulation on Technology Transfer Agreements in the Light of the U.S. Antitrust Regime on the Licensing of Intellectual Property, IIC 2005, 31; *Korah*, Block Exemption for Technology Transfer (Draft), ECLR 2004, 247; *Lachmann,* Zur Differenzierung zwischen Franchise- und Lizenzvereinbarungen im EG-Wettbewerbsrecht, EWS 1998, 240; *Lubitz*, Die neue Technologietransfer-Gruppenfreistellungsverordnung, EuZW 2004, 652; *Lübbig*, „…et dona ferentes": Anmerkungen zur neuen EG-Gruppenfreistellungsverordnung im Bereich des Technologietransfers, GRUR 2004, 483; *Meyer*, Salto Rückwärts im Kartellrecht?, WRP 2004, 1456; *Ørstavik*, Technology Transfer Agreements: Grant-Backs and No-Challenge Clauses in the New EC Technology Transfer Regulation, ICC 2005, 83; *Polley/Seeliger*, Die neue Gruppenfreistellungsverordnung für Vertikalverträge Nr. 2790/1999, WRP 2000, 1203; *Ritter/Braun*, European Competition Law, 3. Aufl. 2004; *Riziotis*, Patent Misuse als Schnittstelle zwischen Patentrecht und Kartellrecht – Eine rechtsvergleichende Darstellung, GRUR Int. 2004, 367; *Schultze/Pautke/Wagener,* Die Gruppenfreistellungsverordnung für Technologietransfer-Vereinbarungen, 1. Aufl. 2005; *Vollebregt*, The Changes in the New Technology Transfer Block Exemption Compared to the Draft, ECLR 2004, 660; *Zöttl*, Das neue EG-Kartellrecht für Technologietransferverträge – Erste Erfahrungen aus der Anwendungspraxis, WRP 2005, 33.

I. Beschränkungen der Preisfestsetzungsfreiheit oder Preisbindungen

1. Vereinbarungen zwischen Wettbewerbern

526 Beschränkungen der Preisfestsetzungsfreiheit oder Preisbindungen sind in Vereinbarungen zwischen Wettbewerbern gem. Art. 4 Abs. 1 lit. a TT-GVO Kernbeschränkungen.[96] Von diesem Verbot ist eine Vielzahl verschiedener Konstellationen erfasst. Diese reichen von Festpreisen und -rabatten über Mindest- und Höchstpreise bis zu einer Höchstgrenze für Preisnachlässe, vorgegebene Preisspannen und Preis-

---

96 Zum Konzept der Kernbeschränkung vgl. Rn. 503 f.

empfehlungen.[97] Eine **Kernbeschränkung** stellen nicht nur **direkte**,[98] sondern auch alle **indirekten Preisbindungen** dar, die durch Abschreckungsmaßnahmen erreicht werden.[99] Denkbare Abschreckungsmaßnahmen sind z. B. Vertragsstrafenvereinbarungen, Kündigungsmöglichkeiten für den Fall der Preisunterschreitung, Drohungen, Einschüchterungen und Warnungen.[100] Nach den Leitlinien[101] erstrecken sich die genannten Beschränkungsverbote auf alle an Dritte verkauften Produkte einschließlich solcher, welche die lizenzierte Technologie enthalten. Daraus ergibt sich, dass der Anwendungsbereich der Kernbeschränkungen im Bereich der Preisfestsetzung anders als noch nach der VO 240/1996[102] über Lizenzprodukte hinaus auch auf solche Produkte ausgedehnt worden ist, welche die lizenzierte Technologie nicht enthalten.[103] Auch die Ausgestaltung der Lizenzgebühren kann eine Preisbindung und damit eine Kernbeschränkung i. S. v. Art. 4 Abs. 1 TT-GVO darstellen.[104]

Als Kernbeschränkungen fallen die beschriebenen Einschränkungen **527** der Preisfestsetzungsfreiheit auch bei **Überschreiten der Marktanteilsschwelle** von 20 % unter Art. 81 Abs. 1 EG, und die Erfüllung der Freistellungsvoraussetzungen gem. Art. 81 Abs. 3 EG ist unwahrscheinlich.[105]

---

97 Komm., Leitlinien zu Technologietransfer-Vereinbarungen, Abl. 2004, Nr. C 101, 2 Rn. 79; anders Art. 4 lit. a Vertikal-GVO, der die Festlegung von Höchstpreisen und Preisempfehlungen im Rahmen von Vertikalvereinbarungen explizit gestattet.

98 Als Beispiel für eine direkte Preisbindung führt die Komm. in den Leitlinien zu Technologietransfer-Vereinbarungen, Abl. 2004, Nr. C 101, 2 Rn. 79, eine explizite Vereinbarung über den unmittelbaren Preis oder die Übermittlung einer Liste mit Höchstrabatten an.

99 Das Erfordernis der Abschreckungsmaßnahmen findet in Art. 4 Abs. 1 lit. a TT-GVO keine Erwähnung, die Komm. geht jedoch in den Leitlinien zu Technologietransfer-Vereinbarungen, Abl. 2004, Nr. C 101, 2 Rn. 79, davon aus, dass indirekte Preisfestsetzungen nur dann schädlich sind, wenn diesen durch entsprechende Abschreckungsmaßnahmen zur Durchsetzung verholfen wird.

100 So die Komm. zu Preisabsprachen zwischen Nichtwettbewerbern in Leitlinien zu Technologietransfer-Vereinbarungen, Abl. 2004, Nr. C 101, 2 Rn. 97. Einer Übertragung des Beispielkatalogs auf Abschreckungsmaßnahmen zwischen Wettbewerbern steht aufgrund der vergleichbaren Situation nichts entgegen.

101 Komm., Leitlinien zu Technologietransfer-Vereinbarungen, Abl. 2004, Nr. C 101, 2 Rn. 79.

102 Art. 3 Abs. 1 VO 240/1996.

103 Kritisch hierzu *Schultze/Pautke/Wagener*, TT-GVO Rn. 502.

104 Vgl. hierzu Rn. 539 f.

105 Vgl. hierzu Rn. 541.

2. Vereinbarungen zwischen Nichtwettbewerbern

528 Im Grundsatz sind in Vereinbarungen zwischen Nichtwettbewerbern ebenso wie im Verhältnis zwischen Wettbewerbern **direkte und indirekte Preisbeschränkungen** für Produkte, unabhängig davon, ob diese die lizenzierte Technologie enthalten oder nicht, untersagt.[106] Art. 4 Abs. 2 lit. a TT-GVO sieht jedoch im Hinblick auf Nichtwettbewerber **zwei Ausnahmen** vor. So sind Höchstverkaufspreise und Preisempfehlungen bis zur Marktanteilsschwelle von 30 % freigestellt. Dies gilt nach Art. 4 Abs. 2 lit. a TT-GVO jedoch nicht, wenn sich die Höchstverkaufspreise oder Preisempfehlungen durch die Anwendung von Druck[107] oder Anreizen[108] *de facto* wie Fest- oder Mindestverkaufspreise auswirken. Die gleiche negative Wirkung schreibt die Kommission Meistbegünstigungsklauseln[109] zu Lasten des Lizenznehmers zu.[110] Eine solche Klausel stellt demnach eine Kernbeschränkung i. S. v. Art. 4 Abs. 2 lit. a TT-GVO dar.

529 Offen bleibt in den Leitlinien hingegen, wie die Kommission **Meistbegünstigungsklauseln** zu Lasten des Lizenzgebers beurteilt, in denen dieser sich gegenüber einem Lizenznehmer verpflichtet, diesem die jeweils günstigsten Konditionen, die er einem beliebigen anderen Lizenznehmer gewährt, ebenfalls einzuräumen. Derartige Regelungen waren früher gem. Art. 2 Abs. 1 Nr. 10 VO 240/1996 als weiße Klausel[111] gruppenfreigestellt. Mangels entgegenstehender Anhaltspunkte ist davon auszugehen, dass Meistbegünstigungsklauseln zu Lasten des Lizenzgebers nunmehr nach Art. 2 TT-GVO freigestellt sind.[112]

530 Andere Beschränkungen der Preisfestsetzungsfreiheit als Höchstpreise oder Preisempfehlungen unterliegen als Kernbeschränkungen (unabhängig vom Über- oder Unterschreiten der Marktanteilsschwelle von

---

106 Vgl. zu den Einzelheiten Rn. 526 f.
107 Zu möglichen Formen der Ausübung von Druck vgl. bereits die Ausführungen zu Abschreckungsmaßnahmen Rn. 526.
108 Damit meint die Komm. wohl insbesondere finanzielle Anreize; vgl. hierzu Leitlinien zu Technologietransfer-Vereinbarungen, Abl. 2004, Nr. C 101, 2 Rn. 98 im Zusammenhang mit passiven Verkaufsbeschränkungen.
109 Zur Behandlung von Meistbegünstigungsklauseln nach deutschem und europäischem Recht vgl. die ausführliche Darstellung von *Meyer*, WRP 2004, 1456, 1460 f.
110 Komm., Leitlinien zu Technologietransfer-Vereinbarungen, Abl. 2004, Nr. C 101, 2 Rn. 97.
111 Vgl. zu weiteren ehemaligen „weißen Klauseln" Rn. 626 f.
112 So auch *Zöttl*, WRP 2005, 33, 41; vgl. auch *Schultze/Pautke/Wagener*, TT-GVO Rn. 734.

30%) Art. 81 Abs. 1 EG und erfüllen die Freistellungsvoraussetzungen des Art. 81 Abs. 3 EG in der Regel nicht.

Inwieweit eine Höchstpreisbindung oder eine Preisempfehlung bei **Überschreiten der Marktanteilsschwelle** von 30% unter Art. 81 Abs. 1 EG fällt und einer Freistellung gem. Art. 81 Abs. 3 EG zugänglich ist, muss im Einzelfall festgestellt werden. **531**

Eine **Höchstpreisbindung** unterfällt zumindest dann Art. 81 Abs. 1 EG und ist auch nicht gem. Art. 81 Abs. 3 EG freistellungsfähig, wenn diese einer Kernbeschränkung gleichkommt, indem sie nach den oben dargestellten Kriterien[113] aus Art. 4 Abs. 2 lit. a TT-GVO einer Festlegung von Fest- oder Mindestverkaufspreisen gleichsteht, oder wenn der Höchstpreis so niedrig angesetzt ist, dass er faktisch nicht unterboten werden kann.[114] **532**

Da i.Ü. keine gesicherte Kommissionspraxis zu Höchstpreisbindungen zwischen Nichtwettbewerbern existiert, sollte die Aufnahme derartiger Vertragsklauseln mit Vorsicht gehandhabt werden.[115] **533**

Preisempfehlungen unterliegen vom Grundsatz her nicht Art. 81 Abs. 1 EG und sind damit unbedenklich.[116] Etwas anderes gilt jedoch wiederum, wenn die Preisempfehlung durch Anreize oder Disziplinierungsmaßnahmen *de facto* zum Fest- oder Mindestverkaufspreis wird.[117] Eine Freistellung gem. Art. 81 Abs. 3 EG ist dann unwahrscheinlich. **534**

II. Lizenzgebühren

Lizenzgebühren können von Einmalzahlungen über prozentuale Beteiligungen am Verkaufspreis bis hin zur Entrichtung einer bestimmten Summe für jedes mit der Technologie hergestellte Produkt ganz unterschiedliche Bemessungsgrundlagen haben. Die Vereinbarung von Li- **535**

---

113 Vgl. Rn. 526.
114 Liebscher/Flohr/Petsche-*Petsche*, Handbuch der EU-Gruppenfreistellungsverordnungen, § 7 Rn. 124.
115 So auch Liebscher/Flohr/Petsche-*Liebscher/Stockinger*, Handbuch der EU-Gruppenfreistellungsverordnungen, § 13 Rn. 152; *Schultze/Pautke/Wagener*, TT-GVO Rn. 707.
116 Immenga/Mestmäcker EG-WbR-*Emmerich*, Art. 85 Abs. 1 B Rn. 21; Langen-*von Stoephasius*, Art. 81 Rn. 179.
117 Vgl. EuGH, Urt. v. 28.1.1986 – Rs. 161/84, „Pronuptia de Paris", Slg. 1986, 353, 384 Rn. 25; Komm., Entsch. v. 16.7.2003 – Az. COMP/37.975, „PO/Yamaha", *http://europa.eu.int/comm/competition/antitrust/cases/decisions/37975/en.pdf* (15.11.2005), Rn. 141.

zenzgebühren oder Mindestlizenzgebühren ist an sich nicht wettbewerbsbeschränkend i. S. v. Art. 81 Abs. 1 EG.[118] Dies gilt auch für die Vereinbarung von Lizenzgebühren über die Geltungsdauer des Schutzrechtes hinaus.[119] Grundsätzlich sind die Parteien auch in der Festlegung der Lizenzgebührenmodalitäten frei.

1. Vereinbarungen zwischen Wettbewerbern

536 Die **Vereinbarung von Lizenzgebühren** und entsprechender Zahlungsmodalitäten sind in Vereinbarungen zwischen Wettbewerbern bis zu einer Marktanteilsschwelle von 20% grundsätzlich **gruppenfreigestellt**.[120]

537 Wird in einer wechselseitigen oder nicht wechselseitigen Technologietransfer-Vereinbarung zwischen Wettbewerbern jedoch festgelegt, dass Lizenzgebühren für jedes von dem Lizenznehmer verkaufte Produkt unabhängig davon anfallen, ob das Produkt die lizenzierte Technologie oder eine eigene Technologie enthält, liegt hierin eine **Kernbeschränkung** gem. Art. 4 Abs. 1 lit. d TT-GVO, weil hierdurch indirekt die Nutzung eigener Technologien des Lizenznehmers beschränkt wird. Ausnahmsweise kommt jedoch für eine solche Klausel eine Einzelfreistellung gem. Art. 81 Abs. 3 EG in Betracht, wenn eine auf allen Produktverkäufen basierende Berechnung für eine Lizenzvergabe unerlässlich ist, z. B. wenn dies die einzige Möglichkeit zur Gebührenerhebung ist, da die Technologie keine Spuren auf oder an dem Vertragsprodukt hinterlässt. Es wird vertreten, dass es, da Art. 4 Abs. 1 lit. d TT-GVO die uneingeschränkte Nutzung der eigenen Technologie des Lizenznehmers sicherstellen möchte, auch als Kernbeschränkung anzusehen sei, wenn die Lizenzerhebung sich auf Produkte erstreckt, die teilweise die lizenzierte und teilweise die Techno-

---

118 Komm., Leitlinien zu Technologietransfer-Vereinbarungen, Abl. 2004, Nr. C 101, 2 Rn. 8, 155 f.

119 So EuGH, Urt. v. 12. 5. 1989 – Rs. 320/87, „Klee & Weilbach", Slg. 1989, 1177, 1199 Rn. 11; Komm., Leitlinien zur Anwendung von Art. 81 EG-Vertrag auf Technologietransfer-Vereinbarungen, Abl. 2004, Nr. C 101, 2 Rn. 8, 159. Vgl. hierzu ausführlich *Riziotis*, GRUR Int. 2004, 367, 376. Eine solche Vereinbarung kann jedoch wettbewerbsbeschränkend sein und Art. 81 Abs. 1 EG Anwendung finden, wenn hohe Marktzutrittsschranken einen Markteintritt Dritter auch nach Ablauf des Schutzrechtes verhindern (so Komm., Entwurf von Leitlinien zur Anwendung von Art. 81 EG-Vertrag auf Technologietransfer-Vereinbarungen, Abl. 2003, Nr. C 235, 17 Rn. 149).

120 Komm., Leitlinien zu Technologietransfer-Vereinbarungen, Abl. 2004, Nr. C 101, 2 Rn. 8, 158.

logie des Lizenznehmers enthalten.[121] Das ist abzulehnen. Wenn Produkte jedenfalls auch unter Verwendung der lizenzierten Technologie hergestellt werden, ist nicht ersichtlich, warum dafür keine Lizenzgebühr erhoben werden darf.

Weiter problematisch sind nach Ansicht der Kommission zwischen **538** Wettbewerbern abgeschlossene **wechselseitige Technologietransfer- Vereinbarungen mit wechselseitiger Lizenzgebührerhebung**, die auf der Grundlage einzelner Produktverkäufe berechnet werden, da diese Form der Lizenzgebührerhebung sich unmittelbar auf den Endpreis des Produktes auswirkt, so dass die Kommission die Gefahr eines versteckten Preiskartells auf den nachgelagerten Produktmärkten sieht.[122] Dies gilt auch für eine Vereinbarung, die vorsieht, dass der Lizenzgeber von dem Lizenznehmer ein materielles Einsatzgut erwirbt, da der Kaufpreis für dieses Einsatzgut die gleiche Funktion wie eine Lizenzgebühr haben kann.[123]

Solche Vereinbarungen stellen dann als Preisfestsetzung eine Kernbe- **539** schränkung gem. Art. 4 Abs. 1 lit. a TT-GVO dar, wenn sich aus ihnen **keine wettbewerbsfördernden Wirkungen** ergeben und sie deshalb nicht als gutgläubig abgeschlossene Lizenzvereinbarung anzusehen sind.[124] Solche wettbewerbsfördernden Effekte können insbesondere in der Integration sich ergänzender Technologien oder einer sonstigen Wertschöpfung liegen.[125]

Weiter problematisch sind nach **Mengen gestaffelte Lizenzgebühren**, **540** da diese nach Auffassung der Kommission eine mittelbare Output-Beschränkung bewirken und damit als Kernbeschränkung gem. Art. 4 Abs. 1 lit. b TT-GVO unwirksam sind.[126]

---

121 So *Schultze/Pautke/Wagener*, TT-GVO Rn. 514.
122 Komm., Leitlinien zu Technologietransfer-Vereinbarungen, Abl. 2004, Nr. C 101, 2 Rn. 80.
123 Komm., Leitlinien zu Technologietransfer-Vereinbarungen, Abl. 2004, Nr. C 101, 2 Rn. 81, Fn. 41.
124 Komm., Leitlinien zu Technologietransfer-Vereinbarungen, Abl. 2004, Nr. C 101, 2 Rn. 81, 157.
125 In Komm., Entwurf von Leitlinien zu Technologietransfer-Vereinbarungen, Abl. 2003, Nr. C 235, 17 Rn. 77, war noch vorgesehen, dass derartige Vereinbarungen grundsätzlich eine Kernbeschränkung darstellen und nur bei Erzeugung erheblicher Integrationseffekte ausnahmsweise freigestellt sein sollten. Kritisch zur ursprünglichen Fassung *Carlin/Pautke*, Nw. J. Int'l L. & B. 2004, 601, 610; *Korah*, ECLR 2004, 247, 255 f.; vgl. auch *Vollebregt*, ECLR 2004, 660, 664 f. und *Zöttl*, WRP 2005, 33, 41 f.
126 Komm., Leitlinien zu Technologietransfer-Vereinbarungen, Abl. 2004, Nr. C 101, 2 Rn. 82.

541 Ist die **Marktanteilsschwelle** von 20% **überschritten**, so dass eine Einzelprüfung erforderlich wird, ist eine Lizenzgebührvereinbarung nach Auffassung der Kommission insbesondere dann wettbewerbsbeschränkend gem. Art. 81 Abs. 1 EG und eine Freistellung gem. Art. 81 Abs. 3 EG unwahrscheinlich, wenn in einer wechselseitigen Vereinbarung zwischen Wettbewerbern die **Lizenzgebühren** im Vergleich zu denjenigen anderer Lizenznehmer oder für vergleichbare Technologien **unverhältnismäßig hoch** sind.[127]

2. Vereinbarungen zwischen Nichtwettbewerbern

542 Lizenzgebührvereinbarungen zwischen Nichtwettbewerbern sind regelmäßig schon nicht wettbewerbsbeschränkend und unterliegen damit nicht Art. 81 Abs. 1 EG. Wettbewerbsbeschränkend können jedoch auch **zwischen Nichtwettbewerbern geschlossene Lizenzgebührvereinbarungen** sein, bei denen als Bemessungsgrundlage für die Lizenzgebühr alle Produktverkäufe des Lizenznehmers dienen, unabhängig davon, ob diese die lizenzierte oder eine Dritttechnologie enthalten. Eine solche Klausel ist aber bis zur Marktanteilsschwelle von 30% gruppenfreigestellt, bei **Überschreiten der Marktanteilsschwelle** unterliegt sie einer Bewertung im Einzelfall gem. Art. 81 Abs. 1 und Abs. 3 EG. Entstehen durch die Lizenzgebührvereinbarung spürbare Marktzutrittsbarrieren oder werden gar in prohibitiver Höhe Verkäufe von Produkten mit der von Dritten lizenzierten Technologie belastet, ist anzunehmen, dass diese gem. Art. 81 Abs. 1 EG wettbewerbsbeschränkend sind und eine Freistellung gem. Art. 81 Abs. 3 EG unwahrscheinlich ist.[128]

III. Beschränkungen der Produktions- und Verkaufsmengen

1. Vereinbarungen zwischen Wettbewerbern

543 Beschränkungen der Produktions- und Verkaufsmengen (**Output-Beschränkungen**) sind gem. Art. 4 Abs. 1 lit. b TT-GVO in Vereinbarungen zwischen Wettbewerbern **Kernbeschränkungen**. Hierbei kann die Output-Beschränkung direkt vereinbart sein, aber auch mittelbar, z. B. durch die Vereinbarung einer bestimmten Zahlung bei Überschreiten

---

127 Komm., Leitlinien zu Technologietransfer-Vereinbarungen, Abl. 2004, Nr. C 101, 2 Rn. 8, 158.
128 Komm., Leitlinien zu Technologietransfer-Vereinbarungen, Abl. 2004, Nr. C 101, 2 Rn. 81, 160.

eines festgelegten Produktions- oder Absatzvolumens, erreicht werden. [129]

Vom Grundsatz der Output-Beschränkung als Kernbeschränkung existieren jedoch gem. Art. 4 Abs. 1 lit. b TT-GVO **Ausnahmen.** So sind zunächst in nicht wechselseitigen Lizenzvereinbarungen zwischen Wettbewerbern Output-Beschränkungen freigestellt, die dem Lizenznehmer im Hinblick auf die Vertragsprodukte auferlegt werden. Output-Beschränkungen im Hinblick auf die eigene Technologie des Lizenznehmers stellen hingegen gem. Art. 4 Abs. 1 lit. d TT-GVO Kernbeschränkungen dar. Handelt es sich um wechselseitige Lizenzvereinbarungen, ist eine Freistellung möglich, wenn die Output-Beschränkung nur einen der Lizenznehmer betrifft. Auch hier gilt, dass sich die Output-Beschränkung nur auf Vertragsprodukte, in keinem Fall jedoch auf die Nutzung und Verwertung eigener Technologien des Lizenznehmers beziehen darf, da hierin gem. Art. 4 Abs. 1 lit. d TT-GVO eine Kernbeschränkung liegen würde. | 544

Daraus ergibt sich, dass **gegenseitige Output-Beschränkungen** in wechselseitigen Vereinbarungen sowie Output-Beschränkungen, welche den Lizenzgeber oder die eigene Technologie des Lizenznehmers betreffen, als Kernbeschränkungen gem. Art. 4 Abs. 1 lit. b und d TT-GVO [130] Art. 81 Abs. 1 EG unterliegen und eine Freistellung gem. Art. 81 Abs. 3 EG unwahrscheinlich ist. [131] | 545

Nicht Art. 81 Abs. 1 EG unterfällt als nicht wettbewerbsbeschränkend nach Auffassung der Kommission dagegen die **Verpflichtung** des Lizenznehmers **zur Produktion einer bestimmten Mindestmenge.** [132] | 546

Output-Beschränkungen, die in einer nicht wechselseitigen Vereinbarung dem Lizenznehmer oder in einer wechselseitigen Vereinbarung nur einem der beiden Lizenznehmer auferlegt werden, sind gem. Art. 4 Abs. 1 lit. b durch die TT-GVO freigestellt. Ist die **Marktanteilsschwelle** von 20 % **überschritten** und die TT-GVO nicht anwendbar, unterfallen derartige Output-Beschränkungen Art. 81 Abs. 1 EG, wenn die Parteien eine relativ große Marktmacht haben. Dies schließt | 547

---

129 Komm., Leitlinien zu Technologietransfer-Vereinbarungen, Abl. 2004, Nr. C 101, 2 Rn. 82. Zur Problematik von gestaffelten Lizenzgebühren vgl. Rn. 540.
130 Vgl. zu Quotenkartellen *van Bael/Bellis*, Competition Law, S. 414 f.; Langen-*von Stoephasius*, Art. 81 Fallgruppen Rn. 155.
131 Vgl. Rn. 525.
132 Komm., Leitlinien zu Technologietransfer-Vereinbarungen, Abl. 2004, Nr. C 101, 2 Rn. 155.

jedoch eine Freistellung gem. Art. 81 Abs. 3 EG nicht aus, sofern die Output-Beschränkungen sich nur auf die Vertragsprodukte beziehen. Eine Freistellung ist insbesondere möglich, wenn die **Technologie** des Lizenzgebers derjenigen des Lizenznehmers **maßgeblich überlegen** ist, so dass auch unter Berücksichtigung der Beschränkung noch eine starke Produktions- und Absatzsteigerung zu erwarten ist.[133]

2. Vereinbarungen zwischen Nichtwettbewerbern

548 Zwischen Nichtwettbewerbern sind Output-Beschränkungen bis zu einem Marktanteil von 30% gruppenfreigestellt.[134] **Oberhalb der Marktanteilsschwelle** ist eine Abwägung im Einzelfall erforderlich. Eine Vereinbarung unterfällt Art. 81 Abs. 1 EG, wenn die Parteien über eine entsprechende Marktmacht verfügen. Eine Freistellung gem. Art. 81 Abs. 3 EG ist unwahrscheinlich, wenn die Output-Beschränkung mit der Zuweisung von **Exklusivkundengruppen oder Exklusivgebieten** kombiniert wird.[135] Dies gilt auch für den grundsätzlich wettbewerbsfördernden Fall, dass der Lizenzgeber selbst auf dem entsprechenden Produktmarkt tätig ist, wenn er sich dabei zugleich Exklusivgebiete oder Exklusivkundengruppen sichert.[136] Weiter ist eine Einzelfreistellung auch unwahrscheinlich, wenn die an den Lizenznehmer gerichtete Nachfrage nach den Vertragsprodukten die vereinbarte Produktionsmenge übersteigt.

549 Die Regelungen zu Output-Beschränkungen sind in ihrer Gesamtheit liberaler als nach der VO 240/1996, weil deren Art. 3 Nr. 5 bestimmte, dass Output-Beschränkungen grundsätzlich als „schwarzgelistet"[137] nicht der Gruppenfreistellung unterfielen.[138] Im Hinblick auf **Standortlizenzen** ist die TT-GVO jedoch strikter.[139] Diese unterliegen nicht mehr der Gruppenfreistellung wie nach Art. 2 Abs. 1 Nr. 12 VO 240/ 1996, sondern können gegebenenfalls einer Einzelfreistellung gem.

---

133 Komm., Leitlinien zu Technologietransfer-Vereinbarungen, Abl. 2004, Nr. C 101, 2 Rn. 175.
134 Komm., Leitlinien zu Technologietransfer-Vereinbarungen, Abl. 2004, Nr. C 101, 2 Rn. 176.
135 Vgl. hierzu Rn. 550 ff.
136 Komm., Leitlinien zu Technologietransfer-Vereinbarungen, Abl. 2004, Nr. C 101, 2 Rn. 177 f.
137 Vgl. zu den „schwarzen Klauseln" in der VO 240/1996 Rn. 504.
138 Ausgenommen von dieser Regelung waren nur Eigenbedarfs- und Zweitlieferantenlizenzen (Art. 1 Abs. 1 Nr. 8 und Art. 2 Abs. 1 Nr. 13 TT-GVO). Vgl. zur Behandlung derartiger Lizenzen unter der TT-GVO unten Rn. 555.
139 *Zöttl*, WRP 2005, 33, 42.

Art. 81 Abs. 3 EG zugänglich sein,[140] wobei eine solche Freistellung dann in Betracht kommt, wenn die Vereinbarung zu einer Integration bestehender Fertigungsstätten führt und die Parteien nicht über eine zu große Marktmacht verfügen.

IV. Gebiets- oder Kundenkreisbeschränkungen

1. Vereinbarungen zwischen Wettbewerbern

a) Wechselseitige Vereinbarungen

Die **Zuweisung von Märkten oder Kunden** ist gem. Art. 4 Abs. 1 **550** lit. c TT-GVO eine Kernbeschränkung. Von der Qualifizierung als Kernbeschränkung sind im Bereich der wechselseitigen Vereinbarungen zwischen Wettbewerbern nur ganz enge Ausnahmen zugelassen, die in vergleichbarer Form auch schon in der VO 240/1996 vorgesehen waren. Hierbei handelt es sich zum einen um die Möglichkeit, einem Lizenznehmer für ein bestimmtes Gebiet eine Alleinlizenz zu erteilen, Art. 4 Abs. 1 lit. c iii TT-GVO.[141] Im Gegensatz zu einer **Exklusivlizenz**, Art. 1 Abs. 1 lit. l TT-GVO, zeichnet sich eine **Alleinlizenz** dadurch aus, dass eine Lizenzierung Dritter ausgeschlossen wird, sich der Lizenzgeber jedoch vorbehält, selbst in dem entsprechenden Gebiet tätig zu werden.[142] Zum anderen ist eine Klausel zulässig, nach welcher der Lizenznehmer die Vertragsprodukte nur für den Eigenbedarf produzieren darf, wobei auch eine unbeschränkte Deckung des Ersatzteilbedarfs für die Produkte des Lizenznehmers erlaubt sein muss, Art. 4 Abs. 1 lit. c vi TT-GVO.[143] Die Möglichkeit der Vereinbarung von Nutzungsbeschränkungen (*Field-of-use*-Beschränkungen) gem. Art. 4 Abs. 1 lit. c i TT-GVO wird weiter unten in einem eigenen Abschnitt behandelt.[144]

---

140 Komm., Leitlinien zu Technologietransfer-Vereinbarungen, Abl. 2004, Nr. C 101, 2 Rn. 175.
141 Früher Art. 1 Abs. 1 Nr. 1 VO 240/1996; vgl. hierzu Liebscher/Flohr/Petsche-*Liebscher/Stockinger*, Handbuch der EU-Gruppenfreistellungsverordnungen, § 13 Rn. 84.
142 Komm., Leitlinien zu Technologietransfer-Vereinbarungen, Abl. 2004, Nr. C 101, 2 Rn. 162.
143 Früher Art. 1 Abs. 1 Nr. 8 VO 240/1996; vgl. hierzu Liebscher/Flohr/Petsche-*Liebscher/Stockinger*, Handbuch der EU-Gruppenfreistellungsverordnungen, § 13 Rn. 90 f.
144 Vgl. Rn. 583 ff.

551 Alle **darüber hinausgehenden Beschränkungen** in wechselseitigen Vereinbarungen zwischen Wettbewerbern im Hinblick auf Märkte oder Kunden, wie z. B. Exklusivlizenzen, die Untersagung des aktiven oder passiven Verkaufs in Exklusivgebiete des Lizenzgebers oder anderer Lizenznehmer oder die Verpflichtung, ein Produkt nur für einen bestimmten Kunden zu produzieren, sind gem. Art. 4 Abs. 1 lit. c TT-GVO nicht gruppenfreigestellt und als Kernbeschränkungen grundsätzlich auch nicht gem. Art. 81 Abs. 3 EG freistellungsfähig.

552 *Feil* sieht hierin eine Verschärfung gegenüber den Regelungen der VO 240/1996, da er davon ausgeht, dass **wechselseitige Exklusivlizenzen** zwischen Wettbewerbern nicht gem. Art. 5 Abs. 1 Nr. 3 VO 240/1996 von der Gruppenfreistellung ausgenommen waren. Nach seiner Auffassung soll die Gegenausnahme des Art. 5 Abs. 2 Nr. 2 VO 240/1996 einschlägig sein. Diese sieht vor, dass wechselseitige Vereinbarungen, die keine Gebietsbeschränkungen enthalten, dennoch der Gruppenfreistellung unterliegen.[145] Die dieser Aussage zugrunde liegende Prämisse, dass es sich bei Exklusivlizenzen nicht um Gebietsbeschränkungen i. S. v. Art. 5 Abs. 2 Nr. 2 VO 240/1996 handeln würde,[146] ist nicht verständlich, da Exklusivlizenzen gerade darauf gerichtet sind, die Parteien territorial einzuschränken.[147]

553 Ist die **Marktanteilsschwelle** von 20 % **überschritten**, unterfällt eine Alleinlizenz, die im Rahmen einer wechselseitigen Vereinbarungen zwischen Wettbewerbern erteilt wird, Art. 81 Abs. 1 EG, sofern die Parteien über entsprechende Marktmacht verfügen. Eine Einzelfreistellung gem. Art. 81 Abs. 3 EG ist unwahrscheinlich, wenn durch die Vereinbarung die Gefahr entsteht, dass sich die Parteien der Vereinbarung als einzige Angebotsquelle etablieren.[148] Ein Entscheidungskriterium für eine Freistellung, das sich zwar in der Entwurffassung,[149] nicht jedoch in der endgültigen Fassung der Leitlinien findet, ist weiter die Frage, ob eine Alleinlizenz im konkreten Fall erforderlich ist, um umfangreiche Investitionen nicht zu entwerten, die ansonsten unwiederbringlich verloren wären.

---

145 *Feil*, IIC 2005, 31, 49.
146 *Feil*, IIC 2005, 31, 49, Fn. 148.
147 Vgl. Liebscher/Flohr/Petsche-*Liebscher/Stockinger*, Handbuch der EU-Gruppenfreistellungsverordnungen, § 13 Rn. 72.
148 Komm., Leitlinien zu Technologietransfer-Vereinbarungen, Abl. 2004, Nr. C 101, 2 Rn. 163.
149 Komm., Entwurf von Leitlinien zu Technologietransfer-Vereinbarungen, Abl. 2003, Nr. C 235, 17 Rn. 156.

Wenn mehrere Parteien sich gegenseitig lizenzieren und sich ver- **554**
pflichten, Dritten keine Lizenz zu erteilen, besteht die Gefahr, dass
hierdurch *de facto* ein **Industriestandard** entsteht und Dritten die
Möglichkeit einer effektiven Konkurrenz genommen wird. Die Beur-
teilungsmaßstäbe der Kommission für eine solche Vereinbarung entsprechen denjenigen für Technologiepools.[150] Eine Freistellung
kommt regelmäßig nur in Betracht, wenn Dritten ein diskriminierungsfreier Zugang zu dem entsprechenden Standard ermöglicht wird.[151]

Die kartellrechtliche Bewertung einer **Eigenbedarfslizenz** richtet sich **555**
bei Überschreiten der Marktanteilsschwelle von 20% zunächst danach,
ob der Lizenznehmer vor der Lizenzerteilung ein aktueller oder potenzieller Zulieferer für Dritte war. Ist dies nicht der Fall, entspricht die
Beurteilung derjenigen einer Vereinbarung zwischen Nichtwettbewerbern.[152] Handelte es sich bei dem Lizenznehmer jedoch bereits vor
Abschluss der Vereinbarung um einen aktuellen oder potenziellen Zulieferer, unterliegt die Vereinbarung Art. 81 Abs. 1 EG, wenn der Lizenznehmer seine eigene Technologie zu Gunsten der Technologie des
Lizenznehmers aufgegeben hat. Eine Freistellung gem. Art. 81 Abs. 3
EG ist unwahrscheinlich, wenn der Lizenzgeber über erhebliche
Marktmacht verfügt.[153]

b) Nicht wechselseitige Vereinbarungen

Im Rahmen von nicht wechselseitigen Vereinbarungen zwischen Wett- **556**
bewerbern, die eine Zuweisung von Märkten oder Kunden vornehmen,
sind Konstellationen, die nicht als Kernbeschränkung angesehen werden, vielgestaltiger. Über die **Allein-** und **Eigenbedarfslizenz** hinaus
ist bis zur Marktanteilsschwelle von 20% auch die Erteilung einer **Exklusivlizenz** in einer nicht wechselseitigen Vereinbarung zwischen
Wettbewerbern gruppenfreigestellt. Hierbei ist es in einem bestimmten
Exklusivgebiet[154] allein dem Lizenznehmer vorbehalten, das Lizenz-
produkt zu produzieren, Art. 4 Abs. 1 lit. c ii TT-GVO. Die Größe des

---

150 Vgl. zu Technologiepools Rn. 617 ff.
151 Komm., Leitlinien zu Technologietransfer-Vereinbarungen, Abl. 2004, Nr. C 101, 2
Rn. 167.
152 Vgl. hierzu Rn. 565 ff.
153 Komm., Leitlinien zu Technologietransfer-Vereinbarungen, Abl. 2004, Nr. C 101, 2
Rn. 187.
154 Exklusivgebiet in diesem Sinne ist das Gebiet, in dem nur ein Unternehmen die lizenzierten Produkte herstellen darf, sofern die Möglichkeit besteht, dass ein weiteres Unternehmen dort tätig wird, um nur für einen ganz bestimmten Kunden eine
zweite Produktionsquelle zu eröffnen, Art. 1 Abs. 1 lit. l TT-GVO.

Exklusivgebietes ist nicht von Bedeutung, so dass dieses theoretisch die ganze Welt umfassen kann.[155] Nach Auffassung der Kommission ist es erlaubt, sowohl eine eigene Produktion durch den Lizenzgeber in dem entsprechenden Gebiet, als auch die Erteilung von Produktionslizenzen an Dritte zu untersagen.[156]

557 Weiter können der Lizenzgeber und der Lizenznehmer **aktive**[157] und **passive**[158] **Verkäufe** des jeweils anderen in das ihnen zugeteilte **Exklusivgebiet** oder an die **Exklusivkundengruppe**[159] verhindern, Art. 4 Abs. 1 lit. c iv TT-GVO. Im Verhältnis zu anderen Lizenznehmern ist hingegen nur eine Untersagung des aktiven, nicht jedoch des passiven Verkaufs in das jeweilige Exklusivgebiet oder an die jeweilige Exklusivkundengruppe möglich, Art. 4 Abs. 1 lit. c v TT-GVO,[160] und dies auch nur, sofern der Lizenznehmer, der durch die Vereinbarung geschützt werden soll, in dem Zeitpunkt, in dem er seine eigene Lizenzvereinbarung getroffen hat, kein Wettbewerber des Lizenzgebers war. Hierbei gilt es zu berücksichtigen, dass nicht nur unmittelbare sondern auch jegliche mittelbaren Beschränkungen des passiven Verkaufs von diesem Verbot erfasst sind. Solche mittelbaren Beschränkungen können z. B. in Mengenbeschränkungen, die sich an einem lokalen Verbrauch orientieren, in der Schaffung finanzieller

---

155 Komm., Leitlinien zu Technologietransfer-Vereinbarungen, Abl. 2004, Nr. C 101, 2 Rn. 162.

156 Komm., Leitlinien zu Technologietransfer-Vereinbarungen, Abl. 2004, Nr. C 101, 2 Rn. 162. Die Annahme von *Feil*, IIC 2005, 31, 51, die Frage, inwieweit der Lizenzgeber dem Lizenznehmer die Produktion von Vertragprodukten in anderen Lizenznehmern zugeteilten Territorien untersagen könne, sei nicht geklärt, und eine solche Vereinbarung stelle demnach eine Kernbeschränkung dar, ist demnach nicht zutreffend.

157 Aktiver Verkauf bedeutet die Einrichtung von eigenen Niederlassungen oder Auslieferlagern oder auch die Durchführung von Werbekampagnen in dem entsprechenden Gebiet. Vgl. hierzu Langen-*Jestaedt*, Art. 81 Fallgruppen Rn. 247. Nicht als aktiven Verkauf beurteilt die Komm. die Einrichtung einer eigenen Homepage mit Internetversandhandel und entsprechender Werbung, Komm., Leitlinien für vertikale Beschränkungen, Abl. 2000, Nr. C 291, 1 Rn. 51.

158 Ein Verbot des passiven Verkaufs umfasst auch Kaufanfragen von Kunden, die sich unaufgefordert an den jeweiligen Lizenznehmer wenden. Vgl. hierzu Liebscher/ Flohr/Petsche-*Liebscher/Stockinger*, Handbuch der EU-Gruppenfreistellungsverordnungen, § 13 Rn. 85.

159 Eine Exklusivkundengruppe sind solche Kunden, deren Belieferung nur einem bestimmten Unternehmen vorbehalten ist, Art. 1 Abs. 1 lit. m TT-GVO.

160 Zu der Relevanz der Unterscheidung zwischen Exklusivgebiet und Exklusivkundengruppe vgl. die ausführliche Darstellung bei *Schultze/Pautke/Wagener*, TT-GVO Rn. 603 ff.

Anreize oder in gestaffelten Lizenzgebührensystemen, die sich nach dem Bestimmungsort des Vertragsproduktes richten, liegen.[161]

Die Beschränkung der Freistellung auf Exklusivgebiete und -kundengruppen erfordert eine **Anpassung von Verträgen**, die noch unter der VO 240/1996 formuliert wurden, da im Rahmen der VO 240/1996 eine Exklusivität nicht erforderlich war, sondern lediglich auf ein dem Lizenznehmer zugeteiltes Vertragsgebiet als Bezugspunkt für die Gebietsbeschränkung abgestellt wurde.[162] Da gem. Art. 4 Abs. 1 lit. c TT-GVO die Zuweisung von Märkten und Kunden grundsätzlich eine Kernbeschränkung darstellt, besteht bei einer Nichtanpassung an das Erfordernis der Exklusivität die Gefahr, dass die Vereinbarung insgesamt unwirksam ist.[163] **558**

Eine **Anpassung von Altverträgen** ist auch im Hinblick auf Art. 1 Abs. 1 Nr. 6 i.V.m. Abs. 2 VO 240/1996 erforderlich, da diese frühere Regelung passive Verkaufsbeschränkungen im Hinblick auf Vertragsgebiete anderer Lizenznehmer für einen Zeitraum von 5 Jahren ab dem ersten In-Verkehr-Bringen des Erzeugnisses erlaubte,[164] eine solche Vereinbarung nun jedoch mangels entsprechender Ausnahmeregelung gem. Art. 4 Abs. 1 lit. c TT-GVO als Kernbeschränkung untersagt ist. **559**

Bei **Überschreiten der Marktanteilsschwelle** von 20 % gibt es bestimmte Konstellationen, die nach Ansicht der Kommission schon keine wettbewerbsbeschränkende Wirkung entfalten und demnach nicht Art. 81 Abs. 1 EG unterliegen. Dies ist der Fall, wenn es dem Lizenzgeber an der Möglichkeit fehlt, die lizenzierte Technologie in dem entsprechenden Exklusivgebiet zu nutzen, z.B. weil der Lizenzgeber überwiegend in der Forschung und nicht in der Produktion tätig ist, so dass es an einem Konkurrenzverhältnis im Hinblick auf die Produktion und den Vertrieb der Vertragsprodukte mangelt.[165] I.Ü. ist eine wettbewerbsbeschränkende Wirkung immer wahrscheinlicher, und **560**

---

161 Komm., Leitlinien zu Technologietransfer-Vereinbarungen, Abl. 2004, Nr. C 101, 2 Rn. 98.
162 So auch *Dolmans/Piilola*, W. Comp. 2003, 541, 557; Langen-*Jestaedt*, Art. 81 Fallgruppen Rn. 246. Eine andere Ansicht ging auch schon unter der VO 240/1996 davon aus, dass eine Freistellung nur für Exklusivlizenzen möglich sei, vgl. Immenga/Mestmäcker EG-WbR-*Ullrich*, GRUR C Rn. 39.
163 *Schultze/Pautke/Wagener*, TT-GVO Rn. 633.
164 Vgl. hierzu Liebscher/Flohr/Petsche-*Liebscher/Stockinger*, Handbuch der EU-Gruppenfreistellungsverordnungen, § 13 Rn. 85.
165 Komm., Leitlinien zu Technologietransfer-Vereinbarungen, Abl. 2004, Nr. C 101, 2 Rn. 164.

eine Freistellung gem. Art. 81 Abs. 3 EG wird zunehmend unwahrscheinlicher, je größer das fragliche Exklusivgebiet und je bedeutsamer die Stellung des Lizenzgebers für den Wettbewerb sind, den er auf Grundlage der Exklusivlizenz zukünftig unterlassen wird.[166]

561 Bei Überschreiten der Marktanteilsschwelle von 20% hat eine Beschränkung des aktiven oder passiven Verkaufs im Hinblick auf den jeweiligen Vertragspartner in einer nicht wechselseitigen Vereinbarung zwischen Wettbewerbern zumindest dann eine wettbewerbsbeschränkende Wirkung und unterfällt damit Art. 81 Abs. 1 EG, wenn eine oder beide Parteien über eine **erhebliche Marktmacht** verfügen. Dabei ist eine Freistellung gem. Art. 81 Abs. 3 EG grundsätzlich sowohl für aktive als auch für passive[167] Verkaufsbeschränkungen möglich. Insbesondere eine Freistellung passiver Verkaufsbeschränkungen wird jedoch mit steigender Marktmacht zunehmend unwahrscheinlicher.[168] Nach Auffassung der Kommission ist eine Individualfreistellung gem. Art. 81 Abs. 3 EG besonders nahe liegend, wenn der Lizenzgeber in dem Gebiet, in dem er die fragliche Technologie nutzt, marktschwach ist, da er in der Regel nicht willens sein wird, eine Lizenz zu erteilen, wenn ihm nicht ein entsprechender Gebietsschutz gewährt wird. Ebenso wird ein im fraglichen Vertragsgebiet marktschwacher Lizenznehmer ohne eine entsprechende Vereinbarung nicht zur Tätigung von Investitionen im Hinblick auf die Nutzung der lizenzierten Technologie bereit sein.

562 Im Hinblick auf Beschränkungen des Verkaufs im Verhältnis einzelner Lizenznehmer untereinander in einer nicht wechselseitigen Vereinbarung zwischen Wettbewerbern, ist eine **Beschränkung des passiven Verkaufs** als Kernbeschränkung, vgl. Art. 4 Abs. 1 lit. c v TT-GVO, wettbewerbsbeschränkend i. S. v. Art. 81 Abs. 1 EG und in der Regel nicht gem. Art. 81 Abs. 3 EG freistellungsfähig. Etwas anderes trifft auf **Beschränkungen des aktiven Verkaufs** zu. Hier gilt (bei Überschreiten der Marktanteilsschwelle von 20%) ebenfalls, dass die Vereinbarung Art. 81 Abs. 1 EG unterfällt, wenn die Parteien über erhebliche Marktmacht verfügen. Die Vereinbarung ist jedoch gem. Art. 81 Abs. 3 EG freistellungsfähig, wenn und solange die Beschränkung des

---

166 Komm., Leitlinien zu Technologietransfer-Vereinbarungen, Abl. 2004, Nr. C 101, 2 Rn. 164.

167 In Komm., Leitlinien zu Technologietransfer-Vereinbarungen, Abl. 2004, Nr. C 101, 2 Rn. 170 heißt es hierzu: „Eine Beschränkung *insbesondere* des aktiven Verkaufs..." (eigene Hervorhebung).

168 Vgl. *van Bael/Bellis*, Competition Law, S. 684.

passiven Verkaufs erforderlich ist, um den betreffenden Markt zu erschließen.[169]

Freigestellt ist schließlich bis zur Marktanteilsschwelle von 20% gem. **563**
Art. 4 Abs. 1 lit. c vii TT-GVO eine nicht wechselseitige Vereinbarung
zwischen Wettbewerbern, die bestimmt, dass der Lizenznehmer das
Vertragsprodukt nur für einen bestimmten Kunden herstellen darf,
wenn die Lizenz mit der Intention erteilt worden ist, diesem Kunden
eine alternative Bezugsquelle zu verschaffen (*Second-source*-Beschränkung). Es ist für eine Freistellung nicht erforderlich, dass nur
einem einzigen Lizenznehmer eine Lizenz für die Belieferung des
fraglichen Kunden erteilt wird; es können vielmehr auch verschiedene
Unternehmen eine solche Lizenz erhalten.[170]

Eine Vereinbarung zwischen den Lizenznehmern selbst, die eine Be- **564**
schränkung des aktiven oder passiven Verkaufs in die Gebiete oder an
Kundengruppen des jeweils anderen beinhaltet, ist als **Kartellabsprache** weder nach der TT-GVO noch nach Art. 81 Abs. 3 EG freistellungsfähig.[171]

2. Vereinbarungen zwischen Nichtwettbewerbern

Im Rahmen von Gebiets- oder Kundenkreisbeschränkungen, die Nicht- **565**
wettbewerber betreffen, trennt die TT-GVO, anders als bei Vereinbarungen zwischen Wettbewerbern, nicht nach wechselseitigen und nicht
wechselseitigen Vereinbarungen.

a) Exklusiv-, Allein-, Eigenbedarfs- und Second-source-Lizenzen

Allein- und Exklusivlizenzen sind zwischen Nichtwettbewerbern **bis** **566**
zu einer Marktanteilsschwelle von **30% freigestellt.**

Auch bei **Überschreiten der Marktanteilsschwelle** ist eine Exklusiv- **567**
lizenz zwischen Nichtwettbewerbern, sofern sie Art. 81 Abs. 1 EG unterfällt, in der Regel gem. Art. 81 Abs. 3 EG freistellungsfähig.[172] Etwas anderes gilt nur dann, wenn ein den Markt beherrschender Li-

---

169 Komm., Leitlinien zu Technologietransfer-Vereinbarungen, Abl. 2004, Nr. C 101, 2
   Rn. 171.
170 Komm., Leitlinien zu Technologietransfer-Vereinbarungen, Abl. 2004, Nr. C 101, 2
   Rn. 93.
171 Komm., Leitlinien zu Technologietransfer-Vereinbarungen, Abl. 2004, Nr. C 101, 2
   Rn. 89.
172 Komm., Leitlinien zu Technologietransfer-Vereinbarungen, Abl. 2004, Nr. C 101, 2
   Rn. 165.

zenznehmer eine oder mehrere konkurrierende Technologien erwirbt, sofern hierdurch Marktzutrittsschranken begründet oder verstärkt werden und der Erwerb der fraglichen Technologie den Wettbewerb auf dem entsprechenden Markt tatsächlich mindert.[173]

568 Gruppenfreigestellt sind gem. Art. 4 Abs. 2 lit. b iii TT-GVO bis zur Marktanteilsschwelle von 30 % **Eigenbedarfslizenzen.** Diese müssen jedoch neben dem Bedarf zur Erstproduktion von Komponenten zum Einbau in die eigenen Produkte auch den Ersatzteilbedarf (z. B. Austauschkomponenten/-bauteile) umfassen.[174] Die soeben beschriebene Voraussetzung gilt auch bei Überschreiten der Marktanteilsschwelle von 30 %. Eine Beschränkung auf den Eigenbedarf und den Ersatzteilbedarf für die Eigenproduktion unterfällt dann Art. 81 Abs. 1 EG nicht oder erfüllt zumindest die Freistellungsvoraussetzungen des Art. 81 Abs. 3 EG, wenn objektive Anhaltspunkte dafür bestehen, dass der Lizenzgeber sonst keine Lizenz oder diese nur gegen eine wesentlich höhere Gebühr erteilt hätte.[175]

569 Freigestellt gem. Art. 4 Abs. 2 lit. b iv TT-GVO ist bis zur Marktanteilsschwelle auch die Auflage, dass der Lizenznehmer **nur einen bestimmten Kunden beliefern** darf, wenn die Lizenz erteilt wurde, um diesem Kunden eine zweite Bezugsquelle zu eröffnen.[176] Auch bei Überschreiten der Marktanteilsschwelle von 30 % ist eine solche Vereinbarung unproblematisch, da sie regelmäßig nicht Art. 81 Abs. 1 EG unterfällt.[177]

b) Beschränkungen des aktiven Verkaufs

570 Weiter unterliegen jegliche Beschränkungen des aktiven Verkaufs in Vereinbarungen zwischen Nichtwettbewerbern, gleich ob im Verhältnis der Parteien zueinander oder im Hinblick auf Gebiete und Kundengruppen, die anderen Lizenznehmern vorbehalten sind, bis zur Markt-

---

173 Komm., Leitlinien zu Technologietransfer-Vereinbarungen, Abl. 2004, Nr. C 101, 2 Rn. 166.

174 Komm., Leitlinien zu Technologietransfer-Vereinbarungen, Abl. 2004, Nr. C 101, 2 Rn. 102. Vgl. auch die Ausführungen zu der vergleichbaren Regelung für Wettbewerber in Art. 4 Abs. 1 lit. c vi TT-GVO Rn. 550.

175 Komm., Leitlinien zu Technologietransfer-Vereinbarungen, Abl. 2004, Nr. C 101, 2 Rn. 189.

176 Vgl. auch die Ausführungen zu der vergleichbaren Regelung in Art. 4 Abs. 1 lit. c vii TT-GVO für nicht wechselseitige Vereinbarungen zwischen Wettbewerbern, Rn. 563.

177 Komm., Leitlinien zu Technologietransfer-Vereinbarungen, Abl. 2004, Nr. C 101, 2 Rn. 103.

anteilsschwelle von 30 % der Gruppenfreistellung gem. Art. 2 TT-GVO.[178] Hierbei ist es nicht erforderlich, dass es sich bei den zugeteilten Gebieten um Exklusivgebiete oder -kundengruppen handelt.[179]

Beschränkungen des aktiven Verkaufs, die dem Lizenznehmer in Vereinbarungen zwischen Nichtwettbewerbern im Hinblick auf Gebiete oder Kundenkreise, die dem Lizenzgeber vorbehalten sind, auferlegt werden, fallen bei **Überschreiten der Marktanteilsschwelle** von 30 % regelmäßig nicht unter Art. 81 Abs. 1 EG, wenn eine Lizenz ohne diese Beschränkungen nicht erteilt worden wäre. Art. 81 Abs. 1 EG findet hingegen in den Fällen Anwendung, und eine Freistellung gem. Art. 81 Abs. 3 EG ist zu prüfen, in denen der Lizenzgeber über **beträchtliche Marktmacht** verfügt oder mehrere Lizenzgeber **vergleichbare Lizenzverträge** abschließen, so dass diese gemeinsam über eine große Markmacht verfügen.[180] Mit zunehmender Marktmacht wird eine Freistellung gem. Art. 81 Abs. 3 EG unwahrscheinlicher.

571

Eine Vereinbarung, die den aktiven Verkauf der Lizenznehmer **in Gebiete anderer Lizenznehmer** einschränkt, unterfällt bei Überschreiten der Marktanteilsschwelle Art. 81 Abs. 1 EG, wenn die Parteien über erhebliche Marktmacht verfügen. Eine solche Vereinbarung ist jedoch gem. Art. 81 Abs. 3 EG freistellungsfähig, wenn nur so erreicht werden kann, dass die Lizenznehmer Investitionen im Hinblick auf die lizenzierte Technologie vornehmen, ohne fürchten zu müssen, die Technologie, z. B. aufgrund von Trittbrettfahrern, nicht mehr wirtschaftlich effizient nutzen zu können.[181]

572

Auch Beschränkungen des aktiven Verkaufs, die dem Lizenzgeber in einer Vereinbarung zwischen Nichtwettbewerbern auferlegt werden, sind bei Überschreiten der Marktanteilsschwelle, sofern sie Art. 81 Abs. 1 EG unterfallen, regelmäßig gem. Art. 81 Abs. 3 EG freistellungsfähig, da der Lizenznehmer anderenfalls nicht zu größeren Investitionen bereit sein dürfte.[182] Eine Freistellung ist dann unwahrschein-

573

---

178 Eine Ausnahme findet sich in Art. 4 Abs. 2 lit. b iii TT-GVO in Bezug auf den aktiven Verkauf von Komponenten als Ersatzteile und in Art. 4 Abs. 2 lit. c TT-GVO.

179 Komm., Leitlinien zu Technologietransfer-Vereinbarungen, Abl. 2004, Nr. C 101, 2 Rn. 99.

180 Komm., Leitlinien zu Technologietransfer-Vereinbarungen, Abl. 2004, Nr. C 101, 2 Rn. 172.

181 Komm., Leitlinien zu Technologietransfer-Vereinbarungen, Abl. 2004, Nr. C 101, 2 Rn. 174.

182 Komm., Leitlinien zu Technologietransfer-Vereinbarungen, Abl. 2004, Nr. C 101, 2 Rn. 173.

lich, wenn es auf dem Markt keine Alternativen zur Technologie des Lizenzgebers gibt oder der Lizenznehmer bereits über Lizenzen für vergleichbare Technologien verfügt. [183]

c) Beschränkungen des passiven Verkaufs

574 Als Kernbeschränkung gilt gem. Art. 4 Abs. 2 lit. b TT-GVO jede **un- mittelbare oder auch mittelbare Gebiets- oder Kundenkreisbe- schränkung**, die den passiven Verkauf seitens des Lizenznehmers be- trifft. Vom Grundsatz des Art. 4 Abs. 2 lit. b TT-GVO gibt es jedoch verschiedene Ausnahmen.

575 Implizit ergibt sich aus der Formulierung der Kernbeschränkung, die sich nur auf **passive Verkaufsbeschränkungen** zu Lasten des Lizenz- nehmers bezieht, zunächst, dass passive Verkaufsbeschränkungen, die dem Lizenzgeber auferlegt werden, in Vereinbarungen zwischen Nichtwettbewerbern bis zur Marktanteilsschwelle von 30 % freigestellt sind.

576 Auch bei **Überschreiten der Marktanteilsschwelle** sind Beschrän- kungen, die den passiven Verkauf des Lizenzgebers betreffen, sofern sie überhaupt Art. 81 Abs. 1 EG unterfallen, regelmäßig gem. Art. 81 Abs. 3 EG einzelfreistellungsfähig, um so den Lizenznehmer zu Inves- titionen im Hinblick auf die lizenzierte Technologie und die Vertrags- produkte zu motivieren. Auch hier gilt, ebenso wie bei Beschränkun- gen des aktiven Verkaufs, dass eine Freistellung unwahrscheinlich ist, wenn keine hinreichenden Technologiealternativen bestehen oder der Lizenznehmer auch für diese Lizenzen erworben hat. [184]

577 Weiter sind gem. Art. 4 Abs. 2 lit. b i TT-GVO passive Verkaufsbe- schränkungen, die dem Lizenznehmer auferlegt werden, zwischen Nichtwettbewerbern bis zur Marktanteilsschwelle von 30 % frei- gestellt, sofern sie sich auf ein Gebiet oder eine Kundengruppe bezie- hen, die dem Lizenzgeber exklusiv [185] vorbehalten ist. Hier ist wiederum der **Anpassungsbedarf von Verträgen**, die unter der VO 240/1996 geschlossen wurden, zu beachten, da diese in der beschrie-

---

183 Komm., Leitlinien zu Technologietransfer-Vereinbarungen, Abl. 2004, Nr. C 101, 2 Rn. 174.
184 Komm., Leitlinien zu Technologietransfer-Vereinbarungen, Abl. 2004, Nr. C 101, 2 Rn. 173.
185 Vgl. zum Begriff des Exklusivgebiets und der Exklusivkundengruppe die Legal- definition in Art. 1 Abs. 1 lit. l und m TT-GVO sowie Rn. 550.

benen Konstellation keine Beschränkung auf ein Exklusivkundengebiet kannte.[186]

Die Leitlinien sehen vor, dass der Lizenzgeber das **Gebiet**, welches er   **578**
sich **vorbehalten** will, nicht aktuell nutzen muss, sondern auch eine
zukünftige Nutzung ausreicht. Teilweise wird in Anlehnung an Literaturstimmen zu Art. 4 lit. b 1. Sp.Str. Vertikal-GVO verlangt, dass die
Absicht zur Erschließung der entsprechenden Gebiete in sachlicher
und zeitlicher Hinsicht hinreichend konkret sein müsse.[187] Bereits im
Rahmen der zitierten Regelung aus der Vertikal-GVO wurden jedoch
im Hinblick auf eine derartige Konkretisierung Bedenken geäußert.
Eine genaue Frist und bestimmte Anforderungen an die Realisierungsabsicht kämen angesichts des unternehmerischen Charakters der Entscheidung und mangels fehlender Kontrollmöglichkeiten nicht in Betracht. Dies gilt angesichts der Ausführungen in den Leitlinien zu
Art. 4 Abs. 2 lit. b i TT-GVO[188] im Hinblick auf Technologietransfer
Vereinbarungen umso mehr, da dort ein in die Zukunft gerichteter Vorbehalt explizit vorgesehen ist, ohne dass weitere Anforderungen an
einen Realisierungszeitpunkt und eine Realisierungsabsicht aufgenommen wurden. Es dürfte daher ausreichend sein, wenn die zumindest
abstrakte Möglichkeit besteht, dass der Lizenzgeber das Gebiet beliefern wird.[189]

Auch hier gilt, dass eine solche Vereinbarung bei **Überschreiten der**   **579**
Marktanteilsschwelle Art 81 Abs. 1 EG nicht unterfällt, wenn objektive Anhaltspunkte dafür vorliegen, dass der Lizenzgeber ohne diese
Absicherung nicht zur Lizenzerteilung bereit gewesen wäre. Ist der
Lizenzgeber jedoch marktmächtig oder liegt ein Netz gleichartiger
Vereinbarungen verschiedener Lizenzgeber vor, unterliegt die Vereinbarung Art. 81 Abs. 1 EG, und das Vorliegen der Freistellungsvoraussetzungen des Art. 81 Abs. 3 EG muss im Einzelfall analysiert werden.[190]

---

186 Vgl. hierzu bereits Rn. 558.
187 *Lubitz*, EuZW 2004, 652, 655; vgl. zu der vergleichbaren Regelung in der Vertikal-GVO *Polley/Seeliger*, WRP 2000, 1203, 1213.
188 Komm., Leitlinien zu Technologietransfer-Vereinbarungen, Abl. 2004, Nr. C 101, 2
    Rn. 100.
189 So bereits zu der mangels Hinweisen in den Leitlinien weniger eindeutigen Regelung in Art. 4 lit. b 1. Sp. Str. Vertikal-GVO, Immenga/Mestmäcker EG-WbR-*Veel-
    ken*, Ergänzungsband Jan. 2001, GFVO Rn. 200.
190 Komm., Leitlinien zu Technologietransfer-Vereinbarungen, Abl. 2004, Nr. C 101, 2
    Rn. 172.

580 Weiter ist gem. Art. 4 Abs. 2 lit. b ii TT-GVO bis zur Marktanteils-schwelle von 30 % eine **Beschränkung des passiven Verkaufs in Gebiete oder an Kundengruppen, die einem anderen Lizenznehmer zugeteilt sind,** für einen Zeitraum von 2 Jahren ab dem Zeitpunkt, zu dem der geschützte Lizenznehmer das Vertragsprodukt in dem entsprechenden Exklusivgebiet oder an die entsprechende Exklusivkundengruppen erstmalig verkauft hat, freigestellt. Dies stellt gegenüber der Regelung in Art. 1 Abs. 1 Nr. 6 i.V.m. Abs. 6 VO 240/1996, der eine Freistellung passiver Verkaufsbeschränkungen zwischen Wettbewerbern und Nichtwettbewerbern bis zu einer Höchstgrenze von 5 Jahren vorsah, eine Verschärfung dar und macht eine Anpassung von Altverträgen erforderlich.

581 Bei **Überschreiten der Marktanteilsschwelle** von 30 % unterliegen passive Verkaufsbeschränkungen zwischen Nichtwettbewerbern Art. 81 Abs. 1 EG. Eine Freistellung gem. Art. 81 Abs. 3 EG kommt nur in Betracht, wenn die Freistellung nicht für einen längeren Zeitraum als 2 Jahre erfolgen soll. Vereinbarungen, die diesen Zeitraum überschreiten, sind als Kernbeschränkungen entsprechend Art. 4 Abs. 2 lit. b TT-GVO regelmäßig auch nicht gem. Art. 81 Abs. 3 EG freistellungsfähig.

582 Weiter freigestellt ist bis zur Marktanteilsschwelle eine Vereinbarung zwischen Nichtwettbewerbern, die es Lizenznehmern, die auf der Großhandelsstufe tätig sind, untersagt, die **Vertragsprodukte an Endverbraucher**[191] zu verkaufen, Art. 4 Abs. 2 lit. b v TT-GVO.[192] Eine solche Vereinbarung unterfällt nicht Art. 81 Abs. 1 EG, so dass sie auch bei Überschreiten der Marktanteilsschwelle von 30 % zulässig ist.[193] Beschränkungen des Verkaufs an Endverbraucher gegenüber Mitgliedern selektiver Vertriebssysteme werden unten gesondert behandelt.[194]

---

191 Endverbraucher in diesem Sinn sind auch institutionelle Abnehmer, die die Vertragsprodukte jedoch selbst verbrauchen; EuGH, Urt. v. 25.10.1977 – Rs. 26/76, „Metro/Kommission", Slg. 1977, 1875 Rn. 30.

192 *Korah*, ECLR 2004, 247, 259 hält diese Regelung für nicht erforderlich.

193 Komm., Leitlinien zu Technologietransfer-Vereinbarungen, Abl. 2004, Nr. C 101, 2 Rn. 104; vgl. auch EuGH, Urt. v. 25.10.1977 – Rs. 26/76, „Metro/Kommission", Slg. 1977, 1875, 1909 f. Rn. 29.

194 Vgl. Rn. 589 ff.

V. Nutzungsbeschränkungen

1. Vereinbarungen zwischen Wettbewerbern

Die **Zuweisung von Märkten oder Kunden** stellt in Vereinbarungen **583** zwischen Wettbewerbern gem. Art. 4 Abs. 1 lit. c TT-GVO eine Kernbeschränkung dar. Ausgenommen von diesem Verbot sind jedoch gem. Art. 4 Abs. 1 lit. c i TT-GVO bis zu einer Marktanteilsschwelle von 20% wechselseitige und nicht wechselseitige Nutzungsbeschränkungen (*Field-of-use*-Beschränkungen), die dem Lizenzgeber oder mehreren Lizenzgebern die Nutzung der lizenzierten Technologie nur in einem bestimmten Anwendungsbereich oder Produktmarkt gestatten. Dies entspricht der Regelung in der VO 240/1996, die in Art. 2 Abs. 1 Nr. 8 ebenfalls eine Gruppenfreistellung von Nutzungsbeschränkungen vorsah.

Wichtig ist die genaue **Abgrenzung zu Kundenkreisbeschränkun- 584 gen**, die gem. Art. 4 Abs. 1 lit. c TT-GVO eine Kernbeschränkung darstellen. Eine Kundenkreisbeschränkung ergibt sich nicht alleine daraus, dass Produkte mit bestimmten technischen Merkmalen nur oder überwiegend von einer Kundengruppe benötigt und eingesetzt werden. Weiter liegt auch keine verbotene Kundenkreisbeschränkung in einer Nutzungsbeschränkung vor, die nicht einen ganzen Produktmarkt, sondern nur Teile desselben betrifft,[195] da es möglich ist, dass ein Produktmarkt im Einzelfall Produkte umfasst, die in unterschiedlichen technischen Anwendungsbereichen Verwendung finden. Nach Auffassung der Kommission kann demnach in dem einen Fall ein Produktmarkt, in dem anderen Fall der technische Anwendungsbereich die kleinste Einheit sein, auf die die Nutzung der lizenzierten Technologie beschränkt werden kann. Erforderlich ist jedoch, dass die festgelegten Einsatzbereiche sich aus objektiv bestimmbaren technischen Spezifikationen der herzustellenden Vertragsprodukte ergeben.[196] Da sich die Parteien mit derartigen Beschränkungen im Bereich von Kernbeschränkungen, Art. 4 Abs. 1 lit. c TT-GVO, bewegen, ist das Risiko einer Fehleinschätzung erheblich. Die von der Kommission in Rn. 179

---

195 Komm., Leitlinien zu Technologietransfer-Vereinbarungen, Abl. 2004, Nr. C 101, 2
Rn. 179; *van Bael/Bellis*, Competition Law, S. 688. Anders noch Komm., Entwurf
von Leitlinien zu Technologietransfer-Vereinbarungen, Abl. 2003, Nr. C 235, 17
Rn. 170, mit kritischer Anmerkung von *Korah*, ECLR 2004, 247, 257.
196 Komm., Leitlinien zu Technologietransfer-Vereinbarungen, Abl. 2004, Nr. C 101, 2
Rn. 180; *Zöttl*, WRP 2005, 33, 41; zu der vergleichbaren Regelung in Art. 2 Abs. 1
Nr. 8 VO 240/1996 vgl. auch Langen-*Jestaedt*, Art. 81 Fallgruppen Rn. 262.

der Leitlinien gewählten Beispiele werden in vielen Fällen wenig Hilfestellung für eine objektive Abgrenzung bieten.

585 Von der **Freistellung** gem. Art. 4 Abs. 1 lit. c i TT-GVO **nicht erfasst** sind Beschränkungen, die den Einsatzbereich der zu lizenzierenden Technologie überschreiten. Nicht gruppenfreigestellt sind als Kernbeschränkungen weiter Nutzungsbeschränkungen, die den Lizenznehmer, Art. 4 Abs. 1 lit. d TT-GVO, oder in wechselseitigen Vereinbarungen durch Kombination mit einer Exklusivlizenz[197] den Lizenzgeber[198] zugleich in der Nutzung der jeweils eigenen Technologie einschränken.[199] Möglich ist hingegen die Verbindung einer Nutzungsbeschränkung mit einer Alleinlizenz[200] oder in nicht wechselseitigen Vereinbarungen auch mit einer Exklusivlizenz.

586 Die Gruppenfreistellung ist unterhalb der Marktanteilsschwelle von 20% unabhängig davon wirksam, ob es sich um eine **symmetrische Nutzungsbeschränkung**, d.h. die Parteien erteilen sich die Lizenz jeweils für den gleichen technischen Anwendungsbereich, oder um eine **asymmetrische Nutzungsbeschränkung**, bei der die Lizenzerteilung jeweils für unterschiedliche technische Einsatzfelder erfolgt, handelt, weil und solange die Nutzung der jeweils eigenen Technologie unbeschränkt bleibt.[201]

587 Bei **Überschreiten der Marktanteilsschwelle** von 20% erlangt die Differenzierung zwischen symmetrischen und asymmetrischen Nutzungsbeschränkungen hingegen Bedeutung. Symmetrische Nutzungsbeschränkungen haben nach Auffassung der Kommission eine wettbewerbsfördernde Wirkung, da sie Wettbewerb schaffen, der ohne die Vereinbarung nicht oder zumindest nicht in dieser Intensität bestehen würde.[202] Asymmetrische Nutzungsbeschränkungen fallen nach Ansicht der Kommission hingegen regelmäßig unter Art. 81 Abs. 1 EG, wenn die Produktion der Lizenzprodukte dazu führt, dass der Lizenznehmer mangels entsprechender Kapazitäten die Produktion seiner eigenen Produkte außerhalb des lizenzierten Bereichs verringert oder diese ganz einstellt. Eine Individual-

---

197 Zum Begriff der Exklusivlizenz vgl. Rn. 550.
198 Vgl. zu Exklusivlizenzen Rn. 550 ff.
199 Komm., Leitlinien zu Technologietransfer-Vereinbarungen, Abl. 2004, Nr. C 101, 2 Rn. 90, 181 i.V.m. 163.
200 Zum Begriff der Alleinlizenz vgl. Rn. 550.
201 Komm., Leitlinien zu Technologietransfer-Vereinbarungen, Abl. 2004, Nr. C 101, 2 Rn. 91.
202 Komm., Leitlinien zu Technologietransfer-Vereinbarungen, Abl. 2004, Nr. C 101, 2 Rn. 183.

freistellung gem. Art. 81 Abs. 3 EG kommt insbesondere dann nicht in Betracht, wenn es für den Rückgang der eigenen Produktion oder deren Einstellung keinen sachlichen Grund gibt, da dann die Annahme nahe liegt, dass in Wahrheit eine verdeckte Marktaufteilung und damit eine Kernbeschränkung gem. Art. 4 Abs. 1 lit. c TT-GVO vorliegt.[203]

2. Vereinbarungen zwischen Nichtwettbewerbern

Nutzungsbeschränkungen zwischen Nichtwettbewerbern sind bis zur **588** Marktanteilsschwelle von 30% gruppenfreigestellt.[204] Auch oberhalb der Marktanteilsschwelle haben solche Vereinbarungen, da sie die Lizenzvergabe fördern, regelmäßig keine wettbewerbsbeschränkende Wirkung, so dass Art. 81 Abs. 1 EG keine Anwendung findet.[205]

VI. Beschränkungen im Rahmen eines selektiven Vertriebssystems

Als Kernbeschränkung nicht zulässig ist nach der gegenüber Art. 4 **589** Abs. 2 lit. b ii TT-GVO[206] insoweit spezielleren Regelung des Art. 4 Abs. 2 lit. c TT-GVO eine **Beschränkung des aktiven oder passiven Verkaufs an Endkunden**, die dem auf der Einzelhandelsstufe tätigen Mitglied eines selektiven Vertriebssystems auferlegt wird.[207] Ein selektives Vertriebssystem ist nach der Legaldefinition in Art. 1 Abs. 1 lit. k TT-GVO ein „Vertriebssystem, in denen sich die Lizenzgeber verpflichten, Lizenzen für die Produktion der Vertragsprodukte nur Lizenznehmern zu erteilen, die aufgrund festgelegter Merkmale ausgewählt werden und in denen sich diese Lizenznehmer verpflichten, die Vertragsprodukte nicht an Händler zu verkaufen, die nicht zum Vertrieb zugelassen sind". Eine solche Beschränkung unterfällt (auch bei Überschreiten der Marktanteilsgrenze von 30%) als Kernbeschränkung Art. 81 Abs. 1 EG und ist regelmäßig nicht gem. Art. 81 Abs. 3 EG freistellungsfähig.

---

203 Komm., Leitlinien zu Technologietransfer-Vereinbarungen, Abl. 2004, Nr. C 101, 2 Rn. 183.
204 Komm., Leitlinien zu Technologietransfer-Vereinbarungen, Abl. 2004, Nr. C 101, 2 Rn. 184.
205 Komm., Leitlinien zu Technologietransfer-Vereinbarungen, Abl. 2004, Nr. C 101, 2 Rn. 184.
206 Vgl. hierzu Rn. 580.
207 Zur möglichen Beschränkung von Händlern auf der Großhandelsstufe vgl. Art. 4 Abs. 2 lit. b v TT-GVO und Rn. 582.

590 Gruppenfreigestellt ist hingegen bis zur Marktanteilsgrenze von 30 % eine Verpflichtung, die dem Lizenznehmer, der Mitglied eines selektiven Vertriebssystems ist, untersagt, Vertragsprodukte an **nicht autorisierte Händler** zu verkaufen, Art. 4 Abs. 2 lit. b vi TT-GVO.[208] Möglich ist zudem gem. Art. 4 Abs. 2 lit. c TT-GVO im Rahmen eines selektiven Vertriebssystems die Vereinbarung einer Standortbeschränkung, die dem Lizenznehmer und den von ihm einzusetzenden Händlern verbietet, Vertragsprodukte von nicht autorisierten Niederlassungen aus zu vertreiben.

591 Die Vereinbarungen zwischen dem **Lizenznehmer und seinen Händlern** sind nicht nach der TT-GVO, sondern nach der Vertikal-GVO zu beurteilen.

VII. Kopplungs- und Paketvereinbarungen

592 Von einer **Kopplungsvereinbarung** spricht man, wenn der Lizenzgeber zur Lizenzierung einer Technologie nur bereit ist, sofern der Lizenznehmer zusätzlich eine bestimmte andere Technologie oder auch ein anderes Produkt des Lizenzgebers oder eines Dritten erwirbt. Bei einer **Paketvereinbarung** sind bereits zwei Technologien oder eine Technologie und ein Produkt zu einem Gesamtangebot verbunden.[209] Beide Beschränkungsalternativen sind zwischen Wettbewerbern bis zur Marktanteilsschwelle von 20 % und zwischen Nichtwettbewerbern bis zu einer Marktanteilsschwelle von 30 % gruppenfreigestellt, Art. 2 Abs. 1 TT-GVO.[210]

593 Auch bei **Überschreiten der** genannten **Marktanteilsschwellen** unterfallen verschiedene Konstellationen von Kopplungs- und Paketvereinbarungen nicht Art. 81 Abs. 1 EG. Dies trifft z. B. zu, wenn die Verbindung der Produkte zur Wahrung bestimmter technischer Sicherheits- oder Qualitätsstandards erforderlich ist oder wenn eine sinnvolle technische Nutzung bei getrenntem Einsatz der Produkte nicht möglich ist.[211]

---

208 Komm., Leitlinien zu Technologietransfer-Vereinbarungen, Abl. 2004, Nr. C 101, 2 Rn. 105.

209 Vgl. zum Begriff der Kopplungs- und Paketvereinbarung Komm., Leitlinien zu Technologietransfer-Vereinbarungen, Abl. 2004, Nr. C 101, 2 Rn. 191.

210 Zur entsprechenden Anwendung der Kriterien für Kopplungsvereinbarungen auf Bündellizenzierungen vgl. *Riziotis*, GRUR Int. 2004, 367, 375.

211 Vgl. hierzu bereits Art. 2 Abs. 1 Nr. 5 VO 240/1996, der ebenfalls Kopplungsvereinbarungen zur Wahrung von Qualitätsvorschriften und zur Sicherung einer optimalen technischen Nutzung der lizenzierten Technologie freistellte.

Über diese konkreten Fallkonstellationen hinaus sind die entscheidenden Kriterien für die Beurteilung einer möglichen wettbewerbsbeschränkenden Wirkung von Kopplungs- und Paketvereinbarungen, unabhängig davon, ob es sich bei den Parteien um Wettbewerber oder Nichtwettbewerber handelt, die Marktmacht[212] auf dem Markt für das Kopplungsprodukt und ein Marktanteil auf dem Markt des zu koppelnden Produktes, der so hoch ist, dass hierdurch spürbare Marktzutrittsschranken für Dritte aufgebaut werden.[213]

Ein **Sonderfall** ist gegeben, wenn der Lizenzgeber nicht auf dem Markt für das attraktive Kopplungsprodukt, sondern auf dem Markt des zu koppelnden Produktes marktstark ist. In diesem Fall wird die Beschränkung wie ein Wettbewerbsverbot oder eine Mengenvorgabe behandelt.[214]   **594**

VIII. Wettbewerbsverbote

Wettbewerbsverbote, welche die **Nutzung von Technologien Dritter** beschränken[215] und daher grundsätzlich Abschottungswirkungen haben können, sind zwischen Wettbewerbern bis zur Marktanteilsschwelle von 20 % und zwischen Nichtwettbewerbern bis zur Marktanteilsschwelle von 30 % freigestellt.[216]   **595**

Bei **Überschreiten der** jeweiligen **Marktanteilsschwelle** ist wiederum eine Abwägung im Einzelfall erforderlich, wobei die Kommission ebenso wie bei Kopplungs- und Paketvereinbarung ein Hauptaugenmerk auf die **Begründung und Erhöhung von Marktzutritts-**   **596**

---

212 Auch im Rahmen von Kopplungsverträgen in vertikalen Vereinbarungen stellt die Komm. auf das Kriterium der Marktmacht ab, vgl. Leitlinien für vertikale Beschränkungen, Abl. 2000, Nr. C 291, 1 Rn. 219.
213 Komm., Leitlinien zu Technologietransfer-Vereinbarungen, Abl. 2004, Nr. C 101, 2 Rn. 193.
214 Komm., Leitlinien zu Technologietransfer-Vereinbarungen, Abl. 2004, Nr. C 101, 2 Rn. 193. Vgl. zur Behandlung von Wettbewerbsverboten und Mengenbeschränkungen Rn. 595 ff.
215 Zur Beschränkungen im Hinblick auf FuE sowie die Nutzung von Eigentechnologie vgl. Rn. 600 ff.
216 Komm., Leitlinien zu Technologietransfer-Vereinbarungen, Abl. 2004, Nr. C 101, 2 Rn. 197. Aus der Gruppenfreistellung von Wettbewerbsverboten im Hinblick auf konkurrierende Technologien Dritter ergibt sich nach *Schultze/Pautke/Wagener*, TT-GVO Rn. 545, dass als Minus hierzu auch Output-Beschränkungen des Lizenznehmers bezüglich Produkten, die mit fremden konkurrierenden Technologien hergestellt werden, möglich sein müssen.

schranken richtet. Je höher diese sind, desto wahrscheinlicher ist es, dass die Vereinbarung Art. 81 Abs. 1 EG unterfällt und nicht gem. Art. 81 Abs. 3 EG einzelfreistellungsfähig ist. Entscheidende Kriterien für die Begründung oder Stärkung von Marktzutrittsschranken sind zunächst die starke Marktstellung eines Lizenzgebers oder das Vorliegen eines Netzwerkes gleichartiger Wettbewerbsverbote mehrerer Lizenzgeber, die zusammen mindestens 50% des Marktes binden. Weiter ist von Relevanz, ob andere Lizenzgeber Zugang zu ausreichenden Produktions- und Vertriebsmöglichkeiten für ihre Technologien haben. Die Marktzutrittsschranken sind besonders hoch, wenn es nur wenige Lizenznehmer gibt, die über die zur Herstellung der Vertragsprodukte erforderlichen Maschinen verfügen. Sie erhöhen sich ebenfalls, wenn die Lizenznehmer die Vertragsprodukte für den Eigengebrauch herstellen oder wenn die Lizenznehmer zwar für den Drittgebrauch produzieren, jedoch ihrerseits durch Vertriebsbindungen in der Auswahl ihrer Vertragspartner eingeschränkt sind.[217]

597 Die Kommission berücksichtigt bei ihrer Bewertung von Wettbewerbsverboten auch die **wettbewerbsfördernden Wirkungen**. Diese können insbesondere darin bestehen, dass der Lizenzgeber überhaupt bereit ist, eine Lizenz zu erteilen, ohne befürchten zu müssen, dass das lizenzierte Know-how vom Lizenznehmer auch bei der Herstellung von Produkten mit Technologien Dritter verwendet wird. Weiter ist der Lizenznehmer so eher zu Investitionen im Hinblick auf die Weiterentwicklung und effiziente Ausnutzung der lizenzierten Technologie bereit. Es gilt jedoch zu berücksichtigen, dass auch eine solche Vereinbarung mit wettbewerbsfördernden Elementen nach der Kommission nicht gem. Art. 81 Abs. 3 EG freistellungsfähig ist, wenn die Marktzutrittsschranken hoch sind und die positiven Wirkungen auch mit weniger einschränkenden Mitteln wie der Festlegung von Mindestproduktionsmengen oder Mindestlizenzgebühren erreicht werden könnten.[218]

---

217 Komm., Leitlinien zu Technologietransfer-Vereinbarungen, Abl. 2004, Nr. C 101, 2 Rn. 199 f.

218 Komm., Leitlinien zu Technologietransfer-Vereinbarungen, Abl. 2004, Nr. C 101, 2 Rn. 201 ff. Vgl. zu Mindestproduktionsmengen Rn. 546 und zu Mindestlizenzgebühren Rn. 535.

IX. Anspruchsregelungs- und Anspruchsverzichtsvereinbarungen

Anspruchsregelungs- und Anspruchsverzichtsvereinbarungen sind Li- **598**
zenzvereinbarungen, die abgeschlossen werden, um einen **Streit über
die Verletzung von geistigen Schutzrechten** beizulegen oder einen
solchen für die Zukunft zu vermeiden. Die TT-GVO befasst sich nicht
unmittelbar mit solchen Klauseln. Diese finden nur in den Leitlinien
Erwähnung.[219] Anspruchsregelungs- und Anspruchsverzichtsvereinbarungen sind an sich nicht wettbewerbsbeschränkend, da sie den Parteien eine ungestörte Nutzung der jeweiligen Technologie ermöglichen. Hierdurch ist jedoch nicht ausgeschlossen, dass sich in solchen
Vereinbarungen **wettbewerbsbeschränkende Klauseln** finden, die
Art. 81 Abs. 1 EG unterfallen und regelmäßig auch nicht gem. Art. 81
Abs. 3 EG freistellungsfähig sind. Dies trifft zunächst auf Klauseln
zu, die Kernbeschränkungen i.S.v. Art. 4 TT-GVO enthalten.[220] Wenn
die Parteien über entsprechende Marktmacht verfügen, unterfallen jedoch auch Beschränkungen, die über dasjenige hinausgehen, was zur
Auflösung einer Sperrposition[221] erforderlich ist, Art. 81 Abs. 1 EG.
Dies kann insbesondere auf wechselseitige Lizenzgebührvereinbarungen zutreffen, die den Marktpreis beeinflussen.[222] Weiter sind bei be-
trächtlicher Marktmacht der Parteien solche Klauseln wettbewerbsbeschränkend gem. Art. 81 Abs. 1 EG und erfüllen die Voraussetzungen
für eine Freistellung gem. Art. 81 Abs. 3 EG nicht, welche die Parteien in ihrem Innovationspotenzial beeinträchtigen, indem sie sich
auch auf künftige Entwicklungen der Technologie erstrecken.[223]
Derartige, nicht freigestellte Regelungen sind verboten, auch wenn
sie in **schiedsrichterlichen Vergleichen** vereinbart werden. Selbst
Anspruchsregelungs- oder Anspruchsverzichtsvereinbarungen, die in

---

219 Komm., Leitlinien zu Technologietransfer-Vereinbarungen, Abl. 2004, Nr. C 101, 2
    Rn. 204 ff.
220 Hierbei ist zu beachten, dass die für die Parteien ungünstigere Kernbeschränkungs-
    liste des Art. 4 Abs. 1 TT-GVO gilt, wenn die Parteien davon Kenntnis haben, dass
    keine ein- oder zweiseitige Sperrposition besteht und sie daher als Wettbewerber
    anzusehen sind. Zur Bedeutung von ein- oder zweiseitigen Sperrpositionen für das
    Wettbewerbsverhältnis zwischen den Parteien vgl. Rn. 498.
221 Vgl. zum Begriff der Sperrposition Rn. 498.
222 Komm., Leitlinien zu Technologietransfer-Vereinbarungen, Abl. 2004, Nr. C 101, 2
    Rn. 207.
223 Komm., Leitlinien zu Technologietransfer-Vereinbarungen, Abl. 2004, Nr. C 101, 2
    Rn. 208.

einem vor einem nationalen Gericht geschlossenen **Prozessvergleich** enthalten sind, können nach Ansicht des EuGH unter Umständen gegen höherrangiges Gemeinschaftsrecht verstoßen.[224]

599 Nichtangriffsklauseln,[225] die in Anspruchsregelungs- oder Anspruchsverzichtsklauseln enthalten sind, unterfallen regelmäßig nicht Art. 81 Abs. 1 EG, da nach Ansicht der Kommission nur so die Dauerhaftigkeit des erzielten Vergleichs gesichert werden kann.[226]

X. Beschränkungen im Bereich von FuE oder Nutzung von Eigentechnologie

1. Vereinbarungen zwischen Wettbewerbern

600 Die **Beschränkung des Lizenznehmers in der Nutzung**[227] seiner eigenen[228] Technologie[229] und die einseitige oder wechselseitige Beschränkung der Parteien in ihrer FuE-Arbeit[230] stellen in Vereinbarungen zwischen Wettbewerbern grundsätzlich Kernbeschränkungen dar, Art. 4 Abs. 1 lit. d TT-GVO. Es ist damit auch unwahrscheinlich, dass solche Vereinbarungen bei Überschreiten der Marktanteilsschwelle von 20 % die Freistellungsvoraussetzungen des Art. 81 Abs. 3 EG erfüllen.[231]

---

224 EuGH, Urt. v. 27.9.1988 – Rs. 65/86, „Bayer Farbenfabrik/Süllhöfer", Slg. 1988, 5249, 5286 Rn. 15.

225 Zum Begriff der Nichtangriffsklausel und zu ihrer rechtlichen Bewertung außerhalb von Anspruchsregelungs- oder Anspruchsverzichtsvereinbarungen vgl. Rn. 611 ff.

226 Komm., Leitlinien zu Technologietransfer-Vereinbarungen, Abl. 2004, Nr. C 101, 2 Rn. 209; kritisch hierzu *Ørstavik*, ICC 2005, 83, 108.

227 Der Begriff der Nutzung ist in einem umfassenden Sinn zu verstehen und erfasst sowohl die Entscheidung über den Ort und die Menge der Produktion sowie des Verkaufs, als auch über den Preis, vgl. Komm., Leitlinien zur Anwendung von Art. 81 EG-Vertrag auf Technologietransfer-Vereinbarungen, Abl. 2004, Nr. C 101, 2 Rn. 95.

228 Aus Komm., Leitlinien zu Technologietransfer-Vereinbarungen, Abl. 2004, Nr. C 101, 2 Rn. 95, ergibt sich, dass es sich hierbei um eine Technologie des Lizenznehmers handeln muss, die mit derjenigen des Lizenznehmers in Konkurrenz steht.

229 Zu Beschränkungen im Hinblick auf Technologien Dritter vgl. Rn. 595 ff.

230 Vgl. zur Abgrenzung zwischen den Anwendungsbereichen der TT-GVO und der FuE GVO siehe Rn. 517.

231 Komm., Leitlinien zu Technologietransfer-Vereinbarungen, Abl. 2004, Nr. C 101, 2 Rn. 132.

Eine **Ausnahme im Hinblick auf die Beschränkung der Eigennut-** **601**
zung ergibt sich nach den Leitlinien[232] dann, wenn diese nicht ohne
Verwendung der lizenzierten Technologie erfolgen kann. Was den Bereich der eigenen FuE anbelangt, so können dem Lizenznehmer gem.
Art. 4 Abs. 1 lit. d TT-GVO Beschränkungen auferlegt werden, sofern
diese zur Verhinderung der Weitergabe des lizenzierten Know-hows
an Dritte unerlässlich sind. Unerlässlich sind nach der Kommission
solche Beschränkungen, die notwendig und verhältnismäßig sind.[233]
Aus einem von der Kommission zur Angemessenheit solcher Beschränkungen selbst gebildeten Beispiel[234] ergibt sich, dass hier eine
restriktive Anwendung geboten ist. Das Beispiel führt als zulässige
Beschränkung einen Ausschluss der Mitarbeiter des Lizenznehmers,
die Kenntnis von dem Know-how des Lizenzgebers haben, von der
Mitarbeit an FuE-Projekten mit Dritten an. Insgesamt ist diese Ausnahme ein Fortschritt im Vergleich zur FuE-GVO, die den Schutz von
in die FuE-Kooperation eingebrachtem Background-know-how stark
vernachlässigt, vgl. Art. 5 Abs. 1 lit. a FuE-GVO.

2. Vereinbarung zwischen Nichtwettbewerbern

Eine **Beschränkung des Lizenznehmers in der Nutzung seiner** **602**
eigenen konkurrierenden Technologie oder eine Beschränkung der
Parteien im Hinblick auf FuE-Projekte, sofern diese nicht notwendig
ist, um eine Preisgabe des Know-hows an Dritte zu verhindern, ist in
einer Vereinbarung zwischen Nichtwettbewerbern gem. Art. 5 Abs. 2
TT-GVO eine **nicht freigestellte Beschränkung** (aber keine Kernbeschränkung) und bedarf einer Beurteilung gem. Art. 81 Abs. 1 und 3
EG.[235]

Aus den Leitlinien ergibt sich, dass die Beschränkung eines Nicht- **603**
wettbewerbers in der Nutzung seiner eigenen Technologie nur in absoluten Ausnahmefällen praktisch relevant sein dürfte. Dies setzt voraus,
dass der Lizenznehmer über eine konkurrierende Technologie verfügt,
die Parteien aber dennoch keine Wettbewerber auf dem Produkt- oder

---

232 Komm., Leitlinien zu Technologietransfer-Vereinbarungen, Abl. 2004, Nr. C 101, 2
 Rn. 95.
233 Komm., Leitlinien zu Technologietransfer-Vereinbarungen, Abl. 2004, Nr. C 101, 2
 Rn. 94.
234 Komm., Leitlinien zu Technologietransfer-Vereinbarungen, Abl. 2004, Nr. C 101, 2
 Rn. 94.
235 Zu nicht freigestellten Beschränkungen nach Art. 5 TT-GVO und ihrer Behandlung
 vgl. Rn. 505.

Technologiemarkt sind.[236] Dies ist z. B. möglich, wenn der Lizenznehmer zwar eine konkurrierende Technologie besitzt, diese jedoch nicht zum Einsatz bringt oder lizenziert und die Parteien zugleich keine aktuellen oder potenziellen Wettbewerber auf dem fraglichen Produktmarkt sind. Eine solche Beschränkung des Lizenznehmers in der Nutzung seiner Technologie kann unter Umständen eine potenzielle Quelle für Wettbewerb und Innovation verstopfen, unterfällt nach Ansicht der Kommission regelmäßig Art. 81 Abs. 1 EG und ist nicht gem. Art. 81 Abs. 3 EG freistellungsfähig.[237]

604 Die **Beschränkung der Parteien in ihrer FuE-Arbeit zur Entwicklung eigener konkurrierender Technologien**, die diese bislang nicht besitzen, unterfällt Art. 81 Abs. 1 EG und erfüllt die Freistellungsvoraussetzungen des Art. 81 Abs. 3 EG nicht, wenn am Markt nur wenige Technologien vorhanden sind und die Parteien über die Einrichtungen oder Fähigkeiten zur Entwicklung eigener neuer Technologien verfügen. Sind hingegen ausreichend Technologien am Markt vertreten und mangelt es den Parteien an den Geräten und Fähigkeiten zur Entwicklung einer neuen Technologie, sind die Freistellungsvoraussetzungen des Art. 81 Abs. 3 EG erfüllt. Die Freistellung gem. Art. 81 Abs. 3 EG greift auch für eine Klausel, die dem Lizenzgeber für den Zeitpunkt, in dem der Lizenznehmer die Produktion auf der Grundlage einer eigenen konkurrierenden Technologie aufnimmt, ein Kündigungsrecht eingeräumt wird.[238]

XI. Rücklizenzklauseln und Einräumung von Rechten an Verbesserungen

605 Eine Rücklizenz bezeichnet die **exklusive oder nicht exklusive Lizenzierung von Verbesserungen**, die der Lizenznehmer im Hinblick auf die lizenzierte Technologie erzielt hat, an den Lizenzgeber, wobei diese wechselseitig oder nicht wechselseitig erfolgen kann. Im Hinblick auf die Verbesserungen ist eine Differenzierung zwischen ab-

---

236 Sind die Parteien Wettbewerber, stellt eine Beschränkung des Lizenznehmers in der Nutzung seiner eigenen Technologie gem. Art. 4 Abs. 2 lit. d TT-GVO eine Kernbeschränkung dar.
237 Komm., Leitlinien zu Technologietransfer-Vereinbarungen, Abl. 2004, Nr. C 101, 2 Rn. 115.
238 Komm., Leitlinien zu Technologietransfer-Vereinbarungen, Abl. 2004, Nr. C 101, 2 Rn. 115.

trennbaren und nicht abtrennbaren[239] **Verbesserungen** erforderlich, d. h. solchen Verbesserungen, die nicht genutzt werden können, ohne dass hierdurch die Rechte des Lizenzgebers an der ursprünglich lizenzierten Technologie verletzt werden. Über die Lizenzierung hinaus ist auch die Übertragung[240] der Rechte an diesen Verbesserungen denkbar.[241]

Nach Auffassung der Kommission bedürfen Rücklizenzklauseln oder **606** die Übertragung von Rechten an Verbesserungen, die nicht abtrennbare Verbesserungen betreffen, keiner Freistellung nach der TT-GVO oder gem. Art. 81 Abs. 3 EG, da sie mangels wettbewerbsbeschränkender Wirkung schon nicht Art. 81 Abs. 1 EG unterfallen.[242]

Gruppenfreigestellt sind gem. Art. 2 i.V.m. Art. 3 Abs. 1 und 2 TT- **607** GVO in Vereinbarungen zwischen Wettbewerbern bis zur Marktanteilsschwelle von 20 % und in Vereinbarungen zwischen Nichtwettbewerbern bis zu einer Marktanteilsschwelle von 30 % nicht exklusive Rücklizenzklauseln im Hinblick auf den Lizenznehmer, d. h. solche Rücklizenzklauseln, die den Lizenznehmer nicht an der Eigennutzung der Verbesserungen hindern.[243] Diese Freistellung setzt keine Wechselseitigkeit voraus, d. h. sie greift unabhängig davon, ob der Lizenzgeber dem Lizenznehmer seinerseits die Lizenzierung der von ihm erzielten Verbesserungen zusagt oder nicht.[244] Gruppenfreigestellt ist weiter eine Verpflichtung des Lizenzgebers zur nicht exklusiven, aber auch exklusiven Lizenzierung von Verbesserungen der lizenzierten Technologie oder die Übertragung von Rechten an solchen Verbesserungen auf den Lizenznehmer.

---

239 Vgl. die Legaldefinition in Art. 1 Abs. 1 lit. n TT-GVO.
240 Eine Übertragung von Schutzrechten setzt den Wechsel der Rechtinhaberschaft voraus, Immenga/Mestmäcker EG-WbR-*Ullrich*, GRUR Rn. 85.
241 Jegliche Pflicht zur Übertragung von Rechten an Verbesserungen war unter der VO 240/1996 gem. Art. 3 Nr. 6 schwarz gelistet.
242 Komm., Leitlinien zu Technologietransfer-Vereinbarungen, Abl. 2004, Nr. C 101, 2 Rn. 109; kritisch hierzu *Ørstavik*, ICC 2005, 83, 96 f., nach dessen Ansicht die Rücklizenzierung und Übertragung nicht abtrennbarer Verbesserungen nur für die Laufzeit des ursprünglichen Schutzrechts als nicht wettbewerbsbeschränkend eingestuft werden sollte.
243 Dies trifft auch auf sog. „*feed-on*"-Klauseln zu, d. h. solche Klauseln, die eine Rücklizenzierung der von einem Lizenznehmer erzielten Verbesserungen zur Weitergabe derselben an andere Lizenznehmer vorsieht.
244 Gem. Art. 2 Abs. 1 Nr. 4 VO 240/1996 war die nicht exklusive Erteilung einer Rücklizenz seitens des Lizenznehmers für abtrennbare Verbesserungen weißgelistet, sofern Wechselseitigkeit gewährleistet war.

608 Die unmittelbare oder mittelbare Verpflichtung des Lizenznehmers zur Erteilung einer exklusiven Rücklizenz für von ihm erzielte Verbesserungen sowie die unmittelbare oder mittelbare Verpflichtung zur Übertragung der Rechte an solchen Verbesserungen an den Lizenzgeber oder einen von diesem benannten Dritten stellen gem. Art. 5 Abs. 1 lit. a und lit. b TT-GVO Klauseln dar, die nicht der Gruppenfreistellung unterfallen.[245]

609 Die erforderliche Prüfung, ob **exklusive Rücklizenzen** oder die **Einräumung von Rechten an Verbesserungen** Art. 81 Abs. 1 EG unterfallen und einer Freistellung gem. Art. 81 Abs. 3 EG zugänglich sind, erfolgt insbesondere auf der Grundlage von vier **Kriterien**:

- die Vereinbarung einer Vergütung für die Rücklizenz- oder Übertragungsverpflichtung,
- die Marktstellung des Lizenzgebers,
- die Entstehung paralleler Netze gleichartiger Vereinbarungen sowie
- die Wirkung von Rücklizenzierungs- und Übertragungsverpflichtungen in wechselseitigen Lizenzen zwischen Wettbewerbern.[246]

610 Eine Freistellung gem. Art. 81 Abs. 3 EG wird nach Ansicht der Kommission somit unwahrscheinlicher, wenn der Lizenznehmer **keine angemessene Vergütung** für die Rücklizenzierung oder die Einräumung von Rechten an der von ihm erzielten Verbesserung erhält, da hierdurch der Innovationsanreiz des Lizenznehmers geschwächt wird. Weiter stehen eine starke Stellung des Lizenzgebers auf dem Technologiemarkt sowie das Entstehen **paralleler Netze** gleichartiger Rücklizenz- und Übertragungsverpflichtungen einer Einzelfreistellung entgegen. Schließlich ist eine Freistellung unwahrscheinlich, wenn die Parteien Wettbewerber sind und eine gegenseitige Rücklizenz- oder Übertragungsverpflichtung in einer wechselseitigen Vereinbarung festgelegt wird.

XII. Nichtangriffsklauseln

611 Als Nichtangriffsklauseln werden Verpflichtungen des Lizenznehmers im Rahmen der Technologietransfer-Vereinbarung bezeichnet, die **Gültigkeit der Schutzrechte** des Lizenzgebers **nicht anzugreifen**. Den vertraglichen Schutz ungültiger (oder anfechtbarer) Schutzrechte bewertet die Kommission als Innovationshemmnis.

---

245 Zur Systematik nicht freigestellter Beschränkungen, Art. 5 TT-GVO, vgl. Rn. 505.
246 Komm., Leitlinien zu Technologietransfer-Vereinbarungen, Abl. 2004, Nr. C 101, 2 Rn. 110 f.

Vertragsklauseln, die es dem Lizenznehmer unmittelbar oder mittelbar **612** **untersagen, die Schutzrechte des Lizenzgebers anzugreifen,** unterfallen gem. Art. 5 Abs. 1 lit. c TT-GVO nicht der Gruppenfreistellung, sondern bedürfen einer Bewertung im Einzelfall. [247]

Hierbei gilt, dass eine Klausel, die es dem Lizenzgeber, für den Fall, **613** dass der Lizenznehmer das Schutzrecht angreift, gestattet, den Lizenzvertrag aufzuheben, bereits nicht Art. 81 Abs. 1 EG unterfällt. [248]

Die Leitlinien sehen weiter vor, dass eine Nichtangriffsklausel, die **614** eine **wertvolle Technologie** betrifft, regelmäßig Art. 81 Abs. 1 EG unterfällt und nicht gem. Art. 81 Abs. 3 EG freistellungsfähig ist. [249] Eine Technologie ist zumindest dann nicht wertvoll, wenn sie veraltet ist. [250] Das Gleiche gilt nach Auffassung des EuGH, wenn der Lizenznehmer keine Lizenzgebühr zahlt. [251]

Nach Auffassung der Kommission sollen hingegen Nichtangriffsklau- **615** seln, die sich auf **lizenziertes Know-how** beziehen, gruppenfreigestellt sein. [252] Diese Bestimmung findet sich jedoch nicht im Verordnungstext selbst, sondern lediglich in den Leitlinien, was zumindest ihre rechtliche, wenn auch vielleicht nicht ihre faktische Verbindlichkeit für nationale Behörden und Gerichte in Frage stellt. [253]

Weitere Auslegungshinweise enthalten die Leitlinien nicht. Berück- **616** sichtigung für die **Abwägung im Einzelfall** werden die Marktstruktur

---

247 Zur Systematik von nicht freigestellten Beschränkungen gem. Art. 5 TT-GVO vgl. oben Rn. 505; *Korah*, ECLR 2004, 247, 259 kritisiert die mangelnde Berücksichtigung der *Ex-ante* Betrachtung, d. h. der Frage, ob eine Lizenz ohne die Möglichkeit einer Nichtangriffsklausel überhaupt gewährt wird.
248 Komm., Leitlinien zu Technologietransfer-Vereinbarungen, Abl. 2004, Nr. C 101, 2 Rn. 113. Eine solche Klausel war auch schon gem. Art. 2 Abs. 1 Nr. 15 VO 240/ 1996 weißgelistet; vgl. auch Groeben/Schwarze-*Sucker/Guttuso/Gaster*, Art. 81 Fallgruppen Rn. 201.
249 Komm., Leitlinien zu Technologietransfer-Vereinbarungen, Abl. 2004, Nr. C 101, 2 Rn. 112.
250 Vgl. EuGH, Urt. v. 27.9.1988 – Rs. 65/86, „Bayer Farbenfabrik/Süllhöfer", Slg. 1988, 5249, 5286 Rn. 18.
251 Vgl. EuGH, Urt. v. 27.9.1988 – Rs. 65/86, „Bayer Farbenfabrik/Süllhöfer", Slg. 1988, 5249, 5286 Rn. 17; anders *Ørstavik*, ICC 2005, 83, 104, nach dessen Auffassung der EuGH nicht hinreichend berücksichtigt, dass unabhängig von der Unentgeltlichkeit alleine das Bestehen des Schutzrechtes Dritte behindert, denen es möglicherweise an der Möglichkeit einer Anfechtung mangelt.
252 Komm., Leitlinien zu Technologietransfer-Vereinbarungen, Abl. 2004, Nr. C 101, 2 Rn. 112.
253 *Schultze/Pautke/Wagener*, TT-GVO Rn. 851.

und der Marktanteil der Parteien finden.[254] Die Wahrscheinlichkeit dafür, dass eine Nichtangriffsklausel Art. 81 Abs. 1 EG unterfällt und auch nicht gem. Art. 81 Abs. 3 EG freistellungsfähig ist, dürfte sich erhöhen, wenn von der Klausel nicht nur das lizenzierte, sondern auch andere Schutzrechte des Lizenzgebers erfasst sind.[255] Gleiches gilt für eine Nichtangriffsklausel, wenn der verhinderte Angriff des Schutzrechtes im Falle seines Erfolges nicht nur zu einer Ausübung desselben durch den Lizenznehmer anstelle des Lizenzgebers führen, sondern die geschützte Technologie auch Dritten zugänglich machen würde.[256]

XIII. Technologiepools

617 Unter einem **Technologiepool** versteht man eine **Gesamtheit von Technologien**, die von verschiedenen Parteien zusammengestellt und dann an Dritte oder Mitglieder des Technologiepools lizenziert wird.[257] Alle Vereinbarungen zwischen den Mitgliedern, die der Einrichtung und fortlaufenden Unterhaltung des Technologiepools dienen, sind einer Gruppenfreistellung nach der TT-GVO nicht zugänglich,[258] sondern bedürfen einer individuellen Beurteilung nach Art. 81 Abs. 1 und Abs. 3 EG.[259] Etwas anderes gilt für die Technologietransfer-Vereinbarungen mit außenstehenden Dritten, die bei Vorliegen der Voraussetzungen nach der TT-GVO gruppenfreigestellt sein können.[260]

---

254 Erwägungsgrund Nr. 25 VO 240/1996.

255 So auch *Ørstavik*, ICC 2005, 83, 102; Komm., Evaluierungsbericht über die GVO (EG) Nr. 240/1996 für Technologietransfer-Vereinbarungen, Rn. 170.

256 *Ørstavik*, ICC 2005, 83, 106; vgl. auch Komm., Entsch. v. 23.03.1990 – Az. IV/ 32.736, „Moosehead/Withbread", Abl. 1990, Nr. L 100, 32 Rn. 8.

257 Komm., Leitlinien zu Technologietransfer-Vereinbarungen, Abl. 2004, Nr. C 101, 2 Rn. 210. Missverständlich insoweit Erwägungsgrund Nr. 7 TT-GVO, in dem lediglich von der externen nicht der internen Lizenzierung die Rede ist.

258 Für eine detaillierte Darstellung der Gründe dafür, warum Technologiepools nicht in die TT-GVO aufgenommen worden sind, vgl. *Dolmans/Piilola*, W. Comp. 2003, 541, 561. Ohne Berücksichtigung dieser Gründe kritisch zur Nichtaufnahme zumindest der gefestigten Kommissionspraxis in die TT-GVO *Lübbig*, GRUR 2004, 483, 488.

259 In Komm., Leitlinien zu Technologietransfer-Vereinbarungen, Abl. 2004, Nr. C 101, 2 Rn. 210 ff., finden sich zur Bewertung von Technologiepools ausführliche Erläuterungen.

260 Komm., Leitlinien zu Technologietransfer-Vereinbarungen, Abl. 2004, Nr. C 101, 2 Rn. 212.

Nach der Kommission ist insbesondere die **Differenzierung** zwischen 618 substituierbaren und sich ergänzenden sowie wesentlichen und nicht wesentlichen Technologien für die Beurteilung entscheidend.

Unter **substituierbaren Technologien** sind solche Technologien zu 619 verstehen, die alternativ zur Herstellung des jeweiligen Produktes oder zur Durchführung des entsprechenden Prozesses benötigt werden. **Sich ergänzende** Technologien sind dementsprechend solche, mit denen nur kumulativ der entsprechende Erfolg herbeigeführt werden kann.[261] Die Kommission will jedoch auch Technologien, die sich z.T. ersetzen, als sich ergänzende Technologien behandeln, wenn die Lizenznehmer diese Technologien aufgrund von Effizienzgewinnen regelmäßig nur gemeinsam nachfragen.[262]

Eine **Technologie ist wesentlich**, wenn sie zur Herstellung eines 620 bestimmten Produktes oder zur Durchführung eines Prozesses als Bestandteil des Technologiepools zwingend erforderlich ist und es zu dieser Technologie innerhalb oder außerhalb des Technologiepools keine Alternative gibt.[263] Die Wesentlichkeit der Technologie kann im Laufe der Zeit durch den Markteintritt neuer Technologien entfallen und muss daher regelmäßig beobachtet werden, um eine kartellrechtliche Unwirksamkeit der Technologiepoolvereinbarung zu verhindern.[264] Daher sollte in die Vereinbarung eine Klausel aufgenommen werden, die vorsieht, dass Technologien zu dem Zeitpunkt aus dem Pool ausscheiden, in dem sie ihre Wesentlichkeit verlieren.[265]

Setzt sich ein Technologiepool zum überwiegenden Teil aus **substitu-** 621 **ierbaren Technologien** zusammen, unterfallen die Technologiepoolvereinbarungen, unabhängig davon, ob sie wesentlich oder nicht wesentlich sind, Art. 81 Abs. 1 EG, und eine Freistellung gem. Art. 81

---

261 Komm., Leitlinien zu Technologietransfer-Vereinbarungen, Abl. 2004, Nr. C 101, 2 Rn. 216.
262 Komm., Leitlinien zu Technologietransfer-Vereinbarungen, Abl. 2004, Nr. C 101, 2 Rn. 218.
263 Komm., Leitlinien zu Technologietransfer-Vereinbarungen, Abl. 2004, Nr. C 101, 2 Rn. 216.
264 Komm., Leitlinien zu Technologietransfer-Vereinbarungen, Abl. 2004, Nr. C 101, 2 Rn. 222.
265 Vgl. Komm., Leitlinien zu Technologietransfer-Vereinbarungen, Abl. 2004, Nr. C 101, 2 Rn. 222. So auch *Schultze/Pautke/Wagener*, TT-GVO Rn. 367 und *van Bael/ Bellis*, Competition Law, S. 702.

Abs. 3 EG ist unwahrscheinlich, da die Kommission hierin ein **kollektives Kopplungsgeschäft** sieht.[266]

622 Kartellrechtlich unbedenklich sind nach Auffassung der Kommission demgegenüber Vereinbarungen, die sich auf wesentliche und sich daher **notwendig ergänzende Technologien** beziehen. Dementsprechend unterfällt eine solche Vereinbarung schon nicht Art. 81 Abs. 1 EG.[267]

623 Enthält eine Technologievereinbarung sich ergänzende, aber nicht wesentliche Technologien, unterfällt die Vereinbarung zumindest Art. 81 Abs. 1 EG, wenn der Technologiepool **eine bedeutende Stellung** auf einem relevanten Markt einnimmt.[268] Die Beurteilung, ob eine Freistellung gem. Art. 81 Abs. 3 EG in Betracht kommt,[269] richtet sich danach, ob durch die Einbeziehung der ergänzenden nicht wesentlichen Technologien wettbewerbsfördernde Effekte entstehen, ob die Lizenzgeber auch außerhalb des Technologiepools ihre Technologie lizenzieren dürfen und ob auch lediglich Teile des Technologiepakets erworben werden können.[270]

624 Auch wenn grundsätzlich auf Technologietransfer-Vereinbarungen zwischen einem Technologiepool und außenstehenden Dritten die Vorschriften der TT-GVO entsprechende Anwendung finden,[271] sollten die diesbezüglichen gesonderten Ausführungen der Kommission in den Leitlinien berücksichtigt werden,[272] um eine Wettbewerbswidrigkeit zu vermeiden. So dürfen bei Vorliegen einer marktbeherrschenden Stellung des Technologiepools oder bei Begründung eines *de facto* Industriestandards durch den Technologiepool die Lizenzgebühren und Lizenzbedingungen **nicht diskriminierend** sein, und Dritten muss zu

---

266 Komm., Leitlinien zu Technologietransfer-Vereinbarungen, Abl. 2004, Nr. C 101, 2 Rn. 219.
267 Komm., Leitlinien zu Technologietransfer-Vereinbarungen, Abl. 2004, Nr. C 101, 2 Rn. 220.
268 Komm., Leitlinien zu Technologietransfer-Vereinbarungen, Abl. 2004, Nr. C 101, 2 Rn. 221. Auch hier befürchtet die Komm. den wettbewerbsbeschränkenden Effekt einer kollektiven Kopplung.
269 *Carlin/Pautke*, Nw. J. Int'l L. & B. 2004, 601, 615, heben die neue Flexibilität durch die Möglichkeit der Aufnahme nicht wesentlicher Technologien in Technologiepools hervor.
270 Komm., Leitlinien zu Technologietransfer-Vereinbarungen, Abl. 2004, Nr. C 101, 2 Rn. 222.
271 Vgl. Rn. 617.
272 Komm., Leitlinien zu Technologietransfer-Vereinbarungen, Abl. 2004, Nr. C 101, 2 Rn. 223 ff.; vgl. auch *Dolmans/Piilola*, W. Comp. 2003, 541, 562, die in den Leitlinien Erläuterungen zu ganz verschiedenen Komplexen vermissen.

fairen und vernünftigen Bedingungen der Zutritt gewährt werden.[273] Weiter dürfen die Technologiepoolmitglieder und die Lizenznehmer nicht mit **Wettbewerbsklauseln** belegt werden, die ihnen die Entwicklung eigener Produkte oder Technologien erschweren oder unmöglich machen.[274] **Rücklizenzklauseln** dürfen nicht exklusiv sein und sich nur auf notwendige oder besonders wichtige Verbesserungen beziehen.[275] **Nichtangriffsklauseln** müssen so ausgestaltet sein, dass eine Kündigungsmöglichkeit des Lizenzgebers für den Fall eines Angriffs auf das Schutzrecht[276] nur seine eigene Technologie, nicht jedoch die anderer Technologiepoolteilnehmer umfasst, da sonst ein zu hoher Abschreckungseffekt im Hinblick auf einen Angriff der Lizenznehmer auf Schutzrechte der Technologiepoolmitglieder bestehen würde.[277]

Schließlich sollten zur Vermeidung von wettbewerbsrechtlichen Problemen auch die Ausführungen der Kommission zur **organisatorischen Gestaltung** von Technologiepools berücksichtigt werden. Erforderlich ist insbesondere sicherzustellen, dass keine sensiblen Informationen über Preise, Absatzvolumina oder Umsätze ausgetauscht werden.[278] Weiter sollten die Gremien des Technologiepools mit Vertretern unterschiedlicher Interessengruppen und nicht nur der Lizenzgeber besetzt sowie Streitbeilegungsverfahren durch unabhängige Gremien vorgesehen sein. Schließlich sollten von den am Technologiepool beteiligten Unternehmen unabhängige Sachverständige mit entsprechendem Fachwissen bei der Gründung und der Verwaltung des Technologiepools mitwirken, etwa für die Unterscheidung zwischen wesentlichen und unwesentlichen Technologien.[279]

625

---

273 Komm., Leitlinien zu Technologietransfer-Vereinbarungen, Abl. 2004, Nr. C 101, 2 Rn. 226 und Rn. 167; *Ritter/Braun*, European Competition Law, S. 844.
274 Komm., Leitlinien zu Technologietransfer-Vereinbarungen, Abl. 2004, Nr. C 101, 2 Rn. 227.
275 Komm., Leitlinien zu Technologietransfer-Vereinbarungen, Abl. 2004, Nr. C 101, 2 Rn. 228.
276 Vgl. allgemein zu der Kündigungsmöglichkeit des Lizenzgebers für den Fall eines Schutzrechtsangriffs bereits Rn. 613.
277 Komm., Leitlinien zu Technologietransfer-Vereinbarungen, Abl. 2004, Nr. C 101, 2 Rn. 229.
278 Komm., Leitlinien zu Technologietransfer-Vereinbarungen, Abl. 2004, Nr. C 101, 2 Rn. 234.
279 Komm., Leitlinien zu Technologietransfer-Vereinbarungen, Abl. 2004, Nr. C 101, 2 Rn. 233.

XIV. Geheimhaltungsverpflichtungen

626 Geheimhaltungsverpflichtungen gehörten gem. Art. 2 Abs. 1 Nr. 1 VO 240/1996 zu den „weißen Klauseln", d. h. solchen Klauseln, die regelmäßig schon nicht wettbewerbsbeschränkend i. S. v. Art. 81 Abs. 1 EG sind. Anders als Art. 2 VO 240/1996 verzichtet die TT-GVO auf eine Liste mit „weißen Klauseln" und vermeidet so den kritisierten „Zwangsjackeneffekt", der darin bestand, dass die Parteien in der Formulierung der Klauseln nicht frei waren, sondern regelmäßig die in der VO 240/1996 vorgegebenen Klauseln übernahmen. Einige der früheren „weißen Klauseln" finden jedoch in den Leitlinien Erwähnung.[280] So geht die Kommission davon aus, dass Geheimhaltungsverpflichtungen im Rahmen von Technologietransfer-Vereinbarungen regelmäßig keine Wettbewerbsbeschränkung i. S. v. Art. 81 Abs. 1 EG darstellen und daher unproblematisch sind. Dies gilt auch für Geheimhaltungsverpflichtungen, die den Zeitraum nach Ablauf der Vereinbarung betreffen.[281] Eine Einschränkung wird man dahingehend machen müssen, dass die Geheimhaltungspflicht nicht faktisch zu einer Bindung des Lizenznehmers an den Lizenzgeber in Bezug auf nicht mehr wirksame Schutzrechte oder offenkundig gewordenes Know-how führen darf.

XV. Verbot der Unterlizenzierung

627 Ebenso als „weiße Klausel" wurde gem. Art. 2 Abs. 1 Nr. 2 VO 240/ 1996 das Verbot der Unterlizenzierung und Übertragung der Lizenz qualifiziert. Die Bewertung als nicht wettbewerbsbeschränkende Klausel findet sich nun ebenfalls in den Leitlinien.

628 Aus der Unbedenklichkeit eines vollständigen Unterlizenzierungsverbotes folgt jedoch nicht, dass gleichsam als Minus hierzu zwangsläufig auch eine Erlaubnis der Unterlizenzierung, die der Lizenzgeber mit bestimmten Auflagen verbunden hat, unproblematisch ist. Vielmehr kann eine eingeschränkte Unterlizenzierungserlaubnis, die z. B. nur im Hinblick auf bestimmte Lizenznehmer oder Gebiete erfolgt, zu einer Marktaufteilung führen und wettbewerbsbeschränkend sein.[282]

---

280 Komm., Leitlinien zu Technologietransfer-Vereinbarungen, Abl. 2004, Nr. C 101, 2 Rn. 155.

281 Groeben/Schwarze-*Sucker/Guttuso/Gaster*, Art. 81 Fallgruppen Rn. 170; Liebscher/ Flohr/Petsche-*Saria*, Handbuch der EU-Gruppenfreistellungsverordnungen, § 13 Rn. 115.

282 Groeben/Schwarze-*Sucker/Guttuso/Gaster*, Art. 81 Fallgruppen Rn. 169; Immenga/ Mestmäcker EG-WbR-*Ullrich*, GRUR Rn. 56.

XVI. Verpflichtung zu einem Nutzungsverbot nach Lizenzende

Weiter ist auch ein Nutzungsverbot nach Ablauf der Vereinbarung, so- **629** lange die lizenzierte Technologie noch gültig und rechtswirksam ist, nach Auffassung der Kommission nicht wettbewerbsbeschränkend.[283] Im Hinblick auf Know-how kommt ein nachvertragliches Nutzungs- verbot nur in Betracht, solange das Know-how noch geheim ist, es sei denn, dass das Know-how durch ein Verschulden des Lizenznehmers bekannt geworden ist.[284]

XVII. Unterstützungspflicht im Hinblick auf die lizenzierten Schutzrechte

Als nicht wettbewerbsbeschränkend gilt auch die Verpflichtung des **630** Lizenznehmers, den Lizenzgeber bei der **Durchsetzung der lizenzier- ten Schutzrechte zu unterstützen.** Hiervon kann die Anzeige von Schutzrechtsverletzung oder auch die Vornahme oder Unterstützung bei der gerichtlichen Durchsetzung der Schutzrechte umfasst sein.[285]

XVIII. Lizenzvermerkspflicht

Nicht wettbewerbsbeschränkend ist nach Auffassung der Kommission **631** schließlich auch eine Verpflichtung des Lizenznehmers, den **Namen oder das Markenzeichen** des Lizenzgebers auf dem Produkt **zu ver- merken.**[286] Hierbei darf sich die Lizenzvermerkspflicht jedoch nur auf das Vertragsprodukt selbst erstrecken, und zudem darf dem Li- zenznehmer nicht untersagt werden, seinerseits ein Warenzeichen auf dem Produkt anzubringen.[287]

---

283 So auch schon Art. 2 Abs. 1 Nr. 3 VO 240/1996.
284 Immenga/Mestmäcker EG-WbR-*Ullrich*, GRUR Rn. 57; Vgl. auch Komm., Leit- linien zu Technologietransfer-Vereinbarungen, Abl. 2004, Nr. C 101, 2 Rn. 54.
285 Vgl. auch Art. 2 Abs. 1 Nr. 6 VO 240/1996.
286 So bereits Art. 2 Abs. 1 Nr. 11 VO 240/1996.
287 Immenga/Mestmäcker EG-WbR-*Ullrich*, GRUR Rn. 59; Groeben/Schwarze- *Sucker/Guttuso/Gaster*, Art. 81 Fallgruppen Rn. 159, 223.

Kapitel 6:

Das Kartellverbot im deutschen Recht

§ 1 Grundlagen des Kartellverbots nach § 1 GWB

Schrifttum: *Bach*, Gemeinschaftsunternehmen nach dem „Ost-Fleisch"-Beschluss des BGH, ZWeR 2003, 187; *Bahr*, Die Verhinderung, Einschränkung oder Verfälschung des Wettbewerbs in § 1 GWB, WuW 2000, 954; *Bartelmess/Rudolf*, Extraterritoriale Anwendung der deutschen Fusionskontrolle und das völkerrechtliche Abwägungsgebot, WuW 2003, 1176; *Beater*, Kartellverbot und Vergleichsvereinbarung, WuW 2000, 584; *Bechtold*, Grundlegende Umgestaltung des Kartellrechts: Zum Referentenentwurf der 7. GWB-Novelle, DB 2004, 235; *Beninca*, Räumliche Marktabgrenzung in der deutschen Fusionskontrolle, WuW 2005, 43; *ders.*, Schadensersatzansprüche von Kunden eines Kartells?, WuW 2004, 604; *Berrisch/Burianski*, Kartellrechtliche Schadensersatzansprüche nach der 7. GWB-Novelle, WuW 2005, 878; *Buch*, Kartellrechtliche Aspekte von Ausrüsterverträgen für den Wettkampfsport zwischen Herstellern und Sportverbänden, WuW 2005, 266; *Bulst*, Private Kartellrechtsdurchsetzung nach der 7. GWB-Novelle: Unbeabsichtigte Rechtsschutzbeschränkungen durch die Hintertür?, EWS 2004, 62; *ders.*, Private Kartellrechtsdurchsetzung durch die Marktgegenseite – deutsche Gerichte auf Kollisionskurs zum EuGH, NJW 2004, 2201; *Bunte*, „Carpartner" und die Folgen, NJW 1999, 93; *Dreher*, Die kartellrechtliche Zulässigkeit von Bietererklärungen im öffentlichen Auftragswesen, Festschrift für Fritz Traub, 1994, S. 63; *Fritzsche*, „Notwendige" Wettbewerbsbeschränkungen im Spannungsfeld von Verbot und Freistellung nach Art. 85 EGV, ZHR 160 (1996), 31; *Fuchs*, Die 7. GWB-Novelle – Grundkonzeption und praktische Konsequenzen, WRP 2005, 1384; *Hempel*, Private Follow-on-Klagen im Kartellrecht, WuW 2005, 137; *ders.*, Privater Rechtsschutz im deutschen Kartellrecht nach der 7. GWB-Novelle, WuW 2004, 362; *Hildebrand*, Der „more economic approach" in der Wettbewerbspolitik, WuW 2005, 513; *Immenga, F./Lange*, Elektronische Marktplätze: Wettbewerbsbeschränkende Verhaltensweisen im Internet?, RIW 2000, 733; *Immenga, U.*, Bietergemeinschaft im Kartellrecht – ein Problem potenziellen Wettbewerbs, DB 1984, 385; *Jauernig*, Wirksame Wettbewerbsbeschränkung durch Vergleich (§ 779 BGB)?, ZHR 141 (1977), 224; *Kahlenberg/Haellmigk*, Referentenentwurf der 7. GWB-Novelle: Tief greifende Änderungen des deutschen Kartellrechts, BB 2004, 389; *dies.*, Neues Deutsches Kartellgesetz, BB 2005, 1509; *Karl/Reichelt*, Die Änderungen des Gesetzes gegen Wettbewerbsbeschränkungen durch die 7. GWB-Novelle, DB 2005, 1436; *Köhler*, Kartellverbot und Schadensersatz, GRUR 2004, 99; *ders.*, Abfallrückführungssysteme der Wirtschaft im Spannungsfeld von Umweltrecht und Kartellrecht, BB 1996, 2577; *Koenig/Kühling/Müller*, Marktfähigkeit, Arbeitsgemeinschaft und das Kartellrecht, WuW 2005, 126; *Kramm*, Rechtsschutz gegen wettbewerbsbeschränkende Eingriffe von Apothekerkammern, WRP 1992, 365; *Lademann/Hermes*, Wettbewerbsbeschränkungen durch Einkaufskooperationen nach § 1 GWB, BB 1987, 838; *Lange*, Erfüllen Kartellabsprachen den Tatbestand des Betrugs?, ZWeR 2003, 352; *ders.*, Unternehmenskooperationen im Internet und EG-Kartellrecht, EWS 2000, 291; *ders.*, Räumliche Marktabgrenzung in der deutschen Fusionskontrolle, BB 1996, 1997; *ders.*, Räumliche Marktabgrenzung in der europäischen Fusionskontrolle, 1994; *Lettl*, Der Schadensersatzanspruch gemäß § 823 Abs. 2 BGB i.V. mit Art. 81 Abs. 2 EG, ZHR 167 (2003), 473; *Leube*, Die kartellrechtliche Beurteilung des „Erfahrungsaustauschs" bei zwischenbetrieblicher Kooperation, BB 1974, 208; *Lutz*, Schwerpunkte der 7. GWB-Novelle, WuW 2005, 718; *Maasch*, Die Zulässigkeit von Bietergemeinschaften, ZHR 150 (1986), 657; *Marx*, Zum Nachweis aufeinander abgestimmten Verhaltens, BB 1978, 331; *Meessen*, Die 7. GWB-Novelle – verfassungsrechtlich gesehen, WuW 2004, 733; *ders.*, Zusammenschlusskontrolle in auslandsbezogenen Sachverhalten, ZHR 143 (1979), 272; *Ohlmann*, Lotterien in der Bundesrepublik Deutschland. Der kooperative Lotterieföderalismus und seine praktischen Rechtswirkungen, WRP 1998, 1043; *Pampel*, Europäisches Wettbewerbsrecht, EuZW 2005, 11; *Polley*, Preisdämpfende Maßnahmen im Rahmen eines Gemeinschaftsunternehmens als Verstoß gegen § 1 GWB, WuW 1998, 939; *Reich*, The „Courage" Doctrine: Encouraging or discouraging compensation for antitrust injuries?, CMLR 2005, 35; *Schmidt, K.*, „Altes" und „neues" Kartellverbot, AG 1998, 551; *ders.*, Macht das Kartellverbot Gemeinschaftsunternehmen für Zivilprozesse inexistent?, WuW 1988, 5; *Schütz*, Der räumlich relevante Markt in der Fusionskontrolle, WuW 1996, 286; *Schweda*, Die Bindungswirkung von Bekanntmachungen und Leitlinien der Europäischen Kommission, WuW 2004, 1133; *Schwintowski*, Wettbewerb und Ordnung auf Energiemärkten nach Wegfall der §§ 103, 103 a GWB, WuW 1997, 769; *ders.*, Grenzen der Anerkennung fehlerhafter Gesellschaften, NJW 1988, 937; *Traub*, „Geltungserhaltende Reduktion" bei nichtigen vertraglichen Wettbewerbsverboten?, WRP 1994, 802; *Treis/Hermes*, Grundriss einer erfahrungswissenschaftlichen Erfassung von Nachfragewettbewerb, AG 1988, 263; *Ulmer*, Die Anwendung von Wettbewerbs- und Kartellrecht auf die wirtschaftliche Tätigkeit der öffentlichen Hand beim Angebot von Waren und Dienstleistungen, ZHR 146 (1982), 466; *Wagner-von Papp*, Wie „identifizierend" dürfen Marktinformationsverfahren sein?, WuW 2005, 732; *v. Wallenberg*, Der Wettbewerb hat gewonnen – Siebte GWB-Novelle ändert nicht die Presseregeln, K&R 2005, 481; *dies.*, Strukturwandel bei den Zeitungen – UWG-rechtliche Zulässigkeit von Gratiszeitungen und pressespezifische Regelungen im Entwurf zur Siebten GWB-Novelle, K&R 2004, 328; *Westermann*, Einkaufskooperationen der öffentlichen Hand nach der Feuerlösch-Entscheidung des BGH, ZWeR 2003, 481.

I. Die Bedeutung und der Anwendungsbereich

1. Bedeutung

§ 1 GWB ist eine der **zentralen Verbotsvorschriften** des deutschen Kartellrechts. Untersagt sind danach alle wettbewerbsbeschränkenden Vereinbarungen zwischen Unternehmen. Nach altem Recht war das Kartellverbot nur auf wettbewerbsbeschränkende Vereinbarungen von Unternehmen anwendbar, die miteinander im Wettbewerb stehen. Mit dieser Formulierung hatte der Gesetzgeber seinerzeit deutlich gemacht, dass das Kartellverbot nur auf sog. „horizontale" Beschränkungen anwendbar gewesen war. Die 7. GWB-Novelle hat das Tatbestandsmerkmal „miteinander im Wettbewerb stehend" in § 1 GWB ersatzlos gestrichen mit der Folge, dass § 1 GWB n. F. sowohl auf horizontale als auch auf vertikale Vereinbarungen anwendbar ist. **632**

Das strenge Verbotsprinzip des § 1 GWB ist durch die Regelung des § 2 GWB **gelockert** worden. Diese Einschränkung beruht auf der Erkenntnis, dass ein Kartellverbot nicht uneingeschränkt gelten kann, wenn sich die dort genannten Ziele ausnahmsweise besser durch die konkrete Wettbewerbsbeschränkung erreichen lassen. **633**

Die **7. GWB-Novelle** hat das deutsche Recht an die umfangreichen Änderungen auf europäischer Ebene angepasst.[1] Die bislang geltende grundsätzliche Anmelde- und Genehmigungspflicht für wettbewerbsbeschränkende Vereinbarungen ist dabei in ein System der Legalausnahme überführt worden. Auch die Beweislastverteilung folgt dabei im Grundsatz dem europäischen Recht. Danach trägt die Beweislast für eine Zuwiderhandlung gegen das Kartellverbot des § 1 GWB die Partei oder die Behörde, die den Vorwurf erhebt. Die Beweislast dafür, dass die Freistellungsvoraussetzungen des § 2 GWB vorliegen, liegt bei den Unternehmen, die sich auf diese Bestimmung berufen. **634**

---

1 Vgl. dazu Rn. 22, 29.

2. Anwendungsbereich

a) Sachlich

635 Das Kartellverbot des GWB beansprucht grundsätzlich für alle Wirtschaftsbereiche Geltung.[2] Dennoch sind **Sonderregeln** für die Landwirtschaft beibehalten worden, § 28 GWB. Eine Sonderregel findet sich zudem für die Preisbindung bei Zeitungen und Zeitschriften in § 30 GWB. Durch die Zusammenfassung im fünften Abschnitt wird klargestellt, dass es sich in beiden Fällen nicht um echte Ausnahmen vom Anwendungsbereich des GWB handelt, sondern um inhaltlich begrenzte Spezialregeln. § 1 GWB ist nicht anwendbar auf die Tätigkeit der Deutschen Bundesbank und der Kreditanstalt für Wiederaufbau, § 130 Abs. 1 Satz 2 GWB.

636 Das Kartellverbot des § 1 GWB wird durch § 10 a Abs. 4 Satz 1 SortG verdrängt.[3] Von der Anwendung des § 1 GWB ausgenommen sind ferner die durch das Gesetz zugelassenen Vereinbarungen des **kollektiven Arbeitsrechts**, vgl. § 4 TVG.

637 Mit § 31 GWB-E sollte eine besondere Vorschrift für die Zusammenarbeit von Unternehmen geschaffen werden, die **Zeitungen oder deren Bestandteile** verlegen, herstellen oder vertreiben. Durch eine intensivere zwischenbetriebliche Zusammenarbeit in Teilbereichen der Verlagswirtschaft sollte ursprünglich die wirtschaftliche Basis der beteiligten Unternehmen verbessert und zugleich ein Beitrag zur Sicherung der Meinungsvielfalt geleistet werden.[4]

638 Da § 31 GWB-E nicht nur für kleine und mittlere Verlage gelten sollte, stellt sich die Frage nach dem Verhältnis zum europäischen Recht. Die Privilegierung verlagswirtschaftlicher Kooperationen wäre nur so lange europarechtlich unbedenklich gewesen, wie diese Kartelle nicht geeignet sind, den zwischenstaatlichen Handel zu beeinträchtigen.[5] Nach Art. 3 VO 1/2003 sind immer die europarechtlichen Vorgaben zu beachten, wobei sich im Verhältnis zum deutschen Recht das vorrangige europäische Kartellrecht durchsetzt. Die Zulässigkeit von verlagswirtschaftlichen Kooperationen richtet sich dann allein nach

---

2 Zur Sektorisierung des Kartellrechts vgl. Rn. 24.
3 OLG München, Urt. v. 30. 1. 2003 – U (K) 3604/02, „Nachbaugebühr", WuW/E DE-R 1132; bestätigt in BGH, Urt. v. 11. 5. 2004 – KZR 37/02, „Nachbaugebühr", WuW/E DE-R 1267.
4 Vgl. *v. Wallenberg*, K&R 2004, 328, 330; *dies.*, K&R 2005, 481 ff.
5 In der fehlenden Bestimmtheit der Zwischenstaatlichkeitsklausel sieht *Meessen*, WuW 2004, 733, 734–736, einen Verstoß gegen das Bestimmtheitsgebot.

europäischem Recht. § 31 GWB-E hätte nur angewandt werden können, wenn das Kartell entweder nicht gegen Art. 81 Abs. 1 EG verstößt oder aber die Voraussetzungen des Art. 81 Abs. 3 EG vorliegen.[6] Zu Recht ist daher von einer Aufnahme abgesehen worden.

b) Räumlich

Das deutsche Kartellrecht enthält in § 130 Abs. 2 GWB keine Sach-, **639** sondern eine spezielle Kollisionsnorm für Auslandssachverhalte,[7] die den Anwendungsbereich des Gesetzes abgrenzt. Danach findet das Gesetz Anwendung auf alle Wettbewerbsbeschränkungen, die sich im **Geltungsbereich des GWB** auswirken, auch wenn sie außerhalb des Geltungsbereichs des Gesetzes veranlasst werden.[8] Die Vorschrift geht dem allgemeinen Kollisionsrecht vor und hat zwingenden Charakter.[9] Unternehmen können daher wettbewerbsbeschränkende Absprachen mit Inlandsberührung nicht dadurch dem Anwendungsbereich des GWB entziehen, dass sie unter Berufung auf die durch das allgemeine IPR grundsätzlich geschützte Privatautonomie die Absprache einem ausländischen Recht unterstellen.[10]

§ 130 Abs. 2 GWB dient dem **Schutz des Wettbewerbs auf dem deut-** **640** **schen Markt**. Ob das kartellrechtlich relevante Verhalten selbst grenzüberschreitend ist, hat dabei nur eine untergeordnete Bedeutung. Dies folgt aus dem Zweck der Vorschrift, die Wettbewerbsbeschränkungen nur insoweit dem deutschen Recht unterwirft, als der Schutzzweck der jeweiligen Sachnorm in Bezug auf das Inland berührt ist.[11] Daraus wird allgemein gefolgert, dass das GWB auf Sachverhalte ohne Inlandsauswirkung keine Anwendung findet. Lediglich entfernte und mittelbare Auswirkungen ausländischer Wettbewerbsbeschränkungen auf die durch das GWB geschützten Rechtsgüter reichen freilich für eine extraterritoriale Anwendung nicht aus, da sie nie auszuschließen sind.

---

6 *Bechtold*, DB 2004, 235, 237; *Kahlenberg/Haellmigk*, BB 2004, 389, 391.
7 Vgl. dazu OLG Frankfurt/Main, Beschl. v. 5.12.1991 – 6 U (Kart) 109/91, WRP 1992, 331, 332 ff.; *Bechtold*, § 130 Rn. 11.
8 MünchKommBGB-*Martiny*, Art. 34 EGBGB Rn. 149; Langen-*Jungbluth*, § 130 Abs. 2 Rn. 98; *Lange*, Recht der Netzwerke, Rn. 502; a. A. *Meessen*, ZHR 143 (1979), 272, 280 f.
9 MünchKommBGB-*Martiny*, Art. 34 EGBGB Rn. 94; *Lange*, BB 1996, 1997, 1999; Immenga/Mestmäcker-*Rehbinder*, § 130 Abs. 2 Rn. 7, jeweils m. w. N.
10 Immenga/Mestmäcker-*Rehbinder*, § 130 Abs. 2 Rn. 222; Langen-*Jungbluth*, § 130 Abs. 2 Rn. 100.
11 BGH, Beschl. v. 24.10.1995 – KVR 17/94, „Backofenmarkt", BB 1996, 1901; *Lange*, BB 1996, 1997, 1999; *ders.*, Recht der Netzwerke, Rn. 502.

Es muss sich um spürbare und unmittelbare Beeinträchtigungen handeln.[12] Sehr weitgehend ist es vor diesem Hintergrund, wenn das BKartA in einer jüngsten Entscheidung zur Fusionskontrolle allein auf den wirtschaftlichen Schwerpunkt des Zusammenschlusses abstellt und für das Abwägungsgebot des Völkerrechts keinen Raum sehen will.[13]

3. Verhältnis zum europäischen Kartellrecht

641 § 1 GWB hat den gleichen Regelungsgehalt wie Art. 81 Abs. 1 EG. Allerdings unterscheiden sich die Anwendungsbereiche beider Vorschriften. Art. 81 Abs. 1 EG erfasst nur Vereinbarungen, die geeignet sind, den **zwischenstaatlichen Handel** zu beeinträchtigen. § 1 GWB gilt dagegen sowohl für Vereinbarungen, bei denen diese Voraussetzung nicht erfüllt ist, als auch parallel zu Art. 81 Abs. 1 EG für zwischenstaatlich relevante Vereinbarungen, darf aber im letzten Fall zu keinem anderen Ergebnis führen als die Anwendung europäischen Rechts.[14] Nur unterhalb der Zwischenstaatlichkeitsschwelle ist dem nationalen Gesetzgeber die volle Gestaltungsfreiheit verblieben. Eigenständige Bedeutung wird dem deutschen Kartellverbot somit nur in den Fällen zukommen, die rein lokale oder regionale Auswirkungen haben und keine zwischenstaatliche Relevanz aufweisen.

642 Aber auch **lokale und regionale Sachverhalte** sind nicht anders zu behandeln als solche mit grenzüberschreitenden Auswirkungen. Auf diese Weise soll in Europa für den Bereich der wettbewerbsbeschränkenden Vereinbarungen ein nahezu identisches Recht entstehen. Damit wird sowohl den Vorgaben des integrierten Binnenmarktes entsprochen als auch den Unternehmen ein „level playing field" mit erheblichen Vorteilen geboten.[15] Der Entwurf zur 7. GWB-Novelle forderte in § 23 GWB-E noch, dass die Tatbestandsmerkmale des § 1 GWB grundsätzlich im Einklang mit dem europäischen Wettbewerbsrecht ausgelegt werden sollten.[16] Doch auch ohne diese Regelung ergibt sich das Gebot einer **gemeinschaftsrechtskonformen Auslegung** nationalen Rechts bereits aus dem Europarecht, vgl. Art. 3 Abs. 2 VO 1/2003. Da die

---

12 BGH, Urt. v. 20.6.1989 – KZR 13/88, „Eisenbahnschwellen", WuW/E BGH 2596, 2597; *Bechtold*, § 130 Rn. 15; Wiedemann KartR-*Wiedemann*, § 5 Rn. 30.

13 BKartA, Beschl. v. 2.5.2003 – B3–8/03, „Ajinomoto/Orsan", WuW/E DE-V 777; kritisch auch *Bartelmess/Rudolf*, WuW 2003, 1176.

14 *Bechtold*, DB 2004, 235; *Kahlenberg/Haellmigk*, BB 2004, 389f.; *Lutz*, WuW 2005, 718, 724f.

15 *Karl/Reichelt*, DB 2005, 1436, 1437, unter Hinweis auf die RegBegr.

16 *Lutz*, WuW 2005, 718, 725.

§§ 1, 2 GWB die Bestimmungen des Art. 81 Abs. 1 u. 3 EG nahezu wörtlich übernehmen, ist eine Auslegung anhand europarechtlicher Vorgaben auch sachlich geboten. Diese Prämisse bezieht Bekanntmachungen und Leitlinien der Kommission ein, auch wenn es sich dabei nicht um sekundäres Gemeinschaftsrecht handelt.[17] Offen ist jedoch, ob die Bindung auch Mitteilungen der Kommission umfassen soll. Da die Kommission sich durch den Erlass von Mitteilungen selbst bindet, stellt sich die Frage, ob durch sie auch die Beurteilungsspielräume der nationalen Behörden und Gerichte geschlossen werden können.[18]

Die 7. GWB-Novelle hat also die Regelungen über Kartelle denjeni- **643** gen des europäischen Wettbewerbsrechts angepasst. Diese **Harmonisierung** der beiden Kartellrechte hat zwei Vorteile: Erstens kann die Streitfrage, ob eine Vereinbarung geeignet ist, den zwischenstaatlichen Handel zu beeinträchtigen, zumeist offen bleiben, denn die anzuwendenden Rechtsnormen sind in jedem Fall identisch. Zweitens ist es nicht länger notwendig für die wenigen verbliebenen Fälle, in denen das europäische Recht nicht anwendbar ist, ein eigenes nationales Wettbewerbsrecht aufrecht zu erhalten.

II. Die Normadressaten

1. Unternehmen

a) Unternehmensbegriff

Wie das Kartellverbot des Art. 81 Abs. 1 EG auf europäischer Ebene, **644** so richtet sich auch das deutsche Kartellverbot nach § 1 GWB an „Unternehmen". Unter dem Unternehmensbegriff wird jede selbstständige und auf Dauer ausgerichtete Tätigkeit im Geschäftsverkehr verstanden. Unternehmen sind daher natürliche und juristische Personen, die sich als Anbieter oder Nachfrager von Waren oder Leistungen gegen Entgelt am Wirtschaftsleben beteiligen.[19] Da das GWB jedwede wirtschaftliche Betätigung und jeden geschäftlichen Kontakt vor Beschränkungen schützen soll, hat man sich für diesen sog. **funktionalen**

---

17 FK-*Kuhkla*, Art. 81 Abs. 1 Fallgruppen II.1 Rn. 21; *Schweda*, WuW 2004, 1133, 1135.

18 Im Grundsatz bejahend *Schweda*, WuW 2004, 1133, 1139, unter Hinweis auf Art. 10 EG; ablehnend *Pampel*, EuZW 2005, 11, 13.

19 BGH, Urt. v. 23.10.1979 – KZR 22/78, „Berliner Musikschule", NJW 1980, 1046; Urt. v. 11.4.1978 – KZR 1/77, „Gaststättenverpachtung", WuW/E BGH 1521; Beschl. v. 16.12.1976 – KVR 5/75, „Architektenkammer", WuW/E BGH 1474, 1476.

(im Gegensatz zum institutionellen) **Unternehmensbegriff** entschieden. Danach kommt es auf die aktive Teilnahme am Wirtschaftsleben an.[20] Diese Voraussetzung ist schon dann erfüllt, wenn es sich um eine gelegentliche oder nur vorübergehende selbstständige Tätigkeit handelt.[21] Es spielt keine Rolle, in welcher rechtlichen oder organisatorischen Form die Teilnahme am geschäftlichen Verkehr erfolgt.[22]

645 Die Anwendung des Kartellverbots setzt nicht voraus, dass eine aktive Teilnahme am Wirtschaftsgeschehen bereits vorliegen muss. Auch **potenzielle Unternehmen** sind dem GWB unterworfen, solange sie die konkrete Möglichkeit besitzen, sich in absehbarer Zeit in das Wirtschaftsleben einzuschalten. Auf diese Weise wird sichergestellt, dass die Akteure nicht, etwa durch eine Beteiligung an einem Kartell, gleichsam vorweg ihren zukünftigen Wettbewerb beschränken können.[23] Eine solche potenzielle Unternehmenseigenschaft ist zu bejahen, wenn die Aufnahme möglicher wirtschaftlicher Tätigkeiten objektiv erkennbar vorbereitet wird.[24]

646 Handelsgesellschaften (OHG, KG, GmbH, AG etc.) sind zumeist in ihrer gesamten Tätigkeit Unternehmen. Da der Betrieb eines Gewerbes – erst recht der eines Handelsgewerbes[25] – nicht vorausgesetzt wird, erfüllt auch eine **freiberuflich** tätige Privatperson grundsätzlich alle Voraussetzungen, die an den Unternehmensbegriff gestellt werden, soweit sie am Wirtschaftsleben teilnimmt. Dies gilt beispielsweise für Rechtsanwälte, Ingenieure, Ärzte, Steuerberater, Wirtschaftsprüfer oder Architekten.[26] Bei der Anwendung des GWB ist jedoch zu prü-

---

20 BGH, Urt. v. 22.7.1999 – KZR 48/97, „Beschränkte Ausschreibung", WM 1999, 2377, 2378; Beschl. v. 9.3.1999 – KVR 20/97, „Lottospielgemeinschaft", BB 1999, 1351 (Ls); Urt. v. 7.7.1992 – KZR 15/91, „Selbstzahler", BGHZ 119, 93, 101 = BB 1993, 533 (Ls); GK-*Hootz*, § 1 Rn. 14.
21 BGH, Beschl. v. 13.11.1979 – KVR 1/79, „Deutscher Landseer Club", WuW/E BGH 1725, 1726; Wiedemann KartR-*Stockmann*, § 7 Rn. 43.
22 BGH, Urt. v. 10.10.1989 – KZR 22/88, „Neugeborenentransporte", NJW 1990, 1531; Beschl. v. 6.11.1972 – KZR 63/71, „Nahtverlegung", WuW/E 1253, 1257.
23 BGH, Beschl. v. 15.11.1994 – KVR 29/93, „Gasdurchleitung", WuW/E BGH 2953, 2959; Urt. v. 26.10.1959 – KZR 2/59, BGHZ 31, 105, 109 ff. = BB 1959, 1274; OLG Koblenz, Urt. v. 12.1.1989 – U 1053/87, NJW-RR 1989, 1057, 1059.
24 LG Düsseldorf, Urt. v. 16.7.1981 – 13 O 75/81, WuW/E LG/AG 467; *Bechtold*, § 1 Rn. 6.
25 Vgl. etwa BGH, Urt. v. 9.7.1985 – KZR 8/84, „Anschlussvertrag", NJW-RR 1986, 336 f.; GK-*Hootz*, § 1 Rn. 14.
26 BGH, Beschl. v. 19.3.1991 – KVR 4/89, „Warenproben in Apotheken", NJW-RR 1991, 1067 f.; Urt. v. 21.10.1986 – KZR 28/85, „Guten Tag-Apotheke II", WuW/E BGH 2326, 2338.

fen, ob nicht der Wettbewerb durch das jeweilige Standesrecht der Berufsangehörigen wirksam beschränkt ist, wobei genau analysiert werden muss, ob die dort niedergelegte Beschränkung wirksam ist.[27]

Wird ein Gewerbe durch eine **natürliche Person** betrieben, liegt ebenfalls ein Unternehmen vor.[28] Auch **Kleinbetriebe** können Unternehmen sein, da es nicht auf den Umfang der Tätigkeit ankommt. Gemäß § 36 Abs. 3 GWB gilt diejenige natürliche Person als Unternehmen, die an einem anderen Unternehmen eine Mehrheitsbeteiligung hält. Der Gesetzgeber hat deutlich gemacht, dass diese Vorschrift – trotz ihrer Stellung im Gesetz – für das GWB insgesamt gilt.[29] **647**

Auf das Kriterium der **Gewinnerzielung** kommt es für den Unternehmensbegriff nicht an; auch gemeinnützige Unternehmen sind an die Vorgaben des GWB gebunden, soweit sie am Wirtschaftsleben teilnehmen. Da es in erster Linie um den Schutz des Wettbewerbs als Institution geht und mittelbar darum, die Handlungsfreiheit der Marktteilnehmer zu sichern, kann die Verletzung dieser Ziele nicht dadurch gerechtfertigt werden, dass mit den auf Kosten der Marktteilnehmer erzielten höheren Gewinnen sozial erwünschte Verhaltensweisen finanziert werden.[30] Gesellschaften bürgerlichen Rechts und nicht-wirtschaftliche sog. Idealvereine sind nur so lange keine Unternehmen, wie sie nicht wirtschaftlich tätig sind und ausschließlich die nicht-wirtschaftlichen Anliegen ihrer Mitglieder verfolgen. Bei wirtschaftlichem Handeln von Vereinen hingegen liegt zumeist ein Unternehmen vor.[31] Daher können auch Sportvereine Unternehmen sein, wenn sie am geschäftlichen Verkehr teilnehmen. **648**

Nicht unter den Unternehmensbegriff fallen **Gewerkschaften** in ihrer Eigenschaft als Tarifpartner. Kollektive Vereinbarungen arbeitsrechtli- **649**

---

27 Ein Landesgesetzgeber kann etwa wegen des Vorrangs des GWB vor dem Landesrecht nur solche wettbewerbsbeschränkenden Berufsregeln zulassen, die zur ordnungsgemäßen Erfüllung der übertragenen Aufgaben zwingend notwendig sind, BGH, Beschl. v. 19.3.1991 – KVR 4/89, „Warenproben in Apotheken", NJW-RR 1991, 1067ff.; Urt. v. 15.1.1985 – KZR 17/83, „Apotheken-Werbung", GRUR 1985, 986.
28 Vgl. KG, Urt. v. 11.12.1991 – Kart 7/91, „Mustermietvertrag II", NJW-RR 1992, 878, 879, zur Vermietung von Wohnraum.
29 Begr. zum RegE, BR-Drucks. 852/97, S. 57.
30 BGH, Beschl. v. 11.12.1997 – KVR 7/96, „Europapokalheimspiele", BGHZ 137, 297, 311f.; GK-*Hootz*, § 1 Rn. 14.
31 BGH, Beschl. v. 11.12.1997 – KVR 7/96, „Europapokalheimspiele", BGHZ 137, 297, 304f.; Urt. v. 10.12.1985 – KZR 2/85, „Aikido-Verband", GRUR 1986, 332, 334; Urt. v. 2.12.1974 – II ZR 78/72, „Rad- und Kraftfahrerbund", NJW 1975, 771, 772; GK-*Hootz*, § 1 Rn. 31.

cher Art (Tarifverträge) werden von § 1 GWB nicht erfasst, wenn ihr Inhalt mit den Vorgaben des § 1 Abs. 1 TVG übereinstimmt.[32]

650 Da Handeln im geschäftlichen Verkehr verlangt wird, stellt sich die Frage, ob auch eine dem **privaten Verbrauch** dienende Tätigkeit erfasst wird. Im Ergebnis ist es unumstritten, dass die private Lebensführung nicht in den Anwendungsbereich des § 1 GWB fällt. Wer nur seinen privaten Bedarf deckt oder Gegenstände aus seinem Privatvermögen abgibt, wird nicht unternehmerisch tätig.[33] Dies gilt jedoch nicht für das private Anbieten von Waren oder Dienstleistungen. Private Anbieter fallen daher etwa dann in den Anwendungsbereich des § 1 GWB, wenn sie Gewerberäume verpachten.[34] Das bloße Verwalten des eigenen Vermögens – selbst wenn es sich um eine maßgebliche Beteiligung an einem Unternehmen handelt – gehört zum privaten Handeln.[35] Anders kann der Fall liegen, wenn der Vermögensinhaber über die reine Verwaltung hinaus wirtschaftlich planend das Geschehen am Markt mitgestaltet.[36]

b) Selbstständige Tätigkeit

651 Damit die Unternehmenseigenschaft i. S. v. § 1 GWB bejaht werden kann, muss die Teilnahme am Wirtschaftsverkehr selbstständig erfolgen.[37] **Selbstständig** bedeutet in diesem Zusammenhang, dass aufgrund eigener Entschließung marktbezogen gehandelt werden muss. Für den Unternehmensbegriff des GWB ist es ausreichend, dass eine Person nur in einer bestimmten Beziehung unternehmerisch tätig wird, selbst wenn sie ansonsten durchweg als Privatperson oder als Hoheitsträger agiert.[38]

---

32 Die Begründung ist allerdings umstritten, vgl. Langen-*Bunte*, § 1 Rn. 27–28; FK-*Huber*, § 1 n. F. Kurzdarstellung Rn. 75; Wiedemann KartR-*Stockmann*, § 7 Rn. 45 m. w. N.

33 *Bechtold*, § 1 Rn. 2; Immenga/Mestmäcker-*Zimmer*, § 1 Rn. 26 u. 32–35.

34 OLG Düsseldorf, Urt. v. 7. 12. 1976 – U (Kart 8/76), „Vergütungsabrede", WuW/E OLG 1793; Urt. v. 9. 7. 1968 – U (Kart) 1/68, „Gaststättenpacht", WuW/E OLG 888.

35 BGH, Urt. v. 13. 10. 1977 – II ZR 123/76, BGHZ 69, 334, 337 (zum AktG); KG, Beschl. v. 12. 6. 1991 – Kart 16/90, „Iserlohner Kreisanzeiger und Zeitung (IKZ)", WuW/E OLG 4835, 4848.

36 BGH, Urt. v. 13. 10. 1977 – II ZR 123/76, BGHZ 69, 334, 337 (zum AktG); weiterführend GK-*Hootz*, § 1 Rn. 38–40.

37 BGH, Urt. v. 5. 5. 1981 – KZR 9/80, „Ganser-Dahlke", WuW/E BGH 1841, 1842; GK-*Hootz*, § 1 Rn. 22.

38 Immenga/Mestmäcker-*Zimmer*, § 1 Rn. 41 ff.

Eine abhängige, weisungsgebundene Tätigkeit, wie sie etwa für **Ar-**   **652**
beitnehmer typisch ist, fällt ebenso wenig unter den Unternehmensbegriff wie eine Tätigkeit im eigenen Haushalt.[39] Handelsvertreter
sind mangels Selbstständigkeit in ihrer wirtschaftlichen Betätigung für
den Geschäftsherrn ebenfalls keine Unternehmen. Sie treten nicht als
autonome Wettbewerber am Markt auf.[40] Eine Ausnahme besteht für
den Fall, dass ein Handelsvertreter selbst Handelsvertreterverträge abschließt.[41]

Rechtlich unselbstständige Betriebe oder Betriebsteile stellen keine   **653**
Unternehmen dar, da sie keine autonom agierenden Marktteilnehmer
sind. Konzerne können regelmäßig mangels eigener Rechtsfähigkeit
nicht Partei einer Kartellvereinbarung i. S. v. § 1 GWB sein, sondern
allenfalls die ihnen angehörenden Unternehmen. **Konzerne** sind auch
nicht Mitglieder einer Unternehmensvereinigung. Hingegen sind
rechtlich selbstständige, wirtschaftlich aber in einen Konzern integ-
rierte Unternehmen als Unternehmen i. S. v. § 1 GWB anzusehen.[42]
Trotz der bestehenden Leitungsbefugnis der Konzernspitze können sie
selbstständig am Wirtschaftsleben teilnehmen.[43] Konzernstrukturen
spielen zudem bei Zurechnungsfragen und den Marktwirkungen eine
Rolle. Den Konzern als solchen behandelt das GWB nur in einigen
Sonderbestimmungen, wie etwa in der sog. Verbundklausel, § 36
Abs. 3 GWB.

c) Unternehmensbegriff und staatliches Handeln

Auch der **Staat** kann Unternehmer i. S. d. GWB sein, wenn er sich im   **654**
geschäftlichen Verkehr betätigt. Daher können öffentlich-rechtliche
Körperschaften entweder insgesamt oder zumindest für einzelne Tätigkeitsbereiche als Unternehmen angesehen werden. Bedeutsam wird
dies vor allem dann, wenn der Staat als Anbieter oder Nachfrager von
Waren oder Dienstleistungen auftritt. Das GWB gilt für den Bund, die
Länder, die Kreise oder Gemeinden im Rahmen ihrer Beschaffungstä-

---

39 Immenga/Mestmäcker-*Zimmer*, § 1 Rn. 26 u. 37–40.
40 BGH, Beschl. v. 15.4.1986 – KVR 3/85, „EH-Partner-Vertrag", BGHZ 97, 317, 321
    (zu § 15 GWB a. F.); GK-*Hootz*, § 1 Rn. 23.
41 BGH, Beschl. v. 25.9.1990 – KVR 2/89, „Pauschalreiseveranstalter", BGHZ 112,
    218, 221 = BB 1991, 89f. (zu § 18 GWB a. F.); zum europäischen Recht vgl.
    Rn. 382ff.
42 Aus der Unternehmenseigenschaft von Konzerngesellschaften kann jedoch nicht
    ohne weiteres gefolgert werden, dass stets ein beschränkbarer Wettbewerb besteht.
    Vgl. unten Rn. 696.
43 Immenga/Mestmäcker-*Zimmer*, § 1 Rn. 49–51.

tigkeit, wenn diese privatrechtlich erfolgt.[44] Auch rechtlich verselbstständigte Sozialversicherungsträger können grundsätzlich Unternehmen sein.[45]

655 Für die Anwendung des Kartellverbots nach § 1 GWB kommt es nicht auf die Rechtsform an, unter der sich der Staat am wirtschaftlichen Verkehr beteiligt. Auch der von ihm verfolgte Zweck spielt keine Rolle.[46] Entscheidend sind vielmehr zwei andere **Kriterien**:

- Erstens muss der Staat bei der in Frage stehenden wirtschaftlichen Handlung in Wettbewerb mit anderen Unternehmen treten.
- Zweitens müssen die fraglichen Rechtsbeziehungen privatrechtlich und nicht öffentlich-rechtlich geregelt sein.

656 Eine **öffentlich-rechtliche Organisationsform** des am geschäftlichen Verkehr Teilnehmenden allein ist nicht ausreichend, um den Staat aus dem Geltungsbereich des GWB zu entlassen.[47] Bei der Beschaffung ihrer Programme sind die öffentlich-rechtlichen Rundfunkanstalten daher ebenso Unternehmen[48] wie bei dem Abschluss von Werbeverträgen.[49] Beteiligen sie sich an privaten Unternehmen, ist ihre Unternehmenseigenschaft ebenfalls zu bejahen.[50]

657 Schwierigkeiten treten auf, wenn der Staat mit seiner Tätigkeit **öffentliche Interessen** verfolgt. Allerdings befreit nicht jede Verfolgung eines beliebigen öffentlichen Zwecks den Staat von seiner Bindung an die gesetzlichen Wettbewerbsregeln. Vielmehr ist im Hinblick auf den Zweck des GWB davon auszugehen, dass grundsätzlich jedwede Tätig-

---

44 GmS-OGB, Beschl. v. 29.10.1987 – GmS-OGB 1/86, BGHZ 102, 280, 283 f.; Beschl. v. 10.4.1986 – GmS-OGB 1/85, „Orthopädische Hilfsmittel", BGHZ 97, 312, 316; BGH, Beschl. v. 14.3.1990 – KVR 4/88, „Sportübertragungen", BGHZ 110, 371, 381; BKartA, Beschl. v. 22.11.1995 – B8–92713–VX–127/95, „Gewerbliche Spielgemeinschaften", WuW/E BKartA 2849, 2855; Wiedemann KartR-*Stockmann*, § 7 Rn. 44.

45 OLG Düsseldorf, Urt. v. 2.9.1997 – U (Kart) 11/97, „Berliner Positivliste", WuW/E DE-R 183, 184.

46 BGH, Urt. v. 7.3.1989 – KZR 15/87, „Lotterievertrieb", BGHZ 107, 273, 277 f.

47 BGH, Beschl. v. 9.3.1999 – KVR 20/97, „Lottospielgemeinschaft", BB 1999, 1351 (Ls); Urt. v. 7.7.1992 – KZR 15/91, „Selbstzahler", BGHZ 119, 93, 101 = BB 1993, 533 (Ls); Beschl. v. 14.3.1990 – KVR 4/88, „Sportübertragungen", BGHZ 110, 371, 379 f.

48 BGH, Beschl. v. 14.3.1990 – KVR 4/88, „Sportübertragungen", BGHZ 110, 371, 380 ff.

49 BGH, Urt. v. 22.2.1990 – I ZR 78/88, „Werbung im Programm", DB 1990, 1458 = AfP 1990, 120.

50 KG, Beschl. v. 26.6.1991 – Kart 23/89, „Radio NRW", WuW/E OLG 4811, 4824.

keit im geschäftlichen Verkehr den Unternehmensbegriff des Gesetzes erfüllt. Der Hoheitsträger ist daher als Unternehmer anzusehen, wenn er den ihm durch das öffentliche Recht zugewiesenen Aufgabenbereich verlässt und eine in den Wettbewerb eingreifende Maßnahme trifft, indem er Güter oder Dienstleistungen auf einem Markt anbietet oder nachfragt.[51] Verwendet ein Hoheitsträger bei der Erfüllung seiner Aufgaben die von der Privatrechtsordnung bereitgestellten Mittel, unterliegt er den gleichen Beschränkungen, wie jeder andere Teilnehmer am privatrechtlich organisierten Markt. Er hat dann insbesondere die durch das Wettbewerbsrecht gezogenen Grenzen einer solchen Tätigkeit zu beachten.[52] So ist das GWB auf die Wettbewerbsbeziehungen zwischen der öffentlichen Hand und privaten Teilnehmern auch dann anzuwenden, wenn dadurch ihr öffentlich-rechtlicher Aufgabenbereich berührt wird.[53] Der BGH hat beispielsweise festgestellt, dass der Deutsche Lotto- und Totoblock und seine Gesellschafter als Unternehmen i. S. v. § 1 GWB anzusehen sind.[54]

Umgekehrt fehlt es an der Unternehmenseigenschaft, wenn die wirtschaftliche Betätigung ausschließlich dem öffentlichen Recht zuzuordnen ist und der vom öffentlichen Recht vorgegebene Rahmen nicht überschritten wird. **658**

2. Unternehmensvereinigung

Der Begriff der Vereinigung von Unternehmen baut auf dem Unternehmensbegriff auf. Schließen sich Unternehmen zusammen, um übergeordnete gemeinsame Interessen wahrzunehmen, liegt eine Vereinigung vor. Der Begriff „**Unternehmensvereinigung**" ist – ebenso wie der Unternehmensbegriff – entsprechend dem Schutzzweck der Norm weit auszulegen. Ihm kommt die Aufgabe zu, wettbewerbsbeschränkende Formen des Zusammenwirkens zu erfassen, die von einer **659**

---

51 BGH, Urt. v. 11.12.2001 – KZR 5700, „Privater Pflegedienst", DE-R 839, 841 (zu § 20 GWB); Urt. v. 7.7.1992 – KZR 15/91, „Selbstzahler", BGHZ 119, 93, 98 f. = BB 1993, 533 (Ls); KG, Beschl. v. 19.11.1999 – Kart W 8367/99, „Inkontinenzhilfen II", WuW/E DE-R 427 f.

52 BGH, Urt. v. 21.2.1989 – KZR 7/88, „Krankentransportbestellung", BGHZ 107, 40, 43 ff.; *Ulmer*, ZHR 146 (1982), 466, 478.

53 BGH, Beschl. v. 9.3.1999 – KVR 20/97, „Lottospielgemeinschaft", BB 1999, 1351 (Ls); Urt. v. 14.3.1990 – KVR 4/88, „Sportübertragungen", BGHZ 110, 371, 380; Urt. v. 7.3.1989 – KZR 15/87, „Lotterievertrieb", BGHZ 107, 273, 277 f.

54 BGH, Beschl. v. 9.3.1999 – KVR 20/97, „Lottospielgemeinschaft", BB 1999, 1351 (Ls); vgl. ferner *Ohlmann*, WRP 1998, 1043 f.

Einrichtung ausgehen, die selbst nicht notwendigerweise unternehmerisch tätig wird.[55]

660 Mit dem Begriff werden sämtliche privatrechtlichen Verbände und Gesellschaften von Unternehmen erfasst, solange mindestens zwei ihrer Mitglieder Unternehmen sind.[56] Vereinigungen von ausschließlich **Nichtunternehmen** stellen keine Vereinigungen i. S. v. § 1 GWB dar.[57] Bei der Beurteilung von Vereinigungen von Unternehmen kommt es nicht darauf an, ob die Vereinigung als Unternehmen anzusehen ist, wenn nur ihre Mitglieder Unternehmen sind und diese von den Aktivitäten der Vereinigung in ihrer wirtschaftlichen Betätigung betroffen sind.[58] Wie beim Unternehmen ist auch bei der Vereinigung die Rechtsform ohne Belang.

661 Hat die Vereinigung selbst Unternehmenscharakter, ist sie schon in dieser Eigenschaft Normadressat.[59] Eine Vereinigung von Unternehmen kann auch eine Vereinigung von Unternehmensvereinigungen (**Dachvereinigung**) sein.[60]

662 Haupterscheinungsformen sind die Wirtschafts-, Berufs- und Interessenverbände. Die weite Interpretation des Begriffs hat zur Folge, dass auch öffentlich-rechtliche Körperschaften oder Unternehmensverbände (Industrie- und Handelskammern, Handwerkskammern etc.) als Vereinigungen von Unternehmen angesehen werden können.[61] Öffentlich-rechtliche Kammern der freien Berufe (Ärztekammern, kassenärztliche Vereinigungen, Rechtsanwaltskammern) werden ebenfalls als Vereinigungen von Unternehmen angesehen. Konzerne fallen nicht unter den Begriff der Unternehmensvereinigung, da die ihnen angehörenden

---

55 Langen-*Bunte*, § 1 Rn. 30.
56 BGH, Beschl. v. 11.12.1997 – KVR 7/96, „Europapokalheimspiele", BGHZ 137, 297, 303 ff.; Beschl. v. 13.11.1979 – KVR 1/79, „Deutscher Landseer Club", WuW/E BGH 1725, 1727.
57 BGH, Urt. v. 20.3.1981 – I ZR 10/79, „Preisvergleich", WuW/E BGH 1919, 1923; Immenga/Mestmäcker-*Zimmer*, § 1 Rn. 75.
58 BGH, Beschl. v. 11.12.1997 – KVR 7/96, „Europapokalheimspiele", BGHZ 137, 297, 303 ff.; Wiedemann KartR-*Stockmann*, § 7 Rn. 48.
59 BGH, Urt. v. 16.12.1986 – KZR 36/85, „Taxizentrale Essen", WuW/E BGH 2341, 2342 f.; GK-*Hootz*, § 1 Rn. 45.
60 BGH, Beschl. v. 13.11.1979 – KVR 1/79, „Deutscher Landseer Club", WuW/E BGH 1725, 1727; GK-*Hootz*, § 1 Rn. 43.
61 BGH GS, Beschl. v. 22.3.1976 – GSZ 2/75, „Autoanalyzer", BGHZ 67, 81, 86 f.; Beschl. v. 19.3.1991 – KVR 4/89, „Warenproben in Apotheken", WRP 1991, 393, 396 f.; Urt. v. 21.10.1986 – KZR 28/85, „Guten Tag-Apotheke II", WuW/E BGH 2326, 2328; a. A. OLG Stuttgart, Urt. v. 11.1.1991 – 2 U 238/90, WRP 1991, 531 ff. (Innung des Elektrohandwerks); dazu *Kramm*, WRP 1992, 365, 368.

Unternehmen nicht Mitglieder, sondern abhängige Unternehmen sind. Da es nicht auf die Gewinnerzielungsabsicht ankommt, kann sich ein Sportverband weder auf seinen Status als Idealverein noch auf seine Vereinsautonomie berufen, um sich dem Anwendungsbereich des Kartellrechts zu entziehen.[62]

3. Unterschiede zum europäischen Recht

Die Unternehmensbegriffe sind nicht vollkommen identisch. Werden **663** etwa öffentlich-rechtliche Aufgaben in Form **öffentlich-rechtlicher Verträge** erfüllt, soll das GWB nicht gelten.[63] Im europäischen Kartellrecht hingegen kommt es nicht darauf an, wie die nationalen Rechtsordnungen den Rahmen einordnen, in dem die Tätigkeit durchgeführt wird.[64] Unterschiede ergeben sich auch bei der rechtlichen Beurteilung der Leistungserbringung durch **Sozialversicherungsträger**. Die Spitzenverbände der Krankenkassen legen in Deutschland Festbeträge fest, bis zu deren Erreichen die Krankenkassen die Kosten von Arzneimitteln übernehmen. Der EuGH geht davon aus, dass die Träger der gesetzlichen Krankenversicherung dabei „rein soziale Aufgaben" wahrnehmen und deshalb nicht als Unternehmen oder Unternehmensvereinigungen anzusehen sind. Der Spielraum, über den die Krankenkassen beispielsweise verfügen, um ihre Beitragssätze festzulegen und einander einen gewissen Wettbewerb um Mitglieder zu liefern, zwingt nicht zu einer anderen Betrachtung.[65] Nach dem deutschen Recht hingegen ist der Nachfragewettbewerb zwischen den Sozialversicherungsträgern bislang ohne weiteres als unternehmerische Tätigkeit eingestuft worden.[66]

---

62 *Buch*, WuW 2005, 266, 267.
63 BGH, Urt. v. 7.7.1992 – KZR 15/91, „Selbstzahler", WuW/E BGH 2813, 2815; Urt. v. 12.11.1991 – KZR 12/90, „Pflegesatzvereinbarung", WuW/E BGH 2749, 2752 ff.; *Bechtold*, § 1 Rn. 10.
64 EuGH, Urt. v. 19.2.2002 – Rs. C-309/99, „Wouters", Slg. 2002, I-1577 Rn. 66 = EWS 2002, 124 mit Anm. *Hartung*; Urt. v. 18.6.1998 – Rs. C-35/96, „Kommission/Italien", Slg. 1998, I-3851 Rn. 36 = EuZW 1999, 93.
65 EuGH, Urt. v. 16.3.2004 – verb. Rs. C-264, C-306, C-354 u. C-355/01, „AOK Bundesverband u.a./Ichthyol-Gesellschaft", Slg. 2004, 1 ff., WuW EU-R 801.
66 OLG Düsseldorf, Urt. v. 2.9.1997 – U (Kart) 11/97, „Berliner Positivliste", WuW/E DE-R 183, 184.

III. Die Mittel der Wettbewerbsbeschränkung

1. Vereinbarung

664 Unter einer Vereinbarung ist jede **rechtliche oder wirtschaftliche Übereinkunft** zu verstehen, unabhängig davon, ob sie mit oder ohne Rechtsbindungswillen geschlossen wurde. Anders als für den Abschluss eines Vertrages sind für die Vereinbarung lediglich eine tatsächliche Bindungswirkung und ein entsprechender Wille der Beteiligten erforderlich.[67] Der Begriff der Vereinbarung in § 1 GWB erfasst daher neben den Verträgen im Sinne des bürgerlichen Rechts auch Vereinbarungen zwischen Unternehmen, die bewusst keinen Rechtsanspruch begründen sollen, sondern eine Regelung enthalten, die außergerichtlich durch gesellschaftlichen oder sozialen Druck bzw. den Appell an die kaufmännische Anständigkeit zwischen den Unternehmen durchgesetzt wird.[68] Auf diese Weise sollen Versuche verhindert werden, das Tatbestandsmerkmal zu umgehen.

665 Eine Vereinbarung kommt durch eine entsprechende **Einigung** der Beteiligten i. S. d. §§ 145 ff. BGB[69] zu Stande. Darin liegt der wesentliche Unterschied zu den aufeinander abgestimmten Verhaltensweisen. Darüber hinaus wird jede Form der Willenseinigung zwischen zwei oder mehreren Unternehmen erfasst, durch die das Marktgeschehen wenigstens eines der Partner geregelt wird.[70] Dabei kann es sich um förmliche oder formlose, ausdrückliche oder stillschweigende Vereinbarungen handeln.[71] Teilen sich die Parteien nur gegenseitig ihre (übereinstimmenden) Absichten mit, liegt noch keine Einigung vor.

---

67 OLG Frankfurt/Main, Urt. v. 20.1.1992 – 6 Ws (Kart) 5/91, „Straßenbau Frankfurt", WuW/E OLG 5020, 5024; *Bechtold*, § 1 Rn. 7. Erfasst werden auch Vereinbarungen, bei denen die Partner in ihrer Entschließungsfreiheit rechtlich nicht gebunden sind, aber vereinbarungsgemäß der Gebrauch dieser Freiheit mit wirtschaftlichen Nachteilen verbunden ist, BGH, Urt. v. 22.4.1980 – KZR 4/79, „Taxi-Besitzervereinigung", WuW/E BGH 1707, 1708.
68 OLG Düsseldorf, Urt. v. 6.5.2004 – Kart 41–43 u. 45–7/01 OWI, „Berliner Transportbeton I", WuW/E DE-R 1315, 1318 f.
69 GK-*Hootz*, § 1 Rn. 52.
70 BGH, Beschl. v. 15.2.1962 – KRB 3/61, „Ausschreibung für Putzarbeiten II", WuW/E BGH 495, 497; KG, Urt. v. 12.11.1971 – Kart B 12/71, „Ölfeldrohre", WuW/E OLG 1219, 1220.
71 BGH, Beschl. v. 17.12.1970 – KRB 1/70, „Teerfarben", WuW/E BGH 1147, 1153; Beschl. v. 15.2.1962 – KRB 3/61, „Ausschreibung für Putzarbeiten II", WuW/E BGH 495, 497.

Werden die Beteiligten durch die Androhung oder gar die Ausübung **666** von **Zwang** dazu angehalten, die eingegangene Verpflichtung einzuhalten, kann dennoch eine Vereinbarung vorliegen.

Typische Erscheinungsformen der Vereinbarung sind schließlich die **667** sog. „gentlemen's agreements" und die „Frühstückskartelle". Bei ihnen verständigen sich die beteiligten Unternehmensvertreter auf ein wettbewerbsbeschränkendes Verhalten, ohne sich rechtlich binden zu wollen. In diesen Fällen wird die erwünschte Bindung durch moralischen oder wirtschaftlichen Druck gesichert.[72]

2. Beschluss

Den wettbewerbsbeschränkenden Vereinbarungen zwischen Unterneh- **668** men sind wettbewerbsbeschränkende Beschlüsse von Unternehmensvereinigungen gleichgestellt. Unter einem **Beschluss** versteht man einen Rechtsakt, der von dem zuständigen Organ getroffen wird, um das Verhalten des oder der Unternehmen auf der Grundlage der jeweils maßgeblichen Gesellschaftsverträge, Satzungen oder Geschäftsordnungen zu regeln; es handelt sich somit um einen korporativen Willensakt.[73] § 1 GWB erfasst nur Beschlüsse von Vereinigungen von Unternehmen.[74] Damit ein Beschluss wirksam ist, müssen die vertrags- bzw. satzungsmäßigen Voraussetzungen für die gültige Beschlussfassung erfüllt sein. Daher müssen nicht in jedem Fall sämtliche Mitglieder der Unternehmensvereinigung dem Beschluss zugestimmt haben; eine Mehrheitsentscheidung kann ausreichen.

Ein solcher Beschluss **bindet** auch diejenigen Mitglieder, die ihm **669** nicht zugestimmt haben, wenn sich eine entsprechende Folge aus dem Gesellschaftsvertrag oder der Satzung ergibt.[75] Auf diese Weise sollen Sachverhalte erfasst werden, in denen Gremien Beschlüsse fassen, die das Verhalten von Unternehmen reglementieren. Betroffen sind beispielsweise Wirtschaftsvereinigungen, Vereine etc. Beschlüsse haben

---

72 BGH, Urt. v. 23.4.1985 – KRB 6/84, „Altölpreise", WuW/E BGH 2182; Urt. v. 22.1.1964 – Ib ZR 199/62, „Schiffspumpen", WuW/E BGH 602, 604; Langen-*Bunte*, § 1 Rn. 39; FK-*Huber*, § 1 n.F. Kurzdarstellung Rn. 27; Wiedemann KartR-*Stockmann*, § 7 Rn. 49; Immenga/Mestmäcker-*Zimmer*, § 1 Rn. 88; a.A. *Bechtold*, § 1 Rn. 15, der diese Vereinbarungen als abgestimmte Verhaltensweisen einstuft.
73 BGH, Urt. v. 21.6.1971 – KZR 8/70, „Verbandszeitschrift", WuW/E BGH 1205, 1210.
74 Vgl. Rn. 659 f.
75 BGH, Urt. v. 12.12.1978 – KVR 6/77, „Erdgas Schwaben", BGHZ 73, 65, 77 f.; Langen-*Bunte*, § 1 Rn. 52.

vergleichbare wirtschaftliche Folgen wie Vereinbarungen zwischen den Unternehmen und der Vereinigung.

670 Um eine Umgehung eines sich nur auf Vereinbarungen beziehendes Kartellverbot zu verhindern, sind die Beschlüsse ausdrücklich erwähnt worden. Daher genügt eine **faktische Verbindlichkeit.**[76] Diese kann sich aus der Geschäftsordnung, dem Gesellschaftsvertrag oder der Satzung ergeben. Auch moralische oder wirtschaftliche Sanktionen, die für den Fall des Nichtbefolgens angedroht werden, reichen für die faktische Verbindlichkeit aus. Lediglich freiwillig zu befolgende Beschlüsse hingegen werden nicht erfasst und können allenfalls unter die abgestimmten Verhaltensweisen fallen.

671 Nicht in den Anwendungsbereich des § 1 GWB fallen sog. **interne Vorgänge**, also solche Beschlüsse, die lediglich das Verhalten der Vereinigung selbst betreffen.[77] § 1 GWB kann jedoch anwendbar sein, wenn durch den internen Vorgang das Verhalten der Mitgliedsunternehmen koordiniert wird.

3. Aufeinander abgestimmte Verhaltensweise

a) Begriff und Erscheinungsformen

672 Das Verbot abgestimmter Verhaltensweisen lehnt sich rechtshistorisch eng an Art. 81 Abs. 1 EG an. Dort wird die abgestimmte Verhaltensweise vom **EuGH** definiert als „Form der Koordinierung zwischen Unternehmen (…), die zwar noch nicht bis zum Abschluss eines Vertrages im eigentlichen Sinne gediehen ist, jedoch bewusst eine praktische Zusammenarbeit an die Stelle des mit Risiken verbundenen Wettbewerbs treten lässt. Die aufeinander abgestimmten Verhaltensweisen erfüllen daher schon ihrem Wesen nach nicht alle Tatbestandsmerkmale einer Vereinbarung, sondern können sich insbesondere auch aus einer im Verhalten der Beteiligten zu Tage tretenden Koordinierung ergeben".[78]

673 Wenn sich auch die Formulierungen entsprechen, so ist dennoch darauf hinzuweisen, dass die bisherige Rechtspraxis des **BGH** mit derjenigen des EuGH nicht vollkommen identisch ist, auch wenn es bislang nicht zu unterschiedlichen Ergebnissen gekommen ist.[79] Nach der

---

76 BGH, Beschl. v. 12. 3. 1991 – KVR 1/90, „Golden Toast", BGHZ 114, 40 = WuW/E BGH 2697. Zum gleichen Problem bei der Vereinbarung siehe oben Rn. 665.
77 GK-*Hootz*, § 1 Rn. 71–73.
78 EuGH, Urt. v. 14. 7. 1972 – Rs. 48/69, „ICI/Kommission", Slg. 1972, 619, 658.
79 Zum europäischen Recht vgl. Rn. 82 ff.

deutschen Rechtsprechung versteht man unter einer aufeinander abgestimmten Verhaltensweise jede unmittelbare oder mittelbare Kontaktaufnahme zwischen Unternehmen, welche bezweckt oder bewirkt, entweder das Marktverhalten eines potenziellen oder gegenwärtigen Wettbewerbers zu beeinflussen oder einen solchen Mitbewerber über das Marktverhalten ins Bild zu setzen, welches man selbst an den Tag zu legen entschlossen ist oder in Erwägung zieht.[80] Dabei unterscheidet der BGH anhand des äußeren Geschehensablaufs zwischen wirtschaftlichen Zwängen und einer Abstimmung. Nach seiner Auffassung liegt Letztere vor, wenn Mitbewerbern nicht nur künftiges Marktverhalten mitgeteilt, sondern sich auch um eine Koordinierung konkret bemüht werde.[81] Das Abstimmungsverbot wird vielfach als eine Art Auffangtatbestand herangezogen, wenn das Vorliegen einer Vereinbarung nicht nachgewiesen werden kann.

Eine Vereinbarung kann **ausdrücklich oder stillschweigend** getroffen werden. Bei einer abgestimmten Verhaltensweise fehlt es an einer konkreten Vereinbarung zwischen den Unternehmen. Diese verständigen sich vielmehr, indem sie ihr Handeln aneinander orientieren und voneinander abhängig machen. Zu beachten ist daher, dass die Abstimmung stets unterhalb der vertraglichen Einigung anzusiedeln ist.[82] Die Vereinbarung unterscheidet sich deshalb von der abgestimmten Verhaltensweise durch das Element der Willenseinigung.   **674**

Schwierigkeiten bereiten diejenigen Fälle, in denen sich ein Unternehmensvertreter gegenüber Vertretern anderer Unternehmen dahingehend äußert, man beabsichtige Preiserhöhungen, ohne dass der andere Gesprächsteilnehmer hierzu Stellung nimmt. Es wird überwiegend als ausreichend angesehen, wenn diese Mitteilung in dem Bewusstsein vorgenommen wird, die anderen zu demselben Verhalten zu veranlassen, wenn auch die anderen diese Mitteilung so verstehen. In der Praxis können hier schwer zu fassende Grenzfälle auftreten.   **675**

---

80 OLG Düsseldorf, Beschl. v. 3.3.2004 – VI-Kart 22/00 (V), „Kfz-Spedition", WuW/E DE-R 1429, 1430; siehe ferner BGH, Beschl. v. 22.3.1994 – KVR 23/93, „Mustermietvertrag", BGHZ 125, 315, 320 = BB 1994, 1035f.; Urt. v. 23.4.1985 – KRB 6/84, „Altölpreise", WuW/E BGH 2182f.; OLG München, Urt. v. 5.6.1997 – U (K) 5921/96, „Tiefkühlkost", NJW/E WettbR 1997, 285, 286; OLG Frankfurt/ Main, Beschl. v. 17.2.1992 – 6 Ws. (Kart) 1/92, „Fahrschullehrerabsprache", WuW/ E OLG 4944, 4946.

81 BGH, Urt. v. 23.4.1985 – KRB 6/84, „Altölpreise", WuW/E BGH 2182; OLG Stuttgart, Urt. v. 26.10.1984 – 2 U 63/83, „Familienzeitschrift", WuW/E OLG 3332, 3333.

82 KG, Urt. v. 7.11.1980 – Kart 6/79, „Programmzeitschriften", WuW/E OLG 2369, 2372f.; Wiedemann KartR-*Stockmann*, § 7 Rn. 49.

b) Abgrenzung zum gleichförmigen Verhalten

676 Ein abgestimmtes Verhalten kann im Einzelfall nur schwer nachweisbar sein. Eine gleiche Reaktion von Wettbewerbern kann nämlich auch durch eine gleichartige Veränderung der Wettbewerbsbedingungen hervorgerufen sein und muss nicht zwangsläufig auf eine Wettbewerbsbeschränkung zielen. Das **bewusste oder unbewusste Nachahmen** und das gleichförmige Verhalten, wie sie insbesondere für eine oligopolistische Marktstruktur typisch sind, fallen nicht unter den Begriff der abgestimmten Verhaltensweise. Dies ist darauf zurückzuführen, dass die Gleichförmigkeit der Handlung nicht auf einer Abstimmung beruht, sondern auf der Marktstruktur. Vor allem das enge **Oligopol**, § 19 Abs. 2 GWB, ist durch das Fehlen von Innenwettbewerb geprägt. Die Marktteilnehmer sind sich ihrer wechselseitigen Abhängigkeit bewusst und verhalten sich daher gleichförmig (bewusstes Parallelverhalten). Dies gilt vor allem für Märkte, die durch eine große Transparenz gekennzeichnet sind. Autonomes Parallelverhalten ohne Einigung bzw. Verhaltensabstimmung ist kartellrechtlich ohne Relevanz. Das bewusste Parallelverhalten fällt nicht unter § 1 GWB, da es nicht mit einer Einschränkung der Autonomie der Marktteilnehmer einhergeht.

677 Ein Parallelverhalten im Oligopol kann jedoch dann ein **Indiz** für eine abgestimmte Verhaltensweise sein, wenn es zu Wettbewerbsbedingungen führt, die nicht mehr durch den oligopolistischen Marktzwang begründet werden können.

c) Nachweis einer Verhaltensabstimmung

678 § 1 GWB erfasst als zentrale Vorschrift über Kartellvereinbarungen und Kartellbeschlüsse nach Gesetzessystematik solche Wettbewerbsbeschränkungen, die rechtsgeschäftlichem Handeln zuzurechnen sind und nicht kraft Zustands bestehen. In der Praxis wird die Frage des **Nachweises** eines abgestimmten Verhaltens regelmäßig in einem Bußgeldverfahren relevant. Sie wird vor allem bei formlosen Verhaltensabstimmungen häufig nur im Wege des Indizienbeweises zu führen sein.[83]

679 Ausgehend von einem nach außen zu Tage getretenen Parallelverhalten wird geprüft, ob es zwischen den Unternehmen **Kontakte** gegeben hat. Diese können vielfältigster Natur sein; Besprechungen, Telefongespräche, Briefwechsel oder Kontakt per E-Mail sind denkbar. Lassen

---

[83] Immenga/Mestmäcker-*Zimmer*, § 1 Rn. 118; Langen-*Bunte*, § 1 Rn. 81 f.; *Leube*, BB 1974, 208; *Marx*, BB 1978, 331.

sich entsprechende Kontakte nachweisen, gehen die deutschen Kartellbehörden davon aus, dass der Tatbestand des aufeinander abgestimmten Verhaltens erfüllt ist.[84] Diese Vorgehensweise hat zur Folge, dass die betroffenen Unternehmen den Nachweis dafür erbringen müssen, dass die Gleichförmigkeit ihres Verhaltens auf andere Umstände als eine Abstimmung zurückzuführen ist. Der Verdacht der Gleichförmigkeit führt so zu einer Art Beweislastverteilung.[85]

Nicht zuletzt aus **verfassungsrechtlichen Gründen** sollte an die vorgelegten Indizien ein strenger Maßstab angelegt werden. Sie müssen so stark sein, dass nach Überzeugung des Gerichts eine andere Erklärung des Verhaltens als durch eine Abstimmung nicht möglich ist.[86] Dabei ist auf die Besonderheiten des betroffenen Marktes Rücksicht zu nehmen. Anhand der dort herrschenden Umstände muss untersucht werden, welche Handlungsmöglichkeiten den Unternehmen konkret (noch) offen stehen. Wenn für die Unternehmen Handlungsalternativen bestehen, wie sie für Wettbewerbsmärkte typisch sind, kann von einem Parallelverhalten auf eine abgestimmte Verhaltensweise geschlossen werden.

680

IV. Verhinderung, Einschränkung oder Verfälschung des Wettbewerbs

1. Wettbewerbsbegriff

Das GWB definiert den Begriff des Wettbewerbs nicht. Eine Definition ist auch nur schwer möglich, da Wettbewerb nicht als ein bestimmtes Marktergebnis verstanden werden kann, das es anzustreben gilt. Vielmehr handelt es sich um einen **offenen Begriff.**[87] Nach ständiger Rechtsprechung ist Wettbewerb i. S. d. Zieles des GWB zu begreifen, die wirtschaftliche Handlungsfreiheit zu sichern. Dabei ist vor allem auf die Selbstständigkeit der wirtschaftlichen Betätigung der Unternehmer als Anbieter und Nachfrager als zentrale Voraussetzung eines funktionsfähigen Wettbewerbs abzustellen.[88] Im Vordergrund steht heute,

681

---

84 *Bechtold*, § 1 Rn. 17; GK-*Hootz*, § 1 Rn. 80.
85 Dies übersieht GK-*Hootz*, § 1 Rn. 80, der lediglich ausführt, die Beweislast obliege im Kartellverwaltungsverfahren der Kartellbehörde.
86 BGH, Urt. v. 9.7.1985 – KZR 7/84, „Preisbindungstreuhänder-Empfehlung", NJW-RR 1986, 259 f. = WuW/E BGH 2175, 2178 ff.
87 GK-*Hootz*, § 1 Rn. 82; Wiedemann KartR-*Stockmann*, § 7 Rn. 57.
88 Vgl. nur KG, Urt. v. 3.11.1972 – Kart 2/72, „Aluminium-Halbzeug", WuW/E OLG 1327, 1329.

wettbewerbsbeschränkende Verhaltensweisen und Zustände zu beschreiben, um so den Begriff Wettbewerb negativ zu fassen. Man spricht vom Konzept der Wettbewerbs- bzw. Betätigungsfreiheit.[89]

682 Auch eine Definition des Begriffs Wettbewerbsbeschränkung existiert nicht. Ob ein Verhalten oder eine Maßnahme als Wettbewerbsbeschränkung beurteilt wird, ist häufig von einer **Wertung** abhängig. Entscheidend ist, dass die wettbewerbliche Handlungsfreiheit betroffen ist. Zur Konkretisierung des Begriffs der wettbewerblichen Handlungsfreiheit ist darauf abzustellen, dass marktbezogenes Handeln autonome Anbieter und Nachfrager voraussetzt. Geschützt ist die wirtschaftliche Handlungsfreiheit aller Wettbewerber, sei es als Anbieter oder als Nachfrager. Dazu ist erforderlich, dass eine Auswahlmöglichkeit besteht.[90] Wettbewerbsbeschränkungen können nicht nur auf privatautonomem Verhalten beruhen, sondern auch die Folge hoheitlicher Anordnung sein.

683 Stets ist allerdings zu beachten, dass die wirtschaftliche Handlungsfreiheit auch **rechtlich** bestehen muss, damit § 1 GWB anwendbar ist. Dies ist insbesondere nicht der Fall, wenn sich Unternehmen dazu verpflichten, Maßnahmen zu unterlassen, die ohnehin rechtswidrig sind.[91] An einem beschränkbaren Wettbewerb fehlt es auch, wenn das betroffene Unternehmen keine einschränkbare Handlungsfreiheit besitzt.

684 § 1 GWB soll die Märkte für den Marktzutritt offen halten. Von § 1 GWB ist daher nicht nur der aktuelle, sondern auch der **potenzielle Wettbewerb** geschützt.[92] Unter potenziellem Wettbewerb versteht man Wettbewerb, der von gegenwärtig noch nicht auf dem betreffenden Markt tätigen Unternehmen ausgeht, weil mit deren Marktzutritt

---

89 BGH, Urt. v. 19.10.1993 – KZR 3/92, „Ausscheidender Gesellschafter", BB 1994, 95; Immenga/Mestmäcker-*Zimmer*, § 1 Rn. 199–202; Wiedemann KartR-*Stockmann*, § 7 Rn. 57.

90 Vgl. etwa BGH, Urt. v. 13.12.1983 – KZR 10/83, „Holzschutzmittel", WuW/E BGH 2049; KG, Beschl. v. 26.2.1986 – 1 Kart 7/85, „Selex-Tania", WuW/E OLG 3737, 3745. Siehe ferner Langen-*Bunte*, § 1 Rn. 125 f.; GK-*Hootz*, § 1 Rn. 84.

91 BGH, Beschl. v. 19.3.1991 – KVR 4/89, „Warenproben in Apotheken", WuW/E BGH 2688, 2690 = WRP 1991, 393, 395; Urt. v. 26.10.1961 – KZR 3/61, „Export ohne WBS", BGHZ 36, 105, 111; KG, Beschl. v. 11.12.1996 – Kart 1/96, „Gewerbliche Spielgemeinschaften", NJWE-WettbR 1997, 257, 260 = WuW/E OLG 5821, 5840.

92 BGH, Beschl. v. 13.1.1998 – KVR 40/96, „Carpartner", NJW 1998, 2825, 2826 = WRP 1998, 771, 773; Beschl. v. 1.12.1981 – KRB 3/79, „Transportbeton-Vertrieb I", WuW/E BGH 1871, 1878; Urt. v. 24.6.1980 – KZR 22/79, „Fertigbeton II", WuW/E BGH 1732, 1733; BKartA, Beschl. v. 16.2.1972 – B2–683131–A–191/71, „Butter-Exportkontor", WuW/E BKartA 1389, 1392.

in absehbarer Zeit mit hinreichender Sicherheit zu rechnen ist.[93] In den Schutzbereich des Kartellverbotes fallen daher nicht nur die Unternehmen, die tatsächlich am Markt im Wettbewerb stehen, sondern auch diejenigen, die in absehbarer Zeit in den Markt eintreten wollen und dazu in der Lage sind. Damit von potenziellem Wettbewerb gesprochen werden kann, reicht es nicht aus, dass ein Marktteilnehmer theoretisch in der Lage wäre, auf dem relevanten Markt Fuß zu fassen. Es müssen vielmehr konkrete Tatsachen darauf hinweisen, dass er tatsächlich in nicht allzu ferner Zukunft in den Markt eindringen kann. Dazu sind mögliche Marktzutrittsschranken zu ermitteln.[94]

Von § 1 GWB werden sowohl der **Anbieter- als auch der Nachfrage-** **685** **wettbewerb**[95] erfasst. Bei Nachfragewettbewerb handelt es sich um den Wettbewerb der Nachfrager um die Anbieter. Zum Anbieterwettbewerb zählen etwa die Beschränkung des Wettbewerbs um Vertreter oder sog. Bieterabkommen, durch die sich mehrere Interessenten darauf einigen, dass nur einer von ihnen mitbieten wird. Diese Erscheinungsform des Wettbewerbs ist z. B. dann gefährdet, wenn auf einem Markt nur noch wenige große Nachfrager den Anbietern gegenüberstehen. Die Nachfrager könnten dann gegenüber den Anbietern besonders niedrige Preise bzw. Sonderkonditionen durchsetzen.

Damit § 1 GWB anwendbar ist, muss die wettbewerbliche Handlungs- **686** freiheit mindestens eines der **Partner** der Vereinbarung etc. betroffen sein. Für das Kartellverbot ist daher kein Raum, wenn sich die Wettbewerbsbeschränkung ausschließlich auf die wettbewerbliche Handlungsfreiheit eines Dritten auswirkt.[96] Der BGH hat indes angenommen, dass eine zwischen den Beteiligten vereinbarte Wettbewerbsbeschränkung, die sich zwar auf ihrem eigenen Markt nicht spürbar, wohl aber auf einem dritten Markt negativ auswirke, unter bestimmten Umständen gegen § 1 GWB verstoße. Eine solche Konstellation soll vorliegen, wenn die Vereinbarung gezielt auf diesen dritten Markt gerichtet sei.[97] Diese Entscheidung überzeugt jedoch nicht, da sie zu einer kaum mehr überschaubaren Ausdehnung des Tatbestands führt. Auch

---

93 Wiedemann KartR-*Stockmann*, § 7 Rn. 58.
94 Vgl. *Lange*, Räumliche Marktabgrenzung, S. 148 ff., zum europäischen Recht.
95 BGH, Urt. v. 13. 12. 1983 – KZR 10/83, „Holzschutzmittel", WuW/E BGH 2049, 2050. Vgl. ferner *Lademann/Hermes*, BB 1987, 838; *Treis/Hermes*, AG 1988, 263.
96 *Bahr*, WuW 2000, 954, 958; *Bechtold*, § 1 Rn. 32; GK-*Hootz*, § 1 Rn. 105; a. A. wohl Wiedemann KartR-*Stockmann*, § 7 Rn. 64 u. 76.
97 BGH, Beschl. v. 13. 1. 1998 – KVR 40/96, „Carpartner", NJW 1998, 2825, 2826 = WRP 1998, 771, 776; vgl. ferner KG, Beschl. v. 26. 1. 1983 – Kart 33/82, „Rewe", WuW/E OLG 2961, 2963.

dogmatisch ist sie nicht haltbar, da allein auf die Auswirkungen auf dem Markt abgestellt wird, ohne eine spürbare Wettbewerbsbeschränkung zwischen den Beteiligten festzustellen.[98]

2. Marktabgrenzung

687 Wie im europäischen KartellR,[99] so wird auch im Rahmen des deutschen Kartellverbots der relevante Markt in **sachlicher, räumlicher und ggf. zeitlicher Hinsicht** abgegrenzt, da die Wettbewerbshandlungen marktbezogen zu verstehen sind. Der sachlich relevante Markt wird ebenfalls nach dem sog. Bedarfsmarktkonzept ermittelt, wonach diejenigen Produkte oder Dienstleistungen einem einzigen sachlich relevanten Markt zuzurechnen sind, die die Marktgegenseite nach Eigenschaft, Verwendungszweck und Preislage zur Deckung eines bestimmten Bedarfs als austauschbar ansieht.[100]

688 Die Abgrenzung des räumlich relevanten Marktes erfolgt – wie im europäischen Kartellrecht – für die Angebotsseite aus der Sicht der Abnehmer nach den räumlich gegebenen **Austauschmöglichkeiten**. Dabei kommt es darauf an, den Markt so abzugrenzen, dass nur die tatsächlich miteinander austauschbaren Produkte bzw. Dienstleistungen erfasst werden. Kriterien für die räumliche Marktabgrenzung sind etwa die Transportkosten, die Haltbarkeit des Produkts, tarifäre und nicht tarifäre Handelshemmnisse, regionale Besonderheiten, sprachliche und kulturelle Unterschiede.[101] Eine für die Ermittlung des räumlich relevanten Marktes bedeutsame Regelung enthält § 19 Abs. 2 Satz 2 GWB. Dort wird festgelegt, dass der räumlich relevante Markt weiter als der Geltungsbereich des GWB sein kann. Damit hat der Gesetzgeber auf eine verfehlte Entscheidung des BGH[102] reagiert und deutlich gemacht, dass es bei der Prüfung der Marktbeherrschung auf den ökonomisch relevanten Markt ankommt.[103] Daher können bei-

---

98 Wie hier: *Bechtold*, § 1 Rn. 24; *Bunte*, NJW 1999, 93, 94 f.; GK-*Hootz*, § 1 Rn. 105.

99 Vgl. dazu Rn. 112.

100 BKartA, Beschl. v. 26. 4. 2000 – B2–15963-U-8/00, „Holsten/König", WuW/E DE-V 286 f.; Beschl. v. 20. 9. 1999 – B3–24511-U-20/99, „Henkel/Luhns", WuW/E DE-V 177, 178–181; *Hildebrand*, WuW 2005, 513, 514 f.

101 BKartA, Beschl. v. 26. 4. 2000 – B2–15963-U-8/00, „Holsten/König", WuW/E DE-V 286, 287 f.

102 BGH, Beschl. v. 24. 10. 1995 – KVR 17/94, „Backofenmarkt", BB 1996, 1901 f.; ablehnend: *Lange*, BB 1996, 1997; *Schütz*, WuW 1996, 286; nunmehr aufgegeben in Urt. v. 5. 10. 2004 – KVR 14/03, „Staubsaugerbeutelmarkt", WuW/E DE-R 1355; dazu *Beninca*, WuW 2005, 43.

103 Dem zustimmend *Meessen*, WuW 2004, 733, 736.

spielsweise auch grenzüberschreitende Märkte oder gar der Weltmarkt als räumlich relevante Märkte zu Grunde gelegt werden.

3. Wettbewerbsbeschränkung

a) Begriff

Die Formulierung, wonach eine Verhinderung, Einschränkung oder **689** Verfälschung des Wettbewerbs bezweckt oder bewirkt werden muss, entspricht dem Wortlaut des Art. 81 Abs. 1 EG. Im europäischen Recht sind die drei Begriffe nicht streng voneinander zu trennen, sondern gehen in der umfassenden Formulierung „Wettbewerbsbeschränkung" auf.[104] Auch § 1 GWB setzt eine solche Beschränkung des Wettbewerbs voraus. Sie liegt grundsätzlich vor, wenn die Beteiligten ihre **wirtschaftliche Handlungsfreiheit** am Markt einschränken.[105] § 1 GWB gilt für horizontale wie für vertikale Wettbewerbsbeschränkungen gleichermaßen.

Die jüngere Rechtsprechung hat sich von einer formal verstandenen **690** Handlungsbeschränkung gelöst und lässt eine Beeinflussung der „**materiellen Entschließungsfreiheit**" ausreichen. Diese ist anzunehmen, wenn es der gemeinsamen Zielvorstellung und der kaufmännischen Vernunft entspricht, sich in einer bestimmten Weise zu verhalten.[106] Nach Ansicht des BGH liegt eine Wettbewerbsbeschränkung bei Handlungen vor, „bei denen der Einzelne in seiner Entschließungsfreiheit, bestimmte unternehmerische Markthandlungen vorzunehmen, im Rechtssinne frei ist, bei denen aber vertragliche und satzungsmäßige Bindungen entstehen, die den Gebrauch dieser Freiheit mit bestimmten wirtschaftlichen Nachteilen verknüpfen".[107] Stets ist die Teilnahme am Wettbewerb überhaupt erforderlich.[108]

---

104 Siehe Rn. 96.
105 BGH, Urt. v. 6.5.1997 – KZR 43/95, „Sole", BB 1997, 2391 f. = WuW/E BGH 3137 ff.; Urt. v. 14.1.1997 – KZR 41/95, „Druckgussteile", WRP 1997, 768; Urt. v. 14.1.1997 – KZR 35/95, „Bedside-Testkarten", NJWE-WettbR 1997, 211 ff.
106 BGH, Beschl. v. 13.1.1998 – KVR 40/96, „Carpartner", NJW 1998, 2825, 2826 = WRP 1998, 771, 774 f.; Beschl. v. 18.11.1986 – KVR 1/86, „Baumarkt-Statistik", NJW 1987, 1821 f. = WuW/E BGH 2313, 2317; *Polley*, WuW 1998, 939.
107 BGH, Urt. v. 22.4.1980 – KZR 4/79, „Taxi-Besitzervereinigung", NJW 1980, 2813.
108 OLG Frankfurt/Main, Urt. v. 26.1.1989 – 6 U (Kart) 176/88, WRP 1989, 598, 601 = WuW/E OLG 4475; zum gezielten Herauskaufen aus dem Markt vgl. BKartA, Beschl. v. 2.7.1997 – B2–15612–A–119–1 u. 2/95, NJWE-WettbR 1997, 239.

691 Jede Beschränkung des zunächst freien und im Wettbewerb bedeutenden Gestaltungsspielraums stellt grundsätzlich eine Wettbewerbsbeschränkung dar. Fehlt diese wettbewerbliche Handlungsfreiheit, fehlt es auch an einem zu schützenden Wettbewerb. Entsprechende Beschränkungen können auf **hoheitliche Reglementierungen** wie etwa staatliche Berufsordnungen oder das UWG zurückzuführen sein. Auch Wettbewerbsverbote in Gesellschafts- oder Austauschverträgen können, wenn sie zulässig sind, die Gestaltungsspielräume der Beteiligten beschränken.[109]

692 Anders als Art. 81 Abs. 1 EG enthält § 1 GWB **keinen Beispielskatalog** besonders schwerwiegender Verstöße. Allerdings sind bei Auslegung und Anwendung von § 1 GWB auch die Regelbeispiele des Art. 81 Abs. 1 EG heranzuziehen. Warum der deutsche Gesetzgeber auf die Übernahme der Regelbeispiele verzichtet hat, obwohl er unterschiedliche materielle Regeln vermeiden wollte, ist nicht recht nachvollziehbar. Die Regelbeispiele mögen in der Praxis zu Art. 81 Abs. 1 EG nur eine geringe Rolle spielen. Sie werden dennoch immer wieder von EuGH/EuGI bzw. Kommission zur Auslegung herangezogen.[110]

b) Erscheinungsformen

aa) Preisabsprachen

693 Klassische Erscheinungsformen von Wettbewerbsbeschränkungen sind Absprachen über Preise[111] als dem wohl wichtigsten unternehmerischen Aktionsparameter. Es reicht aus, wenn nicht der ganze Preis, sondern nur ein **Bestandteil** festgelegt wird. Es spielt ferner keine Rolle, ob die Absprache in absoluten Beträgen, Prozentsätzen oder in Relation zu einem Kostenfaktor ausgedrückt wird.[112] Wird vereinbart, beim Verkauf einen vereinbarten Mindestpreis nicht zu unterschreiten oder beim Einkauf einen vereinbarten Höchstpreis nicht zu überschreiten, liegt ebenfalls eine verbotene unmittelbare Preisbeeinflussung vor. Der Wettbewerb wird ferner unzulässig eingeschränkt, wenn die Un-

---

109 BGH, Urt. v. 27.5.1986 – KZR 32/84, „Spielkarten", BB 1986, 2010 = WuW/E BGH 2285, 2288; Urt. v. 20.3.1984 – KZR 11/83, „Strohgäu-Wochenjournal", BB 1984, 1826, 1827 f. = WuW/E BGH 2085, 2087.

110 *Bechtold*, DB 2004, 235, 237; *Kahlenberg/Haellmigk*, BB 2004, 389, 390; *Karl/Reichelt*, DB 2005, 1436, 1437.

111 Ausführlich Immenga/Mestmäcker-*Zimmer*, § 1 Rn. 203–217.

112 BGH, Beschl. v. 19.6.1975 – KVR 2/74, „Zementverkaufsstelle", BGHZ 65, 30, 37 f. = WuW/E BGH 1410, 1412; BKartA, Beschl. v. 18.12.1968 – B4–362630–J–176/65, „Fernmeldekabel II", WuW/E BKartA 1259, 1261 f.

ternehmen vereinbaren, ihre Produkte oder Dienstleistungen nur derart abzugeben, dass der Abnehmer verpflichtet wird, bei der Weiterveräußerung bestimmte Preise zu verlangen.[113] Selbst Absprachen über **Rabatte** können eine unzulässige Preisabsprache darstellen. Auch die Vereinbarung einheitlicher Liefer- und Zahlungsbedingungen in Allgemeinen Geschäftsbedingungen stellt eine Beschränkung der wettbewerblichen Handlungsfreiheit dar.

bb) Mengenbeschränkungen und Marktaufteilungen

Weitere wichtige Fallgruppen der Wettbewerbsbeschränkungen stellen Vereinbarungen über Mengenbegrenzungen, die Kundenauswahl, Gebiete,[114] Umsätze,[115] das Sortiment, die Qualität oder über Ausschreibungen sowie Submissionsabsprachen dar.[116] Durch Beschränkungen der Kundenkreise können **Märkte aufgeteilt** werden. Die Erscheinungsformen sind vielfältig und reichen von der individuellen Bestimmung der Abnehmer bis zu räumlichen Begrenzungen.[117] Unzulässig sind auch Vereinbarungen, die das Recht zur Belieferung gewisser Abnehmerkategorien ausschließen. Ebenso schwer wiegen Bezugs- und Liefersperren. Verbotene Marktaufteilungen können durch die Zuordnung von Gebieten unter Wettbewerbern vorgenommen werden, die es ausschließen, in ein anderes Gebiet zu liefern oder dort zu produzieren. Neben der räumlichen Begrenzung ist auch die sachliche Marktaufteilung, etwa nach Produktgruppen, verboten. Unter die verbotenen Mengenbeschränkungen fallen das Festlegen von Höchstmengen,[118] Angebotsbeschränkungen oder die Reduzierung der Fertigungskapazität.[119]

694

---

113 BKartA, Beschl. v. 9.7.1965 – B2–633500–H–295/64, „Sisalkordel", WuW/E BKArtA 953, 955. f.

114 BGH, Beschl. v. 12.3.1991 – KVR 1/90, „Golden Toast", BGHZ 114, 40 = WuW/E BGH 2697; Beschl. v. 12.3.1991 – KVR 1/90, „Verbandszeichen", NJW 1991, 3152 ff. = WuW/E BGH 2697.

115 BKartA, Beschl. v. 7.5.1997 – B7–31301–A–105/96, „Stromkabel", NJWE-WettbR 1997, 191 ff.

116 OLG Düsseldorf, Urt. v. 9.11.1993 – U (Kart) 2/93, „Gemischtwirtschaftliche Abfallverwertung", WuW/E OLG 5213, 5219.

117 Übersicht bei GK-*Hootz*, § 1 Rn. 115.

118 Vgl. BKartA, Beschl. v. 27.10.1972 – B1–253100–A–300/71, „Süddeutsche Zementhersteller", WuW/E BKArtA 1417, 1420 ff.

119 KG, Urt. v. 29.4.1975 – Kart 38/74, „Mülltonnen", WuW/E OLG 1627; Urt. v. 12.11.1971 – Kart B 12/71, „Ölfeldrohre", WuW/E OLG 1219, 1224.

cc) Konzerninterner Wettbewerb

695 Besonderheiten sind innerhalb eines **Konzerns** zu beachten. Eine Ge-sellschaft ist gem. § 18 Abs. 1 Satz 1 AktG dann als Konzernunternehmen anzusehen, wenn sie mit einem anderen Unternehmen unter einheitlicher Leitung zusammengefasst wird. Der Begriff des Konzerns nach § 18 Abs. 1 Satz 1 AktG und derjenige der Abhängigkeit gem. § 17 AktG unterscheiden sich dadurch, dass beim Konzern der beherrschende Einfluss vorausgesetzt wird und auch tatsächlich ausgeübt werden muss; Abhängigkeit setzt hingegen lediglich die Möglichkeit der beherrschenden Einflussnahme voraus. Aufgrund der Weisungsgebundenheit gegenüber der Konzernleitung kann regelmäßig keine selbstständige Handlungsfreiheit vorliegen, wie sie vom Wettbewerbsbegriff vorausgesetzt wird.[120]

696 Voraussetzung für die Anwendung des Kartellverbots des § 1 GWB ist, dass die beteiligten Unternehmen selbstständig im geschäftlichen Verkehr teilnehmen können; wirtschaftliche Unabhängigkeit ist hingegen keine Voraussetzung des Unternehmensbegriffs.[121] Besteht wegen der beiderseitigen **Konzernbindung** ein Wettbewerbsverhältnis nicht, ist also die Wettbewerbsbeschränkung Folge der Konzernbildung, ist § 1 GWB nicht anwendbar,[122] denn die gleiche Wirkung könnte auch durch eine konzerninterne Weisung erreicht werden.

697 Konzerninterner Wettbewerb ist daher nur dann vorhanden und schützenswert, wenn im Einzelfall von der umfassenden Weisungsmöglichkeit nicht vollständig Gebrauch gemacht wird. Bedeutsam ist daher weniger, ob ein Konzern mit einheitlicher Leitung oder ob ein Abhängigkeitsverhältnis vorliegt. Entscheidend ist die konkrete Ausübung und nicht die bloße Möglichkeit.[123]

---

120 Siehe dazu Rn. 653.
121 GK-*Hootz*, § 1 Rn. 27.
122 BGH, Urt. v. 6.5.1981 – I ZR 92/78, „Schallplatten-Import", BGHZ 81, 282, 288 f. (zum freien Warenverkehr in der EG); OLG Stuttgart, 27.6.1980 – 2 U (Kart) 130/79, WuW/E OLG 2352, 2355; GK-*Hootz*, § 1 Rn. 28.
123 Wie hier Wiedemann KartR-*Schroeder*, § 8 Rn. 13 f. u. Wiedemann KartR-*Stockmann*, § 7 Rn. 60. *Bechtold*, § 1 Rn. 33, der darauf hinweist, dass es nicht sinnvoll sei, eine extensive Anwendung des § 1 GWB zu fordern, wenn man in der Zusammenschlusskontrolle mit der Erfahrung arbeite, dass wettbewerbsrelevante Maßnahmen zu Lasten eines verbundenen Unternehmens unwahrscheinlich seien. Er plädiert dafür, § 1 GWB grundsätzlich auf konzerninterne Wettbewerbsbeschränkungen nicht anzuwenden. Weitergehend auch GK-*Hootz*, § 1 Rn. 29 u. 123 f., der nur darauf abstellt, ob die Konzerngesellschaften eine enge wirtschaftliche und somit wettbewerbliche Einheit bilden. Er meint, konzerninterne Bindungen seien Folge

dd) Arbeits- und Bietergemeinschaften

Eine bedeutsame Form der Zusammenarbeit zwischen Unternehmen **698** stellt die Arbeitsgemeinschaft (**ARGE**) dar. Arbeitsgemeinschaften werden beispielsweise zur gemeinsamen Ausführung von Großprojekten, wie etwa Bauvorhaben, geschlossen. Problematisch sind Arbeitsgemeinschaften mehrerer gleichartiger Unternehmen. Arbeitsgemeinschaften verstoßen gegen § 1 GWB, wenn in ihnen konkurrierende, für eine Marktbeeinflussung ausreichend bedeutsame Unternehmen zusammenarbeiten, zumindest konkludent einen Wettbewerbsverzicht vereinbaren und jedes der Unternehmen sowohl von seiner Kapazität, seinem technischen Know-how, seiner Leistungsfähigkeit etc. in der Lage wäre, den Auftrag allein auszuführen. Durch die Bildung einer Arbeitsgemeinschaft wird dann häufig die wettbewerbliche Handlungsfreiheit der beteiligten Unternehmen eingeschränkt. Eine Arbeitsgemeinschaft wirkt nicht wettbewerbsbeschränkend, wenn sich Unternehmen, bezogen auf das konkrete Projekt, aus Gründen unzureichender technischer oder wirtschaftlicher Leistungen zusammenschließen, die nicht allein, sondern nur zusammen in der Lage sind, auf dem Markt überhaupt aufzutreten. Auf diese Weise entsteht zusätzlicher Wettbewerb.[124]

Die Anwendbarkeit des § 1 GWB entfällt auch in anderen Fällen, in **699** denen durch die Koordination mehrerer selbstständiger Unternehmen und die Bündelung ihrer Leistungskraft bei gleichzeitiger Koordinierung ihres Auftretens gegenüber der anderen Seite erst die **Möglichkeit** geschaffen wird, eine bestimmte, am Markt nachgefragte Leistung zu erbringen.[125]

Bietergemeinschaften dienen zur gemeinsamen Abgabe eines Ange- **700** bots. Bei Unternehmen verschiedener Branchen fehlt es häufig an einem Wettbewerbsverhältnis. Kartellrechtlich unbedenklich sind solche Gemeinschaften, wenn die Beteiligten nicht, auch nicht potenziell,

---

der Konzernbindung und kartellrechtlich hinzunehmen. FK-*Huber*, § 1 n. F. Kurzdarstellung Rn. 36, geht davon aus, dass Wettbewerb i. S. v. § 1 GWB innerhalb des Konzerns nicht bestehe.

124 BGH, Urt. v. 13.12.1983 – KRB 3/83, „Bauvorhaben Schramberg", BB 1984, 364 f. mit Anm. *Hootz*, BB 1984, 557; OLG Stuttgart, Urt. v. 15.7.1983 – 2 Kart 3/83, „Parkhaus Schramberg", WuW/E OLG 3108, 3109; weiterführend zu Arbeitsgemeinschaften *Koenig/Kühling/Müller*, WuW 2005, 126 ff.

125 BGH, Urt. v. 5.2.2002 – KZR 3/01, „Jugend- und Frauennachtfahrten", WuW/E DE-R 876 = NJW 2002, 2176, unter ausdrücklicher Berufung auf den Gedanken der Arbeitsgemeinschaft.

im Wettbewerb zueinander stehen.[126] Diese Formen gemeinsamen Bietens sind aber eher die Ausnahme. An einem konkreten Wettbewerbsverhältnis fehlt es aber auch dann, wenn eine selbstständige Teilnahme an der Ausschreibung wirtschaftlich nicht zweckmäßig und kaufmännisch nicht vernünftig ist.[127] Die Kartellbehörden des Bundes und der Länder sehen daher Bietergemeinschaften als zulässig an, wenn die beteiligten Unternehmen zurzeit der Bildung der Gemeinschaft nicht über die erforderliche Kapazität zur Ausführung des angestrebten Auftrags verfügen. Sie sind ebenfalls unbedenklich, wenn die Unternehmen zwar über die erforderliche Kapazität verfügen, aber erst die Zusammenarbeit sie in die Lage versetzt, ein erfolgreiches Angebot abzugeben.

701 Davon zu unterscheiden sind die verbotenen sog. **Submissionskartelle**, die trotz reger Verfolgungstätigkeit in zahlreichen Branchen anzutreffen sind. Das Submissionskartell dient regelmäßig dazu, den Preiswettbewerb zwischen den Beteiligten außer Kraft zu setzen und so das Preisniveau zu heben. Zu diesem Zweck werden von den Beteiligten künstlich überhöhte Scheinangebote abgegeben. Derjenige Kartellpartner, der den Auftrag erhalten soll, gibt ein vergleichsweise günstigeres Angebot ab, das aber immer noch überhöht ist. Solche Absprachen verstoßen regelmäßig gegen § 1 GWB. Zugleich soll der Tatbestand des Betrugs nach § 263 StGB erfüllt sein.[128] Im Vergabeverfahren mit zumindest zwei Unternehmern soll nach ständiger Rechtsprechung die Angebotsabgabe die schlüssige (konkludente) Erklärung enthalten, dass dieses Angebot ohne vorherige Preisabsprache zu Stande gekommen sei.[129] Begründet wird dies mit dem gesetzlichen Hintergrund der Regelung in § 1 GWB, wonach Kartellabsprachen ausdrücklich untersagt seien. Zugleich wird für die öffentliche Submission oder Ausschreibung auf die Tatsache verwiesen, dass der Marktpreis durch den Wettbewerb verschiedener Anbieter für eine bestimmte Leistung zu Stande kommen soll, vgl. §§ 2, 25 VOB/A, §§ 2, 25 VOL/A, § 4 VOF.[130]

---

126 Vgl. Bayerisches Staatsministerium für Wirtschaft, Verkehr und Technologie, Kooperation und Wettbewerb, S. 22 f.; *Bechtold*, § 1 Rn. 76; GK-*Hootz*, § 1 Rn. 147.

127 BGH, Urt. v. 13.12.1983 – KRB 3/83, „Bauvorhaben Schramberg", BB 1984, 364 f. mit Anm. *Hootz,* BB 1984, 557; *U. Immenga*, DB 1984, 385; *Maasch*, ZHR 150 (1986), 657 ff.

128 Sehr kritisch dazu *Lange*, ZWeR 2003, 352, 361 f.

129 Zum typischen Inhalt einer Biettererklärung siehe *Dreher*, FS für Traub, S. 63, 64 f.

130 BGH, Urt. v. 11.7.2001 – 1 StR 576/00, „Flughafen München", NJW 2001, 3718, 3719 = WuW/E Verg 486; Urt. v. 21.11.1961 – 1StR 424/61, BGHSt 16, 367, 371

ee) Einkaufskooperationen

Mit der ersatzlosen Streichung des § 4 Abs. 2 GWB a. F. kennt das **702** deutsche Kartellrecht keine Sondervorschrift für Einkaufskooperationen mehr. Dies ist insbesondere mit Blick auf den erweiterten Vorrang des europäischen Rechts sinnvoll, da von Einkaufskooperationen in der Regel spürbare Auswirkungen auf den Handel zwischen den Mitgliedstaaten ausgehen. Da diese Form der Zusammenarbeit zumeist über größere Regionen hinweg erfolgt, wird sie vielfach schon deshalb als **grenzüberschreitend** i. S. v. Art. 81 EG einzustufen sein.[131] Darüber hinaus sind häufig ausländische Produkte bzw. Lieferanten betroffen. Einkaufskooperationen unterliegen daher zumeist dem europäischen Recht.[132]

ff) Vertriebskooperationen

Kartellrechtlich außerordentlich bedenklich sind Vereinbarungen unter **703** Wettbewerbern, die den **gemeinsamen Verkauf oder Vertrieb** zum Gegenstand haben. Wird etwa eine Andienungspflicht vereinbart, liegt eine Beschränkung der wettbewerblichen Handlungsfreiheit vor. Aber auch ohne Andienungspflicht verstoßen Verkaufsgemeinschaften zwischen Konkurrenten grundsätzlich gegen § 1 GWB. Wird etwa ein gemeinsamer Vertrieb in der Erwartung verabredet, dass alle Beteiligten daran in größerem Umfang teilnehmen, wird der Wettbewerb unter den Beteiligten regelmäßig ebenfalls beschränkt.[133] Dies gilt nicht nur für Kooperationen zwischen Eigenhändlern, sondern auch für den Agenturvertrieb.[134] Für die rechtliche Beurteilung der Kooperation spielt es keine Rolle, wie sie technisch abgewickelt wird. Daher können auch Kooperationen via Internetplattform unter das Kartellverbot fallen, wenn aktuelle oder potenzielle Wettbewerber beteiligt sind.[135]

= NJW 1962, 312, 313; Urt. v. 15. 2. 1962 – KRB 3/61, „Ausschreibung für Putzarbeiten II", BGH WuW/E BGH 495; Immenga/Mestmäcker- *Dannecker/Biermann*, Vor § 81 Rn. 96; Wiedemann KartR-*Klusmann*, § 56 Rn. 25.

131 *Westermann*, ZWeR 2003, 481, 495.

132 Siehe dazu Rn. 315 ff.

133 BGH, Beschl. v. 1. 12. 1981 – KRB 5/79, „Transportbeton-Vertrieb II", BB 1982, 267 f. = WuW/E BGH 1901, 1902; Beschl. v. 19. 6. 1975 – KVR 2/74, „Zementverkaufsstelle", BGHZ 65, 30, 39.

134 KG, Beschl. v. 27. 1. 1981 – Kart 30/79, „Zementverkaufsstelle Niedersachsen II", WuW/E OLG 2429, 2431.

135 *F. Immenga/Lange*, RIW 2000, 733, 736 (zum europäischen Recht); Immenga/ Mestmäcker-*Zimmer*, § 1 Rn. 428.

704 Auch unterhalb der **Zwischenstaatlichkeitsschwelle** sind die Vorgaben der Vertikal-GVO[136] bzw. im Kfz-Bereich diejenigen der GVO 1400/2002[137] zu beachten, § 2 Abs. 2 GWB.

gg) Forschungs- und Entwicklungskooperationen

705 Grundsätzlich sind gemeinsame FuE-Projekte kartellrechtlich nur so lange unbedenklich, wie sie **wettbewerbsbeschränkungsfrei** sind. Dies ist insbesondere dann der Fall, wenn sich die Beteiligten ihre Freiheit erhalten, eigene FuE-Projekte zu betreiben. Wettbewerbsbeschränkungen können in diesem Zusammenhang auch bei der späteren Verwertung der Ergebnisse auftreten. Dies ist insbesondere dann der Fall, wenn die gemeinsame FuE unmittelbar mit marktrelevanten Einkaufs- oder Verkaufsfunktionen, wie etwa der Produktion, verbunden ist.[138] Vollkommen unproblematisch sind gemeinsame Forschungsaktivitäten wohl nur, wenn die Beteiligten in keinem wie auch immer gearteten Forschungswettbewerb zueinander stehen oder allein nicht in der Lage wären, die entsprechenden Anstrengungen auf sich zu nehmen.[139]

706 Stets sind die Vorgaben der GVO über FuE[140] bzw. diejenige über den Technologietransfer[141] zu beachten, auch unterhalb der **Zwischenstaatlichkeitsklausel**, vgl. § 2 Abs. 2 GWB.

hh) Sonstige Formen der Zusammenarbeit

707 Vereinbarungen über die **gemeinsame Nutzung von Produktionsanlagen** sind so lange kartellrechtlich unbedenklich, wie die beteiligten

---

136 Komm., VO (EG) Nr. 2790/1999 v. 22.12.1999 über die Anwendung von Art. 81 Abs. 3 des Vertrags auf Gruppen von vertikalen Vereinbarungen und aufeinander abgestimmten Verhaltensweisen, Abl. 1999, Nr. L 336, 21.

137 Komm., VO (EG) Nr. 1400/2002 v. 31.7.2002 über die Anwendung von Art. 81 Abs. 3 des Vertrags auf Gruppen von vertikalen Vereinbarungen und aufeinander abgestimmten Verhaltensweisen im Kraftfahrzeugsektor, Abl. 2002, Nr. L 203, 30.

138 Vgl. Bayerisches Staatsministerium für Wirtschaft, Verkehr und Technologie, Kooperation und Wettbewerb, S. 20.

139 Wohl auch *Bechtold*, § 1 Rn. 70.

140 Komm., VO (EG) Nr. 2659/2000 v. 29.11.2000 über die Anwendung von Art. 81 Abs. 3 des Vertrags auf Gruppen von Vereinbarungen über Forschung und Entwicklung, Abl. 2000, Nr. L 304, 7.

141 Komm., VO (EG) Nr. 772/2004 v. 27.04.2004 über die Anwendung von Art. 81 Abs. 3 EG-Vertrag auf Gruppen von Technologietransfer-Vereinbarungen, Abl. 2004, Nr. L 123, 11.

Unternehmen keine wettbewerbsbeschränkenden Nebenabreden treffen, in denen ihre Befugnis zur selbstständigen Produktion eingeschränkt wird. Eine wettbewerbsbeschränkende Absprache liegt nicht vor, wenn Produktionsanlagen gegen Entgelt von Dritten mitbenutzt werden.

Soweit sie die individuelle Handlungsfreiheit der beteiligten Unternehmen nicht beeinträchtigen, werden **Werbegemeinschaften** als zulässig angesehen. Eine Zusammenarbeit in der Werbung, durch die die Eigenwerbung ausgeschlossen wird, berührt hingegen die wettbewerbliche Handlungsfreiheit der beteiligten Unternehmen, sodass entsprechende Verträge unter § 1 GWB zu subsumieren sind. [142]   **708**

Informationen über die Märkte sind für die am Wirtschaftsleben teilnehmenden Unternehmen von besonderer Bedeutung. Damit Wettbewerb funktionieren kann, müssen allerdings die Unternehmensstrategien geheim gehalten werden. Sind alle Marktteilnehmer über die Bedingungen der Konkurrenz von Anfang an informiert, können sie sich leichter anpassen und ihr Verhalten untereinander abstimmen. Auch der sog „Geheimwettbewerb" genießt daher grundsätzlich kartellrechtlichen Schutz. Der Austausch von ansonsten geheim gehaltenen Informationen (**Marktinformationssysteme oder -verfahren**) ist untersagt, wenn er sich auf wettbewerbsrelevante Tatsachen bezieht. [143] Jedoch verbleiben für eine Verbesserung der Markttransparenz durch Kooperation gewisse Spielräume. Unbedenklich sind Marktstatistiken, soweit sie sich auf die Ermittlung und die Offenlegung des Gesamtvolumens eines Marktes beschränken, Preisstatistiken, die den Durchschnittspreis für bestimmte Gruppen von Geschäftsvorfällen aufweisen und Gesamtumsatzmeldeverfahren zur Ermittlung der Rabattgrundlage. Bei letzterem System dürfen sich die Beteiligten weder über die Rabattarten im Allgemeinen noch über bestimmte Rabattsätze verständigt haben. [144] Eine Meldestelle für Transportbeton wurde als zulässig angesehen, sofern Rückmeldungen an die teilnehmenden Unternehmen nur erfolgten, wenn mindestens fünf unabhängige, nicht gesell-   **709**

---

142 LG Dortmund, Urt. v. 12.10.1972 – 8 0 180/72 Kart, „Taxi-Funk-Zentrale", WuW/ E LG/AG 338.
143 BGH, Beschl. v. 18.11.1986 – KVR 1/86, „Baumarkt-Statistik", NJW 1987, 1821 f. = WuW/E BGH 2313, 2315; OLG Frankfurt/Main, Beschl. v. 13.12.1991 – 6 Ws (Kart) 27/91, „Grundkonsens", WuW/E OLG 5048, 5050; GK-*Hootz*, § 1 Rn. 92; weiterführend *Wagner-von Papp*, WuW 2005, 732 ff.
144 Vgl. Bayerisches Staatsministerium für Wirtschaft, Verkehr und Technologie, Kooperation und Wettbewerb, S. 18 f.

schaftsrechtlich miteinander verbundene Hersteller in das Meldegebiet geliefert hatten.[145]

710 Immer wieder werden Formen des gegenseitigen **Austauschs von Erfahrungen und Meinungen** von den Kartellbehörden als Indiz dafür herangezogen, dass weitergehende unerlaubte Kartellabsprachen getroffen werden. Daher ist bei Internet-Marktplätzen und Marktinformationssystemen, die das Internet nutzen, genau geprüft worden, ob der Informationsaustausch und der übrige Einsatz des Mediums Internet zu Wettbewerbsbeschränkungen bei den Teilnehmern führt.[146]

c) Bezwecken oder Bewirken

711 Wie bei Art. 81 Abs. 1 EG ist es bei § 1 GWB ausreichend, wenn die Wettbewerbsbeschränkung Zweck der Beteiligten ist, ohne Vertragsinhalt geworden zu sein. Ebenso genügt es, wenn der Vertrag die Wettbewerbsbeschränkung zur Folge hat.[147] Dabei ist nicht auf die tatsächlich eingetretene, sondern auf die **voraussichtliche Wirkung** der Vereinbarung abzustellen. Allerdings reicht nicht jede noch so fern liegende wettbewerbsbeschränkende Wirkung aus. Vielmehr muss die Prognose eine überwiegende Wahrscheinlichkeit dafür ergeben, dass die Vereinbarung, wenn sie durchgeführt wird, eine Wettbewerbsbeschränkung zur Folge haben wird.

712 Bezwecken im Sinne der Vorschrift bedeutet, dass eine **objektive Eignung** der Vereinbarung für das Herbeiführen der Wettbewerbsbeschränkung gegeben sein muss; die Absicht der Beteiligten spielt keine Rolle. Es kommt auf die Zielsetzung oder Tendenz der Maßnahme und nicht auf die Motive der Akteure an. Der wettbewerbsbeschränkende Zweck muss weder der Hauptzweck noch der einzige Zweck sein.

713 Schon vor dem In-Kraft-Treten der 6. GWB-Novelle unterlagen **Verkaufsgemeinschaften ohne Andienungszwang** dem Kartellverbot, wenn sich die Parteien darüber einig waren, dass sie ganz oder zu einem wesentlichen Teil über die Gemeinschaft verkaufen werden und

---

145 OLG Düsseldorf, Beschl. v. 26.7.2002 – Kart 37/01 (V), „Transportbeton Sachsen", WuW/E DE-R 949.

146 BKartA, Beschl. v. 7.3.2002 – B6–144/01, „Bild.de/T-Online", WuW/E DE-V 624; Beschl. v. 29.6.2001 – B5–24/01, „BuyForMetals/Steel 24–7", WuW/E DE-V 479; Beschl. v. 23.10.2000 – B3–76/00, „SAP-GU", WuW/E DE-V 355, 360; vgl. ferner *Lange*, EWS 2000, 291, 294 (zum europäischen Recht).

147 BGH, Urt. v. 16.11.1999 – KZR 12/97, „Endschaftsbestimmung", WuW/E DE-R 409, 413; *Bahr*, WuW 2000, 954, 960 ff.; *Bechtold*, § 1 Rn. 34; Langen-*Bunte*, § 1 Rn. 170; GK-*Hootz*, § 1 Rn. 180; FK-*Huber*, § 1 n.F. Kurzdarstellung Rn. 59.

diese Gemeinschaft wirtschaftlich sinnvoll auch nur funktionieren kann, wenn sich alle daran halten.[148]

Lässt sich eine hinreichend bezweckte Beeinträchtigung nicht **nach-** **714** **weisen**, ist zu prüfen, ob eine spürbare wettbewerbsbeschränkende Wirkung von der Vereinbarung ausgeht. Es ist zu untersuchen, wie sich die Verhältnisse auf dem relevanten Markt entwickelt hätten, wenn die vereinbarte Beschränkung unterblieben wäre. Zwischen der Vereinbarung und der Wirkung muss ein Kausalverhältnis bestehen.

d) Spürbarkeit

Von § 1 GWB werden nur solche Wettbewerbsbeschränkungen erfasst, **715** die geeignet sind, die **Marktverhältnisse spürbar zu beeinflussen**. Obwohl die 6. Novelle das Merkmal der Eignung zur Beeinflussung der Marktverhältnisse ersatzlos gestrichen hat, hält die deutsche Kartellrechtspraxis am Erfordernis der Spürbarkeit fest.[149]

Damit von einer spürbaren Wettbewerbsbeschränkung gesprochen wer- **716** den kann, müssen von ihr **konkret feststellbare Veränderungen** der relevanten Produktionsverhältnisse und Marktstrukturen ausgehen. Die wirtschaftlichen Betätigungsmöglichkeiten und die zur Verfügung stehenden Alternativen der Marktteilnehmer müssen merklich beeinträchtigt sein. Nicht ins Gewicht fallende Beschränkungen werden durch dieses von der Praxis entwickelte ungeschriebene Tatbestandsmerkmal vom Anwendungsbereich der Norm ausgeschlossen. Gegen sog. Bagatellkartelle wird nicht eingeschritten. Zur Feststellung des Gewichts der Wettbewerbsbeschränkung ist der Gesamtzusammenhang zu berücksichtigen. Ausgehend von der Marktabgrenzung in sachlicher, räumlicher und ggf. zeitlicher Hinsicht gilt es, die Situation zu ermitteln, die bestehen würde, wenn die Wettbewerbsbeschränkung nicht getroffen worden wäre. Zu diesem Zweck ist auf die Verhältnisse des relevanten Marktes anhand konkreter Tatsachen abzustellen.[150]

---

148 BGH, Beschl. v. 1.12.1981 – KRB 3/79, „Transportbeton-Vertrieb I", DB 1982, 1162f. = WuW/E BGH 1871, 1874ff.; Beschl. v. 19.6.1975 – KVR 2/74, „Zementverkaufsstelle", BGHZ 65, 30, 36ff.
149 BGH, Beschl. v. 13.1.1998 – KVR 40/96, „Carpartner", NJW 1998, 2825, 2826 = WRP 1998, 771, 773; BKartA, Beschl. v. 25.8.1999 – B6–22131–M–49/99, „Stellenmarkt für Deutschland II", WuW/E DE-V 209; *Bahr*, WuW 2000, 954, 963f.; Immenga/Mestmäcker-*Zimmer*, § 1 Rn. 256–264; vgl. ferner BKartA, Bek. Nr. 57/ 80 v. 8.7.1980, BAnz. Nr. 133 (sog. Bagatellbekanntmachung).
150 BGH, Beschl. v. 23.2.1988 – KRB 4/87, „Brillenfassungen", WuW/E BGH 2469, 2470; Urt. v. 14.10.1976 – KZR 36/75, „Fertigbeton", BGHZ 68, 6, 11 = BB

717 Die in Frage stehende Wettbewerbsbeschränkung ist nicht spürbar, wenn die Außenwirkungen so gut wie nicht ins Gewicht fallen; dies ist insbesondere dann der Fall, wenn die **Konkurrenz** keinen Anlass zu Reaktionen auf die Kartellabsprache sieht.[151] Eine Wettbewerbsbeschränkung kann aber nach der jüngeren Rechtsprechung auch dann spürbar sein, wenn von ihr nur ein drittes Unternehmen betroffen ist.[152]

718 Die Praxis begnügt sich zumeist unter Rückgriff auf die Bagatellbekanntmachung des BKartA[153] mit dem Kriterium der **Marktanteile** der Beteiligten und verneint bei einer Größenordnung von bis zu 5% zumeist die Spürbarkeit.[154] Zu beachten ist aber, dass selbst bei verhältnismäßig unbedeutenden Wettbewerbsbeschränkungen die Spürbarkeit gegeben ist, wenn der Wettbewerb auf dem betreffenden Markt zuvor schon aufgrund anderer Umstände eingeschränkt war und eine relativ geringe weitere Einschränkung diese Verhältnisse zumindest verfestigt. Daneben verlangt die Bekanntmachung eine leistungssteigernde zwischenbetriebliche Zusammenarbeit durch die Koordinierung.[155]

719 Da auch die Anwendbarkeit des Art. 81 Abs. 1 EG als ungeschriebenes Tatbestandsmerkmal erfordert, dass die bezweckte oder bewirkte Wettbewerbsbeeinträchtigung spürbar ist (sog. **De-minimis-Regel**),[156] kann grundsätzlich an diesem einschränkenden Kriterium im deut-

---

1977, 409 f.; OLG Düsseldorf, Urt. v. 18. 10. 2000 – U (Kart) 5/00, „Kfz-Werkstätten", WuW/E DE-R 585, 588; BKartA, Beschl. v. 27. 2. 2002 – B6–136/01, „berlin.de new media", WuW/E DE-V 665, 667 f.

151 BGH, Urt. v. 23. 2. 1988 – KRB 4/87, „Brillenfassungen", WuW/E BGH 2469, 2470; Urt. v. 14. 4. 1983 – KRB 4/82, „Beistand bei Kostenangeboten", WuW/E BGH 2000, 2002; Wiedemann KartR-*Stockmann*, § 7 Rn. 75.

152 BGH, Urt. v. 14. 1. 1997 – KZR 41/95, „Druckgussteile", WRP 1997, 768; Urt. v. 14. 1. 1997 – KZR 35/95, „Bedside-Testkarten", NJWE-WettbR 1997, 211 ff.

153 Bek. Nr. 57/80 v. 8. 7. 1980, BAnz. Nr. 133.

154 Vgl. Bayerisches Staatsministerium für Wirtschaft, Verkehr und Technologie, Kooperation und Wettbewerb, S. 27 f.

155 Siehe dazu LG München I, Urt. v. 23. 8. 2000 – 21 O 16924/99, „Deggendorfer Transportbeton", WuW/E DE-R 633, 637, wo die Spürbarkeit auch unterhalb der 5%-Schwelle angenommen wurde.

156 EuGH, Urt. v. 9. 11. 1983 – Rs. 322/81, „Michelin", Slg. 1983, 3461, 3501 Rn. 104 ff. = WuW/E EWG MUV 642 ff.; Urt. v. 6. 5. 1971 – Rs. 1/71, „Cadillon/Höss", Slg. 1971, 351, 356 Rn. 7 ff.; Urt. v. 9. 7. 1969 – Rs. 5/69, „Völk/Vervaecke", Slg. 1969, 295, 302 Rn. 7; Immenga/Mestmäcker EG-WbR-*Emmerich*, Art. 85 Abs. 1 A Rn. 199–215; *Fritzsche*, ZHR 160 (1996), 31, 36 f.; FK-*Roth/Ackermann*, Grundfragen Art. 81 EG-Vertrag Rn. 325–341.

schen Kartellrecht festgehalten werden. Allerdings ist zu beachten, dass die deutsche Praxis zur Spürbarkeit noch nicht mit derjenigen der Kommission zu Art. 81 EG harmonisiert ist.[157] Oberhalb der Zwischenstaatlichkeitsklausel ist aber zu prüfen, ob die Anwendung des Spürbarkeitskriteriums mit der sog. Bagatellbekanntmachung der Kommission[158] im Einklang steht.

4. Tatbestandsrestriktionen

a) Immanente Wettbewerbsbeschränkung (Immanenztheorie)

Angesichts des weiten Anwendungsbereichs des Kartellverbots wird **720** in der Literatur eine Eingrenzung gefordert. Nach der sog. **Immanenztheorie** sind Wettbewerbsbeschränkungen in Austauschverträgen trotz § 1 GWB zulässig, wenn sie dem Austauschverhältnis „immanent" sind, weil sie erforderlich sind, um den mit dem Austauschvertrag verfolgten Zweck zu erreichen.[159] Formale Verstöße gegen § 1 GWB sind hinzunehmen, wenn das betroffene Rechtsinstitut kartellrechtsneutral und die Wettbewerbsbeschränkung notwendig für den Bestand und seine Funktionsfähigkeit ist. In der Literatur ist umstritten, inwieweit sich in Verwaltungspraxis und Rechtsprechung Anklänge an die Immenanztheorie finden.[160]

b) Wettbewerbsverbote in Gesellschafts- und Unternehmens-
   veräußerungsverträgen

§ 1 GWB ist nicht uneingeschränkt auf wettbewerbsbeschränkende **721** Vereinbarungen in **Gesellschaftsverträgen** anwendbar. Die gesetzliche Anerkennung einzelner Gesellschaftsformen wird durch das GWB nicht angetastet. Wettbewerbsverbote in Gesellschaftsverträgen sind demnach kartellrechtlich unbedenklich, wenn sie sich aus dem Gesellschaftsverhältnis ergeben und dem Bestand und der Erhaltung der Ge-

---

157 *Bechtold*, § 1 Rn. 45.
158 Komm., Bek. über Vereinbarungen von geringer Bedeutung, die den Wettbewerb gem. Art. 81 Abs. 1 EG nicht spürbar beschränken (de minimis), Abl. 2001, Nr. C 368, 13.
159 Vgl. etwa *Köhler*, BB 1996, 2577, 2579; *K. Schmidt*, AG 1998, 551, 560; *Schwintowski*, WuW 1997, 769 ff.
160 Überblick bei Immenga/Mestmäcker-*Zimmer*, § 1 Rn. 271–281; Wiedemann KartR-*Stockmann*, § 7 Rn. 81–84; kritisch auch FK-*Huber*, § 1 n. F. Kurzdarstellung Rn. 71; unklar Langen-*Bunte*, § 1 Rn. 193 ff., der zahlreiche Entscheidungen, in denen Vereinbarungen als kartellrechtsneutral eingestuft wurden, als Anwendung der Immanenztheorie ansieht, dann aber für eine teleologische Restriktion plädiert.

sellschaft dienen. Ist das Wettbewerbsverbot dazu geschaffen, um eine Aushöhlung der Gesellschaft zu verhindern, wird es als kartellrechtsneutral eingestuft.[161] Solange die wettbewerbliche Handlungsfreiheit eingeschränkt wird, weil dies für Bestand und Funktionsfähigkeit notwendig ist, und ist im Übrigen der Gesellschaftsvertrag kartellrechtsneutral, liegt kein Verstoß gegen § 1 GWB vor. Stets ist eine Abwägung der Wettbewerbsfreiheit mit denjenigen Interessen vorzunehmen, denen das gesellschaftsrechtliche Wettbewerbsverbot dient.[162] So sind Wettbewerbsverbote als Nebenbestimmungen zu im Übrigen kartellrechtsneutralen Verträgen unbedenklich, wenn sie nur die ohnehin nach Inhalt des Geschäfts mit Rücksicht auf Treu und Glauben bestehenden Verpflichtungen des durch das Wettbewerbsverbot Gebundenen konkretisieren.[163]

722 Wettbewerbliche Beschränkungen in **Genossenschaftssatzungen** fallen so lange nicht unter § 1 GWB, als sie zur Sicherung des Zwecks oder der Funktionsfähigkeit der Genossenschaft erforderlich sind.[164] Danach sind Wettbewerbsbeschränkungen aufgrund genossenschaftstreuen Verhaltens kartellrechtlich hinzunehmen. Im Übrigen gelten für Wettbewerbsverbote die allgemeinen Grundsätze.[165]

723 Kartellrechtlich bedenklich sind die in **Unternehmensveräußerungsverträgen** regelmäßig enthaltenen Wettbewerbsverbote für den Veräußerer. Durch sie wird zugleich der (potenzielle) Wettbewerb zwischen den Vertragsparteien geregelt. In einem Vertrag über einen Unternehmenskauf ist ein Wettbewerbsverbot nur insoweit mit § 1 GWB vereinbar, als mit ihm „tatsächlich nur die sich gegenüberstehenden Interessen des Leistungsaustausches verfolgt" werden. Ist das Wettbewerbsverbot zur Erreichung des Leistungsaustausches sachlich erfor-

---

161 BGH, Urt. v. 27.5.1986 – KZR 32/84, „Spielkarten", BB 1986, 2010 = WuW/E BGH 2285, 2288; Beschl. v. 15.4.1986 – KVR 1/85, „Taxigenossenschaft", WuW/E BGH 2271, 2273; Urt. v. 5.12.1983 – II ZR 242/82, „Werbeagentur", BGHZ 89, 162, 166 = NJW 1984, 1351, 1353; Urt. v. 21.2.1978 – KZR 6/77, „Gabelstapler", BGHZ 70, 331, 336; OLG Düsseldorf, Urt. v. 30.6.1998 – U (Kart) 20/98, „Überlange Sozietätsbindung", WuW/E DE-R 187, 193 f.

162 BGH, Urt. v. 5.12.1983 – II ZR 242/82, „Werbeagentur", NJW 1984, 1351; *Bechtold*, § 1 Rn. 39 a.E.

163 OLG Stuttgart, Urt. v. 20.11.1998 – 2 U 204/96, „Gemeinschaftspraxis", WuW/E DE-R 224, 225.

164 BGH, Beschl. v. 15.4.1986 – KVR 1/85, „Taxigenossenschaft", WuW/E BGH 2271, 2273; Beschl. v. 16.12.1986 – KZR 36/85, „Taxizentrale Essen", WuW/E BGH 2341, 2344.

165 Immenga/Mestmäcker-*Zimmer*, § 1 Rn. 288 f.

derlich, fehlt es regelmäßig an weitergehenden wettbewerbsbeschränkenden Interessen. Allerdings muss das Wettbewerbsverbot bei Unternehmensverkäufen „nach Zeit, Ort und Gegenstand auf das Maß beschränkt werden, das erforderlich ist, damit der Erwerber die ihm bei der Unternehmensübertragung überlassenen Kundenbeziehungen festigen kann".[166] Sog. überschießende Wettbewerbsverbote hingegen werden vom Kartellverbot erfasst. Wo die Grenzen genau zu ziehen sind, lässt sich nur im Einzelfall feststellen.

Ist § 1 GWB nicht anwendbar, kann sich die Nichtigkeit des Wettbe- **724** werbsverbots auch aus **§ 138 BGB** ergeben.[167] Das erforderliche Maß i. S. d. gerade geschilderten Rechtsprechung ist regelmäßig bei einer Befristung des Wettbewerbsverbots auf zwei, höchstens fünf Jahre eingehalten. Ob ein unbefristetes in ein befristetes Wettbewerbsverbot mittels geltungserhaltender Reduktion umgedeutet werden kann, ist vor allem dann zweifelhaft, wenn zugleich ein Verstoß gegen § 138 BGB vorliegt.[168]

c) Wettbewerbsverbote in Austauschverträgen

Wettbewerbsverbote in Austauschverträgen werden dann als zulässig **725** angesehen, wenn ihnen lediglich eine Hilfsfunktion zukommt.[169] Nach der Rechtsprechung des BGH verstößt ein in einem **Austauschvertrag als Nebenabrede vereinbartes Wettbewerbsverbot** dann gegen § 1 GWB, wenn für die Wettbewerbsbeschränkung bei wertender Betrachtungsweise im Hinblick auf die Freiheit des Wettbewerbs ein

---

166 BGH, Urt. v. 20.3.1984 – KZR 11/83, „Strohgäu-Wochenjournal", BB 1984, 1826; Urt. v. 3.11.1981 – KZR 33/80, „Holzpaneele", NJW 1982, 2000, 2001; vgl. ferner OLG Karlsruhe, Urt. v. 26.11.1986 – 6 U 151/85 Kart, „Apothekenpacht", WuW/E OLG 3968, 3970 f.; OLG Stuttgart, Urt. v. 30.11.1984 – 2 U 228/84, „Tanzschule", WuW/E OLG 3492, 3493; Urt. v. 29.10.1982 – 2 U (Kart) 38/82, „Pulverbeschichtungsanlagen", WuW/E OLG 2799, 2800 f.; OLG Hamburg, Urt. v. 21.5.1981 – 3 U 33/81, „EDV-Beratung", WuW/E OLG 2586 ff.
167 BGH, Urt. v. 13.3.1979 – KZR 23/77, „Frischbeton", GRUR 1979, 657 ff.; OLG Düsseldorf, Urt. v. 22.8.1984 – U (Kart) 13/83, „Fördertechnik", WuW/E OLG 3326, 3328; vgl. auch OLG Stuttgart, Urt. v. 24.1.1986 – 2 U 243/85, „Marienapotheke", WuW/E OLG 3965, 3966 ff.
168 BGH, Urt. v. 19.10.1993 – KZR 3/92, „Ausscheidender Gesellschafter", BB 1994, 95, 96 f.; *Traub*, WRP 1994, 802 ff.
169 Vgl. etwa OLG Frankfurt/Main, Urt. v. 2.3.1989 – 6 U 68/87 Kart, „Konkurrenz im selben Haus", WuW/E OLG 4488, 4489 f., zu einem gewerblichen Mietvertrag mit Konkurrenz im selben Haus. Nachträgliche Wettbewerbsverbote sind hingegen grundsätzlich unzulässig, OLG Stuttgart, Urt. v. 24.1.1986 – 2 U 243/85, „Marienapotheke", WuW/E OLG 3965.

anzuerkennendes Interesse nicht besteht.[170] Bei einem Vertrag, der eine arbeitsteilige Durchführung von Gebäudereinigungsarbeiten dergestalt zum Inhalt hat, dass der eine Teil Kunden akquiriert und der andere die konkrete Tätigkeit erbringt, liegt nach Auffassung des BGH ein solches anzuerkennendes Interesse vor. Nur so kann die illegitime Ausnutzung eines fremden Erfolgs vermieden und der kartellrechtsneutrale Hauptzweck des Subunternehmervertrags erreicht werden. Dient eine Wettbewerbsbeschränkung hingegen dazu, andere Anbieter vom Wettbewerb auszuschließen, liegt eine Erschwerung des Marktzutritts und damit eine nicht hinnehmbare Wettbewerbsbeschränkung vor.

726 Die Vereinbarung einer fünfjährigen „**Kunden- und Mitarbeiterschutzklausel**" in einem Immobilien-Vermittlungsvertrag ist zulässig, wenn sie lediglich der Sicherung des kartellrechtsneutralen Hauptzwecks des Vermittlungsvertrags dient, indem sie den Vermittler vor einer inneren Aushöhlung der Vertragsbeziehung schützt.[171]

727 Vergleichbares gilt für einen **Pachtvertrag** über Lagerräume, wenn durch die Wettbewerbsbeschränkung der Pächter davor geschützt wird, dass sein Verpächter künftig Konkurrenzgeschäfte selbst betreibt.[172]

d) Wettbewerbsbeschränkende Absprachen in Vergleichen

728 Umstritten ist, ob § 1 GWB auf Vergleiche angewandt werden kann, wenn die Parteien hierin wettbewerbsbeschränkende Absprachen treffen. Der **BGH** hat sehr früh eine vergleichsfreundliche Linie vertreten. So ist es nach seiner Auffassung bei einer wettbewerbsrechtlichen Streitigkeit „nicht gerechtfertigt, den Beteiligten dann den Weg zu einer gütlichen Einigung von vornherein abzuschneiden und sie zu zwingen, einen Rechtsstreit durchzuführen, wenn ein ernsthafter, objektiv begründeter Anlass zu einer Annahme besteht, der begünstigte Vertragspartner habe einen Anspruch auf Unterlassung der durch den

---

170 BGH, Urt. v. 12.5.1998 – KZR 18/97, „Eintritt in Gebäudereinigungsvertrag", WuW/E DE-R 131 = BB 1998, 1554, 1555 f. mit Anm. *Traugott*; Urt. v. 6.5.1997 – KZR 43/95, „Sole", BB 1997, 2391 ff.; Urt. v. 14.1.1997 – KZR 41/95, „Druckgussteile", WRP 1997, 768; Urt. v. 14.1.1997 – KZR 35/95, „Bedside-Testkarten", NJWE-WettbR 1997, 211 ff.

171 OLG Stuttgart, Urt. v. 24.10.2002 – 2 U 7/02, „Immobilienvertrieb", WuW/E DE-R 1084; vgl. auch BGH, Urt. v. 12.5.1998 – KZR 18/97, „Eintritt in Gebäudereinigungsvertrag", WuW/E DE-R 131 = BB 1998, 1554 mit Anm. *Traugott*.

172 OLG Naumburg, Urt. v. 15.9.2004 – 1 U 42/04, „Düngemittellagerung", WuW/E DE-R 1426 = GRUR-RR 2005, 98.

Vergleich untersagten Handlung, sodass bei Durchführung eines Rechtsstreits ernstlich mit dem Ergebnis zu rechnen wäre, dass dem Wettbewerber das umstrittene Vergehen untersagt werde".[173] Diese Praxis ist zunehmend **kritisiert** worden. Die Rechtsprechung ist mit dem Sinn und Zweck des Gesetzes nicht vereinbar.[174] Aus § 1 GWB lässt sich kein wie auch immer geartetes Vergleichsprivileg ableiten. Auch das europäische Recht ist auf Vergleiche ohne Einschränkung anwendbar.[175]   **729**

e) Güterabwägung

In den ersten Jahren nach In-Kraft-Treten des GWB wurde die Auffassung vertreten, das Kartellverbot müsse im Rahmen einer umfassenden Güter- und Interessenabwägung im Einzelfall gegenüber vermeintlich höherrangigen Rechtsgütern zurücktreten.[176] Dazu zählten insbesondere der Gesundheits-, der Verbraucher- und der Umweltschutz.[177] Diese Praxis ist mittlerweile zu Recht aufgegeben worden, da das GWB selbst in § 2 umfassende gesetzgeberische Wertungen enthält, die nicht mittels Einzelfallentscheidung korrigiert werden dürfen. Daneben ist für eine mehr oder weniger umfassende Güterabwägung kein Raum mehr.   **730**

---

173 BGH, Urt. v. 22.5.1975 – KZR 9/74, „Heilquelle", BGHZ 65, 147, 151 f.; vgl. ferner Urt. v. 21.4.1983 – I ZR 201/80, „Vertragsstrafenrückzahlung", WuW/E BGH 2003, 2005; Urt. v. 15.2.1955 – I ZR 86/53, „Rote Herzwandvase", BGHZ 16, 296, 303; Urt. v. 5.10.1951 – I ZR 74/50, BGHZ 3, 193, 197; OLG München, Urt. v. 27.6.1996 – U (K) 3683/94, NJWE-WettbR 1997, 46, 47.
174 *Beater*, WuW 2000, 584, 590 ff.; *Jauernig*, ZHR 141 (1977), 224 ff. Siehe auch OLG Stuttgart, Urt. v. 16.1.1987 – 2 U 203/86, „Wasseraufbereitung", WuW/E OLG 4118, 4120; OLG Hamburg, Urt. v. 8.4.1976 – 3 U 108/1975, „Miniaturgolfanlagen", WuW/E OLG 1724.
175 EuGH, Urt. v. 27.9.1988 – Rs. 65/86, „Bayer Farbenfabriken/Süllhöfer", Slg. 1988, 5249, 5386 = NJW 1988, 3082; Urt. v. 8.6.1982 – Rs. 258/78, „Nungesser u. Eisele/Kommission", Slg. 1982, 2015, 2075 Rn. 85 f. = WuW/E EWG MUV 551; *Beater*, WuW 2000, 584, 588 f.
176 So etwa in BKartA, Beschl. v. 20.2.1960 – B4–362324–A–344/59, „Doppelstecker", WuW/E BKartA 145, 149; vgl. auch Beschl. v. 5.6.1961 – B3–818000–Z–200/59, „Handfeuerlöscher", WuW/E BKartA 370, 372.
177 Zum sog. Dualen System vgl. BKartA, Beschl. v. 24.6.1993 – B10–763400–A–82/93, „Entsorgung von Transportverpackungen", WuW/E BKartA 2561, 2568 ff.; *Köhler*, BB 1996, 2577.

5. Kartellverbot und Gemeinschaftsunternehmen

731 Das deutsche Kartellrecht kennt **kein Konzentrationsprivileg**. Nur weil ein Vorgang die Voraussetzungen eines Zusammenschlusses nach § 37 Abs. 1 GWB erfüllt, ist das Kartellverbot des § 1 GWB nicht per se unanwendbar.[178] Allerdings ist zu beachten, dass § 1 GWB ohnehin nur anwendbar ist, wenn die an dem jeweiligen Konzentrationstatbestand beteiligten Unternehmen miteinander im (aktuellen oder potenziellen) Wettbewerb stehen. Da man praktisch jedes Kartell in die Form eines Gemeinschaftsunternehmens kleiden kann, hätte der Vorrang des § 37 Abs. 1 Nr. 3 Satz 3 GWB vor dem Kartellverbot zur Folge, dass Kartelle in großem Umfang der Regelung des § 1 GWB entzogen wären.

732 Unter **Gemeinschaftsunternehmen** versteht man Unternehmen, an denen sich mehrere andere Unternehmen gleichzeitig oder nacheinander durch Anteilserwerb beteiligt haben, § 37 Abs. 1 Nr. 3 Satz 3 GWB. Seit der *Mischwerke*-Entscheidung des BGH ist geklärt, dass auf die Gründung eines Gemeinschaftsunternehmens sowohl das Kartellverbot als auch die Vorschriften der Fusionskontrolle Anwendung finden können.[179]

733 Eine Konzentration liegt vor, wenn das Gemeinschaftsunternehmen eine eigene unternehmerische Tätigkeit auf dem Markt ausübt. Bewirkt das Gemeinschaftsunternehmen keine Koordination des Verhaltens der Muttergesellschaften – sog. **konzentratives Gemeinschaftsunternehmen** – ist § 1 GWB ausgeschlossen; es sind ausschließlich die Vorschriften der Fusionskontrolle anzuwenden. In allen anderen Fällen wird eine Doppelkontrolle vorgenommen. Als „Auslegungshilfe" ist daher zunächst zu prüfen, ob das Gemeinschaftsunternehmen konzentrativer Natur ist. Von einem konzentrativen Gemeinschaftsunternehmen spricht man, wenn es alle wesentlichen Unternehmensfunktionen aufweist, marktbezogene Leistungen erbringt und nicht ausschließlich oder überwiegend auf einer vor- oder nachgelagerten Wirtschaftsstufe für die Mutterunternehmen tätig ist. Die Tatsache, dass es sich um ein Vollfunktionsgemeinschaftsunternehmen handelt, reicht also nicht aus,

---

178 BGH, Beschl. v. 1.10.1985 – KVR 6/84, „Mischwerke", BGHZ 96, 69, 77; vgl. ferner Beschl. v. 13.1.1998 – KVR 40/96, „Carpartner", NJW 1998, 2825, 2826 = WRP 1998, 771, 773.

179 BGH, Urt. v. 8.5.2001 – KVR 12/99, „Ost-Fleisch", BGHZ 147, 325 = WuW/E DE-R 711; Beschl. v. 13.1.1998 – KVR 40/96, „Carpartner", NJW 1998, 2825, 2826 = WRP 1998, 771, 773; Beschl. v. 1.10.1985 – KVR 6/84, „Mischwerke", BGHZ 96, 69, 77.

um die Sperrwirkung auszulösen. Dies ist insbesondere dann der Fall, wenn die Mütter als aktuelle Wettbewerber auf demselben Markt tätig bleiben wie das Gemeinschaftsunternehmen.[180] Für die Abgrenzung kooperativer und konzentrativer Gemeinschaftsunternehmen spielt die Autonomie des Gemeinschaftsunternehmens keine Rolle.[181]

Ein **kooperatives Gemeinschaftsunternehmen** kann nicht in den Ge- **734** nuss der Sperrwirkung der Vorschriften über die Zusammenschluss-kontrolle kommen. Kooperative Gemeinschaftsunternehmen unterliegen § 1 GWB, wenn ihre Mütter untereinander im Wettbewerb stehen und ihre Handlungsfreiheit spürbar einschränken.[182] Die Einstufung als kooperatives Gemeinschaftsunternehmen dient lediglich als Abgrenzungshilfe und hat nicht zur Folge, dass automatisch ein Verstoß gegen § 1 GWB anzunehmen ist.[183] Gemeinschaftsunternehmen, die lediglich Hilfs- oder Koordinierungsfunktionen für die Mutterunternehmen ausüben, stellen daher keinen Konzentrationstatbestand dar. Selbst wenn nur eine der Mütter neben dem Gemeinschaftsunternehmen auf den relevanten Märkten tätig bliebe, wäre von einer Koordinierung des Marktverhaltens der Mütter auszugehen. Mit dem Begriff des Gruppeneffekts wird bei Gemeinschaftsunternehmen das Phänomen bezeichnet, dass die beteiligten Unternehmen über die Zusammenarbeit im Gemeinschaftsunternehmen hinaus sehr häufig aufeinander Rücksicht nehmen. Allein die nahe liegende wirtschaftlich vernünftige Orientierung an dem Verhalten des Gemeinschaftsunternehmens reicht für die Annahme der Koordinierung des Marktverhaltens der Mütter aus.[184]

Unabhängig davon, ob das Gemeinschaftsunternehmen Teilfunktionen **735** oder Vollfunktionen wahrnimmt, ist § 1 GWB nicht erfüllt, wenn die **Mutterunternehmen** keine aktuellen oder potenziellen Wettbewerber sind.[185] Ist das Gemeinschaftsunternehmen auf einem Markt tätig, der

---

180 BGH, Urt. v. 8.5.2001 – KVR 12/99, „Ost-Fleisch", BGHZ 147, 325 = WuW/E DE-R 711.
181 BGH, Urt. v. 8.5.2001 – KVR 12/99, „Ost-Fleisch", BGHZ 147, 325 = WuW/E DE-R 711; *Bach*, ZWeR 2003, 187, 190 f.
182 OLG Düsseldorf, Urt. v. 9.11.1993 – U (Kart) 2/93, „Gemischtwirtschaftliche Abfallverwertung", WuW/E OLG 5213, 5221; GK-*Hootz*, § 1 Rn. 179; FK-*Huber*, § 1 n.F. Kurzdarstellung Rn. 42 f.
183 BGH, Urt. v. 8.5.2001 – KVR 12/99, „Ost-Fleisch", BGHZ 147, 325 = WuW/E DE-R 711; BKartA, Beschl. v. 19.6.2002 – B4–37/02, „EuroHypo", WuW/E DE-V 662.
184 BKartA, Beschl. v. 19.6.2002 – B4–37/02, „EuroHypo", WuW/E DE-V 662.
185 FK-*Huber*, § 1 n.F. Kurzdarstellung Rn. 45.

demjenigen der Mütter vor- oder nachgelagert ist, ist § 1 GWB anwendbar, wenn die Zusammenarbeit im Gemeinschaftsunternehmen eine Koordinierung auch im Hinblick auf das gegenseitige Wettbewerbsverhältnis der Mütter voraussetzt.[186]

736 Nach Art. 3 Abs. 2 VO 1/2003 dürfen schließlich kooperative Gemeinschaftsunternehmen, die entweder die Voraussetzungen des Art. 81 Abs. 3 EG oder diejenigen einer GVO erfüllen, nach deutschem Kartellrecht nicht untersagt werden.

V. Rechtsfolgen

1. Kartellverbot und Nichtigkeit

737 § 1 GWB sieht das gesetzliche Verbot der entsprechenden Vereinbarung, des Beschlusses etc. vor.[187] Die **zivilrechtliche Sanktion** ergibt sich aus § 134 BGB. Danach ist grundsätzlich von der Nichtigkeit auszugehen, die von jedermann geltend gemacht werden kann. Das Verbot des § 1 GWB greift nur ein, wenn keine Freistellung nach den §§ 2 und 3 GWB gegeben ist.[188] Ob der übrige Vertrag von dieser Rechtsfolge erfasst wird, bestimmt sich gem. § 139 BGB danach, ob er nach dem Willen der Parteien auch ohne die unwirksamen Klauseln aufrecht erhalten werden sollte.[189] Bei Vorliegen einer sog. salvatorischen Klausel greift § 139 BGB nicht ein, wenn sich die unter das Verbot fallenden Teile vom übrigen Inhalt trennen lassen. Allerdings bewirken salvatorische Klauseln nur eine Umkehr der Darlegungs- und Beweislast im Rahmen der nach § 139 BGB vorzunehmenden Prüfung.[190]

738 Kartellvereinbarungen können in Form von **Gesellschaftsverträgen** geschlossen werden. Bei Personengesellschaftsverträgen i. S. d.

---

186 KG, Beschl. v. 19.7.2000 – Kart 49/99, „Stellenmarkt für Deutschland II", WuW/E DE-R 628, 631.

187 BKartA, Beschl. v. 25.8.1999 – B6–22131-M49/99, „Stellenmarkt für Deutschland II", WuW/E DE-V 209, 214.

188 Vgl. dazu Rn. 765 f.

189 BGH, Urt. v. 14.1.1997 – KZR 41/95, „Druckgussteile", WRP 1997, 768; Urt. v. 14.1.1997 – KZR 35/95, „Bedside-Testkarten", NJWE-WettbR 1997, 211 ff.

190 BGH, Urt. v. 24.9.2002 – KZR 10/01, „Tennishallenpacht", WuW/E DE-R 1031, 1032, unter Aufgabe der noch in BGH, Urt. v. 8.2.1994 – KZR 2/93, „Pronuptia II", WuW/E BGH 2909, 2913 = NJW 1994, 1651, 1653, vertretenen Auffassung, § 139 BGB sei durch eine salvatorische Klausel insgesamt abbedungen worden (zu § 14 GWB a. F.).

Lange

§§ 705 ff. BGB, 105 ff. HGB führt ein Verstoß gegen § 1 GWB über § 134 BGB zur Nichtigkeit des Gesellschaftsvertrages. Für die Grundsätze der fehlerhaften Gesellschaft bleibt dabei nach (sehr umstrittener) Rechtsprechung kein Raum, da ein Verstoß gegen ein gesetzliches Verbot vorliegen soll.[191] Bei Satzungen von juristischen Personen führt ein Verstoß gegen § 1 GWB hingegen nicht zur Nichtigkeit. Die Kartellrechtswidrigkeit stellt lediglich einen Nichtigkeitsgrund dar, der nach den besonderen gesellschaftsrechtlichen Vorschriften (vgl. §§ 275 ff. AktG, 75 ff. GmbHG, 94 ff. GenG) durch Gestaltungsklage der Gesellschafter, durch Amtslöschungs- oder Amtsaufhebungsverfahren geltend gemacht werden muss.

Wird durch **Gesellschafterbeschluss** gegen § 1 GWB verstoßen, ist **739** dieser Beschluss in Vereinen und Personengesellschaften nichtig.[192] Liegt ein Beschluss in einer GmbH oder einer AG vor, stellt der Kartellverstoß einen Nichtigkeitsgrund i. S. v. § 241 Nr. 3 AktG dar. Die Nichtigkeit muss daher mit der Nichtigkeitsklage nach § 249 AktG geltend gemacht werden. Dritte können den Gesellschafterbeschluss mit der allgemeinen Feststellungsklage angreifen.[193]

Vom Kartellverbot werden auch die sog. **Ausführungsverträge** er- **740** fasst, die der Durchführung, Ausdehnung oder Verstärkung der verbotenen Wettbewerbsbeschränkung dienen.[194] Zu ihnen zählen insbesondere Lizenzverträge oder Ausschließlichkeitsbindungen. Ausführungsverträge zwischen den Kartellmitgliedern bewirken regelmäßig eine Wettbewerbsbeschränkung.

Verträge, die in Vollzug der nichtigen Kartellvereinbarung geschlossen **741** werden (sog. **Folgeverträge**), sind hingegen grundsätzlich wirksam.[195] Dabei handelt es sich zumeist um Leistungsaustauschverträge, die mit unbeteiligten Dritten abgeschlossen werden. Die Unwirksamkeit der Vereinbarung einer Bietergemeinschaft berührt nicht die damit ver-

---

191 OLG Hamm, Beschl. v. 13. 3. 1986 – 4 W 43/86, NJW-RR 1986, 1487 f.; vgl. ferner BGH, Urt. v. 13. 11. 1990 – KZR 2/89, „Nassauische Landeszeitung", NJW-RR 1991, 1002, 1003; a. A. Immenga/Mestmäcker-*Zimmer*, § 1 Rn. 335; *K. Schmidt*, WuW 1988, 5, 8 ff.; *Schwintowski*, NJW 1988, 937, 941 ff.
192 Immenga/Mestmäcker-*Zimmer*, § 1 Rn. 326.
193 Immenga/Mestmäcker-*Zimmer*, § 1 Rn. 326.
194 BGH, Beschl. v. 22. 11. 1983 – KVR 2/83, „Druckereikonditionen", NJW 1984, 1354.
195 OLG Frankfurt/Main, Urt. v. 30. 7. 1996 – 11 U (Kart) 63/95, NJWE-WettbR 1996, 259, 260; OLG Düsseldorf, Urt. v. 30. 7. 1987 – U (Kart) 29/86, „Delkredere-Übernahme", WuW/E OLG 4182, 4184; *Bechtold*, § 1 Rn. 61.

bundene Abrede über eine Arbeitsgemeinschaft.[196] Beim Erwerb einer „Scheingesellschafterstellung" durch einen gegen § 1 GWB verstoßenden Vertrag greift die Rechtscheinwirkung des § 16 GmbHG nicht ein.[197]

2. Beseitigungs- und Unterlassungsanspruch sowie Schadenersatzpflicht

a) Bedeutung

742 Im Zuge der Einführung der VO 1/2003 und dem In-Kraft-Treten der 7. GWB-Novelle ist es zu einer Abschaffung des bis dahin gültigen Systems der Administrativfreistellung gekommen. An dessen Stelle ist das System der Legalausnahme getreten, das tendenziell die behördliche Kontrolldichte gegenüber wettbewerbsbeschränkenden Vereinbarungen und Verhaltensweisen vermindert. Um damit keine Einbuße an Wettbewerbsschutz hinzunehmen, ist das **zivilrechtliche Sanktionsinstrumentarium** bei Kartellverstößen ausgeweitet worden.[198] Zu den zivilrechtlichen Sanktionen gehören insbesondere der Beseitigungs- und Unterlassungsanspruch sowie der Anspruch auf Schadenersatz nach § 33 GWB.

b) Beseitigungs- und Unterlassungsanspruch

743 Nach § 33 Abs. 1 GWB ist derjenige, der gegen das deutsche oder europäische Kartellverbot verstößt, zur **Beseitigung oder zur Unterlassung** verpflichtet. Der Anspruch auf Unterlassung besteht bereits dann, wenn eine Zuwiderhandlung droht. Mit der Formulierung „ist dem Betroffenen" verpflichtet, wird deutlich gemacht, dass es für die Anspruchsberechtigung nunmehr nur auf die (konkrete) **Betroffenheit** ankommt. Betroffen ist, „wer als Mitbewerber oder sonstiger Marktteilnehmer durch den Verstoß beeinträchtigt ist", Abs. 1 Satz 3. § 33 Abs. 1 GWB verzichtet damit auf das Erfordernis des Schutzgesetzes. Nunmehr sind daher auch Lieferanten und Abnehmer anspruchsberechtigt, selbst wenn sich die Kartellabsprache nicht gezielt gegen sie richtet.[199] Unklar ist jedoch, ob auch die mittelbaren Abnehmer zum

196 OLG Stuttgart, Urt. v. 26.11.1982 – 2 Kart 10/82, „Neubau Bürgerzentrum", WuW/E OLG 2803, 2805.
197 OLG Frankfurt/Main, Beschl. v. 2.4.1992 – 6 W (Kart) 18/9, BB 1992, 1668.
198 *Hempel*, WuW 2004, 362, 365 f.
199 *Kahlenberg/Haellmigk*, BB 2005, 1509, 1514.

Kreis der Betroffenen zu zählen sind. Mit Hinweis auf § 33 Abs. 3 Satz 2 GWB wird dies überwiegend verneint.[200]

Damit entfallen die Beschränkungen der Anspruchsberechtigten, die **744** bislang von einigen aus dem Kriterium des **Schutzgesetzerfordernisses** abgeleitet wurden.[201] Der BGH hatte eine Verletzung des Schutzgesetzes „jedenfalls dann und insoweit" angenommen, wenn die Marktgegenseite vom Marktzutritt ausgeschlossen worden war oder sich die Kartellvereinbarung gezielt gegen bestimmte Marktteilnehmer richtete.[202] Aus dieser Formulierung ist fälschlicherweise geschlossen worden, dass die Marktgegenseite nur dann in den Schutzbereich des Kartellverbots nach § 1 GWB fällt, wenn sich die Absprache oder das abgestimmte Verhalten gezielt gegen bestimmte Abnehmer oder Lieferanten richtete.[203] Diese Betrachtungsweise hatte zur Folge, dass eine Beseitigungs- oder Unterlassungspflicht bzw. eine Pflicht zum Schadensersatz nicht bestand, wenn die Kartellabsprache sehr umfassend angelegt war.[204]

Der Anspruch ist nicht allein deshalb ausgeschlossen, weil der andere **745** Marktbeteiligte an dem Verstoß mitgewirkt hat, vgl. § 33 Abs. 1 Satz 4 GWB. Auch in diesem Punkt hat der Gesetzgeber die Rechtsprechung des EuGH übernommen. Die alte Rechtsprechung, die **Kartellmitglieder** aus dem Schutzbereich des Kartellverbots ausgenommen hatte,[205] kann daher nicht länger aufrecht erhalten werden. Allerdings kann die eigene Verantwortung für die Wettbewerbsverzerrung im Rahmen der Prüfung des Mitverschuldens bei § 254 Abs. 1 BGB eine Rolle spielen.

---

200 *Hempel*, WuW 2004, 362, 369; *Kahlenberg/Haellmigk*, BB 2005, 1509, 1514; kritisch dazu *Lutz*, WuW 2005, 727, der in der Neufassung auch eine Erweiterung des Kreises der Anspruchsberechtigten sieht.
201 *Berrisch/Burianski*, WuW 2005, 878, 881; *Lutz*, WuW 2005, 718, 727.
202 BGH, Urt. v. 25.1.1983 – KZR 12/81, „Familienzeitschrift", BGHZ 86, 324, 330; teilweise anders OLG Stuttgart, Urt. v. 22.5.1998 – 2 U 223/97, „Carpartner II", WuW/E DE-R 161, 162 ff. = NJWE-WettbR 1998, 260, 261.
203 Vgl. etwa LG Mannheim, Urt. v. 11.7.2003 – 7 O 362/02, GRUR 2004, 182, 183; LG Mainz, Urt. v. 15.1.2004 – 12 HK O 52/02, NJW-RR 2004, 478, 479; anders aber OLG Stuttgart, Urt. v. 22.5.1998 – 2 U 223/97, „Carpartner II", WuW/E DE-R 161, 162 ff. = NJWE-WettbR 1998, 260, 261; OLG Düsseldorf, Urt. v. 28.8.1998 – U (Kart) 19/98, NJW-RR 2000, 193; Immenga/Mestmäcker-*Emmerich*, § 33 Rn. 16.
204 Zur Frage, wer berechtigt ist, den Schadensersatz zu verlangen, siehe gleich unter Rn. 750 ff.
205 KG, Urt. v. 7.9.1977 – Kart 5/77, „Air-Conditioning-Anlage", WuW/E OLG 1903, 1095.

746 Für die Geltendmachung von Beseitigungs- und Unterlassungsansprüchen wird der Kreis der Anspruchsberechtigten auf **rechtsfähige Verbände zur Förderung gewerblicher oder selbstständiger beruflicher Interessen** erweitert, § 33 Abs. 2 GWB. Auf diese Weise wird dem Umstand Rechnung getragen, dass Wettbewerb immer auch dem Verbraucher dienen soll. Das GWB übernimmt damit zugleich ein Stück weit das System des Rechtschutzes des UWG.

c) Schadenersatzanspruch

aa) Anspruchsvoraussetzungen und Verjährung

747 § 33 Abs. 3 GWB normiert den **kartellrechtlichen Schadenersatzanspruch**. Wie bei dem Beseitigungs- und dem Unterlassungsanspruch wird ebenfalls keine Verletzung eines Schutzgesetzes oder einer Schutzverfügung verlangt. Die mit der Neufassung von Abs. 1 vorgenommene Beseitigung von Beschränkungen der Anspruchsberechtigung gilt auch für die Geltendmachung von Schadensersatzansprüchen.[206] Der Schadenersatzanspruch nach § 33 Abs. 3 GWB setzt ein **Verschulden** voraus. Ein die fahrlässige Begehung ausschließender unverschuldeter Rechtsirrtum wird nur in seltenen Fällen bejaht, in denen der Irrende bei Anwendung der im Verkehr erforderlichen Sorgfalt mit einer anderen Beurteilung durch die Gerichte nicht zu rechnen brauchte.[207] Mit Einführung des Systems der Legalausnahme kommt diesem Gesichtspunkt gesteigerte Bedeutung zu, da nunmehr die Unternehmen selbst ihr Verhalten hinsichtlich der kartellrechtlichen Zulässigkeit beurteilen müssen. Sie sind daher gehalten, alle zumutbaren Anstrengungen zu unternehmen, um die kartellrechtliche Zulässigkeit der beabsichtigten Vereinbarung oder Verhaltensweise zu klären.[208]

748 Neben § 33 Abs. 3 GWB kommen Schadenersatzansprüche auch aus dem **allgemeinen Deliktsrecht** in Betracht.[209] Im Verhältnis zu § 823 Abs. 2 BGB ist § 33 Abs. 3 GWB grundsätzlich lex specialis und geht damit vor. Entsprechendes gilt für den Fall, in dem die Verletzung

---

206 Siehe dazu Rn. 743 f.
207 BGH, Beschl. v. 16.12.1986 – KZR 36/85, „Taxizentrale Essen", WuW/E BGH 2341, 2344.
208 Vgl. dazu *Karl/Reichelt*, DB 2005, 1436, 1439.
209 Vgl. dazu *Lettl*, ZHR 167 (2003), 473, 477 ff. Nach Auffassung des LG Köln, Urt. v. 21.2.2001 – 28 O (Kart), 409/99, „Zytostatika", WuW/E DE-R 844, sind die Mitglieder eines Verbandes gegenüber Beschlüssen ihres Verbandes nicht Dritte i. S. v. § 823 Abs. 2 i.V.m. § 823 Abs. 2 BGB.

Lange

eines Rechts am eingerichteten und ausgeübten Gewerbebetrieb nach
§ 823 Abs. 1 BGB geltend gemacht wird.[210]

In § 33 Abs. 5 GWB ist eine besondere **Verjährungsregel** eingefügt   **749**
worden, um die Durchsetzbarkeit kartellrechtlicher Schadenersatzansprüche zu sichern. Der Geschädigte soll so in den Genuss der Tatbe-
standswirkungen des § 33 Abs. 4 GWB kommen, ohne Gefahr zu laufen, dass seine Ansprüche nach Ablauf des Kartell- oder Bußgeldver-
fahrens verjährt sind.[211]

bb) Anspruchsberechtigung

Bislang war die Frage, wer bei Verstößen gegen das Kartellverbot zum   **750**
Kreis der Schadensersatzberechtigten zu zählen ist, nicht hinreichend
geklärt. Vor allem war höchstrichterlich nicht hinreichend entschieden,
ob und inwieweit die Vertragspartner von Kartellmitgliedern dazuge-
hören, die aufgrund der Kartellvereinbarung höhere Preise zahlen
mussten. Die 7. GWB-Novelle hat den Begriff des **Betroffenen** eingeführt, der in § 33 Abs. 1 Satz 3 GWB definiert ist.

Wie bereits ausgeführt,[212] schützt der **EuGH** in ständiger Rechtspre-   **751**
chung u. a. die Interessen Einzelner, also etwa einzelner Marktteilnehmer.[213] Die nationalen Gerichte, die im Rahmen ihrer Zuständigkeit
das Gemeinschaftsrecht anzuwenden haben, müssen die volle Wirkung
der europarechtlichen Bestimmungen gewährleisten und die Rechte
schützen, die das Gemeinschaftsrecht dem Einzelnen verleiht.[214]
Diese volle Wirksamkeit des Art. 81 EG ist nach Meinung des EuGH
beeinträchtigt, wenn nicht jedermann Ersatz des Schadens verlangen
könnte, der ihm durch einen kartellrechtswidrigen Vertrag entstanden
ist.[215] Mangels einschlägiger Regelungen im Gemeinschaftsrecht ist
es Sache des innerstaatlichen Rechts der Mitgliedstaaten, den Schutz

---

210 Vgl. BGH, Urt. v. 22. 12. 1961 – I ZR 152/59, „Gründerbildnis", BGHZ 36, 252,
   256 f.
211 *Kahlenberg/Haellmigk*, DB 2005, 1509, 1514 f.
212 Siehe dazu Rn. 198.
213 EuGH, Urt. v. 30. 1. 1974 – Rs. 127/72, „BRT/SABAM", Slg. 1974, 51, 62 Rn. 15
   u. 17; EuGI, Urt. v. 10. 7. 1990 – Rs. T-51/89, „Tetra Pak/Kommission", Slg. 1990,
   II-347, 364 Rn. 42.
214 EuGH, Urt. v. 19. 6. 1990 – Rs. C-213/89, „Factortame", Slg. 1990, I-2433 Rn. 19
   = NJW 1991, 2271; Urt. v. 9. 3. 1978 – Rs. 106/77, „Staatliche Finanzverwaltung/
   Simmenthal", Slg. 1978, 629 Rn. 16 = NJW 1978, 1741.
215 EuGH, Urt. v. 20. 9. 2001 – Rs. C-453/99, „Courage u. Crehan", Slg. 2001, I-6297
   Rn. 26 = WRP 2001, 1280 = EuZW 2001, 715 mit Anm. *Nowak*.

der dem Bürger aus der unmittelbaren Wirkung des Gemeinschaftsrechts erwachsenen Rechte zu gewährleisten. Die Mitgliedstaaten sind daher nicht nur berechtigt, sondern sogar verpflichtet, die innerstaatliche Durchsetzbarkeit dieses gemeinschaftsrechtlich begründeten Schadenersatzanspruchs für Private zu gewährleisten. Diese gemeinschaftsrechtlich begründete Forderung nach Schadenersatzansprüchen muss somit inhaltlich und verfahrensrechtlich durch die nationalen Rechtsordnungen konkretisiert werden.

752 Mit § 33 Abs. 1 Satz 3 GWB reagiert der deutsche Gesetzgeber auf diese Rechtsprechung des EuGH zum Schadenersatz bei Verstößen gegen Art. 81 EG. Die Vorschrift macht deutlich, dass Art. 81 EG – ebenso wie § 1 GWB – dem Schutz der Mitbewerber und sonstiger Marktteilnehmer dient, selbst wenn sich der Verstoß nicht gezielt gegen sie richtet. Zum Kreis der Anspruchsberechtigten können daher grundsätzlich auch **Endverbraucher** gehören, was insbesondere dann von Bedeutung ist, wenn eine Kartellabrede auf der letzten Absatzstufe vorliegt. Damit ist der Rechtsprechung der Boden entzogen worden, die vor kurzem noch den Vertragspartnern eines Preiskartells wegen Zahlung der kartellbedingt überhöhten Preise einen Schadenersatzanspruch nach Art. 81 Abs. 1 EG i. V. m. § 823 Abs. 2 BGB verwehrt hatte.[216]

753 Vom Gesetzgeber nicht geklärt ist jedoch, wie weit der Kreis der Anspruchsberechtigten zu ziehen ist. § 33 Abs. 1 Satz 3 GWB spricht davon, dass Art. 81 Abs. 1 EG und § 1 GWB dem Schutz „**sonstiger Marktbeteiligter**" dient, ohne klarzustellen, wer damit gemeint ist. Sollte etwa die gesamte Marktgegenseite ohne Einschränkungen zugelassen sein, würde dies zu einer unüberschaubaren Anzahl von Anspruchsberechtigten führen. Der Gesetzgeber hat sich in seiner Begründung ausdrücklich auf die Rechtsprechung des EuGH berufen. Danach ist aber die volle Wirksamkeit des Art. 81 EG beeinträchtigt, wenn nicht jedermann Ersatz des Schadens verlangen könnte, der ihm durch einen kartellrechtswidrigen Vertrag entstanden ist.[217] Ferner ist auf die sehr weit gefasste Legaldefinition des § 2 Abs. 1 Nr. 2 UWG zu verweisen, nach der „Marktteilnehmer" neben Mitbewerbern und Verbrauchern alle Personen sind, die als Anbieter oder Nachfrager von Waren oder Dienstleistungen tätig sind.

---

216 LG Mannheim, Urt. v. 11.7.2003 – 7 O 326/02, „Vitaminkartell", GRUR 2004, 182, 183 f.; kritisch dagegen *Bulst*, NJW 2004, 2201, 2202; *Köhler*, GRUR 2004, 99, 100 f.
217 EuGH, Urt. v. 20.9.2001 – Rs. C-453/99, „Courage u. Crehan", Slg. 2001, I-6297 Rn. 26 = WRP 2001, 1280 = EuZW 2001, 715 mit Anm. *Nowak*.

In Literatur und Rechtsprechung[218] wird versucht, ein überzeugendes **754** Kriterium der **Eingrenzung** des anspruchsberechtigten Personenkreises zu entwickeln, um einer Vervielfachung der Schadenersatzansprüche entgegenzuwirken. Da das Kriterum der Zielgerichtetheit nicht praktikabel ist,[219] wird zunehmend der Kreis der Anspruchsberechtigten auf Personen begrenzt, auf die sich ein Preiskartell unmittelbar auswirkt. Mit „unmittelbar" ist die Marktgegenseite gemeint, also diejenigen, die die jeweiligen Produkte direkt bei den Kartellmitgliedern erworben haben. Nur mittelbar, also durch die Weitergabe der kartellrechtswidrigen Preiserhöhungen betroffene Marktteilnehmer wären nicht schadenersatzberechtigt.[220] Ob das Unmittelbarkeitskriterium jedoch europarechtskonform ist, erscheint fraglich.[221]

cc) Bezifferung des Schadens

Schwierigkeiten bereitet zudem die genaue Bezifferung des Schadens. **755** In der Vergangenheit hatte man sich gelegentlich mit einer Schadenschätzung nach § 287 ZPO i.V.m. § 252 BGB beholfen.[222] Auch eine Schadenpauschalierung konnte im Einzelfall möglich sein.[223] Nunmehr wird in § 33 Abs. 3 Satz 2 GWB klargestellt, dass bei der **Schadenschätzung** nach § 287 ZPO insbesondere der anteilige Gewinn, den das Unternehmen durch den Kartellverstoß erlangt hat, berücksichtigt werden kann. Auf diese Weise soll die Durchsetzung des Schadenersatzanspruchs in den Fällen erleichtert werden, in denen die Ermittlung des hypothetischen Marktpreises als Grundlage einer Schadensberechnung nach der Differenzmethode mit erheblichen Schwierigkeiten verbunden ist.[224] Der Gewinn errechnet sich dabei grundsätzlich aus den Umsatzerlösen abzüglich der Herstellungskosten der erbrachten Leistungen sowie abzüglich angefallener Betriebskosten.

---

218 Das OLG Düsseldorf, Urt. v. 16.6.1998 – U (Kart) 15/97, „Global One", WuW/E DE-R 143, 148, hat auf der Grundlage der 6. GWB-Novelle obiter dicta entschieden, dass Abnehmer weiterer Marktstufen nicht schadensersatzberechtigt sind.
219 Siehe dazu Rn. 744.
220 So ausdrücklich *Köhler*, GRUR 2004, 99, 100 f.; ähnlich *Reich*, CMLR 2005, 35, 35 f.; unklar LG Mainz, Urt. v. 15.1.2004 – 12 HK O 52/02, NJW-RR 2004, 478, wo im 2. Leitsatz sowohl das Kriterium des Abzielens als auch dasjenige der Unmittelbarkeit genannt wird.
221 So auch *Bulst*, NJW 2004, 2201, 2202; *Lettl*, ZHR 167 (2003), 473, 481 f., 489, 492; im Ergebnis auch *Fuchs*, WRP 2005, 1384, 1394 f.
222 Siehe etwa *Köhler*, GRUR 2004, 99, 103.
223 BGH, Urt. v. 21.12.1995 – VII ZR 286/94, „3 v.H. der Auftragssumme", BGHZ 131, 356, 359 = BB 1996, 611.
224 Kritisch *Berrisch/Burianski*, WuW 2005, 878, 884.

Gemeinkosten oder sonstige betriebliche Aufwendungen, die auch ohne das wettbewerbswidrige Verhalten angefallen wären, sind nicht abzugsfähig. Im Falle mehrerer Geschädigter kann nur der anteilige Gewinn berücksichtigt werden. Die Höhe des Anteils bestimmt sich nach dem Gewinn aus dem Kartellrechtsverstoß gegenüber dem Geschädigten bzw. aus den Folgeverträgen mit ihm.[225]

756 Mit dieser Neuregelung soll ein Problem entschäft werden, das bei konsequenter **Anwendung der Differenzhypothese** entsteht. Nach dieser Methode, bei der die reale Vermögenslage des Geschädigten mit der hypothetischen Vermögenslage verglichen wird, sind bereits bei der Differenzbetrachtung sowohl die Nachteile als auch die aus einem schädigenden Ereignis folgenden Vorteile einzubeziehen.[226] Geht man davon aus, dass der überhöhte Kartellpreis von vornherein als Kostenfaktor in die Kalkulation einbezogen wird, lässt das Abwälzen dieser Kosten auf die nächste Stufe einen ersatzfähigen Vermögensschaden beim Kunden des Kartells häufig entfallen.[227] Wenn alle Mitglieder der betroffenen Wirtschaftsstufe durch das Preiskartell gleichermaßen betroffen sind, lässt eine Preiserhöhung als exogener Faktor den Wettbewerb zwischen ihnen unberührt. Als Schaden bleiben dann nur noch diejenigen Kosten übrig, die entstanden sind, weil das Unternehmen den zu hohen Einstandspreis fremdfinanzieren musste oder das Preiskartell nicht alle Mitglieder der Wirtschaftsstufe traf und deshalb das Unternehmen eigene Anstrengungen unternehmen musste, um den Nachteil auszugleichen.[228]

757 Auch nach der Neuregelung durch die GWB-Novelle bleibt es aber dabei, dass die Berechnung des kartellbedingten Schadens auf einem Vergleich zwischen dem kartellbedingten Marktpreis und dem hypothetischen Wettbewerbspreis ohne Kartell basiert. Dabei lassen sich **drei Vorgehensweisen** unterscheiden:

• Der Ansatz der **Vergleichsmarktmethode** orientiert sich am Vergleichsmarktkonzept und prüft im ersten Schritt, ob der Vergleichsmarkt für die Berechnung des hypothetischen Wettbewerbspreises

---

225 Verfassungsrechtliche Bedenken gegen diese Regelung hat *Meessen*, WuW 2004, 733, 737–739.

226 Vgl. BGH GS, Beschl. v. 9.7.1986 – GSZ 1/86, BGHZ 98, 212, 217f.

227 OLG Karlsruhe, Urt. v. 28.1.2004 – 6 U 183/03, „Vitaminpreise", WuW/E DE-R 1229, 1230ff.; dem zustimmend *Beninca*, WuW 2004, 604ff.; LG Mannheim, Urt. v. 11.7.2003 – 326/02, „Vitaminkartell", GRUR 2004, 182, 184; im Ergebnis auf der Grundlage der EuGH-Rspr. wohl auch *Lettl*, ZHR 167 (2003), 473, 486ff.

228 Vgl. dazu *Köhler*, GRUR 2004, 99, 102.

tatsächlich geeignet ist. Ist dies der Fall, wird im zweiten Schritt die Preisentwicklung auf beiden Märkten, kartellierter Markt und Vergleichsmarkt, nebeneinander gestellt.

- Der **Kostenansatz** setzt die durchschnittlichen Kosten für das kartellierte Produkt an und schlägt ihm eine hypothetische Gewinnspanne zu. Der so ermittelte Preis pro Produkt wird dem tatsächlich geforderten Kartellpreis gegenübergestellt.[229]
- Die **Simulationsmethode** versucht zu ermitteln, wie der betroffene Markt ohne das Kartell aussehen würde, und stellt beide Märkte gegenüber. Dabei wird die Marktstruktur entweder durch ein eigenständiges ökonomisches Modell erklärt oder über statische Zusammenhänge relevanter Variablen abgebildet.

dd) Problem des passing-on-defence

Während der Arbeiten an der 7. GWB-Novelle wurde kontrovers diskutiert, ob eine gesetzliche Regelung aufgenommen werden sollte, nach der ein geschädigter Abnehmer einer Ware oder Dienstleistung auch dann Schadenersatz hätte verlangen können, wenn er die überhöhten Einstandskosten seinerseits an einen Abnehmer weitergereicht hatte.[230] Eine solche Regelung entspricht den Grundsätzen des US-amerikanischen Kartellrechts zum Ausschluss der sog. „**passing-on-defence**".   **758**

Der deutsche Gesetzgeber hat mit § 33 Abs. 3 Satz 2 GWB deutlich gemacht, dass er das Problem bei der passing-on-defence bei der **Vorteilsausgleichung** und nicht bei der Schadensentstehung angesiedelt sehen will. Er hat diese Regelung aufgenommen, obwohl schon zuvor im deutschen Recht das Berufen auf eine Vorteilsausgleichung möglich war, wenn auch nur unter sehr engen Voraussetzungen.[231] So muss zwischen dem schädigenden Ereignis und dem Vorteil beim zunächst Geschädigten ein adäquater Kausalzusammenhang bestehen, die Anrechnung dem Zweck des Schadenersatzes entsprechen und den Schädiger nicht unbillig entlasten.[232] Vor allem die normativen Voraussetzungen   **759**

---

229 Vgl. OLG Düsseldorf, Urt. v. 6.5.2004 – Kart 41–43 u. 45–47/01 OWI, „Berliner Transportbeton I", WuW/E DE-R 1315, 1317.

230 Vgl. dazu *Hempel*, WuW 2004, 362, 368 f.

231 *Lutz*, WuW 2005, 718, 728, meint, dass sich die Frage nach der Weiterwälzung des Schadens auch nach dem neuen Recht allein anhand der Grundsätze des Vorteilsausgleichs richte. Vgl. auch *Berrisch/Burianski*, WuW 2005, 878, 885, die wohl für eine Art Vorteilsausgleich sui generis plädieren.

232 BGH, Urt.v. 6.6.1997 – V ZR 115/96, BGHZ 136, 52, 54; Urt. v. 17.5.1984 – VII ZR 169/82, BGHZ 91, 206, 210.

der Vorteilsausgleichung sind bei einem Kartellverstoß regelmäßig nicht gegeben, da sich der Schädiger sonst unbillig entlasten würde. Da sich der Schädiger somit zumeist nicht auf eine Vorteilsausgleichung als Schadensminderung berufen kann,[233] wurde eine entsprechende ausdrückliche Regelung vielfach nicht als erforderlich angesehen.[234] § 33 Abs. 3 Satz 2 GWB erleichtert aber die Durchsetzung des Anspruchs auf Schadenersatz nicht unerheblich und enthält eine wichtige Klarstellung.[235] In der gerichtlichen Praxis finden sich kaum Fälle, in denen der Vorteilsausgleich zur Anwendung gekommen ist.

ee) Verzinsungspflicht

760 In § 33 Abs. 3 Satz 3 GWB ist die Pflicht geregelt, den Schadenersatzanspruch ab Eintritt des Schadens zu verzinsen. Mit der **Verzinsungspflicht** will der Gesetzgeber dem Umstand Rechnung tragen, dass der Geschädigte häufig erst lange nach dem Kartellverstoß seinen Anspruch geltend machen kann. Nach den allgemeinen Regeln würde erst dann der Zinsanspruch ausgelöst werden. Sehr häufig wird der Geschädigte den Kartellverstoß nicht selbst aufklären können, sondern die Entscheidung der Kartellbehörde abwarten müssen. Die Verzinsungspflicht ab Schadenseintritt soll verhindern helfen, dass der Anspruch des Geschädigten durch die Dauer des kartellbehördlichen Verfahrens teilweise entwertet wird. In dieser Regelung wird zugleich die schon angesprochene Verstärkung des zivilrechtlichen Instrumentariums und damit verbunden die Abschreckungswirkung drohender Schadenersatzansprüche deutlich.

ff) Tatbestandswirkung für „follow on"-Klagen

761 § 33 Abs. 4 GWB enthält eine **Tatbestandswirkung für sog. „follow on"-Klagen.**[236] Macht ein Geschädigter infolge eines Verstoßes gegen das deutsche oder das europäische Kartellverbot Schadenersatz geltend, so ist das Gericht zu Gunsten des Geschädigten an die Annahme eines Verstoßes gebunden, wenn ein derartiger Verstoß durch eine bestandskräftige Entscheidung der deutschen Kartellbehörde oder der Wettbewerbsbehörde eines anderen Mitgliedstaates oder eine rechtskräftige Entscheidung eines Gerichts in einem Mitgliedstaat festge-

---

233 Immenga/Mestmäcker-*Emmerich*, § 33 Rn. 40; *Hempel*, WuW 2004, 362, 364; FK-*Roth*, § 35 Rn. 165.
234 Kritisch dazu auf der Grundlage des Referentenentwurfs *Bulst*, EWS 2004, 62.
235 *Kahlenberg/Haellmigk*, BB 2005, 1509, 1514.
236 Siehe dazu *Fuchs*, WRP 2005, 1384, 1392; *Hempel*, WuW 2004, 362, 371 f.

stellt ist.[237] Die Tatbestandswirkung bezieht sich nur auf bestandskräftige verwaltungs- oder bußgeldrechtliche Entscheidungen, wobei diejenigen der Kommission bereits nach Art. 16 VO 1/2003 von den Gerichten zu beachten sind. Die Tatbestandswirkung beschränkt sich auf die Feststellung eines Kartellrechtsverstoßes. Alle anderen Fragen hingegen, insbesondere zur Schadenskausalität und zur Schadensbezifferung, unterliegen der freien Beweiswürdigung des Gerichts.[238] Ferner ist zu beachten, dass die Tatbestandswirkung nur so weit gehen kann, wie die Wirkung der Entscheidung der Wettbewerbsbehörde in räumlicher Hinsicht reicht. Entscheidungen ausländischer Wettbewerbsbehörden haben daher z.B. keine Bindungswirkung hinsichtlich des in Deutschland entstandenen Schadens. Für Straf- oder Bußgeldverfahren bleibt es beim allgemeinen Untersuchungsgrundsatz, verbunden mit der Unschuldsvermutung.

3. Vorteilsabschöpfung

Die Kartellbehörden haben nach § 34 GWB die Möglichkeit, den gesamten, durch den Kartellrechtsverstoß erlangten wirtschaftlichen **Vorteil** abzuschöpfen. Eine entsprechende Regelung für Verbände und Einrichtungen enthält § 34 a GWB.[239] Voraussetzung ist dafür nach § 34 Abs. 1 GWB, dass ein Unternehmen gegen eine Vorschrift des GWB, gegen Art. 81 oder 82 EG oder eine Verfügung der Kartellbehörde verstoßen hat und dadurch einen wirtschaftlichen Vorteil erlangt hat. Die Vorteilsabschöpfung ist gegenüber individuellen Schadenersatzansprüchen Dritter subsidiär, § 34 Abs. 2 GWB. Sie soll vor allem dann eingreifen, wenn die „Kartellrendite" bei den Unternehmen, die den Wettbewerbsverstoß begangen haben, nicht schon durch den Geschädigten im Rahmen des Schadenersatzes abgeschöpft wird.[240] Die Abschöpfung kann nur erfolgen, wenn durch das festgestellte kartellrechtswidrige Verhalten tatsächlich ein Vorteil erwirtschaftet worden ist, wobei der Vorteil tatsächlich festgestellt und nicht nur geschätzt werden darf.[241] Entsprechendes gilt für den Kausalzusammenhang zwischen dem Kartellverstoß und dem erzielten Vorteil.[242]

762

---

237 *Hempel*, WuW 2005, 137, 143 f.
238 *Kahlenberg/Haellmigk*, BB 2005, 1509, 1514.
239 Siehe gleich unter Rn. 763.
240 *Lutz*, WuW 2005, 718, 729. Sehr kritisch dazu *Meessen*, WuW 2004, 733, 739–742.
241 Weiterführend zur Berechnungsmethodik *Hildebrand*, WuW 2005, 513, 518 ff.
242 OLG Düsseldorf, Urt. v. 6.5.2004 – Kart 41–43 u. 45–47/01 OWI, „Berliner Transportbeton I", WuW/E DE-R 1315, 1316 f.

763 Die Vorteilsabschöpfung durch **Verbände und Einrichtungen** hat in § 34 a GWB eine Sonderregelung erfahren.[243] Der Anspruch ist gegenüber der Anordnung der Abschöpfung des wirtschaftlichen Vorteils durch die Kartellbehörde subsidiär und greift nur bei vorsätzlichen Kartellverstößen ein, § 34 a Abs. 1 GWB.[244] Nach § 34 a Abs. 2 GWB mindert sich der Anspruch um diejenigen Leistungen, die der Schädiger als Ausgleich für den Kartellverstoß bereits erbracht hat. Die Befriedigung individueller Ansprüche hat damit Vorrang.

4. Die wichtigsten öffentlich-rechtlichen Folgen

764 Bei einem Verstoß gegen das Kartellverbot stehen den zuständigen Behörden die in den §§ 32 ff. GWB genannten Befugnisse zu.[245] In Anlehnung an Art. 7 Abs. 1 Satz 1 VO 1/2003 haben die deutschen Kartellbehörden die Möglichkeit erhalten, den betroffenen Unternehmen oder Unternehmensvereinigungen aufzugeben, eine **Zuwiderhandlung** gegen das GWB oder gegen Art. 81 EG **abzustellen**. Die Abstellung der Zuwiderhandlung schließt die **Unterlassung** ein, § 32 Abs. 1 GWB. Diese Befugnisse nach Abs. 1 werden im Abs. 2 in Anlehnung an Art. 7 Abs. 1 Satz 1 VO 1/2003 weiter konkretisiert. Ebenfalls dem europäischen Recht (Art. 7 Abs. 1 Satz 4 VO 1/2003) ist § 32 Abs. 3 GWB nachgebildet, wonach den Kartellbehörden die ausdrückliche Befugnis erteilt wird, einen Kartellverstoß auch **nachträglich festzustellen**. § 32 a Abs. 1 GWB sieht die Befugnis der Kartellbehörden vor, in dringenden Maßnahmen von Amts wegen **einstweilige Maßnahmen** zu treffen. Nach § 32 b Abs. 1 GWB besitzen die Kartellbehörden die Befugnis, zur Abwendung einer Verfügung nach § 32 GWB **Verpflichtungszusagen** der betroffenen Unternehmen durch Verfügung bindend zu klären. Wie schon Art. 29 Abs. 2 VO 1/2003 gibt auch § 32 d GWB dem BKartA das Recht, im Einzelfall den **Rechtsvorteil einer GVO zu entziehen**. Ein **Ordnungswidrigkeitentatbestand** ist schließlich erfüllt, wenn gegen das Verbot des § 1 GWB vorsätzlich oder fahrlässig verstoßen wird, § 81 Abs. 1 Nr. 1 u. Abs. 2 GWB.

---

243 Kritisch dazu *Hempel*, WuW 2004, 362, 372 f.; siehe ferner Rn. 1518.
244 *Fuchs*, WRP 2005, 1384, 1391; *Lutz*, WuW 2005, 718, 729.
245 Zu den Einzelheiten siehe Rn. 1506 ff.

§ 2 Freigestellte Vereinbarungen und Mittelstandskartelle

Schrifttum: Bayerisches Staatsministerium für Wirtschaft, Verkehr und Technologie, Kooperation und Wettbewerb, 5. Aufl. 2001; *Bechtold*, Grundlegende Umgestaltung des Kartellrechts: Zum Referentenentwurf der 7. GWB-Novelle, DB 2004, 235; BKartA, Merkblatt über die Kooperationsmöglichkeiten für kleine und mittlere Unternehmen nach dem Kartellgesetz; *Bunte*, Die kartellrechtliche Beurteilung von Einkaufsgemeinschaften der öffentlichen Hand, WuW 1998, 1037; *ders.*, Die 6. GWB-Novelle – Das neue Gesetz gegen Wettbewerbsbeschränkungen, DB 1998, 1748; *Fuchs*, Die 7. GWB-Novelle – Grundkonzeption und praktische Konsequenzen, WRP 2005, 1384; *Hartmann-Rüppel/Wagner*, Die „Stellenmarkt für Deutschland"-Entscheidung des BGH, ZWeR 2004, 128; *Kahlenberg/Haellmigk*, Referentenentwurf der 7. GWB-Novelle: Tief greifende Änderungen des deutschen Kartellrechts, BB 2004, 389; *dies.*, Neues Deutsches Kartellgesetz, BB 2005, 1509; *Karl/Reichelt*, Die Änderungen des Gesetzes gegen Wettbewerbsbeschränkungen durch die 7. GWB-Novelle, DB 2005, 1436; *Knöpfle*, Ist die Grenze 15 v. H. für den Marktanteil von Mittelstandskartellen (§ 5 b GWB) berechtigt?, BB 1986, 2346; *Lettl*, Die Auswirkungen der 7. GWB-Novelle auf die Kreditwirtschaft, WM 2005, 1585; *Lutz*, Schwerpunkte der 7. GWB-Novelle, WuW 2005, 718; *Meessen*, Die 7. GWB-Novelle – verfassungsrechtlich gesehen, WuW 2004, 733; *Westermann*, Einkaufskooperationen der öffentlichen Hand nach der Feuerlösch-Entscheidung des BGH, ZWeR 2003, 481.

I. Die freigestellten Vereinbarungen

1. Bedeutung

Nach § 2 Abs. 1 GWB sind vom Kartellverbot des § 1 GWB Vereinbarungen zwischen Unternehmen, Beschlüsse von Unternehmensvereinigungen oder aufeinander abgestimmte Verhaltensweisen freigestellt, die unter angemessener Beteiligung der Verbraucher an dem entstehenden Gewinn zur Verbesserung der Warenerzeugung oder -verteilung oder zur Förderung des technischen oder wirtschaftlichen Fortschritts beitragen. Dabei dürfen den beteiligten Unternehmen keine Beschränkungen auferlegt werden, die für die Verwirklichung dieser Ziele nicht unerlässlich sind. Ferner darf ihnen nicht die Möglichkeit eröffnet werden, für einen wesentlichen Teil der betreffenden Waren den Wettbewerb auszuschalten. Bei § 2 Abs. 1 GWB handelt es sich um eine weitestgehende Übernahme des **Generalklauselprinzips in Anlehnung an Art. 81 Abs. 3 EG.** Es ist daher für die Interpretation

765

und Auslegung dieser Vorschrift unverzichtbar, die Rechtsentwicklung auf europäischer Ebene angemessen zu berücksichtigen, zumal § 2 Abs. 1 GWB die Tatbestandsvoraussetzungen von Art. 81 Abs. 3 EG übernimmt (vgl. auch § 23 GWB).

766 § 2 Abs. 2 GWB schreibt die entsprechende Anwendung aller **GVOen** vor. Rechtstechnisch handelt es sich dabei um eine dynamische Verweisung, die auch künftige GVOen und mögliche Änderungen bereits vorhandener GVOen erfasst. Da die GVOen im Bereich der Zwischenstaatlichkeitsklausel ohnehin vollständig angewandt werden müssen, kommt der Vorschrift nur dann Bedeutung zu, wenn die Vereinbarung nicht geeignet ist, den zwischenstaatlichen Handel zu beeinträchtigen. Der Gesetzgeber strebt auch unterhalb der Zwischenstaatlichkeitsklausel die identische Anwendung der GVOen an. Daher ist aus dem Wort „entsprechend" nicht zu folgern, dass es materielle Unterschiede geben soll.[246] Für Unternehmen besteht so der Vorteil, dass sie sich auf europäischer und nationaler Ebene weitgehend identischem Kartellrecht ausgesetzt sehen.

2. Freigestellte Vereinbarungen nach § 2 Abs. 1 GWB

767 Zentraler Freistellungstatbestand ist der dem Art. 81 Abs. 3 EG nachgebildete § 2 Abs. 1 GWB. Wie bei Art. 81 Abs. 3 EG hängt eine Freistellung vom kumulativen Vorliegen sowohl zweier positiver als auch zweier negativer **Voraussetzungen** ab:[247]

- Es muss ein Beitrag zur Verbesserung der Warenerzeugung oder -verteilung oder zur Förderung des technischen oder wirtschaftlichen Fortschritts geleistet werden (erste positive Voraussetzung).
- Ferner muss eine angemessene Beteiligung der Verbraucher am entstehenden „Gewinn" gewährleistet sein. Mit Gewinn sind die aus einer Vereinbarung resultierenden wirtschaftlichen Vorteile gemeint (zweite positive Voraussetzung).
- Es dürfen den Unternehmen keine Wettbewerbsbeschränkungen auferlegt werden, die für die Verwirklichung dieser Ziele nicht unerlässlich sind (erste negative Voraussetzung).
- Darüber hinaus darf die Vereinbarung nicht dazu führen, dass für einen wesentlichen Teil der betreffenden Waren der Wettbewerb ausgeschaltet werden kann (zweite negative Voraussetzung).

---

246 *Bechtold,* DB 2004, 235, 237; *Kahlenberg/Haellmigk,* BB 2004, 389, 390 f.
247 Zum europäischen Recht siehe Rn. 213.

Bei Anwendung dieser Tatbestandsmerkmale sollen die auf der Grundlage des Art. 81 EG erlassenen **GVOen** entsprechend gelten, § 2 Abs. 2 GWB. **768**

Art. 29 VO 1/2003 sieht die Möglichkeit des Entzugs des Vorteils einer GVO durch die Kommission bzw. mitgliedstaatliche Wettbewerbsbehörden vor, wenn im Einzelfall die Anwendung der betreffenden GVO zu Ergebnissen führt, die mit Art. 81 Abs. 3 EG unvereinbar sind. Dieses Recht der Kartellbehörden wird in das GWB übernommen und ergänzt um die Kompetenz zum entsprechenden **Vorteilsentzug** hinsichtlich der nach § 2 Abs. 2 GWB für das deutsche Recht geltenden GVOen (vgl. § 32 d GWB). **769**

3. Anwendung der GVOen nach § 2 Abs. 2 GWB

Im Wege einer **dynamischen Verweisung** bestimmt § 2 Abs. 2 GWB, dass bei der Anwendung von § 2 Abs. 1 GWB die GVOen des Rates oder der Kommission entsprechend gelten. Für Vereinbarungen oder Verhaltensweisen, die geeignet sind, den zwischenstaatlichen Handel zu beeinträchtigen, gelten die GVOen ohnehin kraft europäischen Rechts. Der Gesetzgeber hat die Bezugnahme auf die GVOen dennoch für sinnvoll erachtet, weil dadurch der Freistellungstatbestand des Abs. 1 konkretisiert wird (vgl. Art. 3 Abs. 1 VO 1/2003).[248] **770**

Gehen von einer Vereinbarung oder Verhaltensweise **keine zwischenstaatlichen Wirkungen** aus, wird der Anwendungsbereich der GVOen mit konstitutiver Wirkung auf diese Vereinbarung bzw. Verhaltensweise erstreckt. § 2 Abs. 2 GWB greift also auch dann, wenn eine wettbewerbsbeschränkende Vereinbarung nicht geeignet ist, den zwischenstaatlichen Handel zu beeinträchtigen. **771**

4. Wegfall der alten Freistellungstatbestände

Die 6. Novelle des GWB hatte zum 1.1.1999 ein Kombinationsmodell zwischen Kasuistik (**Enumerationsprinzip**) und ergänzender Klausel eingeführt. Die kasuistisch ausgestalteten Freistellungstatbestände haben nach In-Kraft-Treten der VO 1/2003 weitgehend ihre Berechtigung verloren und sind daher – mit Ausnahme der Mittelstandskartelle – durch die 7. GWB-Novelle aufgehoben worden.[249] **772**

---

248 *Lettl,* WM 2005, 1585, 1589.
249 Zu den Mittelstandskartellen siehe Rn. 786.

a) Normen-, Typen- und Konditionenkartelle

773 Nach § 2 Abs. 1 GWB a. F. waren vor In-Kraft-Treten der 7. GWB-Novelle Normen- und Typenkartelle legalisierbar. Bei **Normen** handelte es sich um nichtstaatliche technische Vorschriften über die Beschaffenheit einer Ware im Hinblick auf Herstellung, Material, Zusammenbau oder Verbindung mit anderen Waren. Ferner betrafen sie die Eignung für bestimmte Anwendungen oder die Erfüllung bestimmter Sicherheits- oder Verträglichkeitsanforderungen.[250] Der **Typenbegriff** erfasste technische Regeln oder Baumuster, mit denen die Einhaltung bestimmter Abmessungen oder Beschaffenheitsvorgaben gewährleistet werden sollte.[251] Diese Kartelle erleichterten die Austauschbarkeit und die Kompatibilität der Waren. Ihre wettbewerbsfördernde Tendenz überwog die mit ihnen verbundenen Beschränkungen des Wettbewerbs der Kartellmitglieder. Sie unterlagen dennoch der Kartellaufsicht, weil sie missbräuchlich ausgenutzt werden konnten. Wurden Normen oder Typen nur aufgestellt, ohne dass zugleich deren einheitliche Anwendung angeordnet wurde, war schon § 1 GWB nicht erfüllt.

774 § 2 Abs. 2 GWB a. F. erfasste die Legalisierungsmöglichkeit für sog. **Konditionenkartelle.** Bei ihnen handelte es sich um Vereinbarungen über einheitliche Geschäfts-, Lieferungs- und Zahlungsbedingungen einschließlich der Skonti unter Konkurrenten, soweit darin nicht direkt oder indirekt eine einheitliche Preisgestaltung vereinbart wurde. Von einem Konditionenkartell sprach man, wenn in dem Erstvertrag (Kartellvertrag) die Vertragsbedingungen der Kartellpartner mit Dritten (Zweitverträge) festgelegt wurden.[252] Gegenstand eines solchen Kartells konnten sowohl einzelne Klauseln als auch die Allgemeinen Geschäftsbedingungen insgesamt sein. Dazu zählten beispielsweise Abschluss-, Lieferungs-, Haftungs- und Zahlungsbedingungen. Der Gesetzgeber ging davon aus, dass diese Kartelle den Leistungswettbewerb begünstigten, weil die Aufmerksamkeit der Nachfrager durch die Uniformität der Geschäftsbedingungen auf die zentralen Hauptleistungspflichten gelenkt wurde und die Anbieter angespornt wurden, gerade diese ständig zu verbessern.[253] Sie erhöhten damit die Markttransparenz.

---

250 *Bechtold*, § 2 Rn. 1; FK-*Bunte*, § 2 Rn. 27; Langen-*Kiecker*, § 2 Rn. 7.
251 *Bechtold*, § 2 Rn. 1; Wiedemann KartR-*Stockmann*, § 8 Rn. 196.
252 BKartA, Brief v. 2.2.1987 – Stellungnahme der 2. Beschlussabteilung, WuW 1987, 300, 302; FK-*Bunte*, § 2 Rn. 62; Langen-*Kiecker*, § 2 Rn. 20 ff.
253 Vgl. BKartA, Beschl. v. 28.4.1982 – B2–571000–BOX–23/80, „Druckerei-Konditionen", WuW/E BKartA 1989, 1991.

Unzulässig war nach § 2 Abs. 2 GWB a. F. eine Klausel, wonach **775**
Zweitverträge nur zu festen Preisen abzuschließen waren. Bei der oft
schwierigen Abgrenzung war vor allem der Sinn und Zweck der Regelung heranzuziehen, der darin bestand, einen Missbrauch der Konditionen als Ersatz für Preiskartelle zu verhindern. Verboten waren daher Klauseln, die durch die unmittelbare oder mittelbare Festlegung
des Preises oder einzelner Preisbestandteile in der Lage waren, den
Preiswettbewerb zwischen den Beteiligten einzuschränken

Von Normen- und Typenkartellen bzw. Konditionenkartellen i. S. v. **776**
§ 2 GWB a. F. gehen regelmäßig Wirkungen aus, die über den lokalen und regionalen Bereich hinausreichen. Sie sind daher geeignet,
den zwischenstaatlichen Handel zu beeinträchtigen. Das deutsche
Recht kann vor dem Hintergrund der VO 1/2003 nicht länger eine
eigenständige Regelung zu Normen- und Typenkartellen bzw. Konditionenkartellen vorhalten.[254] Für die Beurteilung von Vereinbarungen
über Normen ist insbesondere auf die **Leitlinien der Kommission**
zur horizontalen Zusammenarbeit zu verweisen.[255] Im Bereich
der Konditionenkartelle waren vielfach Vereinbarungen über Skonti,
also über eine besondere Vergütung für Zahlung vor Fälligkeit, freistellungsfähig. Auch diese Vereinbarungen unterliegen bei Übersprin-
gen der Zwischenstaatlichkeitsstufe nunmehr dem Maßstab des
Art. 81 EG.

b) Spezialisierungskartelle

Im Rahmen von § 3 GWB a. F. konnten sog. Spezialisierungskartelle **777**
mit Erlaubnis der zuständigen Kartellbehörde zur Rationalisierung
wirtschaftlicher Vorgänge vereinbart werden. Das **Spezialisierungs-**
kartell stellte einen Unterfall des Rationalisierungskartells dar, wobei
die Rationalisierung gerade durch Arbeitsteilung erreicht werden
sollte.[256] Der Anwendungsbereich erfasste „wirtschaftliche Vorgänge",
also neben der Produktion vor allem Forschung, Entwicklung, Einkauf,
Vertrieb und Dienstleistungen. Reine Gebietskartelle waren keine Spezialisierungskartelle. Daher musste zu der örtlichen Marktaufteilung
noch eine sachliche Aufteilung der Produktpalette treten, damit § 3

---

254 *Kahlenberg/Haellmigk*, BB 2004, 389, 391.
255 Komm., Leitlinien zur Anwendbarkeit von Art. 81 EG-Vertrag auf Vereinbarungen
über horizontale Zusammenarbeit, Abl. 2001, Nr. C 3, 2 Rn. 159–178; vgl. ferner
Rn. 265 ff.
256 *Bechtold*, § 3 Rn. 2; Langen-*Kiecker*, § 3 Rn. 4 f.

GWB a. F. einschlägig war.[257] Spezialisierung meinte die gemeinsame Reduzierung des bisherigen Leistungsprogramms der beteiligten Unternehmen dergestalt, dass nicht mehr alle Beteiligten sämtliche bisherigen Leistungen erbrachten und dadurch für alle Mitglieder des Kartells Rationalisierungsvorteile entstanden. Für die Beteiligten musste der Zweck der Kosteneinsparung durch Rationalisierung im Wege der Spezialisierung im Vordergrund stehen.

778 Auch von Spezialisierungskartellen gehen regelmäßig zwischenstaatliche Wirkungen aus. Die Freistellungsvoraussetzungen des alten § 3 GWB entsprechen zudem weitgehend der **GVO über Spezialisierungsvereinbarungen**.[258] Darin werden insbesondere Produktionsspezialisierungen oder eine gemeinsame Produktion vom Kartellverbot freigestellt, soweit die Summe der Marktanteile der beteiligten Unternehmen am relevanten Markt 20 % nicht überschreitet.

c) Rationalisierungskartelle

779 Rationalisierungskartelle waren nach § 5 GWB a. F. vom Kartellverbot ausgenommen. Rationalisierung wirtschaftlicher Vorgänge bedeutete die Erhöhung der wirtschaftlichen Effizienz durch eine Verbesserung des Kosten-Nutzen-Verhältnisses. Die Rationalisierungsbemühungen mussten sich auf „wirtschaftliche Vorgänge" beziehen. Zu ihnen zählten neben der Produktion der Vertrieb, die FuE, die Finanzierung, die Verwaltung, die Werbung sowie die Beschaffung. Das Kartell musste ferner geeignet sein, die Leistungsfähigkeit oder Wirtschaftlichkeit der beteiligten Unternehmen in technischer, betriebswirtschaftlicher oder organisatorischer Beziehung zu verbessern. Das Merkmal „Eignung" machte deutlich, dass es sich insoweit um eine objektive Prognose handelte, bei der die Hebung der Leistungsfähigkeit oder Wirtschaftlichkeit nicht abstrakt, sondern konkret für jedes Kartell zu ermitteln war. Die Prognose musste für alle beteiligten Unternehmen positiv ausfallen.[259] Das Gesetz schrieb in § 5 Abs. 1 Satz 2 GWB a. F. eine Abwägung vor. Danach sollte der festgestellte

---

257 Bayerisches Staatsministerium für Wirtschaft, Verkehr und Technologie, Kooperation und Wettbewerb, S. 46 f.

258 Komm., VO (EG) Nr. 2658/2000 v. 29. 11. 2000 über die Anwendung von Art. 81 Abs. 3 des Vertrags auf Gruppen von Spezialisierungsvereinbarungen, Abl. 2000, Nr. L 304, 3.

259 BGH, Urt. v. 25. 11. 1982 – I ZR 130/80, „Concordia-Uhren", NJW 1983, 2382; KG, Beschl. v. 6. 4. 1984 – Kart 16/83, „Nordhessische Basalt-Union", WuW/E OLG 3279.

Rationalisierungserfolg „in einem angemessenen Verhältnis zu der damit verbundenen Wettbewerbsbeschränkung" stehen. Diese praktisch wichtigste Voraussetzung machte deutlich, dass Kartelle nicht legalisierbar waren, die es den beteiligten Unternehmen ermöglichten, ihre Rationalisierungsvorteile für sich zu behalten. § 5 Abs. 1 Satz 3 GWB a. F. legte fest, dass die mit der Rationalisierung einhergehende Wettbewerbsbeschränkung nicht zu einer Entstehung oder Verstärkung einer marktbeherrschenden Stellung führen durfte.

In den meisten Fällen gehen von Rationalisierungskartellen Auswir- **780** kungen auf den **zwischenstaatlichen Handel** aus. Sie werden daher vom erweiterten Vorrang des europäischen Rechts erfasst. Wenn die Vereinbarung zu nachweisbaren Kosteneinsparungen führt und die Weitergabe dieses Rationalisierungserfolges an die Verbraucher durch das Bestehen wesentlichen Wettbewerbs gesichert erscheint, werden im Regelfall die Voraussetzungen des Art. 81 Abs. 3 EG vorliegen.[260] Sonderfälle werden von der GVO 2658/2000 über Spezialisierungsvereinbarungen und der GVO 2659/2000[261] über FuE-Vereinbarungen erfasst.[262] Beide GVOen gelten nach § 2 Abs. 2 GWB auch für Rationalisierungskartelle, die keine zwischenstaatlichen Auswirkungen haben.

d) Strukturkrisenkartelle

Nach § 6 GWB a. F. konnte das sog. **Strukturkrisenkartell** vom Ver- **781** bot des § 1 GWB freigestellt werden, wenn ein Missverhältnis zwischen der zu geringen Nachfrage und der zu großen Kapazität bestand. Bei der Frage, ob es sich um eine strukturelle Krise handelte, waren sowohl die Nachfrage aus dem Ausland als auch der Export zu berücksichtigen. Der Nachfragerückgang musste „nachhaltig", also strukturell bedingt sein. Die Bedeutung der Vorschrift war gering.[263]

Nach In-Kraft-Treten der VO 1/2003 besteht für eine Regelung über **782** Strukturkrisenkartelle kein Bedürfnis mehr. Strukturkrisenkartelle be-

---

260 Vgl. dazu Rn. 218 ff.
261 Komm., VO (EG) Nr. 2659/2000 v. 29. 11. 2000 über die Anwendung von Art. 81 Abs. 3 des Vertrags auf Gruppen von Vereinbarungen über Forschung und Entwicklung, Abl. 2000, Nr. L 304, 7.
262 Siehe hierzu Rn. 274 ff.
263 BKartA, Beschl. v. 22. 7. 1987 – B1–257410–G–60/87, „Leichtbauplatten", WuW/E BKartA 2271; Beschl. v. 31. 5. 1983 – B5–301734–G–10/83, „Betonstahlmatten", WuW/E BKartA 2049; FK-*Bunte*, § 6 Rn. 6 u. 7 ff.; Wiedemann KartR-*Stockmann*, § 8 Rn. 216.

rühren zumeist den zwischenstaatlichen Handel und können dann nur nach **europäischem Recht** beurteilt werden.[264]

e) Sonstige Kartelle

783 Über die in den §§ 2 bis 6 GWB a.f. geregelten Fälle hinaus wurde 1999 mit § 7 GWB a.f. eine **ergänzende Freistellungsklausel** eingeführt. Der Tatbestand gab sowohl den Kartellbehörden als auch den Unternehmen die Möglichkeit, flexibler auf die in komplexen Volkswirtschaften unterschiedlichen und rasch wechselnden Sachverhaltskonstellationen zu reagieren. § 7 GWB sollte einen klar konturierten, nach wettbewerblichen Kriterien begrenzten Rahmen schaffen, der es ermöglichte, Unternehmenskooperationen unter bestimmten Voraussetzungen vom Kartellverbot freizustellen.[265] Der Wortlaut des § 7 GWB a.f. wurde eng an Art. 81 Abs. 3 EG angelehnt, ohne jedoch mit ihm identisch zu sein. Der dort genannte Gesichtspunkt der Förderung des technischen oder wirtschaftlichen Fortschritts wurde nicht übernommen. Auf diese Weise wollte man deutlich machen, dass § 7 GWB a.f. keine Öffnungsklausel für industriepolitische oder gemeinwohlorientierte Gesichtspunkte war.[266] Auf der anderen Seite wurde das in Art. 81 Abs. 3 EG verwendete Merkmal der Verbesserung der Warenerzeugung oder -verteilung deutlich ausgeweitet.

784 War der Gesetzgeber seinerzeit mit der Einführung des § 7 GWB auf halbem Wege in Richtung **europäischer Rechtsangleichung** stehen geblieben, ist nunmehr eine vollständige Übernahme der Freistellungskriterien des Art. 81 Abs. 3 EG erfolgt. § 7 GWB wurde so entbehrlich. Eine sachliche Änderung soll in den meisten Fällen damit nicht verbunden sein.[267] Soweit die Vereinbarungen und Beschlüsse bislang zur Verbesserung der Rücknahme oder Entsorgung von Waren getroffen wurden, ist ergänzend auf die Horizontalrichtlinien der Kommission zu verweisen.[268]

---

264 Vgl. Komm., XII. WB, Tz. 38–41 u. XIII. WB, Tz. 56–61.
265 BReg., BT-Drucks. 13/9720, S. 33; kritisch hierzu *Bunte*, DB 1998, 1748, 1750; vgl. ferner BGH, Beschl. v. 9.7.2002 – KVR 1/01, „Stellenmarkt für Deutschland", BGHZ 151, 260 = WuW/E DE-R 919.
266 BReg., BT-Drucks. 13/9720, S. 33.
267 Vgl. dazu die Analyse von *Hartmann-Rüppel/Wagner*, ZWeR 2004, 128, 149 ff.
268 Komm., Leitlinien über horizontale Vereinbarungen, Rn. 179 ff.

5. Beweislast

Im Anwendungsbereich der Zwischenstaatlichkeitsklausel gilt die **Be-** **785** **weislastregel** des Art. 2 VO 1/2003, da die Anwendung deutschen Kartellrechts hier nicht zu anderen Ergebnissen führen darf. Auch wenn der deutsche Gesetzgeber keine Beweislastregel aufgestellt hat, ist davon auszugehen, dass die Beweislastverteilung auch unterhalb der Zwischenstaatlichkeitsklausel im Grundsatz dem europäischen Recht folgt (vgl. Art. 2 VO 1/2003).[269] Danach trägt die Beweislast für eine Zuwiderhandlung gegen das Kartellverbot des § 1 GWB die Partei oder die Behörde, die diesen Vorwurf erhebt. Die Beweislast dafür, dass die Freistellungsvoraussetzungen nach § 2 GWB vorliegen, obliegt den Unternehmen oder Unternehmensvereinigungen, die sich auf diese Bestimmung berufen.[270] Davon unberührt bleiben jedoch die Untersuchungsgrundsätze in kartellrechtlichen Bußgeld- und Untersagungsverfahren sowie die Unschuldsvermutung in Bußgeldverfahren.

II. Die Mittelstandskartelle

1. Bedeutung

Die in § 3 GWB zugelassenen sog. **Mittelstandskartelle** dienen der **786** Förderung der Leistungsfähigkeit und der Verbesserung der Wettbewerbschancen kleiner oder mittlerer Unternehmen. Es soll diesen Unternehmen vor allem ermöglicht werden, Kooperationen einzugehen, um so bestehende strukturelle Nachteile gegenüber großen Wettbewerbern auszugleichen. Diese Defizite bestehen insbesondere dort, wo Größe in Beschaffung, Produktion, Marketing oder Vertrieb mit Vorteilen verbunden ist. Kleine und mittlere Unternehmen sollen die Möglichkeit erhalten, Größenvorteile erzielen zu können, ohne ihre Betriebsgröße verändern zu müssen.[271] Bei der Regelung über Mittelstandskartelle handelt es sich um eine politisch gewollte Privilegierung kleiner und mittlerer Unternehmen. Es wird erwartet, dass von Vereinbarungen zwischen diesen Unternehmen überwiegend positive Wirkungen auf den Wettbewerb ausgehen. Die entsprechenden Kartelle sind ohne Freistellungsverfahren zulässig. Das Gesetz fingiert

---

269 Vgl. dazu *Bechtold*, DB 2004, 235, 237f., der dies ggf. aus § 23 GWB ableiten will.
270 *Kahlenberg/Haellmigk*, BB 2004, 389, 390f.
271 FK-*Bunte*, § 4 Rn. 11; Immenga/Mestmäcker GWB-*Immenga*, § 4 Rn. 11.

das Vorliegen der Freistellungsvoraussetzungen des § 2 Abs. 1 GWB, wenn die Anforderungen des § 3 Abs. 1 Nr. 1 und Nr. 2 GWB kumulativ erfüllt sind.[272] Von § 3 Abs. 1 GWB werden ausschließlich horizontal wirkende Wettbewerbsbeschränkungen erfasst.[273] Nach Wegfall der Sonderregel für Spezialisierungskartelle können auch Vereinbarungen über Spezialisierungen von § 3 Abs. 1 GWB erfasst werden.

787 § 3 Abs. 1 GWB spricht zwar nur von Vereinbarungen, sollte nach seinem Zweck aber auch für **Mittelstandsempfehlungen** gelten, sofern diese in den Anwendungsbereich des § 1 GWB fallen. Wie die Vereinbarung bietet auch die Mittelstandsempfehlung kleinen und mittleren Unternehmen die Möglichkeit, ihre Wettbewerbschancen gegenüber Großunternehmen zu verbessern. Eine zulässige Mittelstandsempfehlung liegt vor, wenn die Empfehlung von einer Vereinigung kleiner und mittlerer Unternehmen ausgesprochen wird. Zu beachten ist ferner, dass Mittelstandsempfehlungen nur unter Beschränkung auf den Kreis der Beteiligten ausgesprochen werden und sich nicht auch an außenstehende Unternehmen richten dürfen. Die Empfehlung darf daher nur an kleine und mittlere Unternehmen gerichtet sein. Mittelstandsempfehlungen können sich auf jede Form des Verhaltens im Wettbewerb beziehen. Sie müssen dazu dienen, die Leistungsfähigkeit der Beteiligten gegenüber Großbetrieben zu fördern. Schließlich müssen sie ausdrücklich als unverbindlich gekennzeichnet sein. In jedem Fall muss der rechtlich unverbindliche Charakter der Mittelstandsempfehlung gewahrt bleiben. Daran kann es fehlen, wenn mehrere Unternehmen gemeinschaftlich werben und sich dabei zumindest faktisch verpflichten, die in der Werbung genannten Preise einzuhalten.[274]

2. Verhältnis zu § 2 GWB

788 Sind die Voraussetzungen des § 3 Abs. 1 GWB erfüllt, wird das Vorliegen der allgemeinen Freistellungsvoraussetzungen des § 2 Abs. 1 GWB **gesetzlich fingiert**. Sind die Unternehmen in der Lage, das Vorliegen der Voraussetzungen des § 3 Abs. 1 GWB nachzuweisen, müssen sie daher nicht zusätzlich diejenigen des § 2 Abs. 1 GWB belegen. Da § 3 GWB für Mittelstandskartelle keine abschließende Regelung enthält, ist die Möglichkeit einer Freistellung nach § 2 Abs. 1 GWB

---

272 *Karl/Reichelt*, DB 2005, 1436, 1438.
273 *Lettl*, WM 2005, 1585, 1589.
274 KG, Beschl. v. 1.12.1988 – Kart W 240/88, „Bettenpreise", WuW/E OLG 4351.

zu prüfen, wenn die Voraussetzungen des § 3 Abs. 1 GWB nicht vorliegen.[275]

3. Verhältnis zum europäischen Recht

In der Regel werden von Mittelstandskartellen keine oder nur sehr ge- **789** ringe zwischenstaatliche Auswirkungen ausgehen. Die Privilegierung von Mittelstandskartellen durch das deutsche KartellR ist so lange europarechtlich unbedenklich, wie diese Kartelle nicht geeignet sind, den **zwischenstaatlichen Handel** zu beeinträchtigen.[276] Gerade in Grenznähe kann es aber zu Kooperationen kommen, von denen zwischenstaatliche Wirkungen ausgehen. Entsprechendes gilt für Mittelstandskartelle, an denen sich Unternehmen aus dem europäischen Ausland beteiligen. Zudem kann es unter Anwendung der sog. „Bündeltheorie" zu einer grenzüberschreitenden Wirkung kommen.

In diesen Konstellationen stellt sich die Frage nach dem Verhältnis zum **790** europäischen KartellR. Nach Art. 3 VO 1/2003 und § 22 Abs. 1 GWB sind immer die europarechtlichen Vorgaben zu beachten, wobei sich im Verhältnis zum deutschen Recht das vorrangige europäische KartellR durchsetzt. Die Zulässigkeit von Mittelstandskartellen richtet sich dann allein nach **europäischem Recht**. § 3 GWB kann nur angewandt werden, wenn das Kartell entweder nicht gegen Art. 81 Abs. 1 EG verstößt oder aber die Voraussetzungen des Art. 81 Abs. 3 EG vorliegen.[277] Da jedoch das europäische KartellR Vereinbarungen zwischen kleinen und mittleren Unternehmen großzügig behandelt,[278] wird es in diesem Bereich selten zu unterschiedlichen Bewertungen kommen. In der Vergangenheit hat man es jedoch als unproblematisch angesehen, wenn sich an dem Mittelstandskartell auch Großunternehmen beteiligten.[279] Dies wird im europäischen Recht nicht so gesehen, weshalb man nicht von vornherein der Beantwortung der Frage enthoben ist, ob von dem Mittelstandskartell zwischenstaatliche Wirkungen ausgehen.

Das BKartA hat zur Frage, worauf für die **Beeinflussung** des zwi- **791** schenstaatlichen Handels abzustellen ist, nicht die Vertragsgebiete,

---

275 *Kahlenberg/Haellmigk*, BB 2005, 1509, 1510 f.; *Karl/Reichelt*, DB 2005, 1436, 1438; *Lutz*, WuW 2005, 718, 720.
276 *Kahlenberg/Haellmigk*, BB 2005, 1509, 1510. In der fehlenden Bestimmtheit der Zwischenstaatlichkeitsklausel sieht *Meessen*, WuW 2004, 733, 734–736, einen Verstoß gegen das Bestimmtheitsgebot.
277 *Bechtold*, DB 2004, 235, 237; *Kahlenberg/Haellmigk*, BB 2004, 389, 391.
278 Siehe dazu Rn. 133–137 u. 141–145 sowie FK-*Bunte*, § 4 Rn. 13.
279 Siehe dazu Rn. 796.

sondern die Lieferradien der Werke abgestellt, in denen die Vertragswaren, die ihrem Wesen nach problemlos in den zwischenstaatlichen
Handel gelangen, hergestellt werden.[280]

4. Voraussetzungen

a) Adressatenkreis

792 Das Mittelstandskartell setzt nach § 3 Abs. 1 Nr. 2 GWB voraus, dass
die Wettbewerbsfähigkeit von „**kleinen**" oder „**mittleren**" **Unternehmen** verbessert wird. Diese Klassifizierung des Adressatenkreises ist
nicht durch quantitative Kriterien konkretisiert. Unter Hinweis auf die
Vorschriften der Zusammenschlusskontrolle wird die Auffassung vertreten, dass es sich bei Unternehmen mit weniger als 10 bis
25 Mio. Euro Umsatz regelmäßig um ein Kleinunternehmen handele
(vgl. § 35 Abs. 1 Nr. 2, Abs. 2 Nr. 1 GWB). Ein Unternehmen mit
mindestens 500 Mio. Euro Umsatz sei immer als Großunternehmen
einzustufen (vgl. § 35 Abs. 1 Nr. 1 GWB).[281] Allerdings unterscheiden sich die mit der Zusammenschlusskontrolle und mit § 3 GWB
verfolgten Zwecke. Soll ein Unternehmen als klein oder groß eingestuft werden, ist daher weniger der Umsatz als vielmehr die Relation
zu den übrigen Teilnehmern von Bedeutung. Es kommt daher vor
allem auf die jeweilige Marktstruktur und auf einen Vergleich der betroffenen Unternehmen mit ihren Konkurrenten an. Daher ist auf die
relativen Größenverhältnisse abzustellen.[282] Eine isolierte Betrachtung
der Umsätze der beteiligten Unternehmen reicht nicht aus. Erneut ist
ferner darauf hinzuweisen, dass § 3 GWB europarechtskonform zu interpretieren ist. Daher kann die Frage nach der Größe der Unternehmen stets nur mit Blick auf europarechtliche Vorgaben zur Beeinträchtigung des zwischenstaatlichen Handels beantwortet werden.[283]

793 Bei der Anwendung des § 3 GWB stellt sich die Frage, ob sich ein an
dem Kartell beteiligtes **Konzernunternehmen** die Umsätze der anderen Unternehmen des Konzerns zurechnen lassen muss. Teilweise wird
in der Literatur die Auffassung vertreten, Konzerne i. S. v. § 18 AktG

---

280 BKartA, Beschl. v. 17.6.2004 – B 1–25/04, „Vetra/Danzer", WuW/E DE-V 960.
281 *Bechtold*, § 4 Rn. 4. Kritisch dazu: Bayerisches Staatsministerium für Wirtschaft,
    Verkehr und Technologie, Kooperation und Wettbewerb, S. 32 f.
282 Vgl. BGH, Urt. v. 19.1.1993 – KVR 25/91, „Herstellerleasing", WuW/E 2875,
    2878 f. = BB 1993, 962; BKartA, Merkblatt Kooperationsmöglichkeiten, S. 2; Im-
    menga/Mestmäcker GWB-*Immenga*, § 4 Rn. 66; Langen-*Kiecker*, § 4 Rn. 16.
283 Siehe hierzu Rn. 126 ff.

bildeten im Rahmen des § 3 GWB eine Einheit mit der Folge, dass die Umsätze anderer Konzernunternehmen stets hinzuzurechnen seien, um der Gefahr einer Umgehung vorzubeugen.[284] Das BKartA vertritt in seinem Merkblatt die Auffassung, dass im Einzelfall die Marktstellung der Tochtergesellschaft unter Berücksichtigung ihrer tatsächlichen Beziehung zur Mutter zu überprüfen sei.[285] Beide Positionen dürfen in der Regel zu keinen unterschiedlichen Ergebnissen kommen. Lediglich bei sehr lockeren Konzernorganisationen spricht das Vorgehen des BKartA für interessengerechtere Lösungen.

Aus Normzweck und Regelungszusammenhang folgt, dass auch kleine **794** und mittlere **Gemeinden** als Unternehmen gelten können.[286] Zur Beantwortung der Frage, wann eine Gemeinde als klein bzw. mittelgroß einzustufen ist, will das OLG Düsseldorf in Anlehnung an § 4 Abs. 1 GemO NRW auf deren Einwohnerzahl abstellen. Danach wären kreisangehörige Gemeinden mit weniger als 60.000 Einwohnern im Verhältnis zu der Nachfragemacht von Großstädten als klein bzw. mittelgroß anzusehen.[287]

Allerdings ist die Anwendung des § 3 GWB auf kleine und mittlere **795** Gemeinden nicht ganz unproblematisch. Nach § 3 Abs. 1 Nr. 2 GWB ist zu verlangen, dass die Wettbewerbsfähigkeit von kleinen oder mittelgroßen Gemeinden verbessert wird. Es stellt sich daher die Frage, welche Wettbewerbsfähigkeit gemeint sein kann, diejenige auf dem relevanten Nachfrage- oder auch diejenige auf dem Absatzmarkt. Ausgangspunkt in dem vom **BGH** entschiedenen Fall war eine Einkaufskooperation i. S. v. § 4 Abs. 2 GWB a. F., bei der es um das Erzielen von Einspareffekten durch günstigere Konditionen ging. Unabhängig davon, dass für mittelständische Einkaufskooperationen nunmehr allein die Möglichkeit einer Freistellung nach § 2 GWB bleibt,[288] stellt sich das Problem, dass es bei einer gemeindlichen Einkaufsko-

284 Immenga/Mestmäcker GWB-*Immenga*, § 4 Rn. 68.
285 Dem zustimmend FK-*Bunte*, § 4 Rn. 57; vgl. ferner BGH, Beschl. v. 30.9.1986 – KVR 8/85, „Mischguthersteller", BGHZ 99, 1, 5, wo darauf abgestellt wird, ob Mutterunternehmen und Tochtergesellschaft eine „wettbewerbliche Einheit" bilden.
286 Vgl. BGH, Urt. v. 12.11.2002 – KZR 11/01, „Ausrüstungsgegenstände für Löschfahrzeuge", WuW/E DE-R 1087 = ZIP 2003, 1813 mit kritischer Anm. *Lotze*; OLG Düsseldorf, Urt. v. 12.5.1998 – U (Kart) 11/98, „Löschfahrzeuge", WuW/E DE-R 150; *Bunte*, WuW 1998, 1037, 1045; a. A. OLG Koblenz, Urt. v. 5.11.1998 – U 596/98-Kart, „Feuerlöschgeräte", WuW/E Verg 184.
287 OLG Düsseldorf, Urt. v. 12.5.1998 – U (Kart) 11/98, „Löschfahrzeuge", WuW/E DE-R 150, 153.
288 Vgl. dazu Rn. 765.

operation an einem Wettbewerbsverhältnis auf der Absatzseite fehlt. Käme es allein auf die Verbesserung der Wettbewerbsfähigkeit der Gemeinden bei der Beschaffung und nicht zusätzlich auf diejenige auf den Angebotsmärkten an, kann am Vorliegen dieser Tatbestandsvoraussetzung nicht gezweifelt werden. Nahezu jeder gebündelte Einkauf führt zwangsläufig zu Einspareffekten aufgrund von größeren Stückzahlen. Zwischen den beteiligten Gemeinden besteht aber so lange kein Wettbewerbsverhältnis auf den Angebotsmärkten, wie sie lediglich ihren jeweiligen Eigenbedarf gemeinsam decken wollen und nicht eine Weiterveräußerung anstreben. Ist auch auf diesen Märkten eine Verbesserung der Wettbewerbsfähigkeit zu fordern, liegen die Voraussetzungen nicht vor. Der BGH lässt es ausreichen, dass die Verbesserung der Wettbewerbsfähigkeit allein auf dem Nachfragemarkt stattfindet.[289] Es erscheint jedoch sehr fraglich zu sein, ob damit tatsächlich eine Konstellation besteht, die mit der Zielsetzung der Norm in Einklang zu bringen ist.[290]

796 Es ist grundsätzlich zulässig, dass sich **Großunternehmen** an einem Mittelstandskartell beteiligen, da der Wortlaut des § 3 GWB nicht darauf abzielt, dass alle am Kartell Beteiligten kleine oder mittlere Unternehmen sein müssen. Der erstrebte Rationalisierungsvorteil wird vielfach nur dadurch zu erreichen sein, dass sich große Unternehmen an der Zusammenarbeit beteiligen. Die Beteiligung muss aber in jedem Fall dazu dienen, die Wettbewerbsfähigkeit gerade der kleinen und mittleren Partner zu verbessern.[291] In einem solchen Fall ist zudem genau zu prüfen, ob der Wettbewerb nicht wesentlich beeinträchtigt wird, § 3 Abs. 1 Nr. 1 GWB.[292] Eine Wettbewerbsbeeinträchtigung liegt regelmäßig vor, wenn Unternehmen der Spitzengruppe auf dem betroffenen Markt Mitglied der Mittelstandskooperation sind.[293]

---

289 BGH, Urt. v. 12.11.2002 – KZR 11/01, „Ausrüstungsgegenstände für Löschfahrzeuge", WuW/E DE-R 1087 = ZIP 2003, 1813 mit kritischer Anm. *Lotze.* Ebenso Immenga/Mestmäcker GWB-*Immenga*, § 4 Rn. 108; Langen-*Kiecker*, § 4 Rn. 60; wohl auch *Westermann*, ZWeR 2003, 481, 490.

290 So auch OLG Koblenz, Urt. v. 5.11.1998 – U 596/98-Kart, „Feuerlöschgeräte", WuW/E Verg 184, 187 f.; *Lotze*, ZIP 2003, 1817, 1819.

291 BGH, Beschl. v. 30.9.1986 – KVR 8/85, „Mischgutheststeller", BGHZ 99, 1, 7; Bayerisches Staatsministerium für Wirtschaft, Verkehr und Technologie, Kooperation und Wettbewerb, S. 32 f.; *Bechtold*, § 4 Rn. 4; FK-*Bunte*, § 4 Rn. 60–64. A.A. Immenga/Mestmäcker GWB-*Immenga*, § 4 Rn. 35.

292 Vgl. dazu KG, Beschl. v. 10.7.1985 – Kart 26/83, „Mischgutheststeller", WuW/E OLG 3663, 3669; Wiedemann KartR-*Schroeder*, § 8 Rn. 83.

293 BKartA, Merkblatt Kooperationsmöglichkeiten, S. 6.

b) Rationalisierung wirtschaftlicher Vorgänge

Die Vereinbarung zwischen miteinander im Wettbewerb stehenden **797** Unternehmen muss die Tatbestandsmerkmale des § 1 GWB erfüllen; eine kartellfreie Kooperation wird von § 3 Abs. 1 GWB nicht erfasst. Gegenstand der Vereinbarung muss die Rationalisierung wirtschaftlicher Vorgänge sein. Auszugehen ist dabei vom **betriebswirtschaftlichen Rationalisierungsbegriff**, wonach Rationalisierung vorliegt, wenn „Vorgänge im Geschäftsablauf der einzelnen Unternehmen so gestaltet werden, dass eine Verbesserung der innerbetrieblichen Verhältnisse von Aufwand und Ertrag eintritt".[294] Der entsprechende Inhalt muss der maßgebliche Vertragszweck sein. Abreden allein über Preise oder Lieferquoten bzw. die bloße Abgrenzung von Liefergebieten sind unzulässig, da sie allein darauf gerichtet sind, den Wettbewerb auszuschalten.[295] Sie entsprechen zudem nicht dem betriebswirtschaftlichen Rationalisierungsbegriff, der auf die innerbetrieblichen Verhältnisse abstellt.

§ 3 Abs. 1 GWB erfasst alle Rationalisierungsvereinbarungen ein- **798** schließlich der Spezialisierung, die der Verbesserung der Wettbewerbsfähigkeit kleiner und mittlerer Unternehmen dienen. Zwischen Rationalisierungserfolg und Verbesserung der Wettbewerbsfähigkeit muss ein kausaler Zusammenhang bestehen. Daher ist grundsätzlich erforderlich, dass die Vereinbarung oder der Beschluss tatsächlich einen **Rationalisierungseffekt** hat.[296] Zu den Vereinbarungen nach § 3 Abs. 1 GWB gehören Maßnahmen in den Bereichen Produktion, FuE, Finanzierung, Verwaltung, Werbung, Einkauf und Vertrieb. Für eine Freistellung muss das Kartell dazu dienen, die Wettbewerbsfähigkeit kleiner oder mittlerer Unternehmen zu verbessern, § 3 Abs. 1 Nr. 2 GWB. Dafür reicht ein mittelbarer Beitrag zur Verbesserung der Leistung aus. § 3 Abs. 1 GWB verlangt weder eine wesentliche Verbesserung der Wettbewerbsfähigkeit noch ein angemessenes Verhältnis zwischen Rationalisierungserfolg und Wettbewerbsbeschränkung.

Nach wohl h. M. muss der **Rationalisierungserfolg**, wenn auch in **799** unterschiedlichem Umfang, bei allen an der Vereinbarung beteiligten

---

294 BKartA, Beschl. v. 10.3.1976 – B4–377100-D-224/75, „Pallas", WuW/E BKartA 1616, 1623.
295 Immenga/Mestmäcker GWB-*Immenga*, § 4 Rn. 21 u. 30.
296 OLG Frankfurt/Main, Beschl. v. 10.2.1989 – 6 VA 1/82, „Doppelgenossen", WuW/E OLG 4495, 4498; Langen-*Kiecker*, § 4 Rn. 14.

Unternehmen eintreten.[297] Es ist daher erforderlich, den betriebswirtschaftlichen Erfolg bei jedem einzelnen Unternehmen nachzuweisen.

c) Keine wesentliche Wettbewerbsbeeinträchtigung

800 Nach § 3 Abs. 1 Nr. 1 GWB darf die Rationalisierungsvereinbarung den Wettbewerb nicht wesentlich beeinträchtigen. Die Klausel ist für die Beurteilung der kartellrechtlichen Zulässigkeit entscheidend. Die zwischenbetriebliche Zusammenarbeit kleiner und mittlerer Unternehmen soll dazu beitragen, die **strukturellen Nachteile** dieser Unternehmen auszugleichen. Dies ist nur so lange zulässig, wie derartige Kooperationen nicht eine Marktstellung entstehen lassen, die einem wirksamen Wettbewerb nicht mehr ausgesetzt ist. Bei der Prüfung dieser Voraussetzung ist daher die mittelstandspolitische Zielsetzung der Vorschrift zu berücksichtigen, wonach durch die Kooperation keine Unternehmensgröße entstehen darf, deren Marktstärke wesentlich über derjenigen ihrer Wettbewerber liegt.[298]

801 Wann der Wettbewerb **wesentlich beeinträchtigt** ist, kann letztlich nur im konkreten Einzelfall in einer Gesamtschau quantitativer und qualitativer Merkmale entschieden werden. In quantitativer Hinsicht sind vor allem die Marktanteile, die Marktstruktur und die Marktzugangsschranken entscheidend. Bestimmte Marktanteilsgrenzen sind bewusst nicht in das Gesetz aufgenommen worden, weil es auf die Qualität der Beschränkung, also auf Art und Ausmaß der mit der Kooperation verbundenen Wettbewerbsbeschränkung ankommt.[299] Eine Grenze von 10 bis 15% Marktanteil soll eine Rolle spielen, wenn das Kartell mit Vereinbarungen über einheitliche Preise, Rabatte, einem Andienungszwang und Quotenabsprachen einhergeht.[300] Bei mittelständisch geprägten Märkten dürfte die Schwelle sogar noch niedriger liegen. Fehlen solche Beschränkungen, kommt eine Legalisierung

---

297 BKartA, Beschl. v. 14.6.1966 – E 1–4/64, „Zementvertrieb Berlin II", WuW/E BKartA 1108, 1109; Immenga/Mestmäcker GWB-*Immenga*, § 4 Rn. 32 f.

298 Vgl. dazu Langen-*Kiecker*, § 4 Rn. 27–30.

299 Vgl. *Knöpfle*, BB 1986, 2346 ff.; siehe auch BKartA, Merkblatt Kooperationsmöglichkeiten, S. 2.

300 OLG Stuttgart, Beschl. v. 17.12.1982 – 2 Kart 3/82, „Gebrochener Muschelkalkstein", WuW/E OLG 2807; Bayerisches Staatsministerium für Wirtschaft, Verkehr und Technologie, Kooperation und Wettbewerb, S. 34 f.; BKartA, Merkblatt Kooperationsmöglichkeiten, S. 7.

auch bei höheren Marktanteilen in Betracht.[301] Nach dem Willen des Gesetzgebers sollen künftig bei der Auslegung des Tatbestandsmerkmals der wesentlichen Beeinträchtigung europarechtliche Wertungen berücksichtigt werden.[302]

Als **qualitative Merkmale** sind die Art der zwischenbetrieblichen Zusammenarbeit, insbesondere der Grad der mit ihr verbundenen Wettbewerbsbeschränkung, und etwaige auf dem Markt schon bestehende Kooperationen heranzuziehen. So ist zu prüfen, welche Wettbewerbsparameter von der Kartellabsprache betroffen sind. **802**

5. Anspruch auf Entscheidung nach § 32 c GWB

Nach § 3 Abs. 2 GWB haben kleine und mittlere Unternehmen einen Anspruch auf eine Entscheidung nach § 32 c GWB, wenn nicht Art. 81 Abs. 1 GWB anwendbar ist. Dazu müssen sie einen entsprechenden Antrag stellen und ein erhebliches rechtliches oder wirtschaftliches Interesse am Erreichen eines **Nichttätigkeitsbescheides** darlegen. Anders als § 3 Abs. 1 gilt diese Möglichkeit auch für vertikale Wettbewerbsbeschränkungen. Die Regelung ist bis zum 30.6. 2009 befristet.[303] **803**

6. Mittelständische Einkaufskooperationen

Eine besondere Regelung über Einkaufskooperationen von kleinen und mittleren Unternehmen enthält das GWB weder für Kooperationen ohne Rechtspersönlichkeit noch für solche in Form eines selbstständigen Gemeinschaftsunternehmens. Der Gesetzgeber hat § 4 Abs. 2 GWB a. F. insbesondere mit Blick auf den erweiterten Vorrang des europäischen Rechts ersatzlos aufgehoben. In der Regel gehen von Einkaufskooperationen spürbare Auswirkungen auf den **Handel zwischen den Mitgliedstaaten** aus, zumal diese Kooperationen über größere Regionen hinweg tätig und schon deshalb als grenzüberschreitend i. S. v. Art. 81 EG einzustufen sind.[304] Darüber hinaus sind häufig **804**

---

301 KG, Beschl. v. 10.7.1985 – Kart 26/83, „Mischguthersteller", WuW/E OLG 3663 ff.; OLG Frankfurt/Main, Beschl. v. 20.9.1982 – 6 VA 1/82, „Taxi-Funk-Zentrale", WuW/E OLG 2771, 2774.
302 So ausdrücklich *Karl/Reichelt*, DB 2005, 1436, 1438, unter Hinweis auf die Reg.Begr.
303 *Fuchs*, WRP 2005, 1384, 1394; *Lutz*, WuW 2005, 718, 721.
304 *Westermann*, ZWeR 2003, 481, 495.

ausländische Produkte bzw. Lieferanten betroffen. Einkaufskooperationen unterliegen daher zumeist dem europäischen Recht.[305]

§ 3 Die Preisbindung bei Zeitungen und Zeitschriften

Schrifttum: *Blanke/Kitz*, Grenzüberschreitende Buchpreisbindung und Europäisches Gemeinschaftsrecht, JZ 2000, 118; *Bunte*, Die Preisbindung für Verlagserzeugnisse auf dem kartellrechtlichen Prüfstand, NJW 1997, 3127; *Fezer*, Elektronische Verlagserzeugnisse als Gegenstand der kartellrechtlichen Preisbindung, NJW 1997, 2150; *Jungermann*, Neues zur Buchpreisbindung, NJW 2000, 2171.

I. Bedeutung

805 Das Gesetz zur Regelung der Preisbindung bei Verlagserzeugnissen vom 2.9.2002[306] hat neben der Änderung des § 30 GWB ein besonderes „Gesetz über die Preisbindung für Bücher" (**Buchpreisbindungsgesetz**) gebracht. Letzteres sieht für Bücher eine Preisbindungspflicht außerhalb des GWB vor. Damit beruht die Buchpreisbindung nicht länger auf einem Vertrag, auf den ggf. das Kartellverbot des Art. 81 Abs. 1 EG anzuwenden gewesen wäre, sondern auf Gesetz. Der deutsche Gesetzgeber hat sich zur Begründung insbesondere auf Art. 151 EG berufen, wonach die Gemeinschaft die Aufgabe hat, einen Beitrag zur Entfaltung des Kulturlebens in den Mitgliedstaaten zu leisten. Die Existenz leistungsfähiger nationaler Buchmärkte gehört nach seiner Auffassung zu diesen Aufgaben und sei insbesondere nur mit einer Preisbindung sicherzustellen.

806 § 30 GWB lässt als Ausnahmevorschrift die vertikale Preis- und Konditionenbindung für Zeitungen und Zeitschriften zu. Während vor In-Kraft-Treten des Gesetzes zur Regelung der Preisbindung bei Verlagserzeugnissen im GWB noch die umfassendere Preisbindung für „Verlagserzeugnisse" geregelt war, ist § 30 GWB nunmehr nur noch für **Zeitungen und Zeitschriften** einschlägig. Bei Zeitungen und Zeitschriften verfolgt die Preisbindung das Ziel, den Vertrieb über den Pressegroßhandel zu sichern, der den stationären Einzelhandel beliefert. Die Preisbindung gewährleistet, dass in einem Gebiet nur ein

---

305 Siehe dazu Rn. 315 ff.
306 BGBl. I S. 3448.

Großhändler tätig ist, der „seine" Einzelhändler mit dem gesamten Sortiment beliefert.

II. Verhältnis zum europäischen Recht

Vom Verbot vertikaler Preisbindungen in Art. 81 Abs. 1 EG werden **807** grundsätzlich auch Zeitungen und Zeitschriften erfasst. In jedem Einzelfall muss jedoch geprüft werden, ob die Preisbindung in Deutschland den **zwischenstaatlichen Handel** spürbar beeinträchtigt.

Die grenzüberschreitende Buchpreisbindung in Deutschland und **808** Österreich war Gegenstand einer jahrelangen Prüfung auf europäischer Ebene.[307] Es ist wohl davon auszugehen, dass die Preisbindung die Voraussetzungen des **Art. 81 Abs. 3 EG** erfüllt, zumal sie in der Regel mit einem Remissionsrecht einhergeht. Danach trägt der Verlag das Risiko des Nichtverkaufs einer Zeitschrift bzw. einer Zeitung. Es erscheint im Rahmen eines solchen Vertriebssystems wirtschaftlich sinnvoll zu sein, dass derjenige, der das Hauptrisiko trägt, auch den Verkaufspreis festlegen darf.

III. Voraussetzungen

1. Zeitungen und Zeitschriften

Zeitungen und Zeitschriften sind von den Büchern abzugrenzen, für **809** die das Buchpreisbindungsgesetz gilt. Sie werden als sog. **periodische Druckwerke** verstanden. Zeitungen dienen der fortlaufenden Berichterstattung über tagesaktuelle Ereignisse. Dabei kann es um die Berichterstattung auf allen Gebieten wie bei Tages-, Sonntags- und Wochenzeitungen oder aber um die Einzelberichterstattung gehen, wie etwa bei Sport- oder Börsenzeitungen. Zeitschriften behandeln hingegen bestimmte Sachgebiete, wie etwa Computer, Foto und Video oder Automobile. Sie können zudem ohne spezielle inhaltliche Ausrichtung allein der Unterhaltung dienen (Illustrierte). Es wird somit nach dem Inhalt und nicht nach der äußeren Aufmachung oder der Häufigkeit des Erscheinens unterschieden.[308]

---

307 Vgl. dazu etwa *Blanke/Kitz*, JZ 2000, 118; *Bunte*, NJW 1997, 3127; *Jungermann*, NJW 2000, 2171, 2172; Wiedemann KartR-*Kirchhoff*, § 11 Rn. 16–17; siehe auch: EuGH, Urt. v. 3.10.2000 – Rs. C-9/99, „Echirolles Distribution SA/Association du Dauphiné u. a.", WuW/E EU-R 375 ff. = ZIP 2000, 1856 ff.
308 *Bechtold*, § 15 Rn. 7.

810 Das Buchpreisbindungsgesetz enthält keine Definition des Begriffs „Buch". Aus § 2 Buchpreisbindungsgesetz lässt sich jedoch entnehmen, dass u. a. kartografische Produkte und Musiknoten ebenfalls zu den Büchern zu zählen sind. Damit wird deutlich gemacht, dass es für die Definition nicht auf das äußere Erscheinungsbild des Erzeugnisses ankommt. Da beispielsweise Roman- und Rätselhefte oder Comics nicht im Buchhandel, sondern über den Zeitungs- und Zeitschriftenhandel vertrieben werden, sind sie unter dem Gesichtspunkt der Preisbindung Zeitschriften und keine Bücher, wenn sie periodisch vertrieben werden. Darüber hinaus wird vorgeschlagen, die vertriebliche Behandlung als Abgrenzungskriterium heranzuziehen. Wird ein Erzeugnis herkömmlich über den Pressehandel oder im Abonnement vertrieben, gilt es als Zeitschrift oder Zeitung. Wird es hingegen hauptsächlich im Buchhandel vertrieben, kann es trotz einer gewissen Periodizität als Buch angesehen werden.[309]

811 Zu den Zeitungen und Zeitschriften sind auch Produkte zu zählen, die Zeitungen oder Zeitschriften **reproduzieren oder substituieren** und überwiegend als verlagstypisch anzusehen sind, § 30 Abs. 1 Satz 2 GWB. Damit wird die Rechtsprechung zur alten Rechtslage aufgegriffen, die den Begriff des Verlagserzeugnisses nicht auf gedrucktes Papier beschränkt wissen wollte. Er war vielmehr für technische Neuerungen offen und erfasste grundsätzlich auch neuartige Produkte, wenn und soweit durch sie herkömmliche Verlagserzeugnisse substituiert wurden. Als nicht preisbindungsfähig wurden jedoch Schallplatten und andere Tonträger wie Tonbänder und Kassetten, Videobänder und -kassetten eingestuft.[310] Entscheidend für die Anwendung des § 15 GWB a. F. auf technische Neuerungen war, dass sie über den traditionellen Buchhandel vertrieben wurden und herkömmliche Verlagserzeugnisse substituierten.[311] Bislang ist dies lediglich für die Preisbindungsfähigkeit der CD-ROM-Version einer juristischen Fachzeitschrift entschieden worden (zeitschriftenanaloge CD-ROM). Offen gelassen wurde die Preisbindungsfähigkeit elektronischer Produkte mit ergänzender Multimediaanwendung.

812 § 30 Abs. 1 Satz 2 GWB erfasst zudem die sog. **kombinierten Produkte**, bei denen eine Zeitung oder eine Zeitschrift im Vordergrund steht. Mit dieser Formulierung wird erneut an die frühere Rechtspre-

---

309 *Bechtold*, § 15 Rn. 8.
310 BGH, Urt. v. 30. 6. 1966 – KZR 5/65, „Schallplatten", BGHZ 46, 74 ff.
311 BGH, Beschl. v. 11. 3. 1997 – KVR 39/95, „NJW auf CD-ROM", NJW 1997, 1911; *Bunte*, NJW 1997, 3127; *Fezer*, NJW 1997, 2150.

chung angeknüpft. Die Nebenware (Zubehör) muss zudem den Informationswert der Zeitung bzw. der Zeitschrift ergänzen oder abrunden.[312]

2. Die betroffenen Handelsstufen

§ 30 GWB lässt die Preis- und Konditionenbindung für **alle Handels-** **813** **stufen** zu, da neben der Bindung des ersten Käufers dessen Verpflichtung zur Weitergabe dieser Bindung an alle weiteren Weiterverkäufer erfasst wird.[313] Das auf der ersten Stufe bindende Unternehmen muss die Zeitungen bzw. Zeitschriften herstellen. Preisbinder kann daher nur ein Zeitungs- oder Zeitschriftenverlag sein.[314] Händler dürfen keine originäre Preisbindung vornehmen, da sie nach § 30 GWB nur berechtigt sind, die ihnen auferlegte Preisbindung an die nächsten Handelsstufen weiterzugeben. Bei Importeuren ist darauf abzustellen, ob sie berechtigt sind, die Preisbindung im Namen des Verlegers vorzunehmen.

3. Umfang der Bindung

Gebunden werden können nur tatsächlich zu zahlende **Verkaufspreise,** **814** einzelne Preisbestandteile und Preisnachlässe (Rabatte).[315] Es besteht sowohl die Möglichkeit, Rabatte vorzuschreiben, als auch, sie ganz zu untersagen.[316] Zulässig sind ferner Abreden über die Bindung von Brutto- oder Nettopreisen oder Sonderpreise für bestimmte Abnehmergruppen. § 30 GWB schließt nicht die Bindung von Geschäftsbedingungen ein. Da Skonto nach überwiegender Auffassung zu den Geschäftsbedingungen zählt, ist eine diesbezügliche Bindung nicht möglich.[317]

---

312 OLG Hamburg, Urt. v. 4.12.1997 – 3 U 255/97, „Pastabesteck", NJW 1998, 1085, 1086; KG, Beschl. v. 19.12.1975 – Kart 154/75, „Briefmarkenalben", WuW/E OLG 1708, 1710f.; Wiedemann KartR-*Kirchhoff*, § 11 Rn. 15; Langen-*Klosterfelde/Metzlaff*, § 15 Rn. 20.

313 *Bechtold*, § 15 Rn. 10.

314 BGH, Urt. v. 30.6.1966 – KZR 5/65, „Schallplatten", BGHZ 46, 74ff. = NJW 1967, 343.

315 BGH, Urt. v. 9.7.1985 – KZR 7/84, „Preisbindungstreuhänder-Empfehlung", WuW/E BGH 2175, 2177 = NJW-RR 1986, 259f.; Beschl. v. 23.4.1985 – KVR 4/84, „Schulbuch-Preisbindung", WuW/E BGH 2166 = NJW 1986, 1256. Die Einräumung eines Barzahlungsrabattes durch einen Buchhändler stellt einen Verstoß gegen das Buchpreisbindungsgesetz dar, BGH, Urt. v. 24.6.2003 – KZR 32/02, NJW 2003, 2525.

316 BGH, Beschl. v. 15.2.1962 – KVR 1/61, „AGFA-Filme", BGHZ 36, 370, 372f.

317 *Bechtold*, § 15 Rn. 11; Langen-*Klosterfelde/Metzlaff*, § 15 Rn. 37; offen gelassen in BGH, Urt. v. 9.7.1985 – KZR 7/84, „Preisbindungstreuhänder-Empfehlung", NJW-RR 1986, 259; Beschl. v. 23.4.1985 – KVR 4/84, „Schulbuch-Preisbindung",

Eine Preisbindung in Form der Vorgabe von Höchst- bzw. Mindestpreisen ist nach der Rechtsprechung des BGH möglich.[318] Die genossen-
schaftliche Rückvergütung ist kein bindungsfähiger Preisbestandteil, da
sie unmittelbar auf Gesellschaftsrecht beruht, § 19 Abs. 2 i.V.m. § 1
Abs. 1 Nr. 5 GenG.[319]

4. Lückenlosigkeit der Preisbindung

815 Kein Verlag ist verpflichtet, die Preisbindung einzuführen. Ist die
Preisbindung jedoch eingeführt, ist das gebundene Unternehmen verpflichtet, die Preise einzuhalten. Mit dieser Verpflichtung korrespondiert die Pflicht des bindenden Unternehmens, dafür zu sorgen, dass
der Gebundene durch die Bindung nicht im Vertrieb der Ware behindert wird.[320] Aus diesem **Grundsatz** folgt zweierlei:

- Zum einen ist das bindende Unternehmen selbst an die Preisbindung gebunden.

- Zum anderen ist es verpflichtet, dafür Sorge zu tragen, dass alle
Vertreiber gleichmäßig gebunden sind.

816 Das bindende Unternehmen darf nur dann selbst unterhalb des gebundenen Preises vertreiben, wenn im Preisbindungsvertrag ausdrücklich
Ausnahmen vorgesehen sind. Die Preisspaltung zwischen Einzelver-
kaufs- und Abonnementspreis bei Zeitungen und Zeitschriften ist bis
zu einer Differenz von 15% zulässig und beruht auf langer Übung.[321]

817 Der Preisbinder geht mit dem Preisbindungsvertrag die vertragliche
Pflicht ein, für eine einheitliche Durchführung des Preisschutzsystems
zu sorgen, es ernstlich gegen Verletzungen zu verteidigen und dabei
nicht einseitig und willkürlich zu verfahren.[322] In diesem Zusammenhang ist die Verpflichtung hervorzuheben, die Abnehmer gleichmäßig

---

NJW 1986, 1256; Beschl. v. 15.2.1962 – KVR 1/61, „AGFA-Filme", BGHZ 36, 370, 373.

318 BGH, Beschl. v. 8.7.1970 – KVR 1/70, „Automaten-Aufstellvergütung III", BGHZ 54, 227, 235; Immenga/Mestmäcker GWB-*Emmerich*, § 15 Rn. 82; a.A. *Bechtold*, § 15 Rn. 11; Langen-*Klosterfelde/Metzlaff*, § 15 Rn. 29.

319 BGH, Beschl. v. 13.3.1979 – KVR 1/77, „Sammelrevers 1974", NJW 1979 = WuW/E BGH 1604, 1411; Urt. v. 12.11.1974 – I ZR 111/73, NJW 1975, 215.

320 BGH, Urt. v. 20.11.1969 – KZR 1/69, „Schallplatten II", BGHZ 53, 76, 86; Urt. v. 27.9.1962 – KZR 6/61, BGHZ 38, 90, 93 f.; Langen-*Klosterfelde/Metzlaff*, § 15 Rn. 78 ff.

321 *Bechtold*, § 15 Rn. 20.

322 BGH, Urt. v. 20.11.1969 – KZR 1/69, „Schallplatten II", BGHZ 53, 76, 86; BGH, Urt. v. 27.9.1962 – KZR 6/61, BGHZ 38, 90, 94 f.

zu behandeln (**theoretische Lückenlosigkeit**). An diesem Erfordernis wird – trotz Aufgabe dieses Kriteriums bei der Beurteilung der Wirksamkeit selektiver Vertriebssysteme – ausdrücklich festgehalten.[323] Theoretische Lückenlosigkeit setzt voraus, dass das Unternehmen ausschließlich Wiederverkäufer beliefert, die sich schriftlich zur Einhaltung der gebundenen Preise verpflichtet haben und ihrerseits die Verpflichtung übernehmen, nur Wiederverkäufer zu beliefern, die ebenfalls zur Einhaltung der Preisbindung verpflichtet sind.[324] Zugleich muss der Preisbinder die Preisbindung verteidigen und gegen Verstöße durch gebundene Abnehmer oder durch Außenseiter mit geeigneten Maßnahmen vorgehen (**praktische Lückenlosigkeit**). Ein wirksames Mittel zum Schutz des Systems stellt die rechtliche Möglichkeit eines unverzüglichen Vorgehens gegen den Außenseiter dar. Vereinzelte Lücken stellen so lange kein Problem dar, wie sie alsbald nach ihrer Entdeckung vom Preisbinder geschlossen werden können.

Fehlt es an der so definierten Lückenlosigkeit, ist den übrigen Teilnehmern des Systems ein Festhalten an den vorgeschriebenen Preisen **nicht zuzumuten**. Z.T. wird zur Begründung auf den Einwand der unzulässigen Rechtsausübung (§ 242 BGB), z.T. auf die Störung der Geschäftsgrundlage (§ 313 BGB) verwiesen.[325]   **818**

IV. Schriftformerfordernis, Abs. 2

Gem. § 30 Abs. 2 GWB sind die entsprechenden Vereinbarungen **819** schriftlich abzufassen, soweit sie Preise und Preisbestandteile betreffen. Das **Schriftformerfordernis** ist gegenüber den Vorschriften des BGB deutlich erleichtert, da nur § 126 Abs. 1 und nicht auch § 126 Abs. 2 BGB anzuwenden ist. Danach muss die Urkunde vom Aussteller eigenhändig durch Namensunterschrift oder mittels notariell beglaubigten Handzeichens unterzeichnet werden. Nicht ausreichend ist die bloße Paraphe oder die Verwandtschaftsbezeichnung.[326] Da die

---

323 Im Rahmen eines Vertriebsbindungssystems kommt dem Erfordernis der praktischen Lückenlosigkeit keine entscheidende Bedeutung (mehr) zu, BGH, Urt. v. 1.12.1999 – I ZR 130/96, „Außenseiteranspruch II", WM 2000, 1462 = WRP 2000, 734.
324 BGH, Urt. v. 22.6.1989 – I ZR 126/87, „Schweizer Außenseiter", WuW/E 2653, 2655 ff.
325 Übersicht bei *Bechtold*, § 15 Rn. 22.
326 BGH, Urt. v. 10.7.1997 – IX ZR 24/97, NJW 1997, 3380; Urt. v. 22.10.1993 – V ZR 112/92, NJW 1994, 55; MünchKommBGB-*Einsele* § 126 Rn. 17.

Unterschrift eigenhändig, d. h. handschriftlich erfolgen muss, reicht die Faksimile-Unterschrift ebenso wenig aus wie die Übermittlung mittels Fernschreiben, Telegramm[327] oder Telefax.[328] Bei Massenverträgen, wie etwa Preisbindungssystemen, behilft sich die Praxis häufig mit der Bezugnahme auf Preislisten.

820　Da **§ 126 Abs. 2 BGB** nicht anwendbar ist, muss die Unterzeichnung der Parteien nicht auf derselben Urkunde erfolgen. Es reicht aus, wenn der Vertragstext in der von der einen Partei unterzeichneten Urkunde enthalten ist und die andere Partei schriftlich bestätigt, sie sei mit dem Inhalt einverstanden. Ausnahmsweise genügt der bloße Briefwechsel, solange es sich bei den beiden Schriftstücken um Angebot und Annahme handelt und sie aufeinander Bezug nehmen.[329] Die Anwendung des § 151 BGB ist nicht ausgeschlossen, wenn der Zugang der Annahmeerklärung nach der Verkehrssitte nicht zu erwarten ist oder der Antragende auf sie verzichtet hat.[330]

821　Das Schriftformerfordernis des **§ 126 Abs. 1 BGB** wird ferner durch § 30 Abs. 2 Satz 2 GWB gelockert. Danach können die Beteiligten Urkunden unterzeichnen, die auf eine Preisliste oder eine Preismitteilung Bezug nehmen. Durch diese Erweiterung ist es den Unternehmen möglich, den Inhalt einer anderen Urkunde durch Bezug aufzunehmen, ohne dass eine körperliche Verbindung bestehen muss.

822　Da § 30 Abs. 2 Satz 2 GWB **nicht abschließend** ist,[331] kann über seinen Wortlaut hinaus auf sämtliche Urkunden verwiesen werden, die für eine größere Zahl von Fällen einheitlich gelten und die für die zuständigen Behörden und Gerichte zweifelsfrei bestimmbar sind. Darüber hinaus dürfen sie der Kenntnisnahme und der Einbeziehung in die Überprüfung nicht entzogen sein.[332]

327　BGH, Urt. v. 26. 11. 1980 – VIII ZR 50/80, NJW 1981, 1204, 1205.

328　BGH, Urt. v. 30. 1. 1997 – IX ZR 133/96, BB 1997, 646; Urt. v. 28. 1. 1993 – IX ZR 259/91, BGHZ 121, 224 = BB 1993, 749.

329　OLG Hamm, Urt. v. 18. 10. 1991 – 30 U 89/91, BB 1991, 2254, 2255; OLG Koblenz, Urt. v. 14. 7. 1983 – 6 U 977/82 (Kart), „Zementimporte", WuW/E OLG 3239.

330　BGH, Urt. v. 27. 5. 1986 – KZR 38/85, „Annahmeerklärung", WuW/E BGH 2292, 2294.

331　OLG Karlsruhe, Urt. v. 26. 8. 1987 – 6 U 210/86 (Kart), „Nachtragsvertrag", WuW/E 4158, 4160.

332　BGH, Urt. v. 9. 7. 1985 – KZR 8/84, „Anschlussvertrag", NJW-RR 1986, 336, 337 f.

V. Missbrauchsaufsicht, Abs. 3

1. Missbräuchliche Handhabung, Abs. 3 Nr. 1

Das BKartA kann nach § 30 Abs. 3 Nr. 1 GWB gegen eine Preisbin- **823** dung einschreiten, wenn sie **missbräuchlich gehandhabt** wird. Auf diese Weise soll sichergestellt werden, dass von der Erlaubnis zur Preisbindung nur entsprechend der gesetzlichen Regelung Gebrauch gemacht wird. Dabei ist anhand objektiver Umstände zu untersuchen, ob mit der Preisbindung das Interesse an einem leistungsfähigen Zeitungs- und Zeitschriftensortiments verfolgt wird oder ob weitergehende wettbewerbsbeschränkende Zwecke angestrebt werden.[333]

Der Begriff der missbräuchlichen Handhabung in § 30 Abs. 3 Nr. 1 **824** GWB wird **weit verstanden** und erfasst neben dem Zustandekommen, der Einführung und der inhaltlichen Ausgestaltung der Preisbindung auch deren Durchführung.[334] Die Praktizierung einer lückenhaften Preisbindung stellt den wichtigsten Fall einer missbräuchlichen Handhabung dar, da es unbillig wäre, Absatzmittler weiter an der Preisbindung festzuhalten.[335] Die Lückenhaftigkeit kann sich aus der Formnichtigkeit der Preisbindung[336] ebenso ergeben wie aus dem Unterlaufen der Bindung durch den Binder selbst. Bei letzterem Fall ist jedoch erforderlich, dass die Erzeugnisse auf demselben Markt vertrieben werden.

Für den sog. **zweigleisigen Vertrieb** ist entschieden worden, dass Prä- **825** senz- und Versandhandel zum gleichen Markt gehören, sodass der Vertrieb desselben Erzeugnisses zu unterschiedlichen Preisen die Missbräuchlichkeit begründen kann.[337] Ein Missbrauchstatbestand liegt ferner vor, wenn preisgebundene und nicht preisgebundene Zeitungen und Zeitschriften zu so unterschiedlichen Konditionen vertrieben werden, dass faktisch auch für preisgebundene Zeitungen und Zeitschriften Nachlässe gewährt werden.[338] Ist der Preisbinder ein marktbeherr-

---

333 Immenga/Mestmäcker GWB-*Emmerich*, § 15 Rn. 128.
334 BGH, Beschl. v. 13.3.1979 – KVR 1/77, „Sammelrevers 1974", NJW 1979, 1411 = WuW/E BGH 1604.
335 BKartA, Beschl. v. 5.11.1969 – B3–464000–QX–178/69, WuW/E BKartA 1303; Wiedemann KartR-*Kirchhoff*, § 11 Rn. 18.
336 BKartA, Beschl. v. 5.11.1969 – B3–464000–QX–178/69, WuW/E BKartA 1303; Beschl. v. 21.8.1969 – B2–688170–QX–190/69, WuW/E BKartA 1295.
337 OLG Frankfurt/Main, Urt. v. 13.6.1985 – 6 U 121/83, NJW-RR 1986, 262; Langen-*Klosterfelde/Metzlaff*, § 15 Rn. 148.
338 BGH, Urt. v. 21.11.1989 – KZR 17/88, „Schulbuch-Koppelungsgeschäft", WuW/E BGH 2615 ff.

schendes Unternehmen, kann sich ein Missbrauch schließlich auch aus einem Verstoß gegen das Diskriminierungsverbot des § 20 Abs. 1 GWB ergeben.

2. Eignung zur Verteuerung, Abs. 3 Nr. 2

826 Während § 30 Abs. 3 Nr. 1 GWB eine tatsächlich missbräuchliche Handhabung der Preisbindung verlangt, reicht für Abs. 3 Nr. 2 aus, dass die Preisbindung oder ihre Verbindung mit anderen Wettbewerbsbeschränkungen geeignet ist, die gebundenen Zeitungen oder Zeitschriften **zu verteuern oder ein Sinken ihrer Preise zu verhindern** oder ihre Erzeugung oder ihren Absatz zu beschränken.

827 Die Preisbindung ist unzulässig, wenn der gebundene Preis erheblich höher ist als derjenige, der sich ohne Preisbindung im Wettbewerb herausbilden würde. Zur **Ermittlung** dieses Merkmals ist ein Vergleich mit dem hypothetischen Marktpreis anzustellen. Dazu kann auf die Handelsspannenvergleiche zurückgegriffen werden.[339] Werden als ein weiteres Indiz die zahlreichen und erheblichen Unterbietungen der Preise herangezogen, ist zu beachten, dass zugleich eine praktische Lückenhaftigkeit bestehen wird, die schon bei § 30 Abs. 3 Nr. 1 GWB zu beachten ist.

VI. Rechtsfolgen

828 Bei einem Verstoß gegen einen der in Abs. 3 genannten Tatbestände kann die Behörde eine **Missbrauchsverfügung** erlassen. Das BKartA ist gem. § 30 Abs. 3 i.V.m. § 48 Abs. 2 GWB allein zuständig. Einer solchen Verfügung soll grundsätzlich eine Abmahnung vorausgehen, also die Aufforderung, den beanstandeten Missbrauch abzustellen.[340] Die Missbrauchsverfügung kann sich nur gegen das Verbot der Preisbindung richten. Gegen sie ist Beschwerde möglich, § 63 GWB; diese hat aufschiebende Wirkung, § 64 Abs. 1 Nr. 2 GWB.

829 Bis zur Bestandskraft der Missbrauchsverfügung ist die Preisbindung wirksam. Danach wirkt die **Unwirksamkeitserklärung** gegenüber allen Vertragspartnern der beanstandeten Preisbindung. Handelt es sich jedoch um ein lückenhaftes System, kann die Preisbindung zivil-

---

339 *Bechtold*, § 15 Rn. 25; Wiedemann KartR-*Kirchhoff*, § 11 Rn. 19; kritisch dazu Immenga/Mestmäcker GWB-*Emmerich*, § 15 Rn. 146 ff.
340 *Bechtold*, § 15 Rn. 26, sieht hierin einen allgemeinen Grundsatz.

rechtlich schon vorher nicht mehr durchgesetzt werden, weil die Lückenlosigkeit Voraussetzung für die zivilrechtliche Durchsetzbarkeit ist. Bezüglich der Gültigkeit der übrigen mit der unwirksamen Bestimmung verbundenen Regelungen gelten die allgemeinen Vorschriften, also § 139 BGB. Wird gegen eine bestandskräftige Missbrauchsverfügung verstoßen, liegt eine Ordnungswidrigkeit vor, § 81 Abs. 1 Nr. 6 GWB.

Der Verstoß gegen das **Schriftformerfordernis** des § 30 Abs. 2 Satz 1 **830** GWB führt gem. § 125 BGB zur Nichtigkeit der Preisbindungsvereinbarung.

Kapitel 7

Verhaltenskontrolle bei marktbeherrschenden und marktstarken Unternehmen (Missbrauchskontrolle; Diskriminierungsverbot)

§ 1 Einleitung

Schrifttum: *Boos*, Bußgeld wegen überhöhter Netznutzungsentgelte, RdE 2004, 189; *Dreher/Thomas*, Rechts- und Tatsachenirrtümer unter der neuen VO 1/2003, WuW 2004, 8; *Fleischer/Doege*, Der Fall United States vs. Microsoft, WuW 2000, 705; *Glöckner*, Alles bleibt so, wie es wird!, WRP 2003, 1327; *Harte-Bavendamm/Kreutzmann*, Neue Entwicklungen in der Beurteilung selektiver Vertriebssysteme, WRP 2003, 682; *Haucap/ Kruse*, Ex-Ante-Regulierung oder Ex-Post-Aufsicht für netzgebundene Industrien?, WuW 2004, 266; *Kahlenberg/Haellmigk*, Neues Deutsches Kartellgesetz, BB 2005, 1509; *Rittner*, Wettbewerbs- und Kartellrecht, 6. Aufl. 1999; *Röhling*, Zukunft des Kartellverbots nach In-Kraft-Treten der EU-Verfahrensrechtsordnung, GRUR 2003, 1019; *Ruhle/Heger*, Spielräume und offene Punkte bei der Regelung zu Durchleitungsentgelten in der EnWG-Novelle, WuW 2004, 482.

Die **Missbrauchsaufsicht** über marktbeherrschende Unternehmen ist **831** neben Kartellverbot und Fusionskontrolle der dritte Eckpfeiler der Kartellrechtspraxis, den Wettbewerb als Institution vor (weiteren) Beschränkungen und damit mittelbar die Interessen aller Marktteilnehmer zu schützen. Eine allgemeine Aufsicht über das Marktverhalten der Unternehmen ist dem europäischen und deutschen Recht – sieht man von der **Fachaufsicht** für einzelne Wirtschaftszweige, etwa das Versicherungs- oder das Telekommunikationswesen, neuerdings auch das Recht der leitungsgebundenen Energiewirtschaft ab – fremd. Das Kartellrecht stellt besondere Verhaltensanforderungen grundsätzlich nur an marktbeherrschende Unternehmen, deren Spielraum im Markt durch Wettbewerb nicht ausreichend kontrolliert wird. Durch **Wettbewerb** sollen die Marktteilnehmer zu einer möglichst rationellen Geschäftstätigkeit, einer leistungsgerechten Preisbildung und einer angemessenen Berücksichtigung der Belange der Marktgegenseite gezwungen werden. Seine **Marktordnungsfunktion** kann der Wettbewerb aber nur erfüllen, wenn auf den Märkten tatsächlich ein (möglichst) freier und ungehinderter Wettbewerb besteht. Unternehmen mit besonderer Marktmacht (marktbeherrschende Stellung) verfügen über erhöhtes Potenzial, wettbewerbliche Prozesse zu stören. Die Vorschriften der Missbrauchskontrolle über marktbeherrschende Unternehmen sollen die durch Wettbewerb nicht hinreichend kontrollierten Verhaltensspielräume beschränken und die wettbewerbliche Bewegungsfreiheit der anderen Marktteilnehmer – also die direkten Konkurrenten, Unternehmen der vor- oder nachgelagerten Wirtschaftsstufe sowie die Endverbraucher – schützen (**Schutz des Restwettbewerbs** und der **Marktgegenseite**). Kein Unternehmen soll einseitig die Bedingungen des Leistungsaustausches zu Lasten seiner Vertragspartner diktieren können. Im deutschen Recht wird der Kreis der Normadressaten des kartellrechtlichen Diskriminierungsverbots über die marktbeherrschenden Unternehmen hinaus auf sog. marktstarke Unternehmen erweitert.[1] Das europäische KartellR dient zugleich der **Integration** der nationalen Märkte.[2] Mit dem von Art. 3 Abs. 1 g EG geforderten System eines unverfälschten und zugleich wirksamen Wettbewerbs soll ein einheitlicher Binnenmarkt geschaffen werden.

832   Das europäische und deutsche KartellR beschränken nur Wachstum durch Unternehmenszusammenschlüsse. Erreicht ein Unternehmen durch **internes Wachstum** eine beherrschende Stellung, so wird grundsätzlich[3] nicht diese selbst – etwa durch Zwangsaufspaltung – begrenzt. Untersagt ist allein die missbräuchliche Ausnutzung.[4] Nach bisherigem Recht konnten die Kartellbehörden ein gesetzwidriges Ver-

---

1 Vgl. insbesondere § 20 Abs. 2 GWB; dazu Rn. 1046 ff.; die Erweiterung des Adressatenkreises beruht auf der Erwägung, dass ein Unternehmen unter gewissen Voraussetzungen auch unterhalb der Schwelle der Marktbeherrschung ein Gefährdungspotenzial für den Wettbewerb haben kann.

2 Z.T. wird dem Wettbewerbsschutz nur eine dienende Funktion für die Marktintegration zugesprochen, vgl. *Glöckner*, WRP 2003, 1327, 1329 f.; dies dürfte allerdings nur bei Wettbewerbsbeschränkungen anzunehmen sein, die der Marktintegration in besonderer Weise zuwider laufen, z. B. Preisspaltungen zwischen nationalen Märkten. Hiermit ist der Anwendungsbereich der kartellrechtlichen Vorschriften aber bei Weitem nicht erschöpft; in anderen Bereichen spielt die Marktintegration keine Rolle.

3 Durch Art. 7 Abs. 1 VO 1/2003 wurde erstmals der Komm. beim Missbrauch einer marktbeherrschenden Stellung die Möglichkeit eingeräumt, dem Unternehmen Maßnahmen struktureller Art aufzugeben. Hiermit kann auch in die Unternehmenssubstanz bis hin zur Entflechtung eingegriffen werden.

4 Bei externem Wachstum durch Firmenzusammenschlüsse oder -käufe greift die Fusionskontrolle. Abweichend vom deutschen und europäischen Kartellrecht kennt das US-amerikanische Recht schon lange auch Begrenzungen des internen Wachstums mit der Möglichkeit der Unternehmensaufspaltung, siehe dazu *Fleischer/Doege*, WuW 2000, 705, 716 f.; *Rittner*, § 5 Rn. 58, § 13 Rn. 10.

halten von Unternehmen nur untersagen, nicht aber positiv einen Verhaltensmaßstab vorschreiben. Dies hat zu erheblichen Problemen bei der Tenorierung von Missbrauchsverfügungen geführt. Nunmehr können die Kartellbehörden den Normadressaten alle **Maßnahmen** – auch **struktureller Art** – aufgeben, die für eine wirksame Abstellung der Zuwiderhandlung erforderlich und gegenüber dem festgestellten Verstoß verhältnismäßig sind.[5] Wegen der hohen Anforderungen an die Verhältnismäßigkeit von Eingriffen in die Unternehmenssubstanz – etwa durch Zwangsaufspaltungen – werden solche Maßnahmen angesichts des hohen verfassungsrechtlichen Schutzniveaus eher theoretischer Natur bleiben.[6]

Das Recht der Missbrauchsaufsicht ist im europäischen Recht in **833** Art. 82 EG, im deutschen Recht in §§ 19, 20 GWB geregelt. Europäisches Recht ist anwendbar, soweit durch ein Verhalten der Handel zwischen den Mitgliedstaaten beeinträchtigt werden kann.[7] EuGH und Kommission interpretieren die **Zwischenstaatlichkeit** sehr weit, sodass europäisches Kartellrecht in den meisten Fällen zur Anwendung gelangt.[8]

Die nationalen Vorschriften der Missbrauchsaufsicht hatten trotz des **834** im Grundsatz unbestrittenen **Vorrangs des Europarechts** immer große Bedeutung.[9] Zwar setzte sich strengeres Europarecht aufgrund des Vorrangs immer gegenüber nationalem Recht durch. Umgekehrt war im Bereich der **Missbrauchsaufsicht** strengeres nationales Recht durch Europarecht nach der Rechtsprechung des EuGH aber nur ausgeschlossen, wenn „durch die Anwendung des nationalen Rechts die einheitliche Anwendung des Gemeinschaftskartellrechts und die volle Wirksamkeit der zu seinem Vollzug ergangenen Maßnahmen auf dem Gemeinsamen Markt beeinträchtigt"[10] würde. Dies ist der Fall, wenn „po-

---

5 Vgl. Art. 7 Abs. 1 VO 1/2003, § 32 Abs. 2 GWB.
6 Vgl. auch die ausdrückliche Einschränkung als Ausprägung des Verhältnismäßigkeitsgrundsatzes in Art. 7 Abs. 1 VO 1/2003, § 32 Abs. 2 GWB, dass zunächst verhaltensorientierte Abhilfemaßnahmen ergriffen werden müssen.
7 Zwischenstaatlichkeitsklausel; zum Anwendungsbereich des europäischen Kartellrechts siehe Rn. 126 ff.
8 Vgl. etwa EuGH, Urt. v. 25.10.2001 – Rs. C-475/99, „Ambulanz Glöckner", Slg. 2001, I-8089; Komm., Leitlinien über den Begriff der Beeinträchtigung des zwischenstaatlichen Handels in den Art. 81 und 82 des Vertrags, Abl. 2004, Nr. C 101, 81.
9 Allgemein zum Vorrang des Europarechts nach bisheriger Rechtslage *Röhling*, GRUR 2003, 1019, 1021 f.
10 EuGH, Urt. v. 13.2.1969 – Rs. 14/66, „Walt Wilhelm", Slg. 1969, 1, 13 f.

sitive, **wenngleich mittelbare Eingriffe** zur Förderung einer harmonischen Entwicklung des Wirtschaftslebens innerhalb der Gemeinschaft"[11] vorliegen. Positive Maßnahmen i. S. d. Rechtsprechung waren Einzelfreistellungen der Kommission sowie Gruppenfreistellungen.[12] Nach überwiegender Auffassung wurde die Anwendung strengeren nationalen Rechts durch **Negativattests,**[13] **comfort letters**[14] oder Tatbestandsrestriktionen des Art. 81 Abs. 1 EG[15] nicht ausgeschlossen.

835 Mit der VO 1/2003 wird der Übergang vom System des Verbots mit Freistellungsvorbehalt hin zu einem System der **Legalausnahme** vollzogen. Die Voraussetzungen des Art. 81 Abs. 3 EG müssen nicht mehr durch eine der Kommission vorbehaltene Entscheidung festgestellt werden. Vereinbarungen, die die Voraussetzungen des Art. 81 Abs. 3 EG erfüllen, sind zulässig, ohne dass es einer vorangehenden Entscheidung bedarf, Art. 1 Abs. 2 VO 1/2003. Nachdem die Freistellungsentscheidung als Anknüpfungspunkt für den Vorrang des Europarechts entfiel, wurde eine **Neuregelung** des Verhältnisses des europäischen zum nationalen Recht notwendig. Diese Regelung erfolgte durch Art. 3 VO 1/2003. Im Entwurf sah die Vorschrift sowohl für den Bereich der Missbrauchsaufsicht wie des Kartellverbots eine ausschließliche Anwendung europäischen Rechts vor, soweit die Zwischenstaatlichkeit[16] gegeben ist. Hiermit wäre ein umfassender Vorrang des Europarechts gegeben, sobald europäisches Recht überhaupt anwendbar ist; Anwendungsbereich und Anwendungsvorrang des Europarechts hätten sich gedeckt.[17] Dieser **komplette Vorrang** wurde mit Art. 3 Abs. 2 Satz 1 VO 1/2003 nur für den Bereich des **Kartell-**

---

11 EuGH, Urt. v. 13.2.1969 – Rs. 14/66, „Walt Wilhelm", Slg. 1969, 1, 14 Rn. 5.

12 Letzteres war teilweise bestritten, vgl. hierzu *Harte-Bavendamm/Kreutzmann*, WRP 2003, 682, 684 m. w. N.

13 Art. 2 VO 17/1962: Die Komm. verneint die Anwendbarkeit des Art. 81 Abs. 1 EG auf die angemeldete Vereinbarung.

14 Ein Verwaltungsschreiben, dass nach Auffassung der Komm. kein Anlass zum Einschreiten besteht. Die sog. comfort letters waren keine förmlichen, das Anmeldeverfahren abschließenden Entscheidungen.

15 Beispiel: Auf selektive Vertriebssysteme, die der Förderung des Qualitätswettbewerbs dienen und diskriminierungsfrei gehandhabt werden, findet Art. 81 Abs. 1 EG keine Anwendung, obwohl die Auswahl der Absatzmittler nach objektiven Kriterien den Wettbewerb zwischen den Absatzmittlern beschränkt; zu den Zulässigkeitsvoraussetzungen selektiver Vertriebssysteme und vertikalen Vereinbarungen im Allgemeinen Rn. 945 ff.

16 „Geeignet, den Handel zwischen den Mitgliedstaaten zu beeinträchtigen", zum Begriff Rn. 126 ff.

17 *Röhling*, GRUR 2003, 1019, 1022.

verbots beibehalten, nicht für die **Missbrauchsaufsicht**. Nach Art. 3 Abs. 2 Satz 2 VO 1/2003 EG wird „den Mitgliedstaaten durch diese Verordnung nicht verwehrt, in ihrem Hoheitsgebiet strengere innerstaatliche Vorschriften zur Unterbindung oder Ahndung einseitiger Handlungen von Unternehmen zu erlassen oder anzuwenden." Im Ergebnis bedeutet dies eine **Doppelkontrolle** anhand der europäischen und nationalen Vorschriften über den Missbrauch einer beherrschenden Stellung, soweit ein Verhalten nicht bereits durch europäisches Recht verboten ist.[18] Die parallele Anwendung wird durch § 22 Abs. 3 GWB n. F. ausdrücklich bestätigt.

Nationales und europäisches Recht stimmen bei der Beurteilung missbräuchlichen Verhaltens im Ergebnis weitgehend überein, bedienen sich aber unterschiedlicher **Regelungstechniken**. Art. 82 EG überlässt die Definition der marktbeherrschenden Stellung vollständig der Entscheidungspraxis der EG-Organe. Im deutschen Recht ist mit den **Marktbeherrschungsvermutungen** des § 19 Abs. 3 GWB und der Legaldefinition in § 19 Abs. 2 GWB der Versuch unternommen worden, den unbestimmten Rechtsbegriff der Marktbeherrschung zu konkretisieren. Die in Art. 82 EG wie auch § 19 Abs. 4 GWB enthaltenen **Regelbeispiele** zur Konkretisierung des Missbrauchsbegriffs decken sich nur teilweise; eine Anwendung der Generalklausel bleibt stets möglich. Im deutschen Recht wird selten auf die Generalklausel des § 19 Abs. 1 GWB zurückgegriffen. Die Regelbeispiele des § 19 Abs. 4 GWB, ergänzt durch das Diskriminierungsverbot des § 20 Abs. 1 GWB, decken die Hauptfelder der Missbrauchskontrolle über marktbeherrschende Unternehmen ab. Anders das europäische Recht: Hier hat die **Generalklausel** eine ungleich höhere Bedeutung. So ist etwa die praktisch sehr bedeutsame **Geschäftsverweigerung** nicht von den Fallgruppen erfasst; die Rechtsprechung hat hier allein auf dem Boden der Generalklausel allgemeine Regeln erarbeitet. **836**

Gemeinschafts- und nationales Recht sind bei zusammenwachsenden Märkten immer stärker verzahnt; oftmals ist ein Sachverhalt von vornherein nach europäischem wie nationalem Recht zu beurteilen. Eine getrennte Darstellung der Rechtskreise wird dieser Entwicklung immer weniger gerecht, insbesondere, da ein genereller Vorrang des Europarechts im Bereich der Missbrauchsaufsicht nicht gegeben ist. Auch deckt sich die kartellrechtliche Beurteilung im Ergebnis trotz **837**

---

18 Zum Verhältnis eines nach Art. 81 EG zulässigen Vertriebssystems zu Art. 82 EG und den Missbrauchsvorschriften des nationalen Rechts siehe Rn. 936 ff.

teilweise unterschiedlicher gesetzlicher Regelungstechnik zumeist. Zwar wurde § 23 GWB des RegE zur 7. GWB-Novelle, der – unabhängig vom Vorrang des Europarechts – eine eigenständige Verpflichtung der nationalen Stellen begründet hätte, bei der Anwendung nationalen Rechts das europäische Recht zu beachten, schlussendlich nicht übernommen. Auch ohne eine solche Verpflichtung wirkt das europäische Recht immer stärker in die Anwendung des nationalen Rechts hinein, insbesondere, wenn es um Fragen der Wertung und der Verkehrsanschauungen geht, die maßgeblich auch vom europäischen Recht geprägt sind.[19] Vor die Klammer gezogen werden deshalb die im europäischen wie nationalen Recht **zentralen Fragen** der **Marktbeherrschung** und des **Missbrauchs**. Nachdem die kartellrechtliche Beurteilung stark von ökonomischen Betrachtungen abhängig ist[20] und grundsätzliche Wertungsdifferenzen zwischen europäischem und nationalem Recht nicht bestehen, hat dies auch den Vorteil, dass die in Teilen umfangreichere Kasuistik des deutschen Rechts ergänzend auch zur wertenden Betrachtungsweise nach europäischem Recht herangezogen werden kann. Als Abschluss des jeweiligen Abschnitts werden Besonderheiten des nationalen Rechts abgehandelt.

838 Art. 82 EG ist nicht nur die Ermächtigungsgrundlage für ein Einschreiten der Kartellbehörden, sondern zugleich **unmittelbar wirkendes Verbot**. Dieses ist von den Behörden und Gerichten der Mitgliedstaaten direkt anzuwenden und nach Maßgabe des nationalen Rechts auch von Privaten mit Zivilklagen durchsetzbar.

839 Nach dem Vorbild des EG-Rechts wurde § 19 GWB durch die 6. GWB-Novelle – wie bisher schon § 26 GWB a. F., jetzt § 20 Abs. 1 GWB – als **Verbotsvorschrift** ausgestaltet. Auch ohne vorangegangene kartellbehördliche Verfügung ist deshalb ein **Bußgeldverfahren** nach §§ 81 Abs. 1 Nr. 1, 19 Abs. 1 GWB denkbar. Angesichts der zahlreichen Schwierigkeiten bei der Auslegung der unbestimmten Rechtsbegriffe bedeutet dies für die betroffenen Unternehmen einen erheblichen Verlust an Rechtssicherheit. Auch wenn ein kartellbehördliches Missbrauchsverfahren nicht zwingend vorgeschaltet sein muss, ist deshalb davon auszugehen, dass die Kartellbehörden im Rahmen des **Aufgreif-**

---

19 Exemplarisch etwa BGH, Urt. v. 5.2.1998 – I ZR 211/95, BGHZ 138, 55, zur Berücksichtigung noch nicht umgesetzter Richtlinien im Rahmen der Generalklausel des § 1 UWG; *Kahlenberg/Haellmigk*, BB 2005, 1509, 1510, halten die Beachtung der europarechtlichen Vorgaben im nationalen Recht für selbstverständlich.

20 Zur stärkeren Betonung ökonomischer Überlegungen beim Begriff der Marktbeherrschung siehe Rn. 875 f.

ermessens nur selten unmittelbar ein Bußgeldverfahren einleiten und zumeist ein Missbrauchsverfahren[21] vorschalten werden.[22]

Bereits die **6. GWB-Novelle** hatte im Bereich der kartellrechtlichen **840** Missbrauchsaufsicht weitere bedeutende Änderungen gebracht. Nach Art. 2 des Gesetzes zur Neuregelung des Energiewirtschaftsrechts sind die §§ 103, 103 a GWB a. f. für die Versorgung mit Strom und Gas nicht mehr anzuwenden. Diese Wirtschaftsbereiche, in denen die kartellbehördliche Missbrauchsaufsicht auf der Basis der Sondervorschriften eine große praktische Bedeutung hatte, unterfielen nach der 6. GWB-Novelle den allgemeinen Vorschriften. Schließlich wurde mit § 19 Abs. 4 Nr. 4 GWB ein weiteres Regelbeispiel für Marktmachtmissbrauch in das GWB eingefügt. Für die **leitungsgebundene Energiewirtschaft** stellten diese Änderungen aber nur einen Zwischenschritt dar. Die Erfahrungen haben gezeigt, dass die allgemeine Missbrauchsaufsicht nach überwiegender Ansicht nicht ausreicht, um einen effektiven Wettbewerb in den Bereichen Elektrizitäts- und Gasversorgung sicherzustellen. Auf breiter Basis wird diskutiert, welche alternativen Regelungsmodelle in Frage kommen. Europäische Vorgaben bestehen nur insoweit, als die Regulierungsinstanz zumindest die Methoden zur Berechnung oder Festlegung der Preise und Bedingungen für den Zugang zu den Netzen vorab festzulegen hat.[23] Zwei Modelle kommen – mit vielen denkbaren Nuancen im Einzelnen – in Betracht:[24] Eine **Ex-ante-Kontrolle** der Preise und Geschäftsbedingungen mit Genehmigungspflicht oder die gesetzliche Vorgabe von Rah-

---

21 Siehe dazu *Boos*, RdE 2004, 189 zu der Entscheidung des OLG Stuttgart v. 29. 3. 2004 – 201 U 2/03 (Bußgeldverfügung einer Kartellbehörde ohne vorgeschaltetes Verwaltungsverfahren wurde aufgehoben), der auf S. 192 f. ein isoliertes Bußgeldverfahren wegen Verstößen gegen Verfassungsgrundsätze (Bestimmtheitsgrundsatz, Analogieverbot, in dubio pro reo) für unzulässig erachtet (unter IV.), auf S. 193 (unter VI.) diese Aussage aber einschränkt, indem er ein isoliertes Bußgeldverfahren für die Kartellbehörden „nicht für ratsam" hält und ein vorgeschaltetes Kartellverwaltungsverfahren aus Gründen der Verwaltungsökonomie und -effektivität für notwendig erachtet, was zumindest die grundsätzliche Zulässigkeit voraussetzt. Zur ähnlich gelagerten Problematik aufgrund des Übergangs zum System der Legalausnahme vgl. *Dreher/Thomas*, WuW 2004, 8 ff.
22 Ein Bußgeldverfahren ohne Missbrauchsverfügung kommt etwa bei evidenten oder wiederholten Verstößen in Betracht.
23 Art. 23 Abs. 2 der Richtlinie 2003/54/EG des europäischen Parlaments und des Rates v. 26. 6. 2003 über gemeinsame Vorschriften für den Elektrizitätsbinnenmarkt und zur Aufhebung der Richtlinie 96/92/EG, Abl. 2003, Nr. L 176, 37 ff.
24 Zum Meinungsstand vgl. etwa *Haucap/Kruse*, WuW 2004, 266 ff.; *Ruhle/Heger*, WuW 2004, 484 ff.

menbedingungen für die Kalkulation von Preisen i.V.m. einer **Expost-Kontrolle**. Im EnWG hat man sich für eine weit reichende Exante-Kontrolle entschlossen, die die kartellrechtliche Missbrauchsaufsicht zwar nicht vollständig ausschließt, deren Bedeutung aber weit zurückdrängt. Insbesondere § 111 EnWG bringt hier umfangreiche Änderungen, nachdem für den Netzbereich ein Anwendungsvorrang der energierechtlichen Vorschriften vor dem GWB gilt. Durch § 29 GWB n. F. ist allerdings die kartellrechtliche Missbrauchsaufsicht auch erweitert worden: Unabhängig von der marktbeherrschenden Stellung unterliegen die Unternehmen bei der sog. **Grund- oder Ersatzversorgung** mit Elektrizität der kartellbehördlichen Prüfung.

841 Das Recht der kartellrechtlichen Missbrauchskontrolle wird durch zwei große Themen beherrscht: Der Nachweis der marktbeherrschenden Stellung (und damit der Normadressateneigenschaft, § 2 der folgenden Darstellung) sowie die Feststellung missbräuchlichen Verhaltens (§ 3).

842 Das GWB erweitert die Missbrauchsaufsicht neben den marktbeherrschenden Unternehmen insbesondere auf sog. **marktstarke** (relativ marktmächtige) Unternehmen. Diese Besonderheiten des deutschen Rechts werden in § 4 dargestellt. Daneben kennt das GWB weitere Fälle der kartellrechtlichen Missbrauchsaufsicht, die sich an alle Unternehmen unabhängig von deren Marktstellung richten. Zu nennen sind namentlich die **Boykottverbote** des § 21 GWB. Sie bleiben im Rahmen der folgenden Erörterungen außer Betracht.

§ 2 Marktbeherrschende Unternehmen

Schrifttum: *Alfter*, Untersagungskriterien in der Fusionskontrolle – SLC-Test versus Marktbeherrschende Stellung – Eine Frage der Semantik, WuW 2003, 20; *Böge*, Reform der Europäischen Fusionskontrolle, WuW 2004, 138; *Burgstaller*, Marktbeherrschung oder „Substantial Lessening of Competition", WuW 2003, 726; *Ebel*, Kartellrecht – GWB und EG-Vertrag, Loseblattsammlung, 37. Aktualisierung Oktober 2000; *Ebenroth/Hübschle,* Gewerbliche Schutzrechte und Marktaufteilung im Binnenmarkt der Europäischen Union, 1994; *Eilmannsberger*, Der Umgang marktbeherrschender Unternehmen mit gewerblichen Schutzrechten im Lichte des Art. 86 EGV, EuZW 1992, 625; *Fountoukakos/Ryan*, A New Substantive Test für EU Merger Control, ECLR 2005, 277; *Gassner*, Arzneimittel-Freibeträge: Luxemburg locuta – causa finita, WuW 2004, 1028; *Hildebrand,* Der „more economic approach" in der Wettbewerbspolitik, WuW 2005, 513; *Hölzer/ Satzky*, Wettbewerbsverzerrungen durch nachfragemächtige Handelsunternehmen – Möglichkeiten und Grenzen ihrer Kontrolle, in: FIW-Schriftenreihe Heft 90, 1980; *Jennert*, Wirtschaftliche Tätigkeit als Voraussetzung für die Anwendbarkeit des europäischen Wettbewerbsrecht, WuW 2004, 37; *Kleinmann/Bechtold*, Kommentar zur Fusionskontrolle, 2. Aufl. 1988; *Knöpfle*, Ist es für die Bedeutung, ob ein Unternehmen eine marktbeherrschende Stellung hat, notwendig, den relevanten Markt zu bestimmen?, DB 1990, 1385; *Köhler*, Wettbewerbs- und kartellrechtliche Kontrolle der Nachfragemacht, 1977; *Koenig/Engelmann*, Das Festbetragsurteil des EuGH: Endlich Klarheit über den gemeinschaftsrechtlichen Unternehmensbegriff im Bereich der Sozialversicherung?, EuZW 2004, 682; *Lange*, Räumliche Marktabgrenzung in der deutschen Fusionskontrolle, BB 1996, 1997; *Lutz*, Kartellrechtliche Missbrauchsaufsicht über HuK-Gaspreise – Marktabgrenzung und Marktbeherrschung, RdE 2000, 62; *Markert*, Treuerabatte und „predatory selling" in der Strom- und Gasversorgung aus kartellrechtlicher Sicht, WRP 2003, 1320; *Nitsche/Thielert*, Die ökonomische Analyse auf dem Vormarsch – Europäische Reform und deutsche Wettbewerbspolitik, WuW 2004, 250; *Rösler*, Der Begriff der marktbeherrschenden Stellung in der europäischen Fusionskontrolle, NZG 2000, 857; *Säcker*, Die Pressefusionskontrolle auf dem Prüfstand, WuW 2003, 1135; *Siebert*, Zur Marktabgrenzung bei Zeitungsverlagen, Publikums- und Fachzeitschriftenverlagen, Buchverlagen, WuW 2004, 399; *Tilmann*, Neue Maßstäbe bei der EU-Fusionskontrolle?, WuW 2004, 3; *Traugott*, Zur Abgrenzung von Märkten, WuW 1998, 929; *Wirtz/Holzhäuser*, Die kartellrechtliche Zwangslizenz, WRP 2004, 683; *Wirtz/Möller*, Fusionskontrolle: Das Tetra-Laval-Urteil des EuGH, EWS 2005, 145.

I. Unternehmen

Dem europäischen wie nationalen Recht der Missbrauchskontrolle **843** liegt der allgemeine kartellrechtliche, **funktionale Unternehmensbegriff** zugrunde.[25] Die **Rechtsform** des Handelnden ist nicht maßgeblich; entscheidend ist, ob die Betätigung Teilnahme am geschäftlichen Verkehr ist.[26] Unternehmen ist „jede **wirtschaftliche Tätigkeit** aus-

---

25 Im Einzelnen zum Unternehmensbegriff siehe Rn. 45 ff.; EuGI, Urt. v. 12.12.2000 – Rs. T-128/98, „Aeroports de Paris/Kommission", WuW Eu-R 442, 443 ff. Rn. 107 ff.; Komm., Entsch. v. 20.3.2001 – COMP/35.141, „Deutsche Post AG", WuW EU-V 581, 583.

26 Grundlegend EuGH, Urt. v. 23.4.1991 – Rs. C-41/90, „Arbeitsvermittlungsmonopol", Slg. 1991, I-1979, 2015 Rn. 16 ff., 21: Unternehmen ist „jede wirtschaftliche Tätigkeit ausübende Einheit, unabhängig von ihrer Rechtsform und der Art ihrer Finanzierung"; jüngst etwa EuGH, Urt. v. 16.3.2004 – Rs. C-264/01, „AOK Bundes-

übende Einheit, unabhängig von ihrer Rechtsform und der Art ihrer Finanzierung". Damit sind insbesondere auch Unternehmen der **öffentlichen Hand** erfasst, soweit sie als Anbieter oder Nachfrager von Waren oder gewerblichen Leistungen am Markt agieren;[27] ggf. sind Besonderheiten zu berücksichtigen, die sich aus Art. 90 Abs. 2 EG ergeben. Ein **Konzern** ist als wirtschaftliche Einheit zu betrachten.[28] Gleiches gilt für die öffentliche Hand, die einzelne Tätigkeitsbereiche in juristisch selbstständige Organisationen ausgelagert hat, an denen sie die Mehrheit hält. Das Fehlverhalten eines Teils ist mithin immer dem Gesamtgebilde zuzurechnen. Die Unternehmenseigenschaft setzt keine **Gewinnerzielungsabsicht** voraus.[29]

844　Der EuGH hat jüngst von dieser Linie abweichende Entscheidungen für den Bereich der Sozialversicherung bestätigt,[30] was die Unklarheiten jedoch nicht beendet hat.[31] Der EuGH nimmt zwar auch im Bereich der Sozialversicherung auf die oben genannte Formel Bezug, klammert jedoch die Träger der gesetzlichen Krankenversicherung und ihre Verbände aus dem Unternehmensbegriff aus, weil **rein soziale Aufgaben** wahrgenommen würden. Rein soziale Aufgaben nimmt eine Einheit wahr, wenn die Aufgabenübernahme **ohne Gewinnerzielungsabsicht** auf dem Grundsatz der **nationalen Solidarität** beruht und der Träger keine Möglichkeit hat, die Höhe der Beiträge, die Verwendung der Mittel und den Leistungsumfang zu beeinflussen.[32] Hierbei sieht es der

---

verband", Slg. 2004, I-2493 Rn. 46; EuGH, Urt. v. 25.10.2001 – Rs. C-475/99, „Ambulanz Glöckner", Slg. 2001, I-8089 Rn. 19.

27　Nur der hoheitliche Bereich ist von der Anwendung der kartellrechtlichen Vorschriften ausgenommen; vgl. EuGH, Urt. v. 16.11.1995 – Rs. C-244/84, „Fédération française des sociétés d'assurance", Slg. 1995, I-4022, 4028, 4030 Rn. 15, 22.

28　Komm., Entsch. v. 22.12.1987 – Az. IV/30.787 und 31.488, „Hilti", Abl. 1988, Nr. L 65, 19.

29　EuGH, Urt. v. 8.6.1971 – Rs. 78/70, „Deutsche Grammophon", Slg. 1971, 475, 487; siehe dazu aber unten die „rein sozialen Aufgaben", die nicht zur wirtschaftlichen Tätigkeit zählen.

30　EuGH, Urt. v. 16.3.2004 – Rs. C-264/01 unter anderem, „Festbetragsfestsetzung", Slg. 2004, I-2493.

31　Vgl. ausführlich *Gassner*, WuW 2004, 1028 ff., zum Spannungsverhältnis zwischen funktionalem Unternehmensbegriff (an dem der EuGH formal als Ausgangspunkt festhält) und institutionsbezogenen Rechtsprechungstendenzen und den hieraus resultierenden Schwierigkeiten; weiterhin *Koenig/Engelmann*, EuZW 2004, 682, zur Entwicklung der Rechtsprechung hinsichtlich der Unternehmenseigenschaft von Sozialversicherungsträgern.

32　So schon zuvor EuGH, Urt. v. 17.2.1993 – verb. Rs. C-159 und C 160/91, „Poucet und Pistre", Slg. 1993, I-637 Rn. 7–15. Die Unternehmenseigenschaft wurde mit dieser Begründung aber nur im Verhältnis zu den Mitgliedern, nicht im Verhältnis

EuGH als unbeachtlich an, dass die Krankenkassen in gewissem Rahmen um ihre Mitglieder in Wettbewerb stehen und die Beiträge beeinflussen können.[33] Wegen der Vorrangregel des Art. 3 Abs. 2 Satz 1 VO 1/2003 ist diese Entscheidung für das Kartellverbot auch im nationalen Recht maßgeblich. Allerdings ist die Einschränkung des funktionalen Unternehmensbegriffs auf den Bereich der sozialen Sicherungssysteme begrenzt. Bei der Missbrauchsaufsicht kann im nationalen Recht ein weiterer Unternehmensbegriff zugrunde gelegt werden, nachdem strengere nationale Vorschriften gem. Art. 3 Abs. 2 Satz 2 VO 1/2003 nicht ausgeschlossen sind.[34]

II. Marktbeherrschung

Eine marktbeherrschende Stellung kann nach allgemeiner Praxis im **845** deutschen und europäischen Kartellrecht nur festgestellt werden, wenn in einem ersten Schritt der (sachlich, räumlich, zeitlich) **relevante Markt** abgegrenzt wird.[35] Die marktbeherrschende Stellung besteht nicht per se, sondern nur auf einem zuvor eingegrenzten Teilmarkt, auf dem der Wettbewerb seine **Kontrollfunktion** nicht hinreichend erfüllen kann, weil der Normadressat über eine **besondere Machtposition** verfügt.[36] In einem zweiten Schritt wird die **Marktstellung** auf dem relevanten Markt ermittelt.

Demgegenüber wird in jüngster Zeit aufgrund einiger grundlegender **846** Entscheidungen des EuGI[37] und des EuGH[38] vor allem im Bereich

---

zu den Leistungserbringern verneint, vgl. allerdings zuvor schon das sehr umstrittene Urteil EuGI, Urt. v. 4.3.2003 – Rs. T-319/99, „Fenin", EuZW 2003, 282, 285f.; ausführlich zum Unternehmensbegriff Rn. 45ff. Die Unternehmenseigenschaft wird jetzt nicht mehr hinsichtlich der einzelnen Tätigkeit, sondern einheitlich und insgesamt festgelegt.

33 EuGH, Urt. v. 16.3.2004 – Rs. C-264/01, „AOK Bundesverband", Slg. 2004, I-2493 Rn. 51, 56, 57.

34 Siehe zum Verhältnis des Europarechts zum nationalen Recht der Missbrauchsaufsicht Rn. 936ff. Allgemein zur Rechtsprechung des EuGH und den in der Literatur vorgeschlagenen Lösungen *Jennert*, WuW 2004, 37, 42ff.

35 Ausführlich zu abweichenden Ansätzen *Knöpfle*, DB 1990, 1385ff.

36 Für das europäische Recht etwa EuGH, Urt. v. 9.11.1983 – Rs. 322/81, „Michelin", Slg. 1983, 3461, 3505.

37 EuGI, Urt. v. 6.6.2002 – Rs. T-342/99, „Airtours", Slg. 2002, II-2585; Urt. v. 25.10.2002 – Rs. T-80/02, „Tetra Laval/Kommission", Slg. 2002, II-4519; Urt. v. 22.10.2002 – Rs. T-310/01, „Schneider Electric/Kommission", WuW/E Eu-R 627.

38 EuGH, Urt. v. 15.2.2005 – Rs. C-12/03, „Tetra Laval/Kommission", WuW/E De-R 875.

der **Fusionskontrolle** verstärkt auf **ökonomische Grundsätze** abgestellt.[39] Die Diskussion um die Marktbeherrschung als geeignetes Kriterium der Fusionskontrolle ist in vollem Gange; entsprechend ist auch die Begründung oder Verstärkung einer marktbeherrschenden Stellung nur eines, wenn auch ein besonders gewichtiges Kriterium (vgl. Art. 2 Abs. 3 und 4 FKVO: „insbesondere…"). Gefordert werden verstärkt ökonomische Analysen, an denen sich die Entscheidung anstelle der Begründung oder Verstärkung einer marktbeherrschenden Entscheidung zu orientieren habe.[40] Strittig ist vor allem, ob mit dem Marktbeherrschungstest nachteilige Auswirkungen von Fusionen bei nicht **kollusivem Zusammenwirken** im Oligopol und unterhalb der Marktbeherrschungsschwelle erfasst werden können.[41] Umgekehrt sind **Effizienzvorteile** nicht berücksichtigungsfähig, wenn durch einen Zusammenschluss eine marktbeherrschende Stellung verstärkt wird.[42] Durch die geänderte Fassung der FKVO besteht erhebliche Rechtsunsicherheit, in welchem Maße die Marktbeherrschung ihre zentrale Bedeutung in der fusionskartellrechtlichen Praxis behält.[43]

847 Die Vorschriften über die Missbrauchsaufsicht und die Fusionskontrolle verwenden zwar den Begriff der Marktbeherrschung unterschiedslos. Dies schließt aber nach herrschender Auffassung nicht aus, wegen der unterschiedlichen Zielsetzungen der Vorschriften einzelne Wertungen auch unterschiedlich vorzunehmen.[44] In der Fusionskontrolle kommt es maßgeblich auf die **Prognose** an, wie sich künftig

---

39 Zur Diskussion um ökonomische Modelle im Bereich der Missbrauchsaufsicht allgemein *Hildebrand*, WuW 2005, 513, 517.

40 Zurückgehend auf den im anglo-amerikanischen Rechtskreis weit verbreiteten SLC-Test (substantial lessening of competition), in der FKVO als SIEC-Test implementiert ist (Significant Impediment to Effective Competition), vgl. dazu *Böge*, WuW 2004, 138, 143 f., ausführlich *Fountoukakos/Ryan, ECLR* 2005, 277.

41 Vgl. weiterhin zu den Unterschieden zwischen Marktbeherrschung und ökonomischen Methoden ausführlich etwa *Alfter*, WuW 2003, 20, 23 f.

42 Zu den Unterschieden zwischen Marktbeherrschungstest und SLC-Test etwa *Burgstaller*, WuW 2003, 726, 732.

43 Dazu im Einzelnen unten Rn. 1181 ff. Aufgrund der Ausgestaltung als Regelbeispiel ist wohl davon auszugehen, dass nach wie vor die Marktbeherrschung das zentrale Kriterium der Fusionskontrolle bleibt und der SIEC-Test lediglich der Erfassung des von der Komm. gesondert erwähnten Falls des nicht kollusiven Zusammenwirkens im Oligopol erfasst sein soll, also ein weiterer Versagungsgrund entsteht. Allerdings kann die ebenfalls angestrebte Harmonisierung mit dem US-amerikanischen Kartellrecht so nicht erreicht werden, vgl. etwa *Tilmann*, WuW 2004, 3.

44 Sog. Relativität der Marktbeherrschung; eingehend Immenga/Mestmäcker-*Möschel*, § 22 Rn. 17 m.w.N.; Groeben/Schwarze-*Schröter*, Art. 82 Rn. 125 zum europäischen Recht.

die Marktstruktur[45] angesichts des Zusammenschlusses entwickelt. Wegen des hiermit verbundenen Prognoserisikos[46] ist die Anwendung ökonomischer Modelle als Gegenprobe sinnvoll.[47] Die Missbrauchskontrolle stellt vorrangig auf das gegenwärtige Marktverhalten und die gegenwärtige Marktstruktur ab und zieht hieraus Rückschlüsse auf die Marktstellung. Die Entscheidung, ob eine marktbeherrschende Stellung vorliegt oder nicht, wird damit stärker vom aktuellen Wettbewerbsverhalten bestimmt. Unabhängig von der Diskussion, welche Änderungen die neu gefassten Untersagungskriterien der FKVO sind, in denen die Begründung oder Verstärkung der marktbeherrschenden Stellung ein maßgebliches Regelbeispiel ist, bleibt die Marktbeherrschung de lege lata für die Missbrauchsaufsicht nach wie vor das zentrale Kriterium.

Trotz dieser Unterschiede im Detail ist der Begriff der Marktbeherrschung in den verschiedenen Vorschriften im Ergebnis weitgehend deckungsgleich.[48] Doch kann die Marktbeherrschung selbst innerhalb der Missbrauchsaufsicht aus unterschiedlichen Blickwinkeln bestimmt werden. Kommt es beim Behinderungsmissbrauch in erster Linie auf die Marktmacht im Verhältnis zu den Wettbewerbern an, steht beim Ausbeutungsmissbrauch der Preisgestaltungsspielraum gegenüber der anderen Wirtschaftsstufe im Vordergrund.[49] **848**

1. Marktabgrenzung

Marktmacht verleiht die Fähigkeit, die eigenen Vorstellungen am Markt gegenüber Wettbewerbern, Handelspartnern und Verbrauchern durchzusetzen. Sie fehlt bei ausreichenden Alternativen des Gegen- **849**

---

45 BGH, Beschl. v. 2.12.1980 – KVR 1/80, „Klöckner-Becorit", WuW/E BGH 1749, 1754 f.

46 Vgl. hierzu die Begründung etwa in EuGH, Urt. v. 15.2.2005 – Rs. C-12/03, „Tetra Laval/Kommission", WuW/E De-R 875 Rn. 42, dass die Beweisanforderungen an die Komm. aufgrund der Prognoseentscheidung mit großem Bedacht getroffen werden müssen; zum Urteil *Wirtz/Möller*, EWS 2005, 145.

47 Dies gilt insbesondere in dem zur Entscheidung stehenden Fall, dass der Zusammenschluss nicht sofort zu einer Änderung der Wettbewerbsbedingungen führt, sondern erst nach gewisser Zeit durch das Verhalten der durch den Zusammenschluss entstandenen Einheit, vgl. EuGH, Urt. v. 15.2.2005 – Rs. C-12/03, „Tetra Laval/Kommission", WuW/E De-R 875, 878 ff.

48 Siehe etwa Komm., Bek. über die Definition des relevanten Marktes i.S.d. Wettbewerbsrechts der Gemeinschaft, Abl. 1997, Nr. C 372, 3.

49 Eine starke Marktgegenseite kann etwa überhöhte Preise eines Unternehmens ausschließen, ohne dass diesem hierdurch die Behinderung seiner Wettbewerber unmöglich würde.

übers. Entscheidend für die Marktmacht sind deshalb – in den Fällen des Ausbeutungsmissbrauchs wird dies besonders deutlich – die **verbleibenden Bezugs- oder Absatzmöglichkeiten** der Marktgegenseite. Diese zu ermitteln, ist Ziel der Marktabgrenzung als erste Stufe zur Ermittlung von Marktmacht. Dabei erfolgt die Marktabgrenzung systematisch in gleicher Weise je nachdem, ob **Anbieter** oder **Nachfrager** betroffen sind: Jeweils ist zu fragen, welche **Ausweichmöglichkeiten** auf andere Unternehmen bestehen.

a) Sachliche Marktabgrenzung bei Angebotsmacht

aa) Allgemeines

850 Bei der sachlichen Marktabgrenzung werden die Güter- oder Dienstleistungsmärkte ermittelt, auf denen ein Unternehmen eine beherrschende Stellung innehaben soll. Ständige Praxis ist es, aus Sicht der Abnehmer zu fragen, welche Produkte **funktionell austauschbar** sind **(Bedarfsmarktkonzept).**[50] In den relevanten Markt sind diejenigen Waren einzubeziehen, die aus der Sicht des verständigen Verbrauchers nach **Eigenschaft**, **Verwendungszweck** und Preislage zur Deckung eines bestimmten Bedarfs geeignet und miteinander austauschbar sind.[51] Bei einer derart umschriebenen, hinreichenden Austauschbar-

---

50 Die Begriffe „austauschbare Güter" und „Substitutionsprodukte" sind nicht deckungsgleich. Substitutionsprodukte sind solche Güter, die mit den Waren oder Dienstleistungen des relevanten Marktes nicht in dem Maße austauschbar sind, wie es die Definition des relevanten Marktes erfordert, die jedoch aufgrund der Produktverwandtschaft Rückwirkungen auf das Marktverhalten auf dem benachbarten Markt haben, etwa Butter und Margarine, vgl. *Bechtold*, § 19 Rn. 22. Die unterschiedlichen Ansätze werden durch den Wärmemarkt illustriert: Die h.M. sieht in den einzelnen Energieträgern (Öl, Gas, Fernwärme, Strom) den jeweils sachlich relevanten Markt. Die Gegenansicht möchte alle Wärmeträger zu einem einheitlichen Markt zusammenfassen. Nach h.M. sind die jeweils anderen Energieträger Substitutionsprodukte, nach der Gegenauffassung austauschbare Güter. Die Terminologie ist jedoch nicht immer eindeutig; auf den Begriff des Substitutionsproduktes wird im Folgenden verzichtet.
51 EuGI, Urt. v. 12.12.2000 – Rs. T-128/98, „Aeroports de Paris/Kommission", WuW Eu-R 442, 447; Urt. v. 12.12.1991 – Rs. T-39/89, „Hilti", Slg. 1991, II-1439, 1472. Vgl. auch EuGH, Urt. v. 13.2.1979 – Rs. 85/76, „Hoffmann-La Roche", Slg. 1979, 461, 516 ff. Im Ergebnis macht es auch keinen Unterschied, dass die Komm. im Gegensatz zum EuGH stärker auf subjektive Elemente abhebt, vgl. Komm., Bek. über die Definition des relevanten Marktes i. S. d. Wettbewerbsrechts der Gemeinschaft, Abl. 1997, Nr. C 372, 5, 7 Rn. 15 ff., weil der EuGH subjektive Vorstellungen des Verbrauchers im Rahmen des Definitionsmerkmals „im Hinblick auf die gleiche Verwendung" berücksichtigt; zu den geringen praktischen Differenzen in der Auffassung von EuGH und Kommission ausführlich Groeben/Schwarze-*Schröter*,

keit bestehen **Wettbewerbsbeziehungen** zwischen den Produkten, die Verhaltensspielräume des Normadressaten und damit die Marktmacht begrenzen. Sind Produkte nur zu manchen Verwendungszwecken gleichermaßen zu nutzen oder werden sie nur von wenigen Verbrauchern parallel eingesetzt, fehlt es an dieser Marktgleichwertigkeit.[52] Die Beschränkung der Verhaltensspielräume durch nur hinsichtlich einzelner Verwendungszwecke austauschbare Waren kann jedoch – auch wenn sie bei der Marktabgrenzung nicht maßgeblich ist – im Rahmen der Feststellung der beherrschenden Stellung zu berücksichtigen sein.[53] Ob Produkte hinreichend austauschbar sind, ist eine Frage des Einzelfalls.[54]

Da aus Sicht der Abnehmer zu beurteilen ist, ob eine Ware funktionell **851** austauschbar ist, ist unerheblich, ob die **Verkehrsauffassung** von den Eigenschaften oder der Qualität eines Produktes zutrifft.[55] Das kann zu einer engeren oder weiteren Marktabgrenzung führen, als das nach objektiven Eigenschaften der Fall wäre. Auch auf deren **physikalisch-technische Beschaffenheit** kommt es nicht an. Aus Sicht der Marktgegenseite können technisch-physikalisch unterschiedliche Produkte demselben Markt zugehören, wie umgekehrt ggf. auch gleichartige Produkte aufgrund der Verkehrsanschauung unterschiedlichen Märkten zuzurechnen sind.[56]

Preisunterschiede können die Austauschbarkeit ausschließen, auch **852** wenn Waren für denselben Verwendungszweck eingesetzt werden. Einen gewissen Anhaltspunkt bietet die **Preiselastizität**: Wechseln die Verbraucherpräferenzen bei geringen Preisbewegungen bei einem Produkt, spricht dies für die Zugehörigkeit zu demselben Markt. Umge-

---

Art. 82 Rn. 131; Langen-*Dirksen*, Art. 86 Rn. 21. Im deutschen Recht grundlegend BGH, Beschl. v. 16. 12. 1976 – KVR 2/76, „Valium", WuW/E BGH 1445, 1447; vgl. auch BGH, Beschl. v. 15. 6. 1985 – KVR 2/84, „Edelstahlbesteck", WuW/E BGH 2150.
52 BGH, Beschl. v. 16. 12. 1976 – KVR 2/76, „Valium", WuW/E BGH 1445, 1447; Beschl. v. 3. 7. 1976 – KVR 4/75, „Vitamin B 12", WuW/E BGH 1435; Groeben/ Schwarze-*Schröter*, Art. 82 Rn. 133.
53 Dazu siehe Rn. 877 ff.
54 EuGH, Urt. v. 9. 11. 1983 – Rs. 322/81, „Michelin", Slg. 1983, 3461, 3505.
55 Dies ist wegen des Ansatzpunktes des Bedarfsmarktkonzepts nur konsequent: Hält der Abnehmer fälschlicherweise Produkte für nicht austauschbar, wird er z. B. bei Preiserhöhungen nicht verstärkt auf die aus seiner Sicht nicht austauschbaren Produkte ausweichen. Die wettbewerblichen Spielräume sind damit auch nicht begrenzt.
56 Vgl. etwa EuGH, Urt. v. 9. 11. 1983 – Rs. 322/81, „Michelin", Slg. 1983, 3461, 3505; Groeben/Schwarze-*Schröter*, Art. 82 Rn. 132.

kehrt sprechen erhebliche Preisunterschiede auch bei identischen Verwendungszwecken im technisch-physikalischen Sinn für getrennte Märkte.[57] Insbesondere bei **Luxusartikeln** werden mit dem Kauf des hochpreisigen Produktes Zusatzbedürfnisse – etwa Einkaufserlebnis oder Prestigedenken – befriedigt.

853 Eine notwendige **Anpassung** des Produkts durch die Abnehmer schließt – wenn sie nicht mit sehr geringem Aufwand möglich ist – die Annahme eines einheitlichen Marktes aus. Ein einheitlicher „**Wärmemarkt**", der alle Primärenergieträger (Gas, Heizöl, Strom, Fernwärme) umfasst, kann deshalb grundsätzlich nicht gebildet werden.[58] Nachdem eine Entscheidung für einen bestimmten Energieträger gefallen ist, kann die konkrete Nachfrage des Verbrauchers aufgrund der technischen Einrichtungen seiner Heizungsanlage ohne unzumutbaren Umstellungsaufwand nicht durch andere Energieträger ersetzt werden.[59]

854 Bei der Abgrenzung der Märkte ist im Regelfall die Sicht des **unmittelbaren Abnehmers** entscheidend.[60] Hinreichende Ausweichmöglichkeiten des mittelbaren Abnehmers – bei **mehrstufigem Vertrieb** etwa des Endverbrauchers – schließen die marktbeherrschende Stellung gegenüber dem unmittelbaren Abnehmer nicht aus;[61] die wirtschaftliche Macht eines Unternehmens gegenüber seinen Händlern wird durch Ausweichmöglichkeiten der Endverbraucher nicht beeinflusst. Entscheiden wirtschaftlich Dritte über die Auswahl der Produkte, so kommt es auf deren Sicht an. So sind etwa bei (verschreibungspflichtigen) Medikamenten die Verschreibungsgewohnheiten der Ärzte, nicht die Verkehrsanschauungen der Patienten maßgeblich.[62]

---

57 Immenga/Mestmäcker EG-WbR-*Möschel*, Art. 86 Rn. 45, 52 (m.w.N in Fn. 111); kritisch *Traugott*, WuW 1998, 929, 930.
58 *Markert*, WRP 2003, 1320, 1322 m. w. N.
59 Darüber hinaus sind wirtschaftlich Betroffener und Dispositionsbefugter nicht notwendigerweise identisch. Der Mieter kann die Entscheidung des Vermieters für eine Energieart kaum beeinflussen, obschon er die Heizkosten zu tragen hat. Im Einzelnen *Lutz*, RdE 2000, 62, 64 ff.
60 Komm., Leitlinien für vertikale Beschränkungen, Abl. 2000, Nr. C 291, 1, 18 Rn. 91.
61 Langen-*Ruppelt*, § 22 Rn. 12. Der Großhandel kann deshalb nicht auf einen Bezug vom Großhandel verwiesen werden, auch wenn der Einzelhandel seinerseits von verschiedenen Großhändlern beziehen kann.
62 Gleiches gilt, wenn der unmittelbare Abnehmer keine Ausweichmöglichkeiten hat (z. B. Festlegung des verwendeten Materials in einer Leistungsbeschreibung bei einer Ausschreibung der öffentlichen Hand).

bb) Einzelheiten

Probleme bei der Marktabgrenzung nach dem Bedarfsmarktkonzept **855** ergeben sich, wenn **Sonderanfertigungen** nach individuellen Vorgaben hergestellt werden. Aus Sicht des Kunden sind die Produkte ja gerade nicht austauschbar, weil sie nach ganz individuellen Vorgaben gefertigt werden. Hier ist die Marktabgrenzung aus Sicht der Marktgegenseite zu ergänzen, da ansonsten ein auf die jeweilige Sonderanfertigung beschränkter sachlich relevanter Markt gebildet wird, ohne dass sich hierdurch die jeweiligen Marktmachtverhältnisse widerspiegeln würden. Statt allein auf die Austauschbarkeit aus Sicht des einzelnen Kunden abzustellen, behilft man sich mit der Bildung von **Bedarfsgruppen**. Das Kriterium der Austauschbarkeit des Produkts wird sachgerecht dadurch ergänzt, dass die Waren derjenigen Hersteller in den sachlich relevanten Markt einbezogen werden, die ohne Schwierigkeiten auch das individuelle Produkt herstellen könnten.[63] Im Ergebnis sind Waren zu einem Gemeinsamen Markt zusammenzufassen, wenn sie zwar auf individuelle Bedürfnisse zugeschnitten und deshalb eigentlich nicht austauschbar sind, jedoch von den jeweiligen Herstellern ohne größeren Aufwand hergestellt werden können.

Gleichermaßen sind unterschiedliche Produkte, die jeweils nur für **856** einen Zweck geeignet sind, zu einem einheitlichen Markt zusammenzufassen, falls sie geeignet sind, **gleichgelagerte Bedürfnisse** im Wege einer einheitlichen Bedarfsdeckung zu befriedigen.[64] Deshalb sind etwa alle Ersatzteile eines Pkw-Herstellers zu demselben sachlich relevanten Markt zu zählen.[65] Ähnliches gilt bei Massenartikeln:

---

63 EuGH, Urt. v. 9.11.1983 – Rs. 322/81, „Michelin", Slg. 1983, 3461, 3506; Komm., Entsch. v. 20.12.1989 – „Niederländische Eilkurierdienste", Abl. 1990, Nr. L 10, 47, 49; vgl. auch EuGI, Urt. v. 6.10.1994 – Rs. T-83/91, „Tetra Pak/Kommission", Slg. 1994, II-764 Rn. 70; für das deutsche Recht vgl. etwa BKartA, Beschl. v. 17.4.1989 – B7–350000-U-137/88, „Daimler-Benz/MBB", WuW/E BKartA 2335, 2344. Die dogmatische Einordnung der Bildung von Bedarfsgruppen ist im deutschen Recht weniger eindeutig als im europäischen: Z.T. werden Bedarfsgruppen bei der Marktabgrenzung gebildet, z.T. auch erst bei der Ermittlung der Marktstellung berücksichtigt; ausführlich zur **Angebotsumstellungsflexibilität** als Ergänzung des Bedarfsmarktkonzepts *Siebert*, WuW 2004, 399 ff.

64 Groeben/Schwarze-*Schröter*, Art. 82 Rn. 138, spricht von „Identität der Wettbewerbsbedingungen", weil die Waren aus Sicht der Verbraucher zwar nicht für die individuellen Anforderungen austauschbar sind, der Verbraucher dieselben Waren aber bei mehreren Herstellern nachfragen kann. Vgl. auch KG, Beschl. v. 18.5.1979 – Kart 13/77, „Mannesmann/Brueninghaus", WuW/E OLG 2120, 2122.

65 KG, Beschl. v. 28.11.1979 – Kart 12/79, „Parallellieferteile", WuW/E OLG 2247, 2249.

So gibt es etwa keine getrennten Märkte für unterschiedlich große Schrauben.

857 Eine Zusammenfassung unterschiedlicher Produkte nach Bedarfsgruppen zu einem Markt erfolgt auch im **Einzelhandel**. Hier fragt der Verbraucher nicht nur ein einzelnes Produkt, sondern ein **Güterbündel** nach. In den sachlich relevanten Markt einzubeziehen sind deshalb nur Händler, die ein entsprechendes Sortiment anbieten. Auf Ausweichmöglichkeiten bezüglich einzelner Artikel in einem Sortiment kommt es nicht an.[66]

858 Besondere Schwierigkeiten ergeben sich, wenn Produkte **verschiedenen Verwendungszwecken** zugeführt werden.[67] Normzweck ist, die Marktmacht gegenüber der Marktgegenseite oder Wettbewerbern zu erfassen. Deshalb sind Waren für die Verwendungszwecke von vornherein nicht zum relevanten Markt zu zählen, die für Absatz des fraglichen Produktes nur eine untergeordnete Bedeutung erlangen und das Marktverhalten des Normadressaten allenfalls marginal beeinflussen. Im Übrigen sind zwei Lösungen denkbar: Entweder werden alle Waren – unter Ausschluss der nur für einzelne Verwendungszwecke geeigneten – zu einem **einheitlichen Markt** zusammengefasst oder – bei entsprechender Bedeutung einzelner Verwendungszwecke – **kartellrechtliche Teilmärkte** gebildet.[68] Eine schematische Lösung verbietet sich. Im Ergebnis macht es wenig Unterschied, weil die Marktabgrenzung nicht die allein entscheidende Weichenstellung ist. Wettbewerblich relevante Einflüsse können bei lediglich partieller Austauschbarkeit nicht nur bei der Marktabgrenzung, sondern auch bei der Ermittlung der Marktstellung berücksichtigt werden.[69] Unabhängig davon, ob eine weite oder enge Marktabgrenzung erfolgt, ist in die

---

66 Allgemein zur Zusammenfassung von Einzelprodukten: Komm., Leitlinien für vertikale Beschränkungen, Abl. 2000, Nr. C 291, 1, 18 Rn. 91; Geschäfte des Spezialeinzelhandels bleiben deshalb außer Betracht, BGH, Beschl. v. 11.3.1986 – KVR 2/85, „Metro/Kaufhof", WuW/E BGH 2231, 2234; BKartA, Beschl. v. 1.9.2000 – B9–85/00, NJWE-WettbR 2000, 310, 311.

67 Beispiel: Weiterverarbeitung von chemischen Vorprodukten zu unterschiedlichen Produkten. Teilweise könnte das Vorprodukt durch andere Vorprodukte ersetzt werden.

68 Vgl. insbesondere EuGH, Urt. v. 13.2.1979 – Rs. 85/76, „Hoffmann-La Roche", Slg. 1979, 461, 514ff.; allgemein Groeben/Schwarze-*Schröter*, Art. 82 Rn. 133ff.

69 Siehe Rn. 875f.; vgl. etwa auch EuGH, Urt. v. 14.2.1978 – Rs. 27/76, „United Brands", Slg. 1978, 207: Beschränkung der wettbewerblichen Handlungsmöglichkeiten eines Bananenimporteurs durch die Ausweichmöglichkeiten auf anderes Frischobst.

Überlegungen einzubeziehen, dass der Einfluss, den ein nur teilweise austauschbares Produkt auf das Wettbewerbsverhalten des potenziellen Normadressaten hat, umso geringer wird, desto weniger Verbraucher ein Produkt als austauschbar ansehen.

Bei **Presseerzeugnissen** wird aufgrund der unterschiedlichen Verbrau- **859** cheranforderungen besonders genau differenziert. Unterschieden wird zunächst nach Leser- und Anzeigenmarkt, die sich dann jeweils in eine Reihe weiterer (sachlich wie räumlich relevante) Teilmärkte[70] gliedern.[71]

Gewerbliche Schutzrechte begründen für sich genommen grundsätz- **860** lich keinen eigenen, auf den Schutzgegenstand begrenzten sachlich relevanten Markt.[72] Monopolisiert wird nicht ein Markt, sondern das Recht selbst.[73] Auch hier kommt es darauf an, ob aus Sicht der Marktgegenseite Alternativen existieren.[74] Nur wenn dies nicht der Fall ist, ist der Markt mit dem Schutzrechtsumfang identisch.

b) Räumliche Marktabgrenzung

Bei der **räumlichen Marktabgrenzung** tritt an die Stelle der Frage **861** nach den sachlichen die nach den **regionalen Ausweichmöglichkeiten** der Abnehmer bzw. – bei Nachfragemacht – des Lieferanten. Auch hier sind gewisse Unschärfen und Überlappungen möglich. Wie bei der sachlichen Marktabgrenzung steht dies jedoch einer engen räumlichen Marktabgrenzung nicht von vornherein entgegen. Vielmehr sind **wettbewerblich relevante Einflüsse** aus Gebieten, die nicht zum

---

70 Zeitungen und Zeitschriften, Abonnements- und Straßenverkaufszeitungen, regionale und überregionale Tages- und Wochenzeitungen, Spezialzeitschriften und Fachpublikationen bzw. Publikumszeitschriften, regionale Märkte aufgrund lokaler Berichterstattung; kritisch hierzu *Säcker*, WuW 2003, 1135; erwidernd *Siebert*, WuW 2004, 399.

71 Aus der Rechtsprechung BGH, Beschl. v. 10.11.1987 – KVR 7/86, „Singener Wochenblatt", WuW/E BGH 2443; Beschl. v. 26.5.1987 – KVR 3/86, „Niederrheinische Anzeigenblätter", WuW/E BGH 2425; Urt. v. 10.12.1985 – KZR 22/85, „Abwehrblatt II", WuW/E BGH 2195; Beschl. v. 29.9.1981 – KVR 2/80, „Zeitungsmarkt München", WuW/E BGH 1854, 1856; vgl. die Darstellung von Langen-*Ruppelt*, § 22 Rn. 22 f.

72 Vgl. die Nachweise bei Langen-*Dirksen*, Art. 86 Rn. 41; zum Komplex der marktbeherrschenden Stellung aufgrund gewerblicher Schutzrechte vgl. auch *Ebenroth/Hübschle*, Rn. 33; *Eilmannsberger*, EuZW 1992, 625 ff.

73 *Wirtz/Holzhäuser*, WRP 2004, 683, 684.

74 Beispiel für Wahlmöglichkeiten: Ausweichen auf ein nicht patentgeschütztes Verfahren oder auf Medikamente mit gleicher Indikation.

räumlich relevanten Markt zählen, und hieraus resultierende Einschränkungen des Verhaltensspielraums des Normadressaten bei der **Marktstellung** auf dem relevanten Markt zu berücksichtigen.[75]

862 Der räumlich relevante Markt wird wesentlich von gleichen Wettbewerbsbedingungen in einem Gebiet geprägt. Um die Marktmacht in einem räumlich abgegrenzten Bereich feststellen zu können, kommt es ganz entscheidend auch darauf an, ob dort im Wesentlichen **gleiche Wettbewerbsbedingungen** herrschen. Die Praxis der Gemeinschaftsorgane bedient sich demgemäß der Formel, dass ein räumlich relevanter Markt ein Raum ist, „in dem das marktbeherrschende Unternehmen Produkte und Dienstleistungen zu objektiv gleichen Bedingungen ohne wirtschaftliche Schranken anbieten kann".[76] Bestehen erhebliche Unterschiede, sind die Ausweichmöglichkeiten begrenzt und mehrere regionale Teilmärkte zu bilden.[77]

863 Kleinere räumliche Teilmärkte sind zugrunde zu legen, wenn die Ausweichmöglichkeiten aus objektiven Gründen beschränkt sind.[78] In Betracht kommen vor allem **Transportkosten**[79] und die **Verderblichkeit** der Ware, die eine großräumige Distribution verhindern können. Aufgrund der **lokalen Berichterstattung** ist der räumlich relevante Markt bei regionalen Tageszeitungen auf das Gebiet der Berichterstattung beschränkt.[80] Im **Gasbereich** ist der räumlich relevante Markt auf das **Netzgebiet** der jeweiligen Gebietsversorger begrenzt, weil trotz der

---

75 So schließen beispielsweise Bezugsmöglichkeiten der Abnehmer in Grenzregionen (z. B.: „Tanktourismus") aus anderen räumlich relevanten Märkten die enge, auf das Gebiet eines Mitgliedstaates beschränkte Abgrenzung des relevanten Marktes nicht aus. Allgemein zur Berücksichtigung wettbewerblich erheblicher Einflüsse Rn. 875 f.

76 EuGI, Urt. v. 12.12.2000 – Rs. T-128/98, „Aeroports de Paris/Kommission", WuW Eu-R 442, 446; EuGH, Urt. v. 14.2.1978 – Rs. 27/76, „United Brands", Slg. 1978, 207, 284; Komm., Bek. über die Definition des relevanten Marktes i. S. d. Wettbewerbsrechts der Gemeinschaft, Abl. 1997, Nr. C 372, 5, 6 Rn. 8.

77 *Traugott*, WuW 1998, 934, 939, sieht hingegen in der von der Praxis der Gemeinschaftsorgane verwendeten Formel Abweichungen vom Bedarfsmarktkonzept mit erheblicher Tragweite. Letztlich stellt aber auch die Komm. – unter Verwendung dieser Formel – auf die disziplinierende Wirkung der Marktkräfte durch die Substitutionsmöglichkeiten ab, Komm., Bek. über die Definition des relevanten Marktes i. S. d. Wettbewerbsrechts der Gemeinschaft, Abl. 1997, Nr. C 372 Rn. 13 ff., 33.

78 So verallgemeinerungsfähig BGH, Beschl. v. 19.12.1995 – KVR 6/95, „Raiffeisen", WuW/E BGH 3037, 3042.

79 Komm., Entsch. v. 7.12.1988 – Az. IV/31.906, „Flachglas", Abl. 1989, Nr. L 33, 44, 65 Rn. 77.

80 *Wiedemann* KartR-*Wiedemann*, § 23 Rn. 11.

Öffnung der Gasmärkte für Wettbewerb der Drittbezug kaum möglich ist. Im **Strombereich** ist die Netznutzung durch dritte Anbieter leichter möglich. Zumindest für Großabnehmer kommt ein bundesweiter Bezug bei konkurrierenden Anbietern in Betracht. Beim räumlich relevanten Markt ist deshalb für diese Kunden von einem bundesweiten Markt auszugehen, während bei Kleinkunden – trotz wettbewerblicher Vorstöße einzelner Unternehmen – nach wie vor das Netzgebiet des Gebietsversorgers maßgeblich ist.[81] Im europäischen Recht kommt der Abgrenzung des räumlich relevanten Marktes aufgrund der teils unterschiedlichen Wettbewerbsbedingungen auf den nationalen Teilmärkten größere Bedeutung zu. Kleinere räumlich relevante Märkte als der Geltungsbereich des EG ergeben sich häufig aufgrund stark unterschiedlicher nationaler **Verbraucherpräferenzen**, der nationalen **Gesetzgebung**, der auf einzelne Mitgliedstaaten beschränkten **Gebietslizenzen, sprachlicher Barrieren** oder gewachsener Absatzgebiete der Wettbewerber, die sich nicht oder nur teilweise überschneiden.

Zur Abgrenzung des räumlich relevanten Marktes kann auch auf das Marktverhalten des Normadressaten zurückgegriffen werden. So indizieren etwa **unterschiedliche Preise** der Waren in den einzelnen Mitgliedstaaten verschiedene regionale Märkte. **864**

Art. 82 EG richtet sich ausschließlich an Unternehmen, die auf dem Gemeinsamen Markt oder einem **wesentlichen Teil**[82] desselben eine beherrschende Stellung innehaben. Der räumlich relevante Markt umfasst maximal den Geltungsbereich des EG.[83] Im deutschen Recht wurde im Zuge der 7. GWB-Novelle mit § 19 Abs. 2 Satz 3 GWB die jüngst vollzogene Änderung der Rechtsprechung des BGH[84] bestätigt, dass der räumlich relevante Markt **größer** als der **Geltungsbereich des GWB** sein kann. Dies bedeutet eine Abkehr[85] vom normativ geprägten Marktbegriff hin zu einer stärker ökonomischen Betrachtung. **865**

---

81 Im Einzelnen *Markert,* WRP 2003, 1320, 1322, jeweils m.w.N zum Strom- und Gasbereich.
82 Siehe hierzu Rn. 873.
83 Str., vgl. Groeben/Schwarze-*Schröter,* Art. 82 Rn. 127 f. m. w. N.
84 BGH, Beschl. v. 5. 10. 2004 – KVR 14/03 „Staubsaugerbeutelmarkt", WuW/E De-R 1355 = WRP 2004, 1502.
85 Zur früheren Rechtsprechung BGH, Beschl. v. 24. 10. 1995 – KVR 17/94, „Backofenmarkt", WuW/E BGH 3026, 3029 f. = JZ 1996, 1022 ff. mit Anm. *Dreher;* noch offengelassen in BGH, Beschl. v. 10. 12. 1991 – KVR 2/90, „Inlandstochter", WuW/E BGH 2732; kritisch hierzu Wiedemann KartR-*Wiedemann,* § 23 Rn. 12; a. A. *Lange,* BB 1996, 1997.

c) Zeitliche Marktabgrenzung

866 Geringe praktische Bedeutung hat die **zeitliche Marktabgrenzung**.[86] Die Marktbeherrschung kann aufgrund der Dynamik des Wettbewerbsgeschehens und insbesondere bei Mangellagen und Lieferengpässen auch zeitlich begrenzt sein, wenn die Abnehmer vorübergehend keine Ausweichmöglichkeiten haben. Weiterhin erfolgt eine zeitliche Marktabgrenzung bei nur periodisch angebotenen Waren oder Leistungen.[87] Die Rechtsprechung hat eine zeitliche Marktabgrenzung darüber hinaus bei überragenden Ereignissen der Zeitgeschichte angenommen.[88]

867 Einer lediglich zeitlich beschränkten Marktbeherrschung ist verfahrensrechtlich dadurch Rechnung zu tragen, dass sich eine eventuelle Missbrauchsverfügung auf diesen Zeitrahmen beschränkt.

d) Nachfragemacht

868 Probleme der **Nachfragemacht** werden vor allem im deutschen Recht diskutiert. Dies ist teilweise dadurch zu erklären, dass die nach europäischem Recht notwendige marktbeherrschende Stellung eines Nachfragers schwieriger zu erreichen ist als eine marktstarke Stellung, die im deutschen Recht für die Anwendung der kartellrechtlichen Missbrauchaufsicht ausreicht. Die Kontrolle der Nachfragemacht gewinnt wegen des steigenden **Konzentrationsgrades** insbesondere im Lebensmittelhandel und im Automobilsektor an Bedeutung. Dies spiegelt sich auch in der Diskussion um spezielle Regelungen der Nachfragemacht wider. Der nationale Gesetzgeber hat bislang zu Recht jedoch davon Abstand genommen, **sektorspezifische** Regelungen der Nachfragemacht zu treffen.[89]

869 Zur Abgrenzung des relevanten Marktes bei **Nachfragemacht** ist spiegelbildlich aus der Sicht des Anbieters zu fragen, auf welche anderen

---

86 Z.T. wird die zeitliche Marktabgrenzung auch als Problem der sachlichen Marktabgrenzung angesehen.

87 Z.B. Messen, vgl. OLG Frankfurt, Beschl. v. 7.3.1992 – 6 W (Kart) 31/92, „Kunstmesse Frankfurt II", WuW/E OLG 5027, 5028.

88 BGH, Beschl. v. 26.5.1987 – KVR 4/86, „Inter-Mailand-Spiel", WuW/E BGH 2406, 2408 f.

89 Oftmals ergeben sich Abhängigkeiten aus einem Angebotsüberhang, während horizontal starker Wettbewerb zwischen den Nachfragern besteht. In diesem Fall ist fraglich, ob ein fehlender Ausgleich zwischen Angebot und Nachfrage und damit einhergehend weite Spielräume der Nachfrager zum Anlass für kartellrechtliche Eingriffe genommen werden sollen, soweit der Wettbewerb im Übrigen funktionsfähig ist.

Hübschle

Nachfrager er ausweichen kann.[90] Maßgeblich ist nicht allein, welche alternative Nachfrage nach dem konkret angebotenen Produkt besteht. Letztlich hinge dann die Marktabgrenzung vom Verhalten des Anbieters ab; er könnte durch ein Produkt mit spezifischen Charakteristika den sachlich relevanten Markt selbst definieren. Bei der Erfassung der Nachfragemacht geht es jedoch darum, welche durch Wettbewerb nicht hinreichend kontrollierten Verhaltensspielräume der Nachfrager hat, denen der Anbieter auch durch **unternehmerische Flexibilität** nicht begegnen kann. Entscheidend für die sachliche Marktabgrenzung ist deshalb die Nachfrage nach den Waren, die ein Unternehmen unter Einschluss einer eventuell notwendigen, zumutbaren **Umstellung** seiner Produktion herstellen kann.[91]

Aus diesem Grund kann der Kreis der Nachfrager durch ein bestimmtes **Vertriebssystem** nicht auf eine kleinere Zahl von Kunden verengt werden, es sei denn, eine Umstellung des Vertriebssystems ist wirtschaftlich nicht zumutbar.[92] Zwar kann ein Vertriebskonzept für hochpreisige Güter aus Sicht der Verbraucher zu einem eigenständigen Markt führen, weil die hochpreisigen Güter nicht ohne weiteres mit funktionell gleichwertigen, aber billigeren Produkten austauschbar sind. Eine marktbeherrschende Stellung des Nachfragers besteht jedoch nur dann, wenn dem Anbieter – gleichermaßen wie bei der Umstellung des Angebotes – die **Umstellung des Vertriebskonzeptes** auf weniger exklusive Nachfrager **nicht zuzumuten** ist. 870

Ob die **Produktionsumstellung** zumutbar ist, ist im Einzelfall zu ermitteln. Zu berücksichtigende Umstände sind etwa, ob spezielles 871

---

90 BGH, Urt. v. 23.2.1988 – KZR 17/86, „Sonderungsverfahren", WuW/E BGH 2483, 2487f.

91 Zum europäischen Recht Groeben/Schwarze-*Schröter*, Art. 82 Rn. 145; im deutschen Recht als „Angebotsumstellungskonzept" bei Ermittlung der marktbeherrschenden Stellung eines Nachfragers bezeichnet; KG, Beschl. v. 24.4.1985 – Kart 34/81, „Hussel/Mara", WuW/E OLG 3577, 3585f.; OLG Düsseldorf, Urt. v. 12.2.1980 – U (Kart) 8/79, „Errichtung von Fernmeldetürmen", WuW/E OLG 2274, 2277; *Siebert*, WuW 2004, 399; vgl. hierzu *Köhler*, Wettbewerbs- und kartellrechtliche Kontrolle der Nachfragemacht, S. 37; kritisch *Hölzer/Satzky*, Wettbewerbsverzerrungen, S. 85ff.; nicht ganz eindeutig, aber in der Tendenz – möglicherweise mit Blick auf die Fassung des § 26 GWB a.F. – einschränkend insoweit BGH, Urt. v. 13.11.1990 – KZR 25/89, „Zuckerrübenanlieferungsrecht", WuW/E BGH 2683: Bei nachfragebedingter Abhängigkeit nur Umstellung auf solche Produkte, die „bestimmte Art von Waren" i.S.d. § 26 Abs. 2 S. 2 GWB a.F. sind.

92 Vgl. hierzu die Erwägungen des KG, Beschl. v. 24.4.1985 – Kart 34/81, „Hussel/Mara", WuW/E OLG 3577, 3587.

Know-how,[93] Fahrzeuge oder technische Betriebsmittel vorhanden oder notwendig sind, die Kosten der Umstellung sowie die Wettbewerbssituation auf dem Ausweichmarkt. Es kann deshalb unzumutbar sein, den Hersteller darauf zu verweisen, auf einen Markt mit intensivem Wettbewerb und/oder massiven Überkapazitäten auszuweichen.

872 Der relevante Markt ist bei der Nachfrage durch den **Handel** aufgrund der hier maßgeblichen Anbietersicht nicht nach Sortimenten (wie bei der Angebotsmacht), sondern nach **Produkten** oder Produktgruppen zu bestimmen, weil die Anbieter einzelne Produkte, kein Komplettsortiment, absetzen.[94] Entsprechend kommt es beim räumlich relevanten Markt auf die Ausweichmöglichkeiten der Anbieter an. Die Ausweichmöglichkeiten können aus den gleichen Gründen wie bei der Angebotsmacht verengt sein. Ungeklärt ist, inwieweit bei inländischen **Monopolmärkten**[95] bestehende Exportmöglichkeiten die Marktabgrenzung beeinflussen. Der Frage kommt keine allzu große praktische Bedeutung zu. Soweit man die Märkte trotz bestehender Exportmöglichkeiten eng abgrenzt, sind Exportchancen jedenfalls bei der Ermittlung der Marktstellung des inländischen Nachfragers zu berücksichtigen.

e) Wesentlicher Teil des Gemeinsamen Marktes

873 Das europäische Recht ist nach Art. 82 EG nur anwendbar, falls der relevante Markt einen **wesentlichen Teil des Gemeinsamen Marktes** darstellt.[96] Entscheidend sind das wirtschaftliche Gewicht des Teilgebiets und der dort getätigte Umsatz im Verhältnis zum Gesamtmarkt; die räumliche Ausdehnung ist nicht maßgeblich.[97] Das Gebiet eines Mitgliedstaates ist grundsätzlich als wesentlicher Teil anzusehen.[98] Aber auch **erheblich kleinere Gebiete** können bereits einen wesentli-

---

93 Auch Grad der Spezialisierung, vgl. OLG Düsseldorf, Urt. v. 12.2.1980 – U (Kart) 8/79, „Errichtung von Fernmeldetürmen", WuW/E OLG 2274, 2277.

94 KG, Beschl. v. 5.11.1986 – Kart 15/84, „Coop-Wandmaker", WuW/E OLG 3917, 3927 f. Anders bei der Angebotsmacht: Aus der maßgeblichen Sicht der Marktgegenseite – hier Verbraucher und nicht Lieferanten – kann nur auf Händler ausgewichen werden, die ähnliche Sortimente führen. Vgl. Rn. 857.

95 Bei Postsortiermaschinen ist z.B. die Deutsche Bundespost praktisch der einzige inländische Abnehmer. Gleichwohl werden diese weltweit nachgefragt.

96 Zum Anwendungsbereich des europäischen Rechts allgemein siehe Rn. 126 ff.

97 Langen-*Dirksen*, Art. 86 Rn. 71.

98 Vgl. für einen kleineren Mitgliedstaat etwa EuGH, Urt. v. 16.12.1975 – Rs. 40–48, 54–56, 111, 113, 114/73, „Suiker Unie", Slg. 1975, 1663, 1696.

chen Teil des Gemeinsamen Marktes darstellen. Die Gemeinschaftsorgane haben beispielsweise auch im Flughafen Frankfurt am Main[99] und im Seehafen Genua[100] sowie in der Flugstrecke London (Heathrow) – Dublin[101] einen wesentlichen Teil des Gemeinsamen Marktes[102] gesehen.

f) Prozessuale Feststellung der Austauschbarkeit

Ob Produkte austauschbar sind, muss nicht in jedem Fall **empirisch** ermittelt werden, soweit die Richter oder Beamten zu den angesprochenen Verbraucherkreisen zählen. Eine demoskopische Verbraucherbefragung ist aber immer möglich. Diese bietet sich vor allem in den Fällen an, in denen eine sehr heterogene Abnehmerstruktur besteht und die möglicherweise zum relevanten Markt zählenden Produkte nach der Verkehrsauffassung der jeweiligen Abnehmer sehr unterschiedlich eingesetzt und verwendet werden können. **874**

g) Kritik der Marktabgrenzung als entscheidendes Kriterium für die Marktbeherrschung

Die Abgrenzung des relevanten Marktes als Voraussetzung für die **875** Marktbeherrschung ist zwar angreifbar, weil nicht alle **Wettbewerbseinflüsse** adäquat erfasst werden. So kann bei der sachlichen Marktabgrenzung nach dem maßgeblichen Bedarfsmarktkonzept[103] ein nicht zum relevanten Markt gehörendes Produkt dennoch die **wettbewerblichen Handlungsspielräume** begrenzen.[104] Nicht selten wird zweifelhaft sein, welche Produkte aus der Sicht der Marktgegenseite **noch austauschbar** sind und damit zum relevanten Markt gehören. Eine an den Rändern trennscharfe Abgrenzung des relevanten Marktes ist nicht immer möglich. Bei der Bestimmung des räumlich relevanten

---

99 Komm., Entsch. v. 14.1.1998 – Az. IV/34.801, „Flughafen Frankfurt/Main", Abl. 1998, Nr. L 72, 30.
100 EuGH, Urt. v. 10.12.1991 – Rs. C-179/90, „Merci Conventionale Porto di Genova SpA/Siderurgica Gabrielli", Slg. 1991, I-5889.
101 Komm., Entsch. v. 26.2.1992 – Az. IV/33.544, „Aer Lingus", Abl. 1992, Nr. L 96, 34, 38.
102 Umfangreiche Nachweise zur Praxis der Gemeinschaftsorgane bei Langen-*Dirksen*, Art. 86 Rn. 70.
103 Siehe dazu Rn. 850 ff.
104 Exemplarisch etwa KG, Beschl. v. 16.4.1997 – Kart 2/96, „WMF/Auerhahn", WuW/E OLG 5879: Zwar bilden einfache Tafel-, Edelstahl-, versilberte sowie Silberbestecke jeweils einen eigenen Markt. Bei der Preisgestaltung sind jedoch Rückwirkungen von den anderen Märkten zu berücksichtigen.

Marktes ist dies augenfällig: Von gesetzlichen Monopolen abgesehen,[105] gehen regionale Teilmärkte ineinander über.[106]

876 Diese mit der Abgrenzung des relevanten Marktes verbundenen Ungenauigkeiten müssen im Interesse der **praktischen Handhabung** jedoch hingenommen werden. Der Doppelschritt, zunächst einen relevanten Markt abzugrenzen und dann auf diesem die Marktstellung zu ermitteln, stellt ein in der Praxis bewährtes **analytisches Hilfsmodell** dar.[107] Dabei trägt die Kartellrechtspraxis den geschilderten Einwänden Rechnung, indem die zwei Stufen bei der Ermittlung der marktbeherrschende Stellung nicht als völlig unabhängig, sondern miteinander verzahnt und sich gegenseitig beeinflussend betrachtet werden. Unschärfen bei der Abgrenzung des relevanten Marktes können im zweiten Schritt – bei der Ermittlung der Marktstellung – korrigiert werden. Eine beherrschende Stellung kann deshalb etwa entfallen, wenn ein Unternehmen in seinem Marktverhalten auch **Wettbewerbseinflüsse** berücksichtigen muss, die von Produkten ausgehen, die mangels hinreichender Austauschbarkeit nicht mehr zum sachlich relevanten Markt zählen.[108] In Zweifelsfällen neigt hierbei der EuGH eher zu

---

105 Die durch die Deregulierung zunehmend an Bedeutung verlieren; wichtigstes Anwendungsgebiet waren in Deutschland die durch Demarkations- und Konzessionsverträge gesicherten Monopole bei der Versorgung mit Strom und Gas. Derartige Verträge sind nunmehr nur noch für die Versorgung mit Wasser zulässig. Daneben bestehen (Teil-)Monopole insbesondere noch im Briefbeförderungsverkehr, bei der Vermittlung von Arbeitskräften und bei den Urheberrechtsverwertungsgesellschaften.

106 Offensichtlich etwa bei der räumlichen Marktabgrenzung bei der Beurteilung von Fusionen im Lebensmitteleinzelhandel: Das BKartA grenzt die räumlich relevanten Märkte nach einem Richtwert von 20 Entfernungsminuten unter Berücksichtigung der geographischen Besonderheiten (Verkehrsanbindung), von Besonderheiten in der Angebotsstruktur (großflächige Vertriebseinheiten) und den tatsächlichen Einkaufsgewohnheiten ab, vgl. etwa BKartA, Beschl. v. 1.9.2000 – B9–85/00, NJWE-WettbR 2000, 310, 311 und BKartA Beschl. v. 20.11.1989 – B9–712068-U-2056/89, „Tengelmann-Gottlieb", WuW/E BKartA 2441, 2442. Für Verbraucher ist die Entfernung vom eigenen Wohn- oder Arbeitsort entscheidend; bei einem Radius von 20 Fahrminuten um diesen stehen insbesondere dem Kunden andere Einkaufsmöglichkeiten offen, der seinen Wohn- oder Arbeitsort am Rande des Radius um die Einkaufsstätte hat.

107 Langen-*Ruppelt*, § 22 Rn. 8.

108 Beispiel: Insbesondere im Energiebereich wird immer wieder angeführt, dass ein Unternehmen zwar auf dem Markt für einen einzelnen Energieträger (z.B. Gas) marktbeherrschend oder sogar Monopolist sei, dass aber von anderen Energieträgern ausreichende wettbewerbliche Einflüsse ausgehen, so dass die Marktbeherrschung entfällt. Dies ist im Beispiel allerdings unzutreffend. Nachdem die technische Umstellung auf einen anderen Energieträger nach der Erstinstallation sehr

einer weiteren Marktabgrenzung,[109] während im deutschen Recht die Marktabgrenzung tendenziell enger erfolgt und wettbewerbliche Einflüsse und Ungenauigkeiten eher bei der Ermittlung der Marktstellung berücksichtigt werden. Im Ergebnis macht diese unterschiedliche Gewichtung jedoch keinen Unterschied.

2. Beherrschung des relevanten Marktes

Im europäischen Recht hat sich eine Definition der Marktbeherrschung, die der Gesetzgeber der Praxis überlassen hat, erst allmählich herausgebildet.[110] Die Praxis der Gemeinschaftsorgane bedient sich inzwischen generell der Formel, dass eine marktbeherrschende Stellung vorliegt, wenn „ein Unternehmen eine **wirtschaftliche Marktstellung** innehat, die es in die Lage versetzt, die Aufrechterhaltung wirksamen Wettbewerbs auf dem relevanten Markt zu verhindern, indem sie ihm die Möglichkeit schafft, sich zu seinen Wettbewerbern, seinen Abnehmern und letztlich den Verbrauchern gegenüber **in nennenswertem Umfang unabhängig** zu verhalten. Eine solche Stellung schließt einen gewissen Wettbewerb nicht aus, versetzt aber die begünstigte Firma in die Lage, die Bedingungen, unter denen sich der Wettbewerb entwickeln kann, zu bestimmen oder wenigstens merklich zu beeinflussen, jedenfalls aber weitgehend in ihrem Verhalten hierauf keine Rücksicht nehmen zu müssen, ohne dass ihr dies zum Schaden gereichte".[111]

877

Zum Nachweis der marktbeherrschenden Stellung hebt die Praxis der Gemeinschaftsorgane damit sowohl auf die **Markt- und Unternehmensstruktur** (wirtschaftliche Marktstellung und die hieraus folgende Fähigkeit, wirksamen Wettbewerb zu verhindern) als auch auf das Marktverhalten (Fähigkeit zu unabhängigem Verhalten wegen fehlendem Wettbewerb) des Normadressaten ab. Zwischen Marktstruktur und Marktverhalten besteht dabei eine **Interdependenz**. Um eine marktbeherrschende Stellung nachzuweisen, ist nicht isoliert auf eines der beiden Elemente, sondern auf eine **Gesamtbetrachtung** abzuheben.

878

---

aufwändig ist, findet ein Wettbewerb im Wesentlichen nur um Neukunden statt. Hinsichtlich bereits gewonnener Kunden gehen von anderen Energieträgern praktisch keine Einflüsse mehr aus.

109 EuGH, Urt. v. 9.11.1983 – Rs. 322/81, „Michelin", Slg. 1983, 3461, 3505 Rn. 35.
110 Zur Entwicklung des Marktbeherrschungsbegriffes Langen-*Dirksen*, Art. 86 Rn. 10 ff.; Groeben/Schwarze-*Schröter*, Art. 82 Rn. 63 ff.
111 EuGH, Urt. v. 5.10.1988 – Rs. 247/86, „Alsatel", Slg. 1988, 5987, 6008 ff.; Urt. v. 3.10.1985 – Rs. 311/84, „CBEM-Telemarketing", Slg. 1985, 3261, 3275; Komm., Entsch. v. 26.2.1992 – Az. IV/33.544, „Aer Lingus", Abl. 1992, Nr. L 96, 34, 38 ff.

879 Das Vorliegen einer marktbeherrschenden Stellung ergibt sich im Allgemeinen aus dem **Zusammentreffen mehrerer Faktoren**, die jeweils für sich genommen nicht ausschlaggebend sein müssen.[112] Wenn als Ergebnis dieser Gesamtbetrachtung feststeht, dass der Wettbewerb die unternehmerische Entscheidung nicht mehr maßgeblich zu beeinflussen vermag, besteht **Marktbeherrschung**. Die Marktbeherrschung kann ausnahmsweise allein aus der Markt- und Unternehmensstruktur oder dem Marktverhalten abgeleitet werden; dies setzt aber voraus, dass im ersten Fall das Marktverhalten, im zweiten Fall die Markt- und Unternehmensstruktur keine Zweifel an der Marktbeherrschung hervorrufen, bei einer Gegenprobe also keine Einwände aus Marktverhalten bzw. Marktstruktur gegen die Marktbeherrschung zu Tage treten.

880 Auch wenn vom Ansatz her unerheblich ist, ob man die Marktbeherrschung aus der vorgefundenen Markt- und Unternehmensstruktur oder dem an den Tag gelegten Wettbewerbsverhalten herleitet, haben die Gemeinschaftsorgane in den entschiedenen Fällen vorrangig auf – leichter nachweisbare – markt- und unternehmensstrukturelle Umstände abgehoben.

881 Die Definition der Marktbeherrschung durch die Gemeinschaftsorgane weist weitgehende Parallelen zur **Legaldefinition** des § 19 Abs. 2 GWB auf. Im deutschen Recht liegt eine marktbeherrschende Stellung bei Fehlen wesentlichen Wettbewerbs (§ 19 Abs. 2 Nr. 1 2. Alt. GWB)[113] oder einer überragenden Marktstellung (§ 19 Abs. 2 Nr. 2 GWB) vor. § 19 Abs. 2 Nr. 2 GWB hebt – nicht abschließend – auf bestimmte markt- oder unternehmensstrukturelle Umstände ab, die in der Praxis leichter als das Fehlen wesentlichen Wettbewerbs nachgewiesen werden können.

882 § 19 Abs. 2 Nr. 1 und Nr. 2 GWB stehen angesichts des klaren Wortlauts der alternativen Tatbestände, die durch ein „oder" verbunden sind, grundsätzlich **selbstständig nebeneinander**. Andernfalls würde es dem Zweck des § 19 Abs. 2 Nr. 2 GWB widersprechen, zumindest[114] den Nachweis der marktbeherrschenden Stellung zu **erleich-**

---

112 St. Rspr., vgl. EuGH, Urt. v. 15.12.1994 – Rs. C-250/92, „DLG", Slg. 1994, I-5671, 5690 Rn. 47; bereits EuGH, Urt. v. 13.2.1979 – Rs. 85/76, „Hoffmann-La Roche", Slg. 1979, 461, 520.
113 § 19 Abs. 2 Nr. 1 1. Alt. GWB – die Monopolstellung – ist dabei nur der Extremfall des Fehlens wesentlichen Wettbewerbs.
114 BGH, Urt. v. 24.6.1980 – KZR 22/79, „Mannesmann/Brueninghaus", WuW/E BGH 1716; zur Bedeutung des § 19 Abs. 2 Nr. 2 GWB vgl. auch den abweichenden Ansatz von *Ebel*, § 19 Rn. 10 f. (Beweislastthese).

tern. Soweit ein Unternehmen eine überragende Stellung innehat, muss nicht nachgewiesen werden, dass wesentlicher Wettbewerb fehlt.[115] Praktische Auswirkungen hat diese Eigenständigkeit der Marktbeherrschungstatbestände etwa bei einem Verdrängungswettbewerb aufgrund überragender Finanzkraft, wo schwer nachweisbar ist, dass kein wesentlicher Wettbewerb (mehr) besteht. Umgekehrt spielt § 19 Abs. 2 Nr. 2 GWB beim Ausbeutungsmissbrauch keine Rolle. Es ist ausgeschlossen, dass ein Unternehmen, das wesentlichem Wettbewerb ausgesetzt ist, selbst im Falle einer überragenden Marktstellung Preise durchsetzen kann, die über dem Vergleichsmarktpreis liegen.

Auch wenn die Marktbeherrschungstatbestände im Grundsatz selbst- **883** ständig nebeneinander stehen, bestehen zwischen ihnen jedoch vielfache **Wechselwirkungen**.[116] Beide Alternativen definieren Sachverhalte, in denen Verhaltensspielräume nicht hinreichend durch Wettbewerb kontrolliert sind.[117] Dass wesentlicher Wettbewerb auch für die überragende Marktstellung von Bedeutung ist, wurde durch die Neufassung des § 19 Abs. 2 Nr. 2 GWB durch die 5. GWB-Novelle, mit dem die bisherige Praxis bestätigt wurde, ausdrücklich klargestellt. Das Gesetz folgt hiermit dem Ansatz des BGH, bei festgestelltem oder unterstelltem wesentlichen Wettbewerb könnten dessen Auswirkungen auf die überragende Marktstellung, die wegen struktureller Vorteile bejaht wird, nicht unerörtert bleiben. Fazit: Die marktbeherrschende Stellung darf zwar auf Nr. 1 oder Nr. 2 **allein** gestützt werden. Erforderlich ist aber – parallel zum europäischen Recht – dass an der Marktbeherrschung **keine Zweifel** aufgrund der Wettbewerbssituation oder der Marktstruktur bestehen. Dem entspricht die Praxis, die die marktbeherrschende Stellung regelmäßig von der leichter nachweisbaren Marktstellung (Nr. 2) her definiert und den **Gegentest** macht, ob die Wettbewerbsbedingungen im Einzelfall die überragende Marktstellung widerlegen.

Sowohl im deutschen wie im europäischen Recht ist damit nicht aus- **884** geschlossen, dass entweder das Marktverhalten oder die Markt- und Unternehmensstruktur den Ausschlag gibt. Erforderlich ist aber, dass

---

115 Aus neuerer Zeit LG Düsseldorf, Urt. v. 29.9.1999 – 12 O 412/99, Versorgungswirtschaft 2000, 182.
116 BGH, Beschl. v. 2.12.1980 – KVR 1/80, „Klöckner/Becorit", WuW/E BGH 1749, 1754.
117 BGH, Beschl. v. 2.12.1980 – KVR 1/80, „Klöckner/Becorit", WuW/E BGH 1749, 1754; Beschl. v. 12.12.1978 – KVR 6/77, „Erdgas Schwaben", WuW/E BGH 1533, 1536.

eine **Gesamtbetrachtung** keine gegen die Marktbeherrschung sprechenden Umstände ergibt. Durch die alternativen Anknüpfungspunkte für die Marktbeherrschung wird der Beweis im Einzelfall erleichtert, weil die Kartellbehörden sich stärker auf den einfacher nachweisbaren Tatbestand stützen können.

885 Europäisches KartellR und deutsches KartellR decken sich damit im theoretischen Ausgangspunkt, in der Ausformung durch die Kartellrechtspraxis und auch im Ergebnis weitestgehend.[118] Die Darstellung folgt – abweichend von der deutschen Gesetzessystematik – der vornehmlich aus dem europäischen Recht geläufigen Einteilung nach dem Grund der Marktbeherrschung (Markt-, Unternehmensstruktur, Marktverhalten). Für die markt- und unternehmensstrukturellen Umstände enthalten § 19 Abs. 2 Nr. 2 GWB bzw. Art. 2 Abs. 1 FKVO (nicht abschließende) Kataloge, die die Grundlage der nachfolgenden Darstellung bilden.

a) Markt- und unternehmensstrukturelle Gründe

886 Die Praxis der Gemeinschaftsorgane sowie § 19 Abs. 2 Nr. 2 GWB beruhen auf der Erwägung, dass die **Marktstruktur** Rückschlüsse auf durch Wettbewerb nicht hinreichend kontrollierte Verhaltensspielräume zulässt. Je weniger eindeutig jedoch die Marktstruktur auf die überragende Marktstellung schließen lässt, umso stärker ist auch das Marktverhalten zu berücksichtigen.[119] Auch wenn sich aus der Markt- und Unternehmensstruktur die Marktbeherrschung herleiten lässt, ist die strukturelle Betrachtung grundsätzlich durch einen Marktverhaltenstest zu ergänzen, um das gefundene Ergebnis abzusichern.[120]

887 Um eine **überragende Marktstellung** aufgrund struktureller Umstände festzustellen, hat eine Gesamtbetrachtung zu erfolgen.[121] Selbst

---

118 Vgl. die umfassenden Nachweise zur Praxis der Gemeinschaftsorgane bzgl. der marktstrukturellen Gründe für die Marktbeherrschung, die der gesetzlichen Enumeration des § 19 Abs. 2 Nr. 2 GWB trotz einzelner terminologischer Unterschiede entsprechen, bei Langen-*Dirksen*, Art. 86 Rn. 55.

119 EuGH, Urt. v. 14.2.1978 – Rs. 27/76, „United Brands", Slg. 1978, 207, 286; BGH, Beschl. v. 16.12.1976 – KVR 2/76, „Valium", WuW/E BGH 1445; Immenga/Mestmäcker EG-WbR-*Möschel*, Art. 86 Rn. 97; Langen-*Ruppelt*, § 22 Rn. 44 m. w. N.

120 Siehe dazu Wiedemann KartR-*Wiedemann*, § 23 Rn. 18.

121 Siehe Rn. 878 f.; vgl. EuGH, Urt. v. 9.11.1983 – Rs. 322/81, „Michelin", Slg. 1983, 3461, 3510 ff.; Urt. v. 13.2.1979 – Rs. 85/76, „Hoffmann-La Roche", Slg. 1979, 461, 521 ff.; BGH, Urt. v. 24.6.2003 – KZR 18/01, „Wiederverwendbare Hilfsmittel", WRP 2003, 1125, 1127; BGH, Beschl. v. 16.2.1982 – KVR 1/81,

ein hoher **Marktanteil** reicht dabei isoliert nicht ohne weiteres aus, um auf die überragende Stellung zu schließen, wie auch der Wortlaut des § 19 Abs. 2 Nr. 2 GWB („insbesondere") bestätigt. Es muss **keine bestimmte Zahl an Merkmalen** vorliegen. Eine überragende Stellung kann selbst dann bejaht werden, wenn nur ein einzelnes Kriterium vorliegt. Ist der mögliche Normadressat seinen Wettbewerbern hinsichtlich **einzelner** unternehmens- oder marktstruktureller **Merkmale** sogar **unterlegen**, ist hierdurch eine marktbeherrschende Stellung dennoch nicht ausgeschlossen, soweit die verbleibenden Merkmale hinreichend sicher auf eine überragende Stellung schließen lassen.

aa) Marktstrukturelle Gründe der Marktbeherrschung

(1) Marktanteil

(a) Allgemeines

Der **Marktanteil** hat in der Praxis für die Beurteilung der Marktstel- **888** lung das größte Gewicht. Ein hoher Marktanteil begründet einen **ersten Anschein** der Marktbeherrschung, auch wenn dies durch weitere Umstände relativiert werden kann. Diese Indizwirkung ist gerechtfertigt, weil der Marktanteil das Ergebnis der wettbewerblichen Auseinandersetzung ist und deshalb die Kräfteverhältnisse der Marktteilnehmer widerspiegelt.[122] Sie kann etwa durch den **Abstand zum nächsten Wettbewerber**[123] oder die **Entwicklung der Marktanteile** entkräftet oder verstärkt werden. **Dauerhaft hohe** Marktanteile weisen auf Marktbeherrschung hin;[124] lediglich **geringfügige Einbußen** erschüttern die Aussagekraft des Marktanteils nicht.[125] Bei **stark zersplitterten**

„Münchner Anzeigenblätter", WuW/E BGH 1905, 1908 = BB 1982, 1747; Beschl. v. 21.2.1978 – KVR 4/77, „Kfz-Kupplungen", WuW/E BGH 1501, 1504 f.; *Rösler*, NZG 2000, 857, 859.

122 BGH, Beschl. v. 7.3.1989 – KVR 3/88, „Kampffmeyer – Plange", WuW/E BGH 2575, 2580; Beschl. v. 21.2.1978 – KVR 4/77, „Kfz-Kupplungen", WuW/E BGH 1501, 1504 f.

123 EuGI, Urt. v. 17.12.2003 – Rs. T-219/99, „British Airways", WuW/E EU-R 777, 786 Rn. 224. Bei mehreren annähernd gleich starken Wettbewerbern scheidet Marktbeherrschung zumeist aus: EuGH, Urt. v. 14.2.1978 – Rs. 27/76, „United Brands", Slg. 1978, 207, 290 ff.; BGH, Beschl. v. 10.12.1991 – KVR 2/90, „Inlandstochter", WuW/E BGH 2731, 2735. Allerdings ist dies zu relativieren: Bei wenigen, vergleichbar starken Wettbewerbern wird die Gefahr parallelen Marktverhaltens erhöht, so dass eine Marktbeherrschung im Oligopol möglich ist.

124 EuGH, Urt. v. 13.2.1979 – Rs. 85/76, „Hoffmann-La Roche", Slg. 1979, 461, 521.

125 EuGH, Urt. v. 13.2.1979 – Rs. 85/76, „Hoffmann-La Roche", Slg. 1979, 461, 521; EuGI, Urt. v. 17.12.2003 – Rs. T-219/99, „British Airways", WuW/E EU-R 777,

Marktanteilen der weiteren Konkurrenten ist die Marktbeherrschung auch bei geringeren Marktanteilen zu bejahen.[126] **Heftig schwankende** Marktanteile hingegen sind Indiz für intensive wettbewerbliche Auseinandersetzungen und sprechen gegen Marktbeherrschung.[127]

889 Neue Märkte mit **hohen Wachstumsraten** üben erheblichen Anreiz für den Zutritt neuer Anbieter aus. Hohe Marktanteile entfalten in diesem Bereich deshalb nicht dieselbe Indizwirkung wie bei **stagnierenden** oder **schrumpfenden** Märkten. Auch sehr hohe Marktanteile lassen hier nicht ohne weiteres auf Marktbeherrschung schließen, weil diese nicht zwingend Ergebnis eines lang andauernden, sondern ggf. eines nur **kurzfristigen Wettbewerbsvorsprungs** sein können.[128] Dies gilt insbesondere bei kurzen **Innovationszyklen.**

890 Je geringer die Indizwirkung des Marktanteils ist, umso sorgfältiger ist der Nachweis der marktbeherrschenden Stellung anhand anderer Umstände zu führen. Dies gilt auch beim **Übergang monopolistischer zu wettbewerblich** geprägten Märkten. Hier entfällt die Indizwirkung ggf. sehr hoher Marktanteile, wenn durch geringe **Marktzutrittsschwellen** und starken **potenziellen Wettbewerb** die wettbewerblichen Freiräume begrenzt sind.[129]

(b) Marktanteilsschwellen in der Praxis der Gemeinschaftsorgane; Marktbeherrschungsvermutungen des § 19 Abs. 3 GWB

891 Das europäische Recht kennt keine gesetzlichen **Marktbeherrschungsvermutungen.** Die Rechtsprechung hat jedoch **Marktanteilsschwellen** herausgearbeitet, die in ihrer Wirkung den Marktanteilsver-

---

786 Rn. 224; KG, Beschl. v. 18.10.1995 – Kart 18/93, „Fresenius/Schiwa", WuW/ E OLG 5549, 5560.

126 EuGH, Urt. v. 14.2.1978 – Rs. 27/76, „United Brands", Slg. 1978, 207, 290 ff.; KG, Beschl. v. 26.10.1990 – Kart 29/89, „Kaufhof/Saturn", WuW/E OLG 4657, 4663; die Entscheidung wurde jedoch aufgehoben durch BGH, Beschl. v. 28.4.1992 – KVR 9/91, „Kaufhof/Saturn", WuW/E BGH 2771, 2773 f.

127 EuGI, Urt. v. 6.6.2002 – Rs. T-342/99, „Airtours", Slg. 2002, II-2585 Rn. 133 ff.; Komm., Leitlinien für vertikale Beschränkungen, Abl. 2000, Nr. C 291, 1, 26 Rn. 124; BGH, Beschl. v. 7.7.1992 – KVR 14/91, „Warenzeichenerwerb", WuW/E BGH 2783, 2790.

128 So insbesondere in Märkten mit geringen Marktzutrittsschranken, vgl. Komm., Leitlinien für vertikale Beschränkungen, Abl. 2000, Nr. C 291, 1, 26 Rn. 122; allgemein zum potenziellen Wettbewerb Rn. 900.

129 In der Praxis verhält es sich freilich zumeist umgekehrt: In liberalisierten Märkten wie Telekommunikation und leitungsgebundener Energiewirtschaft bestehen hohe Marktzutrittsschwellen, so dass man bei hohen Marktanteilen die Marktbeherrschung erst recht bejahen müsste.

mutungen des § 19 Abs. 3 GWB nahe kommen. Werden Marktanteile zum Nachweis von Marktmacht herangezogen, ist jedoch stets zu beachten, dass es sich nicht um eine starre, schematische Betrachtung handelt, sondern immer eine **Gesamtbetrachtung** anzustellen ist, die Aussagekraft der Marktanteile mithin durch andere Umstände entkräftet werden kann.

Im europäischen Recht ist bei der Marktanteilsbestimmung grundsätzlich vom – aussagekräftigeren – **Wertanteil** auszugehen, auch wenn eine Berechnung des Marktanteils nach Menge nicht ausgeschlossen ist.[130] Besonders hohe Marktanteile – 75% und mehr über einen längeren Zeitraum hinweg – reichen dem EuGH, von außergewöhnlichen Umständen abgesehen, für den Nachweis einer marktbeherrschenden Stellung aus.[131] Bei Marktanteilen zwischen 40 und 75% ist regelmäßig von Marktbeherrschung auszugehen, wenn andere Faktoren diese Annahme stützen.[132] Zwischen 25 und 40% liegt nur dann eine marktbeherrschende Stellung vor, wenn besondere Umstände – etwa die starke Zersplitterung des Marktes oder die technische Überlegenheit gegenüber allen Konkurrenten – zum Marktanteil hinzutreten.[133] Bei Marktanteilen unter 25% ist die Marktbeherrschung grundsätzlich auszuschließen.[134] Je **geringer** der **Marktanteil** ist, desto stärkere **Indizwirkung** müssen die weiteren Umstände haben.[135]

892

---

130 Komm., Leitlinien für vertikale Beschränkungen, Abl. 2000, Nr. C 291, 1, 20 Rn. 97; vgl. Langen-*Dirksen*, Art. 86 Rn. 44 m. w. N.
131 EuGH, Urt. v. 13. 2. 1979 – Rs. 85/76, „Hoffmann-La Roche", Slg. 1979, 461, 521, 526 ff.; Urt. v. 16. 12. 1975 – Rs. 40–48, 54–56, 111, 113, 114/73, „Suiker Unie", Slg. 1975, 1663, 1996, 2013; EuGI, Urt. v. 12. 12. 1991 – Rs. T-39/89, „Hilti", Slg. 1991, II-1439, 1480; bestätigt durch EuGH, Urt. v. 14. 11. 1996 – Rs. C-333/34 P, „Tetra Pak II", Slg. 1996, 5951.
132 Vgl. Schröter/Jakob/Mederer-*Schröter*, Art. 82 Rn. 96 f. m. w. N.
133 EuGH, Urt. v. 15. 12. 1994 – Rs. C-250/92, „DLG", Slg. 1994, I-5671, 5690; für weitere Umstände, die für Marktbeherrschung auch bei geringeren Marktanteilen sprechen, vgl. Groeben/Schwarze-*Schröter*, Art. 82 Rn. 98.
134 Zur gleich gelagerten Problematik in der Fusionskontrolle Abl. 1990, Nr. L 257, 13.
135 Vgl. Komm., Entsch. v. 4. 11. 1988 – Az. IV/32.318, „London European/SABENA", Abl. 1988, Nr. L 317, 47, 52: Großer Marktanteilsabstand zu übrigen Wettbewerbern; EuGH, Urt. v. 13. 2. 1979 – Rs. 85/76, „Hoffmann-La Roche", Slg. 1979, 461, 525: Großer Abstand zum zweitwichtigsten Anbieter und technischer Vorsprung; EuGH, Urt. v. 14. 2. 1978 – Rs. 27/76, „United Brands", Slg. 1978, 207: Verteidigung des Marktanteils trotz heftiger wettbewerblicher Auseinandersetzungen, aber keine Marktbeherrschung bei 51% Marktanteil, wenn ein starker Konkurrent existiert (30% Marktanteil) und keine weiteren Umstände für die Marktbeherrschung sprechen.

893 Die Funktion der Vermutung in § 19 Abs. 3 Satz 1 GWB ist noch immer nicht völlig geklärt. Nach allgemeiner Meinung ist der **Amtsermittlungsgrundsatz** hierdurch nicht außer Kraft gesetzt.[136] Es handelt sich deshalb nicht um eine zivilrechtliche **Vermutung**, die bei Vorliegen ihrer Voraussetzungen von dem betroffenen Unternehmen zu widerlegen wäre. Die Kartellbehörde hat folglich sämtliche Erkenntnisquellen zu nutzen, um eine marktbeherrschende Stellung nachzuweisen, auch wenn die Vermutungen erfüllt sind. Werden plausibel Gründe dargelegt, die gegen eine marktbeherrschende Stellung sprechen, muss die Behörde von ihren Ermittlungsbefugnissen Gebrauch machen. Bleiben hiernach noch **Zweifel** an der marktbeherrschenden Stellung, trifft das Unternehmen eine **erhöhte Darlegungslast**. Nur wenn das Bestehen einer marktbeherrschenden Stellung auch durch seine Mitwirkung nicht geklärt werden kann, geht dies zu seinen Lasten.[137] Die Kartellbehörden haben die **formelle**, die Unternehmen die **materielle Beweislast**.[138] Auch wenn die Vermutung deshalb in ihrer Wirkung zwar hinter einer zivilrechtlichen Vermutung zurückbleibt, ist sie doch mehr als ein verwaltungsrechtlicher Aufgreiftatbestand.[139]

894 Im Zuge der 6. GWB-Novelle hat der Gesetzgeber mit § 19 Abs. 2 Satz 2 GWB an die Formulierung der Marktbeherrschungsvermutung des § 23 a Abs. 2 Nr. 2 a. F. GWB im Rahmen der Fusionskontrolle angeknüpft. Diese stellt nach dem insoweit eindeutigen Wortlaut eine **echte Beweislastumkehr** dar.[140] Folgt man der oben vertretenen Auffassung, § 19 Abs. 3 Satz 1 GWB sei keine echte Beweislastumkehr, ergibt sich ein sachlich nicht gerechtfertigter Unterschied in der Rechtsqualität der Marktbeherrschungsvermutung je nachdem, ob die Marktbeherrschung einzelner (§ 19 Abs. 3 Satz 1 GWB) oder mehrerer Unternehmen (§ 19 Abs. 3 Satz 2 GWB) in Frage steht. Angesichts des abweichenden Wortlautes der Vorschriften wird man dies jedoch

---

136 BGH, Beschl. v. 2.12.1980 – KVR 1/80, „Klöckner-Becorit", WuW/E BGH 1753 f.; Langen-*Ruppelt*, § 22 Rn. 61.
137 BGH, Beschl. v. 2.12.1980 – KVR 1/80, „Klöckner-Becorit", WuW/E BGH 1749, 1753.
138 BGH, Beschl. v. 2.12.1980 – KVR 1/80, „Klöckner-Becorit", WuW/E BGH 1749, 1754; *Bechtold*, § 19 Rn. 50; Beschl. v. 21.2.1978 – KVR 4/77, „Kfz-Kupplungen", BB 1978, 674 ff. mit Anm. *Markert*; Wiedemann KartR-*Wiedemann*, § 23 Rn. 29.
139 Wiedemann KartR-*Richter*, § 20 Rn. 87. Zur Konzeption als Aufgreiftatbestand und zur widersprüchlichen Entstehungsgeschichte ausführlich Immenga/Mestmäcker-*Möschel*, § 22 Rn. 98; a. A. wohl Wiedemann KartR-*Wiedemann*, § 23 Rn. 28.
140 *Kleinmann/Bechtold*, § 23 a Rn. 18.

Hübschle

als – ungewollte – Friktion und **Verschärfung der Beweislast für die Unternehmen des Oligopols** hinzunehmen haben.[141]

Die Bedeutung der Vermutungen des § 19 Abs. 3 GWB in **Zivilrechts-streitigkeiten** nach § 20 GWB ist umstritten. Die Marktbeherrschungs-vermutungen des § 19 Abs. 3 GWB sind im Rahmen des § 20 GWB auf das kartellbehördliche Verfahren anwendbar, die Einschränkung der Vermutung auf das kartellbehördliche Verfahren wurde im Zuge der 5. GWB-Novelle gestrichen. Dennoch können die Vermutungen im Rahmen eines Zivilprozesses keine Geltung beanspruchen. Dem stehen die **verschiedenen Verfahrensgrundsätze** entgegen, die das behördliche Verfahren einerseits, den Zivilprozess andererseits beherrschen. Während die Kartellbehörde trotz der Vermutung aufgrund des **Amtser-mittlungsgrundsatzes** allen Hinweisen nachzugehen hat, die gegen eine marktbeherrschende Stellung sprechen, hätte der Normadressat als Beklagter im Zivilprozess die volle Darlegungs- und Beweislast. Er würde nicht nur im Falle des non liquet, sondern auch bei nicht hinrei-chend substantiiertem Sachvortrag oder unzureichendem Beweisantritt unterliegen. Der Kläger hat deshalb die volle Beweislast für das Vorlie-gen einer marktbeherrschenden Stellung, den Beklagten trifft jedoch bei Vorliegen der Vermutungsvoraussetzungen eine **erhöhte Darle-gungs- und Mitwirkungspflicht**.[142] Dies entspricht am ehesten auch der Bedeutung der Vermutungen im kartellbehördlichen Verfahren. **895**

Der Amtsermittlungsgrundsatz verbietet, allein auf die erreichten Marktanteile abzustellen.[143] Demgemäß gehen die Kartellbehörden zwar zunächst von den Vermutungen aus. In einem zweiten Schritt wird dann jedoch ergänzend erörtert, ob sich aufgrund eigener Ermitt-lungen oder des Vorbringens der Beteiligten die Marktbeherrschung widerlegende Umstände feststellen lassen. **896**

Die Marktanteilsvermutungen setzen eine **genaue Abgrenzung** des re-levanten Marktes voraus. Ungenauigkeiten und Überschneidungen bei der Abgrenzung der Märkte können zur Widerlegung der Vermutung führen. Bei der Berechnung der Vermutungsvoraussetzungen ist die **897**

---

141 *Bechtold*, § 19 Rn. 47; vgl. zu den unterschiedlichen Maßstäben Wiedemann KartR-*Richter*, § 20 Rn. 87 ff.

142 BGH, Urt. v. 23. 2. 1988 – KZR 17/86, „Sonderungsverfahren", WuW/E BGH 2483, 2489: keine abschließende Entscheidung des Gesetzgebers in Richtung „Aufgreif-tatbestand"; sehr str., vgl. Langen-*Schultz*, § 22 Rn. 72; weitergehend wohl Wiede-mann KartR-*Lübbert*, § 25 Rn. 4, der ggf. auch eine Beweispflicht annimmt.

143 Damit handelt es sich zwar nicht von der dogmatischen Einordnung, wohl aber in der praktischen Konsequenz um einen „Aufgreiftatbestand".

Verbundklausel des § 36 Abs. 2 GWB zu beachten. Lieferungen innerhalb des (verbundenen) Unternehmens[144] bleiben außer Betracht.[145] U.U. ist auch eine **zeitliche Eingrenzung** – insbesondere bei starken saisonalen Schwankungen – für die Berechnung der Marktanteile notwendig. Auszugehen ist grundsätzlich vom **Umsatz-**,[146] nicht vom **Mengenanteil**,[147] da der Mengenanteil bei starken Preisunterschieden der dem relevanten Markt zugehörigen Produkte nicht aussagekräftig ist. Bei vergleichbaren Preisen kann ausnahmsweise auch der Mengenanteil herangezogen werden.[148]

898 Der Wortlaut der Vermutungen (drei oder weniger bzw. fünf oder weniger) für eine **Oligopolmarktbeherrschung** lässt es offen, welche Unternehmen die Marktanteilsschwellen erreichen müssen. Nach Sinn und Zweck der Vorschrift müssen immer die jeweils **marktanteilsstärksten** Unternehmen zusammengezählt werden. Ansonsten könnten bei einer Gruppe von Unternehmen und entsprechenden Marktanteilen auch kleinere Unternehmen aufgrund der Addition ihrer Marktanteile mit denen jener Unternehmen, die über sehr hohe Marktanteile verfügen, in den Anwendungsbereich des § 19 GWB geraten, ohne dass sie über die von § 19 GWB vorausgesetzte Marktmacht verfügen.[149]

899 Streitig ist, welche Folgen es hat, wenn **mehrere Marktbeherrschungsvermutungen** erfüllt sind. Liegen die Voraussetzungen von Monopol- und Oligopolbeherrschung vor, sind beide wegen des Schutzzwecks der Vermutungen parallel anwendbar. Zum Schutze der übrigen Marktteilnehmer dürfen keine höheren Anforderungen an den Nachweis der Marktbeherrschung gestellt werden, wenn eine Gefährdung wettbewerblicher Prozesse nicht von einer, sondern von zwei Seiten droht.[150]

---

144 Zum Konzernbegriff siehe Rn. 63, 653.
145 BGH, Beschl. v. 21.2.1978 – KVR 4/77, „Kfz-Kupplungen", WuW/E BGH 1501, 1503.
146 Für die Marktanteilsberechnung bei vertikalen Vereinbarungen: Komm., Leitlinien für vertikale Beschränkungen, Abl. 2000, Nr. C 291, 1, 20 Rn. 97.
147 BGH, Beschl. v. 25.6.1985 – KVR 3/84, „Edelstahlbestecke", WuW/E BGH 2150, 2154; KG, Beschl. v. 16.4.1997 – Kart 2/96, „WMF/Auerhahn", WuW/E OLG 5879, 5882.
148 Ausführlich hierzu Langen-*Ruppelt*, § 22 Rn. 66 m. w. N.
149 Immenga/Mestmäcker-*Möschel*, § 22 Rn. 96; Wiedemann KartR-*Richter*, § 20 Rn. 91, jeweils m. w. N.
150 Str., vgl. Immenga/Mestmäcker-*Möschel*, § 22 Rn. 96; in diesen Fällen dürfte der Vermutung jedoch keine große Bedeutung zukommen, da eine sorgfältige Marktstrukturanalyse ohnehin geboten ist.

(2) Potenzieller Wettbewerb, Marktzutrittsschranken

Rechtliche oder tatsächliche **Marktzutrittsschranken** sind beispiels- **900**
weise staatliche Zulassungsbegrenzungen, behördliche Auflagen, beschränkte Kapazitäten (Slots auf Flughäfen), die Kapazität von Leitungsnetzen, knappe Sendelizenzen, extrem hoher Finanzbedarf für notwendige Betriebsmittel oder den Aufbau eines Vertriebsnetzes, die Einbindung der geeigneten Absatzmittler in bestehende Vertriebsverträge, eine hohe Markentreue der Kunden sowie eine betriebswirtschaftlich sinnvolle Mindestgröße. Vorhandene Marktzutrittsschranken hängen eng mit der **Intensität potenziellen Wettbewerbs** zusammen: Solange ein Unternehmen bei fehlenden oder geringen Marktzutrittsschranken damit rechnen muss, auf neue Wettbewerber zu treffen, **fehlt** es regelmäßig an **nicht kontrollierten Verhaltensspielräumen**, da etwa überhöhte Preise den Markteintritt der Konkurrenten auslösen. Dies setzt allerdings voraus, dass die potenziellen Wettbewerber nicht nur objektiv aufgrund der Marktbedingungen, sondern auch subjektiv aufgrund ihrer Leistungsfähigkeit, Kapazität und geographischen Lage im Stande sind, kurzfristig auf dem Markt aufzutreten. Je leichter der Marktzutritt aufgrund der externen und internen Gegebenheiten ist, desto eher entfaltet der potenzielle Wettbewerb **disziplinierende Wirkung**.[151] Ist der Marktzutritt neuer Wettbewerber wenig wahrscheinlich – sei es wegen Marktzutrittsschranken oder sonstigen Marktgegebenheiten, sei es aufgrund individueller Unternehmensentscheidungen potenzieller Newcomer – spricht dies für Marktbeherrschung. Dies gilt insbesondere, wenn mit dem Marktzutritt hohe Kosten verbunden sind, die unwiederbringlich verloren sind, wenn das Unternehmen aus dem Markt wieder austritt. Hohe sog. **sunk costs** mindern die Wahrscheinlichkeit, dass ein neuer

---

151 Beim Übergang von monopolistisch zu wettbewerblich strukturierten Märkten bestehen oftmals hohe Marktanteile des Ex-Monopolisten. Soweit in netzgebundenen Wirtschaftsbereichen die Nutzung durch Dritte ohne Probleme möglich ist, könnte eine marktbeherrschende Stellung auch bei hohen Marktanteilen fehlen, weil dann der potenzielle Wettbewerb die Preisgestaltungsspielräume beschränkt. Dies kann auch nur hinsichtlich einzelner Kundengruppen der Fall sein. So besteht etwa im Strommarkt für große Gewerbekunden weitestgehend die Möglichkeit des Drittbezugs; eine marktbeherrschende Stellung bedarf bei diesem Kundensegment mehr als des Hinweises auf einen hohen Marktanteil. Auch Haushaltskunden können zwar prinzipiell ihren Versorger frei wählen. Aufgrund des hohen administrativen Aufwandes im Verhältnis zu den Stromkosten und häufig auftretender Abwicklungsschwierigkeiten beim Versorgerwechsel ist der bisherige Lieferant auch als Anbieter von Strom regelmäßig marktbeherrschend, weil hier die Marktzutrittsschranken für Wettbewerber hoch sind.

Wettbewerber auf den Markt eintritt.[152] Je höher die sunk costs sind, desto geringer ist die disziplinierende Wirkung potenziellen Wettbewerbs.

bb) Unternehmensstrukturelle Gründe

(1) Finanzkraft

901 Die **Finanzkraft** erweitert die wettbewerblichen Handlungsmöglichkeiten eines Unternehmens. Sie ist Voraussetzung für **Verdrängungsstrategien**, ermöglicht einen internen **Verlustausgleich**, schafft ein hohes **Forschungspotenzial** und kann auf die Mitbewerber abschreckend wirken.[153] Die Finanzkraft eines Unternehmens ist grundsätzlich an den **Refinanzierungsmöglichkeiten** zu messen (Eigenkapital und Fremdfinanzierung, Zugang zu den Kapitalmärkten). Der **Umsatz** eines Unternehmens ist als Messgröße im Prinzip nicht geeignet, weil er über den Zugang zu den Finanzmärkten nichts aussagt.[154] Die Rechtsprechung hat es jedoch akzeptiert, dass die Finanzkraft eines Unternehmens auf der Basis des Umsatzes gemessen wird.[155] Dies scheint vertretbar, weil Außenstehende ein Unternehmen oft am Umsatz messen. Von umsatzstarken Unternehmen geht deshalb ein stärkerer Abschreckungs- und Entmutigungseffekt aus, der Dritte von einer aggressiven Wettbewerbspolitik abhält.[156]

902 Der Einsatz der Finanzkraft muss wahrscheinlich sein;[157] es reicht nicht ohne weiteres aus, wenn ein finanzstarkes Unternehmen ein anderes Unternehmen aufkauft,[158] insbesondere dann nicht, wenn ein Konzern in Profitcentern organisiert ist, auch wenn jenes hierdurch

---

152 Komm., Leitlinien für vertikale Beschränkungen, Abl. 2000, Nr. C 291, 1, 27 Rn. 128 f.
153 Die Bedeutung der Finanzkraft bei der Ermittlung der Marktmacht dürfte im Rahmen der kartellrechtlichen Missbrauchsaufsicht eher abnehmen, da ein am shareholder value orientiertes Management weniger Möglichkeiten für verlustbringende Quersubventionierungen und Verdrängungsstrategien hat.
154 Aussagekräftigere Kriterien wären etwa Umsatzrendite, Cash-flow, Eigenkapitalrendite, ebitda, Ratingeinstufungen; vgl. etwa FK-*Paschke/Kersten*, § 22 Rn. 195; Wiedemann KartR-*Richter*, § 20 Rn. 58.
155 BGH, Beschl. v. 25. 6. 1985 – KVR 3/84, „Edelstahlbestecke", WuW/E BGH 2150, 2157; kritisch hierzu, aber im Ergebnis offen gelassen, BGH, Beschl. v. 7. 3. 1989 – KVR 3/88, „Kampffmeyer – Plange", WuW/E BGH 2575, 2582.
156 BGH, Beschl. v. 25. 6. 1985 – KVR 3/84, „Edelstahlbestecke", WuW/E BGH 2150, 2157.
157 Langen-*Ruppelt*, § 22 Rn. 49.
158 BKartA, Beschl. v. 1. 2. 2001 – B3–113/00, „3M/ESPE", WuW/E De-V 427.

Hübschle

seine Bereitschaft zeigt, seine finanziellen Ressourcen auf dem fraglichen Markt einzusetzen. [159]

(2) Vertikale Integration, Zugang zu Absatz- und Beschaffungsmärkten, besseres Vertriebsnetz und Marketing

Wettbewerbsvorsprünge durch **vertikale Integration** können auf zahl-   **903** reichen Umständen beruhen. Bei Rohstoffmangel bietet der direkte Zugang zu **Rohstoffquellen** Vorteile, die Möglichkeiten der **Absatzplanung** und die Chancen auf Vertragsabschluss bei vergleichbaren Angeboten [160] werden verbessert; eine größere Sortimentsbreite kann die **Nachfragemacht** erhöhen. Die vertikale Integration kann zudem ein Erschwernis für Wettbewerber darstellen, auf dem relevanten Markt Fuß zu fassen, wenn wegen fehlender **alternativer Vertriebskanäle** oder Effizienzgewinne und höherer Wertschöpfung auf den einzelnen Stufen auch für neue Anbieter eine vertikale Integration erforderlich ist, die erhebliche Ressourcen bindet. [161]

(3) Verflechtung mit anderen Unternehmen

Verbundene Unternehmen i. S. d. Aktienrechts [162] sind an dieser Stelle   **904** nicht zu berücksichtigen, weil es sich um Konzernunternehmen handelt und dies im Rahmen der Finanzkraft gewürdigt wird. Hauptsächlich werden hiervon **Minderheitsbeteiligungen** und **personelle Verflechtungen** erfasst. [163] Im Übrigen kann die Marktstellung durch alle gesellschaftsrechtlichen Verbindungen verstärkt werden, insbesondere dann, wenn wechselseitige Beteiligungen zwischen Wettbewerbern den Wettbewerbsdruck vermindern. [164]

---

159 A.A. aus diesem Grund jedoch wohl BGH, Beschl. v. 24.6.1980 – KVR 5/79, „Mannesmann/Brueninghaus", WuW/E BGH 1717 = BB 1980, 1544; kritisch auch Wiedemann KartR-*Richter*, § 20 Rn. 56 f.

160 BKartA, Beschl. v. 20.11.2003 – B8–84/03, „E.ON/Stadtwerke Lübeck", WuW De-V 837, 844.

161 Derselbe Gesichtspunkt kann auch bei den marktstrukturellen Überlegungen – Minderung potenziellen Wettbewerbs – zu berücksichtigen sein.

162 Zu verbundenen Unternehmen siehe Rn. 63 ff.

163 BGH, Beschl. v. 19.12.1995 – KVR 6/95, „Raiffeisen", WuW/E BGH 3037, 3040 ff.

164 BKartA, Beschl. v. 9.1.1981 – B6–745100-U95/80, „Gruner+Jahr/Zeit", WuW/E BKartA 1863 ff.; vgl. auch *Ebel*, § 19 Rn. 16.

(4) Umstellungsflexibilität, Breite des Produktsortiments

905 Ein breites **Gesamtsortiment** kann Abhängigkeiten von der Marktgegenseite verringern, aber – ebenso wie die vertikale Integration – die Stellung am Markt auch verschlechtern, weil etwa der Fokus auf Kernkompetenzen verloren geht und die Reaktionsgeschwindigkeit auf Veränderungen des Umfelds abnimmt. Es ist deshalb Zurückhaltung geboten, aus einem breiten Gesamtsortiment oder der vertikalen Integration eine überragende Marktstellung abzuleiten; diese Gesichtspunkte sind allenfalls weitere Indizien und im Einzelfall hinsichtlich ihrer Bedeutung für die Marktstellung zu hinterfragen.[165]

906 Die Aufnahme der **Umstellungsflexibilität** in § 19 Abs. 2 GWB zielte vornehmlich auf eine bessere Erfassung der Nachfragemacht ab und geht von der Erwägung aus, dass ein breites Gesamtsortiment die Spielräume im Vergleich zu spezialisierten Herstellern vergrößert. Konjunkturelle Schwankungen können besser ausgeglichen werden. Nach § 19 Abs. 2 Nr. 2 GWB ist aber eine überragende Stellung gegenüber den Wettbewerbern und damit im **horizontalen Verhältnis** erforderlich. Nachfragemacht wird deshalb eher durch Fehlen wesentlichen Wettbewerbs erfasst werden können.[166]

(5) Weitere Umstände

907 In Fällen des Ausbeutungsmissbrauchs ist die **gegengewichtige Marktmacht** zu beachten. Trotz einer überragenden Stellung im Verhältnis zu den Wettbewerbern fehlt es an der von Art. 82 EG, § 19 GWB vorausgesetzten Marktmacht, wenn die Marktgegenseite in der Lage ist, das Wettbewerbsverhalten und insbesondere das Preisgebaren zu überwachen.[167] Auf wichtige Kunden kann auch bei einer starken Wettbewerbsposition nicht ohne weiteres verzichtet werden.

908 Gewerbliche Schutzrechte begründen für sich genommen regelmäßig keine marktbeherrschende Stellung;[168] diese kann aber durch gewerbliche Schutzrechte weiter abgesichert werden. Die **Finanzkraft der Wettbewerber** kann gegen eine marktbeherrschende Stellung sprechen.[169]

---

165 Tendenziell weitergehend Groeben/Schwarze-*Schröter*, Art. 82 Rn. 111, unter Verweis auf die Praxis der Gemeinschaftsorgane.
166 Ausführlich hierzu Langen-*Ruppelt*, § 22 Rn. 53.
167 BKartA, Beschl. v. 1.2.2001 – B 3 113/00, „3M/ESPE", WuW/E De-V 427, 429.
168 Dazu Rn. 986.
169 Vgl. etwa BGH, Beschl. v. 7.7.1992 – KVR 14/91, „Warenzeichenerwerb", WuW/E BGH 2783, 2791; Langen-*Ruppelt*, § 22 Rn. 54; BKartA, Beschl. v. 1.2.2001 – B 3 113/00, „3M/ESPE", WuW/E De-V 427, 429.

b) Marktverhalten; wesentlicher Wettbewerb

aa) Anbieterwettbewerb

Wird die marktbeherrschende Stellung darauf gestützt, dass ein Unter- **909** nehmen weitgehend keine Rücksicht auf andere Unternehmen nehmen muss (Fehlen wesentlichen Wettbewerbs), wird das **Marktverhalten** des Unternehmens selbst zum Anknüpfungspunkt gemacht. Die kartellrechtliche Missbrauchsaufsicht über marktbeherrschende Unternehmen soll kompensieren, dass **Verhaltensspielräume** marktbeherrschender oder marktstarker Unternehmen **nicht hinreichend** durch Wettbewerb **kontrolliert** werden.[170] Dieser Normzweck bestimmt die Auslegung des Marktbeherrschungstatbestandes. Sobald ein Unternehmen in der Lage ist, sein Marktverhalten weitestgehend unabhängig von den Reaktionen seiner Wettbewerber zu bestimmen, ist es marktbeherrschend. Die Steuerung erfolgt dann nicht mehr durch die Marktmechanismen, sondern durch die autonome Entscheidung eines Beteiligten. Soweit der Wettbewerb seine **Funktionen** (Begrenzung des Spielraums hinsichtlich Preisen und Geschäftsbedingungen,[171] Innovations- und Qualitätsförderung) erfüllt, ist ein Unternehmen nicht marktbeherrschend.

Die marktbeherrschende Stellung setzt nicht voraus, dass ein Unter- **910** nehmen hinsichtlich **aller Wettbewerbsparameter** unkontrollierte Verhaltensspielräume hat. Die marktbeherrschende Stellung scheidet umgekehrt nicht aus, wenn es nur an einem einzelnen Wettbewerbsparameter mangelt, soweit diesem wesentliche Bedeutung für einen funktionsfähigen Wettbewerb zukommt. Überragende Bedeutung hat insbesondere der **Preiswettbewerb**.[172] Fehlt dieser, kann eine marktbeherrschende Stellung vorliegen, auch wenn in anderen Bereichen intensiver Wettbewerb herrscht (**Qualitäts-, Innovationswettbewerb**). Eine marktbeherrschende Stellung ist deshalb bei fehlendem Preiswettbewerb unter Umständen gegeben, obwohl die Unternehmen

---

170 Bei der 1. Alt. des § 19 Abs. 2 Nr. 1 GWB, die lediglich den praktisch selten Extremfall der 2. Alt. darstellt, ist dies begriffsnotwendig gegeben.

171 Dabei ist nicht einmal Preis*wettbewerb* zwingende Voraussetzung für wesentlichen Wettbewerb; es reicht aus, dass der Preis*gestaltungsspielraum* begrenzt ist; BGH, Beschl. v. 22.6.1981 – KVR 5/80, „Tonolli – Blei- und Silberhütte Braunbach", WuW/E BGH 1824, 1826.

172 KG, Beschl. v. 24.8.1978 – Kart 3/77, „Valium", WuW/E OLG 2053, 2057; Groeben/Schwarze-*Schröter*, Art. 82 Rn. 115.

– unter Einsatz der übrigen Wettbewerbsparameter – in intensivem Wettbewerb um Marktanteile stehen.[173]

911 Wesentlicher Wettbewerb fehlt in den Fällen des **Monopols** oder des **Quasimonopols.** Im Übrigen bereitet der Rückschluss vom Verhalten eines Unternehmens auf fehlenden wesentlichen Wettbewerb erhebliche Schwierigkeiten. Viele Maßnahmen sind auch nicht marktbeherrschenden Unternehmen möglich und unterscheiden sich nur hinsichtlich ihrer **wettbewerbsschädlichen Folgen**, wenn ein marktbeherrschendes Unternehmen sie anwendet. Preisaggressives Auftreten kleiner Unternehmen ist erwünscht, Preiswettbewerb durch den Marktbeherrscher wird ggf. als Verdrängungsstrategie angesehen. Alleinvertriebsvereinbarungen werden auch von nicht marktbeherrschenden Unternehmen praktiziert. Alleinvertriebsvereinbarungen sind sogar für Hersteller mit geringer Finanzkraft der einzige Weg, eine ausreichende Distributionsrate zu erreichen. Wegen der zudem mit Alleinvertriebsrechten verbundenen Straffung des Absatzkanals werden diese wettbewerblich grundsätzlich positiv beurteilt.[174] Alleinvertriebsvereinbarungen, an denen ein marktbeherrschendes Unternehmen beteiligt ist, versperren jedoch für Wettbewerber bestehende Absatzmöglichkeiten und werden deshalb grundsätzlich als unbillige Behinderung eingestuft.[175] Wegen dieser Unsicherheiten wird der Verhaltenstest zumeist nur herangezogen, um die aus der strukturellen Betrachtung gewonnenen Ergebnisse zu bekräftigen oder zu widerlegen.

912 Kann ein Unternehmen vergleichbare Leistungen ohne Marktanteilsverluste 20 bis 30% **teurer** als seine Wettbewerber anbieten, spricht dies für Marktbeherrschung.[176] Hierauf können auch **Gewinnsteigerungen** trotz schlechter Konjunktur hinweisen.[177] Künftig zu erwartender Wettbewerb schließt die Fähigkeit zu unabhängigem Marktgebaren nicht grundsätzlich aus. Auch wenn Rückwirkungen auf das Marktverhalten möglich sind, darf die Auslegung des Begriffs der Marktbeherrschung nicht dazu führen, dass bis zum Eintritt neuer Wettbewerber Handlungsspielräume ausgeschöpft werden

---

173 Für den Arzneimittelmarkt KG, Beschl. v. 24.8.1978 – Kart 3/77, „Valium", WuW/ E OLG 2053, 2058; BKartA, Beschl. v. 16.10.1974 – B6–432190-T-37/73, „Valium", WuW/E BKartA 1526, 1528 f., 1531.
174 Siehe Art. 2 Abs. 1 VO 1/2003 und VO 1983/1983; allgemeine Meinung.
175 Siehe Art. 3 Abs. 1 und 2 VO 1/2003; im Einzelnen Rn. 963.
176 EuGH, Urt. v. 14.2.1978 – Rs. 27/76, „United Brands", Slg. 1978, 207, 291 f.
177 EuGH, Urt. v. 3.7.1991 – Rs. C-62/86, „AKZO/Kommission", Slg. 1991, 3359, 3453.

können. [178] Ob Verhaltensspielräume bereits gegenwärtig durch **potenziellen Wettbewerb** verengt oder sogar wirksam kontrolliert sind, hängt von den bestehenden **Marktzutrittsschranken** und dem Wettbewerbspotenzial der neuen Konkurrenten ab. Je geringer die beim Markteintritt zu überwindenden Hürden sind, desto wirksamer ist die Kontrolle der Verhaltensspielräume durch potenziellen Wettbewerb und desto eher fehlt es an der Fähigkeit, das eigene Wettbewerbsverhalten autonom zu bestimmen.

Ob wesentlicher Wettbewerb besteht, kann hinsichtlich Behinderung der Wettbewerber und Ausbeutung der Marktgegenseite **unterschiedlich** zu beurteilen sein. So verhindert eine starke Marktgegenseite zwar die Ausbeutung etwa durch überhöhte Preise. Dennoch ist eine horizontale Behinderung nicht ausgeschlossen. **913**

bb) Nachfragerwettbewerb

Die Definition der Marktbeherrschung gilt für Anbieter wie Nachfrager gleichermaßen. Dennoch können sich bei der **Nachfragemacht** aus den Marktmechanismen Besonderheiten ergeben. Listet beispielsweise eine große Einzelhandelskette Produkte eines Lieferanten aus, kann jener nicht ohne weiteres auf andere Handelsketten ausweichen. Diese werden eine eventuelle verstärkte Nachfrage nach vergleichbaren Produkten regelmäßig bei ihren bisherigen Lieferanten decken, die in den meisten Fällen zu einer Ausdehnung der Lieferung in der Lage sind. Die Auslistung führt mithin nahezu automatisch zu einem **Marktanteilsverlust**. Deshalb verfügt der Nachfrager über eine starke Stellung gegenüber seinen Lieferanten. Etwas anderes gilt nur, wenn die Produkte eines Lieferanten eine so große Marktbedeutung haben, dass die Nachfrager darauf angewiesen sind, diese in ihrem Sortiment zu führen. [179] **914**

Aus diesem Grund kann auch schon bei Marktanteilen, bei denen eine marktbeherrschende Stellung eines Anbieters nicht in Betracht käme, wesentlicher Wettbewerb zwischen Nachfragern fehlen. [180] **915**

---

178 Künftiger Wettbewerb ist im Verfahren gegebenenfalls dahingehend zu berücksichtigen, dass eine kartellbehördliche Verfügung zeitlich begrenzt oder nachträglich aufgehoben wird.
179 Vgl. Rn. 1046 ff. zu den Belieferungsansprüchen des Handelsunternehmens aufgrund dieser Abhängigkeiten.
180 Ausführlich zur Frage, ob wegen dieser Besonderheiten der Nachfragemacht die Marktbeherrschung bei sehr viel geringeren Marktanteilen als bei der Angebots-

c) Marktbeherrschende Stellung mehrerer Unternehmen

916 Gefahren für den Wettbewerb können auch von **Oligopolen** ausgehen, selbst wenn die Unternehmen nicht kollusiv zusammenwirken, sondern sich im Markt faktisch parallel verhalten: Die Theorie der Preisbildung in Oligopolmärkten formuliert eine Reihe von Voraussetzungen, die ein weitgehend **paralleles Marktverhalten** ermöglichen, ohne dass eine Absprache vorliegen müsste. Hierzu zählen etwa **Homogenität** der Produkte, ähnliche **Kostenstrukturen**, (Preis-)**Transparenz**, **Nachfrageelastizität** und ein stagnierender Markt.[181] Soweit Umstände vorliegen, die ein faktisches Parallelverhalten begünstigen, wird im Oligopol selten der Versuch unternommen, durch wettbewerbliche Vorstöße die Marktanteile zu eigenen Gunsten zu verändern, da mit entsprechenden **Gegenmaßnahmen** zu rechnen und aufgrund der Marktgegebenheiten ein **dauerhafter Wettbewerbsvorsprung** nicht zu erwarten ist. Faktisch besteht aufgrund des parallelen Marktverhaltens kaum eine wirtschaftlich attraktive Ausweichmöglichkeit, obwohl der Dritte einer Mehrzahl von Unternehmen gegenübersteht.

917 Im europäischen KartellR ist anerkannt, dass Unternehmen in einer Weise verbunden sein können, dass sie zusammen die Macht eines marktbeherrschenden Unternehmens innehaben. Unstreitig ist dies für die Fälle des Kartells[182] und des Konzerns.[183] Nicht völlig geklärt ist, ob in Oligopolmärkten – auch ohne Verhaltensabstimmung – durch die Wettbewerbsverhältnisse eine so enge Verbindung zwischen den Unternehmen bestehen kann, dass ein Markt gemeinsam beherrscht wird. Die Frage ist zu bejahen:[184] Die **Reaktionsverbundenheit** der Unternehmen **im Oligopol** führt regelmäßig dazu, dass die Marktge-

---

macht erreicht werden kann (im Ergebnis ablehnend zur sog. Unverzichtsbarkeitsthese), Immenga/Mestmäcker-*Möschel*, § 26 Rn. 72 ff.

181 Ausführliche Darstellung der Preisbildungstheorie in Oligopolen aus kartellrechtlicher Sicht: Ausführungen der Kommission in EuGH, Urt. v. 14.7.1972 – Rs. 49/69, „BASF", Slg. 1972, 713, 720 ff., vgl. auch EuGI, Urt. v. 6.6.2002 – Rs T-342/99, „Airtours", Slg. 2002, II-2585; vgl. auch *Nitsche/Thielert*, WuW 2004, 250, 2555 ff.

182 Groeben/Schwarze-*Schröter*, Art. 82 Rn. 82 f. m.w.N.

183 EuGH, Urt. v. 8.6.1971 – Rs. 78/70, „Deutsche Grammophon", Slg. 1971, 475, 487, 501.

184 Inzwischen deutlich EuGI, Urt. v. 6.6.2002 – Rs. T-342/99, „Airtours", Slg. 2002, II-2585; vgl. auch EuGH, Urt. v. 16.3.2000 – Rs. C-395 und 396/96 P, „CMB/Kommission", WuW/E EU-R 309; vgl. zur überwiegenden Meinung im Schrifttum Schröter/Jakob/Mederer-*Schröter*, Art. 82 Rn. 85 ff.; *Mestmäcker/Schweitzer*, § 16 Rn. 40, jeweils m.w.N.; teilweise werden strukturelle Verflechtungen gefordert.

Hübschle

genseite auf ein gleichförmiges Angebot aller Unternehmen stößt. Obwohl die Zahl der auf dem Markt tätigen Unternehmen ein Ausweichen erlaubt, trifft die Marktgegenseite wirtschaftlich auf dieselben Angebote. I.E. ist bei diesem homogenen Auftreten der Marktgegenseite dieselbe **Gefährdungslage** wie bei der Marktbeherrschung durch ein Einzelunternehmen gegeben, so dass von einer **kollektiven Marktbeherrschung** auszugehen ist.[185] Ob die Voraussetzungen für ein homogenes Auftreten gegeben sind, richtet sich zum einen nach den in der *Farben*-Entscheidung[186] genannten Kriterien für faktisches Parallelverhalten. I.Ü. gelten die nachfolgenden, auch im deutschen Recht anzustellenden ökonomischen Überlegungen.[187]

Die Marktbeherrschungsvermutung des deutschen Rechts (§ 19 Abs. 2 Satz 2 GWB) hat vorwiegend im Bereich der Fusionskontrolle Bedeutung erlangt. Bei der Missbrauchsaufsicht kommt der Vorschrift geringere Relevanz zu, weil bei einem marktbeherrschenden Oligopol zumeist auch eine Abhängigkeit i. S. d. § 20 Abs. 2 GWB vorliegen wird und eventuelle kartellbehördliche Verfügungen bei Ausbeutungsmissbrauch auf diese Vorschrift gestützt werden können. **918**

Obwohl die Grenzen zwischen Einzel- und Oligopolmarktbeherrschung fließend sind,[188] schließen sie sich nach der Rechtsprechung aus.[189] Selbst wenn man dieser Auffassung folgt, ist eine genaue Abgrenzung in der Praxis nicht erforderlich, da eine kartellbehördliche Verfügung beim Übergang vom Monopol- zum Oligopoltatbestand erhalten bleibt.[190] **919**

---

185 Groeben/Schwarze-*Schröter*, Art. 82 Rn. 84 m.w.N in Fn. 310, 316; vgl. auch EuGH, Urt. v. 16.3.2000 – Rs. C-395 und 396/96 P, „CMB/Kommission", WuW/E EU-R 309, 312; zweifelnd, im Ergebnis ablehnend Immenga/Mestmäcker EG-WbR-*Möschel*, Art. 86 Rn. 114.

186 EuGH, Urt. v. 14.7.1972 – Rs. 49/69, „BASF", Slg. 1972, 713.

187 Str., weil das deutsche Recht das Fehlen von Innenwettbewerb zur Voraussetzung für Oligopolmarktbeherrschung macht.

188 Das Fehlen des Wettbewerbs kann durch faktisches Parallelverhalten im Oligopol oder durch die Macht des Marktführers bedingt sein, Langen-*Ruppelt*, § 23 Rn. 26.

189 Vgl. etwa BGH, Beschl. v. 12.2.1980 – KVR 3/79, „Valium II", WuW/E BGH 1678, 1680: Auf einem Markt kann nur ein marktbeherrschendes Einzelunternehmen oder ein marktbeherrschendes Oligopol tätig sein; weitere Nachweise bei *Bechtold*, § 19 Rn. 42; Immenga/Mestmäcker-*Möschel*, § 22 Rn. 78; Wiedemann KartR-*Wiedemann*, § 23 Rn. 26.

190 BGH, Beschl. v. 12.2.1980 – KVR 3/79, „Valium II", WuW/E BGH 1678, 1680: Keine wesentliche Änderung der Verfügung, vgl. auch KG, Beschl. v. 24.8.1978 – Kart 3/77, „Valium", WuW/E OLG 2053: Das Wesen der Verfügung ist dadurch gekennzeichnet, dass ein Unternehmen seine wirtschaftliche Macht missbraucht.

920 Für die **Oligopolmarktbeherrschung** ist eine zweistufige Prüfung erforderlich. Marktbeherrschung des Oligopols scheidet von vornherein aus, wenn zwischen den Unternehmen, die das Oligopol bilden, wesentlicher Wettbewerb herrscht (**Innenverhältnis**). Falls dies nicht der Fall ist, ist in einem zweiten Schritt zu prüfen, ob die Voraussetzungen des Abs. 2 (kein wesentlicher Wettbewerb durch Dritte oder überragende Stellung des Oligopols gegenüber den Dritten) vorliegen (**Außenverhältnis**).

921 Ob **wesentlicher Wettbewerb** zwischen den **Oligopolmitgliedern** besteht, ist durch eine über die strukturellen Wettbewerbsbedingungen hinausgehende **Gesamtbetrachtung** aller maßgebenden Umstände, insbesondere der auf dem relevanten Markt herrschenden Wettbewerbsverhältnisse, zu ermitteln.[191] In erster Linie ist hierbei der Einsatz der **Wettbewerbsparameter** Preis, Qualität und Produktwettbewerb zu betrachten. Scheidet – etwa aufgrund der Marktstruktur – z. B. der Preis- und Qualitätswettbewerb aus, muss der verbleibende **Restwettbewerb** von einer solchen Intensität und Bedeutung für den relevanten Markt sein, dass **insgesamt** – und nicht nur hinsichtlich der verbleibenden Wettbewerbsmöglichkeiten – von einer **Funktionsfähigkeit** des Wettbewerbs gesprochen werden kann.[192] Dies ist der Fall, wenn der **Nebenleistungswettbewerb** namentlich den Preisgestaltungs-, aber auch den sonstigen Verhaltensspielraum begrenzt.[193] Nur in zweiter Linie können andere Wettbewerbsmittel wie Marken- und Werbewettbewerb (der normalerweise jedoch nicht ausreicht, weil dies dem Erhalt der gegenwärtigen Marktanteile dient)[194] oder auch Service, Beratung und die Gestaltung der (Rest-)Konditionen als Indizien für wesentlichen Innenwettbewerb herangezogen werden. Die Marktstruktur kann Anhaltspunkte für wesentlichen Wettbewerb geben. Mit

---

Demgegenüber macht es keinen Unterschied, ob es diese Macht allein oder im Monopol innehat.

191 BGH, Beschl. v. 4.10.1983 – KVR 3/82, „Texaco-Zerssen", WuW/E BGH 2025, 2027 m. w. N.

192 BGH, Beschl. v. 4.10.1983 – KVR 3/82, „Texaco-Zerssen", WuW/E BGH 2025, 2028.

193 Zum Umfang des erforderlichen Nebenleistungswettbewerb als Ersatz für den Preiswettbewerb BGH, Beschl. v. 22.6.1981 – KVR 5/80, „Tonolli – Blei- und Silberhütte Braunbach", WuW/E BGH 1824, 1828; vgl. auch die restriktive Auslegung des KG: Die Marktgegenseite ist vor Preismissbrauch nicht zwingend geschützt, auch wenn die Unternehmen um Marktanteile kämpfen, KG, Beschl. v. 24.8.1978 – Kart 3/77, „Valium", WuW/E OLG 2053, 2059.

194 KG, Beschl. v. 1.3.1983 – Kart 16/82, „Morris-Rothmans", WuW/E OLG 3051, 3072 ff.

zunehmender **Anzahl der Marktteilnehmer** nimmt die Reaktionsverbundenheit im Oligopol ab; je kleiner die Marktanteile der Unternehmen sind, desto größer ist die Wahrscheinlichkeit eines funktionsfähigen Wettbewerbs.[195]

Soweit kein wesentlicher Innenwettbewerb existiert, kommt es nach § 19 **922** Abs. 2 Satz 2 GWB weiterhin auf bestehenden Außenwettbewerb bzw. die überragende Marktstellung des Oligopols gegenüber Dritten an. Dies stellt jedoch selten eine Hürde dar. Soweit kein wesentlicher Wettbewerb im Oligopol besteht, hat das Oligopol angesichts der von § 19 Abs. 3 GWB vorausgesetzten Marktanteile normalerweise auch eine nicht durch Wettbewerb hinreichend kontrollierte Machtposition.[196]

§ 3 Missbrauch, Diskriminierung

Schrifttum: *Bauer*, Kartellrechtliche Zulässigkeit von Beschränkungen des Internetvertriebs in selektiven Vertriebssystemen, WRP 2003, 243; *Baur/Henk-Merten*, Kartellbehördliche Preisaufsicht über den Netzzugang, Köln 2002; *Bechtold*, Zulassungsansprüche zu selektiven Vertriebssystemen unter besonderer Berücksichtigung der Kfz-Vertriebssysteme, NJW 2003, 3729; *Beckmann*, Die neuen Gruppenfreistellungsverordnungen für vertikale Vereinbarungen, WuW 2003, 752; *Bergmann*, Selektive vertikale Vertriebsbindungssysteme im Lichte der kartell- und lauterkeitsrechtlichen Rechtsprechung des Bundesgerichtshofs und des Gerichtshofs der Europäischen Gemeinschaften, ZWeR 2004, 28; *Blankart/Knieps*, Regulierung von Netzen?, ifo-studien 1996, 483; *Buch*, Kartellrechtliche Aspekte von Ausrüsterverträgen für den Wettkampfsport zwischen Herstellern und Sportvereinen, WuW 2005, 266; *Bunte/Heintz*, Zugang zu Netzen oder anderen Infrastruktureinrichtungen, WuW 2003, 598; *Deselaers,* Die „essential facilities" – Doktrin im Lichte des Magill-Urteils des EuGH, EuZW 1995, 563; *ders.,* Selektiver Vertrieb und Kontrahierungszwang, 1992; *Ewald*, Predatory Pricing als Problem der Misbrauchsaufsicht, WuW 2003, 1165; *Fleischer/Weyer*, Neues zur „essential facilities"-Doktrin im europäischen Kartellrecht, WuW 1999, 350; *Harte-Bavendamm/Kreutzmann*, Neue Entwicklungen in der Beurteilung selektiver Vertriebssysteme, WRP 2003, 682; *Heinemann*, Kartellrechtliche Zwangslizenzen im Patentrecht – Die Spundfass-Entscheidung des BGH vom 13. Juli 2004,

---

195 Langen-*Ruppelt*, § 22 Rn. 58.
196 Trotz hoher Marktanteile und fehlendem Binnenwettbewerb kann eine Oligopolmarktbeherrschung beispielsweise entfallen, wenn ein Großkonzern in einen mittelständisch geprägten Markt eindringt.

ZWeR 2005, 198; *Hirsch*, Anwendung der Kartellverfahrensordnung (EG) Nr. 1/2003 durch nationale Gerichte, ZWeR 2003, 233; *Hübschle*, Die kartellrechtliche Missbrauchsaufsicht über Strompreisdifferenzierungen nach der Energiewirtschaftsrechtnovelle, WuW 1998, 146; *ders.*, Die wettbewerbsrechtliche Einordnung von Diskriminierung (Preis, Qualität) beim Zugang zu Infrastrukturen und nachgelagerten Wirtschaftsstufen, in: Diskriminierungsfreier Zugang zu (Verkehrs-)Infrastrukturen: Konzepte, Erfahrungen und institutionelles Design, Schriftenreihe der Deutschen Verkehrswissenschaftlichen Gesellschaft B 224, S. 62; *ders.*, Marktsegmentierung durch vertragliche Vertriebssysteme, 1994; *Kahlenberg/Haellmigk*, Neues Deutsches Kartellgesetz, BB 2005, 1509; *Kapp*, Wettbewerbsbeschränkung durch vertikale Vertriebsbindung? Eine Studie zu § 18 unter Berücksichtigung der neueren Entwicklung im US-Antitrustrecht, Baden-Baden 1984; *Klimisch/Lange*, Zugang zu Netzen und anderen wesentlichen Einrichtungen als Bestandteil der kartellrechtlichen Missbrauchsaufsicht, WuW 1998, 15; *Knöpfle*, Zur Missbrauchsaufsicht über marktbeherrschende Unternehmen auf dem Preissektor, DB 1974, 862; *Leupold/Pautke*, IMS Health vs. Microsoft – Befindet sich die Kommission bei kartellrechtlichen Zwangslizenzen (erneut) auf Konfrontationskurs mit dem EuGH?, EWS 2005, 108; *Lorenz/Lübbig/Russell*, Price Disrimination, a Tender Story, ECLR 2005, 355; *Lutz*, Durchleitung von Strom und Gas nach Inkrafttreten des neuen EnWG und GWB, RdE 1999, 102; *Markert*, Die Anwendung des US-amerikanischen Monopolisierungsverbots auf Verweigerungen des Zugangs zu „wesentlichen Einrichtungen", in: Immenga/Möschel/Reuter (Hrsg.), Festschrift für Ernst-Joachim Mestmäcker zum siebzigsten Geburtstag, 1996, S. 661; *ders.*, Treuerabatte und „predatory selling" in der Strom- und Gasversorgung aus kartellrechtlicher Sicht, WRP 2003, 1320; *Möschel*, Die 7. GWB-Novelle ante portas, WuW 2003, 571; *Müller-Uri*, Kartellrecht, 1989; *Niebling*, Die aktuelle Entwicklung des Vertriebsrechts am Beispiel des Automobilvertriebs, WRP 2003, 609; *Omsels*, Zur Unlauterkeit der gezielten Behinderung von Mitbewerbern, § 4 Nr. 10 UWG, WRP 2004, 136; *Pampel*, Rechtsnatur und Rechtswirkungen von Mitteilungen der Kommission im europäischen Wettbewerbsrecht, EuZW 2005, 11; *Pöhlmann*, Kartellrechtliche Aufsicht über Stromabgabepreise der Energieversorgungsunternehmen nach der Energierechtsnovelle, RdE 1998, 57; *Riechmann*, Die Gleichpreisigkeit als preis- und kartellrechtliches Problem, RdE 1995, 102; *Ritter/Braun/Rawlinson*, EEC Competition Law, 1991; *Rittner*, Vertikalvereinbarungen und Kartellverbote in der 7. GWB-Novelle, WuW 2003, 451; *Röhling*, Zukunft des Kartellverbots nach In-Kraft-Treten der EU-Verfahrensrechtsordnung, GRUR 2003, 1019; *Schultz*, Netzzugang und Kartellrecht, et 1999, 750; *Schultze/Pautke/Wagener*, Die Gruppenfreistellung für vertikale Vereinbarungen – Praxiskommentar, Heidelberg 2001; *Schwarze*, Der Schutz geistigen Eigentums im europäischen Wettbewerbsrecht, EuZW 2003, 75;

Thyri, Immaterialgüterrechte und Zugang zur wesentlichen Einrichtung – Der Fall Microsoft im Lichte von IMS Health, WuW 2005, 388; *Wagner*, Der Systemwechsel im EG-Kartellrecht – Gruppenfreistellungen und Übergangsproblematik, WRP 2003, 1369; *Weitbrecht*, Das neue EG-Kartellverfahrensrecht, EuZW 2003, 69; *Wirtz*, Anwendbarkeit von § 20 GWB auf selektive Vertriebssysteme nach Inkrafttreten der VO 1/2003, WuW 2003, 1039; *Wirtz/Holzhäuser*, Die kartellrechtliche Zwangslizenz, WRP 2004, 683; *Zimmerlich*, Der Fall Microsoft – Herausforderungen für das Wettbewerbsrecht durch die Internetökonomie, WRP 2004, 1260.

I. Allgemeines

Europäisches und nationales Recht beseitigen nicht die marktbeherr- **923** schende Stellung als solche,[197] sondern richten sich (nur) gegen deren missbräuchliche Ausnutzung. Beim **Missbrauch** handelt es sich um einen stark interpretationsbedürftigen Begriff. Im deutschen Recht war – schon bevor die Regelbeispiele der Nr. 1–3 im Zuge der 4. GWB-Novelle in den Missbrauchstatbestand des § 22 GWB a. F. eingefügt wurden – anerkannt, dass Schutzzweck die **Kontrolle** der durch Wettbewerb nicht **hinreichend beschränkten Verhaltensspielräume** ist. Es soll verhindert werden, dass ein marktbeherrschendes Unternehmen zu Lasten von Wettbewerbern oder der Marktgegenseite ein Verhalten zeigt, das zu einer Verschlechterung der Marktstruktur oder zu nicht wettbewerbsgerechten Ergebnissen führt, indem es seinen vom Wettbewerb nicht wirksam kontrollierten Gestaltungsspielraum ausnutzt.[198] Missbrauchskontrolle soll – soweit dies eine gesetzliche Regelung und eine behördliche Überwachung überhaupt zu leisten vermag – die Schutzfunktion des Wettbewerbs für zwei Gruppen ersetzen: für die Abnehmer oder Lieferanten des marktbeherrschenden Unternehmens (Schutz vor sog. Ausbeutungsmissbrauch) und für dessen Wettbewerber (Schutz vor sog. Behinderungsmissbrauch). Diese Unterscheidung zwischen **Ausbeutungsmissbrauch** und **Behinderungsmissbrauch** ist im deutschen wie im europäischen Recht üblich.[199]

---

197 Etwa durch eine Zwangsaufspaltung; vgl. aber jetzt Art. 7 Abs. 1 VO 1/2003 und § 32 Abs. 2 GWB n. F.; dies kann auch Eingriffe in die Unternehmenssubstanz einschließen, vgl. *Kahlenberg/Haellmigk*, BB 2005, 1509, 1512, dürfte praktisch aber regelmäßig wegen des Verhältnismäßigkeitsgrundsatzes ausscheiden.
198 KG, Beschl. v. 14.4.1978 – Kart 8/78, „Rama-Mädchen", WuW/E OLG 1983, 1985.
199 Vgl. etwa EuGH, Urt. v. 13.2.1979 – Rs. 85/76, „Hoffmann-La Roche", Slg. 1979, 461, 553 Rn. 215; *Wiedemann* KartR-*de Bronett*, § 22 Rn. 35.

924 Mit Art. 82 EG wird – wie mit dem europäischen Kartellrecht allgemein – darüber hinaus der Zweck verfolgt, über ein System unverfälschten Wettbewerbs die **Integration** der nationalen Märkte voranzutreiben. Augenfällig wird dies etwa angesichts der Praxis der Europäischen Kommission, Preisspaltungen marktbeherrschender Unternehmen insbesondere dann aufzugreifen, wenn mit diesen **Preisunterschiede** auf verschiedenen nationalen Märkten aufrechterhalten werden.

925 Um Gemeinsamkeiten und Unterschiede des europäischen und deutschen Rechts aufzuzeigen, folgt die Erörterung nicht den Regelbeispielen des Art. 82 EG oder § 19 Abs. 4 GWB, sondern der geläufigen **Unterscheidung** zwischen **Behinderungs- und Ausbeutungsmissbrauch** und den durch die Rechtsprechung hierzu entwickelten **Fallgruppen.** Hiermit werden Wiederholungen weitgehend vermieden. Behinderungs- und Ausbeutungsmissbrauch stellen jedoch keine trennscharfe Abgrenzung, sondern eher eine Grobeinteilung dar. Ein wettbewerbsbeschränkendes Verhalten kann sowohl Elemente des Behinderungs- als auch des Ausbeutungsmissbrauchs enthalten.[200] Die Einteilung erfolgt deshalb danach, wo der **Schwerpunkt der wettbewerbsbeschränkenden Wirkung** liegt. Die **Geschäftsverweigerung,** die ebenfalls sowohl Behinderungsmissbrauch[201] als auch Ausbeutungsmissbrauch[202] sein kann, wird entsprechend ihrer praktischen Bedeutung, wie auch die verwandten Fragestellungen des **Zugangs zu einer wesentlichen Einrichtung** und der **Zwangslizenzierung,**[203] gesondert dargestellt.

II. Behinderungsmissbrauch

1. Allgemeines

926 Die Missbrauchsaufsicht über Behinderungen hat aufgrund ihrer **Vorfeldwirkungen** erhebliche Bedeutung für den Schutz des Wettbewerbs als Institution. Behinderungen im Horizontalverhältnis verschlechtern

---

200 Typischerweise ist dies bei Preisspaltungen und Ausschließlichkeitsbindungen der Fall, siehe dazu Rn. 961 ff. u. Rn. 1005, 1024.

201 Wenn ein Unternehmen durch den Marktbeherrscher nicht mit Vorprodukten oder Rohstoffen beliefert wird, um dieses als Wettbewerber auf dem nachgelagerten Markt auszuschalten.

202 Wenn die Lieferung verweigert wird, um überhöhte Preise durchsetzen zu können.

203 Die letztgenannten Problemstellungen könnten dogmatisch auch als Untergruppen der Geschäftsverweigerung angesehen werden. Die spezifischen Fragestellungen in diesem Bereich sprechen aber für eine gesonderte Behandlung.

die **marktstrukturellen Voraussetzungen** für Wettbewerb. Sie stellen deshalb oftmals die Voraussetzung für einen nachfolgenden Ausbeutungsmissbrauch dar.

Im deutschen Recht unterfallen Behinderungen neben der allgemeinen **927** Missbrauchsaufsicht nach § 19 Abs. 1 GWB auch § 20 Abs. 1 GWB. Praktisch ist § 20 Abs. 1 GWB (§ 26 Abs. 2 a. F.) bedeutender, weil auch sog. **marktstarke** (relativ marktmächtige) Unternehmen erfasst sind. Die Voraussetzungen hierfür sind leichter nachweisbar; zudem war § 26 GWB (jetzt § 20 GWB) schon vor der 6. GWB-Novelle als unmittelbar vor den Zivilgerichten durchsetzbarer **Verbotstatbestand** ausgestaltet.[204]

Eine **Behinderung** ist nach herrschender Lesart **jede Beeinträchti-** **928** **gung der Wettbewerbsmöglichkeiten** anderer Unternehmen. Damit werden von Art. 82 EG, § 19 GWB zunächst auch sämtliche Verhaltensweisen erfasst, die **wettbewerbsimmanent** sind. Jede wirtschaftliche Betätigung eines Konkurrenten schmälert die wettbewerblichen Betätigungsmöglichkeiten der verbleibenden Unternehmen; mit zunehmender Marktmacht wird diese Wirkung potenziert. Der Begriff der Behinderung grenzt den Anwendungsbereich der Missbrauchsaufsicht damit praktisch nicht ein; er ist bestenfalls ein Grobraster. Liegt eine Behinderung vor, muss eine **wertende Betrachtung** hinzutreten, ob dieses behindernde Verhalten wettbewerbskonform oder missbräuchlich ist.[205]

Die Marktbeherrschung ist in aller Regel keine conditio sine qua non **929** für die Behinderung. Nicht marktbeherrschende Unternehmen können sich am Markt in derselben Weise behindernd gegenüber Wettbewerbern verhalten. Der Unterschied liegt allerdings in den **wettbewerbli-** **chen Auswirkungen**, die eine Behinderung durch ein marktbeherrschendes (oder marktstarkes) Unternehmen hat.[206] Dies zeigen etwa **Alleinvertriebsrechte**: Werden diese von einem kleinen Hersteller eingeräumt, werden diese trotz der Beschränkung des Händlerwettbe-

---

204 § 19 hat insoweit einen weiteren Anwendungsbereich, als er jede Form missbräuchlichen Marktverhaltens erfasst, während § 20 GWB auf den sog. Ausbeutungsmissbrauch weitgehend nicht anwendbar ist.

205 Zu Bestrebungen, Maßnahmen des Leistungswettbewerbs generell aus dem Anwendungsbereich des § 19 Abs. 4 Nr. 1 auszuklammern, instruktiv *Müller-Uri*, Kartellrecht, 1989 Rn. 230.

206 Beispielsweise sind Niedrigpreisstrategien auch nicht marktbeherrschenden Unternehmen möglich. Hierdurch Konkurrenten aus dem Markt zu drängen, wird jedoch nur Unternehmen mit besonderer Marktstellung möglich sein.

werbs überwiegend positiv beurteilt.[207] Diese Bewertung kippt, soweit sich ein marktbeherrschendes Unternehmen Ausschließlichkeitsbindungen bedient: Bei Alleinbelieferung werden andere Käufer vom Markt ausgeschlossen. Sobald der Käufer auf einem vor- oder nachgelagerten Markt eine bedeutende Marktstellung erreicht hat, können erhebliche Abschottungseffekte eintreten. Diese zusätzliche Beschränkung des Wettbewerbs führt dazu, dass Alleinbezugsverträge mit Marktbeherrschern grundsätzlich nicht zulässig sind.[208] Auch bei nicht marktbeherrschenden Unternehmen können die Abschottungseffekte eine Vereinbarung kartellrechtswidrig machen, wenn sie aufgrund der Dauer der Bindung erheblich sind.[209]

930 Die qualifizierten Folgen der Behinderung gerade durch ein marktbeherrschendes Unternehmen reichen für die **Verknüpfung** zwischen **Marktbeherrschung** und **Behinderung** aus; eine weitere Einschränkung der Anwendung des § 20 GWB bei Behinderungen durch marktbeherrschende oder marktstarke Unternehmen ist wegen des Schutzzwecks, marktmachtbedingte Verhaltensspielräume einzuschränken, abzulehnen.

931 Grundsätzlich ist auch ein Verhalten durch ein marktbeherrschendes oder marktstarkes Unternehmen erfasst, das sich **auf einem anderem als dem beherrschten Markt** behindernd auswirkt.[210] Die Praxis der

---

207 Siehe im Einzelnen Rn. 946 ff., 963.

208 Die Beurteilung der Bindungen in Abhängigkeit vom Marktanteil zeigt sich auch in der Vertikal-GVO 2790/99, Art. 3 Abs. 1 und 2: Nur bis zu dem bestimmten Marktanteil sind die auferlegten Bindungen nach der GVO zulässig.

209 Vgl. Komm., Leitlinien für vertikale Beschränkungen, Abl. 2000, Nr. C 291, 1 Rn. 204 f.

210 Sehr str.; aus der Praxis der Gemeinschaftsorgane EuGH, Urt. v. 9.11.1983 – Rs. 322/81, „Michelin „ Slg. 1983, 3461, 3514; Urt. v. 13.2.1979 – Rs. 85/76, „Hoffmann-La Roche", Slg. 1979, 461, 541; Urt. v. 21.2.1973 – Rs. 6/72, „Continental Can", Slg. 1973, 215, 246; allgemein zum Thema Langen-*Dirksen*, Art. 86 Rn. 85; Groeben/Schwarze-*Schröter*, Art. 82 Rn. 129, jeweils m.w.N. EuGH, Urt. v. 3.7.1991 – Rs. C-62/86, „AKZO/Kommission", Slg. 1991, I-3359, 3449, 3468 f. setzt sich hiermit nicht ausdrücklich auseinander, lässt es aber ausreichen, dass ein Unternehmen auf einem beherrschten Markt die Ressourcen eines Konkurrenten bindet, um jenen an der Ausdehnung seiner Tätigkeit zu hindern. Zum deutschen Recht jüngst wie hier BGH, Urt. v. 30.3.2004 – KZR 1/03, „Der Oberhammer", WRP 2004, 1181, 1182; BGH, Urt. v. 4.11.2003 – KZR 16/02, „Strom und Telefon I", WRP 2004, 376, 378; KG, Beschl. v. 17.11.1980 – Kart 22/79, „Fertigfutter", WuW/E OLG 2403, 2410; Beschl. v. 26.1.1977 – Kart 27/76, „Kombinationstarif", WuW/E OLG 1767, 1770 f.; Langen-*Schultz*, § 22 Rn. 108 und § 26 Rn. 116, jeweils m.w.N. insb. zu Stimmen in der Literatur; Immenga/Mestmäcker-*Markert*, § 26 Rn. 81; in die Richtung weiterer Einschränkungen tendenziell jedoch BGH,

Gemeinschaftsorgane fordert allerdings einen **Zusammenhang** zwischen dem beherrschten Markt und dem Drittmarkt, auf dem die Behinderungen auftreten.[211] Dieses zusätzliche Erfordernis ist gerechtfertigt, weil es bei der Missbrauchsaufsicht um die Beschränkung nicht hinreichend durch Wettbewerb kontrollierter Verhaltensspielräume geht. Hat der beherrschte Markt keinerlei Relevanz für den Wettbewerb auf dem betroffenen Drittmarkt, liegen weder **marktmachtbedingte Verhaltensspielräume** noch eine gesteigerte **Marktstrukturverantwortung** des beherrschenden Unternehmens und damit keine innere Rechtfertigung für eine Missbrauchsaufsicht vor. Ansonsten bestünde die Gefahr, den Missbrauchstatbestand zu überdehnen, weil auch das Verhalten von Unternehmen erfasst wird, die nicht über das Potenzial verfügen, wettbewerbliche Prozesse in besonderem Maße zu beeinträchtigen. Die **praktische Bedeutung** dieser Einschränkung ist jedoch gering. Selten wird ein Unternehmen zu behindernden Strategien auf einem Drittmarkt greifen, ohne zugleich unternehmerische Ziele auf dem beherrschten Markt zu verfolgen.[212]

Der besondere Zusammenhang besteht zumeist in der **Hebelwirkung** **932** („**leverage effect**"), mit der die marktbeherrschende Stellung auf einem Markt auf einen Drittmarkt übertragen werden kann. Dies illustriert etwa die **Kopplungsstrategie** von Microsoft, einen Internet-Browser im Paket mit dem Betriebssystem anzubieten.[213] Nur auf dem Markt für Betriebssysteme besteht eine beherrschende Stellung. Durch die Kopplung konnte diese auf einen Markt ausgedehnt werden,[214] in dem bislang der Wettbewerber marktbeherrschend war. Missbräuchlich

---

Urt. v. 23.2.1988 – KVR 17/86, „Sonderungsverfahren", WuW/E BGH 2483, 2490: § 26 Abs. 2 GWB a.F. in Fällen der Drittmarktbehinderung nur anwendbar, soweit das behinderte Unternehmen auch auf dem beherrschten Markt tätig ist; ob an dieser Einschränkung festzuhalten ist, wurde von BGH, Urt. v. 4.11.2003 – KZR 16/02, „Strom und Telefon I", WRP 2004, 376, 378 offengelassen; vgl. auch KG, Urt. v. 10.4.1995 – Kart U 7605/94, „Kraftwerkkomponenten", WuW/E OLG 5439, 5447: Zwischen beherrschtem und dem Markt, auf dem sich die Behinderung auswirkt, muss eine Wechselbeziehung bestehen.

211 EuGI, Urt. v. 17.12.2003 – Rs. T-219/99, „British Airways", WuW/E EU-R 777, 782 f. Rn. 127, 132.

212 Zu den Motiven wettbewerbsbehindernder Praktiken auf Drittmärkten *Zimmerlich*, WRP 2004, 1260, 1266 f.

213 Weiterer Anwendungsfall der Ausdehnung der Marktmacht durch Kopplung Komm., Entsch. v. 24.3.2004 – COMP/C-3/37.792, „Microsoft", WuW/E EU-V 931.

214 Zur Marktmachtübertragung („leverage effect") vgl. auch Komm., Entsch. v. 20.7.2000 – COMP/JV.48, „Vodafone/Vivendi/Canal+", WuW/E EU-V 842, 846; *Zimmerlich*, WRP 2004, 1260, 1261, 1266 f.

können damit insbesondere **Kopplungsangebote** durch das marktbeherrschende Unternehmen,[215] **Rabatte** auf dem beherrschten Markt für Leistungen auf einem Drittmarkt[216] sowie **mittelbare Behinderungen** durch den Normadressaten sein.[217]

2. Normative Betrachtung: Missbrauch nach Art. 82 EG, sachliche Rechtfertigung i. S. d. § 19 Abs. 4 Nr. 1 GWB

933 Angesichts des weiten Behinderungsbegriffs, der auch wettbewerbskonformes Verhalten erfasst, ist es das Hauptproblem, missbräuchliche Verhaltensweisen von der erlaubten wettbewerblichen Betätigung **abzugrenzen.** Das europäische Recht unterscheidet beim Behinderungsmissbrauch im Ausgangspunkt zwischen Maßnahmen des **Leistungs- und des Nichtleistungswettbewerbs.** Dort wird deduktiv versucht, aus den Regelbeispielen des Art. 82 EG unter Berücksichtigung der Ziele des Art. 3 lit. a u. g EG Maßstäbe für das missbräuchliche Verhalten herzuleiten. Auf diese Weise soll „die Verwendung von Mitteln, welche von den Mitteln eines normalen Produkt- und Dienstleistungswettbewerbs auf der Grundlage von Leistungen der Unternehmen abweichen, herausgefiltert und Leistungs- vom Nichtleistungswettbewerb abgegrenzt werden".[218] Letztlich ist dies aber nur eine sprachliche Umschreibung des Ziels; diese Kategorien können ebenfalls nur durch eine **wertende Betrachtung** abgegrenzt werden.[219] Rechtsprechung und Verwaltungspraxis haben, um den Tatbestand des Behinderungs-

---

215 Die nach nationalem Recht nach der Entscheidung BGH, Urt. v. 23.2.1988 – KVR 17/86, „Sonderungsverfahren", WuW/E BGH 2483 nur von § 20 GWB erfasst wären, wenn das auf einem Drittmarkt behinderte Unternehmen zufällig auch auf dem beherrschten Markt tätig ist; ob diese Einschränkung aufrechterhalten werden soll, wird von BGH, Urt. v. 4.11.2003 – KZR 16/02, „Strom und Telefon I", WRP 2004, 376, 378 ausdrücklich offen gelassen; vorzugswürdig ist die von der Praxis der Gemeinschaftsorgane gemachte Einschränkung, die die marktmachtbedingten Verhaltensspielräume begrenzt, ohne zu einer Überdehnung des Anwendungsbereichs der Missbrauchsvorschriften zu führen.

216 EuGI, Urt. v. 17.12.2003 – Rs. T-219/99, „British Airways", WuW/E EU-R 777, 782 Rn. 132.

217 Mittelbare unterschiedliche Behandlung von Einzelhändlern als Folge der Ungleichbehandlung von Großhändlern, KG, Beschl. v. 30.1.1968 – Kart V 33/67, „Zigaretten-Einzelhandel", WuW/E OLG 877.

218 EuGH, Urt. v. 13.2.1979 – Rs. 85/76, „Hoffmann-La Roche", Slg. 1979, 461, 541; EuGI, Urt. v. 23.10.2003 – Rs. T-65/98, „Van den Berg Foods/Kommission", WuW Eu-R 765 Rn. 157; Komm., Entsch. v. 21.5.2003 – COMP/C/34.451 et al., „Deutsche Telekom", WuW Eu-V 908 Rn. 178.

219 Vgl. Wiedemann KartR-*de Bronett*, § 22 Rn. 42 ff.: Objektive Kriterien, die den Leistungs- vom Nichtleistungswettbewerb unterscheiden, existieren nicht.

missbrauchs handhabbar zu machen, einzelne **Fallgruppen** gebildet. Die erforderliche Rechtssicherheit wird nicht durch die Kategorien des Leistungs- und Nichtleistungswettbewerbs, sondern durch die Zuordnung zu diesen Fallgruppen gewährleistet.

Im deutschen Recht sind Versuche, Maßnahmen des Leistungswettbewerbs von vornherein aus dem Anwendungsbereich der Vorschrift auszuklammern und als sachlich gerechtfertigt anzuerkennen, vom Bundesgerichtshof nicht übernommen worden.[220] Als Maßstab hat sich eine **Abwägung der Interessen** der Beteiligten unter Berücksichtigung der auf die Freiheit des Wettbewerbs gerichteten Zielsetzung des Gesetzes durchgesetzt.[221]   **934**

Im europäischen und deutschen Recht bestehen damit zwar geringfügig unterschiedliche theoretische Ausgangspunkte; letztlich sind in beiden Rechtsordnungen im Wege wertender Betrachtung **Fallgruppen** zu bilden unabhängig davon, ob man sich des Kriteriums des Leistungswettbewerbs als begriffliche Brücke bedient oder nicht. Diese wertende Betrachtung hat dabei wegen desselben Schutzzwecks in allen Tatbeständen eines Rechtskreises gleich auszufallen. Die unbillige Behinderung nach § 20 Abs. 1 GWB entspricht deshalb der sachlich nicht gerechtfertigten Behinderung des § 19 Abs. 4 Nr. 1 GWB; auch zwischen europäischem und nationalem Recht bestehen im Ergebnis keine praktisch relevanten Unterschiede.[222]   **935**

---

220 Anders KG, Beschl. v. 9.11.1983 – Kart 35/82, „Milchaustauschfuttermittel", WuW/E OLG 3124, 3130 f.

221 So bereits BGH, Beschl. v. 3.3.1969 – KVR 6/68, „Sportartikelmesse", WuW/E BGH 1027, 1031; Beschl. v. 10.11.1992 – KVR 26/91, „Taxigenossenschaft II", WuW/E BGH 2828, 2836; vgl. eingehend zur konzeptionellen Diskussion Immenga/Mestmäcker-*Möschel*, § 22 Rn. 101 ff. A.A. FK-*Baur/Weyer*, § 22 Rn. 562 ff. mit dem Hinweis, bestimmte Verhaltensweisen könnten dem Marktbeherrscher selbst dann nicht verboten werden, wenn diese negative Auswirkungen auf das Marktergebnis haben würden; unzutreffend, weil allein das Marktergebnis und nicht die Kategorisierung des Verhaltens des marktbeherrschenden Unternehmens Anknüpfungspunkt und Rechtfertigung für einen Eingriff in die unternehmerische Freiheit ist. Praktische Vorteile des Vorgehens sind nicht ersichtlich, da im Rahmen der Interessenabwägung dem Interesse der Unternehmen an üblichen Wettbewerbsmaßnahmen ein hohes Gewicht eingeräumt werden kann. Wie wenig hilfreich die Abgrenzung zwischen Leistungs- und Nichtleistungswettbewerb praktisch ist, zeigt die Darstellung von FK-*Baur/Weyer*, § 22 Rn. 562 ff.: Die eigentlich problematischen Fälle werden schlussendlich doch einer Interessenabwägung zugeführt.

222 Vgl. auch Wiedemann KartR-*Wiedemann*, § 23 Rn. 41; Abweichungen sind gegebenenfalls wegen des erweiterten, auf Integration gerichteten Schutzzwecks des EG denkbar.

3. Verhältnis der Missbrauchsaufsicht zu Art. 81 EG bei der Beurteilung von Vertriebsvereinbarungen

936 Art. 81 EG ist unstreitig auf **vertikale** wie **horizontale** Vereinbarungen anwendbar, so dass auch **vertragliche Vertriebssysteme** an diesem Maßstab zu überprüfen sind. Das deutsche Recht hatte hingegen bis zur 7. GWB-Novelle differenziert: Während horizontale Vereinbarung unter das Kartellverbot fielen, unterlagen vertikale Vereinbarungen – von bestimmten, besonders wettbewerbsschädlichen Klauseln wie Preisbindungen abgesehen – nur einer Missbrauchsaufsicht.[223] Hinter der Gesetzessystematik stand die Überlegung, dass vertikale Vereinbarungen grundsätzlich weniger wettbewerbsschädlich als horizontale sind. Dies ist trotz der unterschiedlichen Regelungstechnik auch im europäischen Recht anerkannt.[224] Obwohl das deutsche System von vielen für überlegen erachtet wurde,[225] hat sich der Gesetzgeber im Zuge der 7. GWB-Novelle für eine Angleichung an das europäische Recht entschieden.

937 Mit der **Vertikal-GVO** 2790/1999 hat die Kommission ein differenziertes Regelungswerk zur kartellrechtlichen Beurteilung vertikaler Vereinbarungen vorgelegt.[226] Diese wird ergänzt durch die **Leitlinien** der Kommission **zur Beurteilung vertikaler Vereinbarungen.**[227] Für die Anwendung der Gruppenfreistellungsverordnungen wie die Vertikal-GVO 2790/1999 haben sich allerdings durch den mit der VO 1/2003 vollzogenen Wechsel von einem **Verbot mit Freistellungsvorbehalt** hin zu einem System der **Legalausnahme** bedeutende Änderungen ergeben. Nachdem nunmehr eine Vereinbarung als rechtmäßig anzusehen ist, wenn die Voraussetzungen des Art. 81 Abs. 3 EG erfüllt

---

223 Diese lief weitgehend leer, weil sie an so hohe Hürden geknüpft war, dass ein kartellbehördliches Einschreiten praktisch ausschied. Die Kontrolle vertikaler Vereinbarungen erfolgte demgemäß in gerichtlichen Auseinandersetzungen nach § 20 GWB (§ 26 GWB a. F.).
224 Vgl. Erwägungsgrund Nr. 7 u. 8 VO 1/2003.
225 Vgl. etwa die Kritik der Literatur am vorgelegten Referentenentwurf in einleitenden Kommentaren von *Rittner*, WuW 2003, 451 und *Möschel*, WuW 2003, 571. Zweifelhaft: Mit der GVO 2790/1999 und den Leitlinien für vertikale Beschränkungen, Abl. 2000, Nr. C 291, 1, ist die Grundlage für eine differenzierte und ausbalancierte Beurteilung vertikaler Vereinbarungen gegeben, wohingegen die Missbrauchsaufsicht nach § 16 ff. GWB a. F. mangels praktischer Bedeutung kein ausreichendes Korrektiv darstellte.
226 Komm., VO (EG) Nr. 2790/1999 v. 22.12.1999 über die Anwendung von Art. 81 Abs. 3 des Vertrages auf Gruppen von vertikalen Vereinbarungen und aufeinander abgestimmten Verhaltensweisen.
227 Komm., Leitlinien für vertikale Beschränkungen, Abl. 2000, Nr. C 291, 1.

sind, ergibt sich deren Zulässigkeit unmittelbar aus dem **Gesetz.** Des
Rückgriffs auf die Vorschriften der Gruppenfreistellungen bedarf es
grundsätzlich nicht mehr. Teilweise wurde deshalb die Auffassung vertreten, die Gruppenfreistellungsverordnungen verlören ihren **normativen Charakter** und seien eine Art Gruppen-Negativattest.[228] Eine
Bindung der nationalen Stellen bei der Anwendung des Art. 81 Abs. 3
EG sei hiermit nicht verbunden.[229]

Gegen eine solche Auslegung spricht die Absicht, trotz der dezentra-   **938**
len Anwendung des europäischen Kartellrechts einen einheitlichen
Standard zu erreichen. Die Gruppenfreistellungsverordnungen sind
weiterhin als legislative Maßnahmen der Kommission mit **Bindungswirkung** für die nationalen Stellen anzusehen.[230] Hiermit stehen zwar
eine **primär- und eine sekundärrechtliche Erlaubnis** vertraglicher
Vertriebssysteme nebeneinander, die die Voraussetzungen des Art. 81
Abs. 3 bzw. der Vertikal-GVO erfüllen. Problematisch ist dies hingegen nur für den – praktisch wohl wenig bedeutsamen – Fall, wenn eine
Vereinbarung zwar nach Vertikal-GVO freigestellt, aber nicht von
Art. 81 Abs. 3 EG gedeckt wäre. Zu lösen ist dies nicht auf materiell-
rechtlicher Ebene, sondern verfahrenstechnisch: Entweder, indem der
Kommission die Gelegenheit zum **Entzug des Freistellungsvorteils**
nach Art. 6 Vertikal-GVO gegeben wird, oder indem die Vereinbarkeit
der Vertikal-GVO mit dem EG-Vertrag dem EuGH zur Klärung **vorgelegt** wird. Soweit eine Vereinbarung nicht nach der Vertikal-GVO zulässig ist, ist stets im Einzelfall zu prüfen, ob sie unmittelbar nach
Art. 81 Abs. 3 EG zulässig ist.

Die Überprüfung vertraglicher Vertriebssysteme am Maßstab der   **939**
Missbrauchsvorschriften hat neben der Beurteilung nach Art. 81 EG
unter anderem deshalb erhebliche Bedeutung, weil nach h.M. aus
Art. 81 EG auch i.V.m. nationalen Vorschriften (hier: § 249 BGB)
kein **Kontrahierungszwang** folgt, wohl aber aus einem Verstoß gegen
das Missbrauchsverbot. Die Klage eines Händlers auf Belieferung
kann deshalb nur auf einen Verstoß gegen Art. 82 EG oder entsprechende nationale Vorschriften gestützt werden. Es stellt sich die Frage
nach dem Verhältnis von Art. 81 EG zu Art. 82 EG.

---

228 Etwa *Röhling*, GRUR 2003, 1019, 1024 f. m.w.N.; *Hirsch*, ZWeR 2003, 233, 247.
229 Vgl. die ausführliche Darstellung des Meinungsstandes bei *Wagner*, WRP 2003,
    1369, 1373 f. mit Nachweisen in Fn. 63.
230 Eingehend zur dogmatischen Begründung *Wagner*, WRP 2003, 1369, 1374 ff.

940 Nach der Praxis der Gemeinschaftsorgane sind Art. 81 und Art. 82 EG nebeneinander anwendbar.[231] Unstreitig ist, dass ein marktbeherrschendes Unternehmen zugleich missbräuchlich handelt, wenn es vertragliche Vereinbarungen durchsetzt, die gegen Art. 81 EG verstoßen. Ansonsten sind bei der Anwendung des Art. 82 EG die Wertungen, die innerhalb des Art. 81 EG bei der Beurteilung von Vereinbarungen angestellt werden, zu beachten und umgekehrt.[232] **Wertungswidersprüche** werden durch parallele Auslegung der interpretationsbedürftigen Tatbestandsmerkmale vermieden. Die **regelmäßigen Folgen** von nach Art. 81 EG zulässigen Vereinbarungen können nicht zugleich nach Art. 82 EG als Missbrauch angesehen werden.

941 Aufgrund dieser **Wechselwirkungen** sind unterschiedliche Rechtsfolgen nach Art. 81 und Art. 82 EG selten. Praktisch fehlt es entweder an der Marktbeherrschung als Voraussetzung für die Anwendung des Art. 82 EG, oder eine Vereinbarung ist umgekehrt aufgrund der Marktmacht der Beteiligten nicht nach Art. 81 Abs. 3 EG zulässig: Wettbewerbsbeschränkende Vertriebsvereinbarungen sind etwa nach der GVO 2790/1999 nur kartellrechtskonform, wenn der Lieferant bestimmte Marktanteile nicht überschreitet.[233] Dann fehlt es jedoch regelmäßig an der Marktbeherrschung.[234] Selbst unterhalb der Marktanteile des Art. 3 GVO 2790/1999 sind Vereinbarungen nicht nach Art. 81 Abs. 3 EG zulässig, wenn aufgrund der Besonderheiten des Marktes – etwa paralleler Vereinbarungen – **besonders wettbewerbsschädigende Wirkungen** an sich kartellrechtlich zulässiger Vereinbarungen drohen. Nur ausnahmsweise kann eine **Wettbewerbsbeschränkung durch den Marktbeherrscher** zugleich die Voraussetzungen des Art. 81 Abs. 3 EG erfüllen.[235] Umgekehrt kann ein nach Art. 81

---

231 Vgl. Schröter/Jakob/Mederer-*Schröter*, Art. 82 Rn. 37 m. w. N.

232 Vgl. Schröter/Jakob/Mederer-*Schröter*, Art. 82 Rn. 38 ff. m. w. N.

233 Art. 3 Abs. 1 VO 2790/1999; bei Ausschließlichkeitsvereinbarungen darf auch der Abnehmer nicht mehr als 30 % Marktanteil haben. Auch bei der Bewertung einer Vereinbarung nach Art. 81 Abs. 3 EG außerhalb der GVO kommt der Marktstellung entscheidende Bedeutung zu: Je höher der Marktanteil, umso kritischer werden wettbewerbsbeschränkende Klauseln gesehen und umso weniger kommt eine Rechtfertigung nach Art. 81 Abs. 3 EG in Betracht, vgl. Komm., Leitlinien für vertikale Beschränkungen, Abl. 2000, Nr. C 291, 1, passim.

234 Denkbar wäre eine kollektive Marktbeherrschung, solange die Komm. nicht von ihren Befugnissen nach Art. 6 VO 2790/1999 Gebrauch macht.

235 Vgl. Art. 81 Abs. 3 lit. b EG: Den beteiligten Unternehmen darf nicht die Möglichkeit eingeräumt werden, für einen wesentlichen Teil der Waren den Wettbewerb auszuschalten. Eine wettbewerbsbeschränkende Vereinbarung eines marktbeherrschenden Unternehmens kann deshalb grundsätzlich nicht freigestellt werden. Et-

EG zulässiges Vertriebssystem gleichwohl gegen Art. 82 EG verstoßen, etwa bei einem **Bündel paralleler Vereinbarungen** für sich nicht marktbeherrschender Unternehmen, wenn der Vorteil der Freistellung noch nicht entzogen wurde, gleichzeitig aber die Voraussetzungen für eine kollektive Marktbeherrschung vorliegen.

Art. 82 EG ist ferner uneingeschränkt anwendbar, wenn ein Verhalten **942** des Marktbeherrschers zu beurteilen ist, das im Rahmen der Entscheidung über die kartellrechtliche Zulässigkeit einer Vereinbarung nach Art. 81 EG nicht zu berücksichtigen war.

Im nationalen Recht werden auch **unterhalb der Marktbeherr- 943 schungsschwelle**, insbesondere gegenüber **marktstarken** Unternehmen, Eingriffsbefugnisse gewährt.[236] Es kann deshalb häufiger als im europäischen Recht vorkommen, dass eine Vereinbarung die Freistellungsvoraussetzungen erfüllt, gleichwohl aber der Anwendungsbereich der Missbrauchsvorschriften eröffnet ist. Bei der Anwendung nationaler Vorschriften ist zusätzlich der **Anwendungsvorrang** des Europarechts zu beachten. Art. 3 Abs. 2 VO 1/2003 bestimmt, dass den Mitgliedstaaten nicht verwehrt ist, strengere nationale Vorschriften zur Unterbindung oder Ahndung **einseitiger** Handlungen zu erlassen. Scheinbar kommt es hiermit auf den Begriff einseitiger Handlungen an. Hierin könnte ein logischer Bruch insoweit zu sehen sein, als die nationalen Stellen auf Art. 82 EG zurückgreifen könnten, der keine Beschränkung auf einseitige Maßnahmen beinhaltet. Eine **Friktion** scheint auch mit § 22 Abs. 3 GWB zu bestehen, wonach – ohne Rekurs auf den Begriff „einseitige Maßnahme" – das nationale Recht auf Fälle des Art. 82 EG für anwendbar erklärt wird. Diese vermeintlichen Widersprüche lassen sich auflösen, wenn das Verhältnis von Art. 81 EG zu Art. 82 EG im obigen Sinne interpretiert wird, dass die kartellrechtlich zulässigen vertraglichen Regelungen und ihre vereinbarungsgemäße Durchführung keinen Missbrauch darstellen,[237] darüber hinaus die kartellrechtliche Missbrauchsaufsicht aber anwendbar ist. Die

---

was anderes kann ausnahmsweise gelten, wenn die effizienzsteigernde Wirkung der Vereinbarung sehr groß ist, z.B. zum Schutz vertragsspezifischer Investitionen, ohne die eine Lieferung insgesamt unterbleiben würde, vgl. im Einzelnen: Komm., Leitlinien für vertikale Beschränkungen, Abl. 2000, Nr. C 291, 1, 28 Rn. 135. Dann kann aber auch kein Missbrauch festgestellt werden.

236 Siehe dazu Rn. 1036 ff.

237 Von dieser tatbestandsimmanenten Berücksichtigung der Wertungen des europäischen Kartellrechts geht wohl auch BGH, Urt. v. 4. 11. 2003 – KZR 2/02, „Depotkosmetik im Internet", DB 2004, 311, 312 aus.

maßgeblichen Wertungen des Art. 81 EG sind – wie im Rahmen des Art. 82 EG auch – bereits auf Tatbestandsebene beim Begriff des Missbrauchs zu berücksichtigen. Auf die Frage des **Anwendungsvorrangs** kommt es dann nicht an.[238] Diese Auffassung entspricht sowohl der mit Art. 3 Abs. 2 Satz 1 VO 1/2003 angestrebten Harmonisierung im Bereich des Kartellverbots als auch dem mit der Fassung des Art. 3 Abs. 2 Satz 2 VO 1/2003 verfolgten Ziel,[239] nationale Missbrauchsvorschriften vom Anwendungsvorrang des Europarechts auszunehmen. Den nationalen Missbrauchsvorschriften unterfallen zudem „**überschießende**" Handlungen des Herstellers gegenüber seinen Vertragspartnern oder außenstehenden Dritten, die zugleich als „einseitige" Maßnahmen anzusehen sind.[240]

944 Im Rahmen des Art. 81 EG wurden sehr differenzierte Beurteilungen vertikaler Vereinbarungen vorgelegt.[241] Innerhalb des Missbrauchsbegriffs sind indes dieselben Erwägungen anzustellen, die auch für die Beurteilung nach Art. 81 EG bzw. der nationalen Vorschriften maßgeblich sind. Im Folgenden soll deshalb ein Überblick über die wichtigste, auch nach Art. 81 EG zu beurteilende vertikale Beschränkung gegeben werden: Selektive Vertriebssysteme.

---

238 So zu Recht BGH, Urt. v. 4.11.2003 – KZR 2/02, „Depotkosmetik im Internet", DB 2004, 311, 312. Nur diese Auslegung schließt Friktionen mit dem Anwendungsbereich des Art. 82 EG und § 22 Abs. 3 GWB aus; der Anwendungsvorrang schließt es auch entgegen *Bauer*, WRP 2003, 243, 248 nicht aus, an ein Tatbestandsmerkmal des deutschen Rechts anzuknüpfen. Der Anwendungsvorrang greift begrifflich erst, wenn europäisches und nationales Recht zu unterschiedlichen Rechtsfolgen führen und deshalb die einheitliche Anwendung des europäischen Rechts gefährdet wäre. Dies setzt abweichendes nationales Recht begrifflich voraus. Im Ergebnis bestehen zwischen diesen Ausführungen aber keine Unterschiede.

239 *Weitbrecht*, EuZW 2003, 69, 72 folgert hieraus sogar, dass § 20 GWB generell vom Anwendungsvorrang ausgenommen ist.

240 *Wirtz*, WuW 2003, 1039, 1044; zum Begriff der einseitigen Maßnahmen ausführlich *Harte-Bavendamm/Kreutzmann*, WRP 2003, 682, 687f., auf den es aber bei der hier vertretenen tatbestandsimmanenten Berücksichtigung der Wertungen des Europarechts nicht entscheidend ankommt.

241 Aufgrund der unterschiedlichen Gesetzestechnik verlief die Entwicklung im deutschen Recht umgekehrt: Während die Kommission wegen des grundsätzlichen Verbots wettbewerbsbeschränkender Vereinbarungen gehalten war, für die Erlaubnis nach Art. 81 Abs. 3 EG genaue Maßstäbe zu entwickeln, fand eine Diskussion der Zulässigkeitsvoraussetzung vertikaler Vereinbarungen – auch wegen hoher Eingriffsschwellen – im Rahmen der §§ 16ff. GWB nicht statt. Die Rechtsprechung hat deshalb innerhalb des § 20 GWB sehr differenzierte Betrachtungen angestellt, dazu Rn. 1084ff.

4. Maßstäbe für den Missbrauch: Die Beurteilung selektiver Vertriebssysteme nach Art. 81 EG

Besondere Bedeutung bei vertikalen Vereinbarungen haben **selektive** **945**
Vertriebssysteme. Art. 1 lit. d VO 2790/1999 enthält eine **Legaldefi-**
nition: Dem Begriff unterfallen Vereinbarungen, in denen sich der
Lieferant verpflichtet, die Vertragswaren nur an Händler zu verkaufen,
die aufgrund **bestimmter Merkmale** ausgewählt werden. Innerhalb
dieses Rahmens wird herkömmlich weiter unterschieden: Eine **quali-**
tative Selektion liegt vor, wenn der Händler gewisse Vorgaben erfüllen
muss, etwa hinsichtlich Warenpräsentation, Qualifikationsniveau, Be-
ratungsangebot oder wettbewerblichem Umfeld. Bei der **quantitativen**
Selektion wird die Zahl der Abnehmer numerisch begrenzt. Den Extremfall quantitativer Selektion stellen **Alleinvertriebsvereinbarun-**
gen dar: Hier wird für ein bestimmtes Gebiet jeweils nur ein Absatzmittler eingesetzt.

a) Qualitative Selektion

aa) Verstoß gegen Art. 81 Abs. 1 EG

Die qualitative Selektion verringert den Wettbewerb unter den Verkäu-   **946**
fern der Produkte dieses Lieferanten und die Zahl der den Herstellern
offen stehenden Verkaufsstellen. Sie beschränkt damit den Wettbewerb
in zweifacher Weise: Den **Interbrand-Wettbewerb** (Wettbewerb zwischen verschiedenen Lieferanten), in dem nicht jede Verkaufsstelle
über Waren aller Hersteller verfügen kann, und den **Intrabrand-Wett-**
bewerb (Wettbewerb zwischen den Händlern des Systems), weil manche Händler von vornherein nicht beliefert und manche Leistungsbündel überhaupt nicht angeboten werden.[242] Dem stehen eine Reihe
wettbewerbsbelebender Wirkungen gegenüber: Allgemein wird selektiven Vertriebssystemen zugute gehalten:[243]

- eine **Effizienzsteigerung** im Absatzkanal (Konzentration auf weniger Absatzstellen, Größenvorteile im Vertrieb);
- die Vermeidung von **Trittbrettfahrereffekten** als Voraussetzung,
  besondere Leistungen für den Absatz von Waren (Kundendienst,

---

242 Z.B. bei einer Beschränkung des Absatzes auf den Fachhandel: Hier wird eine Beratung angeboten, in der Regel aber zu einem höheren Preis. Der Verbraucher hat
   keine Möglichkeit, auf die Beratung zu verzichten und möglichst günstig zu beziehen.
243 Komm., Leitlinien für vertikale Beschränkungen, Abl. 2000, Nr. C 291, 1, 23 f.
   Rn. 116 ff.; ausführlich *Hübschle*, Marktsegmentierung, S. 38 ff., 97 ff., 253 ff.

Beratung), verschiedene **Leistungsbündel** anzubieten und **Zusatz-bedürfnisse** zu befriedigen (Luxusimage bei Einkaufsstätten); Förderung anderer Wettbewerbsformen als (reinen) Preiswettbewerb;

- Erleichterung der **Markterschließung** insbesondere für kleine und mittlere Unternehmen (Übernahme von Anlaufinvestitionen und Marktbearbeitung durch Absatzmittler); Anreize für den Absatzmittler, sich intensiv um den Absatz der Vertragswaren zu bemühen, weil er sich keiner unbeschränkten Konkurrenz ausgesetzt sieht; hierdurch wird der Herstellerwettbewerb verstärkt.

947 Um eine **Lieferverweigerung** zu rechtfertigen, muss zunächst das (wettbewerbsbeschränkende) selektive Vertriebssystem nach Art. 81 EG, § 1 ff. GWB zulässig sein.[244] Eine Nichtbelieferung durch ein marktbeherrschendes Unternehmen, die der **Durchsetzung eines unzulässigen Vertriebssystems** dient, verstößt gegen Kartellrecht.

948 Die qualitative Selektion verstößt nach der Rechtsprechung des EuGH nicht gegen Art. 81 Abs. 1 EG, soweit wegen der Art des vertriebenen Produkts objektive Anforderungen an die Absatzmittler sinnvoll erscheinen, diese einheitlich festgelegt und unterschiedslos angewendet werden sowie keine andere, den Wettbewerb weniger beschränkende Maßnahme möglich ist.[245] Hierbei wird davon ausgegangen, dass die wettbewerbsbeschränkenden Wirkungen vertikaler Vereinbarungen durch die Stärkung des Wettbewerbs in anderen Bereichen aufgewogen werden.[246] Sind diese Voraussetzungen gegeben, verstößt das Vertriebssystem schon nicht gegen Art. 81 Abs. 1 EG. Diese Rechtsprechung ist nicht durch die GVO 2790/1999 obsolet geworden. Von den Rechtsfolgen her macht es zwar keinen Unterschied, ob eine Vereinbarung nach Art. 81 Abs. 1 oder Abs. 3 EG für zulässig erachtet wird. Die GVO 2790/1999 enthält jedoch Beschränkungen, auf die es nicht ankommt, wenn die Vereinbarungen bereits nicht gegen Art. 81 Abs. 1

---

244 Siehe Rn. 445 ff.
245 Grundlegend. EuGH, Urt. v. 25.10.1983 – Rs. 107/82, „Telefunken", Slg. 1983, 3151; EuGI, Urt. v. 12.12.1996 – Rs. T-19/92, „Leclerc", Slg., 1996, II-1851, 1897 f.; für das deutsche Recht gelten ähnliche Voraussetzungen, BGH, Urt. v. 12.5.1998 – KZR 23/96, „Depotkosmetik", WuW/E DE-R 206, 208; Urt. v. 16.12.1986 – KZR 25/85, „Belieferungsunwürdige Verkaufsstätten II", WuW/E BGH 2351, 2357. *Bechtold*, NJW 2003, 3729, 3731 nennt als weitere Voraussetzung, dass den zugelassenen Händlern die Belieferung außenstehender Händler untersagt sein muss; dies wird üblicherweise als begriffliche Voraussetzung der qualitativen Selektion angesehen, macht aber im Ergebnis keinen Unterschied.
246 Mithin liegt eine Tatbestandsrestriktion innerhalb des Art. 81 Abs. 1 EG vor; teilweise wird hierin eine „Rule of Reason" gesehen.

EG verstoßen. Ein nach Art. 81 Abs. 1 EG zulässiger Selektivvertrieb ist beispielsweise auch einem Hersteller möglich, der über 30% Marktanteil hat.[247] Eine weitere bedeutende Abweichung ergibt sich beim **Internetvertrieb**: Nach Art. 4 lit. b u. c VO 2790/1999 ist ein vollständiger Ausschluss des Internethandels als Einschränkung des **aktiven und passiven Verkaufs** systemzugehöriger Händler nicht zulässig. Eine Händlerselektion, die aufgrund der Produkteigenschaften erfolgt, kann hingegen den vollständigen Ausschluss des Versandhandels und des damit vergleichbaren Internethandels rechtfertigen.[248] Praktisch kann ein Verstoß gegen Art. 81 Abs. 1 EG deshalb nur dahingestellt bleiben, wenn feststeht, dass die fragliche Vereinbarung nach der Vertikal-GVO zulässig ist.

Aufgrund der Art der vertriebenen Produkte sind **zulässige Selektionskriterien** insbesondere: Anforderungen an **Kundendienst** und Beratung bei komplexen technischen Produkten; **Warenpräsentation** bei hochwertigen Konsumgütern; **Mindestumsätze**, um das Vertriebsnetz zu straffen, damit dem Hersteller die Konzentration auf weniger Verkaufsstellen und damit Effizienzgewinne möglich sind. Die Beschränkung des Intrabrand-Wettbewerbs – oftmals in Form eines reinen Preiswettbewerbs ausgetragen –, die mit einer Selektion der Händler verbunden ist, wird in diesen Fällen durch verstärkten Nebenleistungswettbewerb kompensiert. Derartige **Leistungsbündel** würden bei uneingeschränktem Wettbewerb aufgrund von **Trittbrettfahrereffekten** oftmals vom Markt verschwinden.[249] Stets ist aber zu prüfen, ob die vertriebenen Waren gerade die vom Hersteller aufgestellten Beschränkungen rechtfertigen. **949**

Kartellrechtlich ist die sog. **Lückenlosigkeit**[250] ohne Belang.[251] Das vom Hersteller für richtig und sinnvoll erachtete Vertriebssystem ist **950**

---

247 Bei einem unter das Verbot des Art. 81 Abs. 1 EG fallenden Vertriebssystem wäre es wegen Art. 3 Abs. 1 VO 2790/1999 nicht gruppenfreigestellt.
248 *Bergmann*, ZWeR 2004, 28, 39 f.
249 *Kapp*, Wettbewerbsbeschränkung durch vertikale Vertriebsbindung?, S. 49 ff., zur Frage, welche Möglichkeiten zum Ausschluss von Trittbrettfahrereffekten bestehen.
250 Theoretische Lückenlosigkeit: Der Lieferant verpflichtet seine Abnehmer, die Waren nur an systemzugehörige Händler, nicht an Außenseiter weiterzugeben. Praktische Lückenlosigkeit: Der Lieferant geht gegen vertragsbrüchige Lieferanten vor. Zum Begriff etwa *Baumbach/Hefermehl*, UWG, § 1 Rn. 718 ff.; *Ekey*, § 1 UWG Rn. 677 ff.
251 EuGH, Urt. v. 5.6.1997 – Rs. C-41/96, „VAG-Händlerbeirat/SYD-Consult", Slg. 1997, 907, 908; Urt. v. 13.1.1994 – Rs. C-376/92, „Metro/Cartier", Slg. 1994, I-15; dem hat sich der BGH durch Änderung seiner Rechtsprechung angeschlossen,

auch bei fehlender Lückenlosigkeit nicht kartellrechtswidrig, solange das System diskriminierungsfrei gehandhabt wird und die qualitative Selektion nicht lediglich als Vorwand dient, nicht genehme, insbesondere preisaggressive Händler fernzuhalten.[252]

951 Soweit das Vertriebssystem selbst diesen Voraussetzungen genügt, ist auch eine Lieferverweigerung gerechtfertigt; der Lieferant muss in der Lage sein, sein zulässiges Vertriebssystem auch durchzusetzen. Auch nach nationalem Recht dürfen keine weiteren Voraussetzungen für eine Lieferverweigerung bestehen, etwa die Lückenlosigkeit des Vertriebssystems. Soweit man nicht bereits einen **Vorrang** des Europarechts annimmt, ist die europarechtliche **Wertung**, die kartellrechtliche Zulässigkeit nicht von weiteren Voraussetzungen abhängig zu machen, jedenfalls **im Rahmen der Abwägung** zu berücksichtigen.

952 Der Ausschluss der Händler, die die zulässigen Selektionskriterien nicht erfüllen, reicht für sich genommen für einen Schutz selektiver Vertriebssysteme nicht aus: Der Lieferant muss weiterhin die Möglichkeit haben, gegen Händler vorzugehen, die die Selektionsvoraussetzungen nicht erfüllen, sich die Waren aber auf anderen Wegen beschafft haben. Im deutschen Recht kommt ein Anspruch nach § 1 UWG in Betracht. Die Rechtsprechung des BGH hat einen Abwehranspruch in drei Fallgruppen bejaht: Beim **Schleichbezug**, beim **Verleiten zum Vertragsbruch** oder beim **Ausnutzen fremden Vertragsbruchs**.[253] In der letzten Fallgruppe verlangte die Rechtsprechung allerdings besondere Umstände, damit die Missachtung eines Vertriebsbindungssystems wettbewerbswidrig ist. Diese wurden in der theoretischen und praktischen **Lückenlosigkeit** gesehen. Wenn die Lücke nicht Ausnahme, sondern der Normalfall sei, könne der Bezug nicht als unlauter angesehen werden. Der BGH hat diese Rechtsprechung zur Lückenlosigkeit als Anspruchsvoraussetzung des § 1 UWG aufgegeben.[254] Damit wäre der Hersteller bei einem Vorgehen nach § 1 UWG zunächst auf die Fallgruppen Schleichbezug und Verleiten

---

BGH, Urt. v. 1.12.1999 – I ZR 130/96, „Außenseiteranspruch II", WRP 2000, 734, 735; Beschl. v. 15.7.1999 – I ZR 130/96, BB 1999, 1888; a.A. noch BGH, Beschl. v. 25.10.1988 – KVR 1/87, „Lüsterbehangsteine", WuW/E BGH 2535, 2540; Urt. v. 16.12.1986 – KZR 25/85, „Belieferungsunwürdige Verkaufsstätten II", WuW/E BGH 2351, 2357.

252 BGH, Urt. v. 16.12.1986 – KZR 25/85, „Belieferungsunwürdige Verkaufsstätten II", WuW/E BGH 2351, 2357.

253 Vgl. die Darstellung bei Köhler/Piper-*Piper*, § 1 Rn. 917 ff.

254 BGH, Urt. v. 15.7.1999 – I ZR 130/96, „Außenseiteranspruch I", GRUR 1999, 1113.

zum Vertragsbruch beschränkt. Dass die Entscheidung dennoch als Stärkung selektiver Vertriebssysteme begrüßt wurde, wird nur mit Blick auf weitere Entscheidungen klar: Durch die – zuvor nicht zulässige – Verwendung von **Kontrollnummern** kann er im Ergebnis das Vertriebsbindungssystem wirksamer schützen als bisher, zumal die Lückenlosigkeit fast nicht mehr nachweisbar war.[255]

Grundsätzlich nicht nach Art. 81 Abs. 1 EG zulässig ist der pauschale **953** **Ausschluss** bestimmter **Vertriebslinien** mit dem Argument, dies würde den Fachhandel zum Abbruch der Geschäftsbeziehungen veranlassen und damit den Hersteller schlussendlich in seiner Existenz bedrohen. Zwar hat die Rechtsprechung diese Argumentation – bei entsprechend hoher Darlegungslast hinsichtlich der zu erwartenden Umsatzeinbußen – im Rahmen des GWB anerkannt.[256] Außer im Fall der Spitzengruppenabhängigkeit ist dieses Argument aber eher geeignet, die Normadressateneigenschaft zu erschüttern. Steht diese zweifelsfrei fest, dürfte eine Abwanderung des (i. S. d. § 20 GWB abhängigen!) Fachhandels die kaum zu belegende Ausnahme darstellen. Hiervon zu unterscheiden ist, ob derartige Selektionskriterien nach GVO 2790/1999 zulässig sind.[257]

bb) Zulässigkeit nach Art. 81 Abs. 3 EG, insbesondere die Anwendung der GVO 2790/1999

Auf die GVO 2790/1999 kommt es nur an, wenn ein **Verstoß gegen** **954** **Art. 81 Abs. 1 EG** vorliegt. Die Regelungen der GVO werden durch die Vertikal-Leitlinien der Kommission[258] ergänzt, die jedoch keine **Bindungswirkung** gegenüber nationalen Stellen entfalten, sondern **Auslegungshilfen** für die Rechtsanwendung durch die zuständigen Stellen bieten.[259]

Die Möglichkeiten für den **Selektivvertrieb** werden über die Recht- **955** sprechung des EuGH zu Art. 81 Abs. 1 EG hinaus erweitert: Die festgelegten **Merkmale**, aufgrund derer die Selektion erfolgt, müssen nicht objektiver Natur und durch die Eigenart des Produkts gerechtfertigt

---

255 BGH, Urt. v. 1.12.1999 – I ZR 130/96, „Außenseiteranspruch II", WRP 2000, 734,735; die Entfernung von Kontrollnummern führt dann wieder zur Wettbewerbswidrigkeit des Ausnutzens fremden Vertragsbruchs.
256 BGH, Urt. v. 16.12.1986 – KZR 25/85, „Belieferungsunwürdige Verkaufsstätten II", WuW/E BGH 2351, 2357.
257 Die GVO 2790/1999 gewährt eine Freistellung auch dann, wenn die Selektion nicht durch die Produkteigenschaften gerechtfertigt ist, siehe Rn. 955.
258 Komm., Leitlinien für vertikale Beschränkungen, Abl. 2000, Nr. C 291, 1.
259 Zu den Rechtswirkungen *Pampel*, EuZW 2005, 11, 14f.

sein. Wichtig ist allein, dass die Kriterien für die Belieferung **von vornherein festgelegt** sind.[260] So ist nunmehr etwa auch ein selektives Vertriebssystem allein zur **Pflege des Markenimages** möglich. Die hiermit einhergehende, überwiegend begrüßte Stärkung des Selektivvertriebs sollte in der Praxis allerdings nicht überschätzt werden. Soweit die Eigenschaften des Produkts aufgrund seiner Beschaffenheit keinen selektiven Vertrieb erfordern, hat ein solches Vertriebssystem in der Regel keine **effizienzsteigernde Wirkung**, die ausreichen würde, einen erheblichen Verlust an markeninternem Wettbewerb aufzuwiegen.[261] Ein **Entzug der Rechtsvorteile** der GVO 2790/1999 nach Art. 6 ist möglich. Ein Selektivvertrieb, der nicht durch die Beschaffenheit des Produkts erforderlich ist, wird deshalb grundsätzlich nur bei **geringer Marktbedeutung** des Herstellers oder **geringen wettbewerbsbeschränkenden Wirkungen** der Vereinbarungen in Betracht kommen.

956 Zu beachten sind die zahlreichen Einschränkungen in der Vertikal-GVO, die einer Freistellung entgegenstehen: Zunächst der **Vorrang anderer Gruppenfreistellungsverordnungen** gem. Art. 2 Abs. 5 GVO 2790/1999.[262] Bei den an der Vereinbarung beteiligten Unternehmen darf es sich weiterhin grundsätzlich **nicht** um **Wettbewerber** handeln.[263] Im Rahmen des § 1 GWB a. F. gab es allerdings erhebliche **Abgrenzungsschwierigkeiten** zwischen **horizontalen** und **vertikalen Vereinbarungen**, wenn die Vertragspartner sowohl Wettbewerber als auch auf unterschiedlichen Marktstufen tätig waren. Die Kommission vermeidet diese Problematik, indem sie die vertikalen Elemente solcher Vereinbarungen nach den Leitlinien behandelt, im Übrigen ergänzend die **Regeln** für Vereinbarungen über **horizontale Zusammenarbeit** heranzieht.[264]

---

260 *Harte-Bavendamm/Kreutzmann*, WRP 2003, 682, 683; *Bechtold*, NJW 2003, 3729, 3731.

261 Komm., Leitlinien für vertikale Beschränkungen, Abl. 2000, Nr. C 291, 1, 36 f. Rn. 186.

262 Vgl. VO (EG) Nr. 772/2004 v. 7. 4. 2004 über die Anwendung von Art. 81 Abs. 3 EG auf Gruppen von Technologietransfer-Vereinbarungen, Abl. 2004, Nr. L 127, 158; VO (EG) 1400/2002 v. 31. 7. 2002 über die Anwendung von Art. 81 Abs. 3 des Vertrages auf Gruppen von vertikalen Vereinbarungen und aufeinander abgestimmten Verhaltensweisen im Kraftfahrzeugsektor, Abl. 2002, Nr. L 203, 30, hierzu *Niebling*, WRP 2003, 609.

263 Art. 2 Abs. 4 VO 2790/1999, Ausnahme: Es handelt sich um nicht wechselseitige Vereinbarungen, und die Voraussetzungen des Art. 2 Abs. 4 lit. a–c ist gegeben.

264 Komm, Leitlinien für vertikale Beschränkungen, Abl. 2000, Nr. C 291, 1, 7; Leitlinien über horizontale Zusammenarbeit, Abl. 2001, Nr. C 3, 2 ff.

In Art. 4 sind **Kernbeschränkungen** enthalten, die bewirken, dass **957** jede vertikale Vereinbarung, die solche Bestimmungen enthält, als Ganzes vom Anwendungsbereich der Verordnung ausgeschlossen ist. Hierzu zählen **Preisbindungen**, das **Verbot des aktiven oder passiven Verkaufs an Endkunden** sowie **Beschränkungen des Gebietes oder des Kundenkreises**, an den die Waren verkauft werden. Letzteres ist nicht generell freistellungsschädlich: Art. 4 lit. b SpStr. 1–4 enthalten Ausnahmen; praktisch am wichtigsten ist SpStr. 3, wonach Querlieferungen an nicht zum selektiven Vertriebssystem zugelassene Händler untersagt werden können.[265]

Zu beachten sind weiterhin die **Marktanteilsschwellen** des Art. 3 Abs. 1 **958** GVO 2790/1999: Verfügt der Lieferant über mehr als 30% Marktanteil, entfällt die Vermutung der GVO 2790/1999, weil sich die wettbewerbsschädlichen Wirkungen mit zunehmendem Marktanteil potenzieren.

Unabhängig vom Marktanteil sind die in Art. 5 GVO 2790/1999 ge- **959** nannten Einschränkungen freistellungsschädlich, namentlich **Wettbewerbsverbote** von mehr als fünf Jahren Dauer sowie das **Verbot, in** einem selektiven Vertriebssystem **bestimmte konkurrierende Produkte** zu beziehen.[266] Im Unterschied zu Klauseln nach Art. 4 ist jedoch nicht die gesamte Vereinbarung unwirksam. Die Freistellung für den übrigen Teil der Vereinbarung bleibt erhalten, soweit sich die fraglichen Verpflichtungen abtrennen lassen.

Erfüllt eine Vereinbarung die Voraussetzungen der GVO 2790/1999, **960** besteht die Möglichkeit, den **Freistellungsvorteil zu entziehen**.[267]

---

265 *Bechtold*, NJW 2003, 3729, 3730 hält diese Ausnahme für sachlich gerechtfertigt, aber überflüssig, weil das Verbot der Weiterlieferung konstitutiv für ein selektives Vertriebssystem sei, vgl. Art. 1 lit. d GVO 2790/1999.

266 Der generelle Ausschluss des Bezugs von Konkurrenzprodukten ist hingegen möglich. Was zunächst widersprüchlich erscheint, erklärt sich daraus, dass Art. 5 lit. c VO 2790/1999 verhindern will, dass mehrere Lieferanten ihre Produkte über dieselben Verkaufsstellen absetzen, bestimmte Wettbewerber im Wege des kollektiven Boykotts von einem Vertrieb über diese Verkaufsstellen und damit vom Markt ausschließen (Exklusiver Club von Marken, vgl. *Schultze/Pautke/Wagener*, Vertikal-GVO Rn. 693). Der Alleinvertrieb soll hingegen nicht generell unzulässig sein.

267 Dies kommt insbesondere in zwei Fällen in Betracht: Die Vereinbarung führt nicht zu den erwarteten objektiven Vorteilen, die die enthaltenen Wettbewerbsbeschränkungen kompensieren; die Vereinbarung führt zu stärkeren Nachteilen, als bei der generellen Vermutung zu Gunsten vertikaler Vereinbarungen erwartet, was insbesondere bei besonderer Marktmacht eines Beteiligten der Fall sein kann, aber auch bei Bündelwirkungen paralleler Vereinbarungen auf einem Markt. Dies gilt nach Art. 7 GVO 2790/1999 auch, wenn eine Vereinbarung lokal begrenzt wettbewerbsschädliche Wirkungen hat.

Umgekehrt ist im Einzelfall zu prüfen, ob eine Vereinbarung freistellungsfähig ist, auch wenn die Voraussetzungen der GVO 2790/1999 nicht vorliegen. Für vertikale Vereinbarungen, die nicht unter die GVO 2790/1999 fallen, gilt keine Vermutung der Rechtswidrigkeit.[268] Zu berücksichtigen sind bei der **Einzelfallbetrachtung** die gleichen ökonomischen Erwägungen, die zur Annahme der grundsätzlichen Unbedenklichkeit gewisser Wettbewerbsbeschränkungen im Rahmen der GVO 2790/1999 geführt haben. Namentlich die **Marktstellung** der beteiligten Unternehmen, die **Kumulierung wettbewerbsschädlicher Wirkungen** innerhalb der Vereinbarung oder durch **parallele Systeme** von Vereinbarungen sowie die **Intensität** der durch eine Vereinbarung bewirkten **Wettbewerbsbeschränkung** sind die entscheidenden Kriterien.

b) Quantitative Selektion, Alleinvertrieb

961 Die **quantitative Selektion** behindert den Wettbewerb stärker als die qualitative Selektion, weil der Intrabrand-Wettbewerb auf eine bestimmte Zahl von Verkaufsstellen beschränkt wird. Sie fördert auch nicht andere Formen des Wettbewerbs, wie etwa den Nebenleistungswettbewerb, verstößt deshalb generell gegen Art. 81 Abs. 1 EG und ist nur unter den Voraussetzungen des Art. 81 Abs. 3 EG zulässig.

962 Zu den positiven Wirkungen zählt die **Straffung des Absatzsystems**[269] sowie die **Anreizwirkung** für den Absatzmittler, für den Vertrieb des Produktes eigene Aufwendungen zu tätigen, weil er nicht mit unbeschränktem Wettbewerb zu rechnen hat und deshalb eher in der Lage ist, seine **Investitionen zu amortisieren**. Diese Erwägung ist zentral, wenn **Alleinvertriebsrechte** eingeräumt werden, die Extremform der quantitativen Selektion. Hier soll der Händler durch Einräumung von Gebietsschutz zu einer besonders intensiven Marktbearbeitung[270] angehalten werden.

963 Quantitativ selektive Vertriebssysteme sind von der GVO 2790/1999 erfasst.[271] Die allgemeine Definition in Art. 1 lit. d stellt nur auf

---

268 Komm., Leitlinien für vertikale Beschränkungen, Abl. 2000, Nr. C 291, 1, 14.
269 Kostenersparnis durch weniger Kontakte zu Absatzmittlern, Nutzung von Größenvorteilen.
270 Seine Aufwendungen, etwa für Marketing und Werbung, kommen keinen Dritten zugute.
271 Komm., Leitlinien für vertikale Beschränkungen, Abl. 2000, Nr. C 291, 1, 36 f. Rn. 186, allg. Meinung, vgl. etwa *Harte-Bavendamm/Kreutzmann*, WRP 2003, 682; *Bechtold*, NJW 2003, 3729, 3730.

vorab festgelegte Merkmale ab. Damit ist eine quantitative Selektion auf den ersten Blick unter denselben Voraussetzungen zulässig wie eine qualitative Selektion. Nur scheinbar stellt dies eine gravierende Veränderung gegenüber der bisherigen Rechtslage dar, wonach die quantitative Selektion wegen der graduell stärkeren Wettbewerbsbeschränkung kartellrechtlich deutlich restriktiver als die rein qualitative Selektion behandelt wurde. Eine quantitative Selektion ist auch nach neuer Rechtslage nicht ohne weiteres zulässig, wenn es dafür keine plausiblen Gründe gibt.[272] Zu beachten ist, dass die Kommission davon ausgeht, dass der Freistellungsvorteil zu entziehen ist, wenn das Produkt keine Selektion erfordert, weil dann regelmäßig die von der Freistellung vorausgesetzten Effizienzvorteile entfallen.[273] Trotz der zunächst gewährten Freistellung bedarf es deshalb sachlicher Gründe, um eine quantitative Selektion zu rechtfertigen. Diese können – wie bislang auch – etwa darin liegen, dass für notwendige Investitionen des Absatzmittlers ein begrenzter Wettbewerbsschutz geschaffen wird, weil sich die getätigten Investitionen nur ab einem bestimmten Umsatz amortisieren können. Effizienzvorteile, die sich im Absatzsystem des Lieferanten durch Konzentration auf eine Maximalzahl an Verkaufsstellen ergeben, können eine Selektion ebenfalls rechtfertigen. Gewährt eine quantitative Selektion nur einen beschränkten Wettbewerbsschutz, steht der Ausschluss des Intrabrand-Wettbewerbs bei **Alleinvertriebssystemen**[274] im Vordergrund. Bei der Rechtfertigung von Alleinvertriebssystemen gewinnt der Umstand besondere Bedeutung, dass hiermit oftmals der Absatz der Waren überhaupt erst möglich wird, weil ansonsten kein Absatzmittler die damit verbundenen Risiken zu tragen bereit wäre. Das Alleinvertriebssystem wird somit zum Schlüssel für die Markterschließung, trägt zur Verbesserung der Warenverteilung bei und ist trotz der erheblichen Einschränkung des Wettbewerbs freistellungsfähig. Ähnliche Wirkungen wie durch eine quantitative Selektion oder Ausschließlichkeitsvereinbarungen lassen sich durch die Festsetzung von **Mindestumsätzen** erreichen, die auf-

---

272 So aber *Bechtold*, NJW 2003, 3729, 3731.
273 Komm., Leitlinien für vertikale Beschränkungen, Abl. 2000, Nr. C 291, 1, 36 f. Rn. 186.
274 Zu beachten ist, dass die Vertikal-GVO nur Alleinvertriebsvereinbarungen, die mindestens das Gebiet der EG umfassen, als solche bezeichnet. Herkömmlicherweise sprach man auch von Alleinvertriebsvereinbarungen, wenn nur das Gebiet eines Mitgliedstaates betroffen war. Nachdem Alleinvertrieb nur die extremste Form der quantitativen Selektion ist, sind nicht von der Vertikal-GVO erfasste, exklusive Gebietsverträge nach hierfür geltenden Regeln zu behandeln.

grund ihrer Höhe nur von einer bestimmten Anzahl an Händlern erreicht werden können und nach den gleichen Grundsätzen zu beurteilen ist.

c) Sonstige Wettbewerbsbeschränkungen im Vertikalverhältnis

964 Vertragliche Vertriebssysteme enthalten neben der Selektion der Händler oftmals weitere wettbewerbsbeschränkende Vereinbarungen. Zu nennen sind namentlich **Bezugsbindungen** und im wirtschaftlichen Ergebnis nahe kommende **Rabattsysteme, Wettbewerbsverbote** (Markenzwang), **Kopplungen** und **Preisbindungen**.[275]

5. Geschäftsverweigerung und Diskriminierung

a) Allgemeines

965 Im europäischen Recht sind **Geschäftsverweigerung** und Diskriminierung nicht gesondert geregelt. Derartige Fälle sind nach der **Generalklausel** des Art. 82 Abs. 1 EG zu behandeln. Hingegen ist im deutschen Recht das Behinderungs- und Diskriminierungsverbot zusätzlich in einem eigenen Tatbestand geregelt worden, der neben die Vorschrift des § 19 Abs. 4 Nr. 1 GWB tritt. Zwischen den Anwendungsbereichen des § 19 und § 20 GWB bestehen zahlreiche Überschneidungen. Sieht man davon ab, dass der Kreis der Normadressaten durch § 20 Abs. 2 GWB erweitert ist[276] und die Vorschrift auch schon vor der 6. GWB-Novelle eine Klage auf Unterlassung, Beseitigung und Schadensersatz vor den Zivilgerichten erlaubte, können die Fälle des § 19 GWB prinzipiell auch unter § 20 GWB subsumiert werden. Auch im Rahmen des § 20 GWB ist nur aufgrund einer wertenden Betrachtung feststellbar, ob ein Verhalten gegen die kartellrechtlichen Verhaltensanforderungen verstößt. Wertungsgleichheit besteht nicht nur innerhalb der Vorschriften des deutschen Rechts (so dass für die Feststellung missbräuchlichen Verhaltens keine Rolle spielt, ob § 19 oder § 20 Abs. 1 angewendet werden), sondern auch zwischen europäischem und nationalem Recht.

966 Mit der Geschäftsverweigerung können unterschiedliche **Ziele** verfolgt werden.[277] Z.T. ist der Normadressat zwar grundsätzlich zum Vertrags-

---

275 Zur kartellrechtlichen Beurteilung dieser weiteren Vereinbarungen siehe Rn. 997 ff.
276 Zu den Gründen für die Erweiterung des Adressatenkreises siehe Rn. 1042.
277 Vgl. Wiedemann KartR-*de Bronett*, § 22 Rn. 60 ff., der aufgrund der wirtschaftlichen Interessenlage drei Fallgruppen der Lieferverweigerung bildet.

schluss bereit, jedoch nur zu **unangemessenen Preisen oder Geschäftsbedingungen**.[278] In anderen Fällen wird der **Geschäftsabschluss** durch das marktbeherrschende Unternehmen **generell verweigert**, um sich selbst vor **Wettbewerb durch Dritte zu schützen**, insbesondere, wenn es selbst auf dem Markt für Rohstoffe oder Vorprodukte marktbeherrschend, zugleich aber auch auf dem nachgelagerten Markt tätig ist oder wenn es seine Marktmacht auf einen anderen Markt übertragen will („leveraging"). Soweit nicht nur schlichte Lieferbeziehungen abgelehnt werden, sondern der Dritte **Zugang zu Einrichtungen** des Normadressaten begehrt, um mit diesem in Wettbewerb treten zu können, liegt ein Sonderfall der Lieferverweigerung vor, die eigenständig unter dem Topos „essential facilities doctrine" behandelt werden soll.[279] Schließlich kann die Geschäftsverweigerung auf dem **Unternehmenskonzept** des Normadressaten beruhen, nur mit solchen Unternehmen in Geschäftsbeziehungen zu treten, die den von ihm gestellten Anforderungen genügen. Hauptanwendungsfall ist die **Abschottung eines selektiven Vertriebssystems** gegenüber Außenseitern. Ein derartiges Vertriebssystem unterliegt zwar auch der Kontrolle nach Art. 81 EG. Eigenständige Bedeutung hat die Prüfung aber am Maßstab des Art. 82 EG und des § 20 Abs. 1 GWB, weil der Normadressat bei ungerechtfertigter Diskriminierung einem **Kontrahierungszwang** unterliegt. Aus Art. 81 EG resultiert nach h. M. keine Belieferungspflicht.[280]

Auch dem marktbeherrschenden oder marktstarken Unternehmen ist **967** lediglich die unterschiedliche Behandlung untersagt. Bei den Rechtsfolgen sind indes die **Neuerungen** durch Art. 7 Abs. 1 VO 1/2003, § 32 Abs. 2 GWB zu beachten. War bislang dem Normadressaten zu überlassen, wie die Ungleichbehandlung zu beseitigen ist,[281] können

---

278 In diesem Fall liegt nicht nur ein Behinderungs-, sondern auch ein Ausbeutungsmissbrauch vor.

279 Str. ist, ob die „essential facilities doctrine" eine eigenständige Rechtsfigur oder nur einen Unterfall der Geschäftsverweigerung darstellt. Die Diskussion um den Zugang zu wesentlichen Einrichtungen hat sich jedoch weitgehend verselbstständigt und ist derart facettenreich, dass eine gesonderte Behandlung gerechtfertigt ist.

280 BGH, Urt. v. 12.5.1998 – KZR 23/96, „Depotkosmetik", WuW/E DE-R 206, 208; *Bechtold*, NJW 2003, 3729, 3732; ausführlich zur Problematik *Deselaers*, Selektiver Vertrieb und Kontrahierungszwang, passim. Auch wenn Art. 81 oder die entsprechenden nationalen Regelungen als Schutzgesetz i. S. d. § 823 BGB anzusehen sind und deshalb Naturalrestitution gefordert wird, kommt ein Belieferungsanspruch für die Zukunft nicht in Betracht, weil die Zuwiderhandlung nicht durch Belieferung abgestellt werden kann.

281 Was bisweilen zu erheblichen Problemen bei der Tenorierung einer kartellbehördlichen Verfügung führte.

nunmehr **alle zweckdienlichen Maßnahmen** positiv vorgegeben werden.[282]

968 Bei einer **Lieferverweigerung** ist im Einzelfall entscheidend, ob die Interessen des Händlers, der die Belieferung begehrt, um seine Wettbewerbsfähigkeit zu erhalten (insbesondere bei Produkten mit hoher Marktgeltung), höher bewertet werden als der Eingriff in die unternehmerische Freiheit des Lieferanten. Ausgangspunkt ist, dass auch ein marktbeherrschendes Unternehmen seine Vertriebswege so ausgestalten darf, wie es dies für wirtschaftlich richtig und sinnvoll hält.[283] Hiermit ist aber noch nichts gewonnen, da ja wegen der **besonderen Verantwortung** des marktbeherrschenden Unternehmens für **wirksamen und unverfälschten Wettbewerb**[284] gerade zu prüfen ist, ob die Interessen des Absatzmittlers im Einzelfall überwiegen, weil hiermit mittelbar auch die Freiheit des Wettbewerbs geschützt wird. Das Allgemeininteresse an starkem Wettbewerb durch einen freien Marktzutritt möglichst vieler Konkurrenten erlangt über das Interesse des Absatzmittlers an einem unbeschränkten Zugang zu den Absatzmärkten Eingang in die Abwägung. Umso stärker die Lieferverweigerung den freien Wettbewerb beeinträchtigt, desto eher ist der **Kontrahierungszwang** für den Hersteller trotz der erheblichen Rückwirkungen auf seine unternehmerische Freiheit hinzunehmen.

969 In der **Interessenabwägung** spielt der Grad der **Marktmacht** eine überragende Rolle. Der Marktzutritt wird für den Absatzmittler umso schwerer, desto größer die Marktmacht des die Lieferung verweigernden Unternehmens ist. Bei einer Monopolstellung ist eine Lieferverweigerung deshalb prinzipiell nur gerechtfertigt, wenn schwerwiegende Gründe in der Person des Abnehmers hierfür vorliegen.[285] Bei **selektiven Vertriebssystemen** entsprechen die auch im Rahmen der Freistellung nach Art. 81 EG zu beachtenden Maßstäbe den Abwägungskriterien des Art. 82 EG. Hierin findet die vorgreifliche Beurteilung nach Art. 81 EG ihre Rechtfertigung. Ist ein selektives Vertriebs-

---

282 Allerdings ist der Verhältnismäßigkeitsgrundsatz zu beachten, so dass dem Normadressaten weitgehend die Freiheit belassen werden muss, das aus seiner Sicht mildeste Mittel anzuwenden. Zu den Rechtsfolgen Rn. 1474 ff.

283 Allg. M., statt aller BGH, Urt. v. 21. 2. 1995 – KZR 33/93, „Kfz-Vertragshändler", WuW/E BGH 2983, 2986; Langen-*Dirksen*, Art. 86 Rn. 168, jeweils m. w. N.

284 EuGH, Urt. v. 9. 11. 1983 – Rs. 322/81, „Michelin", Slg. 1983, 3461, 3511; EuGI, Urt. v. 6. 6. 2002 – Rs. T-342/99, Mestmäcker/Schweitzer, § 15 Rn. 39.

285 Grundsätzlich ist der Monopolist zur Geschäftsaufnahme verpflichtet, Immenga/ Mestmäcker EG-WbR-*Möschel*, Art. 86 Rn. 225.

system nach Art. 81 EG zulässig, darf auch die Lieferung gegenüber solchen Unternehmen verweigert werden, die nicht systemzugehörig sind. Umgekehrt ist eine Lieferverweigerung zur Durchsetzung eines gegen Art. 81 EG verstoßenden Vertriebssystems zugleich missbräuchlich.[286]

Eigenständige Bedeutung haben die Missbrauchsvorschriften, wenn **970** der Lieferant die Belieferung eines Händlers verweigert, der die Anforderungen des selektiven Vertriebssystems zwar prinzipiell erfüllt, der Lieferant die Lieferverweigerung aber mit einem **Verhalten des Abnehmers** begründet, das gegen die berechtigten Interessen des Normadressaten verstößt. Bei in der Person des Händlers liegenden Gründen kann die Belieferung verweigert werden, soweit der Maßstab der **Verhältnismäßigkeit** gewahrt bleibt.[287] In Betracht kommt etwa wiederholter, nicht nur geringfügiger **Zahlungsverzug**, der **Verrat von Geschäftsgeheimnissen**, wiederholte abfällige Äußerungen über die Produkte des Lieferanten. Nicht ausreichend für eine Geschäftsverweigerung ist allerdings eine Werbung, die sich an Kunden des Marktbeherrschers wendet, die sich „schlecht, einseitig oder gar nicht beraten fühlen" und die auf Einsparpotenziale bei Nutzung des Angebots des Normadressaten hinweist.[288] Dessen Interesse an möglichst hohen Preisen kann bei Berücksichtigung des auf möglichst freien Wettbewerb gerichteten Gesetzeszwecks in der Abwägung nicht überwiegen. **Geringfügige Beeinträchtigungen** wie einmaliger Zahlungsverzug oder in der Vergangenheit liegende Störungen der Lieferbeziehungen, die keine Auswirkungen auf das laufende Geschäft haben, sind hinzunehmen. Gegebenenfalls können die Interessen des Lieferanten auch durch die Vereinbarung der Vorauskasse gewahrt bleiben. Der **Vertrieb von Konkurrenzprodukten** ist nicht per se ein Grund für eine Lieferverweigerung. Dies ist im Einzelfall anhand des Grades der **Marktmacht** und der Motive, weshalb der Lieferant auf einem ausschließlichen Vertrieb seiner Waren besteht, zu beurteilen.[289]

---

286 Vgl. im Einzelnen dazu Rn. 947.
287 Wiedemann KartR-*Lübbert*, § 29 Rn. 20.
288 BGH, Urt. v. 22.2.2005 – KZR 2/04, „Sparberaterin II", WRP 2005, 747.
289 Vgl. etwa BGH, Urt. v. 13.6.1978 – KZR 14/77, „BMW-Direkthändler III", WuW/ E BGH 1624: Befürchteter erheblicher Rückgang der Akquisitionsbemühungen bei Übernahme einer Zweitvertretung; vgl. auch Groeben/Schwarze-*Schröter*, Art. 82 Rn. 252 und Immenga/Mestmäcker EG-WbR-*Möschel*, Art. 86 Rn. 221: Werbung für die Konkurrenz bei Alleinvertriebsrechten unzulässig.

971 Problematisch sind die Fallgestaltungen, in denen der Lieferant zugleich **Wettbewerber** des die Belieferung begehrenden Unternehmens auf einem nachgelagerten Markt ist und die Lieferung verweigert, um einen Konkurrenten auszuschalten. Rechtsprechung und Behörden haben derartige Lieferverweigerungen für missbräuchlich erachtet.[290] Dem ist zuzustimmen,[291] denn die **Monopolisierung** eines weiteren Marktes durch einen Marktbeherrscher kann vor dem Hintergrund der auf die Freiheit des Wettbewerbs gerichteten Zielsetzung der kartellrechtlichen Vorschriften nicht durch die Verfolgung eigener wirtschaftlicher Interessen gerechtfertigt werden.[292] Allerdings sind hiervon die Fälle zu unterscheiden, in denen nicht die Monopolisierung oder Beherrschung eines weiteren Marktes, sondern – ohne Hinzutreten besonderer Umstände – die Liefersperre Folge einer zulässigen Änderung der **Vertriebspolitik** des Lieferanten ist, etwa der Umstellung auf Direktvertrieb.[293]

972 In allgemeinen Mängellagen kann eine **Repartierungspflicht** bestehen.[294] Die vorrangige Belieferung von Stammkunden ist aber sachlich prinzipiell gerechtfertigt, weil das Interesse des Lieferanten an der Pflege bestehender und verlässlicher Kundschaft sehr hoch zu bewerten ist.[295]

973 Die dargestellten Grundsätze sind auch auf die **Zulassung zu Messen und Ausstellungen** zu übertragen, soweit sich diese nicht nach öffentlichem Recht richtet.

---

290 EuGH, Urt. v. 1.5.1979 – Rs. 22/78, „Hugin", Slg. 1979, 1869, 1898 ff.; Urt. v. 6.3.1974 – Rs. 6 u. 7/73, „Commercial Solvents", Slg. 1974, 223, 251 f.; Komm., Entsch. v. 18.7.1988 – Az. IV/330.178, „Napier Brown/British Sugar", Abl. 1988, Nr. L 284, 41.

291 Der Marktbeherrscher kann sich wegen seiner besonderen Marktstrukturverantwortung deshalb nicht darauf berufen, es sei ihm nicht zumutbar, einen Kunden zu beliefern, der zugleich mit ihm im Wettbewerb stehe, vgl. den dem BGH, Beschl. v. 21.12.2004 – KVZ 3/04, „Stadtwerke Dachau", WuW/E DE-R 1471 zugrunde liegenden Sachverhalt.

292 Zu ähnlichen Erwägungen bei Zugangsbegehren zu wesentlichen Einrichtungen Rn. 976 ff.

293 Zu prüfen ist, ob die Lieferverweigerung Folge einer zulässigen unternehmerischen Entscheidung oder Versuch der Ausdehnung der beherrschenden Stellung ist.

294 EuGH, Urt. v. 29.6.1978 – Rs. 77/77, „BP", Slg. 1978, 1513, 1526; Immenga/Mestmäcker EG-WbR-*Möschel*, Art. 86 Rn. 222.

295 Dieser Belang hat erst zurückzutreten, wenn andernfalls schwerwiegende Marktstrukturverschlechterungen zu befürchten wären.

b) Besonderheiten bei Lieferverweigerungen wegen Umgestaltung des Absatzsystems/Abbruch von Geschäftsbeziehungen

Die **Umstellung des Absatzsystems** ist grundsätzlich von der Befug-   **974**
nis des Herstellers umfasst, den Absatzkanal nach eigenem wirtschaftlichem Ermessen zu gestalten, auch wenn sie zur Nichtbelieferung
bisheriger Abnehmer führt. Der Hersteller ist zu nachträglichen Korrekturen in gleichem Umfang befugt, wie wenn er von vornherein
keine Lieferbeziehung eingegangen wäre, weil er etwa ein selektives
Vertriebssystem oder den Direktvertrieb gewählt hat. Es gelten die obigen Kriterien.[296] Umgekehrt scheidet eine Beendigung des Vertragsverhältnisses aus, wenn sie aus Gründen erfolgt, aus denen ein Ver-
tragsschluss nicht abgelehnt werden dürfte.[297] Einschränkungen
können sich jedoch hinsichtlich der **Übergangsfristen**[298] oder der zu
entrichtenden **Abfindung** ergeben. Wenn nunmehr die Geschäftsbeziehungen aufgrund von Restrukturierungen im Absatzkanal abgebrochen
werden, hat der Händler, anders als bei neu aufgenommenen Geschäftsbeziehungen, im Interesse des Herstellers zumeist Investitionen
erbracht. Das berechtigte Anliegen des Händlers, diese Investitionen
amortisieren zu können, sperrt die Umstrukturierung nicht. Vielmehr
ist seinen Interessen durch entsprechende Gestaltung der **Restlaufzeit,**
ggf. auch durch eine Zahlung des Herstellers[299] Rechnung zu tragen.
Eine Garantie, dass sich die Investitionen komplett amortisieren, erhält der Händler nicht.[300] Insoweit verbleibt es bei seinem eigenen unternehmerischen Risiko, das das Interesse des Herstellers an flexiblen
Vertriebsstrukturen nicht vollständig überwiegt. § 20 GWB[301] soll die
Wettbewerbsfreiheit – mittelbar durch den Schutz der abhängigen
Absatzmittler – sichern, jedoch keinen dem § 89b HGB vergleichba-

---

296 Siehe Rn. 936 ff.; Interessen des Absatzmittlers können allerdings im Einzelfall
    wegen bereits bestehender Geschäftsbeziehungen ein höheres Gewicht haben.
297 BGH, Urt. v. 24.6.2003 – KZR 32/01, „Schülertransporte", WRP 2003, 1122,
    1123.
298 BGH, Urt. v. 17.3.1998 – KZR 30/96, „Bahnhofsbuchhandlung", WuW/E DE-R
    134.
299 Zu den Ausgleichsansprüchen der Vertragshändler im Kfz-Sektor vgl. *Beckmann,*
    WuW 2003, 752, 758 ff.
300 BGH, Urt. v. 10.2.1987 – KZR 6/86, „Freundschaftswerbung", WuW/E BGH
    2360, 2362.
301 Regelmäßig dürfte der Anwendungsbereich des europäischen Rechts mangels
    Spürbarkeit und Zwischenstaatlichkeit nicht eröffnet sein. Die Abwägung zwischen
    den Interessen des Normadressaten und des Absatzmittlers hätte aber nach den
    gleichen Grundsätzen zu erfolgen.

ren **Sozialschutz** aufbauen oder die Vergütung für (auch) fremdnützige Leistungen garantieren.[302]

c) Abnahmeverweigerung

975 Auch die **Abnahmeverweigerung** fällt unter Art. 82 EG, §§ 19, 20 GWB. Zu berücksichtigen ist jedoch, dass der Kontrahierungszwang den Nachfrager noch stärker als den Anbieter in seiner wirtschaftlichen **Unternehmensfreiheit** trifft,[303] weil er Wettbewerbsvorteile vor allem aus der Auswahl des für ihn günstigsten Angebots ziehen kann. Qualitäts- und Preiswettbewerb auf Anbieterseite werden abgeschwächt, wenn nicht allein nach leistungsbezogenen Kriterien nachgefragt wird, sondern ein kartellrechtlicher Kontrahierungszwang besteht. Deshalb ist dem Nachfrager grundsätzlich ein **größerer Spielraum** bei der Auswahl seiner Geschäftspartner als Anbietern einzuräumen. Interessen von ausreichendem Gewicht, die das Recht auf freie Wahl des Bezugs überwiegen, liegen nur in Ausnahmekonstellationen vor. Die Rechtsprechung hat etwa im Arzneimittelgroßhandel, wo der Absatz nicht in gleichem Maß von einem kaufmännisch sinnvoll gestalteten Produktsortiment, sondern im Wesentlichen von den Gesundheitsbedürfnissen der Bevölkerung abhängig und somit das **Absatzrisiko** verringert sei,[304] eine Abnahmeverpflichtung bejaht.[305] Im Regelfall folgt aus dem Kartellrecht für den marktbeherrschenden – im Rahmen des nationalen Rechts auch für den marktstarken –

---

302 Vgl. LG Frankfurt, Urt. v. 20.10.2004 – 3-03 O 28/04, WRP 2004, 1507 zum Ausgleichsanspruch bei Ablehnung eines zumutbaren Folgevertrags.
303 BGH, Beschl. v. 21.2.1995 – KVR 10/94, „Importarzneimittel", WuW/E BGH 2990, 2995; Groeben/Schwarze-*Schröter*, Art. 82 Rn. 74 ff.
304 BGH, Beschl. v. 21.2.1995 – KVR 10/94, „Importarzneimittel", WuW/E BGH 2990, 2995.
305 Einen weiteren Fall des Bezugszwangs sah der BGH in seinen Stromeinspeisungsentscheidungen, Urt. v. 2.6.1996 – KZR 1/95, „Kraft-Wärme-Kopplung", WuW/E BGH 3074, 3075 und Urt. v. 6.10.1992 – KZR 10/91, „Stromeinspeisung", WuW/E BGH 2805, 2808; ausführlich Wiedemann KartR-*Zinow*, § 34 Rn. 101 ff., insb. 113 ff. Nach der Novelle des EnWG 1998 lässt sich eine Abnahmeverpflichtung des Netzbetreibers außerhalb des Anwendungsbereichs des Gesetzes zur Einspeisung regenerativ erzeugter Energie nicht mehr begründen. Zum einen ist für die Versorgung mit Strom die Vorschrift des § 103 GWB a. F. aufgehoben, auf der die BGH seine Auffassung maßgeblich stützte. Zum anderen können Stromerzeuger jetzt auf die Selbstvermarktung verwiesen werden, soweit eine Durchleitung durch das vorgelagerte Netz möglich ist.

Nachfrager jedoch nur die Pflicht, seine Anbieter nach **sachgerechten Kriterien auszuwählen.**[306]

6. Insbesondere: „Essential facilities doctrine", Zugang zu wesentlichen Einrichtungen

a) Allgemeines

Das Schlagwort „**essential facilities doctrine**" ist dem amerikanischen **976** Antitrustrecht entliehen. Unter ihm werden Fallkonstellationen erörtert, in denen ein Unternehmen nicht nur die schlichte Belieferung, sondern den **Zugang zu Einrichtungen**[307] begehrt, die im Eigentum oder Besitz des marktbeherrschenden Unternehmens stehen. Die „essential facilities doctrine" wird zum Teil als bloßer Unterfall der Geschäftsverweigerung angesehen.[308] Die Fallgruppen, in denen Zugang zu wesentlichen Einrichtungen begehrt werden, stimmen in beanstandetem Verhalten (Verweigerung des Geschäftsabschlusses) sowie Rechtsfolge bei Kartellrechtsverstoß (Kontrahierungszwang) mit der allgemeinen Geschäftsverweigerung überein; gemein ist ihnen darüber hinaus oftmals eine horizontale Behinderungswirkung, weil der Inhaber der wesentlichen Einrichtung zugleich den **Wettbewerb auf dem vor- oder nachgelagerten Markt** beeinträchtigt, auf dem er selbst tätig ist. Unabhängig davon, ob man die „essential facilities doctrine" als bloßen Unterfall der Geschäftsverweigerung ansieht oder nicht, ist sie jedenfalls ein geeignetes Hilfsmittel, die Besonderheiten, die sich im Rahmen der Interessenabwägung bei einer Zugangsverweigerung zu wesentlichen Einrichtungen ergeben, herauszuarbeiten und zu betonen. Eine eigenständige Darstellung der umfangreichen Diskussion scheint von daher geboten.

Die kartellrechtliche Beurteilung des Zugangsanspruchs zu wesentli- **977** chen Einrichtungen hat das Spannungsfeld zwischen zwei gegenläufigen, wettbewerbsgefährdenden Strömungen aufzulösen. Auf der einen Seite besteht die Gefahr, dass der Marktbeherrscher **Wettbewerb** nicht nur im Bereich der essential facility, sondern darüber hinaus auch **auf vor- oder nachgelagerten Märkten verhindert.** Umgekehrt dürfen **Innovationsanreize** nicht über Gebühr **verringert**

---

306 BGH, Urt. v. 26.5.1987 – KZR 13/85, „Krankentransporte", WuW/E BGH 2399, 2406.

307 Beispielsweise See- oder Flughäfen, Leitungsnetze, Reservierungssysteme, gewerbliche Schutzrechte.

308 *Markert*, FS für Mestmäcker, S. 661, 662.

werden. Allzu weit reichende Ansprüche auf Zugang zu wesentlichen Einrichtungen bewirken ein innovationsfeindliches Klima: Zum einen nimmt die **Attraktivität von Investitionen** in wesentliche Einrichtungen ab, wenn diese auch den Wettbewerbern zugute kommen. Die Anreize für technische Innovationen werden geschmälert, da **Trittbrettfahrer** im Falle eines Markterfolges Zugang zu den wesentlichen Einrichtungen verlangen können, die **Risiken** eines Fehlschlages jedoch allein vom Inhaber der wesentlichen Einrichtung zu tragen sind.[309] Zum anderen werden die Anreize für die den Zugang begehrenden Unternehmen verringert, nach alternativen Lösungsmöglichkeiten zu suchen.[310] **Risiken** und **Chancen** von Innovationen werden bei kartellrechtlichen Eingriffen neu verteilt. Wettbewerbsvorsprünge dürfen nur im Ausnahmefall kartellrechtlich eingeebnet werden.[311] Normalerweise sind die Unternehmen gehalten, Vorteile der Konkurrenten durch eigene unternehmerische Leistung auszugleichen. Wann die besonderen Umstände vorliegen, die eine Ausnahme und damit ein kartellrechtliches Einschreiten legitimieren, ist die zentrale Frage.

b) Anwendungsvoraussetzungen

978 Im europäischen Recht hat die Praxis der Gemeinschaftsorgane unter drei **Voraussetzungen** – ohne die „essential facilities doctrine" ausdrücklich zu nennen – ein Zugangsrecht zu wesentlichen Einrichtungen bejaht.

- Die Einrichtung wird von Dritten benötigt, um auf **vor- oder nachgelagerten Märkten in Wettbewerb** zu treten;[312]
- es ist **rechtlich oder tatsächlich nicht möglich oder zumutbar**, die Einrichtung zu duplizieren (= wesentliche Einrichtung);

---

309 Ein Beispiel aus jüngerer Zeit bietet die Versteigerung der UMTS-Lizenzen. Die Investition bei unsicheren Marktchancen macht keinen Sinn, wenn Wettbewerber im Falle des Markterfolges über die „essential facilities doctrine" Zugang erhalten.

310 Vgl. zum Vorstehenden *Fleischer/Weyer*, WuW 1999, 350, 356; kritisch zu Fehlanreizen aufgrund einer Überdehnung der Zugangsrechte auf kartellrechtlicher Basis auch *Schwarze*, EuZW 2003, 75, 81.

311 Besonders betont durch EuGH, Urt. v. 26.11.1998 – Rs. C-7/97, „Bronner", WuW/ E EU-R 127; BGH, Urt. v. 13.7.2004 – KZR 40/02, „Spundfass", GRUR 2004, 966.

312 Weitergehend noch EuGH, Entsch. v. 6.4.1995 – Rs. C-241 u. 242/91, „Magill TV Guide", Slg. 1995, 743, 822: Jeglicher Wettbewerb muss ausgeschlossen sein; die Entscheidung betraf jedoch gewerbliche Schutzrechte, siehe dazu unten Rn. 984 ff.

• eine **sachliche Rechtfertigung** für die Zugangsverweigerung besteht nicht.[313]

Wesentliche Einrichtungen finden sich vor allem in **Netzwerkindustrien** (etwa Strom- und Gasnetze, Telekommunikationseinrichtungen), können aber auch **Buchungssysteme, See- oder Flughäfen** oder sogar **Vertriebssysteme** sein.[314] Die kartellrechtliche Inanspruchnahme eines Inhabers einer wesentlichen Einrichtung findet ihre Legitimation darin, dass auch ein **vor- oder nachgelagerter Markt monopolisiert** werden soll, weil und soweit es Dritten rechtlich oder tatsächlich nicht möglich oder zumutbar ist, eine Einrichtung zu duplizieren. Dabei ist es aufgrund der Schutzrichtung des Kartellrechts, die Märkte offen zu halten, nicht erforderlich, dass das den Zugang begehrende Unternehmen gerade mit dem Inhaber der wesentlichen Einrichtung in Wettbewerb treten will.[315]   **979**

Nur selten wird es tatsächlich unmöglich sein, eine Einrichtung zu duplizieren. Die praktisch bedeutsame Frage ist deshalb, die Grenze für die **Zumutbarkeit** näher zu bestimmen. Hierzu ist namentlich das Konzept angreifbarer Netze entwickelt worden. Es geht vor allem von der Frage aus, ob mit Markteintritt irreversible Kosten verbunden sind, die im Falle des späteren Marktaustritts nicht anderweitig verwendbar sind.[316] Dies ist aber in den meisten Fällen zu bejahen; jeder Versuch, in einen Markt einzudringen, wird gewisse „**sunk costs**"[317] zur Folge haben. Das Konzept der angreifbaren Netze täuscht deshalb eine begriffliche Schärfe vor, die aufgrund der graduellen Abweichungen der sunk costs nicht zutrifft.   **980**

Leitfaden muss eine **Abwägung** sein, ob der Wettbewerb auch bei zumutbaren Anstrengungen der Wettbewerber aus Gründen, die nicht in der Person der Wettbewerber liegen,[318] verhindert werden kann. Zu-   **981**

---

313 EuGH, Urt. v. 26. 11. 1998 – Rs. C-7/97, „Bronner", WuW/E EU-R 127 Rn. 41; aus der Literatur stellvertretend für alle: *Markert*, FS für Mestmäcker, S. 661, 665.

314 Zum Sonderfall der gewerblichen Schutzrechte Rn. 984 ff.; weitere Beispiele bei *Bunte/Heintz*, WuW 2003, 598, 601 f.

315 Str., vgl. Wiedemann KartR-*de Bronett*, § 22 Rn. 66 und die (abweichende) Fassung des § 19 Abs. 4 Nr. 4 GWB, zu Letzterem Rn. 991 ff.

316 *Blankart/Knieps*, ifo-Studien 1996, 483, 486; vgl. auch *Klimisch/Lange*, WuW 1998, 15, 17 f.

317 Investitionen, die im Falle eines Marktaustritts nicht mehr anderweitig verwertbar sind.

318 Entscheidend für die Zumutbarkeit ist mithin ein objektiver Maßstab; auf die Fähigkeiten des den Zugang begehrenden Unternehmens kommt es nicht an; beabsichtigt ist der Schutz des Wettbewerbs, nicht der Wettbewerber; EuGH, Urt.

treffend betont die Rechtsprechung des EuGH den Charakter als **Ausnahmetatbestand**.[319] Schlüsselfunktion kommt hierbei den **Marktzutrittsschranken** zu. Je größer die bestehenden Eintrittsbarrieren sind, desto eher kann ein Anspruch auf die Mitnutzung der Einrichtung bestehen. Innerhalb dieser Abwägung sind auch die Schlussfolgerungen aus der Lehre von den angreifbaren Netzen maßgeblich zu berücksichtigen; **zumutbare Ausweichmöglichkeiten** fehlen nicht bereits dann, wenn Wettbewerber nicht über einen gleichwertigen Ersatz verfügen.[320]

982 Eine sachliche Rechtfertigung der Zugangsverweigerung kommt bei der notwendigen Gesamtwürdigung aller Umstände insbesondere aus **Kapazitätsgründen** in Betracht. Problematisch ist, ob ein Anspruch auf Zugang ausgeschlossen ist, weil der Inhaber die volle Kapazität zur Erfüllung seiner eigenen vertraglichen Verpflichtungen benötigt. Die Frage ist zu verneinen.[321] Das kartellrechtliche Unwerturteil über die Zugangsverweigerung resultiert gerade aus der Monopolisierung des vor- oder nachgelagerten Marktes. Es würde ein Zirkelschluss drohen, wenn die Verpflichtungen des Inhabers auf diesem vor- oder nachgelagerten Markt einen Zugang Dritter ausschließen würden.

983 Im deutschen Recht hat das GWB für einen Teilbereich der „essential facilities doctrine" mit § 19 Abs. 4 Nr. 4 GWB eine Regelung getroffen. Dies schließt einen Rückgriff auf die allgemeinen Vorschriften nicht aus. Mit § 19 Abs. 4 Nr. 4 GWB sollte neben den sektorspezifischen Regelungen eine allgemeine kartellrechtliche Regelung für den Zugang zu wesentlichen Einrichtungen in das GWB eingefügt und Rechtssicherheit geschaffen werden, um nicht auf die – mit vielen Unsicherheiten verbundene – Anwendung der Generalklausel angewiesen zu sein. Bei einer eventuellen Anwendung der Generalklausel auf Fälle der Zugangsverweigerung sind die oben angestellten Überlegungen vollumfänglich auf das deutsche Recht zu übertragen.

---

v. 26.11.1998 – Rs. C-7/97, „Bronner", WuW/E EU-R 127, 130 Rn. 44 ff.; *Deselaers*, EuZW 1995, 563, 567; *Hübschle*, Schriftenreihe der Deutschen Verkehrswissenschaftlichen Gesellschaft B 224, S. 62.

319 EuGH, Urt. v. 26.11.1998 – Rs. C-7/97, „Bronner", WuW/E EU-R 127 ff.

320 EuGH, Urt. v. 26.11.1998 – Rs. C-7/97, „Bronner", WuW/E EU-R 127, Rn. 44 ff.; *Fleischer/Weyer*, WuW 1999, 350, 358; OLG Hamburg, Urt. v. 19.6.2002 – U 28/02, „Online-Ticketshop", WuW/E De-R 1076, 1078 f.; str.

321 BKartA, Beschl. v. 30.8.1999 – B8–40100-T-99/99, „Berliner Stromdurchleitung", DE-V 149, 153 ff.

7. Insbesondere: Zwangslizenzen

Auch die kartellrechtliche Verpflichtung zur Erteilung einer **Zwangs-** **984**
lizenz bewegt sich im **Spannungsfeld Innovation versus Wettbewerb.**
Dem Schutzrechtsinhaber wird mit dem Ausschließlichkeitsrecht ein
Anreiz gewährt, Risiken und Kosten zu übernehmen in der Aussicht,
ohne Wettbewerb die wirtschaftlichen Vorteile ziehen zu können.[322]
Dieser Anreiz wird durch eine eventuelle kartellrechtliche Verpflichtung, den Schutzgegenstand für andere zur Verfügung zu stellen, ge-
mindert.

Besonderheiten gegenüber der „essential facilities doctrine" ergeben **985**
sich ggf. daraus, dass die **Ausschließlichkeit** gerade die Befugnis ist,
die **spezialgesetzlich** für **gerechtfertigt** erachtet wird. Immaterialgüterrechte sind in ihrem Kern nichts anderes als **gesetzlich vorgese-**
hene und sanktionierte Wettbewerbsbeschränkungen. Dieser wesentliche Inhalt, der spezialgesetzlich für gerechtfertigt erachtet wird,
wird unter Rückgriff auf das KartellR wieder entzogen, so dass fraglich ist, ob die für Sacheigentum geltenden Regeln der „essential facilities doctrine" auf gewerbliche Schutzrechte übertragbar sind.[323] Dabei ist zu beachten, dass die **Ausschließlichkeit** gewerblicher Schutzrechte nicht nur wettbewerbsbeschränkende, sondern auch **wettbe-**
werbsfördernde Wirkung hat: Konkurrenten sollen vom imitierenden
hin zum substitutiven Wettbewerb übergehen, was wiederum technischen Fortschritt fördert.[324]

Unstreitig ist inzwischen, dass eine kartellrechtliche Pflicht bestehen **986**
kann, eine Lizenz zu erteilen. Der EuGH hat dies auf die geläufige –
seit Beginn der 90er Jahre allerdings bewusst nicht mehr gebrauchte –
Formel gebracht, dass der **Bestand** des Schutzrechts durch den EG gesichert ist (mithin die Handelsbeschränkungen, die sich aus den national wirkenden Schutzrechten ergeben, nicht anhand der Vorschriften
über den freien Warenverkehr überprüft werden), die **Ausübung** aber
sehr wohl nach Art. 82 EG beurteilt werden kann. Dies ist nicht nur
für das europäische Recht anerkannt, sondern auch für das nationale

---

322 Nach der sog. Reasonable Reward Doctrine wird über die Vorschriften des gewerblichen Rechtsschutzes (unter anderem durch Laufzeitbegrenzung, Anforderungen
an das Innovationsniveau u.Ä.) ein gerechter Ausgleich zwischen den Belangen
des Schutzrechtsinhabers und Dritten bewirkt.

323 Ablehnend *Wirtz/Holzhäuser*, WRP 2004, 683, 685: Im Gegensatz zum Sacheigentum bildet die exklusive Verwertungsbefugnis den Wesensgehalt des Immaterialgü-
terrechts.

324 BGH, Urt. v. 13.7.2004 – KZR 40/02, „Spundfass", GRUR 2004, 966.

Recht. Hier kann der Anspruch gegebenenfalls neben einen spezialgesetzlichen Tatbestand treten.[325]

987 Die Anwendung des Kartellrechts setzt zunächst voraus, dass der **Schutzrechtsinhaber marktbeherrschend** ist. Der Schutzrechtsgegenstand definiert nicht zwangsläufig einen eigenen sachlich relevanten Markt; vielmehr ist auch hier das **Bedarfsmarktkonzept**[326] anzuwenden. Nur wenn für einen konkreten Bedarf keine oder keine ausreichenden **Ausweichmöglichkeiten** auf andere geschützte oder ungeschützte Produkte oder Verfahren bestehen, ist der Schutzrechtsinhaber zugleich Monopolist und damit Normadressat.[327] In den Fällen, in denen Ausweichmöglichkeiten der Marktgegenseite bestehen, ist nach allgemeinen Kriterien zu prüfen, ob eine marktbeherrschende Stellung besteht.[328]

988 Bei der Anwendung der „essential facilities doctrine" wird der Missbrauch in der **Monopolisierung** des vor- oder nachgelagerten Marktes gesehen. Diese Ausschließlichkeit ist aber der Kern der spezialgesetzlich verliehenen Befugnis; die den gewerblichen Schutzrechten immanente Wettbewerbsbeschränkung ist grundsätzlich hinzunehmen. Bei gewerblichen Schutzrechten reichen die von der „essential facilities doctrine" allgemein formulierten Voraussetzungen deshalb nicht aus, um ein kartellrechtliches Unwerturteil zu begründen.[329]

---

325 So etwa der Anspruch auf die Erteilung einer Patentlizenz nach § 24 PatG; vgl. hierzu BGH, Urt. v. 13.7.2004 – KZR 40/02, „Spundfass", GRUR 2004, 966, und die Besprechung von *Heinemann*, ZWeR 2005, 198.
326 Zu diesem Rn. 850ff.
327 Dies wird besonders deutlich bei EuGH, Entsch. v. 6.4.1995 – Rs. C-241 u. 242/91, „Magill TV Guide", Slg. 1995, 743, 822ff.: Die marktbeherrschende Stellung wurde nicht – wie in der Vorinstanz – mit dem gewerblichen Schutzrecht begründet, sondern mit dem faktischen Monopol der Fernsehanstalten an den Informationen, die für die Zusammenstellung einer Programmvorschau notwendig sind.
328 Vgl. dazu auch BGH, Urt. v. 13.7.2004 – KZR 40/02, „Spundfass", GRUR 2004, 966. Soweit Ausweichmöglichkeiten bestehen, ist zwar die Marktbeherrschung nicht ausgeschlossen, aber es wird regelmäßig an den weiteren, unten im Einzelnen dargestellten Voraussetzungen für eine Zwangslizenz fehlen, die grundsätzlich nur bei einem Monopol gegeben sind.
329 Vgl. EuGH, Schlussantrag des Generalanwalts Tizzano v. 2.10.2003 – Rs. C-418/01, „IMS Health", WuW/E EU-R 708 (Leitsatz) und 713 Rn. 62ff.: „...gilt jedoch nur unter der Voraussetzung, dass sich das Unternehmen, das um die Lizenz ersucht, nicht darauf beschränken will, Waren oder Dienstleistungen zu vermarkten, die denen gleichen, die vom Inhaber der wesentlichen Einrichtung bereits angeboten werden, sondern beabsichtigt, Waren oder Dienstleistungen herzustellen bzw. zu erbringen, die – auch wenn sie mit denen des Rechtsinhabers konkurrieren – besondere Bedürfnisse der Verbraucher erfüllen, die von den existierenden Waren

In der Entscheidung *Magill TV Guide* hatte der EuGH über die drei **989** allgemeinen Zulassungsvoraussetzungen der „essential facilities doctrine"[330] hinaus formuliert, dass der Missbrauch sich daraus ergebe, dass eine **Nachfrage der Verbraucher** nach dem Produkt bestehe.[331] Dieses Kriterium findet sich in den Entscheidungsgründen zu *Bronner*,[332] die ein Vertriebssystem und nicht gewerbliche Schutzrechte betrafen, nicht mehr. In der Rs. *IMS Health* wird hingegen erneut zur Voraussetzung einer Zwangslizenz an Schutzrechten gemacht, dass neue Erzeugnisse oder Dienstleistungen auf dem nachgelagerten Markt angeboten werden sollen, die der Inhaber des Schutzrechts nicht anbietet.[333]

Konnte man die diesbezüglichen Ausführungen des EuGH im Fall *Ma-* **990** *gill TV Guide* noch als mögliche Einzelfallbegründung des Missbrauchs ansehen, wird diese Annahme durch die Entscheidung *IMS Health* und die zugrunde liegenden Ausführungen des Generalanwalts Tizzano widerlegt. In der Zusammenschau der Entscheidungen ist davon auszugehen, dass ein **gesetzlich verbrieftes Schutzrecht** ein **höheres Maß an Investitions- und Innovationsschutz** genießt als sonstige wesentliche Einrichtungen. Zur Monopolisierung eines vor- oder nachgelagerten Marktes müssen besondere Umstände hinzutreten.[334] Diese sind nach der Rechtsprechung des EuGH jedenfalls dann gegeben, wenn auf dem vor- oder nachgelagerten Markt zugleich eine **Innovation** (ein neues Produkt) verhindert wird. Soweit der Schutzrechtsinhaber auf dem vor- oder nachgelagerten Markt bereits tätig ist und ein Lizenznehmer (lediglich) in Wettbewerb mit dem Schutzrechtsinhaber treten will, kann eine Zwangslizenz regelmäßig nicht begehrt werden. Das kartellrechtliche Unwerturteil folgt aus der Monopolisierung eines vor- oder nachgelagerten Marktes, die zugleich eine Innovation verhindert. Damit dürfte der Anwendungsbereich der (modifizierten) „essential facilities doctrine" auf gewerbliche Schutz-

---

oder Dienstleistungen nicht befriedigt werden". Deshalb zu Recht *Wirtz/Holzhäuser*, WRP 2004, 683, 684f., dass für die Anwendung der „essential facilities doctrine" auf gewerbliche Schutzrechte weitere Anwendungsvoraussetzungen bestehen müssen.
330 Vgl. Rn. 978.
331 EuGH, Entsch. v. 6.4.1995 – Rs. C-241 u. 242/91, „Magill TV Guide", Slg. 1995, 743.
332 EuGH, Urt. v. 26.11.1998 – Rs. C-7/97, „Bronner", WuW/E EU-R 127.
333 EuGH, Urt. v. 29.4.2004 – Rs. C-418/01, „IMS Health", WRP 2004, 717 Rn. 28.
334 EuGH, Schlussantrag des Generalanwalts Tizzano v. 2.10.2003 – Rs. C-418/01, „IMS Health", WuW/E EU-R 708, 713; *Thyri*, WuW 2005, 388, 391, 394f.

rechte jedoch noch nicht abschließend beschrieben sein:[335] Der EuGH betont, dass ein Anspruch auf eine Lizenz nur unter **außergewöhnlichen Umständen** gegeben sein kann. Fraglich bleibt, ob diese *ausschließlich* oder *jedenfalls* bei Verhinderung neuer Produkte gegeben sind.[336] Auch wenn bei kartellrechtlichen Lizenzansprüchen **besondere Zurückhaltung** geboten ist, legt es die Rechtsprechung der Gemeinschaftsorgane nahe, dass die Verhinderung neuer Produkte nur ein Fall der besonderen Umstände ist, die – zusammen mit der Marktmonopolisierung – einen Kartellrechtsverstoß begründen können. Wird ein neues Produkt verhindert, ist dies eine ausreichende, aber nicht zwingend notwendige Voraussetzung, um einen Missbrauch zu bejahen. Besondere Umstände[337] könnten daneben auch z. B. in einer Diskriminierung zu sehen sein.[338]

---

335 Str., a. A. wohl *Wirtz/Holzhäuser*, WRP 2004, 683, 689 f. Diesen ist insoweit zuzustimmen, als wegen der Natur des Schutzrechtes über die Anwendung der „essential facilities doctrine" auf Infrastruktureinrichtungen hinausgehende Anforderungen zu stellen sind. Besondere Umstände sind aber nicht abschließend allein in der Innovationsverhinderung zu sehen; vgl. hierzu aber EuGH, Urt. v. 5. 10. 1988 – Rs. 238/87, „Volvo", Slg. 1988, 6211 Rn. 9, in der der EuGH klarstellt, dass die Weigerung, eine Lizenz zu erteilen, als solche keinen Missbrauch einer marktbeherrschenden Stellung darstellt, aber eine ganz Reihe von Verhaltensweisen (besondere Umstände) hinzufügt, die einen Missbrauch begründen können; für eine weitere Auslegung auch *Thyri*, WuW 2005, 388, 397 ff.

336 Vgl. auch EuGI (Präsident), Beschl. v. 22. 12. 2004 – Rs. T-201/04 R, „Microsoft/Kommission", WuW/E EU-R 863, 866 f. „First, this case raises the question whether the conditions laid down by the Court in IMS Health ... are necessary or merely sufficient" unter Hinweis auf EuGH, Urt. v. 29. 4. 2004 – Rs. C-418/01, „IMS Health", WRP 2004, 717 Rn. 38 „... that it is sufficient ... that that refusal is preventing the emergence of a new product for which there is a potenzial consumer demand".

337 Die Gelegenheit für klarstellende Äußerungen bietet der Fall Microsoft. Nachdem die Komm. Microsoft zur Offenlegung von Informationen verpflichtet hat, die Konkurrenten benötigen, um im Bereich der Media Player mit Microsoft in Wettbewerb treten zu können, dürfte es an der Verhinderung neuer Produkte fehlen. Deshalb wäre klarzustellen, ob auch andere Umstände einen Missbrauch begründen können. Die Komm. wendet das Kriterium „Verhinderung eines neuen Produktes, nach dem eine Nachfrage besteht", nicht an. Das spricht dafür, dass auch die Komm. davon ausgeht, dass es weitere Umstände geben kann, die die Verweigerung einer Lizenz missbräuchlich machen. A. A. wohl *Leupold/Pautke*, EWS 2005, 108, 115 f., die einen Widerspruch zwischen EuGH-Rechtsprechung und Komm. sehen.

338 In diese Richtung EuGI, Urt. v. 12. 6. 1997 – Rs. T-504/93 „Tiercé Ladbroke S.A./Kommision", Slg. 1997 II-923 Rn. 124 ff.; allerdings möglicherweise tendenziell zu weit gehend insoweit, als auch die Unerlässlichkeit des Schutzrechts bereits für den Missbrauch ausreicht, Rn. 131. Der Entscheidung kann jedoch nicht entnommen werden, ob weitere Voraussetzungen für einen Missbrauch aufgestellt werden

8. § 19 Abs. 4 Nr. 4 GWB

Für einen Teil des Anwendungsbereichs der „essential facilities doc- **991**
trine" hat der Gesetzgeber im deutschen Recht eine spezielle Regelung vorgesehen. Der Anwendungsbereich des § 19 Abs. 4 Nr. 4 GWB
ist auf **Netze** und andere **Infrastruktureinrichtungen**[339] beschränkt;
Netze sind dabei ein Unterfall der Infrastruktureinrichtung. Hiermit
wurde der Anwendungsbereich bewusst eng gehalten. **Dienstleistun-**
gen sowie **Produktionseinrichtungen, Vorprodukte** oder **gewerbliche**
Schutzrechte sind bei der gebotenen, eng am Wortlaut orientierten
Auslegung ausgeklammert. Als Infrastruktureinrichtungen i. S. d. § 19
Abs. 4 GWB kommen damit insbesondere Netze zur **Energieversor-**
gung oder **Telekommunikation**[340] sowie Verkehrswege in Betracht.

Ob es einem Unternehmen aus rechtlichen oder tatsächlichen Gründen **992**
nicht möglich oder zumutbar ist, auf dem vor- oder nachgelagerten
Markt als Wettbewerber tätig zu werden, ist nicht nach den individuellen Gegebenheiten, sondern anhand eines **objektivierten Maßstabes**
zu ermitteln. § 19 Abs. 4 Nr. 4 GWB will im Interesse des Wettbewerbs verhindern, dass der vor- oder nachgelagerte Markt monopolisiert wird; keinesfalls soll den einzelnen Unternehmen ein Sozialschutz zukommen.[341]

Eine weitere Einschränkung des Anwendungsbereichs des § 19 Abs. 4 **993**
Nr. 4 GWB folgt aus dem Tatbestandsmerkmal, dass das den Zugang
begehrende Unternehmen „als **Wettbewerber** des marktbeherrschen-

---

würden oder die Voraussetzungen abschließend genannt sind. Das EuGI konnte
sich auf die Feststellung beschränken, dass selbst diese Voraussetzungen nicht gegeben sind. Wird eine kartellrechtswidrige Diskriminierung behauptet, dürfte der
Schutzrechtsinhaber allerdings regelmäßig einen weiten Spielraum haben, da die –
auch unterschiedliche – Lizenzvergabe gerade ein wesentliches Element des
Schutzrechts selbst ist, vgl. BGH, Urt. v. 13. 7. 2004 – KZR 40/02, „Spundfass",
GRUR 2004, 966, 968. A.A. wohl *Buch*, WuW 2005, 266, 270 ff.

339 Der Begriff der Infrastruktureinrichtung ist nicht völlig geklärt. Aus der Gegenüberstellung mit „Netze und andere Infrastruktureinrichtungen" lässt sich entnehmen, dass es sich um Einrichtungen handeln muss, die dem Absatz von Waren
oder Dienstleistungen dienen, vgl. Langen-*Schultz*, § 19 Rn. 159.

340 Vgl. hierzu aber die speziellen Regelungen im TKG und EnWG. Das neue EnWG
schränkt den bisher wichtigsten Anwendungsbereich der Vorschrift erheblich ein.

341 Str., ansonsten wäre Folge, dass Zugang zu einer wesentlichen Einrichtung umso
leichter verlangt werden könnte, je geringer die eigene Leistungsfähigkeit ist. Derartige bewegliche Grenzen sind aber mit einer Vorschrift, die den Wettbewerb als
Institution, nicht den Wettbewerber schützen soll, nicht vereinbar. Dies würde auch
dem ordnungspolitischen Grundsatz widersprechen, dass Wettbewerbsvorsprünge
vorrangig durch eigene Leistungen ausgeglichen werden müssen.

den Unternehmens auf dem vor- oder nachgelagerten Markt" tätig werden will. Es kommt zwar nicht darauf an, dass der Normadressat auch den vor- oder nachgelagerten Markt beherrscht.[342] Eine Anwendung des § 19 Abs. 4 Nr. 4 GWB scheidet aber aufgrund des eindeutigen Wortlauts aus, wenn der Inhaber der Infrastruktureinrichtung auf dem vor- oder nachgelagerten Markt nicht selbst tätig ist. § 19 Abs. 4 Nr. 4 GWB bleibt insoweit hinter der „essential facilities doctrine" des europäischen Rechts zurück;[343] möglich bleibt die Anwendung der allgemeinen Vorschriften, um ein Zugangsrecht zu begründen. Das praktische Bedürfnis für eine gesonderte Regelung dürfte in diesem Fall zwar geringer sein, da ein Inhaber einer wesentlichen Einrichtung, der auf dem vor- oder nachgelagerten Markt nicht tätig ist, normalerweise kein Eigeninteresse hat, den Zugang zu verweigern. Die Problematik wird aber an Bedeutung gewinnen, soweit in neu liberalisierten Märkten der Netzbetrieb in zu diesem Zweck gegründete, rechtlich eigenständige Unternehmen aus einem Konzernunternehmen ausgegliedert wird.[344] Hier droht eine Bevorzugung einzelner Marktteilnehmer aufgrund gewachsener Beziehungen.

994 Wie das i. S. d. § 19 Abs. 4 Nr. 4 GWB „**angemessene**" Entgelt zu bestimmen ist, lässt das Gesetz offen. Die Kartellrechtspraxis ging bei Stromnetzen von vier Kriterien aus: Angemessen ist ein Entgelt nur, wenn es **nicht diskriminierend** i. S. d. § 6 Abs. 1 EnWG a. F. ist.[345] Die Entgeltgestaltung darf nicht zu einer **Behinderung** i. S. d. §§ 19 Abs. 4 Nr. 1, 20 Abs. 1 GWB führen.[346] Anhaltspunkte zur Höhe des angemessen Entgelts lassen sich auch aus dem **Vergleichsmarktprinzip** (§ 19 Abs. 4 Nr. 2 GWB)[347] gewinnen. Fehlen Vergleichsmärkte, bleibt als einzige Alternative eine **kostenorientierte Bestimmung** des angemessenen Entgelts, die mit der Genehmigung allgemeiner Tarife nach der BTOElt vergleichbar ist. Zusätzlich ergänzt um einen **Effizienzfaktor**, haben diese Gesichtspunkte auch in die für die Entgeltbestimmung maßgebliche Vorschrift des **§ 21 EnWG** Eingang gefunden.

---

342 *Bechtold*, § 19 Rn. 81; str., vgl. *Schultz*, Netzzugang und Kartellrecht, et 1999, 750, 752; *Fleischer/Weyer*, WuW 1999, 350, 354.
343 Diese setzt zwar auch einen vor- oder nachgelagerten Markt voraus; der Inhaber der wesentlichen Einrichtung muss auf diesem aber nicht selbst tätig sein.
344 Siehe jetzt §§ 6 ff. EnWG, die mit den dort vorgesehenen Entflechtungspflichten die Vorgaben des europäischen Rechts in nationales Recht transformieren.
345 Zum Verhältnis des Energiewirtschaftsrechts zum KartellR Rn. 1102.
346 LKartB Bayern, Verfügung. v. 10. 11. 2000 – W/1 b – 36409, „Wechselgebühren", WuW/E DE-V 347, 348.
347 Siehe Rn. 1006 ff., insb. 1014 ff.

In einer **Missbrauchsverfügung** muss die Höhe des Entgelts nicht **995** festgelegt werden. Die angemessene Höhe des Entgelts kann in einem späteren Verfahren geprüft werden. Wird in der Ausgangsverfügung darauf Bezug genommen, dass der Inhaber der wesentlichen Einrichtung die Nutzung gegen angemessenes Entgelt zu gestatten hat, liegt hierin nicht eine unbestimmte Verfügung, sondern der Hinweis, dass die Nutzung nicht unentgeltlich zu gestattet ist.[348]

Die **Beweislast** für die sachliche Rechtfertigung der Zugangsverweige- **996** rung liegt angesichts des klaren Wortlautes (*„dies gilt nicht*, wenn das marktbeherrschende Unternehmen nachweist, dass die Mitbenutzung aus betriebsbedingten oder sonstigen Gründen nicht möglich oder nicht zumutbar ist") bei dem Inhaber der Infrastruktureinrichtung. Über die **Zumutbarkeit** entscheidet eine umfassende Interessenabwägung unter Berücksichtigung der auf die Freiheit des Wettbewerbs gerichteten Zielsetzung des Gesetzes. Der Zugang ist unmöglich, wenn hinreichende **Netzkapazitäten** oder **Voraussetzungen für einen störungsfreien Netzbetrieb** fehlen. Gründe für die Unzumutbarkeit können in der Person des Durchleitungspetenten liegen.[349] Eigene Absatzinteressen des Netzbetreibers auf dem vor- oder nachgelagerten Markt haben grundsätzlich außer Betracht zu bleiben, da die Regelung ja gerade darauf abzielt, Wettbewerb in den Netzindustrien einzuführen.[350]

9. Weitere Fallgruppen

a) Ausschließlichkeitsvereinbarungen

Ausschließlichkeitsvereinbarungen beschränken die Zahl der Anbieter **997** oder Nachfrager für ein Produkt und sind deshalb wettbewerbsbeschränkend. Dennoch sind vertikale Ausschließlichkeitsvereinbarungen grundsätzlich wegen der **auch wettbewerbsbelebenden** Wirkungen kartellrechtlich zulässig.[351] Alleinvertriebs- und Alleinbezugsvereinbarungen sind häufig ein Mittel, die Intensität des **Herstellerwettbewerbs** zu verstärken, weil sich ein Alleinvertriebsberechtigter be-

---

348 So zu Recht BGH, Urt. v. 24. 9. 2002 – KVR 15/01, „Fährhafen Puttgarten", WRP 2003, 77, 79 entgegen der Vorinstanz.
349 Etwa schwerwiegende Verstöße gegen berechtigte Interessen des Netzbetreibers, etwa mehrfacher Zahlungsverzug hinsichtlich größerer, unstreitiger Beträge.
350 Vgl. zur Zumutbarkeit im Einzelnen *Lutz*, RdE 1999, 102, 108 f.
351 Siehe dazu Rn. 436 ff.; vgl. hierzu Art. 2 Abs. 1 VO 2790/1999, zuvor bereits Erwägungen Nr. 4–6 zur GVO 1983/1983, Abl. 1983, Nr. L 173, 1 (Alleinvertriebs-GVO).

sonders um den Absatz der Waren bemühen wird;[352] insbesondere für kleine Hersteller ist die Vereinbarung eines Alleinvertriebsrechts nicht selten die einzige Möglichkeit, neue **Märkte zu erschließen**. Weiterhin sind sie oftmals ein Mittel zur Straffung der Absatzorganisation. Diese wettbewerbsbelebenden Wirkungen sind bei der Beurteilung, ob eine missbräuchliche Behinderung vorliegt, einzubeziehen. Umgekehrt haben Ausschließlichkeitsvereinbarungen auch wettbewerbsbeschränkende Wirkungen. Den Verbrauchern werden beim Alleinvertrieb **alternative Bezugsquellen** abgeschnitten, und die gebundenen Abnehmer stehen anderen Lieferanten für die Distribution ihrer Waren nicht mehr zu Verfügung. Daher verbietet sich eine schematische Betrachtung. Im Einzelfall ist zu ermitteln, ob Ausschließlichkeitsbindungen wegen ihrer marktverschließenden Wirkung unzulässig sind. Maßstäbe hierfür sind der **prozentuale Anteil der gebundenen Unternehmen** sowie die **Dauer der Bindung**.[353] Bei marktbeherrschenden Unternehmen scheidet eine Rechtfertigung der Ausschließlichkeitsbindungen mit zunehmendem **Marktanteil** zumeist aus.[354]

b) Kundenbindung; Rabattsysteme

998 Ähnliche Wirkungen wie Alleinvertriebs- und Alleinbezugsvereinbarungen können wirtschaftliche Bindungen haben. Insbesondere **Treuerabatte** und Rabatte, die nach beim Lieferanten getätigtem Umsatz gestaffelt sind, entfalten Sogwirkung zu Lasten der Konkurrenten, weil der Bezug von einem Lieferanten wirtschaftliche Vorteile bringt und damit den Abnehmer von einem alternativen Bezug absehen lässt.[355] Die Sogwirkung ist besonders stark, wenn ein Rabatt von einem **Mindestumsatz** abhängig gemacht wird und der Rabatt dann

---

352 Vgl. Rn. 437 sowie BGH, Beschl. v. 23.2.1988 – KVR 20/86, „Opel Blitz", WuW/ E BGH 2491; Urt. v. 14.1.1997 – KZR 41/95, „Druckgussteile", WuW/E BGH 3115, 3119; Erwägungsgrund Nr. 5 GVO 1983/1983, Abl. 1983, Nr. L 173, 1.

353 BGH, Urt. v. 8.4.2003 – KZR 39/99, „Konkurrenzschutz für Schilderpräger", WRP 2003, 998, 990: Maximal 5 Jahre dauernde Bindung zulässig.

354 Weitergehend wohl Wiedemann KartR-*de Bronett*, § 22 Rn. 58; Immenga/Mestmäcker-*Möschel*, § 22 Rn. 175 f., die davon ausgehen, dass Ausschließlichkeitsvereinbarungen generell missbräuchlich sind, wenn sie von einem marktbeherrschenden Unternehmen auferlegt werden; zurückhaltender Immenga/Mestmäcker-*Markert*, § 22 Rn. 131 und § 26 Rn. 269. Vgl. auch Komm., Entsch. v. 11.3.1998 – Az. IV/34.073, „Van den Bergh Foods Limited", WuW/E EU-V 142, 148.

355 Vgl. Diskussionspapier des BKartA „Wettbewerbsschutz und Verbraucherinteressen im Lichte neuer ökonomischer Methoden", S. 20 ff.; ausführlich zu Treuerabatten in der Energiewirtschaft *Markert*, WRP 2003, 1320, 1321, zu den Wettbewerbswirkungen, 1323 f. zur kartellrechtlichen Beurteilung.

nicht allein auf den die Umsatzgrenze übersteigenden Anteil, sondern (rückwirkend) auf die gesamte bezogene Menge eingeräumt wird. Wettbewerbsbehindernde Wirkungen können auch auf einem Markt eintreten, auf dem das Unternehmen (noch) nicht beherrschend ist, falls das marktbeherrschende Unternehmen Produkte des beherrschten Marktes mit anderen in einem Rabattsystem zusammenfasst und das Rabattsystem an den Gesamtumsatz mit allen Produkten anknüpft.

In gleicher Weise wie bei einer Ausschließlichkeitsvereinbarung ist **999** eine Abwägung zwischen Behinderung und anzuerkennenden Interessen des Lieferanten erforderlich. Betont wird aber die besondere Verantwortung des Normadressaten für die Marktstruktur. Die mit der **Sogwirkung** von Rabattsystemen verbundene Behinderung macht Rabattsysteme kartellrechtswidrig, soweit mit den Rabatten nicht entsprechende **Kostenvorteile** verbunden sind. Treuerabatte, bei denen der Kunde ein Entgelt allein dafür enthält, dass er ausschließlich oder überwiegend Waren oder Leistungen beim Normadressaten bezieht, sind grundsätzlich kartellrechtswidrig. Diese verhindern einen Bezug bei konkurrierenden Unternehmen und sind mit der besonderen **Marktstrukturverantwortung**, die das beherrschende Unternehmen für den bestehenden Restwettbewerb hat, nicht vereinbar.[356] Schlichte **Mengenrabatte**, die die Kostenvorteile des Lieferanten nicht übersteigen,[357] sind hingegen regelmäßig unbedenklich.[358] Bei ausschließlich an den Umsatz anknüpfenden Mengenrabatten wird angenommen, dass sie den Zugewinn an Effizienz und die Größenvorteile widerspiegeln, die vom Unternehmen in beherrschender Stellung erzielt werden. Auch bei Mengenrabatten ist jedoch zu prüfen, ob die Kriterien und Modalitäten, nach denen der Rabatt gewährt wird, erkennen lassen, dass das System auf wirtschaftlichen Vorteilen beruht, weil ansonsten ein **(verdeckter) Treuerabatt** den Kunden an einem alternativen Be-

---

356 EuGI, Urt. v. 17.12.2003 – Rs. T-219/99, „British Airways", WuW/E EU-R 777, 787 ff. Rn. 244, 281, 284.

357 Diese Einschränkung macht EuGH, Urt. v. 29.03.01 – Rs. C 163/99, „Portugiesische Flughäfen", Eu-R 426 Rn. 50 ff. nicht. Gleichwohl liegt sie auf der Linie der Rechtsprechung des EuGH, weil in dem zu entscheidenden Fall nicht die Wirkung von Mengenrabatten wie Treuerabatte, sondern die Diskriminierung durch die konkrete Ausgestaltung der Rabattstufen im Vordergrund stand.

358 EuGH, Urt. v. 13.2.1979 – Rs. 85/76, „Hoffmann-La Roche", Slg. 1979, 461, 540; EuGI, Urt. v. 17.12.2003 – Rs. T-219/99, „British Airways", WuW/E EU-R 777, 787 Rn. 246; BGH, Urt. v. 30.10.1975 – KZR 2/75, „Mehrpreis von 11%", WuW/E BGH 1413, 1415.

zug hindern soll.[359] Rabatte eines marktbeherrschenden Unternehmens, die nicht allein Kostenvorteile weitergeben, können wegen der hiermit verbundenen Kundenbindungs- und Sogwirkung allenfalls für kurze Zeiträume gewährt werden.[360] Die Sogwirkung eines Rabattsystems ist auch dann geringer, wenn sich der Rabatt nur auf eine bestimmte Schwelle übersteigende Umsätze bezieht und nicht auf den im gesamten Bezugszeitraum erzielten Umsatz. Wirkt sich ein Rabatt auf den **Gesamtumsatz** aus, ist der Anreiz, die Schwelle zu erreichen, und damit die wettbewerbsbeschränkende Wirkung ungleich größer, so dass derartige Systeme marktbeherrschender Unternehmen grundsätzlich unzulässig sind.

c) Kopplung, Regelbeispiel des Art. 82 Satz 2 lit. d EG

1000　Bei Kopplungsgeschäften wird der Geschäftsabschluss an weitere Bedingungen – regelmäßig die Abnahme zusätzlicher Waren oder Dienstleistungen – geknüpft. **Kopplungen** können – je nach Marktwirkung – Behinderungs- oder Ausbeutungsmissbrauch sein. Die Behinderungswirkung folgt daraus, dass Angebot oder Nachfrage der Marktgegenseite durch eine Kopplung gebunden werden. Falls das Kopplungsgeschäft der Marktgegenseite aufgezwungen wird, stellt dies zugleich einen Ausbeutungsmissbrauch dar.

1001　Ein Kopplungsgeschäft liegt begrifflich vor, wenn ein Haupt- und ein Nebengeschäft miteinander verbunden werden. Hängen die zusätzlichen Waren oder Dienstleistungen mit dem Hauptgeschäft nach den **Anschauungen** der **Marktgegenseite** weder inhaltlich noch durch Handelsbrauch zusammen, ist ein Nebengeschäft anzunehmen. In einem zweiten Schritt ist zu fragen, ob die Kopplung (aus wirtschaftlichen oder technischen Gründen) **sachlich gerechtfertigt** ist. Die Prüfung dieser beiden Punkte geht ineinander über und kann erhebliche Probleme bereiten. Ist schon fraglich, ob überhaupt ein Haupt- und ein Nebengeschäft vorliegen, wird die Kopplung regelmäßig zumindest sachlich gerechtfertigt sein. Im Ergebnis ist eine umfassende Analyse der Interessen der Beteiligten an einer Zusammenfassung der

---

359　St. Rspr., vgl. EuGI, Urt. v. 30.9.2003 – Rs. T-203/01, „Michelin/Kommission", WuW/E EU-R 731, 737 f. m. w. N.

360　Genannt wird eine Grenze von drei Monaten, die sich nach EuGI, Urt. v. 30.9.2003 – Rs. T-203/01, „Michelin/Kommission", WuW/E EU-R 731, 738, allerdings aus der Rechtsprechung des EuGH nicht zwingend ergibt, sondern eine Orientierung aufgrund der Bindungs- (und damit der Behinderungs-)wirkung ist.

fraglichen Leistungen erforderlich. [361] Grundsätzlich steht es jedem Kaufmann frei, seine Waren oder Dienstleistungen einzeln oder nur gekoppelt anzubieten. Bei der Frage, ob eine Kopplung deshalb wettbewerbswidrig ist, weil eine beherrschende Stellung auf einen anderen Markt ausgedehnt werden kann, kommt es nicht allein darauf an, ob eine rechtliche Bindung besteht. Vielmehr können die schädlichen Wirkungen auch eintreten, wenn aufgrund der marktbeherrschenden Stellung die meisten Kunden für die Konkurrenten auf dem nicht beherrschten Markt auf andere Weise, etwa durch eine faktische Bindung oder durch die Sogwirkung der Kopplung, verloren gehen. [362]

d) Preisunterbietungen und Kampfpreise

Formen der **Niedrigpreispolitik** (Kampfpreise, Preisunterbietung, Untereinstandspreise) behindern Wettbewerber erheblich. [363] Die Preispolitik eines Unternehmens ist jedoch das klassische **Instrument zur Kundengewinnung**. Es ist ein wesentliches Element des Wettbewerbs, dass ein Unternehmen die Preise seiner Konkurrenten unterbietet, selbst wenn Konkurrenten hierdurch zweifelsfrei behindert oder gar aus dem Markt gedrängt werden. Deshalb ist äußerste Zurückhaltung geboten, wenn Formen der Niedrigpreispolitik am Maßstab des Kartellrechts überprüft werden. [364] Diese restriktive Linie gegenüber Niedrigpreisstrategien wird für das deutsche Recht durch die Neuregelung in § 20 Abs. 4 Satz 2 GWB bestätigt; selbst ein Verkauf unter Einstandspreis ist nur unter weiteren Voraussetzungen kartellrechtswidrig.

1002

Im Ergebnis weitgehend unstreitig judiziert der EuGH, kartellrechtswidrig sei der Einsatz von Finanzkraft, wenn ein Unternehmen (unangemessen) niedrige Preise praktiziere, die nicht mehr als Maßnahme des normalen Leistungswettbewerbs erklärbar seien und deshalb erkennbar Wettbewerber **verdrängen** sollten. Nichtleistungswettbewerb

1003

---

361 Zur umfangreichen Entscheidungspraxis im europäischen Recht Immenga/Mestmäcker EG-WbR-*Möschel*, Art. 86 Rn. 208; zum deutschen Recht vgl. KG, Beschl. v. 9.11.1983 – Kart 35/82, „Milchaustauschfuttermittel", WuW/E OLG 3124.

362 BGH, Urt. v. 30.3.2004 – KZR 1/03, „Der Oberhammer", WRP 2004, 1181, 1183; vgl. auch United States Court of Appeals for the District of Columbia, Urt. v. 28.6.2001 – 253 F. 3d 34 (D.C.Cir.2001), „United States/Microsoft Corp.", WuW/E KRInt 21 zur Kopplung durch ein marktbeherrschendes Unternehmen.

363 Zur Beurteilung der Behinderung im Rahmen des UWG vgl. *Omsels*, WRP 2004, 136.

364 Ausführlich zur Preisunterbietung aus rechtlicher und ökonomischer Sicht *Ewald*, WuW 2003, 1165.

ist hier insbesondere anzunehmen, wenn ein Unternehmen seine Produkte oder Dienstleistungen unterhalb der **variablen Kosten** verkauft.[365] Der EuGH schließt von derartigen **Verlustpreisen** auf die Verdrängungsabsicht, weil Angebote unterhalb der variablen Kosten nur rational sind, wenn diese durch erwartete **zukünftige (Monopol-) Gewinne überkompensiert** werden können.[366] Bei Preisen, die oberhalb der variablen, aber unterhalb der Gesamtkosten liegen, müssen weitere Umstände auf die **Verdrängungsabsicht** hinweisen.[367] Die Rechtsprechung des EuGH knüpft damit zwar prinzipiell an subjektive Kriterien an (Verdrängungsabsicht), sieht diese aber bei Vorliegen oben genannter Umstände (widerlegbar) als erwiesen an.

1004   In ähnlicher Weise ist die Preisunterbietung nach nationalem Recht unzulässig, wenn die überlegene Marktmacht unter Verletzung kaufmännischer Grundsätze über die Preisgestaltung instrumentalisiert wird, um einen Wettbewerber vom Markt zu drängen und damit weitere oder monopolistische Verhaltensspielräume zu erlangen (**Verdrängungswettbewerb**).[368] Die Rechtsprechung knüpft hiermit an ein subjektives Kriterium an, schließt aber nicht automatisch von Preisen auf die Verdrängungsabsicht, so dass die hohen Hürden kaum einmal übersprungen werden. Ohne Hinzutreten besonderer Umstände ist die **Preisunterbietung** kartellrechtlich zulässig.[369] Unabhängig von diesen allgemeinen Maßstäben kann die Preispolitik eines Unternehmens gegen Kartellrecht verstoßen, wenn die Voraussetzungen des durch die 6. GWB-Novelle eingefügten § 20 Abs. 4 Satz 2 GWB vorliegen. Hiermit soll ein Teilaspekt der **Kampfpreise** – insbesondere Unterein-

---

365 EuGH, Urt. v. 3.7.1991 – Rs. C-62/86, „AKZO/Kommission", Slg. 1991, 3359, 3361.

366 Vgl. auch Komm., Entsch. v. 16.7.2003 – COMP/38.233, „Wanadoo Interactive", WuW/E EU-V 1005, 1010 f.

367 EuGH, Urt. v. 14.11.1996 – Rs. C-333/34 P, „Tetra Pak II", Slg. 1996, 5951, 6011; Urt. v. 3.7.1991 – Rs. C-62/86, „AKZO/Kommission", Slg. 1991, 3359, 3455.

368 Zur Rechtfertigung, die kartellrechtlichen Maßstäbe an die des UWG anzulehnen, Immenga/Mestmäcker-*Markert*, § 26 Rn. 264; vgl. auch BGH, Urt. v. 10.12.1985 – KZR 22/85, „Abwehrblatt II", WuW/E BGH 2195, 2199 f.

369 Nicht als besondere Umstände anerkannt wurden: eine mögliche Rufschädigung des Herstellers durch Niedrigpreise, BGH, Urt. v. 6.10.1983 – KZR 2/80, „Verkauf unter Einstandspreis II", WuW/E BGH 2039, 2042 f.; Disziplinierungsmaßnahmen; eine Preisunterbietung ist wegen der besonderen Marktstrukturverantwortung des Marktbeherrschers jedoch selbst dann nicht gerechtfertigt, wenn das marktstarke Unternehmen seinerseits auf UWG-widrige Maßnahmen reagiert, sehr str., vgl. BGH, Urt. v. 22.10.1988 – I ZR 29/87, „Preiskampf", WuW/E BGH 2547, 2550.

standspreise marktmächtiger Handelsunternehmen[370] – einer effektiveren rechtlichen Kontrolle unterstellt werden.[371]

e) Preisspaltung

Werden für vergleichbare Waren oder Dienstleistungen unterschiedliche Preise verlangt, kann dies in erster Linie einen **Ausbeutungsmissbrauch** gegenüber denjenigen darstellen, die höhere Preise zu bezahlen haben; auf die Ausführungen hierzu wird verwiesen.[372] **Behindernd** wirken **Preisspaltungen**, wenn günstigere Preise solchen Kunden eingeräumt werden, die über alternative Bezugsmöglichkeiten bei Konkurrenten verfügen. Die Schwierigkeit bei der Beurteilung der Preisspaltung unter dem Gesichtspunkt des Behinderungsmissbrauchs besteht darin, dass es auch dem marktbeherrschenden Unternehmen nicht verboten sein kann, seinerseits auf die **Wettbewerbssituation** zu reagieren. Soweit nicht zugleich ein Ausbeutungsmissbrauch[373] vorliegt, ist die Preisspaltung als Behinderung[374] wie jede Niedrigpreispolitik zu beurteilen.[375]

1005

III. Ausbeutungsmissbrauch

Die Bedeutung des **Ausbeutungsmissbrauchs**[376] geht aus mehreren Gründen zurück. Z.T. ist dies auf die zunehmende Internationalisierung der Märkte zurückzuführen, die in der Regel wettbewerblich strukturiert sind. Eine marktbeherrschende Stellung ist mit zunehmend größeren Märkten immer schwerer zu erlangen. Zudem führen **Liberalisierungen**, die zumeist durch die EU angestoßen sind, verstärkt zu Wettbewerb in vormals monopolistisch strukturierten Märkten. Nach dem Telekommunikationsmarkt wurden in Deutschland mit dem In-

1006

---

370 Die Vorschrift ist allgemein formuliert, weil eine Zersplitterung des Kartellrechts mit Sondervorschriften für den Handel unterbleiben sollte. Von Zielrichtung und praktischer Relevanz ist sie aber auf diesen Bereich zugeschnitten. Das BKartA hat inzwischen die Vorschrift auch auf die Abgabepreise der Mineralölindustrie für Benzin an freie Tankstellen angewandt.
371 Hierzu Rn. 1096 ff.
372 Siehe Rn. 1006 ff.
373 Siehe dazu Rn. 1006 ff.
374 Beim Ausbeutungsmissbrauch liegt das Unwerturteil gerade in der Spaltung der Preise.
375 Vgl. Nachweise bei FK-*Baur/Weyer*, § 22 Rn. 598 zu Behinderungen durch Preisspaltung.
376 Zum Begriff siehe Rn. 923.

Kraft-Treten des EnWG am 29.4.1998 die Sondervorschriften der §§ 103, 103 a GWB a. F. für die Versorgung mit Gas und Strom gestrichen und damit ein weiterer bedeutender Wirtschaftszweig für den Wettbewerb geöffnet.[377] Schließlich hat die Flugpreisentscheidung des KG[378] demonstriert, welchen inneren Widerspruch jedwedes kartellbehördliche Vorgehen gegen überhöhte Preise eines marktbeherrschenden Unternehmens in sich trägt. Das KG hat entschieden, dass eine Preissenkungsverfügung den Anreiz für Dritte vermindert, in den Markt einzutreten, und so die **Selbstheilungskräfte des Wettbewerbs** schwächt.[379] Ein Vorgehen gegen Fälle des Ausbeutungsmissbrauchs ist deshalb immer ein Balanceakt zwischen den Interessen der Marktgegenseite und den Belangen potenzieller Wettbewerber. Unproblematisch ist ein Vorgehen gegen Ausbeutungsmissbrauch nur dort, wo ein **Markteintritt Dritter** nicht zu erwarten ist.[380] Soweit ein Markteintritt Dritter und in der Folge funktionsfähiger Wettbewerb noch möglich erscheint, ist dies in die Ermessensausübung der Kartellbehörden einzubeziehen. Die kartellrechtliche **Preishöhenkontrolle** hat die größte Bedeutung bei **natürlichen Monopolen**, wird also auch weiterhin insbesondere im Bereich der leitungsgebundenen Energiewirtschaft und in anderen Netzwerkindustrien Anwendung finden, wo die wettbewerbliche Kontrolle der Verhaltensspielräume des Monopolunternehmens – in der Natur der Sache liegend – fehlt und durch eine behördliche Aufsicht flankiert werden muss.[381] Bedeutendster Anwendungsfall des Ausbeutungsmissbrauchs ist der Absatz von Waren oder Dienstleistungen zu nicht wettbewerbsgerechten Preisen.[382]

1. Missbräuchlich überhöhte Preise

1007 Die Abweichungen des deutschen vom europäischen KartellR sind im Bereich der Preishöhenkontrolle gering. Auch wenn im Ausgangspunkt unterschiedliche Konzepte zur Ermittlung überhöhter Preise

---

377 In beiden Bereichen existieren (inzwischen) spezialgesetzliche Vorschriften, die den Anwendungsbereich für die kartellrechtliche Missbrauchsaufsicht begrenzen, siehe Rn. 1101.

378 KG, Beschl. v. 26.11.1997 – Kart 9/97, „Flugpreis Berlin – Frankfurt am Main", WuW/E DE-R 124.

379 KG, Beschl. v. 26.11.1997 – Kart 9/97, „Flugpreis Berlin – Frankfurt am Main", WuW/E DE-R 124, 129.

380 Etwa in Fällen eines rechtlich abgesicherten oder natürlichen Monopols.

381 Soweit nicht ohnehin spezialgesetzliche Vorschriften greifen.

382 Weitere Formen des Ausbeutungsmissbrauchs: Koppelung, Diskriminierung, Preisspaltung zu Lasten eines Kunden.

Hübschle

gewählt werden, stimmen die praktischen Ergebnisse weitestgehend überein.

a) Europäisches Recht, Art. 82 Satz 2 lit. a EG

Das „Erzwingen" unangemessener Preise hat keine eigenständige Be- **1008** deutung. Dieses Tatbestandsmerkmal verweist lediglich darauf, dass der Vertragspartner wegen der Marktmacht auf den Vertragsabschluss mit dem marktbeherrschenden Unternehmen angewiesen ist.[383] Eine Zustimmung des Vertragspartners zu den Preisen schließt einen Ausbeutungsmissbrauch nicht aus.

Preise sind unangemessen, wenn sie in einem Missverhältnis zum **1009** wirtschaftlichen Wert der Gegenleistung stehen.[384] Um dieses Missverhältnis nachzuweisen, stehen den Kartellbehörden verschiedene Methoden zur Verfügung. Der EuGH vergleicht hierzu in erster Linie die **Produktionskosten** mit dem verlangten Preis.[385] Ist auch bei Berücksichtigung einer angemessenen Gewinnspanne ein Missverhältnis zwischen Preis und Kosten festzustellen, ist der Preis missbräuchlich. Das vom EuGH herangezogene, sog. **Gewinnbegrenzungskonzept** verspricht jedoch nur Erfolg, soweit es sich bei dem Marktbeherrscher nicht um ein Mehrproduktunternehmen mit hohen **Gemeinkosten** (z. B. Marketing, Werbung, zentrale Dienste wie Rechtsabteilungen) handelt, deren **Aufteilung** auf die einzelnen Produkte sich schwerlich überprüfen lässt. Seine Berechtigung hat es in den Fällen, in denen bei einem identischen Produkt auf einzelnen regionalen Märkten ohne nennenswerte unterschiedliche Marktbearbeitungskosten erhebliche Preisdifferenzen vorliegen oder die Differenz zwischen Herstellungskosten und Erlös extrem hoch ist.

Selbst wenn die Kosten im Einzelfall zuverlässig ermittelt werden **1010** können, ist die Frage nach einem **angemessenen Gewinnzuschlag** offen. Zu bewerten wären etwa Risiko im jeweiligen Markt oder auch Effizienz- oder Größenvorteile des marktbeherrschenden Unternehmens vor seinen Wettbewerbern, die auch bei hinreichendem Wettbewerb höhere Gewinne erlauben würden. Schließlich ist eine Ermittlung missbräuchlicher Preise anhand der Kosten unzureichend, wenn die hohen Kosten ihre Ursache gerade im fehlenden Wettbewerb haben und deshalb **Kostensenkungspotenziale** nicht genutzt

---

383 Wiedemann KartR-*de Bronett*, § 22 Rn. 49.
384 EuGH, Urt. v. 13.11.1975 – Rs. 26/75, „General Motors", Slg. 1975, 1367, 1379.
385 EuGH, Urt. v. 14.2.1978 – Rs. 27/76, „United Brands", Slg. 1978, 207, 305.

werden.[386] Die Missbrauchskontrolle verfehlt ihren Zweck, wenn fehlender Wettbewerb zu hohen Kosten führt, gleichzeitig hierdurch aber die Anwendung des Art. 82 EG ausgeschlossen ist.[387] Wegen der vielen Unsicherheitsfaktoren dürfte eine **Kostenkontrolle** deshalb nur selten den Nachweis missbräuchlicher Preise erlauben.

1011 Der EuGH hat deshalb das (sachliche, räumliche, zeitliche) **Vergleichsmarktprinzip** zur Ermittlung missbräuchlich überhöhter Preise ebenfalls gebilligt.[388] Erfolg verspricht in erster Linie ein Vergleich der eigenen Preise eines Unternehmens auf verschiedenen regionalen Märkten,[389] weil in der EU die Wettbewerbsbedingungen weniger homogen als etwa auf dem deutschen Markt sind. Ist das Preisniveau auf dem Vergleichsmarkt niedriger, indiziert dies den Missbrauch einer beherrschenden Stellung. Geringere Preise anderer Unternehmen für vergleichbare Produkte weisen ebenfalls auf die missbräuchliche Ausnutzung einer marktbeherrschenden Stellung hin. Die Unternehmen haben dann jeweils die objektiven Umstände darzulegen, die die unterschiedlichen Preise rechtfertigen.[390] Als **Rechtfertigungsgründe** kommen grundsätzlich nur **strukturelle Unterschiede** in Betracht, die auch bei jedem anderen Unternehmen zu höheren Preisen führen würden. **Unternehmensindividuelle Umstände** scheiden zur Rechtfertigung aus, da höhere Kosten auf einem Wettbewerbsmarkt gleichfalls nicht in Form von höheren Preisen weitergegeben werden können. Ein Missbrauch liegt nach der Praxis der Gemeinschaftsorgane jedoch nicht bereits dann vor, wenn der Vergleichspreis überhaupt, sondern erst, wenn er „**stark**" bzw. „**eindeutig**" überschritten ist.[391]

---

386 Wiedemann KartR-*de Bronett*, § 22 Rn. 52.

387 Sehr str., zur Rechtfertigung durch Kosten im Rahmen des Vergleichsmarktprinzips vgl. Rn. 1022 ff. zu den gebietsstrukturellen Umständen und zu Verlustpreisen Rn. 1011 u. 1017.

388 EuGH, Urt. v. 4.5.1988 – Rs. 30/87, „Bodson/Pompes Funèbres", Slg. 1988, 2479, 2516 Rn. 31; Urt. v. 11.11.1986 – Rs. 226/84, „British Leyland", Slg. 1986, 3263, 3304; Urt. v. 14.2.1978 – Rs. 27/76, „United Brands", Slg. 1978, 207, 304.

389 Zugleich ein Anwendungsfall des Art. 82 Satz 2 lit. c EG, Preisspaltung; siehe dazu Rn. 1024 ff.

390 EuGH, Urt. v. 13.7.1989 – Rs. 110/88 unter anderem, „SACEM", Slg. 1989, 2811, 2831 ff.; *Ritter/Braun/Rawlinson*, EEC Competition Law, S. 297.

391 EuGH, Urt. v. 13.11.1975 – Rs. 26/75, „General Motors", Slg. 1975, 1367, 1380; Komm., Entsch. v. 2.7.1984 – Az. IV/30.615, „BL", Abl. 1984, Nr. L 207, 11, 15. Die Höhe der Missbrauchsschwelle wurde durch die Gemeinschaftsorgane noch nicht beziffert. Wegen der gleichen Zielsetzung dürfte dieser Missbrauchszuschlag dem Erheblichkeitszuschlag des deutschen Rechts entsprechen.

Bei der Anwendung des europäischen Rechts bestehen die gleichen **1012** Schwierigkeiten wie bei der Umsetzung des Vergleichsmarktprinzips nach § 19 GWB zur Ermittlung des wettbewerbsanalogen Preises. Auch im europäischen Recht dürfen bestehende Unsicherheiten bei der Ermittlung des Vergleichspreises nicht zu Lasten des marktbeherrschenden Unternehmens gehen. Die Rechtsprechung hat den interpretationsbedürftigen Gesetzestext (noch) nicht in gleicher Weise ausgeformt wie im deutschen Recht; auf die dortigen Überlegungen wird ergänzend verwiesen.

b) Deutsches Recht, § 19 Abs. 4 Nr. 2 GWB

Im deutschen Recht hat sich das in § 19 Abs. 4 Nr. 2 GWB enthaltene **1013** **Vergleichsmarktprinzip** zur Ermittlung überhöhter Preise durchgesetzt. Dies schließt andere Ansätze im Rahmen der Generalklausel gedanklich nicht aus.[392] Als alternative Konzepte sind insbesondere die aus dem europäischen Recht bekannte **Kostenkontrolle** und das **Gewinnbegrenzungskonzept**[393] sowie ein allgemeines **Angemessenheitsprinzip**[394] denkbar.

aa) Vergleichsmärkte

Nach dem im deutschen Recht vorrangig angewandten Vergleichs- **1014** marktprinzip liegen missbräuchliche Preise vor, wenn sie gegenüber **hypothetischen Wettbewerbspreisen** (sog. wettbewerbsanaloge Preise), die unter „normalen" Wettbewerbsbedingungen, d.h. ohne marktmachtbedingte Wettbewerbsverzerrungen zu Stande kommen, überhöht sind. Ein Vergleich tatsächlicher Marktgegebenheiten mit theoretischen Preisen muss – ungeachtet des angewandten Konzepts zur Ermittlung überhöhter Preise – zwangsläufig Unsicherheiten hervorrufen. Aus der Natur des **Wettbewerbs als Entdeckungsverfahren** folgt, dass die Marktergebnisse im Zusammenspiel von Angebot und Nachfrage nicht treffsicher prognostiziert werden können. Überhöhte Preise lassen sich mit der rechtsstaatlich geforderten Sicherheit deshalb nur selten nachweisen.[395] Zumeist werden unterschiedliche

---

392 KG, Beschl. v. 8.11.1990 – Kart 19/90, „Hamburger Benzinpreise", WuW/E OLG 4627: Keine Festlegung auf das Vergleichsmarktkonzept.

393 Hierzu *Knöpfle*, DB 1974, 862 ff.

394 Indem auf die Maßstäbe des GG, des dispositiven Gesetzesrechts sowie des AGBG abgestellt wird, vgl. BGH, Beschl. v. 6.11.1984 – KVR 13/83, „Favorit", WuW/E BGH 2103, 2107.

395 Insoweit geht auch eine Kritik fehl, die Unzulänglichkeiten des Vollzugs aus den Preissenkungen folgert, die nach der Liberalisierung von Märkten im Wettbewerb

Marktbedingungen auf den verglichenen Märkten vorliegen, die die hypothetische Bestimmung eines Wettbewerbspreises erschweren.

1015 Praktische Bedeutung hat vor allem das **räumliche Vergleichsmarktkonzept**.[396] Hier werden die Preise für Produkte desselben sachlich relevanten Marktes auf unterschiedlichen räumlich relevanten Märkten verglichen.[397]

1016 Um den **Wettbewerbspreis** als Maßstab für das marktbeherrschende Unternehmen heranziehen zu können, sollte der Vergleichsmarkt grundsätzlich ein Wettbewerbsmarkt sein.[398] Soweit Wettbewerbsmärkte nicht existieren, kann der Vergleichsmarkt jedoch auch ein anderer **Monopolmarkt** sein.[399] Märkte, auf denen der Preis durch staatliche Regulierung gebildet wird, scheiden als Vergleichsmärkte weitgehend aus.[400]

1017 Bei wettbewerblich strukturierten Märkten – auf denen regelmäßig Preisunterschiede zwischen den Produkten der Unternehmen vorkommen – kann nicht der Preis des billigsten Unternehmens zum Vergleich herangezogen werden, insbesondere dann nicht, wenn dieses geringe Marktanteile hat. Kann ein Unternehmen für ein Massengut über dem **Durchschnittspreis** liegende Preise festsetzen, ist dessen

---

möglich werden. Diese verkennt die jedem rechtlichen Instrumentarium immanenten Schwächen, soweit tatsächliche Kosten oder wettbewerbsanaloge Preise Grundlage einer behördlichen Aufsicht sind.

396 Hauptanwendungsfall war bislang das Energierecht. Nach der Aufhebung des Gebietsschutzes durch die nach §§ 103, 103 a zulässigen Konzessions- und Demarkationsverträge (und damit auch der besonderen Missbrauchsvorschriften) hat sich allerdings nach überwiegender Auffassung gezeigt, dass das allgemeine KartellR keine ausreichende Grundlage für eine effektive Missbrauchsaufsicht war. Kritik wird insbesondere daran geübt, dass das KartellR nur eine Ex-post-Kontrolle ermöglicht; eine Ex-ante-Kontrolle der Netznutzungsentgelte wird für effektiver erachtet, vgl. jetzt § 21 EnWG.

397 Geringere praktische Bedeutung hat das sachliche Vergleichsmarktkonzept. Zur Ermittlung überhöhter Preise sind Preise für sachlich eng verwandte, aber doch nicht austauschbare Produkte zu vergleichen. Z.T. wird dieses Konzept durch einen Vergleich der Gewinne für die verschiedenen Produkte ergänzt. Ebenfalls wenig Bedeutung kommt dem zeitlichen Vergleichsmarktkonzept zu, bei dem die Preisgestaltung eines Unternehmens in einzelnen Zeitabschnitten als Vergleichsmaßstab herangezogen wird. Vgl. hierzu Langen-*Schultz*, § 22 Rn. 82.

398 Wiedemann KartR-*Wiedemann*, § 23 Rn. 53.

399 BGH, Beschl. v. 21.10.1986 – KVR 7/85, „Glockenheide", WuW/E BGH 2309, 2311.

400 Langen-*Schultz*, § 22 Rn. 81. Ausnahmen sind möglich, wenn die staatliche Preisgenehmigung lediglich eine kostenorientierte Preisobergrenze darstellt. Hierbei wird es sich stets um Preise oberhalb der Wettbewerbspreise handeln.

Preis, nicht der Durchschnittspreis, der erzielbare Wettbewerbspreis, soweit die Marktanteile nicht verschwindend gering sind.[401] Die Missbrauchsaufsicht hat nicht das Ziel, den Vergleichspreis unter das maximal im Wettbewerb erzielbare Niveau zu senken.[402] Einzelne, auf dem Vergleichsmarkt gebildete Preise haben grundsätzlich außer Betracht zu bleiben, wenn sie aus konkreten Gründen nicht im Wettbewerb gebildet, sondern verfälscht sind.[403] Dies gilt etwa für **Verlustpreise** im Zuge von punktuellen Preisschlachten.[404]

Vergleichbare Märkte liegen nicht nur bei identischen Bedingungen vor. Eine derartige Anforderung würde das Vergleichsmarktprinzip weitestgehend leer laufen lassen. Die Vergleichsmärkte müssen jedoch „geeignetes und ausreichend sicheres Vergleichsmaterial" bieten. Dies gilt insbesondere, falls nur ein Unternehmen zum Vergleich herangezogen wird.[405] Unterschiede zwischen den verglichenen Märkten müssen durch entsprechende **Zuschläge** zum Vergleichspreis ausgeglichen werden.[406] Die Rechtsprechung fordert hierbei umso größere Zuschläge, je größer die Differenzen zwischen den verglichenen Märkten sind.[407] Die Abweichungen dürfen aber nicht so erheblich sein, dass sich Zu- oder Abschläge von einem solchen Ausmaß ergeben, dass die ermittelten Vergleichspreise sich nicht mehr auf konkrete Vergleichszahlen stützen, sondern die ermittelte Missbrauchsgrenze im Wesentlichen auf diesen Korrekturen beruht.[408] Insgesamt ist eine Missbrauchskontrolle deshalb zwar selten mangels vergleichbarer Märkte ausgeschlossen. Auch ohne dass Korrekturzuschläge die Vergleichbar-

1018

---

401 KG, Beschl. v. 22.12.1982 – Kart 29/82, „BAT am Biggenkopf Süd", WuW/E OLG 2935, 2940.

402 Anders bei einem Vergleich von Monopolpreisen bei homogenen Massengütern: Hier ist str., ob das billigste Unternehmen als Vergleichsunternehmen herangezogen wird, weil ebenfalls ein Monopolpreis und kein Wettbewerbspreis zum Vergleich herangezogen wird.

403 KG, Beschl. v. 22.12.1982 – Kart 29/82, „BAT am Biggenkopf Süd", WuW/E OLG 2935, 2941.

404 Vgl. etwa BGH, Beschl. v. 22.7.1999 – KVR 12/98, „Flugpreisspaltung", WuW/E DE-R 375, zugrunde liegenden Sachverhalt, wo ein behaupteter Verlustpreis aufgrund heftiger wettbewerblicher Auseinandersetzungen als Vergleichsmaßstab herangezogen werden sollte.

405 BGH, Beschl. v. 21.10.1986 – KVR 7/85, „Glockenheide", WuW/E BGH 2309, 2311.

406 Zur Parallele im europäischen Recht EuGH, Urt. v. 13.7.1989 – Rs. 110/88 unter anderem, „SACEM", Slg. 1989, 2811, 2834f.

407 BGH, Beschl. v. 21.10.1986 – KVR 7/85, „Glockenheide", WuW/E BGH 2309, 2311.

408 BGH, Beschl. v. 12.2.1980 – KVR 3/79, „Valium II", WuW/E BGH 1678, 1682f.

keit ausschließen, können jene jedoch ein solches Maß annehmen, dass die Missbrauchskontrolle praktisch leer läuft. Die Suche nach Vergleichsmärkten mit möglichst ähnlichen Marktbedingungen ist damit die entscheidende Weichenstellung bei der Preishöhenkontrolle.

bb) Erheblichkeitszuschlag

1019 Umstritten ist, ob die Überschreitung des ermittelten Vergleichspreises immer oder erst ab einer bestimmten Schwelle missbräuchlich ist (**Erheblichkeitszuschlag**). Auch in Wettbewerbsmärkten ist es nicht ausgeschlossen, dass ein Unternehmen oberhalb des bisherigen Preisniveaus anbietet. Entsprechend hat der BGH – zwar formal im Rahmen des § 19 Abs. 4 Nr. 3 GWB, aber aufgrund der allgemeinen Begründung wohl für alle Fälle des Preismissbrauchs, also auch für die Nr. 2 gültig – ausgeführt, dass nicht bereits jeder Preisunterschied auf vergleichbaren Märkten Ausdruck einer missbräuchlichen Ausnutzung einer marktbeherrschenden Stellung ist, sondern es vielmehr eines **deutlichen Abstandes** zwischen den Preisen auf den beiden Märkten bedarf, um einen Missbrauch zu bejahen.[409] Deshalb muss der wettbewerbsanaloge Vergleichspreis grundsätzlich nicht nur geringfügig überschritten werden;[410] als Grenze werden 5% genannt.[411] Dieser dürfte zumindest bei homogenen Massengütern mit hoher Preistransparenz und Nachfrageelastizität, bei denen unter Wettbewerbsbedingungen der Preisgestaltungsspielraum geringer ausfällt, ausreichen.[412]

1020 Für den **Energiebereich** hatte der BGH hingegen entschieden, dass eine erhebliche Überschreitung des Vergleichspreises keine Voraussetzung für den Missbrauch ist.[413] Allerdings beruhte die Entscheidung auf der bis zur 6. GWB-Novelle maßgeblichen energierechtlichen Sondervorschrift des § 103 Abs. 5 GWB.[414] Ob diese **Sonderregelung** im Energiebereich weiter Gültigkeit beanspruchen kann, ist streitig. In der Flugpreisentscheidung hat der BGH lediglich feststellt, dass seine frühere Rechtsprechung auf der Besonderheit der seinerseits bestehen-

---

409 BGH, Beschl. v. 22.7.1999 – KVR 12/98, „Flugpreisspaltung", WuW/E DE-R 375, 379 f.

410 Wiedemann KartR-*Wiedemann*, § 23 Rn. 55 m.w.N.

411 Ohne nähere Begründung geht das OLG Düsseldorf, Beschl. v. 11.2.2004 – VI Kart 4/03 (V) TEAG, WuW De-R 1239, 1246, von 10% aus (1244 f. zum Erheblichkeitszuschlag bei Elektrizitätsversorgungsunternehmen).

412 Teilweise wird auch generell ein Zuschlag von 10% verlangt.

413 BGH, Beschl. v. 21.2.1997 – KVR 4/94, „Strompreis Schwäbisch-Hall", WuW/E BGH 2967, 2974.

414 Für eine Kontrolle mit Erheblichkeitszuschlag *Pöhlmann*, RdE 1998, 57, 60.

den, durch **Konzessions- und Demarkationsverträge** abgesicherten **Monopolstellung** beruht habe. Offen blieb, ob er die Monopolstellung oder deren Absicherung durch §§ 103, 103 a GWB a. F. für maßgeblich erachtet. Wegen Sinn und Zweck des Erheblichkeitszuschlags ist Ersteres zutreffend, sodass es in allen Fällen des Vergleichs mit einem Monopolpreis keines **Erheblichkeitszuschlages** bedarf.[415] Es soll mit der **Missbrauchsschwelle** verhindert werden, dass die kartellrechtliche Missbrauchsaufsicht zu künstlicher Preisgleichheit führt, wie sie auch auf Wettbewerbsmärkten – in denen Preise oberhalb des Niveaus der Wettbewerber nicht ausgeschlossen sind – nicht anzutreffen ist. Den Spielräumen der Preisbildung in Wettbewerbsmärkten, denen der Erheblichkeitszuschlag begegnen soll, muss in Monopolmärkten nicht Rechnung getragen werden, weil die Preisbildung im Monopol als Maßstab des Vergleichsmarktprinzips unter anderen Bedingungen erfolgt. Die Gegenansicht beruft sich gegenüber dieser Argumentation vor allem auf den Begriff des Missbrauchs, der ein Unwerturteil voraussetze, das bei einer nur geringfügigen Überschreitung nicht gefällt werden könne.[416] Dem hat sich der BGH mit der Entscheidung *Stadtwerke Mainz*[417] angeschlossen. Für die hier vertretene Meinung, es sei zwischen natürlichen Monopolen und sonstigen marktbeherrschenden Stellungen zu differenzieren, findet sich im Gesetz kein Anhaltspunkt.

cc) Sachliche Rechtfertigung

§ 19 Abs. 4 Nr. 2 GWB enthält im Gegensatz zu § 19 Abs. 4 Nr. 1 **1021** GWB das Tatbestandsmerkmal der **sachlichen Rechtfertigung** nicht ausdrücklich. Bei einer sachlichen Rechtfertigung unterfällt das inkriminierte Verhalten nach der Rechtsprechung jedoch nicht dem Begriff

---

415 A.A. OLG Düsseldorf, Beschl. v. 11.2.2004 – VI Kart 4/03 (V) TEAG, WuW De-R 1239, 1244 f.; *Baur/Henk-Merten*, Kartellbehördliche Preisaufsicht über den Netzzugang, S. 50 ff. Die Begründung, nach dem Wegfall der gesetzlichen Sondervorschrift liege kein Grund für eine unterschiedliche Behandlung der Monopolunternehmen der leitungsgebundenen Energiewirtschaft mit anderen marktbeherrschenden Unternehmen vor, überzeugt nicht. Es geht hier nicht um einen Unterschied zwischen Unternehmen, sondern um eine grundsätzliche Frage des Vergleichsmarktprinzips. Ein Wettbewerbspreis als Vergleichspreis ist gerade wegen der effizienzsteigernden Wirkung des Wettbewerbs grundsätzlich niedriger als ein Monopolpreis.

416 Stellvertretend für alle *Baur/Henk-Merten*, Kartellbehördliche Preisaufsicht über den Netzzugang, S. 45 f.

417 BGH, Beschl. v. 28.6.2005 – KVR 17/04, „Stadtwerke Mainz", WuW DE-R 1513 Rn. 32 f.

des Missbrauchs.[418] Dies ist zutreffend, weil keine Wertungswidersprüche zu Bestimmungen mit vergleichbarer Zielsetzung entstehen, innerhalb derer die betroffenen Interessen umfassend abzuwägen sind.[419]

1022 Sehr streitig ist, ob nachgewiesene **Kosten** des Normadressaten höhere Preise rechtfertigen können. Die Anwendung des § 19 Abs. 4 GWB darf nicht von vornherein dann ausgeschlossen sein, wenn der Vergleichspreis nicht ausreicht, um die Kosten des Marktbeherrschers zu decken. Im Wettbewerb stehende Unternehmen haben ebenfalls keine Garantie auf Kostendeckung.[420] Zudem soll die kartellbehördliche Missbrauchsaufsicht nicht nur Monopolrenditen verhindern, sondern auch die **effizienzsteigernde** Funktion des Wettbewerbs – Erschließung von **Kostensenkungs-** und **Innovationspotenzialen** – möglichst ersetzen. Diese Funktion vermag die kartellrechtliche Missbrauchskontrolle nicht mehr zu erfüllen, wenn die Kosten des Unternehmens stets die Untergrenze für kartellbehördliche Preissenkungsverfügungen darstellen. Das marktbeherrschende Unternehmen könnte unbegrenzt Kosten „produzieren" und diese auf seine Kunden überwälzen. Das Vergleichsmarktprinzip liefe gerade dort leer, wo die Abnehmer besonders schutzbedürftig sind.

1023 Der BGH hat hingegen nicht allein darauf abgestellt, dass höhere Kosten in einem Wettbewerbsmarkt nicht über höhere Preise weitergegeben werden können. Vielmehr hat er als weiteren Gesichtspunkt angeführt, dass auch das marktbeherrschende Unternehmen nicht gezwungen werden könne, dauerhaft unter seinen Kosten anzubieten und letztlich vom Markt zu verschwinden.[421] Er hat deshalb einen **Zwischenweg** gewählt und einen Missbrauch verneint, wenn auch bei ordnungsgemäßer Zuordnung der einem Unternehmen entstehenden Kosten und bei **Ausschöpfung etwaiger Rationalisierungsreserven** lediglich Einnahmen erreicht werden, die die Selbstkosten nicht

---

418 BGH, Beschl. v. 8.11.1982 – KVR 9/81, „Gemeinsamer Anzeigentarif", WuW/E BGH 1965 ff.

419 Str., weiterführend Immenga/Mestmäcker-*Möschel*, § 22 Rn. 159.

420 OLG Stuttgart, Beschl. v. 29.12.1993 – Kart 4/93, „Strompreise Schwäbisch Hall", WuW/E OLG 5231; BKartA, Beschl. v. 19.2.1997 – B9–62100-T-99/95, „Flugpreis Berlin – Frankfurt/Main", WuW/E BKartA 2875, 2883; *Riechmann*, RdE 1995, 102.

421 Genau dies ist aber die Folge in einem Wettbewerbsmarkt: Entweder gelingt es dem Unternehmen, seine Kosten zu senken und das Preisniveau an das der Wettbewerber anzupassen, oder es hat zu nicht kostendeckenden Preisen anzubieten. Alternativ bleibt nur das Ausscheiden aus dem Markt.

decken.[422] Wie bei der Rechtfertigung unterschiedlicher Preise im Rahmen des Vergleichsmarktprinzips allgemein, klammert er damit solche Kosten als Rechtfertigungsgründe aus, die auf **unternehmensindividuellen** Umständen beruhen, allerdings nur insoweit, wie sie vom Unternehmen beeinflusst werden können. **Strukturell bedingte Kosten** stellen die absolute **Untergrenze** einer Missbrauchsverfügung dar.

2. Preisspaltung

In den Regelbeispielen des Art. 82 Satz 2 lit. c EG, § 19 Abs. 4 Nr. 3 **1024** GWB zur **Preisspaltung** berühren sich Ausbeutungs- und Behinderungsmissbrauch. Kartellrechtswidrig überhöhte Preise für einen Teil der Kunden stellen einen **Ausbeutungsmissbrauch** dar,[423] während niedrigere Preise für einen anderen Teil der Kunden den Wettbewerbern den Marktzutritt erschweren (**Behinderungsmissbrauch**). Das Unwerturteil liegt hierbei in der Preisspaltung.[424] Bei der Preisspaltung und unterschiedlichen Geschäftsbedingungen werden nicht ein fiktiver Wettbewerbspreis bzw. die Konditionen Dritter, sondern das Marktverhalten des Unternehmens selbst zum Anknüpfungspunkt der kartellrechtlichen Missbrauchskontrolle.

Unterschiedliche Preise oder Geschäftsbedingungen beruhen häufig **1025** auf dem **Nebeneinander** von (eher) **wettbewerblich** und (eher) **monopolistisch** strukturierten **Märkten**. Ein Teil der Kunden ist von dem marktbeherrschenden Unternehmen abhängig, während andere über **alternative Bezugsmöglichkeiten** verfügen. Wettbewerb findet nur um einzelne, nicht um alle Kunden(-segmente) statt, beispielsweise um Kunden in Grenzlagen, die über alternative Bezugsquellen verfügen. Teilweise wettbewerblich strukturierte Märkte finden sich häufig auch in neu liberalisierten Märkten. Schon aus organisatorischen Gründen können die Newcomer ihre Akquisitionsbemühungen hier nicht umgehend auf alle Kunden ausdehnen, sondern müssen ihre

---

422 BGH, Beschl. v. 22.7.1999 – KVR 12/98, „Flugpreisspaltung", WuW/E DE-R 375, 378.

423 Und sind ggf. anhand des Vergleichsmarktprinzips auf ihre Zulässigkeit nach Art. 82 Satz 2 lit. a EG, § 19 Abs. 4 Nr. 2 GWB zu überprüfen.

424 BGH, Beschl. v. 22.7.1999 – KVR 12/98, „Flugpreisspaltung", WuW/E DE-R 375, 377: Die indizielle Wirkung der Preisspaltung für einen Missbrauch beruht darauf, dass der höhere Preis aufgrund fehlenden Wettbewerbsdrucks durchgesetzt werden kann, während das marktbeherrschende Unternehmen auf einem vergleichbaren Markt durch Wettbewerb zur Zurückhaltung gezwungen ist.

Marketingaktivitäten zunächst auf einen Teil der Kunden beschränken.[425]

a) Europäisches Recht

1026 Art. 82 Satz 2 lit. c EG ist nur auf den **Behinderungsmissbrauch** anzuwenden. Dies folgert die ganz h.M aus dem Tatbestandsmerkmal des Art. 82 Satz 2 lit. c EG, „wodurch diese (die Handelspartner des marktbeherrschenden Unternehmens) im Wettbewerb benachteiligt werden": Das benachteiligte Unternehmen muss im Wettbewerb zu den anderen, bevorzugten Handelspartnern stehen.[426] Im europäischen Recht liegen verhältnismäßig wenige Entscheidungen zur Preisspaltung vor. Soweit die Kommission einzelne Fälle aufgegriffen hat, wurde Art. 86 (jetzt 82) EG weniger unter spezifisch kartellrechtlichen Gesichtspunkten als vielmehr zur Einebnung zwischenstaatlicher Preisunterschiede und damit zur **Marktintegration** eingesetzt. Ein unterschiedliches Preisniveau auf den einzelnen nationalen Märkten der Mitgliedstaaten ist nach wie vor häufig anzutreffen, auch wenn die Märkte stärker zusammenwachsen.[427] Hingegen ist im deutschen Markt – mit seinen weitestgehend homogenen Marktbedingungen – die Preisspaltung in erster Linie **Reaktion auf Wettbewerbsangebote** für einzelne Kunden(-gruppen).

1027 Gleichwertige Leistungen liegen vor, wenn sie aus Sicht der Handelspartner zu demselben Produktmarkt gehören und aus diesem Grund für die Bedarfsdeckung bei den Handelspartnern austauschbar sind.[428] Ob die Bedingungen unterschiedlich sind, ist durch einen umfassenden Vergleich von Leistung und Gegenleistung zu ermitteln.

1028 Der Unterschied kann zunächst durch **höhere Kosten** gerechtfertigt sein, die die Belieferung eines Kunden verursacht. So sind Mengenrabatte unbedenklich, wenn hiermit nur tatsächliche Kosteneinsparungen

---

425 Typischerweise konzentrieren sich bei den anfänglich hohen Marktbearbeitungskosten die Bemühungen auf wirtschaftlich besonders attraktive Kunden.

426 Wiedemann KartR-*de Bronett*, § 22 Rn. 71; ausführlich hierzu *Hübschle*, WuW 1998, 146, 150 f.

427 Sprachbarrieren, gewachsene Verbraucherpräferenzen, unterschiedliche nationale Vorschriften (z. B. hinsichtlich der Besteuerung des Konsums durch Umsatz- oder Luxussteuern), Kaufkraftunterschiede etc. werden auch in Zukunft trotz aller Bemühungen der Gemeinschaftsorgane gewisse Unterschiede zementieren.

428 Wiedemann KartR-*de Bronett*, § 22 Rn. 72; Langen-*Dirksen*, Art. 86 Rn. 144.

weitergegeben werden.[429] Bietet ein Unternehmen gleichwertige Waren auf verschiedenen nationalen Märkten zu unterschiedlichen Preisen an, weil es hiermit auf **Wettbewerbsangebote** reagiert, kommt zwar auch eine Rechtfertigung in Betracht.[430] Preisdifferenzierungen aufgrund der geographischen Lage laufen jedoch dem Gemeinsamen Markt in besonderer Weise zuwider.[431] Da das europäische Kartellrecht zur **Integration der Märkte** beitragen soll, scheidet die Rechtfertigung unterschiedlicher Preise in den einzelnen Mitgliedstaaten regelmäßig aus, soweit sie nicht durch Kosten verursacht sind, die jeder Wettbewerber in dem Mitgliedstaat vorfinden würde.[432] Insbesondere werden niedrigere Preise in einem Teilmarkt kaum dadurch zu rechtfertigen sein, dass nur auf diesem Teilmarkt Wettbewerb bestehe.

b) Deutsches Recht

Der Anwendungsbereich des § 19 Abs. 4 Nr. 3 GWB ist weiter als **1029** Art. 82 Abs. 2 lit. c EG und erfasst auch unterschiedliche Preise und Geschäftsbedingungen für **Privatkunden** sowie für Unternehmen, die nicht im Wettbewerb miteinander stehen. Mit dem Tatbestandsmerkmal „vergleichbare Märkte" des § 19 Abs. 4 Nr. 3 GWB wird auf **Vergleichsmärkte** i. S. d. § 19 Abs. 4 Nr. 2 GWB verwiesen.[433] § 19 Abs. 4 Nr. 3 GWB ist auf die Preisspaltung durch marktbeherrschende **Anbieter** beschränkt (vgl. die Formulierung „von gleichartigen *Abnehmern* fordert").

Die Formulierung des § 19 Abs. 4 Nr. 3 GWB legt es nahe, die **Be-** **1030** **weislast** für die sachliche Rechtfertigung dem betroffenen Unternehmen aufzuerlegen. Die Formulierung („es sei denn") stellt ein gebräuchliches sprachliches Mittel dar, mit dem der Gesetzgeber eine Beweislastumkehr zum Ausdruck bringt.[434] Für diese Auslegung spricht auch die allgemeine Regel, dass jede Seite die Voraussetzungen der ihr günstigen Tatbestandmerkmale zu beweisen hat. Die **Gegenauffassung** stellt demgegenüber auf die Entstehungsgeschichte

---

429 EuGI, Urt. v. 17.12.2003 – Rs. T-219/99, „British Airways", WuW/E EU-R 777, 787 f. Rn. 246.
430 Siehe dazu die zum deutschen Recht angestellten Überlegungen Rn. 1029 ff.
431 Vgl. Wiedemann KartR-*de Bronett*, § 22 Rn. 77 m. w. N.
432 Z. B. höhere Umsatzsteuer auf Kfz; kritisch zu dieser einer Per-se-Unzulässigkeit angenäherten Position *Lorenz/Lübbig/Russell*, ECLR 2005, 335; zur Rechtfertigung als Reaktion auf wettbewerbliche Herausforderungen unten Rn. 1033.
433 Im Einzelnen dazu Rn. 1014 ff.
434 *Bechthold*, § 19 Rn. 77.

ab.[435] Der BGH hat sich in dem Streit für einen Mittelweg entschieden.[436] Ähnlich wie bei der Bedeutung der Vermutungen im Rahmen des Missbrauchsverfahrens[437] wurde – wohl mit Blick auf den **Amtsermittlungsgrundsatz** – keine echte Beweislastumkehr angenommen, jedoch dem betroffenen Unternehmen eine **erhöhte Darlegungslast** auferlegt.

1031 Die **Höhe** der erzielten **Gewinne** spielt für die Missbräuchlichkeit einer Preisspaltung keine unmittelbare Rolle. Sie ist jedoch eine zusätzliche Stütze dafür, dass die Preisspaltung sachlich nicht gerechtfertigt ist. Bei hohen Überschüssen wird eine Preisspaltung kaum zu rechtfertigen sein.

1032 Unterschiedliche Preise können durch **höhere Kosten** gerechtfertigt werden, die nicht vom Marktbeherrscher zu vertreten sind. So ist anerkannt, dass höhere Kosten der Marktbearbeitung ebenso wie Mengenrabatte, die zu tatsächlichen Einsparungen führen,[438] differierende Preise rechtfertigen.

1033 Nicht geklärt sind die Grenzen für Preisabweichungen aufgrund einer **punktuellen wettbewerblichen Herausforderung** des marktbeherrschenden Unternehmens. Auf der einen Seite darf das KartellR auch den Marktbeherrscher nicht hindern, auf eine wettbewerbliche Herausforderung angemessen zu reagieren. Auf der anderen Seite trägt das marktbeherrschende Unternehmen eine besondere **Strukturverantwortung** für den verbleibenden **Restwettbewerb**. Tritt der Marktbeherrscher in die Preise des neuen Anbieters ein oder unterbietet diese sogar, hat dies erhebliche **Abschreckungswirkung**. Dies gilt umso mehr, als der Marktbeherrscher durch überhöhte Preise bei „gefangenen" Abnehmern über erweiterte **Refinanzierungsmöglichkeiten** für punktuelle Preiskämpfe verfügt. Es hat deshalb eine umfassende Abwägung aller Gesichtspunkte zu erfolgen. Insbesondere verbietet sich eine schematische Lösung, die die Preisspaltung zum Eintritt in die

---

435 Angesichts des eindeutigen Wortlautes ist dies bei der höchstrichterlichen Zurückhaltung, die Motive zu berücksichtigen, soweit sich im Gesetzeswortlaut hierfür keine Anhaltspunkte finden lassen, nicht überzeugend.
436 BGH, Beschl. v. 22.7.1999 – KVR 12/98, „Flugpreisspaltung", WuW/E DE-R 375.
437 Siehe dazu Rn. 891 ff.
438 EuGH, Urt. v. 16.12.1975 – Rs. 40–48, 54–56, 111, 113, 114/73, „Suiker Unie", Slg. 1975, 1663, 2020 Rn. 518; liegt keine Kosteneinsparung vor, sind Mengenrabatte unter Umständen als Bezugsbindungen missbräuchlich; vgl. dazu Rn. 998 und EuGI, Urt. v. 17.12.2003 – Rs. T-219/99, „British Airways", WuW/E EU-R 777 Rn. 246.

Wettbewerbspreise ohne Blick auf die Rückwirkungen auf die Marktstruktur zulässt.[439]

3. Geschäftsbedingungen

Die kartellrechtliche Aufsicht über missbräuchliche **Geschäftsbedin-**   **1034**
gungen hat wegen der praktischen Schwierigkeiten bei der Anwendung
des Vergleichsmarktprinzips auf Geschäftsbedingungen keine besondere Bedeutung erlangt. Bei der Anwendung des Vergleichsmarktkon-
zepts muss nach der Rechtsprechung eine **Gesamtbetrachtung** des
Leistungsbündels erfolgen.[440] Problematisch ist es hierbei insbesondere, Vorteile einzelner Klauseln mit Belastungen durch andere zu **sal-**
dieren. Einzelne Vertragsbestimmungen lassen sich kaum einmal in
Geld quantifizieren.[441] Das Vergleichsmarktprinzip ist deshalb zu einer
kartellrechtlichen Überprüfung der Geschäftsbedingungen grundsätzlich nicht geeignet.

§ 4 Besonderheiten des deutschen Rechts, insbesondere: Die Anwendung des § 20 GWB

Schrifttum: *Bechtold,* Zulassungsansprüche zu selektiven Vertriebssystemen unter besonderer Berücksichtigung der Kfz-Vertriebssysteme, NJW
2003, 3729; *Ebenroth,* Absatzmittlungsverträge im Spannungsverhältnis
von Kartell- und Zivilrecht, 1980; *Fezer,* Markenrecht, 3. Aufl. 2001;
Gaedertz, „Lockvogel-Angebote" im Widerstreit zwischen der Rechtsprechung des BGH und der 6. Novelle zum GWB, WRP 1999, 31; *Schaub,*
Europäische Wettbewerbsaufsicht über die Telekommunikation, MMR
2000, 211; *Schneider,* Überarbeitete Auslegungsgrundsätze des Bundes-
kartellamts zum Angebot unter Einstandspreis, WRP 2004, 171; *Schröder,*
Telekommunikationsgesetz und GWB, WuW 1999, 14.

---

439 Nicht ausreichend ist deshalb eine Abgrenzung nach vorstoßendem und reagieren-
    dem Wettbewerb. Auch dem Marktbeherrscher darf eine Expansion über Preiswett-
    bewerb nicht generell untersagt werden. Die Gewinnung neuer Kunden durch
    Marktteilnehmer ist Elixier des Wettbewerbs. Wird dies dem Marktbeherrscher un-
    tersagt, führt dies im Ergebnis zu einem Wettbewerbsschutz kleiner Marktteilneh-
    mer. Umgekehrt können die Wirkungen, die in der Zementierung bestehender
    Marktstrukturen liegen, bei einer Per-se-Zulässigkeit reagierenden Wettbewerbs
    nicht angemessen erfasst werden.
440 BGH, Beschl. v. 6.11.1984 – KVR 13/83, „Favorit", WuW/E BGH 2103, 2105.
441 Wiedemann KartR-*Wiedemann,* § 23 Rn. 59. Ein Ausnahmefall sind etwa Bau-
    kostenzuschüsse, die dafür zu Strompreissenkungen führen.

1035 Dem Tatbestandsmerkmal „in einer für den Wettbewerb erheblichen Weise" in dem für den Behinderungsmissbrauch im deutschen Recht maßgeblichen § 19 Abs. 4 Nr. 1 GWB kommt neben dem Missbrauchsbegriff kaum eigenständige Bedeutung zu. Diese liegt **nicht** – wie es der Wortlaut nahe legen würde – in einer **Erheblichkeitsschwelle**. Vielmehr wird hiermit die Zielrichtung des § 19 GWB betont, den Wettbewerb, nicht individuelle Interessen zu schützen.[442] Selbst Maßnahmen des Marktbeherrschers, die für ein einzelnes Unternehmen erhebliche Nachteile mit sich bringen, unterfallen damit nicht zwingend § 19 Abs. 4 GWB. Im Regelfall ist der notwendige Wettbewerbsbezug bei individuellen Behinderungen indes gleichermaßen gegeben.

I. Die Erweiterung des Adressatenkreises des Diskriminierungsverbotes nach deutschem Kartellrecht: Insbesondere „marktstarke" (relativ marktmächtige) Stellung, § 20 Abs. 2 GWB

1036 Das Diskriminierungs- und Behinderungsverbot des § 20 Abs. 1 GWB richtet sich in erster Linie an marktbeherrschende Unternehmen[443] und marktbeherrschende Oligopole.[444] Der Kreis der Normadressaten wird durch § 20 Abs. 2 GWB insbesondere auf sog. **marktstarke (relativ marktmächtige)** Unternehmen erweitert. Soweit Marktbeherrschung nachgewiesen ist, kommt es auf das Vorliegen der Abhängigkeit nicht an. Der Adressatenkreis soll durch § 20 Abs. 2 GWB erweitert und nicht umgekehrt bei bestehender Marktbeherrschung weitere Kriterien aufgestellt werden.[445]

---

442 FK-*Baur/Weyer*, § 22 Rn. 546.

443 Zum funktionalen Unternehmensbegriff siehe ausführlich Rn. 644 ff. u. Rn. 843.

444 Letzteres gilt nur, soweit alle Mitglieder des Oligopols ein einheitliches Verhalten praktizieren oder sich das Verhalten eines Oligopolmitgliedes – etwa wegen dessen überragender Stellung – auf die diskriminierte Unternehmen wie ein einheitliches Verhalten des gesamten Oligopols auswirkt; BGH, Urt. v. 10.12.1985 – KZR 22/85, „Abwehrblatt II", WuW/E BGH 2195; KG, Beschl. v. 21.11.1991 – Kart 2/91, „Offizieller Volleyball", WuW/E OLG 4907, 4912; weiterführend FK-*Carlhoff*, § 26 Rn. 104. Allerdings dürfte die Frage der Marktbeherrschung bei der Diskriminierung durch ein Oligopolunternehmen praktisch wenig bedeutsam sein, weil in aller Regel ein Abhängigkeitsverhältnis der in § 20 Abs. 1 Satz 2, Abs. 4 GWB beschriebenen Art vorliegen wird und schon deshalb der Anwendungsbereich des § 20 eröffnet ist.

445 Fraglich kann dies bei überragender Marktstellung sein, wenn diese ausdrücklich auf die fehlenden Ausweichmöglichkeiten gestützt wird.

Hübschle

Neben den marktbeherrschenden und marktstarken Unternehmen sind **1037** nach § 20 Abs. 1 GWB Normadressaten auch **Vereinigungen von miteinander in Wettbewerb stehenden Unternehmen** i. S. d. §§ 2, 3, 28 Abs. 1 und 31 GWB und Unternehmen, die **Preise** nach § 28 Abs. 2 oder § 30 Abs. 1 Satz 1 **binden**. Diese sind durch die Kartellbildung bzw. die Möglichkeit der Preisbindung privilegiert und haben damit gegenüber anderen Unternehmen größere wettbewerbliche Freiräume, weshalb die Geltung der höheren Verhaltensanforderungen des § 20 GWB gerechtfertigt ist. Nachdem das Diskriminierungsverbot wie bisher auf privilegierte Kooperationen und preisbindende Unternehmen erstreckt wird, ergeben sich aus der Neufassung des § 20 GWB keine wesentlichen Änderungen.

Die **Bindung legalisierter Kartelle** an das Diskriminierungsverbot hat **1038** geringe Bedeutung, weil sich das Diskriminierungsverbot nur an die Vereinigung, nicht an die Mitglieder wendet. Die einzelnen **Mitglieder** sind nur insoweit erfasst, als ihr Verhalten vom Kartell veranlasst wurde, nicht jedoch, wenn es sich um ein autonomes Verhalten des Kartellmitgliedes handelt.[446] Die gesetzliche Regelung ist insoweit nicht konsequent, weil nicht nur die Vereinigung, sondern auch das einzelne Mitglied von den weiteren Verhaltensspielräumen profitiert und deshalb dasselbe gesetzgeberische Motiv auch für die Bindung der einzelnen Mitglieder der Vereinigung an das Diskriminierungsverbot spricht.

Die Vorschrift, die mittelbar zugleich Wettbewerber des Kartells **1039** schützt, ist auf **unzulässige Kartelle** nicht entsprechend anwendbar.[447] Zwar würde ein **Erst-recht-Schluss** nahe liegen. Die eindeutige Entstehungsgeschichte[448] steht dem aber entgegen. Der Markt, auf dem der Missbrauch erfolgt, muss sich auf den freigestellten Markt beziehen oder mit dem freigestellten Markt zumindest in einer Wechselbeziehung[449] stehen.

Nach dem Verbot der Preisbindung für Markenartikel durch die **1040** 2. GWB-Novelle hat § 20 Abs. 1 3. Var. GWB vorwiegend für die in

---

446 KG, Beschl. v. 21. 11. 1991 – Kart 2/91, „Offizieller Volleyball", WuW/E OLG 4907, 4912; *Bechtold*, § 20 Rn. 12; Wiedemann KartR-*Lübbert*, § 25 Rn. 25.
447 Immenga/Mestmäcker-*Markert*, § 26 Rn. 82; Langen-*Schultz*, § 26 Rn. 76.
448 § 1 wurde durch die 2. GWB-Novelle aus der Kartellaufzählung des damaligen § 26 gestrichen und damit die Geltung des Behinderungs- und Diskriminierungsverbots allein auf die legalisierten Kartelle beschränkt.
449 Vgl. zum Zusammenhang zwischen beherrschtem Markt und Markt, auf dem sich die Behinderung auswirkt, allgemein Rn. 931 f.; KG, Urt. v. 10. 4. 1995 – Kart U 7605/94, „Kraftwerkkomponenten", WuW/E OLG 5439, 5447.

§ 28 genannten **Verlagserzeugnisse** Bedeutung, bei denen die Preisbindung nach wie vor erlaubt ist.[450] Die Rechtsprechung des BGH, dass auch die Preisbindung für auf **Datenträger** gespeicherte Verlagserzeugnisse zulässig ist,[451] behält auch im Rahmen des § 28 ihre Gültigkeit. Streitig ist, ob nur der Preisbinder selbst, nicht aber weiterleitende Zwischenhändler an das Diskriminierungsverbot gebunden sind.[452] Die **Marktstellung** des Preisbinders ist – ebenso wie bei einer Unternehmensvereinigung i. S. d. § 20 Abs. 1 GWB – für die Anwendung des § 20 GWB unerheblich, kann aber im Rahmen der **Interessenabwägung** bei der Feststellung der Unbilligkeit eine Rolle spielen.

1041 § 20 Abs. 1 gilt nach § 20 Abs. 2 GWB auch für Unternehmen und Vereinigungen von Unternehmen, soweit von ihnen **kleine oder mittlere Unternehmen** als Anbieter oder Nachfrager einer bestimmten Art von Waren oder gewerblichen Leistungen in der Weise **abhängig** sind, dass ausreichende und zumutbare Möglichkeiten, auf andere Unternehmen auszuweichen, nicht bestehen (sog. **marktstarke** Unternehmen, relative Marktmacht). Die besondere Stellung ist in den bilateralen Beziehungen begründet.[453]

1042 Grund für die Erweiterung ist, dass Unternehmen **bei individuellen Abhängigkeiten** auch **unterhalb der Schwelle der Marktbeherrschung** in der Lage sind, **Störungen des Wettbewerbs** hervorzurufen.[454] Weiterhin

---

450 Das von der Komm. eingeleitete Kartellverfahren hat nur zum Verbot der grenzüberschreitenden Buchpreisbindung geführt; nationale Preisbindungssysteme sind nach wie vor zulässig.

451 BGH, Beschl. v. 11.3.1997 – KVR 39/95, „NJW auf CD-ROM", WuW/E BGH 3128.

452 Vgl. OLG Stuttgart, Urt. v. 30.12.1985 – 2 U 50/84, „Vertragsausliefererer", WuW/E OLG 3791, 3792; *Bechtold*, § 20 Rn. 13 einerseits; Langen-*Schultz*, § 26 Rn. 82 andererseits. Zum Streitstand eingehend FK-*Carlhoff*, § 26 Rn. 199.

453 Solche bilateralen Abhängigkeiten könnten auch unter den Begriff der Marktbeherrschung gefasst werden, so tendenziell wohl BGH, Urt. v. 9.11.1967 – KZR 7/66, „Jägermeister", WuW/E BGH 886, 890; zu entsprechenden Überlegungen im europäischen Recht Groeben/Schwarze-*Schröter*, Art. 82 Rn. 75 f., 121: Eine beherrschende Stellung kann auch gegenüber einem einzelnen Unternehmen vorliegen; ebenso Immenga/Mestmäcker EG-WbR-*Möschel*, Art. 86 Rn. 72. Das Hauptproblem bei der Erfassung relativer Marktmacht mit dem Begriff der Marktbeherrschung dürfte im europäischen KartellR allerdings sein, dass bei bilateralen Abhängigkeiten regelmäßig kein wesentlicher Teil des Gemeinsamen Marktes beherrscht wird.

454 Dem steht nicht entgegen, dass unter Umständen eine große Zahl von Unternehmen in einer durch § 20 Abs. 2 GWB beschriebenen Abhängigkeit stehen; vgl. BGH, Beschl. v. 24.2.1976 – KVR 3/75, „Asbach-Fachgroßhändlervertrag", WuW/E BGH 1429, 1431.

sollten Umgehungsstrategien nach der Abschaffung der Preisbindung für Markenartikel durch den verbreiterten Anwendungsbereich verhindert werden. Bis zur 2. GWB-Novelle 1973 war die Preisbindung für Markenartikel zulässig. Preisbindende Unternehmen unterlagen ohne Rücksicht auf ihre Marktstellung dem Diskriminierungsverbot. Nachdem die Preisbindung für Markenwaren aufgehoben wurde, sollte durch die Erweiterung des Adressatenkreises des Diskriminierungsverbotes sichergestellt werden, dass preisaggressive Unternehmen als Nachfrager von Markenwaren nicht ausgeschlossen werden, damit nicht durch den Ausschluss preisaktiver Unternehmen i.V. m. einer unverbindlichen Preisempfehlung „durch die Hintertür" ein System etabliert wird, das im wirtschaftlichen Ergebnis einer Preisbindung weitestgehend nahe kommt. Ähnlich einem marktbeherrschenden Unternehmen verfügt auch der Hersteller einer Markenware mit **hoher Verkehrsgeltung** über ein besonderes Potenzial, wettbewerbliche Prozesse zu stören. Oftmals wird ein Händler aufgrund dieser Verkehrsgeltung gezwungen sein, ein Produkt eines bestimmten Herstellers zu führen, um den Kunden ein vollständiges oder zumindest repräsentativ breit gefächertes Angebot zu bieten.[455]

Marktstark konnte ursprünglich auch ein Unternehmen sein, das wesentlich kleiner als die Gegenseite ist. Die Prozesse großer Handelsunternehmen gegen kleinere Markenartikelhersteller auf Belieferung haben in der 5. GWB-Novelle 1989 zu einer **Begrenzung** auf die Abhängigkeit **kleiner und mittlerer** Unternehmen geführt. Der Gesetzgeber hat angesichts der Machtverhältnisse zwischen großen Handelsunternehmen und den Herstellern keine Gefahr wettbewerblich nicht hinreichend kontrollierter Verhaltensspielräume gesehen.[456] Im Hinblick auf die durch zunehmende Nachfragemacht hervorgerufenen Probleme ist dies stimmig. Das ursprüngliche Ziel, eine weitgehende Marktöffnung zu erreichen und zu vermeiden, dass durch unverbindliche Preisempfehlungen zusammen mit der Nichtbelieferung der Vertriebsstellen, die diese nicht einhalten, die Aufhebung der Preisbindung für Markenartikel umgangen wird, ist durch die Gesetzesänderung zu Gunsten einer eher dem Mittelstandsschutz verpflichteten Rechtsanwendung

1043

---

455 Zu den Erwägungen des Wirtschaftsausschusses vgl. WRP 1973, 376 ff., 385 f.; die weitere Erwägung, als Reaktion auf die erste Ölkrise freie Tankstellen zu schützen, dazu *Bechtold*, § 20 Rn. 14, hat an Bedeutung verloren.

456 BT-Drucks. 11/4610, S. 21; dem folgend BGH, Beschl. v. 19.1.1993 – KVR 25/91, „Herstellerleasing", WuW/E BGH 2875, 2877; kritisch Immenga/Mestmäcker-*Markert*, § 26 Rn. 96, mit Blick auf die Unanwendbarkeit der Vorschrift bei Behinderungen.

stärker in den Hintergrund gerückt, obwohl Normzweck nach wie vor Schutz des Wettbewerbs als Institution ist.[457]

1. Kleine und mittlere Unternehmen

1044 Dieses zusätzliche Tatbestandsmerkmal wurde durch die 5. GWB-Novelle in die Vorgängervorschrift des § 20 Abs. 1 GWB eingefügt. Ausweislich der RegBegr. wurde hiermit an das früher in § 4 (vormals § 5 b, c) GWB ebenfalls enthaltene Kriterium angeknüpft.[458] Insbesondere verbietet sich auch im Rahmen des § 20 GWB jedwede **schematische Betrachtung** wie die Festlegung der **Umsatzhöhe** oder Mitarbeiterzahl. Vielmehr hat sich die Prüfung an den **Marktverhältnissen** zu orientieren. Aus der Entstehungsgeschichte folgt, dass es im Fall der sortiments- oder unternehmensbedingten Abhängigkeit in erster Linie auf die Größe des Unternehmens im Verhältnis zur vor- oder nachgelagerten Wirtschaftsstufe (**Vertikalverhältnis**) ankommen muss, um dem Gesetzeszweck, Belieferungsklagen großer Handelsunternehmen gegen kleinere Markenartikelhersteller einzuschränken, Rechnung zu tragen.[459] Erst in zweiter Linie ist – anders als im Rahmen des § 4 GWB a. F., dessen Normzweck primär auf den Ausgleich der durch die größere Marktmacht der Konkurrenten bedingte Wettbewerbsnachteile gerichtet war und der deshalb die horizontalen Größenvorteile zum bestimmenden Maßstab hatte – die Marktstellung des betroffenen Unternehmens im Verhältnis zu seinen Wettbewerbern heranzuziehen.[460]

1045 Die **absolute Größe** eines Unternehmens stellt lediglich eine **Orientierungshilfe** dar; Anhaltspunkte geben die Größenkriterien der Fusionskontrolle: Ein Unternehmen bis 25 Mio. Euro Umsatz dürfte regelmäßig ein kleines Unternehmen darstellen, ein Unternehmen mit mehr als 500 Mio. Euro grundsätzlich nicht mehr. Diese Grenzen erlangen vorwiegend dort als Untergrenze Bedeutung, wo ein Markt durch sehr kleine Unternehmen geprägt ist.

---

457 Zu beachten ist, dass nur der Anwendungsbereich des § 20 Abs. 2 GWB auf kleinere oder mittlere Unternehmen verengt ist; im Rahmen der Interessenabwägung spielen mittelstandspolitische Erwägungen keine Rolle. Vgl. hierzu auch FK-*Carlhoff*, § 26 Rn. 92.

458 BT-Drucks. 11/4610, S. 22.

459 BGH, Beschl. v. 19. 1. 1993 – KVR 25/91, „Herstellerleasing", WuW/E BGH 2875, 2878 f.

460 Zum Ganzen vgl. FK-*Carlhoff*, § 26 Rn. 117 f.; Wiedemann KartR-*Lübbert*, § 25 Rn. 6. Stärker in Richtung einer einheitlichen Auslegung der wortgleichen Kriterien in §§ 4, 20 GWB wohl Immenga/Mestmäcker-*Markert*, § 26 Rn. 97; Langen-*Schultz*, § 26 Rn. 116 ff.

2. Abhängigkeit

Praxisschwerpunkt bei der Anwendung des § 20 Abs. 2 GWB ist die **1046** Prüfung, ob ein **Abhängigkeitsverhältnis** besteht. Voraussetzung sind fehlende oder nicht ausreichende bzw. zumutbare **Ausweichmöglichkeiten.** Wie die Marktbeherrschung kann sich ein Abhängigkeitsverhältnis nur auf Waren oder Dienstleistungen eines bestimmten, sachlich und räumlich abzugrenzenden Marktes beziehen. Ggf. sind auch Teilmärkte im kartellrechtlichen Sinne abzugrenzen.[461] Die größte praktische Bedeutung hat § 20 Abs. 2 GWB bislang für Unternehmen gehabt, die ihren Kunden zumindest eine **repräsentative Sortimentsbreite** anbieten müssen und deshalb nur **begrenzt** auf andere Lieferanten, die funktionell austauschbare Produkte herstellen, **ausweichen** können. Dementsprechend war auch die Rechtsprechung zumeist mit Belieferungsklagen von Handelsunternehmen befasst. Die Vorschrift ist aber auch auf die Abhängigkeit von Anbietern anwendbar.[462] Wegen der zunehmenden Konzentration in verschiedenen Wirtschaftsbereichen wie Handel und Automobilindustrie dürfte die praktische Bedeutung der Abhängigkeit der Anbieter künftig zunehmen.

Nach dem Gesetzestext müssen die **Ausweichmöglichkeiten** sowohl **1047** **ausreichend** als auch **zumutbar** sein. Da es sich um eine Erweiterung des Adressatenkreises des kartellrechtlichen Diskriminierungsverbotes handelt, müssen dem Begünstigten mehr Ausweichmöglichkeiten verbleiben als bei Marktbeherrschung.[463] Bei wesentlichem Wettbewerb auf dem relevanten Markt sind zwar immer ausreichende und zumutbare Ausweichmöglichkeiten gegeben. Ausreichende und zumutbare Ausweichmöglichkeiten können auch bei Vorliegen wesentlichen Wettbewerbs verneint werden.

Damit die Tatbestandsmerkmale „ausreichend" und „zumutbar", die ku- **1048** mulativ vorliegen müssen, einen eigenständigen Begriffsinhalt haben, ist in einem ersten Schritt zu ermitteln, ob **objektiv** überhaupt **Ausweichmöglichkeiten** bestehen.[464] Ist dies der Fall, ist in einem zweiten Schritt eingrenzend zu fragen, ob die – objektiv vorhandenen – Ausweichmöglichkeiten dem Unternehmen in seiner **subjektiven Situation** zuzumuten

---

461 Dazu ausführlich FK-*Carlhoff*, § 26 Rn. 125.
462 OLG Düsseldorf, Urt. v. 14.4.1981 – U (Kart) 31/80, „Abschleppdienste", WuW/E OLG 2495.
463 BGH, Urt. v. 20.11.1975 – KZR 1/75, „Rossignol", WuW/E BGH 1391, 1393.
464 H.M., vgl. BGH, Urt. v. 24.9.1979 – KZR 20/78, „Modellbauartikel II", WuW/E BGH 1629, 1630; Urt. v. 20.11.1975 – KZR 1/75, „Rossignol", WuW/E BGH 1391, 1393; Immenga/Mestmäcker-*Markert*, § 26 Rn. 106.

sind.[465] Ergeben sich für das Unternehmen **individuelle Nachteile**, die seine Wettbewerbsfähigkeit gefährden, wenn es von objektiv vorhandenen Ausweichmöglichkeiten Gebrauch macht, sind jene nicht zumutbar.[466] Regelmäßig kann ein Unternehmen jedoch auf bestehende Ausweichmöglichkeiten verwiesen werden. In der Praxis wird zwischen „ausreichend" und „zumutbar" nicht immer streng unterschieden, was wegen fließender Übergänge und identischer Rechtsfolgen auch nicht geboten ist.

1049 Normzweck ist, die wettbewerbliche Bewegungsfreiheit zu sichern; ausreichend heißt damit ausreichend für die wettbewerbliche Betätigung. Entscheidend ist, ob ein Unternehmen unterhalb der Schwelle der Marktbeherrschung als Anbieter oder Nachfrager eine derartige Marktbedeutung hat, dass die Marktgegenseite nicht ohne gewichtige Wettbewerbsnachteile auf Alternativen ausweichen kann.[467]

1050 Ein faktisch möglicher, aber **rechtswidriger** Bezug ist grundsätzlich **nicht zumutbar**. Auf einen UWG-widrigen Bezug kann der Händler deshalb nicht verwiesen werden.[468] Gleiches gilt, wenn streitig ist, ob ein Bezug nach UWG rechtswidrig ist, der Händler eine Klage aber zumindest **ernsthaft befürchten** muss,[469] auch wenn diese im Ergebnis keinen Erfolg hat. Der Bezug auf dem „**Graumarkt**" scheidet nicht per se als alternative Bezugsquelle aus, sondern erst dann, wenn zusätzliche Umstände vorliegen, die den Direktbezug als unverzichtbar zur Erhaltung der Wettbewerbsfähigkeit erscheinen lassen.[470] Ein **nur gelegentlich** möglicher **Reimport** genügt nicht.[471]

---

465 BGH, Urt. v. 26.6.1979 – KVR 7/78, „Revell Plastics", WuW/E 1620, 1623.
466 OLG Frankfurt, Urt. v. 9.9.1997 – 11 U (Kart) 58/96, „Guerlain", WuW/E DE-R 73, 74; Immenga/Mestmäcker-*Markert*, § 26 Rn. 104, 106; vgl. auch Langen-*Schultz*, § 26 Rn. 94.
467 BGH, Beschl. v. 23.2.1988 – KVR 20/86, „Opel Blitz", WuW/E BGH 2491, 2493; Urt. v. 26.6.1979 – KVR 7/78, „Revell Plastics", WuW/E BGH 1620, 1623; Urt. v. 17.1.1979 – KZR 1/78, „Nordmende", WuW/E BGH 1567, 1568; OLG Frankfurt, Urt. v. 9.9.1997 – 11 U (Kart) 58/96, „Guerlain", WuW/E DE-R 73, 74.
468 BGH, Beschl. v. 23.2.1988 – KVR 2/87, „Reparaturbetrieb", WuW/E BGH 2479, 2481 f.; OLG München, Urt. v. 20.10.1992 – U (K) 6221/91, „Importparfümerie", WuW/E OLG 5116, 5118.
469 Etwa weil die Voraussetzungen, unter denen ein Vertriebssystem nach § 1 UWG Schutz genießt, rechtlich wie tatsächlich umstritten sind.
470 OLG München, Urt. v. 20.10.1992 – U (K) 6221/91, WuW/E OLG 5116, 5118, vgl. auch OLG Frankfurt, Urt. v. 9.9.1997 – 11 U (Kart) 58/96, „Guerlain", WuW/E DE-R 73: Graumarkt für Discounter zumutbar.
471 BGH, Urt. v. 24.3.1987 – KZR 39/85, „Primus-SABA", WuW/E BGH 2419; BGH, Urt. v. 16.12.1986 – KZR 25/85, „Belieferungsunwürdige Verkaufsstätten II", WuW/E BGH 2351, 2355.

Fraglich ist, ob eine ausreichende anderweitige Bezugsquelle vorliegt, **1051** wenn die Ware beim Reimport **umverpackt** werden muss. Soweit dies markenrechtlich zulässig ist,[472] kommt es auf die Umstände des Einzelfalls an, insbesondere darauf, ob der Verbraucher die umverpackte Ware akzeptiert und im Wesentlichen für gleichwertig erachtet. Nicht ausreichend ist eine potenzielle Bezugsquelle dann, wenn sie wesentlich **teurer** kommt als der Bezug der Mitbewerber und damit die Wettbewerbsfähigkeit ernsthaft gefährdet. So verursachen etwa **Zwischenhändler** zusätzliche Kosten. Können Wettbewerber diese durch **Direktbezug** einsparen und ist der Kostennachteil nicht nur untergeordnet, liegt im Bezug von Zwischenhändlern keine ausreichende Ausweichmöglichkeit.[473] Umgekehrt kann das behinderte Unternehmen nicht auf einen Direktbezug vom Hersteller verwiesen werden, wenn der **Großhandel** – sei es auch aufgrund gesetzlicher Rahmenbedingungen – besondere Leistungen wie ein vollständiges Sortiment anbietet.[474] Der Direktvertrieb ist nur dann eine zumutbare Ausweichmöglichkeit, wenn er anhand der konkreten Marktgegebenheiten zu ausreichenden Absatzmöglichkeiten führt. Entscheidend kann etwa die Wettbewerbsstärke, aber auch die Frage sein, ob sich neben der herkömmlichen Vertriebsart weitere Absatzkanäle etablieren könnten.

Ob zumutbare Ausweichmöglichkeiten bestehen, ist allein aus der **1052** Sicht des möglicherweise abhängigen Unternehmens zu beurteilen. Die Interessen des Verbotsadressaten können noch hinlänglich bei der notwendigen Interessenabwägung im Rahmen der sachlichen Rechtfer-

---

472 Dazu *Fezer*, Markenrecht, § 14 Rn. 466 ff.; § 24 Rn. 50 ff., 77 ff., jeweils m. w. N. Dies hängt davon ab, ob die Markenrechte schon dadurch erschöpft sind, dass die Ware mit Willen des Herstellers in Umlauf gebracht wurde, oder ob die Zustimmung nur so weit reicht, wie die Ware in der ursprünglichen Verpackung vertrieben wird.

473 Bei nur unwesentlich höheren Kosten hat das OLG München ein Ausweichen für zumutbar erachtet, OLG München, Urt. v. 20. 10. 1992 – U (K) 6221/91, „Importparfümerie", WuW/E OLG 5116, 5119; vgl. auch BGH, Urt. v. 26. 6. 1979 – KVR 7/78, „Revell Plastics", WuW/E BGH 1620, 1623.

474 BGH, Beschl. v. 21. 2. 1995 – KVR 10/94, „Importarzneimittel", WuW/E BGH 2990, 2994: Bei Apotheken, die wegen der gesetzlich auferlegten Verpflichtung, jederzeit und umfassend eine Versorgung der Bevölkerung mit einem umfangreichen Sortiment von Medikamenten sicherzustellen, für ihren Einkauf auf den vollsortierten Großhandel mit seinem engmaschigen Netz von Niederlassungen und kurzen Lieferfristen zurückgreifen, verspricht ein Direktvertrieb nur einen beschränkten Erfolg. Die für Apotheken notwendige, kurzfristige Belieferung wäre nicht sichergestellt; überdies müsste die Apotheke mit einer Vielzahl von Unternehmen Lieferbeziehungen pflegen (mit entsprechend hohem Aufwand).

tigung bzw. unbilligen Behinderung berücksichtigt werden. Soweit eine Ausweichmöglichkeit tatsächlich genutzt wird, ist dies ein Indiz dafür, dass sie auch zumutbar ist, falls der Begünstigte sie nicht nur nutzt, um größeren Schaden abzuwenden.

1053 Schwierig ist zu beurteilen, inwieweit eine **selbst geschaffene Abhängigkeit** durch langjährige Lieferbeziehungen – von der oftmals auch der Absatzmittler erheblich profitiert – einen Anspruch ausschließt. Zwar soll durch § 20 GWB kein Sozialschutz erreicht werden; wegen der negativen Auswirkungen auf den Wettbewerb darf § 20 GWB aber bei selbst (mit-)verschuldeten Abhängigkeiten nicht von vornherein ausscheiden. Man wird zu unterscheiden haben: Jedenfalls dann, wenn im Rahmen eines Vertriebssystems die langjährige Ausrichtung auf ein Unternehmen auch vom Lieferanten gewünscht oder gefordert wird, bleibt § 20 GWB anwendbar.[475] Insbesondere die **Beendigung** von **Vertragshändlersystemen** hat dann in Übereinstimmung mit § 20 GWB zu erfolgen (Härteklauseln, Übergangsfristen, Amortisation). Der Grad der selbstverschuldeten Abhängigkeit kann weiterhin nicht nur bei der Frage nach den Normadressaten, sondern auch bei der Interessenabwägung berücksichtigt werden.

1054 Die Abhängigkeit wird herkömmlich in vier Gruppen (sortiments-, unternehmens-, mangel- und nachfragebedingte Abhängigkeit) unterteilt.

a) Sortimentsbedingte Abhängigkeit

1055 Eine **sortimentsbedingte Abhängigkeit** liegt vor, wenn ein Unternehmen ein Produkt führen muss, um wettbewerbsfähig zu sein, weil jenes eine **überragende Marktbedeutung** hat[476] und der Kunde das Unternehmen nicht für leistungsfähig erachtet, wenn die Ware nicht in seinem Sortiment vorhanden ist (**Spitzenstellungsabhängigkeit**),[477] so dass ein Bezug von anderen Herstellern nicht ausreichend oder nicht zumutbar ist. Häufigerer Fall dürfte sein, dass der Händler zwar nicht alle bekannten Marken, aber eine gewisse Zahl hiervon führen

---

475 BGH, Urt. v. 19.1.1993 – KZR 1/92, „Flaschenkästen", WuW/E 2855, 2857: Umgekehrt keine Anwendung des § 26 Abs. 2 GWB a.F., wenn ein Unternehmen seine Abhängigkeit ausschließlich selbst herbeigeführt hat.
476 Aufgrund der hervorragenden Qualität, der einmaligen technischen Gestaltung oder der exponierten Werbung, vgl. BGH, Urt. v. 9.5.2000 – KZR 28/98, „Designer-Polstermöbel", GRUR 2000, 762, 764.
477 Grundlegend BGH, Urt. v. 20.11.1975 – KZR 1/75, „Rossignol", WuW/E BGH 1391, 1394; OLG Düsseldorf, Urt. v. 29.10.2003 – VI U (Kart) 30/00, „R-Uhren", WuW/E DE-R 1480, 1482f.

muss, um wettbewerbsfähig zu sein.[478] Er benötigt eine gewisse Sortimentsbreite, um von den Verbrauchern akzeptiert zu werden. Diese sog. **Spitzengruppenabhängigkeit**[479] stellt einen Unterfall der sortimentsbedingten Abhängigkeit dar.

Da aus der Anwendung des § 20 Abs. 2 GWB ein Kontrahierungs- **1056** zwang folgt, ist wegen des erheblichen Eingriffs in die Unternehmensfreiheit tendenziell eine restriktive Linie geboten. Auch wenn der Kreis der Normadressaten durch § 20 Abs. 2 GWB erweitert wird, darf der qualitative Unterschied zur marktbeherrschenden Stellung angesichts des erheblichen Rechtseingriffs nicht zu groß werden. Deshalb setzt die Spitzengruppenabhängigkeit voraus, dass Stellung und Ansehen der Waren auf dem betreffenden Markt besonders gut sind, auch wenn grundsätzlich Ausweichmöglichkeiten des Abnehmers bestehen.[480] Dass es sich um einen Markenartikel handelt, reicht für sich genommen nicht aus.[481] Ob die **Marktgeltung** so groß ist, dass das Handelsunternehmen die Waren eines oder mehrerer Hersteller der Spitzengruppe in seinem Sortiment führen muss, um nicht einen Ansehensverlust beim Verbraucher zu erleiden, der seine Wettbewerbsfähigkeit erheblich beeinträchtigt,[482] ist anhand aller Umstände zu ermitteln, die für die Markengeltung von Bedeutung sind, insbesondere Preis, Qualität, Umfang der betriebenen Werbung, Markenbewusstsein der Verbraucher in diesem Segment, Verbreitungsgrad[483] und Marktanteil.[484]

Die Abhängigkeit ist für jeden relevanten Produktmarkt gesondert zu **1057** ermitteln. Zu unterscheiden ist auch nach der **Art des Absatzmittlers**: Von einem Fach- oder Großhändler etwa wird ggf. eine andere **Sorti-**

---

478 Vgl. die zahlreichen Nachweise bei BGH, Urt. v. 9.5.2000 – KZR 28/98, „Designer-Polstermöbel", GRUR 2000, 762, 764.
479 BGH, Urt. v. 30.6.1981 – KZR 1/80, „Belieferungsunwürdige Verkaufsstellen", WuW/E BGH, 1814, 1817; OLG Düsseldorf, Urt. v. 29.10.2003 – VI U (Kart) 30/00, „R-Uhren", WuW DE-R 1480, 1484 f.
480 Ansonsten wäre der Lieferant marktbeherrschend.
481 So dezidiert etwa FK-*Carlhoff*, § 26 Rn. 120.
482 BGH, Beschl. v. 24.2.1976 – KVR 3/75, „Asbach-Fachgroßhändlervertrag"; WuW/E BGH 1429, 1431.
483 BGH, Urt. v. 9.5.2000 – KZR 28/98, „Designer-Polstermöbel", GRUR 2000, 762, 765: „Die überragende Stellung wird sich – zumindest, wenn eine Ware nicht über ein selektives Vertriebssystem abgesetzt wird – auch in einer entsprechenden Distributionsrate niederschlagen".
484 BGH, Urt. v. 23.10.1979 – KZR 19/78, „Plaza-SB-Warenhaus", WuW/E BGH 1635, 1636; Beschl. v. 20.11.1975 – KZR 1/75, „Rossignol", WuW/E BGH 1391, 1393.

mentsbreite als von einer Kaufhausabteilung oder einem Discounter erwartet. Entscheidend sind die **Branchengepflogenheiten**.[485] Sortimentsbedingt abhängig kann wegen des Schutzzweckes der Vorschrift, die Märkte offen zu halten, auch ein Newcomer sein.[486]

1058 Der Anspruch auf Belieferung setzt voraus, dass der Händler noch nicht über eine ausreichende Sortimentsbreite verfügt und sich diese auch nicht in zumutbarer Weise beschaffen kann. Erhebliche Beweisschwierigkeiten ergeben sich für den Kläger bei der Frage, wie viele Marken ein Unternehmen zu führen hat. Dies richtet sich nach dem typischen Sortiment des Handels. Die Spitzengruppe besteht aus der Zahl der Hersteller, die für ein wettbewerbsfähiges Sortiment erforderlich sind. Weitere Hersteller dürfen nur einbezogen werden, wenn deren Waren genauso geeignet sind, die Wettbewerbsfähigkeit herzustellen, und die Marktbedeutung der „überzähligen" Hersteller in etwa gleich groß ist.[487] Durch die Beschränkung auf kleine und mittlere Unternehmen hat die Frage allerdings weitestgehend an Bedeutung verloren; die sortimentsbedingte Abhängigkeit liegt nach dieser Beschränkung des Anwendungsbereichs der Vorschrift häufig bei Großhändlern vor, die ein möglichst vollständiges Sortiment zu führen haben. Prozessual folgt aus der Abhängigkeit von einer Spitzengruppe nicht, dass der Händler die Hersteller in einer bestimmten Reihenfolge oder gar in ihrer Gesamtheit in Anspruch zu nehmen hat.[488]

b) Mangelbedingte Abhängigkeit

1059 Geringe praktische Bedeutung hat die **mangelbedingte Abhängigkeit**.[489] Aufgrund einer Produktknappheit fehlen hier Ausweichmög-

---

485 BGH, Urt. v. 24.9.1979 – KZR 20/78, „Modellbauartikel II", WuW/E BGH 1629; FK-*Carlhoff*, § 26 Rn. 122.
486 BGH, Beschl. v. 25.10.1988 – KVR 1/87, „Lüsterbehangsteine", WuW/E BGH 2535, 2539; Urt. v. 26.6.1979 – KVR 7/78, „Revell Plastics", WuW/E BGH 1620, 1623.
487 BGH, Urt. v. 16.12.1986 – KZR 25/85, „Belieferungsunwürdige Verkaufsstätten II", WuW/E BGH 2351: Sortimentsminimum von fünf bis sechs Herstellern bei acht führenden Herstellern, die zur Spitzengruppe zu zählen sind.
488 BGH, Beschl. v. 21.2.1995 – KVR 10/94, „Importarzneimittel", WuW/E 2990, 2994; Urt. v. 23.10.1979 – KZR 19/78, „Plaza-SB-Warenhaus", WuW/E BGH 1635, 1636. Zur Darlegungslast bezüglich der benötigten Zahl der Hersteller für eine ausreichende Sortimentsbreite vgl. BGH, Urt. v. 9.5.2000 – KZR 28/98, „Designer-Polstermöbel", GRUR 2000, 762, 765.
489 Die größte Bedeutung hatte diese Fallgruppe in Zeiten der Ölknappheit. Freie Tankstellen waren auf einen Belieferungsanspruch angewiesen, um Überleben zu können, vgl. KG, Beschl. v. 4.7.1974 – Kart 27/74, „AGIP II", WuW/E 1499, 1502.

lichkeiten auf andere Artikel derselben Gattung. Meist jedoch wird ein Hersteller – wenn auch zu einem höheren Preis – zu einer Belieferung bereit sein. Verneint man deshalb nicht schon die Abhängigkeit, dürfte ein in Maßen höherer Preis in Mangellagen aufgrund des Ausgleichs von Angebot und Nachfrage regelmäßig sachlich gerechtfertigt sein.

c) Unternehmensbedingte Abhängigkeit

Die Abhängigkeit entsteht in dieser Fallgruppe regelmäßig durch die **1060** Geschäftspolitik eines Unternehmens, sein Verhalten gegenüber anderen Unternehmen – etwa durch langfristige Lieferbeziehungen – so stark auszurichten, dass ein Ausweichen nur bei unverhältnismäßigen Wettbewerbsnachteilen möglich ist. Da in diesen Fällen eine (Mit-) Verursachung der **unternehmensbedingten Abhängigkeit** vorliegt und die Bindung an ein Unternehmen unter Umständen lange Jahre auch für das abhängige Unternehmen vorteilhaft war, ist von einer ausufernden Anwendung des § 20 GWB abzusehen. Soweit man nicht schon die Abhängigkeit verneinen möchte, ist jedenfalls im Rahmen der **Interessenabwägung** maßgeblich zu berücksichtigen, ob ein Unternehmen aufgrund einseitiger Geschäftspolitik abhängig geworden ist und hieraus entsprechende Vorteile gezogen hat. Aus der unternehmensbedingten Abhängigkeit lassen sich deshalb weniger Belieferungsansprüche herleiten als vielmehr angemessene **Kündigungsfristen**, ggf. auch ein finanzieller **Ausgleich** für erbrachte und **nicht amortisierte Investitionen**. Diese Thematik wird vor allem bei Kfz-Vertragshändlern relevant, die zumeist unter der Marke eines Herstellers auftreten und erhebliche Investitionen für die Integration in das Vertriebssystem eines Herstellers aufbringen müssen.[490]

d) Marktstarke Nachfrager

Umgekehrt können auch Anbieter abhängig sein, weil ein Ausweichen **1061** auf andere Nachfrager[491] nicht möglich oder nicht zumutbar ist. Eine

---

490 Ausführlich zu den Fragestellungen *Ebenroth*, Absatzmittlungsverträge im Spannungsverhältnis, passim. Str. ist, ob auch Handelsvertreter von § 20 GWB geschützt sind; dies dürfte zu verneinen sein, hat aber aufgrund des eigenständigen Anspruchs des Handelsvertreters aus § 89 b HGB bei der Beendigung des Vertragsverhältnisses keine große Bedeutung.

491 Derartige Abhängigkeiten bestehen insbesondere von Kfz-Herstellern, großen Handelsunternehmen sowie der öffentlicher Hand bei der Vergabe bestimmter Aufträge (z. B. Straßenbau). Bei einer Abhängigkeit von der öffentlichen Hand ist zu beachten, dass in den wirtschaftlich bedeutenden Fällen zumeist die Vorschriften über

Abhängigkeit i. S. d. § 20 GWB liegt nicht vor, wenn der Anbieter für seine Produkte oder gewerblichen Leistungen, auf die er sein Angebot ohne unzumutbare Schwierigkeiten umstellen kann, Abnehmer findet. Die (Mit-)**Verursachung** der Abhängigkeit schließt die Anwendung des § 20 GWB nicht aus, wenn entsprechende Bindungen auch im Interesse des Nachfragers erfolgt sind.[492] Die Abhängigkeit kann auch von relativ kleinen Nachfragern gegeben sein, weil die Besonderheiten der Nachfragemacht[493] ein Ausweichen auf andere, möglicherweise auch erheblich größere Nachfrager erschweren. Entscheidend ist deshalb nicht absolut, welchen Marktanteil ein Nachfrager hat, sondern welchen Anteil seiner **Produktion** ein Unternehmen mit einem Nachfrager umsetzt.[494]

e) Abhängigkeitsvermutung, § 20 Abs. 2 Satz 2 GWB

1062 Die **Abhängigkeitsvermutung** des § 20 Abs. 2 Satz 2 GWB soll Beweisschwierigkeiten bei der Feststellung der Abhängigkeit eines Anbieters von bestimmten Nachfragern beseitigen. Insbesondere hat sich gezeigt, dass Marktanteile nur beschränkt geeignet sind, um Abhängigkeiten der Marktgegenseite von Nachfragern zu erfassen.[495] § 20 Abs. 2 Satz 2 GWB macht deshalb das Vorliegen eines bestimmten Marktverhaltens, das normalerweise nur bei Marktmacht durchgesetzt werden kann, zum Anknüpfungspunkt für die Abhängigkeitsvermutung.[496]

1063 Die Beschränkung der **Vermutung** auf das behördliche Untersagungsverfahren ist zwar mit der 5. GWB-Novelle aufgegeben worden. Im **Ordnungswidrigkeitenverfahren** kann die Vermutung bereits aus

---

die Vergabe öffentlicher Aufträge zu beachten sind. Dies schließt eine Anwendung des Kartellrechts zwar nicht grundsätzlich aus; eine Auswahl des Anbieters nach den Regeln des Vergaberechts ist jedoch regelmäßig sachlich gerechtfertigt i. S. d. § 20 GWB, so dass die Bedeutung der Abhängigkeit von der öffentlichen Hand als Nachfrager mit zunehmender Relevanz des Vergaberechts abnimmt. Zu den Besonderheiten der Marktmacht bei einer Abhängigkeit der Nachfrager Rn. 868 ff.

492 Z. B. bei der Ausrichtung eines Zulieferers auf die speziellen Anforderungen eines Automobilherstellers.

493 Siehe Rn. 868 ff.

494 FK-*Carlhoff*, § 26 Rn. 172 f.; Immenga/Mestmäcker-*Markert*, § 26 Rn. 133. Weiteres Kriterium für die Abhängigkeit ist die Auswirkung des Umsatzausfalls auf die Ertragslage.

495 Vgl. Rn. 868 ff.

496 Zur Kritik am unterstellten Zusammenhang zwischen Vermutungsvoraussetzung und Marktstellung Immenga/Mestmäcker-*Markert*, § 26 Rn. 138.

rechtsstaatlichen Gründen nicht zur Anwendung kommen. Fraglich ist dies jedoch für zivilrechtliche Klagen. Sachgerecht dürfte es sein, der Vermutung im **Zivilprozess** dieselbe Bedeutung beizumessen wie den Vermutungen des § 19 Abs. 3 GWB.[497]

II. Die weiteren Anwendungsvoraussetzungen des § 20 Abs. 1 GWB

1. Allgemeines

§ 20 GWB hat im Vergleich zu § 19 GWB den weiteren Anwendungs- **1064** bereich, weil der Kreis der Normadressaten über marktbeherrschende Unternehmen hinaus erweitert ist. Anders als § 19 GWB ist er jedoch im Wesentlichen nur auf den **Behinderungsmissbrauch** anwendbar. § 20 Abs. 1 GWB hat zwei Tatbestandsalternativen, wird aber weitgehend als Diskriminierungsverbot (im weiteren Sinne) bezeichnet, während die Diskriminierung im engeren Sinne nur die zweite Tatbestandsalternative des § 20 Abs. 1 GWB darstellt. § 20 Abs. 1 GWB ist auch anwendbar, wenn eine kartellrechtliche Aufsicht daneben auf der Grundlage anderer Vorschriften in Betracht kommt. Beruht die **marktbeherrschende Stellung** auf **gesetzlichen Vorschriften**, so schließt dies die Anwendung des § 20 GWB gleichfalls nicht aus. Allerdings sind die Wertungen der Vorschriften, die die marktbeherrschende Stellung begründen, im Rahmen der sachlichen Rechtfertigung zu berücksichtigen.[498]

In den Schutzbereich des § 20 GWB fallen nur Unternehmen; **Diskri-** **1065** **minierungen** gegenüber **Endverbrauchern** werden tatbestandlich nicht erfasst. Es gilt – wie allgemein im GWB – der **funktionale Unternehmensbegriff**.[499]

---

497 *Bechtold*, § 20 Rn. 25, unter Verweis auf BGH, Urt. v. 23.2.1988 – KZR 17/86, „Sonderungsverfahren", WuW/E BGH 2483, 2488; zur hieraus folgenden Darlegungslast des beklagten Unternehmens siehe Rn. 891 ff.
498 Langen-*Schultz*, § 22 Rn. 62.
499 Vgl. Rn. 644 ff.; FK-*Carlhoff*, § 26 Rn. 96; Immenga/Mestmäcker-*Markert*, § 26 Rn. 74.

2. Gleichartigen Unternehmen üblicherweise zugänglicher Geschäftsverkehr

1066 Die Einschränkung des Tatbestandes gilt nach h. M. gleichermaßen für die sachlich nicht gerechtfertigte Ungleichbehandlung wie für die Behinderung.[500]

a) Geschäftsverkehr

1067 Erfasst sind alle Formen des privatrechtlichen Verkehrs mit Waren oder Dienstleistungen; nur rein private Handlungen sowie die hoheitliche Betätigung zählen nicht zum **Geschäftsverkehr**.[501] Auch soweit ein Geschäftsverkehr bei Vereinen oder Genossenschaften durch Satzung oder Beschluss geregelt wird, schließt dies die Anwendung des Kartellrechts nicht aus.[502]

1068 Ein Geschäftsverkehr mit dem behinderten oder diskriminierten Unternehmen <u>muss nicht bereits bestehen</u>. Es reicht aus, dass ein solcher <u>neu aufgenommen werden soll</u>.[503] Ansonsten würde der Anwendungsbereich des § 20 GWB in einem wichtigen Feld – bei der Ungleichbehandlung oder Diskriminierung von Newcomern – verkürzt. Gerade hier hat § 20 GWB eine erhebliche praktische Bedeutung, um Marktstrukturen aufzubrechen und **neuen Wettbewerbern** einen **Zugang zum Markt** zu verschaffen.

b) Gleichartige Unternehmen

1069 Der Geschäftsverkehr muss **gleichartigen** Unternehmen üblicherweise zugänglich sein. Der BGH weist diesem Tatbestandsmerkmal nur die Funktion einer **Grobsichtung** zu.[504] Entscheidend ist allein, ob die in den Vergleich einbezogenen Unternehmen in ihrer **Grundfunktion**[505] gleichartige Leistungen anbieten. Diese Rechtsprechung ist folgerichtig, um die Marktöffnungsfunktion des § 20 GWB nicht von vornher-

---

500 BGH, Beschl. v. 23.10.1979 – KZR 19/78, „Plaza-SB-Warenhaus", WuW/E BGH 1635, 1637.
501 FK-*Carlhoff*, § 26 Rn. 209 mit Nachweisen aus der Rspr.
502 BGH, Urt. v. 20.11.1964 – KZR 3/64, „Rinderbesamung", WuW/E BGH 647, 650.
503 BGH, Urt. v. 13.11.1990 – KZR 25/89, „Zuckerrübenanlieferungsrecht", WuW/E BGH 2683, 2685; Urt. v. 26.5.1987 – KZR 13/85, „Krankentransporte", WuW/E BGH 2399, 2405 m.w.N.
504 BGH, Urt. v. 10.2.2004 – KZR 14/02, „Galopprennübertragung", WuW DE-R 1251, 1252; BGH, Urt. v. 12.3.1991 – KZR 26/89, „Krankentransportunternehmen II", WuW/E BGH 2707, 2714.
505 Immenga/Mestmäcker-*Markert*, § 26 Rn. 163.

ein zu verwässern; abwägungsrelevante Gesichtspunkte, wie beispielsweise das Interesse des Herstellers an der Wahl ihm genehmer Absatzmittler sind im Rahmen der sachlichen Rechtfertigung der Ungleichbehandlung bzw. der Unbilligkeit der Behinderung zu prüfen.[506]

Je weiter man diese Grundfunktion fasst, desto eher sind Unterneh-   **1070**
men gleichartig. Im Extremfall kann es nach der Rechtsprechung nur
auf die Grundfunktion „**Weiterveräußerung**" ankommen.[507] Dies ist
tendenziell zu weit; auch wenn es sich bei dem Tatbestandsmerkmal
nur um eine Grobsichtung handelt, werden **Groß- und Einzelhandel**
regelmäßig nicht vergleichbar sein, weil sie zwei verschiedene Kundenkreise (Weiterveräußerer und Endverbraucher) bedienen. Etwas anderes gilt grundsätzlich nur, wenn der Großhandel auch direkt Endkunden beliefert. Die praktische Bedeutung der Grenzziehung ist
allerdings gering. Steht schon die Gleichartigkeit in Frage, wird regelmäßig ein sachlicher Grund für die Differenzierung vorliegen.[508]

Gewisse Unterschiede im **Unternehmenskonzept** schließen den   **1071**
gleichartigen Unternehmen üblicherweise zugänglichen Geschäftsverkehr nicht aus.[509] Auf derselben Wirtschaftsstufe tätige Unternehmen
sind als gleichartig i. S. d. § 20 GWB anzusehen, um der Marktöffnungsfunktion des § 20 GWB gerecht zu werden; Differenzierungen
hinsichtlich Warenpräsentation, Vollständigkeit des Sortiments, Beratung durch Fachkräfte oder unterschiedliche Vertriebswege spielen in
diesem Rahmen keine Rolle. Eine andere Handhabung würde der
Funktion des Kriteriums der Gleichartigkeit als Grobsichtung[510] und
der Dynamik des Wirtschaftsgeschehens nicht gerecht. Ob die Auswahl der Absatzmittler nach oben genannten Kriterien legitim ist, ist

---

506 Vgl. etwa BGH, Beschl. v. 22.9.1981 – KVR 8/80, „Original-VW-Ersatzteile II",
   WuW/E BGH 1829, 1833; kritisch FK-*Carlhoff*, § 26 Rn. 207.
507 BGH, Urt. v. 4.11.2003 – KZR 2/02, „Depotkosmetik im Internet", DB 2004, 311;
   BGH, Urt. v. 30.6.1981 – KZR 19/80, „Adidas", WuW/E BGH 1885, 1887.
508 Deshalb erscheint die Forderung nach einer Einschränkung des Tatbestandsmerkmals „gleichartig" nicht geboten; a. A. unter Berufung auf die Rechtsprechung FK-
   Carlhoff, § 26 Rn. 212: Neben der Übereinstimmung der Grundfunktion dürfen
   sich bei deren Ausübung keine wesentlichen Unterschiede ergeben. Die zitierte
   Rspr. dürfte jedoch nur eine Konkretisierung der Gleichartigkeit und keine zusätzliche Anforderung an dieses Tatbestandsmerkmal darstellen.
509 BGH, Urt. v. 8.5.1979 – KZR 13/78, „Modellbauartikel I", WuW/E BGH 1587,
   1588 f.
510 BGH, Urt. v. 12.3.1991 – KZR 26/89, „Krankentransportunternehmen II", WuW/E
   BGH 2707, 2714; Urt. v. 13.11.1990 – KZR 25/89, „Zuckerrübenanlieferungsrecht", WuW/E BGH 2683, 2686.

Hübschle   487

differenziert bei der unbilligen Behinderung bzw. der sachlichen Rechtfertigung zu prüfen.[511]

c) Üblicherweise zugänglich

1072 Maßgeblich für die Feststellung, ob ein Geschäftsverkehr **üblicherweise zugänglich** ist, ist nicht die Geschäftspraxis des jeweiligen Unternehmens, dem als Normadressat eine unbillige Behinderung oder eine sachlich nicht gerechtfertigte Diskriminierung vorgeworfen wird. Die Anwendung des § 20 GWB würde andernfalls zur Disposition des Normadressaten gestellt; durch eine besonders restriktive Praxis würde sein unternehmerisches Verhalten zur Messlatte des freien Marktzugangs. Nach ständiger Rechtsprechung ist deshalb entscheidend, was sich innerhalb der in Betracht kommenden Kreise in natürlicher wirtschaftlicher Entwicklung als allgemein geübt und als angemessen empfunden herausgebildet hat.[512] Insbesondere durch den Hersteller vereinbarte Ausschließlichkeitsbindungen schließen einen üblicherweise zugänglichen Geschäftsverkehr nicht aus.[513]

1073 Zur Auslegung dieser wertungsoffenen Begriffe kommt es weniger auf die Geschäftspraxis auf der Marktstufe der Normadressaten, sondern vorrangig auf die Belange und die Auffassung der Wirtschaftsstufe an, die durch das beanstandete Verhalten unmittelbar **betroffen** ist.[514] Schon vom Wortlaut muss der Geschäftsverkehr nicht allen, sondern nur gleichartigen Unternehmen üblicherweise zugänglich sein. Entscheidend ist nicht, ob allen Unternehmen der Geschäftszugang eröffnet wird;[515] dass nur eine begrenzte Zahl von Vertriebsbeziehungen besteht, ist irrelevant.[516] Bei Märkten, die sich noch in der Entwicklung befinden, sind besonders geringe Anforderungen an die bereits erfolgte Marktöffnung zu stellen, um die **Dynamik des Wirtschaftslebens** hinreichend zu berücksichtigen.[517]

---

511 Zur Frage der Gleichartigkeit vgl. i.Ü. die Beispiele bei Langen-*Schultz*, § 26 Rn. 138.
512 BGH, Urt. v. 6. 10. 1992 – KZR 10/91, „Stromeinspeisung", WuW/E BGH 2805, 2807; Beschl. v. 22. 9. 1981 – KVR 8/80, „Original-VW-Ersatzteile II", WuW/E BGH 1829, 1833 m. w. N.
513 Zu weitgehend deshalb *Bechtold*, NJW 2003, 3729, 3734.
514 BGH, Urt. v. 10. 10. 1978 – KZR 10/77, „Zeitschriften-Großisten", WuW/E BGH 1527, 1529.
515 BGH, Urt. v. 8. 7. 1967 – KZR 5/66, „Rinderbesamung II", WuW/E BGH 863, 867.
516 BGH, Urt. v. 10. 10. 1978 – KZR 10/77, „Zeitschriften-Großisten", WuW/E BGH 1527 = BB 1979, 642: Selbst bei Alleinvertrieb über Gebietsgroßisten ist der Geschäftsverkehr üblicherweise zugänglich.
517 Langen-*Schultz*, § 26 Rn. 140.

Bereits das Tatbestandsmerkmal des üblicherweise zugänglichen Ge- **1074** schäftsverkehrs setzt hiernach Wertungen voraus; diese können in eine (teilweise) vorweggenommene Interessenabwägung einmünden. Um sich nicht in Begrifflichkeiten zu verheddern, sollte das Tatbestandsmerkmal „üblicherweise zugänglicher Geschäftsverkehr" weit ausgelegt werden. Eventuelle berechtigte Interessen – etwa des Herstellers an unternehmerischem Freiraum bei der Gestaltung des Vertriebsweges – können bei der Interessenabwägung, die zur Ermittlung des Verstoßes angestellt werden muss, hinlänglich berücksichtigt werden.

Ein Geschäftsverkehr ist gleichartigen Unternehmen nicht zugänglich, **1075** sofern Geschäftsbeziehungen nur zu **Konzernunternehmen** unterhalten werden[518] oder eine Teilnahme am Geschäftsverkehr nur bei Verstoß gegen gesetzliche Vorschriften möglich ist.[519]

d) Tathandlung

Das Gesetz nennt zwei Begehungsmodalitäten: die (mittelbare oder **1076** unmittelbare) unbillige **Behinderung** und die (unmittelbare oder mittelbare) **unterschiedliche Behandlung** ohne sachlich gerechtfertigten Grund. Beiden Verstoßformen ist neben der objektiven Tatbestandsumschreibung ein wertungsoffenes Tatbestandsmerkmal (unbillig, ohne sachlichen Grund) zur Seite gestellt.

aa) Verhältnis der Tatbestände zueinander

Die Behinderung stellt den Oberbegriff für die beiden genannten Verlet- **1077** zungsformen dar. Nach der Rechtsprechung fällt unter die Behinderung i. S. d. § 20 GWB jedes Verhalten, das die **wettbewerbliche Betätigungsfreiheit** eines anderen Unternehmens **nachteilig beeinflusst**.[520] Dieser weite Behinderungsbegriff erfasst automatisch auch die Ungleichbehandlung zwischen mehreren Unternehmen. Angesichts dieses weiten Verständnisses der Behinderung, die ja auch jedwede Form des zulässigen Wettbewerbs erfasst, liegt der Schwerpunkt der Rechtsanwendung auf der normativen Feststellung, wann eine Behinderung unbillig ist.

---

518 BGH, Urt. v. 24.9.2003 – KZR 4/01, „Kommunaler Schilderprägebetrieb", WRP 2003, 73, 75; BGH, Beschl. v. 29.6.1982 – KVR 5/81, „Stuttgarter Wochenblatt", WuW/E BGH 1947, 1949; hiermit kann die Marktöffnungsfunktion der Vorschrift ausgehebelt werden.

519 BGH, Urt. v. 10.2.1987 – KZR 43/85, „Handtuchspender", WuW/E BGH 2368, 2369.

520 BGH, Urt. v. 22.9.1981 – KVR 8/80, „Original-VW-Ersatzteile II", WuW/E BGH 1829, 1832.

1078 Auch wenn eine Behinderung typischerweise im Verhältnis zu Wettbewerbern, die Lieferverweigerung als Hauptanwendungsfall der Ungleichbehandlung regelmäßig im Vertikalverhältnis vorliegen wird, kann man die **Anwendungsbereiche** der Vorschriften nach dieser Unterscheidung **nicht trennscharf abgrenzen.** Eine Ungleichbehandlung durch den Lieferanten behindert den Absatzmittler gleichermaßen im Wettbewerb mit solchen Konkurrenten, die zu günstigeren Konditionen beliefert werden. Die – nicht mögliche – Abgrenzung zwischen der Behinderung und der Ungleichbehandlung hat jedoch keine praktische Bedeutung, da die normativen Tatbestandsmerkmale „unbillig" und „ohne sachlich gerechtfertigten Grund" deckungsgleich sind.[521]

bb) Ungleichbehandlung

1079 Die Ungleichbehandlung muss **gegenüber gleichartigen Unternehmen** erfolgen. Jener Begriff ist identisch mit dem Tatbestandmerkmal „gleichartig" im Rahmen des „gleichartigen Unternehmen üblicherweise zugänglichen Geschäftsverkehrs". Hier wie dort kann das **konzerninterne** Verhalten nicht zum Maßstab gemacht werden. Wegen der wirtschaftlichen Einheit ist ein konzernzugehöriges Unternehmen nicht gleichartig.[522] Hiermit ist allerdings der allgemeine Behinderungstatbestand nicht ausgeschlossen; für den Nachweis einer unbilligen Behinderung des nicht konzernzugehörigen Unternehmens bedarf es aber zusätzlicher, über die Differenzierung hinausgehender Umstände.

1080 Beispiele für eine ungleiche Behandlung sind die **Lieferverweigerung** gegenüber einzelnen, insbesondere **preisaggressiven Unternehmen,** der Ausschluss aus einem selektiven Vertriebssystem durch diskriminierende Kriterien oder unterschiedliche Preise oder Geschäftsbedingungen gegenüber den Handelspartnern. Auch wenn durch das Diskriminierungsverbot im engeren Sinne schwerpunktmäßig Ungleichbehandlungen im **Vertikalverhältnis** erfasst werden, ist die Vorschrift bei **horizontalen Ungleichbehandlungen** gleichermaßen anwendbar, etwa bei der Verweigerung der Aufnahme in eine Taxigenossenschaft. Nicht in den Anwendungsbereich des § 20 Abs. 1 GWB fällt der durch § 20 Abs. 3 GWB geregelte Sachverhalt, dass sich der Normadressat Vorzugsbedingungen einräumen lässt.

---

521 Siehe Rn. 1085.
522 BGH, Beschl. v. 29.6.1982 – KVR 5/81, „Stuttgarter Wochenblatt", WuW/E BGH 1947, 1949.

Eine von § 20 Abs. 1 GWB ebenfalls erfasste, **mittelbare Diskrimi- 1081 nierung** liegt vor, wenn die Ungleichbehandlung nicht durch den Verbotsadressaten, sondern auf dessen Geheiß hin durch einen Dritten erfolgt. Gleichermaßen ist es dem marktbeherrschenden oder marktstarken Unternehmen **zuzurechnen**, wenn es sich gegenüber einem Dritten vertraglich in der Weise gebunden hat, dass der Dritte den Kreis der zu beliefernden Unternehmen oder die Konditionen festlegt und dessen Festlegung nur aufgrund der Marktmacht des vertraglich gebundenen Normadressaten durchsetzbar ist.

cc) Behinderung

Angesichts des weiten Behinderungsbegriffs fallen hierunter alle Verhal- 1082 tensweisen, die gegenüber Unternehmen objektiv nachteilige Auswirkungen haben und dadurch die wettbewerbliche Handlungsfreiheit beschränken.[523] Nicht in den Anwendungsbereich fallen überhöhte Preise oder ungünstige Geschäftsbedingungen gegenüber Endverbrauchern.

Wie bei der Ungleichbehandlung ist auch die mittelbare Behinderung 1083 erfasst, wenn die Behinderung indirekte Folge des Verhaltens des Normadressaten ist, etwa Ausschließlichkeitsbindungen, die die Belieferung der Absatzmittler des Marktbeherrschers durch Wettbewerber verhindern.

e) Unbilligkeit, sachliche Rechtfertigung: Methodische Ansätze

Der Behinderungstatbestand, der jede Verhaltensweise erfasst, die sich 1084 auf ein Unternehmen nachteilig auswirkt, ist ohne das normative Tatbestandsmerkmal der Unbilligkeit völlig konturlos. Aber auch die etwas enger gefasste Ungleichbehandlung gegenüber gleichartigen Unternehmen muss durch das normative Kriterium der sachlichen Rechtfertigung konkretisiert werden. Die eigentliche Schwierigkeit der Anwendung des § 20 GWB liegt deshalb – wie bei der Anwendung des § 19 GWB und des Art. 82 Abs. 1 EG – in der Ermittlung eines Bewertungsmaßstabes für die Tatbestandsmerkmale „unbillig" bzw. „sachlich nicht gerechtfertigt".

Nach der allgemein gebilligten Rechtsprechung ist zur Eingrenzung 1085 eine umfassende Interessenabwägung unter Berücksichtigung der auf die Freiheit des Wettbewerbs gerichteten Zielsetzung des GWB erfor-

---

523 BGH, Beschl. v. 22.9.1981 – KVR 8/80, „Original-VW-Ersatzteile II", WuW/E BGH 1829, 1832.

derlich. [524] Obwohl die normativen Tatbestandsmerkmale unterschiedlich formuliert sind, wird derselbe Prüfungsmaßstab herangezogen. [525] Die Prüfung zerfällt demgemäß in zwei Abschnitte: die Ermittlung der berücksichtigungsfähigen Interessen beider Seiten sowie die Gewichtung und Abwägung dieser Interessen gegeneinander im Lichte des Normzwecks des § 20 Abs. 1 GWB.

1086 Nach der Rechtsprechung ist von dem Grundsatz auszugehen, dass auch das marktbeherrschende Unternehmen sein unternehmerisches Verhalten so ausgestalten kann, wie es dies für wirtschaftlich richtig und sinnvoll hält. [526] Mit dieser Formel ist allerdings nichts gewonnen, da es im Rahmen des § 20 GWB gerade darum geht, ob wegen des **Allgemeininteresses** an einem funktionierenden Wettbewerb an den Normadressaten ausnahmsweise höhere Anforderungen gestellt werden, weil er marktmachtbedingte Verhaltensspielräume und deshalb besonderes Gefährdungspotenzial für den Wettbewerb hat.

aa) Berücksichtigungsfähige Interessen

1087 Auf der Seite des Normadressaten sind nur dessen eigene Interessen berücksichtigungsfähig; **volkswirtschaftliche oder wirtschaftspolitische** Anliegen sind nicht einzubeziehen. [527] Von vornherein scheidet die Berücksichtigung solcher Interessen aus, die von der **Rechtsordnung** nicht anerkannt sind oder deren Durchsetzung gegen die **Wertungen des GWB** verstoßen würde. [528] Dient ein selektives Vertriebssystem allein dem Ausschluss besonders preisaggressiver Wettbewerber, insbesondere der **Umgehung** des Preisbindungsverbotes oder der Durchsetzung einer unverbindlichen Preisempfehlung, läuft dies der

---

524 BGH, Urt. v. 29. 8. 1999 – KZR 18/98, „Beteiligungsverbot für Schilderpräger", GRUR 2000, 344; Urt. v. 27. 4. 1999 – KZR 54/97, „Sitzender Krankentransport", WuW/E DE-R 303, 305 f.; Beschl. v. 25. 10. 1988 – KRB 4/88, „Marktintern-Dienst", WuW/E BGH 2562, 2563; FK-*Carlhoff*, § 26 Rn. 231, 243 m. w. N.

525 Wiedemann KartR-*Lübbert*, § 29 Rn. 2; Immenga/Mestmäcker-*Markert*, § 26 Rn. 196 m. w. N.

526 St. Rspr., vgl. BGH, Urt. v. 13. 7. 2004 – KZR 17/03, „Sparberaterin", WRP 2005, 109, 110; BGH, Urt. v. 16. 12. 1986 – KZR 25/85, „Belieferungsunwürdige Verkaufsstätten II", WuW/E BGH 2351, 2359; Urt. v. 24. 3. 1981 – KZR 2/80, „SB-Verbrauchermarkt", WuW/E BGH 1793, 1797.

527 BGH, Urt. v. 12. 3. 1991 – KZR 26/89, „Krankentransportunternehmen II", WuW/E BGH 2707, 2715.

528 BGH, Urt. v. 14. 1. 1997 – KZR 30/95, „Zuckerrübenanlieferungsrecht II", WuW/E BGH 3104, 3107; Urt. v. 12. 3. 1991 – KZR 26/89, „Krankentransportunternehmen II", WuW/E BGH 2707, 2716 m. w. N.; vgl. auch BGH, Urt. v. 13. 3. 1979 – KZR 4/77, „Anwaltsbücherdienst", WuW/E BGH 1584, 1586.

Zielsetzung des GWB zuwider und kann die Wettbewerbsbeschränkung nicht legitimieren.[529] Nicht schutzwürdig sind auch Interessen,
deren Durchsetzung gegen § 1 UWG verstoßen würde.[530]

Gleichermaßen sind auch nur solche Interessen des Unternehmens, **1088**
das sich auf die Verletzung des § 20 Abs. 1 GWB beruft, in die Interessenabwägung aufzunehmen, die ihrerseits mit der Rechtsordnung in
Einklang stehen.[531] Die Vorschrift schützt nur vor marktmachtbedingten Behinderungen bzw. Ungleichbehandlungen; **struktur- oder wirtschaftspolitische Ziele**, insbesondere der **Mittelstandsschutz**, sind
nicht zu berücksichtigen. Andere Allgemeininteressen sind bei Beachtung der normativen Zielsetzung nur berücksichtigungsfähig, wenn sie
im Interesse am Wettbewerb aufgehen oder Gewicht für die Belange
eines Beteiligten haben.[532] Die **freiwillige Übernahme** von Belastungen schmälert zumindest das Gewicht dieser Interessen in der Abwägung.[533] Welche Interessen zu berücksichtigen sind, kann nicht allgemein, sondern jeweils nur im Einzelfall beantwortet werden.[534]

bb) Abwägungskriterien

Für die Abwägung können wegen der Einzelfallbezogenheit nur allge- **1089**
meine Leitlinien aufgestellt werden. Ganz generell gilt, dass der
Normadressat auch legitime Interessen nur mit dem **mildesten Mittel**
verfolgen darf.[535] Sind bei einem **Motivbündel** einzelne Interessen

---

529 Vgl. hierzu BGH, Urt. v. 24.9.1979 – KZR 16/78, „robbe-Modellsport", WuW/E
    BGH 1671, 1676 (im Ergebnis hatte das angefochtene Urteil Bestand, weil nicht
    eindeutig geklärt werden konnte, ob das Preisgebaren der ausschlaggebende Kün-
    digungsgrund war); nicht entgegen steht BGH, Urt. v. 20.11.1975 – KZR 1/75,
    „Rossignol", WuW/E BGH 1391, 1396: Hier wurde das Preisverhalten des Absatz-
    mittlers zwar als Grund für eine Liefersperre anerkannt, aber nur wegen der beson-
    deren Umstände des Einzelfalls.
530 BGH, Urt. v. 10.12.1985 – KZR 22/85, „Abwehrblatt II", WuW/E BGH 2195,
    2199 f.
531 BGH, Urt. v. 10.2.1987 – KZR 43/85, „Handtuchspender", WuW/E BGH 2368,
    2369 f.
532 BGH, Beschl. v. 22.9.1981 – KVR 8/80, „Original-VW-Ersatzteile II", WuW/E
    BGH 1829, 1838; ähnlich OLG Karlsruhe, Urt. v. 9.2.1983 – 6 U 22/82, WuW/E
    OLG 2993, 2995.
533 Weitergehend wohl Langen-*Schultz*, § 26 Rn. 161: „verliert grundsätzlich den
    Schutz aus § 26 Abs. 2".
534 Vgl. den Überblick bei Wiedemann KartR-*Lübbert*, § 29 Rn. 7, zu den von der
    Rspr. als schutzwürdig anerkannten Interessen.
535 BGH, Beschl. v. 24.2.1976 – KVR 3/75, „Asbach-Fachgroßhändlervertrag", WuW/
    E BGH 1429, 1432; KG, Beschl. v. 28.11.1979 – Kart 12/79, „Parallellieferteile",

---

nicht berücksichtigungsfähig, schließt dies eine Rechtfertigung durch die übrigen Belange nicht prinzipiell aus. Sind die nicht berücksichtigungsfähigen Interessen aus Sicht des Normadressaten die entscheidenden, schmälert dies das **Gewicht** der verbleibenden, berücksichtigungsfähigen Interessen innerhalb der Abwägung.[536]

1090 Ein entscheidendes Kriterium ist das **wirtschaftliche Gewicht** der einzelnen Interessen. Daraus folgt jedoch nicht, dass die Interessen mit der größten wirtschaftlichen Bedeutung in der Abwägung automatisch vorrangig wären. Allein aus besonderen wirtschaftlichen Härten – auch wenn diese zur Existenzvernichtung führen – kann deshalb kein Anspruch auf Belieferung hergeleitet werden. Das Kartellrecht begründet weder einen Anspruch auf existenzsichernden Umsatz[537] noch einen Sozialschutz.[538]

1091 Das Gewicht der wirtschaftlichen Interessen kann durch die Umstände des Einzelfalls eine erhebliche **Relativierung** erfahren. So ist etwa zu beachten, ob die Beeinträchtigung Folge einer eigenen **wirtschaftlichen Fehlentscheidung** oder eigenen **rechtswidrigen Verhaltens** ist. § 20 GWB vermittelt deshalb auch bei erheblichen wirtschaftlichen Auswirkungen keinen Schutz, wenn eigene Obliegenheiten oder Verpflichtungen nicht nur geringfügig verletzt sind.[539]

1092 Wirtschaftliche Eigeninteressen können weiterhin wegen der Zielvorstellungen des GWB in den Hintergrund treten. Zwar besteht prinzipiell keine Verpflichtung, fremden Wettbewerb zu fördern.[540] Jedoch will das GWB die Märkte offen halten, sodass ausnahmsweise auch eine Pflicht zur Belieferung von Wettbewerbern gerechtfertigt sein kann.[541]

WuW/E OLG 2247, 2251; Wiedemann KartR-*Lübbert*, § 29 Rn. 3; Langen-*Schultz*, § 26 Rn. 163, jeweils m. w. N.
536 BGH, Urt. v. 24.9.1979 – KZR 16/78, „robbe-Modellsport", WuW/E BGH 1671, 1676.
537 BGH, Urt.. v. 26.5.1987 – KZR 13/85, „Krankentransporte", WuW/E BGH 2399, 2405.
538 BGH, Urt. v. 23.2.1988 – KZR 20/86, „Opel Blitz", WuW/E BGH 2491, 2495.
539 BGH, Urt. v. 13.6.1978 – KZR 14/77, „BMW-Direkthändler III", WuW/E BGH 1624, 1625.
540 BGH, Urt. v. 12.11.1992 – KZR 2/90, „Aktionsbeiträge", WuW/E BGH 2755, 2758; Beschl. v. 29.6.1982 – KVR 5/81, „Stuttgarter Wochenblatt", WuW/E BGH 1947 = BB 1982, 1625; Komm., Entsch. v. 29.7.1987 – Az. IV/32.279, „BBI", Abl. 1987, Nr. L 286, 36.
541 BGH, Urt. v. 12.3.1991 – KZR 26/89, „Krankentransportunternehmen II", WuW/E BGH 2707, 2716; Urt. v. 13.11.1990 – KZR 25/89, „Zuckerrübenanlieferungs-

Neben den **allgemeinen Zielen** sind auch die besonderen Zielvorstel- **1093**
lungen des GWB[542] sowie die **Wertungen** des **Zivil- und Gemeinschaftsrechts**, insbesondere des EG-Kartellrechts, in der Abwägung
zu berücksichtigen. Bei der Anwendung des § 20 GWB auf selektive
Vertriebssysteme gelten die zu § 19 GWB dargestellten Grundsätze.[543]
Bei der vergleichenden Werbung hat es der BGH im Rahmen des § 1
UWG sogar gebilligt, dass ein normatives Tatbestandsmerkmal um die
Wertungen des EG-Rechts angereichert wird, selbst wenn es sich bei
der maßgeblichen Vorschrift um eine Richtlinie handelte, deren Um-
setzungsdatum noch nicht verstrichen war.[544] Davon zu unterscheiden
sind Fälle, in denen sich das europäische Recht ohnehin wegen des
Anwendungsvorrangs durchsetzt.

Zur Abwägung im Rahmen des § 20 GWB liegt eine inzwischen **1094**
kaum mehr zu überschauende Rechtsprechungsvielfalt vor. Literatur
und Rechtsprechung behelfen sich zur Systematisierung damit, dass
zwischen Behinderungen im Horizontalverhältnis (Hauptanwendungs-
bereich der ersten Tatbestandsvariante) und der sachlichen Ungleichbehandlung von Unternehmen auf vor- oder nachgelagerten Wirtschaftsstufen unterschieden wird.[545]

Letztlich ist die Betrachtung der ökonomischen Auswirkungen des be- **1095**
anstandeten Verhaltens im Einzelfall entscheidend. Hierbei ist derselbe Maßstab anzuwenden wie im Rahmen des § 19 GWB. Auf die
dortigen Ausführungen – insbesondere auf die Bemerkungen zu Niedrigpreispolitik und Ausschließlichkeitsbindungen – wird deshalb verwiesen.[546]

---

recht", WuW/E 2683, 2686; Urt. v. 26.5.1987 – KZR 13/85, „Krankentransporte",
WuW/E BGH 2399, 2404.

542 Dies galt vor allem für die in § 103 GWB a.F. enthaltenen energiewirtschaftlichen
Ziele, die jedoch durch Art. 2 des Gesetzes zur Neuregelung des Energiewirtschaftsrechts für die Versorgung mit Strom und Gas für nicht mehr anwendbar erklärt wurden. Die Belieferung einer KG, die allein zu dem Zweck gegründet
wurde, die Preisbindung für Verlagserzeugnisse zu unterlaufen, kann ohne Verstoß
gegen § 20 GWB verweigert werden; BGH, Urt. v. 13.3.1979 – KZR 4/77, „Anwaltsbücherdienst", WuW/E BGH 1584.

543 Vgl. dazu Rn. 946 ff. u. Rn. 965 ff.

544 BGH, Urt. v. 5.2.1998 – I ZR 211/95, „Testpreis-Angebot", BB 1998, 225.

545 Zu Recht wird jedoch darauf hingewiesen, dass sich Behinderungen im Horizontalverhältnis oftmals erst aus Maßnahmen im Vertikalverhältnis ergeben; Langen-
Schultz, § 20 Rn. 166.

546 Siehe Rn. 1002 ff.

III. Verkauf unter Einstandspreis, 7. GWB-Novelle und § 20 Abs. 3 GWB

1096 Besonderheiten hinsichtlich der kartellrechtlichen Beurteilung von Niedrigpreisen ergeben sich durch die Neuregelung des **Verkaufs unter Einstandspreis** in § 20 Abs. 4 Satz 2 GWB durch die 6. GWB-Novelle.[547] Eine Verdrängungsabsicht[548] ist bei Vorliegen der Tatbestandsvoraussetzungen nicht erforderlich.[549] Unter den kumulativen Voraussetzungen der Vorschrift[550] wird eine besondere Gefahr für den Wettbewerb angenommen, sodass ein Verbot gerechtfertigt ist, ohne dass es auf die vom BGH in seinem Urteil *Hitlisten-Platten*[551] formulierten Voraussetzungen ankäme. Dies darf aber nicht darüber hinwegtäuschen, dass die neue Vorschrift – abgesehen von der Schwierigkeit, den Einstandspreis zu definieren – so abgefasst ist, dass betroffenen Unternehmen für die Rechtfertigung ein weiter Spielraum verbleibt. Dies ist jedoch angesichts der **überragenden Bedeutung des Preiswettbewerbs**, den der Gesetzgeber nur behutsam einschränken sollte, gerechtfertigt.

1097 Der Begriff kleine oder mittlere Unternehmen ist nicht absolut, sondern in **Abhängigkeit** von den jeweiligen Marktverhältnissen zu bestimmen.[552] Überlegene Marktmacht ist nicht bereits bei jedem größeren Unternehmen gegeben, sondern wegen des Schutzzwecks der Vorschrift erst, wenn die Marktmacht ausreicht, wettbewerbliche Prozesse erheblich zu stören. Dies ist auf jeden Fall bei Marktbeherrschung gegeben, aber auch schon unterhalb dieser Schwelle, wenn der behinderte Konkurrent im Wettbewerb insbesondere aufgrund fehlender Finanzkraft nicht in gleicher Weise reagieren kann. Die Marktmacht muss **nur gegenüber den kleinen oder mittleren** Unternehmen über-

---

547 Allgemein hierzu BKartA, Bek. Nr. 123/2003 zur Anwendung des § 20 Abs. 4 Satz 2 GWB (Verkauf unter Einstandspreis); *Gaedertz*, WRP 1999, 31 ff.

548 Die bei Anwendung der allgemeinen Vorschriften als Reaktion auf BGH, Urt. v. 4.4.1997 – KZR 34/93, „Hitlisten-Platten", WuW/E BGH 2977, 2981 f., nur bei nachhaltiger Beeinträchtigung der strukturellen Voraussetzungen für wirksamen Wettbewerb entbehrlich ist.

549 Dies war bereits im Gesetzgebungsverfahren streitig; vgl. hierzu Langen-*Schultz*, § 20 Rn. 247 ff.

550 Deshalb zu weitgehend BKartA, Beschl. v. 1.9.2000 – B9–85/00, NJWE-WettbR 2000, 310: Untereinstandspreise sind grundsätzlich wettbewerbsschädigend.

551 BGH, Urt. v. 4.4.1997 – KZR 34/93, „Hitlisten-Platten", WuW/E BGH 2977, 2981 f.

552 Siehe Rn. 1044.

legen sein; dass es daneben ggf. sogar größere Marktteilnehmer gibt, ist unerheblich.

Das Tatbestandsmerkmal „nicht nur gelegentlich" stellt eine **Spürbar-** **1098** **keitsschwelle**[553] dar. Die Untereinstandspreise müssen sich nicht auf dasselbe Produkt beziehen. **Nicht nur gelegentliche Untereinstands-** **preise** sind auch gegeben, wenn ein Unternehmen **wechselnde Pro-** **dukte** unter Einstandspreis anbietet, dies aber im Rahmen einer dauerhaft angelegten Aktion. Bei Lockvogel- oder Einführungsangeboten handelt es sich grundsätzlich nur um gelegentliche Untereinstandspreise.

Schwierigkeiten bereitet die **Definition** des **Einstandspreises**.[554] Um- **1099** stritten ist, ob lediglich **kaufvertragsbezogene Preisnachlässe** vom Einstandspreis abgezogen werden dürfen oder ein Unternehmen **allge-** **meine Rabatte** (anteilig?) vom Einstandspreis abziehen kann. Trifft Letzteres zu, wird die Anwendung der Vorschrift erheblich erschwert, weil die Aufteilung der Rabatte auf die einzelnen Produkte – insbesondere bei Handelsunternehmen mit einem breiten Sortiment – schwierig nachgeprüft werden kann. Das BKartA hat sich dennoch dafür entschieden, dass auch allgemeine Rabatte vom Einstandspreis abziehbar sind.[555] Trotz der erheblichen Praktikabilitätsprobleme, die sich aus dieser Auffassung ergeben, dürfte dies zutreffend sein. Ein Unternehmen kann schwerlich kartellrechtlich daran gehindert werden, tatsächlich vorhandene **Kostenvorteile** auch an seine Kunden weiterzugeben.

Für die von § 20 Abs. 4 Satz 2 GWB vorgesehene sachliche Rechtfer- **1100** tigung ist eine umfassende **Interessenabwägung** erforderlich.[556] So sind etwa **Notverkäufe** bei verderblicher Ware oder der Abverkauf von Saisonware auch dann zulässig, wenn diese zu Untereinstandspreisen erfolgen. Tendenziell können Untereinstandspreise auch eher ge-

---

553 Für weitere Einschränkungen – etwa durch ein ungeschriebenes Tatbestandsmerkmal der Spürbarkeit – ist daneben kein Raum mehr, BGH, Beschl. v. 12.11.2002 – KVR 5/02, „Wal Mart", WuW/E DE-R 1042, 1049f.

554 *Bechtold*, § 20 Rn. 63, will den Begriff des Untereinstandspreises von vornherein auf Einkaufspreise von Handelsunternehmen beziehen, siehe KG, Beschl. v. 12.7.2001 – W 6/01, „Dienstagspreise", WuW De-R 727.

555 BKartA, Bek. Nr. 123/2003, S. 4f.: Ausgegangen wird vom Listenpreis, minus direkt zuzurechnender Abzüge minus Nachlässe im Rahmen sog. Jahresvereinbarungen; zuvor schon Bek. Nr. 147/2000 zur Anwendung des § 20 Abs. 4 Satz 2 v. 12.10.2000 – B.4., BAnz Nr. 200, 20897, v. 24.10.2000.

556 BKartA, Beschl. v. 1.9.2000 – B 9 85/00, NJWE-WettbR 2000, 310, 312.

rechtfertigt werden, wenn ein Unternehmen hiermit auf eine entsprechende **wettbewerbliche Herausforderung** reagiert.[557] Die Beweislast für die sachliche Rechtfertigung trägt nach dem eindeutigen Wortlaut der Normadressat, auch wenn die Kartellbehörden hierdurch nicht von der **Amtsermittlungspflicht** entbunden werden.

IV. Verhältnis zu sonstigen Bestimmungen

1101 Die Kommission überwacht die **Telekommunikationsmärkte** – neben den sektorspezifischen Regulierungsvorschriften – auch anhand der Wettbewerbsvorschriften.[558] Maßnahmen der Kommission setzen sich damit im Umfang des **Vorrangs des Europarechts** gegenüber nationalen Regulierungsakten durch. Das TKG regelt in § 2 Abs. 3 zwar nur, dass die Vorschriften des GWB unberührt bleiben. Z.T. wird vertreten, dass das TKG trotz dieser Regelung als lex specialis dem GWB vorgeht. Diese Auffassung findet im Gesetz keine Stütze.[559] Im Ergebnis wirkt sich diese Rechtsansicht praktisch kaum aus, da Maßnahmen der Regulierungsbehörde vom grundsätzlich zuständigen BKartA auch am Maßstab des europäischen Rechts überprüft werden können, das durch nationales Recht nicht ausgeschlossen werden kann.

---

557 Dies gilt jedenfalls insoweit, als die strukturellen Voraussetzungen für Wettbewerb hierdurch nicht gefährdet werden; kategorisch ablehnend BKartA, Beschl. v. 1.9.2000 – B 9 85/00, NJWE-WettbR 2000, 310, einerseits, für eine Rechtfertigung durch den Eintritt in niedrigere Wettbewerbspreise andererseits BKartA, Bek. Nr. 147/2000 zur Anwendung des § 20 Abs. 4 Satz 2 v. 12.10.2000, B.4, BAnz Nr. 200, 20897, v. 24.10.2000; vgl. auch Langen-*Schultz*, § 20 Rn. 252, der die wettbewerbsbedingte Unterschreitung des Einstandspreises grundsätzlich für zulässig erachtet. Letztgenannte Auffassung ist zu weit: die restrivere Haltung hinsichtlich „nachstoßenden" Wettbewerbs in BKartA, Bek. Nr. 123/2003, S. 8, die insbesondere den Schutz kleiner und mittlerer Unternehmen betont, ist wegen der Strukturgefährdung zu teilen. Ein Eintritt in niedrigere Konkurrenzpreise kann deshalb durch große Unternehmen allenfalls ausnahmsweise zur Rechtfertigung herangezogen werden. Zutreffend deshalb BGH, Beschl. v. 12.11.2002 – KVR 5/02, „Wal Mart", WuW/E DE-R 1042, 1046f.: Rechtfertigung nur, wenn Rücksichtnahme auf kleine oder mittlere Wettbewerber trotz gesteigerter Marktstrukturverantwortung nicht mehr zumutbar; vgl. auch BKartA, Bußgeldbescheid v. 17.12. 2003 – B9–9/03, „Fotoarbeitstasche", WuW/E DE-V 911, 912f.; zustimmend auch *Schneider*, WRP 2004, 171, 174.

558 Komm., Mitteilung über die Anwendung der Wettbewerbsregeln auf Zugangsvereinbarungen im TK-Bereich, Abl. 1998, Nr. C 265, 2. Zum Gesamtkomplex der Anwendung der Wettbewerbsregeln der EG auf dem Telekommunikationssektor *Schaub*, MMR 2000, 211 ff.

559 Zur Diskussion *Schröder*, WuW 1999, 14, 15 f.

Kompliziert gestaltet sich das Verhältnis des EnWG zum KartellR. Es **1102** wird durch § 111 EnWG geregelt: Nach § 111 Abs. 1 Satz 2 EnWG bleiben die Aufgaben und Zuständigkeiten der Kartellbehörden zwar **unberührt**. Nach § 111 Abs. 1 Satz 1 EnWG sind die §§ 19 und 20 GWB jedoch **nicht anzuwenden, soweit** durch das EnWG oder aufgrund des EnWGs erlassene Rechtsverordnungen ausdrücklich **abschließende Regelungen** getroffen werden. Zu den abschließenden Regelungen zählen nach § 111 Abs. 2 EnWG namentlich die Bestimmungen des 3. Teils des EnWG, mithin die Vorschriften über das **Netznutzungsentgelt**, die Preise für **Regelenergie** sowie – für die Gasversorgung besonders wichtig – den **Zugang zu Speicheranlagen**. Faktisch sind wesentliche Teile der leitungsgebundenen Energiewirtschaft damit dem Zugriff der Kartellbehörden auf der Basis des nationalen Rechts entzogen. Darüber hinaus ist in § 111 Abs. 3 EnWG eine weitere Einschränkung enthalten. Bei der Überprüfung der Preise für Letztverbraucher, z. B. Stadtwerkekunden, sind die nach Teil 3 EnWG kalkulierten Entgelte der vorgelagerten Netzbetreiber als rechtmäßig zu unterstellen. [560]

---

560 Nachdem dies auch gilt, wenn Preise anhand des Maßstabes des Art. 82 EG überprüft werden, ist zweifelhaft, ob die Regelung europarechtskonform ist. Wegen des Anwendungsvorrangs des Europarechts wäre eine solche Bestimmung nur rechtmäßig, wenn entweder die Netznutzungsentgelte in Übereinstimmung mit Art. 82 EG berechnet wurden, die in Teil 3 EnWG enthaltenen Maßstäbe – ggf. i.V. m. Rechtsverordnungen, die aufgrund des Teil 3 EnWG erlassen wurden – lediglich eine Konkretisierung der europarechtlichen Vorgaben darstellen oder die Entgelte für das vorgelagerte Netz ohnehin nicht inzidenter überprüft werden dürften.

Kapitel 8:

Zusammenschlusskontrolle

§ 1 Europäische Zusammenschlusskontrolle

Schrifttum: *Albers,* Auslegungsfragen und praktische Anwendung der Europäischen Fusionskontrolle, in: FIW-Schriftenreihe, Heft 146, 1992, S. 99; *Axster,* Gemeinschaftsunternehmen als Kooperations- oder Konzentrationstatbestand im EG-Recht, in: Wild/Schulte-Franzheim/Lorenz-Wolf (Hrsg.): Festschrift für Alfred-Carl Gaedertz zum 70. Geburtstag, 1992, S. 1; *Bach,* Der Marktbeherrschungsbegriff in der EG-Fusionskontrolle, auch im Vergleich zum deutschen Kartellrecht, WuW 1993, 805; *Bartosch,* Weiterentwicklungen im Recht der europäischen Zusammenschlusskontrolle, BB 2003, Beil. 3, S. 1; *Basedow/Jung,* Strategische Allianzen: Die Vernetzung der Weltwirtschaft durch projektbezogene Kooperation im deutschen und europäischen Wettbewerbsrecht, 1993; *Bechtold,* Antitrust Law in the European Community and Germany – an Uncoordinated Co-Existence?, in: Annual Proceedings of the Fordham Corporate Law Institute, 1992, International Antitrust Law & Policy, 1993, S. 343; *ders.,* Anmerkung zum Urteil des EuGH vom 31.03.1998 in Sachen K+S/MdK/Treuhand, EuZW 1998, 313; *ders.,* Die Grundzüge der neuen EWG-Fusionskontrolle, RIW 1990, 253; *ders.,* Fusionskontrolle im EG-Binnenmarkt – Zum Spannungsverhältnis zwischen europäischem und deutschem Recht in der Fusionskontrolle, in: Wild/Schulte-Franzheim/Lorenz-Wolf (Hrsg.): Festschrift für Alfred-Carl Gaedertz zum 70. Geburtstag, 1992, S. 45; *ders.,* Zwischenbilanz zum EG-Fusionskontrollrecht, EuZW 1994, 653; *Bechtold/Bosch/Brinker/Hirsbrunner,* EG-Kartellrecht, 2005; *Bechtold/Buntscheck,* Die Entwicklung des deutschen Kartellrechts 2001 bis 2003, NJW 2003, 2866; *Bergau,* Die Sanierungsfusion im europäischen Kartellrecht, in: FIW-Schriftenreihe, Heft 193, 2003; *Blank,* Europäische Fusionskontrolle im Rahmen der Artt. 85, 86 des EWG-Vertrages, 1991; *Canenbley,* Die Abgrenzung des geographisch relevanten Marktes in der EWG-Fusionskontrolle, in: Everling/Narjes/Sedemund (Hrsg.): Europarecht, Kartellrecht, Wirtschaftsrecht, Festschrift für Deringer, 1993, S. 226; *Deimel,* Rechtsgrundlagen einer europäischen Zusammenschlusskontrolle: Das Spannungsfeld zwischen Fusionskontrollverordnung und den Wettbewerbsregeln des EWG-Vertrages, Baden-Baden, 1992; *Dirksen,* Praktische Erfahrungen im ersten Jahr der Europäischen Fusionskontrolle, in: FIW-Schriftenreihe, Heft 146, 1992, S. 119; *Dirksen/Barber,* Kontrollpflichtige Zusammenschlüsse durch Anteilserwerb, EWS 1992, 98; *Dittert,* Die Reform des Verfahrens in der neuen EG-Fusionskontrollver-

Kap. 8: Zusammenschlusskontrolle

ordnung, WuW 2004, 148; *Drauz/Schroeder,* Praxis der Europäischen Fusionskontrolle, 3. Aufl., Köln, 1995; *Ebenroth/Lange,* Die Auswirkungen der Europäischen Fusionskontrolle auf das bundesdeutsche Recht der Unternehmenszusammenschlüsse, BB 1991, 845; *Ebenroth/Parche,* Der Verordnungsentwurf einer europäischen Fusionskontrolle und seine Auswirkungen auf nationales und internationales Kartellrecht, BB 1988, Beil. 18; *Ebenroth/Rösler,* Die Anwendbarkeit des Zusammenschlussbegriffes nach Art. 3 Fusionskontrollverordnung auf Lean Production Strukturen, RIW 1994, 533; *Ehlermann,* Die europäische Fusionskontrolle – erste Erfahrungen, WuW 1991, 535; *ders.,* Neuere Entwicklungen im europäischen Wettbewerbsrecht, EuR 1991, 307; *Einsele,* Auswirkungen der europäischen Fusionskontrollverordnung auf Gemeinschaftsunternehmen, RIW 1992, Beil. 2; *Emmerich,* Fusionskontrolle 1997/98, AG 1998, 541; *ders.,* Fusionskontrolle 1998/99, AG 1999, 529; *Fountoukakos/Ryan,* A New Substantive Test for EU Merger Control, ECLR 2005, 277; *Fox,* Merger Control in the EEC – Towards a European Merger Jurisprudence, in: Annual Proceedings of the Fordham Corporate Law Institute, 1991, EC and U.S. Competition Law and Policy, 1992, S. 709; *Fuchs,* Widerruf der Genehmigung und nachträgliche Untersagungsmöglichkeit nach der Fusionskontroll-Verordnung, EuZW 1996, 263; *Goyder,* EC Competition Law, 2. Aufl., 1993; *Grave/Seeliger,* Die neue europäische Fusionskontrollverordnung, Der Konzern 2004, 646; *Happe,* Die Fristen im EG-Fusionskontrollverfahren, EuZW 1995, 303; *Heidenhain,* Die Entscheidung der EG-Kommission im Fusionskontrollverfahren „ICI/Tioxide" – eine Anmerkung, EuZW 1991, 180; *ders.,* Zur Klagebefugnis Dritter in der europäischen Fusionskontrolle, EuZW 1991, 590; *Held,* Kompetenzabgrenzung in der Fusionskontrolle nach deutschem und Gemeinschaftsrecht, in: FIW-Schriftenreihe, Heft 140, 1991, S. 57; *Hellmann,* Die neuen Anmeldevorschriften der Fusionskontrollverordnung und ihre Bedeutung für Unternehmenszusammenschlüsse, ZIP 2004, 1387; *Hildebrand,* The Role of Economics Analysis in the EC Competition Rules, 2nd ed. 2002; *Hirsbrunner,* Fusionskontrolle der Kommission im Jahre 1996, EuZW 1997, 748; *Hitzler,* Die europäische Fusionskontrolle kann beginnen, EuZW 1990, 369; *Jacob,* Die Behandlung von Gleichordnungskonzernen im Wettbewerbsrecht, 1995; *Jones/Gonzáles-Diaz,* The EEC Merger Regulation, 1992; *Kamburoglou,* Erste Untersagungsentscheidung im Zusammenschlussvorhaben ATR/de Havilland, WuW 1992, 305; *Karl,* Die Rechtsstellung privater Dritter in der europäischen Fusionskontrolle, in: Studien zum ausländischen und internationalen Privatrecht, Die Europäische Fusionskontrolle, Grundzüge und Einzelfragen zur Verordnung (EWG) Nr. 4064/89, 1992; *Kerber,* Der EG-Fusionskontrollfall „Nestlé/Perrier", WuW 1994, 21; *Kirchhoff,* Europäische Fusionskontrolle, BB 1990, Beil. 14; *Klaue,* Räumliche Marktabgrenzung und Geltungsbereich des Kartellgesetzes, in: Westermann (Hrsg.): Festschrift für Karlheinz Quack zum 65. Geburtstag, 1991, S. 625; *Kleemann,* First Year of Enforcement under the EEC Merger Regulation: a Commission View, Fordham Corporate Law Institute 1991, 623; *Kleinmann*, Die Anwendbarkeit der EG-Fusionskontrollverordnung auf Gemeinschaftsunternehmen, RIW 1990, 605; *ders.*, Vorrang des Wettbewerbs in der europäischen Fusionskontrolle oder ein Pyrrhus-Sieg? Die „de Havilland"-Entscheidung der EG-Kommission, RIW 1992, 345; *Knöpfle,* Ist es für die Beurteilung, ob ein Unternehmen eine marktbeherrschende Stellung hat, notwendig, den relevanten Markt zu bestimmen?, DB 1990, 1385; *Koch,* Die neuen Befugnisse der EG zur Kontrolle von Unternehmenszusammenschlüssen, EWS 1990, 65; *Köhler,* „Gemeinsame Kontrolle" von Unternehmen aufgrund von Minderheitsbeteiligungen im Europäischen Kartellrecht, EuZW 1992, 634; *Körber,* Konkurrentenklagen in der europäischen Fusionskontrolle, EuZW 1996, 267; *ders.*, Gerichtlicher Rechtsschutz in der Europäischen Fusionskontrolle, RIW 1998, 910; *Kokkoris*, The Reform of the European Control Merger Regulation in the Aftermath of the Airtours Case – the Eagerly Expected Debate: SLC v Dominance Test, ECLR 2005, 37; *ders.*, The Concept of Market Definition and the SSNIP Test in the Merger Appraisal, ECLR 2005, 209; *Krimphove,* Europäische Fusionskontrolle, 1992; *Kurz*, Das Verhältnis der EG-Fusionskontrollverordnung zu Artikel 85 und 86 des EWG-Vertrages, 1993; *Kutsukis,* Der Verordnungsvorschlag für eine europäische Fusionskontrolle im Lichte der Erfahrungen des deutschen Rechts, 1983; *Landsittel*, Die Zurechnungsklausel in der Fusionskontrolle, BB 1994, 799; *Lange,* Beteiligungsrechte Dritter im europäischen Fusionskontrollverfahren, in: Ebenroth/Hesselberger/Rinne (Hrsg.): Verantwortung und Gestaltung, Festschrift für Karlheinz Boujong, 1996, S. 885; *ders.*, Räumliche Marktabgrenzung in der europäischen Fusionskontrolle, 1994; *Löffler,* Ein Jahr Europäische Fusionskontrolle – Erfahrungen aus der Sicht des Bundeskartellamtes, in: FIW-Schriftenreihe, Heft 146, 1992, S. 115; *Luescher*, Efficiency Considerations in European Merger Control – Just Another Battle Ground for the European Commission, Economists and Competition Lawyers?, ECLR 2004, 72; *Lüttig*, Die Rolle der Marktzutrittsschranken im Fusionskontrollrecht der Bundesrepublik Deutschland und der USA: Eine Untersuchung zur Fortentwicklung der deutschen Fusionskontrolle, 1992; *Marko,* Die erhebliche Behinderung wirksamen Wettbewerbs durch marktbeherrschende Unternehmen im Sinne des Art. 2 der EG-Fusionskontrollverordnung Nr. 4064/89, 1992; *Mälzer,* Die Stellung von Gemeinschaftsunternehmen im europäischen Wettbewerbsrecht, WuW 1992, 705; *Meessen*, Gemeinschaftsunternehmen im EWG-Wettbewerbsrecht: Zwischen Markt und Hierarchie, WuW 1993, 901; *Miersch,* Die europäische Fusionskontrolle, Inhalt und Problematik der EG-Fusionskontroll-VO Nr. 4064/89 in materieller und wettbewerbspolitischer Sicht, 1990; *ders.,* Kommentar zur EG-Verordnung Nr. 4064/89 über die Kontrolle von Unternehmenszusammenschlüssen, 1991; *Montag/Dohms*, Minderheitsbeteiligungen im deutschen und EG-Kartellrecht, WuW 1993, 5–16, 93; *Montag/ Heinemann,* Die europäische Fusionskontrolle in der Fallpraxis, ZIP 1992,

1367; *Moosecker,* Praktische Erfahrungen mit der europäischen Fusionskontrolle, in: FIW-Schriftenreihe, Heft 153, 1993, S. 37; *Niederleithinger,* Grundfragen der neuen europäischen Zusammenschlusskontrolle, EWS 1990, 73; *Niemeyer,* Die Anwendbarkeit der Art. 85 und 86 EWG-Vertrag auf Unternehmenszusammenschlüsse nach Inkrafttreten der EG-Fusionskontrollverordnung, RIW 1991, 448; *ders.,* Die Europäische Fusionskontrollverordnung, 1991; *ders.,* Europäische Fusionskontrolle, BB 1991, Beil. 25; *Pathak,* EEC Merger Regulation Enforcement during 1992, European Law Review – Competition Law Checklist 1992, 132; *Pohlmann,* Doppelkontrolle von Gemeinschaftsunternehmen im europäischen Kartellrecht, WuW 2003, 473; *Polley/Grave,* Die Erweiterung eines bestehenden Gemeinschaftsunternehmens als Zusammenschluss, WuW 2003, 1010; *Riesenkampff,* Perspektiven und Probleme der europäischen Fusionskontrolle, in: Löwisch/Schmidt-Leithoff/Schmiedel: Beiträge zum Handels- und Wirtschaftsrecht, Festschrift für Rittner zum 70. Geburtstag, 1991, S. 491; *Röhling,* Offene Fragen der europäischen Fusionskontrolle, ZIP 1990, 1179; *Rösler,* Implementierung einer Fusionskontrolle im europäischen Binnenmarkt, Auswirkungen auf das deutsche Recht der Unternehmenszusammenschlüsse, 1994; *Rosenthal,* Neuordnung der Zuständigkeiten und des Verfahrens in der Europäischen Fusionskontrolle, EuZW 2004, 327; *Sauter,* Zwei Jahre Praxis der Europäischen Fusionskontrolle – Eine kritische Bewertung – Referat im Rahmen der Vortragsreihe „Das Weissbuch der Kommission und die Realität des Binnenmarktes – Erfolge und Misserfolge", 1992; *Scherf,* Konzentrative und kooperative Gemeinschaftsunternehmen im europäischen Kartellrecht, AG 1992, 245; *ders.,* Kooperative Gemeinschaftsunternehmen im europäischen Wettbewerbsrecht, RIW 1993, 297; *Schmidt, Karsten,* Europäische Fusionskontrolle im System des Rechts gegen Wettbewerbsbeschränkungen, BB 1990, 719; *ders.,* Konflikt oder Anpassung des europäischen und des nationalen Rechts gegen Wettbewerbsbeschränkungen? – Gruppenfreistellungsverordnungen und Fusionskontrolle als Beispiel, in: FIW-Schriftenreihe, Heft 140, Schwerpunkte des Kartellrechts 1989/90, 1991, S. 29; *Schroeder,* Abhilfemaßnahmen in der europäischen und deutschen Fusionskontrolle, in: FIW-Schriftenreihe, Heft 196, 2003, S. 83; *ders.,* Schnittstellen der Kooperations- und Oligopolanalyse zum Fusionskontrollrecht, WuW 2004, 893; *Schulte* (Hrsg.): Handbuch Fusionskontrolle, 2005; *Sedemund,* Zwei Jahre europäische Fusionskontrolle: Ausgewählte Fragen und Ausblick, in: Everling/Narjes/Sedemund (Hrsg.): Europarecht, Kartellrecht, Wirtschaftsrecht, Festschrift für Deringer, 1993, S. 379; *Siragusa/Subiotto,* Ein Jahr EG Fusionskontrolle – eine Zwischenbilanz aus der Sicht eines Praktikers, WuW 1991, 872; *Staudenmayer,* Der Zusammenschlussbegriff in Artikel 3 der EG-FusionskontrollVO, in: FIW-Schriftenreihe, Heft 189, 2002; *Stockenhuber,* Die Europäische Fusionskontrolle, 1995; *Tilmann,* Zur EG-Fusionskontroll-VO 1989, in: Erdmann/Mees/Piper/Teplitzky/Hefermehl/Ulmer (Hrsg.): Festschrift für Freiherr von

Gamm, 1990, S. 663; *Venit,* Mergers, European Law Review – Competition Law Checklist 1991, S. 113; *Völcker,* Mind the Gap: Unilateral Effects Analysis Arrives in EC Merger Control, ECLR 2004, 395; *Weitbrecht,* Drei Jahre Europäische Fusionskontrolle – eine Zwischenbilanz, EuZW 1993, 687; *Zilles,* Die Anfechtungslegitimation von Dritten im Europäischen Fusionskontrollrecht, 1997.

I. Einführung

Die Fusionskontrolle in der Europäischen Gemeinschaft bestimmt sich **1103** nach der VO (EG) Nr. 139/2004 des Rates über die Kontrolle von Unternehmenszusammenschlüssen vom 20. 1. 2004,[1] die an die Stelle der VO (EWG) Nr. 4064/89 getreten ist – kurz als **Fusionskontrollverordnung** oder **FKVO** bezeichnet. Die FKVO ist das Ergebnis jahrzehntelanger Bemühungen zur Errichtung einer Fusionskontrolle auf europäischer Ebene.[2] Die unterschiedlichen politischen Ansätze wie Überlegungen zu einer eher wettbewerblich oder einer eher industriepolitisch ausgerichteten Fusionskontrolle und die Festlegung der notwendigen Restkompetenzen nationaler Wettbewerbsbehörden spiegeln sich in der FKVO wider. Dennoch soll die FKVO die wettbewerblichen Strukturen innerhalb des Europäischen Marktes schützen und insbesondere grenzüberschreitende Unternehmenszusammenschlüsse der Kontrolle durch die Europäische Kommission bzw. der innerhalb dieser gebildeten Generaldirektion Wettbewerb unterwerfen. Die FKVO schließt als integrationspolitisches Instrument eine Lücke des Wettbewerbsschutzes auf europäischer Ebene, die auch über Art. 82 EG nicht zu schließen gewesen wäre. Von anfänglich ca. 50 Fällen pro Jahr stieg die Zahl der von der Kommission zu behandelnden Fälle innerhalb der ersten zehn Jahre nach In-Kraft-Treten der FKVO auf ca. 300 Fälle pro Jahr an, womit in Europa zuletzt mehr Zusammenschlüsse vorlagen als in den USA. Da es sich bei diesen Verfahren um große Zusammenschlüsse handelt, kann auch daran die wachsende Bedeutung der Fusionskontrolle auf europäischer Ebene abgelesen werden. Ein Unternehmenszusammenschluss wird dann von der Kommission auf seine Vereinbarkeit mit dem Gemeinsamen Markt anhand der Eingreifkriterien des Art. 2 FKVO überprüft, wenn er die Auf-

---

1 Abl. 2004, Nr. L 24, 1.
2 Zur Entstehungsgeschichte und den nationalen Regelungen der Mitgliedstaaten Immenga/Mestmäcker EG-WbR-*Immenga,* Vor Kommentierung der FKVO bei Art. 86; *Ebenroth/Parche,* BB 1988, Beil. 18.

greifkriterien der Art. 1, 3 FKVO erfüllt und damit von der Europäischen Fusionskontrolle erfasst wird.

1104 Im Einzelnen ist danach folgendermaßen zu prüfen:

Europäische Fusionskontrolle: Anwendbarkeit der FKVO

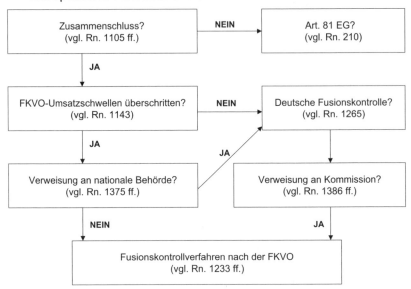

II. Aufgreifkriterien

1. Unternehmenszusammenschluss

1105 Die FKVO ist nur auf **Zusammenschlüsse von gemeinschaftsweiter Bedeutung** anwendbar (Art. 1 Abs. 1 FKVO). Neben den Umsatzschwellen des Art. 1 Abs. 2 und 3 FKVO ist also entscheidendes Aufgreifkriterium, dass ein Zusammenschluss i. S. d. Art. 3 FKVO vorliegt. Sind diese Aufgreifkriterien zu bejahen, ist die Strukturmaßnahme in dem Verfahren und nach den Voraussetzungen der FKVO zu prüfen. Außerdem scheidet die Anwendung des jeweiligen nationalen Wettbewerbsrechts aus.

1106 Zweck der FKVO ist die Kontrolle von Unternehmenszusammenschlüssen. Folglich sind Beteiligte eines Zusammenschlusses Unternehmen. Ein **Unternehmen** ist nach dem funktionalen Unternehmensbegriff eine organisatorische Zusammenfassung von personellen und sachlichen Mitteln, die auf Dauer einen bestimmten wirtschaftlichen Zweck verfolgen. Als Unternehmen kommen daher in Betracht juristische Personen, diesen vergleichbare Rechtsträger und Körperschaften, natürliche Personen, wenn sie Einflussnahmemöglichkeiten auf mindestens zwei Unternehmen haben und damit tatsächlich Marktstrukturen beeinflussen können, und auch staatliche Unternehmen, nicht jedoch der hoheitlich agierende Staat.[3] Ein Zusammenschluss ist nur dann anzunehmen, wenn eine **dauerhafte Veränderung der Struktur der beteiligten Unternehmen** herbeigeführt wird.[4] Er setzt ferner – gleichgültig in welcher Form – voraus, dass die betroffenen Unternehmen zuvor voneinander unabhängig waren, also nicht bereits vor dem Zusammenschluss demselben Konzern angehörten oder sonst voneinander abhängig waren.[5]

a) Fusion

Ein Zusammenschluss kann gem. Art. 3 Abs. 1 lit. a FKVO dadurch bewirkt werden, dass zwei oder mehr bisher voneinander unabhängige Unternehmen fusionieren. Fusion ist hier kein rechtstechnischer Begriff, sondern es werden von ihm vom Ergebnis her kommend diejenigen Verbindungen erfasst, in denen im Unterschied zum Kontrollerwerb gem. Art. 3 Abs. 1 lit. b FKVO die **Unternehmen gleichgeordnet** sind, also nicht das eine dem anderen untergeordnet ist. Diese Verbindungen können rechtlicher oder wirtschaftlicher Art sein. Der Fusionsbegriff ist mithin nicht in seiner engen gesellschaftsrechtlichen Bedeutung zu verstehen; vielmehr kann eine Fusion auch durch den Erwerb von Vermögenswerten oder durch die Neugründung eines Unternehmens nach Auflösung der ursprünglichen Unternehmen erfüllt werden.[6]

Dabei werden als **rechtliche Fusion** Formen der Verschmelzung oder auch der Anwachsung einer Personengesellschaft auf eine andere Gesellschaft bezeichnet, während eine **wirtschaftliche Fusion** gegeben ist, wenn die Aktivitäten zuvor unabhängiger Unternehmen rein tat- **1108**

1107

---

3 Erwägungsgrund Nr. 12 VO 4064/89.
4 Erwägungsgrund Nr. 23 VO 4064/89; Komm., Mitteilung über den Begriff des Zusammenschlusses, Abl. 1998, Nr. C 66, 5 ff. Rn. 3.
5 *Bechtold*, RIW 1990, 253, 254; FK-*Schröer*, Art. 3 FKVO Rn. 6; siehe auch Komm., Entsch. v. 7.12.1995 – Az. IV/M.660, „RTZ/CRA", Abl. 1996, Nr. C 22, 10 Rn. 7.
6 Komm., Entsch. v. 20.5.1998 – Az. IV/M.1016, „Price Waterhouse/Coopers & Lybrand", Abl. 1999, Nr. L 50, 27 Rn. 6; *Emmerich*, AG 1999, 529, 533; Grabitz/Hilf-*Koch*, nach Art. 86 Rn. 11.

sächlich zusammengelegt werden, wodurch diese zu einer wirtschaftlichen Einheit werden.[7] Der wesentliche Unterschied zur rechtlichen Fusion ist, dass hier beide Unternehmen ihre eigene Rechtspersönlichkeit behalten. In den bisher von der Kommission zu beurteilenden Zusammenschlüssen waren Fusionen eher die Ausnahme.[8]

b) Erwerb der Kontrolle

1109 Der gegenüber der Fusion wesentlich häufiger praktisch werdende Fall des Zusammenschlusses ist der Kontrollerwerb. Die Kontrolle wird im **Verhältnis der Über- und Unterordnung** ausgeübt.[9] Wesentlicher Bestandteil des Kontrollbegriffs nach Art. 3 Abs. 2 FKVO ist die Möglichkeit, einen **bestimmenden Einfluss auf die Tätigkeit eines anderen Unternehmens** ausüben zu können. Dafür genügen die Einflussnahmemöglichkeiten, die einem Minderheitsgesellschafter per Gesetz zum Schutz seines Beteiligungswerts ohnehin eingeräumt werden, noch nicht.[10] Vielmehr muss der Einfluss darüber hinausgehen und sich auf die wesentlichen unternehmerischen oder strategischen Entscheidungen des anderen Unternehmens (Mitbestimmung bei Finanzplanung, wichtigen Investitionsentscheidungen oder der Aufstellung eines detaillierten Geschäftsplans) erstrecken,[11] wobei eine unmittelbare Weisungsbefugnis hinsichtlich einzelner Geschäftsführungsmaßnahmen allerdings nicht erforderlich ist.[12] Alternativ genügt auch die Befugnis zur Bestellung und Abberufung der Mitglieder von Leitungsorganen der Gesellschaft, wenn diese wiederum unmittelbar oder mittelbar Einfluss auf die Geschäftsführung nehmen können.

---

7 Komm., Mitteilung über den Begriff des Zusammenschlusses, Abl. 1998, Nr. C 66, 5 ff. Rn. 7.

8 Einige Entscheidungen, denen eine Fusion zugrunde lag, sind: Komm., Entsch. v. 30.10.1995 – Az. IV/M.646, „Repola/Kymmene", Abl. 1995, Nr. C 318, 3 Rn. 5; Entsch. v. 26.10.1995 – Az. IV/M.642, „Chase Manhattan/Chemical Banking", Abl. 1996, Nr. C 33, 7 Rn. 4 f.; Entsch. v. 17.7.1995 – Az. IV/M.596, „Mitsubishi Bank/ Bank of Tokyo", Abl. 1995, Nr. C 198, 5 Rn. 4 f.; Entsch. v. 4.5.1993 – Az. IV/M.291, „KNP/BT/VRG", Abl. 1993, Nr. L 217, 35 Rn. 1 u. 7; Entsch. v. 22.10.1991 – Az. IV/ M.137, „Bank America/Security Pacific", Abl. 1991, Nr. C 289, 0 Rn. 2; Entsch. v. 7.3.1991 – Az. IV/M.69, „Kyowa/Saitama Banks", Abl. 1991, Nr. C 66, 0 Rn. 3.

9 Grabitz/Hilf-*Koch*, nach Art. 86 Rn. 11; *ders.*, EWS 1990, 65, 67.

10 Komm., Mitteilung über den Begriff des Zusammenschlusses, Abl. 1998, Nr. C 66, 5 ff. Rn. 22; Entsch. v. 30.7.1991 – Az. IV/M.62, „Eridania/ISI", Kurzfassung WuW 1991, 799.

11 *Jones/González-Díaz*, The EEC Merger Regulation, S. 6 f.; *Krimphove*, Europäische Fusionskontrolle, S. 241.

12 *Dirksen/Barber*, EWS 1992, 98, 99; *Niederleithinger*, EWS 1990, 73, 74.

Die bloße **Möglichkeit der Einflussnahme** reicht aus, es muss von 1110
ihr also nicht tatsächlich Gebrauch gemacht werden. Damit wird der
Umstand berücksichtigt, dass das kontrollierte Unternehmen häufig
den Anweisungen des kontrollierenden Unternehmens durch freiwilli-
ges Wohlverhalten vorbeugt.[13] Allerdings kann nicht schon jede noch
so hypothetische Einflussnahmemöglichkeit eine kontrollwürdige
Veränderung der Marktstruktur begründen. Da nur dauerhafte, tatsächliche Veränderungen der Marktstruktur kontrollbedürftig sind, bedarf
es einer gewissen Wahrscheinlichkeit für die Einflussnahme, was wiederum die Bereitschaft hierzu voraussetzt.[14] Nicht verlangt wird, dass
die Befugnis zur Kontrollausübung gesellschaftsrechtlich vermittelt
wird. Maßgeblich ist vielmehr die faktische wirtschaftliche Möglichkeit zur Unternehmenssteuerung.[15]

Grundsätzlich wird gem. Art. 3 Abs. 3 lit. a FKVO die Kontrolle durch 1111
diejenigen **Personen oder Unternehmen** ausgeübt, die selbst aus den
gem. Art. 3 Abs. 2 FKVO kontrollbegründenden Rechten oder Verträgen berechtigt sind. Durch Art. 3 Abs. 3 lit. b FKVO werden aber auch
solche Personen und Unternehmen als Inhaber der Kontrolle erfasst,
die nur die Befugnis haben, die sich aus solchen Rechten oder Verträgen ergebenden Rechte auszuüben, ohne selbst Rechtsinhaber zu sein,
also z.B. Strohmänner, dauerhaft Bevollmächtigte oder Treuhänder.

aa) Formen des Kontrollerwerbs

Art. 3 Abs. 1 lit. b und Abs. 2 FKVO nennen verschiedene Formen des 1112
Kontrollerwerbs, sind aber nur beispielhaft zu verstehen, da Zweck
der FKVO ist, alle Zusammenschlussvorhaben zu erfassen. Der **Anteilserwerb** dürfte die häufigste Form des Kontrollerwerbs sein. Er
wird sich in den meisten Fällen aufgrund von gegenseitigen Austauschverträgen, wie dem Kauf- oder Tauschvertrag,[16] vollziehen.
Denkbar ist aber auch, dass Anteile durch Erbschaft, Vermächtnis oder

---

13 *Krimphove*, Europäische Fusionskontrolle, S. 241; *Miersch*, Kommentar FKVO,
   Art. 3 Anm. I. 2. a) m.w.N.; *ders.*, Europäische Fusionskontrolle, S. 97; *Rösler*, Implementierung einer Fusionskontrolle im europäischen Binnenmarkt, S. 49.
14 *Köhler*, EuZW 1992, 634, 635 f.; FK-*Schröer*, Art. 3 FKVO Rn. 29 f.; *Stockenhuber*,
   Europäische Fusionskontrolle, S. 143.
15 Komm., Mitteilung über den Begriff des Zusammenschlusses, Abl. 1998, Nr. C 66,
   5 ff. Rn. 4; *Krimphove*, Europäische Fusionskontrolle, S. 274; *Stockenhuber*, Europäische Fusionskontrolle, S. 86 ff.
16 Beim Tausch liegen zwei getrennte Zusammenschlüsse vor, siehe Komm., Mitteilung über den Begriff der beteiligten Unternehmen, Abl. 1998, Nr. C 66, 14 Rn. 49.

im Wege der Anwachsung erworben werden und bereits hierdurch oder zusammen mit schon vorher gehaltenen Anteilen eine kontrollbegründende Position erreicht wird. Ebenso kommt es zu einem Anteilserwerb bei der Übernahme von neuen Anteilen im Rahmen einer Kapitalerhöhung, wobei dies fusionskontrollrechtlich aber nur dann von Interesse sein kann, wenn die Übernahme unter Ausschluss oder Nichtausübung des Bezugsrechts anderer Gesellschafter erfolgt und sich deshalb die Anteilsverhältnisse verschieben. Eine sehr wesentliche Fallgruppe ist auch der Erwerb von Anteilen im Rahmen der Gründung eines Unternehmens. Schließlich kann der **Zuwachs an Stimmrechten**, ohne dass mit ihm ein Anteilszuwachs verbunden wäre, kontrollbegründend sein. Das kommt z. B. in Betracht, wenn Anteile von Mitgesellschaftern eingezogen werden, im Rahmen von Kapitalherabsetzungen oder Umwandlungen Zwerganteile anderer Gesellschafter wegfallen oder Stimmrechte aus anderen Gesellschaftsanteilen ruhen, etwa weil eine Aktiengesellschaft eigene Aktien erworben hat (vgl. § 71 b AktG). **Vorstufen des Anteilserwerbs**, wie die vertragliche Option, verschaffen dagegen grundsätzlich noch keine Kontrolle, da sie lediglich schuldrechtlich wirken und keine gesellschaftsrechtliche Einflussmöglichkeit mit sich bringen.[17] Ausnahmen von diesem Grundsatz können gelten, wenn die Option jederzeit ausübbar ist und sich daraus schon entsprechende Einflussnahmemöglichkeiten für den Optionsinhaber ergeben, insbesondere wenn er schon minderheitlich beteiligt war.[18]

1113 Gem. Art. 3 Abs. 2 lit. a FKVO kann der bestimmende Einfluss durch **Eigentums- oder Nutzungsrechte** an der Gesamtheit oder an Teilen des Vermögens von Unternehmen begründet werden. Damit ist zum einen der Vermögenserwerb wie in § 37 Abs. 1 Nr. 1 GWB gemeint. Zum anderen sind Betriebsüberlassungs- oder Unternehmenspachtverträge[19] er-

---

17 Komm., Entsch. v. 27.7.1995 – Az. IV/M.612, „RWE-DEA/Enichem Augusta", Kurzfassung WuW 1995, 1007; Entsch. v. 4.7.1995 – Az. IV/M.591, „DOW/Buna", Rn. 3, 7, Kurzfassung WuW 1996, 29; Entsch. v. 1.9.1994 – Az. IV/M.493, „Tractebel/Distrigaz II", Kurzfassung WuW 1994, 1022; Entsch. v. 27.11.1992 – Az. IV/M.259, „British Airways/TAT", Kurzfassung WuW 1993, 37; Entsch. v. 30.5.1991 – Az. IV/M.10, „CONAGRA/IDEA", Kurzfassung WuW 1991, 701.

18 Komm., Entsch. v. 16.5.2003 – Az. IV/M.3101, „Accor/Hilton/Six Continents/JV", Abl. 2003, Nr. C 140, 11 Rn. 5; siehe auch Entsch. v. 22.9.1997 – Az. IV/M.967, „KLM/Air UK", Abl. 1997, Nr. C 372, 20 Rn. 12; Entsch. v. 7.3.1994 – Az. IV/M.397, „Ford/Hertz", Abl. 1994, Nr. C 121, 0 Rn. 7 ff.

19 Komm., Entsch. v. 12.1.2001 – Az. COMP/M.2060, „Bosch/Rexroth", Abl. 2004, Nr. L 43, 1 Rn. 10 ff.

fasst, die Nutzungsrechte an einer Gesamtheit oder wesentlichen Teilen des Unternehmensvermögens und damit ebenfalls Kontrolle verschaffen.[20] Zu den Vermögenswerten, durch deren Erwerb Kontrolle erworben werden kann, gehören insbesondere Werte, die ein Geschäft darstellen können (z. B. eine Tochtergesellschaft, die Abteilung eines Unternehmens, in manchen Fällen auch Marken und Lizenzen), mit dem am Markt Umsätze erzielt werden.[21] Vergleichbar dem deutschen Recht muss den Vermögenswerten also ein Marktumsatz eindeutig zuzuordnen sein, so dass der Erwerber eine bestehende Marktstellung übernimmt. Es kann dann auch der **Erwerb von Teilen des Vermögens eines anderen Unternehmens** genügen. Dabei kommt es darauf an, ob der erworbene Vermögensteil wie ein vollständiges Unternehmen eine organisatorische Zusammenfassung personeller und materieller Ressourcen darstellt und darauf angelegt ist, einen bestimmten wirtschaftlichen Zweck auf Dauer zu verfolgen.[22] Für den Eigentumserwerb sind nicht die zivilrechtlichen Voraussetzungen entscheidend, sondern die **wirtschaftliche Dispositionsbefugnis**. Daher verschafft das bloß zu Sicherungs- oder Finanzierungszwecken eingeräumte Eigentum, mit dem keine Verfügungsmacht verbunden ist (z. B. Sicherungseigentum), keine Kontrolle.[23] Auch für die Frage, welche Nutzungsrechte i. S. d. zweiten Alternative des Art. 3 Abs. 2 lit. a FKVO Kontrolle verschaffen, kommt es darauf an, ob dem Berechtigten die tatsächliche Verfügungsmacht an den Vermögensgegenständen zusteht, nicht aber etwa darauf, ob die Berechtigung schuldrechtlich oder dinglich ist. So kommen Betriebspachtverträge, aber auch der Nießbrauch als Rechtsgrundlage für das Nutzungsrecht in Betracht.

Einen wesentlichen Fall des Kontrollerwerbs bildet die **Erlangung der** **1114** **Kontrolle durch Rechte oder Verträge**, die die Möglichkeit gewähren, einen bestimmenden Einfluss auf die Tätigkeit des Unternehmens auszuüben, insbesondere, indem sie Einfluss auf die Zusammensetzung, die Beratungen oder die Beschlüsse der Organe von Unternehmen gewähren (Art. 3 Abs. 2 lit. b FKVO). Das können auch öffent-

---

20 *Deimel,* Rechtsgrundlagen einer europäischen Zusammenschlusskontrolle, S. 113; *Miersch,* Kommentar FKVO, Art. 3 Anm. I. 2. c); *Stockenhuber,* Europäische Fusionskontrolle, S. 112 f.

21 Komm., Mitteilung über den Begriff der beteiligten Unternehmen, Abl. 1998, Nr. C 66, 14 ff., Fn. zu Rn. 46.

22 Komm., Mitteilung über den Begriff des Zusammenschlusses, Abl. 1998, Nr. C 66, 5 ff. Rn. 11.

23 *Stockenhuber,* Europäische Fusionskontrolle, S. 111 f.; GK-*Schütz,* Art. 3 FKVO Rn. 34.

lich-rechtliche Verträge sein,[24] meistens wird es sich allerdings um privatrechtliche Vereinbarungen wie Beherrschungs-, Betriebsüberlassungs- oder Betriebsführungsverträge, Verträge, durch die ein Gleichordnungskonzern geschaffen wird,[25] Konsortial-, Stimmbindungs-, Vertriebsbindungs-, Bedarfs- oder Absatzverträge handeln. Gewinnabführungsverträge ohne Beherrschungskomponente sind nicht kontrollbegründend, da das Recht auf den erwirtschafteten Gewinn allein noch keinen Einfluss verschafft.[26]

1115 Darüber hinaus kann die **Kontrolle „in sonstiger Weise"** erworben werden. Durch diese die Lückenlosigkeit des Zusammenschlussbegriffs gewährleistende Klausel werden insbesondere personelle Verflechtungen in Geschäftsführungsgremien und den für die Bestellung der Geschäftsführung verantwortlichen Gremien[27] sowie wirtschaftliche Bindungen mit erheblichen Ausmaßen erfasst.[28] Diese Auffangklausel schließt aber auch alle Formen des Stimmenzuwachses mit ein, die nicht auf einem Anteilserwerb beruhen, z.B. das Erlangen einer Mehrheitsposition allein dadurch, dass Anteile von Mitgesellschaftern einem Stimmverbot unterfallen. Vorausgesetzt ist aber immer, dass die Einflussnahme nicht bloß hypothetisch, sondern auch in gewissem Maße wahrscheinlich ist.

bb) Alleinige Kontrolle

1116 Alleinige Kontrolle liegt vor, wenn ein Unternehmen allein den bestimmenden Einfluss auf die Tätigkeit eines anderen Unternehmens ausüben kann. Das geschieht meistens durch den **Erwerb aller oder der Mehrheit der Stimmrechte**, mit denen ein bestimmender Einfluss auf die Zusammensetzung, die Beratungen oder die Beschlüsse der Gesellschaftsorgane ausgeübt werden kann. Bei differenzierten

---

24 *Krimphove*, Europäische Fusionskontrolle, S. 243.

25 *Ebenroth/Rösler*, RIW 1994, 533, 541; a.A. *Jacob*, Gleichordnungskonzerne, S. 65 f.; *Landsittel*, BB 1994, 804; *Miersch*, Kommentar FKVO, Art. 3 Anm. I. 2. e) aa); *Niemeyer*, Europäische Fusionskontrollverordnung, S. 15 f.

26 FK-*Schröer*, Art. 3 FKVO Rn. 52; GK-*Schütz*, Art. 3 FKVO Rn. 32; a.A. *Stockenhuber*, Europäische Fusionskontrolle, S. 131 ff.; Immenga/Mestmäcker EG-WbR-*Immenga*, Art. 3 FKVO Rn. 43.

27 *Rösler*, Implementierung einer Fusionskontrolle im europäischen Binnenmarkt, S. 66; *Stockenhuber*, Europäische Fusionskontrolle, S. 135 f.

28 *Krimphove*, Europäische Fusionskontrolle, S. 258 f. m.w.N.; *Miersch*, Kommentar FKVO, Art. 3 Anm. I. 2. e) bb); siehe auch Komm., Mitteilung über den Begriff des Zusammenschlusses, Abl. 1998, Nr. C 66, 5 ff. Rn. 9 und Entsch. v. 25.9.1992 – Az. IV/M.258, „CCIE/GTE", Kurzfassung WuW 1992, 923.

Mehrheitserfordernissen hinsichtlich einzelner Beschlussgegenstände kann die alleinige Kontrolle aus der alleinigen Personalhoheit über das betroffene Unternehmen folgen.[29]

Auch bei paritätischen Beteiligungen oder **Minderheitsbeteiligungen** **1117** kann ausnahmsweise eine alleinige Kontrolle gegeben sein, wenn sie z. B. mit einer Stimmenmehrheit in einem mit umfassenden Kompetenzen ausgestatteten Geschäftsführungs- oder Kontrollorgan verbunden sind.[30] Weitere Fälle, in denen Minderheitsbeteiligungen den Zusammenschlusstatbestand erfüllen können, sind eine stabile Hauptversammlungsmehrheit während der letzten drei Jahre,[31] wechselseitige Minderheitsbeteiligungen,[32] ein Stichentscheidsrecht[33] und die Fälle, in denen dem Minderheitsgesellschafter bestimmte zusätzliche Rechte eingeräumt werden, insbesondere das Recht, die bisherige Leitung des Unternehmens durch Personen eigener Wahl abzulösen.[34]

Die bloße **Sperrminorität** gegen Kapitalerhöhungen, Satzungsände- **1118** rungen etc. begründet dagegen allenfalls eine kurzfristige Beherrschung durch Negation, nicht aber die vom Zusammenschlussbegriff vorausgesetzte dauerhaft gesicherte Möglichkeit der bestimmenden Einflussnahme auf die Geschäftstätigkeit des Unternehmens.[35]

---

29 *Dirksen/Barber*, EWS 1992, 98, 99.
30 Komm., Entsch. v. 20. 12. 1995 – Az. IV/M.650, „SBG/Rentenanstalt", Abl. 1996, Nr. C 23, 5 Rn. 8.
31 Komm., Mitteilung über den Begriff des Zusammenschlusses, Abl. 1998, Nr. C 66, 5 ff. Rn. 14; Entsch. v. 23. 4. 1997 – Az. IV/M.754, „Anglo American Cooperation/Lonrho", WuW/E EU-V 64, 66 f. Rn. 44: 27,48 %; Entsch. v. 31. 7. 1995 – Az. IV/M.613, „Jefferson Smurfit/Munksjo AB", Abl. 1995, Nr. C 252, 3 Rn. 4 f.: 29,04 %; Entsch. v. 3. 8. 1993 – Az. IV/M.343, „Société de Belgique/Générale de Banque", Kurzfassung WuW 1993, 164: 25,96 %; Entsch. v. 10. 12. 1990 – Az. IV/M.025, „Arjomari-Prioux SA/Wiggins Teape Appleton plc.", WuW/E EV 1554 Rn. 4: 39 %, dazu kritisch *Moosecker*, FIW-Schriftenreihe, Heft 153, S. 37, 42.
32 *Montag/Dohms*, WuW 1993, 5, 14; Komm., Entsch. v. 7. 11. 1990 – Az. IV/M.004, „Renault/Volvo", WuW/E EV 1542 ff.; siehe zu diesem Fall auch *Basedow/Jung*, Strategische Allianzen, S. 185 ff.; *Held*, FIW-Schriftenreihe, Heft 140, S. 55, 61.
33 Umkehrschluss aus Komm., Mitteilung über den Begriff des Zusammenschlusses, Abl. 1998, Nr. C 66, 5 ff. Rn. 37; siehe auch Entsch. v. 17. 6. 1997 – Az. IV/M.845, „BASF/Hoechst", Kurzfassung WuW 1997, 972.
34 *Niederleithinger*, EWS 1990, 73, 74.
35 EuGH, Urt. v. 17. 11. 1987 – verb. Rs. 142 u. 156/84, „Philip Morris/Rothmans", Slg. 1987, 04487; Komm., Entsch. v. 31. 5. 2000 – Az. IV/M.1898, „TUI Group/GTT Holding", Abl. 2000, Nr. C 196, 10 Rn. 6; Entsch. v. 30. 7. 1991 – Az. IV/M.62, „Eridania/ISI", Kurzfassung WuW 1991, 799; siehe auch *Dirksen/Barber*, EWS 1992, 98, 100; *Kirchhoff*, BB 1990, Beil. 14, 2; *Koch*, EWS 1990, 65, 67; *Scherf*, AG 1992, 245, 248 Fn. 23.

cc) Gemeinsame Kontrolle

1119 Gemeinsame Kontrolle liegt vor, wenn der bestimmende Einfluss auf ein Unternehmen durch mehrere Unternehmen oder Personen ausgeübt wird, und diese Inhaber der Kontrolle bei allen wichtigen Entscheidungen, die das beherrschte Unternehmen (Gemeinschaftsunternehmen) betreffen, eine **Übereinstimmung** erzielen müssen.[36] Dafür ist nicht zwingend, dass die Kontrollinhaber gleichberechtigt sind, aber jeder von ihnen muss Rechte haben, die über die bloßen Minderheitsrechte wesentlich hinausgehen.[37] Daher steht der gemeinsamen Kontrolle auch nicht entgegen, wenn einem Kontrollinhaber die unternehmerische Führung obliegt.[38] Die gemeinsame Kontrolle wird schließlich auch noch nicht dadurch in Frage gestellt, dass für einen Kontrollinhaber letztlich ein **leichtes Übergewicht zur Konfliktauflösung** vorgesehen wird, solange sich dies entweder auf ein sehr eng begrenztes Gebiet beschränkt oder der Konfliktentscheidung durch den einen Kontrollinhaber Einigungsversuche und ein Schlichtungsverfahren vorausgegangen sein müssen.[39] Zu beachten ist, dass es aber auch für die gemeinsame Kontrolle immer einer gewissen Wahrscheinlichkeit bedarf, dass jeder der gemeinsam Kontrollierenden seinen bestimmenden Einfluss auszuüben bereit und in der Lage ist.[40]

1120 Der eindeutigste Fall gemeinsamer Kontrolle ist die **völlig gleichberechtigte Einflussnahme** lediglich zweier Mutterunternehmen auf ein

---

36 Komm., Mitteilung über den Begriff des Zusammenschlusses, Abl. 1998, Nr. C 66, 5 ff. Rn. 18.

37 Komm., Entsch. v. 19.5.1998 – Az. IV/M.1146, „SHV Energy/Thyssen Klöckner Recycling", Abl. 1998, Nr. C 208, Ziffer III; Entsch. v. 6.1.1994 – Az. IV/M.392, „Hoechst/Schering", WuW/E EV 2122 Rn. 7; Entsch. v. 13.9.1993 – Az. IV/M.353, „British Telecom/MCI", Kurzfassung WuW 1994, 39; Entsch. v. 5.8.1992 – Az. IV/M.232, „PepsiCo/General Mills", WuW/E EV 2006, 2007 Rn. 7.

38 Komm., Entsch. v. 17.4.2000 – Az. IV/M.1814, „Bayer/Röhm/Makroform", Abl. 2000, Nr. C 190, 15 Rn. 7; Entsch. v. 23.6.1997 – Az. IV/M.929, „DIA/Veba Immobilien/Deutschbau", Abl. 1997, Nr. C 226, 3; Entsch. v. 14.12.1993 – Az. IV/M.308, „Kali+Salz/MdK/Treuhand", Abl. 1994, Nr. L 186, 38 Rn. 7; Entsch. v. 29.11.1993 – Az. IV/M.363, „Continental/Kaliko/DG Bank/Benecke", WuW/E EV 2129, 2130 Rn. 8; Entsch. v. 5.10.1992 – Az. IV/M.157, „Air France/Sabena", WuW/E EV 1948, 1950 ff. Rn. 12 ff.; die Vereinbarkeit von unternehmerischer Führung einerseits und gemeinsamer Kontrolle andererseits bezweifelnd *Bechtold*, EuZW 1994, 653, 655.

39 Komm., Mitteilung über den Begriff des Zusammenschlusses, Abl. 1998, Nr. C 66, 5 ff. Rn. 37; Entsch. v. 28.3.1994 – Az. IV/M.425, „British Telecom/Banco Santander", WuW/E EV 2136 f. Rn. 7.

40 Siehe schon oben Rn. 1110; detailliert FK-*Schröer*, Art. 3 FKVO Rn. 77.

Unternehmen, etwa indem beide jeweils die Hälfte der Stimmrechte in der Gesellschafterversammlung[41] oder die gleiche Präsenz in der Geschäftsführung oder anderen Entscheidungsgremien des Gemeinschaftsunternehmens haben. Bei mehr als zwei Mutterunternehmen trägt der Gesichtspunkt gleicher Entscheidungsbefugnisse die Begründung einer gemeinsamen Kontrolle nur, wenn für die wesentlichen Entscheidungen eine Mehrheit erforderlich ist, für die sämtliche kontrollierenden Unternehmen einheitlich abstimmen müssen. Die gemeinsame Kontrolle setzt jedoch nicht voraus, dass alle Gesellschafter genau die gleiche Stimmenmacht haben. Lediglich die Möglichkeit zur Beschlussfassung mit wechselnden Mehrheiten steht ihr entgegen.[42]

Folglich genügt es auch, wenn ein Gesellschafter für das strategische **1121** Wirtschaftsverhalten des Gemeinschaftsunternehmens wesentliche Entscheidungen blockieren kann, weil dann ebenfalls ein Einigungszwang zwischen den Müttern besteht. Solche **Vetorechte** können erheblich sein, wenn sie in der Gesellschafterversammlung,[43] aber auch in einem besonderen Entscheidungsgremium[44] (Geschäftsführung, Aufsichtsrat, Gesellschafterausschuss etc.) bestehen und sichergestellt ist, dass alle kontrollierenden Gesellschafter an diesem Entscheidungsgremium dauerhaft teilhaben. **Gegenstand des Vetorechts** müssen strategische, geschäftspolitische Entscheidungen in dem Gemeinschaftsunternehmen über das Budget, den Geschäftsplan, größere Investitionen, die Besetzung der Unternehmensleitung oder Geschäfte außerhalb des gewöhnlichen Geschäftsbetriebs sein.[45] Es genügt nicht,

---

41 Komm., Entsch. v. 4.1.1991 – Az. IV/M.024, „Mitsubishi/UCAR", WuW/E EV 1557 ff.

42 Komm., XXII. WB, Rn. 230; Mitteilung über den Begriff des Zusammenschlusses, Abl. 1998, Nr. C 66, 5 ff., Rn. 35; siehe dazu auch noch Rn. 1123.

43 Beispielsfälle mit je drei zu je einem Drittel beteiligten Gesellschaftern: Komm., Entsch. v. 25.7.1995 – Az. IV/M.551, „ATR/BAe", Kurzfassung WuW 1996, 215 (Einstimmigkeit für strategische Entscheidungen); Entsch. v. 19.7.1995 – Az. IV/M.490, „Nordic Satellite Distribution", WuW/E EV 2343, 2346 Rn. 27 f. (Einstimmigkeit für strategische Entscheidungen); Entsch. v. 20.3.1995 – Az. IV/M.561, „Securicor Datatrak", Abl. 1995, Nr. C 82, 4 Rn. 8 (Erfordernis der Zustimmung durch die Mütter bei strategischen Entscheidungen).

44 Komm., Entsch. v. 28.11.1994 – Az. IV/M.526, „Sappi/DLJMB/UBS/Warren, Kurzfassung WuW 1995, 390; Entsch. v. 29.11.1993 – Az. IV/M.363, „Continental/Kaliko/DG Bank/Benecke", WuW/E EV 2129 f. Rn. 7 f.; Entsch. v. 13.3.1993 – Az. IV/M.331, „Fletcher Challenge/Methanex", WuW/E EV 2030 f. Rn. 8.

45 Komm., Mitteilung über den Begriff des Zusammenschlusses, Abl. 1998, Nr. C 66, 5 ff. Rn. 23; Entsch. v. 14.3.2003 – Az. IV/M.3109, „Candover/Cinven/Gala", Abl. 2003, Nr. C 108, 9, Rn. 5; Entsch. v. 2.2.2000 – Az. IV/M.1786, „General Electric/Thomson CSF/JV", Abl. 2000, Nr. C 61, 6 Rn. 5 f.; Entsch. v. 13.10.1999 – Az. IV/M.1439, „Te-

---

wenn sich die Blockademöglichkeit auf die Bereiche beschränkt, in denen üblicherweise Minderheitsaktionäre durch das aktienrechtliche Erfordernis einer qualifizierten Mehrheit geschützt sind (Satzungsänderung, Kapitalerhöhung, Liquidation etc.), weil dann bereits der Kontrollbegriff nicht erfüllt ist.[46] Welcher Umfang an Vetorechten für die Begründung der Kontrolle erforderlich ist, kann nur anhand der Umstände des Einzelfalls entschieden werden.[47] So hängt z.B. die Maßgeblichkeit eines Vetorechts gegen einen Geschäftsplan entscheidend von dessen Regelungstiefe ab. Die Bedeutung des Vetorechts gegen Investitionen richtet sich danach, wie viele Investitionen von ihm erfasst sind, ab welcher Größenordnung also das Zustimmungsbedürfnis besteht und von welcher Wichtigkeit die Investitionen für die geschäftliche Entwicklung des Gemeinschaftsunternehmens sind.

1122 Auch ohne besondere Vetorechte können zwei oder mehr Unternehmen gemeinsam ein Gemeinschaftsunternehmen kontrollieren, wenn sichergestellt ist, dass sie zusammen auf eine die Kontrolle vermittelnde Anzahl von Stimmrechten und/oder Organposten kommen und diese Einflussmittel auch gleichgerichtet ausüben. Dies wird am ehesten durch eine **Stimmbindungs- oder Pool-Vereinbarung** geschehen können.[48] Die Vereinbarung kann sich auf die Ausübung der Stimmrechte in der Gesellschafterversammlung des Gemeinschaftsunternehmens oder in einem seiner Organe beziehen. Im Unterschied zu den Vetorechten handelt es sich hier typischerweise um eine Vereinbarung zwischen den kontrollierenden Unternehmen, die das Gemeinschaftsunternehmen zwar zum Gegenstand hat, im Übrigen von diesem aber gesellschaftsrechtlich unabhängig ist. Die Frage nach dem Gegenstand der Stimmenpoolung stellt sich – anders als beim Vetorecht – in der Regel nicht, weil die Vereinheitlichung der Stimmausübung von den Parteien meistens allumfassend gewollt ist.

---

lia/Telenor", WuW/EU-V 429; Entsch. v. 31.7.1991 – Az. IV/M.012, „Varta/Bosch", WuW/E EV 1701ff.; *Drauz/Schroeder,* Praxis der Europäischen Fusionskontrolle, S. 31; *Niemeyer,* BB 1991, Beil. 25, 3 m.w.N.; *Scherf,* AG 1992, 245, 248.

46 Komm., Mitteilung über den Begriff des Zusammenschlusses, Abl. 1998, Nr. C 66, 5ff. Rn. 22; vgl. auch Entsch. v. 19.12.2002 – Az. IV/M.3024, „Bain Capital/Rhodia", Abl. 2003, Nr. C 17, 5, Rn. 6; Entsch. v. 30.7.1991 – Az. IV/M.62, „Eridania/ISI", Kurzfassung WuW 1991, 799; siehe ferner Entsch. v. 31.5.2000 – Az. IV/M.1898, „TUI Group/GTT Holding", Abl. 2000, Nr. C 196, 10 Rn. 6.

47 Ausführlich hierzu FK-*Schröer,* Art. 3 FKVO Rn. 88ff.

48 Komm., Entsch. v. 14.3.1994 – Az. IV/M.423, „Newspaper Publishing", WuW/E EV 2185, 2186 Rn. 9; Entsch. v. 19.7.1993 – Az. IV/M.334, „Costa Crociere/Chargeurs/Accor", Kurzfassung WuW 1993, 918.

In seltenen Ausnahmefällen will die Kommission eine gemeinsame **1123** Kontrolle aufgrund Stimmenpoolung auch ohne konkrete Vereinbarung, allein aufgrund **faktisch gleichgerichteter Interessen** anerkennen.[49] Das soll insbesondere dann der Fall sein, wenn jede der Mütter für das Gemeinschaftsunternehmen spezielle lebenswichtige Beiträge leistet, die von den jeweils anderen Mutterunternehmen nicht geliefert werden könnten, woraus sich die Notwendigkeit zur uneingeschränkten Zusammenarbeit und einvernehmlichen Festlegung der strategischen Entscheidungen ergebe. Die Kommission stellt darauf ab, ob die Minderheitsgesellschafter eine starke Interessengemeinschaft bilden.[50] Hierbei kann es sich aber nur um besondere Ausnahmefälle handeln.[51] Auch wenn sich aufgrund der bloßen Stimmenverhältnisse und Mehrheitserfordernisse zwischen den Gesellschaftern eines Unternehmens kein Einigungszwang ergibt, kann dieser daraus folgen, dass dem oder den minderheitlich beteiligten Gesellschaftern besondere Rechte für den Fall eingeräumt werden, dass sie überstimmt werden. Sofern die Ausübung dieser Rechte für den Mehrheitsgesellschafter hinreichend unattraktiv ist, kann sich allein aus dem damit verbundenen Drohpotenzial ein Einigungszwang ergeben. Insofern besteht von dem Grundsatz, dass die Möglichkeit von wechselnden Mehrheiten einer gemeinsamen Kontrolle entgegensteht, hier nur eine theoretische, aber faktisch eben doch keine Ausnahme. Gleiches gilt, wenn in bestimmten Entscheidungspattsituationen ein unabhängiger Vermittler entscheidet[52] oder eine Partei zwar einen Stichentscheid hat, zuvor aber ein aufwändiges Schlichtungsverfahren zu durchlaufen ist.[53] Eine gemeinsame Kontrolle aufgrund dieses faktischen Einigungszwangs

---

49 Komm., Mitteilung über den Begriff des Zusammenschlusses, Abl. 1998, Nr. C 66, 5 ff. Rn. 32 ff.; vgl. auch Entsch. v. 20.9.1995 – Az. IV/M.553, „RTL/Veronica/Endemol", WUW/E EV 2371, 2372 f. Rn. 11.

50 Komm., Entsch. v. 9.3.1998 – Az. IV/M.987, „ADTRANZ/Siemens/Thyssen", Abl. 1998, Nr. C 92, 17, Rn. 8; siehe auch Entsch. v. 30.4.2002 – Az. IV/M.57, „TPS", Abl. 2002, Nr. C 137, 28, Rn. 10, wo die Kommission aus einem über Jahre gleichgerichteten Stimmverhalten eine starke Interessengemeinschaft abgeleitet hat; siehe ferner Entsch. v. 3.7.2001 – Az. COMP/JV.55, „Hutchison/RCPM/ECT", Abl. 2003, Nr. L 223, 1 Rn. 15.

51 Immenga/Mestmäcker EG-WbR-*Immenga*, Art. 3 FKVO Rn. 61; *Köhler*, EuZW 1992, 634, 637.

52 Komm., Entsch. v. 21.12.1995 – Az. IV/M.662, „Leisure Plan", Abl. 1996, Nr. C 63, 5, Ziffer II.

53 Komm., Mitteilung über den Begriff des Zusammenschlusses, Abl. 1998, Nr. C 66, 5 Rn. 37 ff.; Entsch. v. 4.8.1998 – Az. IV/M.1097, „Wacker/Air Products", Abl. 1998, Nr. C 324, 5 Rn. 11 f.; Entsch. v. 13.11.1997 – Az. IV/M.975, „Albacom/BT/ENI/Media Set", Abl. 1998, Nr. C 369, 8 Ziffer III; Entsch. v. 28.3.1994 – Az. IV/

Schröer 517

wird man allerdings nur dann annehmen können, wenn einer der **Entscheidungsgegenstände** betroffen ist, bei denen auch die Einräumung eines Vetorechts die gemeinsame Kontrolle begründet. Als Minderheitsrechte, die einen solchen Einigungszwang bewirken können, kommen z. B. das Recht zur Auflösung des Gemeinschaftsunternehmens oder das Aufleben einer Verkaufsoption zu für den Käufer ungünstigen Konditionen in Betracht.

dd) Änderung von kontrollbegründenden Umständen

1124 Die Frage, ob ein Zusammenschluss gegeben ist, stellt sich nicht nur bei der Begründung einer **Beteiligung**, sondern auch, wenn diese **erweitert oder eingeschränkt** wird. Obwohl Art. 3 Abs. 1 und 2 FKVO nur das Erwerben und Begründen der Kontrolle als Merkmal des Zusammenschlussbegriffes erwähnen, müssen auch bloße Änderungen bei den kontrollbegründenden Umständen für die Kommission überprüfbar sein, allein schon um Umgehungsversuche zu verhindern. Im Einzelnen:

1125 Beim **Übergang von gemeinsamer Kontrolle** mit weiteren Unternehmen **auf alleinige Kontrolle** durch ein einzelnes Unternehmen, beispielsweise durch Erwerb weiterer Anteile, Satzungsänderung oder Auflösung eines Stimmbindungsvertrags, ist nach Ansicht der Kommission und eines Teils der Literatur der Kontrollbegriff der FKVO erfüllt,[54] weil die Kontrollverstärkung insofern zu einer qualitativen Veränderung der Struktur beteiligter Unternehmen führt, als bei alleiniger Kontrolle keine Interessenkonflikte zwischen kontrollierenden Unternehmen entstehen können. Andererseits kann man wegen der nur dekonzentrativen Wirkung dieser Kontrolländerung mit einiger Berechtigung an dem Vorliegen eines Zusammenschlusstatbestands und der Notwendigkeit einer Fusionskontrolle zweifeln. Zumindest dürfte ein solcher Zusammenschlusstatbestand aber keine materiellen

---

M.425, „British Telecom/Banco Santander", WuW/E EV 2136 f. Rn. 7; siehe auch EuGI, Urt. v. 28. 4. 1999 – Rs. T-221/95, „Endemol", WuW/E EU-R 284, Tz. 159 ff.

54 Komm., Entsch. v. 1. 4. 2004 – Az. IV/M.3385, „Cargill/BCA", Abl. 2004, Nr. C 111, 8 Rn. 3 ff.; Entsch. v. 25. 7. 2003 – Az. IV/M.3159, „Rheinmetall/STN Atlas", Abl. 2003, Nr. C 204, 11 Rn. 6; Entsch. v. 22. 12. 1999 – Az. IV/M.1789, „INA/LUK", Abl. 2000, Nr. C 50, 5 Rn. 4; Entsch. v. 26. 5. 1992 – Az. IV/M.221, „ABB/Brel", WuW/E EV 1867 ff.; Entsch. v. 28. 11. 1990 – Az. IV/M.023, „ICI/Tioxide", WuW/E EV 1551 ff., siehe dazu auch *Heidenhain*, EuZW 1991, 180 f.; *Montag/Heinemann*, ZIP 1992, 1367, 1368; kritisch *Niemeyer*, RIW 1991, 448, 451 und *Siragusa/Subiotto*, WuW 1991, 872, 875.

Probleme aufwerfen.[55] Im umgekehrten Fall des **Übergangs von der alleinigen Kontrolle zur gemeinsamen Kontrolle** ist zweifellos ein Zusammenschlusstatbestand gegeben, da hier die Wirkung konzentrativ ist. Die **bloße Verstärkung einer bereits bestehenden** – alleinigen oder gemeinsamen – **Kontrollmöglichkeit** ist hingegen kein neuer Zusammenschluss.[56] Das Gleiche gilt, wenn die alleinige oder gemeinsame Kontrolle nicht verstärkt, sondern inhaltlich modifiziert wird; auch dann wird grundsätzlich keine neue Kontrolle begründet.[57]

Ein Zusammenschlusstatbestand ist ferner beim **Wechsel zwischen positiver und negativer Kontrolle** gegeben.[58] Als negativ wird die Kontrollausübung durch Blockademöglichkeiten bezeichnet, während positive Kontrolle durch die Fähigkeit zur Herbeiführung eines Beschlusses ausgeübt wird. Wenn die Entscheidungen nicht mehr (nur) einem potenziellen Veto eines Gesellschafters unterliegen, sondern die verbleibenden Gesellschafter zu einer einvernehmlichen Entscheidung kommen müssen (oder umgekehrt), verändern sich die Entscheidungsprozesse so wesentlich, dass der Einfluss auf die Marktstrukturen neu geprüft werden muss. **1126**

Kein neuer Zusammenschluss wird bewirkt, wenn ein **Wechsel zwischen rechtlicher und faktischer Kontrolle** vorliegt, weil sich dann die Einflussnahmemöglichkeit materiell nicht wesentlich wandelt.[59] Für die Fusionskontrolle ist nämlich das Ergebnis der Konzentration maßgeblich, nicht der Weg, auf dem es erzielt worden ist. **1127**

In der **Veränderung der Anzahl oder der Identität kontrollausübender Gesellschafter** hat die Kommission hingegen wiederholt einen Zusammenschlusstatbestand erblickt.[60] Sofern zusätzlichen bzw. anderen Personen oder Unternehmen eine Kontrollfunktion eingeräumt **1128**

---

55 *Dirksen/Barber*, EWS 1992, 98, 102 f.; GK-*Schütz*, Art. 3 FKVO Rn. 49.
56 *Dirksen/Barber*, EWS 1992, 98, 103; *Kirchhoff*, BB 1990, Beil. 14, 2; *Koch*, EWS 1990, 65, 67; *Krimphove*, Europäische Fusionskontrolle, S. 271 f.
57 *Krimphove*, Europäische Fusionskontrolle, S. 273.
58 Komm., Entsch. v. 29.7.2003 – Az. IV/M.3198, „VW-Audi/VW-Audi Vertriebszentren", Abl. 2003, Nr. C 206, 15 Rn. 8; siehe auch Entsch. v. 21.3.2000 – Az. IV/M.1889, „CLT-UFA/Canal+/Vox", Abl. 2000, Nr. C 134, 13 Rn. 9; Entsch. v. 27.5.1998 – Az. IV/M.993, „Bertelsmann/Kirch/Premiere", WuW/E EU-V 222, Tz. 12 f.
59 Komm., Entsch. v. 7.3.1994 – Az. IV/M.397, „Ford/Hertz", Abl. 1994, Nr. C 121, 4 Rn. 10.
60 Komm., Entsch. v. 21.3.2000 – Az. IV/M.1889, „CLT-UFA/Canal+/Vox", Abl. 2000, Nr. C 134, 13 Rn. 9; Entsch. v. 27.5.1998 – Az. IV/M.993, „Bertelsmann/Kirch/Premiere", WuW/E EU-V 222 Rn. 12 f.

wird,[61] ist das sicherlich richtig, weil das Erfordernis zur Überprüfung ihres Einflusses auf die Marktstrukturen nicht davon abhängt, zu welchem Zeitpunkt sie Kontrolle erworben haben. Beim Wegfall kontrollausübender Gesellschafter gilt das aber nur, wenn sich dadurch für die Verbliebenen gemeinsame in alleinige oder negative in positive Kontrolle wandelt, bei einem bisher kontrollfreien Unternehmen erst gemeinsame Kontrolle entsteht[62] oder sich die Beschaffenheit der Kontrolle wesentlich ändert.[63]

1129 Schließlich kann ein Zusammenschlusstatbestand auch dadurch verwirklicht werden, dass einem bestehenden Gemeinschaftsunternehmen in erheblichem Umfang **neue Ressourcen übertragen** werden.[64]

ee) Mittelbare Kontrolle

1130 Von der FKVO werden nicht nur unmittelbare, sondern auch mittelbare Konzentrationsvorgänge erfasst. Der häufigste Fall wird sein, dass der Kontrollerwerb durch eine speziell für diesen Fall gegründete Beteiligungsgesellschaft (**„special purpose company"** – SPC) oder eine Zwischenholding erfolgt, die bestimmte, in Beteiligungen organisierte Tätigkeitsgebiete der Konzernmutter zusammenfassen und von anderen getrennt verwalten soll. Wird die unmittelbar erwerbende Gesellschaft durch die dahinter stehende Muttergesellschaft kontrolliert, werden diese Zusammenschlüsse so behandelt, als sei der Kontrollerwerb durch die jeweilige Muttergesellschaft selbst erfolgt.

1131 Wenn der **Beteiligungserwerb durch ein von mehreren Müttern kontrolliertes Gemeinschaftsunternehmen** erfolgt, droht die Marktstrukturveränderung nur durch das erworbene Unternehmen. Dieses ist aber kein Gemeinschaftsunternehmen, weil es nur durch einen Gesellschafter kontrolliert wird. Die Kommission überwindet das Problem, indem sie annimmt, dass unabhängig von dem Vorliegen zweier rechtlich selbstständiger Einheiten *de facto* ein Gemeinschaftsunternehmen der den Mehrheitsgesellschafter kontrollierenden Gesellschafter vor-

---

61 Siehe z. B. Komm., Entsch. v. 18.10.2002 – Az. IV/M.2939, „JCI/Bosch/VB Autobatterien JV", Abl. 2002, Nr. C 284, 4, Ziffer III.; Entsch. v. 6.5.1999 – Az. IV/M.1487, „Johnson & Son/Melitta/Cofresco", Abl. 1999, Nr. C 157, 7 Rn. 6.

62 Komm., Entsch. v. 16.2.2004 – Az. IV/M.3334, „Arcelor/ThyssenKrupp", Abl. 2004, Nr. C 57, 3 Rn. 6 ff.

63 Komm., Entsch. v. 9.6.1994 – Az. IV/M.452, „AVESTA II", Abl. 1994, Nr. C 179, 7 Rn. 8; siehe auch Mitteilung über den Begriff der beteiligten Unternehmen, Abl. 1998, Nr. C 66, 14 Rn. 39; kritisch dazu GK-*Schütz*, Art. 3 FKVO Rn. 53.

64 Siehe hierzu ausführlich *Polley/Grave*, WuW 2003, 1010, 1013 ff.

liegt, das auch als einheitlicher Zusammenschluss behandelt werden kann.[65] Entsprechend werden die beim Mehrheitsgesellschafter (gemeinsame Kontrolle) und die beim anderen Unternehmen (Ressourcen etc.) verwirklichten Tatbestandsmerkmale bei der Prüfung des Zusammenschlusstatbestandes zusammengezogen. Das erscheint grundsätzlich gerechtfertigt, weil durch die unter Umständen willkürliche Zwischenschaltung eines weiteren Unternehmens die Fusionskontrolle nicht ausgehebelt werden darf. An diesem Ergebnis könnte man höchstens dann zweifeln, wenn die Tochtergesellschaft des Gemeinschaftsunternehmens nur die rechtliche Verselbstständigung einer Aktivität des Gemeinschaftsunternehmens ist, also ein Fall des Outsourcing aus dem Gemeinschaftsunternehmen heraus vorliegt.[66]

c) Gemeinschaftsunternehmen

Mehr als die Hälfte der von der Kommission bislang entschiedenen Fälle betraf Gemeinschaftsunternehmen. **Art. 3 Abs. 4 FKVO** stellt ausdrücklich klar, dass ein Zusammenschluss auch dann vorliegt, wenn zwei oder mehr Unternehmen dadurch Kontrolle über ein anderes Unternehmen gewinnen, dass sie es gemeinsam gründen. Das gegründete Unternehmen muss auf Dauer alle Funktionen einer selbstständigen wirtschaftlichen Einheit erfüllen. Erst durch die gemeinsame Kontrolle wird dieses Unternehmen zum Gemeinschaftsunternehmen, ein bloßes Nebeneinander von Beteiligungen in Verfolgung ganz unterschiedlicher Interessen reicht hingegen nicht aus.[67] **1132**

Das Gemeinschaftsunternehmen muss ein Unternehmen sein, also eine Zusammenfassung von personellen und sachlichen Mitteln, mit denen auf Dauer ein bestimmter wirtschaftlicher Zweck verfolgt wird.[68] Es muss auf Dauer alle Funktionen einer selbstständigen Wirtschaftseinheit erfüllen. Nur wenn das der Fall ist, bewirkt es eine dauerhafte Strukturveränderung auf dem Markt, wodurch erst ein die Fu- **1133**

---

65 Komm., Entsch. v. 27.9.1999 – Az. IV/M.1674, „Maersk/ECT", Abl. 2000, Nr. C 45, 8 Rn. 5.

66 In einem solchen Fall wollen *Dirksen/Barber*, EWS 1992, 98, 100 keinen mittelbaren Zusammenschluss der Gesellschafter des Gemeinschaftsunternehmens annehmen.

67 Komm., Mitteilung über den Begriff des Vollfunktionsgemeinschaftsunternehmens, Abl. 1998, Nr. C 66, 1 ff. Rn. 3; *Bechtold*, RIW 1990, 253, 255 m.w.N.; *Einsele*, RIW 1992, Beil. 2, 3; *Kleinmann*, RIW 1990, 605, 606; *Koch*, EWS 1990, 65, 67; GK-*Schütz*, Art. 3 FKVO Rn. 56.

68 Immenga/Mestmäcker GWB-*Veelken*, § 36 Rn. 4; *Miersch*, Europäische Fusionskontrolle, S. 121 m.w.N.

sionskontrolle erfordernder Zusammenschluss gegeben ist.[69] Abstrakt ergibt sich der **Vollfunktionscharakter** daraus, dass das Gemeinschaftsunternehmen alle diejenigen Funktionen ausübt, die auch von anderen Unternehmen in seinem Markt wahrgenommen werden.[70] Dafür muss das Gemeinschaftsunternehmen über ein sich dem Tagesgeschäft widmendes Management verfügen[71] und ausreichende Ressourcen wie finanzielle Mittel, Personal, materielle und immaterielle Vermögenswerte aufweisen, um seinen vertraglich vorgesehenen Aufgaben langfristig nachkommen zu können.[72] Es kann genügen, wenn das Gemeinschaftsunternehmen unbegrenzte, unwiderrufliche und ausschließliche Lizenzen zur Nutzung der Rechte erhält, da dies einer Eigentumsübertragung gleichkommt;[73] hingegen spricht gegen eine funktionelle Selbstständigkeit des Gemeinschaftsunternehmens, wenn seine Gründer es z. B. dadurch in besonderer Abhängigkeit halten, dass sie ihm Lizenzen an Patenten zum einen nur widerruflich und zum anderen nur für einen kürzeren Zeitraum als möglich einräumen, gleichzeitig das Gemeinschaftsunternehmen aber in besonders hohem Maße auf den Zugang zu den Technologien und Patenten angewiesen ist.[74] Weitere Indizien für den Vollfunktionscharakter können eine eigene unabhängige Marketing- und Vertriebsorganisation des Gemeinschaftsunternehmens[75] und die Tatsache sein, dass das Gemeinschaftsunternehmen eigenständig mit seinen Kunden verhandelt und

---

69 Erwägungsgrund Nr. 23 FKVO; Komm., Mitteilung über den Begriff des Vollfunktionsgemeinschaftsunternehmens, Abl. 1998, Nr. C 66, 1 ff. Rn. 5.

70 Komm., Mitteilung über den Begriff des Vollfunktionsgemeinschaftsunternehmens, Abl. 1998, Nr. C 66, 1 ff. Rn. 11; *Blank*, Europäische Fusionskontrolle, S. 213.

71 Komm., Entsch. v. 2.2.2000 – Az. IV/M.1786, „General Electric/Thomson CSF/ JV", Abl. 2000, Nr. C 61, 6 Rn. 7.

72 Komm., Entsch. v. 4.11.1999 – Az. IV/M.1587, „Dana/GKN", Rn. 8; Entsch. v. 21.10.1999 – Az. IV/M.1679, „France Telekom/STI/SRD", Abl. 1999, Nr. C 335, 3 Rn. 7; Entsch. v. 14.10.1999 – Az. IV/M.1597, „Castrol/Carless/JV", Abl. 2000, Nr. C 16, 5 Rn. 8; im Fall Entsch. v. 13.4.1992 – Az. IV/M.168, „Flachglas/VEGLA", WuW/E EV 1832, 1836 Rn. 21 wurden die für das geplante Gemeinschaftsunternehmen vorgesehenen Ressourcen als nicht ausreichend für ein Auftreten als eigenständiger Anbieter am Markt angesehen; siehe dazu auch *Montag/Heinemann*, ZIP 1992, 1367, 1370.

73 Komm., Entsch. v. 30.10.2002 – Az. IV/M.2938, „SNPE/MBDA/JV", Abl. 2002, Nr. C 297, 22 Rn. 7; Entsch. v. 2.2.2000 – Az. IV/M.1786, „General Electric/Thomson CSF/JV", Abl. 2000, Nr. C 61, 6 Rn. 7; Entsch. v. 9.12.1991 – Az. IV/M.149, „Lucas/Eaton", WuW/E EV 1783 ff.

74 Komm., Entsch. v. 6.2.1991 – Az. IV/M.058, „Baxter/Nestlé/Salvia", WuW/E EV 1579 ff.; *Siragusa/Subiotto*, WuW 1991, 872, 877.

75 Komm., Entsch. v. 2.2.2000 – Az. IV/M.1786, „General Electric/Thomson CSF/ JV", Abl. 2000, Nr. C 61, 6 Rn. 7.

kontrahiert.[76] Es müssen nicht alle diese Merkmale gleich stark ausgeprägt vorhanden sein. Vielmehr ist entscheidend, dass dem Gemeinschaftsunternehmen diejenigen Mittel zur Verfügung stehen, die es benötigt, um seine wirtschaftlichen Funktionen unabhängig von den Gründerunternehmen erfüllen zu können. Wenn diese Funktionen eng begrenzt sind, können es auch die dem Gemeinschaftsunternehmen zur Verfügung stehenden Ressourcen sein.[77]

Dem Charakter des Gemeinschaftsunternehmens als selbstständiger **1134** Wirtschaftseinheit kann insbesondere entgegenstehen, dass es eine große **Nähe zu einem oder mehreren seiner Gründerunternehmen** aufweist, ihm also etwa der eigene Zugang zum Markt fehlt,[78] es sich im Wesentlichen auf den Vertrieb der Erzeugnisse seiner Gründer beschränkt, Exklusivitätsvereinbarungen mit den Gründern bestehen[79] oder wenn die Verkäufe an die Gründer nicht zu den üblichen Geschäftsbedingungen des Gemeinschaftsunternehmens erfolgen.[80] Dabei schadet eine begrenzte Erbringung von Tätigkeiten durch Gründerunternehmen für das Gemeinschaftsunternehmen nicht, wenn diese Tätigkeiten nicht wesentlich sind und auch von Dritten erbracht werden könnten.[81]

Die genannten Kriterien dürfen nicht schematisch angewendet wer- **1135** den. Vielmehr sind zur Beurteilung der Frage, in welchem Maße die Unterstützung durch die Muttergesellschaften die funktionale Selbstständigkeit des Gemeinschaftsunternehmens beeinflusst, die **Merkmale des betroffenen Marktes zu berücksichtigen.** Geprüft werden muss, inwieweit das Gemeinschaftsunternehmen Funktionen ausübt, die normalerweise von anderen auf dem gleichen Markt auftretenden Unternehmen wahrgenommen werden.[82] Dabei ist die zunehmende Tendenz zum Outsourcing in Rechnung zu stellen, also die Ausgliede-

---

76 Komm., Entsch. v. 20.12.1999 – Az. IV/M.1781, „Electrolux/Ericsson", Abl. 2000, Nr. C 37, 10 Rn. 6.
77 Komm., Entsch. v. 9.1.1995 – Az. IV/M.511, „Texaco/Norsk Hydro", Abl. 1995, Nr. C 23, 3 Rn. 6 ff.; siehe auch GK-*Schütz*, Art. 3 FKVO Rn. 60.
78 Komm., Entsch. v. 13.9.1993 – Az. IV/M.353, „British Telecom/MCI", Abl. 1993, Nr. C 253, 0 Rn. 7, 14; *Ehlermann*, EuR 1991, 307, 310; *Scherf*, RIW 1993, 297, 298.
79 Komm., Entsch. v. 30.10.2002 – Az. IV/M.2938, „SNPE/MBDA/JV", Abl. 2002, Nr. C 297, 22 Rn. 7.
80 Komm., Entsch. v. 3.7.1996 – Az. IV/M.751, „Bayer/Hüls", Abl. 1996, Nr. C 271, 16 Rn. 10; Entsch. v. 9.4.1996 – Az. IV/M.556, „Zeneca/Vanderhave", Abl. 1996, Nr. C 188, 10 Rn. 8.
81 Komm., Entsch. v. 4.2.2003 – Az. IV/M.2982, „Lazard/Intesabci/JV", Abl. 2003, Nr. C 118, 24 Rn. 13.
82 EuGI, Urt. v. 4.3.1999 – Rs. T-87/96, „Generali/Unicredito", WuW/E EU-R 261, 264 Rn. 73.

rung bestimmter Teilbetriebe in rechtlich selbstständige Einheiten oder die dauerhafte Vergabe bestimmter betriebsnotwendiger Dienstleistungen an fremde Dritte. Soweit dies branchenüblich ist, aber wohl auch schon, wenn dafür wirtschaftliche Gründe sprechen, die für ein Konkurrenzunternehmen gleichermaßen gelten würden, sollte es den Vollfunktionscharakter des Gemeinschaftsunternehmens grundsätzlich unberührt lassen, wenn Teilfunktionen des Gemeinschaftsunternehmens in marktüblicher Form durch seine Mutterunternehmen wahrgenommen werden. Denn an ein Gemeinschaftsunternehmen sind hinsichtlich seiner wirtschaftlichen Unabhängigkeit keine größeren Anforderungen als an andere Unternehmen zu stellen. Zur Abgrenzung kann untersucht werden, ob das Gemeinschaftsunternehmen seine Tätigkeit auch ausüben könnte, wenn es anderen Unternehmen oder Personen gehören würde.[83] Außerdem toleriert die Kommission während einer – je nach Markt – bis zu drei Jahren dauernden Anlaufphase die Abhängigkeit des Gemeinschaftsunternehmens von seinen Gründern.[84]

1136 Die Veränderung der Marktstrukturen rechtfertigt nur dann eine Zusammenschlusskontrolle, wenn sie **dauerhaft** ist. Daher setzt der Zusammenschlussbegriff voraus, dass das Gemeinschaftsunternehmen seine Tätigkeit langfristig ausüben kann und die gemeinsame Kontrolle an ihm dauerhaft besteht. Indiz dafür ist, dass Personal und Sachmittel in solchem volumenmäßigen Umfang zur Verfügung gestellt werden, dass die Voraussetzungen für die Selbstständigkeit des Unternehmens auf Dauer gewährleistet sind. Das ist im Regelfall anzunehmen, wenn dem Gemeinschaftsunternehmen die oben genannten Mittel überlassen werden, und zwar auch in einem hinreichenden zeitlichen Umfang. Dem steht nicht entgegen, dass das Gemeinschaftsunternehmen bei Eintritt besonderer Umstände gekündigt werden kann.[85] Auch eine **Befristung des Gemeinschaftsunternehmens** schließt die Dauerhaftigkeit nicht unbedingt aus, wenn sie geeignet ist, eine dauerhafte

---

83 *Köhler*, EuZW 1992, 634, 638.
84 Komm., Mitteilung über den Begriff des Vollfunktionsgemeinschaftsunternehmens, Abl. 1998, Nr. C 66, 1 ff. Rn. 14; siehe z. B. Entsch. v. 17.4.2000 – Az. IV/M.1875, „Reuters/Equant-'Project Proton'", Abl. 2000, Nr. C 183, 8 Rn. 13; Entsch. v. 27.5.1998 – Az. IV/M.993, „Bertelsmann/Kirch/Premiere", Abl. 1999, Nr. L 53, 1 Rn. 14 f.; Entsch. v. 11.4.1995 – Az. IV/M.578, „Hoogovens/Klöckner & Co.", Abl. 1995, Nr. C 243, 5 Rn. 8 ff.
85 Komm., Entsch. v. 28.2.1994 – Az. IV/M.408, „RWE/Mannesmann", Abl. 1994, Nr. C 68, 5 Rn. 6: Auflösung bei Nichterteilung der Datenfunklizenz, zu deren Erlangung das Gemeinschaftsunternehmen gegründet wurde.

Strukturveränderung herbeizuführen. [86] Letztlich kommt es darauf an, ob sich den Vereinbarungen der Gründer entnehmen lässt, dass mit der als Gemeinschaftsunternehmen gegründeten Wirtschaftseinheit eine längerfristige unternehmerische Perspektive verfolgt und abgesichert werden soll. [87] Ausgeschieden werden durch dieses Kriterium Projektgesellschaften und Arbeitsgemeinschaften, beispielsweise in der Bauindustrie. [88] Sind weder die Lang- noch die Kurzfristigkeit gewiss, weil gemeinsame Kontrolle jederzeit durch die Ausübung von **Optionen** beseitigt werden kann, wird man die Dauerhaftigkeit des Gemeinschaftsunternehmens verneinen müssen, wenn es an einer Ausübungssperre für die Option fehlt oder nicht andere Umstände die Ausübung der Option dauerhaft unwahrscheinlich machen. [89]

d) Mehrzahl von Zusammenschlusstatbeständen

Erwirbt ein Unternehmen Anteile mehrerer, voneinander unabhängiger **1137** Unternehmen vom gleichen Verkäufer, fasst die Kommission dies zu einem Zusammenschluss zusammen, wenn ein gewisser **sachlicher und zeitlicher Zusammenhang zwischen den Transaktionen** besteht. Dieser kann sich daraus ergeben, dass die Geschäftsaktivitäten der jeweils kontrollierten Unternehmen eng zusammenhängen [90] oder die Wirksamkeit der einen Transaktion von der der anderen abhängig gemacht wird. [91] Oft ist ein einzelner Zusammenschluss auch mit verschiedenen wirtschaftlich zusammenhängenden Umstrukturierungs-

---

86 Komm., Entsch. v. 4.2.2003 – Az: IV/M.2982, „Lazard/Intesabci/JV", Abl. 2003, Nr. C 118, 24 Rn. 14 (fünf Jahre ausreichend); Entsch. v. 17.2.1992 – Az. IV/M.90, „BSN-Nestlé/Cokoladovny", Abl. 1992, Nr. C 47, 23 Rn. 10 (sieben Jahre ausreichend); andererseits Entsch. v. 15.4.1996 – Az. IV/M.722, „Teneo/Merill Lynch/ Bankers Trust", Abl. 1996, Nr. C 159, 4 Rn. 15 (drei Jahre nicht ausreichend).
87 Immenga/Mestmäcker EG-WbR-*Immenga*, Art. 3 FKVO Rn. 87.
88 Komm., Mitteilung über den Begriff des Vollfunktionsgemeinschaftsunternehmens, Abl. 1998, Nr. C 66, 1 ff. Rn. 15; *Moosecker*, FIW-Schriftenreihe, Heft 153, S. 37, 44.
89 FK-*Schröer*, Art. 3 FKVO Rn. 144.
90 Komm., Entsch. v. 17.3.1995 – Az. IV/M.565, „Solvay/Wienerberger", Abl. 1995, Nr. C 170, 6 Rn. 5 f., 15; Entsch. v. 29.4.1993 – Az. IV/M.310, „Harrisons & Crosfield/AKZO", WuW/E EV 2053, 2054 Rn. 6.
91 Komm., Entsch. v. 28.6.2004 – Az. IV/M.3467, „Dow Chemicals/PIC/White Sands JV", Abl. 2004, Nr. C 196, 7 Rn. 6; Entsch. v. 29.7.2003 – Az. IV/M.3198, „VW-Audi/VW-Audi Vertriebszentren", Abl. 2003, Nr. C 206, 15 Rn. 9; Entsch. v. 3.2.2000 – Az. IV/M.1825, „Suzuki Motor/Suzuki KG/Fafin", Abl. 2000, Nr. C 73, 4 Rn. 5; Entsch. v. 5.1.2000 – Az. IV/M.1720, „Fortum/Elektrizitätswerk Wesertal", http://europa.eu.int/comm/competition/mergers/cases/decisions/m1720_de.pdf (15.11.2005), Rn. 7.

maßnahmen verbunden, die nicht zuletzt aus steuerrechtlichen Gründen in mehreren Teilschritten vollzogen werden;[92] auch dann kommt es für die Fusionskontrolle nur auf die letztlich beabsichtigte dauerhafte Struktur an. Dabei kann durchaus auch mal eine dreijährige Übergangszeit toleriert werden, wenn die Verwirklichung der endgültigen Struktur nach Ablauf dieser Frist sicher ausgestaltet ist.[93] Ein und derselbe Zusammenschluss kann auch in der Gründung von mehreren Gemeinschaftsunternehmen liegen, die im selben Geschäftsbereich, aber in unterschiedlichen regionalen Märkten tätig sind.[94]

1138 Andererseits nimmt die Kommission grundsätzlich **zwei getrennte Zusammenschlusstatbestände** an, wenn durch zeitlich, sachlich und aufgrund der identischen Beteiligten auch personell eng zusammengehörende Transaktionen im einen Fall eine gemeinsame Kontrolle und im anderen alleinige Kontrolle verschafft wird.[95] Mehrere Zusammenschlusstatbestände liegen grundsätzlich auch dann vor, wenn ein Mutterunternehmen erworben und damit gleichzeitig Kontrolle über dessen Tochterunternehmen erlangt wird.

e) Ausnahmetatbestände des Art. 3 Abs. 5 FKVO

1139 Kein Zusammenschluss trotz Kontrollerwerb liegt nach Art. 3 Abs. 5 FKVO bei befristeten Anteilserwerben durch Kredit-, Finanzinstitute[96] oder Versicherungsgesellschaften vor (**Bankenklausel**). Damit soll eine Behinderung der begünstigten Unternehmen in ihrem Handel mit Wertpapieren vermieden werden. Folglich kann es hier nur um den Erwerb von Anteilen an einer AG oder KGaA gehen, der zum Zwecke der Weiterveräußerung innerhalb eines Jahres erfolgt sein muss. Allerdings sollte es der Anwendbarkeit der Bankenklausel nicht entgegenstehen,

---

92 Z.B. Komm., Entsch. v. 23.4.1997 – Az. IV/M.891, „Deutsche Bank/Commerzbank/J.M. Voith", Abl. 1997, Nr. C 247, 3 Rn. 5.

93 Komm., Entsch. v. 18.11.2002 – Az. IV/M.2854, „RAG/Degussa", Abl. 2003, Nr. C 45, 8, Rn. 12; siehe auch Mitteilung über den Begriff des Zusammenschlusses, Abl. 1998, Nr. C 66, 5 ff. Rn. 38.

94 Komm., Entsch. v. 29.4.1993 – Az. IV/M.310, „Harrisons & Crosfield/AKZO", WuW/E EV 2053, 2054 Rn. 6; zurückhaltender: Entsch. v. 25.3.1999 – Az. IV/M.1433, „Carrier/Toshiba", WuW EU-V 309, 310 Rn. 6.

95 Komm., Mitteilung über den Begriff des Zusammenschlusses, Abl. 1998, Nr. C 66, 5 ff. Rn. 16; Entsch. v. 9.3.1994 – Az. IV/M.409, „ABB/Renault Automation", Abl. 1994, Nr. C 80, 11 Rn. 4.

96 Der Begriff des Finanzinstituts ist nicht definiert, jedenfalls gehören hierzu solche Institute, deren normale Tätigkeit Geschäfte und Handel mit Wertpapieren für eigene oder fremde Rechnung einschließt, GK-*Schütz*, Art. 3 FKVO Rn. 64.

wenn das von ihr begünstigte Institut die Beteiligung nicht selbst, sondern über eine ausschließlich diesem Zweck dienende Holding erwirbt, da diese dann kartellrechtlich keine eigenständige Bedeutung hat. Die Bankenklausel setzt weiter voraus, dass die Stimmrechte nicht dazu ausgeübt werden, um das Wettbewerbsverhalten des Unternehmens zu beeinflussen. Eine Stimmrechtsausübung zur Ermöglichung der Weiterveräußerung der Anteile ist hingegen zulässig. Wird gegen diese Voraussetzungen verstoßen, entfällt die Ausnahmeregelung mit Wirkung ex nunc, d. h., dass ab dann – die übrigen Voraussetzungen unterstellt – ein anmeldepflichtiger Zusammenschluss vorliegt.

Auch alle Formen des **Kontrollerwerbs durch Träger eines öffentlichen Mandats**, wie insbesondere Insolvenzverwalter, sowie bestimmte Kontrollerwerbe durch Beteiligungsgesellschaften unterfallen nicht der FKVO. Hintergrund all dieser in der Praxis bisher kaum relevanten Ausnahmen ist, dass die durch sie erfassten Strukturveränderungen als wettbewerbsneutral angesehen werden können.[97]   **1140**

2. Gemeinschaftsweite Bedeutung

a) Umsatzschwellen

Die FKVO erfasst nur Zusammenschlüsse mit gemeinschaftsweiter Bedeutung. Diese besteht abstrakt, wenn ein Zusammenschluss erhebliche grenzüberschreitende Auswirkungen hat,[98] und konkret immer schon dann, wenn die Umsatzschwellen der FKVO überschritten sind. Es wird also aus Gründen der Praktikabilität und der Rechtssicherheit darauf verzichtet, die gemeinschaftsweite Bedeutung von bestimmten Marktanteilsschwellen oder der Eignung zur Beeinträchtigung des zwischenstaatlichen Handels[99] oder Ähnlichem abhängig zu machen. Nach **Art. 1 Abs. 2 FKVO** müssen alle beteiligten Unternehmen zusammen einen Umsatz von mehr als 5 Mrd. Euro und mindestens zwei von ihnen jeweils einen Umsatz von 250 Mio. Euro im letzten Geschäftsjahr überschritten haben. Alternativ dazu kann sich gem. **Art. 1 Abs. 3 FKVO** die gemeinschaftsweite Bedeutung aus der Summe folgender Voraussetzungen ergeben: Der weltweite Gesamtumsatz aller beteiligten Unternehmen beträgt zusammen mehr als 2,5 Mrd. Euro, der Gesamtumsatz aller beteiligten Unternehmen in mindestens drei   **1141**

---

97 *Blank*, Europäische Fusionskontrolle, S. 216.
98 Komm., Grünbuch über die Revision der FKVO vom 31. 1. 1996, KOM(96)19 endg., Rn. 23.
99 Wie in Art. 81 und 82 EG.

Mitgliedstaaten übersteigt jeweils 100 Mio. Euro, in jedem von mindestens drei dieser Mitgliedstaaten beträgt der Gesamtumsatz von mindestens zwei beteiligten Unternehmen jeweils mehr als 25 Mio. Euro, und der gemeinschaftsweite Gesamtumsatz von mindestens zwei beteiligten Unternehmen übersteigt jeweils 100 Mio. Euro. Damit sollen auch kleinere Zusammenschlüsse, die mindestens drei Mitgliedstaaten betreffen, der FKVO unterworfen werden, um den Beteiligten mehrfache nationale Anmeldungen zu ersparen.[100]

1142 In beiden Fällen entfällt jedoch die gemeinschaftsweite Bedeutung, wenn alle am Zusammenschluss beteiligten Unternehmen jeweils **mehr als zwei Drittel ihres gemeinschaftsweiten Gesamtumsatzes in ein und demselbem Mitgliedstaat**[101] erzielen. Anders ausgedrückt und auf deutsche Verhältnisse zugeschnitten: Wenn an dem Zusammenschluss ein Unternehmen beteiligt ist, das mehr als ein Drittel seines Umsatzes außerhalb Deutschlands erzielt, hat er gemeinschaftsweite Bedeutung, sofern die Umsatzschwellen überschritten sind. Ausgeschieden werden dadurch erneut durch ein rein quantitatives Kriterium Fälle, die sich schwerpunktmäßig in einem Staat abspielen und deshalb vorrangig nationale Bedeutung haben. Hat ein Zusammenschluss keine gemeinschaftsweite Bedeutung, unterliegt er der nationalen Fusionskontrolle. Andererseits ist ein Zusammenschluss mit gemeinschaftsweiter Bedeutung der nationalen Fusionskontrolle entzogen (soweit keine Verweisung erfolgt), auch wenn nach europäischem Recht eine Freigabe erfolgt, während nach nationalem Recht der Zusammenschluss zu untersagen gewesen wäre.

1143 Maßgeblicher Zeitpunkt für die Feststellung der gemeinschaftsweiten Bedeutung des Zusammenschlusses ist dessen Anmeldung. Werden im Laufe des Verfahrens die ursprünglich unterbotenen Umsatzschwellen überschritten, kann dies aus Gründen der Rechtssicherheit nicht nachträglich die Zuständigkeit der Kommission begründen.[102]

---

100 Die ersten nach dieser mit der Fusionskontrollnovelle 1997 eingeführten Vorschrift angemeldeten Zusammenschlüsse waren: Komm., Entsch. v. 28.4.1998 – Az. IV/M.1139, „DLJ/FM Holdings", Abl. 1998, Nr. C 272, 5; Entsch. v. 29.4.1998 – Az. IV/M.1167, „ICI/Williams", Abl. 1998, Nr. C 218, 5; Entsch. v. 25.5.1998 – Az. IV/M.1158, „Elf Atochem/Atohaas", Abl. 1998, Nr. C 225, 3; Entsch. v. 25.5.1998 – Az. IV/M.1161, „Alcoa/Alumax", Abl. 1998, Nr. C 307, 5.

101 Die gemeinschaftsweite Bedeutung entfällt also z.B. noch nicht, wenn die beiden ein Gemeinschaftsunternehmen gründenden Mutterunternehmen in ihrem jeweiligen, nicht identischen Heimatland mehr als zwei Drittel ihres Umsatzes erzielen.

102 *Bechtold/Buntscheck*, NJW 2003, 2866, 2871; zweifelnd insoweit OLG Düsseldorf, Urt. v. 16.12.2002 – Kart 25/02, „E.on/Ruhrgas", WuW/E DE-R 1013, 1025 ff.

Europäische Fusionskontrolle: Schema zur Prüfung der Umsatzkriterien

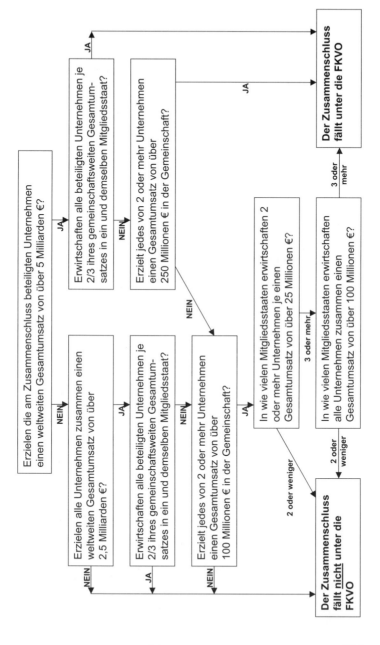

Kap. 8: Zusammenschlusskontrolle

b) Beteiligte Unternehmen

1144 Beteiligte sind die direkten Teilnehmer an einer Fusion oder einem Kontrollerwerb, zwischen denen es zu einem wettbewerbsrechtlich kontrollbedürftigen Zusammenschluss kommt. Bei einer Fusion sind das die fusionierenden Unternehmen, bei der Gründung eines Gemeinschaftsunternehmens seine Gründer und beim Erwerb der alleinigen oder gemeinsamen Kontrolle über ein bereits bestehendes Unternehmen dieses selbst sowie der oder die Erwerber.[103] Der **Veräußerer** ist grundsätzlich nicht Beteiligter des Zusammenschlusses, weil seine Beziehungen zu dem Kaufgegenstand mit Abschluss der Transaktion enden. Von diesem Grundsatz gibt es zwei Ausnahmen: Veräußert der Verkäufer einen abgrenzbaren Teil seines eigenen Unternehmens, dem ein Umsatz eindeutig zugeordnet werden kann, ist der veräußerte Teil des Verkäufers ebenfalls Beteiligter,[104] weil er als Kaufgegenstand für die Änderung der Wettbewerbsstrukturen durch den Zusammenschluss ebenfalls erheblich ist. Veräußert der Verkäufer nur einen Teil seiner Anteile und übt er anschließend mit dem Käufer zusammen die Kontrolle über das verkaufte Unternehmen aus, ist er Beteiligter, hingegen nicht das verkaufte Unternehmen, da dessen Umsatz Bestandteil des Umsatzes des Verkäufers ist.[105]

1145 Erfolgt der **Erwerb eines Unternehmens durch eine Tochtergesellschaft** einer Gruppe, ist neben dem übernommenen Unternehmen die Tochtergesellschaft Beteiligte. Für die Umsatzberechnung sind dann die Umsätze der gesamten Gruppe zu berücksichtigen, und die Anmeldung kann auch durch die Muttergesellschaft erfolgen.[106] Erwirbt ein **Gemeinschaftsunternehmen** mehrerer Mutterunternehmen eine Beteiligung, hängt die Frage, ob das Gemeinschaftsunternehmen selbst oder die Mutterunternehmen als Beteiligte angesehen werden, von der Rolle des Gemeinschaftsunternehmens ab:[107] Ist es ein Vollfunktionsunternehmen, wird es meist selbst der Beteiligte sein; wird

---

103 Komm., Mitteilung über den Begriff der beteiligten Unternehmen, Abl. 1998, Nr. C 66, 14 Rn. 8.
104 Komm., Mitteilung über den Begriff der beteiligten Unternehmen, Abl. 1998, Nr. C 66, 14 Rn. 14.
105 Komm., Mitteilung über den Begriff der beteiligten Unternehmen, Abl. 1998, Nr. C 66, 14 Rn. 23.
106 Komm., Mitteilung über den Begriff der beteiligten Unternehmen, Abl. 1998, Nr. C 66, 14 Rn. 18 ff.
107 Komm., Mitteilung über den Begriff der beteiligten Unternehmen, Abl. 1998, Nr. C 66, 14 Rn. 26 ff.; siehe auch Komm., Entsch. v. 21. 12. 1994 – Az. IV/M.484, „Thyssen/Krupp/Riva/Falck/Tadfin/AST", Abl. 1995, Nr. L 251, 18 ff. Rn. 9;

Schröer

es hingegen nur zum Zweck des Beteiligungserwerbs gegründet oder ergeben sich andere Anhaltspunkte dafür, dass die Mutterunternehmen die eigentlich das Vorhaben betreibenden Kräfte sind, wird der „Schleier des zwischengeschalteten Unternehmens gelüftet". Die Mutterunternehmen gelten als Beteiligte. Das ist insbesondere dann von Bedeutung, wenn ohne das „Lüften des Schleiers" nur das Gemeinschaftsunternehmen [108] die Umsatzschwellen des Art. 1 Abs. 2 oder 3 FKVO überschreiten würde, und deshalb die Kommission nicht zuständig wäre.

Ändern sich die Beteiligungsverhältnisse an einem Gemeinschaftsunternehmen durch das Ausscheiden bisheriger oder das Hinzutreten neuer Gesellschafter, sind grundsätzlich das Gemeinschaftsunternehmen und alle nach Abschluss der Transaktion die Kontrolle ausübenden Gesellschafter Beteiligte. Wird aus einer gemeinsamen Kontrolle die alleinige Kontrolle eines Gesellschafters, sind also dieser sowie das Beteiligungsunternehmen die Zusammenschlussbeteiligten. [109] Neben dem kontrollierenden Gesellschafter vorhandene weitere Gesellschafter ohne Kontrollfunktionen gelten nicht als Beteiligte, es sei denn, sie erwerben durch den Ausstieg eines Gesellschafters eine eigene Kontrollposition. [110] Tritt in einem von zwei Gesellschaftern kontrollierten Gemeinschaftsunternehmen ein dritter an die Stelle des zweiten, geht die Kommission von einer Änderung der Beschaffenheit der Kontrolle aus und sieht auch hier neben dem Gemeinschaftsunternehmen nicht nur den dritten Gesellschafter, sondern auch den die Kontrolle ebenfalls ausübenden ersten Gesellschafter als Zusammenschlussbeteiligten an. [111] **1146**

c) Berechnung des Umsatzes

Die Umsatzzahlen werden nach Maßgabe des Art. 5 FKVO berechnet. Es kommt auf die Umsätze an, die die beteiligten Unternehmen ausweislich des **letzten geprüften Jahresabschlusses** im Rahmen ihrer **1147**

Entsch. v. 2.12.1991 – Az. IV/M.102, „TNT/Canada Post/DBP Postdienst/La Poste/PTT Post/Sweden Post", Abl. 1991, Nr. C 322, 19.

108 Ihm würden gem. Art. 5 Abs. 4 FKVO die Umsätze der Mutterunternehmen zugerechnet.

109 Komm., Entsch. v. 28.11.1990 – Az. IV/M.023, „ICI/Tioxide", WuW/E EV 1551 ff.

110 Komm., Entsch. v. 29.6.1994 – Az. IV/M.452, „Avesta II", Abl. 1994, Nr. C 179, 7.

111 Komm., Entsch. v. 22.10.1993 – Az. IV/M.376, „Synthomer/Yule Catto", Abl. 1993, Nr. C 305, 5.

normalen Geschäftstätigkeit erzielt haben. Erlösschmälerungen (Rabatte etc.), Mehrwertsteuer und andere unmittelbar auf den Umsatz bezogene Steuern sind abzuziehen. Zwischenzeitlich erfolgte wesentliche **Änderungen im Konsolidierungskreis** oder Ähnliches werden berücksichtigt,[112] auch wenn dafür auf nicht testierte Zahlen zurückgegriffen werden muss. Die Umrechnung der Zahlen in Euro soll zum Jahresdurchschnittskurs erfolgen, der bei der Kommission erfragt werden kann. Wenn die Zahlen deutlich über oder unter den Schwellenwerten liegen, wird aber auch eine Umrechnung zum Jahresultimo-Kurs nicht beanstandet.

1148 Bei der **Veräußerung von Unternehmensteilen** sind auch die Umsätze des Veräußerers zu ermitteln, aber nur, soweit sie auf den veräußerten Teil entfallen, weil die Wirtschaftskraft des Verkäufers nur insoweit zu derjenigen des Erwerbers hinzukommt (Art. 5 Abs. 2 Unterabs. 1 FKVO).

1149 Für die Umsatzberechnung sind die externen Umsätze des ganzen Konzerns, dem das jeweilige beteiligte Unternehmen angehört, zu berücksichtigen.[113] Aus den Gesamtumsätzen sind also die **Konzerninnenumsätze herauszurechnen.** Der Konzernbegriff der FKVO ist sehr weit, indem er neben dem beteiligten Unternehmen auch dessen Tochter-, Schwester- und Mutterunternehmen sowie von diesen gemeinsam beherrschte Unternehmen erfasst.[114] Für die vertikalen Verhältnisse kommt es nicht auf den Kontrollbegriff des Art. 3 Abs. 3 FKVO an; vielmehr definiert Art. 5 Abs. 4 FKVO den maßgeblichen „beherrschenden Einfluss" in etwas abweichender Weise.[115] Danach muss das beherrschende Unternehmen unmittelbar oder mittelbar mehr als die Hälfte des Kapitals, des Betriebsvermögens oder der Stimmrechte besitzen, mehr als die Hälfte der Mitglieder des Vertretungsorgans oder des für dessen Bestellung zuständigen Organs bestellen können oder das Recht haben, die Geschäfte des Unternehmens zu führen. Insbesondere kann danach ein beherrschender – anders als ein kontrollierender – Einfluss in der Regel nicht durch eine Minderheitsbeteiligung vermittelt werden. Ist ein staatliches Unternehmen an dem Zusammenschluss beteiligt, gilt nicht der Staat als Konzern; hier ist

---

112 Komm., Entsch. v. 19.12.1991 – Az. IV/M.139, „Viag/EB Brühl", Abl. 1991, Nr. C 333, 16 Rn. 6; Langen-*Löffler*, Art. 1 FKVO Rn. 28.

113 Komm., Mitteilung über den Begriff der beteiligten Unternehmen, Abl. 1998, Nr. C 66, 14 Rn. 9.

114 Instruktiv dazu Schulte-*Zeise*, Rn. 1102 ff.

115 Siehe hierzu Wiedemann KartR-*Wagemann*, § 15 Rn. 94 ff.

vielmehr nur auf die derselben Holding angehörenden und einer bestimmten koordinierten Strategie unterliegenden Unternehmen des Staates abzustellen.[116]

Besondere Regeln gelten hinsichtlich der **Umsatzberechnung bei Ge-** **1150** **meinschaftsunternehmen der Zusammenschlussbeteiligten**: Art. 5 Abs. 5 FKVO sieht hier vor, dass die Umsätze des Gemeinschaftsunternehmens mit den Beteiligten nicht berücksichtigt werden sollen; Umsätze mit Dritten werden den Beteiligten unabhängig von ihrer Beteiligungshöhe zu gleichen Anteilen zugerechnet.

Hinsichtlich der **regionalen Eingrenzung der Umsätze** als gemein- **1151** schaftsweit oder dem einzelnen Mitgliedstaat zugehörig kommt es grundsätzlich[117] auf den Standort des Abnehmers als demjenigen Ort an, an dem der Wettbewerb stattfindet, nicht auf den Herstellungsort.[118] Auch bei Dienstleistungen ist der Ort des Verkaufs der Leistung der maßgebende und nicht derjenige, an dem die Dienstleistung erbracht wird. Ist eine natürliche Person Beteiligte eines Zusammenschlusses, ist der Umsatz der von dieser Person kontrollierten Unternehmen bei der Berechnung des auf diese Person entfallenden Umsatzes zu berücksichtigen.[119]

Art. 5 Abs. 2 Unterabs. 2 FKVO unterbindet die Zerstückelung ein- **1152** heitlicher Erwerbsvorgänge in mehrere Tranchen, die isoliert betrachtet die Schwellenwerte nicht überschreiten würden, indem er **Erwerbsvorgänge zwischen denselben Parteien innerhalb von zwei Jahren** zu einem einzigen Zusammenschluss zum Zeitpunkt der letzten Transaktion erklärt. Die Kommission hat auch darüber hinaus in Fällen der weitgehenden Identität von Veräußerer und Erwerber und dem Vorliegen eines engen zeitlichen und wirtschaftlichen Zusammenhangs zwischen den Erwerbsvorgängen einen Zusammenschluss angenommen.[120] Trotz weiterreichender Vorschläge der Kommission

---

116 Komm., Entsch. v. 14.12.1993 – Az. IV/M.308, „Kali + Salz/MdK/Treuhand", Abl. 1994, Nr. L 186, 38 Rn. 9; Entsch. v. 22.2.1993 – Az. IV/M.216, „CEA Industrie/France Telecom/Fimmeccanica/SGS-Thomson", Abl. 1993, Nr. C 68, 6.

117 Eine Ausnahme besteht gem. Art. 5 Abs. 3 S. 2 FKVO bei Kreditinstituten, für die maßgeblich ist, wo die Ertragsposten verbucht werden.

118 Komm., Entsch. v. 21.5.1992 – Az. IV/M.213, „Hong Kong and Schanghai Bank/ Midland", Abl. 1992, Nr. C 157, 18 Rn. 8.

119 Komm., Entsch. v. 16.5.1991 – Az. IV/M.82, „Asko/Jacobs/Adia", Abl. 1991, Nr. C 132, 13 Rn. 3; Mitteilung über den Begriff der beteiligten Unternehmen, Abl. 1998, Nr. C 66, 14 Rn. 51.

120 Komm., Entsch. v. 28.6.2004 – Az. IV/M.3467, „Dow Chemicals/PIC/White Sands JV", Abl. 2004, Nr. C 196, 7 Rn. 6 (Bedingungszusammenhang); Entsch.

im Grünbuch[121] wurde in diesem Sachzusammenhang letztlich doch nur der Erwägungsgrund Nr. 20 FKVO aufgenommen, wonach Erwerbsvorgänge als ein einziger Zusammenschluss zu behandeln sind, die eng miteinander verknüpft sind, weil sie durch eine Bedingung miteinander verbunden sind oder in Form einer Reihe von innerhalb eines gebührenden Zeitraums getätigten Rechtsgeschäften mit Wertpapieren stattfinden. Ob dieser allein auf Wertpapiergeschäfte und Bedingungszusammenhänge abstellende Wortlaut die Kommission von ihrer weitergehenden Praxis abbringen wird, bleibt abzuwarten.

1153 Bei **Kredit- und sonstigen Finanzinstituten** treten an die Stelle der Umsätze bestimmte Ertragsposten, die in Art. 5 Abs. 3 lit. a FKVO aufgeführt sind und sich mit den gem. § 34 Abs. 2 Nr. 1 RechKredV auszuweisenden Positionen decken. Von diesen Ertragsposten dürfen die Mehrwertsteuer und sonstige direkte Steuern abgezogen werden, nicht aber die entsprechenden Aufwandsposten. Anders als bei anderen Unternehmen wird der Umsatz von Zweig- oder Geschäftsstellen demjenigen Mitgliedstaat zugerechnet, der die jeweilige Ertragsposition verbucht. Bei **Versicherungsunternehmen** ist die Summe der Bruttoprämien für die Bestimmung der gemeinschaftsweiten Bedeutung des Zusammenschlusses maßgeblich (Art. 5 Abs. 3 lit. b FKVO).

III. Eingreifkriterien

1. Überblick

1154 Erfüllt ein Zusammenschluss i. S. v. Art. 3 FKVO die Aufgreifkriterien des Art. 1 FKVO und stellt damit einen Zusammenschluss mit gemeinschaftsweiter Bedeutung dar, ist in die **materielle Prüfung** einzutreten und der Zusammenschluss nach Art. 2 FKVO auf die Vereinbarkeit mit dem Gemeinsamen Markt hin zu überprüfen. Maßgeblich ist für diese Prüfung seit dem 1. 5. 2004 infolge der Neufassung des

---

v. 29. 7. 2003 – Az. IV/M.3198, „VW-Audi/VW-Audi Vertriebszentren", Abl. 2003, Nr. C 206, 15 Rn. 9 (gleichartige Kontrolle durch gleiche Erwerber in engem zeitlichen Zusammenhang); Entsch. v. 17. 3. 1995 – Az. IV/M.565, „Solvay/Wienerberger", Abl. 1995, Nr. C 170, 6 Rn. 5 f., 15 (Gründung von mehreren Gemeinschaftsunternehmen durch die gleichen Gründerunternehmen); Entsch. v. 9. 3. 1994 – Az. IV/M.409, „ABB/Renault Automation", Abl. 1994, Nr. C 80 Rn. 4 (enger wirtschaftlicher Zusammenhang trotz unterschiedlicher Kontrollarten); ausführlich hierzu FK-*Schröer*, Art. 3 FKVO Rn. 146 ff.; Schulte-*Zeise*, Rn. 1094 ff.

121 Komm., Grünbuch über die Revision der VO (EWG) Nr. 4064/89 vom 11. 12. 2001, KOM (2001) 745/6 endg., Rn. 133.

Art. 2 Abs. 3 FKVO, ob auf dem zu beurteilenden sachlich und räumlich relevanten Markt **wirksamer Wettbewerb** im Gemeinsamen Markt oder in einem wesentlichen Teil desselben, insbesondere durch Begründung oder Verstärkung einer marktbeherrschenden Stellung, **erheblich behindert** würde. Die hiermit verbundene Umkehrung der Wortwahl in Art. 2 Abs. 3 FKVO soll erklärtermaßen dazu dienen, mögliche Regelungslücken der früheren Regelung, die maßgeblich auf das Entstehen oder die Verstärkung einer beherrschenden Stellung abstellte, zu schließen.[122] Dem Erwägungsgrund Nr. 25 FKVO ist zu entnehmen, dass mit dieser Neufassung ausschließlich solche Zusammenschlüsse über das Konzept der Marktbeherrschung hinaus erfasst werden sollen, bei denen es infolge nicht koordinierten Verhaltens der betreffenden Unternehmen zu wettbewerbsschädigenden Auswirkungen kommen kann, obwohl die betreffenden Unternehmen nicht über eine marktbeherrschende Stellung verfügen. Damit sind mithin sog. **unilaterale Effekte** innerhalb eines Oligopols gemeint, hinsichtlich derer aufgrund der Vorgängerregelung nicht mit hinreichender Sicherheit feststand, ob sie zur Untersagung eines Zusammenschlusses hätten führen können.[123] Für die Mehrzahl der Fälle soll es dagegen bei einem Gleichklang des Prüfungsmaßstabes bleiben, bei dem sich die erhebliche Behinderung wirksamen Wettbewerbs aus der Begründung oder Verstärkung einer beherrschenden Stellung ergibt. Wann eine kritische Marktbeherrschung und damit eine Verschlechterung der Marktstruktur vorliegen, ist eine Wertungsfrage. Im Gegensatz zur Missbrauchsaufsicht nach Art. 82 EG enthält die Zusammenschlusskontrolle einen dynamischen, in die Zukunft gerichteten Aspekt und kann nur eine **Prognose** darstellen. Die Erkenntnisse zu Art. 82 EG können zwar weitgehend, aber nicht unbesehen im Rahmen des Art. 2 FKVO herangezogen werden.

1155 Obwohl die FKVO keine ausdrücklichen Regelungen über ihre Anwendung auf Fälle gemeinsamer Marktbeherrschung enthält, zeigen die Praxis der Kommission und die Rechtsprechung des EuGH, dass Art. 2 FKVO ebenso auf die Marktbeherrschung durch eine Mehrzahl von Unternehmen (**Oligopole**) anzuwenden ist.[124]

1156 Zusätzliche Prüfungsschritte können sich für **Gemeinschaftsunternehmen** ergeben. Beim Zusammenschlusstatbestand und damit bei

---

122 Dazu exemplarisch *Fountoukakos/Ryan*, ECLR 2005, 277, 282.
123 *Kokkoris*, ECLR 2005, 37, 41 ff.
124 Siehe Rn. 1219.

den Aufgreifkriterien (Art. 3 Abs. 4 FKVO) wird nicht mehr zwischen konzentrativen und kooperativen Gemeinschaftsunternehmen unterschieden. Alle Gemeinschaftsunternehmen mit Vollfunktionscharakter[125] fallen in den Anwendungsbereich der FKVO, wodurch sie insbesondere alle einem einheitlichen Verfahren nach den Vorschriften der FKVO unterworfen sind. Dennoch geht die FKVO nach der Regelung in Art. 2 Abs. 4 FKVO von der **Trennungstheorie** aus. Nach dieser Theorie ist für die materielle Beurteilung auf kooperative Sachverhalte Kartellrecht und auf konzentrative Sachverhalte Fusionskontrollrecht anzuwenden.[126] Für konzentrative Gemeinschaftsunternehmen bedeutet dies die Überprüfung anhand der Eingreifkriterien nach Art. 2 FKVO, für kooperative Gemeinschaftsunternehmen die Überprüfung nach Art. 81 Abs. 1 und 3 EG und den in Art. 2 Abs. 5 FKVO aufgeführten Kriterien.

2. Marktabgrenzung

1157 Um feststellen zu können, ob ein Zusammenschluss eine erhebliche Behinderung wirksamen Wettbewerbs im Gemeinsamen Markt zur Folge haben wird, ist eine **zweistufige Prüfung** vorzunehmen:

- In einem ersten Verfahrensschritt ist stets zuerst der relevante Markt in sachlicher und räumlicher Hinsicht festzulegen.[127]
- In einem zweiten Schritt ist dann der Beherrschungsgrad auf diesem Markt festzustellen, wobei zutreffender von einem Doppelschritt zu

---

125 Vgl. Rn. 173 ff.
126 *Axster*, FS für Gaedertz, S. 1, 10; *Basedow/Jung*, Strategische Allianzen, S. 165, 175; *Bechtold*, RIW 1990, 253, 255; *Kirchhoff*, BB 1990, Beil. 14, 13; *Koch*, EWS 1990, 65, 72; *Mälzer*, WuW 1992, 705, 714; *Miersch*, Kommentar FKVO, Art. 3 Anm. I. 3. c); siehe dazu auch *Kutsukis*, Verordnungsvorschlag für eine europäische Fusionskontrolle, S. 61. Unter der ursprünglichen FKVO war dies bis zu ihrer Novellierung durch die VO Nr. 1310/97 bestritten, siehe dazu *Riesenkampff*, FS für Rittner, S. 491, 501; *K. Schmidt*, Konflikt oder Anpassung, S. 29, 40; *ders.*, BB 1990, 719, 724. Die Änderung der FKVO durch Anfügung des Abs. 4 in Art. 2 FKVO in der Fassung der VO Nr. 1310/97 hat diesen Streit obsolet werden lassen.
127 EuGI, Urt. v. 19.5.1994 – Rs. T-2/93, „Air France/Kommission", EuZW 1994, 534 mit Anm. *Heidenhain*; *Bach*, WuW 1993, 805, 809; *Bechtold*, FS für Gaedertz, S. 45, 49; *Kamburoglou*, WuW 1992, 305, 307; *Kleinmann*, RIW 1992, 345, 346; Grabitz/Hilf-*Koch*, Art. 86, Rn. 33; Komm., XXII. WB, Rn. 231; *Kurz*, EG-Fusionskontrollverordnung, S. 231; *Montag/Heinemann*, ZIP 1992, 1367, 1373; *Niemeyer*, Die Europäische Fusionskontrollverordnung, S. 22; *ders.*, BB 1991, Beil. 25, 5; *Stockenhuber*, Die Europäische Fusionskontrolle, S. 192; a. A. *Knöpfle*, DB 1990, 1385; *Marko*, Behinderung wirksamen Wettbewerbs, S. 70; *Miersch*, Kommentar FKVO, Art. 2 Anm. II. 3. b) aa).

sprechen ist, denn eine vollständige Isolierung der Marktabgrenzung von der Feststellung der Beherrschung kann nicht erfolgen.[128]

Häufig lässt die Kommission die Abgrenzung des relevanten Marktes **1158** offen, wenn selbst bei der **engsten möglichen Definition des Marktes** keine beherrschende Stellung begründet oder verstärkt wird.[129] Damit will die Kommission ein Präjudiz für nachfolgende Entscheidungen vermeiden.[130] Außerdem kann sie die Entscheidungen schneller treffen und die Begründung kürzer fassen. Auch der Anmeldende kann solche Präjudizien vermeiden, wenn er darlegen kann, dass auch bei engstem Marktverständnis keine marktbeherrschende Stellung vorliegt.

Eine ausdrückliche **Definition des relevanten Marktes** enthält die **1159** FKVO nicht, obwohl die fusionskontrollrechtliche Beurteilung von Zusammenschlüssen häufig ganz entscheidend von der vorgenommenen Marktabgrenzung abhängt.[131] Somit muss die Entwicklung der Marktabgrenzung von der Kommission anhand des konkreten Fallmaterials vorgenommen werden, wobei diese sich im Fusionskontrollverfahren auf das Vorbringen der jeweiligen Parteien stützen kann. Die Definition des Marktes dient der genauen Abgrenzung des Gebietes, auf dem Unternehmen miteinander in Wettbewerb stehen. Innerhalb dieses Rahmens wendet die Kommission das Wettbewerbsrecht an. Hauptzweck der Marktdefinition ist die systematische Ermittlung der Wettbewerbskräfte, denen sich die beteiligten Unternehmen zu stellen haben. Die angemessene Festlegung des relevanten Marktes ist eine **notwendige Voraussetzung**, um die Wirkungen eines Zusammenschlusses auf den Wettbewerb beurteilen zu können.[132] Die Ermittlung des sachlich und räumlich relevanten Marktes kann nicht willkürlich erfolgen. Entscheidend ist, in welchem geographischen und sachlichen Markt sich die Unternehmen gegenüberstehen.[133]

Trotz unterschiedlicher Regelungsgehalte kann auf die wesentlichen **1160** Überlegungen zum **Marktbegriff der Art. 81, 82 EG** zurückgegriffen werden, was sich auch aus den Überlegungen bei der Konzeption der

---

128 *Bach*, WuW 1993, 805, 809.
129 Exemplarisch für mehrere Märkte im Fall Komm., Entsch. v. 28.4.1992 – Az. IV/ M.126, „ACCOR/Wagons-Lits", WuW/E EV 1961; XXII. WB, Rn. 231.
130 Immenga/Mestmäcker EG-WbR-*Immenga*, Art. 2 FKVO, Rn. 37; Schulte-*Korthals*, Rn. 1206.
131 *Niemeyer*, BB 1991, Beil. 25, 5.
132 EuGH, Urt. v. 31.3.1998 – verb. Rs. C-68/94 u. C-30/95, „K+S/MdK/Treuhand", WuW/E EU-R 31.
133 *Lange*, Räumliche Marktabgrenzung, S. 59.

FKVO ergibt.[134] Der Marktbegriff der FKVO setzt sich wie der des Primärrechts im Wesentlichen aus zwei Elementen zusammen: dem sachlich relevanten und dem räumlich relevanten Markt. Demgegenüber hat die zeitliche Dimension der Marktabgrenzung jedenfalls in der Praxis der europäischen Fusionskontrolle keine weitere Bedeutung erlangt.[135] Obwohl die Marktabgrenzung nach der FKVO und nach Art. 82 EG von der gleichen Prämisse ausgeht,[136] dem **Bedarfsmarktkonzept**,[137] verlangt die auf zukünftige Entwicklungen der Wettbewerbsverhältnisse hin angelegte Fusionskontrolle eine Prognoseentscheidung. Die Missbrauchsaufsicht nach Art. 82 EG verfolgt eine abweichende Zielsetzung. So sind bei der Fusionskontrolle als Strukturkontrolle im Rahmen der Marktabgrenzung dynamische Elemente zu berücksichtigen.[138] Entscheidend ist, wie sich der Markt nach dem Zusammenschluss in einem überschaubaren Zeitraum darstellen wird. Künftige technische Entwicklungen oder Strukturveränderungen können dabei in die Marktabgrenzung einbezogen werden. Diese Betrachtungsweise gilt sowohl für die sachliche als auch die räumliche Marktabgrenzung. Zu lange sollten diese **Prognosezeiträume** allerdings nicht ausfallen, um die Rechtssicherheit und Vorhersehbarkeit der Entscheidungen nicht zu beeinträchtigen. Es wird in einer Abwägung darauf ankommen, ob die Veränderung im relevanten Markt noch hinreichend genau hinsichtlich Umfang und Eintritt der Veränderung bestimmt werden kann. Der bloße Hinweis auf die fortschreitende Vollendung des Binnenmarktes und die Hoffnung auf einheitliche Märkte genügen für die Marktabgrenzung in der Fusionskontrolle nicht.[139]

1161 Um ihrer Entscheidungspraxis mehr Transparenz zu geben, hat die Kommission bereits im Jahr 1997 eine **Bekanntmachung** über die Definition des relevanten Marktes i.S.d. Wettbewerbsrechts der Gemeinschaft veröffentlicht.[140] Sie enthält Anhaltspunkte dafür, wie die Kommission den relevanten Markt i.S.d. Wettbewerbsrechts der Ge-

---

134 Dazu *Krimphove*, Europäische Fusionskontrolle, S. 304 m.w.N.
135 *Bechtold/Bosch/Brinker/Hirsbrunner*, EG-Kartellrecht, Art. 2 FKVO, Rn. 28; siehe auch *Rösler*, Implementierung einer Fusionskontrolle im europäischen Binnenmarkt, S. 115 m.w.N.
136 *Emmerich*, KartR § 40 4a) cc).
137 Siehe dazu Rn. 850 ff.
138 Immenga/Mestmäcker EG-WbR-*Immenga*, Art. 2 FKVO, Rn. 39.
139 Kritisch Langen-*Löffler*, Art. 2 FKVO, Rn. 29 f.
140 Komm., Bek. über die Definition des relevanten Marktes i.S.d. Wettbewerbsrechts der Gemeinschaft, Abl. 1997, Nr. C 372, 5 ff. Die Bekanntmachung wird derzeit überarbeitet.

meinschaft abgrenzt und gilt damit nicht nur für die Fusionskontrolle, sondern für das Wettbewerbsrecht der Gemeinschaft insgesamt. Inhaltlich handelt es sich bei der Abgrenzung des relevanten Marktes um eine rechtliche Bewertung, hinsichtlich der der Kommission ein gewisser Beurteilungsspielraum zusteht.

a) Sachlich relevanter Markt

Die Abgrenzung des sachlich relevanten Marktes ist eine der schwierigsten und entscheidenden Fragen der Fusionskontrolle. Die Ausdehnung des sachlich relevanten Marktes wirkt sich unmittelbar auf die für die Marktbeherrschungsbetrachtung häufig entscheidende Bezugsgröße, den Marktanteil, aus. Mit der sachlichen Marktabgrenzung werden verschiedene Güter zu einem sachlich relevanten Markt zusammengefasst, andere Güter werden von diesem Markt ausgenommen. Eine **Definition** für den sachlich relevanten Markt findet sich in der FKVO nicht. **1162**

Die Kommission bestimmt das relevante Gut und damit die sachliche Marktabgrenzung nach solchen Erzeugnissen, die von den Verbrauchern hinsichtlich ihrer Eigenschaften, Preise und ihres vorgesehenen Verwendungszwecks als austauschbar angesehen werden (**Bedarfsmarktkonzept**).[141] Das relevante Gut ist nach seiner Substituierbarkeit sowie seiner Produkt- und Verwendungsflexibilität festzulegen. Diese wiederum richtet sich nach den Verbraucherinteressen. Abgrenzungsprinzip ist also die subjektive Äquivalenz der Verbraucherinteressen.[142] Entscheidend ist dabei die Sicht der jeweiligen Marktgegenseite, auf Angebotsmärkten sind dies die Abnehmer, auf Nachfragemärkten die Anbieter. Dabei kann die Marktabgrenzung, je nachdem aus welcher Sicht die Austauschbarkeit festzustellen ist, verschieden sein.[143] Die Kommission führt die Abgrenzung nicht immer streng nach der Marktgegenseite durch, sondern lässt auch Faktoren der anderen Seite mit einfließen, berücksichtigt also z. B. auch die Umstellungsflexibilität auf der Angebotsseite.[144] Diese Abgrenzung des **1163**

---

141 Komm., Bek. über die Definition des relevanten Marktes, Abl. 1997, Nr. C 372, 5 Rn. 7.
142 *Canenbley*, FS für Deringer, S. 226, 228; *Ehlermann*, WuW 1991, 535, 540; *Kleemann*, Fordham Corporate Law Institute 1991, 623, 637; Komm., XXII. WB, Rn. 233; *Montag/Heinemann*, ZIP 1992, 1367, 1374.
143 *Niemeyer*, BB 1991, Beil. 25, 5 m. w. N.
144 Loewenheim-*Riesenkampff/Lehr*, Kartellrecht, Bd. 1, Europäisches Recht, Art. 2 FKVO, Rn. 27; *Kleemann*, Fordham Corporate Law Institute 1991, 623, 638; *Niemeyer*, BB 1991, Beil. 25, 6; *Weitbrecht*, EuZW 1993, 687, 688.

sachlich relevanten Marktes nach dem Bedarfsmarktkonzept führt zu keinen grundlegenden Unterschieden zwischen Art. 82 EG und Art. 2 FKVO sowie zwischen deutschem und europäischem Recht.[145]

1164 Um zu prüfen, ob auf Absatzmärkten Nachfragesubstitution besteht, der Verbraucher also alternative Produkte wählen kann und dies auch vernünftig ist, werden als objektivierte Kriterien aus **Sicht eines verständigen Verbrauchers** die Unterschiede der Eigenschaften der Erzeugnisse, die Preisunterschiede und die Unterschiede im Verwendungszweck überprüft.[146] Dabei spielen subjektive, teilweise irrationale Vorstellungen und Empfindungen keine Rolle. Die Kommission stellt auf den typischen, vernünftig denkenden Durchschnittsverbraucher ab. Bei schwierigen Abgrenzungen prüft die Kommission alle relevanten Kriterien und nimmt danach eine Gesamtschau vor.[147] Untersucht wird hierbei, ob für die Abnehmer der Zusammenschlussbeteiligten eine realistische und rationale Möglichkeit besteht, auf beispielsweise eine kleine, nicht nur vorübergehende Erhöhung des relevanten Preises[148] (im Bereich von 5 bis 10 %) für die betreffenden Erzeugnisse und Gebiete in der Weise zu reagieren, dass sie in relativ kurzer Zeit auf andere Erzeugnisse (oder Anbieter aus anderen Gebieten) ausweichen oder ob sie die Preiserhöhung akzeptieren würden.

1165 Dem **Verwendungszweck** kommt die größte Bedeutung als Abgrenzungskriterium zu. Ist der Verwendungszweck bei zwei Produkten identisch, ist eine fehlende Austauschbarkeit in Randbereichen oder die unterschiedliche Beschaffenheit der Produkte unbeachtlich. Die unterschiedliche technische Beschaffenheit von Produkten kann sich ohne weiteres auf den Verwendungszweck auswirken, sodass aufgrund abweichender Verwendungszwecke und abweichender Beschaffenheit

---

145 *Dirksen*, Praktische Erfahrungen im ersten Jahr der Europäischen Fusionskontrolle, S. 119, 129; *Ehlermann*, WuW 1991, 535, 540; *Einsele*, RIW 1992, Beil. 2, 16; *Moosecker*, Praktische Erfahrungen mit der europäischen Fusionskontrolle, S. 37, 46; *Niemeyer*, BB 1991, Beil. 25, 5.

146 *Deimel*, Rechtsgrundlagen einer europäischen Zusammenschlusskontrolle, S. 30; Grabitz/Hilf-*Koch*, Art. 86, Rn. 35; Komm., XXI. WB, Anhang III, S. 401; *Krimphove*, Europäische Fusionskontrolle, S. 306; Monopolkommission, Sondergutachten 17, Rn. 89; *Montag/Heinemann*, ZIP 1992, 1367, 1373; *Siragusa/Subiotto*, WuW 1991, 872, 881.

147 Komm., Entsch. v. 2.10.1991 – Az. IV/M.053, „Aérospatiale-Alenia/de Havilland", WuW/E EV 1675; Entsch. v. 19.7.1991 – Az. IV/M.068, „Tetra Pak/Alfa-Laval", WuW/E EV 1644; *Niemeyer*, BB 1991, Beil. 25, 5.

148 So genannter SSNIP-Test (Small but Significant Non-transitory Increase in Price); dazu *Kokkoris*, ECLR 2005, 209 ff.

bei ansonsten gleich anmutenden Produkten durchaus ein separater Markt angenommen werden kann. Ein identisches Produkt kann ferner unterschiedlichen Märkten angehören, wenn es mehreren Verwendungszwecken dient.[149]

Auch die **Angebotssubstitution** kann Einfluss auf den sachlich relevanten Markt gewinnen, wenn Anbieter benachbarter Produktsegmente zumindest Teile ihrer Produktion schnell, ohne große Kosten und technische Schwierigkeiten auf das relevante Gut umstellen können. Solche Substitutionsprodukte werden in den betroffenen Produktmarkt einbezogen.[150] Verschiedene Produkte gehören aber nur dann zum gleichen Markt, wenn sie so weit miteinander konkurrieren, dass ein wirksamer Wettbewerb gewährleistet ist. Diese Angebotsumstellungsflexibilität kann bei der Marktabgrenzung nach bisheriger Kommissionspraxis jedoch nur berücksichtigt werden, wenn die Umstellung innerhalb eines Jahres möglich ist.[151] Ansonsten findet dieses Kriterium erst Eingang bei der Beurteilung einer marktbeherrschenden Stellung nach Art. 2 FKVO.[152]   **1166**

Obwohl eine ausreichende Substituierbarkeit gewöhnlich zu homogenen Wettbewerbsbedingungen führt, können bei einer unterschiedlichen Angebots- oder Nachfragestruktur unterschiedliche Wettbewerbsbedingungen bestehen. Es wird dann ein gesonderter Markt angenommen werden müssen. Die **Gleichartigkeit der Wettbewerbsbedingungen** wird darum von der Kommission als zweites Grundkriterium zur Marktabgrenzung hinzugezogen.[153] Dieses wertende Kriterium wirkt in beide Richtungen. Denn auch technisch identische Produkte können aufgrund unterschiedlicher Angebots- oder Nachfragestruktur verschiedenen sachlichen Märkten zugeordnet werden. Umgekehrt können relativ heterogene Produkte einen einheitlichen sachlich relevanten Markt bilden, wenn sie beispielsweise über das gleiche Vertriebs-   **1167**

---

149 Komm., Entsch. v. 5. 9. 1994 – Az. IV/M.496, „Marconi/Finmeccanica", Kurzfassung WuW 1995, 119; *Niemeyer*, BB 1991, Beil. 25, 5.

150 Komm., XXI. WB, Anhang III, S. 401; XXII. WB, Rn. 234; *Niemeyer*, BB 1991, Beil. 25, 6.

151 Komm., Entsch. v. 9. 12. 1991 – Az. IV/M.149, „Lucas/Eaton", WuW/E EV 1783; vgl. auch Entsch. v. 26. 1. 1999 – Az. IV/M.1330, „Pechiney/Samancor", *http://europa. eu.int/comm/competition/mergers/cases/decisions/m1330_en.pdf* (15. 11. 2005), wo die Produktionsumstellungsflexibilität bei einer technischen Umstellungsfrist von zwei Jahren verneint wurde.

152 Komm., Entsch. v. 2. 10. 1991 – Az. IV/M.053, „Aérospatiale-Alenia/de Havilland", WuW/E EV 1675.

153 Komm., XXII. WB, Rn. 232; *Weitbrecht*, EuZW 1993, 687, 688.

system auf den Markt gelangen. Die Ergebnisse, die mit dieser Methode erzielt werden, weichen von denen des deutschen Rechts kaum ab.[154]

1168 In den Entscheidungen der Kommission finden sich häufig Bezeichnungen wie „Marktsegment", „Segment" oder „Teilmarkt" für die eigentlich betroffenen sachlich relevanten Märkte. Dies ändert jedoch nichts an der Bestimmung des jeweils sachlich relevanten **(Teil-) Marktes** nach dem Bedarfsmarktkonzept. Teilmärkte entstehen, wenn nahezu identische Produkte an unterschiedliche Abnehmer verkauft werden und/oder für eine unterschiedliche Verwendung bestimmt sind.

1169 Einzelne Abgrenzungsmerkmale[155] können die Eigenschaften des Produkts, also die technisch-physikalischen und/oder chemischen Gegebenheiten, der Preis des Produkts, die Verwendungsmöglichkeiten, Verbraucherpräferenzen, Gewohnheiten der Käufer u. ä. Kriterien sein. Werden mit diesen zu enge Marktabgrenzungen erzielt, können verschiedene Produkte auch zu Produktgruppen oder Produktbündeln zusammengefasst werden.

b) Räumlich relevanter Markt

1170 Die Grenze des geographisch relevanten Marktes stand im Mittelpunkt zahlreicher von der Kommission behandelter Fälle. Seine Bestimmung ist gerade in dem sich dynamisch bildenden europäischen Binnenmarkt einerseits außerordentlich schwierig, andererseits von herausragender Bedeutung.[156] Mit der räumlichen Marktabgrenzung wird das **Territorium** fixiert, auf dem die Auswirkungen des Zusammenschlusses untersucht werden sollen. Die Problematik der Abgrenzung ist erst nach In-Kraft-Treten der FKVO in ihrer ganzen Komplexität deutlich geworden. Auch in anderen Ländern mit langjähriger Fusionskontrollpraxis, wie z. B. den USA, spielt die Frage nach der Abgrenzung des räumlich relevanten Marktes eine große Rolle.

1171 Die Abgrenzung des räumlich relevanten Marktes wird man so weit ziehen müssen, wie die **Austauschbeziehungen** bezüglich des relevanten Gutes zwischen Anbietern und Nachfragern reichen.[157] Danach

---

154 *Weitbrecht*, EuZW 1993, 687, 688 m. w. N.
155 Dazu ausführlich FK-*Rösler*, Art. 2 FKVO, Rn. 27 ff.
156 *Albers*, Auslegungsfragen, S. 99, 103; *Ehlermann*, WuW 1991, 535, 541; *Kleemann*, Fordham Corporate Law Institute 1991, 623, 639; *Niemeyer*, BB 1991, Beil. 25, 6; ausführlich dazu *Lange*, Räumliche Marktabgrenzung, S. 59 ff.
157 *Klaue*, FS für Quack, S. 625, 626.

besteht der relevante geographische Markt aus einem abgegrenzten räumlichen Bereich, auf dem die betroffenen Unternehmen als Anbieter oder Nachfrager von Waren oder Dienstleistungen auftreten, in dem also das relevante Erzeugnis vertrieben wird und in dem die Wettbewerbsbedingungen hinreichend homogen sind, um eine vernünftige Einschätzung der Wirkungen des angemeldeten Zusammenschlusses auf den Wettbewerb zu ermöglichen.[158]

Der räumlich abgegrenzte Markt ist nur von Bedeutung, wenn er zu- **1172** mindest einen **wesentlichen Teil des Gemeinsamen Marktes** darstellt. Andernfalls besteht keine Eingriffsbefugnis der Kommission. Die Bestimmung der Wesentlichkeit des Marktes geschieht nicht absolut nach Gebietsgrenzen, sondern relativ als Kombination von Gebietsgröße und wirtschaftlichen Marktdeterminanten, orientiert sich also an den tatsächlichen ökonomischen Gegebenheiten.[159] Mit Hilfe der Kriterien wird eine komplexe Marktstrukturuntersuchung durchgeführt, die in einer Gesamtschau zur Abgrenzung des räumlich relevanten Marktes führen. Diese Kriterien, insbesondere die Strukturmerkmale, spielen auch im Rahmen der Prüfung der Marktbeherrschung an sich eine zentrale Rolle. An dieser Stelle wird jedoch noch nicht über die Marktbeherrschung entschieden, denn hier dienen die ambivalenten Kriterien nur dazu festzustellen, auf welchem Gebiet die beteiligten Unternehmen tätig sind.[160] Der wesentliche Teil des Gemeinsamen Marktes kann sich also problemlos auch auf einen Teil eines Mitgliedstaates oder grenzüberschreitend auf Teile zweier Mitgliedstaaten beschränken, die Staatsgrenzen als solche werden für die Bestimmung des wesentlichen Teils des Gemeinsamen Marktes mit Blick auf den Binnenmarkt in zunehmender Weise als durchlässig anzusehen sein. Auch regionale und lokale Märkte kommen als wesentlicher Teil des Gemeinsamen Marktes in Betracht. Erfahrungsgemäß stellt die Kommission aber immer noch häufig auf die politischen Ländergrenzen ab und unterscheidet zwischen nationalen Märkten, gemeinschaftsweiten Märkten, EWR-weiten Märkten und weltweiten Märkten, wobei selbst bei dieser Kategorisierung häufig genug Einordnungsschwierigkeiten

---

158 EuGH, Urt. v. 31.3.1998 – verb. Rs. C-68/94 u. C-30/95, „K+S/MdK/Treuhand", WuW/E EU-R 31.

159 *Blank*, Europäische Fusionskontrolle, S. 239 m.w.N.; *Deimel*, Rechtsgrundlagen einer europäischen Zusammenschlusskontrolle, S. 30; *Ebenroth/Parche*, BB 1988, Beil. 18, 7; *Klaue*, FS für Quack, S. 625, 627, 630; Grabitz/Hilf-*Koch*, Art. 86, Rn. 39; Monopolkommission, Sondergutachten 17, Rn. 91 m.w.N.; Immenga/Mestmäcker EG-WbR-*Immenga*, Art. 2 FKVO, Rn. 73.

160 *Albers*, Auslegungsfragen, S. 99, 105; *Montag/Heinemann*, ZIP 1992, 1367, 1375.

auftreten.[161] Die nationalen Grenzen werden im Binnenmarkt zumindest dann zunehmend an Bedeutung verlieren, wenn staatliche Monopole liberalisiert und unterschiedliche technische Normen harmonisiert werden.

1173 Entsprechend der Praxis der Kommission können die in Art. 9 Abs. 7 FKVO genannten Merkmale zur Abgrenzung des **räumlichen Referenzmarktes** herangezogen werden, da keine materiell-rechtlichen Differenzen zwischen der oben angeführten Definition und der Kriterien-Definition des Art. 9 Abs. 7 FKVO bestehen.[162] Zur Abgrenzung des räumlich relevanten Marktes ist danach an diese Kriterien anzuknüpfen.[163]

1174 Die Homogenität der Wettbewerbsbedingungen wird anhand eines **zweistufigen Tests** geprüft:

- Zunächst wird untersucht, ob die Wettbewerbsbedingungen innerhalb des betreffenden Gebietes hinreichend gleichförmig sind.
- Dann ist zu prüfen, ob sich die Wettbewerbsbedingungen hinreichend von denen in angrenzenden Gebieten unterscheiden.

1175 Marktzutrittsschranken liefern die wichtigsten Kriterien zur Überprüfung der Homogenität eines Marktes. Als Marktzutrittsschranken werden strukturelle Umstände eines bestimmten Marktes angesehen, die potenziellen Wettbewerb innerhalb eines Prognosezeitraums verhindern und damit einen Verhaltensspielraum eröffnen.[164] Unterscheiden lassen sich rechtliche und tatsächliche Marktzutrittsschranken. Als Sonderfall der tatsächlichen – und zuweilen auch der rechtlichen – Marktzutrittsschranken werden von der Kommission die technischen Marktzutrittsschranken gesondert beleuchtet.

---

161 *Ehlermann*, EuR 1991, 307, 312; Komm., XXI. WB, Anhang III, S. 402; ausführlich und Beispiele dazu FK-*Rösler*, Art. 2, Rn. 87 ff. und 102 ff.

162 So auch *Bechtold*, FS für Gaedertz, S. 45, 50; *Emmerich*, KartR § 40 4 c; *Kurz*, EG-Fusionskontrollverordnung, S. 231; Immenga/Mestmäcker EG-WGR-*Immenga*, Art. 2 FKVO, Rn. 68; *Montag/Heinemann*, ZIP 1992, 1367, 1374; *Moosecker*, Praktische Erfahrungen mit der europäischen Fusionskontrolle, S. 37, 48; *Jones/González-Díaz*, The EEC Merger Regulation, S. 39; Loewenheim-*Riesenkampf/Lehr*, Kartellrecht, Bd. 1, Europäisches Recht, Art. 2 FKVO, Rn. 31; a. A. *Tilmann*, FS für Gamm, S. 663, 670; kritisch auch *Lange*, Räumliche Marktabgrenzung, S. 65 ff.

163 Komm., XXII. WB, Rn. 237; ausführlich zu den Kriterien *Canenbley*, FS für Deringer, S. 226, 236; *Lange*, Räumliche Marktabgrenzung, S. 141 f.; *Niemeyer*, BB 1991, Beil. 25, 7.

164 Ähnlich Immenga/Mestmäcker EG-WbR-*Immenga*, Art. 2 FKVO, Rn. 150 m. w. N.

Der mit den Marktzutrittsschranken verbundene **potenzielle Wettbe-** **1176**
werb ist zukunftsorientiert und einer Prognose zugänglich.[165] Mit dieser Betrachtung kann berücksichtigt werden, dass mögliche Konkurrenten der am Zusammenschluss beteiligten Unternehmen zwar noch
nicht auf dem relevanten Markt tätig sind, aber jederzeit mit ihrem
Auftreten zu rechnen ist.

Nationale Käuferpräferenzen und unterschiedliche Verbraucherge- **1177**
wohnheiten beeinflussen das Verhalten der Anbieter. So können die
Präferenzen der Käufer in einem Markt qualitätsbewusst, in anderen
eher preisbewusst sein. Auch kulturelle und sprachlich bedingte
Marktzutrittsschranken können z.B. bei Fernsehsendern[166] und Werbe-
unternehmen zu berücksichtigen sein. Ferner spielen Markenpräferen-
zen in diesem Zusammenhang eine Rolle. So wurde beispielsweise
von der Kommission bei Autobussen ein Markt festgestellt, der sehr
stark von nationalen Käuferpräferenzen geprägt ist, was zu einer hohen Marktzutrittsschranke für Wettbewerber aus anderen Mitgliedstaaten führt.[167] Auch bei Lebensversicherungen bestehen unterschiedliche Einstellungen der Konsumenten in verschiedenen Mitgliedstaaten.

Nationalen und internationalen Standards wird ebenfalls eine hohe Be- **1178**
deutung zugemessen. Aufgrund unterschiedlicher nationaler technischer Spezifikationen existieren z.T. Marktzutrittsschranken, die den
Herstellern erhebliche Anpassungskosten verursachen können. Dabei
muss es sich nicht um gesetzlich normierte Standards handeln; auch
die Verwendung freiwilliger Standards in der Industrie ist ausreichend.

Wichtiges Kriterium zur Abgrenzung des räumlich relevanten Marktes **1179**
sind die **Transportkosten**.[168] Sie begrenzen die Verkehrsfähigkeit bestimmter Güter, wenn sie im Verhältnis zum Wert des Produktes zu
hoch sind, was insbesondere bei Getränkeflaschen, Baustoffen, Stahl,
Fernwärme[169] und Abfällen häufig anzutreffen ist.

---

165 *Bechtold*, FS für Gaedertz, S. 45, 51; *Montag/Heinemann*, ZIP 1992, 1367, 1375;
   Sedemund, FS für Deringer, S. 379, 387.
166 Komm., Entsch. v. 27.5.1998 – Az. IV/M.993, „Bertelsmann/Kirch/Premiere",
   WuW/E EU-V 222.
167 Komm., Entsch. v. 7.11.1990 – Az. IV/M.004, „Renault/Volvo", WuW/E EV 1542,
   kritisch dazu *Fox*, Fordham Corporate Law Institute 1991, 709, 733.
168 Komm., Bek. über die Definition des relevanten Marktes, Abl. 1997, Nr. C 372, 5
   Rn. 50.
169 Komm., Entsch. v. 20.1.1999 – Az. IV/M.1402, „Gaz de France/BEWAG/GA-
   SAG", WuW EU-V 368.

1180 Weitere Merkmale sind Vertriebssysteme, nationale Beschaffungspolitik öffentlicher Nachfrager, Preisunterschiede, Gebietsstruktur, Zahl und Größenordnung von Nachfragern und Anbietern, Unternehmensstandort, Produkteigenarten, Produktvielfalt, Transportwege, Struktur der Nachfrageseite, notwendige Präsenz vor Ort etc.

3. Erhebliche Behinderung wirksamen Wettbewerbs

a) Allgemeines

1181 Ist der relevante Markt abgegrenzt, ist nach den Eingreifkriterien der FKVO zu prüfen, ob infolge des Zusammenschlusses wirksamer Wettbewerb im Gemeinsamen Markt oder in einem wesentlichen Teil desselben **erheblich behindert** würde, insbesondere durch **Begründung oder Verstärkung einer marktbeherrschenden Stellung**. Dieser, im Rahmen der Neubekanntmachung der FKVO im Jahr 2004 erstmals eingeführte neue Beurteilungsmaßstab verbindet Elemente des US-amerikanischen, aber auch kanadischen und australischen SLC-Tests („Substantial Lessening of Competition") mit dem bisherigen Marktbeherrschungstest zu einer eigenständigen europäischen Lösung. Inwieweit sich die Änderung des materiellen Bewertungsmaßstabs für die Beurteilung von Zusammenschlüssen in der künftigen Fusionskontrollpraxis auswirken und damit gegenüber dem reinen Marktbeherrschungsbegriff zu abweichenden Ergebnissen führen wird, bleibt abzuwarten. Dem Erwägungsgrund Nr. 25 VO 139/2004 ist zu entnehmen, dass sich der Begriff der erheblichen Wettbewerbsbehinderung ausschließlich auf solche Zusammenschlüsse erstrecken soll, die wettbewerbsschädigende Auswirkungen aufgrund **nicht koordinierten Verhaltens** von Unternehmen zum Gegenstand haben, ohne auf dem jeweiligen Markt eine marktbeherrschende Stellung zur Folge zu haben. Für den Regelfall eines Zusammenschlusses, der nicht zu unilateralen (sprich: unkoordinierten) Effekten im Rahmen einer oligopolistischen Marktstruktur führt, ist damit der Marktbeherrschungstest nicht nur als Unterfall der erheblichen Behinderung wirksamen Wettbewerbs anzusehen, sondern mit dieser im Ergebnis gleichzusetzen.[170] Infolgedessen sind die Entscheidungen der Kommission und der europäischen Gerichte auch weiterhin für die Auslegung des Art. 2 Abs. 3 FKVO heranzuziehen.[171]

---

170 So auch Loewenheim-*Simon*, Kartellrecht, Bd. 1, Europäisches Recht, Einführung FKVO, Rn. 48.
171 Vgl. Erwägungsgrund Nr. 26 der VO 139/2004.

Für die Frage, ob eine wesentliche Behinderung wirksamen Wettbe- **1182** werbs vorliegt, spielt es keine Rolle, in welchem Land der Zusammenschluss stattfindet, solange sich die Wettbewerbsbehinderung nur **im Gemeinsamen Markt** oder einem wesentlichen Teil desselben auswirkt. Auch bei reinen Auslandszusammenschlüssen ist der FKVO nicht zu entnehmen, dass sie auf solche Zusammenschlüsse keine Anwendung finde. Der durch die marktbeherrschende Stellung im Gemeinsamen Markt hergestellte Gemeinschaftsbezug genügt auch völkerrechtlichen Kriterien.[172]

Die Begründung der marktbeherrschenden Stellung als Regelfall der **1183** erheblichen Wettbewerbsbehinderung korrespondiert mit dem deutschen Merkmal der Entstehung, verlangt also, dass sich durch einen Zusammenschluss eine marktbeherrschende Stellung erstmals ergibt.[173] Nach dem Wortlaut der FKVO wird neben der Begründung einer marktbeherrschenden Stellung auch die **Verstärkung** derselben erfasst.

Die Verstärkung der marktbeherrschenden Stellung setzt voraus, dass **1184** eine bereits bestehende beherrschende Stellung **nochmals intensiviert** wird. Dabei ist davon auszugehen, dass nur bei einer erheblichen und marktbezogenen Verstärkung der marktbeherrschenden Stellung von der Kommission eingegriffen wird. Die Erhöhung eines bereits erheblichen Marktanteils um weniger als 5 % ist nicht notwendigerweise ausreichend, um eine Verstärkung einer marktbeherrschenden Stellung anzunehmen.[174] Im deutschen Recht existiert keine entsprechende Regelung, in der Praxis genügt jedoch jede nachweisbare Verstärkung.

Der **Begriff der marktbeherrschenden Stellung** wird weder in der **1185** FKVO noch im EG definiert. Die FKVO und das gesamte europäische Recht enthalten auch keine Vermutungstatbestände für das Entstehen oder Verstärken einer marktbeherrschenden Stellung.[175] Bei der Prüfung der Vereinbarkeit eines Zusammenschlusses mit dem Gemeinsamen Markt sind jedoch die Beurteilungskriterien des Art. 2 Abs. 1 FKVO zu Grunde zu legen. Darüber hinaus kann auf Rechtsprechung

---

172 Dazu Komm., Entsch. v. 8.7.1998 – Az. IV/M.1069, „WorldCom/MCI", WuW/E EU-V 322.
173 *Bechtold*, FS für Gaedertz, S. 45, 57.
174 Komm., Entsch. v. 26.6.1998 – Az. IV/M.1168, „Deutsche Post/DHL", WuW/E EU-V 159.
175 *Bechtold*, § 23 a, Rn. 24; *Rösler*, Implementierung einer Fusionskontrolle im europäischen Binnenmarkt, S. 155 f.

und Praxis zu Art. 82 EG zurückgegriffen werden,[176] da sich die FKVO auf Art. 83, 82 EG stützt und damit eine einheitliche Auslegung des Wettbewerbsrechts der Gemeinschaft i. S. d. Art. 3 lit. g EG gewährleistet wird. Im Hinblick auf das System der Wettbewerbskontrolle in der EG erscheint dies sogar zwingend.[177] Die Übernahme der für die Missbrauchsaufsicht nach Art. 82 EG entwickelten Definition der Marktbeherrschung für die Fusionskontrolle ist schon in der Systematik der FKVO angelegt.[178] Zu beachten ist allerdings, dass die Feststellung der Marktbeherrschung im Rahmen der Missbrauchsaufsicht auf einen bestimmten Zeitraum und auf ein konkretes missbräuchliches Handeln der betroffenen Unternehmen bezogen ist. Bei der Fusionskontrolle ist sie eher Gegenstand einer Prognose, sie ist also mehr struktur- und zukunftsorientiert, was zu Anwendungsunterschieden führen kann und was die Handhabung der Definition in der Praxis erheblich erschwert.[179]

1186 Nach der inzwischen zur Standardformel gewordenen Definition des EuGH ist die beherrschende Stellung als die **wirtschaftliche Machtstellung** eines Unternehmens anzusehen, welche dieses in die Lage versetzt, die Aufrechterhaltung eines wirksamen Wettbewerbs auf dem relevanten Markt zu verhindern, indem sie ihm die Möglichkeit verschafft, sich seinen Wettbewerbern, seinen Abnehmern und schließlich den Verbrauchern gegenüber in einem nennenswerten Umfang unabhängig zu verhalten.[180] Diese Definition ist durch die **Unabhängigkeit des beherrschenden Unternehmens** gekennzeichnet, welche sich in einem vom

---

176 *Bach*, WuW 1993, 805; *Jones/González-Díaz*, The EEC Merger Regulation, S. 130; *Kamburoglou*, WuW 1992, 305, 307; Immenga/Mestmäcker EG-WGR-*Immenga*, Art. 2 FKVO, Rn. 14 m. w. N.; *Kleemann*, Fordham Corporate Law Institute 1991, 623, 642; *Niemeyer*, Die Europäische Fusionskontrollverordnung, S. 21; Langen-*Löffler*, Art. 2 FKVO, Rn. 116; *Stockenhuber*, Die Europäische Fusionskontrolle, S. 192; ausführlich dazu *Marko*, Behinderung wirksamen Wettbewerbs, S. 33.

177 *Miersch*, Kommentar FKVO, Art. 2 Anm. II. 1. a); *ders.*, Europäische Fusionskontrolle, S. 74.

178 *Bach*, WuW 1993, 805, 806; *Fox*, Fordham Corporate Law Institute 1991, 709, 741.

179 *Bach*, WuW 1993, 805, 808; *Goyder*, EC Competition Law, S. 399; Komm., XXI. WB, Anhang III, S. 406; Monopolkommission, Sondergutachten 17, Rn. 83.

180 EuGH, Urt. v. 11. 12. 1980 – Rs. 31/80, „L'Oréal", Slg. 1980, 3775, 3793; Urt. v. 13. 2. 1979 – Rs. 85/76, „Hoffmann-La Roche", Slg. 1979, 461, 520; Urt. v. 14. 2. 1978 – Rs. 27/76, „United Brands/Kommission", Slg. 1978, 207; Komm., XXI. WB, Rn. 110; Immenga/Mestmäcker EG-WGR-*Immenga*, Art. 2 FKVO, Rn. 14 m. w. N.; *Miersch*, Kommentar FKVO, Art. 2 Anm. II. 1. b) m. w. N.; *ders.*, Europäische Fusionskontrolle, S. 75 m. w. N.; *Siragusa/Subiotto*, WuW 1991, 872, 885.

Wettbewerb nicht kontrollierten Verhaltensspielraum bemerkbar macht, der zur Verhinderung wirksamen Wettbewerbs benutzt werden kann.[181] Die Definition des EuGH deckt horizontale wie vertikale Verhältnisse ab; die beherrschende Stellung muss also gegenüber den Wettbewerbern *und* den Nachfragern bestehen, womit auch die von den Nachfragern ausgehende Gegenmacht in die Beurteilung einbezogen werden kann.

Ein **Markt** ist durch das Aufeinandertreffen von Angebot und Nachfrage gekennzeichnet, welches in einem zeitlich begrenzten Rahmen erfolgt. Obwohl dies der Wortlaut der FKVO nicht ausdrücklich vorsieht, sind auch die zu erwartenden **Auswirkungen des Zusammenschlusses auf den Wettbewerb** zu berücksichtigen. Damit muss eine zuverlässige Prognose über die Auswirkungen des Zusammenschlusses auf den Wettbewerb in einem überschaubaren Zeitraum möglich sein.[182] Mittel- oder langfristige Veränderungen von Angebot und Nachfrage genügen nicht. Auch rein hypothetische Gesichtspunkte, die häufig von den Beteiligten vorgebracht werden, deren wirtschaftliche Bedeutung zum Zeitpunkt des Erlasses der Entscheidung aber nicht abgeschätzt werden kann, darf die Kommission nicht berücksichtigen.[183] Die zeitliche Abgrenzung des Marktes über die **Prognose** der Auswirkungen auf den Markt ist eng mit den Kriterien zur Beurteilung der marktbeherrschenden Stellung verbunden und wird in der Praxis meist zusammen betrachtet. Die Kommission hat im Fall *Lucas/Eaton*[184] bei der Beurteilung der Angebotssituation zwischen verschiedenen Bremssystemen einen Zeitraum von einem Jahr berücksichtigt. Je nach Einzelfall können auch Zeiträume von 3 bis 5 Jahren als relevant anzusehen sein.[185] **1187**

Außerdem muss der relevante Markt eine gewisse **Dauerhaftigkeit** aufweisen, die sich auch aus regelmäßiger saisonaler Wiederholung ergeben kann. Denn nur eine auf Dauer angelegte beherrschende Stellung stellt eine tatsächliche Bedrohung für den Wettbewerb des Marktes dar.[186] Im Fall *Aérospatiale-Alenia/de Havilland*[187] hat die Kommission festgestellt, dass durch einen zu erwartenden Marktzutritt **1188**

---

181 *Miersch*, Kommentar FKVO, Art. 2 Anm. II. 1. b); *ders.*, Europäische Fusionskontrolle, S. 75, 167.

182 *Sauter*, Zwei Jahre Praxis der Europäischen Fusionskontrolle, S. 18.

183 EuGI, Urt. v. 19. 5. 1994 – Rs. T-2/93, „Air France/Kommission", EuZW 1994, 534 mit Anm. *Heidenhain*.

184 Komm., Entsch. v. 9. 12. 1991 – Az. IV/M.149, „Lucas/Eaton", WuW/E EV 1783.

185 Immenga/Mestmäcker EG-WbR-*Immenga*, Art. 2 FKVO, Rn. 23.

186 Komm., XXI. WB, Rn. 110; *Krimphove*, Europäische Fusionskontrolle, S. 306.

187 Komm., Entsch. v. 2. 10. 1991 – Az. IV/M.053, „Aérospatiale-Alenia/de Havilland", WuW/E EV 1675.

eines starken Wettbewerbers die marktbeherrschende Stellung in kurzer Zeit abgebaut würde, die Stellung des Unternehmens im Markt also nicht von Dauer wäre.[188] Auch bei dieser Betrachtung muss eine zuverlässige Prognose möglich sein. Reine Hypothesen, deren wirtschaftliche Bedeutung zum Zeitpunkt des Erlasses der Entscheidung noch nicht abgeschätzt werden kann, genügen nicht.[189]

1189 Ein Zusammenschluss kann nur untersagt werden, wenn er für die erhebliche Wettbewerbsbehinderung auf dem relevanten Markt **kausal** ist.[190] Zur Bejahung der Kausalität genügt, dass der Zusammenschluss eine notwendige Bedingung für die Strukturverschlechterung des Wettbewerbs ist. Im Regelfall wird die Kausalität gegeben sein.

1190 Lediglich bei **Sanierungsfusionen** wurde die Kausalität von der Kommission in der bisherigen Praxis nach der **Failing-Company-Defence-Doktrin** verneint.[191] Diese wurde vom EuGH in der Entscheidung Sachen *K+S/MdK/Treuhand*[192] bestätigt. Danach entfällt die Kausalität, wenn das sanierungsbedürftige erworbene Unternehmen ohne die Übernahme kurzfristig aus dem Markt ausscheiden würde, die Marktposition des erworbenen Unternehmens im Falle seines Ausscheidens dem erwerbenden Unternehmen ohnehin zuwachsen würde und es keine Erwerbsalternative gibt, die den Wettbewerb weniger schädigt als der geplante Zusammenschluss. Eine solche Privilegierung sollte auch dann in Betracht kommen, wenn nur einzelne Geschäftsbereiche eines Unternehmens in wirtschaftlichen Schwierigkeiten sind („Failing Division Defense"), sofern hinsichtlich dieses Geschäftsbereichs die oben genannten Voraussetzungen erfüllt sind und die übrigen Geschäftsbereiche andere Märkte betreffen und entweder nicht mit übernommen oder abgestoßen werden oder ihre Übernahme auf diesen Märkten keine erhebliche Behinderung wirksamen Wettbewerbs zur Folge hat.[193]

---

188 Komm., XXI. WB, Anhang III, S. 407.
189 EuGI, Urt. v. 19.5.1994 – Rs. T-2/93, „Air France/Kommission", EuZW 1994, 534 mit Anm. *Heidenhain*.
190 *Emmerich*, KartR § 40 4a) cc).
191 Komm., Entsch. v. 2.10.1991 – Az. IV/M.053, „Aérospatiale-Alenia/de Havilland", WuW/E EV 1675; vgl. auch Wiedemann KartR-*Wagemann*, § 16, Rn. 139ff. und Komm., Entsch. v. 27.5.1998 – Az. IV/M.993, „Bertelsmann/Kirch/Premiere", WuW/E EU-V 222; dazu ausführlich *Bergau*, Sanierungsfusion, 147ff. und passim.
192 EuGH, Urt. v. 31.3.1998 – verb. Rs. C-68/94 u. C-30/95, „K+S/MdK/Treuhand", WuW/E EU-R 31, wobei der EuGH nicht die in diesem Punkt klare Sprache der Kommission spricht; so auch *Emmerich*, AG 1998, 541.
193 FK-*Schröer*, Art. 2 FKVO, Rn. 288.

b) Begründung oder Verstärkung einer marktbeherrschenden Stellung
als Unterfall der Wettbewerbsbehinderung

Da das Merkmal des erheblichen Verhaltensspielraumes im Bereich   1191
der Fusionskontrolle wegen des prognostischen Elementes der Entscheidung nicht unmittelbar operationalisierbar ist, bedarf dessen Umsetzung geeigneter **Unterkriterien.**[194] Solche sind in Art. 2 Abs. 1
lit. a und b FKVO explizit aufgeführt. Diese konkretisieren trotz der
umgekehrten systematischen Stellung die Generalklausel in Art. 2
Abs. 3 FKVO.[195] In ihren bisherigen Entscheidungen hat die Kommission die folgenden Kriterien immer in einer Gesamtbetrachtung gewürdigt. Alle relevanten Kriterien fließen dabei in die Gesamtwürdigung ein.

Es besteht ein enger Zusammenhang zwischen der wettbewerbspoliti-   1192
schen Konzeption einer Zusammenschlusskontrollregelung und den
Beurteilungskriterien. Dabei kann die Konzeption bei einer rein wettbewerblich orientierten, einer industriepolitisch motivierten Regelung
oder dazwischen liegen. Die **wettbewerbspolitische Grundkonzeption** einer Zusammenschlusskontrolle spiegelt sich in ihren Auf- und
Eingreifkriterien genauso wie im Verfahren wider und wirkt sich vor
allem auf die Entscheidungen in der Fusionskontrollpraxis aus. Damit
handelt es sich wohl um das wichtigste Spannungsverhältnis, in dem
Konzeption und Anwendung der Fusionskontrolle stehen. Dieses
Spannungsverhältnis erhält auf europäischer Ebene eine zusätzliche
Dimension dadurch, dass in den Mitgliedstaaten unterschiedliche Ansätze vertreten werden. Es kann heute davon ausgegangen werden,
dass die wettbewerbspolitischen Ansätze in der praktischen Umsetzung der FKVO überwiegen.

Neben dem Verhältnis von Angebot und Nachfrage, der Marktstruktur,   1193
dem tatsächlichen und potenziellen Wettbewerb, der wirtschaftlichen
Macht und Finanzkraft, den Wahlmöglichkeiten für Lieferanten und
Abnehmer, dem Zugang zu den Beschaffungs- und Absatzmärkten,
den Interessen der Zwischen- und Endverbraucher sowie der Entwicklung des technischen und wirtschaftlichen Fortschritts kommt vor
allem den **Marktzutrittsschranken und der Marktstellung** bzw.
dem Marktanteil bei der Beurteilung einer marktbeherrschenden Stellung große Bedeutung und eine gewisse Sonderstellung zu.[196] Das

---

194 *Bach,* WuW 1993, 805, 809.
195 *Niederleithinger,* EWS 1990, 73, 77.
196 Zu den anderen Kriterien ausführlich FK-*Rösler,* Art. 2, Rn. 138 ff.

Wort *insbesondere* im Wortlaut des Art. 2 Abs. 1 FKVO impliziert, dass dessen Kriterien nur als Beispiele ohne abschließenden Regelungsgehalt angesehen werden und weitere Merkmale zur Beurteilung herangezogen werden können. Ein Ausschluss anderer relevanter Gesichtspunkte würde im Rahmen der einzelfallbezogenen Prüfung sogar zu verfälschten Ergebnissen führen.[197]

aa) Marktanteil und Marktkonzentration

1194 Dieses Kriterium bildet regelmäßig den Ausgangspunkt der wettbewerblichen Würdigung und zugleich ein zentrales Mittel zur Ermittlung der Marktstruktur. Abzustellen ist auf die **Position des Unternehmens** im Verhältnis zu seinen Konkurrenten. Zunächst ist die Stellung der zusammengeschlossenen Unternehmen zu betrachten und einer qualitativen Betrachtung zu unterwerfen. Für die Marktstellung ist das Verhältnis der Wettbewerber zueinander und damit deren Anzahl und Bedeutung zu ermitteln. Parallel sind Vorteile wie höhere Erfahrung, höhere Produktionskapazitäten, breitere Produktpalette, bessere Vertriebsnetze, langfristige Liefervereinbarungen mit Kunden etc. zu betrachten. So sollen die Leistungsfähigkeit und der Erfolg eines Unternehmens im Wettbewerb beurteilt werden. Insbesondere in dynamischen und innovativen Märkten sind Marktanteile aber weniger wichtig und geben oft nur eine Situationsbeschreibung ab, die sich schnell ändern kann. Hohe Marktanteile während der Expansionsphase wie z. B. in der Mikroelektronik sind nichts Außergewöhnliches.[198]

1195 Als weiteres Beherrschungsmerkmal erlangen vor allem die **relativen Marktanteile**, also die Verteilung der übrigen Marktanteile auf die Wettbewerber, an Bedeutung. Je größer der Abstand zum wichtigsten Konkurrenten, desto höher die Wahrscheinlichkeit einer beherrschenden Stellung, wobei zu berücksichtigen ist, dass keine absolute Linie gezogen werden kann; es kommt vielmehr immer auf das Zusammenspiel mehrerer Faktoren in einer Gesamtbetrachtung an.[199] Als Gegengewichte zur Marktstellung der zusammengeschlossenen Unternehmen

---

197 *Miersch*, Kommentar FKVO, Art. 2 Anm. II. 3. b) ii).

198 *Bach*, WuW 1993, 805, 809; *Ehlermann*, WuW 1991, 535, 542; *Montag/Heinemann*, ZIP 1992, 1367, 1377; *Niemeyer*, BB 1991, Beil. 25, 9.

199 *Bach*, WuW 1993, 805, 811; *Kleinmann*, RIW 1992, 345, 349; Grabitz/Hilf-*Koch*, Art. 86, Rn. 24; Komm., XXII. WB, Rn. 249; Monopolkommission, Sondergutachten 17, Rn. 85; *Niemeyer*, BB 1991, Beil. 25, 9 m. w. N.; *Siragusa/Subiotto*, WuW 1991, 872, 887; *Venit*, European Law Review – Competition Law Checklist 1991, 113, 139.

kommen die Stärke der verbleibenden Wettbewerber und die Nachfragemacht der Abnehmer in Betracht. Die Stärke der verbleibenden Wettbewerber ist nach Variablen wie deren Anzahl, deren Stärke, die Streuung der Wettbewerber und der Abstand zum fusionierten Unternehmen zu beurteilen. Die Möglichkeit einer marktbeherrschenden Stellung wird regelmäßig verneint, wenn ein von den Marktanteilen her gleich starker Wettbewerber vorhanden ist und keine Hinweise auf eine oligopolistische Marktstruktur vorliegen.

Eine Vorschrift für die Berechnung der Marktanteile und der Zurech- **1196** nung von Marktanteilen verbundener Unternehmen existiert in der FKVO nicht. Art. 5 FKVO[200] gilt nur für die **Umsatzberechnung** zur Beurteilung der Aufgreifschwellen des Art. 1 FKVO. Entscheidend für die Einbeziehung des Marktanteils bei untergeordneten Unternehmen ist die Abhängigkeit des verbundenen Unternehmens. Nur wenn Einflussmöglichkeiten auf das Marktverhalten des verbundenen Unternehmens bestehen, wirkt sich der Marktanteil dieses Unternehmens auch auf die Marktstellung der an der Fusion beteiligten Unternehmen aus. Bezugsgröße für die Berechnung des Marktanteils ist der Absatz im räumlich relevanten Markt ohne Ausfuhr, einschließlich Einfuhr.[201] Marktanteile können nach Absatzmengen oder nach Absatzwert berechnet werden. Die Ergebnisse können sich erheblich unterscheiden. Die Kommission nimmt die Berechnung regelmäßig nach dem wertmäßigen Umsatz vor, was insbesondere bei hochwertigen Produkten den Marktanteil besser widerspiegelt. Auch im Fall *Nestlé/Perrier*[202] hat die Kommission wertmäßige Marktanteile zumindest bei erheblichen Preisunterschieden für aussagekräftiger gehalten.[203] Eine wertmäßige Marktanteilsbetrachtung hätte die Kommission besser auch im Fall *Aérospatiale-Alenia/de Havilland*[204] durchgeführt. Die von ihr benutzte Multiplikationsmethode, Sitze mal Einheiten, hat zu einigen Verzerrungen bei der Beurteilung der Marktstellung der beteiligten Unternehmen geführt.[205]

---

200 Siehe hierzu Rn. 1147 ff.
201 *Niemeyer*, BB 1991, Beil. 25, 8.
202 Komm., Entsch. v. 22.7.1992 – Az. IV/M.190, „Nestlé/Perrier", WuW/E EV 1903; dazu *Kerber*, WuW 1994, 21 und *Pathak*, European Law Review – Competition Law Checklist 1992, 132, 157.
203 *Bach*, WuW 1993, 805, 811.
204 Komm., Entsch. v. 2.10.1991 – Az. IV/M.053, „Aérospatiale-Alenia/de Havilland", WuW/E EV 1675.
205 *Kleinmann*, RIW 1992, 345, 348.

1197 Ist die Berechnung des Umsatzes nicht möglich oder fehlt es ihm an Aussagekraft, können **andere Größen zur Bestimmung des Marktanteils** herangezogen werden. Denkbar ist die Auftragslage oder die Produktionskapazität, sofern die Wettbewerber eine vergleichbare Auslastung haben. In einigen Branchen sind auch spezielle Betrachtungen notwendig, so können z. B. beim Fernsehen auch Werbeeinnahmen i.V.m. Zuschauerzahlen (Einschaltquoten) als Berechnungsgrundlage herangezogen werden.[206] Im Internet-Bereich hat die Kommission im Fall *WorldCom/MCI*[207] eine auf Einnahmen und den Verkehrsfluss gestützte Methode angewandt. Bei Großprodukten wie im Anlagenbau oder bei Flugzeugen etc. sollte eine Referenzperiode als Berechnungszeitraum herangezogen werden, die Zufälligkeiten bei ungleichem Rhythmus von Aufträgen und Lieferungen berücksichtigt. Regelmäßig werden in solchen Fällen Marktanteilsbetrachtungen also in einem Zeitraum zwischen drei bis fünf Jahren sinnvoll sein.[208]

1198 Ausgangspunkt zur Beurteilung einer marktbeherrschenden Stellung mit Hilfe des Kriteriums Marktanteil ist die Betrachtung des **absoluten Marktanteils**. Es gibt keine gesetzliche Vermutung, dass relativ hohe Marktanteile regelmäßig zu einer Marktbeherrschung führen. Das Vokabular der Kommission ist in Bezug auf hohe, relativ hohe und sehr hohe Marktanteile nicht immer einheitlich. Hohe Marktanteile sind jedoch ein starkes Indiz für die Marktbeherrschung, sofern sie auch ein verlässlicher Indikator für zukünftige Bedingungen sind. Obwohl auf Art. 82 EG im Rahmen der Fusionskontrolle nur begrenzt zurückgegriffen werden kann, ist mit der Entscheidungspraxis des EuGH zu Art. 82 EG bei Marktanteilen von über 75% regelmäßig eine beherrschende Stellung anzunehmen.[209] Nach den von der Kommission herausgegebenen **Leitlinien** zur Bewertung horizontaler Zusammenschlüsse[210] können Marktanteile von 50% oder mehr für sich genommen als Hinweis für das Vorliegen einer marktbeherrschenden Stellung gelten. Aber auch Marktanteile unter 50% können je nach den sonstigen Strukturmerkmalen des betroffenen Marktes wettbewerbliche Bedenken hervorrufen. Hier sind allerdings regelmäßig weitere Beherrschungsmerkmale zur Annahme einer marktbeherrschen-

---

206 Immenga/Mestmäcker EG-WbR-*Immenga*, Art. 2 FKVO, Rn. 104 m. w. N.
207 Komm., Entsch. v. 8. 7. 1998 – Az. IV/M.1069, „WorldCom/MCI", WuW/E EU-V 322.
208 *Kleinmann*, RIW 1992, 345, 348.
209 Grabitz/Hilf-*Jung*, Art. 82, Rn. 82 m. w. N.; siehe auch *Pathak*, European Law Review – Competition Law Checklist 1992, 132, 160.
210 Abl. 2004, Nr. C 31, 5 Rn. 17.

den Stellung notwendig.[211] Auch bei Marktanteilen zwischen 25 und 50% ist eine beherrschende Stellung möglich, vorausgesetzt, es kommen weitere starke Kriterien hinzu. Umgekehrt kann aber auch bei Marktanteilen von 50% und mehr aufgrund effektiver Wettbewerber eine Marktbeherrschung ausgeschlossen sein.[212]

Bei der Marktanteilsbetrachtung unterscheidet die Kommission überdies vielfach zwischen Angebots- und Nachfragemärkten. Die Kommission lässt sich hierbei in Bezug auf Zusammenschlüsse auf der **Nachfrageseite** von der Erwägung leiten, dass bereits vergleichsweise geringe Marktanteile auf der Beschaffungsseite durch Abschottung der Wettbewerber von Lieferquellen die Nachfragemacht erheblich stärken können.[213] Auch der Marktphase kommt insoweit Bedeutung zu. So haben hohe Marktanteile auf ausgereiften Märkten eine weitaus größere Bedeutung als auf jungen, sich erst neu entwickelnden Märkten. Nach Erwägungsgrund Nr. 32 FKVO und der bisherigen Praxis der Kommission indiziert ein Marktanteil von unter 25% die mangelnde Eignung des Zusammenschlusses zur Behinderung wirksamen Wettbewerbs.[214] Marktanteile von weniger als 15% können bereits verfahrenstechnisch nicht zu einer marktbeherrschenden Stellung führen, da nach dem Formblatt CO ein Markt erst ab einem gemeinsamen Marktanteil von 15% als vom Zusammenschluss betroffen gilt. **1199**

Bei der Beurteilung der Marktanteile besteht eine nicht unerhebliche **Spannung zwischen der deutschen und der europäischen Fusionskontrolle.** Dies wird insbesondere im Bereich der geringeren Marktanteile deutlich. Für die Kommission stellen 25% Marktanteil eine Bagatelle dar, während das BKartA ab 33% bereits eine Marktbeherrschung vermutet.[215] Gerade im Fall *Varta/Bosch*[216] hat dies das BKartA zu einiger Kritik veranlasst.[217] **1200**

---

211 Komm., Entsch. v. 11.12.1998 – Az. IV/M.1293, „BP/Amoco", WuW/EU-V 400; *Deimel*, Rechtsgrundlagen einer europäischen Zusammenschlusskontrolle, S. 37; *Röhling*, ZIP 1990, 1179, 1182.
212 Komm., Entsch. v. 23.10.1998 – Az. IV/M.1298, „Kodak/Imation", WuW/E EU-V 287.
213 Vgl. Komm., Entsch. v. 3.2.1999 – Az. IV/M.1221, „Rewe/Meinl", Abl. 1999, Nr. L 274, 1; Entsch. v. 25.1.2000 – Az. IV/M.1684, „Carrefour/Promodès", http://europa.eu.int/comm/competition/mergers/cases/decisions/m1684_fr.pdf (15.11.2005).
214 Komm., XXI. WB, Anhang III, S. 408.
215 *Bechtold*, Fordham Corporate Law Institute 1992, 343, 353.
216 Komm., Entsch. v. 31.7.1991 – Az. IV/M.012, „Varta/Bosch", WuW/E EV 1701.
217 *Löffler*, Ein Jahr europäische Fusionskontrolle, S. 115, 117.

1201 Schließlich berücksichtigt die Kommission in ihrer jüngeren Entscheidungspraxis in Fällen, die einer vertieften Prüfung in Phase II unterworfen werden, zunehmend auch den **Konzentrationsgrad** der jeweils betroffenen Märkte zur Erfassung der horizontalen Auswirkungen eines Zusammenschlusses. Hierzu bedient sie sich des in der US-amerikanischen Fusionskontrollpraxis gebräuchlichen **Herfindahl-Hirschman-Indexes** (HHI).[218] Der HHI wird durch die Summe des Quadrats der jeweiligen Marktanteile sämtlicher auf einem Markt tätiger Unternehmen berechnet. Hierbei wird der HHI vor dem Zusammenschluss demjenigen nach Vollzug des Zusammenschlusses gegenüber gestellt. Die Veränderung des HHI spiegelt die Veränderung des Konzentrationsgrades nach dem Zusammenschluss wider und wird als sog. „Delta" bezeichnet. Zusammenschlüsse, bei denen der HHI nach dem Zusammenschluss unterhalb von 1.000 bleibt, begegnen danach in der Regel keinen Wettbewerbsbedenken. Entsprechendes gilt für Zusammenschlüsse, bei denen der HHI zwischen 1.000 und 2.000 liegt und das Delta unter 250 bleibt bzw. der HHI über 2.000 liegt und das Delta weniger als 150 beträgt.

bb) Nachfragemarkt

1202 Effektive Möglichkeiten der Marktgegenseite, durch Druck auf die Anbieter die Entstehung eines vom Wettbewerb nicht hinreichend kontrollierten Verhaltensspielraums zu begrenzen, können selbst hohe Marktanteile relativieren und damit verhindern, dass durch einen Zusammenschluss auf der Anbieterseite wirksamer Wettbewerb erheblich behindert wird. Auch wenn die **Nachfragemacht** in dem Kriterienkatalog des Art. 2 Abs. 1 FKVO nicht ausdrücklich benannt ist, stellt sie doch ein wesentliches Element zur Feststellung der Ausweichmöglichkeiten der Abnehmer und damit der Marktstärke der sich zusammenschließenden Anbieter dar. Nach der von der Kommission verwendeten Definition ist als Nachfragemacht die Verhandlungsmacht anzusehen, die ein Käufer gegenüber seinem Lieferanten angesichts seiner Größe, seiner wirtschaftlichen Bedeutung für den Verkäufer und seiner Fähigkeit ausspielen kann, zu anderen Lieferanten überzuwechseln.[219] Die Nachfragemacht kann darin begründet sein, dass

---

218 Siehe hierzu vor allem Komm., Leitlinien zur Bewertung horizontaler Zusammenschlüsse, Abl. 2004, Nr. C 31, 5 Rn. 16, 19 ff. sowie schon zuvor *Hildebrand*, The Role of Economics Analysis in the EC Competition Rules, 97 f., 267, 275.

219 Komm., Leitlinien zur Bewertung horizontaler Zusammenschlüsse, Abl. 2004, Nr. C 31, 5 Rn. 64.

Abnehmer als Reaktion auf eine Preiserhöhung alsbald auf einen anderen Anbieter ausweichen oder glaubhaft androhen können, sich vertikal mit einem Unternehmen der vorgelagerten Marktstufe zu integrieren oder einen Marktzutritt bzw. entsprechendes Wachstum auf dem vorgelagerten Markt finanziell durch Großbestellungen bei einem potenziellen Wettbewerber zu fördern. Allerdings müssen für die Abnehmer auch hinreichende tatsächliche Anreize bestehen, ihre Nachfragemacht auszuüben, damit diese wirksam zur Begrenzung der Marktstärke auf der Anbieterseite eingesetzt wird. Zutreffend geht die Kommission davon aus, dass Großabnehmer eher in der Lage sein werden, derartige Gegenmacht zu entwickeln, als dies bei kleineren Unternehmen in einem fragmentierten Markt der Fall wäre. Herkömmlicherweise spielt die Nachfragemacht insbesondere im Bereich der Automobilzulieferung und des Vertriebs von Rüstungsgütern eine wichtige Rolle.

cc) Marktzutrittsschranken

Ein weiteres wichtiges Indiz zur Feststellung einer beherrschenden **1203** Stellung sind die **Marktzutrittsschranken für potenzielle Konkurrenten**. Das Kriterium der Marktzutrittsschranken hat damit nicht nur für die Bestimmung des relevanten Marktes seine Bedeutung im Kartellrecht; auch bei der Beurteilung der marktbeherrschenden Stellung wird auf dieses Merkmal zurückgegriffen.[220] Durch einen Zusammenschluss können sich die Marktzutrittsschranken erhöhen und damit für die Frage nach der Entstehung oder Verstärkung einer marktbeherrschenden Stellung von Bedeutung sein. Die Prüfung der Marktzutrittsschranken geht eng mit der Prüfung des potenziellen Wettbewerbs nach Art. 2 Abs. 1 lit. a FKVO einher. Hohe Marktzutrittsschranken vermindern im Grundsatz den potenziellen Wettbewerb, niedrige Marktzutrittsschranken erhöhen dagegen die Wahrscheinlichkeit des potenziellen Wettbewerbs.[221] Als Marktzutrittsschranken werden strukturelle Umstände eines bestimmten Marktes angesehen, die potenziellen Wettbewerb innerhalb eines Prognosezeitraums verhindern und damit einen Verhaltensspielraum eröffnen.[222]

Unterscheiden lassen sich rechtliche und tatsächliche Marktzutritts- **1204** schranken. Als Sonderfall der **tatsächlichen** – und zuweilen auch der

---

220 Langen-*Löffler*, Art. 2 FKVO, Rn. 156 spricht von kartellrechtlicher Allzweckwaffe.
221 *Niemeyer*, BB 1991, Beil. 25, 10.
222 Ähnlich Immenga/Mestmäcker EG-WbR-*Immenga*, Art. 2 FKVO, Rn. 150 m. w. N.

rechtlichen – **Marktzutrittsschranken** werden von der Kommission die technischen Marktzutrittsschranken gesondert beleuchtet.[223] Die Systematisierung der Marktzutrittsschranken hat keine unmittelbare rechtliche Bedeutung. **Rechtliche Marktzutrittsschranken** sind rechtliche Hindernisse des Marktzugangs wie staatliche Monopolvergaben, Zölle, Qualifikationsnachweise, bestehende gewerbliche Schutzrechte, insbesondere Patente, staatliche Lizenzierung, Konzessionen und Genehmigungen, Kabotage-Bestimmungen, Start- und Landerechte im Flugverkehr, staatliche Subventionsleistungen, langjährige ausschließliche Vertriebssysteme etc.[224] Die rechtlichen Marktzutrittsschranken können durch eine Änderung der Rechtslage beseitigt werden. Eine wesentlich höhere Bedeutung kommt den tatsächlichen Marktzutrittsschranken zu. Die Notwendigkeit einer möglichst großen minimalen Betriebsgröße, welche ein hohes wirtschaftliches Risiko beim Markteintritt impliziert, sowie die Vorteile aus der reinen Unternehmensgröße, wie das Potenzial zu Aufwendungen für FuE und eine aus der schlichten Größe resultierende gewisse Hemmschwelle für neueintretende Unternehmen, sind nach übereinstimmender Meinung als tatsächliche Marktzutrittschranken zu beachten.[225] Neben diesen Marktzutrittsschranken aufgrund von economies of scale können weitere tatsächliche Marktzutrittschranken wie technisches Know-how, hoher Werbeaufwand z. B. bei renommierten Marken, ein hohes Maß an vertikaler Integration, vorübergehende Kapazitätsüberhänge, geringe Wachstumsraten, Produktdifferenzierungsvorteile und ein hohes Investitionsbedürfnis in Betracht kommen.[226]

1205 Die **Zeitspanne** für einen neuen **Marktzutritt** muss nach Ansicht der Kommission hinlänglich kurz sein, damit entweder die Marktstärke nicht genutzt werden kann oder eine vorübergehende beherrschende Stellung wieder abgebaut wird. Nur dann wird ein wirksamer Wettbewerb aufrecht erhalten. Bei der Bestimmung dieser Zeitspanne muss die Dynamik des jeweiligen Marktes berücksichtigt werden.[227] Im Regelfall geht die Kommission davon aus, dass ein Markteintritt nur dann rechtzeitig erfolgen kann, um die Ausübung von Marktmacht zu

---

223 *Bach*, WuW 1993, 805, 813.
224 *Lüttig*, Rolle der Marktzutrittsschranken im Fusionskontrollrecht, S. 124; *Niemeyer*, BB 1991, Beil. 25, 10.
225 *Blank*, Europäische Fusionskontrolle, S. 234; dafür auch *Miersch*, Kommentar FKVO, Art. 2 Anm. II. 3. b) ee).
226 Komm., Entsch. v. 25.11.1998 – Az. IV/M.1225, „Enso/Stora", WuW EU-V 339; *Lüttig*, Rolle der Marktzutrittsschranken im Fusionskontrollrecht, S. 126.
227 Komm., XXI. WB, Anhang III, S. 410.

verhindern, wenn er innerhalb von zwei Jahren geschieht.[228] Damit gelangte die Kommission im Fall *Aérospatiale-Alenia/de Havilland*[229] zu dem Ergebnis, dass im Hinblick auf bereits vorhandene Wettbewerber, eine bevorstehende Marktsättigung, einen hohen Kapitaleinsatz, geringe Erfolgsaussichten für Newcomer und die Wahrscheinlichkeit von Marktaustritten eine nur vorübergehende Marktbeherrschung nicht vorlag. Umgekehrt nahm sie im Fall *Mannesmann/Hoesch*[230] eine Vereinbarkeit mit dem Gemeinsamen Markt deshalb an, weil zu erwarten war, dass Marktzutrittschranken für ausländische Anbieter innerhalb von drei Jahren fallen würden und deshalb die erlangte marktbeherrschende Stellung bezüglich der Gasrohre nicht von Dauer sein werde.

dd) Effizienzgewinne

1206 Obwohl die Kommission bei der materiellen Beurteilung von Zusammenschlüssen schon seit Anbeginn der europäischen Fusionskontrolle gem. Art. 2 Abs. 1 lit. b FKVO auch die Entwicklung des technischen und wirtschaftlichen Fortschritts, sofern diese dem Verbraucher dient und den Wettbewerb nicht behindert, zu berücksichtigen hat, spielte dieses Kriterium in den Anfangsjahren der europäischen Zusammenschlusskontrolle mehr eine theoretische als praktische Bedeutung. Als Einfallstor für die Berücksichtigung fusionsspezifischer **Effizienzvorteile** hat die Entwicklung des technischen und wirtschaftlichen Fortschritts erst im Rahmen der Neubekanntmachung der FKVO zusätzliches Gewicht erhalten, nachdem Erwägungsgrund Nr. 29 VO 139/2004 nunmehr ausdrücklich vorsieht, dass die Kommission bei der Prüfung der Auswirkungen eines Zusammenschlusses auf den Wettbewerb im Gemeinsamen Markt auch den von den beteiligten Unternehmen dargelegten Effizienzvorteilen, soweit sie begründet wurden und wahrscheinlich erscheinen, Rechnung tragen soll.

1207 Die **Leitlinien der Kommission** zur Bewertung horizontaler Zusammenschlüsse enthalten erstmals weitere Ausführungen zu der Frage, unter welchen Umständen mit einem Zusammenschluss verbundene Effizienzvorteile bei der wettbewerblichen Prüfung von Zusammenschlüs-

---

228 Komm., Leitlinien zur Bewertung horizontaler Zusammenschlüsse, Abl. 2004, Nr. C 31, 5 Rn. 74.
229 Komm., Entsch. v. 2. 10. 1991 – Az. IV/M.053, „Aérospatiale-Alenia/de Havilland", WuW/E EV 1675.
230 Komm., Entsch. v. 12. 11. 1992 – Az. IV/M.222, „Mannesmann/Hoesch", WuW 1993, 35; siehe dazu Komm., XXII. WB, Rn. 254.

sen Berücksichtigung finden.[231] Die Kommission wird hiernach im Rahmen der Untersuchung, ob ein Zusammenschluss für mit dem Gemeinsamen Markt vereinbar zu erklären ist, auch prüfen, inwieweit aufgrund ausreichender **Beweismittel** festgestellt werden kann, dass mit der Fusion einhergehende Effizienzvorteile geeignet sind, die Fähigkeit und den Anreiz des fusionierten Unternehmens zu verstärken, den Wettbewerb zum Vorteil der Verbraucher zu beleben. **Berücksichtigungsfähig** sind Effizienzvorteile im Kontext der wettbewerblichen Beurteilung von Zusammenschlüssen, soweit es sich bei ihnen um erhebliche Effizienzvorteile handelt, die den Verbrauchern zugute kommen und sowohl fusionsspezifisch als auch überprüfbar sind. Die vorgenannten Bedingungen müssen kumulativ erfüllt sein. Effizienzvorteile für die Verbraucher können sich sowohl aus niedrigeren Preisen, etwa infolge von Kosteneinsparungen bei der Produktion oder dem Vertrieb, als auch aus sonstigen Vorteilen aufgrund neuer oder verbesserter Dienstleistungen ergeben. Derartige Effizienzvorteile müssen sich jedoch innerhalb eines überschaubaren **Zeitraumes** einstellen, damit sie im Rahmen der bei der Fusionskontrolle anzustellenden Prognoseentscheidung Berücksichtigung finden können. Schließlich müssen die Effizienzen durch entsprechende Zahlenangaben und Nachweise von den beteiligten Unternehmen hinreichend belegt werden; d.h. die sich auf Effizienzvorteile berufenden Unternehmen tragen für deren Vorliegen in vollem Umfang die Beweislast.[232] Zu den Unterlagen, die insoweit als geeigneter Nachweis in Betracht kommen, zählen vor allem Berichte, die für die Unternehmensleitung vor Durchführung des Zusammenschlusses erstellt wurden, sowie Berichte der Unternehmensleitung an ihre Gesellschafter bzw. Aktionäre oder die Kapitalmärkte sowie von Sachverständigen erstellte externe Studien. Je höher der Grad an Marktbeherrschung, insbesondere bei monopolartigen Marktstellungen, desto unwahrscheinlicher ist hierbei, dass Effizienzgesichtspunkte erfolgreich zur Rettung des Zusammenschlusses herangezogen werden können.

c) Kooperative Gemeinschaftsunternehmen

1208 Die mit Wirkung zum 1.3.1998[233] neu eingefügten Regelungen in Art. 2 Abs. 4 und 5 FKVO schreiben für Gemeinschaftsunternehmen

---

231 Abl. 2004, Nr. C 31, 5 Rn. 76 ff.; dazu *Luescher*, ECLR 2004, 72 ff.
232 Schulte-*Zeise*, Rn. 1288.
233 Rat, VO (EG) Nr. 1310/97 vom 30.6.1997 zur Änderung der VO (EWG) Nr. 4064/89 über die Kontrolle von Unternehmenszusammenschlüssen, Abl. 1997, Nr. L 180, 1 ff.

mit gemeinschaftsweiter Bedeutung und Vollfunktionscharakter, soweit sie kooperative Elemente enthalten, neben der Marktstrukturkontrolle gem. Art. 2 Abs. 1 bis 3 FKVO eine Verhaltenskontrolle nach den Kriterien des Art. 81 Abs. 1 und 3 EG vor (**Doppelkontrolle**); bei rein konzentrativen Gemeinschaftsunternehmen entfällt das zweite Element.

Seit In-Kraft-Treten der VO 1/2003 führt damit allein Art. 2 Abs. 4 **1209** und 5 FKVO zu einer **förmlichen Freigabeentscheidung** unter Berücksichtigung der Kriterien des Art. 81 EG. Dies ist aber gerechtfertigt, weil sog. Spill-over-Effekte häufig nicht von den Tätigkeiten des Gemeinschaftsunternehmens getrennt werden können, die Gründerunternehmen wegen des mit der Gründung des Gemeinschaftsunternehmens verbundenen Aufwands aber Klarheit haben müssen, und eine dauerhafte Verhaltenskontrolle hier unverhältnismäßig wäre.[234]

Damit ist die **Abgrenzung zwischen kooperativen und konzentrati-** **1210** **ven Gemeinschaftsunternehmen**, bei der es sich um eine der schwierigsten Fragen des Kartellrechts handelt,[235] zwar nicht überflüssig geworden, aber nicht mehr – wie noch nach Art. 3 Abs. 3 FKVO a. F. – für die Frage entscheidend, ob die FKVO und mit ihr die kurzen Verfahrensfristen überhaupt anwendbar sind. Die materiell unterschiedliche Behandlung von konzentrativen und kooperativen Gemeinschaftsunternehmen rechtfertigt sich daraus, dass bei einer kooperativen Zusammenarbeit der Gründerunternehmen innerhalb des Gemeinschaftsunternehmens die Gefahr entsteht, dass die Gründerunternehmen auch außerhalb des Gemeinschaftsunternehmens ihr Wettbewerbsverhalten untereinander oder mit dem Gemeinschaftsunternehmen koordinieren. Dies wird als **Spill-over-Effekt** bezeichnet.

Für die Frage, ob ein kooperatives Gemeinschaftsunternehmen vor- **1211** liegt, kommt es nur darauf an, ob die Gründung des Gemeinschaftsunternehmens zu einer Koordinierung des Wettbewerbsverhaltens zwischen mindestens zwei Gründerunternehmen auf dem Markt des Gemeinschaftsunternehmens oder solchen Märkten führt, die diesem vor-, nachgelagert, benachbart oder mit diesem verknüpft sind (sog. „**Candidate Markets**"). Dabei müssen die Gründerunternehmen nicht auf demselben Candidate Market tätig sein, sondern es werden inso-

234 Schröter/Jakob/Mederer-*Hirsbrunner*, Art. 2 Rn. 484 f.; Schulte-*Henschen*, Rn. 1578.
235 *Drauz/Schroeder*, Praxis der Europäischen Fusionskontrolle, S. 29; *Ebenroth/ Lange*, BB 1991, 845, 846; *Hitzler*, EuZW 1990, 369, 370; *Kleemann*, Fordham Corporate Law Institute 1991, 623, 630; *Meessen*, WuW 1993, 901, 903.

weit auch vertikale Kooperationen erfasst.[236] Auf eine Verhaltenskoordinierung zwischen einem Gründerunternehmen und dem Gemeinschaftsunternehmen selbst kommt es nicht an.[237] Ob ein Markt vor- bzw. nachgelagert ist, ist anhand der Wertschöpfungskette zu entscheiden. Benachbart ist ein Markt, der von dem Markt des Gemeinschaftsunternehmens zwar getrennt, mit diesem aber eng verbunden ist und ähnliche Merkmale hinsichtlich Technik, Kunden, Lieferanten und Wettbewerbern aufweist.[238] Wann Märkte eng verknüpft sind, hat die Kommission noch nicht definiert, aber in verschiedenen Fällen eine sachliche[239] und eine geographische[240] enge Verknüpfung bejaht.

1212 In der Praxis der Kommission wird bei Gemeinschaftsunternehmen mit kooperativen Elementen geprüft, ob die **Koordination des Wettbewerbsverhaltens** der Gründerunternehmen **wahrscheinlich und spürbar** ist, **aus der Gründung des Gemeinschaftsunternehmens resultiert und dadurch bezweckt oder bewirkt** wird.[241] Dabei werden alle (Spill-over-)Wettbewerbsaspekte aus Art. 81 EG berücksichtigt, nicht nur etwa diejenigen, die in Art. 2 Abs. 5 FKVO beispielhaft erwähnt sind.[242] Sonstige, nicht bereits dem SIEC-Test sondern Art. 81 EG unterfallende Wettbewerbsbeschränkungen werden im Rahmen des Fusionskontrollverfahrens aber nicht mit geprüft und frei-

---

236 Komm., Entsch. v. 3.12.1998 – Az. IV/M.1327, „Numéri Cable/Canal +/Capital Communications CDPQ/Bank America"; *Pohlmann*, WuW 2003, 473, 480.

237 Komm., Bek. über die Unterscheidung von Gemeinschaftsunternehmen, Abl. 1994, Nr. C 385, 1 Rn. 8; Entsch. v. 23.10.1996 – Az. IV/M.827, „DBKom", Abl. 1997, Nr. C 168, 5 Rn. 11.

238 Komm., Bek. über die Unterscheidung von Gemeinschaftsunternehmen, Abl. 1994, Nr. C 385, 1 Rn. 18.

239 Z.B. Komm., Entsch. v. 28.9.1998 – Az. IV/JV.8, „Deutsche Telekom/Springer/ Holtzbrink/Infoseek/Webseek", Abl. 1999, Nr. C 220, 28 Rn. 25 f. (Markt für Werbung im Internet und Markt entgeltliche Internet-Inhalte); Entsch. v. 15.9.1998 – Az. IV/JV.11, „@Home Benelux B.V.", Abl. 1998, Nr. C 178, 17 Rn. 31 f. (verschiedene Zugangsarten zum Internet).

240 Z.B. Komm., Entsch. v. 22.6.1998 – Az. IV/JV.2, „ENEL/FT/DT", Abl. 1999, Nr. C 178, 15 Rn. 32 (deutscher und französischer Markt für Sprach- und Daten-Telekommunikationsdienste einerseits, entsprechender italienischer Markt andererseits); Entsch. v. 17.12.1999 – Az. IV/JV.23, „Telefonica/Portugal Telecom/Medi Telecom", Abl. 2000, Nr. C 22, 11 Rn. 27 (Märkte für Telekommunikationsdienste in Spanien, Portugal und Marokko).

241 Komm., Entsch. v. 1.2.2000 – Az. IV/JV.35, „Beiselen/BayWa/MG Chemag", Abl. 2000, Nr. C 56, 9 Rn. 20; Entsch. v. 26.11.1998 – Az. IV/JV.14, „PanAgora/DG Bank", WuW EU-V 217 Rn. 27; Entsch. v. 27.5.1998 – Az. IV/JV.1, „Telia/Telenor/ Schibsted", Kurzfassung WuW 1998, 691.

242 *Pohlmann*, WuW 2003, 473, 475; siehe dazu Komm., Bek. über die Beurteilung kooperativer Gemeinschaftsunternehmen nach Art. 85, Abl. 1993, Nr. C 43, 2.

gegeben, sofern sie nicht Gegenstand einer angemeldeten Nebenabrede sind.

Bei der Prüfung ist auf die jeweiligen Umstände des Einzelfalles ab- **1213**
zustellen. Entscheidend ist nicht die vertragliche Gestaltung allein;
vielmehr sind die aus der Gründung und Tätigkeit des Gemeinschaftsunternehmens resultierenden unmittelbaren oder mittelbaren, tatsächlichen oder möglichen Auswirkungen auf die Marktverhältnisse maßgebend.[243] Entscheidende **Abgrenzungskriterien** können sein, in welchem Maße die Gründerunternehmen auf wirtschaftsstrategische Entscheidungen des Gemeinschaftsunternehmens Einfluss nehmen, ob die
Gründerunternehmen marktbezogene Interessen im Hinblick auf das
Gemeinschaftsunternehmen haben bzw. lediglich finanzielle Interessen überwiegen oder personelle Verflechtungen zwischen den Organen
des Gemeinschaftsunternehmens und denen der Gründerunternehmen
vorliegen. Je geringer all diese Merkmale ausgeprägt sind, desto eher
kann von einem konzentrativen Gemeinschaftsunternehmen ausgegangen werden. Dabei sind auch die von den Gründerunternehmen getroffenen Nebenabreden auf mögliche Koordinierungselemente hin zu untersuchen. Sie können die kooperativen Elemente des Gemeinschaftsunternehmens begründen oder verstärken. Umgekehrt kann aber z. B.
ein Wettbewerbsverbot der Gründer gegenüber dem Gemeinschaftsunternehmen dessen konzentrativen Charakter gerade sicherstellen.

Die Kriterien der Wahrscheinlichkeit, Spürbarkeit und Kausalität ge- **1214**
hen ineinander über und werden daher in der Prüfung der Kommission
auch nicht immer getrennt. Für die **Spürbarkeit der Wettbewerbsbeeinträchtigung** gelten die zu Art. 81 Abs. 1 EG entwickelten Kriterien.[244] Insbesondere werden die in der sog. Bagatellbekanntmachung[245] genannten Marktanteilsschwellen von der Kommission auch
bei der Prüfung nach Art. 2 Abs. 4 und 5 FKVO berücksichtigt. Danach sind horizontale Wettbewerbsbeschränkungen nicht spürbar, sofern der gemeinsame Marktanteil 10 % nicht übersteigt, bei vertikalen
Wettbewerbsbeschränkungen zwischen Nicht-Wettbewerbern liegt die
Grenze sogar bei 15 %. Das gilt allerdings nicht, soweit Kernbeschränkungen i. S. d. Ziff. 11 der Bagatellbekanntmachung betroffen sind. Im
Übrigen kann aus dem Überschreiten der genannten Marktanteils-

---

243 *Scherf*, AG 1992, 245, 250.
244 Siehe hierzu Rn. 141 ff.
245 Komm., Bek. über Vereinbarungen von geringer Bedeutung (de minimis), Abl.
2001, Nr. C 368, 13, Ziff. 7.

schwellen nicht automatisch auf eine Spürbarkeit der Wettbewerbsbeeinträchtigung geschlossen werden.

1215 Die **Kausalität** der Gründung eines Gemeinschaftsunternehmens für
die Koordinierung des Wettbewerbsverhaltens wird von der Kommission nur dann bejaht, wenn die Gründung des Gemeinschaftsunternehmens erstmals zu einer Koordinierung führt, nicht schon, wenn sie
eine schon bestehende Koordinierung lediglich fördert.[246] Die Gründung des Gemeinschaftsunternehmens ist für eine potenzielle Koordinierung des Wettbewerbsverhaltens nicht kausal, wenn diese aufgrund
der Marktgegebenheiten auch schon in der Vergangenheit ohne Gründung des Gemeinschaftsunternehmens hätte erfolgen können.[247]

1216 Die meisten der von der Kommission angeführten Überlegungen lassen sich aber der logisch gegenüber Spürbarkeit und Kausalität vor-
rangigen Frage der **Wahrscheinlichkeit einer Koordinierung des
Wettbewerbsverhaltens** zuordnen. Die Frage, ob eine Koordinierung
des Wettbewerbsverhaltens der Gründer vorliegt, entscheidet sich insbesondere danach, welche Berührungspunkte die Tätigkeiten der Gründer untereinander und zu denen des Gemeinschaftsunternehmens haben. Dabei kommt es darauf an, ob zwischen den räumlich oder sachlich getrennten Märkten wettbewerbliche Wechselwirkungen entstehen
können. Gegen solche Wechselwirkungen sprechen z. B. unterschiedliche Qualitätsstandards[248] bzw. Usancen[249] auf den räumlich getrennten Märkten, eine weite räumliche Entfernung der Märkte voneinander[250] oder besondere Schwierigkeiten des Transports der Produkte
von dem einen Markt zum anderen.[251] Im Einzelnen gilt folgendes:

- Die Wahrscheinlichkeit der Koordinierung ist umso höher, je größer
  die Bedeutung der Aktivitäten des Gemeinschaftsunternehmens für
  die Gründerunternehmen ist. Die Bedeutung korreliert dabei sowohl

---

246 Siehe z. B. Komm., Entsch. v. 1.2.2000 – Az. IV/JV.35, „Beiselen/BayWa/MG
  Chemag", Abl. 2000, Nr. 56, 9 Rn. 30.
247 Komm., Entsch. v. 21.3.2000 – Az. IV/JV.37, „BSkyB/Kirch Pay TV", Abl. 2000,
  Nr. C 110, 45 Rn. 91; ähnlich Entsch. v. 17.12.1999 – Az. IV/JV.23, „Telefonica/
  Portugal Telecom/Medi Telecom", Abl. 2000, Nr. C 22, 11 Rn. 29.
248 Komm., Entsch. v. 17.2.1992 – Az. IV/M.90, „BSN-Nestlé/Cokoladovny", Kurzfassung WuW 1992, 497.
249 Komm., Entsch. v. 30.8.1993 – Az. IV/M.319, „BHF/CCF/Charterhouse", Kurzfassung WuW 1993, 920.
250 Komm., Entsch. v. 12.5.1992 – Az. IV/M.210, „Mondi/Frantschach", WuW/E EV
  1856, 1857 Rn. 8.
251 Komm., Entsch. v. 12.2.1992 – Az. IV/M.180, „Steeley/Tarmac", WuW/E EV,
  1814, 1815 Rn. 9.

mit der Größe der Umsätze des Gemeinschaftsunternehmens im Verhältnis zu denen der Gründerunternehmen als auch mit der relativen Größe des Marktes, auf dem das Gemeinschaftsunternehmen tätig ist, zu den Candidate Markets der Gründerunternehmen.[252]

- Für die Wahrscheinlichkeit einer Koordinierung verlangt die Kommission ferner eine gewisse **Marktmacht der Gründerunternehmen**, ohne die sich eine Koordination nicht lohne, weil sich deren Effekte am Markt nicht durchsetzen würden.[253] Diese Marktmacht hat sie in einem Fall sogar bei einem gemeinsamen Marktanteil von 40% verneint,[254] grundsätzlich wird sie aber bei Marktanteilen zwischen 20% und 40% bejaht.[255] Mit dem Rückgriff auf Marktbeherrschungsgesichtspunkte werden gleichzeitig auch Spürbarkeitsüberlegungen angestellt. Weil durch Art. 81 Abs. 1 EG gerade spürbare Wettbewerbsbeeinträchtigungen unterhalb der Marktbeherrschungsschwelle erfasst werden sollen, dürfen die Anforderungen an die Marktmacht der Gründerunternehmen nicht zu hoch geschraubt werden.

- Die **Marktstrukturen** berücksichtigt die Kommission auch noch darüber hinausgehend: Gegen die Wahrscheinlichkeit der Koordinierung sprechen danach etwa ein hohes Wachstum,[256] niedrige Markteintrittsbarrieren,[257] hohe Preissensitivität, geringe Umstellungskosten, stark voneinander abweichende Marktstellungen der Gründerunternehmen,[258] die Existenz gleichstarker[259] oder poten-

---

252 Komm., Entsch. v. 28.2.2000 – Az. IV/JV.39, „Bertelsmann/Planeta/NEB", Abl. 2000, Nr. C 125, 10 Rn. 26 f.

253 Komm., Entsch. v. 17.8.1999 – Az. IV/JV.21, „Skandia/Storebrand/Pohjola", Abl. 1999, Nr. L 357, 6 Ziff. VII. B.; Entsch. v. 28.9.1998 – Az. IV/JV.8, „Deutsche Telekom/Springer/Holtzbrink/Infoseek/Webseek", Abl. 1999, Nr. C 220, 28 Rn. 31.

254 Komm., Entsch. v. 19.12.2003 – Az. IV/M.3230, „Statoil/BP/Sonatrach/In Salah JV", http://europa.eu.int/comm/competition/mergers/cases/decisions/m3230_en.pdf (15.11.2005), Rn. 17.

255 Komm., Entsch. v. 30.9.1999 – Az. IV/JV.22, „Fujitsu/Siemens", WuW EU-V 371 Rn. 64.

256 Komm., Entsch. v. 27.5.1998 – Az. IV/JV.1, „Telia/Telenor/Schibsted", http://europa.eu.int/comm/competition/mergers/cases/decisions/jv1_en.pdf (15.11.2005), Rn. 42 ff.

257 Siehe z.B. Komm., Entsch. v. 1.2.2000 – Az. IV/JV.35, „Beiselen/BayWa/MG Chemag", Abl. 2000, Nr. C 56, 9 Rn. 29; Entsch. v. 17.8.1999 – Az. IV/JV.21, „Skandia/Storebrand/Pohjola", Abl. 1999, Nr. L 357, 6 Ziff. VII. B.

258 Siehe z.B. Komm., Entsch. v. 1.2.2000 – Az. IV/JV.35, „Beiselen/BayWa/MG Chemag", Abl. 2000, Nr. C 56, 9 Rn. 28.

259 Komm., Entsch. v. 17.8.1999 – Az. IV/JV.21, „Skandia/Storebrand/Pohjola", Abl. 1999, Nr. L 357, 6 Rn. 39.

zieller[260] Wettbewerber und das Vorliegen heterogener Produktmärkte. Für die Wahrscheinlichkeit der Koordinierung sprechen nach der Entscheidungspraxis der Kommission unter anderem eine hohe Wettbewerbskonzentration,[261] ein hoher Reifegrad der Technologie[262] und vertikale Beziehungen zwischen den Gründerunternehmen.[263]

1217 Die Abstinenz eines oder mehrerer Gründerunternehmen im Markt des Gemeinschaftsunternehmens oder diesem vor-, nachgelagerten und benachbarten Märkten ist als solche nur dann zu werten, wenn sie auch unter Berücksichtigung des potenziellen Wettbewerbs gültig ist. **Potenzieller Wettbewerb** entfällt dann, wenn der (Wieder-)Eintritt des Gründerunternehmens in den Markt des Gemeinschaftsunternehmens objektiv unmöglich ist oder aus der objektivierten Sicht des betreffenden Unternehmens keine wirtschaftlich vernünftige Alternative darstellt.[264] Das ist der Fall, wenn dem Markteintritt faktische oder rechtliche Schwierigkeiten entgegenstehen, wie hohe (technische) Markteintrittsbarrieren, erfahrungsgemäß große Anlaufverluste, die Schwierigkeit, das benötigte Personal in ausreichender Anzahl zu rekrutieren,[265] oder das Bestehen eines Wettbewerbsverbotes.[266] Potenzieller Wettbewerb kann hinsichtlich des sachlich relevanten Marktes insbesondere dann zu berücksichtigen sein, wenn bei den Gründerunterneh-

---

260 Komm., Entsch. v. 11. 8. 1998 – Az. IV/JV.6, „Ericsson/Nokia/Psion", http:// europa.eu.int/comm/competition/mergers/cases/decisions/jv6_en.pdf (15.11.2005), Rn. 32.

261 Komm., Entsch. v. 29.11.2001 – Az. IV/JV.56, „Hutchison/ECT", Abl. 2002, Nr. 113, 7 Rn. 46.

262 Komm., Entsch. v. 30. 9. 1999 – Az. IV/JV.22, „Fujitsu/Siemens", WuW EU-V 371 Rn. 63.

263 Komm., Entsch. v. 11. 8. 1998 – Az. IV/JV.6, „Ericsson/Nokia/Psion", http:// europa.eu.int/comm/competition/mergers/cases/decisions/jv6_en.pdf (15.11.2005), Rn. 31.

264 Komm., Entsch. v. 28.6.1991 – Az. IV/M.101, „Dräger/IBM/HMP", WuW/E EV 1635, 1637 Rn. 10f.; vgl. auch Entsch. v. 28.9.1992 – Az. IV/M.256, „Fiat/Linde", WuW/E EV 1989, 1990 Rn. 7; Entsch. v. 31.7.1991 – Az. IV/M.012, „Varta/ Bosch", WuW/E EV 1701; *Montag/Heinemann*, ZIP 1992, 1367, 1371 m.w.N.; *Niemeyer*, BB 1991, Beil. 25, 3 m.w.N.

265 Komm., Entsch. v. 23.10.1991 – Az. IV/M.086, „Thomson-CSF/Pilkington", WuW/E EV, 1724, 1726 Rn. 11.

266 *Mälzer*, WuW 1992, 705, 714 m.w.N.; *Niemeyer*, BB 1991, Beil. 25, 3; das Wettbewerbsverbot wird von der Kommission in diesen Fällen gem. Art. 6 Abs. 1b) bzw. 8 Abs. 2 FKVO als Nebenabrede mit freigestellt, wenn es mit dem Zusammenschluss verbunden und für diesen notwendig ist, was insbesondere beinhaltet, dass es in seinen Konditionen angemessen ist; kritisch gegenüber der Berücksichtigung des Wettbewerbsverbotes bei der Beurteilung der Struktur des Zusammenschlusses Immenga/Mestmäcker EG-WbR-*Immenga*, Art. 3 FKVO Rn. 97.

men die spezielle, auf dem Markt des Gemeinschaftsunternehmens erforderliche Technologie[267] oder das besonders geschulte Personal[268] vorhanden ist. Ohne zusätzliche Anhaltspunkte ist die Berücksichtigung des potenziellen Wettbewerbs durch die Gründerunternehmen jedoch nicht berechtigt.

Auch wenn die Koordinierung des Wettbewerbsverhaltens der Gründerunternehmen Art. 81 Abs. 1 EG widerspricht, kann sie **nach Art. 81 Abs. 3 EG gerechtfertigt** sein. Dafür ist erforderlich, dass die Koordinierung zur Verbesserung der Warenerzeugung bzw. -verteilung oder zur Förderung des technischen bzw. wirtschaftlichen Fortschritts beiträgt und die Verbraucher an diesem Gewinn angemessen beteiligt werden. Die Koordinierung darf dann aber nur so weit reichen, wie sie für die Verwirklichung der positiven Bedingungen unerlässlich ist, und sie darf nicht die Möglichkeit eröffnen, den Wettbewerb für einen wesentlichen Teil der betreffenden Waren auszuschalten.[269]

1218

d) Marktbeherrschung durch Oligopole

Die Kommission hat nach anfänglicher Zurückhaltung bereits im Jahr 1991 die Möglichkeit kollektiver Marktbeherrschung aufgrund von zwei Unternehmen (Duopol) bejaht.[270] In ihrer Entscheidung *Airtours/First Choice* hat sie dann erstmals 1999 auch einen Zusammenschluss aufgrund der Gefahr oligopolistischer Marktbeherrschung durch mehr als zwei Unternehmen untersagt.[271] Auch wenn diese Entscheidung nachfolgend von dem EuGI aufgehoben wurde,[272] ist je-

1219

---

267 Komm., Entsch. v. 14.4.1993 – Az. IV/M.318, „Thomson/Shorts", WuW/E EV 2049, 2050f. Rn. 13.
268 Komm., Entsch. v. 23.10.1991 – Az. IV/M.086, „Thomson-CSF/Pilkington", WuW/E EV 1724, 1726 Rn. 11.
269 Siehe hierzu im Einzelnen Rn. 213 ff.
270 Grundsatzentscheidung in Komm., Entsch. v. 22.7.1992 – Az. IV/M.190, „Nestlé/Perrier", WuW/E EV 1903, Rn. 112 ff.; siehe auch EuGH, Urt. v. 31.3.1998 – verb. Rs. C-68/94 u. C-30/95, „K+S/MdK/Treuhand", WuW/E EU-R 31, Rn. 164 ff.; Komm., Entsch. v. 24.4.1996 – Az. IV/M.619, „Gencor/Lonrho", Abl. 1997, Nr. L 11, 30; bestätigt durch EuGI, Entsch. v. 25.3.1999 – Rs.T-102/96, „Gencor/Kommission", Slg. 1999, II-753; *Bechtold*, RIW 1990, 251, 258; *Ebenroth/Lange*, BB 1991, 845, 848; *Emmerich*, AG 1998, 541, 545; Immenga/Mestmäcker EG-WbR-*Immenga*, Art. 2 FKVO, Rn. 207 ff.; zur Entwicklung der Entscheidungspraxis der Kommission siehe Langen-*Löffler*, Art. 2 FKVO, Rn. 141 ff.
271 Komm., Entsch. v. 22.9.1999 – Az. IV/M.1524, „Airtours/First Choice", WuW/E EU-V 437.
272 EuGI, Entsch. v. 6.6.2002 – Rs. T-342/99, „Airtours/Kommission", Slg. 2002, II-2585.

---

doch im Grundsatz auch durch die Rechtsprechung bestätigt, dass die FKVO auch auf Fälle **kollektiver Marktbeherrschung** anwendbar ist.[273] Allerdings haben sich die Anforderungen an den Nachweis des Vorliegens einer gemeinsamen Marktbeherrschung deutlich erhöht, und die Kommission ist infolgedessen in jüngerer Zeit deutlich zurückhaltender geworden hinsichtlich der Annahme, ein Zusammenschluss führe zu kollektiver Marktbeherrschung.

1220   Ob eine beherrschende Stellung durch ein Oligopol oder durch ein Unternehmen allein ausgeübt wird, kann für den von der FKVO angestrebten umfassenden Schutz des Wettbewerbs vor Behinderungen nicht wesentlich sein. Andernfalls bestünde die Möglichkeit, durch eine Aufteilung der beherrschenden Stellung auf mehrere Unternehmen die Vorschriften der FKVO zu umgehen. **Kennzeichnend für ein Oligopol ist,** dass jedem daran beteiligten Unternehmen bewusst ist, dass sein Marktverhalten dasjenige der anderen voraussehbar beeinflusst und es sein Marktverhalten daran ausrichtet. Dies wird als Reaktionsverbundenheit bezeichnet. Meistens findet das seinen Niederschlag darin, dass die Preise nicht in einem Maße gesenkt werden, wie es wirtschaftlich vertretbar wäre, weil mit einer entsprechenden Preissenkung auch durch die anderen Oligopolmitglieder zu rechnen ist. Das hätte dann zur Folge, dass die Marktanteile und Absatzmengen der einzelnen Marktteilnehmer in etwa unverändert blieben, sie aber niedrigere Preise erzielen würden. Die negativen Auswirkungen eines Oligopols auf den Wettbewerb drücken sich oft auch in unterlassenen Innovationen, in der Beschränkung der Auswahlmöglichkeiten für die Marktgegenseite und in dem Entstehen oder Überleben ineffizienter Unternehmen aus. Das Oligopol wird sich meistens aufgrund eines stillschweigenden kollusiven Verhaltens als Folge der Reaktionsverbundenheit bilden. Es sind zwar auch ausdrückliche Absprachen zwischen den Oligopolmitgliedern möglich; explizite Vereinbarungen und abgestimmte Verhaltensweisen werden aber von dem Kartellverbot des Art. 81 EG erfasst.

1221   Ein Zusammenschluss kann wegen oligopolistischer Marktbeherrschung untersagt werden, wenn die zusammengeschlossenen Unternehmen und ein oder mehrere dritte Unternehmen auf dem relevanten Markt in beträchtlichem Umfang einheitlich vorgehen (fehlender Binnenwettbewerb infolge so genannter **koordinierter Effekte**), der Außenwettbewerb auf diesem Markt von dem zusammengeschlossenen

---

273 Siehe die Nachw. in Fn. 270.

Unternehmen und einem oder mehreren dritten Unternehmen erheblich behindert wird, weil sie in nennenswertem Umfang zu einem Handeln unabhängig von anderen Wettbewerbern und der Marktgegenseite in der Lage sind, und durch den Zusammenschluss die beherrschende und wettbewerbsbeschränkende Stellung des Oligopols begründet oder verstärkt wird (kausale Wettbewerbsbeschränkung).

aa) Fehlender Binnenwettbewerb (koordinierte Effekte)

Für die Prüfung der Frage, ob ein Binnenwettbewerb (oder auch: Innenwettbewerb) besteht, sind zahlreiche **Kriterien** entwickelt worden, die allerdings teilweise schwer voneinander zu trennen sind und sich auch gegenseitig beeinflussen. Die Beurteilung fehlenden Binnenwettbewerbs erfolgt danach aufgrund einer wertenden Gesamtbetrachtung eines Bündels unterschiedlicher Kriterien, die jeweils für sich genommen keinen maßgeblichen Aussagegehalt aufweisen müssen. Da das europäische Recht anders als das deutsche Recht der Zusammenschlusskontrolle keinen Vermutungstatbestand hinsichtlich des Vorliegens einer – oligopolistischen – Marktbeherrschung kennt, liegt die Beweislast für die Begründung oder Verstärkung eines wettbewerbslosen Oligopols allein bei der Kommission, sodass diese nachweisen muss, dass aus strukturellen Gründen wesentlicher Wettbewerb zwischen den führenden Unternehmen eines hochkonzentrierten Marktes nicht zu erwarten ist.[274] **1222**

Ausgangspunkt einer jeden Prüfung der Marktbeherrschung durch ein Oligopol ist der Anteil der das Oligopol möglicherweise bildenden Unternehmen am betroffenen Markt und damit der insgesamt bestehende **Grad an Machtkonzentration**. Dabei sind Duopole am kritischsten,[275] während bei drei oder vier Unternehmen zwar eine gemeinsame Marktbeherrschung grundsätzlich möglich, die Interessenlage hier aber meist zu komplex und instabil ist, um über längere Zeit **1223**

---

274 Komm., Entsch. v. 18.12.1991 – Az. IV/M.165, „Alcatel/AEG Kabel", Abl. 1992, Nr. C 6, 1 Rn. 22; Schulte-*Zeise*, Rn. 1317.
275 Die Kommission sah hier ab etwa 60 % Marktanteil das Fehlen des Binnenwettbewerbs als indiziert an: Komm., Entsch. v. 18.10.1995 – Az. IV/M.580, „ABB/Daimler-Benz", Abl. 1997, Nr. L 11, 1 Rn. 63 (67 % Marktanteil); Entsch. v. 22.12.1994 – Az. IV/M.475, „Shell/Elf Atochem", Abl. 1995, Nr. C 35, 4 Rn. 51 (60–65 % Marktanteil); Entsch. v. 14.12.1993 – Az. IV/M.308, „Kali + Salz/MdK/Treuhand", Abl. 1994, Nr. L 186, 38 Rn. 52 ff. (60 % Marktanteil). Dem ist EuGH, Urt. v. 31.3.1998 – verb. Rs. C-68/94 u. C-30/95, „K+S/MdK/Treuhand", WuW/E EU-R 31, Rn. 226 entgegengetreten.

Bestand haben zu können.[276] Eine Mindestgröße für den Marktanteil der am Zusammenschluss Beteiligten besteht nicht, weil sich bei der kollektiven Marktbeherrschung die wettbewerbliche Erheblichkeit nach den gemeinsamen Marktanteilen aller Oligopolmitglieder und nicht nur nach den Marktanteilen der am Zusammenschluss beteiligten Unternehmen richtet.[277] Aus diesem Grund fehlt es auch für das einzelne an dem Zusammenschluss beteiligte oder außerhalb des Zusammenschlusses dem Oligopol zugerechnete Unternehmen an einem Mindesterfordernis für den zu erreichenden Marktanteil. Allerdings kommt eine Untersagung des Zusammenschlusses aufgrund der oligopolistischen Marktbeherrschung selbstverständlich nur in Betracht, wenn er eine Verschlechterung der Wettbewerbsstruktur kausal herbeiführt, also die marktbeherrschende Stellung des Oligopols durch den mit dem Zusammenschluss bewirkten Marktanteilszuwachs verstärkt wird.

1224 Kennzeichnend für ein Oligopol ist, dass die Marktanteile der Oligopolisten einen deutlichen Abstand zu denen der übrigen Wettbewerber aufweisen bzw. die übrigen Anbieter zersplittert sind.[278] Auch die Stabilität der Marktanteile der am möglichen Oligopol Beteiligten über einen längeren Zeitraum spricht eher für eine gemeinsame Marktbeherrschung.[279] Haben die Unternehmen in etwa gleiche Marktanteile, erhöht dies das Risiko, dass sie sich wettbewerbswidrig darauf einigen, gleichgroße Mengen zu höheren Preisen abzusetzen.[280]

1225 Auf der Angebotsseite ist für oligopolistische Märkte eine hohe **Markttransparenz** notwendig, weil einerseits nur bei entsprechender Information Preisänderungen der Partner nachvollzogen werden können und andererseits das gleichgerichtete Verhalten der Partner nur dann in Rechnung gestellt werden kann, wenn es kontrollierbar ist. Förderlich für wettbewerbsbeschränkendes Verhalten mehrerer Unter-

---

276 Komm., Entsch. v. 20.5.1998 – Az. IV/M.1016, „Price Waterhouse/Coopers & Lybrand", Abl. 1999, Nr. L 50, 27 Rn. 103, 113.

277 Vgl. dazu mit ausführlicherer Begründung FK-*Schröer*, Art. 2 FKVO, Rn. 266; a.A. *Bechtold*, EuZW 1998, 313, 314.

278 Komm., Entsch. v. 14.12.1993 – Az. IV/M.308, „Kali + Salz/MdK/Treuhand", Abl. 1994, Nr. L 186, 38 Rn. 54.

279 Komm., Entsch. v. 14.12.1993 – Az. IV/M.308, „Kali + Salz/MdK/Treuhand", Abl. 1994, Nr. L 186, 38 Rn. 57.

280 Komm., Entsch. v. 31.4.1994 – Az. IV/M.315, „Mannesmann/Vallourec/Ilva", WuW/E EV 2193, Rn. 55; Entsch. v. 22.7.1992 – Az. IV/M.190, „Nestlé/Perrier", WuW/E EV 1903, Rn. 123; anders noch Entsch. v. 10.8.1992 – Az. IV/M.206, „Rhône Poulenc/SNIA", Abl. 1992, Nr. C 212, 1 Rn. 7.2.3, wo die sog. Aufholfusion als wettbewerbsfördernd eingestuft wurde.

nehmen ist ebenfalls das Bestehen gewisser Marktzutrittsschranken.[281] Bedarf es z. B. umfangreicher Anfangsinvestitionen, des Aufbaus einer starken Marke oder der Aufbringung hoher unwiederbringlicher Kosten,[282] sind die Oligopolisten weitgehend vor Störungen durch neue Marktteilnehmer geschützt. Ein **Parallelverhalten bei der Preisgestaltung** wird auch durch eine hohe Homogenität der Produkte oder Dienstleistungen erleichtert,[283] jedenfalls dann, wenn dies – wie meistens – mit einer geringen Produktinnovation verbunden ist. Dabei darf der Blick allerdings nicht auf das Produkt selbst und seine Qualität verengt werden; vielmehr sind auch Differenzierungen hinsichtlich Lieferkompetenz, technischer Kompetenz, Referenzen und Service zu berücksichtigen.[284] Hingegen sprechen Überkapazitäten auf einem Markt gegen eine Reaktionsverbundenheit der Marktteilnehmer, wenn sie dazu führen, dass jeder Marktteilnehmer bestrebt sein muss, mit zusätzlichen Umsätzen zu Lasten seiner Wettbewerber eine höhere Auslastung seiner Anlagen zu erreichen.[285]

Auf der Nachfrageseite wird kollusives Verhalten durch eine niedrige **1226** **Nachfrageelastizität** (oder Preiselastizität) erleichtert.[286] Können die Preise heraufgesetzt werden, ohne dass darunter das Absatzvolumen leidet, unterstellt die Kommission, dass die Unternehmen zu einem zumindest kartellähnlichen Verhalten neigen werden. Auch auf einem gesät-

---

281 Komm., Entsch. v. 24.4.1996 – Az. IV/M.619, „Gencor/Lonrho", Abl. 1997, Nr. L 11, 30 Rn. 154; Entsch. v. 10.2.1995 – Az. IV/M.533, „TWD/AKZO Nobel-Kuagtextil", Abl. 1995, Nr. C 46, 5 Rn. 27; Entsch. v. 21.12.1993 – Az. IV/M.358, „Pilkington-Techint/SIV", Abl. 1994, Nr. L 158, 24 Rn. 44.

282 Komm., Entsch. v. 24.4.1996 – Az. IV/M.619, „Gencor/Lonrho", Abl. 1997 Nr. L 11, 30 Rn. 154.

283 Komm., Entsch. v. 14.12.1993 – Az. IV/M.308, „Kali + Salz/MdK/Treuhand", Abl. 1994, Nr. L 186, 38 Rn. 57; Entsch. v. 28.9.1992 – Az. IV/M.256, „Linde/Fiat", WuW/E EV 1989, Rn. 29.

284 Komm., Entsch. v. 15.10.1993 – Az. IV/M.337, „Knorr Bremse/Allied Signal", Abl. 1993, Nr. C 298, 1 Rn. 45.

285 Komm., Entsch. v. 10.1.1994 – Az. IV/M.390, „AKZO/Nobel Industrier", Abl. 1994, Nr. C 19, 1 Rn. 18; Entsch. v. 8.9.1993 – Az. IV/M.355, „Rhône Poulenc/SNIA (II)", Abl. 1993, Nr. C 272, 6 Rn. 24.

286 Komm., Entsch. v. 31.1.1994 – Az. IV/M.315, „Mannesmann/Vallourec/Ilva", WuW/E EV 2193, Rn. 55; Entsch. v. 21.12.1993 – Az. IV/M.358, „Pilkington-Techint/SIV", Abl. 1994, Nr. L 158, 24 Rn. 31; Entsch. v. 22.7.1992 – Az. IV/M.190, „Nestlé/Perrier", WuW/E EV 1903, Rn. 124; umgekehrt steht eine extreme Preiselastizität einer gemeinsamen marktbeherrschenden Stellung entgegen: Entsch. v. 24.4.1996 – Az. IV/M.619, „Gencor/Lonrho", Abl. 1997, Nr. L 11, 30 Rn. 149; Entsch. v. 8.9.1993 – Az. IV/M.355, „Rhône Poulenc/SNIA (II)", Abl. 1993, Nr. C 272, 6 Rn. 24.

---

tigten Markt, auf dem die Nachfrage stagniert, ist der Anreiz zu aktivem Wettbewerb eher gering. [287] Grund hierfür ist, dass zusätzliche Marktanteile des einen Marktteilnehmers nur auf Kosten des anderen erlangt werden können und bei entsprechenden Gegenmaßnahmen durch diesen letztlich keiner etwas gewinnt. Auch auf einem nicht innovativen Markt wird die Tendenz zu Wettbewerbsanstrengungen der Anbieter tendenziell geringer sein, da der Fortschritt, sei es hinsichtlich des Produkts, sei es hinsichtlich der Produktionsverhältnisse, als Quelle intensiven Wettbewerbs entfällt. [288] Wettbewerbsschädliches Parallelverhalten wird ferner durch eine geringe Nachfragemacht gefördert. [289] Diese kann z. B. dadurch **indiziert** werden, dass die Produkte nicht substituierbar sind, eine große Anzahl von Kunden besteht, auch größeren Kunden nur verhältnismäßig geringe Rabatte eingeräumt werden und sie mit langfristigen Abnahmeverträgen an die Hersteller gebunden sind.

1227 Für das Fehlen von hinreichendem Binnenwettbewerb sind im Regelfall jedoch nicht nur die Eigenarten des betroffenen Marktes verantwortlich, sondern auch bestimmte **Eigenschaften der auf ihm tätigen Unternehmen.** Verallgemeinernd kann man sagen, dass ein kollusives Verhalten mehrerer Unternehmen umso wahrscheinlicher ist, je mehr sie sich hinsichtlich Art, Größe, Kostenstruktur und technologischer Stärke und damit auch in dem Risiko ähneln, das sie durch das Parallelverhalten eingehen. [290] Außerdem wird gleichförmiges Verhalten durch strukturelle Verflechtungen zwischen den Unternehmen [291] und durch die Tatsache gefördert, dass sie in mehreren Märkten aufeinan-

---

287 Komm., Entsch. v. 24.4.1996 – Az. IV/M.619, „Gencor/Lonrho", Abl. 1997, Nr. L 11, 30 Rn. 151; Entsch. v. 31.1.1994 – Az. IV/M.315, „Mannesmann/Vallourec/ Ilva", WuW/E EV 2193, Rn. 55; Entsch. v. 21.12.1993 – Az. IV/M.358, „Pilkington-Techint/SIV", Abl. 1994, Nr. L 158, 24 Rn. 30.

288 Komm., Entsch. v. 24.4.1996 – Az. IV/M.619, „Gencor/Lonrho", Abl. 1997, Nr. L 11, 30 Rn. 154; Entsch. v. 15.10.1993 – Az. IV/M.337, „Knorr Bremse/Allied Signal", WuW/E EV 2105.

289 Komm., Entsch. v. 24.4.1996 – Az. IV/M.619, „Gencor/Lonrho", Abl. 1997, Nr. L 11, 30 Rn. 150; Entsch. v. 18.10.1995 – Az. IV/M.580, „ABB/Daimler-Benz", Abl. 1997, Nr. L 11, 1 Rn. 101 ff.; Entsch. v. 19.1.1995 – Az. IV/M.523, „AKZO Nobel/Monsanto", Abl. 1995, Nr. C 37, 3 Rn. 46; Entsch. v. 17.1.1994 – Az. IV/ M.368, „SNECMA/TI", Abl. 1994, Nr. C 42, 12; Entsch. v. 29.7.1994 – Az. IV/ M.478, „Voith/Sulzer (II)", Abl. 1994, Nr. C 225, 3 Rn. 33.

290 Komm., Entsch. v. 18.10.1995 – Az. IV/M.580, „ABB/Daimler-Benz", Abl. 1997, Nr. L 11, 1 Rn. 64 f., 88; Entsch. v. 22.7.1992 – Az. IV/M.190, „Nestlé/Perrier", WuW/E EV 1903, Rn. 96, 126.

291 Komm., Entsch. v. 24.4.1996 – Az. IV/M.619, „Gencor/Lonrho", Abl. 1997, Nr. L 11, 30 Rn. 156 ff.; Entsch. v. 14.12.1993 – Az. IV/M.308, „Kali + Salz/MdK/Treuhand", Abl. 1994, Nr. L 186, 38 Rn. 57 ff.

der treffen und dadurch die Möglichkeiten der Vergeltung und Disziplinierung im Falle abweichenden Verhaltens erhöhen.[292]

bb) Beherrschende Stellung im Außenwettbewerb

Ein Oligopol setzt zusätzlich zu dem wettbewerbswidrigen Parallelverhalten im Innenverhältnis voraus, dass die Oligopolmitglieder im Außenverhältnis gemeinsam eine beherrschende Stellung einnehmen. Diese muss es ihnen ermöglichen, in nicht unerheblichem Maße **unabhängig von den anderen tatsächlichen und potenziellen Wettbewerbern**, den Abnehmern und Verbrauchern vorzugehen.[293] Ob eine solche marktbeherrschende Stellung des Oligopols gegeben ist, richtet sich nach den gleichen Kriterien, mit denen die Marktbeherrschung durch ein Einzelunternehmen festgestellt wird. Die Kommission muss das Fehlen eines wirksamen Gegengewichts im Wettbewerb im Verhältnis zum Oligopol nachweisen.[294] Ein wesentlicher Außenwettbewerb wird regelmäßig fehlen, wenn schon kein Binnenwettbewerb vorhanden ist, weil ein wettbewerbsbeschränkendes Parallelverhalten im Oligopol bei wesentlichem Wettbewerb durch Außenseiter nicht dauerhaft aufrechterhalten werden könnte.[295] Infolgedessen werden sich die Argumente gegen einen wesentlichen Außenwettbewerb weitgehend an den oben dargestellten Kriterien für das Fehlen hinreichenden Binnenwettbewerbs orientieren.

1228

cc) Kausale Wettbewerbsbeschränkung

Ein bei der Kommission angemeldeter Zusammenschluss kann nur dann untersagt werden, wenn durch ihn die beherrschende und wettbewerbsbeschränkende Stellung des Oligopols **begründet oder verstärkt** wird, Art. 2 Abs. 3 FKVO. Die Kommission untersucht daher, ob auf dem betroffenen Markt schon vor dem Zusammenschluss eine oligopolistische Marktbeherrschung vorlag, die sich durch den Zusammenschluss verstärkt. Das kann insbesondere dann der Fall sein, wenn ein Mitglied des Oligopols Marktanteile hinzuerwirbt, die zuvor dem Oligopol nicht zuzurechnen waren. Es muss dadurch aber die Reak-

1229

---

292 Komm., Entsch. v. 24.4.1996 – Az. IV/M.619, „Gencor/Lonrho", Abl. 1997, Nr. L 11, 30 Rn. 158; kritisch dazu *Hirsbrunner*, EuZW 1997, 748, 752.

293 Komm., Entsch. v. 31.1.1994 – Az. IV/M.315, „Mannesmann/Vallourec/Ilva", WuW/E EV 2193, Rn. 53.

294 EuGH, Urt. v. 31.3.1998 – verb. Rs. C-68/94 u. C-30/95, „K+S/MdK/Treuhand", WuW/E EU-R 31, Rn. 248.

295 Immenga/Mestmäcker EG-WbR-*Immenga*, Art. 2 FKVO, Rn. 238.

tionsverbundenheit der Oligopolmitglieder zunehmen oder die Ausweichmöglichkeiten der Marktgegenseite müssen spürbar abnehmen.[296] Wo es bisher an einem Oligopol fehlte, prüft die Kommission, ob der Markt in der Vergangenheit eine Tendenz zur oligopolistischen Marktbeherrschung aufwies und ob der geplante Zusammenschluss die vorhandenen Wettbewerbselemente so einschränkt, dass eine oligopolistische Marktbeherrschung durch ihn entsteht.[297]

dd) Oligopole ohne koordiniertes Marktverhalten

1230 Liegt eine Reaktionsverbundenheit von Unternehmen innerhalb eines Oligopols nicht vor oder lässt sich eine solche im Innenverhältnis zwischen den Unternehmen zumindest nicht nachweisen, kann nach Auffassung der Kommission infolge eines Zusammenschlusses gleichwohl der Wettbewerbsdruck, dem die Unternehmen bisher ausgesetzt waren bzw. den sie auf die übrigen Wettbewerber ausgeübt haben, ganz oder teilweise beseitigt und dadurch die Marktmacht der verbleibenden Wettbewerber erhöht werden, ohne dass es insoweit notwendigerweise zu einer Verhaltenskoordinierung zwischen ihnen kommen muss. Derartige **unilaterale Effekte im Oligopol** zu erfassen, war erklärtes Ziel der Reform des Untersagungstatbestandes des Art. 2 Abs. 3 FKVO. Sie betreffen danach Zusammenschlüsse, die wirksamen Wettbewerb im Gemeinsamen Markt oder einem wesentlichen Teil desselben erheblich behindern, ohne aber zwingend eine marktbeherrschende Stellung eines oder mehrerer Unternehmen zu begründen bzw. zu verstärken. Letzteres ist insbesondere dann der Fall, wenn die Beteiligten infolge des Zusammenschlusses nicht zum Marktführer werden.

1231 Insgesamt wird man damit zumindest **zwei wesentliche Voraussetzungen** für eine denkbare Untersagung eines Zusammenschlusses, der keine Entstehung oder Verstärkung einer marktbeherrschenden Stellung erwarten lässt, zu fordern haben:

• Zum einen muss der relevante Markt durch eine oligopolistische Marktstruktur geprägt sein.

• Zum anderen muss eine erhebliche Behinderung wirksamen Wettbewerbs durch spürbare, sog. unilaterale Effekte in Rede stehen; d. h. die nicht koordinierten Auswirkungen des Zusammenschlusses im Verhältnis zwischen den sich zusammenschließenden Unternehmen

---

296 Ähnlich auch Immenga/Mestmäcker EG-WbR-*Immenga*, Art. 2 FKVO, Rn. 243.
297 Komm., Entsch. v. 24.4.1996 – Az. IV/M.619, „Gencor/Lonrho", Abl. 1997, Nr. L 11, 30 Rn. 142.

und anderen Oligopolmitgliedern müssen gerade die erhebliche Wettbewerbsbehinderung bedingen.

Auch wenn die Kommission in ihren **Leitlinien** zur Bewertung hori- **1232** zontaler Zusammenschlüsse versucht hat, Faktoren zu beschreiben, die nach ihrer Auffassung kennzeichnend für das Vorliegen unilateraler Effekte sind,[298] bleibt doch zunächst abzuwarten, welche tatsächliche Bedeutung dieser Fallgruppe in Ermangelung von Beispielsfällen im europäischen Recht[299] künftig zukommen wird.

IV. Fusionskontrollverfahren

Das Fusionskontrollverfahren gliedert sich in zwei Abschnitte: Wäh- **1233** rend der auf 25 Arbeitstage angesetzten **Phase I**, dem sog. Vor(prü-fungs)verfahren, prüft die Kommission im Interesse der Verfahrens-ökonomie und des Beschleunigungsgrundsatzes nur summarisch, ob dem Zusammenschlussvorhaben ernsthafte Bedenken entgegenstehen. Außerdem versendet sie die Anmeldung an die nationalen Kartellbe-hörden der Mitgliedstaaten und macht die Tatsache der Anmeldung im Amtsblatt bekannt, damit Dritte die Kommission auf eventuelle wett-bewerbsbeschränkende Wirkungen des Zusammenschlussvorhabens hinweisen können. Der ganz überwiegende Teil der Fälle kann bereits nach dieser Vorprüfung gem. Art. 6 Abs. 1 lit. b FKVO freigegeben werden, weil sich keine ernsthaften Bedenken ergeben haben.

In verhältnismäßig wenigen Fällen leitet die Kommission durch eine **1234** Entscheidung nach Art. 6 Abs. 1 lit. c FKVO die **Phase II**, das sog. Hauptverfahren ein, das – vorbehaltlich bestimmter Fristverlänge-rungsmöglichkeiten – 90 Arbeitstage dauert. Nach dem Sprachge-brauch der FKVO und der Kommission ist dies das „Verfahren", die in der Phase I erfolgte Vorprüfung gehört – kontraintuitiv – nicht dazu. Eine abschließende negative Entscheidung über die Vereinbarkeit des Zusammenschlussvorhabens mit dem Gemeinsamen Markt kann nur in der Phase II ergehen; die Phase I weist im Interesse der Beschleuni-

---

298 Abl. 2004, Nr. C 31, 5 Rn. 22, 26 ff.
299 Typischerweise wird in diesem Zusammenhang auf den US-amerikanischen *Heinz/Beech-Nut*-Fall eines Zusammenschlusses der Nummer zwei mit der Nummer drei innerhalb eines Marktes abgestellt, bei dem angesichts des Vorliegens eines eindeu-tigen Marktführers nicht von der Entstehung einer markbeherrschenden Stellung ge-sprochen werden könnte, der Zusammenschluss aber gleichwohl den lebhaften Wett-bewerb zwischen den Zusammenschlussbeteiligten eliminieren würde, FTC v. H.J. Heinz & Co., 246 F.3 d 708 (D.C.Cir. 2001); dazu auch *Völcker*, ECLR 2004, 395 ff.

gung zu schwache Beteiligungsrechte Dritter und Verfahrensgarantien der Beteiligten auf, um eine solche Entscheidung zu tragen. Erlässt die Kommission innerhalb der jeweils vorgeschriebenen Fristen keine Entscheidung, so gilt der Zusammenschluss wegen Art. 10 Abs. 6 FKVO als freigegeben.

1235 An dieser auch im deutschen Recht vorzufindenden Grundstruktur hat sich durch die **FKVO-Novelle von 2004** nichts geändert. Im Detail hat die Novelle aber an vielen Stellen das Fusionskontrollverfahren modifiziert, meistens im Sinne einer Flexibilisierung und einer vereinfachten Handhabung der Vorschriften.

1. Anmeldung

1236 Rechtlich bindende Vereinbarungen über Zusammenschlüsse müssen vor ihrem Vollzug gem. Art. 4 FKVO zur Fusionskontrolle angemeldet werden. Die bloße Absicht eines Zusammenschlusses ist noch nicht anmeldefähig; seit der FKVO-Novelle von 2004 müssen aber auch nicht unbedingt die den Zusammenschluss begründenden Verträge bereits abgeschlossen sein, damit **Anmeldefähigkeit** vorliegt. Es genügt nunmehr auch, dass die beteiligten Unternehmen der Kommission gegenüber glaubhaft machen, dass sie einen Vertrag schließen wollen. Dafür kann der Abschluss eines rechtlich nicht bindenden Letter of Intent genügen. Im Falle eines Übernahmeangebots muss der Bieter öffentlich seinen Entschluss zur Abgabe eines solchen bekundet haben. Das Unterlassen einer notwendigen Anmeldung ist gem. Art. 14 Abs. 1 lit. a FKVO bußgeldbewehrt. Anmeldepflichtig sind die Beteiligten mit Ausnahme des zu übernehmenden Unternehmens, hingegen nicht der Veräußerer.[300]

1237 Die Wochenfrist, innerhalb derer bisher die Anmeldung nach Vertragsabschluss oder Veröffentlichung des Übernahmeangebots erfolgen musste, ist entfallen, da sie auch schon bisher in der Praxis oft unbeachtet blieb und die Kommission das auch meist nicht beanstandete. Um die **Vollständigkeit der Anmeldung** zu gewährleisten, ist sie mittels eines Formblatts CO[301] einzureichen, das einen umfangreichen Fragenkatalog enthält, in dem Angaben über die Anmeldenden, die Eigentums- und Kontrollverhältnisse an den Beteiligten, den Zusammenschluss, die betroffenen Märkte und die kooperativen Auswirkun-

---

300 Langen-*Löffler*, Art. 4 FKVO Rn. 7.
301 Das Formblatt basiert auf Art. 2 der VO 3394/94; seine Verwendung oder die Verwendung des Vereinfachten Formblatts CO ist zwingend.

gen eines Gemeinschaftsunternehmens zu machen sind. Der detaillierte und entsprechend aufwändige Fragebogen ist das Gegenstück zu den sehr kurz bemessenen Fristen zur Prüfung des Zusammenschlusses durch die Kommission.[302] Es besteht jedoch die Möglichkeit zu beantragen, dass die Kommission auf Zusammenschlüsse, die erfahrungsgemäß keinen Anlass zu nennenswerten Bedenken geben, das vereinfachte Verfahren[303] anwendet und auf einige der im Formblatt CO verlangten Angaben verzichtet, insbesondere auf Angaben zu den Umsätzen in den einzelnen Mitgliedstaaten, zu personellen und kapitalmäßigen Verflechtungen und zu bestimmten Angaben zu den betroffenen Märkten (short form notification). Das Formblatt CO ist in einer der Amtssprachen der Gemeinschaft samt Anlagen in fünfunddreißigfacher Ausfertigung einzureichen.

Es empfiehlt sich, vor der Anmeldung **informelle Vorgespräche** („Confidential Guidance") mit der Generaldirektion Wettbewerb der Kommission zu führen, um die wettbewerbliche Beurteilung eines Zusammenschlusses vorzubereiten. Daran hat auch die Kommission ein Interesse, weil sie so bereits vor der Anmeldung Kenntnis von dem Zusammenschlussvorhaben erhält, sich darauf vorbereiten und frühzeitig ein Case-Team bilden kann. Noch wichtiger ist es aber für die Anmeldenden, frühzeitig mögliche Bedenken der Kommission kennen zu lernen und berücksichtigen zu können, bestimmte Rechtsfragen zu diskutieren und Absprachen über den Umfang der beizubringenden Informationen zu treffen (Erlangung sog. Waiver). Andererseits müssen auch die Grenzen dieser informellen Vorgespräche gesehen werden: Die Kommission wird bemüht sein, sich an die getroffenen Absprachen zu halten, ist dazu rechtlich aber nicht verpflichtet und wird manchmal nach näherer Befassung mit dem Sachverhalt gar nicht umhin können, noch weitere Informationen nachzufordern. Außerdem kann sie materielle Zusagen in diesem Stadium ohne volle Sachverhaltskenntnis und ohne Einhaltung der gesamten verfahrensrechtlichen Beteiligungsrechte nicht geben. **1238**

Die Vollständigkeit der Anmeldung ist gem. Art. 5 Abs. 2 VO 802/2004[304] die Voraussetzung für den **Beginn des Fristenlaufs** in der **1239**

---

302 *Hitzler*, EuZW 1990, 369, 370.
303 Zu den Voraussetzungen, unter denen das vereinfachte Verfahren in Betracht kommt, siehe Komm., Bek. über vereinfachtes Verfahren für bestimmte Zusammenschlüsse, Abl. 2000, Nr. C 217, 32.
304 Komm., VO (EG) Nr. 802/2004 vom 7. 4. 2004 zur Durchführung der VO (EG) Nr. 139/2004 des Rates über die Kontrolle von Unternehmenszusammenschlüssen,

Phase I.[305] Unrichtige oder irreführende Angaben oder Unterlagen werden als unvollständige Angaben oder Unterlagen angesehen.[306] Im Falle wesentlicher Tatsachenänderungen trifft den Anmelder eine Mitteilungspflicht. Soweit diese wesentlichen Änderungen erhebliche Auswirkung auf die Beurteilung des Zusammenschlusses haben könnten, kann die Kommission die Wirksamkeit der Anmeldung auf den Tag des Eingangs der Mitteilung der wesentlichen Änderungen verlegen.[307]

1240 Vor einer Freigabeentscheidung in Phase I oder II darf ein anmeldepflichtiger Zusammenschluss nicht vollzogen werden (Art. 7 Abs. 1 FKVO). Allerdings sieht Art. 7 Abs. 2 FKVO vor, dass angemeldete öffentliche Kauf- oder Tauschangebote auch vor Erlass einer entsprechenden Entscheidung abgewickelt werden dürfen, wenn die Stimmrechte aus den erlangten Anteilen bis zur Freigabeentscheidung der Kommission nicht oder nur zur Erhaltung des Wertes der Investition ausgeübt werden. Außerdem kann eine Befreiung vom **Vollzugsverbot** beantragt werden, über die die Kommission im Rahmen einer Güterabwägung entscheidet. Bei einem Verstoß gegen das Vollzugsverbot kann die Kommission Geldbußen in Höhe von bis zu 10 % des Gesamtumsatzes der beteiligten Unternehmen festsetzen. Außerdem kann sie eine Entflechtung anordnen, wenn der Zusammenschluss untersagungsfähig war. Zivilrechtlich bleibt die dem Zusammenschluss zugrunde liegende Vereinbarung von einem Verstoß gegen das Vollzugsverbot unberührt; Vollzugsgeschäfte hingegen sind bis zur endgültigen Entscheidung der Kommission schwebend unwirksam.

2. Phase I

1241 Innerhalb der Phase I entscheidet die Generaldirektion Wettbewerb der Kommission gem. Art. 6 Abs. 1 FKVO darüber, ob sie das Hauptverfahren eröffnet, weil ernsthafte Bedenken hinsichtlich der Vereinbarkeit des Zusammenschlusses mit dem Gemeinsamen Markt bestehen, oder ob sie den Zusammenschluss freigibt, weil er nicht unter die FKVO fällt oder gegen ihn keine ernsthaften Bedenken bestehen. Im letzteren Fall ist der Zusammenschluss förmlich freigegeben und kann auch von den nationalen Kartellbehörden nicht mehr aufgegriffen werden.

Abl. 2004, Nr. L 133, 1, die mit Wirkung vom 1.5.2004 an die Stelle der VO (EG) Nr. 447/1998 getreten ist.

305 Komm., Entsch. v. 29.7.1994 – Az. IV/M.442, „ELF Atochem/Rütgers", Abl. 1994, Nr. C 235, 5 vor Rn. 1.

306 Art. 5 Abs. 4 VO 802/2004.

307 Art. 5 Abs. 3 VO 802/2004.

Die mit der Durchführung des Zusammenschlusses unmittelbar ver- **1242**
bundenen und für diese notwendigen **Nebenabreden** wie z. B. Wettbewerbsverbote, Lizenzvereinbarungen, Bezugs- und Liefervereinbarungen gelten als von der Freigabeentscheidung mit genehmigt. Dem
hatte zunächst das EuGI unter anderem aus Gründen der Rechtssicherheit widersprochen,[308] die FKVO-Novelle von 2004 hat aber nun klargestellt, dass Wettbewerbseinschränkungen trotz dieser Entscheidung
grundsätzlich ohne gesonderte Prüfung und Begründung durch die
Kommission automatisch mit freigegeben werden können.[309] Entsprechend den nach der VO 1/2003 geltenden Prinzipien müssen die Unternehmen auch hier zunächst selbst einschätzen, ob eine Nebenabrede
als genehmigt gilt oder nicht.[310] Nur im Falle neuer oder ungelöster
Fragen, die zu ernsthafter Rechtsunsicherheit führen können, also
wenn eine Abrede nicht von der Bekanntmachung über Nebenabreden
oder von einer veröffentlichten Entscheidung der Kommission erfasst
wird, muss die Kommission auf Antrag der Parteien prüfen, ob eine
Einschränkung mit der Durchführung des Zusammenschlusses unmittelbar verbunden und dafür notwendig ist.[311]

Grundsätzlich muss die Entscheidung innerhalb von 25 Arbeitstagen **1243**
ergehen. Sie darf aber auch schneller erfolgen, was in einzelnen Fällen
sogar schon geschehen ist, wenn auch die Kommission aufgrund der
von ihr zu beachtenden Verfahrensvorschriften nicht viel Spielraum
für eine Fristverkürzung hat. Gem. Art. 10 Abs. 1 Satz 3 FKVO verlängert sich die **Frist** von Rechts wegen auf 35 Arbeitstage, wenn ein
Mitgliedstaat einen Verweisungsantrag gem. Art. 9 Abs. 2 FKVO stellt
oder die beteiligten Unternehmen Verpflichtungen gem. Art. 6 Abs. 2
FKVO anbieten. Für derartige Angebote besteht wiederum eine Frist
von 20 Arbeitstagen ab Eingang der Anmeldung.[312] Da die Kommission Herrin des Verfahrens ist, kann sie jedoch auch spätere Verpflichtungszusagen berücksichtigen, wenn ausreichend Zeit zu ihrer Prüfung
besteht.[313]

---

308 EuGI, Urt. v. 20.11.2002 – Rs. T-251/02, „Lagardère und Canal+/Kommission",
   Rn. 90 und 108 mit Anm. *Heermann/Orth*, EWiR 2003, 943 f.; siehe auch *Grave/*
   Seeliger, Der Konzern 2004, 646, 649.
309 Komm., Bek. über Einschränkungen des Wettbewerbs, Abl. 2001, Nr. C 188, 5 ff.
310 *Grave/Seeliger*, Der Konzern 2004, 646, 650; siehe auch *Dittert*, WuW 2004, 148,
   159 f.
311 Erwägungsgrund Nr. 21 FKVO.
312 Art. 19 Abs. 1 VO 802/2004.
313 EuGI, Urt. v. 3.4.2003 – Rs. T-114/02, „BaBlyss", Rn. 133, EuZW 2003, 796; *Ro-*
   senthal, EuZW 2004, 327, 330.

1244 Die Kommission wird aufgrund **ernsthafter Bedenken**[314] gem. Art. 6 Abs. 1 lit. c FKVO das Hauptverfahren eröffnen, wenn klare und erhebliche Anhaltspunkte vorliegen, die für die Entstehung oder Verstärkung einer marktbeherrschenden Stellung infolge des Zusammenschlusses sprechen,[315] die den Wettbewerb im Gemeinsamen Markt erheblich zu behindern droht. Folglich muss die Erfüllung der Eingriffskriterien des Art. 2 FKVO wahrscheinlich sein. Das schließt vor dem Hintergrund der Abs. 4 und 5 des Art. 2 FKVO mit ein, dass im Falle eines Gemeinschaftsunternehmens mit kooperativen Elementen auch hinsichtlich einer Verletzung von Art. 81 EG keine ernsthaften Bedenken bestehen.[316]

1245 Die Kommission kann sowohl in Phase I als auch in Phase II **Auskunftsverlangen** bei Wettbewerbern, Kunden und Lieferanten der Beteiligten stellen (Art. 11 FKVO). Unrichtige Antworten auf das zunächst gestellte formelle Auskunftsverlangen sind bußgeldbewehrt; die Nichtbeantwortung innerhalb der gesetzten Frist (höchstens zwei Wochen) provoziert hingegen zunächst nur eine förmliche Auskunftsentscheidung. Deren rechtzeitige Beantwortung kann dann aber mit Geldbußen und Zwangsgeldern forciert werden.

3. Phase II

1246 Mit der Eröffnung der Phase II beginnt im Gegensatz zu § 40 GWB ein **neuer Verfahrensabschnitt mit neuer Fristberechnung.**[317] Gem. Art. 10 Abs. 3 FKVO muss die Kommission innerhalb von 90 Arbeitstagen die Vereinbarkeit des Zusammenschlussvorhabens mit dem Gemeinsamen Markt prüfen. Die Frist darf nicht ausgeschöpft werden, wenn vorher Entscheidungsreife besteht (Art. 10 Abs. 2 FKVO). Dies kann insbesondere aufgrund von Zusagen der beteiligten Unternehmen der Fall sein.[318] Trotzdem kann es sich in besonders dringenden Fällen empfehlen, zur Vermeidung des Eintritts in die Phase II – durchaus

---

314 Zum Begriff der „ernsthaften Bedenken" und den Kriterien der summarischen Prüfung, die die Kommission insofern anstellt, ausführlich FK-*Schröer*, Art. 6 FKVO Rn. 37 ff.

315 Protokollerklärung von Rat und Kommission zu Art. 2 FKVO, WuW 1990, 240.

316 Immenga/Mestmäcker EG-WbR-*Immenga*, Ergänzungsband, Art. 2 FKVO Rn. 6; FK-*Schröer*, Art. 6 Rn. 18.

317 *Happe*, EuZW 1995, 303, 307.

318 Komm., Entsch. v. 29.5.1991 – Az. IV/M.043, „Magnetti Marelli/CEAC", WuW/E EV 1735; Entsch. v. 12.4.1991 – Az. IV/M.042, „Alcatel/Telettra", WuW/E EV 1616.

auch in Absprache mit der Kommission – die Anmeldung zunächst zurückzunehmen und später neu einzureichen. In der Phase I ist das ohne weiteres möglich, weil die Kommission hier durch nichts gehalten ist, das Verfahren durch eine Entscheidung zu beenden und auch die Parteien nicht verpflichtet sind, das Vollzugsverbot zu beseitigen.[319] Für die Phase II sah die Kommission das anders, weshalb sie hier für eine Rücknahme verlangte, dass das Zusammenschlussvorhaben aufgegeben und etwaige mit ihm im Zusammenhang stehende (vorvertragliche) Vereinbarungen formal aufgehoben sind.[320] Dem hat das EuGI widersprochen und für die wirksame Rücknahme den Verzicht auf das Zusammenschlussvorhaben „in der in der Anmeldung geschilderten Form" genügen lassen.[321]

Seit der FKVO-Novelle 2004 ist auch für die Phase II grundsätzlich eine automatische **Fristverlängerung** um 15 auf 105 Arbeitstage vorgesehen, wenn die beteiligten Unternehmen gem. Art. 8 Abs. 2 Unterabs. 2 FKVO anbieten, Verpflichtungen einzugehen, um den Zusammenschluss in einer mit dem Gemeinsamen Markt zu vereinbarenden Weise zu gestalten. Allerdings verlängert sich die Frist nicht, wenn die Verpflichtungen weniger als 55 Arbeitstage nach Einleitung des Verfahrens unterbreitet wurden. Damit soll ein Anreiz geschaffen werden, die Verpflichtungen möglichst frühzeitig anzubieten. Verpflichtungszusagen, die später als 65 Arbeitstage[322] nach Einleitung der Phase II angeboten werden, wurden von der Kommission in der Vergangenheit dann nicht berücksichtigt, wenn die verspätet gemachten Zusagen auch rechtzeitig hätten erfolgen können.[323] Dem ist das EuGI entgegengetreten.[324] Bei Vorliegen außergewöhnlicher Umstände und wenn im konkreten Fall noch genügend Zeit für die Würdigung und für die Konsultation mit den Mitgliedstaaten verbleibt, entsprach es aber auch schon vorher der Kommissionspraxis, auch verspätete Zusagen noch

1247

---

319 Wie hier *Hellmann,* ZIP 2004, 1387, 1390; a. A. *Dittert,* WuW 2004, 148, 152 f., der mit Rücksicht auf die Interessen Dritter und der Mitgliedstaaten auch bei der Rücknahme der Anmeldung in Phase I verlangt, dass die Parteien die Aufgabe der Zusammenschlussabsicht glaubhaft machen.

320 Komm., Entsch. v. 28. 6. 2000 – COMP/M.1741, „MCI Worldcom/Sprint", Rn. 12.

321 EuGI, Urt. v. 28. 9. 2004 – Rs. T-310/00, „MCI/Kommission", WuW/EU-R 840, Rn. 83 ff.

322 Diese Frist verlängert sich um etwaige Fristverlängerungen nach Art. 10 Abs. 3 Unterabs. 2 FKVO.

323 Siehe z. B. Komm., Entsch. v. 14. 3. 2000 – Az. COMP/M.1672, „Volvo/Scania", Abl. 2001, Nr. L 143, 74 Rn. 359; Entsch. v. 22. 9. 1999 – Az. IV/M.1524, „Airtours/First Choice", Abl. 2000, Nr. L 93, 1 Rn. 193.

324 EuGI, Urt. v. 3. 4. 2003 – Rs. T 114/02, „BaByliss", Rn. 127 ff., EuZW 2003, 796.

zu würdigen.[325] Nach näherer Maßgabe von Art. 10 Abs. 3 Unterabs. 2 FKVO können außerdem sowohl Anmelder als auch Kommission eine Fristverlängerung von insgesamt höchstens 20 Arbeitstagen initiieren („stop the clock").

1248 Bei der Prüfung im Hauptverfahren ist die Kommission nicht auf diejenigen Märkte beschränkt, die Gegenstand der ernsthaften Bedenken bei der Entscheidung gem. Art. 6 Abs. 1 lit. c FKVO waren. Erhärten oder konkretisieren sich die Bedenken der Kommission nach Durchführung einer genaueren Untersuchung, teilt sie ihre **„Beschwerdepunkte"** („statement of objections") den Beteiligten schriftlich mit, um ihnen rechtliches Gehör einzuräumen. Die Beteiligten können zu den Beschwerdepunkten schriftlich oder im Rahmen einer mündlichen Anhörung[326] Stellung nehmen. Sie – nicht Dritte – können in diesem Verfahrensstadium auch **Akteneinsicht** verlangen, wovon allerdings vertrauliche Angaben der Beteiligten und interne Notizen der Kommission ausgenommen sind. Zu diesem Zeitpunkt ist auch die dreimonatige Frist ab Einleitung des Hauptverfahrens noch nicht abgelaufen, innerhalb derer Zusagen gegenüber der Kommission abgegeben werden können. Die Untersagung des Zusammenschlusses kann später nur auf solche Gesichtspunkte gestützt werden, zu denen die Beteiligten angehört wurden (Art. 18 Abs. 3 Satz 1 FKVO). Bei hinreichendem wirtschaftlichem Interesse an dem Zusammenschluss können an der Anhörung auch Dritte teilnehmen.[327]

1249 Die **Entscheidung** wird zunächst in einem Entwurf den Mitgliedstaaten übersandt und anschließend im Beratenden Ausschuss, einem Gremium, dem Vertreter der Wettbewerbsbehörden der Mitgliedstaaten angehören, diskutiert. Dessen Votum ist für die Kommission zwar nicht bindend, wird von ihr aber berücksichtigt. Die eigentliche Entscheidung nach Art. 8 FKVO – Freigabe des Zusammenschlusses, Freigabe unter Bedingungen und Auflagen oder Untersagung – wird dann von der Kommission als Kollegialorgan mit einfacher Mehrheit der gesetzlichen Mitglieder getroffen.

1250 Bei bereits rechtswidrig vollzogenen Zusammenschlüssen kann die Kommission die **Entflechtung** anordnen (Art. 8 Abs. 4 FKVO). Eine

---

325 Komm., Mitteilung über zulässige Abhilfemaßnahmen, Abl. 2001, Nr. C 68, 3 ff., Rn. 39; Entsch. v. 13.10.1999 – Az. IV/M.1439, „Telia/Telenor", Abl. 2001, Nr. L 40, 1, Rn. 378 ff.

326 Vgl. Art. 14 Abs. 1 VO 802/2004.

327 Siehe Art. 18 Abs. 3 S. 2 FKVO und *Lange*, in: FS für Boujong, S. 894 f.

arglistig durch die Beteiligten herbeigeführte Freigabeentscheidung kann sie widerrufen (Art. 8 Abs. 5 FKVO).

4. Für beide Phasen geltende Regelungen

Das Verfahren in beiden Phasen ist im Laufe der Zeit immer mehr an- **1251** geglichen worden, insbesondere hinsichtlich Zulassung und Verfahren bei Verpflichtungszusagen und Nebenabreden. Darüber hinaus gibt es weitere Gemeinsamkeiten: Die Berechnung der Fristen richtet sich nach der VO 802/2004. Das gilt für Fristanfang und Fristende, aber z. B. auch für die **Fristhemmung**. Diese kommt in den in Art. 9 Abs. 1 und 2 VO 802/2004 enumerativ genannten Fällen in Betracht, denen gemeinsam ist, dass die Kommission aufgrund von Umständen, die von einem am Zusammenschluss beteiligten Unternehmen zu vertreten sind, eine Auskunft im Wege der Entscheidung nach Art. 11 Abs. 3 FKVO anfordern oder eine Nachprüfung durch Entscheidung nach Art. 13 Abs. 4 FKVO anordnen muss. Fristhemmung bedeutet, dass die Frist nach dem Ende der Hemmung dort weiterläuft, wo sie gehemmt wurde, und nicht wieder neu zu laufen beginnt.[328]

Seit der Novelle von 1997 sieht die FKVO auch für Entscheidungen in **1252** der Phase I vor, dass diese mit **Bedingungen und Auflagen** verbunden werden können. Dem liegt die Erkenntnis zugrunde, dass es in bestimmten Fällen unverhältnismäßig sein kann, den Parteien die gesamte Phase II zuzumuten, wenn die Bedenken der Kommission durch entsprechende Zusagen bereits am Ende der Phase I ausgeräumt werden können.[329] Dabei hat die Kommission in der Vergangenheit verschiedentlich[330] durchaus komplexe Verpflichtungszusagen als Ergebnis umfassender Erwägungen bereits in der Phase I akzeptiert, obwohl der Erwägungsgrund Nr. 30 FKVO dies nur für klar umrissene und leicht lösbare Wettbewerbsprobleme für zweckmäßig erklärt.[331] Die Verpflichtungen müssen – das gilt für Phase I und II gleichermaßen – in einem angemessenen Verhältnis zu dem Wettbewerbsproblem stehen und dieses vollständig beseitigen.[332] Die Bedingungen und Auflagen, an die die Kommission ihre Entscheidung in beiden Verfahrens-

---

328 GK-*Schütz*, Art. 10 FKVO Rn. 11.
329 *Bartosch*, BB 2003, Beil. 3, S. 1, 10.
330 Komm., Entsch. v. 21.3.2000 – Az. IV/JV.37, „BSkyB/KirchPayTV", Abl. 2000, Nr. C 110, 45; Entsch. v. 11.3.1997 – Az. IV/M.873, „Bank Austria/Creditanstalt", Abl. 1997, Nr. C 160.
331 Ausführlich dazu FK-*Schröer*, Art. 6 FKVO Rn. 22 f.
332 Erwägungsgrund Nr. 30 FKVO.

abschnitten nach entsprechender Einigung mit den Anmeldern knüpfen kann, sollen sicherstellen, dass die beteiligten Unternehmen ihren Verpflichtungen so effektiv und rechtzeitig nachkommen, dass der Zusammenschluss mit dem Gemeinsamen Markt vereinbar wird. Mittlerweile sind auch die Begrifflichkeiten geklärt: Während die **(Verpflichtungs-)Zusage** der Beteiligten eine Modifikation der Anmeldung ist, die den Zusammenschluss wettbewerbskonform ausgestalten soll, sind Bedingungen und Auflagen diejenigen Instrumente, mit denen die Kommission die Durchsetzung dieser Zusagen sicherstellen will. Dabei werden unter Bedingungen Abhilfemaßnahmen verstanden, die den Markt so verändern, dass keine beherrschende Stellung mehr besteht, während die hierzu erforderlichen Durchführungsmaßnahmen Auflagen sind.[333]

1253   Mit der Novellierung der FKVO 1997 wurde die Phase I auch hinsichtlich der **Widerrufsmöglichkeiten** an die Phase II angepasst. Nunmehr können Entscheidungen beider Phasen widerrufen werden, wenn für sie unrichtige Angaben kausal geworden sind, deren Unrichtigkeit einer der Beteiligten zu vertreten hat oder wenn einer der Beteiligten einer Auflage zuwider gehandelt hat. Bei Bedingungen bedarf es keiner Widerrufsmöglichkeit, weil im Falle ihrer Verletzung die Freigabe des Zusammenschlussvorhabens automatisch entfällt.[334] Rechtsfolge eines Widerrufs ist das Wiederaufleben des Vollzugsverbots und die Wiedereröffnung des Verfahrens der jeweiligen Phase. Der Widerruf der Freigabe ist also noch nicht die Untersagung des Zusammenschlusses. Diese kann auch in Widerrufsfällen nur nach Art. 8 Abs. 3 FKVO erfolgen.[335]

5. Gerichtlicher Rechtsschutz

1254   In Art. 16 FKVO ist die Nachprüfung von Entscheidungen der Kommission durch den Gerichtshof geregelt. Gegen Entscheidungen, durch die ein Zwangsgeld oder eine Geldbuße festgesetzt wird, kann das zuständige **EuGI** angerufen werden. Über die Zulässigkeit von sonstigen

---

333 Komm., Mitteilung zulässige Abhilfemaßnahmen, Abl. 2001, Nr. C 68, 3 ff., Rn. 12.

334 Wobei *Schroeder*, FIW Schriftenreihe, Heft 196, S. 83, 103 nicht ohne Berechtigung darauf hinweist, dass aus Gründen der Rechtssicherheit und vor dem Hintergrund des Verhältnismäßigkeitsgrundsatzes das Erfordernis eines ausdrücklichen Widerrufs vorzugswürdig wäre.

335 *Fuchs*, EuZW 1996, 263, 266 f.; Immenga/Mestmäcker EG-WbR-*Immenga*, Art. 8 FKVO Rn. 49 f.; GK-*Schütz*, Art. 6 FKVO Rn. 43.

Klagen, insbesondere Klagen gegen Entscheidungen der Kommission über den angemeldeten Zusammenschluss und von betroffenen Dritten, regelt Art. 16 FKVO nichts. Insoweit muss auf die allgemeinen Regeln im EG-Vertrag zurückgegriffen werden. Somit kommen Nichtigkeitsklage und – wenigstens theoretisch [336] – Untätigkeitsklage nach Art. 231, 232 EG als Klagearten in Betracht. [337]

Wenn das Gericht es nach den Umständen für nötig hält, kann es die **1255** Durchführung der angefochtenen Handlungen aussetzen oder die erforderlichen **einstweiligen Anordnungen** treffen. Anträge auf einstweilige Anordnungen müssen Umstände anführen, aus denen sich die Dringlichkeit der Anordnung ergibt. Ferner ist die Notwendigkeit der beantragten Anordnung glaubhaft zu machen. Ein Vorgreifen der Entscheidung in der Hauptsache ist nicht zulässig.

Gegenstand einer Klage sind anfechtbare Handlungen der Kommis- **1256** sion, sofern sie eine verbindliche Rechtswirkung erzeugen und die Interessen des Klägers durch einen Eingriff in seine Rechtsstellung beeinträchtigen. [338]

Eine Klagebefugnis steht in erster Linie dem Adressaten einer Ent- **1257** scheidung zu, den die Entscheidung oder Maßnahme unmittelbar und individuell betrifft und der sich durch die Handlung der Kommission beschwert fühlt. Dabei ist jedoch hinsichtlich der einzelnen Entscheidungsarten zu differenzieren:

- Die Entscheidung **bezüglich der Anwendbarkeit der FKVO gem. Art. 6 Abs. 1 lit. a FKVO** hat zwar grundsätzlich nur feststellende Wirkung; jedoch enthält die Entscheidung, dass unter Umständen ein nationales Fusionskontrollverfahren oder ein Verfahren nach Art. 81 EG einzuleiten ist, eine „Belastung" für die betroffenen Unternehmen, so dass sie rechtsmittelfähig ist. [339]

---

336 Aufgrund der Fiktion nach Art. 10 Abs. 6 FKVO ist dafür nur wenig Raum, *Körber*, EuZW 1996, 267.
337 *Körber*, EuZW 1996, 267.
338 EuGI, Urt. v. 24. 3. 1994 – Rs. T-3/93, „British Airways/Dan Air", WuW/E EWG/ MUV 973; *Körber*, EuZW 1996, 267; *Lange,* in: FS für Boujong, S. 885 ff.
339 EuGI, Urt. v. 4. 3. 1999 – Rs. 87/96, „Assecurazioni Generali und Unicredito/Kommission", WuW/E EU-R 261, Rn. 37 ff.; Immenga/Mestmäcker EG-WbR-*Immenga*, Art. 6 FKVO Rn. 8; a. A. *Koch*, EWS 1990, 65, 72; *Körber*, EuZW 1996, 267, 268 m. w. N. Die Rechtsmittelfähigkeit einer Entscheidung nach Art. 6 Abs. 1 lit. a FKVO hinsichtlich einzelner Anteilseigner eines betroffenen Unternehmens hat das EuGI, Urt. v. 28. 10. 1993 – Rs. T-83/92, Slg. 1993, II-1169 verneint.

- Eine **Freigabeentscheidung nach Art. 6 Abs. 1 lit. b FKVO** hat grundsätzlich keine belastende Wirkung, auch nicht für Zielunternehmen einer feindlichen Übernahme, in deren Rechtsstellung nicht eingegriffen wird, solange die Entscheidung keine Bedingungen oder Auflagen enthält.[340] Die Klagebefugnis Dritter, insbesondere von Wettbewerbern, Abnehmern und Lieferanten, wird bei einer unmittelbaren und individuellen Betroffenheit gem. Art. 230 Abs. 4 EG weitgehend bejaht.[341]
- Die verfahrenseinleitende **Entscheidung nach Art. 6 Abs. 1 lit. c FKVO** hat lediglich eine gestaltende Wirkung innerhalb eines mehrstufigen Verfahrens und legt den Standpunkt der Kommission nicht endgültig fest. Sie ist daher nicht anfechtbar.[342]
- Da diese Kriterien bei der **verfahrensbeendenden Entscheidung nach Art. 8 FKVO** gegeben sind, ist sie für die Verfahrensbeteiligung und bei entsprechender Betroffenheit auch für Dritte anfechtbar.[343] Auch die Vereinbarkeitsfiktion des Art. 10 Abs. 6 FKVO erzeugt verbindliche Rechtswirkungen und kann statthaftes Klageziel einer Nichtigkeitsklage sein.[344]
- Die Entscheidung der Kommission, eine in der Phase I unter Auflagen erteilte Freigabe eines Zusammenschlusses **gem. Art. 6 Abs. 3 FKVO** zu widerrufen, ist mit der Nichtigkeitsklage angreifbar. Auch hierbei handelt es sich um eine verfahrensbeendende Erklärung.
- Dritte können auch gegen ein **Untätigbleiben der Kommission wegen vermeintlicher Unzuständigkeit** mit einer Untätigkeitsklage vorgehen.[345] Hier genügt es nicht, dass die Kommission ihre Zuständigkeit gegenüber den Dritten mehrfach bekräftigt, sondern sie muss über ihre Zuständigkeit formal entscheiden.

---

340 FK-*Schröer*, Art. 6 Rn. 73; a. A. Langen-*Löffler*, Art. 6 FKVO Rn. 19.

341 *Heidenhain*, EuZW 1991, 590; Langen-*Löffler*, Art. 6 FKVO Rn. 19; *Drauz/Schroeder*, Praxis der Europäischen Fusionskontrolle, S. 223; Immenga/Mestmäcker EG-WbR-*Immenga*, Art. 6 FKVO Rn. 9; siehe auch EuGI, Urt. v. 19.5.1994 – Rs. T-2/93, „Air France/Kommission", Slg. 1994, II-323, m.w.N.

342 EuGH, Urt. v. 18.3.1997 – Rs. C-282/95 P, „Guérin automobiles/Kommission", EuZW 1997, 762, 764 m.w.N.; *Drauz/Schroeder*, S. 223; GK-*Schütz*, Art. 6 FKVO Rn. 16.

343 EuGI, Urt. v. 30.9.2003 – Rs. T-158/00, „ARD", WuW/E EU-R 716, Rn. 58 ff.; *Körber*, RIW 1998, 910; *Lange,* in: FS für Boujong, S. 885 ff.

344 *Körber*, EuZW 1996, 267.

345 EuGH, Urt. v. 25.9.2003 – Rs. C-170/02, „Schlüsselverlag Moser", WuW/E EU-R 791, Rn. 27 ff.

Auch die Mitgliedstaaten können Klage erheben. Bei Drittklagen, ins- **1258** besondere Konkurrentenklagen,[346] muss der **Kläger unmittelbar und individuell von der Entscheidung betroffen** sein, wenn er nicht selbst Adressat der Entscheidung ist. Der Kläger ist dann individuell betroffen, wenn die angefochtene Entscheidung ihn wegen bestimmter persönlicher Eigenschaften oder besonderer, ihn aus dem Kreis aller übrigen Personen heraushebender Umstände berührt und ihn daher in ähnlicher Weise individualisiert wie den Adressaten selbst.[347] Dies kann vor allem dann der Fall sein, wenn Dritte aufgrund der ihnen eingeräumten Befugnisse, insbesondere eines Anhörungs-, Antrags- oder Beschwerderechts, an dem einer Entscheidung der Kommission vorangegangenen Verwaltungsverfahren teilgenommen haben und die Entscheidung der Kommission ihre berechtigten Interessen zu beeinträchtigen vermag. Häufig wird dabei unterstellt, dass ein verfahrensbeteiligter Dritter in der Regel in stichhaltiger Weise die Verletzung berechtigter Interessen geltend machen kann.[348] Voraussetzung wird allerdings sein, dass er seine Beteiligungsrechte im Verwaltungsverfahren auch geltend gemacht hat.[349] Danach wird jeder Dritte, der am Verfahren teilgenommen hat und dessen Marktstellung von der Entscheidung der Kommission unmittelbar nachteilig betroffen ist, klagebefugt sein. Das Erfordernis der unmittelbaren Betroffenheit soll verhindern, dass nur potenziell Betroffene die Gerichte anrufen können. Wettbewerber der am Zusammenschluss beteiligten Unternehmen sind bereits dann unmittelbar betroffen, wenn die Kommission die Durchführung des Zusammenschlusses rechtlich und tatsächlich gestattet und sich die Lage auf den betroffenen Märkten dadurch unmittelbar verändert.[350]

Wenn der EuGH oder das EuGI eine **Fusionskontrollentscheidung** **1259** **der Kommission ganz oder teilweise für nichtig erklärt** hat, beginnt

---

346 Ausführlich dazu *Karl*, Die Rechtsstellung Dritter in der europäischen Fusionskontrolle, S. 72 ff.; *Körber*, EuZW 1996, 267.
347 EuGI, Urt. v. 19.5.1994 – Rs. T-2/93, „Air France/Kommission in Sachen British Airways/TAT European Airlines", EuZW 1994, 534 m. Anm. *Heidenhain*; Langen-*Löffler*, Art. 16 FKVO Rn. 4 m.w.N. und *Zilles*, Die Anfechtungslegitimation von Dritten im Europäischen Fusionskontrollrecht, S. 82 ff.
348 EuGI, Urt. v. 19.5.1994 – Rs. T-2/93, „Air France/Kommission in Sachen British Airways/TAT European Airlines", EuZW 1994, 534 m. Anm. *Heidenhain; Heidenhain*, EuZW 1991, 590 m.w.N.; *Miersch*, Kommentar FKVO, Art. 16 Anm. I. 2.
349 EuGH, Urt. v. 17.11.1998 – Rs. C-228/96, „Kruidvat BVBA/Kommission", EuZW 1999, 181.
350 *Lange,* FS für Boujong, S. 885 ff.

– anders als im deutschen Recht[351] – das Prüfungsverfahren durch die Kommission erneut. Dementsprechend kann das Zusammenschlussvorhaben dann noch nicht vollzogen werden. Auch laufen die Fristen nach Art. 10 Abs. 1 und ggf. Abs. 3 FKVO von neuem. Die neue Frist läuft aber gem. Art. 10 Abs. 5 Unterabs. 4 FKVO erst dann, wenn die Anmeldung aktualisiert oder die früheren Sachverhaltsangaben von den Anmeldern bestätigt wurden.

§ 2 Deutsche Zusammenschlusskontrolle

Schrifttum: *Baron*, Meinungen zur 6. GWB-Novelle, WuW 1998, 651; *Bechtold*, Kartellgesetz, Gesetz gegen Wettbewerbsbeschränkungen, München, 1993; *ders.*, Das neue Kartellgesetz, NJW 1998, 2769; *ders.*, Zum Referenten-Entwurf der 6. GWB-Novelle, BB 1997, 1853; *Beninca*, Räumliche Marktabgrenzung in der deutschen Fusionskontrolle – Beschluss Staubsaugerbeutelmarkt, WuW 2005, 43; *Bosch*, Der Zusammenschlusstatbestand des § 23 Abs. 2 Nr. 6 GWB und das Kartellverbot des § 1 GWB bei Minderheitsbeteiligungen zwischen Wettbewerbern, AG 1995, 320; *Bunte*, Die 6. GWB-Novelle – Das neue Gesetz gegen Wettbewerbsbeschränkungen, DB 1998, 1748; *Burholt*, Auswirkungen des BGH-Beschlusses „Staubsaugerbeutelmarkt" auf die Bagatellmarktklausel, WuW 2005, 889; *Ebenroth/Rösler*, Die Anwendbarkeit des Zusammenschlussbegriffes nach Art. 3 Fusionskontrollverordnung auf Lean Production Strukturen, RIW 1994, 533; *Emmerich*, Fusionskontrolle 1995/96, AG 1996, 529; *ders.*, Fusionskontrolle 1996/97, AG 1997, 529; *ders.*, Fusionskontrolle 1998/99, AG 1999, 529; *Henschen/Ewen*, Der Erwerb eines wettbewerblich erheblichen Einflusses in der Entscheidungspraxis, WuW 1999, 941; *Hoffmann*, Kontrollerwerb als neuer Zusammenschlusstatbestand des GWB, AG 1999, 538; *Kästle/Oberbracht*, Unternehmenskauf, Share Purchase Agreement, 2005; *Kahlenberg*, Novelliertes deutsches Kartellrecht, BB 1998, 1593; *Kapp/Goldbeck/Morlock*, Immobilienakquisitionen eines offenen Immobilienfonds: Kartellrechtliche Zusammenschlusskontrolle?, DB 2004, 2567; *Kapp/Messmer*, Keine Drittanfechtung von Freigabeentscheidungen ohne vorherige Beiladung, WuW 2004, 917; *Kleinmann/Bechtold*, Kommentar zur Fusionskontrolle, 2. Aufl. 1989; *Lange*, Räumliche Marktabgrenzung in der deutschen Fusionskontrolle,

---

351 Hier entscheidet das Beschwerdegericht im Falle einer Anfechtungsbeschwerde gegen eine Untersagungsverfügung selbst über die Zulässigkeit des Zusammenschlussvorhabens, KG, Beschl. v. 9.5.2001 – Kart 18/99, „Habet/Lekkerland", WuW/E DE-R 688, 690; das BKartA entscheidet nur bei der Aufhebung einer Zusammenschlussfreigabe selbst erneut (§ 40 Abs. 6 GWB).

BB 1996, 1997; *Miersch,* Kommentar zur EG-Verordnung Nr. 4064/89 über die Kontrolle von Unternehmenszusammenschlüssen, 1991; *Riesenkampff,* Treuhandverhältnisse in der Fusionskontrolle und die Zurechnungsklausel des § 23 Abs. 2 Nr. 2 Satz 2 GWB, WuW 1996, 5; *Rottnauer,* Reichweite der Anschlussklausel in § 24 Abs. 8 S. 1 Nr. 2 GWB, WuW 1993, 369; *Schulte,* Änderungen der Fusionskontrolle durch die 6. GWB-Novelle, AG 1998, 297; *ders.* (Hrsg.): Handbuch Fusionskontrolle, 2005; *Stockmann,* Verwaltungsgrundsätze und Gemeinschaftsunternehmen, WuW 1988, 269; *Thurnher,* Zur Zurechnung des Treugutes im Fusionskontrollrecht, WuW 1994, 303; *Zöttl,* Drittrechtsschutz ohne Rechte?, WuW 2004, 474.

I. Einführung

Die Fusionskontrolle soll die Erlangung einer marktbeherrschenden **1260** Stellung verhindern, soweit sie Folge eines Unternehmenszusammenschlusses ist. Im Interesse des **Schutzes der Handlungsfreiheit anderer Marktteilnehmer** soll sichergestellt sein, dass die Marktstrukturen es keinem Unternehmen erlauben, nicht mehr leistungsbedingte Verhaltensspielräume zu erlangen. Die in §§ 35–43 GWB getroffenen Regelungen wollen Zusammenschlüsse dahingehend kontrollieren, ob durch sie die Wettbewerbsbedingungen auf dem relevanten Markt derart verändert werden, dass die Funktionsfähigkeit des Wettbewerbs nicht mehr gewährleistet ist, oder der Wettbewerb noch mehr als bisher bereits eingeschränkt wird.[352] Dabei soll die Fusionskontrolle bereits einer Gefährdung des Wettbewerbs begegnen, die sich aus einer Veränderung der Marktstruktur infolge eines Zusammenschlusses ergeben kann.

Sinn und Zweck der Fusionskontrolle lassen sich auch aus den für den **1261** Wettbewerb typischerweise drohenden Gefahren durch horizontale, vertikale und konglomerate Unternehmenszusammenschlüsse ablesen.[353] Durch **horizontale Zusammenschlüsse** von Unternehmen auf gleichen Märkten verringert sich die Anzahl der selbstständigen Wettbewerber auf diesem Markt, was zu einer Marktbeherrschung führen kann. Bei **vertikalen Zusammenschlüssen** spricht einiges dafür, dass sich für die beteiligten Unternehmen durch die Verbesserung des Zugangs zu den Beschaffungs- und Absatzmärkten zusätzliche Verhal-

---

352 BGH, Urt. v. 29.5.1979 – KVR 2/78, „Organische Pigmente", BGHZ 74, 322 = NJW 1979, 2613.
353 Vgl. z.B. *Emmerich,* KartR § 22 2.

tensspielräume eröffnen. Die durch **konglomerate Zusammen-schlüsse** entstehenden Großunternehmen können insbesondere durch ihre Kapitalausstattung und das Auftreten auf verschiedenen Märkten Strategien zur Verdrängung von Konkurrenten längere Zeit erfolgreich durchhalten. Außerdem werden sich die Marktzutrittschranken für neu in den Markt eintretende Unternehmen bei der Marktbeherrschung durch wenige Großunternehmen erhöhen.

1262 Die 7. **GWB-Novelle** hat im Gegensatz zu ihrer Vorgängerin für die Fusionskontrolle keine Änderungen gebracht, wenn man einmal von der sich auch bei der Fusionskontrolle auswirkenden Verschärfung der Ordnungswidrigkeitsregelungen in § 81 GWB absieht. Auch die heftig diskutierten Neuregelungen zur Pressefusionskontrolle haben letztlich nicht den Eingang in das Bundesgesetzblatt gefunden.

1263 Zur Überprüfung eines Unternehmenszusammenschlusses durch das BKartA muss zunächst der **Anwendungsbereich der deutschen Fusionskontrollvorschriften**[354] eröffnet sein. Erst wenn der Unternehmenszusammenschluss unter die Aufgreifkriterien des GWB fällt und von der europäischen Fusionskontrolle nicht erfasst wird (Art. 21, 1, 3 FKVO), kann anhand der Eingreifkriterien überprüft werden, ob der Zusammenschluss eine marktbeherrschende Stellung begründet oder verstärkt.

II. Aufgreifkriterien

1264 Die deutsche Zusammenschlusskontrolle ist dann einschlägig, wenn es sich bei dem fraglichen Unternehmenszusammenschluss um einen solchen i.S.d. § 37 GWB handelt und die Umsatzschwellen des § 35 GWB überschritten werden. Erfüllt der Unternehmenszusammenschluss gleichzeitig die Kriterien der Art. 1 und 3 FKVO, ist die FKVO ausschließlich und vorrangig nach Art. 21 FKVO anzuwenden.[355] Besonderheiten sind bei Gemeinschaftsunternehmen zu beachten.[356]

1265 Danach ergibt sich folgendes **Prüfungsschema** für die Frage, ob ein Beteiligungserwerb oder Ähnliches zum BKartA anzumelden ist:

---

354 Zur europäischen Fusionskontrolle siehe Rn. 1103 ff., zum Verhältnis deutsche und europäische Fusionskontrolle siehe Rn. 1362 ff.
355 Vgl. zu den Einzelheiten Rn. 1103 ff. u. 1362.
356 Siehe Rn. 1287 ff.

Schröer

Deutsche Fusionskontrolle: Schema zur Prüfung der Umsatzkriterien

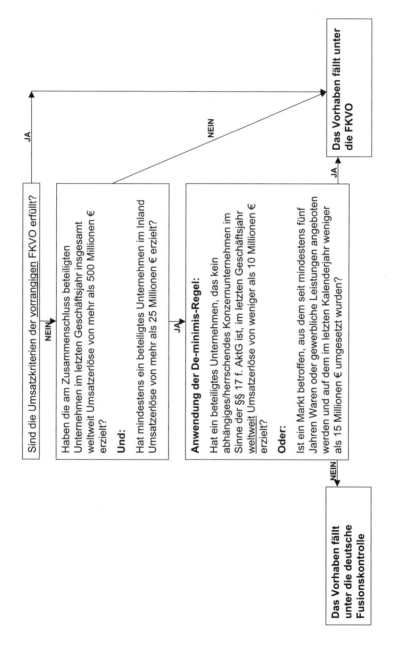

Sind die Umsatzkriterien der <u>vorrangigen</u> FKVO erfüllt?

NEIN

Haben die am Zusammenschluss beteiligten Unternehmen im letzten Geschäftsjahr insgesamt weltweit Umsatzerlöse von mehr als 500 Millionen € erzielt?

Und:

Hat mindestens ein beteiligtes Unternehmen im Inland Umsatzerlöse von mehr als 25 Millionen € erzielt?

JA

Anwendung der De-minimis-Regel:

Hat ein beteiligtes Unternehmen, das kein abhängiges/herrschendes Konzernunternehmen im Sinne der §§ 17 f. AktG ist, im letzten Geschäftsjahr weltweit Umsatzerlöse von weniger als 10 Millionen € erzielt?

Oder:

Ist ein Markt betroffen, aus dem seit mindestens fünf Jahren Waren oder gewerbliche Leistungen angeboten werden und auf dem im letzten Kalenderjahr weniger als 15 Millionen € umgesetzt wurden?

JA — **Das Vorhaben fällt unter die FKVO**

NEIN — **Das Vorhaben fällt unter die deutsche Fusionskontrolle**

JA — **Das Vorhaben fällt unter die FKVO**

NEIN

Schröer

Kap. 8: Zusammenschlusskontrolle

1. Inlandsauswirkung des Zusammenschlussvorhabens (§ 130 Abs. 2 GWB)
2. keine ausschließliche Zuständigkeit der EU-Kommission (Art. 1, 3, 21 FKVO)
3. Unternehmenseigenschaft der Beteiligten (§§ 36 Abs. 3, 130 Abs. 1 GWB)
4. Zusammenschluss (§ 37 Abs. 1 Nr. 1–4 GWB)
5. Überschreiten der Umsatzschwellen des § 35 Abs. 1 Nr. 1 und 2 GWB
6. kein Bagatellfall i. S. v. § 35 Abs. 2 Nr. 1 oder Nr. 2 GWB

1. Unternehmenszusammenschluss

1266 Der **Begriff des Zusammenschlusses** entscheidet neben den Umsatzschwellen über die Anwendbarkeit der Fusionskontrollvorschriften und ist abschließend in § 37 GWB geregelt. Die Zusammenschlusstatbestände des § 37 GWB sind Vermögens-, Kontroll-, Anteilserwerb und Erwerb eines wettbewerblich erheblichen Einflusses.

a) Unternehmen

1267 Gegenstand des Zusammenschlusses müssen Unternehmen sein. Ein Unternehmen ist nach dem sog. **funktionalen Unternehmensbegriff** eine organisatorische Zusammenfassung von personellen und sachlichen Mitteln, die dauerhaft aktiv am Wirtschaftsleben teilnehmen, ohne dass es auf die Rechtsform oder eine Gewinnerzielungsabsicht ankäme. Als Unternehmen kommt grundsätzlich auch eine natürliche Person in Betracht, wenn sie Einzelkaufmann ist.[357] Wenn für natürliche Personen oder Personengesellschaften – oder auch die öffentliche Hand[358] – selbst die Unternehmenseigenschaft nicht bejaht werden kann, gelten sie gem. § 36 Abs. 3 GWB (sog. Flick-Klausel) als Unternehmen, sofern sie bereits vor dem Zusammenschluss mittelbar durch mindestens ein ihnen mehrheitlich gehörendes oder von ihnen geleitetes Unternehmen am Markt vertreten waren. Für die Leitung in diesem Sinne reicht es aus, dass maßgeblicher Einfluss auf die Zusammensetzung der Gesellschaftsorgane genommen werden kann.[359]

---

357 Wiedemann KartR-*Richter*, § 19 Rn. 18.
358 *Bechtold*, § 36 Rn. 42; Langen-*Ruppelt*, § 36 GWB Rn. 78.
359 BGH, Urt. v. 13. 10. 1977 – II ZR 123/76, „Veba/Gelsenberg", WuW/E BGH 1523 = BGHZ 69, 334.

b) Zusammenschlusstatbestände

Die Zusammenschlusstatbestände sind durch die 6. GWB-Novelle er- **1268** heblich umgestaltet und dem nach der FKVO geltenden Recht angepasst worden. Sie sind **im Gesetzestext ihrer Intensität nach geordnet**: Der Vermögenserwerb ist die stärkste Form des Zusammenschlusses und der Erwerb eines wettbewerblich erheblichen Einflusses die schwächste. Dazwischen liegen der Kontrollerwerb und der Anteilserwerb.

aa) Vermögenserwerb

§ 37 Abs. 1 Nr. 1 GWB bezeichnet als Zusammenschluss den Erwerb **1269** des Vermögens eines anderen Unternehmens ganz oder zu einem wesentlichen Teil. Dabei kommt es auf die **Tatsache des Erwerbs** an, nicht auf seine Form. Insofern spielt es keine Rolle, ob der Vermögenserwerb auf Vertrag, Gesetz oder Hoheitsakt beruht, per Übereignung, in der Zwangsvollstreckung oder von Todes wegen erfolgt. Auch der Erwerb im Rahmen der Verschmelzung oder Spaltung nach dem UmwG fällt hierunter.[360] Nur der auf Gesetz beruhende originäre Erwerb einer Rechtsstellung ist kein Fall des § 37 Abs. 1 Nr. 1 GWB.

Das **Vermögen des Unternehmens** erfasst alle geldwerten Güter und **1270** Rechte, sofern sie verkehrsfähig sind. Erwerbsgegenstand können daher alle geldwerten, unternehmerisch genutzten Vermögensgegenstände eines Unternehmens sein, z.B. ein eingeführtes Warenzeichen,[361] die Kundenkartei eines Anzeigenblattes[362] oder ein Lebensmittelgeschäft aus einer ganzen Kette.[363] Unter den Zusammenschlussbegriff fällt der Vermögenserwerb jedoch nur dann, wenn der veräußerte **Vermögensteil wesentlich** ist. Dafür wird zum einen darauf abgestellt, ob der erworbene Teil im Verhältnis zum Gesamtvermögen des Veräußerers quantitativ ausreichend hoch oder unabhängig ist.[364] Damit ist der Tatbestand des Zusammenschlusses aber von dem

---

360 BKartA, Beschl. v. 3.7.2000 – B8–309/99, „RWE/VEW", Rn. 65; Beschl. v. 14.10.1999 – B8–40200-141/99, „Westfälische Ferngas", WuW/E DE-V 195, 197.

361 BGH, Urt. v. 7.7.1992 – KVR 14/91, „Warenzeichenerwerb", WuW/E BGH 2783.

362 BKartA, Beschl. v. 16.12.1985 – B6–71/84, „Weiss-Druck/S-W Verlag", AG 1986, 371, 372.

363 KG, Urt. v. 22.5.1985 – Kart 21/83, „Coop Schleswig-Holstein/Deutscher Supermarkt", WuW/E OLG 3591, 3593.

364 BGH, Urt. v. 20.11.1975 – KVR 1/75 „Zementmahlanlage I", WuW/E BGH 1377 = BGHZ 65, 271.

Schröer

Zufall der Größe des Veräußerers abhängig. Daher wird teils zusätzlich,[365] teils alternativ danach gefragt, ob das veräußerte Vermögen qualitativ von einer solchen Bedeutung ist, dass der Zweck der Vorschrift, nämlich die Kontrolle der Übertragung von Unternehmenspotenzialen, betroffen ist.[366] Für Letzteres ist insbesondere entscheidend, dass es sich bei dem erworbenen Vermögensteil um eine wirtschaftliche Funktionseinheit für ein spezielles Unternehmensziel handelt, der Vermögensteil für die Stellung des Veräußerers auf dem Markt kennzeichnend ist oder war und seine Veräußerung abstrakt geeignet ist, die Position eines bereits auf dem Markt tätigen Erwerbers zu verändern.[367] Bei Überschreitung der Schwellenwerte des § 35 GWB kann sogar der Erwerb einer einzelnen Immobilie einen Zusammenschlusstatbestand darstellen;[368] wenn man hierfür das auf das Veräußerervermögen abstellende quantitative Kriterium genügen lassen will, sogar umso eher.

bb) Kontrollerwerb

1271 Nach § 37 Abs. 1 Nr. 2 GWB liegt ein Zusammenschluss auch dann vor, wenn ein Unternehmen die unmittelbare oder mittelbare Kontrolle über die Gesamtheit oder Teile eines oder mehrerer anderer Unternehmen erwirbt. Die Kontrolle kann durch Rechte, Verträge und andere Mittel begründet werden, die einzeln oder zusammen unter Berücksichtigung aller Umstände die Möglichkeit gewähren, einen **bestimmenden Einfluss auf die Tätigkeit des erworbenen Unternehmens** auszuüben. Dabei wird dieses Tatbestandsmerkmal insbesondere auch dann erfüllt, wenn der bestimmende Einfluss auf die Zusammensetzung von Organen des Unternehmens ausgeübt werden kann.

1272 Da der Tatbestand des Kontrollerwerbs nach § 37 Abs. 1 Nr. 2 GWB dem Begriff des Zusammenschlusses nach Art. 3 FKVO nachempfunden ist, können dieser sowie die **Entscheidungspraxis der Kommis-**

---

365 Das würde die Abhängigkeit des Ergebnisses von dem Zufall der Größe des Veräußerers nicht beseitigen; wie hier GK-*Schütz*, § 37 GWB Rn. 15; *Kapp/Goldbeck/ Morlock*, DB 2004, 2567, 2568.

366 BGH, Urt. v. 13. 3. 1979 – KVR 8/77, „Kettenstichnähmaschinen", WuW/E BGH 1570, 1573; Urt. v. 7. 7. 1992 – KVR 14/91, „Warenzeichenerwerb", WuW/E BGH 2783, 2785; BKartA, Beschl. v. 23. 11. 1998 – B6–22131-U-35/98, „TLZV/WAZ", AG 1999, 426, 428; Immenga/Mestmäcker GWB-*Mestmäcker/Veelken*, § 37 Rn. 17 f.

367 BGH, Urt. v. 20. 11. 1975 – KVR 1/75 „Zementmahlanlage I", WuW/E BGH 1377 = BGHZ 65, 271.

368 Dazu ausführlich *Kapp/Goldbeck/Morlock*, DB 2004, 2567.

sion und die Entscheidungen der europäischen Gerichte zu Art. 3 FKVO zur Auslegung herangezogen werden.[369] Auf die dortigen Ausführungen sei hinsichtlich der Formen des Kontrollerwerbs, der alleinigen, gemeinsamen und mittelbaren Kontrolle und auch der Änderung der kontrollbegründenden Umstände verwiesen. Allerdings besteht für den deutschen Rechtsanwender keine Bindung an das europäische Recht, und es wird abzuwarten sein, ob sich im Laufe der Zeit unterschiedliche Entwicklungen ergeben. Das könnte insbesondere dort der Fall sein, wo das europäische Recht noch im Fluss oder umstritten ist und sich in Deutschland mit Rücksicht darauf, dass mit der Neukonzeption des Zusammenschlussbegriffs gegenüber dem vorher geltenden Recht keine Absenkung des Schutzniveaus verbunden sein sollte, insoweit der Rückgriff auf die frühere Rechtslage anbietet. So wird z. B. teilweise unter Verweis auf § 23 Abs. 2 Nr. 5 GWB a. F. im deutschen im Unterschied zum europäischen Recht verlangt, dass die kontrollbegründenden Einflussmöglichkeiten gesellschaftsrechtlich vermittelt sein müssen.[370] Dem widerspricht jedoch die Weite der jetzt gültigen Gesetzesformulierung („auf andere Weise"). Andererseits können sich Unsicherheiten dann ergeben, wenn das europäische Recht strenger ist als eine noch aufgrund des alten deutschen Rechts ergangene höchstrichterliche Entscheidung. Ein Beispiel hierfür ist die paritätische Beteiligung zweier Gesellschafter, die der BGH[371] nicht zur Begründung einer gemeinsamen Beherrschung nach § 23 Abs. 2 Nr. 5 GWB a. F. ausreichen ließ, die nach der FKVO aber grundsätzlich gemeinsame Kontrolle vermitteln würde. Das war angesichts des Einigungszwangs, dem beide Gesellschafter in einer solchen Konstellation unterliegen, aber schon nach dem alten Recht fragwürdig. Die nunmehr vom Gesetzgeber gewollte Anlehnung an die europäische Praxis sollte hier die Annahme gemeinsamer Kontrolle erlauben.[372]

Wie nach europäischem Recht kommt es darauf an, dass dauerhaft die **1273** Möglichkeit besteht, einen bestimmenden Einfluss auf ein anderes Unternehmen auszuüben. Im Unterschied zur FKVO sind der Vermögenserwerb und der Anteilserwerb als separate Zusammenschlusstatbestände geregelt. Allerdings dient der Kontrollerwerb als **General- und**

---

369 RegBegr. 1997 zu § 37 Abs. 1, BT-Drucks. 13/9720, S. 67; siehe dazu Rn. 1109 ff.
370 Wiedemann KartR-*Richter*, § 19 Rn. 77; a. A. Langen-*Ruppelt*, § 37 GWB Rn. 29, der aber auch konzediert, dass faktische Einflussnahmemöglichkeiten in der Praxis meist eine gesellschaftsrechtliche Basis haben.
371 BGH, Urt. v. 8. 5. 1979 – KVR 1/78, „WAZ", WuW/E BGH 1608, 1611.
372 So im Ergebnis auch Langen-*Ruppelt*, § 37 GWB Rn. 32.

Auffangklausel, und es bestehen keine Anhaltspunkte dafür, dass die anderen Tatbestände eine Sperrwirkung entfalten, so dass Vermögens- oder Anteilserwerbe, die die Voraussetzungen der Nr. 1 und 3 des § 37 Abs. 1 GWB nicht erfüllen, als Zusammenschluss behandelt werden können, wenn damit ein Kontrollerwerb verbunden ist.[373] Das gilt insbesondere auch hinsichtlich der Möglichkeit, bereits durch den Erwerb von weniger als 25% der Stimmen einen Zusammenschlusstatbestand zu verwirklichen, sei es, dass dabei eine gesicherte Hauptversammlungsmehrheit erworben wird, sei es, dass aufgrund weiterer Vereinbarungen zusätzliche Einflussnahmemöglichkeiten eingeräumt werden.[374] Wurden zunächst 25% der Anteile erworben, dies gem. § 37 Abs. 1 Nr. 3 GWB angemeldet und dann wenige weitere Stimmen hinzu erworben, die einen bestimmenden Einfluss verschaffen, wird dadurch ein neuer Zusammenschluss nach § 37 Abs. 1 Nr. 2 GWB verwirklicht.[375]

1274 Auch hinsichtlich der Möglichkeiten, **Kontrolle durch Verträge, Rechte oder in sonstiger Weise** zu erlangen, kann auf die Ausführungen zur europäischen Fusionskontrolle verwiesen werden. Ein völliger Gleichlauf der neuen deutschen mit der europäischen Rechtslage wird in Randbereichen dadurch verhindert, dass nach der Gesetzesbegründung zur 6. GWB-Novelle ausdrücklich die von § 23 Abs. 2 Nr. 3 GWB a. F. (Unternehmensverträge) und § 23 Abs. 2 Nr. 4 GWB a. F. (personelle Verflechtungen) erfassten Zusammenschlusstatbestände vom Tatbestand des Kontrollerwerbs mit umfasst sein sollen.[376] Das führt etwa dazu, dass für die Kontrolle in sonstiger Weise aufgrund personeller Verflechtungen gegenwärtig davon auszugehen ist, dass die Übereinstimmung von genau der Hälfte der Mitglieder von Organen der betroffenen Unternehmen ausreichend ist, während dies vor dem Hintergrund europäischen Rechts zum Teil für nicht ausreichend gehalten wird.[377] Wie auch im europäischen Recht sollte man gegenüber der Annahme einer **Kontrolle durch wirtschaftliche Abhängigkeit**, etwa

---

373 Mit ausführlicherer Begründung hinsichtlich des Verhältnisses zum Anteilserwerb Wiedemann KartR-*Richter*, § 19 Rn. 81 f.; siehe auch Immenga/Mestmäcker GWB-*Mestmäcker/Veelken*, § 37 Rn. 20; zurückhaltender hinsichtlich des Verhältnisses zum Vermögenserwerb Langen-*Ruppelt*, § 37 GWB Rn. 17.

374 Siehe BKartA, Beschl. v. 14.5.1990 – B6–745100-U56/89, „Springer-Lezinsky", WuW/E BKartA 2497.

375 So auch *Bechtold*, NJW 1998, 2769, 2772; *Schulte*, AG 1998, 297, 304.

376 RegBegr. 1997, BT-Drucks. 13/9720, S. 43.

377 *Emmerich*, KartR § 24 3c; *Hoffmann*, AG 1999, 538, 541; Immenga/Mestmäcker GWB-*Mestmäcker/Veelken*, § 37 Rn. 41; zum europäischen Recht siehe FK-

wegen enger und existenznotwendiger Liefer- oder Darlehensbeziehungen, sehr zurückhaltend sein. Sofern hier kein wettbewerblich erheblicher Einfluss i. S. d. § 37 Abs. 1 Nr. 4 GWB zu bejahen ist, dürfte in aller Regel kein Zusammenschlusstatbestand vorliegen.

cc) Anteilserwerb

Als Zusammenschluss gilt nach § 37 Abs. 1 Satz 1 Nr. 3 GWB außerdem der Erwerb von Anteilen an einem anderen Unternehmen, gleichgültig welcher Rechtsform, sofern aufgrund dieses Anteilserwerbs der Anteilsbesitz des Erwerbers bei Berücksichtigung der diesem schon gehörenden Anteile **25% oder 50% des Kapitals oder der Stimmrechte** erreicht. Erfasst werden neben dem abgeleiteten auch der originäre Erwerb von Anteilen, insbesondere im Rahmen einer Unternehmensgründung. Die Relevanz sowohl des Kapitals als auch der Stimmrechte hat verschiedene Auswirkungen: Für das Erreichen der Kapitalschwelle kann schon genügen, wenn 25% oder 50% am Grundkapital einer Aktiengesellschaft erworben werden, die ausschließlich durch stimmrechtslose Vorzugsaktien repräsentiert werden. Die entsprechenden Stimmrechtsquoten können erreicht werden, ohne dass eine dementsprechende Beteiligung am Kapital erworben wird, z. B. bei Mehrstimmrechten oder dann, wenn bestimmte Anteile nicht stimmberechtigt sind und dadurch die niedrigere Anteilsquote eine höhere Stimmquote verkörpert.[378] Maßgeblich sind allerdings nur die Stimmrechte in der Gesellschafterversammlung, nicht das Recht, bestimmte andere Entscheidungsgremien (wie Aufsichtsrat oder Gesellschafterausschuss oder ähnliches) besetzen zu dürfen.

Bei der Frage, ob die Schwellen überschritten sind, sind gem. § 37 Abs. 1 Nr. 3 Satz 2 GWB die von verbundenen Unternehmen und die von Dritten **für Rechnung des Erwerbers** gehaltenen Anteile mit zu berücksichtigen. Für das Merkmal „für Rechnung" kommt es nicht auf Weisungsrechte des Erwerbers hinsichtlich der Stimmrechtsausübung an, sondern darauf, wer die wesentlichen wirtschaftlichen Chancen und Risiken der Beteiligung trägt, weil damit auch tatsächlich Einfluss auf die Ausübung der Stimmrechte genommen wird.[379]

1275

1276

Schröer, Art. 3 FKVO Rn. 43; a. A. *Miersch*, Kommentar FKVO, Art. 3 Anm. I. 2. e) aa); *Ebenroth/Rösler*, RIW 1994, 533, 541.

378 BGH, Urt. v. 6. 10. 1992 – KVR 24/91, „Pinneberger Tageblatt", WuW/E BGH 2795, 2800.

379 BKartA, Beschl. v. 2. 2. 2004 – B6–120/03, „Tagesspiegel/BZ II", WuW/E DE-V 871, 872 ff.; Beschl. v. 27. 2. 1998 – B6–22131-U-154/96, „WAZ/IKZ", WuW/E

Hingegen reicht der Erwerb von Nießbrauchs- oder Vorkaufsrechten an den Anteilen für einen Anteilserwerb i. S. d. § 37 Abs. 1 Nr. 3 GWB nicht aus, da nur der Erwerb des Vollrechts von der Vorschrift erfasst wird.[380] Sofern ein Vollrechtserwerb stattfindet, kommt es auf dessen Ausgestaltung aber nicht an. So kann ein Zusammenschlussstatbestand auch dadurch verwirklicht werden, dass die Anteilsschwelle aufgrund bloßer Einziehung von Anteilen erreicht wird.[381] Bei Treuhandverhältnissen ist entscheidend, wo das wirtschaftliche Risiko aus den erworbenen Anteilen liegt.[382]

1277 Vor Einführung des Kontrollerwerbstatbestands war der Anteilserwerb der wichtigste Zusammenschlusstatbestand. Heute unterfällt der praktisch wichtigste Fall, der Mehrheitserwerb, dem § 37 Abs. 1 Satz 1 Nr. 2 GWB. Oft werden sich beide Fälle auch überlappen. **Eigenständige Bedeutung** erlangt der Zusammenschluss nach § 37 Abs. 1 Nr. 3 GWB aber insbesondere dort, wo eine Minderheitsbeteiligung in Höhe von 25 % oder darüber erworben wird, ohne dass – etwa aufgrund einer gesicherten Hauptversammlungsmehrheit – schon ein Kontrollerwerb vorliegt. Außerdem kommt es für den Anteilserwerb im Unterschied zum Kontrollerwerb nicht auf die Dauerhaftigkeit der erworbenen Einflussposition an. Ein weiterer Unterschied zwischen beiden Zusammenschlusstatbeständen besteht schließlich darin, dass beim Anteilserwerb bei Überschreiten der jeweiligen Schwellen wiederholt ein Zusammenschluss gegeben sein kann, während der Erwerb der alleinigen Kontrolle durch den gestaffelten Erwerb von Kontrollmitteln (z. B. erst Stimmrechtsmehrheit, dann Aufsichtsratsmehrheit, dann Unternehmensvertrag) nicht erneut verwirklicht wird.

1278 Danach kann zwar eine Minderheitsbeteiligung grundsätzlich einen Zusammenschluss darstellen; allerdings wird dies nur angenommen, wenn es sich um eine unternehmerische Beteiligung im Gegensatz zu einer bloßen Finanzinvestition handelt.[383] Die **unternehmerische Beteiligung** wird in der Regel unterstellt, wenn von einer auf Dauer an-

---

DE-V 40, bestätigt durch KG, Urt. v. 16.12.1998 – Kart 14/98, „WAZ/IKZ", WuW/ E DE-R 336; siehe auch BGH, Urt. v. 21.11.2000 – KVR 21/99, „Treuhanderwerb", WM 2001, 590, 593; BKartA, Beschl. v. 13.6.1983 – B7–324610-U-161/ 82, „Klöckner/Seitz", WuW/E BKartA 2087, 2089; *Thurnher*, WuW 1994, 303 (312); a. A. *Riesenkampff*, WuW 1996, 5, 8; FK-*Paschke* § 23 GWB a. F. Rn. 172.

380 Langen-*Ruppelt*, § 37 GWB Rn. 35; differenzierend Immenga/Mestmäcker GWB-*Mestmäcker/Veelken*, § 37 Rn. 49.

381 BKartA, Beschl. v. 19.7.1984, „TUI/Air Conti", WuW/E BKartA 2169 ff.

382 Näher dazu Langen-*Ruppelt*, § 37 GWB Rn. 36 f.

383 *Emmerich*, KartR § 24 4 c.

Schröer

gelegten Interessengleichheit der verbundenen Unternehmen ausgegangen werden kann. Aufstockungen der Beteiligung von 25% auf 49,9% sind kontrollfrei möglich, wenn damit nicht gleichzeitig ein Kontrollerwerb und damit ein Zusammenschluss nach § 37 Abs. 1 Satz 1 Nr. 2 GWB verbunden ist.

dd) Wettbewerblich erheblicher Einfluss

Ein Zusammenschluss ist nach dem Auffangtatbestand des § 37 Abs. 1 **1279** Nr. 4 GWB in jeder sonstigen Verbindung von Unternehmen zu sehen, aufgrund derer ein oder mehrere Unternehmen unmittelbar oder mittelbar einen wettbewerblich erheblichen Einfluss auf ein anderes Unternehmen ausüben können.[384] Das ist dann der Fall, wenn aufgrund des zwischen den Unternehmen bestehenden Beziehungsgeflechts zu erwarten ist, dass der Wettbewerb zwischen ihnen so wesentlich eingeschränkt wird, dass die Unternehmen nicht mehr unabhängig am Markt auftreten. Die Vorschrift ist **subsidiär gegenüber den anderen Zusammenschlusstatbeständen**. Geht es um einen Anteilserwerb, muss dieser zu einer Beteiligung führen, die kleiner als 25% ist; Beteiligungen unter 10% dürften aber in aller Regel unerheblich sein.[385] Die Abgrenzung zum Kontrollerwerb geht dahin, dass von dem Tatbestand der Nr. 4 zwar ein wettbewerblich erheblicher Einfluss verlangt wird, der aber nicht bestimmend sein darf.[386] Der Einfluss muss gesellschaftsrechtlich vermittelt werden,[387] da Einflussnahmemöglichkeiten, die noch nicht einmal bestimmenden Einfluss verschaffen, ohne gesellschaftsrechtliche Absicherung zu unbestimmt und im Zweifel nicht dauerhaft wären. Sofern gesellschaftsrechtlich vermittelte Unternehmensverbindungen gegeben sind, können aber auch sonstige vertragliche oder tatsächliche Umstände berücksichtigt werden.[388] Sie müssen

---

384 Ausführlich *Henschen/Ewen*, WuW 1999, 941 ff.
385 Wiedemann KartR-*Richter*, § 19 Rn. 107; siehe aber BKartA, Beschl. v. 8.9.2004 – B6–27/04, „Bonner Zeitungsdruckerei", WuW/DE-V 968, wo eine 9%ige Beteiligung für ausreichend gehalten wurde.
386 Deswegen ist beim Erwerb einer Beteiligung von unter 25%, die jedoch eine gesicherte Hauptversammlungsmehrheit verschafft (s.o. Rn. 1273), ein Fall des § 37 Abs. 1 Nr. 2 GWB und nicht einer des § 37 Abs. 1 Nr. 4 GWB gegeben, a.A. Langen-*Ruppelt*, § 37 GWB Rn. 47 f.; Schulte-*Bruhn*, Rn. 182.
387 RegBegr. 1997 zu § 37 Abs. 1, BT-Drucks. 13/9720, S. 57; BKartA, Beschl. v. 2.4.2004 – B6–81/03, „Wochenkurier/Lausitzer Rundschau", WuW/E DE-V 977, 979; vgl. auch Langen-*Ruppelt*, § 37 GWB Rn. 46.
388 BKartA, Beschl. v. 23.7.1992 – B5–42/90, „Gilette/Wilkinson", AG 1992, 363, 366; Beschl. v. 22.7.2004 – B8-FA27/04, „Mainova AG/Aschaffenburg", AG

sich nicht auf das gesamte Wettbewerbspotenzial des Beteiligungsunternehmens beziehen, sondern es genügt, wenn aufgrund der Verhältnisse zu erwarten ist, dass der Mehrheitsgesellschafter auf die Interessen des Erwerbers Rücksicht nimmt.[389]

1280 Ein Unternehmen besitzt einen wettbewerblich erheblichen Einfluss i. S. d. Vorschrift, wenn es trotz seiner geringen Beteiligung aufgrund rechtlicher oder tatsächlicher Umstände die gesicherte Fähigkeit erlangt, seine eigenen Interessen bei der Entscheidung über den Einsatz der Ressourcen des anderen Unternehmens im Wettbewerb zur Geltung zu bringen.[390] Dies kann geschehen, indem die Entscheidung des Konkurrenten hinsichtlich der wettbewerblichen Aktionsparameter wie Preis, Absatzmenge und Produktionsart beeinflusst wird (**horizontale Erheblichkeit**), das beeinflussende Unternehmen aufgrund seines Einflusses einen leichteren Zugang zu Absatz- oder Beschaffungsmärkten erhält (**vertikale Erheblichkeit**)[391] oder es aufgrund des Einsatzes seiner Finanzkraft Einfluss nimmt (**konglomerate Erheblichkeit**).[392] Es ist also nicht zwingend erforderlich, dass die betreffenden Unternehmen auf dem gleichen Markt tätig sind; ein hinreichender Wettbewerbsbezug ist z. B. auch dann gegeben, wenn die Unternehmensverbindung für den Zugang zu den Beschaffungs- oder Absatzmärkten erheblich oder mit dem Einsatz der Finanzkraft eines Beteiligten zu Gunsten des anderen Unternehmens zu rechnen ist.[393] Die Möglichkeit zur Einschränkung des freien Auftritts des beeinflussten Unternehmens am Markt muss jedoch **durch den Zusammenschluss kausal herbeigeführt** werden; bloße wirtschaftliche Abhängigkeiten aufgrund langfristiger Liefer- oder Darlehensverträge sind auch hier nicht ausreichend.[394]

2005, 366, 367 (17,5 %ige Beteiligung und Begründung einer „langfristigen strategischen Partnerschaft"); *Bechtold*, § 37 Rn. 38.

389 BGH, Beschl. v. 21.12.2004 – KVR 26/03, „Deutsche Post/trans-o-flex", WM 2005, 664, 665 (Erschwerung des Vordringens des Beteiligungsunternehmens auf andere Geschäftsfelder gegen den Willen des Erwerbers).

390 BKartA, Beschl. v. 6.11.1997 – B6–52473-U-136/96, „ASV/Stilke", WuW/E DE-V 1, 4; Beschl. v. 6.7.1995 – B5–25/95, „T&N/Kolbenschmidt", AG 1995, 522; siehe auch *Emmerich*, AG 1999, 529, 532.

391 BGH, Urt. v. 21.11.2000 – KVR 16/99, „ASV/Stilke", WuW/E BGH DE-R 607, 609; BKartA, Beschl. v. 21.3.2003 – B8–24/02, „VNG/EMB"; Beschl. v. 6.11.1997 – B6–52473-U-136/96, „ASV/Stilke", WuW/E DE-V 1, 4.

392 Wiedemann KartR-*Richter*, § 19 Rn. 110.

393 Immenga/Mestmäcker GWB-*Mestmäcker*, § 37 Rn. 90.

394 Begr. RegE, BT-Drucks. 11/4610, S. 20.

Das BKartA hat bisher einen wettbewerblich erheblichen Einfluss eher **1281** selten angenommen.[395] Mehrfach geschah dies in Fällen, in denen mehrere mit um die 20% an einem Unternehmen der Fernsehbranche beteiligte Gesellschafter aufgrund ihrer gleichgerichteten Interessen und ihres Know-hows im Bereich der elektronischen Medien dauerhaft gemeinsamen Einfluss auszuüben drohten.[396] In einem anderen Fall wurde die Kombination zwischen dem Erwerb von 23% der stimmrechtslosen Kapitalanteile und mehreren flankierenden Vereinbarungen über Vorkaufsrechte, Gebietsabgrenzungen, Exklusivlieferungsverpflichtungen sowie Finanzhilfen des Erwerbers zu Gunsten des verschuldeten Beteiligungsunternehmens als hinreichend für den wettbewerblich erheblichen Einfluss angesehen.[397] Wettbewerblich erheblicher Einfluss kann auch durch mehrere Unternehmen gemeinsam wahrgenommen werden, wofür dieselben Grundsätze gelten wie für die Ausübung gemeinsamer Kontrolle.[398]

ee) Optionen

Schon vor Einfügung des § 37 Abs. 1 Nr. 2 GWB (Kontrollerwerb) hat **1282** das BKartA den **Erwerb einer Kaufoption** grundsätzlich als Zusammenschlusstatbestand angesehen.[399] Begründet wurde das damit, dass der Optionsberechtigte jederzeit durch einseitige Willenserklärung den Anteilserwerb herbeiführen kann und der Optionsverpflichtete im Hinblick darauf seinen Einfluss auch im Interesse des Optionsberechtigten geltend machen wird. Das setzt jedoch voraus, dass die Option zu jedem Zeitpunkt möglichst kurzfristig ausgeübt werden kann. Gleiches gilt grundsätzlich auch, wenn der Zusammenschlusstatbestand durch den mit der Option verwirklichten Kontrollerwerb i.S.d. § 37 Abs. 1 Nr. 2 GWB begründet wird.[400] Allerdings hat der Kontrollerwerb eher

---

395 Aus der jüngeren Fallpraxis des BKartA, Beschl. v. 21.3.2003 – B8–24/02, „VNG/EMB", Rn. 12 ff.; Beschl. v. 17.1.2002 – B8–109/01, „E.on/Ruhrgas", WuW/E DE-V 511, 513.

396 Monopolkommission, Hauptgutachten X, Rn. 652 „RTL", Rn. 654 „DSF" und Rn. 655 „VIVA".

397 BKartA, Beschl. v. 23.7.1992 – B5–42/90, „Gilette/Wilkinson", AG 1992, 363, 365 ff.; dazu *Bosch*, AG 1995, 320, 324; siehe weitere Fälle bei Wiedemann KartR-*Richter*, § 19 Rn. 115 f. m. w. N.

398 *Bechtold*, § 37 Rn. 43; Schulte-*Bruhn*, Rn. 185.

399 BKartA, Beschl. v. 13.6.1983 – B7–324610-U-161/82, „Klöckner/Seitz", WuW/E BKartA 2087, 2089; siehe auch BGH, Urt. v. 28.9.1982 – KVR 8/81, „Springer/az", WuW/E BGH 1954, 1957.

400 Siehe oben Rn. 1112.

die direkten Einflussmöglichkeiten auf die Geschäftsführung des Zielunternehmens im Auge, weshalb insoweit auch meist eine eigene Beteiligung des Optionsberechtigten verlangt wird. Nach der bisherigen Sichtweise des BKartA kommt es dagegen eher auf den direkten Einfluss auf den Optionsverpflichteten und dessen mittelbare Auswirkung auf das Zielunternehmen an, wofür eine Beteiligung des Optionsberechtigten am Zielunternehmen nicht bestehen muss.

c) Verstärkung einer bestehenden Unternehmensverbindung

1283 § 37 Abs. 2 GWB erklärt grundsätzlich die Verwirklichung eines erneuten Zusammenschlusstatbestands durch bereits zusammengeschlossene Unternehmen zu einem erneuten Zusammenschluss, es sei denn, hierdurch wird keine wesentliche Verstärkung der bestehenden Unternehmensverbindung herbeigeführt. Es muss also die wesentliche Verstärkung der bestehenden Unternehmensverbindung positiv festgestellt werden, damit ein Zusammenschluss angenommen werden kann. Aufgrund der Regel-Ausnahme-Formulierung der Vorschrift liegt trotz des grundsätzlich geltenden Amtsermittlungsgrundsatzes die **Beweislast** für das Fehlen einer wesentlichen Verstärkung der bestehenden Unternehmensverbindung bei den Beteiligten.[401]

1284 In den Fällen, in denen das Fehlen der wesentlichen Verstärkung am deutlichsten ist, den **konzerninternen Umstrukturierungen**, bei denen eine Marktbeeinträchtigung durch externe Marktanteilszuwächse nicht zu befürchten ist, liegt schon kein Zusammenschluss vor, weil die Intensivierung der Beziehungen hier nach der herrschenden Konzerntheorie nicht gegenüber einem „anderen Unternehmen" i. S. d. Zusammenschlusstatbestände geschieht.[402] Auch ein nochmaliger Kontrollerwerb kommt nicht in Betracht, wenn schon der ursprüngliche Zusammenschluss Kontrolle verschafft hat. Fälle des § 37 Abs. 2 GWB sind also typischerweise solche, in denen etwa zunächst die 25%-Schwelle des § 37 Abs. 1 Nr. 3 lit. b GWB überschritten wurde und dann die 50%-Schwelle erreicht, die Kontrolle oder ein wesentlicher Vermögensanteil erworben oder anderweitig der wettbewerbliche Einfluss potenziell erhöht wird.

1285 Ist ein Zusammenschlusstatbestand insofern zu bejahen, ist die daran anschließende Frage, ob dadurch eine **wesentliche Verstärkung der**

---

401 BGH, Urt. v. 27.5.1986 – KVR 7/84, „Süddeutscher Verlag/Donau Kurier", WuW/ E BGH 2276, 2282; *Bechtold*, § 37 Rn. 45; Langen-*Ruppelt*, § 37 GWB Rn. 55.
402 Wiedemann KartR-*Richter*, § 19 Rn. 118.

bestehenden Unternehmensverbindung erfolgt, an den Umständen des Einzelfalls auszurichten. Es muss eine rechtliche oder tatsächliche Verbesserung der Möglichkeiten des Erwerbers festgestellt werden können, auf die den Gegenstand des Zusammenschlusses bildenden Ressourcen Einfluss nehmen zu können.[403] Die Verstärkung der bestehenden Unternehmensverbindung ist wesentlich, wenn sie gemessen an den Zwecken der fusionskontrollrechtlichen Prüfung eine erneute materielle Kontrolle rechtfertigt.[404] Der erstmalige Erwerb einer Mehrheit oder das Erreichen der alleinigen Kontrolle, nachdem zuvor gemeinsame Kontrolle bestand, dürften immer eine wesentliche Verstärkung der Unternehmensverbindung mit sich bringen; beim Erwerb von 50 % der Anteile, nachdem zuvor schon eine gesicherte Hauptversammlungsmehrheit bestand, dagegen im Regelfall nicht. Eine wesentliche Verstärkung der Unternehmensverbindung dürfte in der Regel auch immer dann gegeben sein, wenn anstelle einer schwächeren eine stärkere Form des Zusammenschlusses nach § 37 Abs. 1 Nr. 1 bis 4 GWB verwirklicht wird.[405] Hat die Unternehmensverbindung hingegen schon eine nicht mehr steigerbare Intensität erreicht, kann sie auch nicht mehr verstärkt werden.

d) Bankenklausel

Für Kredit-,[406] Finanzinstitute[407] und Versicherungen[408] sieht § 37 **1286** Abs. 3 GWB eine Ausnahme vom Zusammenschlusstatbestand vor, soweit es um die Übernahme junger Aktien oder sonstige kurzfristige Beteiligungen dieser Institute geht, das Institut das Stimmrecht aus diesen Anteilen nicht ausübt und die Anteile innerhalb eines Jahres veräußert. Die Vorschrift gilt nur für den Anteilserwerb nach § 37 Abs. 1 Nr. 3 GWB, wobei unerheblich ist, ob gleichzeitig noch andere Zusammenschlusstatbestände verwirklicht werden.[409] Die Regelung

---

403 Immenga/Mestmäcker GWB-*Mestmäcker/Veelken*, § 37 Rn. 114.
404 BGH, Urt. v. 27.5.1986 – KVR 7/84, „Süddeutscher Verlag/Donau Kurier", WuW/ E BGH 2276, 2282; Langen-*Ruppelt*, § 37 GWB Rn. 55.
405 So auch Schulte-*Bruhn*, Rn. 191; siehe z.B. BKartA, Beschl. v. 18.12.2002 – B8– 107/02, „Stadtwerke Eberswalde", WuW/E DE-V 707, 708.
406 Zur Definition siehe § 1 Abs. 1 KWG.
407 Der Kreis der hiervon erfassten Institute ist streitig, siehe Schulte-*Spitze*, Rn. 201. Jedenfalls gehören hierzu solche Institute, deren normale Tätigkeit Geschäfte und den Handel mit Wertpapieren für eigene oder fremde Rechnung einschließt.
408 Zur Definition siehe § 1 VAG.
409 *Bechtold*, § 37 Rn. 48; Immenga/Mestmäcker GWB-*Mestmäcker/Veelken*, § 37 Rn. 78.

ist der europäischen nach Art. 3 Abs. 5 lit. a FKVO hinsichtlich Voraussetzungen und Rechtsfolge vergleichbar. Das gilt auch im Hinblick auf die Zulässigkeit der Stimmrechtsausübung zur Ermöglichung der Weiterveräußerung der Anteile[410] und auf die Möglichkeit, beim BKartA zu beantragen, dass die **Jahresfrist verlängert** wird, weil die Veräußerung der Beteiligung vorher unzumutbar ist. Wird zunächst von der Ausnahmeregelung Gebrauch gemacht, dann aber das Stimmrecht ausgeübt oder die Veräußerungsfrist überschritten, entsteht ex nunc ein anmeldepflichtiger Zusammenschluss, der allerdings nicht noch nachträglich einem Vollzugsverbot unterliegt.[411] Auch in der deutschen Rechtspraxis hat die Bankenklausel eine nur geringe Rolle gespielt.

2. Gemeinschaftsunternehmen

a) Voraussetzungen

1287 Ein Gemeinschaftsunternehmen liegt zunächst wie nach europäischem Recht vor, wenn mehrere Unternehmen die gemeinsame Kontrolle nach § 37 Abs. 1 Nr. 2 Satz 1 GWB erwerben. Vorbild dieser Regelung ist Art. 3 FKVO, weshalb zur Auslegung auf diesen sowie die Praxis der Kommission und die Entscheidungen der europäischen Gerichtsbarkeit zurückgegriffen werden kann.[412] Nach der Regelung in § 37 Abs. 1 Nr. 3 Satz 3 GWB wird darüber hinaus aber auch beim Erwerb von jeweils 25% oder 50% an einem Unternehmen durch mehrere Muttergesellschaften von einem Gemeinschaftsunternehmen ausgegangen, obwohl bei dieser Sachlage zwar meistens, aber nicht notwendigerweise eine gemeinsame Kontrolle gegeben ist.

1288 In den Fällen des § 37 Abs. 1 Nr. 3 Satz 3 GWB wird neben den Zusammenschlüssen zwischen den erwerbenden Muttergesellschaften und dem Gemeinschaftsunternehmen (vertikale Zusammenschlüsse) außerdem ein Zusammenschluss der Mütter untereinander (horizontaler Zusammenschluss) fingiert, soweit der Markt des Gemeinschaftsunternehmens betroffen ist. Das wird als **Fiktion einer Teilfusion der**

---

410 Schulte-*Spitze*, Rn. 211.

411 BKartA, TB 1977, 71 möchte allerdings den Gedanken des Vollzugsverbots insoweit verwirklicht sehen, als für die Dauer des nachträglich eingeleiteten Fusionskontrollverfahrens ein Stimmverbot bestehen soll; Immenga/Mestmäcker GWB-*Mestmäcker/Veelken*, § 37 Rn. 82 begründen dieses Ergebnis mit einem Aufleben des Vollzugsverbots (nur) hinsichtlich der Ausübung des Stimmrechts; ablehnend Wiedemann KartR-*Richter*, § 19 Rn. 127.

412 Siehe dazu Rn. 1132 ff.

Muttergesellschaften bezeichnet. So hat das BKartA z. B. in einem Fall, in dem ein Unternehmen seine Beteiligung an einem anderen von 23 % auf 26 % erhöhte, einen Zusammenschluss gem. § 37 Abs. 1 Nr. 3 Satz 3 GWB des erwerbenden Unternehmens mit seinen beiden Mitgesellschaftern angenommen, die ebenfalls zwischen 25 % und 50 % der Anteile hatten.[413] Unerheblich ist hier, ob die Beteiligungen gleichzeitig oder nacheinander erworben werden. Obwohl vom Wortlaut der Vorschrift her nur auf die beiden oben genannten prozentualen Schwellen Bezug genommen wird, ist nicht einsichtig, warum die Fiktion nicht auch hinsichtlich einer Muttergesellschaft gelten sollte, die mehr als 50 % der Anteile hält.[414] Die Fiktion einer Teilfusion der Muttergesellschaften ist jedoch auf die von § 37 Abs. 1 Nr. 3 Satz 3 GWB erfassten Fälle beschränkt, in denen sich mehrere Gesellschafter mit mindestens 25 % des Kapitals oder der Stimmrechte an einem Gemeinschaftsunternehmen beteiligen. Unterhalb dieser Schwelle liegende Beteiligungen an einem Gemeinschaftsunternehmen können nach § 37 Abs. 1 Nr. 2 oder 4 GWB einen Zusammenschlusstatbestand verwirklichen, führen aber nicht zur Fiktion eines horizontalen Zusammenschlusses der Gesellschafter.

In formeller Hinsicht folgt daraus, dass im Rahmen der Prüfung, ob   **1289**
durch den Zusammenschluss die **Umsatzschwellen** des § 35 Abs. 1 GWB überschritten werden, die Umsätze aller Muttergesellschaften einbezogen werden können, weil unterstellt wird, dass die Gesellschafter dem Gemeinschaftsunternehmen ihre gesamten Ressoucen zur Verfügung stellen. Materiell soll damit der sog. Spill-over-Effekt berücksichtigt werden können, also die Gefahr, dass die Gründerunternehmen auch außerhalb des Gemeinschaftsunternehmens ihr Wettbewerbsverhalten untereinander koordinieren.

b) Materielle Behandlung

Bei Gemeinschaftsunternehmen ist die Frage zu klären, inwieweit diese   **1290**
der durch die Fusionskontrolle ausgeübten **Strukturkontrolle und/ oder** der durch das allgemeine Kartellverbot nach § 1 GWB bewirkten **Verhaltenskontrolle** unterliegen. Die Frage ist vor allem deshalb wichtig, weil nach § 1 GWB eine spürbare Wettbewerbsbeeinträchtigung als

---

413 BKartA, Beschl. v. 20. 9. 1999 – B3–24511-U-20/99, „Henkel KGaA/Luhns GmbH", WuW/E DE-V 177; siehe auch Beschl. v. 12. 3. 1999 – B8–40000-U-274/ 98, „LEW/EGS II", AG 1999, 429, 430.
414 So auch *Kahlenberg*, BB 1998, 1593, 1598; Wiedemann KartR-*Richter*, § 19 Rn. 101; a. A. *Bechtold*, BB 1997, 1853, 1857.

Versagungsgrund ausreicht, während bei § 36 GWB hierfür die Begründung oder Verstärkung einer marktbeherrschenden Stellung erforderlich ist. Auch verfahrensrechtlich unterscheiden sich Fusionskontrolle und Kartellverbot erheblich. Das BKartA unterschied in diesem Zusammenhang nach der sog. Trennungstheorie wie im europäischen Recht zwischen kooperativen und konzentrativen Gemeinschaftsunternehmen.[415] Für Gemeinschaftsunternehmen, die schwerpunktmäßig konzentrative Elemente aufwiesen, galt danach § 36 GWB und nicht § 1 GWB (Konzentrationsprivileg); dieser sollte nur für kooperative Gemeinschaftsunternehmen einschlägig sein.

1291 Der BGH[416] lehnt ein Konzentrationsprivileg ab und nimmt nach der sog. **Zweischrankentheorie** eine parallele Anwendung von Kartellverbot und Fusionskontrollvorschriften auf Gemeinschaftsunternehmen an, soweit die jeweiligen Voraussetzungen des § 1 GWB und der §§ 36, 37 GWB erfüllt sind. Danach ist die Entscheidung, ob ein konzentratives oder ein kooperatives Gemeinschaftsunternehmen vorliegt, für die Anwendbarkeit des § 1 GWB nicht logisch vorrangig. Notwendig ist vielmehr eine Gesamtwürdigung des Einzelfalls, in der § 1 GWB neben den Fusionskontrollvorschriften anwendbar ist, sofern seine Voraussetzungen vorliegen. Diese lässt sich nicht schematisieren, jedoch ist der bisherigen Fallpraxis zu entnehmen, dass konzentrative Vollfunktionsunternehmen, also solche, die eine selbstständige Planungseinheit bilden und alle Funktionen einer selbstständigen Wirtschaftseinheit aufweisen, nicht § 1 GWB unterfallen. Die unternehmerische Selbstständigkeit des Gemeinschaftsunternehmens steht hier der Verhaltenskoordinierung seiner Gesellschafter entgegen. Für § 1 GWB ist ferner dann kein Raum, wenn die Gründerunternehmen weder aktuell noch potenziell im Markt des Gemeinschaftsunternehmens und diesem vor- bzw. nachgelagerten Märkten tätig sind und damit ebenfalls eine Verhaltenskoordinierung zwischen ihnen praktisch ausscheidet.[417]

---

415 Siehe die Grundsätze in TB 1978, 23 ff., die zwar aufgrund BGH, Beschl. v. 1.10.1985 – KVR 6/84, „OAM-Mischwerke", WuW/E BGH 2169 = BGHZ 96, 69 widerrufen wurden, aber in der Praxis des BKartA auch heute noch eine wichtige Rolle spielen, vgl. z.B. BKartA, Beschl. v. 7.7.1995 – B10–207/94, „Carpartner", WuW/E BKartA 2795; siehe auch *Stockmann*, WuW 1988, 270; Wiedemann KartR-*Wiedemann*, § 3 Rn. 6.

416 St. Rspr. seit BGH, Beschl. v. 1.10.1985 – KVR 6/84, „OAM-Mischwerke", WuW/E BGH 2169 = BGHZ 96, 69; siehe auch Beschl. v. 13.1.1998 – KVR 40/96, „Carpartner", WuW/E DE-R, 115.

417 Das gilt aber nicht, wenn die Gesellschafter ihre Aktivitäten in einem Markt auf ein Gemeinschaftsunternehmen übertragen, um insoweit ihren Wettbewerb aufzu-

Das Kartellverbot kommt hingegen zum Tragen, wenn das Gemeinschaftsunternehmen nur Hilfsfunktionen für die Gesellschafter wahrnimmt und bei der Koordination von deren Auftreten am Markt mitwirkt.[418] Typisch hierfür ist, dass das Gemeinschaftsunternehmen seinen Marktauftritt mehr an den Interessen seiner Gesellschafter als an eigenen Renditeinteressen ausrichtet.[419] Diese Überlegungen zeigen, dass für die Frage der Anwendbarkeit von § 1 GWB zu wesentlichen Teilen auch auf die Kriterien zur Abgrenzung von kooperativen und konzentrativen Gemeinschaftsunternehmen nach der FKVO zurückgegriffen werden kann.[420] Anders als nach EU-Recht kann aber ein Wettbewerbsverhältnis zwischen dem Gemeinschaftsunternehmen und einem Gründer gegen das allgemeine Kartellverbot verstoßen.[421] Das BKartA wendet auf jede Gründung eines Gemeinschaftsunternehmens die Fusionskontrollvorschriften an und prüft sie grundsätzlich auch anhand der Schranke des § 1 GWB, wenn mit dem Zusammenschluss auch eine Koordination des Marktverhaltens der Unternehmen verbunden ist und sich dieser nicht bloß in einer Konzentration (i. S. d. Aufgabe selbstständiger Unternehmenstätigkeit) erschöpft.[422]

3. Umsatzschwellen

Die in § 35 GWB geregelten Umsatzschwellen sind nach der Grundnorm des Abs. 1 dann erfüllt, wenn im letzten abgeschlossenen Geschäftsjahr vor dem Zusammenschluss die beteiligten Unternehmen insgesamt weltweite Umsatzerlöse von mehr als 500 Mio. Euro und mindestens ein beteiligtes Unternehmen im Inland Umsatzerlöse von mehr als 25 Mio. Euro erzielt haben. Es werden also sowohl die **Gesamtumsätze** der beteiligten Unternehmen betrachtet, als auch eine **Mindestumsatzregelung für Deutschland** herangezogen. In der Anmeldung zur Fusionskontrolle müssen neben den inländischen und den weltweiten Umsatzerlösen auch die in der EU erzielten Umsatzerlöse angegeben werden, damit das BKartA prüfen kann, ob seine Zustän-

1292

---

geben, BGH, Urt. v. 13.11.1990, „Nassauische Landeszeitung", WuW/E BGH 2675, 2677 ff.
418 BKartA, Beschl. v. 7.7.1995 – B10–207/94, „Carpartner", WuW/E BKartA 2795 ff.
419 KG, Urt. v. 29.5.1996 – Kart 18/95, „CP-System (carpartner)", WuW/E OLG 5677, 5689 ff.; siehe auch BGH, Beschl. v. 13.1.1998 – KVR 40/96, „Carpartner", WuW/E DE-R, 115, 117 ff.
420 Siehe Rn. 1208 ff.
421 GK-*Schütz*, Einf. zu §§ 35–43 GWB Rn. 75.
422 Langen-*Bunte*, § 1 GWB Rn. 267.

digkeit ggf. wegen der Notwendigkeit einer europäischen Fusionskontrolle entfällt (vgl. §§ 39 Abs. 3 Nr. 3, 35 Abs. 3 GWB).

a) Beteiligte Unternehmen

1293 § 35 Abs. 1 GWB stellt auf die am Zusammenschluss beteiligten Unternehmen ab. Alle Umsatzerlöse (und Marktanteile) der beteiligten Unternehmen sind zu addieren, so dass der Abgrenzung der beteiligten Unternehmen eine entscheidende Bedeutung zukommt. In der Fusionskontrolle wird zwischen formell und materiell beteiligten Unternehmen unterschieden. **Formell beteiligte Unternehmen** nehmen am Fusionskontrollverfahren vor dem BKartA kraft Gesetzes oder auf ihren Antrag hin teil. Verfahrensbeteiligt ist beim Vermögens- und Anteilserwerb auch der Veräußerer; ferner können bestimmte Dritte verfahrensbeteiligt sein.[423]

1294 Zwischen den **materiell beteiligten Unternehmen** vollzieht sich der Zusammenschluss i. S. d. § 37 GWB. Den materiell beteiligten Unternehmen obliegt die Anmeldepflicht nach § 39 Abs. 2 Nr. 1 GWB. Nur diese sind auch für die Betrachtung der Umsatzerlöse i. S. d. § 35 Abs. 1 GWB heranzuziehen.[424] Welche Unternehmen zu den Beteiligten im materiellen Sinne gehören, richtet sich nach den Zusammenschlusstatbeständen der §§ 37, 36 Abs. 2 GWB. Beim Erwerb der Kontrolle (**§ 37 Abs. 1 Nr. 2 GWB**) sind der oder die kontrollausübenden Gesellschafter und beim Erwerb von Anteilen (**§ 37 Abs. 1 Nr. 3 GWB**) der oder die Erwerber materiell beteiligt. Auch beim Vermögenserwerb (**§ 37 Abs. 1 Nr. 1 GWB**) sind zwar der Erwerber, wie der Umkehrschluss aus § 39 Abs. 2 Nr. 2, Abs. 3 Satz 3 GWB zeigt, nicht aber der Veräußerer generell materiell Beteiligte. Allerdings wird angenommen, dass er dies hinsichtlich des veräußerten Teils seines Vermögens ist.[425] Für die Berechnung der Umsatzerlöse (und Marktanteile) des Veräußerers ist insoweit aber nur auf den veräußerten Vermögensteil abzustellen (§ 38 Abs. 5 GWB). Im Falle des § 37 Abs. 1 Nr. 4 GWB sind die den wettbewerblich erheblichen Einfluss ausübenden Unternehmen sowie das Unternehmen, das diesem Einfluss unterliegt, materiell beteiligt.

1295 Nach § 36 Abs. 2 Satz 1 GWB sind **abhängige und herrschende Unternehmen** nach § 17 AktG sowie **Konzernunternehmen** (sowohl als

423 Siehe auch noch Rn. 1350.
424 *Emmerich*, KartR § 22 2.
425 BGH, Urt. v. 13.3.1979 – KVR 8/77, „Kettenstichnähmaschinen", WuW/E BGH 1570, 1573; Immenga/Mestmäcker GWB-*Mestmäcker*, § 36 Rn. 82.

Unterordnungs- wie auch als Gleichordnungskonzern) i. S. d. § 18 AktG auf Seiten des Erwerbers im Rahmen der Fusionskontrolle als einheitliche Unternehmen anzusehen. Damit werden diese Unternehmen als wirtschaftliche Einheit betrachtet, wobei die jeweilige Rechtsform für die fusionskontrollrechtliche Betrachtung keine Rolle spielt.[426] Es werden insbesondere die Umsätze der ganzen Gruppe berücksichtigt, auch dann, wenn nicht die Konzernmutter selbst aktiv am Zusammenschluss beteiligt ist. Zur Definition der Abhängigkeit ist darauf abzustellen, ob ein Unternehmen von einem anderen veranlasst werden kann, sich dessen Willen zu fügen, so dass es in seiner wirtschaftlichen Planung nicht mehr selbstständig ist. Wichtigster Ausdruck dieser gesellschaftsrechtlichen Abhängigkeit ist die Fähigkeit des herrschenden Unternehmens zur Besetzung der Organe des abhängigen Unternehmens. Mehrheitsbeteiligungen sind dazu nicht zwingend erforderlich, aber entsprechend § 17 Abs. 2 AktG regelmäßig ausreichend.[427] Auch die tatsächliche Ausübung dieser Beherrschungsposition ist nicht erforderlich; die bei wirtschaftlicher Betrachtungsweise und angesichts der objektiven Verhältnisse bestehende bloße Möglichkeit dazu genügt.[428]

Üben mehrere Unternehmen die gemeinsame Kontrolle über ein am **1296** Zusammenschluss beteiligtes Unternehmen aus, sind die Umsätze dieser mehreren Mütter zu berücksichtigen. Nach dieser in § 36 Abs. 2 Satz 2 GWB verankerten sog. **Mehrmütterklausel** gelten auch solche Unternehmen als herrschende Unternehmen, die gemeinsam einen beherrschenden Einfluss auf ein anderes Unternehmen ausüben können. Wie sie diesen Einfluss ausüben, spielt nach der heutigen Fassung der Vorschrift keine Rolle mehr. Die gemeinsame Beherrschung kann angenommen werden, wenn über die gemeinsame Interessenlage und Leitungsmacht der Gesellschafter hinaus weitere Umstände gegeben sind, die eine auf Dauer gesicherte, beständige und einheitliche Einflussnahme der Mütter erwarten lassen.[429] Dies kann insbesondere bei entsprechenden Vereinbarungen über einen Einigungszwang der Muttergesellschaften der Fall sein, so dass bereits aus rechtlichen Gründen eine gemeinsame Beherrschung gegeben ist. Bei der paritätischen Beteiligung (50:50) an einem Gemeinschaftsunternehmen müssen zu der bloßen Beteiligung noch weitere Umstände hinzutreten, die auf Grund

---

426 BGH, Urt. v. 8. 5. 1979 – KVR 1/78, „WAZ", BGHZ 74, 359.
427 Wiedemann KartR-*Richter*, § 19 Rn. 27; Schulte-*Spitze* Rn. 241.
428 KG, Urt. v. 5. 4. 1978 – Kart 22/78, „Organische Pigmente", WuW/E OLG 1993 f.
429 BGH, Urt. v. 22. 6. 1981 – KVR 7/80, „Transportbeton Sauerland", BGHZ 81, 56 = NJW 1981, 2699.

gleichgerichteter Interessen der beiden Mütter eine gemeinsame Beherrschung gewährleisten. [430] Wird die gemeinsame Beherrschung nach der Mehrmütterklausel bejaht, werden dem Gemeinschaftsunternehmen die Ressourcen der gemeinsam herrschenden Gesellschafter zugerechnet. Den herrschenden Gesellschaftern werden jedoch nur die Ressourcen des Gemeinschaftsunternehmens, nicht auch die der anderen herrschenden Gesellschafter zugerechnet. [431] Besteht der Zusammenschluss darin, dass ein Unternehmen aus einem Konzern herausgekauft wird, ist allerdings hinsichtlich des verkauften Unternehmens nur auf solche verbundenen Unternehmen abzustellen, die mitverkauft werden, nicht hingegen auf die Ressourcen seines bisherigen Mutterunternehmens, da diese für die Beurteilung des Zusammenschlusses unerheblich sind.

b) Toleranzklauseln

1297 In zwei besonders definierten **Bagatellfällen** genügen die den Anforderungen des § 35 Abs. 1 GWB entsprechenden Umsätze noch nicht, um die Aufgreifkriterien zu erfüllen. Das bedeutet, dass in diesen Fällen die Fusionskontrolle sowohl in formeller als auch in materieller Hinsicht entfällt und die Beteiligten das BKartA nicht einschalten, ihm – im Unterschied zu früher – nicht einmal mehr den Vollzug des Zusammenschlusses anzeigen müssen.

1298 Nach der sog. **Anschlussklausel des § 35 Abs. 2 Satz 1 Nr. 1 GWB** ist das der Fall, wenn sich ein Unternehmen, das nicht i. S. d. § 36 Abs. 2 GWB abhängig ist und im letzten Geschäftsjahr weltweite Umsatzerlöse von weniger als 10 Mio. Euro erzielt hat, mit einem anderen Unternehmen zusammenschließt. Die Größe desjenigen Unternehmens, dem sich das kleine Unternehmen anschließt, spielt keine Rolle. Damit soll die Verwertung kleinunternehmerischen Vermögens durch Anschluss an größere Unternehmensverbände erleichtert werden, wobei diese Erleichterung nur mittelständischen Unternehmen, etwa im Zusammenhang mit der Nachfolgersuche, zugute kommen soll, nicht jedoch Großunternehmen, die sich von kleineren Tochtergesellschaften trennen wollen. [432] Deshalb sind abhängige Unternehmen grundsätzlich von der Anschlussklausel ausgenommen. Erreicht allerdings die ganze Gruppe nur einen Umsatz von weniger als 10 Mio. Euro, gebietet es dieser

---

430 BGH, Urt. v. 8.5.1979 – KVR 1/78, „WAZ", BGHZ 74, 359.

431 BGH, Urt. v. 19.12.1989 – KVR 2/88, „Springer/Kieler Zeitung", WuW/E BGH 2620 = AG 1991, 543.

432 BGH, Urt. v. 24.6.1980 – KVR 5/79, „Mannesmann/Brueninghaus", WuW/E BGH 1711, 1712; Wiedemann KartR-*Richter*, § 19 Rn. 42 ff.

Schutzzweck ebenso, ausnahmsweise auch die Veräußerung abhängiger Unternehmen kontrollfrei zu stellen.[433] Anders als der Wortlaut der Vorgängerregelung des § 24 Abs. 8 Satz 1 Nr. 2 GWB a. F. gibt die Vorschrift nun aber keinen Anlass mehr, die Anschlussklausel nur auf freundliche Übernahmen anzuwenden.[434] Ausgenommen sind von der Anschlussklausel Presseunternehmen, so dass es für diese bei den Umsatzschwellen des § 35 Abs. 1 GWB bleibt.

Auch durch die **Bagatellmarktklausel in § 35 Abs. 2 Satz 1 Nr. 2** **1299** **GWB** sollen für die Marktbeherrschungsbetrachtung nicht relevante Sachverhalte bereits bei der Prüfung der Aufgreifkriterien ausgeschlossen werden. Danach greift die Fusionskontrolle nicht ein, soweit ein Markt betroffen ist, auf dem seit mindestens fünf Jahren Waren und gewerbliche Leistungen angeboten werden und auf dem im letzten Kalenderjahr weniger als 15 Mio. Euro umgesetzt wurden. Der Gesetzgeber geht davon aus, dass solche Bagatellmärkte keine gesamtwirtschaftliche Relevanz aufweisen. Durch die kombinierte Zeit-Umsatz-Klausel sollen Märkte in der Entwicklungsphase weiterhin von der Fusionskontrolle erfasst werden. Betrifft ein Zusammenschluss mehrere Märkte, von denen einige die Bagatellkriterien erfüllen und andere nicht, findet die Bagatellmarktklausel insgesamt keine Anwendung.[435] Nach der vom BKartA entwickelten und vom BGH bestätigten Bündeltheorie können im Rahmen der Bagatellmarktklausel benachbarte, im Wesentlichen übereinstimmende Märkte zusammenzurechnen sein.[436] Da die Anwendung dieser Bagatellmarktklausel wesentlich von der Abgrenzung der Märkte abhängt,[437] empfiehlt es

---

433 KG, Urt. v. 16.6.1981 – Kart 15/80, „Stadtwerke Wolfenbüttel", WuW/E OLG 2507, 2511; Immenga/Mestmäcker GWB-*Mestmäcker/Veelken*, § 35 Rn. 26; *Rottnauer*, WuW 1993, 369; a. A. *Kleinmann/Bechtold*, § 124 Rn. 176; Langen-*Ruppelt*, § 35 GWB Rn. 22.

434 Wiedemann KartR-*Richter*, § 19 Rn. 45.

435 BKartA, Beschl. v. 2.6.2003 – B10–176/02, „Alba City/RUWE", WuW/E DEV 860, 861, Rn. 15.

436 BGH, Urt. v. 19.12.1995 – KVR 6/95, „HaGe Kiel/RHG Hannover", AG 1996, 266; Urt. v. 19.12.1995 – KVR 9/95, „Raiffeisen", WuW/E BGH 3037, 3042 f.; KG, Urt. v. 1.3.1989, Kart 14/88, „Flensburger Zeitungsverlag/SH Landeszeitung", WuW/E OLG 4379; BKartA, Beschl. v. 9.12.1999 – B4–33206-U-106/99, „Emerson (Krautkrämer)/NUKEM", AG 2000, 378; a. A. Wiedemann KartR-*Richter*, § 19 Rn. 51; siehe zu der Thematik auch *Emmerich*, AG 1996, 529; *Schulte*, AG 1998, 297, 306 f.

437 Gem. BKartA, Beschl. v. 9.6.2004 – B9-Fa16/04, „Deutsche Bahn/RSW/KVS", WuW/E DEV 937 ist der Markt identisch mit dem relevanten Markt i. S. d. §§ 19, 36 Abs. 1 GWB.

sich, dass die Unternehmen sich im Einzelfall bei Unsicherheiten mit dem BKartA abstimmen; andernfalls tragen sie das Risiko, einer bestehenden Anmeldpflicht in der irrigen Annahme eines Bagatellfalls zuwider gehandelt zu haben. Der darin liegende Verstoß gegen das Vollzugsverbot wäre nicht nur wegen der Bußgeldandrohung, sondern insbesondere wegen der zivilrechtlichen Unwirksamkeit der geschlossenen Verträge und der in § 41 Abs. 3 und 4 GWB vorgesehenen Entflechtung durch das BKartA fatal.

1300 Hat das BKartA Kenntnis von einem Zusammenschluss und ist das Eingreifen der Toleranzklauseln zweifelhaft, sind die Beteiligten zwar verpflichtet, bei der Sachverhaltsaufklärung mitzuwirken und dem BKartA die dazu erforderlichen Auskünfte zu erteilen, die **Verantwortung für die Sachverhaltsaufklärung** liegt aber beim BKartA; insbesondere trifft die Beteiligten nicht die Beweislast für die die Toleranzklauseln ausfüllenden Tatbestandsmerkmale.[438]

c) Berechnung des Umsatzes

1301 Die Berechnung der Umsatzerlöse richtet sich nach § 38 GWB, der für die Ermittlung der Umsatzerlöse § 277 Abs. 1 HGB als Grundnorm heranzieht. Danach sind für alle Unternehmen unabhängig von ihrer Rechtsform diejenigen **Umsätze** relevant, **die im Rahmen ihrer gewöhnlichen Geschäftstätigkeit erzielt wurden.** Das gilt unabhängig davon, ob diese Umsätze in den vom Zusammenschluss betroffenen Märkten erzielt wurden oder nicht.[439] Außerordentliche Erträge werden generell nicht berücksichtigt, Beteiligungserträge so lange nicht, wie ihre Erzielung nicht typischer Geschäftszweck ist.[440] Innenumsatzerlöse zwischen verbundenen Unternehmen sowie Verbrauchsteuern und sonstige Erlösschmälerungen (Rabatte, Skonti und Ähnliches) werden nicht in Ansatz gebracht. Zu den abzuziehenden Innenumsätzen gehören auch solche, die mit einem von den Zusammenschlussbeteiligten gemeinsam beherrschten Unternehmen erzielt werden, unabhängig davon, ob dieses als verbundenes Unternehmen der Beteiligten gilt oder nicht. Andernfalls bestünde die Gefahr von Doppelzählungen. Sofern Auslandsumsätze zu berücksichtigen sind, kön-

---

438 Schulte-*Spitze*, Rn. 248.
439 Immenga/Mestmäcker GWB-*Mestmäcker/Veelken*, § 38 Rn. 4; *Bechtold* § 38 Rn. 4.
440 KG, Urt. v. 12.6.1991 – Kart 16/90, „Iserlohner Kreisanzeiger", WuW/E OLG 4835, 4845.

nen diese mit dem amtlichen Jahresdurchschnittskurs oder mit dem Jahresschlusskurs umgerechnet werden.[441]

In § 38 Abs. 2 bis 4 GWB werden besondere Regelungen für bestimmte **1302** Umsätze und Branchen getroffen. **Handelsumsätze** aus dem Vertrieb von nicht selbst hergestellten Waren werden nur in Höhe von drei Vierteln in Ansatz gebracht. Das gilt unabhängig davon, ob es sich um ein reines Handelsunternehmen handelt oder ob die Handelsumsätze neben anderen Umsätzen erzielt werden. Bei **Kredit-, Finanzinstituten und Bausparkassen** ist entsprechend der Regelung in der FKVO die Summe der in § 34 Abs. 2 Satz 1 Nr. 1 a bis e RechKredV genannten Ertragspositionen entscheidend. Auch bei **Versicherungsunternehmen** wurde das deutsche Recht dem europäischen angepasst und die Prämieneinnahmen des letzten abgeschlossenen Geschäftsjahres für maßgeblich erklärt. **Verlage** einschließlich Vertriebsunternehmen sowie **Fernseh- und Rundfunkanstalten** weisen aufgrund der zahlreichen regionalen und lokalen Märkte meist nicht so hohe Umsätze auf; Zusammenschlüsse unter ihrer Beteiligung sollen aber wegen der besonderen Schutzwürdigkeit dieser Marktsegmente trotzdem engmaschig wettbewerbsrechtlich überprüft werden können, weshalb bei diesen Unternehmen das Zwanzigfache der Presse- bzw. Rundfunkumsatzerlöse anzusetzen ist; sonstige Umsätze sind jedoch auch hier nur einfach zu berücksichtigen.[442] Zu den Presse- bzw. Rundfunkumsätzen gehören selbstverständlich auch die aus der Anzeigen- oder Rundfunkwerbung erzielten Einnahmen.

Sofern in einem **Konzern** Unternehmen vereint sind, für die unter- **1303** schiedliche Maßstäbe zur Umsatzberechnung gelten, ist auf die Summe der für jedes Unternehmen nach den individuell für dieses geltenden Vorschriften berechneten Umsätze abzustellen.

Die **Umsätze des Veräußerers** sind nicht zu berücksichtigen, weil und **1304** wenn er nicht an dem Zusammenschluss beteiligt ist. Lediglich die auf die veräußerten Unternehmensteile des Verkäufers oder die auf das vom Verkäufer veräußerte Tochterunternehmen entfallenden Umsätze sind maßgeblich. Behält er jedoch bei der Veräußerung eines Tochterunternehmens einen die gemeinsame Kontrolle an diesem vermittelnden Anteil zurück, geht es um die gemeinsame Beherrschung eines Tochterunternehmens durch Käufer und Verkäufer, so dass deren Umsätze unter Vermeidung von Doppelzählungen zu berücksichtigen sind.

---

441 Wiedemann KartR-*Richter*, § 19 Rn. 51.
442 BGH, Urt. v. 18. 12. 1979 – KVR 2/79, „Springer/Elba Wochenblatt", WuW/E BGH 1685, 1690 = BGHZ 76, 55.

1305 Grundsätzlich sind die **Umsätze** gem. dem festgestellten Jahresabschluss **des letzten abgeschlossenen Geschäftsjahres** maßgeblich. Liegen diese Zahlen noch nicht vor oder ist der Jahresabschluss noch nicht festgestellt, können in Abstimmung mit dem BKartA auch ältere oder vorläufige Zahlen angegeben werden, die aber während des Verfahrens aktualisiert werden sollten. Eigentlich wird diese vergangenheitsorientierte Betrachtung den Erfordernissen einer Fusionskontrolle nicht gerecht. Daher berücksichtigt das BKartA auch zusätzlich diejenigen Umsätze, die in dem Zeitraum zwischen Abschluss des letzten Geschäftsjahres und Anmeldung hinzu erworben worden sind. Andererseits wird die eigentlich logische Konsequenz, weggefallene Umsätze zu subtrahieren, nicht gezogen.

4. Inlandsauswirkungen

1306 Zusammenschlüsse, die im Ausland (innerhalb oder außerhalb der EU) stattfinden, können über deutsche Zweigstellen, Tochtergesellschaften oder Vertriebspartner der am Zusammenschluss beteiligten Unternehmen Einfluss auf den deutschen Markt haben. Durch das **völkerrechtliche Territorialitätsprinzip** ist der Geltungsbereich des GWB grundsätzlich auf das Staatsgebiet der Bundesrepublik Deutschland beschränkt. § 130 Abs. 2 GWB kodifiziert aber eine zulässige Ausnahme von diesem Grundsatz, indem die §§ 35 ff. GWB auch dann grundsätzlich für anwendbar erklärt werden, wenn durch den grenzüberschreitenden Zusammenschluss die Struktur eines inländischen Marktes beeinflusst werden kann. Das gilt natürlich nicht, wenn die FKVO eingreift oder die Umsatzschwellen des § 35 Abs. 1 GWB nicht erreicht werden. Eine solche Beeinflussung wird schon angenommen, wenn sich die in § 19 Abs. 2 GWB genannten strukturellen Marktmachtindikatoren spürbar ändern können.[443]

1307 Stellt das BKartA eine **hinreichende Marktbeeinflussung durch den Auslandszusammenschluss** fest, untersagt sie ihn in der Regel komplett.[444] Das ist jedoch völkerrechtlich nur zulässig, wenn das Ausmaß der Wettbewerbsbeschränkung im Inland und die Verbindung der beteiligten Unternehmen zur inländischen Rechtsordnung höher zu be-

---

443 BGH, Urt. v. 29. 5. 1979 – KVR 2/78, „Organische Pigmente", WuW/E BGH 1613, 1615; BKartA, Beschl. v. 23. 9. 1980 – B8–453340-UZ-45/80, „Bayer/Firestone", WuW/E BKartA 1837.
444 Siehe z. B. BKartA, Beschl. v. 23. 7. 1992 – B5–42/90, „Gilette/Wilkinson", AG 1992, 363; Beschl. v. 15. 4. 1993 – B5–333330-U-117/92, „ZF Friedrichshafen/Allison", WuW/E BKartA 2521.

werten sind als die legitimen Interessen des betroffenen ausländischen Staats.[445] Die alternativ vorstellbare Aufteilung des Zusammenschlusses in einen Inlands- und einen Auslandsteil ist jedoch meist nicht praktikabel.[446]

III. Eingreifkriterien

1. Überblick

Erfüllt ein Zusammenschluss die Aufgreifkriterien, wird er vom BKartA daraufhin überprüft, ob durch ihn eine **marktbeherrschende Stellung** i. S. d. § 19 GWB auf dem zu betrachtenden relevanten Markt **begründet oder verstärkt** wird. Bejaht das BKartA diese Frage, so ist es verpflichtet, den Zusammenschluss zu untersagen, es sei denn, der Zusammenschluss führt zu Verbesserungen der Wettbewerbsbedingungen, die die Nachteile der Marktbeherrschung überwiegen (sog. Abwägungsklausel). Über die Ministererlaubnis kann ein vom BKartA untersagter Zusammenschluss unter bestimmten Voraussetzungen vom Bundesminister für Wirtschaft und Technologie erlaubt werden, § 42 GWB.

1308

2. Marktabgrenzung

Die Beurteilung, ob ein Zusammenschluss die Begründung oder Verstärkung einer marktbeherrschenden Stellung zur Folge hat, kann nur im Kontext eines für den Einzelfall bestimmten **relevanten Marktes** erfolgen. Die Bestimmung des sachlich, räumlich und ggf. auch zeitlich relevanten Marktes hat eine Schlüsselfunktion bei der fusionskontrollrechtlichen Beurteilung von Unternehmenszusammenschlüssen. Dies gilt sowohl für die beteiligten Unternehmen und deren Berater im Vorfeld des Zusammenschlusses als auch für das BKartA und die Gerichte bei der Überprüfung desselben. Je größer der relevante Markt in sachlicher und räumlicher Hinsicht zugeschnitten ist, desto unwahrscheinlicher muss von einem Begründen oder Verstärken einer marktbeherrschenden Stellung durch den Unternehmenszusammenschluss ausgegangen werden. Dabei kann die Marktmacht auf beiden Seiten des Marktes, also auf Anbieter- wie auf Nachfragerseite, entstehen.

1309

---

445 Immenga/Mestmäcker GWB-*Dreher*, § 98 Rn. 2; Schulte-*Ewen*, Rn. 277.
446 Siehe auch BKartA, Beschl. v. 3.3.1989 – B4–325710-U-123/88, „Linde/Lansing", WuW/E BKartA 2363 und BGH, Urt. v. 10.12.1991 – KVR 2/90, „Inlandstochter", WuW/E BGH 2731.

a) Sachlich relevanter Markt

1310 Der sachlich relevante Markt wird nach dem **Bedarfsmarktkonzept** abgegrenzt. Danach sind sämtliche Erzeugnisse, die sich nach ihren Eigenschaften, ihrem wirtschaftlichen Verwendungszweck und ihrer Preislage so nahe stehen, dass der Verbraucher sie als für die Deckung eines bestimmten Bedarfs geeignet abwägend miteinander vergleicht und als gegenseitig austauschbar ansieht, marktgleichwertig.[447] Entscheidend ist nach diesem Konzept der **funktionellen Austauschbarkeit**, welche Produkte die Marktgegenseite, also der Abnehmer, für austauschbar und damit vergleichbar hält. Auf die Absichten der anbietenden Unternehmen kommt es insoweit nicht an. Auch die Möglichkeit der Unternehmen, die betrachteten Produkte durch schnelle Umstellung der Produktion herstellen zu können, spielt beim Bedarfsmarktkonzept keine Rolle. Betrachtet werden nur tatsächlich auf dem Markt befindliche Waren und Dienstleistungen, sofern diese funktionell austauschbar sind. Die Austauschbarkeit verlangt gerade nicht die vollständige physikalisch/technische oder chemische Identität der Produkte.[448] Es genügt, dass sie zur Deckung eines bestimmten Bedarfs geeignet sind und vom Abnehmer zur Befriedigung dieses Bedarfs akzeptiert werden. Da es in diesem Rahmen maßgeblich auf die tatsächlichen Anschauungen der Abnehmer ankommt, müssen insoweit auch Verbrauchergewohnheiten und sonstige Abnehmerpräferenzen Berücksichtigung finden. Aus welcher Polyesterfaser die Textilie dann ist, spielt für die Marktbetrachtung in der Fusionskontrolle keine Rolle.

1311 Entscheidende Kriterien im Rahmen des Bedarfsmarktkonzepts sind also der Verwendungszweck und die Eigenschaften des Produkts. Auch die Darreichungsform im weiteren Sinne spielt dabei eine Rolle. Für den Verbraucher ist es z.B. nicht unerheblich, ob er das Produkt zusammen mit anderen Produkten neu erwirbt oder ob er sich nach einer Ersatzbeschaffung umsieht. So werden Softwaremärkte oder Autobatteriemärkte danach unterschieden werden müssen, ob die Software zusammen mit dem neuen PC oder allein bzw. die Autobatterie im Fahrzeug (Großabnehmer Autohersteller) oder separat als Ersatz für defekte Batterien (Ersatzteilmarkt) vertrieben wird. Der Preis des Produkts spielt nur insoweit eine Rolle, als die Preisdifferenz so erheblich ist, dass separate Märkte angenommen werden müssen, wie

---

447 BGH, Beschl. v. 3.7.1976 – KVR 4/75, „Vitamin B12", WuW/E BGH 1435; KG, Beschl. v. 18.2.1969 – Kart V 34/67, „Handpreisauszeichner", WuW/E OLG 995.
448 Wiedemann KartR-*Richter*, § 20, Rn. 16.

dies insbesondere bei Luxus-, Prestige- oder Markenartikeln oder dem Vertrieb über selektive Vertriebssysteme vorkommen kann. An abstrakten Prozentsätzen kann diese Differenz nicht festgemacht werden.

b) Räumlich relevanter Markt

Die Marktmacht der an einem Zusammenschluss beteiligten Unterneh- **1312** men kann sich immer nur auf ein **bestimmtes räumliches Gebiet** beziehen, in dem die Wettbewerbsbedingungen hinreichend homogen sind und welches sich damit von benachbarten Gebieten durch spürbar unterschiedliche Wettbewerbsbedingungen unterscheidet. Wie weit das Gebiet des räumlich relevanten Marktes zu fassen ist, richtet sich nach den Ausweichmöglichkeiten der jeweiligen Marktgegenseite. In der deutschen Fusionskontrolle wurden aufgrund der bis **zur 6. GWB-Novelle geltenden Gesetzesfassung** insbesondere Märkte unterschieden, die kleiner oder gleich groß wie das Staatsgebiet der Bundesrepublik Deutschland waren. Insbesondere war nach der damaligen Rechtsprechung des BGH im sog. *Backofenmarkt*-Beschluss[449] dem GWB zu entnehmen, dass der geographisch relevante Markt nicht über das Bundesgebiet hinausreichen konnte, da die Anwendbarkeit des Gesetzes auf das Gebiet der Bundesrepublik Deutschland beschränkt war und es für das GWB auf die Feststellung einer marktbeherrschenden Stellung im Inland ankam. Dies verkannte die wirtschaftlichen Gegebenheiten, die an Landesgrenzen nicht zwangsläufig halt machen und widersprach der Praxis der Kommission in der europäischen Fusionskontrolle, die auch weltweite Märkte als relevante Märkte zulässt.[450] Für die beteiligten Unternehmen bedeutete dies, dass der geplante Zusammenschluss in der deutschen Fusionskontrolle vom BKartA nicht anhand der realen wirtschaftlichen Gegebenheiten beurteilt werden konnte, sondern lediglich als ein Marktausschnitt des ökonomisch relevanten Marktes. Insbesondere bei Nachfragermärkten konnte dies zu unrealistischen Beurteilungen der Marktbeherrschungssituation führen, da gerade bei grenznahen Unternehmen die ausländischen Nachfrager hinter der Grenze in die Marktabgrenzung nicht miteinbezogen werden konnten.[451]

Bereits anlässlich der 6. GWB-Novelle wurde in § 19 Abs. 2 Satz 1 **1313** Nr. 2 GWB festgelegt, dass der „tatsächliche oder potenzielle Wettbe-

---

449 BGH, Urt. v. 24.10.1995 – KVR 17/94, „Backofenmarkt", WuW/E BGH 3026; dazu *Lange*, BB 1996, 1997 ff.
450 Siehe dazu Rn. 1172.
451 Ausführlich dazu Wiedemann KartR-*Richter*, § 20, Rn. 37 ff., 40.

werb durch innerhalb oder außerhalb des Geltungsbereiches" des GWB ansässige Unternehmen zu berücksichtigen ist. Das BKartA hatte hierauf in der Folgezeit in einer Reihe von Entscheidungen trotz normativer Beschränkung auf das Inland aus ökonomischer Sicht Märkte zugrunde gelegt, die über das Bundesgebiet hinausgingen. Mit seinem *Staubsaugerbeutelmarkt*-Beschluss hat der BGH schließlich im Oktober 2004 in **Anerkennung der ökonomischen Realitäten** unter ausdrücklicher Aufgabe seiner früheren Rechtsprechung entschieden, dass der räumlich relevante Markt im Rahmen der deutschen Fusionskontrolle nach ökonomischen Kriterien abgegrenzt werden und nicht mehr aus normativen Gründen auf das Gebiet der Bundesrepublik Deutschland beschränkt bleiben muss.[452] Der Gesetzgeber der 7. GWB-Novelle hat nunmehr in § 19 Abs. 2 Satz 3 GWB ausdrücklich klargestellt, dass der räumlich relevante Markt i. S. d. Gesetzes weiter sein kann als der Geltungsbereich des GWB und damit einer normativen Marktabgrenzung eine klare Absage erteilt. Die Gesetzesbegründung führt hierzu aus, soweit sich die Marktverhältnisse auf einem über Deutschland hinausgehenden räumlichen Markt angesichts der beschränkten Ermittlungsmöglichkeiten der Kartellbehörden im Ausland nicht ermitteln ließen, könne den Marktverhältnissen im Inland Indizwirkung für die Marktverhältnisse auf dem räumlich relevanten Markt zukommen. Je größer der geographisch relevante Markt, desto weniger wird es allerdings eine Kartellbehörde bei der Prüfung der tatsächlichen Marktverhältnisse bei einer solchen indiziellen Feststellung bewenden lassen können.

1314 Zur **Abgrenzung des räumlich relevanten Marktes** werden gesetzliche Bestimmungen sowie wirtschaftliche und technische Aspekte herangezogen. Insbesondere die Transportempfindlichkeit und die Transportkosten begrenzen die Märkte auf bestimmte Regionen. So sind Kies und Transportbeton vor allem aufgrund der hohen Transportkosten im Verhältnis zum Preis des Produkts regelmäßig regionalen Märkten zuzuordnen. Im Handel sind aufgrund der Verbrauchergewohnheiten Märkte abzugrenzen, die sich in der Regel auf eine Stadt oder ein Ballungszentrum beschränken, da die Verbraucher normalerweise einen Anfahrtsweg von über 20 Minuten nicht in Kauf zu nehmen bereit sind.

---

452 BGH, Beschl. v. 5.10.2004 – KVR 14/03, „Staubsaugerbeutelmarkt", WuW/E DE-R 1355; dazu *Beninca*, WuW 2005, 43 ff.; zu dessen Auswirkungen auf die Bagatellmarktklausel *Burholt*, WuW 2005, 889 ff.

Aufgrund der zunehmenden technischen Entwicklungen und Distribu- **1315** tionsmöglichkeiten besteht eine **Tendenz von regionalen Märkten hin zu größeren**, also bundesweiten oder gar europaweiten Märkten. Dies gilt insbesondere für Lebensmittel, deren Haltbarkeitsdauer aufgrund optimierter Produktions- und Transportmöglichkeiten deutlich zugenommen hat. Aber auch bei steigenden Preisen, wie z. B. beim Abfall durch Recycling-Auflagen, können sich räumlich relevante Märkte vergrößern und sich der Transport quer durch ein Bundesland oder das gesamte Bundesgebiet lohnen. Sind die Abnehmer bereit, für Markenartikel einen höheren Preis zu bezahlen, können sich auch an sich hohe Transportkosten wieder lohnen, wie dies z. B. bei edlen Mineralwässern der Fall ist.

c) Zeitlich relevanter Markt

Schließlich kann der relevante Markt auch in zeitlicher Hinsicht abzu- **1316** grenzen sein, wenn aufgrund besonderer Umstände eine Untersuchung der Marktverhältnisse innerhalb eines **bestimmten Zeitrahmens** geboten erscheint, so insbesondere bei der Durchführung von Messen und Ausstellungen bzw. bei Sportveranstaltungen. Kennzeichnend für diese Fälle ist, dass einem Unternehmen aufgrund einer besonderen Nachfragesituation nur eine vorübergehende Marktmacht zukommt. Die Außerachtlassung dieser temporären Komponente der Marktabgrenzung im Rahmen der Neufassung des § 19 Abs. 2 Satz 1 GWB durch die 7. GWB-Novelle, wonach ein Unternehmen marktbeherrschend ist, soweit es als Anbieter oder Nachfrager einer bestimmten Art von Waren oder gewerblichen Leistungen auf dem sachlich und räumlich relevanten Markt keinem wesentlichen Wettbewerb ausgesetzt ist oder über eine überragende Marktstellung verfügt, hat nicht die Entbehrlichkeit einer im Einzelfall erforderlichen zeitlichen Marktabgrenzung zur Folge, auch wenn eine gesonderte zeitliche Begrenzung des Marktes vielfach durch eine saubere sachliche Marktabgrenzung überflüssig erscheinen mag. Für die auf eine Prognoseentscheidung gerichtete Fusionskontrolle kommt der zeitlichen Marktabgrenzung allerdings, anders als bei den §§ 1, 19 ff. GWB, keine nennenswerte Bedeutung zu, da es hier nicht um die Beurteilung eines gegenwärtigen Verhaltens von Unternehmen, sondern um die durch externes Unternehmenswachstum bedingte Entwicklung von Marktstrukturen geht.

3. Begründung oder Verstärkung einer marktbeherrschenden Stellung

a) Allgemeines

1317 § 36 GWB differenziert zwischen der Begründung und der Verstärkung einer marktbeherrschenden Stellung. Dabei genügt es, dass die marktbeherrschende Wirkung lediglich zu erwarten ist, um den Zusammenschluss zu untersagen. Aus diesem Grund erfordert die Prüfung eine **Prognose** über die vermutliche weitere Entwicklung der Marktstrukturen nach dem Zusammenschluss. Die mutmaßliche Entwicklung infolge des Zusammenschlusses ist mit der vermeintlichen Entwicklung zu vergleichen, die ohne den Zusammenschluss ablaufen würde.

1318 Voraussetzung ist allerdings, dass die negative Veränderung der Marktstrukturen gerade auf dem zu überprüfenden Zusammenschluss beruht. Für diese **Kausalitätsprüfung** kann die im Zivilrecht allgemein eingesetzte Äquivalenztheorie, konkretisiert durch die Adäquanztheorie, herangezogen werden, wonach der Zusammenschluss ebenso conditio sine qua non für die negative Veränderung der Marktstruktur sein, wie er eine adäquat kausale Ursache für gerade diese Verschlechterung herbeigeführt haben muss. Diese Kausalität liegt nicht vor, wenn es auch ohne den Zusammenschluss zu denselben Verschlechterungen bei den Marktstrukturen gekommen wäre. Dies ist insbesondere bei Sanierungsfusionen der Fall, wenn die Übernahme eines sanierungsbedürftigen Zielunternehmens oder sanierungsbedürftiger Vermögensteile ebenso zum Ausscheiden des Zielunternehmens als selbstständigem Wettbewerber führen würde, wie dies ohne Zusammenschluss infolge der Liquidation geschehen würde. Dann kann der Zusammenschluss bei identischem Erfolg nach der Äquivalenztheorie hinweggedacht werden, ohne dass der Erfolg entfiele, und die Kausalität muss verneint werden.

1319 Es spielt keine Rolle, ob die marktbeherrschende Stellung von einem Unternehmen oder einer Mehrzahl von Unternehmen ausgeübt wird. Zwei beherrschende Unternehmen werden als Duopol, mehrere als Oligopol bezeichnet, auch diese unterfallen der Fusionskontrolle. Auch **Duopole oder Oligopole** können gemeinsam betrachtet marktbeherrschend sein, sofern zwischen den Duopol-/Oligopol-Unternehmen kein wesentlicher Wettbewerb besteht, wie dies § 19 Abs. 2 Satz 2 GWB klarstellt. Besteht – wie häufig – auf einem oligopolistisch geprägten Markt ein scharfer Wettbewerb zwischen den Unternehmen, scheidet die Annahme gemeinsamer Marktbeherrschung durch diese Unternehmen aus. Nur bei einem gleichförmigen, bewussten Gruppenverhalten kann ein marktbeherrschendes Oligopol angenommen werden. Bei der Überprüfung dieses Binnenwettbewerbs sind insbesondere die Interessenlage und wechselseitigen Abhängigkeiten und Verflechtungen der Oligopolisten zu betrachten. Der fehlende Binnenwettbewerb allein darf nicht dazu verleiten, eine marktbeherrschende Stellung des Oligopols im Außenverhältnis anzunehmen. Die Marktbeherrschung durch das Oligopol ist wie bei der Einzelmarktbeherrschung gesondert zu prüfen und festzustellen. Die Oligopolklausel hat im Rahmen der deutschen Fusionskontrolle bislang eine eher untergeordnete Rolle gespielt.

Die **Begründung** einer marktbeherrschenden Stellung setzt voraus, **1320** dass eine solche bislang bei den beteiligten Unternehmen nicht bestand. Wird durch einen Zusammenschluss eine bereits bestehende marktbeherrschende Stellung eines der beteiligten Unternehmen weiter **verstärkt**, ist der Zusammenschluss nach § 36 Abs. 1 GWB ebenfalls zu untersagen. Durch diese Regelung soll ein noch vorhandener Restwettbewerb auf dem Markt geschützt werden. Die Verstärkung einer marktbeherrschenden Stellung ist grundsätzlich wie die erstmalige Begründung einer marktbeherrschenden Stellung anhand der einschlägigen Kriterien und aus Sicht der jeweils betroffenen Konkurrenten zu beurteilen. Entscheidend ist dabei die Vergrößerung des Verhaltensspielraums durch eine weitere Veränderung von Marktstrukturen. Nach der deutschen Verwaltungspraxis und Rechtsprechung genügen hierfür bereits geringfügige Verschlechterungen der Marktstruktur, sodass die infolge des Zusammenschlusses eintretenden Veränderungen auf dem relevanten Markt aus Sicht insbesondere der Marktgegenseite nicht notwendigerweise spürbar, also qualitativ beachtlich sein müssen.[453] Dies gilt umso mehr, je stärker der Grad der Marktverfestigung bereits ist. Auch die weitere Absicherung einer marktbeherrschenden Stellung, ohne dass mit dieser ein spürbarer Marktanteilszuwachs verbunden ist, kann u. U. eine Verstärkungswirkung zur Folge haben, wenn mit ihr eine gewisse Änderung der Marktstruktur verbunden ist.

---

453 BGH, Urt. v. 18. 12. 1979, „Springer/Elbe Wochenblatt", WuW/E BGH 1685, 1691.

b) Kriterien zur Feststellung von Marktbeherrschung

1321 Ein Unternehmenszusammenschluss ist nach § 36 Abs. 1 GWB zu untersagen, wenn die unmittelbaren oder sicher zu erwartenden künftigen Auswirkungen des Zusammenschlusses ergeben, dass durch ihn die zusammengeschlossenen Unternehmen erstmals eine marktbeherrschende Stellung erlangen. Dabei ist zunächst zu überprüfen, ob die **Voraussetzungen des § 19 Abs. 2 Nr. 2 GWB** vorliegen, und in diesem Rahmen, ob einer der Vermutungstatbestände des § 19 Abs. 3 GWB eingreift. In der Praxis hat die Begründung einer überragenden Marktstellung nach § 19 Abs. 2 Satz 1 GWB bisher eine herausragende Rolle gespielt, weshalb es vor allem darauf ankommt, ob mit dem Zusammenschluss eine solche Verschlechterung der Marktstrukturen eintritt, dass für die verbundenen Unternehmen ein übermäßiger, vom Wettbewerb nicht mehr hinreichend kontrollierter Verhaltensspielraum entsteht.[454] Ein Unternehmen ist ferner marktbeherrschend, wenn es ohne Wettbewerber ist (Monopol) oder keinem wesentlichen Wettbewerb (in der Regel ab 80–90 % Marktanteil, aber Ausnahmen bei Gesamtbetrachtung möglich) ausgesetzt ist. Die Marktbeherrschung muss bei allen diesen Kriterien nicht bei einem einzigen Unternehmen allein vorliegen.

1322 Bei der Prüfung einer überragenden Marktstellung im Verhältnis zu den Wettbewerbern ist eine langfristige Marktstrukturbetrachtung anzustellen, die sämtliche für das Marktgeschehen relevanten Faktoren in eine **Gesamtbetrachtung** einbezieht und in einer Prognoseentscheidung darüber mündet, ob der Zusammenschluss zur Begründung einer marktbeherrschenden Stellung führt.[455] Derartige **Kriterien** sind insbesondere der Marktanteil der beteiligten Unternehmen, und zwar sowohl absolut als auch relativ im Verhältnis zu den übrigen Wettbewerbern, die Zersplitterung des Angebots im Übrigen, die Finanzkraft der Beteiligten, die Umstellungsflexibilität des Angebots bzw. der Nachfrage sowie die Ausweichmöglichkeiten der Marktgegenseite, der Zugang zu den Beschaffungs- oder Absatzmärkten, die Verflechtungen mit anderen Unternehmen, rechtliche oder tatsächliche Marktzutrittsschranken und der tatsächliche und potenzielle Wettbewerb einschließlich der Markteintrittsfähigkeit anderer Unternehmen. Die Bedeutung der einzelnen Kriterien ist je nach dem zu betrachtendem Einzelfall

---

454 BGH, Urt. v. 2.12.1980 – KVR 1/80, „Klöckner/Becorit", BGHZ 79, 62 = BB 1981, 569 = NJW 1981, 1786.
455 BGH, Urt. v. 2.10.1984 – KVR 5/83, „Gruner und Jahr/Zeit", BGHZ 92, 223 = NJW 1985, 1626; Urt. v. 28.4.1992 – KVR 9/91, „Kaufhof/Saturn", NJW 1992, 2289.

unterschiedlich. Häufig wird jedoch entweder der Marktanteil im Vordergrund der Betrachtung stehen, oder viele der erwähnten bzw. weitere Kriterien führen in einer Gesamtschau zur Annahme einer marktbeherrschenden Stellung.

Entscheidendes und zuerst zu betrachtendes Kriterium ist in der deut- **1323** schen wie der europäischen Fusionskontrolle der **relevante Marktanteil** der zusammengeschlossenen Unternehmen. Je größer der Marktanteil absolut gesehen ist, desto eher ist eine marktbeherrschende Position anzunehmen (**absoluter Marktanteil**). Insbesondere bei asymmetrischer Machtverteilung auf einem Markt ist ein großer Abstand des beherrschenden Unternehmens zu seinen Konkurrenten ein eindeutiges Indiz für das Vorliegen einer marktbeherrschenden Stellung, auch ohne dass der Marktanteil absolut eine besondere Größenordnung erreicht (**relativer Marktanteil**). So kann auch bei 10 % oder 20 % Marktanteil eine marktbeherrschende Stellung angenommen werden, wenn die übrigen Wettbewerber z. B. jeweils deutlich unter 1 % Marktanteil liegen.[456] Allerdings ist die **Indizwirkung** eines hohen Marktanteilsabstandes schwächer, wenn die absolute Höhe des Marktanteils gering ist. Ab 50 % Marktanteil des Unternehmens ist eine marktbeherrschende Stellung regelmäßig anzunehmen, sofern der Zusammenschluss zu einem erheblichen Zuwachs an Ressourcen führt, der dem Unternehmen gestattet, z. B. einen technologischen Vorsprung gegenüber seinen Konkurrenten aufzubauen. Vor allem ein hoher absoluter Marktanteil, der über einen längeren Zeitraum nahezu unverändert fortbestanden hat, kann Ausdruck eines vom Wettbewerb nicht hinreichend kontrollierten Verhaltensspielraums sein.

Ab einem Marktanteil von einem Drittel gilt die **Marktbeherr-** **1324** **schungsvermutung des § 19 Abs. 3 GWB**. Diese Einzelmarktbeherrschungsvermutung wird durch zwei weitere, auf Oligopole anwendbare Marktbeherrschungsvermutungen ergänzt. Bei einem Duopol oder einem Oligopol mit drei am Oligopol teilnehmenden Unternehmen gilt eine Marktbeherrschungsvermutung ab 50 % der addierten Marktanteile der einzelnen Oligopolunternehmen. Für Oligopole von vier und fünf Unternehmen gilt eine Marktbeherrschungsvermutung ab einem gemeinsamen Marktanteil von zwei Dritteln. Diese drei Marktbeherrschungsvermutungen sind widerlegbar; ihnen kommt lediglich die Funktion einer Umkehr der Beweislast zu.[457] Diese Be-

---

456 KG, Beschl. v. 22. 3. 1983 – Kart 17/81, „REWE/Florimex", WuW/E OLG 2862.
457 Wiedemann KartR-*Richter*, § 20, Rn. 85.

weislastumkehr ist allerdings im Vergleich zur zivilprozessualen Beweislastumkehr eingeschränkt, denn der Amtsermittlungs- und Untersuchungsgrundsatz wird im kartellbehördlichen Verwaltungsverfahren nicht vollständig ausgehebelt. Konkrete Hinweise der Unternehmen verpflichten das BKartA, diesen nachzugehen. Infolge dessen kommt den Vermutungstatbeständen in der Praxis für die tatsächliche Begründung des Vorliegens einer marktbeherrschenden Stellung keine besondere Bedeutung zu. Die materielle Beweislast liegt letztlich dennoch bei den Unternehmen, denn ein non liquet führte theoretisch zur Annahme einer marktbeherrschenden Stellung. Bei den Oligopolmarktbeherrschungsvermutungen genügt die Widerlegung entweder des fehlenden Binnenwettbewerbs oder der marktbeherrschenden Stellung im Außenverhältnis.[458]

1325 Ein weiteres nicht unwichtiges Kriterium insbesondere hinsichtlich der Verstärkung einer marktbeherrschenden Stellung ist die Finanzkraft bzw. generell die (nicht notwendigerweise finanziell bedingte) **Ressourcenstärke der zusammengeschlossenen Unternehmen.** Die Gesamtheit der finanziellen Ressourcen eines Unternehmens, insbesondere die Möglichkeiten der Finanzierung über Eigen-, Fremdkapital und über die Möglichkeit der Inanspruchnahme des Kapitalmarktes, kann insbesondere bei konglomeraten Zusammenschlüssen Einfluss auf das Bestehen einer marktbeherrschenden Stellung haben.[459] Die Finanzkraft eines Unternehmens zeigt sich noch nicht unbedingt in der Höhe des Umsatzes; vielmehr sind Cashflow, Investitionshöhe, Rücklagen, Eigenkapitalanteil etc. als Grundlagen der Betrachtung heranzuziehen, auch wenn für Außenstehende der Umsatz regelmäßig als erstes Indiz für das Vorliegen überlegener Finanzkraft dienen wird. Nur beim Hinzutreten weiterer konkreter Umstände wie z.B. einem konkret drohenden Abschreckungs- und Entmutigungseffekt für aktuelle oder potenzielle Wettbewerber wird man aber davon ausgehen können, dass ein Zusammenschluss aufgrund einer hohen Finanzkraft der beteiligten Unternehmen eine Beeinträchtigung des Wettbewerbs zur Folge haben wird. Allerdings ist hierfür nicht erforderlich, dass ein besonderer Ressourceneinsatz tatsächlich geplant oder konkret zu erwarten ist, sofern nur die Möglichkeit zum Ressourceneinsatz besteht und dieser von aktuellen oder potenziellen Wettbewerbern erwartet wird.

---

458 Siehe Rn. 1221.
459 Vgl. dazu Wiedemann KartR-*Richter*, § 20, Rn. 54 ff. m. w. N.

4. Abwägungsklausel

Nach § 36 Abs. 1 GWB ist ein Zusammenschluss trotz Begründung **1326** oder Verstärkung einer marktbeherrschenden Stellung erlaubt, wenn den beteiligten Unternehmen der Nachweis gelingt, dass mit dem Zusammenschluss auch **Verbesserungen der Wettbewerbsbedingungen** verbunden sind, welche die Nachteile der Marktbeherrschung überwiegen.[460] Obwohl den Unternehmen damit nicht nur die Darlegungs-, sondern auch die formelle und materielle Beweislast für das Überwiegen der Verbesserungen insgesamt obliegt, muss das BKartA die Abwägungsklausel als Teil der Überprüfung des Zusammenschlusses anhand der Eingreifkriterien des GWB in jedem Verfahren beachten. Durch diese Klausel soll die Möglichkeit eröffnet werden, die positiven und negativen Aspekte eines Zusammenschlusses gegeneinander abzuwägen. Die europäische FKVO kennt eine solche Abwägung bekanntlich nicht. Obgleich der Regierungsentwurf zur 6. GWB-Novelle noch ihre Abschaffung vorgesehen hatte, ist sie letztlich doch beibehalten worden. Die 7. GWB-Novelle hat hieran nichts geändert. Obwohl es nur wenige Fälle gibt, in denen die Anwendung der Abwägungsklausel zur Freigabe eines Zusammenschlusses führte, hat sie gerade in jüngerer Zeit vermehrt an Bedeutung erlangt.[461]

Die Abwägungsklausel ist in drei Schritten **zu prüfen:** **1327**

- Verbesserung der Wettbewerbsbedingungen,
- Kausalität zwischen Verbesserungen und Zusammenschluss und
- Abwägung im engeren Sinne.

a) Verbesserung der Wettbewerbsbedingungen

Zunächst sind die vermutlichen Verbesserungen der Wettbewerbsbe- **1328** dingungen festzustellen. In Betracht kommen dabei **nur strukturelle Veränderungen**, die sich zumindest auch im Inland auswirken, auch wenn der räumlich relevante Markt weiter zu ziehen sein mag, wobei es erforderlich ist, dass die Verbesserungen auf beliebigen dritten, vom Zusammenschluss nicht betroffenen Märkten eintreten. Strukturelle Verbesserungen können insbesondere durch dekonzentrative Wirkungen des Zusammenschlusses eintreten, wenn beispielsweise der Marktzutritt auf bisher verschlossenen Märkten aufgrund des Zusam-

---

460 Instruktiv zur Abwägungsklausel BGH, Urt. v. 12.12.1978 – KVR 6/77, „Erdgas Schwaben", BGHZ 73, 65 = BB 1979, 234 = NJW 1979, 918.
461 Dazu *Bechtold*, BB 1997, 1853 ff.

menschlusses möglich wird.[462] Verbesserungen können auch durch Zusagen der beteiligten Unternehmen im Rahmen des Fusionskontrollverfahrens anzunehmen sein. Auch für die Verbesserung der Wettbewerbsbedingungen ist wie bei der Untersuchung der marktbeherrschenden Stellung eine in die Zukunft gerichtete Prognose zu treffen.

1329 Öffentliche Interessen wie Arbeitsmarkterwägungen, Struktur- und Regionalpolitik dürfen dabei als Nicht-Strukturmerkmale genauso wenig berücksichtigt werden wie künftige Verhaltensweisen oder die Verbesserung der internationalen Wettbewerbsfähigkeit oder betriebsinterne Verhältnisse der beteiligten Unternehmen.[463] Diese Merkmale können ausschließlich bei der Ministererlaubnis eine Rolle spielen.[464]

b) Kausalität

1330 Die vermutlichen Verbesserungen der Wettbewerbsbedingungen müssen kausal durch den Zusammenschluss ausgelöst werden, wobei **Mitursächlichkeit** genügt. Zur Überprüfung der Kausalität ist also die Marktstrukturentwicklung zukunftsorientiert sowohl mit als auch ohne den betreffenden Zusammenschluss zu betrachten. Treten die Verbesserungen mutmaßlich auch ohne den Zusammenschluss im gleichen Ausmaß und im gleichen zeitlichen Rahmen ein, muss die Kausalität verneint werden.

c) Abwägung im engeren Sinne

1331 Letztlich müssen bei der Abwägung die kausalen Wettbewerbsverbesserungen die Nachteile des Zusammenschlusses **überwiegen**. Das gleichgewichtige Gegenüberstehen der Vorteile und Nachteile im Sinne einer Neutralisierung genügt also nicht.

1332 Diese eigentliche Abwägung ist mit erheblichen Schwierigkeiten verbunden. Die erkannten Vor- und Nachteile sind zu gewichten und gegeneinander abzuwägen, wobei außer dem Gesamtvolumen der in die Abwägung einzubeziehenden Märkte häufig keine Erkenntnisse über die Messbarkeit oder Quantifizierbarkeit der Vor- und Nachteile vorliegen. Bei der Abwägung sind insbesondere die Auswirkungen auf andere Unternehmen einzubeziehen, die auf denselben Märkten tätig sind.

---

462 Weitere Beispiele bei *Emmerich*, AG 1997, 529.
463 KG, Beschl. v. 18.10.1995 – Kart 18/93, „Fresenius/Schiwa", AG 1996, 268 = WuW/E OLG 5549.
464 Siehe dazu Rn. 1333f.

5. Ministererlaubnis

Nach § 42 GWB kann der Bundesminister für Wirtschaft und Techno- **1333**
logie auf Antrag eines beteiligten Unternehmens einen vom BKartA
untersagten Zusammenschluss noch genehmigen, wenn die Wettbewerbsbeschränkungen des Zusammenschlusses durch dessen gesamtwirtschaftlichen Vorteilen aufgewogen werden oder der Zusammenschluss durch ein **überragendes Interesse der Allgemeinheit** gerechtfertigt ist. Der Antrag ist schriftlich binnen einer Frist von einem Monat zu stellen. Die Frist beginnt entweder mit der Zustellung der
Untersagungsverfügung des BKartA bzw. in Fällen, in denen die Untersagung zunächst mit der Beschwerde angefochten wurde, binnen
eines Monats nach Unanfechtbarwerden der Untersagung. Die Ministererlaubnis ist **verfahrenstechnisch** als Rechtsbehelf neben der Beschwerde[465] einzuordnen; einer Rechtswegerschöpfung bedarf es daher nicht. Der Minister muss vor seiner Entscheidung, die innerhalb
von vier Monaten nach Eingang des Antrags erfolgen soll, insbesondere ein Gutachten der Monopolkommission einholen. In der Masse
der Praxisfälle vor dem BKartA hat die Ministererlaubnis, quantitativ
betrachtet, bislang nur außerordentlich untergeordnete Bedeutung[466]
erlangt. Genehmigungen des Ministers erlangen aber regelmäßig ein
hohes Öffentlichkeitsinteresse, insbesondere, wenn das häufig angeführte Arbeitsplatzargument ins Spiel gebracht wird.

Das GWB stellt die Gemeinwohlerwägungen bei der Ministererlaubnis **1334**
vor den ansonsten wettbewerblich ausgerichteten Schutzzweck der
deutschen Fusionskontrolle. Darum bedarf es **konkret nachgewiesener**
staats-, wirtschafts- oder gesellschaftspolitisch tragender Gründe, um
die Ausnahmeregelung des § 42 GWB anzuwenden. Dies können z. B.
energiepolitische Ziele sein, wenn die langfristige Energieversorgung in
Deutschland sichergestellt werden soll. Häufig wird auch die Erhaltung
von Arbeitsplätzen in Deutschland als Argument herangezogen. Auch
das Halten von Know-how in Deutschland, insbesondere für die nationale Verteidigung, oder die Herbeiführung der Wettbewerbsfähigkeit
deutscher Unternehmen auf ausländischen Märkten können zu beachtende Vorteile sein. Vor allem Umweltschutz, Verteidigungs- und Ge-
sundheitspolitik können als überragende Interessen der Allgemeinheit
eingestuft werden. Alle Vorteile müssen jedoch von gesamtwirtschaft-
lichem Wert sein, einzelwirtschaftliche Vorteile genügen nicht. Proble-

---

465 Siehe hierzu Rn. 1357 ff.
466 Verfahrensaufzählung bei Wiedemann KartR-*Richter*, § 21, Rn. 118.

matisch in allen Fällen ist, dass die angestrebten Ziele auch mit dem erlaubten Zusammenschluss in der Praxis häufig nicht erreicht werden.
Anders als im Rahmen der Abwägungsklausel in § 36 Abs. 1 GWB genügt hier, dass die **(politischen) Vorteile die Nachteile aufwiegen**, ein
Überwiegen ist nicht erforderlich. Stellt der Minister dies fest, muss er
die Erlaubnis erteilen, ansonsten hat er sie zu versagen.[467] Ein Ermessen auf der Rechtsfolgenseite steht dem Minister also bei diesem Tatbestandsmerkmal nicht zu. Seine Erlaubnisentscheidung kann der Minister mit Bedingungen und Auflagen verbinden.

IV. Fusionskontrollverfahren

1. Vollzugsverbot

1335 Die Verfahrensvorschriften der §§ 39–41 GWB regeln das Fusionskontrollverfahren vor dem BKartA. Vor und während dieses Verfahrens sowie nach einer Untersagungsverfügung und bei einer Freigabe
unter Bedingungen bis zum Bedingungseintritt besteht ein Vollzugsverbot für den Zusammenschluss. Dem Vollzugsverbot unterfallen diejenigen **Maßnahmen, die die Vollendung des Zusammenschlusses
herbeiführen**, nicht aber schon bloße Vorbereitungsmaßnahmen. Im
Einzelfall kann die Unterscheidung schwierig sein. Die bloße Zahlung
des Kaufpreises ist noch keine Vollzugshandlung.[468] Es wird aber
zum Teil als Verstoß gegen das Vollzugsverbot angesehen, wenn im
Rahmen sog. „Covenants" vereinbart wird, dass wesentliche Geschäftsführungsmaßnahmen im verkauften Unternehmen bis zur Freigabe des Zusammenschlusses nur mit Zustimmung des Käufers getroffen werden können; die Verpflichtung des Verkäufers, während der
Schwebezeit alle Maßnahmen zu unterlassen, die den Zustand des verkauften Unternehmens wesentlich verschlechtern, hingegen nicht.[469]

1336 Die unter Missachtung des Vollzugsverbots getroffenen Abreden sind
schwebend unwirksam, sofern sie nicht durch Eintragung ins Han-

---

467 BMW, Verfügung v. 6.9.1989 – I B 6 – 22 08 40/93, „DB/MBB", AG 1990, 39 =
WuW/E BWM 191.
468 Schulte-*Ewen*, Rn. 336.
469 Wiedemann KartR-*Richter*, § 21 Rn. 38; weniger restriktiv z.B. GK-*Bosch*, § 41
GWB Rn. 2; *Kleinmann/Bechtold*, § 24a GWB Rn. 115, die einen Verstoß gegen
das Vollzugsverbot erst mit dinglicher Wirksamkeit des Unternehmenskaufs für
möglich halten, also zeitlich nach der durch die Covenants abgedeckten Phase;
siehe zum Ganzen auch ausführlich *Kästle/Oberbracht*, Unternehmenskauf, Share
Purchase Agreement, S. 225 ff.

delsregister (z. B. bei Gründung, Umwandlung, Eingliederung, Abschluss eines Unternehmensvertrags) oder ins Grundbuch Wirksamkeit erlangt haben (§ 41 Abs. 1 Satz 3 GWB). Darüber hinaus stellen Verstöße gegen das Vollzugsverbot gem. § 81 Abs. 2 Nr. 1 GWB eine **Ordnungswidrigkeit** dar. Konnte der Zusammenschluss untersagt werden, ist ein unter Verstoß gegen das Vollzugsverbot durchgeführter Zusammenschluss nachträglich aufzulösen.

Gemäß § 41 Abs. 2 GWB kann das BKartA in Ausnahmefällen auf Antrag **von dem Vollzugsverbot befreien**, wenn dies z. B. für die Abwendung schwerer Schäden des Unternehmens oder Dritter erforderlich ist.[470] Bei komplexen oder rechtlich problematischen Fällen wird das BKartA hiermit aber zurückhaltend sein. Bei unproblematischen Fällen ist das BKartA oft bereit, sehr kurzfristig eine Freigabe zu erteilen, so dass es einer Befreiung vom Vollzugsverbot dann nicht bedarf. **1337**

2. Anmeldung

Jeder Zusammenschluss, der unter die Aufgreifkriterien der deutschen Fusionskontrolle fällt, ist nach § 39 GWB vor dem Vollzug beim BKartA anzumelden. Eine Anmeldepflicht besteht nur dann nicht, wenn es sich um eine Verweisungsentscheidung der Kommission nach Art. 9 FKVO handelt und dem BKartA die erforderlichen Angaben in deutscher Sprache vorliegen.[471] **Anmeldepflichtig** sind die am Zusammenschluss materiell beteiligten Unternehmen sowie der Vermögens- oder Anteilsveräußerer bei einem Zusammenschluss durch Vermögens- oder Anteilserwerb nach § 37 Abs. 1 Nr. 1 und 3 GWB.[472] Das BKartA akzeptiert auch die Anmeldung durch ein verbundenes Unternehmen, etwa die Konzernmutter oder eine Konzernzwischenholding. Das Missachten der Anmeldepflicht sowie die Verweigerung von Auskünften können als Ordnungswidrigkeiten nach § 81 Abs. 2 Nr. 3 und 6 GWB geahndet werden. Im Idealfall reichen alle Beteiligten gemeinsam eine Anmeldung ein. Gehen sie getrennt vor, wird der eine durch die Angaben des anderen zwar nicht von seiner Anmeldepflicht befreit,[473] jedoch entfällt die eigenständige Bedeutung der Anmeldepflicht des untätig Gebliebenen, wenn das BKartA durch einen **1338**

---

470 Siehe BKartA, TB 2001/2002, S. 25 und 202.
471 Siehe hierzu Rn. 1383.
472 Siehe § 39 Abs. 2 Nr. 2 GWB.
473 BGH, Urt. v. 12. 12. 1978 – KVR 6/77, „Erdgas Schwaben", WuW/E BGH 1533, 1534 = BGHZ 73, 65.

Beteiligten – nicht bloß aufgrund anderer Quellen – die vollständigen Informationen erhalten hat.[474]

1339 Die Anmeldung ist zwar für die Beteiligten zwingend, nicht aber für das Tätigwerden des BKartA. Erlangt dieses von einem Zusammenschluss **Kenntnis, ohne dass eine Anmeldung erfolgt ist,** kann es trotzdem in die Prüfung einsteigen und den Zusammenschluss untersagen. Dementsprechend muss das BKartA sich auch durch die Rücknahme einer Anmeldung nicht davon abhalten lassen, den Zusammenschluss weiterhin zu prüfen, wenn es davon ausgehen muss, dass er trotzdem verwirklicht werden soll.[475]

1340 Für die Anmeldung gibt es nicht so starre Voraussetzungen wie im Rahmen des europäischen Fusionskontrollrechts nach dem Formblatt CO. § 39 Abs. 3 GWB schreibt im Einzelnen vor, **welche Angaben erforderlich sind**; eine konkrete Darstellungsform ist nicht gefordert. Es ist die Form des Zusammenschlusses anzugeben; wenn mehrere Zusammenschlusstatbestände verwirklicht sind, müssen alle genannt werden. Hinsichtlich der Zusammenschlussbeteiligten[476] müssen mindestens die Firma, der Sitz, die Art des Geschäftsbetriebes, die verbundenen Unternehmen[477] und die Umsätze in Deutschland, der EU und weltweit angegeben werden, damit das BKartA seine Zuständigkeit prüfen kann. Außerdem sind die addierten Marktanteile der Beteiligten zu nennen, sofern diese zusammen auf dem bundesweiten oder einem wesentlichen Teilmarkt innerhalb Deutschlands mindestens 20 % betragen. Ein regionaler Markt bildet einen wesentlichen Teilmarkt in diesem Sinne, wenn sich in einem bestimmten Wirtschaftsbereich die entscheidenden Wettbewerbsvorgänge wegen der in diesem Bereich herrschenden Markt- oder Unternehmensstrukturen wesentlich auf regionalen Märkten abspielen.[478] Zu beachten ist, dass diese Angaben zu den Marktanteilen unabhängig davon zu machen sind, ob der Zusammenschluss sich auf die genannten Märkte

---

474 So auch Wiedemann KartR-*Richter*, § 21 Rn. 4.
475 BKartA, Beschl. v. 9.3.1978 – B6–75/77, „Bertelsmann/Deutscher Verkehrstag", WuW/E BKartA 1709 ff.
476 Nach dem durch die 7. GWB-Novelle neu eingefügten § 39 Abs. 3 Satz 3 GWB sind im Falle des Vermögens- und Anteilserwerbs auch für den Veräußerer Firma, Sitz und zustellungsbevollmächtigte Person bei ausländischem Sitz anzugeben.
477 OLG Düsseldorf, Beschl. v. 30.10.2002 – Kart 40/01 (V), „Sanacorp/ANZAG", WuW/E DE-R 1033 ff.
478 BGH, Urt. v. 18.12.1979 – KVR 2/79, „Springer/Elbe-Wochenblatt", WuW/E BGH 1685, 1686 = BGHZ 76, 55.

Schröer

auswirkt.[479] Während die zunächst genannten Informationen für jeden Beteiligten gesondert mitzuteilen sind, sollen anhand der Umsatzzahlen die Auswirkungen des Zusammenschlusses auf die Märkte abgeschätzt werden können, weshalb es hier auf die Summe der Umsätze aller Zusammenschlussbeteiligten ankommt. Ist ein Beteiligter verbundenes Unternehmen, sind die Umsatzzahlen konzernweit zu ermitteln und auch bei den Marktanteilen die konzernweiten Tätigkeiten zu berücksichtigen, während die übrigen Angaben grundsätzlich hinsichtlich aller Konzernunternehmen gesondert zu machen sind. In der Praxis genügen aber neben den Angaben zum beteiligten Unternehmen und seiner Konzernmutter solche zu von dem Zusammenschluss in irgendeiner Weise betroffenen Konzernunternehmen.[480] Schließlich gehört zu einer vollständigen Anmeldung der Name einer zustellungsbevollmächtigten Person im Inland, wenn ein Beteiligter seinen Sitz außerhalb Deutschlands hat. Verträge und Ähnliches müssen nicht von vornherein vorgelegt werden, können vom BKartA aber angefordert werden.

Es hat sich eine **Dreiteilung der Anmeldung** bewährt: In einem ersten Teil werden die oben genannten Informationen zu den Beteiligten und ihr jeweiliger Geschäftsgegenstand genannt. Im zweiten Teil wird der Zusammenschluss dargestellt, wobei bei einem Anteilserwerb die Höhe der erworbenen und der insgesamt gehaltenen Anteile und bei verbundenen Unternehmen zusätzlich die Abhängigkeits- und Beteiligungsverhältnisse darzulegen sind. Im letzten Teil werden dann die betroffenen Märkte und die Auswirkungen des Zusammenschlusses auf sie beschrieben, wobei hier durchaus auch rechtliche Ausführungen gemacht werden können. Die Anmeldung muss – unabhängig von der Relevanz der Angaben für das konkrete Verfahren – immer vollständig sein. Das BKartA kann zusätzliche Informationen verlangen. **1341**

Das GWB schreibt nicht vor, wann die Anmeldung zu erfolgen hat. Folgerichtig ist auch § 81 Abs. 1 Nr. 7 GWB a. F., der die nicht **rechtzeitige Anmeldung** als ordnungswidrig erklärte, als § 81 Abs. 2 Nr. 3 GWB durch die 7. GWB-Novelle dahingehend eingeschränkt worden, dass nur noch das Unterlassen der Anmeldung und die nicht vollstän- **1342**

---

479 BGH, Urt. v. 12.12.1978 – KVR 6/77, „Erdgas Schwaben", WuW/E BGH 1533, 1534 = BGHZ 73, 65; *Kleinmann/Bechtold*, § 23 Rn. 410; Wiedemann KartR-*Richter*, § 21 Rn. 8; a. A. FK-*Huber*, § 23 GWB Rn. 143.
480 BGH, Urt. v. 12.12.1978 – KVR 6/77, „Erdgas Schwaben", WuW/E BGH 1533, 1534 = BGHZ 73, 65; KG, Urt. v. 16.2.1976 – Kart 4/75, „Hygiene-Artikel", WuW/E OLG 1712, 1713.

dige Anmeldung als ordnungswidrig eingestuft werden. Meist haben die Parteien aber selbst ein Interesse an einer frühzeitigen Anmeldung, um den Zusammenschluss möglichst schnell vollziehen zu können.

1343 Hinsichtlich der **Anmeldefähigkeit** war das deutsche Recht lange Zeit großzügiger als das europäische, Letzteres hat durch die Novelle der FKVO von 2004 insoweit aber gleichgezogen: Die Zusammenschlusspläne der Beteiligten müssen ernsthaft und so konkret sein, dass das BKartA auf einer vernünftigen und der späteren Umsetzung auch entsprechenden Tatsachengrundlage entscheiden kann; der Vollzug unmittelbar nach Freigabe ist aber nicht erforderlich, und es können auch noch einige Parameter – wie insbesondere der Kaufpreis – offen sein.[481]

3. Vorverfahren (Phase I)

1344 Das Verfahren vor dem BKartA ist nicht so strikt in zwei Verfahren unterteilt wie nach der FKVO. Es lassen sich aber auch hier zwei Phasen unterscheiden: Nach Eingang der vollständigen Anmeldung beim BKartA hat dieses **maximal einen Monat**[482] Zeit, den Beteiligten den Eingang und die Vollständigkeit der Anmeldung zu bestätigen und mitzuteilen, dass in das Hauptprüfverfahren eingestiegen wird (sog. Monatsbrief). Hierbei handelt es sich um eine nicht anfechtbare Verfahrensentscheidung, bei der dem BKartA ein weiter Ermessensspielraum eingeräumt ist. Natürlich kann innerhalb dieser Frist der Zusammenschluss auch bereits freigegeben werden, in unproblematischen Fällen manchmal sogar schon nach weniger als zwei Wochen. Auch gegen diese Entscheidung besteht kein Rechtsbehelf, insbesondere nicht für Dritte. Deshalb und aus Gründen der Zeit- und Aufwandsersparnis wird den Beteiligten meist daran gelegen sein, den Eintritt in das Hauptprüfverfahren zu vermeiden. Hierfür wird es sich meist empfehlen, vergleichbar der Confidential Guidance bei der Europäischen Kommission mit dem BKartA schon vor Einreichung der Anmeldung informelle Vorgespräche zu führen, in denen das Informationsbedürfnis des BKartA ermittelt und etwaige materielle

---

481 *Bechtold*, § 39 Rn. 3; Wiedemann KartR-*Richter*, § 21 Rn. 13; Langen-*Ruppelt*, § 39 GWB Rn. 3.
482 Die Fristberechnung erfolgt nach § 31 VwVfG i.V.m. §§ 187 ff. BGB; der Tag des Eingangs der Anmeldung beim BKartA zählt daher nicht mit, Fristende tritt mit Ablauf des Tages des auf den Eingang folgenden Monats ein, der die gleiche Nummer trägt wie der Tag des Eingangs der Anmeldung beim BKartA, bzw. wenn dieser Tag auf einen Samstag oder Sonntag fällt, der Ablauf des darauf folgenden Montags.

Schwierigkeiten identifiziert werden. Eine einvernehmliche Verlängerung der Monatsfrist ist nicht zulässig; reicht die Monatsfrist nicht
und soll der Eintritt in die Phase II vermieden werden, kann die Anmeldung aber zurückgenommen und unter Auslösung einer neuen Monatsfrist neu eingereicht werden.[483] Übersendet das BKartA den Monatsbrief nicht oder nicht rechtzeitig, kann es den Zusammenschluss
nicht mehr untersagen (§ 40 Abs. 1 Satz 1 GWB).

Bedingungen und Auflagen können mit einer Freigabeentscheidung   **1345**
nicht verbunden werden, wenn nicht zuvor das Hauptprüfverfahren eröffnet worden ist. Offen ist, ob das BKartA im Vorverfahren an seiner
früheren, und im Hinblick auf die Durchsetzbarkeit nicht unproblematischen Praxis der Zusagen von beteiligten Unternehmen festhalten
will.[484]

4. Hauptprüfverfahren (Phase II)

Im Hauptprüfverfahren kann das BKartA innerhalb von **vier Monaten**   **1346**
nach Eingang der vollständigen Anmeldung erneut über eine Freigabe
entscheiden oder den Zusammenschluss untersagen. Im Unterschied
zur FKVO werden die Fristen der Phasen I und II also nicht addiert,
da beide Phasen Teil desselben Verfahrens sind. Kommt es innerhalb
der viermonatigen Frist nicht zu einer Entscheidung des BKartA, gilt
der Zusammenschluss kraft Gesetzes nach § 40 Abs. 2 Satz 2 GWB
als freigegeben. Eine Fristverlängerung nach § 40 Abs. 2 Satz 3 Nr. 1
bis 3 GWB ist – auch mehrmals – möglich; wichtigster Fall ist die
Fristverlängerung im Einvernehmen zwischen anmeldenden Unternehmen und BKartA. Die Zustimmung der *anmeldenden* Unternehmen
genügt dabei, die Zustimmung aller *beteiligten* Unternehmen ist nicht
erforderlich.

Auch in dem Fall, dass **unrichtige Angaben gemacht oder Auskünfte**   **1347**
nicht rechtzeitig erteilt wurden und dies für die Nichtuntersagung
des Zusammenschlusses kausal war, ist das BKartA nicht an die Viermonatsfrist gebunden. Fraglich ist, ob in diesen Fällen auch ein innerhalb der Monatsfrist freigegebener Zusammenschluss nachträglich untersagt werden kann. Dagegen sprechen die Tatsache, dass es in diesem Fall an dem Monatsbrief fehlt, der gem. § 40 Abs. 1 Satz 1 GWB
Voraussetzung für eine Untersagung ist, und der eindeutige Bezug des
§ 40 Abs. 2 nur auf das Hauptprüfverfahren. Andererseits ist nicht er-

---

483 Schulte-*Ewen*, Rn. 290.
484 *Emmerich*, KartR § 28 2.

sichtlich, warum es belohnt werden sollte, wenn das BKartA in der Anmeldung so umfassend getäuscht wird, dass es die Einleitung des Hauptprüfverfahrens nicht für erforderlich hält. Vielmehr ist die wesentliche Bestandteile des Zusammenschlusses nicht oder falsch darstellende Anmeldung gar nicht vollständig; freigegeben ist nicht der tatsächliche, sondern ein fiktiver Zusammenschluss, der Vollzug des tatsächlichen Zusammenschlusses verstößt gegen das Vollzugsverbot.

1348 Über die in § 40 Abs. 2 Satz 3 GWB genannten Fälle hinaus kann das BKartA nach allgemeinen Grundsätzen einen Zusammenschluss auch dann nach Ablauf der Viermonatsfrist noch untersagen, wenn er **in gegenüber der Anmeldung wesentlich veränderter Form vollzogen** wird. Für Abweichungen, die unerheblich sind oder unter den für die Zulassungsentscheidung des BKartA maßgeblichen Kriterien ein Minus gegenüber dem Angemeldeten bedeuten, gilt dies jedoch nicht.[485]

1349 Während im Vorverfahren die Marktverhältnisse meist nur aufgrund telefonischer Nachfragen bei einzelnen Marktteilnehmern ermittelt werden, erfolgt im Hauptprüfverfahren eine **flächendeckende schriftliche Befragung der Marktteilnehmer** unter Zuhilfenahme zum Teil ausführlicher Fragebögen.

1350 Will das BKartA einen Zusammenschluss untersagen, muss es allen materiell und formell beteiligten Unternehmen **rechtliches Gehör** und damit nach § 56 GWB Gelegenheit zur Stellungnahme geben. Ein Verstoß gegen dieses verfassungsrechtlich verankerte Verfahrensprinzip führt zur Rechtswidrigkeit der Untersagungsverfügung. Zu den **Beteiligten** zählen gem. § 54 Abs. 2 Nr. 3 GWB auch beigeladene Dritte, deren rechtliche oder wirtschaftliche Interessen durch den Zusammenschluss erheblich berührt werden. Über die Beiladung entscheidet das BKartA durch beschwerdefähige Verfügung nach pflichtgemäßem Ermessen.[486] Wer beigeladen ist, kann auf Antrag auch Einblick in die Verfahrensunterlagen nehmen, soweit es sich dabei nicht um Geschäftsgeheimnisse handelt. Unterhalb der Schwelle der Beiladung können Dritte auch informelle Stellungnahmen abgeben, die das BKartA berücksichtigt. Allerdings werden Dritte oft gar nicht rechtzeitig von dem Verfahren vor dem BKartA erfahren, da weder die Anmeldung noch die Einleitung des Hauptprüfverfahrens bekannt gemacht wird.

---

485 Wiedemann KartR-*Richter*, § 21 Rn. 32.
486 KG, Urt. v. 7.11.1969 – Kart 8/69, „Triest-Klausel", WuW/E OLG 1071, 1072; Urt. v. 22.8.1980 – Kart 7/80, „Sonntag Aktuell", WuW/E OLG, 2356, 2359.

5. Entscheidung

Verstößt der Zusammenschluss gegen die Eingreifkriterien des § 36 **1351** GWB, weil er eine marktbeherrschende Stellung begründet oder verstärkt, muss das BKartA ihn untersagen. Ein Entscheidungsermessen besteht insoweit nicht. Die **Untersagungsverfügung** – meist als Beschluss bezeichnet, weil in einem justizförmigen Verfahren erlassen – ist ein Verwaltungsakt i. S. d. VwVfG. In der Begründung muss das BKartA seine wesentlichen Gründe mitteilen und dokumentieren, dass es sich mit den maßgeblichen Argumenten der Betroffenen und mit den möglichen rechtlichen Hindernissen für die Untersagung des Zusammenschlusses auseinandergesetzt hat. Vor Erlass einer solchen Untersagungsverfügung ergeht in aller Regel eine sog. schriftliche Abmahnung, in der die voraussichtliche Untersagung und die Gründe dafür dargelegt werden, damit die Beteiligten noch einmal dazu Stellung nehmen können. Voraussetzung für eine Untersagungsverfügung ist gem. § 40 Abs. 4 GWB ferner, dass den obersten Landesbehörden des Sitz-Bundeslandes der Beteiligten Gelegenheit zur Stellungnahme gegeben wird. Obwohl ein Verstoß gegen diese Vorschrift die Untersagungsverfügung fehlerhaft macht, bleibt er meist folgenlos, weil den Beteiligten insofern kein Beschwerderecht zusteht.[487]

Liegen Gründe für eine Untersagung des Zusammenschlusses vor, **1352** kann das BKartA als milderes Mittel den Zusammenschluss auch genehmigen, ihn aber mit **Bedingungen und Auflagen** nach § 40 Abs. 3 GWB versehen. Diese Bedingungen und Auflagen müssen jedoch solche struktureller Art sein; über die Fusionskontrolle können die Unternehmen nicht einer laufenden Verhaltenskontrolle unterworfen werden.[488] Damit kommen z. B. die Abgabe von Beteiligungen oder Unternehmensteilen, die Beendigung wettbewerbsbeschränkender Vereinbarungen, die Veränderung von Organisation oder Willensbildung der beteiligten Unternehmen und die Verpflichtung zur Aufnahme von konkurrierenden Unternehmen in Gemeinschaftsunternehmen in Betracht. Nach der Abwägungsklausel des § 36 Abs. 1 Unterabs. 2 GWB ist es nicht erforderlich, dass sämtliche fusionsbedingten Nachteile durch die Erfüllung der Auflagen vollständig ausgeglichen werden.[489]

---

487 BGH, Urt. v. 25. 6. 1985 – KVR 3/84, „Rheinmetall/WMF", WuW/E BGH 2150, 2153; KG, Urt. v. 24. 4. 1985 – Kart 34/81, „Hussel/Mara", WuW/E OLG 3577, 3580.
488 *Emmerich*, KartR § 28 5.
489 BKartA, Beschl. v. 4. 9. 2000 – B8–132/00, „Hein-Gas", WuW/E DE-V 360, 362; Schulte-*Ewen*, Rn. 320.

1353 Stellt sich der Zusammenschluss letztlich als unbedenklich heraus, ist aber zunächst das Hauptprüfverfahren eingeleitet worden, erfolgt die **Freigabe** ebenfalls durch Verwaltungsakt, wodurch die Transparenz der Fusionskontrollpraxis des Amtes verbessert werden soll.[490] Gegen einen solchen Beschluss können auch betroffene Dritte vorgehen. Erfolgt die Freigabe hingegen bereits im Vorverfahren, kann dies formlos und ohne Begründung geschehen; Dritte können dagegen nicht klagen.

1354 Trifft das BKartA in der Viermonatsfrist überhaupt **keine Entscheidung über die Freigabe oder Untersagung** des Zusammenschlusses, gilt der Zusammenschluss gem. § 40 Abs. 2 Satz 2 GWB als freigegeben. Aus der Gesetzesbegründung zur 6. GWB-Novelle folgt ziemlich eindeutig, dass auch in diesem Unterlassen eine förmliche Freigabeentscheidung liegen soll, die als fiktiver Verwaltungsakt anzusehen ist und gegen die betroffene Dritte vorgehen können.[491] Schon wegen des Fehlens einer Begründung wird eine Beschwerde hiergegen immer Erfolg haben.

1355 Entscheidungen des BKartA im Hauptprüfverfahren müssen, um wirksam zu sein, jedem Verfahrensbeteiligten **förmlich zugestellt** werden, wobei es allerdings ausreicht, wenn sie bei mehreren Beteiligten aus demselben Konzern nur der Konzernspitze oder dem in der Anmeldung benannten Zustellungsbevollmächtigten zugestellt werden. Sie werden in verkürzter Form gem. § 43 Abs. 1 Nr. 2 GWB im Bundesanzeiger bekannt gemacht. Die um die Geschäftsgeheimnisse bereinigten vollständigen Entscheidungsgründe können etwa einen Monat nach der Entscheidung auf der Internet-Seite des BKartA[492] eingesehen werden (siehe dazu den durch die 7. GWB-Novelle eingefügten § 43 Abs. 2 Nr. 1 GWB).

6. Vollzugsanzeige

1356 Hat das BKartA den Zusammenschluss freigegeben, ist sein Vollzug gem. § 39 Abs. 6 GWB dem Amt unverzüglich anzuzeigen. Die Vollzugsanzeige wird gem. § 43 Nr. 1 GWB auf Kosten der Beteiligten vom BKartA im Bundesanzeiger bekannt gemacht. Der Verstoß gegen die Pflicht zur Vollzugsanzeige ist gem. § 81 Abs. 1 Nr. 4 GWB bußgeldbewehrt. Die Anzeigepflicht besteht grundsätzlich für alle Betei-

---

490 RegBegr., BT-Drucks. 13/9720, S. 44.
491 RegBegr. zu § 40 Abs. 2, BT-Drucks. 13/9720, S. 59; siehe auch Wiedemann KartR-*Richter*, § 21 Rn. 86 ff.
492 *http://www.bundeskartellamt.de*.

ligten; allerdings wird man davon ausgehen können, dass die Anzeige durch einen Beteiligten ausreicht.

7. Rechtsmittel

Wollen die Beteiligten auf eine Untersagungsverfügung des BKartA **1357** nicht mit einem Antrag auf Ministererlaubnis nach § 42 GWB[493] reagieren, können sie gegen diese innerhalb eines Monats ab Zustellung eine **Beschwerde** nach §§ 63 ff. GWB einlegen. Auch wenn nach der Gesetzeslage eine parallele Einleitung beider Verfahren keineswegs ausgeschlossen ist, wurde in der Praxis bisher eine Gleichläufigkeit vermieden, da das Beschwerdeverfahren eine umfassende Überprüfung der Untersagungsgründe einschließlich der Sachverhaltsfeststellungen des BKartA ermöglicht, während der Minister im Rahmen des Erlaubnisverfahrens an die Tatsachenfeststellungen des BKartA gebunden ist und somit von der Rechtmäßigkeit der Untersagungsverfügung auszugehen hat. Beide Verfahren können auch nacheinander beschritten werden, die Fristen beginnen dann jeweils am Ende des zuerst betriebenen Verfahrens zu laufen. Als kartellbehördliche Verfügungen, die mit der Beschwerde angegriffen werden können, kommen neben der Untersagung vor allem die Freigabe eines Zusammenschlusses im Hauptprüfverfahren sowie die Entscheidung des Bundesministers für Wirtschaft und Technologie über den Antrag auf Erteilung der Ministererlaubnis in Betracht. Anstelle der gesamten Untersagungsverfügung können aber auch etwaige Bedingungen und Auflagen unter den Voraussetzungen der §§ 63 ff. GWB isoliert angefochten werden.

Zur Beschwerde befugt sind alle Beteiligten i. S. d. § 54 Abs. 2 GWB. **1358** Sie setzt eine formelle und materielle Beschwer voraus.[494] Die Beschwerde hat grundsätzlich keine aufschiebende Wirkung. Das BKartA kann jedoch die **Vollziehung** gem. § 65 Abs. 3 Satz 2 GWB aussetzen. Darüber hinaus kann das Beschwerdegericht auf Antrag die aufschiebende Wirkung ganz oder teilweise anordnen, wenn die Vollziehung für den Betroffenen eine unbillige Härte zur Folge hätte oder ernstliche Zweifel an der Rechtmäßigkeit der angefochtenen Verfügung bestehen. Im Falle einer Drittbeschwerde gegen eine im Hauptprüfverfahren ergangene Verfügung des BKartA[495] ist der Antrag des

---

493 Siehe dazu Rn. 1333 f.
494 Letzteres ist str.; siehe Schulte-*Spitze*, Rn. 708 m. w. N.
495 Dagegen ist die noch in dem Gesetzentwurf des Bundestages (BT-Drucks. 15/3640, S. 65) vorgesehene Beschränkung, Anträge auf Anordnung der aufschiebenden Wirkung durch Dritte auch in Ministererlaubnisverfahren auf Fälle der Gel-

Dritten auf Anordnung der aufschiebenden Wirkung seit In-Kraft-Treten der 7. GWB-Novelle allerdings nur noch zulässig, wenn dieser geltend macht, durch die Verfügung in eigenen Rechten verletzt zu sein, § 65 Abs. 3 Satz 4 GWB.

1359 Beschwerdegericht ist seit dem Umzug des BKartA von Berlin nach Bonn nicht mehr das KG Berlin, sondern stets das OLG Düsseldorf. Gegen seine Entscheidung ist die Rechtsbeschwerde gem. § 74 GWB statthaft, wenn sie zugelassen worden ist. Dies gilt seit der Neufassung des § 74 Abs. 1 GWB durch die 7. GWB-Novelle auch für Eilentscheidungen des OLG Düsseldorf über die Anordnung bzw. Wiederherstellung der aufschiebenden Wirkung.

1360 Nach dem Vorbild der Regelungen in der FKVO haben mittlerweile auch dritte Unternehmen, die durch die Freigabe eines Zusammenschlusses betroffen sind, im deutschen Fusionskontrollrecht die Möglichkeit der **Konkurrentenklage**.[496] Das gilt jedenfalls für solche Dritte, die als Beteiligte beigeladen worden sind. Ob über den Gesetzeswortlaut hinaus auch diejenigen Dritten, die hätten beigeladen werden müssen, wenn sie Kenntnis von den Fusionskontrollverfahren gehabt und einen Antrag auf Beiladung gestellt hätten, beschwerdebefugt sind, ist umstritten.[497] Hierbei ist zu berücksichtigen, dass § 36 GWB nur dem öffentlichen Interesse dient und keinen individuellen Drittschutz entfaltet. Das spricht gegen eine Ausdehnung der Beschwerdebefugnis Dritter über den Gesetzeswortlaut hinaus. Zumindest für die Praxis ist die Rechtsfrage seit der ablehnenden *Zeiss/Leica*-Entscheidung des OLG Düsseldorf[498] geklärt. Der Gesetzgeber der 7. GWB-Novelle hat den Rechtsschutz Dritter in diesem Punkt offensichtlich nicht ausdehnen wollen, so dass eine über den Gesetzeswortlaut hinausgehende Erweiterung der Beschwerdebefugnis nicht beigeladener Dritter abzulehnen ist. Aus dem gleichen Grunde haben im Übrigen auch weder Dritte noch ein sich gegen seine Übernahme

---

tendmachung eigener Rechtsverletzung zu begrenzen, in der Beschlussempfehlung und dem Bericht des Ausschusses für Wirtschaft und Arbeit entfallen (siehe BT-Drucks. 15/5049, S. 27) und damit nicht Gesetz geworden.

496 Dazu *Zöttl*, WuW 2004, 474 ff.

497 Dafür *Kahlenberg*, BB 1998, 1593, 1599; mit Einschränkungen Wiedemann KartR-*Richter*, § 21, Rn. 106; dagegen *Baron*, WuW 1998, 651; *Bunte*, DB 1998, 1748, 1754.

498 OLG Düsseldorf, Beschl. v. 25.3.2004 – VI Kart 37/03(V) – „Zeiss/Leica", WuW/E DE-R 1291 ff., dazu auch *Kapp/Messmer*, WuW 2004, 917 ff.

wehrendes Unternehmen einen Anspruch auf Einschreiten des BKartA gegen einen nicht angemeldeten Zusammenschluss.[499]

8. Auflösungsverfahren

Wird ein Zusammenschluss vollzogen, obwohl die Untersagungsvo- **1361** raussetzungen des § 36 Abs. 1 GWB erfüllt sind, hat das BKartA in Ermangelung einer Ministererlaubnis gem. § 41 Abs. 3 GWB die zur **Auflösung des Zusammenschlusses** erforderlichen Maßnahmen anzuordnen.[500] Infolge der sprachlichen Neufassung des § 41 Abs. 3 GWB durch die 7. GWB-Novelle ist klargestellt, dass eine Auflösung nicht nur bei Vorliegen einer Untersagungsverfügung bzw. dem Widerruf einer Freigabe anzuordnen ist, sondern ebenso auch in den Fällen des fehlenden Eintritts einer aufschiebenden Bedingung oder aufgrund des Eintritts einer auflösenden Bedingung. Auflösung bedeutet **nicht zwangsläufig vollständige Rückabwicklung** des Zusammenschlusses. Es genügt vielmehr auch, wenn lediglich eine seiner Untersagungsvoraussetzungen nach § 36 Abs. 1 GWB entfällt, also entweder der Zusammenschlusstatbestand beseitigt wird, die Begründung oder Verstärkung der Marktbeherrschung nicht mehr zu prognostizieren ist oder überwiegende Verbesserungen der Wettbewerbsbedingungen aufgrund des Zusammenschlusses festgestellt werden können, wobei dem BKartA ein Auswahlermessen hinsichtlich des Inhaltes der zur Entflechtung erforderlichen Maßnahmen zusteht. Das BKartA hat bei seiner Auflösungsverfügung, die ein mit Beschwerde vor dem OLG Düsseldorf anfechtbarer Verwaltungsakt ist, den Verhältnismäßigkeitsgrundsatz zu berücksichtigen.[501] Zur Beseitigung der Wettbewerbsbeschränkung kann die Behörde mit den betroffenen Unternehmen aber auch eine einvernehmliche Regelung treffen, insbesondere durch Abschluss eines öffentlich-rechtlichen Vertrages.

---

499 BGH, Urt. v. 31. 10. 1978 – KVR 3/77, „Weichschaum III", WuW/E BGH 1556, 1561; FK-*Rieger*, § 24 GWB, Rn. 126; Immenga/Mestmäcker GWB-*Mestmäcker/ Veelken*, § 40 Rn. 93.

500 Eine Auflösung erfolgte z. B. in folgenden Fällen: BKartA, Beschl. v. 23. 8. 1993 – B3–52/92, „Fresenius/Schiwa", WuW/E 2591 und KG, Urt. v. 18. 10. 1995 – Kart 18/93, WuW/E OLG 5549.

501 RegBegr., BT-Drucks. 13/9720, S. 60.

§ 3 Verhältnis von deutscher und europäischer Fusionskontrolle

Schrifttum: *Albers,* Fusionskontrolle zwischen Wettbewerbs- und Industriepolitik, CR 1990, 444; *Axster,* Die Europäische Fusionskontrolle, in: Westermann (Hrsg.), Festschrift für Karlheinz Quack zum 65. Geburtstag, 1991, S. 567; *Bach,* Materielle Veränderungen der deutschen Fusionskontrolle durch die EWG-Fusionskontrolle, WuW 1992, 571; *Baron,* Die neuen Bestimmungen der Europäischen Fusionskontrolle, WuW 1997, 579; *Bechtold,* Die Grundzüge der neuen EWG-Fusionskontrolle, RIW 1990, 253; *Bechtold/Brinker/Bosch/Hirsbrunner,* EG-Kartellrecht, 2005; *Bergh/Camesasca,* Die 6. GWB-Novelle unter dem Gesichtspunkt des Subsidiaritätsprinzips: Teilkonvergenz mit dem europäischen Recht, WuW 1998, 1147; *Blank,* Europäische Fusionskontrolle im Rahmen der Art. 85, 86 des EWG-Vertrages, 1991; *Ebenroth/Lange,* Die Auswirkungen der EG-Fusionskontrollverordnung auf das deutsche Recht der Unternehmenszusammenschlüsse, BB 1991, 845; *Ebenroth/Parche,* Der Verordnungsentwurf einer europäischen Fusionskontrolle und seine Auswirkungen auf nationales und internationales Kartellrecht, BB 1988, Beil. 18; *Einsele,* Auswirkungen der europäischen Fusionskontrollverordnung auf Gemeinschaftsunternehmen, RIW 1992, Beil. 2; *Feldmann,* Die Europäische Fusionskontrolle – Ein Überblick für die Praxis, WRP 1990, 577; *Geiger,* EG-Vertrag, Kommentar zu dem Vertrag zur Gründung der Europäischen Gemeinschaft, 1993; *Heidenhain,* Europäische Fusionskontrolle für Zusammenschlüsse ohne gemeinschaftsweite Bedeutung, EuZW 1990, 84; *Held,* Kompetenzabgrenzung in der Fusionskontrolle nach deutschem und Gemeinschaftsrecht, in: FIW-Schriftenreihe, Heft 140, 1991, S. 55; *Hirsbrunner,* Fusionskontrolle der Kommission im Jahre 1996, EuZW 1997, 748; *Immenga,* Die Europäische Fusionskontrolle im wettbewerbspolitischen Kräftefeld, 1993; *Janicki,* EG-Fusionskontrolle auf dem Weg zur praktischen Umsetzung, WuW 1990, 195; *Jones/González-Díaz,* The EEC Merger Regulation, 1992; *Kamburoglou,* EWG-Wettbewerbspolitik und Subsidiarität, WuW 1993, 273; *Kirchhoff,* Europäische Fusionskontrolle, BB 1990, Beil. 14; *Klaue,* Räumliche Marktabgrenzung und Geltungsbereich des Kartellgesetzes, in: Westermann (Hrsg.), Festschrift für Karlheinz Quack zum 65. Geburtstag, 1991, S. 625; *ders.,* Verhältnis von deutscher und europäischer Fusionskontrolle, in: FIW-Schriftenreihe, Heft 146, Schwerpunkte des Kartellrechts 1990/91, 1992, S. 135; *Koch,* Die neuen Befugnisse der EG zur Kontrolle von Unternehmenszusammenschlüssen, EWS 1990, 65; *Krimphove,* Europäische Fusionskontrolle, 1992; *Maciver,* The First Year of Enforcement under the EEC Merger Regulation – A View from the Trenches, in: Annual Proceedings of the Fordham Corporate Law Institute, 1991, EC and U.S. Competition Law and Policy, 1992, S. 751; *Miersch,* Die europäische Fusionskontrolle, Inhalt und Problematik der EG-Fusionskontroll-VO Nr. 4064/89 in materieller und wettbewerbspolitischer Sicht, 1990; *ders.*, Kommentar zur EG-Verordnung Nr. 4064/89 über die Kontrolle von Unternehmenszusammenschlüssen, 1991; *Müller-Laube*, Europa 1992: Die Europäische Fusionskontrolle – Gedanken zu einem neuen europäischen Gesetz, JuS 1991, 184; *Niederleithinger*, Grundfragen der neuen europäischen Zusammenschlusskontrolle, EWS 1990, 73; *ders.*, Das Verhältnis nationaler und europäischer Kontrolle von Zusammenschlüssen, WuW 1990, 721; *Niemeyer*, Die Europäische Fusionskontrollverordnung, 1991; *Rösler*, Implementierung einer Fusionskontrolle im europäischen Binnenmarkt, Auswirkungen auf das deutsche Recht der Unternehmenszusammenschlüsse, 1994; *Sauter*, Zwei Jahre Praxis der Europäischen Fusionskontrolle – Eine kritische Bewertung – Referat im Rahmen der Vortragsreihe „Das Weissbuch der Kommission und die Realität des Binnenmarktes – Erfolge und Misserfolge", 1992; *Scherf*, Konzentrative und kooperative Gemeinschaftsunternehmen im europäischen Kartellrecht, AG 1992, 245; *Schmidt, Karsten,* Europäische Fusionskontrolle im System des Rechts gegen Wettbewerbsbeschränkungen, BB 1990, 719; *ders.*, Konflikt oder Anpassung des europäischen und des nationalen Rechts gegen Wettbewerbsbeschränkungen? – Gruppenfreistellungsverordnungen und Fusionskontrolle als Beispiel, in: FIW-Schriftenreihe, Heft 140, Schwerpunkte des Kartellrechts 1989/90, 1991, S. 29; *Schroeder/Oerter*, Die neue EWG-Fusionskontrollverordnung, ZIP 1990, 677; *Seitz*, One-stopp und Subsidiärität, in: FIW-Schriftenreihe, Heft 187, 2001; *Tilmann*, Zur EG-Fusionskontroll-VO 1989, in: Erdmann/Maas/Piper/Teplitzky/Hefermehl/Ulmer (Hrsg.): Festschrift für Freiherr von Gamm, 1990, S. 663; *Veelken,* Aspekte der europäischen Fusionskontrolle, in: Veelken/Karl/Richter (Hrsg): Die Europäische Fusionskontrolle, 1992; *Wolf*, Zusammenwirken von EG-Kommission und Bundeskartellamt, in: FIW-Schriftenreihe, Heft 153, Schwerpunkte des Kartellrechts 1991/92, 1993, S. 1; *Zuleeg*, Der Rang des europäischen im Verhältnis zum nationalen Wettbewerbsrecht, EuR 1990, 123.

I. Exklusivitätsprinzip

Für ihren Geltungsbereich regelt die FKVO das Verhältnis zum nationalen Recht ausdrücklich. Es gilt das **Ausschließlichkeits- oder Exklusivitätsprinzip**. Art. 21 Abs. 3 FKVO bestimmt, dass die Mitgliedstaaten ihr Wettbewerbsrecht nicht auf Zusammenschlüsse von gemeinschaftsweiter Bedeutung anwenden dürfen.[502] Art. 21 Abs. 3

1362

---

[502] Kritisch zur Zulässigkeit der Regelung unter verfassungspolitischen Aspekten *Niederleithinger*, WuW 1990, 721, 722.

FKVO entfaltet also eine Sperrwirkung für nationales Recht.[503] Dementsprechend bestimmt auch § 35 Abs. 3 GWB, dass die Vorschriften des GWB keine Anwendung finden, soweit die Kommission nach der FKVO zur Prüfung eines Zusammenschlusses ausschließlich zuständig ist. Zusammenschlüsse, für die die FKVO ausschließliche Regelungskompetenz beansprucht, sind solche i. S. d. Art. 3 FKVO[504] (Art. 21 Abs. 1 FKVO). Mit Blick auf Art. 83 EG ist die Statuierung des Exklusivitätsprinzips zulässig.[505]

1363 Zusammenschlüsse, welche die Kommission genehmigt hat, dürfen von den Mitgliedstaaten genauso wenig untersagt werden wie Zusammenschlüsse, die von der Kommission untersagt worden sind, von den Mitgliedstaaten nachträglich genehmigt werden können. Dabei kommt es nicht darauf an, wie das Verfahren auf der europäischen Ebene abgeschlossen wurde, ob durch Entscheidung der Kommission oder durch Eintritt von Fiktionen nach Fristablauf.[506] Die Anwendung nationalen Rechts auf solche Fälle wäre auch in Ermangelung einer diesbezüglichen Ausschlussregelung im GWB **gemeinschaftsrechtswidrig**. Dies betrifft nicht nur das Handeln von Behörden durch Verwaltungsakte, sondern auch die vom nationalen Recht direkt angeordneten Rechtsfolgen wie die zivilrechtliche Unwirksamkeit von Zusammenschlussverträgen, die nach deutschem Recht erst nach einem vollständigen Prüfungsverfahren vollzogen werden dürfen.[507]

1364 Diese Exklusivität geht weit über die Regelung von Normenkonflikten nach dem allgemeinen Grundsatz des Vorrangs des Gemeinschaftsrechts[508] hinaus.[509] Das Ausschließlichkeitsprinzip der FKVO **verhindert die Anwendung nationalen Rechts generell**, sofern die Schwel-

---

503 *Rittner*, § 13, Rn. 26; dazu *Rösler*, Implementierung einer Fusionskontrolle im europäischen Binnenmarkt, S. 16 ff.

504 *Held*, Kompetenzabgrenzung, S. 55, 59.

505 *Niederleithinger*, WuW 1990, 721, 722.

506 *Miersch*, Kommentar FKVO, Art. 10 Anm. III. und Art. 21 Anm. I.

507 *Klaue*, Verhältnis von deutscher und europäischer Fusionskontrolle, S. 135; *Niederleithinger*, WuW 1990, 721, 722.

508 EuGH, Urt. v. 15. 7. 1964 – Rs. 6/64, „Costa/ENEL", Slg. 1964, 1251; für den Bereich des Kartellrechts löste das Urt. v. 13. 2. 1969 – Rs. 14/68, „Walt Wilhelm", WuW/E EWG/MUV 201, Kurzfassung in NJW 1969, 1000, die von *Koch* entwickelte herrschende Zweischrankentheorie ab; ebenso das Urt. v. 10. 7. 1980 – verb. Rs. 253/78 und 1–3/79, „Wettbewerb-Parfums-Guerlain", WuW/E EWG/MUV 490; siehe dazu auch *Zuleeg*, EuR 1990, 123, 125.

509 *Immenga*, Europäische Fusionskontrolle im wettbewerbspolitischen Kräftefeld, S. 10; *Krimphove*, Europäische Fusionskontrolle, S. 382; *Niederleithinger*, EWS 1990, 73; *Veelken*, Aspekte der europäischen Fusionskontrolle, S. 22.

len des Art. 1 FKVO erreicht werden und ein Zusammenschluss i. S. d. Art. 3 FKVO vorliegt. Auf einen Konfliktfall wie bei der Vorrang-Theorie kommt es hier also nicht an; nationale und europäische Regelungen sind in diesem Bereich gerade nicht nebeneinander anwendbar. Das nationale Recht ist seit dem In-Kraft-Treten der FKVO für Zusammenschlüsse mit gemeinschaftsweiter Bedeutung unmittelbar obsolet geworden.[510]

Nach dem Prinzip des **one-stop-shop**[511] wird damit eine kumulative **1365** Anwendung von gemeinschaftsrechtlichen und nationalen Zusammenschlussvorschriften auf denselben wirtschaftlichen Sachverhalt vermieden.[512] Dies bedeutet, dass die europäische und die nationale Fusionskontrolle das gesamte Feld der konzentrativen Unternehmenszusammenschlüsse abdecken, sich dabei aber im Grundsatz keine Überschneidungen ergeben.[513]

Gem. Art. 21 Abs. 2 FKVO ist die **Kommission ausschließlich zu-** **1366** **ständig**, Entscheidungen nach der FKVO zu treffen. Dies gilt sowohl für die Entscheidungen im Vorprüfungsverfahren nach Art. 6 FKVO als auch für die formellen Entscheidungen nach Art. 8 FKVO. Nationale Behörden und Gerichte sind von der Anwendung der FKVO ausgeschlossen, da diese gerade keine unmittelbar anwendbaren Vorschriften für nationale Behörden und Gerichte enthält.[514] Ursprüngliche Vorschläge, wie von Seiten des BKartA, die europäische Fusionskontrolle zumindest teilweise auf nationale Behörden zu übertragen, wurden richtigerweise nicht aufgenommen.[515]

Allerdings wird das Prinzip des one-stop-shop von der FKVO selbst **1367** durch eine Reihe von **Ausnahmen** durchbrochen, insbesondere durch die Verweisungsregelungen in Art. 4 Abs. 4 und 5 FKVO, in Art. 9 FKVO[516] und Art. 22 FKVO[517] sowie im Falle berechtigter Interessen der Mitgliedstaaten gem. Art. 21 Abs. 4 FKVO. Diese Ausnahmen führen zwar zu Rechtsunsicherheiten und sind dem Grundsatz unver-

---

510 *Miersch*, Kommentar FKVO, Art. 21 Anm. I; *Niederleithinger*, WuW 1990, 721, 722; *Niemeyer*, Die Europäische Fusionskontrollverordnung, S. 27.
511 Auch als one-stop-shopping und one-stop-principle bezeichnet.
512 *Geiger*, Art. 87, Rn. 19; *Rösler*, Implementierung einer Fusionskontrolle im europäischen Binnenmarkt, S. 16 ff.
513 *Niederleithinger*, EWS 1990, 73, 78.
514 A.A. *Tilmann*, FS für Gamm, S. 663, 669.
515 Siehe dazu *Ebenroth/Parche*, BB 1988, Beil. 18, 13 m. w. N.
516 Siehe dazu Rn. 1375 ff.
517 Siehe hierzu Rn. 1386 ff.

fälschten Wettbewerbs im europäischen Binnenmarkt, da systemwidrig, eher abträglich, weshalb teilweise für deren Abschaffung plädiert wurde.[518]

1368 Den nationalen Behörden wie dem BKartA verbleibt auch bei Untätigkeit der Kommission keine Zuständigkeit. Es bleibt dann nur die **Untätigkeitsklage** beim Gerichtshof.[519] Dabei kommt es nicht darauf an, ob der Zusammenschluss bei der Kommission angemeldet wurde oder nicht; relevante Kriterien sind allein die Aufgreifkriterien der Art. 1 und 3 FKVO.[520]

1369 Aufgrund des breiten Anwendungsausschlusses des GWB in § 35 Abs. 3 GWB ist klargestellt, dass das BKartA einen Fall, der in den Anwendungsbereich der FKVO fällt, auch nicht unter einem anderen kartellrechtlichen Gesichtspunkt als dem der Zusammenschlusskontrolle aufgreifen könnte. Die Sperre gilt damit nicht nur für die Fusionskontrolle, **sondern auch für § 1 GWB**.[521] Aus dem Erwägungsgrund Nr. 25 und der Bek. über Nebenabreden zu Zusammenschlüssen nach der FKVO[522] lässt sich entnehmen, dass die FKVO auch auf Nebenabreden Anwendung findet. Solche vereinbarten Einschränkungen, die mit dem Zusammenschluss unmittelbar verbunden oder für die Durchführung des Vorhabens notwendig sind, teilen das Schicksal des Zusammenschlusses, sind von der Regelung der FKVO also gedeckt, und § 1 GWB ist auf sie nicht anwendbar.[523] Die in der Literatur z.T. früher geäußerte Ansicht, die FKVO schließe nur die nationale *Zusammenschlusskontrolle* aus,[524] ist damit obsolet.

1370 Erklärt die Kommission nach einer Anmeldung die FKVO wegen Nichterfüllung der Aufgreifkriterien **für unanwendbar**, bleibt nationales Wettbewerbsrecht anwendbar, Art. 6 Abs. 1 lit. a FKVO.[525] Dies gilt sowohl für die Fälle, die die Umsatzschwellen des Art. 1 Abs. 2 und 3 FKVO nicht erreichen, als auch für solche, die aufgrund des im

---

518 Europäisches Parlament in: Komm., XX. WB, Anhang, S. 295; *Müller-Laube*, JuS 1991, 184, 190.
519 *Feldmann*, WRP 1990, 577, 578.
520 A.A. *Tilmann*, FS für Gamm, S. 663, 670.
521 *Held*, Kompetenzabgrenzung, S. 55, 58; *Kirchhoff*, BB 1990, Beil. 14, 11; *Klaue*, Verhältnis von deutscher und europäischer Fusionskontrolle, S. 135, 137; Immenga/Mestmäcker EG-WbR-*Immenga*, Art. 21 FKVO, Rn. 4 f.; kritisch dazu *Koch*, EWS 1990, 65, 71; a. A. *K. Schmidt*, BB 1990, 719, 724.
522 Abl. 1990, Nr. C 203, 5; siehe dazu *Scherf*, AG 1992, 245, 252.
523 *Held*, Kompetenzabgrenzung, S. 55, 58.
524 *K. Schmidt*, BB 1990, 719, 724; *ders.*, Konflikt oder Anpassung, S. 29, 42.
525 *Niederleithinger*, EWS 1990, 73, 78.

Vergleich zum GWB engeren Zusammenschlussbegriffs des Art. 3 FKVO keinen Kontrollerwerb zum Gegenstand haben. In der Konsequenz für die betroffenen Unternehmen bedeutet dies, dass durch mögliche Interventionen eines oder mehrerer Mitgliedstaaten der Bestand des Zusammenschlusses bei einer solchen Kommissionsentscheidung gefährdet bleibt. Denn eine Entscheidung nach Art. 6 Abs. 1 lit. a FKVO lässt die **nationale Untersagungskompetenz** unberührt. Im deutschen Recht gilt dagegen mangels geeigneter Klagemöglichkeit die absolute Unanfechtbarkeit von Zusammenschlüssen, die das BKartA innerhalb der gesetzlichen Fristen nicht untersagt hat. Eine solche Rechtssicherheit kann die europäische Fusionskontrolle nicht bieten.[526] Für Fälle, die mangels gemeinschaftsweiter Bedeutung i. S. d. Art. 3 i. V. m. Art. 1 Abs. 2 und 3 FKVO nicht in den Anwendungsbereich der FKVO fallen, kann es dagegen bei Vorliegen der Anwendungsvoraussetzungen zu einer Anwendung von Art. 81 EG durch die Kommission kommen, und zwar ggf. auch in Parallelität zu einer Anwendung nationalen Rechts durch die Behörden der Mitgliedstaaten. Etwaige Anwendungsdivergenzen zwischen europäischem und nationalem Recht sind insoweit nach dem allgemeinen Prinzip des Vorrangs des Gemeinschaftsrechts zu lösen.

II. Berechtigte Interessen der Mitgliedstaaten

Sind gewisse Interessen der Mitgliedstaaten nach Art. 21 Abs. 4 **1371** FKVO tangiert, können die Mitgliedstaaten **geeignete Maßnahmen zu deren Schutz treffen**, sofern die getroffenen Maßnahmen mit dem übrigen Gemeinschaftsrecht in Einklang stehen. Hiernach wären also – soweit das nationale Recht entsprechende Befugnisse zum Schutz der genannten berechtigten Interessen vorsieht – ggf. auch die Unterbindung eines Zusammenschlusses oder die Erteilung von Auflagen denkbar. Der Vorbehalt der Gemeinschaftsverträglichkeit ist allerdings auch insoweit zu beachten.[527] Außerdem müssen die in Ausübung berechtigter Interessen getroffenen Maßnahmen sich am Grundsatz der Verhältnismäßigkeit messen lassen.[528] Gegenüber anderen als wettbewerblichen nationalen Rechtsvorschriften geht die Sperrwirkung des Ausschließlichkeitsgrundsatzes der FKVO also weniger weit.[529]

---

526 *Axster*, FS für Quack, S. 569, 587.
527 *Krimphove*, Europäische Fusionskontrolle, S. 383.
528 *Veelken*, Aspekte der europäischen Fusionskontrolle, S. 29.
529 *Miersch*, Kommentar FKVO, Art. 21 Anm. II. 2.

1372 Von der FKVO werden als berechtigte Interessen ausdrücklich die öffentliche Sicherheit, die Medienvielfalt und das Aufsichtsrecht erwähnt. Unter **öffentlicher Sicherheit** ist zum einen die äußere Sicherheit, also die militärische Verteidigung, zu verstehen. Militärische Sicherheitsaspekte begrenzen die Anwendbarkeit der Fusionskontrollvorschriften. Nach Protokollerklärungen der Kommission fallen aber nicht nur militärische Gesichtspunkte, sondern auch die innere Sicherheit und damit polizeiliche Maßnahmen im weiteren Sinne wie Gesundheitsschutz oder Sicherung der Energieversorgung unter dieses Merkmal.[530] Damit lässt es eine unbestimmte Vielzahl von Anwendungsbereichen zu, weshalb die Ausnahmeklausel unter wettbewerblichen Gesichtspunkten kritisch zu bewerten ist.[531] Die **Medienvielfalt** ist als berechtigtes Interesse anerkannt, um eine Meinungs- und Ausdrucksvielfalt zu gewährleisten. Dies soll durch die verschiedenen Informationsquellen geschehen. Die Bedeutung für Deutschland ist insgesamt eher gering einzustufen.[532] **Aufsichtsregeln** beziehen sich auf Banken, Börsengesellschaften und Versicherungen, wobei diese Aufzählung keine abschließende sein muss.[533] Allerdings fällt es auch hier schwer, wirklichkeitsnahe Beispiele zu finden. In Deutschland wird die Beteiligung einer ausländischen Bank an einer inländischen allein wegen der Herkunft des Erwerbers kaum Maßnahmen der Bankenaufsicht auslösen.[534] Als weiterer Bereich kommt gerade für Deutschland die Energiewirtschaft in Betracht. Vor allem im Bereich des Kraftwerksbetriebs gibt es Voraussetzungen und Grenzen unternehmerischen Handelns, deren Nichtberücksichtigung über die Anwendung des Gemeinschaftsrechts zu Störungen des noch vorhandenen Wettbewerbs führen könnte.[535]

1373 Andere als die explizit genannten Interessen müssen durch die Kommission **gesondert anerkannt** werden, bevor der Mitgliedstaat geeignete Maßnahmen treffen kann. Die Zuständigkeit der Kommission bleibt durch das Bewilligungsverfahren gewahrt. Die Kommission muss einen entsprechenden Antrag des Mitgliedstaates im Lichte der Grundsätze und sonstigen Bestimmungen des Gemeinschaftsrechts und der FKVO prüfen und dem Mitgliedstaat ihren Beschluss innerhalb von 25 Arbeits-

---

530 *Niemeyer*, Die Europäische Fusionskontrollverordnung, S. 29; *Schroeder/Oerter*, ZIP 1990, 677, 679; *Veelken*, Aspekte der europäischen Fusionskontrolle, S. 28.
531 *Ebenroth/Lange*, BB 1991, 845, 850.
532 *Klaue*, Verhältnis von deutscher und europäischer Fusionskontrolle, S. 135, 138.
533 Immenga/Mestmäcker EG-WGR-*Immenga*, Art. 21 FKVO Rn. 16; *Schroeder/Oerter*, ZIP 1990, 677, 679.
534 *Held*, Kompetenzabgrenzung, S. 55, 63.
535 *Klaue*, Verhältnis von deutscher und europäischer Fusionskontrolle, S. 135, 138.

tagen mitteilen.[536] Probleme können sich dann ergeben, wenn die Kommission und der betreffende Mitgliedstaat ggf. bis hin zur rechtlichen Auseinandersetzung darüber streiten, ob die beantragten Interessen vor dem Hintergrund der Prüfung nach den vorgenannten Kriterien des Gemeinschaftsrechts anerkennenswert sind oder nicht.[537]

Weder der Schutz nationaler Interessen und strategischer Wirtschaftssektoren für die mitgliedstaatliche Wirtschaft noch die Verletzung nationaler Anmeldepflichten gehören zu den berechtigten Interessen von Art. 21 Abs. 4 FKVO.[538] Die praktische Bedeutung der Vorschrift ist allerdings gering geblieben. Von Deutschland wurde sie bisher nicht in Anspruch genommen.[539]   **1374**

III. Verweisung an die zuständigen Behörden der Mitgliedstaaten nach Art. 9 und Art. 4 Abs. 4 FKVO

Als von der Konzeption her wichtigste Ausnahme zum Ausschließ-   **1375** lichkeitsgrundsatz[540] nach Art. 21 Abs. 3 FKVO hat Deutschland im Rahmen der ursprünglichen Einführung der europäischen Fusionskontrolle als Kompensation der reinen Umsatzschwellen auf der Einfügung dieser Verweisungsklausel bestanden, weshalb sie seither auch als „**deutsche Klausel**" bezeichnet wird. Neben Deutschland wollte u. a. auch Großbritannien mit dieser Klausel einen Restbestand an nationaler Fusionskontrolle aufrechterhalten. Diese Bestimmung nimmt auf Antrag eines Mitgliedstaates regionale Märkte von der FKVO aus und will damit die reinen Umsatzschwellen des Art. 1 FKVO ausgleichen. Sie ist deshalb Konkretisierung des in Art. 5 EG verankerten Subsidiaritätsprinzips.[541] Daran hat sich eine allfällige Auslegung und Anwendung der Verweisungsmöglichkeit zu orientieren.

---

536 *Brittan,* WuW 1991, 29, 31.
537 *Van Empel,* World Competition, March 1990, Volume 13, Number 3, 5, 21.
538 Komm., Entsch. v. 20.7.1999 – Az. IV/M.1616, „BSCH/A. Champalimaud", WuW/E EU-V 382.
539 Schulte-*Crede,* Rn. 89 und Schulte-*Zeise,* Rn. 871 f. unter Hinweis auf die restriktive Praxis der Komm. hinsichtlich der Anerkennung berechtigter Interessen, insbesondere im Hinblick auf entsprechende Interventionen der portugiesischen Behörden.
540 Zu den Schnittstellen deutsche – europäische Fusionskontrolle *Rösler,* Implementierung einer Fusionskontrolle im europäischen Binnenmarkt, passim.
541 *Brittan,* WuW 1993, 209, 210; Komm., Bericht an den Rat, S. 6; *Sauter,* Zwei Jahre Praxis der Europäischen Fusionskontrolle, S. 17; *Wolf,* Zusammenwirken, S. 1, 8; dazu auch *Bergh/Camesasca,* WuW 1998, 1147; *Kamburoglou,* WuW

1376 Materiellrechtliche Voraussetzung einer Verweisungsentscheidung der Kommission ist, dass ein gesonderter Markt, ein räumlicher Referenzmarkt, durch den Zusammenschluss betroffen ist, auf dem je nachdem, ob dieser einen wesentlichen Teil des Gemeinsamen Marktes ausmacht, die Gefahr einer einfachen bzw. erheblichen Wettbewerbsbeeinträchtigung drohen muss. Handelt es sich bei dem gesonderten Markt um einen solchen, der einen wesentlichen Teil des Gemeinsamen Marktes ausmacht, so muss eine erhebliche Wettbewerbsbeeinträchtigung drohen. Wenn dagegen der gesonderte Markt keinen wesentlichen Teil des Gemeinsamen Marktes ausmacht, reicht eine einfache Beeinträchtigung des Wettbewerbs aus. Der Begriff der Wettbewerbsbeeinträchtigung ist in der FKVO nicht näher definiert. Aufgrund der sprachlichen Abweichung zu dem in Art. 2 Abs. 2 und 3 FKVO verwendeten Begriff der erheblichen Wettbewerbsbehinderung muss davon ausgegangen werden, dass mit der Wettbewerbsbeeinträchtigung ein abweichender – geringerer – Standard festgelegt werden sollte.

1377 Die **Abgrenzung des gesonderten Marktes** war schon bei der Abfassung dieser nationalen Restkompetenz einer der Hauptstreitpunkte.[542] Der räumliche Referenzmarkt wird als Voraussetzung der Verweisung in Art. 9 Abs. 7 FKVO näher bestimmt. Danach handelt es sich um ein Gebiet, auf dem die betroffenen Unternehmen als Anbieter oder Nachfrager von Waren oder Dienstleistungen auftreten und in dem die Wettbewerbsbedingungen hinreichend homogen sind. Weiter muss sich das Gebiet von den benachbarten Gebieten unterscheiden, was insbesondere dann der Fall ist, wenn die herrschenden Wettbewerbsbedingungen deutlich differieren. Die eindeutigen Fälle werden sich auf frachtintensive Massengüter wie Zement oder Kies und Konsumgüter mit außergewöhnlicher regionaler Präferenz beschränken.[543] Fraglich ist, welche Merkmale erforderlich sind, um in weniger eindeutigen Fällen einen gesonderten Markt abzugrenzen.[544]

1378 Unklar lässt die FKVO auch, **welche Ausdehnung der relevante Markt maximal** haben darf. Restriktive Tendenzen wollen schon nationale Märkte, mit Ausnahme z. B. im Falle Luxemburgs, vom Anwendungsbereich des Art. 9 FKVO ausschließen, da der räumliche Referenzmarkt und der wesentliche Teil des Gemeinsamen Marktes sich

---

1993, 273, 277; Komm., XXII. WB, Rn. 120 und *Krimphove*, Europäische Fusionskontrolle, S. 387; *Seitz*, One-stopp und Subsidiarität, S. 223 ff.
542 *Janicki*, WuW 1990, 195, 203.
543 *Einsele*, RIW 1992, Beil. 2, 5; *Niederleithinger*, WuW 1990, 721, 728.
544 *Niederleithinger*, WuW 1990, 721, 728.

einander ausschließen würden.[545] Ob dies wettbewerbs- und rechtspolitisch sinnvoll und richtig ist, darf bezweifelt werden, weshalb der Referenzmarkt auch einen wesentlichen Teil des Gemeinsamen Marktes ausmachen kann.[546] Dieser Ansicht hat sich auch die Kommission im Fall *Steetley/Tarmac*[547] angeschlossen. Allerdings kann der gesonderte Markt nicht über die Landesgrenzen eines Mitgliedstaates hinausgehen.[548] Dies folgt bereits aus der Formulierung in Art. 9 Abs. 2 FKVO, wonach es sich um einen Markt „in" diesem Mitgliedstaat handeln muss.[549]

Der Kommission bleibt über die Abgrenzung des gesonderten Marktes **1379** ein nicht unerheblicher **Beurteilungsspielraum** auf der Tatbestandsseite. Bei der Auslegung wird die Kommission jedoch die Einzelkriterien nach Art. 2 FKVO zur Bestimmung des räumlich relevanten Marktes heranziehen, so dass insoweit auf die Ausführungen zu Art. 2 FKVO verwiesen werden kann.[550] Ist das Vorliegen eines gesonderten Marktes auf der Tatbestandsseite bejaht, sind die Rechtsfolgen von der Kommission einzuleiten. Damit kommt der Ermessensfrage auf der Rechtsfolgenseite bezüglich einer Verweisungspflicht aber kaum noch praktische Bedeutung zu.[551]

In Ausnahmefällen neigt die Kommission in ihrer bisherigen Praxis **1380** durchaus zu **großzügigen Verweisungsentscheidungen**. So hat sie im Fall *Preussag/Hapag-Lloyd/TUI*[552] die Voraussetzung einer Verweisung, die Annahme eines räumlichen Referenzmarktes, zwar abgelehnt, den Fall bezüglich einzelner Märkte (teilweise Verweisung nach Art. 9 Abs. 3 FKVO) aber dennoch an das BKartA verwiesen. Die besondere Konstellation, bei der gleichzeitig ein Parallelfall, *NUR/Condor*, vom BKartA zu entscheiden war, wertete die Kommission als so

---

545 *Blank*, Europäische Fusionskontrolle, S. 228; *Kirchhoff*, BB 1990, Beil. 14, 8; *Klaue*, FS für Quack, S. 625, 630; *Miersch*, Kommentar FKVO, Art. 9 Anm. I. 2.; *ders.*, Europäische Fusionskontrolle, S. 223.

546 *Held*, Kompetenzabgrenzung, S. 55, 63; *Veelken*, Aspekte der europäischen Fusionskontrolle, S. 27.

547 Komm., Entsch. v. 12.2.1992 – Az. IV/M.180, „Steetley/Tarmac", WuW/E EV 1814.

548 Anders noch *Rösler* in der Voraufl. sowie *Janicki*, WuW 1990, 195, 204.

549 So z.B. auch Groeben/Thiesing/Ehlermann-*Schröter*, Art. 87, Rn. 289; *Bechtold/Bosch/Brinker/Hirsbrunner*, EG-Kartellrecht, Art. 9 FKVO, Rn. 4.

550 Siehe Rn. 1170 ff.

551 So auch *Albers*, CR 1990, 444, 449.

552 Komm., Entsch. v. 10.11.1997 – Az. IV/M.1001 u. 1019, „Preussag/Hapag-Lloyd/TUI", WuW/E EU-V 27.

außergewöhnlichen Umstand, dass sie eine Verweisung zur kohärenten Beurteilung beider Fälle *aus einer Hand* vornahm.

1381 Eine Verweisung nach Art. 9 FKVO hat zur Folge, dass die **Wettbewerbsvorschriften des antragstellenden Mitgliedstaates** angewandt werden. Das weitere Verfahren unterliegt dem Wettbewerbsrecht des betreffenden Mitgliedstaates. Das BKartA kann als zuständige Behörde nach § 50 Abs. 5 GWB die Vorschrift des § 36 Abs. 1 GWB anwenden.[553] Dem BKartA werden durch die Verweisung keine eigenen Kompetenzen im Anwendungsbereich der FKVO eingeräumt.[554] Es wird ihm aber, nicht zuletzt wegen der Öffentlichkeitswirkung, mit einem begründeten Verweisungsantrag in der Praxis ein Druckmittel gegeben, den betreffenden Zusammenschluss zu untersagen oder ihm zumindest eine größere Wichtigkeit einzuräumen.[555]

1382 Die **Fristen** des deutschen Fusionskontrollrechts beginnen nach der Neuregelung des § 40 Abs. 5 GWB mit dem Zeitpunkt, in dem die Verweisungsentscheidung beim BKartA eingegangen ist und die Angaben nach § 39 Abs. 3 GWB in deutscher Sprache vorliegen.[556] Allerdings sind die nationalen Behörden zusätzlich an die Frist des Art. 9 Abs. 6 FKVO gebunden, nach der sie den beteiligten Unternehmen im Regelfall innerhalb von 45 Arbeitstagen nach der Verweisung das Ergebnis der vorläufigen wettbewerbsrechtlichen Prüfung sowie die ggf. von ihnen beabsichtigten Maßnahmen mitteilen müssen.

1383 Nach Art. 19 Abs. 1 FKVO übermittelt die Kommission dem BKartA eine Kopie der Anmeldungen und wichtiger Schriftstücke, so dass dem BKartA die vom deutschen Recht geforderten Daten regelmäßig zur Verfügung stehen werden.[557] Eine **nochmalige Anmeldung des Zusammenschlusses** bei dem BKartA ist deshalb gem. § 39 Abs. 4 GWB dann entbehrlich, wenn dem BKartA infolge der Verweisung die nach § 39 Abs. 3 GWB erforderlichen Angaben bereits in deutscher Sprache vorliegen. Aufgrund der Erweiterung des § 39 Abs. 4

---

553 *Bechtold*, RIW 1990, 253, 262.

554 *Albers*, CR 1990, 444, 450; *Ebenroth/Lange*, BB 1991, 845, 849.

555 *Ebenroth/Lange*, BB 1991, 845, 849; *Immenga*, Europäische Fusionskontrolle im wettbewerbspolitischen Kräftefeld, S. 12; *Maciver*, Fordham Corporate Law Institute 1991, 751, 764; *Niederleithinger*, EWS 1990, 73, 79.

556 So auch schon früher *Held*, Kompetenzabgrenzung, S. 55, 64; *Niederleithinger*, WuW 1990, 721, 729.

557 Immenga/Mestmäcker EG-WbR-*Immenga*, Art. 9 FKVO, Rn. 23; ansonsten wird dies ggf. eine weitere Anmeldung verlangen, siehe *Hirsbrunner*, EuZW 1997, 748.

GWB durch die 7. GWB-Novelle ist das BKartA gehalten, den beteiligten Unternehmen nicht nur den Zeitpunkt des Eingangs der Verweisungsentscheidung mitzuteilen, sondern auch, inwieweit die nach deutschem Recht erforderlichen Angaben in deutscher Sprache vorliegen.

Nach Art. 9 Abs. 8 FKVO ist die Anwendung nationalen Rechts in den Fällen einer Verweisung auf Maßnahmen zu beschränken, die zur Aufrechterhaltung oder Wiederherstellung wirksamen Wettbewerbs unbedingt erforderlich sind. Damit erzwingt das Gemeinschaftsrecht hier **Veränderungen der materiellen nationalen Fusionskontrolle**.[558] Die Beschränkung in Art. 9 Abs. 8 FKVO ist nicht nur inhaltlicher, sondern auch kompetenzbeschränkender Art, da die Kompetenz der nationalen Behörde auf der Verweisung beruht.[559] Für Maßnahmen, die über das unbedingt erforderliche Maß hinausgehen, wurde nicht verwiesen, eine Zuständigkeit also nicht begründet. Teiluntersagungen sind also nur möglich, wenn diese unbedingt erforderlich sind. Dies ist genau zu prüfen, zumal von der FKVO Auflagen und Bedingungen als schwächere Mittel vorgesehen sind. **1384**

Die sprachliche Neufassung des Art. 9 FKVO durch die VO 139/2004 hat die Verweisungsmöglichkeiten insofern insgesamt flexibler gestaltet, als der Kommission auch ein **Initiativrecht** gegenüber den Behörden der Mitgliedstaaten gem. Art. 9 Abs. 2 FKVO zusteht. Dementsprechend können nunmehr auch die anmeldeverpflichteten Personen und Unternehmen i. S. d. Art. 4 Abs. 2 FKVO infolge der Neuregelung des Art. 4 Abs. 4 FKVO beantragen, dass ein Zusammenschluss mit gemeinschaftsweiter Bedeutung ganz oder teilweise durch einen Mitgliedstaat geprüft werden soll, sofern der Zusammenschluss den Wettbewerb in diesem Mitgliedstaat erheblich beeinträchtigen könnte. Die Verweisungsvoraussetzungen nach dieser Vorschrift stimmen inhaltlich mit denen des Art. 9 Abs. 2 lit. a FKVO überein. Der Verweisungsantrag kann durch die Anmeldepflichtigen allerdings nur vor der Anmeldung eines Zusammenschlusses bei der Kommission gestellt werden. Er ist bei der Kommission in begründeter Form auf Formblatt RS (Art. 6 Abs. 1 VO 802/2004 i.V.m. deren Anhang III) einzureichen. Der betreffende Mitgliedstaat hat innerhalb von 15 Arbeitstagen nach Übersendung des Antrages durch die Kommission mitzuteilen, ob er der Verweisung des Falles in der von den Anmeldepflichtigen bean- **1385**

---

558 *Bach*, WuW 1992, 571, 577.
559 *Bach*, WuW 1992, 571, 577.

tragten Form zustimmt oder nicht. In Ermangelung einer zeitgemäßen Äußerung zu dem Verweisungsantrag wird die Zustimmung des Mitgliedstaates unwiderleglich vermutet.

IV. Verweisung an die Kommission nach Art. 22 und Art. 4 Abs. 5 FKVO

1386 Die als „**holländische Klausel**" bezeichnete Regelung des Art. 22 FKVO[560] sieht die Möglichkeit einer Verweisung durch einen bzw. – seit der ersten Änderung der FKVO mit Wirkung vom 1.3.1998[561] – mehrere Mitgliedstaaten an die Kommission vor. Infolge der Neubekanntmachung der FKVO durch die VO 139/2004 ist die Verweisungsregelung weiter konkretisiert und erweitert worden. So hat die Kommission nunmehr auch hier ein Initiativrecht, in dem sie Mitgliedstaaten dazu auffordern kann, einen Verweisungsantrag nach Art. 22 FKVO zu stellen.

1387 Bei Zusammenschlüssen i.S.d. Art. 3 FKVO, denen jedoch keine gemeinschaftsweite Bedeutung i.S.d. Art. 1 FKVO zukommt, kann danach auf **Antrag eines oder mehrerer Mitgliedstaaten** ein Zusammenschluss, der den Handel zwischen Mitgliedstaaten beeinträchtigt und zugleich den Wettbewerb in den antragstellenden Staaten erheblich zu beeinträchtigen droht, nach den Regeln der FKVO (siehe Art. 22 Abs. 4 FKVO) durch die Kommission geprüft werden. Damit kann die Kommission eine Vereinbarkeitserklärung unter Auflagen und Bedingungen, Art. 22 Abs. 4 FKVO i.V.m. Art. 8 Abs. 2 FKVO, oder eine Unvereinbarkeitserklärung, Art. 22 Abs. 4 i.V.m. Art. 8 Abs. 3 und 4 FKVO, aussprechen.

1388 Der Antrag der Mitgliedstaaten ist binnen 15 Arbeitstagen nach Anmeldung des Zusammenschlusses innerhalb dieser Staaten bzw., falls eine Anmeldung nicht erforderlich war, ab dem Zeitpunkt, zu dem der Zusammenschluss ihnen anderweitig zur Kenntnis gebracht wurde,[562] zu stellen. **Die Kommission hat** die Behörden der zuständigen Mit-

---

560 Sie ist ursprünglich auf Wunsch der holländischen, italienischen und belgischen Regierung aufgenommen worden, *Veelken*, Aspekte der europäischen Fusionskontrolle, S. 30.

561 Zu den Änderungen *Baron*, WuW 1997, 579 ff.

562 Etwa durch Übersendung einer Presseerklärung. Tatächliche Kenntnis der entsprechenden Behörden der Mitgliedstaaten ist dem „zur Kenntnis bringen" jedoch gleichzustellen; vgl. auch *Bechtold/Bosch/Brinker/Hirsbrunner*, EG-Kartellrecht, Art. 22 FKVO, Rn. 8.

gliedstaaten und die beteiligten Unternehmen unverzüglich über den Eingang eines Verweisungsantrages **zu unterrichten**. Andere Mitgliedstaaten können sich dem Verweisungsantrag innerhalb einer Frist von 15 Arbeitstagen nach Mitteilung durch die Kommission anschließen. Mit dem Zeitpunkt der Mitteilung der Kommission an die beteiligten Unternehmen, dass bei ihr ein entsprechender Antrag i. S. v. Art. 22 FKVO eingegangen ist, gilt für die beteiligten Unternehmen das Vollzugsverbot des Art. 7 FKVO, es sei denn, der Zusammenschluss ist zu diesem Zeitpunkt bereits vollzogen, Art. 22 Abs. 4 Unterabs. 1 Satz 2 FKVO. Die Kommission hat innerhalb von 10 Arbeitstagen nach Mitteilung über die Antragstellung und Ablauf der weiteren Frist von 15 Arbeitstagen für die Entscheidung weiterer Mitgliedstaaten über einen entsprechenden Verweisungsantrag zu beschließen, ob sie dem Antrag statt gibt und damit den Zusammenschluss in eigener Sachkompetenz prüft. Über ihre Entscheidung hat sie sämtliche Mitgliedstaaten und die beteiligten Unternehmen zu unterrichten. Sie kann überdies von den beteiligten Unternehmen die Anmeldung des Zusammenschlusses auf dem dafür vorgesehenen Formblatt CO verlangen, Art. 22 Abs. 3 Unterabs. 2 Satz 2 FKVO. Eine Untersagung oder Genehmigung seitens der Kommission ist aber nur bei Beeinträchtigung des Handels zwischen Mitgliedstaaten möglich. Dabei genügt es, wenn der Handel nur mittelbar beeinträchtigt wird.[563]

Art. 22 Abs. 3 FKVO ist eine **echte Ausnahme** zum FKVO-Prinzip **1389** des one-stop-shop, denn die Kompetenzerweiterung der Kommission impliziert nicht den Kompetenzverlust anderer Mitgliedstaaten.[564] Damit kann folglich auch eine Doppelkontrolle im Verhältnis zu anderen Mitgliedstaaten stattfinden; die Zuständigkeit der Kommission bei Zusammenschlüssen ohne gemeinschaftsweite Bedeutung ist also keine ausschließliche.[565] Dies stimmt mit der Konzeption der FKVO überein; überraschend ist dieses Ergebnis nicht.[566] Probleme können sich bei Rechtsfolgekollisionen ergeben. In solchen Fällen ist der Rückgriff auf die allgemeinen Vorrangregeln abzulehnen. Die Kommission han-

---

563 Komm., Entsch. v. 26. 6. 1997 – Az. IV/M.890, „Blokker/Toys R Us", WuW/E EU-V 167; Entsch. v. 20. 9. 1995 – Az. IV/M.553, „RTL/Veronica/Endemol", WuW/E EV 2371.

564 Argumentum e contrario aus Art. 22 Abs. 3 Unterabs. 3 FKVO, wonach nur das Wettbewerbsrecht solcher Mitgliedstaaten, die den Antrag gestellt haben, auf den Zusammenschluss nicht mehr Anwendung findet; *Bechtold/Bosch/Brinker/Hirsbrunner*, EG-Kartellrecht, Art. 22 FKVO, Rn. 13.

565 *Heidenhain*, EuZW 1990, 84, 85; *Held*, Kompetenzabgrenzung, S. 55, 65.

566 So aber *Heidenhain*, EuZW 1990, 84, 85.

delt gewissermaßen *stellvertretend* und *im Auftrag* eines Mitgliedstaates, womit die Rechtsfolgen ihres Handelns denen anderer Mitgliedstaaten gleichzustellen sind.[567] Art. 22 FKVO verleiht den antragstellenden Mitgliedstaaten jedoch keine Befugnis, den Prüfungsvorgang der Kommission, der die Untersuchung übertragen wurde, zu überwachen, die Untersuchungshandlungen der Kommission zu kontrollieren oder die Reichweite der Untersuchung zu beschränken.[568]

1390 Die **praktische Bedeutung** der Verweisungsvorschrift des Art. 22 FKVO ist gering geblieben. Der Umstand, dass nunmehr praktisch sämtliche Mitgliedstaaten über eine eigene Möglichkeit zur Kontrolle von Unternehmenszusammenschlüssen verfügen, hat zudem ihre ursprüngliche Zweckrichtung beseitigt. Infolge dessen gab es bisher nur vier Fälle, in denen auf Antrag eines Mitgliedstaates eine Verweisung an die Kommission erfolgte.[569] In zwei weiteren Fällen erfolgte eine Verweisung auf gemeinsamen Antrag mehrerer Mitgliedstaaten.[570]

1391 Zuständig für den Antrag ist in Deutschland nach § 50 Abs. 5 GWB das BKartA. Dieses wird bei Zusammenschlüssen, die es selbst entscheiden kann, eher keinen Antrag nach Art. 22 Abs. 1 FKVO stellen.[571] Anders sind freilich Zusammenschlüsse zu beurteilen, bei denen das BKartA die Möglichkeit der Untersagung nicht hat. Dies kommt in Betracht bei Auslandszusammenschlüssen mit mittelbarem Inlandsbezug.[572] Das BKartA hat im Verfahren *Linde/Lansing*[573] erklärt, es könne den Zusammenschluss zwischen zwei englischen Un-

---

567 Im Ergebnis gleich *Veelken*, Aspekte der europäischen Fusionskontrolle, S. 31, der von einer Organleihe spricht.

568 EuGI, Urt. v. 28.4.1999 – Rs. T-221/95, „Endemol Entertainment Holding BV/ Kommission", EuZW 1999, 600 = WuW/E EU-R 284.

569 EuGI, Urt. v. 24.3.1994 – Rs. T-3/93, „British Airways/Dan Air", WuW/E EWG/ MUV 973; Urt. v. 28.4.1999 – Rs. T-221/95, „Endemol Entertainment Holding BV/Kommission", EuZW 1999, 600 = WuW/E EU-R 284; Komm., Entsch. v. 20.9.1995 – Az. IV/M.553, „RTL/Veronica/Endemol", WuW/E EV 2371; Entsch. v. 20.11.1996 – Az. IV/M.784, „Kesko/Tuko", Abl. 1997, Nr. L 110, 53; Entsch. v. 26.6.1997 – Az. IV/M.890, „Blokker/Toys R Us", WuW/E EU-V 167.

570 Komm., Aufforderung zur Stellungnahme – Az. IV/M.2738, „GEES/Unison", Abl. 2002, Nr. C 72, 5; Aufforderung zur Stellungnahme – Az. IV/M.3136, „GE/AGFA NDT", Abl. 2003, Nr. C 125, 5.

571 Vgl. dazu auch BGH, Beschl. v. 5.10.2004 – KVR 14/03, „Staubsaugerbeutelmarkt", WuW/E DE-R 1355, 1360.

572 *Einsele*, RIW 1992, Beil. 2, 6; *Feldmann*, WRP 1990, 577, 578; *Heidenhain*, EuZW 1990, 84, 86.

573 BKartA, Beschl. v. 3.3.1989, „Linde/Lansing", AG 1989, 290; bestätigt in KG, Beschl. v. 22.3.1990 – Kart 6/89, „Linde/Lansing", WuW/E OLG 4537.

ternehmen trotz der mittelbaren Verstärkung einer marktbeherrschenden Stellung in Deutschland aus völkerrechtlichen Gründen nicht untersagen.[574] Weitere denkbare Fälle wären solche der *drohenden* Ministererlaubnis, die im Ergebnis dann ausgeschaltet werden könnte.[575] Stellt das BKartA in Zukunft in solchen Fällen Anträge an die Kommission nach Art. 22 Abs. 1 FKVO, kann sich der Anwendungsbereich der europäischen Fusionskontrolle unter Mithilfe des BKartA erweitern.[576]

Ergänzt wird die Verweisungsbestimmung des Art. 22 FKVO seit der **1392** Neubekanntmachung der FKVO aufgrund der VO 139/2004 durch den neuen Art. 4 Abs. 5 FKVO. Hiernach können die **anmeldepflichtigen Personen bzw. Unternehmen** i.S.d. Art. 4 Abs. 2 FKVO bei der Kommission den begründeten Antrag stellen, dass ein Zusammenschluss, dem keine gemeinschaftsweite Bedeutung i.S.v. Art. 1 FKVO zukommt, von der Kommission geprüft werden soll, sofern dieser nach dem Wettbewerbsrecht mindestens dreier Mitgliedstaaten untersucht werden könnte. Der Antrag ist gem. Art. 6 Abs. 1 der VO 802/2004 i.V.m. deren Anhang III auf Formblatt RS zu stellen. Verweisungsanträge nach Art. 4 Abs. 5 FKVO hat die Kommission unverzüglich an sämtliche Mitgliedstaaten weiterzuleiten. Mitgliedstaaten, in deren Zuständigkeit der Zusammenschluss fallen würde, können die Verweisung innerhalb von 15 Arbeitstagen nach Zuleitung des Antrages durch die Kommission ablehnen. Lehnt nur ein Mitgliedstaat, in dessen Zuständigkeit der Zusammenschluss andernfalls fiele, die Verweisung innerhalb der Frist ab, unterbleibt diese. Unterbleibt hingegen eine solche Ablehnung der Verweisung durch prüfungskompetente Behörden der Mitgliedstaaten, wird die gemeinschaftsweite Bedeutung und damit Zuständigkeit der Kommission zur Prüfung des Zusammenschlusses fingiert. In diesem Fall bedarf es allerdings noch einer Anmeldung des Zusammenschlusses auf Formblatt CO. Die Anwendung des nationalen Wettbewerbsrechts einzelner Mitgliedstaaten auf den Zusammenschluss ist dann ausgeschlossen.

Anders als Art. 22 Abs. 2 Unterabs. 3 FKVO sieht die Regelung des **1393** Art. 4 Abs. 5 FKVO allerdings **keine ausdrückliche Hemmung** der mitgliedstaatlichen Verfahrensfristen vor. Für die Mitgliedstaaten, die

---

574 *Heidenhain*, EuZW 1990, 84, 86 m.w.N.; *Miersch*, Kommentar FKVO, Art. 22 Anm. III.1.; *ders.*, Europäische Fusionskontrolle, S. 160.

575 *Veelken*, Aspekte der europäischen Fusionskontrolle, S. 31.

576 *Heidenhain*, EuZW 1990, 84, 86; *Jones/González-Díaz*, The EEC Merger Regulation, S. 47; *Miersch*, Kommentar FKVO, Art. 22 Anm. III. 1.

wie z. B. Belgien, Dänemark oder die Tschechische Republik bestimmte Fristen für die Anmeldung eines Zusammenschlusses vorsehen, empfiehlt sich daher eine möglichst frühzeitige Stellung des Verweisungsantrages. Innerhalb des Gefüges der in der FKVO enthaltenen Verweisungsvorschriften von Zusammenschlüssen entweder an die nationalen Behörden oder umgekehrt an die Kommission kommt der Regelung des Art. 4 Abs. 5 FKVO trotz seiner vergleichsweise kurzen Geltung seit dem 1. 5. 2004 bereits die größte praktische Bedeutung zu.

Kapitel 9:

Kartellverfahren

§ 1 Behörden

Schrifttum: *Dreher*, Deutsche Ministererlaubnis in der Zusammenschlusskontrolle und europäisches Kartellrecht, WuW 2002, 828; *Fritzsche*, Der
Einfluss des europäischen Wettbewerbsrechts auf das Ministererlaubnisverfahren nach § 42 GWB, WuW 2003, 1153; *Hitzler*, Die Abgrenzung
der Zuständigkeitsbereiche des BKartA und der Landeskartellbehörden
nach § 44 I Nr. 1 d GWB, WuW 1979, 733; *Karl/Reichelt*, Die Änderungen des Gesetzes gegen Wettbewerbsbeschränkungen durch die 7. GWB-
Novelle, DB 2005, 1436; *Klees*, Kartellverfahrensrecht, 2005; *Lenz*, Wer
ist Minister bei der Ministererlaubnis nach § 42 GWB?, NJW 2002, 2370;
Staebe, Das Verfahrensrecht der Ministererlaubnis (§ 42 GWB) vor der
7. GWB-Novelle, WuW 2003, 714.

I. Europäische Kartellbehörde

Das Europäische Recht kennt nur eine Kartellbehörde, die (Europäi- **1394**
sche) **Kommission**. Der EG-Vertrag enthält in Art. 211 bis 219 wichtige Regelungen über diese Behörde, die auch als **Hüterin der Verträge** bezeichnet wird. Die Kommission ist ein Kollegialorgan, das
aus 25 Mitgliedern besteht. Sie besitzt für den überwiegenden Teil der
Rechtsakte das sog. Initiativrecht, d. h., dass der Rat sich in den aller-
meisten Fällen auf Vorschläge der Kommission stützt.

Der Rat ist zwar das **Hauptrechtsetzungsorgan**. Er kann aber die Kom- **1395**
mission zum Erlass bestimmter Rechtshandlungen ermächtigen. Zur
Vorbereitung der Tätigkeit des Rates im Bereich der Außenbeziehungen
ist die Kommission für das Aushandeln von Abkommen mit Drittstaaten
und internationalen Organisationen zuständig. Es ist Aufgabe der Kommission, den Haushaltsplan auszuarbeiten. Sie ist in relativ großem Umfang zur Kontrolle der Mitgliedstaaten befugt. Ferner kann die Kommission in denjenigen Bereichen, in denen sie als Exekutive einer besonderen Politik fungiert und die Einhaltung der jeweiligen Vorschriften kontrolliert, wie z. B. in Wettbewerbssachen, selbstständig Bußgelder verhängen. Sie vertritt schließlich die Gemeinschaft vor den Gerichten.

Europäische Kommission – Generaldirektion Wettbewerb

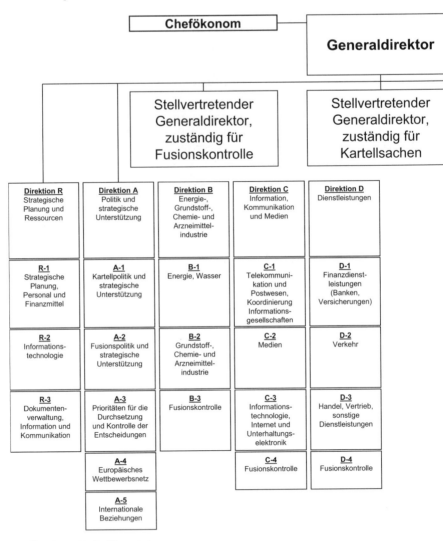

Chefökonom			

Generaldirektor

Stellvertretender Generaldirektor, zuständig für Fusionskontrolle

Stellvertretender Generaldirektor, zuständig für Kartellsachen

Direktion R	Direktion A	Direktion B	Direktion C	Direktion D
Strategische Planung und Ressourcen	Politik und strategische Unterstützung	Energie-, Grundstoff-, Chemie- und Arzneimittel-industrie	Information, Kommunikation und Medien	Dienstleistungen

R-1	A-1	B-1	C-1	D-1
Strategische Planung, Personal und Finanzmittel	Kartellpolitik und strategische Unterstützung	Energie, Wasser	Telekommuni-kation und Postwesen, Koordinierung Informations-gesellschaften	Finanzdienst-leistungen (Banken, Versicherungen)

R-2	A-2	B-2	C-2	D-2
Informations-technologie	Fusionspolitik und strategische Unterstützung	Grundstoff-, Chemie- und Arzneimittel-industrie	Medien	Verkehr

R-3	A-3	B-3	C-3	D-3
Dokumenten-verwaltung, Information und Kommunikation	Prioritäten für die Durchsetzung und Kontrolle der Entscheidungen	Fusionskontrolle	Informations-technologie, Internet und Unterhaltungs-elektronik	Handel, Vertrieb, sonstige Dienstleistungen

A-4	C-4	D-4
Europäisches Wettbewerbsnetz	Fusionskontrolle	Fusionskontrolle

A-5
Internationale Beziehungen

Quelle: Europäische Kommission

	Innenrevision

	Assistenten des Generaldirektors

	Stellvertretender Generaldirektor, zuständig für staatliche Beihilfen

Direktion E Konsumgüter und produzierendes Gewerbe	Direktion F Kartelle	Direktion G Staatliche Beihilfen I: Kohäsion und Wettbewerbsfähigkeit	Direktion H Staatliche Beihilfen II: Netzwerkindustrien, liberalisierte Sektoren und Dienstleistungen	Direktion I Beihilfenpolitik und strategische Koordination
E-1 Konsumgüter und Lebensmittel	F-1 Kartelle I	G-1 Regionalbeihilfen	H-1 Post und andere Dienstleistungen	I-1 Beihilfenpolitik
E-2 Produzierendes Gewerbe einschließlich Maschinen- und Fahrzeugbau	F-2 Kartelle II	G-2 Restrukturierung von Industrieunternehmen	H-2 Finanzdienstleistungen	I-2 Strategische Unterstützung und Kontrolle der Entscheidungen
E-3 Fusionskontrolle	F-3 Kartelle III	G-3 F&E, Innovation und Risikokapital	H-3 Telekommunikation und Medien	I-3 Beihilfen-Netzwerk und Transparenz
		G-4 Umwelt und Energie		I-4 Durchsetzung und Kontrolle

Immenga

659

1396 In manchen Bereichen, wie der Durchsetzung des Wettbewerbsrechts, übt die Kommission zudem die **Tätigkeit einer Verwaltungsbehörde** aus. Die Kommission ist unterhalb der politischen Ebene untergliedert in Arbeitseinheiten, die entweder als Generaldirektionen oder Dienste bezeichnet werden. Die **Generaldirektion IV** ist für den Wettbewerb zuständig und besteht aus zehn Direktionen. Sie steht dem für Wettbewerbsfragen zuständigen Kommissionsmitglied als Sonderdienst zur Seite und arbeitet nach dessen Weisungen.[1]

II. Deutsche Kartellbehörden

1. Überblick

1397 Kartellbehörden sind gem. § 48 Abs. 1 GWB das Bundeskartellamt (BKartA), der Bundesminister für Wirtschaft und Arbeit und die Kartellbehörden der Bundesländer (LKartB). Die **Zuständigkeitsverteilung** zwischen den Behörden ist in Abs. 2 dieser Vorschrift geregelt. Danach ist zunächst zu prüfen, ob das GWB eine Zuständigkeit einer bestimmten Kartellbehörde ausdrücklich zuweist. Ist dies nicht der Fall, so nimmt das BKartA die im GWB der Kartellbehörde übertragenen Aufgaben und Befugnisse wahr, wenn die Wirkung des wettbewerbsbeschränkenden oder diskriminierenden Verhaltens oder einer Wettbewerbsregel über das Gebiet eines Bundeslandes hinausreicht. In allen verbleibenden Fällen werden diese Aufgaben und Befugnisse von der nach Landesrecht zuständigen obersten Landesbehörde wahrgenommen.[2]

1398 War bislang die Zuständigkeitsregelung des § 48 GWB zwingend, so hat sich durch die 7. GWB-Novelle eine Lockerung ergeben. Die Kartellbehörden können nunmehr von dieser Zuständigkeitsverteilung **abweichen**, § 49 Abs. 3 und 4 GWB. Dies erfordert einen Antrag der jeweils anderen Behörde, um so ein allseitiges Einvernehmen zu ermöglichen. Die Abweichung muss jedoch „aufgrund der Umstände der Sache" angezeigt" sein. So kann etwa eine oberste Landesbehörde eine Sache, für die grundsätzlich ihre Zuständigkeit begründet ist, an das BKartA abgeben.

1399 Mit der 7. GWB-Novelle sind auch die LKartB zuständige Wettbewerbsbehörden i. S. d. Art. 35 Abs. 1 der VO 1/2003 geworden und

---

1 Wiedemann KartR-*Dieckmann*, § 41 Rn. 2.
2 FK-*Bracher*, § 48 Rn. 10–13; *Hitzler*, WuW 1979, 733, 736; Immenga/Mestmäcker-*Klaue*, § 48 Rn. 17; Langen-*Schultz*, § 48 Rn. 11 ff.

damit (auch) für die Anwendung der Art. 81 und 82 EG zuständig, § 50 Abs. 1 GWB.[3] Dies gilt selbstverständlich nur, soweit ihre Zuständigkeit nach den §§ 48, 49 GWB gegeben ist. Die Teilnahme am ECN, § 50 Abs. 2 bis 4 GWB, und die Wahrnehmung anderer Aufgaben, § 50 Abs. 5 GWB, sind allerdings allein dem BKartA vorbehalten.

Wird eine Verfügung durch eine **unzuständige Behörde** erlassen, berührt dies grundsätzlich nicht deren Wirksamkeit. In einem Verwaltungsbeschwerdeverfahren kann die Unzuständigkeit nur gerügt werden, wenn dies zuvor gegenüber der Kartellbehörde beanstandet worden war.[4] Wurde die Unzuständigkeit rechtzeitig gerügt, ist die Verfügung aufzuheben. Nach Ansicht des BGH soll in Bußgeldverfahren die Unzuständigkeit grundsätzlich unbeachtlich sein und daher im gerichtlichen Einspruchsverfahren nicht zum Freispruch führen.[5] Ist das Einspruchsgericht mit demjenigen nicht identisch, das bei einem Bußgeldbescheid der zuständigen Behörde zuständig wäre, liegt jedoch ein Verstoß gegen die Garantie des gesetzlichen Richters, Art. 101 Abs. 1 Satz 2 GG, vor.[6]

1400

2. Das BKartA

Das BKartA ist eine **selbstständige Bundesoberbehörde** mit Sitz in Bonn. Es gehört zum Geschäftsbereich des BMW, § 51 Abs. 1 GWB. Das Ministerium ist sowohl zu Einzelweisungen als auch zu allgemeinen Weisungen befugt. Betreffen die allgemeinen Weisungen den Erlass oder die Unterlassung von Verfügungen nach dem GWB, müssen diese nach § 52 GWB im Bundesanzeiger veröffentlicht werden.[7] Die Entscheidungen des BKartA werden von Beschlussabteilungen getroffen. Die Beschlussabteilungen werden in der Besetzung mit einem Vorsitzenden und zwei Beisitzenden tätig, § 51 Abs. 3 GWB. Die Zuständigkeit der Beschlussabteilungen ist in einer vom Präsidenten des BKartA erlassenen und vom BMW bestätigten Geschäftsordnung festgelegt.

1401

---

3 *Karl/Reichelt*, DB 2005, 1436, 1443.
4 KG, Beschl. v. 30.5.1979 – Kart 16/79, „Sonntag Aktuell I", WuW/E OLG 2148.
5 BGH, Beschl. v. 1.6.1977 – KRB 3/76, „Brotindustrie", WuW/E BGH 1489f.
6 Ebenso *Bechtold*, § 48 Rn. 3.
7 Der gelegentlich vertretenen Auffassung, etwa von Langen-*Schultz*, § 51 Rn. 5, das BMW sei zu Einzelweisungen nicht befugt, ist nicht zuzustimmen. Wie hier *Bechtold*, § 52 Rn. 2.

Organisationsplan des Bundeskartellamtes

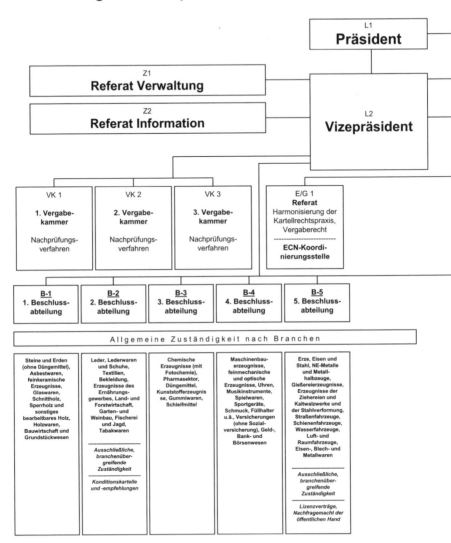

Quelle: BKartA

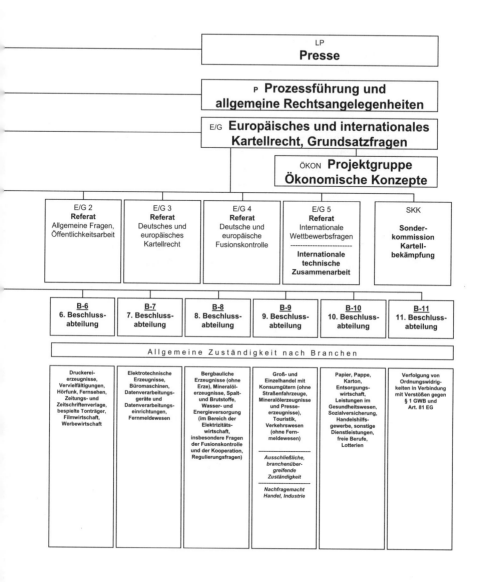

LP **Presse**				
P **Prozessführung und allgemeine Rechtsangelegenheiten**				
E/G **Europäisches und internationales Kartellrecht, Grundsatzfragen**				
ÖKON **Projektgruppe Ökonomische Konzepte**				

E/G 2 Referat Allgemeine Fragen, Öffentlichkeitsarbeit	E/G 3 Referat Deutsches und europäisches Kartellrecht	E/G 4 Referat Deutsche und europäische Fusionskontrolle	E/G 5 Referat Internationale Wettbewerbsfragen ------------------ Internationale technische Zusammenarbeit	SKK Sonder- kommission Kartell- bekämpfung

B-6 6. Beschluss- abteilung	B-7 7. Beschluss- abteilung	B-8 8. Beschluss- abteilung	B-9 9. Beschluss- abteilung	B-10 10. Beschluss- abteilung	B-11 11. Beschluss- abteilung

Allgemeine Zuständigkeit nach Branchen

Druckerei- erzeugnisse, Vervielfältigungen, Hörfunk, Fernsehen, Zeitungs- und Zeitschriftenverlage, bespielte Tonträger, Filmwirtschaft, Werbewirtschaft	Elektrotechnische Erzeugnisse, Büromaschinen, Datenverarbeitungs- geräte und Datenverarbeitungs- einrichtungen, Fernmeldewesen	Bergbauliche Erzeugnisse (ohne Erze), Mineralöl- erzeugnisse, Spalt- und Brutstoffe, Wasser- und Energieversorgung (im Bereich der Elektrizitäts- wirtschaft, insbesondere Fragen der Fusionskontrolle und der Kooperation, Regulierungsfragen)	Groß- und Einzelhandel mit Konsumgütern (ohne Straßenfahrzeuge, Mineralölerzeugnisse und Presse- erzeugnisse), Touristik, Verkehrswesen (ohne Fern- meldewesen) ------------------ *Ausschließliche, branchenüber- greifende Zuständigkeit* ------------------ *Nachfragemacht Handel, Industrie*	Papier, Pappe, Karton, Entsorgungs- wirtschaft, Leistungen im Gesundheitswesen, Sozialversicherung, Handelshilfs- gewerbe, sonstige Dienstleistungen, freie Berufe, Lotterien	Verfolgung von Ordnungswidrig- keiten in Verbindung mit Verstößen gegen § 1 GWB und Art. 81 EG

1402 Das BKartA ist kraft ausdrücklicher Regelung insbesondere für die Fusionskontrolle, § 36 Abs. 1 GWB,[8] die Teilnahme am ECN, § 50 Abs. 2 bis 4 GWB, und die Wahrnehmung anderer Aufgaben, § 50 Abs. 5 GWB, ausschließlich zuständig. Von Bedeutung ist weiterhin die Zuständigkeit im Rahmen des § 50 GWB beim Vollzug des europäischen Rechts.

1403 Das BKartA ist ferner ausweislich der Generalklausel des § 48 Abs. 2 Satz 1 GWB zuständig in allen Fällen, in denen die „Wirkung des wettbewerbsbeschränkenden oder diskriminierenden Verhaltens oder eine Wettbewerbsregel **über das Gebiet eines Landes hinausreicht**". Reicht diese Wirkung zwar in das Ausland, ist im Inland aber nur ein Bundesland betroffen, ist diese Voraussetzung nicht erfüllt.[9] Nach der Rechtsprechung des BGH führt schon eine „noch so geringe" Auswirkung über das Gebiet eines einzelnen Bundeslandes hinaus dazu, dass nicht die LKartB, sondern das BKartA zuständig ist.[10] Gemäß dem eindeutigen Wortlaut des Gesetzes ist nicht auf den Ort des Verhaltens, sondern auf die Wirkung der Marktbeeinflussung abzustellen.[11]

1404 Durch die Mitteilungspflicht der nationalen Gerichte nach § 90 GWB wird das BKartA über jeden in Deutschland geführten Kartellrechtsstreit unterrichtet. Die Behörde erhält so die Möglichkeit, als *amicus curiae* auf diese Verfahren Einfluss zu nehmen, indem sie an mündlichen Verhandlungen teilnimmt oder schriftliche Stellungnahmen abgibt.

3. Die LKartB

1405 LKartB sind die nach Landesrecht zuständigen **obersten Landesbehörden**, § 48 Abs. 1 GWB. Die LKartB sind immer dann zuständig, wenn nicht eine ausschließliche Zuständigkeit des BKartA oder des BMW gegeben ist oder die Kartellbehörden von dieser Zuständigkeitsverteilung abweichen, § 49 Abs. 3 und 4 GWB. Dies erfordert einen Antrag der jeweils anderen Behörde. Eine Zuständigkeit kommt zudem nur in Betracht, wenn sich das Verhalten, das Gegenstand des Verfahrens ist, im Gebiet nur dieses Landes **auswirkt**. Leitet eine

---

8 Siehe Rn. 1338 ff.

9 *Bechtold*, § 48 Rn. 7.

10 BGH, Beschl. v. 1.6.1977 – KRB 3/76, „Brotindustrie", WuW/E BGH 1489, 1490; KG, Beschl. v. 13.11.1981 – Kart 36/81, „Raffinerie-Abnahmepreise", WuW/E OLG 2607, 2609; Beschl. v. 6.5.1980 – Kart 1/80, „Stadtwerke Frankfurt/M.", WuW/E OLG 2284, 2285.

11 BGH, Beschl. v. 15.11.1994 – KVR 29/93, „Gasdurchleitung", WuW/E BGH 2953, 2956.

oberste Landesbehörde ein Verfahren ein oder führt sie Ermittlungen durch, so benachrichtigt sie gleichzeitig das BKartA, § 49 Abs. 1 Satz 2 GWB. Zuletzt ist hier auch die Zuständigkeit im Rahmen des § 50 GWB beim Vollzug des europäischen Rechts von künftiger Bedeutung.

4. Der Bundesminister für Wirtschaft und Technologie

Nach dem GWB steht dem Bundesminister für Wirtschaft und Technologie lediglich eine Entscheidungsbefugnis zu: Er kann einen **Zusammenschluss** nach § 42 GWB genehmigen. Der Minister hat die Entscheidung unter voller parlamentarischer Verantwortlichkeit und unter Abwägung überwiegend politischer Gesichtspunkte zu treffen.[12] Das Verfahren der Ministererlaubnis soll dem Umstand Rechnung tragen, dass die vom BKartA vorzunehmende Prüfung und Beurteilung von Zusammenschlussvorhaben unter rein wettbewerblichen Gesichtspunkten erfolgt, die im Einzelfall im Widerspruch zu den Interessen der Allgemeinheit stehen und nur unter Berücksichtigung außerwettbewerblicher Gesichtspunkte sachgerecht gelöst werden können.[13]

1406

§ 2 Verfahren

Schrifttum: *Bartosch*, Von der Freistellung zur Legalausnahme: Der Vorschlag der EG-Kommission für eine „neue Verordnung Nr. 17", EuZW 2001, 101; *Bornkamm*, Die Masterfoods-Entscheidung des EuGH: Bindung der Zivilgerichte an Kommissions-Entscheidungen Lehren für das neue Kartellverfahren?, ZWeR 2003, 73; *Bornkamm/Becker*, Die privatrechtliche Durchsetzung des Kartellverbots nach der Modernisierung des EG-Kartellrechts, ZWeR 2005, 213; *Fikentscher*, Das Unrecht einer Wettbewerbsbeschränkung: Kritik an Weissbuch und VO-Entwurf zu Art. 81, 82 EG-Vertrag, WuW 2001, 446; *Hirsch*, Anwendung der Kartellverfahrensordnung (EG) Nr. 1/2003 durch nationale Gerichte, ZWeR 2003, 233; *Immenga/Lange*, Entwicklungen des europäischen Kartellrechts im Jahr 2003, RIW 2003, 889; *Kahlenberg/Haellmigk*, Neues Deutsches Kartellgesetz, BB 2005, 1509; *Karl/Reichelt*, Die Änderungen des Gesetzes gegen Wettbewerbsbeschränkungen durch die 7. GWB Novelle, DB 2005, 1436; *Möschel*, Effizienter Wettbewerbsschutz in einer erweiterten Ge-

---

12 Vgl. m.w.N. *Lenz*, NJW 2002, 2370. Zum Verhältnis von Ministererlaubnis und europäischem Recht siehe *Dreher*, WuW 2002, 828, 830 ff. und *Fritzsche*, WuW 2003, 1153 ff.

13 Zum Verfahren siehe *Staebe*, WuW 2003, 714 ff.

meinschaft durch Einbeziehung der nationalen Wettbewerbsbehörden und nationalen Gerichte?, WuW 2001, 147; *ders.*, Systemwechsel im Europäischen Wettbewerbsrecht? JZ 2000, 61; *Seitz*, Unternehmensjuristen und das Anwaltsprivileg im europäischen Wettbewerbsverfahren – Wandel in der europäischen Rechtsprechung?, EuZW 2004, 231; *Venit*, Brave New World: the Modernization and Dezentralization of Enforcement under Art. 81 and 82 of the EC Treaty, C.M.L.R. 2003, 545; *Weitbrecht*, Das neue EG-Kartellverfahrensrecht, EuZW 2003, 69; *Weyer*, Nach der Reform: Gestaltung der Wettbewerbspolitik durch die Kommission?, ZHR 164 (2000), 611.

I. Europäisches Kartellverfahrensrecht

1407 Die **VO 1/2003** regelt das Europäische Kartellverfahren und damit die Modalitäten der Anwendung der Art. 81 und 82 EG. Sie beendet eine jahrelang kontrovers geführte Diskussion über den Reformprozess[14] und ersetzt die bekannte VO Nr. 17.[15] Die verfahrensrechtlichen Änderungen sind dabei ganz überwiegend eine notwendige Folge der von der VO 1/2003 gleichzeitig materiell bewirkten Neuregelungen. Darüber hinaus beinhaltet die VO 1/2003 aber auch einige **wesentliche Neuerungen** zur verfahrensrechtlichen Gewährleistung der Dezentralisierung des europäischen Kartellrechts durch Regelung des Verfahrens vor den nationalen Behörden, deren Netzwerks und der nationalen Gerichte.

1. Das Verfahren durch die Kommission

1408 Die VO 1/2003 überträgt der Kommission umfassende Befugnisse zur Anwendung und Durchsetzung der Art. 81 und 82 EG, Art. 4 VO 1/2003.[16] Die **Kommission** ist aufgrund der ihr übertragenen Rechte die in erster Linie tätige Verwaltungsbehörde. Mit der Dezentralisierung des europäischen Kartellrechts wird sich dies aber zunehmend ändern, und die nationalen Wettbewerbsbehörden und Gerichte werden an Einfluss gewinnen.

---

14 Vgl. etwa m.w.N. *Bartosch*, EuZW 2001, 101; *Fikentscher*, WuW 2001, 446; *Möschel*, JZ 2000, 61; *ders.*, WuW 2001, 147; GK-*Schütz*, Einf. VO 1/2003 Rn. 34 ff.; *Weyer*, ZHR 164 (2000), 611.

15 VO (EWG) Nr. 17 des Rates, Erste Durchführungsverordnung zu den Art. 85 und 86 des Vertrags vom 6. 2. 1962, Abl. 1962, Nr. 13, 204.

16 *Lampert/Niejahr/Kübler/Weidenbach*, EG-KartellVO, Art. 4 Rn. 126; *Loewenheim/Meessen/Riesenkampff-Weiss/Creus*, Art. 4 VerfVO Rn. 5 ff.

Über die VO 1/2003 hinaus ist das Verwaltungsverfahren in Wettbe-   **1409**
werbssachen in einer Vielzahl von Verordnungen geregelt worden. Das
sog. Modernisierungspaket umfasst (neben der VO 1/2003) in verfahrensrechtlicher Hinsicht vor allem die VO Nr. 773/2004 über die
Durchführung von Verfahren auf der Grundlage der Art. 81 und 82
EG durch die Kommission. Diese VO betrifft die Einzelheiten der
Einleitung von Verfahren der Kommission, die Bearbeitung von Beschwerden sowie die Regeln für die Anhörung der Parteien.

a) Verfahrensgrundsätze

Die von der Kommission im Rahmen des europäischen Kartellrechts   **1410**
betriebenen Verfahren sind **Verwaltungsverfahren**. Diese werden von
dem Opportunitätsgrundsatz beherrscht; die Einleitung eines Verfahrens steht mithin im Ermessen der Kommission. Die Kommission
wird insoweit sowohl auf Antrag (Beschwerde)[17] als auch von Amts
wegen tätig, Art. 7 Abs. 1 VO 1/2003. Es besteht jedoch kein Anspruch auf Einschreiten gegen Dritte, sondern nur auf ordnungsgemäße Durchführung des Beschwerdeverfahrens und der Bescheidung
eines entsprechenden Antrages.[18] Nach dem Untersuchungsgrundsatz
ist die Kommission jedoch gehalten, einen Sachverhalt zu ermitteln.
Hierzu besitzt sie zahlreiche Ermittlungsbefugnisse.[19] Für alle Verfah-
rensarten gelten unabhängig von ihrer gesetzlichen Regelung die allgemeinen Grundsätze des Gemeinschaftsrechts, insbesondere die teilweise grundrechtlich gewährleisteten Verteidigungsrechte der von den
belastenden Maßnahmen der Kommission Betroffenen.[20] Diese Verfahrensrechte wurden bereits teilweise in der alten VO Nr. 17 geregelt.
Sie wurden durch die Rechtsprechung weiterentwickelt und auf dieser
Grundlage in der VO 1/2003 zusammengefasst.

aa) Rechtliches Gehör

Die Gewährung rechtlichen Gehörs ist in allen Verfahren, die zu einer   **1411**
den Betroffenen beschwerenden Maßnahme führen können, ein **fun-**

---

17 Siehe zum Beschwerdeverfahren Komm., Bek. über die Behandlung von Beschwerden durch die Komm. gem. Art. 81 und 82 EG, Abl. 2004, Nr. C 101, 65. Hierzu
   auch *Lampert/Niejahr/Kübler/Weidenbach*, EG-KartellVO, Art. 7 Rn. 154.
18 Loewenheim/Meessen/Riesenkampff-*Anweiler*, Art. 7 VerfVO Rn. 23–26 ff.; *de Bronett*, Kartellverfahrensrecht, Art. 7 Rn. 2.
19 Vgl. Rn. 1420 ff.
20 EuGH, Urt. v. 24. 10. 1996 – Rs. C-32/95 P, „Listrestal", Slg. 1996, I-5373 Rn. 21.

damentaler Grundsatz des Gemeinschaftsrechts.[21] Dieser Grundsatz bietet dem Betroffenen die Möglichkeit, sich mit der Rechtsauffassung der Kommission vor Erlass einer Entscheidung auseinander zu setzen und Stellung zu nehmen. Durch die Regelungen in Art. 27 VO 1/2003 und in Kapitel V DurchfVO[22] wird versucht, diesem verfassungsmäßig geschützten Anspruch gerecht zu werden.[23]

1412 Verfahrensrechtlich geschieht dies durch die Mitteilung der **Beschwerdepunkte** an die Parteien gem. Art. 10 Abs. 1 DurchfVO.[24] In der Praxis werden die Beschwerdepunkte sehr detailliert abgefasst und entsprechen in ihren Ausführungen oft der Entscheidung selbst. In ihnen muss die Kommission alle wesentlichen Tatsachen klar angeben und präzisieren, so dass die Parteien tatsächlich erkennen können, welches Verhalten ihnen die Kommission zur Last legt. Denn die Kommission darf ihre Entscheidung nur auf Beschwerdepunkte stützen, zu welchen sich die Parteien äußern konnten. Die Parteien haben dann ein Recht zur entsprechenden Stellungnahme in der von der Kommission vorgegebenen Frist. Darüber hinaus besteht auch das Recht auf eine mündliche Anhörung. Deren Leitung obliegt dem Anhörungsbeauftragten, Art. 10 Abs. 1 DurchfVO. Dieser kann hier klärungsbedürftige Fragen stellen und ggf. Zeugen hören.[25] Neben den Parteien können auch weitere Beteiligte an diesem schriftlichen und mündlichen Anhörungsprozess teilhaben. Hierzu gehören Dritte, „wenn sie ein ausreichendes Interesse nachweisen", Art. 13 Abs. 1 DurchfVO, und der Beschwerdeführer.

bb) Recht auf Akteneinsicht

1413 Das Recht auf Akteneinsicht, Art. 27 Abs. 2 VO 1/2003 und Kapitel VI DurchfVO, ist ein **wesentlicher Teil des Anhörungsverfahrens**, dessen Bedeutung durch die geplante Neufassung einer Mitteilung der Kommission über die Regeln für die Einsicht in Kommissionsakten unterstrichen wird.[26] Als Bestandteil des rechtlichen Gehörs muss es

---

21 EuGH, Urt. v. 8.7.1999 – Rs. C-51/92 P, „Hercules Chemicals", Slg. 1999, I-4235 Rn. 76; *Lampert/Niejahr/Kübler/Weidenbach*, EG-KartellVO, Art. 27 Rn. 495.
22 Komm.,VO (EG) Nr. 773/2004 v. 7.4.2004, Abl. 2004, Nr. L 123, 18.
23 Umfassend *Klees*, Kartellverfahrensrecht, S. 96 ff.
24 Vgl. *Klees*, Kartellverfahrensrecht, S. 97 ff.
25 Hierzu ausführlich *Lampert/Niejahr/Kübler/Weidenbach*, EG-KartellVO, Art. 27 Rn. 514 ff.
26 Komm., Entwurf der Mitteilung über die Regeln für die Einsicht in die Akten der Kommission, Abl. 2004, Nr. C 259, 8.

den Verfahrensbeteiligten offen stehen, sich über den Inhalt und den Stand des Verfahrens zu erkundigen. Die **konkrete Reichweite** dieses Rechts ist weiterhin problematisch. Denn es bedarf hier eines Kompromisses zwischen den legitimen Interessen der Unternehmen an der Einsichtnahme und dem ebenso berechtigten Interesse der Kommission an der Effizienz des Verfahrens und dem notwendigen Geheimnisschutz. Insoweit ist es weiterhin notwendig, die wegweisenden Aussagen des EuGH in der Entscheidung *Cimentieres CBR u.a.* bei der Auslegung zu berücksichtigen.[27]

Gem. Art. 15 DurchfVO haben grundsätzlich die **Parteien**, an die eine Beschwerdemitteilung gerichtet ist, das Recht auf Akteneinsicht. Der **Beschwerdeführer** hat ein begrenztes Akteneinsichtsrecht, wenn die Kommission ihn davon unterrichtet, dass sie beabsichtigt, seine Beschwerde abzuweisen, Art. 8 Abs. 1 DurchfVO. Wenn sie ein Verfahren eröffnet, erhält der Beschwerdeführer eine nichtvertrauliche Fassung der Beschwerdepunkte. Er kann dann einen Antrag auf Akteneinsicht stellen, Art. 8 Abs. 1 des Mandats des Anhörungsbeauftragten. Dritte haben kein Akteneinsichtsrecht. Dieses kann ihnen aber gewährt werden, wenn dies zur Ausübung ihrer Anhörungsrechte erforderlich ist, Art. 8 i.V.m. Art. 7 Abs. 2 des Mandats des Anhörungsbeauftragten.[28]

1414

cc) Recht auf Vertraulichkeit

Naturgemäß gelangt die Kommission im Laufe des Verfahrens in den Besitz von vertraulichen und sensiblen Informationen. Der **Schutz der Vertraulichkeit** erlangter Informationen ist daher elementar. Dementsprechend enthält Art. 28 Abs. 1 VO 1/2003 ein Verwertungsverbot, welches die Kommission verpflichtet, Informationen nur zu dem Zweck zu verwerten, zu dem sie eingeholt wurden.[29] Darüber hinaus enthält Art. 28 Abs. 2 VO 1/2003 eine Regelung zum Berufsgeheimnis. Hiernach sind Personen, welche bei der Anwendung der VO 1/2003 Informationen erhalten, die unter das Berufsgeheimnis fallen, verpflichtet, diese nicht preiszugeben. Trotz dieser ausdrücklichen Regelungen unterliegt der Vertraulichkeitsschutz bereits erheblichen Be-

1415

---

27 EuGH, Urt. v. 7.1.2004 – verb. Rs. C-204, 205, 211, 213, 217 und 219/00 P, „Aalborg Portland A/S u.a.", Slg. 2004, I-123.
28 Zu diesem Verfahrensrecht ausführlich *Schwarze/Weitbrecht*, Kartellverfahrensrecht, § 5 Rn. 14 ff.; *de Bronett*, Kartellverfahrensrecht, Art. 27 Rn. 6 ff.
29 *Lampert/Niejahr/Kübler/Weidenbach*, EG-KartellVO, Art. 28 Rn. 558; FK-*Schütz*, Art. 28 VO 1/2003 Rn. 3.

denken. Dies folgt aus den Ausnahmebestimmungen in Art. 28 i.V.m. 12 und 15 VO 1/2003 für den Austausch und die Verwendung von Informationen. Dementsprechend ist es geboten, die neuen Normen einschränkend zu interpretieren.[30]

dd) Recht auf Beschwerde

1416 Es ist ein zentrales Anliegen der Kommission, Bürger und Unternehmen zu ermutigen, sich an die Wettbewerbsbehörden zu wenden, um sie über vermutete Verstöße gegen die Wettbewerbsregeln zu informieren.[31] Grundsätzlich kann dies **in jeder Form** geschehen. Die Kommission hat sogar eine entsprechende Internetseite zur Verfügung gestellt.[32] Um die Chancen zu erhöhen, dass die Kommission alsbald (formelle) Ermittlungen aufnimmt, ist es in der Regel zweckmäßiger, eine (formelle) Beschwerde einzureichen.

1417 Die zentralen Normen zum Beschwerdeverfahren befinden sich in Art. 7 VO 1/2003 und Kapitel IV DurchfVO. Darüber hinaus hat die Kommission in der Bekanntmachung über die Behandlung von Beschwerden durch die Kommission gem. Art. 81 und 82 EG[33] detailliert dargelegt, welche **Voraussetzungen** für eine Beschwerde einzuhalten sind und anhand welcher Kriterien abgegrenzt werden kann, ob man eine Beschwerde bei der Kommission oder bei einer nationalen Wettbewerbsbehörde einreicht oder stattdessen ein Gerichtsverfahren anstrengt. In formeller Hinsicht ist dabei zu berücksichtigen, dass die Beschwerde im Rahmen des von der Kommission vorgesehenen Formblatt C einzureichen ist.[34] Dafür muss der Beschwerdeführer ein „berechtigtes Interesse" an der Beendigung des Zustandes darlegen, dessen Beseitigung er begehrt.

1418 Im Verfahren der Kommission zur Behandlung von Beschwerden können mehrere **Verfahrensschritte** unterschieden werden:[35]

---

30 *Schwarze/Weitbrecht*, Kartellverfahrensrecht, § 5 Rn. 24–29; *Lampert/Niejahr/Kübler/Weidenbach*, EG-KartellVO, Art. 28 Rn. 571.

31 Zum Beschwerdeverfahren siehe *Mestmäcker/Schweitzer*, Europäisches Wettbewerbsrecht, S. 486 ff.; *Schwarze/Weitbrecht*, Kartellverfahrensrecht, § 5 Rn. 38; EG-KartellVO-Praxiskommentar, Art. 7 Rn. 151 ff.

32 *http://europa.eu.int/dgcomp/info-on-anti-competitive-practices* (15.11.2005).

33 Komm., Bek. über die Behandlung von Beschwerden, Abl. 2004, Nr. C 101, 65.

34 Anhang zur DurchfVO, Abl. 2004, Nr. L 123, 18.

35 Komm., Bek. über die Behandlung von Beschwerden, Abl. 2004, Nr. C 101, 65 Rn. 53–59; *Loewenheim/Meessen/Riesenkampff-Anweiler*, Art. 7 VerfVO Rn. 35–38.

- 1. Phase: Überprüfung der Beschwerde und Sachverhaltsaufklärung durch die Kommission.
- 2. Phase: Entscheidung der Kommission über die Einleitung einer eingehenderen Prüfung. Bestehen keine ausreichenden Gründe für die Verfolgung der Beschwerde, erhält der Beschwerdeführer die Möglichkeit zu einer schriftlichen Stellungnahme. Äußert er sich nicht, gilt die Beschwerde als zurückgenommen.
- 3. Phase: Die Kommission leitet ein Verfahren ein oder weist die Beschwerde durch Entscheidung zurück.

Die Kommission ist verpflichtet, „innerhalb eines angemessenen **Zeit-** **1419** **raumes** über eine Beschwerde zu befinden"; sie teilt daher dem Beschwerdeführer (im Regelfall) innerhalb von vier Monaten mit, wie sie weiter vorgehen wird.[36] Erfolgt eine eingehendere Prüfung, stehen dem Beschwerdeführer weitere Verfahrensrechte (Informations- und Anhörungsrechte) zu.[37] Eine Entscheidung der Kommission, die Beschwerde abzuweisen, kann vor dem EuGI gem. Art. 234 Abs. 4 EG angegriffen werden.[38]

b) Ermittlungsbefugnisse der Kommission

Die VO 1/2003 überträgt der Kommission in Kapitel V **umfassende** **1420** Ermittlungsbefugnisse, welche gegenüber der VO Nr. 17 deutlich erweitert wurden, um Zuwiderhandlungen gegen Art. 81 und 82 EG aufzudecken und abzustellen. Der Kommission stehen dabei insbesondere – die in der Praxis bedeutsamen – Auskunftsverlangen, Art. 18 VO 1/2003, und sog. Nachprüfungen, Art. 20 VO 1/2003, als förmliche Ermittlungsinstrumente zur Verfügung. Ohne hierbei auf die Mithilfe oder die Zustimmung der Mitgliedstaaten angewiesen zu sein, kann sich die Kommission direkt an die Unternehmen oder Unternehmensvereinigungen wenden. Allerdings dürfen beide Ermittlungshandlungen nur an Unternehmen oder Unternehmensvereinigungen gerichtet sein, da nur sie auskunfts- und mitwirkungspflichtig sind.[39]

---

36 Komm., Bek. über die Behandlung von Beschwerden, Abl. 2004, Nr. C 101, 65 Rn. 60, 61. m. w. N.

37 Komm., Bek. über die Behandlung von Beschwerden, Abl. 2004, Nr. C 101, 65 Rn. 64–73. Hierzu ausführlich *Schwarze/Weitbrecht*, Kartellverfahrensrecht, § 5 Rn. 43 ff.

38 Komm., Bek. über die Behandlung von Beschwerden, Abl. 2004, Nr. C 101, 65 Rn. 77.

39 *Lampert/Niejahr/Kübler/Weidenbach*, EG-KartellVO, Art. 17–22 Rn. 335–337.

1421 Sämtliche Ermittlungshandlungen sind nur zulässig, wenn ein ausreichender Anfangsverdacht vorliegt. Hierzu müssen hinreichende Anhaltspunkte für eine Verletzung des Kartellrechts nach dem Sachverhalt vorliegen (**Willkürverbot**).[40] Für eine Ermittlungshandlung ist nicht erforderlich, dass gerade das betroffene Unternehmen Gegenstand der Untersuchung ist oder einen möglichen Verstoß gegen Wettbewerbsregeln begangen hat. Es reicht aus, dass es über entsprechende Informationen verfügen kann.

1422 Naturgemäß unterliegen die Ermittlungsbefugnisse auch gewissen **Grenzen**.[41] Denn die Kommission muss die **gemeinschaftsrechtlichen Verfahrensgrundsätze** und -garantien beachten und die dazugehörigen Verteidigungsrechte der Unternehmen wahren. Inwieweit hierzu das Recht der Unternehmen gehört, sich selbst nicht zu belasten, ist bedauerlicherweise im Grundsatz weiterhin umstritten.[42] Aus Art. 6 EMRK wird zwar das Recht jedes Angeklagten abgeleitet, zu schweigen und nicht zu seiner eigenen Verurteilung beitragen zu müssen. Die EMRK ist aber kein Bestandteil des Gemeinschaftsrechts, das seinerseits keinen allgemeinen Grundsatz kennt, der Unternehmen davor schützen könnte, sich selbst zu belasten.[43] Die VO 1/2003 enthält noch nicht einmal ein Recht zur Verweigerung der Aussage, das lediglich aus dem Erfordernis der Wahrung der Verteidigungsrechte abgeleitet werden kann. Daher dürfen Auskünfte rein tatsächlicher Art nicht verweigert und Dokumente müssen an die Kommission herausgegeben werden.[44] Auch Unternehmen, die nicht verdächtig sind, gegen das europäische Kartellrecht verstoßen zu haben, steht kein Aussageverweigerungsrecht zu.

1423 Leider ist bisher der **Grundsatz des Anwaltsprivilegs** (Grundsatz der Vertraulichkeit des Schriftwechsels zwischen Anwalt und Mandant) ebenfalls nicht in das primäre oder sekundäre Gemeinschaftsrecht aufgenommen worden. Auch wenn der Gerichtshof in seinem *AM&S*-Ur-

---

40 Wiedemann KartR-*Dieckmann*, § 42 Rn. 2.
41 *Lampert/Niejahr/Kübler/Weidenbach*, EG-KartellVO, Vorbem. zu Art. 17–22 Rn. 338 ff.; *Schwarze/Weitbrecht*, Kartellverfahrensrecht, § 5 Rn. 32 ff.
42 Vgl. Erwägungsgrund Nr. 23 VO (EG) Nr. 1/2003, siehe zum Streitstand *Lampert/ Niejahr/Kübler/Weidenbach*, EG-KartellVO, Vorbem. zu Art. 17–22. Rn. 339 ff.
43 EuGH, Urt. v. 18.10.1989 – Rs. 374/87, „Orkem/Kommission", Slg. 1989, 3283 Rn. 34; Urt. v. 10.11.1993 – Rs. C-60/92, „Otto/Postbank", Slg. 1993, I-5683 Rn. 11.
44 EuGI, Urt. v. 8.3.1995 – Rs. T-34/93, „Société générale/Kommission", Slg. 1995, II-545 Rn. 74 ff.; Urt. v. 20.2.2001 – Rs. T-112/98, „Mannesmannröhrenwerke/Kommisson", Slg. 2001, II-729 Rn. 65.

teil[45] bestätigt hat, dass dieser Schriftwechsel Schutz genießt, soweit die Rechtsordnungen der Mitgliedstaaten übereinstimmend einen solchen Schutz gewähren („legal professional privilege"), so sind wichtige Einzelheiten weiterhin umstritten. Auch Syndikusanwälte sind weiterhin im Grundsatz aus dem Schutzbereich des Anwaltsprivilegs ausgeschlossen.[46] Das legal professional privilege gilt zudem nicht für Anwälte aus Drittstaaten, da es nur die in der Gemeinschaft niedergelassenen Rechtsanwälte betrifft.[47]

Zur Durchsetzung ihrer Ermittlungsbefugnisse kann die Kommission **1424** **Zwangsgelder** festsetzen.[48] Die Verweigerung der Mitwirkung oder die Duldung einer Ermittlungshandlung und die Erteilung unrichtiger Auskünfte können ferner mit **Geldbußen** geahndet werden.[49]

aa) Auskunftsverlangen

Gem. Art. 18 VO 1/2003 kann die Kommission zur Erfüllung ihrer **1425** Aufgaben von Unternehmen und Unternehmensvereinigungen alle erforderlichen Auskünfte einholen. Hierzu stehen ihr das sog. **einfache Auskunftsverlangen**, Art. 18 Abs. 2 VO 1/2003, sowie die sog. **Auskunftsentscheidung**, Art. 18 Abs. 3 VO 1/2003, zur Verfügung. Der maßgebliche Unterschied besteht darin, dass das einfache Auskunftsverlangen keine Verpflichtung zur Beantwortung beinhaltet. Der EuGH misst insoweit der zweistufigen Ausgestaltung des Auskunftsverfahrens den Stellenwert einer besonderen Verfahrensgarantie zu Gunsten des Auskunftspflichtigen bei.[50] In beiden Varianten muss sich aus dem Auskunftsverlangen die Rechtsgrundlage, der Zweck des Verlangens, die geforderten Auskünfte und die Sanktionen, die bei Nichtbefolgung oder im Falle einer unrichtigen Auskunftserteilung erfolgen, ergeben. Bei der Auskunftsentscheidung muss zusätzlich der Hinweis auf das Recht erfolgen, vor dem Gerichtshof Klage zu erhe-

---

45 EuGH, Urt. v. 18.5.1982 – Rs. 155/79, „AM&S", Slg. 1982, 1575 Rn. 18–20.
46 Vgl. *Lampert/Niejahr/Kübler/Weidenbach*, EG-KartellVO, Vorbem. zu Art. 17–22 Rn. 350 ff. A.A. *Seitz*, EuZW 2004, 231; FK-*Schütz*, Art. 17 VO 1/2003 Rn. 6 unter Hinweis auf EuGI, Urt. v. 30.10.2003 – Rs. T-125 u. T-253/03, „Akzo Nobel und Akcros Chemicals", WuW/E EU-R 753 Rn. 98 ff.
47 *de Bronett*, Kartellverfahrensrecht, Art. 17 Rn. 8.
48 Vgl. Rn. 1495.
49 Vgl. Rn. 1427, 1431.
50 EuGH, Urt. v. 18.10.1989 – Rs. 374/87, „Orkem", Slg. 1989, 3343 Rn. 26; vgl. ferner Langen-*Sauter*, Art. 11 VO Nr. 17/62 Rn. 11.

ben. Ob die Kommission eine solche Auskunftsentscheidung erlässt, liegt in ihrem pflichtgemäßen Ermessen.

1426 Damit das Auskunftsverlangen rechtmäßig ist, müssen drei **Vorausset-zungen** gegeben sein:

- Es muss sich auf einen hinreichend konkretisierten Sachverhalt beziehen; Auskunftsersuchen ins Blaue hinein sind nicht zulässig.[51]
- Es muss erforderlich sein. Die Kommission kann daher nur solche Auskünfte verlangen, die ihr die Prüfung der vermuteten Zuwiderhandlungen ermöglichen können. Ausgangspunkt für die Beurteilung der Erforderlichkeit ist der von der Kommission verfolgte und im Auskunftsverlangen angegebene Zweck.
- Liegen die tatbestandlichen Voraussetzungen vor, ist schließlich der Grundsatz der Verhältnismäßigkeit zu beachten. Danach darf die Verpflichtung zur Auskunftserteilung für das betroffene Unternehmen keine Belastung darstellen, die zu den Erfordernissen der Untersuchung außer Verhältnis steht.[52]

1427 Liegt eine ordnungsgemäße Auskunftsentscheidung vor, ist das Unternehmen **verpflichtet**, alle Fragen innerhalb der gesetzten Frist genau und erschöpfend zu beantworten. Gelegentlich verlangt die Kommission nicht nur Auskünfte, sondern auch die Übersendung bestimmter Unterlagen. Obwohl dies den Wortlaut des Begriffs „Auskunft" überschreitet, akzeptiert die Rechtsprechung diese Praxis.[53] Die Adressaten des Auskunftsverlangens müssen die gewünschten Auskünfte erteilen. Hierunter fällt zunächst die Mitteilung über Tatsachen. Die Kommission ist nicht berechtigt, von den Auskunftsschuldnern Meinungen oder Werturteile zu erfragen. Die Kommission nimmt jedoch für sich das Recht in Anspruch, die Vorlage solcher Dokumente zu verlangen, die sich auf das Auskunftsverlangen beziehen.[54] Vorsätzlich oder fahrlässig unrichtige Auskünfte können mit einer Geldbuße geahndet werden, Art. 23 Abs. 1 VO 1/2003.

1428 Ein **allgemeines Auskunftsverweigerungsrecht** zum Schutz von Unternehmen vor Selbstbezichtigung kennt das Europäische Recht nicht.[55]

---

51 Immenga/Mestmäcker EG-WbR-*Burrichter/Hauschildt*, VO Nr. 17 Rn. 1.
52 EuGI, Urt. v. 12.12.1991 – Rs. T-39/90, „SEP", Slg. 1991, II-1497 1518 Rn. 51.
53 EuGH, Urt. v. 18.10.1989 – Rs. 374/87, „Orkem", Slg. 1989, 3343 Rn. 34; Langen-*Sauter*, Art. 11 VO Nr. 17/62 Rn. 13.
54 Sehr kritisch: Immenga/Mestmäcker EG-WbR-*Burrichter/Hauschildt*, VO Nr. 17 Rn. 20–21.
55 EuGH, Urt. v. 18.10.1989 – Rs. 374/87, „Orkem", Slg. 1989, 3343 Rn. 18 ff.; Urt. v. 18.10.1989 – Rs. 27/88, „Solvay", Slg. 1989, 3355.

Daher wird in der Literatur überwiegend gefordert, den Unternehmern ein Recht zuzugestehen, ein Geständnis zu verweigern.[56]

bb) Nachprüfungen

Nachprüfungen, Art. 20 VO 1/2003, stellen das zentrale Ermittlungs-instrument der Kommission dar. Sie stellen insbesondere die erforderliche gesetzliche Grundlage für die so gefürchteten **Unternehmensdurchsuchungen** dar. Hiernach kann die Kommission alle erforderlichen Nachprüfungen vornehmen. Dabei hat sie die Wahl, nach Gesichtspunkten der Zweck- und Verhältnismäßigkeit, die Nachprüfung entweder aufgrund eines schriftlichen Nachprüfungsauftrags, Art. 20 Abs. 3 VO 1/2003, oder aufgrund einer sog. Nachprüfungsentscheidung, Art. 20 Abs. 4 VO 1/2003, durchzuführen. Die Ermittlungsbefugnisse sind in beiden Fällen gleich. Die Kommission kann gem. Art. 20 Abs. 2 VO 1/2003 insbesondere die Bücher und sonstigen Geschäftsunterlagen prüfen, Kopien oder Auszüge aus Büchern und Geschäftsunterlagen (auch in elektronischer Form)[57] anfertigen, mündliche Erklärungen an Ort und Stelle anfordern und zu Protokoll nehmen sowie alle Räumlichkeiten, Grundstücke und Transportmittel der Unternehmen betreten und versiegeln. Diese genannten Rechte stehen unter dem Vorbehalt, dass konkrete Anhaltspunkte einen Kartellverstoß nahe legen (Anfangsverdacht). **1429**

Darüber hinaus erstrecken sich die Ermittlungsbefugnisse der Kommission gem. Art. 21 VO 1/2003 auch auf **andere Räumlichkeiten** als die eines Unternehmens oder einer Unternehmensvereinigung. Betroffen sind hiervon insbesondere die Privatwohnungen bestimmter Mitarbeiter. Angesichts des problematischen Eingriffs in die Privatsphäre ist verständlich, dass dieser nur bei einem begründeten Verdacht eines schweren Verstoßes gegen die Wettbewerbsregeln angeordnet werden darf.[58] **1430**

Der Unterschied zwischen den beiden Varianten der Nachprüfung liegt in den **Rechtswirkungen** gegenüber dem Adressaten. Der einfache Nachprüfungsauftrag ist nicht verpflichtend und kann daher durch das betroffene Unternehmen verweigert werden. Wird sich jedoch auf die **1431**

---

56 Immenga/Mestmäcker EG-WbR-*Burrichter/Hauschildt*, VO Nr. 17 Rn. 24–27; Wiedemann KartR-*Dieckmann*, § 42 Rn. 22.
57 *Lampert/Niejahr/Kübler/Weidenbach*, EG-KartellVO, Art. 20 Rn. 399.
58 Loewenheim/Meessen/Riesenkampff-*Nowak/Pombo*, Art. 21 VerfVO Rn. 7; *Weitbrecht*, EuZW 2003, 69, 71.

Nachprüfung eingelassen, so drohen bei unvollständiger Vorlegung und nicht wahrheitsgemäßer Auskünfte die Geldbußen gem. Art. 23 Abs. 1 VO 1/2003. Hingegen begründet die Nachprüfungsentscheidung eine Duldungs- und Mitwirkungspflicht,[59] welche in Art. 23 Abs. 1 VO 1/2003 mit Geldbußen bewährt wird.

1432 Wie das Auskunftsrecht, so wird auch das Nachprüfungsrecht dadurch begrenzt, dass die Maßnahme zur Erfüllung der der Kommission übertragenen Aufgaben erforderlich sein muss. Zudem muss die Kommission bei der Ausübung ihres Ermessens den Grundsatz der **Verhältnismäßigkeit** beachten, Art. 23 Abs. 8 VO 1/2003. Allerdings sind hierbei strengere Maßstäbe anzulegen, da es sich bei der Nachprüfung um einen sehr viel schwerwiegenderen Eingriff in die Individualsphäre des Unternehmens handelt, als es beim Auskunftsrecht der Fall ist.

1433 Art. 20 VO 1/2003 enthält ausführliche verfahrensrechtliche Vorgaben über **Art und Ausmaß der Beteiligung und Unterstützung nationaler Behörden (Amtshilfe)**.[60] Gem. Art. 20 Abs. 3 VO 1/2003 gehört dazu die Unterrichtung der Wettbewerbsbehörde, in dessen Hoheitsgebiet ein schriftlicher Nachprüfungsauftrag durchgeführt werden soll. Komplexer sind die verfahrensrechtlichen Vorgaben in Bezug auf die Nachprüfungsentscheidung. Hier ist zunächst – vor Erlass der Entscheidung – die Wettbewerbsbehörde, in dessen Hoheitsgebiet die Nachprüfung durchgeführt werden soll, zu hören, Art. 20 Abs. 4 VO 1/2003. Darüber hinaus kommt der Unterstützung der Kommission durch die nationalen Wettbewerbsbehörden eine wichtige Rolle in der Praxis zu, insbesondere bei Zwangsmaßnahmen, Art. 20 Abs. 6 VO 1/2003. Die Anwesenheit von Beamten des BKartA ist bei Nachprüfungen insoweit die Regel. Die Art. 20 Abs. 7–8 VO 1/2003 sind zuletzt daher von Bedeutung, als für die Durchsuchung eine richterliche Anordnung erforderlich ist, § 59 Abs. 4 GWB.

cc) Weitere Ermittlungbefugnisse der Kommission

1434 Das Kapitel V der VO 1/2003 enthält neben den bereits besprochenen noch weitere Ermittlungsbefugnisse. So kann die Kommission gem. Art. 17 VO 1/2003 die Untersuchung eines bestimmten („kartellanfäl-

---

59 EuGH, Urt. v. 21. 9. 1989 – verb. Rs. 46/87 und 227/88, „Hoechst", Slg. 1989, 2859 Rn. 31; Immenga/Mestmäcker EG-WbR-*Burrichter/Hauschildt*, VO Nr. 17 Rn. 9.
60 Hierzu ausführlich *de Bronett*, Kartellverfahrensrecht, Art. 20 Rn. 22–27; *Schwarze/Weitbrecht*, Kartellverfahrensrecht, § 4 Rn. 21.

ligen") Wirtschaftszweigs oder einer bestimmten Art von Vereinbarungen **sektorübergreifend** durchführen, wenn „möglicherweise" Wettbewerbsbeschränkungen vorliegen. Diese Befugnisse hat die Kommission bisher jedoch selten genutzt.[61]

Darüber hinaus enthält die VO 1/2003 Neuregelungen zur Befragung **1435** von Zeugen. Art. 20 Abs. 1 lit. e VO 1/2003 sieht hier das Recht zur **Zeugenvernehmung** während Nachprüfungen vor. Hiernach kann die Kommission „vor Ort" von Belegschaftsmitgliedern Erläuterungen zu Tatsachen oder Unterlagen verlangen, die mit dem Gegenstand und Zweck der Nachprüfung im Zusammenhang stehen. Der Umfang dieses Fragerechts ist nicht geklärt.[62] Angesichts des Hilfscharakters dieser Vorschrift und in Abgrenzung zum förmlichen Auskunftsverlangen sollte diese Norm jedoch lediglich dazu dienen, (direkte) Fragen zur Vereinfachung des Auffindens von relevanten Unterlagen zu stellen sowie Klarstellungen und Erläuterungen zu bereits bekannten Tatsachen und Beweismitteln einzuholen.[63] Hingegen steht der Kommission nunmehr mit Art. 19 VO 1/2003 auch das Recht zur Zeugenvernehmung außerhalb von Nachprüfungen zu, um diese Aussage als Beweismittel zu verwenden. Angesichts der notwendigen Zustimmung des Zeugen und mangelnder Sanktionsbefugnisse ist jedoch bereits heute die künftige Praxisrelevanz dieser Befugnis zweifelhaft.

Art. 22 VO 1/2003 ist die logische Konsequenz der Dezentralisierung **1436** des europäischen Wettbewerbsrechts. Insoweit werden hier die Regelungen zur **Amtshilfe** zwischen den Mitgliedstaaten einerseits und den Mitgliedstaaten und der Kommission andererseits bei der Durchsetzung des europäischen Wettbewerbsrechts normiert.[64] Dies ermöglicht es den nationalen Wettbewerbsbehörden, Fällen nachzugehen, in denen sich die Beweismittel in anderen Ländern befinden oder auf Ersuchen der Kommission, Nachprüfungen im eigenen Land vorzunehmen. Die Unterstützungshandlung richtet sich dabei jeweils nach dem im betroffenen Gebiet geltenden Recht.

---

61 Grabitz/Hilf-*Dalheimer*, Art. 11 VO 1/2003 Rn. 2.
62 Zum Streitstand siehe *de Bronett*, Kartellverfahrensrecht, Art. 20 Rn. 16 ff.; *Schwarze/Weitbrecht*, Kartellverfahrensrecht, § 4 Rn. 14 f.; FK-*Schütz*, Art. 20 VO 1/2003 Rn. 5; *Weitbrecht*, EuZW 2003, 69, 71.
63 *Venit*, C.M.L.R. 2003, 545.
64 *Lampert/Niejahr/Kübler/Weidenbach*, EG-KartellVO, Art. 22 Rn. 418.

2. Das Verfahren vor den nationalen Behörden und das ECN

1437 Mit der Dezentralisierung des europäischen Kartellrechts wird der Anwendungspraxis durch nationale Behörden eine gesteigerte Bedeutung zukommen. Hierbei stellt die **Zusammenarbeit** der Kommission und der nationalen Behörden im neu geschaffenen europäischen Netzwerk der Wettbewerbsbehörden (*European Network of Competition Authorities* – ECN) eine zentrale Neuerung dar, durch welche ein umfassender Informationsaustausch und eine effiziente Verfahrenszuordnung erfolgen soll, um eine kohärente Anwendung des europäischen Kartellrechts zu gewährleisten.[65] Eine abschließende Absicherung der Kohärenz wurde in Art. 16 Abs. 2 VO 1/2003 aufgenommen: Hiernach dürfen nationale Behörden keine Entscheidungen treffen, die einer von der Kommission erlassenen Entscheidung zuwider laufen würden.[66]

a) Europäisches Kartellverfahren durch nationale Behörden

1438 Grundsätzlich bleibt es dabei, dass bei Anwendung der Art. 81 und 82 EG durch nationale Behörden, Art. 35 VO 1/2003, das nationale Verfahrensrecht Anwendung findet; dies gilt auch für Sanktionen.[67] Die VO 1/2003 enthält lediglich vereinzelte Regelungen. So sind beispielsweise gem. Art. 29 Abs. 2 VO 1/2003 die nationalen Behörden berechtigt, den Rechtsvorteil einer Gruppenfreistellungsverordnung zu entziehen.

1439 Besondere Bedeutung kommt beim Kartellverfahren durch nationale Behörden Art. 5 VO 1/2003 hinsichtlich des **Verfahrensabschlusses** zu. Hier werden die Typen von Entscheidungen geregelt, mit denen eine nationale Behörde das Verfahren in Anwendung der Art. 81 und 82 EG abschließen kann.[68] Diese ähneln im Grundsatz den Entscheidungsmöglichkeiten der Kommission.[69] Grundsätzlich ist zu berücksichtigen, dass die hier niedergelegten Entscheidungstypen nur für das entsprechende Land, nicht aber auch für andere Mitgliedstaaten rechtliche Wirkungen entfalten.[70]

---

65 Erwägungsgrund Nr. 15 VO 1/2003.
66 Loewenheim/Meessen/Riesenkampff-*Zuber*, Art. 16 VerfVO Rn. 18 ff.; *Bornkamm/ Becker*, ZWeR 2005, 213, 220 ff. Art. 16 Abs. 1 VO 1/2003 sichert die Kohärenz im Rahmen der nationalen Gerichtsbarkeit, vgl. Rn. 1449.
67 Vgl. *Schwarze/Weitbrecht*, Kartellverfahrensrecht, § 8 Rn. 22 ff.
68 Ausführlich zu den einzelnen Entscheidungstypen *Lampert/Niejahr/Kübler/Weidenbach*, EG-KartellVO, Art. 5 Rn. 127 ff.
69 Vgl. Rn. 1475 ff.
70 FK-*Schütz*, Art. 5 VO 1/2003 Rn. 9.

b) Die Zusammenarbeit im ECN

Die Art. 11–14 VO 1/2003 spiegeln das durch die materielle Regelung **1440** des Art. 3 VO 1/2003 bedingte zentrale verfahrensrechtliche Element der Neuregelung wider. Geregelt werden hier der Inhalt der Zusammenarbeit sowie die Einzelheiten der Aufsicht, welche die Kommission – **zwecks kohärenter Anwendung des europäischen Kartellrechts** – über das Handeln der Mitgliedstaaten ausübt. Der Bedeutung dieses Regelungskomplexes wurde durch Erlass der Bekanntmachung über die Zusammenarbeit innerhalb des Netzes der Wettbewerbsbehörden Genüge getan.[71] In der ECN-Bekantmachung erläutert die Kommission die in der „Gemeinsamen Erklärung des Rates und der Kommission zur Arbeitsweise des Netzes der Wettbewerbsbehörden"[72] und in der VO 1/2003 niedergelegten Grundsätze zur Funktionsweise des ECN im Detail.[73]

aa) Grundsätze der Fallverteilung

Die grundlegende Frage ist hier, welche Behörde zuständig ist. **1441** Hierzu macht die VO 1/2003 keine Aussage. In der ECN-Bekanntmachung wird diese Frage im Rahmen der Grundsätze zur **Fallverteilung** extensiv diskutiert und mit praktischen Beispielen veranschaulicht.[74] Hiernach erfolgt die Fallbearbeitung entweder durch eine einzelne nationale Behörde (ggf. mit Unterstützung durch die Behörden anderer Mitgliedstaaten), mehrere parallel handelnde nationale Behörden oder die Kommission.[75] Zielsetzung ist, dass entweder die erste oder die zweite Variante zum Regelfall wird;[76] vor allem aber auch, dass die mit einem Parallelverfahren verbundenen Probleme (etwa die Verletzung des Grundsatzes *ne bis in idem*) verhindert werden.[77]

---

71 Komm., Bek. über die Zusammenarbeit innerhalb des Netzes der Wettbewerbsbehörden („ECN-Bekanntmachung"), Abl. 2004, Nr. C 101, 43; vgl. *Immenga/Lange*, RIW 2003, 889, 891.
72 Gem. Rn. 3 der gemeinsamen Erklärung soll diese das gemeinsame Verständnis von Mitgliedstaaten und Komm. über die Grundsätze der Arbeitsweise des Netzes darlegen. Siehe Rat der Europäischen Union, 15435/02 ADD 1 vom 10.12.2002.
73 Hierzu ausführlich *Schwarze/Weitbrecht*, Kartellverfahrensrecht, § 9 Rn. 6 ff.; *Lampert/Niejahr/Kübler/Weidenbach*, EG-KartellVO, Art. 11 Rn. 179 ff.
74 Komm., ECN-Bek., Abl. 2004, Nr. C 101, 43 Rn. 5 ff.
75 Komm., ECN-Bek., Abl. 2004, Nr. C 101, 43 Rn. 5.
76 Erwägungsgrund Nr. 18 VO 1/2003.
77 Vgl. *Schwarze/Weitbrecht*, Kartellverfahrensrecht, § 9 Rn. 35.

1442 Am Ausgangspunkt entscheidet jede Behörde selbst, ob sie zuständig ist. Grundsätzlich soll dann diese Behörde den Fall auch zu Ende führen. Eine Umverteilung wird nur zu Beginn des Verfahrens in Betracht gezogen, wenn entweder die betreffende Behörde zu dem Schluss gelangt, dass sie nicht gut geeignet ist, sich des Falls anzunehmen, oder andere Behörden der Auffassung sind, dass sie ebenfalls gut geeignet sind, sich des Falls anzunehmen.[78] Entscheidend ist demnach für die (Um-)Verteilung von Fällen das Kriterium „gut geeignet". Dies ist gegeben, wenn drei **Bedingungen** erfüllt werden:

- Die Vereinbarung oder Verhaltensweise hat wesentliche unmittelbare tatsächliche oder absehbare Auswirkungen auf den Wettbewerb innerhalb des Hoheitsgebiets dieser Behörde, wird in deren Hoheitsgebiet umgesetzt oder hat in deren Hoheitsgebiet ihren Ursprung;
- die Behörde kann die gesamte Zuwiderhandlung wirksam beenden, d. h., sie kann eine Verbotsentscheidung erlassen, deren Wirksamkeit ausreicht, die Zuwiderhandlung zu beenden, und sie kann ggf. die Zuwiderhandlung angemessen ahnden;
- sie kann, ggf. mit Unterstützung anderer Behörden, die zum Nachweis der Zuwiderhandlung erforderlichen Beweise erheben.

bb) Mechanismen der Zusammenarbeit

1443 Art. 11 VO 1/2003 regelt die umfassenden Informations- und Konsultationspflichten und -rechte zwischen der Kommission und den nationalen Behörden.[79] Hier wird ein Mechanismus zur gegenseitigen Information geschaffen, um eine effiziente und schnelle Umverteilung sicherzustellen. Diesbezüglich sind die Behörden der Mitgliedstaaten insbesondere verpflichtet, die Kommission unverzüglich nach der Einleitung der ersten förmlichen Ermittlungshandlung zu unterrichten, Art. 11 Abs. 3 VO 1/2003. Weitere Informationspflichten können durch ein entsprechendes Ersuchen einer nationalen Behörde ausgelöst werden, Art. 11 Abs. 2 bis 4 VO 1/2003. Mit der Zielsetzung einer kohärenten Anwendung besteht darüber hinaus die Konsultationsmöglichkeit zwischen nationaler Behörde und Kommission, Art. 11 Abs. 5 VO 1/2003. Von herausragender Bedeutung ist das **Selbsteintrittsrecht** der Kommission in Art. 11 Abs. 6 VO 1/2003: Leitet die Kommission ein Verfahren zum Erlass einer Entscheidung nach Kapitel III

---

78 Komm., ECN-Bek., Abl. 2004, Nr. C 101, 43 Rn. 6.

79 Hierzu ausführlich *Schwarze/Weitbrecht*, Kartellverfahrensrecht, § 9 Rn. 8 ff.; *Lampert/Niejahr/Kübler/Weidenbach*, EG-KartellVO, Art. 11 Rn. 214.

VO 1/2003 ein, so entfällt damit die Zuständigkeit der nationalen Behörde.[80] Hier kommen die hierarchische Struktur des Netzwerks und die Grenzen der partnerschaftlichen Zusammenarbeit zum Ausdruck. Ob gegen eine solche Entscheidung Rechtsschutz besteht, ist fraglich.[81] Da diese als förmlicher Rechtsakt angesehen wird und spätere Rechtsschutzmöglichkeiten für die nationale Behörde nicht bestehen, sollte dies zu bejahen sein.[82]

Mit Art. 12 VO 1/2003 wird nunmehr auch der **Austausch von Be-** **1444** **weismitteln** zwischen der Kommission und den nationalen Behörden zugelassen und dadurch ein paralleles und komplementäres Handeln der Behörden ermöglicht.[83] Im Gegensatz zu Art. 11 VO 1/2003 geht es hier nicht um den Fluss von Informationen, sondern um deren Verwendung. Deshalb werden hier insbesondere **Einschränkungen** für die letztendliche Verwertung der Informationen vorgesehen; insbesondere um zu verhindern, dass die nationalen Verfahrensrechte zum Schutze der betroffenen Partei ausgehebelt werden:[84]

- Die Informationen dürfen nur zum Zwecke der Anwendung der Art. 81 und 82 EG und im Rahmen der parallel dazu erfolgenden Anwendung nationalen Wettbewerbsrechts (sofern dieses nicht zu anderen Ergebnissen führt) als Beweismittel verwendet werden, Art. 12 Abs. 2 VO 1/2003.

- Die Verwendung von Informationen als Beweismittel gegen natürliche Personen ist nur zulässig, wenn das Recht der übermittelnden Behörde selbst ähnlich geartete Sanktionen bei Verstößen gegen Art. 81 und 82 EG vorsieht oder wenn Informationen in einer Weise erhoben wurden, die hinsichtlich der Wahrung der Verteidigungsrechte natürlicher Personen das gleiche Schutzniveau wie nach dem für die empfangende Behörde geltenden nationalen Recht gewährleistet; jedoch dürfen in diesem Falle die ausgetauschten Informationen von der empfangenden Behörde nicht verwendet werden, um Haftstrafen zu verhängen, Art. 12 Abs. 3 VO 1/2003.

---

80 Komm., ECN-Bek., Abl. 2004, Nr. C 101, 43 Rn. 50 ff.; Grabitz/Hilf-*Dalheimer*, Art. 11 VO 1/2003 Rn. 21.
81 Vgl. *Schwarze/Weitbrecht*, Kartellverfahrensrecht, § 9 Rn. 11.
82 Vgl. Komm., ECN-Bek., Abl. 2004, Nr. C 101, 43 Rn. 52.
83 Hierzu umfassend *de Bronett*, Kartellverfahrensrecht, Art. 12 Rn. 5 ff.
84 Hierzu ausführlich *Lampert/Niejahr/Kübler/Weidenbach*, EG-KartellVO, Art. 12 Rn. 237 ff.

cc) Aussetzung und Einstellung des Verfahrens

1445 Ein **System paralleler Zuständigkeiten** bedingt, dass eine Behörde ein Verfahren aussetzen, einstellen bzw. eine Beschwerde zurückweisen kann, wenn eine andere Behörde bereits mit demselben Fall befasst ist oder war, vgl. Art. 13 VO 1/2003. Im Umkehrschluss bedeutet dies jedoch auch, dass mehrere Behörden gleichzeitig denselben Fall untersuchen und auch bestrafen können, insoweit ihr Verfahren also fortsetzen können. Die Durchführung paralleler Verfahren führt somit zu einer Reihe von Folgeproblemen wie der Frage nach verbleibender Kohärenz, das Problem des *forum shopping*, das Problem der Doppelsanktionierung und die Frage nach der territorialen Reichweite von Entscheidungen nationaler Behörden.[85] Art. 13 VO 1/2003 stellt dabei auf das faktische Tätigwerden und nicht auf eine abstrakt vorgegebene Aufgabenteilung ab.[86]

3. Das Verfahren vor den nationalen Gerichten

1446 Die nationalen Gerichte erfüllen eine wesentliche Aufgabe bei der Anwendung der gemeinschaftlichen Wettbewerbsregeln.[87] Mit der VO 1/2003 wurde verdeutlicht, dass Kartellzivilprozesse in verstärktem Maße zur Austragung kartellrechtlicher Streitigkeiten genutzt und damit zur **effektiven Durchsetzung des europäischen Kartellrechts** beitragen sollen. Gem. Art. 3 und 6 VO 1/2003 sind nunmehr auch die nationalen Gerichte zur Anwendung der Art. 81 und 82 EG in ihrer Gesamtheit verpflichtet. Das von ihnen im Rahmen ihrer erweiterten Kompetenzen anzuwendende materielle Recht wirft neue Fragen der Auslegung und Rechtsfortbildung auf.[88] Aus diesem Grund beinhaltet die VO 1/2003 in Art. 15 und 16 detaillierte Regelungen zum Zusammenwirken zwischen Gerichten und Behörden.

a) Beweislast

1447 Art. 2 VO 1/2003 folgt den **allgemeinen Beweislastregeln**: Wer den Vorwurf einer wettbewerbsbeschränkenden Vereinbarung erhebt, hat die Voraussetzungen des Art. 81 Abs. 1 EG zu beweisen, während das die Vereinbarung verteidigende Unternehmen die wirtschaftliche Nützlichkeit der Vereinbarung i. S. d. Art. 81 Abs. 3 EG nachzuweisen

---

85 Vgl. EG-KartellVO-Praxiskommentar, Art. 14 Rn. 251 ff. m. w. N.
86 Grabitz/Hilf-*Dalheimer*, Art. 13 VO 1/2003 Rn. 1.
87 Erwägungsgrund Nr. 7 VO 1/2003.
88 Hierzu eingehend *Hirsch*, ZWeR 2003, 233–254.

hat.[89] Diese Beweislastregel gilt auch für die nationalen Gerichte, soweit sie Art. 81 oder 82 EG anwenden.[90] Für ein Unternehmen, das nicht an einer Kartellabsprache beteiligt ist, wird es hier regelmäßig schwierig sein, die entsprechenden Nachweise zu erbringen. Gerade solche Dritte werden in der Zukunft weiterhin den Weg der Anzeige bei den nationalen Behörden wählen, welche dann den Sachverhalt umfassend aufzuklären haben.

b) Zusammenwirken der Kommission mit den nationalen Gerichten

Art. 15 VO 1/2003 regelt die Zusammenarbeit der Kommission sowie **1448** der nationalen Behörden mit den nationalen Gerichten und wird ergänzt durch die Bekanntmachung der Kommission über die **Zusammenarbeit** zwischen der Kommission und den Gerichten der Mitgliedstaaten bei der Anwendung der Art. 81 und 82 des Vertrags, welche die Regelungen erläutert und die zukünftige Vorgehensweise der Kommission beschreibt.[91] Im Prinzip können die nationalen Gerichte die Kommission lediglich um die Übermittlung von Informationen oder um Stellungnahmen zu Fragen bitten, welche die Anwendung der Wettbewerbsregeln der Gemeinschaft betreffen.[92] Auch wenn eine solche Stellungnahme keine rechtliche Bindungswirkung hat, so wird Art. 15 Abs. 1 VO 1/2003 in der Zukunft erhebliche praktische Bedeutung zukommen.[93] Denn diese Vorgehensweise verspricht eine erhebliche Beschleunigung gegenüber dem Vorlageverfahren nach Art. 234 EG.[94]

c) Sicherstellung der Kohärenz

Zentrale Bedeutung kommt im neuen System paralleler Zuständigkei- **1449** ten Art. 16 VO 1/2003 zu. Denn es muss gewährleistet werden, dass **keine einander widersprechenden Entscheidungen** erlassen werden.[95] Demzufolge ist hier verankert, dass die nationalen Gerichte keine

---

89 Siehe auch Erwägungsgrund Nr. 5 VO 1/2003.
90 Zur Frage des Beweismaßes siehe *Lampert/Niejahr/Kübler/Weidenbach*, EG-KartellVO, Art. 2 Rn. 68 ff.
91 Komm., Bek. über die Zusammenarbeit zwischen der Komm. und den Gerichten der Mitgliedstaaten bei der Anwendung der Art. 81 und 82 des Vertrags, Abl. 2004, Nr. C 101, 54 („Bek.-Gerichte").
92 Hierzu ausführlich *Schwarze/Weitbrecht*, Kartellverfahrensrecht, § 11 Rn. 40 ff.; *Lampert/Niejahr/Kübler/Weidenbach*, EG-KartellVO, Art. 15 Rn. 279 und 291.
93 Komm., Bek.-Gerichte, Abl. 2004, Nr. C 101, 54 Rn. 29.
94 Die Komm. wird sich nämlich bemühen, eine solche Stellungnahme innerhalb von vier Monaten anzufertigen; Bek.-Gerichte, Abl. 2004, Nr. C 101, 54 Rn. 28.
95 Grabitz/Hilf-*Dalheimer*, Art. 16 VO 1/2003 Rn. 2.

Entscheidungen erlassen dürfen, die einer (beabsichtigten) Entscheidung der Kommission zuwiderlaufen.[96] Dies bedeutet eine erhebliche Einschränkung der richterlichen Entscheidungsfreiheit. Hält das nationale Gericht eine Entscheidung für falsch, hat es (lediglich) die Möglichkeit, die Frage dem Europäischen Gerichtshof zur Vorabentscheidung vorzulegen, Art. 234 EG. Diese Vorschrift wirft eine Reihe von Folgeproblemen auf;[97] aus Gründen der Prozessökonomie ist sie jedoch sinnvoll und entspricht dem Art. 234 EG zugrunde liegenden Gedanken der einheitlichen Anwendung und des Vorrangs des Gemeinschaftsrechts.

II. Deutsches Kartellverfahrensrecht

1450 Im dritten Teil des deutschen Kartellgesetzes, §§ 54 ff. GWB, ist das „Verfahren" geregelt worden. Das Gesetz unterscheidet dabei zwischen „Verwaltungssachen", §§ 54–62 GWB, „gerichtlichen Beschwerdeverfahren", §§ 63–76 GWB,[98] „Bußgeldverfahren", §§ 81–86 GWB, und „Bürgerlichen Rechtsstreitigkeiten", §§ 87–90 GWB.

1. Verfahrensgrundsätze

a) Verwaltungsverfahren

aa) Einleitung des Verfahrens

1451 Das Kartellverwaltungsverfahren ist relativ förmlich ausgestaltet und hinsichtlich seines formellen Teils in den §§ 54–62 GWB geregelt. Ihm geht häufig ein **informelles Verfahren** voraus, in dem bereits zahlreiche Fälle durch Gespräche zwischen Vertretern der Kartellbehörden und den Beteiligten erledigt werden.[99]

1452 Die Kartellbehörde leitet ein Verfahren **von Amts wegen** oder **auf Antrag** ein, § 54 Abs. 1 Satz 1 GWB. Wird bei der Kartellbehörde „angeregt", ein Verfahren gegen Dritte einzuleiten, steht es im **Ermessen** der Behörde, ob sie das Verfahren „von Amts wegen" einleitet, § 54 Abs. 1 Satz 2 GWB.

---

96 Dies stellt das Ergebnis der Entscheidung in *Masterfoods* dar; EuGH, Urt. v. 14.12.2000 – Rs. C-344/98, Slg. 2000, I-11369. Siehe *Bornkamm*, ZWeR 2003, 73; *ders./Becker*, ZWeR 2005, 213, 220 ff.
97 Vgl. *Hirsch*, ZWeR 2003, 233, 249 ff.
98 Vgl. Rn. 1537 ff.
99 *Bechtold*, § 54 Rn. 1; *Emmerich*, KartR, § 35 1 a.

bb) Verfahrensbeteiligung

Welche Personen bzw. welche Unternehmen an einem Verfahren vor **1453**
der Kartellbehörde beteiligt sind, ist im Einzelnen in § 54 Abs. 2
GWB geregelt. Danach sind **beteiligt**:

• wer die Einleitung des Verfahrens beantragt hat (Nr. 1),
• Kartelle, Unternehmen, Wirtschafts- und Berufsvereinigungen, ge-
  gen die sich das Verfahren richtet (Nr. 2), und
• Personen und Personenvereinigungen, deren Interessen durch die
  Entscheidung erheblich berührt werden und die die Kartellbehörde
  auf ihren Antrag zu dem Verfahren beigeladen hat (Nr. 3).

Der Begriff der Interessen bei Nr. 3 ist grundsätzlich weit zu verste- **1454**
hen. § 54 Abs. 2 Nr. 3 GWB schränkt die Interessen, von deren erheblicher Berührung die Möglichkeit der Beiladung abhängt, nicht auf
rechtliche Interessen ein. Es genügen auch bloße mittelbare Auswirkungen. Für das Merkmal der **Interessenberührung** durch die Entscheidung der Kartellbehörde kommt es darauf an, ob sich ein in Betracht kommendes Ergebnis des Verfahrens auf die wirtschaftliche
Lage des beizuladenden Unternehmens auswirkt („wirtschaftliches Interesse").[100] Die Erheblichkeitsgrenze ist nicht erreicht, wenn das Unternehmen vom Ausgang des Verfahrens nur entfernt betroffen ist. Die
Betroffenheit ist **erheblich**, wenn denkbar ist, dass ein in Betracht
kommendes Verfahrensergebnis die Wettbewerbssituation des Unternehmens spürbar verschlechtert und zu wirtschaftlichen Reaktionen
zwingt.[101] Entscheidend ist hierbei insbesondere, „ob die Interessen
des Dritten eine solche Nähe zum Entscheidungsgegenstand aufweisen
und ob außerdem die mögliche Entscheidung der Kartellbehörde im
Hauptverfahren derart gewichtige Auswirkungen auf die Interessen
hat, dass es angemessen erscheint, ihm die Rechte auf Beteiligung am
Kartellverfahren einzuräumen".[102]

---

100 OLG Düsseldorf, Beschl. v. 2.10.2002 – Kart 24/02 (V), „Greenpeace", WuW/E
    DE-R 1029; Beschl. v. 5.7.2000 – Kart 1/00 (V), „SPNV", WuW/E DE-R 523,
    525; KG, Beschl. v. 11.4.1997 – Kart 5/97, „Großverbraucher", WuW/E OLG
    5849, 5851; Beschl. v. 13.11.1981 – Kart 41/81, WuW/E OLG 2686, 2687; Lan-
    gen-*Schultz*, § 54 Rn. 27 ff.
101 OLG Düsseldorf, Beschl. v. 2.10.2002 – Kart 24/02 (V), „Greenpeace", WuW/E
    DE-R 1029; KG, Beschl. v. 11.4.1997 – Kart 5/97, „Großverbraucher", WuW/E
    OLG 5849, 5952; Beschl. v. 21.9.1994 – Kart 9/94, „Beiladung RTL 2", WuW/E
    OLG 5355, 5357; Beschl. v. 17.12.1985 – Kart 64/85, WuW/E OLG 3730, 3731.
102 OLG Düsseldorf, Beschl. v. 2.10.2002 – Kart 24/02 (V), „Greenpeace", WuW/E
    DE-R 1029.

1455 Erweitert wurden mit der 7. GWB-Novelle auch die Beteiligungsrechte von **Verbraucherzentralen** und anderer mit öffentlichen Mitteln geförderter **Verbraucherverbände**. Diese werden „auch dann erheblich berührt, wenn sich die Entscheidung auf eine Vielzahl von Verbrauchern auswirkt und dadurch die Interessen der Verbraucher insgesamt erheblich berührt werden", § 54 Abs. 2 Nr. 3 GWB.[103]

1456 § 56 GWB gewährleistet **rechtliches Gehör**. Allerdings wurde die obligatorische mündliche Verhandlung auf Antrag eines Beteiligten durch die 7. GWB-Novelle gestrichen. Nunmehr hat die Kartellbehörde ein Ermessen („kann"), § 56 Abs. 3 Satz 1 GWB. Etwas anderes gilt nach § 56 Abs. 3 Satz 3 GWB für die Ministererlaubnis nach § 42 GWB, bei der stets eine öffentliche mündliche Verhandlung durchzuführen ist. Die §§ 45, 46 VwVfG finden auf die Anhörung und mögliche Anhörungsmängel entsprechende Anwendung, § 56 Abs. 4 GWB. Für das Beschwerdeverfahren ist ein **Recht auf Akteneinsicht** in § 72 GWB geregelt. Für das Kartellverwaltungsverfahren gilt § 29 VwVfG.

cc) Weitere Verfahrensgrundsätze

1457 Wie bereits angesprochen, ist das formelle Verwaltungsverfahren weitgehend **justizförmig** ausgestaltet. Auf Antrag eines Beteiligten kann eine mündliche Verhandlung stattfinden, § 56 Abs. 3 Satz 1 GWB; diese erfolgt zumeist öffentlich, § 56 Abs. 2 GWB. § 57 GWB enthält Vorschriften über die Ermittlungen und die Beweiserhebung, die ebenfalls in Anlehnung an das gerichtliche Verfahren normiert sind. Im Kartellverwaltungsverfahren gilt der **Untersuchungsgrundsatz**, § 57 Abs. 1 GWB. Die Kartellbehörde ist danach zur Aufklärung des entscheidungserheblichen Sachverhalts von Amts wegen verpflichtet.

1458 Die Befugnis der Kartellbehörden zum Erlass **einstweiliger Anordnungen** richtet sich nach § 60 GWB, wobei die Entscheidungen durch begründete Verfügungen, § 61 GWB, ergehen, die meistens Beschlüsse genannt werden. Das VwVfG gilt ergänzend.

b) Bußgeldverfahren

1459 Das Bußgeldverfahren hat in den letzten Jahren – insbesondere bei der Verfolgung von sog. „hardcore"-Kartellen – stetig steigende Bedeutung erlangt.[104] In den §§ 81–86 GWB sind außer den materiellen

---

103 *Karl/Reichelt*, DB 2005, 1436, 1443.
104 Vgl. Tätigkeitsbericht des BKartA 2003/2004, BT-Drucks. 15/5790, 35 ff.

Bußgeldvorschriften nur Zuständigkeitsregeln enthalten. I.Ü. gelten die Vorschriften des **OWiG.** Verfolgungsbehörde ist wiederum die Kartellbehörde, §§ 82 i.V.m. 48 GWB. Anders als im allgemeinen Ordnungswidrigkeitenrecht ist nicht das Amtsgericht, sondern das OLG im gerichtlichen Verfahren zuständig, § 83 Abs. 1 GWB. Die 7. GWB-Novelle hat den Bußgeldrahmen erhöht, § 81 Abs. 4 Sätze 1 und 3 GWB. Nach § 81 Abs. 4 Satz 2 GWB kann die gegen Unternehmen festzusetzende Geldbuße bis zu 10% des im letzten Geschäftsjahr erzielten Umsatzes betragen.[105]

§ 81 Abs. 7 GWB gewährt dem BKartA das Recht, allgemeine Verwaltungsgrundsätze festzulegen. **1460**

Im Bußgeldverfahren wegen einer Kartellordnungswidrigkeit hat die **1461** Kartellbehörde, sofern nicht die Staatsanwaltschaft zuständig ist, dieselben **Rechte und Pflichten** wie die Staatsanwaltschaft bei der Verfolgung von Straftaten. Gem. § 47 Abs. 1 OWiG, der auch im kartellrechtlichen Bußgeldverfahren gilt, liegt die Verfolgung von Kartell- und Ordnungswidrigkeiten im pflichtgemäßen Ermessen der Kartellbehörde. Das Bußgeldverfahren wegen einer Kartellordnungswidrigkeit weist aufgrund seines Bedeutungsgrades mittlerweile eine weit entwickelte Rechtsprechungs- und Verwaltungspraxis auf. Dies gilt insbesondere im Hinblick auf die wesentlichen Besonderheiten bei der Beweiserhebung, Rechtsstellung und Verteidigung der Betroffenen, Beweiswürdigung und dem anschließenden Einspruchsverfahren.[106]

2. Befugnisse der Behörden

a) Enquêterecht

Mit der 7. GWB-Novelle wird dem BKartA und den obersten LKartB, **1462** nicht jedoch dem BMW, durch § 32 e GWB nunmehr ein allgemeines **Enquêterecht** zur Untersuchung einzelner Wirtschaftszweige oder – sektorenübergreifend – bestimmter Arten von Vereinbarungen gewährt. Für die in § 32 e GWB abschließend aufgelisteten Ermittlungsbefugnisse der §§ 57, 59–62 GWB wird so der Anwendungsbereich nach vorne verlagert. Denn hierfür reicht die – allerdings durch objektive Umstände begründete – **Vermutung** eines Verstoßes aus.[107] Die Betroffenen haben auf Verlangen die erforderlichen Auskünfte zu er-

---

105 *Kahlenberg/Haellmigk*, BB 2005, 1509, 1513.
106 Hierzu umfassend m.w.N. Immenga/Mestmäcker EG-WbR-*Dannecker/Biermann*, Vor § 81 Rn. 122–220; Wiedemann KartR-*Klusmann*, § 57 Rn. 10 ff.
107 Vgl. BT-Drucks, 15/3640, 34 und 52.

teilen und müssen die Behörden über sämtliche Vereinbarungen, Beschlüsse oder aufeinander abgestimmte Verhaltensweisen unterrichten.

b) Auskunftsrechte

1463 Weiterhin besitzen die Kartellbehörden gem. § 59 GWB ein umfassendes Auskunfts- und Untersuchungsrecht. Im Rahmen des Auskunftsrechts der Kartellbehörden ist zwischen einem förmlichen Auskunftsbeschluss und einem formlosen Auskunftsersuchen zu unterscheiden. **Formlose oder informelle** Auskunftsersuchen sind Anfragen mit dem Hinweis, dass die Erteilung der Auskünfte **freiwillig** erfolgt. Durch sie wird weder eine Auskunftspflicht noch eine Bußgeldsanktion nach § 81 Abs. 1 Nr. 6 GWB ausgelöst.

1464 Ein **förmliches** Auskunftsrecht steht der Kartellbehörde nur in Verwaltungsverfahren zu. Die Rechtsgrundlage für dieses Begehren bildet § 59 GWB in Verbindung mit jener Vorschrift, die das Vorgehen der Kartellbehörden im konkreten Fall rechtfertigt. [108] Im Bußgeldverfahren richten sich die Informationsbefugnisse nach der StPO, auf die in § 46 OWiG verwiesen wird. Im Verwaltungsverfahren können die Kartellbehörden auch nach Einlegung der Beschwerde in der Hauptsache noch Auskunftsbeschlüsse erlassen. Die Befugnis zu Auskunftsverlangen gilt nunmehr bis zum Eintritt der Bestandskraft der Entscheidung, § 59 Abs. 1 GWB, und damit auch während des Beschwerde- und Rechtsbeschwerdeverfahrens. Damit hat der Gesetzgeber die Rechtsprechung des BGH umgesetzt. [109]

1465 Als **Adressaten** des Auskunftsersuchens kommen grundsätzlich Unternehmen, Vereinigungen von Unternehmen und Wirtschafts- sowie Berufsvereinigungen in Betracht. Die Kartellbehörden können nicht nur Auskunft von den im Verfahren betroffenen, beteiligten und verbundenen Unternehmen verlangen, sondern auch von unbeteiligten Dritten. [110]

1466 Die Kartellbehörden sind befugt, von Unternehmen und Vereinigungen von Unternehmen – sowie in bestimmten Maße auch von Wirtschafts-

---

108 Wiedemann KartR-*Werner*, § 52 Rn. 3.
109 BGH, Beschl. v. 24.6.2003 – KVR 14/01, „HABET/Lekkerland", WuW/E DE-R 1163, 1167. A.A. noch OLG Düsseldorf, Beschl. v. 8.8.2001 – Kart 32/01 (V), „Blitz-Tipp", WuW/E DE-R 723, 724 ff.
110 KG, Beschl. v. 5.5.1982 – Kart 24/81, „Haribo", WuW/E OLG 2965, 2966; Beschl. v. 30.4.1974 – Kart 20/74, WuW/E OLG 1463, 1465; Langen-*Schultz*, § 59 Rn. 17.

und Berufsvereinigungen – **Auskunft** über ihre wirtschaftlichen Verhältnisse und die **Herausgabe** bestimmter Dokumente zu verlangen, § 59 Abs. 1 Nr. 1 und 2 GWB. Der Begriff der wirtschaftlichen Verhältnisse in Nr. 1 wird weit ausgelegt und erfasst sowohl das Verhalten auf dem Markt als auch dessen innere Struktur. Ausdrücklich erfasst die Herausgabepflicht auch allgemeine Marktstudien, die der Einschätzung oder der Analyse der Wettbewerbsbedingungen oder der Marktlage dienen und die sich im Besitz des Unternehmens befinden. Nach Nr. 2 erstreckt sich die Auskunftspflicht auch auf Informationen über die verbundenen Unternehmen i. S. v. § 36 Abs. 2 GWB.[111]

Grundsätzlich dürfen **Auskünfte über Drittunternehmen** nicht verlangt werden. Eine Ausnahme ist nur für den Fall zugelassen, dass die Ermittlungen sich gerade darauf erstrecken, ob und inwieweit der Auskunftspflichtige Kenntnis von deren wirtschaftlichen Verhältnissen hat.   **1467**

Damit die Kartellbehörden Auskünfte verlangen können, muss erstens ein **konkreter Anfangsverdacht** bestehen. Die Gerichte verlangen durchgängig, dass ein bestimmter, durch konkrete Tatsachen belegbarer Sachverhalt vorliegen muss, der der Kartellbehörde die Berechtigung gibt, ein gesetzlich vorgesehenes Verfahren einzuleiten.[112] Es muss ein „schlüssiges Verfolgungskonzept"[113] oder ein „vertretbares Verfolgungskonzept" mit tatsächlichen Verdachtsmomenten vorliegen.[114] Dazu muss nach vernünftiger und normaler wirtschaftlicher Betrachtungsweise ein bestimmter Geschehensablauf zumindest möglich sein, der bei Hinzufügung weiterer zu ermittelnder Tatsachen „schlüssig" zur Erfüllung der tatbestandlichen Voraussetzungen der Norm führt. Steht von vornherein fest, dass ein notwendiges Tatbestandsmerkmal nicht erfüllt ist, können auf der Grundlage des § 59 GWB keine weiteren Ermittlungen geführt werden.[115]   **1468**

---

111 Kritisch dazu *Karl/Reichelt*, DB 2005, 1436, 1442.
112 KG, Beschl. v. 28. 3. 1990 – Kart 8/88, WuW/E OLG 4556, 4557; Beschl. v. 12. 6. 1981 – Kart 18/81, WuW/E OLG 2517, 2518; Beschl. v. 27. 3. 1981 – Kart 15/81, „Heizölhandel", WuW/E OLG 2446, 2449; Beschl. v. 30. 11. 1977 – Kart 14/77, „Flug-Union", WuW/E OLG 1961, 1962.
113 KG, Beschl. v. 3. 5. 1982 – Kart 11 – 14/82, „Vergaserkraftstoff-Abgabepreise", WuW/E OLG 2620, 2621.
114 OLG Düsseldorf, Beschl. v. 11. 6. 2003 – Kart 7/03 (V), „Stromcontracting", WuW/E DE-R 1179, 1181; Beschl. v. 24. 7. 2001 – Kart 19/01, „Müllverbrennungsanlage", WuWDE-R 677; KG, Beschl. v. 10. 8. 1998 – Kart 20/98, „TLZ", WuW/E DE-R 181, 182.
115 KG, Beschl. v. 12. 6. 1981 – Kart 18/81, WuW/E OLG 2517, 2518.

1469 Zweitens muss die Auskunft **erforderlich** sein, d. h., den Kartellbehörden dürfen die gewünschten Informationen nicht auf andere Weise zugänglich sein. Es ist daher notwendig, dass die Kartellbehörden andere Erkenntnisquellen ausschöpfen, bevor sie sich an das Unternehmen wenden. Die verlangte Auskunft muss drittens geeignet sein, einen kartellrechtlichen Verdacht zu erhärten oder auszuräumen. Hierfür wird es als ausreichend angesehen, dass die Behörde ein schlüssiges Verfolgungskonzept darlegt.[116] Schließlich muss das Auskunftsersuchen **verhältnismäßig** sein. Hierzu ist erforderlich, dass das von der Verwaltung eingesetzte Mittel nicht außer Verhältnis zu dem mit ihm verfolgten Zweck steht. Selbst ein verhältnismäßiges Auskunftsersuchen darf für das betroffene Unternehmen nicht unzumutbar sein.[117]

1470 Dem zur Auskunft Verpflichteten steht gem. § 59 Abs. 5 GWB ein **Auskunftsverweigerungsrecht** zu, wenn die Beantwortung ihn selbst oder eine der in § 383 Abs. 1 Nr. 1 bis 3 ZPO bezeichneten Personen der Gefahr einer strafgerichtlichen Verfolgung oder eines Ordnungswidrigkeitenverfahrens aussetzen würde.

c) Einsichts- und Prüfungsrecht

1471 Das Auskunftsrecht in § 59 Abs. 1 Nr. 1 und 2 GWB und das **Einsichts- und Prüfungsrecht**, § 59 Abs. 1 Nr. 3 GWB, sind gleichrangige Ermittlungsbefugnisse. Kartellbehörden können bei Unternehmen und Vereinigungen von Unternehmen die Geschäftsunterlagen einsehen und prüfen. Dieses Recht erstreckt sich auf alle geschäftlichen Unterlagen. Geschäftliche Unterlagen sind diejenigen, aus denen sich die wirtschaftlichen Verhältnisse des Unternehmens oder der Vereinigung von Unternehmen ergeben.

d) Durchsuchungsrecht

1472 Als weiteres Ermittlungsrecht sieht § 59 Abs. 4 GWB das **Durchsuchungsrecht** vor. Eine Durchsuchung kann wegen des Grundsatzes der Verhältnismäßigkeit nur dann vorgenommen werden, wenn mildere Ermittlungsmöglichkeiten nicht den gewünschten Erfolg bringen. Die Kartellbehörde benötigt dazu eine richterliche Durchsuchungsanordnung. Wie bei dem Auskunfts- und Prüfungsrecht darf das Durchsuchungsrecht sich nur auf die in der Anordnung genannten geschäft-

---

116 KG, Beschl. v. 28. 3. 1990 – Kart. 8/88, WuW/E OLG 4556, 4557; Langen-*Schultz*, § 59 Rn. 11.

117 KG, Beschl. v. 3. 9. 1985 – Kart. 22/85, „Kathreiner", WuW/E OLG 3541.

lichen Unterlagen erstrecken. Die Durchsuchungsbefugnis gewährt nur ein Recht auf Einsicht und Prüfung, nicht jedoch auch auf Beschlagnahme. Dies ist im Verwaltungsverfahren unter den Voraussetzungen des § 58 GWB möglich.[118]

3. Zusammenarbeit der Kartellbehörden

Neu eingefügt wurden durch die 7. GWB-Novelle die §§ 50 a–50 c **1473** GWB. Diese Vorschriften enthalten besondere Regeln für die **Zusammenarbeit der Kartellbehörden** mit anderen in- und ausländischen Wettbewerbsbehörden. Besondere Bedeutung kommt hierbei dem Austausch von (vertraulichen) Informationen – vor allem im Rahmen des ECN[119] – zu.[120] Angesichts der Vorgaben in Art. 12 VO 1/2003 ist der Sinn und Zweck der Erwähnung der Zusammenarbeit im GWB fragwürdig, zumal textliche Unterschiede bestehen.[121]

§ 3 Verfahrensabschluss und Sanktionsbefugnisse

Schrifttum: *Achenbach*, Pönalisierung von Ausschreibungsabsprachen und Verselbstständigung der Unternehmensgeldbuße durch das Korruptionsbekämpfungsgesetz 1997, WuW 1997, 958; *Dreher/Thomas*, Rechts- und Tatsachenirrtümer unter der neuen VO 1/2003, WuW 2004, 8; *Hartog/Noack*, Die 7. GWB-Novelle, WRP 2005, 1396; *Hempel*; Privater Rechtsschutz im deutschen Kartellrecht nach der 7. GWB-Novelle, WuW 2004, 362; *Hirsbrunner/Rhomberg*, Verpflichtungszusagen im EG-Kartellverfahrensrecht – erste praktische Erfahrungen mit der Neuregelung der Kartellverfahrensverordnung 1/2003, EWS 2005, 61; *Hohmann*, Die strafrechtliche Beurteilung von Submissionsabsprachen, NStZ 2001, 566; *Kahlenberg/Haellmigk*, Neues Deutsches Kartellgesetz, BB 2005, 1509; *Karl/Reichelt*, Die Änderungen des Gesetzes gegen Wettbewerbsbeschränkungen durch die 7. GWB-Novelle, DB 2005, 1436; *Klees*, Zu viel Rechtssicherheit für Unternehmen durch die neue Kronzeugenmitteilung in europäischen Kartellverfahren?, WuW 2002, 1056; *Körber*, Die erstmalige Anwendung der Verpflichtungszusage gemäß Art. 9 VO 1/2003 und die Zukunft der Zentralvermarktung von Medienrechten an der Fußballbundesliga, WRP 2005, 463; *Lange*, Erfüllen Kartellabsprachen den Tatbestand des Betrugs?, ZWeR 2003, 352; *Lettl*, Die Auswirkungen der

---

118 Immenga/Mestmäcker-*Klaue*, § 59 Rn. 61; Langen-*Schultz*, § 59 Rn. 41.
119 Vgl. hierzu Rn. 1440 ff.
120 Vgl. *Karl/Reichelt*, DB 2005, 1436, 1444.
121 Bedenken auch bei *Karl/Reichelt*, DB 2005, 1436, 1444.

7. GWB-Novelle auf die Kreditwirtschaft, WuW 2005, 1585; *Lutz*, Schwerpunkte der 7. GWB-Novelle, WuW 2005, 718; *Lüderssen*, Submissionsabsprachen sind nicht eo ipso Betrug, wistra 1995, 243; *Meessen*, Die 7. GWB-Novelle – verfassungsrechtlich gesehen, WuW 2004, 733; *Rutkowsky*, Der Schadensnachweis bei unzulässigen Submissionsabsprachen, NJW 1995, 705.

I. Europäisches Recht

1. Verfahrensabschluss

1474   Die durch die neue VO 1/2003 bewirkten tief greifenden Änderungen des europäischen Kartellverfahrens führten naturgemäß auch zu einer vollständigen **Neugestaltung** der Formen des Verfahrensabschusses durch die Kommission.[122] Hier dienen insbesondere die Entscheidungen nach Art. 7–10 VO 1/2003 der Abstellung von Zuwiderhandlungen und damit ihrer Verhinderung in der Zukunft.[123] Leitet die Kommission ein Verfahren zum Erlass einer Entscheidung in diesem Kontext ein, so entfällt damit die Zuständigkeit der Wettbewerbsbehörden der Mitgliedstaaten, Art. 11 Abs. 6 VO 1/2003.

a) Verpflichtungsentscheidung

1475   Gem. Art. 7 Abs. 1 VO 1/2003 beschränkt sich das Recht der Kommission nicht darauf, die festgestellte Zuwiderhandlung zu verbieten. Vielmehr kann sie auch das Unternehmen verpflichten, die Zuwiderhandlung **abzustellen**. Zur Abstellung der fraglichen Verstöße kann die Kommission durch sog. positive Verpflichtungen die Wettbewerbsfreiheit wiederherstellen. Diese können – in den Grenzen des Verhältnismäßigkeitsprinzips – durch verhaltensorientierte oder, wenn diese nicht ausreichen, strukturelle Maßnahmen den Unternehmen auferlegt werden.

1476   In der Regel beinhalten Verpflichtungsentscheidungen jedoch lediglich die **Feststellung eines Verstoßes**, welcher gem. Art. 7 Abs. 1 Satz 3 VO 1/2003 auch noch erfolgen kann, wenn die Zuwiderhandlung be-

---

122 Zum Verfahrensabschluss durch die Mitgliedstaaten siehe Art. 5 VO 1/2003. Vgl. hierzu die Gegenüberstellung der alten und neuen Regelungen bei *Schwarze/Weitbrecht*, Kartellverfahrensrecht, § 6 Rn. 4 ff.

123 Hingegen ahnden Bußgeldentscheidungen Verstöße in der Vergangenheit, sollen aber durch Abschreckung auch in die Zukunft wirken und schöpfen den durch den Rechtsverstoß erzielten Gewinn ab, vgl. Rn. 1487.

reits eingestellt wurde, solange ein Feststellungsbedürfnis besteht. Die Kommission verpflichtet dann regelmäßig die Kartelltätigkeit, etwa die Abstimmung der Preise einzustellen, und die ihrer Durchführung dienenden Mittel, beispielsweise Preisinformationen, nicht mehr anzuwenden. Die positive Verpflichtung zu einem bestimmten Verhalten ist bei Verstößen gegen Art. 81 EG dagegen die Ausnahme.[124] Dies gilt insbesondere für **strukturelle Maßnahmen**.[125] Denn sie stellen eine solch außergewöhnliche Maßnahme als Antwort auf einen Verstoß gegen die verhaltensorientierten Vorschriften der Art. 81 und 82 EG dar, die nur in den seltensten Fällen verhältnismäßig sein wird.

b) Einstweilige Anordnung

Auch wenn einstweilige Anordnungen bisher nicht vorgesehen waren, kodifiziert nunmehr Art. 8 VO 1/2003 im Grundsatz die schon bisher bestehende Rechtslage.[126] Die Kommission kann hiernach – von Amts wegen – eine **einstweilige Maßnahme** anordnen, wenn ein erster Anschein für das Vorliegen einer Zuwiderhandlung besteht und die Maßnahme zur Vermeidung eines ernsten, nicht wieder gutzumachenden Schadens dringlich ist.[127] Im Gegensatz zur früheren Rechtsprechung muss der Schaden nunmehr dem „Wettbewerb" drohen; ein drohender Schaden für ein einzelnes Unternehmen reicht insoweit nicht mehr aus. **1477**

Dem Erlass einer einstweiligen Maßnahme geht ein vollständiges, aber **beschleunigtes Verfahren** voraus, bevor sie erlassen und veröffentlicht wird, Art. 30 Abs. 1 VO 1/2003.[128] Gegen die Entscheidung ist eine Klage gem. Art. 230 EG vor dem EuGI möglich. Diese hat jedoch keine aufschiebende Wirkung, Art. 242 EG. Daher wird in aller Regel auch ein Antrag auf Aussetzung des Vollzug erfolgen, Art. 243 EG i.V.m. Art. 104ff. VerfO EuGI.[129] **1478**

---

124 Siehe zur Übersicht der Praxis *Schwarze/Weitbrecht*, Kartellverfahrensrecht, § 6 Rn. 19ff.

125 Vgl. *Mestmäcker/Schweitzer*, Europäisches Wettbewerbsrecht, S. 495ff.; Grabitz/Hilf-*Dalheimer*, Art. 7 VO 1/2003 Rn. 11.

126 Zuletzt: EuGI, Beschl. v. 26.10.2001 – Rs. T-184/01 R, „IMS Health", Slg. 2001 II-3193 Rn. 49ff.

127 EuGI, Beschl. v. 26.10.2001 – Rs. T-184/01 R, „IMS Health", Slg. 2001, II-3193 Rn. 53ff.

128 EuGI, Beschl. v. 26.10.2001 – Rs. T-184/01 R, „IMS Health", Slg. 2001, II-3193 Rn. 18ff.

129 Vgl. hierzu die instruktive Darstellung bei *Schwarze/Weitbrecht*, Kartellverfahrensrecht § 6 Rn. 59ff., in Bezug auf die Entscheidung EuGI, Urt. v. 26.10.2001 – Rs. T-184/01 R, „IMS Health", Slg. 2001, II-3193 Rn. 30ff.

c) Verpflichtungszusagen

1479   Art. 9 VO 1/2003 formalisiert eine Verwaltungspraxis der Kommission, in der die Einstellung des Verfahrens häufig mit Zusagen verbunden worden ist.[130] Sie eröffnet die Chance, umfangreiche und schwierige Wettbewerbsstreitigkeiten zum Vorteil von Kommission und Unternehmen im Wege der Kooperation effizient und schnell zu erledigen.[131] Daneben führt die Verpflichtungszusage zu einer gesteigerten Transparenz für die Marktteilnehmer. Nach Art. 9 VO 1/2003 können Unternehmen, denen von der Kommission nach vorläufiger Beurteilung ein wettbewerbswidriges Verhalten zur Last gelegt wird, eine Entscheidung zur Abstellung dieser Zuwiderhandlung verhindern, indem sie Verpflichtungen eingehen, welche die Kommission zur Feststellung bewegen, dass **kein Anlass** zum Tätigwerden mehr besteht. Hierbei handelt es sich um eine „kann"-Bestimmung.[132] Kommt die Verhängung eines Bußgeldes in Betracht, scheidet die Möglichkeit einer Verpflichtungszusage in der Regel aus.[133]

1480   Inhalt einer Verpflichtungszusage können sowohl verhaltensorientierte als auch strukturelle Maßnahmen sein.[134] Angesichts der Vergleichbarkeit der Verpflichtungszusagen mit der Praxis der Kommission im Hinblick auf Art. 6 Abs. 2 und Art. 8 Abs. 2 FKVO ist wahrscheinlich, dass diese Zusagenpraxis auch für die Praxis der Verpflichtungszusagen bedeutsam sein wird. Insoweit ist hier zu erwarten, dass die Veräußerung von Tochtergesellschaften oder Unternehmensteilen – zwecks Reduzierung des Marktanteils – auch hier an Bedeutung gewinnen könnte.

1481   Auch wenn eine Zusageentscheidung vorliegt, schließt dies die Befugnis der Behörden und Gerichte der Mitgliedstaaten nicht aus, einen Verstoß festzustellen;[135] *de facto* ist diese **„Bindungswirkung"** jedoch anzunehmen. Die Entscheidung enthält jedoch keine Sachentscheidung, der eine nationale Entscheidung nach Art. 16 VO 1/2003

---

130 Vgl. *Mestmäcker/Schweitzer*, Europäisches Wettbewerbsrecht, S. 498.

131 *Körber*, WRP 2005, 463 f.

132 Vgl. Komm., Mitteilung v. 14. 9. 2004 – COMP/C.2/37.214, „Deutsche Bundesliga", Abl. 2004, Nr. C 229, 13 und Entsch. v. 22. 6. 2005 – COMP/39.116/B-2, „Coca-Cola", http://europa.eu.int/comm/competition/antitrust/cases/decisions/39116/tccc_final_undertaking_041019.pdf (15. 11. 2005).

133 *Lampert/Niejahr/Kübler/Weidenbach*, EG-KartellVO, Art. 9 Rn. 159.

134 *de Bronett*, Kartellverfahrensrecht, Art. 9 Rn. 4.

135 Erwägungsgrund Nr. 13 VO 1/2003; *Körber*, WRP 2005, 463, 466, weist in diesem Zusammenhang auf die Pflicht zur Loyalität nach Art. 10 VO 1/2003 hin.

zuwiderlaufen könnte.[136] Nicht ganz unproblematisch sind die Folgen einer solchen Verpflichtungsentscheidung für das Unternehmen, die Kommission und Dritte.[137] Insbesondere Dritte, wie etwa der Beschwerdeführer, müssen hier die Möglichkeit haben, Entscheidungen im Wege der Nichtigkeitsklage, Art. 230 Abs. 4 EG, anzufechten. Darüber hinaus haben sie (neben der Kommission) auf Antrag die Möglichkeit, die Kommission dazu zu veranlassen, ein Verfahren, in dem eine Verpflichtungsentscheidung erlassen wurde, wieder aufzunehmen. Verstöße gegen die Zusagen werden in Art. 23 Abs. 2 lit. c und Art. 24 Abs. 1 lit. c VO 1/2003 sanktioniert; ihre Einhaltung kann durch Zwangsgeld erzwungen werden, Art. 24 Abs. 1 lit. c VO 1/2003. Die Mitwirkungs- bzw. Anhörungsrechte der Parteien und Dritter werden in Art. 27 VO 1/2003 entsprechend geregelt.

d) Feststellung der Nichtanwendbarkeit

Gem. Art. 10 VO 1/2003 kann die Kommission von Amts wegen – wenn dies im öffentlichen Interesse liegt – durch Entscheidung feststellen, dass eine bestimmte Vereinbarung oder ein bestimmtes Verhalten nicht nach Art. 81 oder 82 EG **verboten** ist. Diese Regelung soll es der Kommission ermöglichen, im Rahmen der dezentralen Anwendung des Kartellrechts die Rechtseinheitlichkeit zu wahren und wettbewerbspolitische Vorgaben zur Förderung der einheitlichen Anwendung des Kartellrechts zu formulieren.   **1482**

Diese sog. Positiventscheidung soll nur in Ausnahmefällen ergehen und besitzt nur **deklaratorischen** Charakter.[138] Als Sachentscheidung bindet sie jedoch die nationalen Wettbewerbsbehörden und Gerichte. Insoweit kann die Kommission hiermit auch in nationale Wettbewerbsverfahren regulierend „eingreifen". Die Mitwirkungs- bzw. Anhörungsrechte der Parteien und Dritter werden in Art. 27 VO 1/2003 entsprechend geregelt; angesichts der Widersprüchlichkeit der dortigen Verfahrensrechte bestehen hier Bedenken an der Rechtmäßigkeit dieses Regelungskomplexes.[139] Positiventscheidungen können grundsätzlich als Rechtsakte der Kommission gem. Art. 230 Abs. 4 EG durch Nichtigkeitsklage angefochten werden.[140]   **1483**

---

136 Erwägungsgrund Nr. 13 und 24 VO 1/2003.
137 Ausführlich hierzu *Schwarze/Weitbrecht*, Kartellverfahrensrecht, § 6 Rn. 76 ff.
138 Erwägungsgrund Nr. 14 VO 1/2003.
139 Vgl. *Schwarze/Weitbrecht*, Kartellverfahrensrecht, § 6 Rn. 90 f. m. w. N.
140 Hierzu ausführlich *Schwarze/Weitbrecht*, Kartellverfahrensrecht, § 6 Rn. 108 ff.; *Lampert/Niejahr/Kübler/Weidenbach*, EG-KartellVO, Art. 10 Rn. 173 ff.

e) Beratungsschreiben

1484 Angesichts der geplanten Ausnahmeerscheinung der Positiventscheidungen nach Art. 10 VO 1/2003 soll die Kommission einzelnen Unternehmen auch **informelle** Beratung zur Vereinbarkeit ihrer Vereinbarungen oder Handlungsweisen unter Art. 81 und 82 EG geben können.[141] Die Kommission hat mit Erlass der Bekanntmachung über informelle Beratung den entsprechenden Rahmen geschaffen.[142] Mit der durch die Legalausnahme geschaffenen Rechtsunsicherheit besteht hierdurch für Unternehmen die Möglichkeit, für „neue und ungelöste Fragen" ein Beratungsschreiben zu erhalten.[143] Angesichts der bestehenden „Überbelastung" der Kommission ist zu erwarten, dass diese Möglichkeit restriktiv gehandhabt wird.

1485 Ein Beratungsschreiben kann nur bezüglich eines Sachverhaltes ergehen, der noch nicht Gegenstand eines nationalen oder europäischen Kartellverfahrens ist und welcher noch nicht bereits in einem anhängigen Verfahren vor den europäischen Gerichten aufgeworfen worden ist.[144] Es bindet weder die europäischen Gerichte noch nationale Wettbewerbsbehörden und Gerichte, wobei jedoch eine **De-facto**-Bindung zu erwarten ist. Ermittlungen finden nicht statt. Vielmehr bewertet die Kommission das Ersuchen im Prinzip anhand der vorgelegten Informationen.[145] Die Kommission behält sich jedoch vor, die ihr vorgelegten Informationen mit den Wettbewerbsbehörden der Mitgliedstaaten inhaltlich zu teilen und zu erörtern.[146] In Ermangelung der Bindungswirkung mag es für Unternehmen zweckmäßiger sein, eine Positiventscheidung gem. Art. 9 VO 1/2003 zu bewirken. Hierauf kann in den informellen (mündlichen) Beratungen mit der Kommission – die auch weiterhin offen stehen – hingewirkt werden.[147]

2. Sanktionen

1486 Das Sanktionsrecht hat durch die Reform in der VO 1/2003 – bis auf den Sanktionsrahmen für Verfahrensverstöße – keine wesentlichen Änderungen erfahren. Die Bußgeldpraxis ist jedoch in tatsächlicher Hin-

---

141 Erwägungsgrund Nr. 38 VO 1/2003; GK-*Schütz*, Art. 10 VO 1/2003 Rn. 16.
142 Komm., Bekanntmachung über informelle Beratung bei neuartigen Fragen zu den Art. 81 und 82 EG-Vertrag, die in Einzelfällen auftreten, Abl. 2004, Nr. C 101, 78.
143 Komm., Bek. über informelle Beratung, Abl. 2004, Nr. C 101, 78 Rn. 5.
144 Komm., Bek. über informelle Beratung, Abl. 2004, Nr. C 101, 78 Rn. 9.
145 Komm., Bek. über informelle Beratung, Abl. 2004, Nr. C 101, 78 Rn. 15.
146 Komm., Bek. über informelle Beratung, Abl. 2004, Nr. C 101, 78 Rn. 16.
147 Erwägungsgrund Nr. 38 VO 1/2003.

sicht erheblich **strenger** geworden, denn das Ausmaß der Bußgelder wurde in dem vergangenen Jahrzehnt deutlich angehoben. Dies ist der Kommission – aus Abschreckungsgründen – auch vom EuGI ausdrücklich zugestanden worden.[148] Sie hat daher auch zuletzt immer wieder darauf hingewiesen, dass sie dies auch in der Zukunft tun werde, um die generalpräventive Wirkung von Geldbußen zu erhöhen.

a) Geldbußen

Die Kommission ist berechtigt, eine Geldbuße sowohl bei einem Ver- **1487** stoß gegen **Verfahrensvorschriften** als auch bei einem Verstoß gegen **materielles Recht** zu verhängen. Da Geldbußen stets unternehmensbezogen sind, können sie zwar gegen eine Personengesellschaft, **nicht** jedoch gegen natürliche Personen verhängt werden.[149] Den Geldbußen kommt im EG-Kartellrecht die Aufgabe zu, eine konkrete Verletzung der Wettbewerbsregeln zu ahnden, Wiederholungen zu vermeiden und zugleich abschreckend zu wirken; sie haben jedoch keinen strafrechtlichen Charakter.[150]

Im Rahmen der Verhängung von Bußgeldern wird nicht zwischen ver- **1488** schiedenen Formen der Beteiligung an einem Verstoß, also Täterschaft bzw. Teilnahme, unterschieden. Jede Geldbuße setzt ein **Verschulden** des betroffenen Unternehmens voraus, wie ausdrücklich in Art. 23 Abs. 1 und 2 VO 1/2003 erwähnt wird. Ein schuldhaftes Handeln ist anzunehmen, wenn die für das Unternehmen handelnden Personen die wesentlichen Tatsachen, die der Zuwiderhandlung zugrunde liegen, gekannt haben.[151] Das Gleiche gilt, wenn die Beteiligten hätten wissen müssen, dass sie einen Wettbewerbsverstoß begehen, ihnen also ein Fahrlässigkeitsvorwurf gemacht werden kann.[152] Hierbei werden dem Unternehmen sämtliche Handlungen seiner Unternehmer zuge-

---

148 EuGI, Urt. v. 12.7.2001 – verb. Rs. T-202, 204 und 207/98, „British Sugar", Slg. 2001, II-2035, 133 ff.

149 Komm., Entsch. v. 16.12.1982 – Az. IV/C-30.128, „Toltecs/Dorcet", Abl. 1982, Nr. L 379, 19, 28; Langen-*Sauter*, Art. 15 VO Nr. 17/62 Rn. 4; Loewenheim/Meessen/Riesenkampff-*Nowak/Pombo*, Art. 23 VerfVO Rn. 17.

150 Art. 23 Abs. 5 VO 1/2003. Siehe auch EuGI, Urt. v. 6.10.1994 – Rs. T-83/91, „Tetra Pak", Slg. 1994, II-755 Rn. 235.

151 EuGH, Urt. v. 7.6.1983 – verb. Rs. 100–103/80, „Musique Diffusion Française", Slg. 1983, 1825, 1907 Rn. 112; Urt. v. 8.11.1983 – verb. Rs. 96–102, 104, 105, 108, 110/82, „IAZ", Slg. 1983, 3369 Rn. 45; Langen-*Sauter*, Art. 15 VO Nr. 17/62 Rn. 11 f.

152 EuGH, Urt. v. 14.2.1978 – Rs. 27/76, „United Brands", Slg. 1978, 207 Rn. 299, 301.

rechnet. In diesem Zusammenhang ist ein Verbotsirrtum grundsätzlich unbeachtlich, weshalb es nicht darauf ankommt, dass sich das Unternehmen der Zuwiderhandlung gegen das Verbot bewusst ist. Es wird als ausreichend angesehen, wenn sich das Unternehmen darüber im Klaren ist, dass sein Verhalten eine Wettbewerbsbeschränkung bezweckt oder bewirkt.[153] Fehleinschätzungen können dann nur noch bei der Bemessung der Geldbuße berücksichtigt werden, Art. 23 Abs. 3 VO 1/2003.[154]

aa) Verfahrensverstöße

1489   Art. 23 Abs. 1 VO 1/2003 erfasst die Verfahrensverstöße. Die Auskunfts- und Untersuchungsrechte der Kommission nach Art. 17–20 VO 1/2003 werden hier durch entsprechende Mitwirkungspflichten der Unternehmen gesichert; die verlangten Auskünfte dürfen nicht unrichtig oder irreführend sein. Mit einer Geldbuße von bis zu **1% des Gesamtumsatzes** des vergangenen Geschäftsjahres ist eine drastische Erhöhung vorgenommen worden. Zum einen sollen hierdurch Mitwirkungs- und Duldungspflichten mittels Bußgeldandrohung indirekt durchgesetzt werden; zum anderen soll das Kartellverfahren und damit die Entscheidungsfindung der Kommission vor falschen Informationen geschützt werden. Die Verjährungsfrist beträgt drei Jahre, Art. 25 Abs. 1 lit. a VO 1/2003.

bb) Verstöße gegen Art. 81 und 82 EG

1490   Bußgelder wegen Verstoßes gegen Art. 81 oder 82 EG haben in der jüngsten Vergangenheit immer wieder für Schlagzeilen gesorgt. Geldbußen in der Höhe von 479 Millionen Euro gegen ein einzelnes Unternehmen unterstreichen das resolute Vorgehen der Kommission gegen wettbewerbswidrige Praktiken.[155] Gem. Art. 23 Abs. 2 VO 1/2003 beträgt der Bußgeldrahmen **bis zu 10% des erzielten Gesamtumsatzes** eines Unternehmens. Neu ist hier vor allem die Bußgeldandrohung für Zuwiderhandlungen gegen Entscheidungen zur Anordnung einstweiliger Maßnahmen nach Art. 8 VO 1/2003 oder die Verpflichtungszusa-

---

153 Grundsätzlich zu den Irrtümern siehe *Dreher/Thomas*, WuW 2004, 8 ff. Siehe auch EuGH, Urt. v. 9. 11. 1983 – Rs. 322/81, „Michelin", Slg. 1983, 3461 Rn. 107; EuGI, Urt. v. 21. 2. 1995 – Rs. T-29/92, „Niederländische Bauwirtschaft", Slg. 1995, II-289 Rn. 356; Urt. v. 2. 7. 1992 – Rs. T-61/89, „Dansk Pelsdyravlerforening", Slg. 1992, II-1931 Rn. 157.

154 Vgl. Rn. 97.

155 EuGI, Beschl v. 22. 12. 2004 – Rs. T-201/04, „Microsoft", Abl. 2005, Nr. C 69, 16.

gen i. S. d. Art. 9 VO 1/2003. Die Verjährungsfrist beträgt fünf Jahre, Art. 25 Abs. 1 lit. b VO 1/2003.

cc) Bemessung

Für die Bemessung der Geldbuße ist vor allem auf die **Schwere** des   **1491**
Verstoßes und seine **Dauer** abzustellen, Art. 23 Abs. 3 VO 1/2003.[156]
Die Kommission hat für das Verfahren zur Festsetzung von Geldbußen
Leitlinien erlassen.[157] In diesen durch das EuGI und den EuGH in
verschiedenen Entscheidungen bestätigten Leitlinien bekräftigt die
Kommission ihren Ermessensspielraum bei der Bußgeldbemessung.[158]
Hiernach setzt die Kommission zunächst einen Grundbetrag auf der
Grundlage der Dauer und der Schwere der Zuwiderhandlung fest.[159]
Dieser Betrag wird sodann je nach Vorliegen von erschwerenden (wie
etwa einem wiederholten Verstoß) oder mildernden Umständen (wie
beispielsweise einer nur passiven Mitwirkung) erhöht oder reduziert;
die in den Leitlinien genannten Umstände sind dabei nicht abschließend.[160] Die Verantwortlichkeit eines Unternehmens für die Zuwiderhandlung gegen das Kartellverbot hängt davon ab, ob es eigenständig
gehandelt hat oder den Anweisungen der Muttergesellschaft gefolgt
ist. Handelt es eigenständig, kann die Kommission eine Geldbuße festsetzen.[161]

Erhebliche Bedeutung im Rahmen der Verfolgung von sog. *Hardcore*-   **1492**
Kartellen (und der Bußgeldbemessung) haben die in verschiedenen Ju-
risdiktionen erlassenen sog. Kronzeugen- bzw. Bonusprogramme (*Le-
niency Programmes*).[162] Hierdurch soll vor allem Kartellbeteiligten

---

156 Vgl. dazu EuGI, Urt. v. 18.7.2005 – Rs. T-241/01, „SAS/Kommission", WuW/E
EU-R 923.
157 Komm., Leitlinien für das Verfahren zur Festsetzung von Geldbußen, die gem.
Art. 15 Abs. 2 VO Nr. 17 und gem. Art. 65 Abs. 5 EGKS-Vertrag festgesetzt werden, Abl. 1998, Nr. C 9, 3.
158 Hierzu ausführlich *Schwarze/Weitbrecht*, Kartellverfahrensrecht, § 7 Rn. 2 ff.; *Lam-
pert/Niejahr/Kübler/Weidenbach*, EG-KartellVO, Art. 23 Rn. 439 ff.
159 Beispielhaft für diese Methode der Bußgeldbemessung ist die Festsetzung des Bußgeldes gegen VW wegen Behinderung von Paralleleinfuhren aus Italien: Komm.,
Entsch. v. 25.1.1998 – Az. IV/35.733, „VW", Abl. 1998, Nr. L 124, 60 Rn. 206–
222.
160 Vgl. m. w. N. Wiedemann KartR-*Dieckmann*, § 46 Rn. 11.
161 EuGH, Urt. v. 14.7.2005 – verb. Rs. C-65 und 73/02 P, „ThyssenKrupp", EWS
2005, 410 Rn. 66 ff.
162 Die Kommission aktualisiert die Liste der Mitgliedstaaten auf ihrer Homepage:
http://europa.eu.int/comm/competition/antitrust/legislation/authorities_with_lenien-
cy_programme.pdf (15.11.2005).

ein Anreiz zum Ausstieg aus dem Kartell und zur Zusammenarbeit mit den Kartellbehörden gegeben werden.[163] Die Kommission hatte bereits im Jahre 1996 eine entsprechende Mitteilung erlassen.[164] Diese hatte jedoch – angesichts mangelnder Transparenz des Verfahren und entsprechender Rechtsunsicherheit – nicht die erwartete Akzeptanz ausgelöst.[165] Demzufolge hat die Kommission im Jahre 2002 eine überarbeitete Fassung in Form der Mitteilung über den Erlass und die Ermäßigung von Geldbußen in Kartellsachen („Kronzeugenregelung") erlassen.[166]

1493 Die Kronzeugenregelung unterscheidet zwischen zwei Fallgruppen. Ein vollständiger Erlass der Geldbuße wird gewährt, sofern der Kommission die Existenz des angezeigten Kartells vorher nicht bekannt war, das Unternehmen als erstes die Existenz des Kartells **anzeigt** und die weiteren Voraussetzungen (Vorlage erheblicher Beweismittel; Einstellung der Teilnahme; vollständige Kooperation mit der Kommission; kein Zwang der Teilnahme auf andere Kartellmitglieder ausgeübt) kumulativ erfüllt sind.[167] Werden diese Voraussetzungen nicht erfüllt, kann ein Unternehmen nur noch eine Ermäßigung der Geldbuße erreichen (maximal 50%).[168] Hierzu muss das Unternehmen Beweismittel vorlegen, die gegenüber den im Besitz der Kommission befindlichen Dokumenten einen erheblichen Mehrwert darstellen. Dieser Mehrwert bezieht sich auf das Ausmaß, in dem die vorgelegten Beweismittel aufgrund ihrer Eigenschaft und/oder ihrer Ausführlichkeit der Kommission dazu verhelfen, den betreffenden Sachverhalt nachzuweisen.[169]

1494 Die **Erfolge** der Kronzeugenregelung sind beachtlich.[170] Sie verbessert die Position der Unternehmen, denen aufgrund eines Verstoßes eine Geldbuße „droht", erheblich. Der „Wettlauf" zur Kommission muss jedoch auch entsprechend vorbereitet werden.[171] Das erfordert

---

163 Vgl. GK-*Schütz*, Art. 23 VO 1/2003 Rn. 31 f.; *Schwarze/Weitbrecht*, Kartellverfahrensrecht, § 7 Rn. 30 ff. m. w. N.; *Lampert/Niejahr/Kübler/Weidenbach*, EG-KartellVO, Art. 23 Rn. 445 ff.
164 Komm., Mitteilung über die Nichtfestsetzung oder niedrigere Festsetzung von Geldbußen in Kartellsachen, Abl. 1996, Nr. C 207, 4.
165 Vgl. *Klees*, WuW 2002, 1056 ff.
166 Komm., Mitteilung über den Erlass und die Ermäßigung von Geldbußen in Kartellsachen („Kronzeugenregelung"), Abl. 2002, Nr. C 45, 7.
167 Komm., Kronzeugenregelung Rn. 11.
168 Komm., Kronzeugenregelung Rn. 23.
169 Komm., Kronzeugenregelung Rn. 22.
170 Vgl. Komm., XXXIII. WB, S. 16 Rn. 30.
171 Vgl. *Lampert/Niejahr/Kübler/Weidenbach*, EG-KartellVO, Art. 23 Rn. 451.

eine erhebliche (kostenintensive) Vorbereitung durch das Unternehmen. Denn es muss nicht nur der Sachverhalt gründlich vorbereitet werden. Es muss auch sichergestellt werden, dass keine weiteren (nicht aufgedeckten) Kartellverstöße bestehen, um zu verhindern, dass der häufig initiierte „Domino-Effekt" dazu führt, dass man wiederum selbst von einem anderen Kartellmitglied hinsichtlich eines weiteren Kartells „angezeigt" wird. Zuletzt ist aber auch abzuwägen, wie vorgegangen wird. Denn es kann durchaus zu erwägen sein, ob ein gemeinsames Vorgehen durch alle Kartellanten oder vereinzelt, in einer bestimmten Reihenfolge (sog. Salami-Taktik), insgesamt „günstiger" ist.[172]

b) Zwangsgelder

Neben den Bußgeldern spielen die Zwangsgelder in der Praxis eine erhebliche Rolle. Art. 24 VO 1/2003 ermächtigt die Kommission, Zwangsgelder zu verhängen.[173] Das Zwangsgeld dient dazu, ein bestimmtes Handeln, Dulden oder Unterlassen zu **erzwingen**. Es ist damit dem Bereich des Verwaltungszwangs zuzuordnen. Praktische Bedeutung kommt dem Zwangsgeld vor allem bei der Durchsetzung verfahrensrechtlicher Entscheidungen bezüglich Auskunft und Nachprüfung zu.[174] **1495**

In Art. 24 VO 1/2003 werden die **Verfügungen** normiert, die mit Zwangsgeld durchgesetzt werden können. Hierzu zählen Abstellungsverfügung, Nachkommen einer Entscheidung zur Anordnung einstweiliger Maßnahmen, Einhaltung einer Verpflichtungszusage, Auskunftsverlangen oder Duldung von Nachprüfungen. Die Höhe des Zwangsgelds beträgt nunmehr 5 % des im vergangenen Geschäftsjahr erzielten durchschnittlichen Tagesumsatzes für jeden Tag des Verzugs. Das Verfahren ist zweistufig, Art. 24 Abs. 2 VO 1/2003: Das Zwangsgeld muss zunächst in einer (ersten) Entscheidung angedroht und in einer (zweiten) Entscheidung festgesetzt werden.[175] **1496**

---

172 Vgl. *Klees*, WuW 2002, 1056, 1066.
173 GK-*Schütz*, Art. 24 VO 1/2003 Rn. 1.
174 EuGH, Urt. v. 21.9.1989 – verb. Rs. 46/87 und 227/88, „Hoechst", Slg. 1989, 2859 Rn. 10 ff. = BB 1989, 2275; Komm., Entsch. v. 15.3.1991 – Az. IV/33.300, „Baccarat", Abl. 1991, Nr. L 97, 17 Rn. 8 ff.; Langen-*Sauter*, Art. 16 VO Nr. 17/62 Rn. 3.
175 Vgl. *Lampert/Niejahr/Kübler/Weidenbach*, EG-KartellVO, Art. 23 Rn. 480.

II. Deutsches Recht

1. Ordnungswidrigkeiten

1497 Verstöße gegen die Verbote des GWB gelten grundsätzlich als Ordnungswidrigkeiten. Voraussetzungen und Verfahren richten sich nach den Vorschriften des **OWiG**, soweit nicht das GWB abweichende Vorschriften enthält.

1498 Von den zahlreichen in § 81 GWB genannten Ordnungswidrigkeitentatbeständen spielen in der Praxis nur einige wenige eine Rolle. In den meisten Fällen geht es dabei um einen Verstoß gegen das Kartellverbot des § 1 GWB – allein im Berichtszeitraum 2003/2004 hat das BKartA 81 Verfahren eingeleitet und Bußgelder in Höhe von 775 Millionen Euro verhängt.[176] Weitere wichtige Fallgruppen bilden Bußgeldverfahren wegen Verstößen gegen das fusionskontrollrechtliche Vollzugsverbot sowie in Fällen des Boykotts und der Diskriminierung.[177]

1499 Ein Ordnungswidrigkeitentatbestand ist erfüllt, wenn gegen eine der in **§ 81 Abs. 1–3 GWB** genannten zahlreichen **Verweisungen** auf Ver- und Gebotsnormen des materiellen Kartellrechts vorsätzlich oder fahrlässig verstoßen wird. Eine Differenzierung nach der angedrohten **Bußgeldhöhe** findet sich in **§ 81 Abs. 4 GWB**. Dementsprechend wird zwischen schwerwiegenden und leichteren Kartellordnungswidrigkeiten unterschieden. Inhaltlich wird zwischen Verstößen gegen materielle gesetzliche Verbote, gegen gesetzliche Verfügungen und gegen Auskunfts- und Meldepflichten unterschieden.

1500 Schwerwiegende Zuwiderhandlungen sind dadurch gekennzeichnet, dass sie gem. § 81 Abs. 4 GWB nunmehr mit Geldbuße bis zu 1 Million Euro geahndet werden können. Die gegen Unternehmen verhängten Geldbußen können bis zu 10 % des im letzten Geschäftsjahr erzielten Gesamtumsatzes betragen, § 81 Abs. 4 Satz 2 GWB.[178] Hier stehen die gesetzlichen Verbote im Vordergrund. Gem. § 81 Abs. 1 GWB sind hier nunmehr durch die 7. GWB-Novelle Verstöße gegen Art. 81, 82 EG unmittelbar bußgeldbewehrt. Besondere Bedeutung kommt gem. § 81 Abs. 3 GWB insbesondere der Verweisung auf das Kartellverbot, die missbräuchliche Ausnutzung einer marktbeherrschenden Stellung und Verstöße gegen das kartellrechtliche Diskriminierungs-

---

176 BKartA, Tätigkeitsbericht 2003/2004, BT-Drucks. 15/5790, S. 35 ff.
177 BKartA, Tätigkeitsbericht 2003/2004, BT-Drucks. 15/5790, S. 25, 230 ff.
178 *Hartog/Noack*, WRP 2005, 1396. 1405 f.

und Behinderungsverbot zu. Darüber hinaus sind hier aber auch die in § 81 Abs. 2 Nr. 3 GWB gelisteten Zuwiderhandlungen gegen verschiedene vollziehbare Akte der Kartellbehörden, §§ 30 Abs. 3, 32 Abs. 1, 32 a Abs. 1, 32 b Abs. 1 Satz 1 und 41 Abs. 4 Nr. 2, und das fusionskontrollrechtliche Vollzugsverbot bedeutsam. **Leichtere** Zuwiderhandlungen können hingegen nunmehr gem. § 81 Abs. 4 Satz 3 GWB mit Geldbuße bis zu 100.000 Euro geahndet werden.

Nach § 81 Abs. 4 Satz 4 GWB ist bei der Festsetzung der **Höhe** der   **1501** Geldbuße sowohl die Schwere der Zuwiderhandlung als auch deren Dauer zu berücksichtigen. Anhand einer teleologischen Auslegung[179] sind dabei auch die Leitlinien der Kommission für das Verfahren zur Festsetzung von Geldbußen heranzuziehen.[180] § 81 Abs. 5 GWB lässt nunmehr auch die Möglichkeit zu, dass bei der Geldbuße zwischen der Abschöpfung einerseits und der Ahndungs- und Sanktionsfunktion andererseits getrennt werden kann.[181]

Als **Täter** kommen grundsätzlich nur natürliche Personen in Be-   **1502** tracht.[182] Zum Täterkreis zählen in erster Linie die Unternehmensinhaber, die vertretungsbefugten Gesellschafter von Personen-(handels-) gesellschaften und die Geschäftsführer bzw. Vorstände von Kapitalgesellschaften, vgl. § 30 Abs. 1 OWiG. Gem. § 130 OWiG haftet dieser Personenkreis auch für die Verletzung seiner Aufsichtspflichten.[183] Gegen eine juristische Person oder eine Personenvereinigung ist nach § 30 OWiG die Festsetzung einer Geldbuße zulässig. Hierzu muss deren vertretungsbefugtes Organ oder Vorstand eine Straftat bzw. eine Ordnungswidrigkeit begangen haben, durch die entweder eine die juristische Person oder Personenvereinigung treffende Pflicht verletzt worden ist oder für die juristische Person oder Personenvereinigung eine Bereicherung eingetreten oder angestrebt worden ist.

Ob die Kartellbehörde bei einem Verstoß gegen das GWB ein Buß-   **1503** geld verhängt, steht in ihrem pflichtgemäßen **Ermessen**, § 47 Abs. 1 OWiG.[184]

---

179 BT-Drucks. 15/5049, 50.
180 Vgl. Rn. 1491.
181 Hierzu *Kahlenberg/Haellmigk*, BB 2005, 1509, 1513.
182 Langen-*Kollmorgen*, § 81 Rn. 10.
183 BGH, Beschl. v. 8. 2. 1994 – KRB 25/93, „Geschäftsführermehrheit", WuW/E BGH 2927, 2928 f.; Urt. v. 9. 7. 1984 – KRB 1/84, „Schlussrechnung", WuW/E BGH 2100, 2101.
184 *Lutz*, WuW 2005, 718, 730.

2. Strafrechtliche Sanktionen

1504 Straftaten gegen den Wettbewerb sind in den §§ 298–302 StGB geregelt. Der Straftatbestand des § 298 StGB stellt sog. **Submissionsabsprachen** unter Strafe. Nach Abs. 1 ist derjenige strafbar, der bei einer Ausschreibung über Waren oder gewerbliche Leistungen ein Angebot abgibt, das auf einer rechtswidrigen Absprache beruht, die den Ausschreibenden zur Annahme eines bestimmten Angebots veranlassen soll. In Abs. 2 dieser Vorschrift wird der Ausschreibung die freihändige Vergabe nach vorausgegangenem Teilnahmewettbewerb gleichgestellt. § 298 StGB ist als abstraktes Gefährdungsdelikt strukturiert. Geschütztes Rechtsgut ist nicht in erster Linie das Vermögen des Veranstalters, sondern der freie Wettbewerb i. S. einer Wettbewerbsordnung, die den Austausch von Waren und Leistungen auf einem freien Markt von Angebot und Nachfrage regelt. Die Norm erfasst einen begrenzten Tatbereich im Vorfeld des Betruges,[185] da hierdurch bereits die Abgabe eines auf einer wettbewerbswidrigen Absprache beruhenden Angebots mit Strafe bedroht wird. § 299 StGB stellt die **Bestechlichkeit** und die Bestechung im geschäftlichen Verkehr unter Strafe.

1505 Bei Submissionsabsprachen sind regelmäßig zugleich sämtliche Voraussetzung des **Betrugstatbestandes** des § 263 Abs. 1 StGB erfüllt.[186] Die in der Praxis immer wieder auftretenden Schwierigkeiten mit der Feststellung des Vermögensschadens hatten in der Vergangenheit dazu geführt, dass § 263 StGB auf Submissionsabsprachen kaum zur Anwendung gekommen war.[187] Zudem wurden vom Betrugstatbestand diejenigen Absprachen nicht erfasst, die zur Vergabe zu angemessenen Preisen führen. Dies ist durch die Lockerungen der Rechtsprechung des BGH teilweise anders geworden, aufgrund derer vor allem die Täuschungshandlung, aber auch das Vorliegen eines Vermögensschadens leichter bejaht werden können.[188] Daher ist stets zu beachten, dass auch nach Einführung des § 298 StGB grundsätzlich eine parallele Anwendung des § 263 StGB möglich bleibt.[189]

---

185 *Achenbach*, WuW 1997, 958, 959; Wiedemann KartR-*Klusmann*, § 56 Rn. 13.
186 Kritisch dazu *Lange*, ZWeR 2003, 352, 355 ff.
187 *Lüderssen*, wistra 1995, 243, 244, 246 f.; *Rutkowsky*, NJW 1995, 705 f.
188 BGH, Urt. v. 11.07.2001 – 1 StR 576/00, NJW 2001, 3718, 3719 = WuW/E Verg 486; Urt. v. 21.11.2000 – 1 StR 300/00, wistra 2001, 103.
189 *Achenbach*, WuW 1997, 958, 959; *Hohmann*, NStZ 2001, 566, 568; Wiedemann KartR-*Klusmann*, § 56 Rn. 26.

3. Verwaltungsrechtliche Sanktionen

a) Abstellen einer Zuwiderhandlung

In Anlehnung an Art. 7 Abs. 1 Satz 1 VO 1/2003 kann die zuständige **1506** Kartellbehörde gem. § 32 Abs. 1 GWB Unternehmen und Vereinigungen von Unternehmen verpflichten, eine Zuwiderhandlung gegen das GWB – oder Art. 81 und 82 EG – **abzustellen**. Mit der 7. GWB-Novelle ist nunmehr auch eine positive Anordnung möglich. Gem. § 32 Abs. 2 GWB kann die Kartellbehörde den betroffenen Unternehmen alle **Maßnahmen aufgeben**, die für ein wirksames Abstellen der Zuwiderhandlung erforderlich und verhältnismäßig sind. Dies sollte auch – zusätzlich zu den verhaltensorientierten Maßnahmen – die Möglichkeit zu sog. strukturellen Maßnahmen mit einschließen, sofern der Verhältnismäßigkeitsgrundsatz gewahrt bleibt.[190] Ebenfalls dem europäischen Recht, Art. 7 Abs. 1 Satz 4 VO 1/2003, ist § 32 Abs. 3 GWB nachgebildet, wonach den Kartellbehörden die ausdrückliche Befugnis erteilt wird, einen Kartellverstoß auch nachträglich festzustellen. Hier geht es vor allem um die Fälle der Wiederholungsgefahr.[191] Sämtliche Verfügungen nach § 32 GWB sind im Bundesanzeiger oder im elektronischen Bundesanzeiger bekannt zu machen, § 62 Satz 1 GWB.[192]

b) Anordnung einstweiliger Maßnahmen

§ 32 a Abs. 1 GWB sieht die Befugnis der Kartellbehörden in **drin- 1507 genden Fällen** vor, einstweilige Maßnahmen anzuordnen, wenn die Gefahr eines ernsten, nicht wieder gutzumachenden Schadens für den Wettbewerb besteht. Die Anordnungsbefugnis erstreckt sich grundsätzlich auf die Vorschriften des Ersten bis Fünften Abschnitts des Ersten Teils des GWB und der Art. 81 und 82 EG, soweit nicht § 60 GWB (insbesondere im Bereich der Zusammenschlusskontrolle) Sonderregelungen enthält.[193] Wie in Art. 8 Abs. 1 VO 1/2003 ausdrücklich vorgeschrieben, wird man auch für § 32 a GWB eine *prima facie* festgestellte Zuwiderhandlung gegen diese Vorschriften verlangen müssen. Schutzrichtung der einstweiligen Maßnahme ist der Wettbewerb, nicht Interessen einzelner Unternehmen. Wie im europäischen Recht, Art. 8 Abs. 2 VO 1/2003, ist die einstweilige Maßnahme nach § 32 a Abs. 2

---

190 BT-Drucks. 15/3640, 51. Hierzu *Kahlenberg/Haellmigk*, BB 2005, 1509, 1512.
191 BT-Drucks. 15/3640, 33, 51.
192 *Karl/Reichelt*, BB 2005, 1436, 1443.
193 BT-Drucks. 15/3640, 51.

GWB zu befristen; die Regelfrist beträgt ein Jahr. Verstöße gegen diese Vorschrift sind bußgeldbewehrt.

c) Verpflichtungszusagen

1508   Nach § 32 b Abs. 1 GWB haben die deutschen Kartellbehörden die Befugnis, zur **Abwendung** einer Verfügung nach § 32 GWB Verpflichtungszusagen der betroffenen Unternehmen durch Verfügung für bindend zu klären. Die Vorschrift ist Art. 9 VO 1/2003 nachgebildet.[194] Diese setzt voraus, dass die Kartellbehörde ihre Bedenken zunächst in hinreichender Form dargelegt hat und die Unternehmen Verpflichtungen angeboten haben, die geeignet sind, die Bedenken auszuräumen.[195] Hierzu zählen insbesondere die Maßnahmen, welche auch nach § 32 Abs. 2 GWB gegeben sind. Eine Verpflichtungszusage ist ungeeignet, wenn die Kartellbehörde beabsichtigt, eine Geldbuße aufzuerlegen.[196]

1509   Bei dieser Verfügung handelt es sich nicht um eine abschließende Aussage der Kartellbehörde, sondern um eine **(selbst-)bindende Verfügung**, welche das Aufgreifermessen der Behörde beschränkt. Zivilgerichte oder Dritte sind jedoch nicht an die Entscheidung gebunden. Nach § 32 b Abs. 2 GWB sind Wiederaufnahmemöglichkeiten des Verfahrens vorgesehen. Bei § 32 b Abs. 2 GWB handelt es sich um eine spezielle Regelung, die den allgemeinen Vorschriften über die Aufhebung von Verwaltungsakten nach den §§ 48 ff. VwVfG vorgehen. Verstöße gegen diese Vorschrift sind bußgeldbewehrt.

d) Kein Anlass zum Tätigwerden

1510   § 32 c GWB dient dem Interesse der Unternehmen nach **Rechtssicherheit** in dem neuen System der Legalausnahme. Die nationalen Kartellbehörden haben daher die Befugnis erhalten, Entscheidungen zu treffen, dass nach den ihnen vorliegenden Informationen die Voraussetzungen für ein Verbot nach den §§ 1 und 19–21 GWB, nach Art. 81 Abs. 1 oder 82 EG nicht gegeben sind und daher kein Anlass zum Tätigwerden besteht. Hierdurch kann keine konstitutive Freistellung erfolgen. Die Kartellbehörde gibt lediglich eine rechtlich verbindliche **Zusicherung** ab, § 32 c Satz 3 GWB, nur noch bei Verände-

---

194 Vgl. Rn. 1479 ff.
195 BT-Drucks. 15/3640, 34.
196 BT-Drucks. 15/3640, 34; *Hirsbrunner/Rhomberg*, EWS 2005, 61, 62 f.

rung der zugrunde liegenden Sach- und Rechtslage gegen die Vereinbarung bzw. die Verhaltensweise vorzugehen.[197] Diese Regelung entspricht Art. 5 Satz 3 VO 1/2003.

Bei § 32 c GWB handelt es sich um eine Entscheidungsform zu Gunsten von Unternehmen. Die Kartellbehörde trifft die Entscheidung nach pflichtgemäßem **Ermessen**.[198] Die Entscheidung ergeht in Form einer Verfügung, § 61 GWB. Diese ist jedoch für Dritte **nicht bindend**; ihnen steht der Zivilrechtsweg offen. Auch die Gerichte müssen eine solche Verfügung nicht berücksichtigen. **1511**

e) Entzug des Vorteils einer GVO

Wie schon Art. 29 Abs. 2 VO 1/2003 gibt auch § 32 d GWB dem BKartA das Recht, im Einzelfall den Rechtsvorteil einer GVO zu entziehen. § 32 d GWB geht jedoch darüber hinaus, da die Befugnis auch bei Fällen ohne zwischenstaatliche Auswirkungen erteilt wird. Voraussetzung für diesen Schritt ist, dass von einer Vereinbarung, einem Beschluss oder einer abgestimmten Verhaltensweise, für die eine GVO gilt, Wirkungen ausgehen, die mit Art. 81 Abs. 3 EG oder § 2 Abs. 1 GWB **unvereinbar** sind. Ferner müssen diese Wirkungen in der Bundesrepublik Deutschland oder einem Teilgebiet auftreten, das alle Merkmale eines gesonderten Marktes aufweist. Erneut ist darauf hinzuweisen, dass dies nur gilt, soweit kein grenzüberschreitender Tatbestand gegeben ist. **1512**

f) Vorteilsabschöpfung durch die Kartellbehörde

Die Kartellbehörden haben nach § 34 GWB die Möglichkeit, den gesamten, durch den Kartellrechtsverstoß erlangten wirtschaftlichen Vorteil **abzuschöpfen**. Eine entsprechende Regelung für Verbände und Einrichtungen enthält § 34 a GWB.[199] Voraussetzung ist dafür nach § 34 Abs. 1 GWB, dass ein Unternehmen gegen eine Vorschrift des GWB, gegen Art. 81 oder 82 EG oder eine Verfügung der Kartellbehörde verstoßen hat und dadurch einen wirtschaftlichen Vorteil erlangt hat. Die Vorteilsabschöpfung ist bei allen Verhaltensweisen möglich, die von der Kartellbehörde untersagt werden können. **1513**

---

197 BT-Drucks. 15/3640, 51.
198 *Lutz*, WuW 2005, 718, 726.
199 Vgl. Rn. 1518.

1514 An dem Erfordernis des **Verschuldens** als Grundlage für die Abschöpfung des wirtschaftlichen Vorteils wird festgehalten. § 34 GWB soll dennoch nach Vorstellung des Gesetzgebers ein verwaltungsrechtliches Instrument sein und keine strafrechtsähnliche Sanktion, wie etwa das Bußgeld, darstellen. Ziel der Vorteilsabschöpfung ist daher nicht die Bestrafung des Täters, sondern die Sicherstellung, dass die durch den Kartellrechtsverstoß erlangten wirtschaftlichen Vorteile nicht beim Täter verbleiben.

1515 Als **wirtschaftlicher Vorteil** ist jeder Vorteil heranzuziehen, also nicht nur der in Geld bestehende Gewinn, sondern etwa auch die Verbesserung der Marktposition des Täters durch die Ausschaltung oder Zurückdrängung von Wettbewerbern. Auch die Ersparnis sonstiger wirtschaftlicher Kosten, erzielte Gebrauchsvorteile oder eine sichere Aussicht auf Gewinnerzielung können wirtschaftliche Vorteile i. S. v. § 34 GWB darstellen.[200] Für die Definition des wirtschaftlichen Vorteils sind die zu § 17 Abs. 4 GWB entwickelten Rechtsgrundsätze entsprechend heranzuziehen.[201] Die Höhe des wirtschaftlichen Vorteils kann geschätzt werden, § 34 Abs. 4 GWB.

1516 Die Vorteilsabschöpfung ist gegenüber individuellen Schadensersatzansprüchen Dritter **subsidiär**, § 34 Abs. 2 GWB. Die Vorteilsabschöpfung soll vor allem dann eingreifen, wenn die „Kartellrendite" bei den Unternehmen, die den Wettbewerbsverstoß begangen haben, nicht schon durch den Geschädigten im Rahmen des Schadensersatzes abgeschöpft wird. Dies gilt insbesondere bei Fällen der Massen- und Streuschäden, da in solchen Konstellationen ein Ausgleich der entstandenen Schäden aus praktischen Gründen häufig nicht möglich oder sinnvoll ist. Darunter versteht man Fallkonstellationen, in denen durch kartellrechtswidriges Verhalten eine Vielzahl von Marktteilnehmern geschädigt wird, die Schadenshöhe im Einzelnen jedoch gering ist. Bleibt der Schaden aber im Bagatellbereich, sieht der Betroffene regelmäßig von einer Rechtsverfolgung ab, weil der Aufwand und die Kosten hierfür in keinem Verhältnis zu dem Umfang seines Schadens stehen. In solchen Fällen sollen Vorteilsabschöpfungen eingreifen.[202]

---

200 Siehe hierzu die Gesetzesbegründung in BT-Drucks. 15/3640, 51, welche auf die zu § 17 Abs. 4 OWiG entwickelten Rechtsgrundsätze verweist.
201 *Lutz,* WuW 2005, 718, 729.
202 Sehr kritisch dazu *Meessen,* WuW 2004, 733, 739–742.

Die Abschöpfung kann nur erfolgen, wenn durch das festgestellte kar- **1517**
tellrechtswidrige Verhalten tatsächlich ein Vorteil erwirtschaftet worden ist, wobei der Vorteil tatsächlich festgestellt und nicht nur geschätzt werden darf. Entsprechendes gilt für den **Kausalzusammen-**
hang zwischen dem Kartellverstoß und dem erzielten Vorteil.[203]

g) Vorteilsabschöpfung durch Verbände und Einrichtungen

Die Vorteilsabschöpfung durch Verbände und qualifizierte Einrichtun- **1518**
gen hat in § 34 a GWB eine **Sonderregelung** erfahren.[204] Der Anspruch ist gegenüber der Anordnung der Abschöpfung des wirtschaftlichen Vorteils durch die Kartellbehörde **subsidiär** und greift nur bei
vorsätzlichen Kartellverstößen ein, § 34 a Abs. 1 GWB. Für die Vorteilsabschöpfung durch Verbände muss der Zuwiderhandelnde einen
wirtschaftlichen Vorteil zu Lasten einer Vielzahl von Abnehmern erzielt haben. Mit dieser Voraussetzung soll deutlich gemacht werden,
dass sich die Vorteilsabschöpfung nur gegen besonders gefährliche
kartellrechtswidrige Handlungen richtet, nämlich solche mit Breitenwirkung, die tendenziell eine größere Anzahl von Marktteilnehmern
betreffen. In solchen Konstellationen sollen die Verbände zur Verstärkung der Abschreckungswirkung den Vorteil abschöpfen dürfen. Der
Anwendungsbereich von § 34 a GWB ist daher enger als derjenige des
§ 34 GWB, da dort die Kartellbehörde nicht auf Fälle mit Streuschäden und Breitenwirkung beschränkt ist.[205]

§ 4 Rechtsmittel

Schrifttum: *Kahlenberg/Haellmigk*, Neues Deutsches Kartellgesetz, BB
2005, 1509; *Karl/Reichelt*, Die Änderungen des Gesetzes gegen Wettbewerbsbeschränkungen durch die 7. GWB Novelle, DB 2005, 1436; *Lutz*,
Schwerpunkte der 7. GWB-Novelle, WuW 2005, 718; *Zöttl*, Drittrechtsschutz ohne Rechte?, WuW 2004,474.

---

203 OLG Düsseldorf, Urt. v. 6.5.2004 – Kart. 41–43 und 45–47/01 OWi, „Berliner
    Transportbeton I", WuW/E DE-R 1315, 1316f.
204 Kritisch dazu *Hempel*, WuW 2004, 362, 372f.
205 *Lettl*, WuW 2005, 1585, 1591.

I. Rechtsmittel im europäischen Recht

1. Überblick

1519 Dem Gerichtshof obliegen die Kontrolle, die Auslegung und die Fortbildung des Gemeinschaftsrechts.[206] Maßnahmen der Kommission unterliegen daher grundsätzlich der Überprüfung durch den Gerichtshof. Allerdings wird nicht jede Maßnahme als anfechtbarer Rechtsakt angesehen. Der Gerichtshof ist im Bereich des Wettbewerbsrechts **zuständig** für Anfechtungsklagen der Mitgliedstaaten und der natürlichen juristischen Personen gegen Entscheidungen der Kommission, Art. 230 EG, für Untätigkeitsklagen, Art. 232 EG, für Vertragsverletzungsklagen, Art. 226, 227 EG, für die Vorabentscheidung von Auslegungsfragen als Entscheidungshilfe für die nationalen Gerichte, Art. 234 EG, und für Schadensersatzklagen nach Art. 288 Abs. 2 EG.[207]

1520 Der Gerichtshof hat seit 1989 **zwei Instanzen**. Das EuGI, Art. 225 EG, ist für alle Klagen von natürlichen und juristischen Personen nach Art. 230 und 232 EG und für mit diesen Klagen im Zusammenhang stehende „akzessorische" Schadensersatzklagen, Art. 235, 288 Abs. 2 EG, zuständig. Der EuGH hat über alle Rechtsbeschwerden gegen Entscheidungen des Gerichts erster Instanz, über Klagen der Mitgliedstaaten gegen Entscheidungen der Kommission, über Fälle der Vertragsverletzung durch Mitgliedstaaten, Art. 226 EG, und über Vorabentscheidungsanträge nationaler Gerichte, Art. 234 EG, zu entscheiden. Gegen Entscheidungen und Urteile des EuGI kann Rechtsmittel zum EuGH nur wegen der Verletzung von Rechtsvorschriften eingelegt werden.

2. Grundzüge des Verfahrens vor dem EuGI/EuGH

1521 In den **Verfahrensordnungen** sind die Einzelheiten des Verfahrensablaufs geregelt.[208] Hierin sind vor allem Regelungen über die Formalien der Klageerhebung, die Anforderung an Beweise und Ähnliches geregelt. Die Anfechtungs- und Verpflichtungsklagen stellen die häufigsten Klagearten dar.

---

206 Immenga/Mestmäcker EG-WbR-*Ritter*, Verfahren A Rn. 1.

207 Immenga/Mestmäcker EG-WbR-*Ritter*, Verfahren A Rn. 2; Wiedemann KartR-*Schütte*, § 49 Rn. 1–4.

208 Verfahrensordnung des EuGI vom 2.5.1991, Abl. 1991, Nr. L 136, 1; zuletzt modifizierte Fassung: Abl. 2004, Nr. L 127, 108. Verfahrensordnung des EuGH vom 19.6.1991, Abl. 1991, Nr. L 176, 7; zuletzt modifizierte Fassung: Abl. 2004, Nr. L 127, 107.

a) Verfahrensart Anfechtungsklage (Nichtigkeitsklage), Art. 230 EG

Nach Art. 230 Abs. 2 EG kann insbesondere jeder Mitgliedstaat Klage **1522** gegen die Entscheidungen der Kommission wegen Unzuständigkeit, Verletzung wesentlicher Formvorschriften, Verletzung des Vertrags oder einer bei seiner Durchführung anzuwendenden Rechtsnorm oder wegen Ermessensmissbrauchs erheben. Gleiches gilt nach Abs. 4 für jede natürliche oder juristische Person, wenn sie Adressat der Entscheidung oder von ihr unmittelbar und individuell betroffen ist.

Die Anfechtungsklage ist in der Praxis die **wichtigste Klageart**, wel- **1523** che insbesondere bei der Anfechtung von Bußgeld- oder Fusionskontrollentscheidungen und neuerdings auch von Zuteilungsentscheidungen im Netzwerk einschlägig ist.[209] Besondere Bedeutung kommt ihr neuerdings im Rahmen der Anfechtung sonstiger verfahrensabschließender Maßnahmen zu, vgl. etwa Art. 7, 9 und 10 der VO 1/2003. Sie ist grundsätzlich nur dann zulässig, wenn sie sich gegen einen anfechtbaren Akt richtet und der Kläger klagebefugt ist.

Die Klage muss gem. Art. 230 Abs. 5 EG „binnen **zwei Monaten**" er- **1524** hoben werden.

Gegenstand der Anfechtungsklage von Personen sind Handlungen der **1525** Kommission, soweit sie **bedeutsame Rechtswirkung** haben.[210] Der Gerichtshof definiert Handlungen als Maßnahmen, die verbindliche Rechtswirkung erzeugen, welche die Interessen des Klägers durch den Eingriff in seine Rechtsstellung beeinträchtigen. Es kommt hierbei weder auf die Form noch auf die Bezeichnung an.[211] Danach sind grundsätzlich alle Entscheidungen anfechtbar, einschließlich der Ablehnung von Beschwerden und Verfahrenseinstellungen, die indirekt Beschwerden zurückweisen. Anfechtbar sind ferner alle Auskunfts- und Nachprüfungsentscheidungen, wobei es keine Rolle spielt, ob sie gegen die Verfahrensbeteiligten oder Dritte gerichtet sind.[212]

---

209 Hierzu ausführlich *Schwarze/Weitbrecht*, Kartellverfahrensrecht, § 10 Rn. 8 ff.
210 EuGI, Urt. v. 28.10.1993 – Rs. T-83/92, „Zunis, Finan, Massinvest/Kommission", Slg. 1993, II-1169 Rn. 30; Urt. v. 18.12.1992 – verb. Rs. T-10–12 und 15/92, „Cimenteries", Slg. 1992, II-2667 Rn. 28.
211 EuGH, Urt. v. 11.11.1981 – Rs. 60/81, „IBM", Slg. 1981, 2639 Rn. 9; Urt. v. 31.3.1971 – Rs. 22/70, „Kommission/Rat", Slg. 1971, 263 Rn. 38–42; EuGI, Urt. v. 27.6.1995 – Rs. T-186/94, „Guérin Automobiles", Slg. 1995, II-1753 Rn. 39; Urt. v. 24.3.1994 – Rs. T-3/93, „Air France", Slg. 1994, II-121 Rn. 43.
212 Immenga/Mestmäcker EG-WbR-*Ritter*, Verfahren A Rn. 12; Wiedemann KartR-*Schütte*, § 49 Rn. 173–195.

aa) Klagebefugnis

1526 Damit die Klage zulässig ist, muss der Kläger klagebefugt sein. Art. 230 Abs. 4 EG unterscheidet in diesem Zusammenhang zwischen Entscheidungen, die an den **Kläger** gerichtet sind, und solchen, die an einen **Dritten**[213] ergangen sind.

1527 Natürliche und juristische Personen sind danach nur klageberechtigt, wenn eine Entscheidung an sie ergangen ist, sie also Adressat der Entscheidung sind. Eine weitere **Klagebefugnis** besteht nur, wenn sie von der Entscheidung unmittelbar und individuell betroffen sind.[214] Adressaten sind diejenigen Unternehmen oder Personen, die sich aus dem Entscheidungstenor oder der Anschrift eines Schreibens ergeben. Ist die Entscheidung an eine Tochtergesellschaft gerichtet, ist die Mutter klageberechtigt.[215] Nach ständiger Rechtsprechung ist derjenige unmittelbar und individuell betroffen, bei dem besondere Umstände vorliegen, die seine Lage von anderen unterscheiden und sie in einer den Adressaten analogen Weise individualisieren.[216] Ob eine Person von einer Entscheidung unmittelbar betroffen ist, hängt vom Charakter und der Rechtswirkung der Entscheidung ab. Entscheidungen der Kommission im Bereich des Kartellrechts entfalten ihre Rechtswirkungen normalerweise unmittelbar, ohne dass weitere Umsetzungsschritte erforderlich sind. Besteht ein unmittelbarer Kausalzusammenhang zwischen einer solchen Entscheidung der Kommission und der Beeinträchtigung der Wettbewerbsstellung eines anderen Unternehmens, so ist dieses Unternehmen von der Entscheidung unmittelbar betroffen.[217] Im Bereich der FKVO wird der Wettbewerber durch eine Freigabeentscheidung der Kommission unmittelbar betroffen.[218]

1528 Individuell betroffen ist derjenige, der wegen bestimmter persönlicher Eigenschaften oder besonderer – ihn aus dem Kreis aller übrigen Per-

---

213 Hierzu ausführlich *Schwarze/Weitbrecht*, Kartellverfahrensrecht, § 10 Rn. 17 ff.

214 EuGH, Urt. v. 11. 11. 1981 – Rs. 60/81, „IBM", Slg. 1981, 2639 Rn. 16 ff.; EuGI, Urt. v. 17. 9. 1992 – Rs. T-138/89, „NBV und NVB", Slg. 1992 II-2181 Rn. 31, 33; *Grabitz/Hilf-Booß*, Art. 230 Rn. 49.

215 EuGH, Urt. v. 28. 2. 1984 – verb. Rs. 228 und 229/82, „Ford", Slg. 1984, 1129 Rn. 12 f.

216 EuGI, Urt. v. 27. 4. 1995 – Rs. T-96/92, „Gewerkschaften/Kommission (Nestlé-Perrier)", Slg. 1995, II-1213 Rn. 26; Urt. v. 27. 4. 1995 – Rs. T-435/93, „ASPEC", Slg. 1995, II-1281 Rn. 62.

217 EuGI, Urt. v. 11. 7. 1996 – verb. Rs. T-528, 542, 543 und 546/93, „Métropole Télévision/Kommission", Slg. 1996, II-649 Rn. 64 = EuZW 1996, 660.

218 Vgl. dazu: EuGI, Urt. v. 27. 11. 1997 – Rs. T-290/94, „Kaysersberg", Slg. 1997, II-2137 Rn. 69 f.

sonen heraushebender – Umstände in ähnlicher Weise wie der Adressat der Entscheidung berührt ist.[219]

bb) Klagegründe

Die Klagen können wegen Unzuständigkeit, Verletzung wesentlicher **1529** Formvorschriften, Verletzung des Vertrags oder einer Durchführungsverordnung oder wegen Ermessensmissbrauchs erhoben werden, Art. 230 Abs. 1 EG.[220]

cc) Wirkungen einer Anfechtungsklage

Die Anfechtungsklage hat nach Art. 242 EG **keine aufschiebende** **1530** **Wirkung**. Das Gericht kann jedoch, wenn es dies den Umständen nach für nötig hält, die Durchführung der angefochtenen Handlung durch einstweilige Anordnung aussetzen. Greift die Anfechtungsklage durch, so erklärt das Gericht die Entscheidung ganz oder teilweise für nichtig. Die Kommission ist danach gem. Art. 233 EG verpflichtet, die sich aus dem Urteil ergebenen Maßnahmen zu ergreifen. Die Nichtigerklärung wirkt grundsätzlich ex tunc. Eine Ausnahme gilt gem. Art. 231 Abs. 2 EG für Verordnungen und analog für Richtlinien.

b) Verfahrensart Untätigkeitsklage, Art. 232 EG

Die Untätigkeitsklage ist immer dann die zweckmäßige Klageart, wenn **1531** ein Organ der Gemeinschaft es **unterlassen** hat, an den Kläger „einen anderen Akt als eine Empfehlung oder eine Stellungnahme" zu richten. Im EG-Kartellrecht geht es zumeist um Fälle, bei denen Unternehmen meinen, Anspruch auf ein bestimmtes Verhalten der Kommission zu haben. Sowohl die Anfechtungs- als auch die Untätigkeitsklage gewähren einen umfassenden und vollständigen Rechtsschutz. Beide Klagen schließen sich jedoch gegenseitig aus. Eine Untätigkeitsklage richtet sich gegen ein Unterlassen und entfällt, sobald die Kommission tätig geworden ist oder eine Stellungnahme abgegeben hat.

Voraussetzung für eine Untätigkeitsklage nach Art. 232 Abs. 3 EG ist **1532** eine **Untätigkeit**. Die Kommission muss es also unterlassen haben, „einen anderen Akt als eine Empfehlung oder eine Stellungnahme an

---

219 EuGH, Urt. v. 15.7.1963 – Rs. 25/62, „Plaumann", Slg. 1963, 213, 237 ff.
220 Immenga/Mestmäcker EG-WbR-*Ritter*, Verfahren A Rn. 24–46; Wiedemann KartR-*Schütte*, § 49 Rn. 218–251.

sie (die Klägerin) zu richten". Der Kläger muss also nachweisen, dass er sich genau in der Rechtsstellung eines potenziellen Adressaten eines Rechtsakts befindet.[221] Vergleichbar wie bei der Frage des anfechtbaren Aktes im Rahmen des Art. 230 EG muss daher in jedem Fall untersucht werden, ob der begehrte Akt die Rechtsstellung des Klägers berührt oder der Kläger von der zu erlassenen Entscheidung zumindest unmittelbar und individuell betroffen ist. Allein die Tatsache, dass es sich beim Unternehmen, gegen das aufgrund der Beschwerde eingeschritten werden soll, um einen Wettbewerber handelt, reicht für die Begründung des unmittelbaren und individuellen Interesses nicht aus. Das konkurrierende Unternehmen muss vielmehr geltend machen, dass sich der geforderte Rechtsakt konkret auf seine Stellung als Wirtschaftsteilnehmer auswirkt.[222] Die Folgen einer Untätigkeitsklage vor dem EuGH ergeben sich aus Art. 233 EG: Die Kommission hat die sich aus dem Urteil ergebenden Maßnahmen zu ergreifen. Das bedeutet, sie muss die Anordnungen treffen, die im Lichte der Urteilsbegründung erforderlich sind, um den dem Kläger entstandenen Nachteil in angemessener Weise auszugleichen.[223]

3. Rechtsmittel beim EuGH

1533 Gegen bestimmte Entscheidungen des EuGI können gem. Art. 225 Abs. 1 Unterabs. 2 EG Rechtsmittel zum EuGH eingelegt werden. Das Rechtsmittel ist nach Art. 56 Abs. 1 Satzung des EuGH beschränkt auf:[224]

- Endentscheidungen,
- Endentscheidungen, durch die über einen Teil des Streitgegenstandes endgültig entschieden wird, und
- Entscheidungen, die einen Zwischenstreit beenden, der die Einrede der Unzuständigkeit oder Unzulässigkeit zum Gegenstand hat.

1534 Rechtsmittelfähige Entscheidungen können die Form von Urteilen und Beschlüssen haben. Die Entscheidung des EuGI kann ganz oder teilweise angefochten werden. Eine isolierte Anfechtung der Kostenent-

---

221 EuGH, Beschl. v. 23.5.1990 – Rs. C-72/90, „Asia Motor France", Slg. 1990, I-2181 Rn. 10ff.; EuGI, Beschl. v. 23.1.1991 – Rs. T-3/90, „Prodifarma", Slg. 1991, II-1 13 Rn. 35; Grabitz/Hilf-*Booß*, Art. 232 Rn. 16.
222 EuGI, Urt. v. 24.3.1994 – Rs. T-3/93, „Air France", Slg. 1994, II-121 Rn. 82; Urt. v. 28.10.1993 – Rs. T-83/92, „Zunis, Finan, Massinvest/Kommission", Slg. 1993, II-1169 Rn. 34.
223 EuGH, Urt. v. 5.3.1980 – Rs. 76/79, „Koenecke/Kommision", Slg. 1980, 665.
224 Grabitz/Hilf-*Booß*, Art. 232 Rn. 14ff.

scheidung ist jedoch nicht möglich. Die Rechtsmittelfrist für Urteile und Beschlüsse beträgt zwei Monate nach Zustellung der Entscheidung.

Gem. § 225 Abs. 1 EG, Art. 58 Abs. 1 Satz 1 Satzung des EuGH ist **1535** das Rechtsmittel auf die Überprüfung von Rechtsfragen beschränkt. Eine Kontrolle von Tatsachenfragen ist damit ausgeschlossen.[225] Es entspricht daher der Rechtsbeschwerde an den BGH. Der Rechtsmittelführer kann sich nach dieser Bestimmung nur auf folgende Punkte stützen:

- die Unzuständigkeit des EuGI,
- Verfahrensfehler im Verfahren vor dem EuGI oder
- die Verletzung von Gemeinschaftsrecht.

Das Rechtsmittel ist begründet, wenn das EuGI gegen Rechtsvor- **1536** schriften verstoßen und sich dieser Rechtsverstoß zum Nachteil des Rechtsmittelführers ausgewirkt hat. Der EuGH kann bei Begründetheit des Rechtsmittels die Sache zurückverweisen oder selbst entscheiden, sofern sie spruchreif ist.

II. Rechtsmittel im deutschen Recht

1. Beschwerde

Obwohl die Kartellbehörden im Verwaltungsverfahren als Verwal- **1537** tungsbehörden tätig werden, sieht das GWB ein **besonderes** gerichtliches Beschwerdeverfahren vor; das Verwaltungsprozessrecht der VwGO gilt insoweit nicht. Nach den §§ 63 ff. GWB kommt gegen Verfügungen der Kartellbehörden und gegen das Unterlassen einer beantragten Verfügung als statthaftes Rechtsmittel nur die Beschwerde in Betracht. Die seit dem 1.10.1999 bestehende **Zuständigkeit des OLG Düsseldorf** zur Entscheidung über Rechtsmittel gegen Verfügungen des BKartA ergibt sich aufgrund der Sitzverlegung aus § 2 der VO über die Bildung gemeinsamer Kartellgerichte vom 22.11.1994.[226]

---

225 Vgl. EuGH, Urt. v. 28.11.1996 – Rs. C-293/95, „Odigitria/Rat und Kommission", Slg. 1996, I-6148 Rn. 44; Urt. v. 10.12.1998 – Rs. C-221/97, „Schröder u.a./Kommission", Slg. 1998, I-8286 Rn. 26.
226 OLG Düsseldorf, Beschl. v. 25.4.2000 – Kart 2/00 (V), „Tequila", WuW/E DE-R 514.

a) Beschwerdegegenstand

aa) Anfechtungsbeschwerde

1538 Gegenstand der Anfechtungsbeschwerde, § 63 Abs. 1 GWB, ist das Begehren, eine bestimmte Verfügung ganz oder teilweise **aufzuheben**, vgl. § 66 Abs. 4 Nr. 1 GWB. Da die Rechtsprechung den Verfügungsbegriff weit auslegt, ist für sie eine Verfügung jede hoheitliche Maßnahme, durch die der Beschwerdeführer in seinen **Rechten verletzt** zu sein behauptet.[227] Daher sind anfechtbar: Verfügungen, die in der Hauptsache ergehen, Entscheidungen in Nebenverfahren, Kostenentscheidungen der Kartellbehörde, Nebenbestimmungen, wenn sie als Verfügung verselbstständigt werden können und damit von der Hauptentscheidung abtrennbar sind, und Zwischenverfügungen, die eine verbindliche Regelung treffen, ohne das Verfahren in der Hauptsache endgültig abzuschließen.[228]

1539 Nicht anfechtbar hingegen sind innerdienstliche Maßnahmen und Meinungsäußerungen der Kartellbehörde, formlose Anfragen, Verwaltungsgrundsätze i. S. v. § 53 Abs. 1 Satz 3 GWB, die Einleitung des Verfahrens, Abmahnungen, die Einstellung des Verfahrens nach § 61 Abs. 2 GWB sowie verfahrensleitende und -gestaltende Anordnungen der Kartellbehörde.[229]

bb) Verpflichtungsbeschwerde

1540 Mit der sog. **Verpflichtungsbeschwerde** begehrt der Beschwerdeführer den Erlass einer abgelehnten oder unterlassenen Verfügung, § 63 Abs. 3 GWB. Auch eine sog. Untätigkeitsbeschwerde ist gem. § 63 Abs. 3 Satz 2 und 3 GWB zulässig, wenn die Kartellbehörde einen Antrag auf Erlass einer Verfügung ohne hinreichenden Grund in angemessener Frist nicht beschieden hat.

cc) Fortsetzungsfeststellungsbeschwerde

1541 Die **Fortsetzungsfeststellungsbeschwerde** ist zulässig, wenn sich die Verfügung nach Beschwerdeeinlegung durch Zurücknahme oder auf andere Weise erledigt hat, § 71 Abs. 2 Satz 2 GWB. Dies gilt sowohl für die Anfechtungs- als auch für die Verpflichtungsbeschwerde. In

227 BGH, Beschl. v. 17.5.1973 – KVR 2/72, „Asbach-Uralt", WuW/E BGH 1264, 1265 f.
228 Wiedemann KartR-*Werner*, § 54 Rn. 7.
229 Langen-*Kollmorgen*, § 63 Rn. 9 ff.; Wiedemann KartR-*Werner*, § 54 Rn. 8.

analoger Anwendung des § 71 Abs. 2 Satz 2 GWB ergibt sich, dass auch bei Erledigung einer Verfügung vor Beschwerdeeinlegung die Fortsetzungsfeststellungsbeschwerde zulässig ist. Voraussetzung hierfür ist, dass ohne das erledigende Ereignis eine Anfechtungs- oder Verpflichtungsbeschwerde zulässig gewesen wäre.[230]

dd) Allgemeine Leistungsbeschwerde

Mit der sog. **allgemeinen Leistungsbeschwerde** kann ein kartellver- **1542** waltungsrechtlicher Anspruch verfolgt werden, der nicht auf die Aufhebung oder den Erlass eines kartellrechtlichen Verwaltungsaktes gerichtet ist, sondern Rechtsbeeinträchtigungen durch sonstiges Verwaltungshandeln beseitigen soll.

ee) Vorbeugende Unterlassungsbeschwerde

Schließlich kann auch eine **vorbeugende Unterlassungsbeschwerde** **1543** zur Verwirklichung effektiven Rechtsschutzes statthaft sein. Diese Beschwerdeart kommt nicht nur in Betracht, wenn kartellrechtlichen Verfügungen entgegenzuwirken ist. Sie ist auch denkbar, wenn die behauptete Rechtsbeeinträchtigung von einem schlichten Verwaltungshandeln ausgehen soll. In jedem Fall ist jedoch ein besonderes (qualifiziertes) Interesse erforderlich, das gerade auf die Inanspruchnahme des vorbeugenden Rechtsschutzes gerichtet ist.[231]

b) Beschwerdebefugnis

Die Frage nach der Beschwerdebefugnis hat in § 63 Abs. 2 i.V.m. **1544** § 54 Abs. 2 und 3 GWB eine Regelung erfahren. Danach sind bei der Anfechtungsbeschwerde alle Personen und Vereinigungen von Personen beschwerdebefugt, die nach § 54 Abs. 2 und 3 GWB am Verfahren vor der Kartellbehörde **beteiligt** waren. Hierzu zählt auch ein Beigeladener als Verfahrensbeteiligter, § 54 Abs. 2 Nr. 3 GWB. Über den Wortlaut des § 63 Abs. 2 GWB hinaus sind solche Dritte beschwerdeberechtigt, gegen die in einem Nebenverfahren eine Zwischenverfügung ergangen ist.[232]

---

230 BGH, Beschl. v. 31.10.1978 – KVR 3/77, „Weichschaum III", WuW/E BGH 1556, 1558; KG, Beschl. v. 6.9.1995 – Kart 17/94, „Fortsetzungsfeststellungsinteresse", WuW/E OLG 5497, 5501.

231 KG, Beschl. v. 12.10.1990 – Kart 26/89, „Bayerische Landesbank", WuW/E OLG 4645, 4647.

232 Langen-*Kollmorgen*, § 63 Rn. 19 ff.; Wiedemann KartR-*Werner*, § 54 Rn. 20.

1545 Bei der Verpflichtungsbeschwerde richtet sich die Beschwerdebefugnis nach § 63 Abs. 3 GWB. Neben dem Antrag ist nach herrschender Meinung weiterhin die Behauptung eines Rechts auf die beantragte Verfügung erforderlich.[233]

c) Verfahrensbeteiligte

1546 Nach § 67 GWB sind am Beschwerdeverfahren **beteiligt**:

- der Beschwerdeführer, also derjenige, der eine Beschwerde eingelegt hat oder sich einer bereits eingelegten Beschwerde anschließt, § 67 Abs. 1 Nr. 1 GWB;
- die Kartellbehörde, deren Verfügung angefochten wird, § 67 Abs. 1 Nr. 2 GWB;
- der Beigeladene, § 67 Abs. 1 Nr. 3 GWB.

1547 § 67 GWB wird durch den Grundsatz der Verfahrenskontinuität erweitert, sodass jeder, der am Kartellverwaltungsverfahren beteiligt war, auch am Beschwerdeverfahren beteiligt ist.[234]

d) Weitere Zulässigkeitsvoraussetzungen

1548 Zusätzlich müssen die allgemeinen Zulässigkeitsvoraussetzungen für eine Beschwerde gegeben sein. Hierzu zählt insbesondere das allgemeine **Rechtsschutzbedürfnis**. Dieses liegt vor, wenn der Beschwerdeführer geltend machen kann, durch die Verfügung in seinen wettbewerblichen Interessen betroffen zu sein.[235]

1549 Für das Beschwerdeverfahren gilt Anwaltszwang, § 68 GWB. Die Beschwerde kann binnen einer Frist von **einem Monat** bei der Kartellbehörde schriftlich eingelegt werden, deren Verfügung angefochten wird, § 66 Abs. 1 Satz 1 GWB. Die Frist beginnt mit der Zustellung der Verfügung der Kartellbehörde, § 66 Abs. 1 Satz 2 GWB. Die Beschwerdefrist von einem Monat gilt für die Anfechtungs- und Verpflichtungsbeschwerde; für die Fortsetzungsfeststellungsbeschwerde bei Erledigung der Hauptsache vor Einlegung der Beschwerde ist § 66 Abs. 1 Satz 1 GWB analog anzuwenden. Die Untätigkeitsbeschwerde ist nicht frist-

---

233 *Bechtold*, § 63 Rn. 7.
234 *Bechtold*, § 67 Rn. 1; Immenga/Mestmäcker GWB-K. *Schmidt*, § 66 Rn. 5; Wiedemann KartR-*Werner*, § 54 Rn. 26.
235 Hierauf verweist die Regierungsbegründung, BT-Drucks. 15/3640, 65. Siehe auch KG, Beschl. v. 8.11.1995 – Kart 21/94, „Fernsehübertragungsrechte", WuW/E OLG 5565, 5571; Beschl. v. 9.11.1994 – Kart 20/93, „HaGe Kiel", WuW/E OLG 5364, 5370.

gebunden, § 66 Abs. 2 GWB. Das KG hat für die allgemeine Leistungsbeschwerde die Fristgebundenheit angenommen.[236] Die Beschwerde ist gem. § 66 Abs. 3 GWB innerhalb von **zwei Monaten** nach Einlegung der Beschwerde zu begründen.

e) Wirkung der Beschwerde

Durch die 7. GWB-Novelle und die damit verbundene Neufassung **1550** von § 64 GWB wird die **aufschiebende Wirkung** von Beschwerden gegen kartellbehördliche Entscheidungen wesentlich **beschränkt**.[237] Damit haben im Wesentlichen nur noch Beschwerden gegen Verfügungen nach § 32 GWB in Missbrauchverfahren aufschiebende Wirkung, § 64 Abs. 1 Nr. 1 GWB.[238] Auf diese Weise wurde das Nebeneinander von gerichtlichen Anordnungsbefugnissen im vorläufigen Rechtsschutzverfahren, §§ 64 Abs. 3, 60 GWB einerseits und § 65 GWB andererseits, zu Gunsten der letzteren Vorschrift beseitigt, § 64 Abs. 3 Satz 2 GWB.[239]

Insoweit sind die Unternehmen bei dem gesetzlich vorgesehenen So- **1551** fortvollzug aber nicht rechtsschutzlos. Denn den aus dem Sofortvollzug erwachsenden nachteiligen Folgen können sie dadurch entgegenwirken, dass sie mittels gerichtlicher Eilentscheidung die **aufschiebende Wirkung anordnen** lassen, § 65 Abs. 3 Satz 3 GWB.

Das Beschwerdegericht kann nach § 65 Abs. 3 GWB die aufschie- **1552** bende Wirkung **ganz oder teilweise wieder herstellen bzw. anordnen**. Dies ist möglich, wenn die Voraussetzungen für die Anordnung nicht vorgelegen haben oder nicht mehr vorliegen (Nr. 1), wenn ernstliche Zweifel an der Rechtmäßigkeit der angefochtenen Verfügung bestehen (Nr. 2) oder wenn die Vollziehung für die Betroffenen eine unbillige, nicht durch überwiegende öffentliche Interessen gebotene Härte zur Folge hätte (Nr. 3).

Für **Fusionskontrollverfahren** ist der neue § 65 Abs. 3 Satz 4 bedeut- **1553** sam.[240] Dieser trägt dem Problem unberechtigter Blockaden bei Zusam-

---

236 KG, Beschl. v. 14.12.1977 – Kart 11/77, „Westdeutsche Allgemeine Zeitungsverlagsgesellschaft", WuW/E OLG 1967, 1968; a. A. Immenga/Mestmäcker GWB-K. *Schmidt*, § 65 Rn. 7.
237 *Kahlenberg/Haellmigk*, BB 2005, 1509, 1513; *Karl/Reichelt*, DB 2005, 1436, 1443.
238 Weitere „Ausnahmen" von diesem Grundsatz wurden in § 64 Abs. 1 Nr. 1–3 GWB niedergelegt.
239 *Karl/Reichelt*, DB 2005, 1436, 1444.
240 Siehe hierzu Rn. 1358.

menschlussvorhaben durch eine Beschränkung des Rechtsschutzes von Dritten im Eilverfahren Rechnung. [241] Die Anordnung der aufschiebenden Wirkung bei Anfechtungsklagen Dritter gegen Freigaben von Zusammenschlüssen setzt künftig voraus, dass der **Dritte in seinen Rechten verletzt** sein muss. [242] Anders als im Hauptsacheverfahren genügt damit für die Beschwerdebefugnis eines Dritten im Eilverfahren nicht mehr, dass dieser in seinen wettbewerblichen Interessen betroffen ist.

1554　Zuletzt kann aber die Kartellbehörde gem. § 65 Abs. 1 GWB auch in den Fällen des § 64 Abs. 1 GWB die **sofortige Vollziehung der Verfügung anordnen**, wenn dies im öffentlichen Interesse oder im überwiegenden Interesse eines Beteiligten geboten ist. Hieran sind strenge Anforderungen zu stellen. [243]

f) Verfahren vor dem Beschwerdegericht

1555　Das GWB hat das Verfahren vor dem Beschwerdegericht nur unvollständig geregelt. § 73 GWB enthält zudem einzelne Hinweise auf bestimmte Vorschriften des GVG und der ZPO. [244] Die Lücken werden im Wege einer **Analogie zur VwGO und ZPO** geschlossen, wobei im Falle von Abweichungen der VwGO wegen ihrer größeren Sachnähe der Vorzug gegeben wird. Das Beschwerdegericht ist Tatsacheninstanz, wobei das Gericht den Sachverhalt von Amts wegen erforscht, § 70 Abs. 1 GWB, und nach seiner freien, aus dem Gesamtergebnis des Verfahrens gewonnenen Überzeugung entscheidet, § 71 Abs. 1 Satz 1 GWB. Allerdings haben die Beteiligten Mitwirkungspflichten, § 70 Abs. 3 GWB, § 86 Abs. 1 VwGO.

g) Beschwerdeentscheidung

1556　Das Gericht entscheidet in Kartellbeschwerdeverfahren durch **Beschluss**, § 71 Abs. 1 Satz 1 GWB. Der Beschluss ist zu begründen, § 71 Abs. 6 GWB. Bei der Anfechtungsbeschwerde hebt das Beschwerdegericht die Verfügung der Kartellbehörde auf. Ist die Verpflichtungsbeschwerde zulässig und begründet, spricht das Gericht die

---

241　*Kahlenberg/Haellmigk*, BB 2005, 1509, 1515.

242　Siehe dazu mit zahlreichen Nachweisen *Zöttl*, WuW 2004, 474 ff.

243　KG, Beschl. v. 16.7.1993 – Kart 11/93, „Empfehlung Ersatzwagenkostenerstattung", WuW/E OLG 5132, 5133; *Bechtold*, § 65 Rn. 2.

244　Für die Erhebung des Zeugenbeweises gelten im Kartellbeschwerdeverfahren die Vorschriften der ZPO entsprechend, § 73 Nr. 2 GWB, und damit auch die Möglichkeit, das Zeugnis zu verweigern, vgl. KG, Zwischenbeschl. v. 3.6.1999 – Kart 8/97, „Herlitz/Landré", WuW/E DE-R 459.

Verpflichtung der Kartellbehörde aus, die beantragte Verfügung vorzunehmen, § 71 Abs. 4 GWB. Ist die Leistungsbeschwerde erfolgreich, wird die Kartellbehörde vom Gericht zur Leistung verpflichtet. Bei einer zulässigen und begründeten Feststellungsbeschwerde wird die beantragte Feststellung im Tenor vorgenommen. Bei der Fortsetzungsfeststellungsbeschwerde ist die einverständliche Erledigungserklärung aller Verfahrensbeteiligten oder die Feststellung der Erledigung durch das Gericht erforderlich. Ist die Beschwerde unzulässig, wird sie verworfen; ist sie unbegründet, wird sie zurückgewiesen.

Die Verfügung ist auch dann unzulässig oder unbegründet, wenn der **1557** Kartellbehörde ein Ermessensfehler unterlaufen ist, § 71 Abs. 5 Satz 1 GWB. Mit der Einführung des Wortes „insbesondere" und dem Hinweis auf Sinn und Zweck des GWB geht die Vorschrift weiter als § 114 VwGO. Die Rechtsprechung geht davon aus, dass über die **gerichtliche Ermessensüberprüfung** des allgemeinen Verwaltungsrechts hinaus eine umfassende Rechtskontrolle und in gewissen Grenzen auch eine Zweckmäßigkeitskontrolle stattfinden soll.[245]

Bei der kartellrechtlichen Anfechtungsbeschwerde kommt es grund- **1558** sätzlich auf den Zeitpunkt des Erlasses der angefochtenen Verfügung an. Bei Verwaltungsakten mit Dauerwirkung ist auf den **Zeitpunkt** der letzten mündlichen Verhandlung abzustellen.[246] Dabei wird geprüft, ob sich die Entscheidung der Behörde auf der Grundlage des zu diesem Zeitpunkt vorliegenden Tatsachenmaterials als zutreffend erweist. Bei der Verpflichtungsbeschwerde ist auf den Zeitpunkt der letzten mündlichen Verhandlung bzw. auf den Zeitpunkt der schriftlichen Entscheidung abzustellen. Der maßgebliche Zeitpunkt bei der Leistungs- und Feststellungsbeschwerde ist dem Begehren des Beschwerdeführers zu entnehmen. In der Regel ist dies der Zeitpunkt der letzten mündlichen Verhandlung bzw. der schriftlichen Entscheidung. Bei einer Fortsetzungsfeststellungsbeschwerde ist auf den Zeitpunkt abzustellen, der vor Erledigung maßgeblich gewesen wäre.

h) Entscheidung über die Zulassung der Rechtsbeschwerde

Mit der 7. GWB-Novelle wurden die **Rechtsbeschwerdemöglichkei-** **1559** **ten** erheblich erweitert. Nunmehr ist nicht länger erforderlich, dass die

---

245 BGH, Beschl. v. 5.2.1968 – KVR 1/67, „Fensterglas", WuW/E BGH 907, 911; Immenga/Mestmäcker GWB-K. *Schmidt*, § 70 Rn. 35, 37.
246 BGH, Beschl. v. 17.5.1973 – KVR 1/72, „Asbach Uralt", WuW/E BGH 1283, 1286.

angefochtenen Beschlüsse der OLG „in der Hauptsache" erlassen worden sind, § 74 Abs. 1 GWB. Somit ist auch gegen Beschlüsse der Beschwerdegerichte über die Anordnung bzw. Wiederherstellung der aufschiebenden Wirkung nach § 65 Abs. 3 Sätze 3 und 4 GWB oder in Auskunftsverfahren nach § 59 GWB die Rechtsbeschwerde statthaft.[247]

1560 Das Beschwerdegericht muss deutlich machen, ob die **Rechtsbeschwerde zugelassen ist oder nicht**, vgl. § 74 GWB. Die Beschwerde ist gem. § 74 Abs. 2 Nr. 1 und Nr. 2 GWB zuzulassen, wenn

- eine Rechtsfrage von grundsätzlicher Bedeutung zu entscheiden ist. Dazu muss die Sache über den vorliegenden Einzelfall hinaus von Interesse sein;[248]
- die Fortbildung des Rechts oder die Sicherung einer einheitlichen Rechtsprechung es erfordert. Dies ist dann der Fall, wenn eine Frage entweder noch nicht höchstrichterlich oder unterschiedlich entschieden ist.

1561 Lässt das Beschwerdegericht die Rechtsbeschwerde nicht zu oder enthält der Beschwerdebeschluss keinen Hinweis auf die Zulassung, ist innerhalb eines Monats die Nichtzulassungsbeschwerde möglich, § 75 GWB.

2. Rechtsbeschwerde

1562 Sowohl die Kartellbehörde als auch die am Beschwerdeverfahren Beteiligten sind grundsätzlich befugt, eine Rechtsbeschwerde zu erheben, § 76 Abs. 1 GWB. Der Rechtsmittelführer muss durch die Beschwerdeentscheidung **beschwert** sein. Eine formelle Beschwer liegt vor, wenn dem Antrag des Beschwerdeführers mindestens teilweise nicht entsprochen wurde. Eine materielle Beschwer liegt vor, wenn die angefochtene Entscheidung den Rechtsmittelführer in seinen Rechten verletzt.

1563 Der **Umfang der rechtlichen Nachprüfung** richtet sich nach der Art der Rüge. Verfahrensverstöße werden nur geprüft, soweit sie gerügt sind. In Anlehnung an § 559 ZPO i.V.m. § 554 Abs. 3 Nr. 3 ZPO, § 139 Abs. 2 Satz 2 VwGO sind die Tatsachen und bei materiellen Verstößen die verletzte Rechtsnorm zu bezeichnen, auf die die Rüge

---

247 *Lutz*, WuW 2005, 718, 731.
248 KG, Beschl. v. 4.2.1985 – Kart 2/84, „Märklin", WuW/E OLG 3501, 3507; Beschl. v. 4.10.1983 – Kart 30/82, „Kunstversteigerer", WuW/E OLG 3159, 3163; OLG Frankfurt, Beschl. v. 17.3.1983 – 6 VA 3/82, „Funktaxi-Zentrale Langen", WuW/E OLG 3011, 3014.

gestützt wird.[249] Eine Gesetzesverletzung liegt immer dann vor, wenn eine Rechtsnorm nicht oder nicht richtig angewendet wurde.

Gem. § 76 Abs. 2 Satz 2 GWB kann die Rechtsbeschwerde **nicht da-** **1564** **rauf gestützt werden**, dass die Kartellbehörde unter Verletzung des § 48 GWB ihre Zuständigkeit zu Unrecht angenommen hat. Die Verletzung eines Verfahrensrechts führt grundsätzlich nur zur Aufhebung, wenn der Beschluss auf ihr beruht.

Ist die Rechtsbeschwerde unzulässig, wird sie verworfen. Ist sie sach- **1565** lich nicht begründet, wird sie als unbegründet zurückgewiesen. Ist die Rechtsbeschwerde erfolgreich, so hebt das Beschwerdegericht die Entscheidung ganz oder teilweise auf.

---

249 BGH, Beschl. v. 19.6.1975 – KVR 2/74, „Zementverkaufsstelle", WuW/E BGH 1367, 1370; Beschl. v. 27.6.1968 – KVR 3/67, „Zementverkaufsstelle Niedersachsen", WuW/E BGH 967, 970.

Sachregister

Die Zahlen beziehen sich auf die Randnummern des Textes.

729

Aktuell und
praxisorientiert

Betriebs Berater
Zeitschrift für Recht und Wirtschaft

Die Gruppenfreistellungs-verordnung für Technologietransfer-Vereinbarungen (TT-GVO)

Praxiskommentar

Von RA Dr. **Jörg-Martin Schultze***, LL.M., RAin Dr.* **Stephanie Pautke***, LL.M.,*
und RAin Dr. **Dominique Wagener***.*

2005, 488 Seiten, Geb. € 98,-
ISBN 3-8005-1391-9
WRP-Buch

■ Der Praxiskommentar behandelt die zum 1.Mai 2004 in Kraft getretene neue Gruppenfreistellungsverordnung für Technologietransfer-Verein-barungen (TT-GVO); für Altverträge gibt es eine Umstellungsfrist bis zum 31.März 2006, so dass eine Beschäftigung mit der neuen Verordnung zwingend geboten ist. Dabei leistet dieses Buch eine wertvolle Hilfe.

■ Die einzelnen Vorschriften der Verordnung werden umfassend, auch unter Berücksichtigung der bisher geltenden Regelungen, kommentiert. Dabei werden auch die umfangreichen Bestimmungen der Leitlinien zu den Technologietransfer-Vereinbarungen dargelegt. Das Werk enthält Exkurse zum Verhältnis der TT-GVO zu anderen GVOen, zu Technologiepools und zu Softwarelizenz-Vereinbarungen. Abgerundet wird das Buch mit einem Prüfungsschema der neuen TT-GVO, zahlreichen Übersichten zur neuen Verordnung sowie den wichtigsten Gesetzestexten.

■ Das Werk bietet eine wertvolle Hilfe für alle mit Lizenzfragen befassten Juristen in Unternehmen, Anwaltschaft und Wissenschaft sowie für leitende Mitarbeiter im Bereich Lizenzvergabe/Einlizenzierung von Patenten, Know-how und/oder Software, die mit Fragen der Vertragsgestaltung beschäftigt sind.

Recht und Wirtschaft
Verlag des Betriebs-Berater

Ein Unternehmen der Verlagsgruppe Deutscher Fachverlag